D1754287

Gesellschaftervereinbarungen

Praxishandbuch mit Mustern

Von
Dr. Ulrich-Peter Kinzl
Rechtsanwalt und Steuerberater in Stuttgart

unter Mitarbeit von
Dr. Martin Beutelmann, LL. M.
Rechtsanwalt in Stuttgart

2021

Inhaltsübersicht

Vorwort	V
Verzeichnis der Formulierungsmuster	XXVII
Abkürzungsverzeichnis	XXIX

A. Allgemeiner Teil	1
Kapitel 1. Bedeutung und Gegenstand der Nebenabrede	1
Kapitel 2. Einführung: Zulässigkeit und Risiken von Nebenabreden	9
Kapitel 3. Publizität von Nebenabreden; Transparenzregister	11
§ 1 Einleitung; Grundsatz	11
§ 2 Publizität durch Transparenzregister	11
Kapitel 4. Überblick über die auf schuldrechtliche Nebenabreden anwendbaren Rechtsgrundsätze	27
§ 3 Vertragsschluss, Vertragsparteien und Wirkung zugunsten Dritter	27
§ 4 Auslegung, §§ 133, 157 BGB	29
§ 5 Wegfall der Geschäftsgrundlage, § 313 BGB	29
§ 6 Leistungsstörungen, Willensmängel und Grundsätze über die fehlerhaften Gesellschaft	30
§ 7 Recht der Allgemeinen Geschäftsbedingungen	30
§ 8 Anwendung der Vorschriften über die Gesellschaft bürgerlichen Rechts	30
Kapitel 5. Unterschiede und Abgrenzung von Satzung und Gesellschaftsvertrag auf der einen und Nebenvereinbarung auf der anderen Seite	31
§ 9 Satzung einer Kapitalgesellschaft und Nebenabrede	31
§ 10 Wechselwirkungen von Nebenabrede und Satzung	41
§ 11 Nebenabreden und Personengesellschaftsvertrag	43
Kapitel 6. Satzungsüberlagernde Nebenabreden	46
§ 12 Problemstellung	46
§ 13 Trennungsprinzip und grundsätzliches Verhältnis zwischen Satzung und Nebenabrede	46
§ 14 Durchbrechungen des Trennungsprinzips	47
Kapitel 7. Umdeutung von Gesellschafterbeschlüssen in schuldrechtliche Nebenvereinbarungen	53
§ 15 Rechtsprechung	53
§ 16 Satzungsdurchbrechende Beschlüsse	55
§ 17 Umdeutung in schuldrechtliche Nebenvereinbarung	57
§ 18 Schuldrechtliche Vereinbarung eines zustandsbegründenden, satzungsdurchbrechenden Inhalts und zur satzungsdurchbrechenden Beschlussfassung	60
Kapitel 8. Formbedürftigkeit von Nebenabreden	62
§ 19 Grundsatz der Formfreiheit	62
§ 20 Ausnahme vom Grundsatz der Formfreiheit: Formbedürftige Nebenabreden	62
Kapitel 9. Nebenvereinbarungen als Gesellschaftsverträge einer Gesellschaft bürgerlichen Rechts	66
§ 21 Zustandekommen des Gesellschaftsverhältnisses	66
§ 22 Innengesellschaft	68
§ 23 Fehlerhafte Gesellschaft	69
§ 24 Fehlerhafte Vertragsänderungen	71
§ 25 Beendigungstatbestände der Nebenvereinbarung bei Begründung eines Gesellschaftsverhältnisses	74

Inhaltsübersicht

Kapitel 10. AGB-rechtliche Inhaltskontrolle nach §§ 307 ff. BGB 75
§ 26 Auslegung 75
§ 27 Abgrenzung von Nebenabreden 78
Kapitel 11. Verhältnis zwischen gesellschafterlicher Treuepflicht und Nebenvereinbarungen 81
§ 28 Einführung: Rechtsnatur der Treuepflicht, Anwendungsbereich und Inhalt . 81
§ 29 Konkretisierung der Treuepflicht durch außerstatutarische Abreden 82
§ 30 Treuepflichtverletzung bei Abschluss oder Erfüllung einer Nebenabrede ... 84
Kapitel 12. Unwirksamkeitstatbestände 86
§ 31 Nichtigkeit gemäß §§ 134, 138 BGB sowie wegen Verstoßes gegen die Treuepflicht 86
§ 32 Nichtigkeit wegen Verstoßes gegen den Gesellschaftsvertrag oder gesellschaftsrechtliche Prinzipien 94
§ 33 Grenzziehung zwischen Nebenabrede und Verbandssouveränität 96
§ 34 Einräumung von Sonderrechten 98
§ 35 Verstoß gegen Gleichbehandlungsgrundsatz 98
§ 36 Verbot von Nebenvereinbarungen in Satzung 101
§ 37 Vinkulierungs- und Höchststimmrechtsklauseln und Nebenvereinbarungen . 103
§ 38 Scheingeschäft 104
§ 39 Rechtsfolgen bei Teil- oder Gesamtnichtigkeit der Nebenabrede 104
Kapitel 13. Konzernierung durch Nebenabreden 107
§ 40 Allgemeines 107
§ 41 Schutz im faktischen Aktienkonzern 108
§ 42 Schutz im faktischen GmbH-Konzern 110
Kapitel 14. Fernwirkungen 112
§ 43 Kapitalmarktrecht 112
§ 44 Zurechnungsvorschriften nach AktG und HGB 124
§ 45 Beschränkungen des Stimmrechts bei Aktiengesellschaften (§ 134 Abs. 1 S. 2, 3, 4 AktG) 128
§ 46 Konzernabschluss (§ 290 Abs. 3 S. 1, 2 HGB) 128
Kapitel 15. Schutz vor Umgehung gesellschaftsvertraglicher Vinkulierungen und Höchststimmrechte durch Nebenabreden 129
§ 47 Einleitung 129
§ 48 Vinkulierungsklauseln 129
§ 49 Höchststimmrechte 135
§ 50 Fazit 138
Kapitel 16. Gesellschaftervereinbarungen als verdeckte Beherrschungsverträge 139
§ 51 Persönliche und materielle Anforderungen an Unternehmensverträge 139
§ 52 Formelle Voraussetzungen von Unternehmensverträgen 141
§ 53 Änderung und Aufhebung von Unternehmensverträgen, §§ 295–298 AktG 142
§ 54 Verdeckter Beherrschungsvertrag 142
Kapitel 17. Bindungswirkungen und Laufzeit 151
§ 55 Bindung nur der Vertragsparteien der Nebenabrede 151
§ 56 Gesamt- und Einzelrechtsnachfolge 153
§ 57 Laufzeit von Gesellschaftervereinbarungen 160
Kapitel 18. Erfüllung sowie präventive Absicherung der Erfüllung von Nebenvereinbarungen 162
§ 58 Erfüllungsanspruch 162
§ 59 Schadenersatzanspruch 163
§ 60 Absicherung des Erfüllungsanspruchs 164

Inhaltsübersicht

Kapitel 19. Rechtsschutz ... 167
§ 61 Hauptsache- und Eilverfahren vor staatlichen Gerichten ... 167
§ 62 Schiedsverfahren ... 173
§ 63 Mediation ... 176
§ 64 Zwangsvollstreckung ... 177
Kapitel 20. Rechte der nicht an der Gesellschaftervereinbarung Beteiligten ... 179
§ 65 Informations- und Auskunftsrechte kraft Gesetzes ... 179
§ 66 Auskunftsanspruch kraft Treuepflicht ... 183
§ 67 Offenlegungspflichten im Vorfeld eines Anteilserwerbs ... 184
§ 68 Kontrahierungszwang ... 185
Kapitel 21. Kollisionsrecht und internationale Zuständigkeit ... 187
§ 69 Kollisionsrecht ... 187
§ 70 Internationale Zuständigkeit ... 192

B. Besonderer Teil ... 195
Kapitel 22. Stimmbindungsvereinbarung ... 196
§ 71 Allgemeines ... 196
§ 72 Konsortialvertrag ... 205
§ 73 Verträge über die Bestellung von Aufsichtsratsmitgliedern und die Besetzung anderer Organe der Gesellschaft ... 211
§ 74 Absicherung der Mitgliedschaft im Stimmrechtspool bei Wechsel im Gesellschafterbestand ... 212
§ 75 Rechtsfolgen der vertragswidrigen Stimmabgabe ... 213
§ 76 Rechtsfolgen bei unwirksamer Stimmbindungsvereinbarung ... 213
§ 77 Prozessuale Durchsetzung ... 214
§ 78 Satzungsgestaltungen ... 214
§ 79 Laufzeit der Stimmbindungsvereinbarung ... 215
Kapitel 23. Veräußerungsverbote, Veräußerungsrechte und Veräußerungspflichten ... 217
§ 80 Veräußerungsverbote ... 217
§ 81 Mitveräußerungsrechte und -pflichten ... 221
Kapitel 24. Bestellung und Abberufung von Mitgliedern des Leitungs- oder Aufsichtsorgans ... 228
§ 82 Bestellung eines Geschäftsführers oder eines Vorstandsmitglieds ... 228
§ 83 Abberufung eines Geschäftsführers oder eines Vorstandsmitglieds ... 228
§ 84 Abreden über die Wahl von Aufsichtsratsmitgliedern ... 232
Kapitel 25. Absprachen zur Finanzierung einer Gesellschaft ... 234
§ 85 Zusage der künftigen Gewährung von Darlehen ... 234
§ 86 Schuldrechtliche Vereinbarungen über Kapitalbeschaffungsmaßnahmen ... 236
§ 87 Erlös- und Liquidationspräferenzen ... 249
§ 88 Verwässerungsschutzklauseln ... 253
Kapitel 26. Vorhand- und Vorkaufsrechte; Andienungspflichten ... 256
§ 89 Andienungsrechte (Verkaufsrecht; Put-Option) ... 257
§ 90 Andienungspflichten und Vorerwerbsrechte ... 261
§ 91 Aufgriffsrechte ... 265
§ 92 Vorkaufs- und Ankaufsrechte ... 266
§ 93 Formerfordernis ... 268
Kapitel 27. Vereinbarungen über Unternehmensgegenstand und Geschäftstätigkeit ... 270
Kapitel 28. Gewinnverteilung ... 272
§ 94 Gesetzliche Regelungen ... 272
§ 95 Nebenvereinbarungen ... 273

Inhaltsübersicht

Kapitel 29. Voraussetzung für ein Abfindungsguthaben 276
§ 96 Beschluss des BGH vom 15.3.2010 – II ZR 4/09 276
§ 97 Inhalt der schuldrechtlichen Vereinbarung über die Abfindung 277
Kapitel 30. Grundvereinbarungen der Muttergesellschaften von Gemeinschaftsunternehmen 279
§ 98 Die Grundvereinbarung 279
§ 99 Verhältnis von Grundvereinbarung und Satzung des Gemeinschaftsunternehmens 285
§ 100 Koordinierung der Laufzeit von Grundvereinbarung und Satzung des Gemeinschaftsunternehmens 287
§ 101 Konzernrechtliche Auswirkungen der Grundvereinbarung 287
Kapitel 31. Beitragspflichten, Verlustübernahmen, Liquiditätszusagen, Patronatserklärungen, Garantieerklärungen 289
§ 102 Beitragspflichten 289
§ 103 Verlustdeckungs- und Liquiditätszusagen 291
§ 104 Patronatserklärungen 294
§ 105 Garantieerklärungen 295
§ 106 Keine Formbedürftigkeit aufgrund von Schenkungsvorschriften 295
Kapitel 32. Das faktische Organ kraft schuldrechtlicher Nebenabrede 296
§ 107 Einführung 296
§ 108 Einrichtung eines fakultativen Gremiums 298
§ 109 Die Übertragung organschaftlicher Befugnisse auf einen schuldrechtlichen Beirat 299
§ 110 Schaffung eines schuldrechtlichen Beirats – Muster 303
Kapitel 33. Pflicht zur Unterlassung von Wettbewerb 306
§ 111 Einführung 306
§ 112 Wettbewerbsverbot kraft Treuepflicht aufgrund schuldrechtlicher Nebenabrede 306
§ 113 Schuldrechtliche Wettbewerbsverbote 308
§ 114 Folgen von Verstößen 312

C. Steuerliche Auswirkungen schuldrechtlicher Nebenvereinbarungen ... 314
Kapitel 34. Erbschaftsteuerrecht 314
Kapitel 35. Untergang steuerlicher Verlustvorträge bei schädlichen Beteiligungserwerben nach §§ 8c, 8d KStG 317
§ 115 Einführung 317
§ 116 Grundtatbestand zum Wegfall steuerlicher Verlustvorträge (§ 8c KStG) ... 319
§ 117 Rückausnahme durch Sanierungsklausel des § 8d KStG 321

D. Kartellrecht und Gesellschaftervereinbarungen 323
Kapitel 36. Überblick über das Kartellrecht 323
Kapitel 37. Relevanz des Kartellrechts für Gesellschaftervereinbarungen .. 324
Kapitel 38. Das Verhältnis von Fusionskontrolle und Kartellverbot 325
§ 118 Prinzip der Doppelkontrolle 325
§ 119 Unterschiedlicher Prüfungsumfang im Fusionskontrollverfahren 325
Kapitel 39. Grundlagen der Fusionskontrolle 327
§ 120 Relevanz, Organisation und Funktion der Fusionskontrolle 327
Kapitel 40. Grundzüge der Fusionskontrolle 329
§ 121 Anmeldepflichtige Vorhaben; Zusammenschlusstatbestände 329
§ 122 Bestehen einer Anmeldepflicht (Schwellenwerte) 334
§ 123 Ablauf des Fusionskontrollverfahrens 338
§ 124 Vollzugsverbot 344
§ 125 Überblick über materielle Kriterien der Prüfung 344

Inhaltsübersicht

Kapitel 41. Fusionskontrollpflicht bei typischen Inhalten von Gesellschaftervereinbarungen ... 347
§ 126 Gemeinschaftsunternehmen und Fusionskontrolle ... 347
§ 127 Minderheitsbeteiligungen ... 350
§ 128 Sukzessiver Erwerb von Anteilen und Rechten ... 351
§ 129 Stimmbindungsvereinbarungen und Stimmrechtspools ... 351
§ 130 Optionsrechte ... 356
§ 131 Vorkaufsrechte ... 359
§ 132 Nutzungsrechte ... 360
§ 133 Sonderrechte für einzelne Gesellschafter ... 360
§ 134 „Passiver Kontrollerwerb" bei Kündigung von Gesellschaftervereinbarungen oder Ausscheiden von Gesellschaftern ... 361
§ 135 Treuhandverhältnisse ... 361

Kapitel 42. Das Verbot wettbewerbsbeschränkender Vereinbarungen (Kartellverbot, Art. 101 AEUV, §§ 1 ff. GWB) ... 363
§ 136 Begriff, Zweck und Reichweite des Kartellverbots ... 363
§ 137 Voraussetzungen des Kartellverbots ... 363
§ 138 Folgen eines Verstoßes gegen das Kartellverbot ... 369

Kapitel 43. Kartellrechtliche Zulässigkeit der Gründung eines Gemeinschaftsunternehmens ... 372
§ 139 Zum Begriff des Gemeinschaftsunternehmens ... 372
§ 140 Die Anwendung des Kartellverbots ... 372
§ 141 Abgrenzungshilfe: Kooperative und konzentrative Gemeinschaftsunternehmen ... 372
§ 142 Fallgruppen nach der Praxis des Bundeskartellamts ... 373
§ 143 Folgen der Anwendbarkeit des Kartellverbots ... 376

Kapitel 44. Zulässigkeit typischer Klauseln in Gesellschaftervereinbarungen ... 377
§ 144 Wettbewerbsverbote ... 377
§ 145 Abwerbeverbote ... 383
§ 146 Lizenzvereinbarungen ... 383
§ 147 Liefer- und Bezugsvereinbarungen ... 383
§ 148 Ergebnispools ... 384
§ 149 Informationsrechte/Informationsaustausch ... 384

E. Gestaltungsmuster ... 387
Kapitel 46. Vollständiges Muster einer Beteiligungs- und Gesellschaftervereinbarung ... 387
Präambel ... 388

Sachverzeichnis ... 405

Inhaltsverzeichnis

Vorwort	V
Verzeichnis der Formulierungsmuster	XXVII
Abkürzungsverzeichnis	XXIX

A. Allgemeiner Teil	1
Kapitel 1. Bedeutung und Gegenstand der Nebenabrede	1
Kapitel 2. Einführung: Zulässigkeit und Risiken von Nebenabreden	9
Kapitel 3. Publizität von Nebenabreden; Transparenzregister	11
§ 1 Einleitung; Grundsatz	11
§ 2 Publizität durch Transparenzregister	11
I. Einleitung	11
II. Anwendungsbereich	12
1. Mitteilungspflichtige Vereinigung	12
2. Wirtschaftlich Berechtigter	12
3. Umfang der Mitteilungspflicht, jährliche Prüfungs- und Compliance-Pflichten	13
4. Angabepflichtige	14
5. Entfallen der Mitteilungspflicht (Meldefiktion)	15
6. Sanktionen	16
7. Einsichtnahme	16
III. Bedeutung für schuldrechtliche Nebenvereinbarungen	17
1. Wirtschaftlich Berechtigter aufgrund schuldrechtlicher Nebenvereinbarung	17
2. Stimmbindungs- und Poolvereinbarungen	18
3. Vereinbarungen zur Personalpolitik (Bestellung der Gesellschaftsorgane, etc.)	19
4. Vereinbarungen zur Unternehmenspolitik	20
5. Sonderrechte (Mehrstimmrecht, Vetorecht, Zustimmungsvorbehalt, etc.)	20
6. Treuhand	21
a) Gesellschaft als Treuhänder	21
b) Natürliche Person als Treuhänder	22
7. Unterbeteiligung und Nießbrauch	23
8. Stille Beteiligung	23
9. Sonstige Rechte (Vorerwerbsrechte, Gewinnverteilung)	24
10. Wirtschaftliche Berechtigung aus sonstigen Gründen	25
11. Keine zivilrechtliche Konsequenzen bei Verstoß gegen Meldepflicht	25
Kapitel 4. Überblick über die auf schuldrechtliche Nebenabreden anwendbaren Rechtsgrundsätze	27
§ 3 Vertragsschluss, Vertragsparteien und Wirkung zugunsten Dritter	27
§ 4 Auslegung, §§ 133, 157 BGB	29
§ 5 Wegfall der Geschäftsgrundlage, § 313 BGB	29
§ 6 Leistungsstörungen, Willensmängel und Grundsätze über die fehlerhaften Gesellschaft	30
§ 7 Recht der Allgemeinen Geschäftsbedingungen	30
§ 8 Anwendung der Vorschriften über die Gesellschaft bürgerlichen Rechts	30

Inhaltsverzeichnis

Kapitel 5. Unterschiede und Abgrenzung von Satzung und Gesellschaftsvertrag auf der einen und Nebenvereinbarung auf der anderen Seite 31
§ 9 Satzung einer Kapitalgesellschaft und Nebenabrede 31
   I. Rechtsnatur von Satzung und Nebenabrede 32
      1. Notwendig echte Satzungsbestandteile 33
      2. Notwendig unechte Satzungsbestandteile 34
      3. Zuordnung durch Ausübung des Gestaltungswahlrechts 34
   II. Form von Satzung und Nebenabrede 36
   III. Auslegung und Umdeutung von Satzung und Nebenabrede 37
      1. Auslegung von Satzungen 37
      2. Auslegung von Gesellschaftervereinbarungen 40
§ 10 Wechselwirkungen von Nebenabrede und Satzung 41
   I. Berücksichtigung von Nebenabreden bei der Satzungsauslegung 41
   II. Konkretisierung von Satzungsgeneralklauseln durch Gesellschaftervereinbarungen 42
   III. Änderung und Bindungswirkung von Satzung und Nebenabrede 42
§ 11 Nebenabreden und Personengesellschaftsvertrag 43
Kapitel 6. Satzungsüberlagernde Nebenabreden 46
§ 12 Problemstellung 46
§ 13 Trennungsprinzip und grundsätzliches Verhältnis zwischen Satzung und Nebenabrede 46
§ 14 Durchbrechungen des Trennungsprinzips 47
   I. Rechtsprechung 47
      1. Urteil des BGH vom 20.1.1983 – II ZR 243/81 („Kernbägel") 47
      2. Urteil des BGH vom 27.10.1986 – II ZR 240/85 48
      3. Urteil des BGH vom 7.6.1993 – II ZR 81/92 49
      4. Urteil des OLG Stuttgart vom 7.2.2001 – 20 U 52/97 50
   II. Stellungnahme 51
Kapitel 7. Umdeutung von Gesellschafterbeschlüssen in schuldrechtliche Nebenvereinbarungen 53
§ 15 Rechtsprechung 53
§ 16 Satzungsdurchbrechende Beschlüsse 55
§ 17 Umdeutung in schuldrechtliche Nebenvereinbarung 57
   I. Voraussetzungen der Umdeutung 57
   II. Rechtsfolgen der Umdeutung 58
§ 18 Schuldrechtliche Vereinbarung eines zustandsbegründenden, satzungsdurchbrechenden Inhalts und zur satzungsdurchbrechenden Beschlussfassung 60
Kapitel 8. Formbedürftigkeit von Nebenabreden 62
§ 19 Grundsatz der Formfreiheit 62
§ 20 Ausnahme vom Grundsatz der Formfreiheit: Formbedürftige Nebenabreden 62
   I. Verpflichtung zu Satzungsänderungen: Änderung unechter und echter Satzungsbestandteile 62
   II. Besondere Formvorschriften 64
Kapitel 9. Nebenvereinbarungen als Gesellschaftsverträge einer Gesellschaft bürgerlichen Rechts 66
§ 21 Zustandekommen des Gesellschaftsverhältnisses 66
   I. Voraussetzung für die Begründung einer Gesellschaft bürgerlichen Rechts 66
   II. Unbeachtlichkeit von Negativklauseln 67
   III. Mehrere Nebenabreden nebeneinander 68

§ 22 Innengesellschaft	68
I. Innengesellschaft im weiteren Sinne	69
II. Innengesellschaft im engeren Sinne	69
§ 23 Fehlerhafte Gesellschaft	69
§ 24 Fehlerhafte Vertragsänderungen	71
I. Typische fehlerhafte Vertragsänderungen	71
II. Rechtsfolge fehlerhafter Vertragsänderungen	71
1. Diskussionsstand	72
2. Insbesondere: Gesellschafterwechsel	72
a) Beitritt	73
b) Ausscheiden	73
c) Kombination aus Beitritt und Ausscheiden	73
d) Beitritt oder Ausscheiden Minderjähriger	74
§ 25 Beendigungstatbestände der Nebenvereinbarung bei Begründung eines Gesellschaftsverhältnisses	74
Kapitel 10. AGB-rechtliche Inhaltskontrolle nach §§ 307 ff. BGB	75
§ 26 Auslegung	75
I. Wortlaut	75
II. Historie	76
III. Systematik sowie Sinn und Zweck	76
§ 27 Abgrenzung von Nebenabreden	78
I. Nebenabrede begründet eine Gesellschaft bürgerlichen Rechts	78
II. Kein Gesellschaftsverhältnis: Auslegung nach Vertragsgegenstand und Vertragsparteien	78
III. Einzelfälle von Nebenabreden	79
1. Depotstimmrechtsverträge	79
2. Stimmrechtsverträge zwischen Gesellschafter	79
3. Treuhandverträge	79
4. Anteilsveräußerungen oder die Belastung von Anteilen mit Rechten Dritter	80
5. Einlageleistungen, Nachschusspflichten und Milestone-Vereinbarungen	80
Kapitel 11. Verhältnis zwischen gesellschafterlicher Treuepflicht und Nebenvereinbarungen	81
§ 28 Einführung: Rechtsnatur der Treuepflicht, Anwendungsbereich und Inhalt	81
§ 29 Konkretisierung der Treuepflicht durch außerstatutarische Abreden	82
I. Nebenvereinbarung und Treuepflicht in der Aktiengesellschaft	82
II. Nebenvereinbarung und Treuepflicht in der GmbH	83
III. Verweis in der Satzung auf die Nebenabrede	83
IV. Stellungnahme	83
§ 30 Treuepflichtverletzung bei Abschluss oder Erfüllung einer Nebenabrede	84
Kapitel 12. Unwirksamkeitstatbestände	86
§ 31 Nichtigkeit gemäß §§ 134, 138 BGB sowie wegen Verstoßes gegen die Treuepflicht	86
I. Einlagenrückgewähr	86
II. Vereinbarungen über die Stimmrechtsausübung	87
1. Stimmenkauf und treupflichtwidrige Stimmausübung	87
2. Abgrenzung des rechtswidrigen Stimmenkaufs zur Stimmbündelung und zu Wahlabsprachen	88
3. Nebenvereinbarung zur Umgehung eines Stimmverbotes	89
4. Stimmbindung zu Gunsten der Verwaltung, § 136 Abs. 2 AktG	89

Inhaltsverzeichnis

a) Voraussetzungen des § 136 Abs. 2 AktG	89
aa) Bindung an Weisungen der Gesellschaft	89
bb) Bindung an Weisungen des Vorstands oder des Aufsichtsrats	90
cc) Bindung an Weisungen abhängiger Unternehmen	90
dd) Bindung an Abstimmungsvorschläge der Verwaltung	90
ee) Analoge Anwendung	90
b) Rechtsfolge des § 136 Abs. 2 AktG	91
c) Keine analoge Anwendung des § 136 Abs. 2 AktG auf Gesellschaften anderer Rechtsform	91
III. Verpflichtung zur unentgeltlichen Rückübertragung entgeltlich erworbener Aktien	92
IV. Knebelung	93
V. Treupflichtwidrigkeit der Nebenabrede	94
§ 32 Nichtigkeit wegen Verstoßes gegen den Gesellschaftsvertrag oder gesellschaftsrechtliche Prinzipien	94
§ 33 Grenzziehung zwischen Nebenabrede und Verbandssouveränität	96
§ 34 Einräumung von Sonderrechten	98
§ 35 Verstoß gegen Gleichbehandlungsgrundsatz	98
I. Gleichbehandlungsgrundsatz	98
II. Gleichbehandlungsgrundsatz und Nebenabreden	99
1. Keine Geltung des Gleichbehandlungsgrundsatzes für Nebenabreden	99
2. Verzicht auf Gleichbehandlungsgrundsatz durch Nebenabrede	100
§ 36 Verbot von Nebenvereinbarungen in Satzung	101
I. Wirksamkeit	101
1. Verbot in der Satzung einer GmbH	101
2. Verbot in der Satzung einer Aktiengesellschaft	101
II. Verstoßfolgen	102
§ 37 Vinkulierungs- und Höchststimmrechtsklauseln und Nebenvereinbarungen	103
§ 38 Scheingeschäft	104
§ 39 Rechtsfolgen bei Teil- oder Gesamtnichtigkeit der Nebenabrede	104
I. Variante 1: Nebenabrede begründete kein Gesellschaftsverhältnis bürgerlichen Rechts	104
II. Variante 2: Nebenabrede begründete ein Gesellschaftsverhältnis bürgerlichen Rechts	105
Kapitel 13. Konzernierung durch Nebenabreden	107
§ 40 Allgemeines	107
§ 41 Schutz im faktischen Aktienkonzern	108
§ 42 Schutz im faktischen GmbH-Konzern	110
Kapitel 14. Fernwirkungen	112
§ 43 Kapitalmarktrecht	112
I. Meldepflichten nach WpHG	112
1. Allgemeines zu §§ 33 ff. WpHG	112
2. Schuldrechtliche Nebenvereinbarungen und § 34 Abs. 2 S. 1 1. HS WpHG	116
3. Schuldrechtliche Nebenvereinbarungen und § 38 Abs. 1 WpHG	118
4. Inhalt und Form von Mitteilungen und Rechtsfolgen unterlassener Mitteilungen	120
II. Übernahmeangebot nach WpÜG	120
III. Insiderrecht	122
§ 44 Zurechnungsvorschriften nach AktG und HGB	124
I. Zurechnungen gemäß § 20 Abs. 1 (i. V. m. § 16 Abs. 4) AktG, § 20 Abs. 2 AktG	124

II. Mitteilungspflichten von Stimmrechtspools	127
1. Stimmrechtspool als Innengesellschaft ohne eigenes Vermögen	127
2. Stimmrechtspool als Aktionär	127
3. Stimmrechtspool als Außengesellschaft ohne eigenes Vermögen	127
§ 45 Beschränkungen des Stimmrechts bei Aktiengesellschaften (§ 134 Abs. 1 S. 2, 3, 4 AktG)	128
§ 46 Konzernabschluss (§ 290 Abs. 3 S. 1, 2 HGB)	128

Kapitel 15. Schutz vor Umgehung gesellschaftsvertraglicher Vinkulierungen und Höchststimmrechte durch Nebenabreden — 129

§ 47 Einleitung	129
§ 48 Vinkulierungsklauseln	129
I. Aktiengesellschaft	129
1. Allgemeines	129
2. Umgehung der Vinkulierungsklausel durch Nebenabrede	130
3. Rechtsfolge bei Verstoß gegen Vinkulierungsklausel	131
II. GmbH	132
1. Allgemeines	132
2. Umgehung der Vinkulierungsklausel durch Nebenabrede	133
3. Rechtsfolge bei Verstoß gegen Vinkulierungsklausel	134
§ 49 Höchststimmrechte	135
I. Aktiengesellschaft	135
1. Allgemeines	135
2. Umgehung der Höchststimmrechtsklausel durch Nebenabrede	136
II. Gesellschaften mit beschränkter Haftung und Gesellschaften anderer Rechtsform	137
§ 50 Fazit	138

Kapitel 16. Gesellschaftervereinbarungen als verdeckte Beherrschungsverträge — 139

§ 51 Persönliche und materielle Anforderungen an Unternehmensverträge	139
§ 52 Formelle Voraussetzungen von Unternehmensverträgen	141
§ 53 Änderung und Aufhebung von Unternehmensverträgen, §§ 295–298 AktG	142
§ 54 Verdeckter Beherrschungsvertrag	142
I. Begriff	142
II. Gesellschaftervereinbarungen als verdeckte Beherrschungsverträge	143
III. Unwirksamkeit eines verdeckten Beherrschungsvertrages	144
IV. Rechtsfolgen der Durchführung eines verdeckten Beherrschungsvertrages	145
1. Lehre von der fehlerhaften Gesellschaft	145
2. §§ 311 ff. AktG	147
3. Analoge Anwendung der §§ 302 ff. AktG	147
4. Grundsätze des qualifiziert faktischen Konzerns / existenzvernichtenden Eingriffs	148
5. Stellungnahme	149

Kapitel 17. Bindungswirkungen und Laufzeit — 151

§ 55 Bindung nur der Vertragsparteien der Nebenabrede	151
I. Bindung inter partes	151
II. Einbeziehung der Gesellschaft als Vertragspartei oder mittels Vertrages zu ihren Gunsten	151
III. Keine Bindung der Gesellschaftsorgane	152
IV. Hinweise für die Kautelarpraxis	152
§ 56 Gesamt- und Einzelrechtsnachfolge	153
I. Einzelrechtsnachfolge	153
1. Gesonderte rechtsgeschäftliche Übernahme notwendig	153

Inhaltsverzeichnis

2. Konkludente Vertragsübernahme	153
3. Gleichlauf von Gesellschafterstellung und Partei der Nebenabrede	154
4. Schicksal des Altgesellschafters	156
II. Gesamtrechtsnachfolge	157
1. Gesamtrechtsnachfolge durch Erbschaft	157
2. Maßnahmen nach dem UmwG	158
§ 57 Laufzeit von Gesellschaftervereinbarungen	160
I. Ausschluss des ordentlichen Kündigungsrechts	160
II. Höchstgrenze für Ausschluss des ordentlichen Kündigungsrechts	160
III. Gestaltungsvarianten zur Harmonisierung der Laufzeiten von Nebenvereinbarung und Gesellschaftsvertrag	161

Kapitel 18. Erfüllung sowie präventive Absicherung der Erfüllung von Nebenvereinbarungen ... 162

§ 58 Erfüllungsanspruch	162
§ 59 Schadenersatzanspruch	163
I. Naturalrestitution	163
II. Schadenersatz in Geld	163
§ 60 Absicherung des Erfüllungsanspruchs	164
I. Kündigung des Vertragsbrüchigen oder Ausschluss aus der Sekundärgesellschaft	164
II. Ausschluss aus der Primärgesellschaft	164
III. Stimmrechtsvollmacht	165
IV. Vertragsstrafe	166

Kapitel 19. Rechtsschutz ... 167

§ 61 Hauptsache- und Eilverfahren vor staatlichen Gerichten	167
I. Hauptsacheverfahren vor staatlichen Gerichten	167
1. Erfüllungsklage	167
a) Zulässigkeit der Erfüllungsklage	167
b) Aktiv- und Passivlegitimation	167
c) Klageantrag (Stimmbindungsvereinbarung)	167
d) Rechtsschutzbedürfnis	168
2. Beschlussanfechtung	168
II. Einstweiliger Rechtsschutz vor staatlichen Gerichten	169
1. Einstweilige Verfügung	169
a) Allgemeines	169
b) Vollziehung eines abredewidrig gefassten Gesellschafterbeschlusses	170
c) Vorwegnahme der Hauptsache (Stimmbindungsvereinbarungen)	170
d) Keine Differenzierung zwischen Stimmabgabe und Unterlassen einer Stimmabgabe	170
e) Einstweilige Verfügung bei Verstößen gegen Stimmbindungsvereinbarung grundsätzlich zulässig	170
f) Verfügungsgrund (Fallgruppen)	172
g) Zusammentreffen von Beschlussfassung und Beschlussausführung	172
h) Beschlüsse von gravierender Bedeutung	172
2. Arrest	172
§ 62 Schiedsverfahren	173
I. Schiedsvereinbarung	173
II. Beschlussmängelstreitigkeiten / Durchbruch auf Ebene der Primärgesellschaft	175
III. Einstweiliger Rechtsschutz im Schiedsverfahren	176
§ 63 Mediation	176
§ 64 Zwangsvollstreckung	177

Kapitel 20. Rechte der nicht an der Gesellschaftervereinbarung Beteiligten 179
§ 65 Informations- und Auskunftsrechte kraft Gesetzes 179
    I. Aktiengesellschaft 179
        1. Allgemeines 179
        2. Angelegenheiten der Gesellschaft und Erforderlichkeit 180
        3. Auskunftsverweigerung 181
        4. Praktische Bedeutung 181
    II. GmbH 181
        1. Allgemeines 181
        2. Angelegenheiten der Gesellschaft 182
        3. Informationsinteresse des auskunftsbegehrenden Gesellschafters? 182
        4. Auskunftsverweigerung 183
§ 66 Auskunftsanspruch kraft Treuepflicht 183
    I. Auskunftsanspruch der Gesellschafter 183
    II. Auskunftsanspruch der Gesellschaft 184
§ 67 Offenlegungspflichten im Vorfeld eines Anteilserwerbs 184
    I. Schuldrechtlicher Auskunftsanspruch 184
    II. Auskunftsanspruch kraft Treuepflicht 185
§ 68 Kontrahierungszwang 185
Kapitel 21. Kollisionsrecht und internationale Zuständigkeit 187
§ 69 Kollisionsrecht 187
    I. Abgrenzung Vertrags- und Gesellschaftsstatut 187
    II. Rechtsprechung 187
        1. RG, Urt. v. 17.6.1939 – II 19/39 187
        2. BGH, Urt. v. 21.9.1995 – VII ZR 248/94 187
    III. Literatur 188
    IV. Stellungnahme 189
    V. Bestimmung des Vertragsstatuts 191
        1. Subjektive Anknüpfung (Rechtswahl) 191
        2. Objektive Anknüpfung 191
§ 70 Internationale Zuständigkeit 192
    I. Beklagter hat seinen Wohnsitz in einem EU-Mitgliedstaat 192
        1. Anwendungsbereich der EuGVVO 192
        2. Gerichtsstand 192
    II. Beklagter hat seinen Wohnsitz nicht in einem EU-Mitgliedstaat 193

B. Besonderer Teil 195
Kapitel 22. Stimmbindungsvereinbarung 196
§ 71 Allgemeines 196
    I. Begriff und Motive 196
    II. Rechtsnatur 197
        1. Innengesellschaft bürgerlichen Rechts 197
        2. Auftrag, Geschäftsbesorgungsvertrag 197
        3. Vertragliche Nebenpflicht 197
        4. Form 198
        5. Zulässigkeit 198
            a) Grundsatz 198
            b) Fallgruppen 198
                aa) Stimmbindung zwischen Gesellschaftern 199
                bb) Stimmbindung gegenüber gesellschaftsfremden Dritten 199
                cc) Stimmbindung gegenüber Gesellschaftsorganen 200

Inhaltsverzeichnis

c) Grenzen der Stimmbindung	201
aa) Stimmverbot des Berechtigten	201
bb) Treuepflicht	202
cc) Stimmenkauf	202
dd) Kartellrecht	205
§ 72 Konsortialvertrag	205
I. Das Urteil des BGH vom 24.11.2008 –	206
II. Das Urteil des BGH vom 13.6.1994 –	207
III. Bewertung	208
IV. Verfahrensregelungen zur Meinungsbildung im Konsortium und Stimmrechtsausübung	210
§ 73 Verträge über die Bestellung von Aufsichtsratsmitgliedern und die Besetzung anderer Organe der Gesellschaft	211
§ 74 Absicherung der Mitgliedschaft im Stimmrechtspool bei Wechsel im Gesellschafterbestand	212
§ 75 Rechtsfolgen der vertragswidrigen Stimmabgabe	213
I. Erfüllungsanspruch	213
II. Schadenersatzanspruch	213
III. Auswirkungen auf den gefassten Beschluss	213
§ 76 Rechtsfolgen bei unwirksamer Stimmbindungsvereinbarung	213
§ 77 Prozessuale Durchsetzung	214
§ 78 Satzungsgestaltungen	214
§ 79 Laufzeit der Stimmbindungsvereinbarung	215
Kapitel 23. Veräußerungsverbote, Veräußerungsrechte und Veräußerungspflichten	217
§ 80 Veräußerungsverbote	217
I. Gesellschaften mit beschränkter Haftung	217
1. Arten von Vinkulierungsklauseln	217
2. Wirkung von Vinkulierungsklauseln und Nebenvereinbarungen	219
II. Aktiengesellschaft	220
§ 81 Mitveräußerungsrechte und -pflichten	221
I. Mitverkaufsrechte („Tag-along"-Rechte)	222
II. Mitverkaufspflichten („Drag-along"-Rechte)	223
III. Regelungsstandort und Zulässigkeitsschranken	224
IV. Formulierungsvorschläge	226
1. Tag along-Klausel	226
a) Variante 1:	226
b) Variante 2:	226
c) Variante 3:	226
2. Drag along-Klausel	227
a) Variante 1:	227
b) Variante 2:	227
Kapitel 24. Bestellung und Abberufung von Mitgliedern des Leitungs- oder Aufsichtsorgans	228
§ 82 Bestellung eines Geschäftsführers oder eines Vorstandsmitglieds	228
§ 83 Abberufung eines Geschäftsführers oder eines Vorstandsmitglieds	228
I. Abberufung eines Geschäftsführers einer GmbH	228
1. Vereinbarung über die Voraussetzungen einer Abberufung	229
2. Stimmbindungsverträge	230
II. Besonderheiten bei der Aktiengesellschaft	231
§ 84 Abreden über die Wahl von Aufsichtsratsmitgliedern	232

Inhaltsverzeichnis

Kapitel 25. Absprachen zur Finanzierung einer Gesellschaft	234
§ 85 Zusage der künftigen Gewährung von Darlehen	234
§ 86 Schuldrechtliche Vereinbarungen über Kapitalbeschaffungsmaßnahmen	236
I. Verpflichtungen zur Kapitalerhöhung	237
II. Unterlassung von Kapitalerhöhungen	241
III. Korporative Regelungen zur Kapitalerhöhung	241
IV. Übernahme der neuen Anteile	241
V. Vereinbarung über schuldrechtliche Mehrleistungen (schuldrechtliches Agio)	244
1. Besonderheiten bei der Aktiengesellschaft	245
2. Schuldrechtliches Agio bei der GmbH	247
VI. Genehmigtes Kapital	247
1. Genehmigtes Kapital bei der Aktiengesellschaft	248
2. Genehmigtes Kapital bei der GmbH	249
§ 87 Erlös- und Liquidationspräferenzen	249
§ 88 Verwässerungsschutzklauseln	253
Kapitel 26. Vorhand- und Vorkaufsrechte; Andienungspflichten	256
§ 89 Andienungsrechte (Verkaufsrecht; Put-Option)	257
§ 90 Andienungspflichten und Vorerwerbsrechte	261
§ 91 Aufgriffsrechte	265
§ 92 Vorkaufs- und Ankaufsrechte	266
§ 93 Formerfordernis	268
Kapitel 27. Vereinbarungen über Unternehmensgegenstand und Geschäftstätigkeit	270
Kapitel 28. Gewinnverteilung	272
§ 94 Gesetzliche Regelungen	272
§ 95 Nebenvereinbarungen	273
Kapitel 29. Voraussetzung für ein Abfindungsguthaben	276
§ 96 Beschluss des BGH vom 15.3.2010 – II ZR 4/09	276
§ 97 Inhalt der schuldrechtlichen Vereinbarung über die Abfindung	277
Kapitel 30. Grundvereinbarungen der Muttergesellschaften von Gemeinschaftsunternehmen	279
§ 98 Die Grundvereinbarung	279
I. Formvorschriften	280
II. Typischer Inhalt von Grundvereinbarungen	280
1. Allgemeine Regelungen zum Unternehmenskonzept	281
2. Auflösung einer Pattsituation (deadlock)	281
a) Lösungsvarianten	281
b) Deadlock-Klausel	282
3. Exit-Optionen	282
a) „Russian Roulette"-Klausel	283
b) „Texan Shoot-out"-Klausel	284
4. Erwerbsvorrechte	284
5. Mitverkaufs- und Mitnahmerechte	285
6. Sonstige Regelungen	285
§ 99 Verhältnis von Grundvereinbarung und Satzung des Gemeinschaftsunternehmens	285
§ 100 Koordinierung der Laufzeit von Grundvereinbarung und Satzung des Gemeinschaftsunternehmens	287
§ 101 Konzernrechtliche Auswirkungen der Grundvereinbarung	287
Kapitel 31. Beitragspflichten, Verlustübernahmen, Liquiditätszusagen, Patronatserklärungen, Garantieerklärungen	289
§ 102 Beitragspflichten	289

Inhaltsverzeichnis

§ 103 Verlustdeckungs- und Liquiditätszusagen	291
I. Verlustdeckungszusage	291
II. Liquiditätszusage	292
§ 104 Patronatserklärungen	294
§ 105 Garantieerklärungen	295
§ 106 Keine Formbedürftigkeit aufgrund von Schenkungsvorschriften	295
Kapitel 32. Das faktische Organ kraft schuldrechtlicher Nebenabrede	296
§ 107 Einführung	296
§ 108 Einrichtung eines fakultativen Gremiums	298
I. Abgrenzung zum fakultativen Aufsichtsrat gemäß § 52 GmbHG	298
II. Bildung eines fakultativen Gremiums	298
§ 109 Die Übertragung organschaftlicher Befugnisse auf einen schuldrechtlichen Beirat	299
I. Zulässigkeit der Übertragung organschaftlicher Befugnisse	299
II. Überwachung der Geschäftsführung ohne Übertragung organschaftlicher Befugnisse	300
III. Beteiligung von Nichtgesellschaftern im Beirat	302
§ 110 Schaffung eines schuldrechtlichen Beirats – Muster	303
Kapitel 33. Pflicht zur Unterlassung von Wettbewerb	306
§ 111 Einführung	306
§ 112 Wettbewerbsverbot kraft Treuepflicht aufgrund schuldrechtlicher Nebenabrede	306
I. Wettbewerbsverbot zu Lasten von Gesellschaftern	306
II. Wettbewerbsverbot kraft Treuepflicht durch schuldrechtliche Nebenabrede	307
§ 113 Schuldrechtliche Wettbewerbsverbote	308
I. Notwendigkeit schuldrechtlicher Wettbewerbsverbote	308
II. Zulässigkeit	308
III. Inhaltliche Ausgestaltung und gesetzliche Grenzen	309
1. Gesellschafter einer GmbH	309
2. Aktionäre einer Aktiengesellschaft	312
IV. Vertragsstrafe	312
§ 114 Folgen von Verstößen	312
C. Steuerliche Auswirkungen schuldrechtlicher Nebenvereinbarungen	314
Kapitel 34. Erbschaftsteuerrecht	314
Kapitel 35. Untergang steuerlicher Verlustvorträge bei schädlichen Beteiligungserwerben nach §§ 8c, 8d KStG	317
§ 115 Einführung	317
§ 116 Grundtatbestand zum Wegfall steuerlicher Verlustvorträge (§ 8c KStG)	319
I. Vermittlung des Tatbestandsmerkmals des „Nahestehens" durch Gesellschaftervereinbarungen	320
II. Vermittlung des Tatbestandsmerkmals der „gleichgerichteten Interessen" durch Gesellschaftervereinbarungen	320
§ 117 Rückausnahme durch Sanierungsklausel des § 8d KStG	321
D. Kartellrecht und Gesellschaftervereinbarungen	323
Kapitel 36. Überblick über das Kartellrecht	323
Kapitel 37. Relevanz des Kartellrechts für Gesellschaftervereinbarungen	324
Kapitel 38. Das Verhältnis von Fusionskontrolle und Kartellverbot	325
§ 118 Prinzip der Doppelkontrolle	325
§ 119 Unterschiedlicher Prüfungsumfang im Fusionskontrollverfahren	325

Inhaltsverzeichnis

Kapitel 39. Grundlagen der Fusionskontrolle 327
§ 120 Relevanz, Organisation und Funktion der Fusionskontrolle 327
Kapitel 40. Grundzüge der Fusionskontrolle 329
§ 121 Anmeldepflichtige Vorhaben; Zusammenschlusstatbestände 329
    I. Kontrollerwerb 329
        1. Begriff der Kontrolle 330
        2. Erwerb der alleinigen Kontrolle 330
        3. Erwerb der gemeinsamen Kontrolle 331
        4. Änderung der Kontrolle 332
    II. Anteils- oder Stimmrechtserwerb 332
    III. Erwerb eines wettbewerblich erheblichen Einflusses 333
§ 122 Bestehen einer Anmeldepflicht (Schwellenwerte) 334
    I. Beteiligte Unternehmen 334
    II. Berechnung der maßgeblichen Umsätze 335
    III. Schwellenwerte 336
        1. Deutsche Fusionskontrolle 336
        2. EU-Fusionskontrolle 337
    IV. Ausnahmen von der Anmeldepflicht 337
    V. Die Person des Erwerbers: Unternehmen, Privatperson, Staat 338
§ 123 Ablauf des Fusionskontrollverfahrens 338
    I. Verfahren beim Bundeskartellamt 338
        1. Anmeldung 338
        2. Vorprüfverfahren 339
        3. Hauptprüfverfahren 339
        4. Kosten und Vollzugsanzeige 339
    II. Verfahren bei der EU-Kommission 340
        1. Voranmeldeverfahren 340
        2. Phase I (Voruntersuchungsphase) 340
        3. Phase II (Hauptverfahren) 342
        4. Vereinfachtes Verfahren 343
    III. Rechtsschutz 343
§ 124 Vollzugsverbot 344
§ 125 Überblick über materielle Kriterien der Prüfung 344
Kapitel 41. Fusionskontrollpflicht bei typischen Inhalten von
        Gesellschaftervereinbarungen 347
§ 126 Gemeinschaftsunternehmen und Fusionskontrolle 347
    I. Gemeinschaftsunternehmen und EU-Fusionskontrolle 347
        1. Anmeldepflicht nur bei Vollfunktion 347
        2. Änderung der Tätigkeit des Gemeinschaftsunternehmens 348
    II. Gemeinschaftsunternehmen und deutsche Fusionskontrolle 349
        1. Begriffsverständnis 349
        2. Besonderheiten im Vergleich zum EU-Recht 350
§ 127 Minderheitsbeteiligungen 350
§ 128 Sukzessiver Erwerb von Anteilen und Rechten 351
§ 129 Stimmbindungsvereinbarungen und Stimmrechtspools 351
    I. Überblick über relevante Konstellationen 351
    II. Übertragung der Stimmrechtsausübung auf einen anderen
        Gesellschafter 352
    III. Verpflichtung zweier oder mehrerer Gesellschafter zum einheitlichen
        Stimmverhalten (Stimmrechtspools, Stimmfolgevereinbarungen) 353
    IV. Stimmbindungsverträge ohne Einigungszwang 355
    V. Stimmrechtsbindung bei kontrollierenden Gesellschaftern 355
    VI. Stimmrechtsbeschränkungen 355

Inhaltsverzeichnis

VII. Gründung einer Vorschalt-/Holdinggesellschaft zur Stimmrechtsausübung	356
VIII. Konsortial-, Schutzgemeinschaftsverträge u. ä.	356
§ 130 Optionsrechte	356
I. Kontrollerwerb	356
1. Ausübung der Option	357
2. Einräumung der Option	357
II. Anteilserwerb und wettbewerblich erheblicher Einfluss	358
§ 131 Vorkaufsrechte	359
§ 132 Nutzungsrechte	360
§ 133 Sonderrechte für einzelne Gesellschafter	360
§ 134 „Passiver Kontrollerwerb" bei Kündigung von Gesellschaftervereinbarungen oder Ausscheiden von Gesellschaftern	361
§ 135 Treuhandverhältnisse	361
Kapitel 42. Das Verbot wettbewerbsbeschränkender Vereinbarungen (Kartellverbot, Art. 101 AEUV, §§ 1 ff. GWB)	363
§ 136 Begriff, Zweck und Reichweite des Kartellverbots	363
§ 137 Voraussetzungen des Kartellverbots	363
I. Handlungsformen	363
II. Unternehmen als Adressaten des Kartellverbots	364
III. Bezweckte oder bewirkte Wettbewerbsbeschränkung	364
IV. Ausnahmen vom Tatbestand des Kartellverbots	365
V. Konzernprivileg	365
VI. Freistellung vom Kartellverbot	366
1. Art. 101 Abs. 3 / § 2 Abs. 1 GWB	366
2. Gruppenfreistellungsverordnungen	367
3. Im deutschen Recht: Mittelstandskartelle (§ 3 GWB)	367
VII. Bagatellfälle	368
§ 138 Folgen eines Verstoßes gegen das Kartellverbot	369
I. Zivilrechtliche Folgen	369
II. Kartellverfahren	370
Kapitel 43. Kartellrechtliche Zulässigkeit der Gründung eines Gemeinschaftsunternehmens	372
§ 139 Zum Begriff des Gemeinschaftsunternehmens	372
§ 140 Die Anwendung des Kartellverbots	372
§ 141 Abgrenzungshilfe: Kooperative und konzentrative Gemeinschaftsunternehmen	372
§ 142 Fallgruppen nach der Praxis des Bundeskartellamts	373
I. Der unkritische Fall: Typ U	374
II. Regelvermutung der Unzulässigkeit: Typ A	374
III. Erweiterung der Regelvermutung: Typ B	374
IV. Kritischer Informationsfluss: Typ C	375
§ 143 Folgen der Anwendbarkeit des Kartellverbots	376
Kapitel 44. Zulässigkeit typischer Klauseln in Gesellschaftervereinbarungen	377
§ 144 Wettbewerbsverbote	377
I. Überblick	377
II. Wettbewerbsverbot zulasten des Gemeinschaftsunternehmens	377
III. Wettbewerbsverbot zwischen den Gesellschaftern	378
IV. Kriterien für die Zulässigkeit des Wettbewerbsverbots zugunsten des Gemeinschaftsunternehmens	378
1. Legitime Zwecke eines Wettbewerbsverbots	378

2. Erforderliche Begrenzung des Wettbewerbsverbots	379
3. Einfluss auf das Gemeinschaftsunternehmen	379
V. Nachvertragliche Wettbewerbsverbote	380
1. Ausscheiden eines Gesellschafters	381
2. Auflösung des Gemeinschaftsunternehmens	381
VI. Rechtsfolgen bei zu weiten Wettbewerbsverboten	382
VII. Zur Vertragsgestaltung	382
§ 145 Abwerbeverbote	383
§ 146 Lizenzvereinbarungen	383
§ 147 Liefer- und Bezugsvereinbarungen	383
§ 148 Ergebnispools	384
§ 149 Informationsrechte/Informationsaustausch	384
E. Gestaltungsmuster	387
Kapitel 46. Vollständiges Muster einer Beteiligungs- und Gesellschaftervereinbarung	387
Präambel	388
Sachverzeichnis	405

Verzeichnis der Formulierungsmuster

Formulierungsvorschlag	Fundstelle
Vertragsstrafeklausel	Kap. 18 Rn. 18
Regelung der Stimmrechtsausübung im Konsortialvertrag	Kap. 22 Rn. 53
Mitverkaufsrechte: Tag along-Klausel, Variante 1	Kap. 23 Rn. 29
Mitverkaufsrechte: Tag along-Klausel, Variante 2	Kap. 23 Rn. 30
Mitverkaufsrechte: Tag along-Klausel, Variante 3	Kap. 23 Rn. 31
Mitverkaufspflichten: Drag along-Klausel, Variante 1	Kap. 23 Rn. 32
Mitverkaufspflichten: Drag along-Klausel, Variante 2	Kap. 23 Rn. 33
Kapitalerhöhungsverpflichtung	Kap. 25 Rn. 13
Kapitalerhöhungsverpflichtung: Höchstbetragsklausel	Kap. 25 Rn. 15
Kapitalerhöhungsverpflichtung: Klarstellung der Anspruchsberechtigung	Kap. 25 Rn. 18
Schuldrechtliches Agio (Vereinbarung eines Aufgelds bei Aktienerwerb)	Kap. 25 Rn. 37
Erlösvorzugsklausel	Kap. 25 Rn. 52
Erlösvorzugsklausel: Definition des Exit-Falls	Kap. 25 Rn. 53
Erlösvorzugsklausel: Anrechnungselement	Kap. 25 Rn. 55
Erlösverteilungsvereinbarung bei Erlösvorzugsklausel	Kap. 25 Rn. 57
Klausel zur Vermeidung eines „double dip": Zahlung des auf die PreMoney-Bewertung entfallenden Betrags an die Gründer	Kap. 25 Rn. 60
Put-Option (Andienungsrecht)	Kap. 26 Rn. 16
Deadlock-Klausel	Kap. 30 Rn. 12
Russian Roulette-Klausel	Kap. 30 Rn. 18
Texan Shoot-out-Klausel	Kap. 30 Rn. 19
Schuldrechtliche Einrichtung eines Beirats	Kap. 32 Rn. 22
Vollständiges Muster einer Gesellschaftervereinbarung	Kap. 46 Rn. 1

Abkürzungsverzeichnis
mit abgekürzt zitierter Literatur

aA	anderer Ansicht
abl.	ablehnend
ABl.	Amtsblatt
ABl. EG	Amtsblatt der Europäischen Gemeinschaft
ABl. EU	Amtsblatt der Europäischen Union
Abs.	Absatz
Abschlussprüfer-RL	Richtlinie 2006/43/EG über Abschlussprüfungen von Jahresabschlüssen und konsolidierten Abschlüssen (Abschlussprüferrichtlinie)
abw.	abweichend
AcP	Archiv für die civilistische Praxis (Zeitschrift)
ADS/*Bearbeiter*	*Adler/Düring/Schmaltz,* Rechnungslegung und Prüfung der Unternehmen, 6. Aufl. 1994 ff.
aE	am Ende
AEUV	Vertrag über die Arbeitsweise der Europäischen Union
aF	alte Fassung
AG	Aktiengesellschaft; Amtsgericht; Die Aktiengesellschaft (Zeitschrift)
AGB	Allgemeine Geschäftsbedingungen
AktG	Aktiengesetz
Allgem.	allgemein(e/er/es)
allgemM	allgemeine Meinung
Alt.	Alternative
Amtl.	amtlich
Amtl. Begr	amtliche Begründung
AN	Arbeitnehmer
Andres/Leithaus/*Bearbeiter*, InsO	*Andres/Leithaus,* Insolvenzordnung, Kommentar, 4. Aufl. 2018
AnfG	Anfechtungsgesetz
Angerer/Geibel/Süßmann/*Bearbeiter*, WpÜG	*Angerer/Geibel/Süßmann,* Wertpapiererwerbs- und Übernahmegesetz, Kommentar, 3. Aufl. 2017
Anh.	Anhang
Anm.	Anmerkung(en)
AO	Abgabenordnung
APS/*Bearbeiter*	*Assmann/Pötzsch/Schneider,* Wertpapiererwerbs- und Übernahmegesetz, Kommentar, 3. Aufl. 2019
AR	Aufsichtsrat; Der Aufsichtsrat (Zeitschrift)
ArbGG	Arbeitsgerichtsgesetz
ARRL	RL 2007/36/EG über die Ausübung bestimmter Rechte von Aktionären in börsennotierten Gesellschaften (Aktionärsrechte-RL)
ARRL II	RL 2017/828 (EU) zur Änderung der RL 2007/36/EG im Hinblick auf die Förderung der langfristigen Mitwirkung der Aktionäre (Zweite Aktionärsrechte-RL)
Art.	Artikel
ARUG	Gesetz zur Umsetzung der Aktionärsrechterichtlinie

Abkürzungsverzeichnis

ARUG II	Gesetz zur Umsetzung der Zweiten Aktionärsrechterichtlinie
Assmann/Schneider/Mülbert/ *Bearbeiter*	*Assmann/Schneider/Mülbert,* Wertpapierhandelsgesetz, Kommentar, 7. Aufl. 2019
Assmann/Schütze/ *Bearbeiter*	*Assmann/Schütze,* Handbuch des Kapitalanlagerechts, 4. Aufl. 2015
Aufl.	Auflage
AusschussB	Ausschussbericht
Az.	Aktenzeichen
BaFin	Bundesanstalt für Finanzdienstleistungsaufsicht
BAG	Bundesarbeitsgericht
BAGE	Entscheidungen des Bundesarbeitsgerichts
BAnz.	Bundesanzeiger
Baumbach/Hopt/ *Bearbeiter,* HGB ...	*Baumbach/Hopt,* Handelsgesetzbuch, Kommentar, 39. Aufl. 2020
Baumbach/ Hueck/*Bearbeiter,* GmbHG	*Baumbach/Hueck,* GmbHG, Kommentar, 22. Aufl. 2019
BayObLG	Bayerisches Oberstes Landesgericht
BB	Betriebs-Berater (Zeitschrift)
Bd.	Band
BDSG	Bundesdatenschutzgesetz
BeckBilKo/ *Bearbeiter*	Beck'scher Bilanz-Kommentar, 11. Aufl. 2018
BeckHdB AG/ *Bearbeiter*	Beck'sches Handbuch der Aktiengesellschaft, 3. Aufl. 2018
BeckNotar-HdB/ *Bearbeiter*	Beck'sches Notarhandbuch, 7. Aufl. 2019
BeckRS	Beck'sche Rechtsprechungssammlung (Online)
Begr	Begründung
Beil.	Beilage
Beschl.	Beschluss
betr.	betreffend
BetrAVG	Gesetz zur Verbesserung der betrieblichen Altersversorgung
BetrVG	Betriebsverfassungsgesetz 1972
BeurkG	Beurkundungsgesetz
BFH	Bundesfinanzhof
BFHE	Sammlung der Entscheidungen und Gutachten des Bundesfinanzhofs
BGB	Bürgerliches Gesetzbuch
BGBl.	Bundesgesetzblatt
BGH	Bundesgerichtshof
BGHSt	Entscheidungen des Bundesgerichtshofs in Strafsachen
BGHZ	Entscheidungen des Bundesgerichtshofs in Zivilsachen
BilMoG	Bilanzrechtsmodernisierungsgesetz
BiRiLiG	Bilanzrichtlinien-Gesetz
BKartA	Bundeskartellamt
BKR	Zeitschrift für Bank- und Kapitalmarktrecht
BMF	Bundesministerium der Finanzen
BMJV	Bundesministerium der Justiz und für Verbraucherschutz
BMWi	Bundesministerium für Wirtschaft und Energie

Abkürzungsverzeichnis

BNotO	Bundesnotarordnung
Bork/Schäfer/*Bearbeiter*, GmbHG	*Bork/Schäfer*, GmbHG, Kommentar, 4. Aufl. 2019
BörsenZ	Börsenzeitung
BörsG	Börsengesetz
BR	Bundesrat
BR-Drucks	Bundesrats-Drucksache
BSG	Bundessozialgericht
BSGE	Entscheidungen des Bundessozialgerichts
Bsp.	Beispiel
BStBl.	Bundessteuerblatt
BT	Bundestag
BT-Dr(uck)s.	Bundestags-Drucksache
BVerfG	Bundesverfassungsgericht
BVerfGE	Entscheidungen des Bundesverfassungsgerichts
BVerwG	Bundesverwaltungsgericht
BVerwGE	Entscheidungen des Bundesverwaltungsgerichts
bzgl	bezüglich
BZRG	Bundeszentralregistergesetz
bzw.	beziehungsweise
CCZ	Corporate Compliance Zeitschrift
CEO	Chief Executive Officer
COVFAG (auch COVID-19-AbmilderungsG)	Gesetz zur Abmilderung der Folgen der COVID-19-Pandemie im Zivil-, Insolvenz- und Strafverfahrensrecht
COVInsAG	Gesetz zur vorübergehenden Aussetzung der Insolvenzantragspflicht und zur Begrenzung der Organhaftung bei einer durch die COVID-19-Pandemie bedingten Insolvenz (COVID-19-Insolvenzaussetzungsgesetz)
COVMG	Gesetz über Maßnahmen im Gesellschafts-, Genossenschafts-, Vereins-, Stiftungs- und Wohnungseigentumsrecht zur Bekämpfung der Auswirkungen der COVID-19-Pandemie
COVuR	COVID-19 und Recht (Zeitschrift)
CR	Computer und Recht (Zeitschrift)
D&O-Versicherung	Directors' & Officers' Liability Insurance
DAV	Deutscher Anwalt-Verein
DB	Der Betrieb (Zeitschrift)
DBW	Die Betriebswirtschaft (Zeitschrift)
DCGK	Deutscher Corporate Governance Kodex
DepotG	Depotgesetz
ders.	derselbe
dh	das heißt
dies.	dieselbe(n)
DJT	Deutscher Juristentag
DNotZ	Deutsche Notar-Zeitschrift
DrittelbG	Drittelbeteiligungsgesetz
DRiZ	Deutsche Richterzeitung (Zeitschrift)
DSR	Deutscher Standardisierungsrat

XXXI

Abkürzungsverzeichnis

DStR	Deutsches Steuerrecht (Zeitschrift)
DZWIR	Deutsche Zeitschrift für Wirtschafts- und Insolvenzrecht
E	Entwurf
eA	eine Ansicht
EBITDA	Earnings before Interest, Taxes, Depreciation and Amortization
EBJS/*Bearbeiter*	*Ebenroth/Boujong/Joost/Strohn*, Handelsgesetzbuch, Kommentar, 3. Aufl. 2014
EBT	Earnings before Taxes
eG	eingetragene Genossenschaft
EG	Einführungsgesetz; Europäische Gemeinschaft
EGAktG	Einführungsgesetz zum Aktiengesetz
EGBGB	Einführungsgesetz zum Bürgerlichen Gesetzbuch
EGGmbHG	Einführungsgesetz zum GmbH-Gesetz
EGHGB	Einführungsgesetz zum Handelsgesetzbuch
EHUG	Gesetz über elektronische Handelsregister und Genossenschaftsregister sowie das Unternehmensregister
Einf.	Einführung
Einl.	Einleitung
Emmerich/Habersack/*Bearbeiter*, Konzernrecht	*Emmerich/Habersack*, Konzernrecht, 10. Aufl. 2013
Empf.	Empfehlung (insbesondere des DCGK 2020)
Entspr.	entsprechend
Erl.	Erlass; Erläuterung(en)
EStG	Einkommensteuergesetz
EU	Europäische Union
EuGH	Gerichtshof der Europäischen Union
EUR	Euro
EuZW	Europäische Zeitschrift für Wirtschaftsrecht
eV	eingetragener Verein
evtl.	eventuell
EWG	Europäische Wirtschaftsgemeinschaft
EWiR	Entscheidungen zum Wirtschaftsrecht
EWIV	Europäische wirtschaftliche Interessenvereinigung
EWR	Europäischer Wirtschaftsraum
EWS	Europäisches Wirtschafts- und Steuerrecht (Zeitschrift)
f., ff.	folgende(r/s)
FamFG	Gesetz über das Verfahren in Familiensachen und in den Angelegenheiten der freiwilligen Gerichtsbarkeit
FEE	Fédération des Experts Comptables Européens
FG	Finanzgericht
FGPrax	Praxis der Freiwilligen Gerichtsbarkeit (Zeitschrift)
Fn.	Fußnote
FS	Festschrift
G.	Gesetz
GbR	Gesellschaft bürgerlichen Rechts
Gehrlein/Born/Simon/*Bearbeiter*, GmbHG	*Gehrlein/Born/Simon*, GmbHG, Kommentar, 3. Aufl. 2018

Abkürzungsverzeichnis

gem.	gemäß
GenG	Genossenschaftsgesetz
GesR-RL	RL (EU) 2017/1132 über bestimmte Aspekte des Gesellschaftsrechts
Geßler/*Bearbeiter*	*Geßler*, Aktiengesetz, Kommentar, Loseblatt
GewO	Gewerbeordnung
GewStG	Gewerbesteuergesetz
GG	Grundgesetz für die Bundesrepublik Deutschland
gg.	gegen
ggf.	gegebenenfalls
ggü.	gegenüber
GK-AktG/*Bearbeiter*	Großkommentar zum Aktiengesetz, 3. Aufl. 1970 ff, 4. Aufl. 1992 ff.
GK-GmbHG	s. Habersack/Casper/Löbbe bzw. Ulmer/Habersack/Löbbe
GK-HGB/*Bearbeiter*	*Ensthaler*, Gemeinschaftskommentar zum HGB mit UN-Kaufrecht, 8. Aufl. 2015
GLE	gleichlautende Erlasse (deutscher Bundesländer)
GmbH	Gesellschaft mit beschränkter Haftung
GmbHG	Gesetz betreffend die Gesellschaften mit beschränkter Haftung
GmbHR	GmbH-Rundschau (Zeitschrift)
GNotKG	Gerichts- und Notarkostengesetz
GO	Gemeindeordnung
GoA	Geschäftsführung ohne Auftrag
GoB	Grundsätze ordnungsmäßiger Buchführung
GoÜ	Grundsätze ordnungsgemäßer Überwachung
grds.	grundsätzlich
Grds.	Grundsatz (insbesondere des DCGK 2020)
Grigoleit/*Bearbeiter*	*Grigoleit*, Aktiengesetz, 2. Aufl. 2020
GS	Gedächtnisschrift
GuV	Gewinn- und Verlustrechnung
GVBl.	Gesetz- und Verordnungsblatt
GVG	Gerichtsverfassungsgesetz
GWB	Gesetz gegen Wettbewerbsbeschränkungen
GWR	Gesellschafts- und Wirtschaftsrecht (Zeitschrift)
Habersack/Casper/Löbbe/*Bearbeiter*, GmbHG	*Habersack/Löbbe*, GmbHG, Großkommentar, Bd. 1, 3. Aufl. 2019
Habersack/Henssler/*Bearbeiter*, MitbestG	*Habersack/Henssler*, Mitbestimmungsrecht, Kommentierung des MitbestG, des DrittelbG und der §§ 34 bis 38 SEBG, 4. Aufl. 2018
Hachenburg/*Bearbeiter*, GmbHG	*Hachenburg*, Gesetz betreffend die Gesellschaften mit beschränkter Haftung (GmbHG), Großkommentar, 8. Aufl. 1991 ff.
Hs.	Halbsatz
HdB	Handbuch
Henssler/Strohn/*Bearbeiter*	*Henssler/Strohn*, Gesellschaftsrecht, Kommentar, 4. Aufl. 2019

Abkürzungsverzeichnis

Heidel/*Bearbeiter*	*Heidel,* Nomos-Kommentar zum Aktienrecht und Kapitalmarktrecht, 4. Aufl. 2014
HFA	Hauptfachausschuss des Instituts der Wirtschaftsprüfer in Deutschland e. V.
HGB	Handelsgesetzbuch
HGrG	Haushaltsgrundsätzegesetz
HK-HGB	*Heidel/Schall,* Handkommentar zum Handelsgesetzbuch, 3. Aufl. 2019
hL	herrschende Lehre
hM	herrschende Meinung
Hölters/*Bearbeiter*	*Hölters,* Aktiengesetz, Kommentar, 3. Aufl. 2017
HR	Handelsregister
Hrsg.	Herausgeber
HRV	Handelsregisterverordnung
Hüffer/*Koch*	*Hüffer/Koch,* Aktiengesetz, Kommentar, 13. Aufl. 2018
HV	Hauptversammlung
HV-Beschluss	Hauptversammlungsbeschluss
IAS	International Accounting Standards
idF	in der Fassung
idR	in der Regel
idS	in diesem Sinne
IDW	Institut der Wirtschaftsprüfer
IDW S	IDW Standard
iE	im Ergebnis
ieS	im engeren Sinne
IFRS	International Financing Reporting Standards
IHK	Industrie- und Handelskammer
inkl	inklusive
insbes	insbesondere
insges	insgesamt
InsO	Insolvenzordnung
InvG	Investmentgesetz
IPO	Initial Public Offering
IPR	Internationales Privatrecht
IPRax	Praxis des internationalen Privat- und Verfahrensrechts (Zeitschrift)
IRC	Internal Revenue Code (USA)
iRd	im Rahmen des/der
IRS	Internal Revenue Service (USA)
IRZ	Zeitschrift für Internationale Rechnungslegung
ISA	International Standards on Auditing
iSd	im Sinne des/der
IstR	Internationales Steuerrecht (Zeitschrift)
iSv	im Sinne von
iÜ	im Übrigen
iVm	in Verbindung mit
iwS	im weiteren Sinne
jur.	juristisch(e/er/es)
JW	Juristische Wochenschrift (Zeitschrift)
JZ	Juristenzeitung (Zeitschrift)

Abkürzungsverzeichnis

K. Schmidt GesR	*K. Schmidt*, Gesellschaftsrecht (Unternehmensrecht II), 5. Aufl. 2017
K. Schmidt/Lutter/*Bearbeiter*	*K. Schmidt/Lutter*, Aktiengesetz, Kommentar, 3. Aufl. 2015
KAGG	Gesetz über Kapitalanlagegesellschaften
Kallmeyer/*Bearbeiter*	*Kallmeyer*, Umwandlungsgesetz, Kommentar, 6. Aufl. 2017
KapCoRiLiG	Kapitalgesellschaften-und-Co-Richtlinie-Gesetz
KapErhG	Gesetz über die Kapitalerhöhung aus Gesellschaftsmitteln und über die Verschmelzung von Gesellschaften mit beschränkter Haftung
Keidel/*Bearbeiter*	*Keidel*, Gesetz über das Verfahren in Familiensachen und die Angelegenheiten der freiwilligen Gerichtsbarkeit, Kommentar, 19. Aufl. 2017
KE	Kapitalerhöhung
KfH	Kammer für Handelssachen
KG	Kammergericht; Kommanditgesellschaft
KGaA	Kommanditgesellschaft auf Aktien
KKRD/*Bearbeiter*	Koller/Kindler/Roth/Drüen, Handelsgesetzbuch, Kommentar, 9. Aufl. 2019
KonTraG	Gesetz zur Kontrolle und Transparenz im Unternehmensbereich
Krafka/*Bearbeiter*	*Krafka*, Registerrecht, 11. Aufl. 2019
krit.	kritisch
KSchG	Kündigungsschutzgesetz
KStG	Körperschaftsteuergesetz
KStR	Körperschaftsteuer-Richtlinien
KTS	Zeitschrift für Konkurs-, Treuhand- und Schiedsgerichtswesen; ab 1989: Zeitschrift für Insolvenzrecht – Konkurs, Treuhand, Sanierung
KWG	Gesetz über das Kreditwesen
LAG	Landesarbeitsgericht
LG	Landgericht
lit.	litera (Buchstabe)
Lit.	Literatur
LM	Nachschlagewerk des BGH (Losebl), hrsg von Lindenmaier, Möhring ua, 1951 ff.
LMK	Kommentierte BGH-Rechtsprechung Lindenmaier/Möhring
LMRKM/*Bearbeiter*	Loewenheim/Meessen/Riesenkampff/Kersting/Meyer-Lindemann, Kartellrecht, Kommentar, 4. Aufl. 2020
LS	Leitsatz
Lutter/*Bearbeiter*	*Lutter*, Umwandlungsgesetz, Kommentar, 6. Aufl. 2019
Lutter/Hommelhoff/*Bearbeiter*	*Lutter/Hommelhoff*, GmbHG, Kommentar, 20. Aufl. 2019
M&A	Mergers and Acquisitions
m. Anm.	mit Anmerkung
MAR	VO (EU) Nr. 596/2014 über Marktmissbrauch (Marktmissbrauchsverordnung)
MDR	Monatsschrift für deutsches Recht (Zeitschrift)

Abkürzungsverzeichnis

MHdB GesR I/ *Bearbeiter*	Münchener Handbuch des Gesellschaftsrechts, Bd 1: BGB-Gesellschaft, Offene Handelsgesellschaft, Partnerschaftsgesellschaft, Partenreederei, EWIV, 5. Aufl. 2019
MHdB GesR II/ *Bearbeiter*	Münchener Handbuch des Gesellschaftsrechts, Bd 2: Kommanditgesellschaft, GmbH & Co. KG, Publikums-KG, Stille Gesellschaft, 5. Aufl. 2019
MHdB GesR III/ *Bearbeiter*	Münchener Handbuch des Gesellschaftsrechts, Bd 3: Gesellschaft mit beschränkter Haftung, 5. Aufl. 2018
MHdB GesR IV/ *Bearbeiter*	Münchener Handbuch des Gesellschaftsrechts, Bd 4: Aktiengesellschaft, 4. Aufl. 2015
MHdB GesR VII/ *Bearbeiter*	Münchener Handbuch des Gesellschaftsrechts, Bd 7: Gesellschaftsrechtliche Streitigkeiten (Corporate Litigation), 6. Aufl. 2020
MHdB GesR VIII/ *Bearbeiter*	Münchener Handbuch des Gesellschaftsrechts, Bd 8: Umwandlungsrecht, 5. Aufl. 2018
MHLS/ *Bearbeiter*, GmbHG	*Michalski/Heidinger/Leible/J. Schmidt*, GmbHG, 3. Aufl. 2017
Mio.	Million(en)
MitbestErgG	Mitbestimmungsergänzungsgesetz
MitbestG	Gesetz über die Mitbestimmung der Arbeitnehmer
MüKoAktG/ *Bearbeiter*	Münchener Kommentar zum Aktiengesetz, 5. Aufl. 2019 ff.
MüKoBGB/ *Bearbeiter*	Münchener Kommentar zum Bürgerlichen Gesetzbuch, 8. Aufl. 2018 ff.
MüKoBilanzR/ *Bearbeiter*	Münchener Kommentar zum Bilanzrecht, 2009
MüKoHGB/ *Bearbeiter*	Münchener Kommentar zum Handelsgesetzbuch, 4. Aufl. 2016 ff.
MüKoInsO/ *Bearbeiter*	Münchener Kommentar zur Insolvenzordnung, 4. Aufl. 2019
MoMiG	Gesetz zur Modernisierung des GmbH-Rechts und zur Bekämpfung von Missbräuchen
MontanMitbestG	Montan-Mitbestimmungsgesetz
mwN	mit weiteren Nachweisen
mWv	mit Wirkung vom
Nachw.	Nachweis
NaStraG	Gesetz zur Namensaktie und zur Erleichterung der Stimmrechtsausübung (Namensaktiengesetz)
nF	neue Fassung
NJOZ	Neue Juristische Online-Zeitschrift
NJW	Neue Juristische Wochenschrift (Zeitschrift)
NJW-RR	NJW-Rechtsprechungs-Report Zivilrecht (Zeitschrift)
Nr.	Nummer
NStZ	Neue Zeitschrift für Strafrecht
NVwZ	Neue Zeitschrift für Verwaltungsrecht

Abkürzungsverzeichnis

NZA	Neue Zeitschrift für Arbeitsrecht
NZG	Neue Zeitschrift für Gesellschaftsrecht
oÄ	oder Ähnliches
OECD	Organisation für wirtschaftliche Zusammenarbeit und Entwicklung
Oetker/*Bearbeiter*	*Oetker*, Handelsgesetzbuch, Kommentar, 6. Aufl. 2019
OGH	Oberster Gerichtshof (insb. österreichischer)
OHG	Offene Handelsgesellschaft
OLG	Oberlandesgericht
OLGR	OLG-Report, Schnelldienst zur Zivilrechtsprechung der Oberlandesgerichte (Entscheidungssammlung)
OLGZ	Rechtsprechung der Oberlandesgerichte in Zivilsachen einschließlich der freiwilligen Gerichtsbarkeit (aufgegangen seit 1995 in FGPrax)
OWiG	Gesetz über Ordnungswidrigkeiten
Palandt/*Bearbeiter*, BGB	*Palandt*, Bürgerliches Gesetzbuch, Kommentar, 79. Aufl. 2020
PCGK	Public Corporate Governance Kodex
PublG	Gesetz über die Rechnungslegung von bestimmten Unternehmen und Konzernen (Publizitätsgesetz)
Raiser/Veil	*Raiser/Veil*, Recht der Kapitalgesellschaften, 6. Aufl. 2015
RdA	Recht der Arbeit (Zeitschrift)
RefE	Referentenentwurf
RegE	Regierungsentwurf
REIT	Real Estate Investment Trust
RG	Reichsgericht
RGZ	Entscheidungen des Reichsgerichts in Zivilsachen
RIW	Recht der internationalen Wirtschaft (Zeitschrift)
RL	Richtlinie
Rn.	Randnummer(n)
Roth/Altmeppen/*Bearbeiter*, GmbHG	*Roth/Altmeppen*, GmbHG, Kommentar, 9. Aufl. 2019
Rpfleger	Der deutsche Rechtspfleger (Zeitschrift)
Rspr.	Rechtsprechung
RVG	Rechtsanwaltsvergütungsgesetz
S.	Satz; Seite
s.	siehe
ScheckG	Scheckgesetz
Schmidt-Kessel/*Bearbeiter*	*Schmidt-Kessel/Leutner/Müther*, Handelsregisterrecht, Kommentar, 2010
Scholz/*Bearbeiter*, GmbHG	*Scholz*, Kommentar zum GmbHG, 12. Aufl. 2018
Schwark/Zimmer/*Bearbeiter*	Schwark/Zimmer, Kapitalmarktrechts-Kommentar, 4. Aufl. 2010
SE	Societas Europaea; Europäische Aktiengesellschaft
SEBG	SE-Beteiligungsgesetz
SEC	Securities and Exchange Commission (USA)

Abkürzungsverzeichnis

Semler/Stengel/*Bearbeiter*, UmwG	*Semler/Stengel*, Umwandlungsgesetz, Kommentar, 4. Aufl. 2017
SE-VO	SE-Verordnung
Slg.	Sammlung (der Entscheidungen des EuGH)
sog.	sogenannt
SpruchG	Spruchverfahrensgesetz
st	ständigstopp
Staub/*Bearbeiter*	*Staub*, Handelsgesetzbuch, Kommentar, 5. Aufl. 2010 ff.
Staudinger/*Bearbeiter*	*von Staudinger*, Bürgerliches Gesetzbuch, Kommentar, Neubearbeitung
StGB	Strafgesetzbuch
StPO	Strafprozessordnung
str	streitig
st. Rspr.	ständige Rechtsprechung
TUG	Transparenzrichtlinie-Umsetzungsgesetz
Tz.	Teilziffer; Textziffer
ua	und andere; unter anderem
UAbs.	Unterabsatz
uä	und ähnlich(e/es)
Übernahme-RL	Richtlinie 2004/25/EG betreffend Übernahmeangebote (Übernahmerichtlinie)
UBGG	Gesetz über Unternehmensbeteiligungsgesellschaften
UG	Unternehmergesellschaft (Haftungsbeschränkt)
Uhlenbruck/*Bearbeiter*, InsO	*Uhlenbruck*, Insolvenzordnung, Kommentar, 15. Aufl. 2019
Ulmer/Habersack/Löbbe/*Bearbeiter*, GmbHG	*Ulmer/Habersack/Löbbe*, GmbHG – Gesetz betreffend die Gesellschaften mit beschränkter Haftung, Großkommentar, Bde. 1–3, 2. Aufl. 2013; Bd. 1 s. *Habersack/Casper/Löbbe*
UMAG	Gesetz zur Unternehmensintegrität und zur Modernisierung des Anfechtungsrechts
UmwG	Umwandlungsgesetz
unstr.	unstreitig
US	United States
USA	United States of America
UStG	Umsatzsteuergesetz
usw.	und so weiter
uU	unter Umständen
UWG	Gesetz gegen den unlauteren Wettbewerb
v.	von; vom
va	vor allem
VAG	Versicherungsaufsichtsgesetz
VerkProspG	Verkaufsprospektgesetz
VersR	Versicherungsrecht (Zeitschrift)
VG	Verwaltungsgericht
vgl	vergleiche
VO	Verordnung

Abkürzungsverzeichnis

Vorb.	Vorbemerkung(en)
VVaG	Versicherungsverein auf Gegenseitigkeit
VVG	Gesetz über den Versicherungsvertrag
VwGO	Verwaltungsgerichtsordnung
WG	Wechselgesetz
WiB	Wirtschaftsrechtliche Beratung (Zeitschrift)
Wicke, GmbHG	*Wicke,* GmbHG, Kommentar, 3. Aufl. 2016
Widmann/Mayer/*Bearbeiter*	*Widmann/Mayer,* Umwandlungsrecht, Kommentar, Loseblatt
Wiedemann/*Bearbeiter* KartellR-HdB	*Wiedemann,* Handbuch des Kartellrechts, 4. Aufl. 2020
WM	Wertpapier-Mitteilungen (Zeitschrift)
WP	Wirtschaftsprüfer, Wirtschaftsprüfung
WPg	Die Wirtschaftsprüfung (Zeitschrift
WP-Hdb	*Institut der Wirtschaftsprüfer in Deutschland eV* (Hrsg.), Wirtschaftsprüfer-Handbuch, Bd. I, 16. Aufl. 2019
WpHG	Gesetz über den Wertpapierhandel
WPO	Wirtschaftsprüferordnung
WpPG	Wertpapierprospektgesetz
WpÜG	Wertpapiererwerbs- und Übernahmegesetz
WpÜG-Angebots-VO	WpÜG-Angebotsverordnung
WuW	Wirtschaft und Wettbewerb (Zeitschrift)
z.	zu, zum
zB	zum Beispiel
ZBB	Zeitschrift für Bankrecht und Bankwirtschaft
ZCG	Zeitschrift für Corporate Governance
ZfA	Zeitschrift für Arbeitsrecht
ZfB	Zeitschrift für Betriebswirtschaft
ZGR	Zeitschrift für Unternehmens- und Gesellschaftsrecht
ZHR	Zeitschrift für das gesamte Handels- und Wirtschaftsrecht
Ziff	Ziffer(n)
ZIP	Zeitschrift für Wirtschaftsrecht und Insolvenzpraxis
Zöller/*Bearbeiter,* ZPO	*Zöller,* Zivilprozessordnung, Kommentar, 32. Aufl. 2018
ZPO	Zivilprozessordnung
ZRFG	Zeitschrift für Risk, Fraud und Governance
ZRP	Zeitschrift für Rechtspolitik
zT	zum Teil
zust.	zustimmend
zutr.	zutreffend
ZVG	Gesetz über die Zwangsversteigerung und die Zwangsverwaltung
zw.	zweifelhaft
ZZP	Zeitschrift für Zivilprozess

A. Allgemeiner Teil

Kapitel 1. Bedeutung und Gegenstand der Nebenabrede

„Gesellschaftervereinbarungen" – auch Nebenvereinbarungen oder Nebenabreden zum Gesellschaftsvertrag genannt – sind ein Phänomen der Praxis, mit denen die Vertragschließenden von der gesetzlichen Vorstellung, der Gesellschaftsvertrag sei die Grundlage der Gesellschaft, abweichen und mit denen die Vertragschließenden – zumeist Gesellschafter – nahezu alle Bereiche der Gesellschaft losgelöst vom Gesellschaftsvertrag – ihn ergänzend, ihm aber auch widersprechend – regeln (können). Gesellschaftervereinbarungen sind also schuldrechtliche Vereinbarungen, die alle oder mehrere Gesellschafter, auch unter Beteiligung gesellschaftsfremder Dritter, bei oder nach Gründung einer Gesellschaft außerhalb des Gesellschaftsvertrages oder als unechten Bestandteil des Gesellschaftsvertrages in diesem treffen und in denen sie ihre Rechtsverhältnisse untereinander ergänzend zum oder abweichend vom Gesellschaftsvertrag regeln.[1] Nebenvereinbarungen binden nur die an ihnen beteiligten Gesellschafter – entweder nur einzelne, ganze Gruppen oder alle – und bedürfen grundsätzlich keiner Form.[2] Sie können das Verhältnis der Gesellschafter zueinander und auch zur Gesellschaft regeln. 1

In der Rechtspraxis kommen schuldrechtliche Nebenvereinbarungen bei allen Gesellschaftstypen vor.[3] Bei Kapitalgesellschaften dienen sie beispielsweise dazu, vom streng kapitalistischen Prinzip – die Rechte bestimmen sich nach den Kapitalanteilen – abzuweichen und das Mehrheitsprinzip in die eine oder andere Richtung zu durchbrechen. Bei Kapitalgesellschaften tritt hinzu, dass – bei der Aktiengesellschaft besonders ausgeprägt – die Satzung bestimmte Regelungen enthalten muss und – von gesetzlich zugelassenen, fakultativen Regelungen abgesehen – keine weiteren Regelungen enthalten darf. Bei Personengesellschaften spielen Nebenabreden oftmals dann eine Rolle, wenn es im Gesellschafterkreis zu Gruppenbildungen kommt, etwa bei Personengesellschaften mit mehreren Familienstämmen.[4] 2

Die in der Rechtspraxis anzutreffenden Ausgestaltungen und Varianten von Nebenabreden sind vielgestaltig. Eine besondere Ausprägung ist das (Beteiligungs-)**Konsortium,** das – im Unterschied zu bloßen Stimmrechtspools oder Stimmrechtskonsortien – dem gemeinsamen Erwerb und Halten von Anteilen an einer Personen- oder Kapitalgesellschaft dient, wobei das Konsortium nicht selbst am Rechtsverkehr teilnimmt, sondern sich auf Verwaltung und Kontrolle der Beteiligung beschränkt;[5] in wessen Eigentum die Anteile hierbei stehen, ist von Fall zu Fall verschieden. Entweder stehen diese im Gesamthandeigentum der Gesellschafter oder werden treuhänderisch von dem Konsortialführer auf gemeinsame Rechnung gehalten. 3

In der Praxis häufig sind sogenannte **Schutzgemeinschaftsverträge.** In aller Regel kommen sie bei Familiengesellschaften vor und werden zwischen nahestehenden Gesellschaftern, zumeist Familienmitgliedern, abgeschlossen. Sie sollen einen Überfremdungs- 4

---

[1] *Solveen* in: Hölters, AktG § 23 Rn. 39.
[2] BGH, Urt. v. 25.9.1986 – II ZR 272/85, NJW 1987, 890 (891); BGH, Urt. v. 10.1.1983 – II ZR 243/81, NJW 1983, 1910; *Felten* DStR 2010, 1261; *Felten* ZEV 2010, 627; *Kramer* GmbHR 2010, 1023.
[3] *Hoffmann-Becking* ZGR 1994, 442.
[4] *Winter* ZHR 154 (1990), 259, 262.
[5] *Noack,* Gesellschaftervereinbarungen bei Kapitalgesellschaften, 1994, S. 191 ff.; *Westermann,* FS Bezzenberger, 2000, S. 449 ff.; BGH, Urt. v. 21.4.1969 – II ZR 199/67, WM 1969, 790; R.G, Urt. v. 16.10.1925 – III 650/24, RGZ 111, 405; R.G, Urt. v. 17.6.1939 – II 19/39, RGZ 161, 296; R.G 7.2.1936 – II 207/35, DNotZ 1936, 564; OLG Saarbrücken, Urt. v. 12.7.1979 – 8 U 14/78, AG 1980, 26 f.; *Hartmann/Hartmann,* FS Werner, 1984, S. 217 ff.; *Janberg/Schlaus* AG 1967, 34; *Ulmer* in: MüKoBGB vor § 705 Rn. 68.

A.

schutz durch Veräußerungs- und Erwerbsbeschränkungen bewirken und so der dauerhaften Sicherung des gemeinsamen Einflusses auf das Beteiligungsunternehmen dienen. Sie begründen bei Vorliegen der weiteren Voraussetzungen eine bloße Innengesellschaft.[6] Die Schutzgemeinschaft ist in der Regel nicht selbst Eignerin der Anteile. Diese verbleiben vielmehr weiter im Eigentum der Schutzgemeinschaftsmitglieder. Im Falle der Gesamtrechtsnachfolge in den Anteil eines Schutzgemeinschaftsmitglieds tritt der Erbe auch in den Schutzgemeinschaftsvertrag als Gesamtrechtsnachfolger ein. Für Anteilsübertragungen außerhalb von Fällen der Gesamtrechtsnachfolge muss der Beitritt zum Schutzgemeinschaftsvertrag durch Einziehungs- oder Kündigungsklauseln erzwungen werden. Für den Fall des Ausscheidens eines Gesellschafters aus der Schutzgemeinschaft sehen die Verträge häufig Übertragungspflichten auf übernahmewillige Familienmitglieder gegen Zahlung eines Entgelts vor.[7]

5 Der wohl bekannteste und häufigste Typus einer Gesellschaftervereinbarung ist der **Stimmbindungsvertrag**,[8] der zumeist nicht nur das konkrete Abstimmungsverhalten in einer Gesellschafterversammlung zum Gegenstand hat, sondern auch einen der Gesellschafterversammlung vorangehenden Prozess, in dem das Abstimmungsverhalten in der späteren Gesellschafterversammlung festgelegt wird. Zu unterscheiden hiervon ist die Beschränkung des Stimmrechts, beispielsweise dergestalt, auf die eigene Stimmabgabe zu verzichten oder zugunsten anderer Gesellschafter eine widerrufliche oder unwiderrufliche Stimmrechtsvollmacht zu erteilen. Kritisch ist die Stimmrechtsbindung an Vorgaben Dritter.

6 Häufig sind in der Kautelarpraxis auch **Absprachen zur Personalpolitik** zu finden, beispielsweise zur Bestellung von Gesellschaftsorganen.[9] Auch dieser Typus der Nebenabrede weist wiederum Untervarianten auf. Bei den Besetzungsabreden kann es sich um Regelungen zu Ausgestaltung und Besetzung obligatorischer Gesellschaftsorgane oder fakultativer, etwa einen Beirat, handeln. Geregelt werden kann nicht nur die Bestellung von Gesellschaftsorganen, sondern auch deren Abberufung und der Bestellung vorgelagert das Auswahlverfahren. Auch können Sonderrechte einzelner Gesellschafter oder Gesellschaftergruppen begründet werden, etwa in Form eines Initiativ- oder Vorschlagsrechts. Satzungsregelungen zu fakultativen Aufsichtsorganen – etwa dem fakultativen Beirat – sind rechtlich grundsätzlich zulässig, wobei dann wiederum zu unterscheiden sein wird, ob sie schuldrechtlichen Charakter haben (und dann nur die an der Abrede Beteiligten binden), oder echte Satzungsbestandteile darstellen (und damit auch neu eintretende Gesellschafter, die nicht an der Abrede beteiligt sind, binden). Bei Gesellschaften mit Pflichtaufsichtsräten wie etwa bei der AG oder nach dem Mitbestimmungs- oder dem Drittelbeteiligungsgesetz sind rechtlich verbindliche Abreden über die Bestellung von Mitgliedern der Geschäftsleitungsorgane durch Aufsichtsräte nicht möglich, weil gemäß § 84 AktG (gegebenenfalls iVm. § 51 GmbHG) der Aufsichtsrat den Vorstand bzw. die Geschäftsführung wählt.[10] Auch in solchen Fällen funktionieren Besetzungsabreden aber zumindest faktisch. Insbesondere in mitbestimmten Unternehmen kann durch Nebenvereinbarungen die gesetzliche Mitbestimmung auf Unternehmensebene erweitert werden, etwa durch Einräumung zusätzlicher Informations- oder Beteiligungsrechte, die Zuwahl weiterer Arbeitnehmervertreter in den Aufsichtsrat oder die Schaffung der Position eines Arbeitsdirektors im Vorstand, auch wenn dieser nicht zwingend vorgesehen ist.[11]

---

6 *Schrötter* NJW 1979, 2592 ff.; *Baumann/Reiß* ZGR 1989, 157, 162 ff.; *Hopt* ZGR 1997, 1 ff.; *Westermann*, FS Bezzenberger, 2000, S. 448 ff.; *Zutt* ZHR 155 (1991), 213 ff.; BGH, Urt. v. 13.6.1994 – II ZR 38/93, NJW 1994, 2536; BGH, Urt. v. 3.2.1966 – II ZR 230/63, WM 1966, 511; BGH, Urt. v. 14.5.1970 – II ZR 136/68, WM 1970, 962; BGH, Urt. v. 25.9.1986 – II ZR 272/85, NJW 1987, 890.
7 BGH, Urt. v. 13.6.1994 – II ZR 38/93, BGHZ, 126, 226, 235 f. = NJW 1994, 2536 – Schutzgemeinschaft I.
8 *Zutt* ZHR 155 (1991), 190.
9 *Joussen*, Gesellschafterabsprachen neben Satzung und Gesellschaftsvertrag, 1995, S. 6.
10 *Baumann/Reiß* ZGR 1989, 157, 189; *Hoffmann-Becking* in: MHdB GesR IV § 28 Rn. 25; BGH, Urt. v. 3.7.1975 – II ZR 35/73, NJW 1975, 1657, AG 1975, 242 ff., mit Anmerkung *Mertens* AG 1975, 245 f.
11 *Joussen*, Gesellschafterabsprachen neben Satzung und Gesellschaftsvertrag, 1995, S. 7.

Kap. 1. Bedeutung und Gegenstand der Nebenabrede A.

Eine weitere wichtige Fallgruppe von Nebenvereinbarungen sind **Absprachen zur** 7
Unternehmenspolitik, beispielsweise durch Regelungen zur Einflussnahme auf bestimmte unternehmerische Entscheidungen der Geschäftsführung oder auf die Aufstellung von Investitions- oder Finanzplänen. Denkbar ist auch eine mittelbare Einflussnahme auf unternehmerische Entscheidungen durch Regelungen über den Inhalt von Geschäftsordnungen oder über Konsultationspflichten der Geschäftsführer mit Gesellschafterausschüssen. Schließlich kann die Nebenvereinbarung vorsehen, dass ein Kollegialorgan einstimmig entscheiden muss, obwohl nach Satzung oder Geschäftsordnung einfache Mehrheit ausreicht.

Nebenabreden können auch den **Unternehmensgegenstand** gegenüber der Regelung 8
im Gesellschaftsvertrag präzisieren. Dieser Weg wird häufig gewählt, wenn der eigentliche – konkretisierte – Unternehmensgegenstand nicht aus dem Handelsregister ersichtlich sein, d. h. öffentlich bekannt werden soll, die Gesellschafter im Verhältnis untereinander und im Verhältnis zur Gesellschaft einen präzisen Unternehmensgegenstand – beispielsweise die Errichtung und den Betrieb einer bestimmten Produktionsanlage an einem bestimmten Ort – aber verbindlich regeln wollen.

Nebenabreden können zudem unmittelbar in die **Organisationsstruktur** von Gesell- 9
schaften eingreifen, indem sie Gesellschafterrechte beschneiden oder vermehren. Denkbar sind beispielsweise die Begründung von Sonderrechten jeder Art, etwa von Garantieausschüttungen, die Begründung von Informations- und Einsichtsrechten oder die Stärkung von Rechten von Minderheits- gegenüber Mehrheitsgesellschaftern, wenn durch den Einstieg des Minderheitsgesellschafters die Beteiligung unter 25 % bleiben soll (vgl. § 37 Abs. 1 Nr. 3 lit. b) GWB). Denkbar sind Entsenderechte in Gesellschaftsorgane, Abberufungsvorbehalte, die Einräumung von Sperrminoritäten jenseits gesetzlicher Regelungen, die Begründung von Vetorechten in der Gesellschafterversammlung oder in Vorversammlungen, deren Beschlüsse für das Stimmverhalten der durch die Nebenvereinbarung gebundenen Gesellschafter in der Gesellschafterversammlung verbindlich sind. In diese Kategorie von Nebenvereinbarungen fallen auch Absprachen über die Schaffung weiterer fakultativer Gesellschaftsorgane, etwa eines beratenden oder weisungsberechtigten Beirats und auch die Verschiebung des Organisationsgefüges zwischen Gesellschaftsorganen beispielsweise zwischen Geschäftsführung und Gesellschafterversammlung bei der GmbH oder zwischen Vorstand, Aufsichtsrat und Hauptversammlung bei der Aktiengesellschaft. Zwar mag die verbindliche Regelung solcher Organisationsverschiebungen im Einzelnen rechtlich schwierig sein, weil insbesondere das Organisationsrecht der Aktiengesellschaft starr und unflexibel ist. Durch Zusammenarbeits- und Bemühensklauseln kann aber zumindest faktisch die Organisationsverschiebung erreicht werden.

Durch Nebenabreden können auch fakultative Gesellschaftsorgane (wie Beirat, Gesell- 10
schafterausschuss, Lenkungsausschuss), die mit Dritten besetzt werden sollen, geschaffen werden, um beispielsweise externe Expertise zu verpflichten. In diesem Zusammenhang könnte die Nebenabrede etwa regeln, dass sich die Gesellschafterversammlung dem nach Maßgabe der Nebenvereinbarung getroffenen Votum der extern besetzten Gremien anzuschließen hat. So wird zumindest auf Gesellschafterebene eine Bindung an Entscheidungen Dritter sichergestellt, die dadurch die Unternehmensgeschicke lenken können. Ob die Gesellschafterversammlung durch mehr oder weniger verbindliche Beschlussvorschläge solcher Gremien vorbereitet wird, ob solche Gremien aus eigener Initiative oder nur auf Anrufung durch einen Gesellschafter hin entscheiden, gleich ob verbindlich oder nur beratend, ist der Phantasie der Vertragschließenden überlassen. Jegliche Spielarten sind denkbar und kommen in der Praxis vor. Über Nebenabreden können aber nicht nur Besetzungs-, Wahl- und Abberufungsabreden getroffen werden, sondern beispielsweise die Geschäftsführungsbefugnis durch Zustimmungsvorbehalte zugunsten nebenvertraglich bestimmter Gremien eingeschränkt oder im Kollegialgeschäftsführungsorgan qualifizierte Mehrheits- oder Einstimmigkeitserfordernisse vorgesehen werden.

3

11 Große praktische Bedeutung haben Nebenvereinbarungen auch bei **Gemeinschaftsunternehmen**. Bei Gemeinschaftsunternehmen regeln die Beteiligten oftmals nicht nur ihr Zusammenwirken in der Gesellschafterversammlung der Tochtergesellschaft, sondern auch ihre Liefer- und Leistungsbeziehungen mit der Tochtergesellschaft. Letztlich geht es hier um die Beschränkung der wirtschaftlichen Handlungsfähigkeit der gemeinsamen Tochter gegenüber Dritten. Solche Verträge sind kartellrechtsrelevant. In wieder anderen Fällen geht es um Kooperationen, beispielsweise um das Know-how der Tochter zu sichern. Denkbar ist auch die Absicherung der Verwendung von Darlehen oder liquiden Mitteln aus Kapitalerhöhungen in Sanierungssituationen. Auch hier versuchen bestimmte Anteilseigner(-gruppen), Einfluss auf die Gesellschaft zu erlangen, um die Verwendung ihrer Mittel zu kontrollieren. Diesen Erscheinungen von Nebenvereinbarungen ist gemein, dass die Schaffung und Sicherung von Einflussmöglichkeiten auf die Gesellschaft mit besonderen wirtschaftlichen Interessen verknüpft sind.

12 Die vorstehenden Beispiele belegen, dass Nebenvereinbarungen nur einzelne Aspekte, aber auch die Gesamtheit des gesellschafterlichen Zusammenwirkens erfassen und unterschiedlichste Regelungsgegenstände aufweisen können. Eine abschließende Aufzählung der in der Rechtspraxis vorkommenden Varianten und Fallgestaltungen ist nicht möglich; den Typus Nebenvereinbarung gibt es nicht. Nebenvereinbarungen können sogar zu einem den Gesellschaftsvertrag vollständig überlagernden Regelungswerk werden.

13 Die Bindungswirkung einer Gesellschaftervereinbarung ist eingeschränkt. Die Gesellschaftervereinbarung bindet – im Unterschied zu Gesellschaftsvertrag und Satzung, die per se für neu eintretende Gesellschafter gelten – nur die an ihr Beteiligten. Es ist daher in der Kautelarpraxis darauf zu achten, dass die Gesellschafter, für die die Vereinbarung gelten soll, etwa Mitglieder eines bestimmten Familienstammes, immer zugleich auch Partei der Nebenvereinbarung sind. Insbesondere im Falle des Gesellschafterwechsels durch rechtsgeschäftliche Nachfolge muss ein Gleichlauf zwischen Gesellschafterstellung (oder Zugehörigkeit zu einer bestimmten Gesellschaftergruppe) und Bindung an die Nebenvereinbarung durch Parteistellung sichergestellt werden. In Betracht kämen Kündigungs- und Einziehungsklauseln zu den Anteilen an der Gesellschaft, um sicherzustellen, dass ein neuer Gesellschafter, der verpflichtet ist, der Nebenabrede beizutreten, dieser auch tatsächlich beitritt, daneben die Übertragung der Anteile auf einen Treuhänder oder die Einbringung der Anteile der an der Gesellschaftervereinbarung Beteiligten in das Vermögen einer (separaten) Personengesellschaft, weswegen der einzelne Gesellschafter über sie nicht mehr wirksam verfügen könnte.[12]

14 Über Veräußerungs- und Verfügungsverbote zu Gesellschaftsanteilen kann, um neue Gesellschafter in die Nebenvereinbarung zu zwingen, sichergestellt werden, dass nur an Personen veräußert werden kann, die Partei der Nebenvereinbarung sind oder werden.[13] Eine andere Möglichkeit, die Bindung neu in eine Gesellschaft eintretender Gesellschafter an die Nebenabrede sicherzustellen, besteht darin, schon das Ausscheiden des übertragungswilligen Gesellschafters so lange zu verhindern, bis der übernahmebereite Neugesellschafter der Nebenabrede beitritt. Erreicht werden könnte dies durch die ausschließliche Zulassung von Anteilsübertragungen, die auf den Beitritt des Erwerbers zur Nebenvereinbarung bedingt sind, ferner in der Begründung von Vorkaufsrechten iVm. Andienungspflichten,[14] wobei für die Aktiengesellschaft zu berücksichtigen ist, dass eine Vereinbarung eines Vorkaufsrechts über Aktien nach § 68 Abs. 2 AktG nicht zulässig ist.

---

[12] *von der Osten* GmbHR 1993, 798, 800; BGH, Urt. v. 12.12.1966 – II ZR 41/65, BGHZ 46, 291, 296 = NJW 1967, 826; BGH, Beschl. v. 3.11.1980 – II ZB 1/79, BGHZ 78, 311 = NJW 1981, 682; BGH, Urt. v. 13.4.1992 – II ZR 277/90, BGHZ 118, 83, 99 = NJW 1992, 2222; *K. Schmidt*, Gesellschaftsrecht, 4. Aufl. 2002, § 45 I 2a).
[13] Vgl. LG Hannover, Urt. v. 29.5.1992 – 23 O 64 und 77/91, WM 1992, 1239, 1243 f.
[14] *Westermann/Klingberg*, FS Quack, 1991, S. 545, 547 ff.

Es ist aber auch Vorsorge für die Beendigung der Gesellschaftervereinbarung durch 15
Zeitablauf zu treffen, die, weil es sich bei der Gesellschaftervereinbarung um ein schuldrechtliches Geschäft handelt, spätestens nach dreißigjähriger Bindung endet.

Als Sanktionen für Verstöße gegen eine Nebenvereinbarung durch einen an ihr Beteiligten sind zunächst Vertragsstrafen denkbar. Vorstellbar sind aber auch auf einen künftigen Vertragsverstoß bereits jetzt vereinbarte aufschiebend bedingte Abtretungen der Anteile an einen anderen Gesellschafter oder an mehrere andere Gesellschafter. Stimmbindungswidrige Stimmrechtsausübungen können zudem durch die Erteilung unwiderruflicher Stimmrechtsvollmachten an eine bestimmte oder bestimmbare Person verhindert werden.[15] 16

Neben der flexiblen Ausgestaltung des Innenverhältnisses der Gesellschaft sind Gesellschaftervereinbarungen in der Praxis auch aus Geheimhaltungsgründen sehr beliebt. Denn Gesellschaftervereinbarungen sind – anders als die Satzungen von Kapitalgesellschaften – nicht im Handelsregister hinterlegt und daher nicht öffentlich (seit EHUG[16] elektronisch) einsehbar, was insbesondere für Beteiligungs- und Konsortialverträge mit ihren zumeist sehr umfangreichen Regelungen von höchstem Interesse für die Beteiligten ist. Die Gesellschafter, die zugleich Parteien der Nebenvereinbarung sind, sind nicht, grundsätzlich auch nicht nach § 51a GmbHG, verpflichtet, Bestehen und Inhalt der Nebenvereinbarung den übrigen Gesellschaftern mitzuteilen.[17] Anderes gilt nur dann, wenn die GmbH selbst Partei der Nebenvereinbarung ist oder ihr aus der Nebenvereinbarung Rechte zustehen, weil Schuldner des Auskunftsanspruchs nach § 51a GmbHG (nur) die GmbH (und nicht ein Gesellschafter) ist; Auskunft muss lediglich dann erteilt werden, wenn sie im Gesellschaftsinteresse liegt.[18] Insbesondere heikle Nebenabreden wie solche über die Zusammensetzung des Gesellschafterkreises, die Besetzung von Gesellschaftsorganen, Stimmbindungen, Vorerwerbsrechte, künftige Geschäftspolitik, Auflösung, Umwandlung oder den Verkauf der Gesellschaft und Regelungen in Beteiligungsverträgen über den Einstieg von Private Equity oder Venture-Capital-Kapitalgebern oder bei Joint-Ventures sind damit der Einsichtnahme durch nicht hieran beteiligte Gesellschafter entzogen. 17

Wichtig ist die Geheimhaltung auch bei Klauseln über die Finanzierung der Gesellschaft, 18
beispielsweise bei Kapitalerhöhungen, bei Vereinbarungen zu Bilanzierung und Gewinnausschüttung, zur Gewährung von Gesellschafterdarlehen, zu Liefer- und Bezugspflichten von Gesellschaftern und ihren Gesellschaften, zu Wettbewerbsverboten, zu Verlustübernahmeverpflichtungen, zur Höhe des Abfindungsguthabens, über die Abtretung von Gesellschaftsanteilen bei Eintritt bestimmter Voraussetzungen und über den Ausstieg („Exit") von Kapitalgebern (Mitveräußerungsrechte, Mitveräußerungspflichten).

Dieser Vorteil der Geheimhaltung ist seit dem 1.10.2017 erheblich eingeschränkt. Am 19
26.6.2017 trat das Gesetz[19] zur Umsetzung der Vierten EU-Geldwäscherichtlinie in Kraft, mit dem insbesondere das Geldwäschegesetz (GwG) geändert wurde. Seit dem 1.10.2017 sind erstmals die gesetzlichen Vertreter juristischer Personen des Privatrechts und eingetragener Personengesellschaften sowie Trustees und Treuhänder bestimmter Rechtsgestaltungen („mitteilungspflichtige Vereinigungen") verpflichtet, Angaben über ihre „wirtschaftlich Berechtigten" an das Transparenzregister zu melden. Wirtschaftlich Berechtigte sind natürliche Personen, die unmittelbar oder mittelbar beherrschenden Einfluss auf die Vereinigung ausüben, sei es aufgrund einer Beteiligung in Höhe von 25 % an der Vereinigung, sei es aufgrund der Kontrolle von 25 % der Stimmrechte oder sei es durch Kontrolle der Vereinigung auf vergleichbare Weise. Durch schuldrechtliche Nebenvereinbarungen, wie z. B. Stimmbindungsverträge, ist es denkbar, dass eine natürliche Person zum

---

[15] *Baumann/Reiß* ZGR 1989, 157, 184.
[16] Gesetz über elektronische Handelsregister und Genossenschaftsregister sowie das Unternehmensregister vom 10.11.2006, BGBl. I 2006, 2553 ff.
[17] Hanseatisches OLG Hamburg, Beschl. v. 30.4.1993 – 11 W 13/93, DStR 1993, 808; *Zöllner/Noack* in: Baumbach/Hueck, GmbHG § 47 Rn. 121.
[18] *Zöllner/Noack* in: Baumbach/Hueck, GmbHG § 47 Rn. 121.
[19] BGBl. I 2017, 1822.

wirtschaftlich Berechtigten wird und neben dessen Vor- und Nachnamen, Geburtsdatum, Wohnort auch Art und Umfang des wirtschaftlichen Interesses des wirtschaftlich Berechtigten von der Vereinigung dem Transparenzregister zu melden sind. Auch eine Angabepflicht der wirtschaftlich Berechtigten gegenüber der mitteilungspflichtigen Vereinigung kann bestehen.

20 Gesellschaftervereinbarungen sind zumeist auf die gemeinschaftliche Ausübung von Gesellschafterrechten gerichtet und sollen der Interessenbündelung oder der Beherrschung der Gesellschaft dienen. In einem solchen Fall einer gemeinsamen Zweckrichtung kann die Gesellschaftervereinbarung zur Begründung einer separaten GbR gemäß §§ 705 ff. BGB führen. Diese wird in aller Regel – es sei denn, die Gesellschaftsanteile wären dinglich in ihr Vermögen übergegangen – kein Gesellschaftsvermögen haben; Anteilseigner bleiben vielmehr die Gesellschafter. In diesem Fall handelt es sich um eine Innengesellschaft ohne eigenes Gesellschaftsvermögen.[20] Nur dann, wenn die Anteile dinglich in das Gesamthandsvermögen der durch die Gesellschaftervereinbarung begründeten GbR eingebracht worden sind, liegt eine Außengesellschaft vor. In diesem Fall sind insbesondere Regelungen zum Auftreten der Gesellschaft nach außen erforderlich (wie Vertretungsregelung).[21]

21 Gesellschaftervereinbarungen unterliegen als schuldrechtliche Verträge der Auslegung gemäß §§ 133, 157 BGB. Auch richten sich die Folgen der Vertragsverletzung nach den allgemeinen zivilrechtlichen Folgen. Falls nichts Abweichendes vereinbart ist, bedarf die Änderung von Nebenabreden der Einstimmigkeit, d. h. der Zustimmung aller an ihr Beteiligten. Gesellschaftervereinbarungen können entweder in einem eigenen Dokument enthalten oder in den Gesellschaftsvertrag – bei Kapitalgesellschaften in die Satzung – aufgenommen sein. In letzterem Falle ist bei Kapitalgesellschaften eine Abgrenzung zwischen **echten** materiellen Satzungsbestandteilen, die die Mitgliedschaft ausgestalten, und **unechten** Satzungsbestandteilen, die nicht korporationsrechtlicher Natur sind und lediglich in der Satzung ihre schriftliche Niederlegung gefunden haben,[22] vorzunehmen. Bei echten Satzungsbestimmungen gilt das für Satzungen Typische, d. h., sie können nur in den dafür vorgesehenen Verfahren geändert werden und binden unmittelbar den Einzel- und Gesamtrechtsnachfolger, was etwa bei Nebenleistungspflichten nach § 3 Abs. 2 GmbHG relevant ist.[23] Bei Personengesellschaften tritt noch eine weitere Problematik hinzu. Wird die Gesellschaftervereinbarung von allen Gesellschaftern abgeschlossen, stellt sich bei Personengesellschaften die Frage, ob nicht hierdurch der Gesellschaftsvertrag geändert wurde, weil dessen Abschluss und Änderung grundsätzlich formlos möglich sind. Kann der Gesellschaftsvertrag der Personengesellschaft durch Mehrheitsbeschluss geändert werden, die Nebenvereinbarung als normaler schuldrechtlicher Vertrag aber nicht, kommt es auch für Personengesellschaften darauf an, ob eine Klausel Teil des Gesellschaftsvertrages ist oder eine selbständige Nebenabrede darstellt, zu deren Änderung die Zustimmung aller an ihr Beteiligten notwendig ist.

22 Änderungen von Gesellschaftervereinbarungen bedürfen, falls nichts anderes bestimmt ist, der Einstimmigkeit. Dieses gilt unabhängig davon, ob die Gesellschaftervereinbarung eine GbR begründet oder nicht. Denn auch mehrseitige schuldrechtliche Verträge bedürfen – vorbehaltlich abweichender Regelungen – zur Wirksamkeit von Änderungen der Einstimmigkeit. Scheidet ein an einer Gesellschaftervereinbarung beteiligter Gesellschafter durch Anteilsveräußerung aus der Gesellschaft aus, scheidet er in der Regel auch ohne ausdrückliche Vertragsbestimmungen aus der durch die Nebenabrede begründeten GbR aus. Ob diese damit aufgelöst ist, ist Auslegungsfrage. Entsprechendes gilt auch im Erbfalle.

---

[20] *Pentz in:* MüKoAktG § 23 Rn. 198; BGH, Beschl. v. 21.9.2009 – II ZR 250/07, DStR 2009, 2382 für Aktionärsvereinbarung über Change-of-Control-Klausel; *Wälzholz* GmbHR 2009, 1020, 1023.
[21] BGH, Urt. v. 13.6.1994 – II ZR 38/93, BGHZ 126, 226, 234 = NJW 1994, 2536 – Schutzgemeinschaft I und BGH, Urt. v. 24.11.2008 – II ZR 116/08, BGHZ 179, 13 = NJW 2009, 669 – Schutzgemeinschaft II.
[22] OLG Hamm, Urt. v. 8.7.1985 – 8 U 295/83 ZIP 1986, 1188 ff.; *Wicke* DNotZ 2006, 419.
[23] Vgl. BGH, Urt. v. 15.10.2007 – II ZR 216/06, NZG 2008, 73 ff.

Kap. 1. Bedeutung und Gegenstand der Nebenabrede   A.

Auch hier ist Auslegungsfrage, ob die Innengesellschaft mit den Erben fortgesetzt wird. Bei rechtsgeschäftlichem (derivativem) Erwerb der Gesellschaftsanteile besteht dieser Nahezu-Automatismus nicht: Der Erwerber wird nicht ab Erwerb an die Gesellschaftervereinbarung gebunden. Vielmehr muss er dieser durch einen separaten Rechtsakt beitreten, was die Zustimmung aller Beteiligten voraussetzt, die konkludent erteilt werden kann.[24]

Die Formfreiheit des Abschlusses, der Änderung und der Aufhebung von Nebenabreden bringt neben dem Vorteil der Vereinfachung auch viele Nachteile mit sich. Formvorschriften haben neben der Beweis- auch eine Warnfunktion. Vielleicht wägt ein Gesellschafter die Vor- und Nachteile einer Stimmbindung ad hoc nicht richtig ab und trifft mit seiner Zustimmung zur Vereinbarung eine Fehlentscheidung. Dennoch ist er an die Vereinbarung gebunden und muss sich entsprechend verhalten. Spätestens bei Streitigkeiten kann es über Bestand und Inhalt von Nebenabreden zu Beweisproblemen kommen. Insbesondere der genaue Inhalt formlos abgeschlossener Vereinbarungen ist in der Praxis oftmals schwer zu beweisen, was zu Rechtsunsicherheit und Streitigkeiten führen kann. Treten viele Nebenvereinbarungen neben die Satzung und werden diese zudem mehrmals geändert, ist eine lückenlose Dokumentation ratsam, um nicht die Übersicht bei der Vertragsvielfalt zu verlieren. In der Praxis verlieren Geschäftsführer und Gesellschafter vielfach den Überblick. 23

Wenn nur ein Teil der Gesellschafter an der Vereinbarung beteiligt ist oder sein kann, können die ausgeschlossenen Gesellschafter benachteiligt werden, was Gesellschafterstreitigkeiten Tür und Tor öffnen kann. Eine solche Machtverschiebung innerhalb der Gesellschaft ist aber oftmals Ziel und Folge von Nebenvereinbarungen und als solche auch grundsätzlich von Rechts wegen hinzunehmen. 24

Steuerlich können Gesellschaftervereinbarungen sinnvoll, aber auch gefährlich sein. Nach § 13b Abs. 1 Nr. 3 S. 1 ErbStG gehören Kapitalgesellschaftsanteile, die jeweils eine Beteiligung von 25 % oder weniger an der Kapitalgesellschaft vermitteln, dann zum erbschaftsteuerlich begünstigten Vermögen, wenn sich der Überträger (Schenker oder Erblasser) mit anderen Anteilseignern einer einheitlichen Verfügungsbeschränkung und Stimmbindung unterworfen hat, und so zusammen mit den anderen gebundenen Anteilseignern insgesamt mehr als 25 % der Anteile an der Kapitalgesellschaft hält,[25] was aber dann nicht der Fall ist, wenn die Nebenvereinbarung eine Außengesellschaft bürgerlichen Rechts begründet.[26] Letztlich ist Voraussetzung für erbschaftsteuerliches Vermögen die Verpflichtung, über die Anteile nur einheitlich zu verfügen oder ausschließlich auf andere, derselben Verpflichtung unterliegende Gesellschafter zu übertragen und das Stimmrecht gegenüber nicht gebundenen Gesellschaftern einheitlich auszuüben. Damit werden Streubesitzanteile, die auf die vorgenannte Art und Weise miteinander verbunden sind, zu einer Beteiligung mit Sperrminorität, die unternehmerischen Einfluss ermöglicht und die deswegen erbschaftsteuerlich begünstigt sein sollen.[27] 25

Gesellschaftervereinbarungen können aber auch gemäß § 8c KStG Verlustvorträge einer Kapitalgesellschaft gefährden. Gemäß § 8c Abs. 1 S. 1 KStG sind nicht ausgeglichene oder abgezogene negative Einkünfte nicht mehr abziehbar, wenn ein schädlicher Beteiligungserwerb vorliegt. Der schädliche Beteiligungserwerb liegt vor, wenn innerhalb von fünf Jahren mittelbar oder unmittelbar mehr als 25 % des gezeichneten Kapitals (in Form von Mitgliedschafts-, Beteiligungs- oder Stimmrechten an einer Körperschaft) an einen Erwerber oder diesem nahestehende Personen übertragen werden oder wenn ein vergleichbarer Sachverhalt vorliegt. Die Verluste gehen bei einem schädlichen Beteiligungserwerb von mehr als 50 % ganz unter. Als Erwerber gilt nach S. 3 auch eine Gruppe von Erwerbern mit gleichgerichteten Interessen. Durch Gesellschaftervereinbarungen könnte mithin ein ver- 26

---

[24] *Pentz* in: MüKoAktG § 23 Rn. 198.
[25] *Hannes/Holtz* in: Meincke/Hannes/Holtz, ErbStG § 13b Rn. 27.
[26] *Werner*, StBW 2010, 700.
[27] Zu den Zweifelsfragen Erlasse der obersten Finanzbehörden der Länder vom 29.10.2010, BStBl I 2010, 1210; *Weber/Schwind* DStR 2011, 13; *dies.*, ZEV 2009, 16 ff.; *Feick/Nordmeier* DStR 2009, 893 ff.; *Kreklau* BB 2009, 748; *Lahme/Zikesch* DB 2009, 527.

gleichbarer Sachverhalt im Sinne von § 8c Abs. 1 S. 1 bzw. 2 KStG vorliegen. Bei einer Stimmrechtsbündelung könnten sogar Stimmrechte bereits übertragen werden, was als weiteres Tatbestandsmerkmal für einen teilweisen oder gänzlichen Untergang nicht genutzter Verluste ausreichen würde.[28] Die Vereinbarung, eine Stimme aufgrund Weisung abzugeben, kann bereits als Übertragung im steuerlichen Sinne zu werten sein[29] (eine vom Geschäftsanteil getrennte Übertragung von Stimmrechten ist wegen des Abspaltungsverbots grundsätzlich nicht möglich[30]). Steuerlich bieten Gesellschaftervereinbarungen daher mitnichten nur Vorteile, sondern sind gefährlich. Die Einholung von Steuerrechtsrat bei der Verhandlung von Gesellschaftervereinbarungen ist mithin unbedingt erforderlich.

---

[28] *Brandis* in: Blümich, EStG, KStG, GewStG, 151. EL März 2020, § 8c KStG Rn. 55.
[29] *Brandis* in: Blümich, EStG, KStG, GewStG, 151. EL März 2020, § 8c KStG Rn. 55; ausführlich: *Honert/Obser* BB 2009, 1161 ff.
[30] *Römermann* in: Michalski/Heidinger/Leible/J. Schmidt, GmbHG, 3. Aufl. 2017, § 47 Rn. 47; *Casper* in: Bork/Schäfer, GmbHG, 4. Aufl. 2019 § 47 Rn. 18; *Noack,* Gesellschaftervereinbarungen bei Kapitalgesellschaften, 1994, S. 149 f.

Kapitel 2. Einführung: Zulässigkeit und Risiken von Nebenabreden

Die Zulässigkeit von Nebenabreden ist weithin anerkannt und Ausfluss der Vertragsfreiheit (§ 311 Abs. 1 BGB).[1] Alle oder mehrere Gesellschafter können mit oder ohne Beteiligung gesellschaftsfremder Dritter – insoweit sind alle Konstellationen denkbar – Nebenabreden sowohl zu Gegenständen treffen, die auch in der Satzung der Gesellschaft geregelt werden könnten, als auch zu Gegenständen, deren Regelung in der Satzung nicht zulässig wäre. Das gilt sowohl für die GmbH[2] als auch für die Aktiengesellschaft[3]. Für die Aktiengesellschaft folgt die Zulässigkeit im Umkehrschluss aus § 136 Abs. 2 AktG. Rechtliche Schranken für schuldrechtliche Nebenvereinbarungen sind die allgemeinen Grenzen schuldrechtlicher Verträge, insbesondere §§ 134, 138 BGB. Die Zulässigkeit von Nebenabreden folgt auch dem konkreten praktischen Bedürfnis, bestimmte Fragen des gesellschafterlichen Zusammenwirkens außerhalb des Gesellschaftsvertrages und möglicherweise auch nur mit einem Teil der Gesellschafter zu regeln. 1

Kritisch werden Nebenabreden allerdings dann gesehen, wenn sie nicht punktuell einzelne Elemente des Gesellschaftsverhältnisses herausgreifen (wie etwa Stimmbindungen), sondern umfassend die Beziehungen der Gesellschafter untereinander und zur Gesellschaft regeln und damit viele denkbare Regelungsgegenstände kombinieren.[4] Dadurch überlagern Nebenabreden das Organisationsgefüge der Gesellschaft und das Organisations- und Schutzsystem des Gesellschaftsrechts. Durch solche umfassenden Nebenvereinbarungen entsteht ein Nebengesellschaftsrecht, das neben das gesetzliche System und das im Gesellschaftsvertrag Vereinbarte tritt, wodurch auf schuldrechtlichem Wege Machtverhältnisse verschoben oder gefestigt werden, die das Gesellschaftsrecht so nicht zuließe.[5] Insbesondere die Zulässigkeit sogenannter Konsortialverträge, Stimmbindungsvereinbarungen, Abreden über die Besetzung von Organen, die Abberufung von Organmitgliedern sowie die Sicherung des Gesellschafterkreises gegen fremde Dritte, die Verabredung bevorzugter Informationserteilung sowie von Options-, Vorhand- und Vorkaufsrechten wird kritisch hinterfragt. Denn sie wirken nicht nur auf das Organisationsgefüge der Gesellschaft ein und verschieben dieses, sondern sie sind für nicht am Konsortialvertrag beteiligte Dritte, die sich auf die Registerpublizität des Gesellschaftsvertrages sowie das Gesellschaftsrecht im Übrigen verlassen, nicht erkennbar. Dem Dritten, der in eine solche Gesellschaft durch Anteilserwerb eintritt, ist unbekannt, dass sich seine Mitgesellschafter oder ein Teil seiner Mitgesellschafter untereinander in einem bestimmten Sinne gebunden haben. Das kann dazu führen, dass beispielsweise neue Gesellschafter, aber auch Externe, etwa Geldgeber, die Machtverhältnisse falsch beurteilen, etwa weil sie nicht erkennen, dass zwischen einem Teil der Gesellschafter nebenvertragliche Bindungen bestehen. Dies gilt sowohl für nicht am Konsortium beteiligte Gesellschafter als auch für mögliche künftige Gesellschafter, deren 2

---

[1] Vgl. BGH, Urt. v. 8.2.1993 – II ZR 24/92, NJW-RR 1993, 607; *Schäfer* in: Henssler/Strohn, Gesellschaftsrecht, 4. Aufl. 2019, § 3 GmbHG Rn. 32; *Schmiegelt/Schmidt* in: Beck'sches Hdb d GmbH, 5. Aufl. 2014, § 3 Rn. 161; *Wicke* DStR 2006, 1137.
[2] BGH, Urt. v. 29.5.1967 – II ZR 105/66, BGHZ 48, 163, 166 = NJW 1967, 1963; BGH, Urt. v. 20.1.1983 – II ZR 243/81, ZIP 1983, 297, 298; BGH, Urt. v. 7.2.1983 – II ZR 25/82, ZIP 1983, 432 f.; BGH, Urt. v. 27.10.1986 – II ZR 240/85, ZIP 1987, 293, 295; BGH, Urt. v. 15.10.2007 – II ZR 216/06, ZIP 2007, 2476 Rn. 13 ff.; BGH, Beschl. v. 15.5.2010 – II ZR 4/09, ZIP 2010, 1541 Rn. 7.
[3] BGH, Urt. v. 25.9.1986 – II ZR 272/85, ZIP 1987, 103, 104; BGH, Urt. v. 13.6.1994 – II ZR 38/93, BGHZ 126, 226, 234 f. = NJW 1994, 2536 – Schutzgemeinschaft I; BGH, Urt. v. 24.11.2008 – II ZR 116/08, ZIP 2009, 216 Rn. 12 – Schutzgemeinschaft II; OLG Karlsruhe, Urt. v. 11.4.1990 – 14 U 267/88, WM 1990, 725 ff.; *Koch* in: Hüffer/Koch, AktG § 23 Rn. 45 ff.; *Seibt* in: K. Schmidt/Lutter, AktG § 23 Rn. 64 ff.; *Pentz* in: MüKoAktG § 23 Rn. 187 ff.; *Limmer* in: Spindler/Stilz, AktG, 4. Aufl. 2019, § 23 Rn. 41 ff.; *Mayer* MittBayNot 2006, 281, 285; *Noack*, Gesellschaftervereinbarungen bei Kapitalgesellschaften, 1994, S. 114 ff.
[4] Vgl. *Trölitzsch* in: BeckOK GmbHG § 53 Anh. Gesellschaftervereinbarungen Rn. 13; *Wicke* in: MüKoGmbHG § 3 Rn. 132.
[5] *Baumann/Reiß* ZGR 1989, 157, 206.

A. A. Allgemeiner Teil

von Gesetz und Satzung vorgesehenen Rechte durch die nach außen nicht erkennbare Machtposition der Konsorten ausgehöhlt werden. Auch für Gläubiger der Gesellschaft ist nicht mehr ohne weiteres erkennbar, mit welchem Organisations- und Machtgefüge sie es tatsächlich zu tun haben. Wenn es die an der Nebenabrede Beteiligten darauf anlegen, ist das Nebengesellschaftsrecht für Nichtgesellschafter als außenstehende Dritte, vorbehaltlich etwaiger Einträge im Transparenzregister, nicht zu erkennen.

3 Neben dem Eingriff in das Organisationgefüge stoßen nebenvertragliche Organe auch deswegen auf Bedenken und sind kritisch zu betrachten, weil für eine Änderung oder Aufhebung solcher mehrseitigen Vereinbarungen – vorbehaltlich abweichender Regelungen im Vertrag selbst – Einstimmigkeit erforderlich ist, während beispielsweise für eine Satzungsänderung eine qualifizierte Mehrheit ausreichen würde. Hierauf wird in der Rechtspraxis nicht in ausreichendem Maße geachtet: Nebenvereinbarungen sind schnell und formlos abgeschlossen, in der Regel aber nur einstimmig zu ändern. Ihre Bindungswirkung ist daher erheblich. Wird in einer Nebenvereinbarung beispielsweise der Unternehmensgegenstand der Gesellschaft modifiziert, etwa strenger und präziser gefasst als nach dem Gesellschaftsvertrag (beispielsweise Betrieb einer konkret benannten Produktionsstätte an einem bestimmten Ort, während der Gesellschaftsvertrag nur allgemeine Klauseln zum Unternehmensgegenstand enthält), kann diese mehrseitige Vereinbarung nur mit Zustimmung aller an ihr Beteiligten geändert oder aufgehoben werden. Die Regelungen des Gesellschaftsvertrages zu Mehrheitsbeschlüssen und die Mehrheitsverhältnisse in der Gesellschaft schlagen grundsätzlich nicht auf die Nebenvereinbarung durch.[6]

4 Für die Gesellschaft (und auch für die Gläubiger) sind Nebenabreden insbesondere dann gefährlich, wenn – was durchaus das Ziel von Nebenabreden ist – wirtschaftlicher Einfluss auf die Gesellschaft genommen wird, beispielsweise durch Liefer- und Leistungsverträge oder im Rahmen von Kreditbeziehungen. Eine Nichtigkeit mag sich in solchen Fällen aus Sittenwidrigkeitsaspekten ergeben, etwa wenn die Vereinbarung auf die Schädigung Dritter angelegt ist (§§ 138, 826 BGB). Die **grundsätzliche Zulässigkeit von Nebenabreden** steht damit aber nicht infrage. Von solchen extremen Gestaltungen abgesehen ist die Frage nach der Unzulässigkeit bzw. nach der Nichtigkeit von Nebenabreden, insbesondere in Fällen, in denen Nebenabreden das Organisationsgefüge einer Gesellschaft überlagern, eine solche nach dem Bedürfnis der **Nichtigkeitsfolge**. Dieses ist **zu verneinen,** weil für den Regelfall das Konzernrecht – genauer das Recht des faktischen Konzerns (§§ 311 ff. AktG) – ein rechtlich und tatsächlich ausreichendes Instrumentarium zur Verfügung stellt, um Missbrauchsfällen zu begegnen. Nebenabreden sind damit im Grundsatz wirksam, selbst wenn sie ein Nebengesellschaftsrecht schaffen und das gesellschaftsvertragliche Organisationsgefüge überlagern.

---

[6] BGH, Urt. v. 20.1.1983 – II ZR 243/81, WM 1983, 334 f.; BGH, Urt. v. 27.10.1986 – II ZR 240/85, NJW 1987, 1890, 1892.

Kapitel 3. Publizität von Nebenabreden; Transparenzregister

§ 1 Einleitung; Grundsatz

Schuldrechtliche Nebenvereinbarungen fallen nicht unter § 9 HGB und sind damit anders **1**
als der Gesellschaftsvertrag und sonstige beim Handelsregister einzureichende Unterlagen
wie Gesellschafterlisten oder Dokumentationen über Umwandlungsvorgänge der Öffentlichkeit grundsätzlich nicht zugänglich. Jedenfalls zum Teil gilt dieser Grundsatz in dieser
Absolutheit seit dem 1.10.2017 nicht mehr. In dieser nahezu umfassenden Vertraulichkeit
lag bis zum 30.9.2017 der große Vorteil von Nebenvereinbarungen, wobei für umfassende
Vertraulichkeit von Nebenvereinbarungen zu beachten war, dass diese eine Schiedsklausel
enthalten sollten, damit sie auch nicht im Streitfalle publik werden. Wie andere schuldrechtliche Verträge auch wirken sie nicht nur zwischen den Parteien des jeweiligen Schuldverhältnisses, sondern sind auch nur diesen bekannt. Mit Hilfe von Gesellschaftervereinbarungen konnten die Parteien mithin nahezu vollständig vermeiden, die wahren Machtverhältnisse in der Gesellschaft offen zu legen. Beispielsweise war und ist es bei Venture-Capital-Beteiligungen die Regel, dass etwa Gewinne oder Liquidationserlöse nicht im
Verhältnis der Nominalbeteiligungen der einzelnen Gesellschafter zueinander verteilt werden, wie sie sich aus Gesellschaftsvertrag und Gesellschafterliste ergeben, sondern nach
besonders vereinbarten Erlös- bzw. Liquidationspräferenzen, die im Beteiligungsvertrag
vereinbart werden. Diese Vertraulichkeit macht Nebenvereinbarungen aber auch besonders
gefährlich, weil Dritten gegenüber die wirklichen Verhältnisse in der Gesellschaft verschleiert werden. Dieser Grundsatz, wonach Nebenvereinbarungen der Öffentlichkeit nicht
zugänglich sind, ist seit dem 1.10.2017 erheblich durch die Einführung des sog. Transparenzregisters aufgeweicht, an das viele Nebenabreden nunmehr zu melden sind.

§ 2 Publizität durch Transparenzregister

I. Einleitung

Am 26.6.2017 trat das Gesetz zur Umsetzung der Vierten EU-Geldwäscherichtlinie in **2**
Kraft, mit dem vor allem das Geldwäschegesetz (GwG) geändert wurde. Seit dem 1.10.2017
sind erstmals die gesetzlichen Vertreter juristischer Personen des Privatrechts und eingetragener Personengesellschaften sowie Trustees und Treuhänder bestimmter Rechtsgestaltungen („mitteilungspflichtige Vereinigungen") verpflichtet, Mitteilung über ihre „wirtschaftlich Berechtigten" an das Transparenzregister zu machen. Auch eine Angabepflicht
der wirtschaftlich Berechtigten gegenüber der mitteilungspflichtigen Vereinigung, damit
diese ihrer Mitteilungspflicht nachkommen kann, kann bestehen. Mit den Änderungen des
GwG sollen gezielt die hinter der jeweiligen gesellschaftsrechtlichen Struktur stehenden
natürlichen Personen erfasst werden.[1] Die Mitteilungspflicht kann unter anderem auch
durch schuldrechtliche Nebenvereinbarungen ausgelöst werden.[2] Für alle Unternehmen, zu
denen oder über die Nebenvereinbarungen bestehen, ist damit von entscheidender Bedeutung, wer und welche Daten in welchem Umfang der Offenlegungspflicht unterliegen.
Durch diese Offenlegungspflicht werden legitime Interessen von Unternehmen, insbesondere von Familienunternehmen, und ihrer Gesellschafter an der Geheimhaltung der Beteiligungsstrukturen, z. B. mit Blick auf Konkurrenzunternehmen oder die Gefahr, Opfer von
Straftaten zu werden, tangiert. Bereits leichte Verstöße gegen die Meldepflicht können eine
Geldbuße in Höhe von bis zu 100.000,00 EUR nach sich ziehen.

---

[1] RegBegr., BT-Drs. 18/11555, 108, 127; *Zillmer* DB 2017, 1931, 1932; *Bochmann* DB 2017, 1310 f.
[2] Vgl. *Schaub* DStR 2017, 1438, 1441.

II. Anwendungsbereich

1. Mitteilungspflichtige Vereinigung

3 Die Meldepflichten zum Transparenzregister gelten zunächst für Vereinigungen im Sinne von § 20 Abs. 1 S. 1 GwG. Dies sind alle juristischen Personen des Privatrechts sowie eingetragene Gesellschaften, d. h. Aktiengesellschaften, Societates Europaeae, Kommanditgesellschaften auf Aktien, Gesellschaften mit beschränkter Haftung, eingetragene Vereine, eingetragene Genossenschaften, rechtsfähige Stiftungen und offene Handelsgesellschaften, Kommanditgesellschaften sowie Partnerschaftsgesellschaften. Mangels Eintragung in das Handelsregister fällt die Gesellschaft bürgerlichen Rechts nicht in den Anwendungsbereich des GwG.[3] Entsprechendes soll für die stille Gesellschaft gelten.[4] Neben den genannten Rechtsformen setzt die Anwendung des GwG weiter voraus, dass es sich um inländische Gesellschaften handelt. Hat die Gesellschaft sowohl ihren Satzungs- als auch ihren Verwaltungssitz in Deutschland, ist das GwG zweifelsohne anwendbar. Unklar ist, was gilt, wenn die Gesellschaft nur einen dieser Sitze im Inland und den anderen im Ausland hat. Für die Anwendung des GwG soll nach überwiegender Auffassung der Satzungssitz in Deutschland entscheidend sein.[5] Dieser Ansicht hat sich auch das Bundesverwaltungsamt, das die Rechts- und das Fachaufsicht über die registerführende Stelle, die Bundesanzeiger Verlag GmbH, ausübt und Verwaltungsbehörde für die transparenzregisterbezogenen Ordnungswidrigkeiten nach § 56 Abs. 1 Nr. 52–56 GwG i. V. m. § 36 Abs. 1 Nr. 1 OWiG ist, in ihren **FAQ** angeschlossen.[6] Eine ausländische Gesellschaft, die lediglich ihren Verwaltungssitz in Deutschland hat, würde danach nicht den Meldepflichten unterliegen.[7] Eine Gesellschaft mit Satzungssitz in Deutschland und ausländischem Verwaltungssitz hingegen müsste den Meldepflichten nachkommen.[8] Mitteilungspflichtig gegenüber dem Transparenzregister sind die Vereinigungen als solche, d. h. deren jeweilige Leitungsorgane.

4 Gemäß § 21 Abs. 1, 2 GwG unterliegen den Meldepflichten an das Transparenzregister ebenfalls Verwalter von Trusts (Trustee) und Treuhänder nichtrechtsfähiger Stiftungen, deren Stiftungszweck aus Sicht des Stifters eigennützig ist, sowie Rechtsgestaltungen, die solchen Stiftungen ihrer Struktur und Funktion nach entsprechen. Auch hier ist es für die Anwendung des GwG Voraussetzung, dass der Trustee bzw. der Treuhänder seinen Wohnsitz oder Sitz in Deutschland hat.

2. Wirtschaftlich Berechtigter

5 Wer „wirtschaftlich Berechtigter" ist, regelt § 3 GwG. Wirtschaftlich Berechtigter ist danach die natürliche Person, in deren Eigentum oder unter deren Kontrolle die mitteilungspflichtige Vereinigung steht. Dies ist bei Vereinigungen – rechtsfähige Stiftungen ausgenommen – jede natürliche Person, die unmittelbar oder mittelbar mehr als 25 % der Kapitalanteile hält, mehr als 25 % der Stimmrechte kontrolliert oder auf vergleichbare Weise Kontrolle ausübt. Die Kontrolle über eine Vereinigung in diesem Sinne kann auch mittelbar ausgeübt werden, z. B. über eine zwischengeschaltete Beteiligungsgesellschaft, die wiederum von einer natürlichen Person kontrolliert wird. Kontrolle in sonstiger Weise liegt dabei insbesondere vor, wenn eine natürliche Person beherrschenden Einfluss auf die Vereinigung hat (§ 3 Abs. 2 S. 3 GwG). Ob beherrschender Einfluss besteht, richtet sich

---

[3] RegBegr., BT-Drs. 18/11555, 127; *Fisch* NZG 2017, 408; *Friese/Brehm* GWR 2017, 271; *Rosner* NWB 2017, 2594, 2595; abzuwarten bleibt, wie sich die Reform des Personengesellschaftsrechts auf den Anwendungsbereich des GwG auswirkt. Der Maurach Entwurf sieht in §§ 707 ff. ein Gesellschaftsregister für die GbR vor.
[4] *Bochmann* DB 2017, 1310, 1312 f.; *Kotzenberg/Lorenz* NJW 2017, 2433, 2434.
[5] *Rieg* BB 2017, 2310, 2311; *Bochmann* DB 2017, 1310, 1312.
[6] Bundesverwaltungsamt, Häufig gestellte Fragen zum Transparenzregister (FAQ), Stand: 20.2.2020, Frage II. 2.
[7] *Rieg* BB 2017, 2310, 2311; *Bochmann* DB 2017, 1310, 1312.
[8] *Rieg* BB 2017, 2310, 2311; *Bochmann* DB 2017, 1310, 1312.

gemäß § 3 Abs. 2 S. 4 GwG nach § 290 Abs. 2–4 HGB. Kann der wirtschaftlich Berechtigte nicht zweifelsfrei bestimmt werden, sind die gesetzlichen Vertreter, geschäftsführenden Gesellschafter oder Partner der Vereinigung als wirtschaftlich Berechtigte in das Transparenzregister einzutragen.

Wer wirtschaftlich Berechtigter bei rechtsfähigen Stiftungen und den im Gesetz genannten sonstigen „Rechtsgestaltungen" ist, ergibt sich aus § 3 Abs. 3 GwG. Danach ist wirtschaftlich Berechtigter jede natürliche Person, (i) die als Treugeber, Verwalter von Trusts (Trustee) oder Protektor, sofern vorhanden, handelt, (ii) die Mitglied des Vorstands der Stiftung ist, (iii) die als Begünstigte bestimmt worden ist oder (iv) die Gruppe von natürlichen Personen, zu deren Gunsten das Vermögen verwaltet oder verteilt werden soll, sofern die natürliche Person, die Begünstigte des verwalteten Vermögens werden soll, noch nicht bestimmt ist, oder (v) die auf sonstige Weise unmittelbar oder mittelbar beherrschenden Einfluss auf die Vermögensverwaltung oder Ertragsverteilung ausübt, oder (vi) die unmittelbar oder mittelbar beherrschenden Einfluss auf eine Vereinigung ausüben kann, die Mitglied des Vorstands der Stiftung ist oder die als Begünstigte der Stiftung bestimmt worden ist. 6

Noch ungeklärt ist, ob eine rein faktische Kontrolle, wie beispielsweise bei Familiengesellschaften durch das „Familienoberhaupt", ausreicht, um als wirtschaftlich Berechtigter zu gelten. Dies ist zu verneinen. Denn § 19 Abs. 3 Nr. 1 lit. b) GwG macht deutlich, dass Kontrolle in sonstiger Weise zumindest eine Absprache voraussetzt, sei diese nun rein schuldrechtlicher oder gesellschaftsrechtlicher Natur.[9] Eine solche Kontrolle liegt bei ausschließlich faktisch begründeten Kontrollverhältnissen nicht vor. 7

3. Umfang der Mitteilungspflicht, jährliche Prüfungs- und Compliance-Pflichten

Gemäß § 19 GwG sind gegenüber dem Transparenzregister folgende Angaben zu melden: Vor- und Nachname, Geburtsdatum, Wohnort sowie Art, Umfang des wirtschaftlichen Interesses sowie Staatsangehörigkeit. § 19 Abs. 3 Nr. 1 GwG konkretisiert dabei, was unter Art und Umfang des wirtschaftlichen Interesses bei Vereinigungen im Sinne von § 20 Abs. 1 S. 1 GwG zu verstehen ist. Danach ist insbesondere anzugeben, ob die Stellung als wirtschaftlich Berechtigter aus der Beteiligung an der Vereinigung selbst, der Ausübung von Kontrolle auf sonstige Weise (insbesondere Absprachen) oder der Funktion des gesetzlichen Vertreters, geschäftsführenden Gesellschafters oder Partners folgt. Für Stiftungen und sonstige Rechtsgestaltungen ergibt sich die Stellung als wirtschaftlich Berechtigter aus der in § 3 Abs. 3 GwG genannten Funktion. 8

Gemäß § 20 Abs. 1 GwG sind die Vereinigungen verpflichtet, die Angaben ihrer wirtschaftlich Berechtigten einzuholen, aufzubewahren, auf dem aktuellen Stand zu halten sowie der registerführenden Stelle für die Eintragung in das Transparenzregister unverzüglich mitzuteilen. Diese Pflichten sollen aber nur Angaben betreffen, die der Vereinigung positiv bekannt sind, sodass Kennenmüssen nicht genügt.[10] Trotz der nach dem Gesetzeswortlaut bestehenden Pflicht, Angaben einzuholen, soll nach der Gesetzesbegründung keine Verschaffungs- oder Nachforschungspflicht bestehen.[11] Dies ist angesichts des klaren Wortlauts des § 20 Abs. 1 GwG („einzuholen") bedenklich und steht auch im Widerspruch zum Wortlaut des Art. 30 Abs. 1 der Vierten Geldwäsche-Richtlinie[12], wonach die Ver- 9

---

[9] *Schaub* DStR 2017, 1438, 1439.
[10] RegBegr., BT-Drs. 18/11555, 127; *Kotzenberg/Lorenz* NJW 2017, 2433, 2434; *Rieg* BB 2017, 2310, 2311; *Schaub* DStR 2017, 1438, 1439.
[11] RegBegr., BT-Drs. 18/11555, 127, 130; *Longrée/Pesch* NZG 2017, 1081, 1082; *Assmann/Hütten* AG 2017, 449, 458; a. A. *Friese/Brehm* GWR 2017, 271, 272.
[12] Richtlinie (EU) 2015/849 des Europäischen Parlaments und des Rates vom 20. Mai 2015 zur Verhinderung der Nutzung des Finanzsystems zum Zwecke der Geldwäsche und der Terrorismusfinanzierung, zur Änderung der Verordnung (EU) Nr. 648/2012 des Europäischen Parlaments und des Rates und zur Aufhebung der Richtlinie 2005/60/EG des Europäischen Parlaments und des Rates und der Richtlinie 2006/70/EG der Kommission, ABl. L 141 vom 5.6.2015, S. 73.

einigungen „präzise und aktuelle Angaben zu ihren wirtschaftlichen Eigentümern [...] einholen [...] müssen".[13] Der seit 1.1.2020 geltende § 20 Abs. 3a GwG sieht entsprechend nunmehr eine Pflicht der Vereinigung vor, Auskünfte über wirtschaftlich Berechtigte bei den Anteilseignern einzuholen.

10 Die Übermittlung der Angaben an das Transparenzregister hat elektronisch in einer Form zu erfolgen, die ihre elektronische Zugänglichmachung ermöglicht. Hierfür ist ein Onlineformular (www.transparenzregister.de) zu verwenden. Nach der Gesetzesbegründung müssen die Vereinigungen mindestens jährlich prüfen, ob ihnen auf sonstige Weise Informationen bekannt geworden sind, aus denen sich eine Änderung der wirtschaftlich Berechtigten ergeben.[14] Nach der Gesetzesbegründung soll es sich hierbei um Compliance-Pflichten handeln.[15] Verstöße können zu einer Haftung der Leitungsorgane führen. Es ist daher ratsam, die Erfüllung der Pflicht zur jährlichen Überprüfung zu dokumentieren.[16] Die Leitungsorgane der Vereinigung müssen geeignete interne Organisationsmaßnahmen zur Einhaltung dieses Pflichtenkanons ergreifen.[17] Dies umfasst insbesondere ein effektives internes Überwachungs- und Meldewesen.[18]

4. Angabepflichtige

11 Damit die Vereinigungen ihren Mitteilungspflichten nachkommen können, sieht § 20 Abs. 3 GWG eine Pflicht der Anteilseigner oder der wirtschaftlich Berechtigten vor, den Vereinigungen die erforderlichen Angaben (§ 19 GwG) zu machen. Die unmittelbaren Anteilseigner der Vereinigung sind angabepflichtig, wenn sie als natürliche Person selbst wirtschaftlich Berechtigte der Vereinigung sind oder von einer natürlichen Person als wirtschaftlich Berechtigtem unmittelbar kontrolliert werden. Ist z. B. eine natürliche Person mehrheitlich an der Muttergesellschaft beteiligt, die wiederum mehrheitlich an der Tochtergesellschaft beteiligt ist, so hat die Muttergesellschaft die Tochtergesellschaft über die Angaben zu der natürlichen Person zu informieren, damit die Tochtergesellschaft gegenüber dem Transparenzregister ihre Mitteilungspflicht erfüllen kann. Steht der unmittelbare Anteilseigner der Vereinigung nur unter mittelbarer Kontrolle des wirtschaftlich Berechtigten und hat er keine Kenntnis von der Identität des wirtschaftlich Berechtigten, ist der Anteilseigner nicht mehr angabepflichtig. In diesem Fall hat der wirtschaftlich Berechtigte selbst die Vereinigung zu informieren.

12 Während die Mitteilungspflicht nur für inländische Vereinigungen gilt, besteht die Angabepflicht auch grenzüberschreitend. Es kommt weder auf die Nationalität noch den Wohnsitz des Angabepflichtigen an.[19] Hat im obigen Beispiel etwa die natürliche Person, die mittelbar Kontrolle über die Muttergesellschaft ausübt, die französische Staatsbürgerschaft und/oder ihren Wohnsitz in Spanien, ist sie als wirtschaftlich Berechtigter gleichwohl gegenüber der Vereinigung angabepflichtig.

13 Besondere Regelungen gelten für Vereinigungen, die keine Anteilseigner haben, wie den Verein, die Genossenschaft und die Stiftung (§ 20 Abs. 3 Sätze 2 bis 4 GwG). Danach ist ein Mitglied eines Vereins oder einer Genossenschaft angabepflichtig, wenn es mehr als 25 % der Stimmrechte kontrolliert. Bei Stiftungen trifft die Angabepflicht die oben genannten Personen im Sinne von § 3 Abs. 3 GwG.

---

[13] So auch *Zillmer* DB 2017, 1931, 1932.
[14] *Schaub* DStR 2017, 1438, 1439; *Longrée/Pesch* NZG 2017, 1081, 1082.
[15] RegBegr., BT-Drs. 18/11555, 127; *Assmann/Hütten* AG 2017, 449, 459.
[16] *Rieg* BB 2017, 2310, 2311.
[17] *Longrée/Pesch* NZG 2017, 1081, 1082.
[18] RegBegr., BT-Drs. 18/11555, 127; *Schaub* DStR 2017, 1438, 1440; *Kotzenberg/Lorenz* NJW 2017, 2433, 2434; *Longrée/Pesch* NZG 2017, 1081, 1082.
[19] *Assmann/Hütten* AG 2017, 449, 453, 455, 461; *Longrée/Pesch* NZG 2017, 1081, 1082; *Bochmann* DB 2017, 1310, 1312; Bundesverwaltungsamt, Häufig gestellte Fragen zum Transparenzregister (FAQ), Stand: 20.2.2020, Frage II. 11.

5. Entfallen der Mitteilungspflicht (Meldefiktion)

§ 20 Abs. 2 GwG sieht Mitteilungsfiktionen vor, wonach sowohl die Mitteilungspflicht der Vereinigung als auch die Angabepflicht des Anteilseigners bzw. des wirtschaftlich Berechtigten entfällt. Bei börsennotierten Gesellschaften gilt gemäß § 20 Abs. 2 S. 2 GwG die Pflicht zur Mitteilung an das Transparenzregister stets als erfüllt. Diese Generalfiktion muss auch für ihre Tochtergesellschaften gelten, da anderenfalls die Prüfung der Beteiligungstransparenz lediglich auf eine untere Ebene verlagert und die vom Gesetz beabsichtigte Entlastung der börsennotierten Gesellschaften konterkariert würde.[20] Für alle übrigen Vereinigungen entfällt die Mitteilungspflicht, wenn sich die Angaben zum wirtschaftlich Berechtigten bereits aus den Dokumenten und Eintragungen in öffentlichen Registern ergeben. Zu den öffentlichen Registern zählen das Handelsregister, Partnerschaftsregister, Genossenschaftsregister, Vereinsregister sowie das Unternehmensregister;[21] nicht aber das Aktien-[22] oder das Stiftungsregister.[23] Demnach können z. B. Beteiligungsbekanntmachungen gemäß § 20 AktG, Gesellschafterlisten oder Stimmrechtsmitteilungen von Emittenten nach §§ 26, 26a WpHG eine Mitteilungsfiktion auslösen.[24]

14

Eine Mitteilungsfiktion besteht grundsätzlich auch für die beim Handelsregister eingereichten Gesellschafterlisten. Dies gilt zumindest für Gesellschafterlisten, die ab dem 26.6.2017 zum Handelsregister eingereicht wurden und die die Anforderungen des seit diesem Tage geltenden, neu gefassten § 40 GmbHG erfüllen. § 40 GmbHG sieht nunmehr nicht nur vor, dass für jeden in der Liste ausgewiesenen Geschäftsanteil angegeben werden muss, wie hoch die prozentuale Beteiligung des Anteils bezogen auf das Stammkapital ist, sondern dass darüber hinaus zu jedem Gesellschafter angegeben werden muss, wie hoch seine prozentuale Gesamtbeteiligung am Stammkapital ist. Die Gesamtbeteiligung ist entscheidend für die Frage, ob eine natürliche Person mehr als 25 % der Kapitalanteile an einer Vereinigung hält und damit wirtschaftlich Berechtigter ist. § 8 EGGmbHG sieht für Gesellschafter, die bereits im Handelsregister eingetragen sind, vor, dass die geänderten Anforderungen an die Gesellschafterliste erst zu berücksichtigen sind, wenn aufgrund von Veränderungen eine neue Gesellschafterliste zum Handelsregister einzureichen ist. Bei den alten, vor der Neufassung des § 40 GmbHG eingereichten Listen der Gesellschafter ist jedoch fraglich, ob mit ihnen die Mitteilungspflicht der jeweiligen Vereinigung vollständig erfüllt ist, weil insbesondere hinsichtlich der Angaben zur Höhe der Kapital- und Stimmrechtsanteile Zweifel bestehen. Denn die Höhe der Beteiligung ist bei älteren Gesellschafterlisten nicht unmittelbar aus der Liste ersichtlich, sondern erst durch Errechnen zu ermitteln. Hiergegen könnte eingewandt werden, dass § 22 Abs. 1 S. 1 Nr. 4 GwG lediglich von Gesellschafterlisten gemäß § 40 GmbHG spricht, ohne dabei zwischen alten und neuen Listen zu differenzieren, obwohl die Änderung des § 40 GmbHG durch dasselbe Gesetz erfolgte wie die Einführung des Transparenzregisters. Damit wird man im Ergebnis davon ausgehen können, dass auch alte Gesellschafterlisten, die nicht den Anforderungen des neuen § 40 GmbHG entsprechen, die Mitteilungsfiktion auslösen.[25] Zu beachten ist aber, dass die Meldefiktion nicht greift, wenn sich nicht auch Art und Umfang des wirt-

15

---

[20] *Assmann/Hütten* AG 2017, 449, 459; ebenso Bundesverwaltungsamt, Häufig gestellte Fragen zum Transparenzregister (FAQ), Stand: 20.2.2020, Frage II. 5. Unter der Voraussetzung, dass die börsennotierte Muttergesellschaft mindestens 75 % der Kapitalanteile hält, mindestens 75 % der Stimmrechte kontrolliert und keine vergleichbare Kontrolle durch einen Dritten vorliegt.
[21] RegBegr., BT-Drs. 18/11555, 126.
[22] RegBegr., BT-Drs. 18/11555, 129, 130; *Rieg* BB 2017, 2310, 2314; Allerdings hat der Aktionär mit seiner Eintragung in das Aktienregister seinerseits seine Angabepflicht gegenüber der Gesellschaft grundsätzlich erfüllt. Dies ist aber ausnahmsweise dann nicht der Fall, wenn die Kontrolle des wirtschaftlich Berechtigten über die Gesellschaft in anderer Form als durch direkte Anteilseignerstellung erfolgt, zum Beispiel wenn hinter einem oder mehreren Gesellschaftern ein Treugeber steht.
[23] *Longrée/Pesch* NZG 2017, 1081, 1083.
[24] RegBegr., BT-Drs. 18/11555, 130; *Rieg* BB 2017, 2310, 2312; *Assmann/Hütten* AG 2017, 449, 459.
[25] So auch das Bundesverwaltungsamt, Häufig gestellte Fragen zum Transparenzregister (FAQ), Stand: 20.2.2020, Frage II. 10

schaftlichen Interesses aus den Eintragungen ergeben. Dies betrifft vor allem Treuhandverträge und Stimmbindungsvereinbarungen.[26]

16 Nach der Gesetzesbegründung[27] soll schließlich für das Eingreifen der Meldefiktion genügen, dass sich bei mehrstufigen Beteiligungsverhältnissen der wirtschaftlich Berechtigte erst aus dem Registerinhalt aller in das Beteiligungsverhältnis eingebundenen Gesellschaften ergibt.[28] Dies entspricht auch der Auffassung des Bundesverwaltungsamtes.[29] Aus der Gesellschafterliste einer GmbH ist z. B. nur deren unmittelbarer Gesellschafter ersichtlich. Ein etwaiger hinter diesem Gesellschafter stehender wirtschaftlich Berechtigter könnte lediglich aus dem Register des unmittelbaren Gesellschafters ersichtlich sein. Dies ist bedenklich, weil damit der Zweck des GwG, den wirtschaftlich Berechtigten leicht ermitteln zu können, vereitelt wird. Ist allerdings eine ausländische Gesellschaft in die Beteiligungskette zwischengeschaltet und kann der wirtschaftlich Berechtigte nur mithilfe des ausländischen Registerinhalts bestimmt werden, dürfte die Meldefiktion in keinem Falle greifen. Das Gesetz geht davon aus, dass die Notwendigkeit, ein ausländisches Register hinzuziehen zu müssen, grundsätzlich die Meldefiktion ausschließt.[30]

6. Sanktionen

17 Vorsätzliche oder fahrlässige Verstöße entweder gegen die Mitteilungs- oder gegen die Angabepflichten sind gemäß § 56 Abs. 1 Nr. 53 bis 56 GwG bußgeldbewehrt. Einfache Verstöße können mit einem Bußgeld in Höhe von bis zu 100.000,00 EUR, schwerwiegende, wiederholte oder systematische Verstöße mit einer Geldbuße bis zu 1 Million EUR oder alternativ bis zum Zweifachen des aus dem Verstoß gezogenen wirtschaftlichen Vorteils geahndet werden. Eine Geldbuße kann gegenüber dem gegen die Angabepflicht verstoßenden Anteilseigner verhängt werden. Gemäß § 30 OWiG kommt auch die Verhängung einer Geldbuße gegen die Vereinigung als solche in Betracht.[31] Schließlich kann auch eine Verantwortlichkeit der aufsichtspflichtigen Personen wegen Aufsichtspflichtverletzung gemäß § 130 OWiG bestehen.[32]

18 In diesem Zusammenhang ist auf die mit einem Verstoß gegen die Mitteilungs- oder die Angabepflicht verbundene negative Öffentlichkeitswirkung hinzuweisen. Denn die bestandskräftigen Bußgeldentscheidungen werden gemäß § 57 Abs. 1 GwG grundsätzlich unter Nennung der verantwortlichen Person sowie von Art und Charakter des Verstoßes auf der Internetseite der Aufsichtsbehörde für mindestens fünf Jahre veröffentlicht („Name & shame-Verfahren").

7. Einsichtnahme

19 Das Transparenzregister ist seit 1.1.2020 ein öffentliches Register, in das jeder ohne weiteres Einsicht nehmen kann. Gemäß § 23 Abs. 1 GwG können zunächst Aufsichts- und Strafverfolgungsbehörden einschränkungslos Einsicht nehmen, soweit dies zur Erfüllung ihrer gesetzlichen Aufgaben erforderlich ist. Auch Verpflichtete im Sinne von § 2 GwG (vor allem Finanzinstitute, Versicherungsunternehmen, Rechtsanwälte und Notare) sind einsichtnahmeberechtigt, sofern sie der registerführenden Stelle darlegen, dass die Einsichtnahme zur Erfüllung ihrer Sorgfaltspflichten gemäß § 10 Abs. 3 GwG erfolgt. Schließlich ist jede sonstige Person zur Einsichtnahme berechtigt, auch wenn sie kein berechtigtes

---

[26] Siehe hierzu unten → Rn. 31 ff., 23 ff.
[27] RegBegr., BT-Drs. 18/11555, 130.
[28] *Rieg* BB 2017, 2310, 2312.
[29] Bundesverwaltungsamt, Häufig gestellte Fragen zum Transparenzregister (FAQ), Stand: 20.2.2020, Frage II. 6
[30] Bundesverwaltungsamt, Häufig gestellte Fragen zum Transparenzregister (FAQ), Stand: 20.2.2020, Frage II. 12.
[31] *Zillmer* DB 2017, 1931, 1932; *Longrée/Pesch* NZG 2017, 1081, 1083.
[32] *Zillmer* DB 2017, 1931, 1932; *Longrée/Pesch* NZG 2017, 1081, 1083.

Interesse daran hat. (Bis 31.12.2019 war ein berechtigtes Interesse für die Einsichtnahme erforderlich).

Auf Antrag des wirtschaftlich Berechtigten kann die Einsichtnahme ganz oder teilweise beschränkt werden. Voraussetzung hierfür ist, dass der Einsichtnahme überwiegende schutzwürdige Interessen entgegenstehen. § 23 Abs. 2 GwG nennt zwei solcher Fälle: Die Gefahr, Opfer bestimmter Straftaten zu werden, sowie Minderjährigkeit oder Geschäftsunfähigkeit. Teilweise wird angenommen, dass darüber hinaus jedes Interesse rechtlicher, wirtschaftlicher oder ideeller Art als schutzwürdig anzusehen sei und zur Beschränkung der Einsichtnahme berechtige.[33] So sollen z. B. Familienunternehmen ein schutzwürdiges Interesse an der Geheimhaltung ihrer Nachfolgegestaltungen haben.[34] Auch das Interesse an der Geheimhaltung der Beteiligungsstruktur gegenüber Konkurrenzunternehmen soll ein schutzwürdiges Interesse begründen können.[35] Dieses weite Verständnis des Begriffs des schutzwürdigen Interesses ist zwar aus Sicht der beteiligten Wirtschaftskreise begrüßenswert und verständlich, erscheint aber juristisch zweifelhaft.[36]

Für eine restriktive Auslegung des § 23 Abs. 2 GwG spricht bereits der Wortlaut: Der Aufzählung der schutzwürdigen Interessen ist kein „insbesondere" vorangestellt, sodass sie als abschließend aufgefasst werden muss.[37] Auch die Vierte Geldwäsche-Richtlinie begrenzt das zur Beschränkung der Einsicht notwendige berechtigte Interesse auf die in § 23 Abs. 2 GwG vorgesehenen Fälle. In Art. 30 Abs. 9 der Richtlinie heißt es: „Die Mitgliedstaaten können auf der Grundlage einer Einzelfallprüfung unter außergewöhnlichen Umständen eine Ausnahmeregelung für den […] vollständigen oder teilweisen Zugang zu den Angaben zum wirtschaftlichen Eigentümer vorsehen, falls der Zugang den wirtschaftlichen Eigentümer dem Risiko von Betrug, Entführung, Erpressung, Gewalt oder Einschüchterung aussetzen würde oder der wirtschaftliche Eigentümer minderjährig oder anderweitig geschäftsunfähig ist." Danach ist die Beschränkung der Einsichtnahme gegenständlich nicht nur auf das Risiko, bestimmten Straftaten ausgesetzt zu werden, und auf Minderjährigkeit oder anderweitige Geschäftsunfähigkeit begrenzt, sondern die Formulierung „Einzelfallprüfung unter außergewöhnlichen Umständen" macht darüber hinaus deutlich, dass selbst in diesen beiden gesetzlich vorgesehenen Fällen eines berechtigten Interesses – jedenfalls nach der Richtlinie – eine restriktive Anwendung geboten ist. Auch das Bundesverwaltungsamt geht davon aus, dass § 23 Abs. 2 GwG abschließend ist.[38] Eine Ausnahme von der Offenlegungspflicht kommt allenfalls noch in Betracht, wenn der wirtschaftlich Berechtigte aufgrund einer bestandskräftigen Gerichts- oder Verwaltungsentscheidung von einer Offenlegung seiner persönlichen Angaben befreit ist.[39] Zu beachten ist schließlich, dass gegenüber Behörden, bestimmten Finanzinstituten und Notaren der Zugang niemals eingeschränkt werden kann.

III. Bedeutung für schuldrechtliche Nebenvereinbarungen

1. Wirtschaftlich Berechtigter aufgrund schuldrechtlicher Nebenvereinbarung

Gemäß § 3 Abs. 2 S. 1 GwG zählen zu den wirtschaftlich Berechtigten bei juristischen Personen (außer den rechtsfähigen Stiftungen) und bei sonstigen Gesellschaften[40] alle natürlichen Personen, die unmittelbar oder mittelbar mehr als 25 % der Kapitalanteile halten

---

[33] *Kotzenberg/Lorenz* NJW 2017, 2433, 2437.
[34] *Kotzenberg/Lorenz* NJW 2017, 2433, 2437.
[35] Vgl. *Rieg* BB 2017, 2310, 2313.
[36] Ablehnend *Rieg* BB 2017, 2310, 2313.
[37] *Rieg* BB 2017, 2310, 2313; *Friese/Brehm* GWR 2017, 271, 273.
[38] Bundesverwaltungsamt, Häufig gestellte Fragen zum Transparenzregister (FAQ), Stand: 20.2.2020, Frage V.
[39] *Assmann/Hütten* AG 2017, 449, 452.
[40] Mit Ausnahme von Gesellschaften, die an einem organisierten Markt gemäß § 2 Abs. 5 WpHG notiert sind und einen dem Gemeinschaftsrecht entsprechenden Transparenzanforderungen im Hinblick auf Stimmrechtsanteile oder gleichwertigen internationalen Standards unterliegen.

(Nr. 1), mehr als 25 % der Stimmrechte kontrollieren (Nr. 2) oder auf vergleichbare Weise Kontrolle auf die Gesellschaft ausüben (Nr. 3). § 3 Abs. 2 S. 1 Nr. 3 GwG – Kontrolle auf vergleichbare Weise – ist nach seinem Wortlaut Auffangtatbestand, der durch die Gesetzesbegründung nur ansatzweise konkretisiert wird. Gerade auch schuldrechtliche Nebenvereinbarungen können dazu führen, dass eine natürliche Person Kontrolle im Sinne von § 3 GwG auf die Gesellschaft ausübt. Ist dies der Fall, ist die schuldrechtliche Vereinbarung mit Art und Umfang des wirtschaftlichen Interesses im Sinne von § 19 Abs. 1 Nr. 4 GwG dem Transparenzregister gegenüber anzugeben, d. h. der Inhalt der Nebenvereinbarung muss kurz beschrieben werden, weil sonst dem Transparenzregister nicht Art und Umfang mitgeteilt werden.

2. Stimmbindungs- und Poolvereinbarungen

23 Der Stimmbindungsvertrag ist besonders geeignet, eine Kontrolle im Sinne des § 3 Abs. 2 S. 1 Nr. 2 GwG über eine Gesellschaft auszuüben und damit Angabe- sowie Mitteilungspflichten zu begründen. Die Gesetzesbegründung[41] nennt als solches Beispiel den Fall, dass an der „Gesellschaft zwei Anteilseigner mit jeweils 20 % beteiligt sind, aber aufgrund einer gemeinsamen Absprache (z. B. einer Stimmbindungsvereinbarung) Kontrolle über die Gesellschaft ausüben." Diesen Anteilseignern werden die Stimmrechte aus ihren Anteilen wechselseitig zugerechnet. Beide Anteilseigner sind damit wirtschaftlich Berechtigte im Sinne von § 3 Abs. 1 iVm. § 19 Abs. 2 GwG.[42] Trotz dieses Beispiels aus der Gesetzesbegründung bleibt unklar, welchen Umfang Stimmbindungsvereinbarungen haben müssen, um Kontrolle im Sinne von § 3 Abs. 2 S. 1 Nr. 3 GwG zu begründen. Auch ist nicht eindeutig, ob den durch den Stimmbindungsvertrag gebundenen Anteilseignern die jeweiligen Stimmrechte stets wechselseitig zuzurechnen sind oder ob nicht je nach Ausgestaltung des Stimmbindungsvertrages auch nur eine einzige natürliche Person als wirtschaftlich Berechtigter angesehen werden kann oder anzusehen ist.

24 Ob Stimmbindungsverträge „Kontrolle" im Sinne des Gesetzes vermitteln, hängt in der Praxis wesentlich von ihrem Umfang und ihrer Reichweite ab. Die Stimmbindungsvereinbarung kann beispielsweise alle Beschlüsse aller (oder bestimmter) Gesellschafter erfassen, aber auch nur einen Teil davon oder lediglich für einen einzigen, wenn auch wiederkehrenden Beschlussgegenstand oder gar nur einmalig für eine einzige Beschlussfassung gelten. Je nachdem vermittelt die Stimmbindungsvereinbarung „Kontrolle" oder nicht, was die Gestaltungspraxis aufgrund der Weite des Gesetzeswortlauts und der Vielfältigkeit der in der Rechtspraxis anzutreffenden rechtlichen und tatsächlichen Ausgestaltungen von Stimmbindungsabreden vor erhebliche Abgrenzungsschwierigkeiten stellt. Einen Hinweis auf den erforderlichen Umfang der Stimmbindungsvereinbarung könnte § 3 Abs. 2 S. 3 und 4 GwG liefern. Danach ist von Kontrolle insbesondere dann auszugehen, wenn die natürliche Person unmittelbar oder mittelbar einen beherrschenden Einfluss auf die Vereinigung hat. Zur Feststellung des beherrschenden Einfluss verweist Satz 3 unter anderem auf § 290 Abs. 3 S. 2 HGB. Danach werden dem Mutterunternehmen Rechte zugerechnet, über die es oder ein Tochterunternehmen aufgrund von Vereinbarungen, wie z. B. Stimmbindungsverträgen, mit anderen Gesellschaftern verfügen kann.[43] Voraussetzung für eine Zurechnung ist allerdings, dass der Stimmbindungsvertrag dauerhaft besteht.[44] Daher soll es für eine Kontrolle im Sinne von § 3 Abs. 2 S. 1 Nr. 3 GwG weniger auf den Umfang im Sinne der inhaltlichen Reichweite des Stimmbindungsvertrages ankommen als vielmehr auf dessen Kontinuität.[45] Selbst weitreichende Rechte nach dem Stimmbindungsvertrag sollen

---

[41] RegBegr., BT-Drs. 18/11555, 128.
[42] Vgl. *Zillmer* DB 2017, 1931, 1933.
[43] *Busse von Colbe* in: MüKoHGB, 3. Aufl. 2013, § 290 Rn. 63; *Morck* in: Koller/Kindler/Roth/Drüen, HGB, 9. Aufl. 2019, § 290 Rn. 4.
[44] *Senger/Hoehne* in: MüKoBilanzR, 1. Aufl. 2013, § 290 Rn. 165; *Busse von Colbe* in: MüKoHGB, 3. Aufl. 2013, § 290 Rn. 63; *Assmann/Hütten* AG 2017, 449, 456.
[45] *Rieg* BB 2017, 2310, 2317; *Schaub* DStR 2018, 871, 876.

keine „Kontrolle" vermitteln, wenn sie sich nur in einer Ad-hoc-Entscheidung erschöpfen, während „Kontrolle" tendenziell eher dann anzunehmen sein wird, wenn der Stimmbindungsvertrag lediglich untergeordnete, aber regelmäßig wiederkehrende Beschlussgegenstände betrifft.[46]

Auch für die (wechselseitige) Zurechnung der Stimmrechte ist zu differenzieren:[47] Müssen sämtliche Poolmitglieder die Stimmrechte aufgrund des Poolvertrags einheitlich ausüben und beherrscht keine natürliche Person den Pool, ist eine wechselseitige Zurechnung der Stimmrechte anzunehmen. Jede natürliche Person, die danach über mehr als 25 % der Stimmrechte verfügt, ist wirtschaftlich Berechtigter. Wird der Pool hingegen von einer natürlichen Person beherrscht, ist nur diese Person als wirtschaftlich Berechtigter anzusehen.[48] Dieser Ansicht hat sich auch das Bundesverwaltungsamt angeschlossen.[49] Allerdings sind trotz alleiniger Zurechnung der Stimmrechte an die Person, die den Pool beherrscht, die übrigen Poolmitglieder wirtschaftlich Berechtigte gemäß § 3 Abs. 2 S. 1 Nr. 1 GwG, wenn sie jeweils mehr als 25 % der Kapitalanteile halten.[50] Die Stimmrechtszurechnung allein an das herrschende Poolmitglied lässt die Stellung anderer als wirtschaftlich Berechtigte aufgrund eines anderen gesetzlichen Tatbestands unberührt.[51] 25

3. Vereinbarungen zur Personalpolitik (Bestellung der Gesellschaftsorgane, etc.)

Schuldrechtliche Nebenvereinbarungen können auch die Personalpolitik der Gesellschaft zum Gegenstand haben wie z.B. die Bestellung der Gesellschaftsorgane.[52] Dadurch kann ein Gesellschafter erheblichen Einfluss auf die Geschicke der Gesellschaft nehmen und eine Stellung als wirtschaftlich Berechtigter im Sinne von § 3 Abs. 2 S. 1 Nr. 3 GwG erlangen, wenn und soweit er Kontrolle auf mit Nr. 1 und Nr. 2 vergleichbare Weise ausübt.[53] Dass Kontrolle mittels Vereinbarungen über die Personalpolitik im weitesten Sinne ausgeübt werden kann, belegt § 19 Abs. 3 Nr. 1 lit. b) a. E. GwG. Danach erfassen die zum Transparenzregister zu machenden Angaben zu Art und Umfang des wirtschaftlichen Interesses bei der Ausübung von Kontrolle in sonstiger Weise auch „Absprachen [...], aufgrund der einem Dritten [...] Befugnis zur Ernennung von gesetzlichen Vertretern oder anderen Organmitgliedern" eingeräumt wird. 26

Voraussetzung für den Tatbestand der Kontrolle in sonstiger Weise ist insbesondere nur, dass die natürliche Person über einen beherrschenden Einfluss auf die Vereinigung verfügt (§ 3 Abs. 2 S. 3 GwG). Ob beherrschender Einfluss vorliegt, richtet sich gemäß § 3 Abs. 2 S. 4 GwG nach § 290 Abs. 2 bis 4 HGB. Gemäß § 290 Abs. 2 Nr. 2 HGB analog liegt beherrschender Einfluss vor, wenn einem Gesellschafter das Recht zusteht, die Mehrheit der Mitglieder des die Finanz- und Geschäftspolitik bestimmenden Verwaltungs-, Leitungs- oder Aufsichtsorgans zu bestellen oder abzuberufen. Dieses Recht kann dem Gesellschafter nicht nur aufgrund gesellschaftsrechtlicher Beziehung, sondern auch aufgrund schuldrechtlicher Vereinbarung zustehen.[54] Die zur Begründung beherrschenden Einflusses notwendigen Organbestellungsrechte hängen von der jeweiligen Rechtsform des Unternehmens ab. In der Aktiengesellschaft setzt die Möglichkeit der Beherrschung das Recht zur Bestimmung der Mehrheit der Vorstands-[55] oder der Aufsichtsratsmitglie- 27

---

[46] *Rieg* BB 2017, 2310, 2317; *Schaub* DStR 2018, 871, 873 ff.
[47] *Rieg* BB 2017, 2310, 2318.
[48] *Zillmer* DB 2017, 1931, 1935; *Kotzenberg/Lorenz* NJW 2017, 2433, 2435; *Schaub* DStR 2017, 1438, 1441.
[49] Bundesverwaltungsamt, Häufig gestellte Fragen zum Transparenzregister (FAQ), Stand: 20.2.2020, Frage II. 1.
[50] Bundesverwaltungsamt, Häufig gestellte Fragen zum Transparenzregister (FAQ), Stand: 20.2.2020, Frage II. 1.
[51] *Rieg* BB 2017, 2310, 2318.
[52] *Wicke* DStR 2006, 1137 f.; *Mayer* MittBayNot 2006, 281, 287 f.
[53] *Rieg* BB 2017, 2310, 2317.
[54] *Senger/Hoehne* in: MüKoBilanzR, 1. Aufl. 2013, § 290 Rn. 27; *Grottel/Kreher* in: Beck'scher Bilanz-Komm, 12. Aufl. 2020, § 290 Rn. 21.
[55] *Morck* in: Koller/Kindler/Roth/Drüen, HGB, 9. Aufl. 2019, § 290 Rn. 3.

der[56] voraus. Der Aufsichtsrat, der grundsätzlich keine (unmittelbare) Leitungsfunktion im Unternehmen wahrnimmt, bestellt gemäß § 84 AktG die Vorstandsmitglieder und beruft sie wieder ab, sodass er mittelbar die Geschäfts- und Finanzpolitik des Unternehmens bestimmt.[57] Bei der GmbH wiederum hat derjenige die Möglichkeit zur Beherrschung, der das Recht besitzt, die Mitglieder der Geschäftsführung zu bestimmen.[58]

4. Vereinbarungen zur Unternehmenspolitik

28 Auch schuldrechtliche Nebenvereinbarungen zur Unternehmenspolitik – etwa zum Umfang der Tätigkeit des Unternehmens[59] – können gemäß § 3 Abs. 2 S. 1 Nr. 3, S. 3 GwG beherrschenden Einfluss eines Gesellschafters begründen und ihn damit zum wirtschaftlich Berechtigten machen. Beherrschender Einfluss ist ein unbestimmter Rechtsbegriff, der im Gesetz selbst nicht definiert wird. Da § 3 Abs. 2 S. 4 GwG zur Feststellung eines beherrschenden Einflusses auf § 290 Abs. 2 bis 4 HGB verweist, kann zur näheren Umschreibung der Begrifflichkeit „beherrschender Einfluss" auf die Kommentierungen zu § 290 Abs. 1 HGB zurückgegriffen werden. Danach liegt – übertragen auf § 3 GwG – ein beherrschender Einfluss vor, wenn ein Gesellschafter direkt oder indirekt die Möglichkeit besitzt, alle wesentlichen Entscheidungen der Finanz- und Geschäftspolitik des Unternehmens dauerhaft zu bestimmen, um aus dessen Tätigkeit einen Nutzen zu ziehen.[60] Für den Gesellschafter muss es möglich sein, sowohl finanzielle Entscheidungen zu treffen als auch originäre Leitungsaufgaben des Unternehmens zu übernehmen.[61] Dies ist beispielsweise bei dem Recht der Fall, die strategischen Unternehmensziele festzulegen oder die Grundsätze der Finanz-, Investitions- und Produktpolitik zu bestimmen.[62]

5. Sonderrechte (Mehrstimmrecht, Vetorecht, Zustimmungsvorbehalt, etc.)

29 Durch schuldrechtliche Nebenvereinbarungen können einem Gesellschafter auch Sonderrechte zugestanden werden. Dies können etwa Mehrstimmrechte, Vetorechte oder Zustimmungsvorbehalte sein. Werden einem Gesellschafter unabhängig von der Höhe seiner Beteiligung mehr als 25 % der Stimmrechte der Vereinigung eingeräumt, liegt faktisch ein Fall des § 3 Abs. 2 S. 1 Nr. 2 GwG mit der Folge vor, dass der Gesellschafter zum wirtschaftlich Berechtigten wird.[63] Entsprechendes gilt, wenn dem Gesellschafter unabhängig von der Höhe seiner Beteiligung ein Vetorecht[64] oder ein Zustimmungsvorbehalt zu allen Entscheidungen der Gesellschafterversammlung eingeräumt wird. Die Kontrolle der Vereinigung durch den Gesellschafter ist in diesen beiden Fällen sogar noch umfassender, als wenn er mehr als 25 % der Stimmrechte innehätte. Folglich liegt ein Fall der Kontrolle in sonstiger Weise gemäß § 3 Abs. 2 S. 1 Nr. 3 GwG vor.

30 Gelten diese Sonderrechte nicht für sämtliche Entscheidungen der Gesellschafter, kann die Stellung als wirtschaftlich Berechtigter aus § 3 Abs. 2 S. 1 Nr. 3, S. 3 und 4 GwG iVm. § 290 Abs. 3 S. 2 HGB folgen. Entsprechend zu den obigen Ausführungen[65] zum Stimmbindungsvertrag dürfte es danach weniger darauf ankommen, dass von dem jeweiligen Sonderrecht besonders wichtige Gesellschafterentscheidungen erfasst werden, sondern vielmehr, dass das Sonderrecht dauerhaft besteht.

---

[56] v. Kanitz/Hoffmann in: BeckOK HGB, 28. Ed., Stand: 15.4.2020, § 290 Rn. 12; Senger/Hoehne in: MüKoBilanzR, 1. Aufl. 2013, § 290 Rn. 81.
[57] Senger/Hoehne in: MüKoBilanzR, 1. Aufl. 2013, § 290 Rn. 81.
[58] v. Kanitz/Hoffmann in: BeckOK HGB, 28. Ed., Stand: 15.4.2020, § 290 Rn. 12; Morck in: Koller/Kindler/Roth/Drüen, HGB, 9. Aufl. 2019, § 290 Rn. 3.
[59] Vgl. BGH, Urt. v. 20.1.1983 – II ZR 243/81, NJW 1983, 1910; Wicke DStR 2006, 1137, 1138.
[60] Vgl. Ernst/Seidler BB 2009, 766, 768; so auch Longrée/Pesch NZG 2017, 1081, 1088.
[61] Senger/Hoehne in: MüKoBilanzR, 1. Aufl. 2013, § 290 Rn. 28.
[62] Busse von Colbe in: MüKoHGB, 3. Aufl. 2013, § 290 Rn. 17.
[63] Vgl. Rieg BB 2017, 2310, 2316 f.
[64] Vgl. Bochmann DB 2017, 1310, 1317; Schaub DStR 2017, 1438, 1441.
[65] Siehe oben → Rn. 23 ff.

6. Treuhand

Als weitere Fallgruppe schuldrechtlicher Nebenvereinbarungen kommen Treuhandverhältnisse in Betracht. Hält der Treuhänder für den Treugeber eine mehr als 25%ige Beteiligung an einer Vereinigung, kann dies den Treugeber zum wirtschaftlich Berechtigten machen. Die Vereinigung selbst hat jedoch regelmäßig keine Kenntnis vom Bestehen und vom Inhalt der Treuhandschaft und ist insoweit zu Nachforschungen auch nicht verpflichtet. Für eine Mitteilungspflicht der Vereinigung gegenüber dem Transparenzregister kommt es deshalb entscheidend darauf an, ob eine Angabepflicht des Treuhänders und/oder des Treugebers gegenüber der Vereinigung besteht. Dabei sind zwei Konstellationen grundsätzlich voneinander zu unterscheiden:[66]

a) Gesellschaft als Treuhänder. In der ersten Konstellation hält eine Gesellschaft (nach Art einer Treuhandgesellschaft) für eine natürliche Person treuhänderisch die Beteiligung an der Vereinigung. Die natürliche Person ist dabei an der Gesellschaft (der Treuhandgesellschaft) nicht beteiligt. Als Angabepflichtige gegenüber der Vereinigung kommen sowohl die Gesellschaft als Treuhänder als auch die natürliche Person als Treugeber in Betracht. Ob zunächst die Gesellschaft als Treuhänder und unmittelbarer Anteilseigner der Vereinigung das Treuhandverhältnis gegenüber der Vereinigung anzugeben hat, hängt davon ab, ob die Gesellschaft unmittelbar von der natürlichen Person als dem wirtschaftlich Berechtigten kontrolliert wird (§ 20 Abs. 3 S. 1 GwG). Denn die Gesellschaft kann selbst nicht wirtschaftlich Berechtigter sein; dies können gemäß § 3 GwG nur natürliche Personen sein. Es herrscht in diesem Zusammenhang Streit darüber, ob die Kontrolle durch den wirtschaftlich Berechtigten nur gesellschaftsrechtlich möglich[67] oder ob auch eine durch den Treuhandvertrag ausschließlich schuldrechtlich vermittelte Kontrolle ausreichend ist[68]. Im ersten Fall wäre die Gesellschaft als Treuhänder mangels Beteiligung des wirtschaftlich Berechtigten an ihr und damit mangels unmittelbarer Kontrolle des wirtschaftlich Berechtigten nicht dazu verpflichtet, gegenüber der Vereinigung das Treuhandverhältnis offenzulegen. Ist in dieser Konstellation der Vereinigung das Treuhandverhältnis nicht auf sonstige Weise bekannt, sind gegenüber dem Transparenzregister keine Mitteilungen über das Treuhandverhältnis zu machen. Folgt man der zweiten Ansicht, nach der der wirtschaftlich Berechtigte als Treuhänder bereits mittels des Treuhandverhältnisses und damit mittels einer schuldrechtlichen Vereinbarung unmittelbare Kontrolle über den Treuhänder ausüben kann, müsste der Treuhänder das Treuhandverhältnis der Vereinigung mitteilen. Entsprechendes gälte dann für die Angabepflicht der natürlichen Person als dem wirtschaftlich Berechtigten.

Die Ansicht, wonach Kontrolle nur gesellschaftsrechtlich vermittelt werden kann, stützt sich auf die Verweisung des § 3 Abs. 2 S. 4 GwG auf § 290 Abs. 2 bis 4 HGB.[69] Die Treuhand ist für die Begründung beherrschenden Einflusses im Sinne von § 290 HGB allerdings nicht bedeutungslos. Gemäß § 290 Abs. 3 S. 1 HGB werden dem Mutterunternehmen die Rechte zugerechnet, die von einer Person gehalten werden, welche für das Mutterunternehmen oder ein Tochterunternehmen handelt. Dies kann gerade auch ein Treuhänder des Mutter- oder Tochterunternehmens sein.[70] Dabei sollen nicht etwa nur Stimmrechte zugerechnet werden, sondern auch Kapitalanteile.[71] Ohnehin ist zu berücksichtigen, dass § 3 Abs. 2 S. 4 GwG auf § 290 Abs. 2 bis 4 HGB nur für das Vorliegen beherrschenden Einflusses verweist, beherrschender Einfluss aber gemäß § 3 Abs. 2 S. 3 GwG lediglich „insbesondere" zu einer Kontrolle im Sinne des § 3 GwG führt. Im Umkehr-

---

66 Vgl. *Rieg* BB 2017, 2310, 2319.
67 *Kotzenberg/Lorenz* NJW 2017, 2433, 2435; *Zillmer* DB 2017, 1931, 1933; *Bochmann* DB 2017, 1310, 1315.
68 *Friese/Brehm* GWR 2017, 271, 273; *Rieg* BB 2017, 2310, 2319.
69 *Bochmann* DB 2017, 1310, 1315; *Zillmer* DB 2017, 1931, 1933.
70 *Senger/Hoehne* in: MüKoBilanzR, 1. Aufl. 2013, § 290 Rn. 160.
71 *Senger/Hoehne* in: MüKoBilanzR, 1. Aufl. 2013, § 290 Rn. 162.

schluss bedeutet dies, dass Kontrolle nicht allein gemäß § 290 Abs. 2 bis 4 HGB analog vermittelt werden kann, sondern es daneben noch andere Möglichkeiten der Kontrolle geben muss.[72] Für ein weites Verständnis des Kontrollbegriffs spricht auch die Gesetzesbegründung:[73] Danach greift die „Angabepflicht […] auch, wenn der Angabepflichtige selbst keine Kontrolle ausübt, sondern nur ein außerhalb der Gesellschaft stehender wirtschaftlich Berechtigter, der beispielsweise die Kontrolle über zwei Anteilseigner hat. Dadurch werden Umgehungen der Angabepflichten durch gezielte Treuhandstrukturen vermieden." Zudem bestünde eine „Meldepflicht […] dann, wenn hinter einem der Gesellschafter ein Treugeber stünde, der sich naturgemäß nicht aus öffentlich zugänglichen Registern ergibt, so dass der Gesellschafter diesen anzugeben hat."[74] Weiter kann die „Kontrolle des wirtschaftlich Berechtigten über die Gesellschaft […] in anderer Form als durch direkte Anteilseignerstellung [erfolgen], etwa wenn hinter einem oder mehreren Gesellschaftern ein Treugeber steht."[75] Schließlich zählt § 19 Abs. 3 Nr. 1 lit. b) GwG zu den Angaben über Art und Umfang des wirtschaftlichen Interesses des wirtschaftlich Berechtigten über die Ausübung von Kontrolle auf sonstige Weise ausdrücklich „Absprachen zwischen einem Dritten und einem Anteilseigner".[76] Damit ist der Ansicht zu folgen, nach der Kontrolle auch durch eine nur schuldrechtliche Vereinbarung vermittelt werden kann.

34 **b) Natürliche Person als Treuhänder.** In der zweiten Konstellation ist der Treuhänder keine Gesellschaft, sondern wie der Treugeber eine natürliche Person. Der Treuhänder ist dann zunächst selbst gemäß § 3 Abs. 2 S. 1 Nr. 1 GwG wirtschaftlich Berechtigter, weil er eine natürliche Person ist und demgemäß überhaupt wirtschaftlich Berechtigter sein kann, und unterliegt als unmittelbarer Anteilseigner der Vereinigung der Angabepflicht.[77] Dies mag bezweifelt werden, zumal wenn man der Ansicht folgt, die eine schuldrechtliche Vereinbarung zur Vermittlung von Kontrolle genügen lässt. Denn wenn danach letztlich der Treugeber wirtschaftlich Berechtigter der Vereinigung ist, erscheint es nur konsequent, den Treuhänder trotz seiner formalen Beteiligung von mehr als 25 % an der Vereinigung nicht als wirtschaftlich Berechtigten zu betrachten. § 3 Abs. 2 S. 1 Nr. 3 GwG (Kontrolle in vergleichbarer Weise) macht deutlich, dass der Gesetzgeber mit Nr. 1 (mehr als 25 % der Kapitalanteile) und Nr. 2 (mehr als 25 % der Stimmrechte) des § 3 Abs. 2 S. 1 GwG die Vorstellung von gewisser Kontrolle über die Vereinigung verbindet. Bei einem Treuhänder, der den Weisungen des Treugebers unterliegt, könnte dies bezweifelt werden. Dennoch spricht für die Stellung des Treuhänders als wirtschaftlich Berechtigtem der Wortlaut des § 3 Abs. 2 S. 1 Nr. 1 GwG, der nur an die formale Beteiligung in Höhe von mehr als 25 % an der Vereinigung anknüpft.[78]

35 Nicht eindeutig ist jedoch weiter, in welchem Umfang der Treuhänder in dieser Konstellation gegenüber der Vereinigung Angaben zu machen hat. Möglich erscheint zum einen, dass der Treuhänder allein über seine eigene Beteiligung an der Vereinigung Angaben macht.[79] Zum anderen ist aber ebenfalls denkbar, dass der Treuhänder über seine eigene Beteiligung hinaus zusätzlich Angaben zum Treugeber als weiterem wirtschaftlich Berechtigten machen muss und in diesem Zusammenhang das Treuhandverhältnis offenzulegen hat.[80] Für Letzteres spricht der Sinn und Zweck des GwG, wonach die ultimativ profitierende natürliche Person erfasst werden soll, sowie die Gesetzesbegründung[81], dergemäß Treuhandkonstruktionen offenzulegen sind.

---

[72] So auch *Bochmann* DB 2017, 1310, 1313.
[73] RegBegr., BT-Drs. 18/11555, 130.
[74] RegBegr., BT-Drs. 18/11555, 129.
[75] RegBegr., BT-Drs. 18/11555, 129.
[76] Darauf weist auch *Rieg* BB 2017, 2310, 2319 hin.
[77] *Kotzenberg/Lorenz* NJW 2017, 2433, 2435; *Rieg* BB 2017, 2310, 2319.
[78] So auch *Longrée/Pesch* NZG 2017, 1081, 1089.
[79] *Kotzenberg/Lorenz* NJW 2017, 2433, 2435.
[80] *Rieg* BB 2017, 2310, 2319; siehe auch *Longrée/Pesch* NZG 2017, 1081, 1089.
[81] RegBegr., BT-Drs. 18/11555, 130.

7. Unterbeteiligung und Nießbrauch

Unklar ist schließlich auch, ob mittels Unterbeteiligung oder Nießbrauchs eine Kontrolle 36
in sonstiger Weise im Sinne von § 3 Abs. 2 S. 1 Nr. 3 GwG ausgeübt werden kann und
eine Unterbeteiligung oder ein Nießbrauch daher Mitteilungspflichten auslöst.[82] In der
Praxis kommt es nicht selten vor, dass an Gesellschaftsanteilen ein Nießbrauch bestellt ist
oder eine Unterbeteiligung besteht – besonders bei Familienunternehmen sind Nießbräu-
che und Unterbeteiligungen häufig anzutreffen. Es stellt sich dann die Frage, ob ein Nießbrauchnehmer oder Unterbeteiligter, der den Schwellenwert des § 3 GwG überschreitet,
zum wirtschaftlich Berechtigten wird. Diese Frage wird weder im GwG geregelt noch in
der Gesetzesbegründung angesprochen. Neben den Vorteilen, die dem Nießbrauchnehmer
oder Unterbeteiligten zufließen, hat er regelmäßig aufgrund schuldrechtlicher Nebenvereinbarungen auch das Recht, die wesentlichen Entscheidungen zu treffen, womit er Einfluss auf das tägliche Geschäft sowie die Finanz- und Geschäftspolitik des Unternehmens
erlangt. Für den Nießbrauchnehmer oder Unterbeteiligten besteht daher die ernsthafte
Möglichkeit, dass er zum wirtschaftlich Berechtigten wird und damit Angabepflichten
gegenüber der Vereinigung unterliegt. Letztlich hängt dies wiederum davon ab, ob „Kontrolle" nur gesellschaftsrechtlich[83] oder aber auch rein schuldrechtlich[84] vermittelt werden
kann. Nach der hier vertretenen Auffassung kann Kontrolle auch rein schuldrechtlich
vermittelt werden.[85] Ob die aufgrund schuldrechtlicher Nebenvereinbarung dem Nießbrauchnehmer oder Unterbeteiligten zustehenden Rechte Kontrolle in sonstiger Weise im
Sinne von § 3 Abs. 2 S. 1 Nr. 3 GwG vermitteln, kann nicht abstrakt beantwortet werden,
sondern hängt von der im Einzelfall getroffenen Absprache ab. Insofern kann auf die obigen
Erläuterungen zu den Grundsätzen zum Stimmbindungsvertrag, zu Vereinbarungen über
Einfluss auf die Personal- oder Unternehmenspolitik sowie zu Vereinbarungen über Sonderrechte verwiesen werden.[86] Stehen dem Nießbrauchnehmer oder Unterbeteiligten die
dort genannten Rechte zu, ist er als wirtschaftlich Berechtigter anzusehen.[87]

8. Stille Beteiligung

Auch wenn die stille Gesellschaft als solche nicht der Mitteilungspflicht unterliegt,[88] ist 37
denkbar, dass eine stille Beteiligung den stillen Gesellschafter zum wirtschaftlich Berechtig-
ten macht. Bei der **typischen** stillen Beteiligung ist der stille Gesellschafter mit einer
Vermögenseinlage am Handelsgewerbe des Inhabers beteiligt und partizipiert am Gewinn.[89]
Der typische stille Gesellschafter wird als Darlehensgeber behandelt; die Erträge der
Gewinnbeteiligung stellen wirtschaftlich Einkünfte aus Kapitalvermögen dar.[90] Er hält
keine Kapitalanteile, sodass er kein wirtschaftlich Berechtigter im Sinne von § 3 Abs. 2 S. 1
Nr. 1 GwG ist. Bei der **atypisch** stillen Beteiligung werden dem stillen Gesellschafter
hingegen vertraglich weitergehende Mitwirkungsrechte eingeräumt (z. B. zur Mitwirkung
bei der Geschäftsführung).[91] Der atypisch stille Gesellschafter wird schuldrechtlich so
gestellt, als wäre er am gesamten Vermögen des Handelsgewerbes wie ein (steuerlicher)
Mitunternehmer beteiligt.[92] Da eine atypisch stille Beteiligung in der Regel Eigenkapital-

---

[82] Ablehnend *Bochmann* DB 2017, 1310, 1316; *Kotzenberg/Lorenz* NJW 2017, 2433, 2435.
[83] *Kotzenberg/Lorenz* NJW 2017, 2433, 2435; *Zillmer* DB 2017, 1931, 1933; *Bochmann* DB 2017, 1310, 1315.
[84] *Friese/Brehm* GWR 2017, 271, 273; *Rieg* BB 2017, 2310, 2319.
[85] Siehe hierzu oben → Kap. 2 Rn 4.
[86] Siehe hierzu oben → Rn. 23 ff.
[87] Ebenso *Schaub* DStR 2017, 1438, 1441; *Longrée/Pesch* NZG 2017, 1081, 1088 f.; *Rieg* BB 2017, 2310, 2320; *Zillmer* DB 2017, 1931, 1934.
[88] *Bochmann* DB 2017, 1310, 1312 f.; *Kotzenberg/Lorenz* NJW 2017, 2433, 2434.
[89] *Roth* in: Baumbach/Hopt, 39. Aufl. 2020, HGB § 230 Rn. 1.
[90] *Wedemann* in: Oetker, HGB, 5. Aufl. 2017, § 230 Rn. 40.
[91] *Roth* in: Baumbach/Hopt, 39. Aufl. 2020, HGB § 230 Rn. 3.
[92] *Hoffmann-Theinert* in: BeckOK HGB, 28. Ed., Stand: 15.4.2020, § 230 Rn. 25.

charakter hat[93] und nach dem Wortlaut des § 3 Abs. 2 S. 1 Nr. 1 GwG („Kapitalanteile") gerade keine Beteiligung am Stamm-, Grund- oder Kommanditkapital vorausgesetzt wird, könnte ein atypisch stiller Gesellschafter wirtschaftlich Berechtigter im Sinne von § 3 Abs. 2 S. 1 Nr. 1 GwG sein.[94] Dies wird teilweise unter Verweis auf § 3 Abs. 2 S. 1 Nr. 2 (Stimmrechte) und Nr. 3 (vergleichbare Kontrolle) GwG abgelehnt, wonach deutlich werden solle, dass es auf Anteile ankomme, die mit mitgliedschaftlichen Rechten verbunden seien, was auf eine atypisch stille Beteiligung nicht zutreffe.[95] Selbst wenn aber eine wirtschaftliche Berechtigung gemäß § Abs. 2 S. 1 Nr. 1 GwG für den atypisch stillen Gesellschafter ausscheiden würde, käme immer noch eine solche gemäß Nr. 3 in Betracht. Ein weiteres Mal kommt es damit darauf an, ob Kontrolle in sonstiger Weise nur gesellschaftsrechtlich[96] oder aber auch rein schuldrechtlich[97] vermittelt werden kann. Nach der zutreffenden zweiten Ansicht, wonach Kontrolle auch schuldrechtlich vermittelt werden kann,[98] kann auch ein atypisch stiller Gesellschafter wirtschaftlich Berechtigter sein.[99] Voraussetzung dafür ist, dass er in dem Maße an dem Unternehmen beteiligt ist, dass er schuldrechtlich so gestellt wird, als wäre er am gesamten Vermögen des Handelsgewerbes wie ein Mitunternehmer mit mehr als 25 % beteiligt.

9. Sonstige Rechte (Vorerwerbsrechte, Gewinnverteilung)

38   Schließlich könnten auch sonstige Rechte, die typischerweise Gegenstand schuldrechtlicher Nebenvereinbarungen sind, zu einer Stellung als wirtschaftlich Berechtigter führen. Zu denken ist an Vorerwerbsrechte oder Vereinbarungen über die Gewinnverteilung.

39   Bei einem typischen Vorerwerbsrecht, wie es bei der GmbH häufig vorkommt, hat ein veräußerungswilliger Gesellschafter einem anderen Gesellschafter seinen GmbH-Geschäftsanteil in notariell beurkundeter Form und zu einem festgelegten Kaufpreis zum Erwerb anzubieten.[100] Gleiches gilt für die anderen Gesellschaftsformen, insbesondere auch für Aktiengesellschaften, wobei bei diesen grundsätzlich keine besondere Form zu wahren ist. Denkbar ist nun, dass der vorerwerbsberechtigte Gesellschafter zunächst weniger als 25 % der Kapitalanteile hält, nach Ausübung des Vorerwerbsrechts jedoch mehr als 25 %. Das Vorerwerbsrecht macht ihn aber nicht bereits vor dessen Ausübung zum wirtschaftlich Berechtigen gemäß § 3 Abs. 2 S. 1 Nr. 3 GwG[101], auch nicht mit dem Argument, dass er Kontrolle bereits in sonstiger Weise ausüben könne. Zwar kann bereits ein noch nicht ausgeübtes Vorerwerbsrecht in gewisser Weise eine faktische Vorwirkung entfalten, wenn absehbar ist, dass der vorerwerbsberechtigte Gesellschafter demnächst weitere Geschäftsanteile erwerben wird. Gleichwohl begründet ein bloßes Vorerwerbsrecht vor dessen Ausübung keinen beherrschenden Einfluss gemäß § 3 Abs. 2 S. 3 und 4 GwG iVm. § 290 Abs. 2 bis 4 HGB. Denn es ist letztlich nicht sicher, ob der Vorerwerbsfall tatsächlich eintritt.

40   Die Gesellschafter können zudem eine Vereinbarung über die Gewinnverteilung schließen, wonach bestimmte Gesellschafter, unabhängig von der Höhe ihrer Anteile an dem Unternehmen, am Unternehmensgewinn mehr als andere partizipieren. Eine solche Vereinbarung wird allerdings kaum genügen, damit der berechtigte Gesellschafter zum wirtschaftlich Berechtigten im Sinne von § 3 GwG wird. Denn ein größerer Anteil am Gewinn

---

[93] *Beuthien* NZG 2003, 849; *Haas/Vogel* NZI 2012, 875, 877.
[94] Darauf weist auch *Bochmann* DB 2017, 1310, 1313 hin.
[95] *Bochmann* DB 2017, 1310, 1313.
[96] *Kotzenberg/Lorenz* NJW 2017, 2433, 2435; *Zillmer* DB 2017, 1931, 1933; *Bochmann* DB 2017, 1310, 1315.
[97] *Friese/Brehm* GWR 2017, 271, 273; *Rieg* BB 2017, 2310, 2319.
[98] Siehe hierzu oben → Kap. 2 Rn. 22.
[99] So auch *Schaub* DStR 2017, 1438, 1441.
[100] *Weitnauer* in: Weitnauer, HB Venture Capital, 6. Aufl. 2019, Teil F. Rn. 194.
[101] So auch das Bundesverwaltungsamt, Häufig gestellte Fragen zum Transparenzregister (FAQ), Stand: 20.2.2020, Frage II. 15. (Optionsvertrag).

verschafft einem Gesellschafter noch keinerlei Einfluss auf die Geschäfts- oder Personalpolitik des Unternehmens.

10. Wirtschaftliche Berechtigung aus sonstigen Gründen

Wird eine Person aufgrund einer schuldrechtlichen Nebenvereinbarung zum wirtschaftlich Berechtigten, beispielsweise aufgrund einer Stimmbindungsvereinbarung, ist zu prüfen, ob dieser Person noch aus anderen Gründen die Stellung eines wirtschaftlich Berechtigten zukommt. Beispielsweise könnte eine Person, die aufgrund einer Stimmbindungsvereinbarung mehr als 40 % der Stimmrechte kontrolliert, bereits selbst mehr als 25 % der Kapitalanteile an der Gesellschaft innehaben. In diesem Fall wäre diese Person wirtschaftlich Berechtigter aufgrund zweier Tatbestände, einmal aufgrund der Stimmbindungsvereinbarung gemäß § 3 Abs. 2 Nr. 3 GwG und einmal gemäß § 3 Abs. 2 Nr. 1 GwG aufgrund der Kapitalanteile, die sie selbst innehat und die sie darüber hinaus noch kontrolliert. 41

In der Praxis stellt sich dann die Frage, ob der Pflicht zur Mitteilung an das Transparenzregister Genüge getan ist, wenn und soweit die Höhe der Kapitalbeteiligung aus dem Handelsregister ersichtlich ist und daher die Mitteilungsfiktion des § 20 Abs. 2 Satz 1 GwG greift, oder aber ob der wirtschaftlich Berechtigte eine zusätzliche Mitteilung über die Stimmbindungsvereinbarung an das Transparenzregister veranlassen muss. Für eine zusätzliche Mitteilung spricht der Sinn und Zweck des Transparenzregisters, die umfassende Offenlegung von Beteiligungsstrukturen zu ermöglichen.[102] Verbleibt es bei der bloßen Mitteilungsfiktion des § 20 Abs. 2 Satz 1 GwG wird aus dem Transparenzregister gerade nicht ersichtlich, dass der wirtschaftlich Berechtigte auch aufgrund einer schuldrechtlichen Nebenvereinbarung Kontrolle im Sinne des § 3 Abs. 2 Nr. 3 GwG ausübt, obwohl gemäß § 19 Abs. 3 Nr. 1 lit. b) GwG Angaben zu Art und Umfang des wirtschaftlichen Interesses zu machen sind. Andererseits soll die Mitteilungsfiktion gerade die Entlastung der betroffenen Vereinigungen bezwecken und Doppelmeldungen zum Transparenzregister vermeiden.[103] Für die Praxis hat das Bundesverwaltungsamt Klarheit dadurch geschaffen, dass eine Stimmbindungsvereinbarung nicht zu melden ist, wenn sich die wirtschaftliche Berechtigung schon aus der Kapitalbeteiligung aus dem Handelsregister ergibt.[104] 42

11. Keine zivilrechtliche Konsequenzen bei Verstoß gegen Meldepflicht

Verstößt die Vereinigung gegen ihre Mitteilungspflicht oder der Anteilseigner bzw. der wirtschaftlich Berechtigte gegen seine Angabepflicht, hat dies keine zivilrechtlichen Konsequenzen. Das GwG enthält keine Vorschrift, wonach schuldrechtliche Nebenvereinbarungen – oder auch andere Vereinbarungen – bei einem Verstoß gegen die Mitteilungs- oder Angabepflicht nichtig wären oder wonach die Wirksamkeit solcher Vereinbarungen von der Eintragung der Angaben im Sinne des § 19 GwG in das Transparenzregister abhinge. So fehlt im GwG beispielsweise eine Regelung wie in § 54 Abs. 3 GmbHG, wonach die Satzungsänderung einer GmbH erst mit deren Eintragung in das Handelsregister Wirksamkeit erlangt. 43

Auch außerhalb des GwG existiert keine Regelung, die bei Verstoß gegen die Mitteilungs- oder Angabepflichten zur Nichtigkeit einer schuldrechtlichen Nebenvereinbarung führen würde. Insbesondere ist die schuldrechtliche Nebenvereinbarung nicht gemäß § 134 BGB nichtig. § 134 BGB setzt den Verstoß gegen ein gesetzliches Verbot voraus. Als Verbotsgesetz im Sinne des § 134 BGB kommen grundsätzlich alle Rechtsnormen im Sinne von Art. 2 EGBGB in Betracht.[105] Im GwG könnte zunächst § 20 Abs. 1 und 3 GwG eine solche Verbotsnorm darstellen. Zwar enthält § 20 Abs. 1 und 3 GwG nach 44

---
[102] *Schaub* DStR 2018, 871, 876.
[103] RegBegr., BT-Drs. 18/11555, 128; *Seibert/Bochmann/Cziupka* GmbHR 2017, 1128.
[104] Bundesverwaltungsamt, Häufig gestellte Fragen zum Transparenzregister (FAQ), Stand: 20.2.2020, Frage II. 5.
[105] *Wendtland* in: BeckOK BGB, 54. Ed., Stand: 1.5.2020, § 134 Rn. 5.

seinem Wortlaut kein Verbot, sondern begründet lediglich eine Verpflichtung für Vereinigungen, bestimmte Anteilseigner sowie wirtschaftlich Berechtigte, bestimmte Angaben gegenüber dem Transparenzregister zu machen. Gleichwohl könnte § 20 Abs. 1 und 3 GwG aber ein ungeschriebenes Verbot zu entnehmen sein, wonach schuldrechtliche Nebenvereinbarungen nichtig sind, sofern gegen die Mitteilungs- oder Angabepflicht verstoßen wird. Denn das Verbot muss dem Gesetz nicht ausdrücklich zu entnehmen sein, es genügt vielmehr, wenn das Verbot aus Sinn und Zweck des Gesetzes folgt.[106]

45 Auch § 56 Abs. 1 Nr. 53 bis 56 GwG könnten als Verbotsnormen zu qualifizieren sein. Denn auch eine gesetzliche Vorschrift, welche ein bestimmtes Verhalten mit einem Bußgeld belegt, kommt als Verbotsnorm in Betracht.[107] Ob ein Verbotsgesetz und nicht eine bloße Ordnungsvorschrift, die keine Rechtsfolgen des § 134 BGB auslöst, vorliegt, ist durch Auslegung, insbesondere anhand des Gesetzeszwecks zu ermitteln.[108] Das GwG bezweckt, den Missbrauch der genannten Vereinigungen und Rechtsgestaltungen zum Zwecke der Geldwäsche und der Terrorismusfinanzierung zu verhindern.[109] Mittels Mitteilungs- und Angabepflichten sowie der Bußgeldbewehrung bei Verstoß gegen diese Pflichten sollen gezielt die hinter der jeweiligen gesellschaftsrechtlichen Struktur stehenden natürlichen Personen erfasst werden.[110]

46 Das GwG richtet sich damit nicht gegen den Abschluss bestimmter schuldrechtlicher Nebenvereinbarungen als solche, sondern lediglich gegen deren Verheimlichung. So führen auch Verstöße gegen § 3 LadSchlG nicht zur Nichtigkeit des Verpflichtungs- und/oder des Verfügungsgeschäfts gemäß § 134 BGB, weil sich diese Regelung nicht gegen den Kaufvertrag oder das Verfügungsgeschäft als solche richtet, sondern nur die Umstände ihres Zustandekommens missbilligt.[111] Daher stellen die Regelungen des GwG über das Transparenzregister, namentlich § 20 Abs. 1 und 3 sowie § 56 Abs. 1 Nr. 53 bis 56 GwG, lediglich Ordnungsvorschriften und keine Verbotsgesetze im Sinne von § 134 BGB dar.

---

[106] Vgl. BGH, Urt. v. 19.12.1968 – VII ZR 83, 84/66, NJW 1969, 750, 751; OLG Karlsruhe, Urt. v. 29.11.2001 – 19 U 14/01, NJW-RR 2002, 1206, 1207; *Dörner* in: Schulze, BGB, 10. Aufl. 2019, § 134 Rn. 4.
[107] Vgl. OLG Karlsruhe, Urt. v. 29.11.2001 – 19 U 14/01, NJW-RR 2002, 1206, 1207; *Vossler* in: Beck-OGK, Stand: 1.6.2020, § 134 BGB Rn. 352; vgl. § 120 Nr. 1 OWiG sowie *Armbrüster* in: MüKoBGB, 8. Aufl. 2018, § 134 Rn. 62.
[108] Vgl. BGH, Urt. v. 23.10.1980 – IVa ZR 28/80, NJW 1981, 399; *Armbrüster* in: MüKoBGB, 8. Aufl. 2018, § 134 Rn. 41.
[109] RegBegr., BT-Drs. 18/11555, 88; *Zillmer* DB 2017, 1931; *Assmann/Hütten* AG 2017, 449.
[110] S. → Rn. 17 f.
[111] *Armbrüster* in: MüKoBGB, 8. Aufl. 2018, § 134 Rn. 62.

Kapitel 4. Überblick über die auf schuldrechtliche Nebenabreden anwendbaren Rechtsgrundsätze

§ 3 Vertragsschluss, Vertragsparteien und Wirkung zugunsten Dritter

Nebenvereinbarungen zum Gesellschaftsvertrag bzw. zur Satzung sind schuldrechtlicher Natur. Nebenabreden lassen sich nicht in die bekannten Schuldvertragstypen wie Kaufvertrag, Werkvertrag, Dienstvertrag usw. einordnen. Sie stellen synallagmatische Vertragsverhältnisse **sui generis** dar, es sei denn, das Rechtsverhältnis zwischen den an der Nebenvereinbarung Beteiligten wäre zwingend als Gesellschaftsverhältnis bürgerlichen Rechts zu qualifizieren, weil die drei Voraussetzungen hierfür – Gesellschaftsvertrag, der in Form der Nebenvereinbarung vorliegt, Verfolgung eines gemeinsamen Zwecks und Förderung desselben – gegeben sind.[1] Liegt kein Gesellschaftsverhältnis bürgerlichen Rechts vor, unterliegen Gesellschaftervereinbarungen den allgemeinen Regeln des Schuldvertragsrechts. Sie kommen wie jeder andere schuldrechtliche Vertrag auch durch erklärte Willensübereinstimmung der Vertragspartner zustande, §§ 145 ff. BGB. 1

Vertragspartner einer Nebenabrede können grundsätzlich alle Gesellschafter, nur ein Teil der Gesellschafter,[2] die Gesellschaft selbst, vertreten durch ihre Geschäftsführer oder Vorstandsmitglieder, aber auch gesellschaftsfremde Dritte, also Nichtgesellschafter, sein. Das ist ein wesentlicher Unterschied zu echten Satzungsregelungen; denn in die korporationsrechtliche Satzung können Nichtgesellschafter nicht einbezogen werden.[3] Werden Dritte in Nebenabreden einbezogen, ist jedoch zu unterscheiden, ob (1) Dritte, die nicht Gesellschafter und die nicht Vertragspartner der Nebenabrede sind, aus der Nebenabrede als Dritte gemäß § 328 BGB berechtigt sind oder (2) ob die Nebenvereinbarung auch mit dem oder den gesellschaftsfremden Dritten als Vertragspartner abgeschlossen wurde. 2

Aufgrund der Unzulässigkeit von Verträgen zu Lasten Dritter gilt zunächst, dass die Gesellschafter nebenvertraglich keine Verträge zu Lasten der Gesellschaft oder sonstiger Dritter schließen können, wenn und soweit diese nicht selbst Partei des Vertrages werden. Nebenverträge zu Lasten Dritter bleiben ohne Rechtswirkung, weil eine unmittelbare Drittwirkung gegen den Grundsatz der Privatautonomie verstieße.[4] Ist die Gesellschaft, handelnd durch ihre vertretungsberechtigten Organe, selbst Vertragspartei, kann sie durch schuldrechtliche Nebenvereinbarung auch Pflichten übernehmen, allerdings nur, soweit der Vertrag auch im Interesse der Gesellschaft liegt.[5] Faktische Drittwirkungen einer Nebenvereinbarung, an der die Gesellschaft nicht als Vertragspartei beteiligt ist, bleiben jedoch denkbar, wenn sich beispielsweise Gesellschafter in einer Nebenabrede zu bestimmten Handlungen oder Unterlassungen verpflichten, die zulasten der Gesellschaft wirken. Grenzen finden solche Abreden und ihre faktischen Wirkungen im Konzernrecht. 3

Gemäß § 328 BGB können Nebenvereinbarungen als schuldrechtliche Verträge aber zugunsten Dritter, insbesondere auch zugunsten der Gesellschaft geschlossen werden,[6] wobei dem Dritten bzw. der Gesellschaft hierbei ein eigenes Forderungsrecht eingeräumt werden kann. Außenstehende Dritte können ebenso wie die Gesellschaft Begünstigte der Abrede im Sinne eines Vertrags zugunsten Dritter sein. Der Dritte ist nicht Partei des Vertrages, sondern nach § 328 BGB lediglich Begünstigter. Die Gesellschafter können so Vereinbarungen zugunsten der Gesellschaft schließen, ohne das vertretungsberechtigte 4

---
[1] *Schindler* in: BeckOK GmbHG, 44. Ed., Stand: 1.11.2019, § 47 Rn. 69;
[2] RG, Urt. v. 20.11.1925 – II 576/24, RGZ 112, 273; BGH, Urt. v. 24.11.2008 – II ZR 116/08, BGHZ 179, 13 = NJW 1994, 2536 – Schutzgemeinschaft II.
[3] *Dürr*, Nebenabreden im Gesellschaftsrecht, S. 19 f., *Ulmer*, FS Werner, 1984, S. 911, 922 ff.
[4] Vgl. BGH, Urt. v. 9.4.1970 – KZR 7/69, BGHZ 54, 145, 147 = NJW 1970, 2157.
[5] *Schäfer* in: Henssler/Strohn, Gesellschaftsrecht GmbHG § 3 Rn. 34.
[6] Zugunsten der Gesellschaft: BGH, Beschl. v. 15.3.2010 – II ZR 4/09, NZG 2010, 988; = DNotI-Report 2010, 159; *Ulmer*, LA Winter, 2011, S. 687, 692 ff.

Organ zu involvieren. Wollen die Gesellschafter der Gesellschaft beispielsweise Kapital zuführen, können sie dies über eine Nebenvereinbarung, die sie untereinander zur Gewährung eines Gesellschafterdarlehens verpflichtet, tun und in diesem Rahmen der Gesellschaft einen Rechtsanspruch auf das Darlehen gewähren.[7] Die Gesellschaft wäre dann selbst forderungsberechtigt, das heißt es handelte sich um einen Vertrag zugunsten der Gesellschaft, der ein eigenständiges Forderungsrecht der Gesellschaft begründete. Die Gesellschafter als die Parteien der Nebenvereinbarung hätten es dann möglicherweise nicht mehr in der Hand, ob die Gesellschaft ihr Recht aus der Nebenvereinbarung zu Ihren Gunsten geltend macht oder nicht, insbesondere in der Insolvenz. Daher ist es in der Praxis angezeigt, die Begründung eines eigenständigen Forderungsrechts der Gesellschaft ausdrücklich auszuschließen. Die Folge wäre dann ein einfacher Vertrag zwischen den Gesellschaftern, der kein eigenes Forderungsrecht der Gesellschaft begründet; es könnte kann nur ein Gesellschafter von einem anderen die Erbringung der versprochenen Leistung an die Gesellschaft verlangen.

5 Jenseits der Frage der Qualifizierung einer Gesellschaftervereinbarung als Vertrag zugunsten der Gesellschaft mit oder ohne eigenem Forderungsrecht, als der eine Nebenabrede wirken kann, können gesellschaftsfremde Dritte Vertragspartner einer schuldrechtlichen Nebenvereinbarung mit einem oder mehreren anderen Gesellschaftern werden. Über die Zulässigkeit solcher Gesellschaftervereinbarungen mit Dritten gehen die Meinungen aber auseinander:[8] Gegen die Zulässigkeit der Beteiligung Dritter spricht das mögliche Entstehen einer Abhängigkeit der Gesellschaft von dem Dritten. Für die Zulässigkeit bestehen aber unausweichliche Bedürfnisse der Praxis. So sind in der Praxis Nebenvereinbarungen unter Drittbeteiligung häufig bei Treuhandverhältnissen zugunsten des außenstehenden Treugebers (des Dritten)[9] und im Rahmen der Kapitalbeschaffung anzutreffen. Nebenvereinbarungen mit Dritten, zu denen Rechtsbeziehungen in Gestalt eines Pfandrechts oder einer Treuhand bestehen, sind in der Rechtsprechung als zulässig anerkannt.[10] Für die Finanzierung von Start-up-Unternehmen werden häufig Verträge mit Venture Capital-Gesellschaften oder anderen Geldgebern geschlossen, wobei die externen Financiers die Absicherung ihres Kapitals in der jungen Gesellschaft erstreben. Daher fordern sie oftmals Mitspracherechte, insbesondere Zustimmungsrechte bei innergesellschaftlichen Entscheidungen,[11] selbst wenn sie nicht Gesellschafter sind.

6 Kritisch an der Beteiligung Dritter ist lediglich, dass diese – anders als die Gesellschafter – nicht der Treuepflicht gegenüber der Gesellschaft und den Gesellschaftern unterliegen und dass Dritte nicht in demselben Maße dem Risiko und den Schäden aus Fehlentscheidungen, die zunächst die Gesellschaft und die Gesellschafter über ihre Beteiligungen an der Gesellschaft treffen, ausgesetzt sind.[12] Daher sind Nebenabreden mit oder zu Gunsten außenstehender Dritter an den Gesellschaftsinteressen zu messen. Sie sind unter der Voraussetzung, dass die Interessen der Gesellschaft gewahrt bleiben[13] und dass das körperschaftliche

---

[7] BGH, Urt. v. 28.6.1999 – II ZR 272/98, BGHZ 142, 116, 124 = NJW 1999, 2809 m. Anm. *Altmeppen*; RG, Urt. v. 20.11.1925 – II 576/24, RGZ 112, 273, 277 f.; *Ulmer*, LA Winter, 2011, S. 687, 693.
[8] *Lieder* in: Oetker, HGB, 6. Aufl. 2019, § 119 Rn. 28; *Koller* in: Koller/Kindler/Roth/Drüen, HGB, 9. Aufl. 2019, § 119 Rn. 5; *Priester* in: Scholz, GmbHG, 12. Aufl. 2018, § 53 Rn. 36; *Schäfer* in: MüKoBGB § 717 Rn. 25 f.; mit Bedenken: *Hopt* in: Baumbach/Hopt, HGB § 119 Rn. 18 m. w. N.; von Unzulässigkeit ausgehend mit Ausnahme von Treuhand- und Unterbeteiligungen: *Finckh* in: Henssler/Strohn, Gesellschaftsrecht, 4. Aufl. 2019, § 119 HGB Rn. 22; a. A. *Zöllner* ZHR 155 (1991) 168, 180 f.; RG, Urt. v. 16.3.1904 – I 491/03, RGZ, 57, 205, 208.
[9] *Priester*, FS Werner, 1984, S. 657 f.; *Weber*, Privatautonomie und Außeneinfluss im Gesellschaftsrecht, 2000, S. 19.
[10] BGH, Urt. v. 29.5.1967 – II ZR 105/66, BGHZ 48, 163, 166 ff. = NJW 1967, 1963; *Finckh* in: Henssler/Strohn, Gesellschaftsrecht HGB § 119 Rn. 22.
[11] *Priester*, FS Raiser, 2003, S. 293.
[12] *Müller* GmbHR 2007, 113, 115.
[13] BGH, Urt. v. 24.11.2008 – II ZR 116/08, BGHZ 179, 13 = NJW 2009, 669 – Schutzgemeinschaft II; *Casper* in: Bork/Schäfer, GmbHG, 4. Aufl. 2019, § 47 Rn. 25; *Schindler* in: BeckOK GmbHG, Stand: 1.11.2019, § 47 Rn. 68.1; vgl. Umfrage von *Zutt*, 1990 ZHR 155 (1991) 213 ff.

Selbstbestimmungsrecht nicht verletzt wird[14], zulässig. Kritisch sind Stimmbindungen zu Gunsten Dritter, weil die Gefahr einer Fremdbestimmung groß ist. Teilweise wird eine solche Stimmbindung von der Literatur für unzulässig erachtet, vor allem, sobald in die ausschließliche Zuständigkeit der Gesellschafter (beispielsweise Satzungsänderungen) eingegriffen wird, und ebenfalls vor dem Hintergrund des Abspaltungsverbotes.[15]

§ 4 Auslegung, §§ 133, 157 BGB

Während für korporationsrechtliche Regelungen des Gesellschaftsvertrags im Vergleich zu schuldrechtlichen Regelungen Besonderheiten bei der Auslegung gelten,[16] finden auf schuldrechtliche Nebenvereinbarungen die allgemeinen Auslegungsgrundsätze der §§ 133, 157 BGB Anwendung.[17] Es kommt insbesondere auf den übereinstimmenden Willen der an dem Abschluss der Nebenvereinbarung beteiligten Parteien an, der dem Vertragswortlaut vorgeht.[18] Regelungen des Gesellschaftsvertrags, der Gleichbehandlungsgrundsatz und die gesellschafterliche Treuepflicht gelten, anders als für die Auslegung des Gesellschaftsvertrages, nicht, wenn eine schuldrechtliche Nebenvereinbarung auszulegen ist.[19] Allerdings kann das Gesellschaftsverhältnis für die Auslegung von Nebenvereinbarungen eine Rolle spielen.[20] So hatte beispielsweise der BGH eine Nebenvereinbarung zwischen zwei Gesellschaftern auszulegen, um feststellen zu können, ob einem Gesellschafter gegenüber dem anderen ein Ausgleichsanspruch für den Fall zusteht, dass ersterer Verbindlichkeiten der Gesellschaft mit privaten Mitteln tilgt.[21] Der BGH stellte im Rahmen der Auslegung auf die Gesellschafterstellung der Vertragsparteien ab und begründete eine schuldrechtlich vereinbarte Ausgleichspflicht unter anderem damit, dass das Bestehen einer Ausgleichspflicht regelmäßig dem Willen der Gesellschafter entspricht, wenn ein Gesellschafter im Einvernehmen mit den anderen Gesellschaftern Sicherheiten für Verbindlichkeiten der Gesellschaft zur Verfügung stellt.[22] Die Auslegung wird hierbei in aller Regel auch ergeben, dass die Quote, nach der im Innenverhältnis ein Ausgleich zwischen den Gesellschaftern stattzufinden hat, vorbehaltlich anderweitiger Regelungen in der Nebenvereinbarung dem Verhältnis der Beteiligung der Vertragsparteien als Gesellschafter an der Gesellschaft entspricht.[23]

§ 5 Wegfall der Geschäftsgrundlage, § 313 BGB

Auf Nebenvereinbarungen sind auch die Grundsätze über den Wegfall der Geschäftsgrundlage (§ 313 BGB) anwendbar: Wird beispielsweise in einer Nebenvereinbarung einem Dritten der spätere Beitritt zur Gesellschaft in einer bestimmten Beteiligungshöhe zu einem bereits jetzt festgelegten Preis versprochen, ist der Unternehmenswert zwischenzeitlich aber erheblich gestiegen, kann von einem Wegfall der Geschäftsgrundlage der Nebenverein-

---

[14] *Müller* GmbHR 2007, 113, 115; *Priester* in: Scholz, GmbHG, 12. Aufl. 2018, § 53 Rn. 36.
[15] *Lieder* in: Oetker, HGB, 6. Aufl. 2019, § 119 Rn. 28; *Priester* in: Scholz, GmbHG, 12. Aufl. 2018, § 53 Rn. 36; *Schäfer in:* Münch. Komm. BGB, 7. Aufl. 2017, § 717 Rn. 25 f.; mit Bedenken: *Roth* in: Baumbach/Hopt, HGB § 119 Rn. 18 m. w. N.; von Unzulässigkeit ausgehend mit Ausnahme von Treuhand- und Unterbeteiligungen: *Finckh* in: Henssler/Strohn, Gesellschaftsrecht, 4. Aufl. 2019, § 119 HGB Rn. 22; a. A. *Zöllner* ZHR 155 (1991) 168, 180 f.
[16] Siehe hierzu ausführlich unten → Kap. 5 Rn. 19 ff.
[17] Vgl. BFH, Urt. v. 11.4.2017 – IX R 46/15, BeckRS 2017, 114430, Rn. 22 (Poolvereinbarung); *Götze* in: MüKoAktG, 5. Aufl. 2019, § 54 Rn. 39; *Wicke* in: MüKoGmbHG § 3 Rn. 135.
[18] *Trölitzsch* in: BeckOK GmbHG, 44. Ed., Stand: 1.5.2020, § 53 Anh. Gesellschaftervereinbarungen, Rn. 21a.
[19] *Ebbing* in: Michalski/Heidinger/Leible/J. Schmidt, GmbHG, 3. Aufl. 2017, § 14 Rn. 50; *Trölitzsch* in: BeckOK GmbHG, 44. Ed., Stand: 1.5.2020, § 53 Anh. Gesellschaftervereinbarungen, Rn. 21a; *Reichert/ Weller* in: MüKoGmbHG § 14 Rn. 67.
[20] *Fastrich* in: Baumbach/Hueck, GmbHG § 3 Rn. 56; *Reichert/ Weller* in: MüKoGmbHG § 14 Rn. 67.
[21] Vgl. BGH, Urt. v. 20.3.1986 – II ZR 125/85, NJW-RR 1986, 969.
[22] Vgl. BGH, Urt. v. 20.3.1986 – II ZR 125/85, NJW-RR 1986, 969, 970.
[23] Vgl. BGH, Urt. v. 20.3.1986 – II ZR 125/85, NJW-RR 1986, 969, 970.

barung auszugehen sein, wenn die Differenz zwischen früher festgelegtem Preis und späterem Zeitwert wesentlich ist.[24]

§ 6 Leistungsstörungen, Willensmängel und Grundsätze über die fehlerhaften Gesellschaft

9   Auf schuldrechtliche Nebenvereinbarungen – anders als auf Gesellschaftsverträge – sind grundsätzlich auch die allgemeinen zivilrechtlichen Vorschriften über Leistungsstörungen und Willensmängel anwendbar.[25] Zu beachten ist allerdings, dass Gesellschaftervereinbarungen regelmäßig auf eine dauerhafte Zweckverfolgung angelegt sind und daher ihrerseits ein eigenständiges Gesellschaftsverhältnis – eine Gesellschaft bürgerlichen Rechts – begründen.[26] Bilden die Parteien einer Gesellschaftervereinbarung aufgrund dieser Vereinbarung eine Gesellschaft bürgerlichen Rechts, sind bei der Anfechtung von Willenserklärungen die Grundsätze über die fehlerhafte Gesellschaft zu berücksichtigen.[27]

§ 7 Recht der Allgemeinen Geschäftsbedingungen

10 Auch zur AGB-Kontrolle von Gesellschaftervereinbarungen muss im erwähnten Sinn (→ Rn. 7, 9) unterschieden werden.[28] Grundsätzlich gelten §§ 305 ff. BGB auch für Nebenvereinbarungen, so dass es im Streitfalle darauf ankommt, ob sie einer AGB-Kontrolle standhalten. Eine Ausnahme gemäß § 310 Abs. 4 BGB besteht aber wiederum für den Fall, dass der Abschluss einer Nebenvereinbarung zu einer eigenständigen Gesellschaft bürgerlichen Rechts zwischen den Parteien der Gesellschaftervereinbarung führt.[29] Näher zu AGB-Kontrolle → Kap. 10 Rn. 1 ff.

§ 8 Anwendung der Vorschriften über die Gesellschaft bürgerlichen Rechts

11 Die Begründung einer Nebenvereinbarung lässt häufig, in der Praxis für die Beteiligten durchaus überraschend, eine Gesellschaft bürgerlichen Rechts im Sinne der §§ 705 ff. BGB und damit ein rechtlich selbständiges, weiteres Gesellschaftsverhältnis entstehen,[30] wenn die Nebenvereinbarung auf Dauer angelegt ist und sich die Beteiligten auf die Verfolgung eines gemeinsamen Zwecks einigen[31] (beispielsweise die gemeinsame Ausübung von Mitverwaltungsrechten in der Gesellschaft). Damit ein Gesellschaftsverhältnis bürgerlichen Rechts entsteht, muss der gemeinsame Zweck über die von jeder Partei verfolgten Eigeninteressen hinausgehen und muss dieser von den Beteiligten gefördert werden. Treffen dieselben Gesellschafter mehrere Nebenabreden, können diese in ihrer Gesamtheit als eine einheitliche, nicht mehrere Gesellschaften bürgerlichen Rechts interpretiert werden, wenn sich bei den mehreren Verträgen ein einheitlicher Zweck erkennen lässt.[32] Begründet der Abschluss einer Nebenvereinbarung kein eigenes Gesellschaftsverhältnis, etwa weil es an der gemeinsamen Zweckverfolgung fehlen sollte, handelt es sich um ein synallagmatisches Vertragsverhältnis sui generis.

---

[24] Vgl. OLG Celle, Urt. v. 26.9.1990 – 9 U 113/90, GmbHR 1991, 580.
[25] *Wicke* in: MüKoGmbHG § 3 Rn. 135.
[26] Siehe hierzu ausführlich unten → Kap. 17 Rn. 28.
[27] *Wicke* in: MüKoGmbHG § 3 Rn. 135.
[28] Siehe hierzu ausführlich unten → Kap. 10 Rn. 1 ff.
[29] *Grüneberg* in: Palandt, BGB, 78. Aufl. 2019, § 310 Rn. 49; *Wicke* in: MüKoGmbHG § 3 Rn. 135.
[30] Vgl. BGH, Urt. v. 24.11.2008 – II ZR 116/08, BGHZ 179, 13 = NJW 2009, 669 – Schutzgemeinschaft II; BGH, Urt. v. 13.6.1994 – II ZR 38/93, BGHZ 126, 226 = NJW 1994, 2536 – Schutzgemeinschaft I; *Odersky*, FS Lutter, 2000, S. 557, 560; *Priester*, FS Reuter, 2010, S. 1139, 1140.
[31] BGH, Urt. v. 12.11.2007 – II ZR 183/06, NJW-RR 2008, 287; *Odersky*, FS Lutter, 2000, S. 557, 560; *Priester*, FS Reuter, 2010, S. 1139, 1140.
[32] *Joussen*, Gesellschafterabsprachen neben Satzung und Gesellschaftsvertrag, 1995, S. 60 f., 238.

Kapitel 5. Unterschiede und Abgrenzung von Satzung und Gesellschaftsvertrag auf der einen und Nebenvereinbarung auf der anderen Seite

Mit Nebenabreden sind Regelungen gemeint, die neben der Satzung oder dem Personengesellschaftsvertrag stehen. Mit „neben" der Satzung oder dem Gesellschaftsvertrag ist aber nicht gemeint, dass diese Vereinbarungen räumlich außerhalb der Satzungs- oder Personengesellschaftsvertragsurkunde in einem separaten Vertragsdokument enthalten sein müssten, sondern lediglich, dass sie inhaltlich neben der Satzung oder dem Personengesellschaftsvertrag stehen. Aufgrund der erheblichen Unterschiede zwischen Kapitalgesellschaftssatzung und schuldrechtlicher Nebenabrede stellen sich die Abgrenzungsfragen zumeist im Verhältnis zu Satzungen von Kapitalgesellschaften, in anderer Hinsicht aber auch im Verhältnis zu Personengesellschaftsverträgen. **1**

Insbesondere bei Kapitalgesellschaften können schuldrechtliche Nebenabreden nicht nur räumlich außerhalb der Satzungsurkunde in einer separaten Urkunde enthalten sein, sondern sich auch in der Satzungsurkunde selbst befinden und damit formal einen Teil derselben bilden. Sind schuldrechtliche Nebenabreden in der Satzungsurkunde enthalten, spricht man von unechten Satzungsbestandteilen. Nicht jede Klausel, die im Gesellschaftsvertrag oder in der Satzung niedergelegt ist, ist daher gesellschaftsrechtlicher, d. h. korporativer Natur. Inhaltlich ist vielmehr zu prüfen, ob es sich um einen echten oder unechten Satzungsbestandteil handelt. Die Abgrenzung ist im Einzelfall mitunter schwierig, aber von großer praktischer Bedeutung. Denn für echte und unechte Satzungsbestandteile sind die Rechtsfolgen zum Teil höchst unterschiedlich,[1] insbesondere bei Auslegung[2], Formvorschriften[3] sowie Voraussetzungen für ihre Änderung.[4] **2**

Im Verhältnis zwischen Nebenvereinbarungen und Personengesellschaftsverträgen geht es in der Praxis weniger um Unterschiede bei der Auslegung, sondern vielmehr um zwei Aspekte, nämlich ob zum einen die allseitige Nebenvereinbarung nicht in Wahrheit eine Änderungsvereinbarung zum Personengesellschaftsvertrag darstellt und zum anderen, ob eine Klausel als Nebenabrede nur einstimmig oder als Teil des Personengesellschaftsvertrags mit Mehrheit geändert werden kann, wenn dieser Gesellschaftsvertrag entsprechende Mehrheitsklauseln enthält. **3**

§ 9 Satzung einer Kapitalgesellschaft und Nebenabrede

Im Gesellschaftsvertrag legen die Gesellschafter den gemeinsam zu fördernden Zweck der Gesellschaft, die Interessen und Ziele der Gesellschaft sowie die Rechte und Pflichten der Gesellschafter fest (§ 705 BGB).[5] Die größte Ausgestaltungsfreiheit bei Gesellschaftsverträgen besteht bei Personengesellschaften, die schon bei der GmbH geringer ist und die bei der Aktiengesellschaft, bei der das Prinzip der Satzungsstrenge des § 23 Abs. 5 AktG gilt, wonach in der Satzung Abweichungen von gesetzlichen Regelungen des AktG nur erlaubt sind, wenn dies gesetzlich ausdrücklich zugelassen sind,[6] ihr Minimum erreicht. **4**

---

[1] *Winter* ZHR 154 (1990), 259, 260, 263; *Harbarth* in: MüKoGmbHG § 53 Rn. 24 ff.; *Zöllner/Noack* in: Baumbach/Hueck, GmbHG § 53 Rn. 15.
[2] Siehe hierzu unter → Rn. 19 ff.
[3] Siehe hierzu unter → Rn. 17 f.
[4] Siehe hierzu unter → Rn. 32 ff.
[5] *Sprau* in: Palandt, BGB, 78. Aufl. 2019, § 705 Rn. 13a.
[6] *Koch* in: Hüffer/Koch, AktG, 14. Aufl. 2020, § 23 Rn. 35 m. w. N.; So auch die Beschränkung der Übertragbarkeit von Namensaktien, §§ 68 Abs. 2, 23 Abs. 5 AktG, vgl. *Milch*, Schuldrechtliche Absprachen in der GmbH, 2004, S. 23 Fn. 64.

A.
A. Allgemeiner Teil

I. Rechtsnatur von Satzung und Nebenabrede

5 Bei den Kapitalgesellschaften ist der Gesellschaftsvertrag in seiner Rechtsnatur zweigeteilt: Zum einen enthält er das Errichtungsgeschäft, das heißt die Gründungsabreden, und damit die Einigung der Gründer, die Kapitalgesellschaft zu gründen; das Errichtungsgeschäft ist schuldrechtlicher Natur.[7] Zum anderen enthält er den Satzungsteil, der Korporatives – das Organisationsgefüge der Körperschaft – regelt.[8] Damit sind alle materiellen Regelungen zur Organisation gemeint, zum Beispiel Gesellschaftszweck, Unternehmensgegenstand, Stamm- oder Grundkapital und Geschäftsanteile oder Aktien sowie Organrechte und -pflichten. Die Satzung ist damit die körperschaftliche Verfassung[9] der Gesellschaft und bindet alle ihre Mitglieder, auch künftige,[10] die sich deswegen auf den Bestand der Satzungsregelungen sowie darauf, dass daneben keine weiteren sie bindenden Regelungen bestehen, verlassen können müssen. Welche Regelungen mindestens in den Gesellschaftsvertrag einer GmbH aufzunehmen sind und damit zwingend in die Satzung gehören, ist im Gesetz geregelt (§§ 3 Abs. 1, 4, 4a, 5 GmbHG). Die in § 3 Abs. 1 GmbHG genannten Bestandteile stellen den obligatorischen Mindestinhalt der Satzung dar.

6 Optional sind Nebenleistungspflichten (§ 3 Abs. 2 GmbHG), die Vereinbarung von Sacheinlagen (§ 5 Abs. 4 GmbHG) und die Vinkulierung von Geschäftsanteilen (§ 15 GmbHG) in die Satzung aufzunehmen. Für die Aktiengesellschaft folgt der obligatorische Satzungsinhalt aus § 23 AktG. Neben diesen zwingenden Satzungsbestandteilen gibt es sog. materielle Satzungsbestandteile, die nach ihrem Regelungsgegenstand und vor allem nach ihrer Bindungswirkung in die Satzung aufzunehmen sind; denn Regelungen, die auch künftige Gesellschafter binden sollen, sind zwingender, materieller Satzungsbestandteil. Neben diesen „echten" (materiellen) Satzungsbestandteilen kann es auch noch sog. „unechte" Satzungsbestandteile geben. Unechte Satzungsbestandteile haben im Unterschied zu den echten keinen korporativen Regelungsgegenstand. Sie sind rein schuldrechtlicher Natur und kein materieller Bestandteil der Satzung. Sie sind als weiteres Normensystem neben der Satzung nicht Teil der Verfassung der Körperschaft.[11] Lediglich formal betrachtet, da niedergelegt in derselben (Satzungs-) Urkunde, bilden echte und unechte Satzungsbestandteile eine Einheit.[12] Unechte Satzungsbestandteile sind beispielsweise Sonderrechte zugunsten einzelner Gesellschafter, Wettbewerbsverbote, Leistungspflichten und Schiedsabreden.[13]

7 Damit ist zweierlei festzuhalten: Nebenvereinbarungen zur Satzung sind, selbst wenn sie als unechte Bestandteile der Satzung räumlich in dieser enthalten und nicht in einer separaten Vertragsurkunde niedergelegt sind, ausschließlich schuldrechtlicher, niemals korporativer Natur.[14]

8 Für die **Abgrenzung zwischen echten und unechten Satzungsbestandteilen** gilt grundsätzlich Folgendes: Zunächst ist zu prüfen, ob die in Rede stehende Regelung aufgrund ihres Regelungsgehalts notwendig ein echter oder notwendig ein unechter Satzungsbestandteil ist.[15] Gehört die Regelung weder zu der einen noch zu der anderen Kategorie, kommt den Gesellschaftern ein Gestaltungswahlrecht zu, d. h. die Gesellschafter haben es selbst in der Hand, die Regelung den echten oder den unechten Satzungsbestand-

---

[7] *Heider* in: MüKoAktG § 2 Rn. 35.
[8] *Fastrich* in: Baumbach/Hueck, GmbHG, 22. Aufl., 2019, § 3 Rn. 3; *Koch* in: Hüffer/Koch, AktG, 14. Aufl. 2020, § 23 Rn. 3 f.
[9] *Freitag* in: MHdB GesR III, 5. Aufl. 2018, § 5 Rn. 1.
[10] *Cramer* in: Scholz, GmbHG, 12. Aufl. 2018, § 2 Rn. 3.
[11] *Solveen* in: Hölters, AktG § 2 Rn. 9.
[12] *Koch* in: Hüffer/Koch, AktG, 14. Aufl. 2020, § 23 Rn. 2.
[13] Siehe ausführlich zur Abgrenzung von echten und unechten Satzungsbestandteilen unten → Rn. 8 ff.
[14] Vgl. BGH, Urt. v. 22.1.2013 – II ZR 80/10, NZG 2013, 220; *Trölitzsch* in: BeckOK GmbHG, 44. Ed., Stand: 1.5.2020, § 53 Anh. Gesellschaftervereinbarungen, Rn. 1; *Dürr*, Nebenabreden im Gesellschaftsrecht, 1994, S. 1.
[15] Vgl. BGH, Urt. v. 15.10.2007 – II ZR 216/06, NZG 2008, 73 ff.; *Harbarth* in: MüKoGmbHG § 53 Rn. 11.

teilen zuzuordnen,[16] beispielsweise durch den Klauselzusatz „Mit ausschließlich schuldrechtlicher Wirkung zwischen den Gesellschaftern wird …". Eine solche Präzisierung ist für die Kautelarpraxis bei allen in die Satzungsurkunde aufgenommenen Regelungen unbedingt empfehlenswert, um Rechtsklarheit über die Qualifizierung als unechter Satzungsbestandteil zu schaffen.

1. Notwendig echte Satzungsbestandteile

Notwendig echte Satzungsbestandteile sind nur wirksam, wenn sie in die Satzung aufgenommen werden.[17] Hierzu gehören zunächst die notwendigen Satzungsbestandteile gemäß §§ 3 Abs. 1 GmbHG; 23 Abs. 3 und 4 AktG – beispielsweise Firma und Sitz der Gesellschaft (Nr. 1), Gegenstand des Unternehmens (Nr. 2), Betrag des Stammkapitals bzw. Grundkapitals (Nr. 3), Stammeinlagenverpflichtungen der einzelnen Gesellschafter (Nr. 4) – sowie die fakultativen Satzungsbestandteile in § 3 Abs. 2 GmbHG.[18]

Weiter sind zu den notwendig echten Satzungsbestanteilen diejenigen Bestimmungen zu zählen, die das dispositive gesetzliche Organisationsstatut der Gesellschaft ändern oder ergänzen.[19] Dies sind insbesondere Regelungen über die Vertretung und die Geschäftsführung (§§ 35 Abs. 2, 38 Abs. 2 GmbHG),[20] Beschlussfassung der Gesellschafter und die Formalien der Gesellschafterversammlung,[21] Lauf und Dauer des Geschäftsjahrs,[22] Schaffung und Ausgestaltung fakultativer Organe (§ 52 GmbHG),[23] Kompetenzverteilung unter den Gesellschaftsorganen[24] sowie über weitere Auflösungsgründe (§ 60 Abs. 2 GmbHG).[25]

Notwendig echte Satzungsbestandteile sind auch Regelungen, die das Verhältnis zwischen Gesellschaft und ihren Gesellschaftern regeln, wie beispielsweise Regelungen über Voraussetzungen für die Abtretung (§ 15 Abs. 5 GmbHG),[26] Einziehung (§ 34 Abs. 1 GmbHG),[27] Zusammenlegung, Teilung oder Vererbung von Geschäftsanteilen.[28] Dazu gehören auch Abfindungsklauseln, Bestimmungen über das Recht auf Gewinn und Liquidationserlös[29] sowie Sonderrechte von Gesellschaftern.[30]

---

[16] Vgl. BGH, Urt. v. 25.10.1962 – II ZR 188/61, NJW 1963, 203, 205; BGH, Urt. v. 8.2.1993 – II ZR 24/92, NJW-RR 1993, 607; Heckschen in: Heckschen/Heidinger, Die GmbH in der Gestaltungs- und Beratungspraxis, 4. Aufl. 2018, Kap. 4 Rn. 66; Harbarth in: MüKoGmbHG § 53 Rn. 11; Wicke, GmbHG, 4. Aufl. 2020, § 3 Rn. 24.
[17] Hoffmann in: Michalski/Heidinger/Leible/J. Schmidt, GmbHG, 3. Aufl. 2017, § 53 Rn. 8.
[18] Leitzen RNotZ 2010, 566, 569f.; Noack GmbHR 1994, 349, 354f.; Priester DB 1979, 681f.; Pentz in: MüKoAktG § 23 Rn. 40.
[19] Harbarth in: MüKoGmbHG, 3. Aufl. 2018, § 53 Rn. 13.
[20] Vgl. BGH, Urt. v. 4.11.1968 – II ZR 63/67, NJW 1969, 131; Heckschen in: Heckschen/Heidinger, Die GmbH in der Gestaltungs- und Beratungspraxis, 4. Aufl. 2018, Kap. 4 Rn. 68; Priester DB 1979, 681, 682.
[21] Wicke DNotZ 2006, 419, 429.
[22] Priester DB 1979, 681, 682; Koch in: Hüffer/Koch, AktG, 14. Aufl. 2020, § 23 Rn. 3; Pentz in: MüKoAktG § 23 Rn. 40; a. A. OLG Stuttgart, Beschl. v. 7.5.1992 – 8 W 72/92, BeckRS 9998, 10488 (Satzung einer GmbH kann die Bestimmung des Geschäftsjahres der Geschäftsführung übertragen).
[23] Vgl. OLG Düsseldorf, Beschl. v. 8.1.1982 – 6 W 61/81, BeckRS 2014, 07013; Leitzen RNotZ 2010, 566, 569f.; Noack GmbHR 1994, 349, 354f.; Heckschen in: Heckschen/Heidinger, Die GmbH in der Gestaltungs- und Beratungspraxis, 4. Aufl. 2018, Kap. 4 Rn. 68.
[24] Vgl. BGH, Urt. v. 29.3.1973 – II ZR 139/70, NJW 1973, 1039f.
[25] Harbarth in: MüKoGmbHG § 53 Rn. 13; Hoffmann in: Michalski/Heidinger/Leible/J. Schmidt, GmbHG, 3. Aufl. 2017, § 53 Rn. 8.
[26] Heckschen in: Heckschen/Heidinger, Die GmbH in der Gestaltungs- und Beratungspraxis, 4. Aufl. 2018, Kap. 4 Rn. 68.
[27] Heckschen in: Heckschen/Heidinger, Die GmbH in der Gestaltungs- und Beratungspraxis, 4. Aufl. 2018, Kap. 4 Rn. 68.
[28] Wicke DNotZ 2006, 419, 427f.; Harbarth in: MüKoGmbHG § 53 Rn. 14.
[29] Wicke DNotZ 2006, 419, 428; Priester DB 1979, 681, 682.
[30] Koch in: Hüffer/Koch, AktG, 14. Aufl. 2020, § 23 Rn. 3; Pentz in: MüKoAktG § 23 Rn. 40.

2. Notwendig unechte Satzungsbestandteile

12 Notwendig unechte Satzungsbestandteile können nicht wirksam als materielle Satzungsbestimmungen vereinbart werden. Zu den notwendig unechten Satzungsbestandteilen gehören zunächst sämtliche Bestimmungen einer Satzung, die das Außenverhältnis gegenüber Dritten betreffen, das heißt einem außenstehenden Dritten eine Verpflichtung auferlegen oder ein Recht einräumen.[31] Dies gilt zum Beispiel im Falle der Verpflichtung zur Bestellung eines Nichtgesellschafters zum Geschäftsführer sowie der Begründung von Entscheidungskompetenzen, Zustimmungsrechten oder Entsenderechten in fakultative Organe.[32] So entschied bereits das Reichsgericht im Jahr 1942, dass „die durch den Gesellschaftsvertrag begründeten Rechte [...] aber nicht unmittelbar und mit bindender Wirkung einem außenstehenden Dritten (Nichtgesellschafter) zugutekommen [können]."[33] Denn zum einen ist es Aufgabe der Satzung, die Innenstruktur der Gesellschaft auszugestalten und das Verhältnis zwischen Gesellschaft und Gesellschaftern zu regeln.[34] Zum anderen sind § 328 Abs. 2 BGB und § 53 Abs. 1 GmbHG nicht miteinander vereinbar, weil bei Verträgen zugunsten Dritter gemäß § 328 Abs. 2 BGB die Möglichkeit besteht, eine Vertragsänderung von der Zustimmung des (gesellschaftsfremden) Dritten abhängig zu machen, § 53 Abs. 1 GmbHG aber zwingend vorsieht, dass Satzungsänderungen der alleinigen Kompetenz der Gesellschafter unterliegen.

13 Auch im Verhältnis zwischen Gesellschaft und Gesellschaftern kommen, wenn auch selten, notwendig individualrechtliche Regelungen vor, die dann, wenn sie in die Satzungsurkunde aufgenommen wurden, notwendig unechter Satzungsbestandteil sind. Ein Beispiel für eine solche Regelung ist der Sachübernahmevertrag.[35] Denn die Verpflichtung zur Erbringung einer Einlage ergibt sich nicht aus der Satzung, sondern erst aus einem gesonderten Vertrag. Auch Absprachen über Sondervorteile (§ 26 Abs. 1 Fall 1 AktG) und Gründungsaufwand (§ 26 Abs. 2 AktG) gehören ebenso zur Kategorie der notwendig unechten Satzungsbestandteile wie die Verpflichtung eines Gesellschafters zur Gewährung von Darlehen an die Gesellschaft oder die Vereinbarung über § 55 AktG hinausgehender Nebenleistungspflichten der Aktionäre.[36] Schließlich sind auch Absprachen, die nur von einem Teil der Gesellschafter, nicht aber von allen Gesellschaftern getroffen wurden, notwendig individualrechtliche Regelungen.[37]

3. Zuordnung durch Ausübung des Gestaltungswahlrechts

14 Ist die in Rede stehende Bestimmung weder den echten noch den unechten Satzungsbestandteilen zwingend zuzuordnen, obliegt es den Gesellschaftern darüber zu entscheiden, zu welcher dieser beiden Kategorien die Bestimmung gehören soll. Regelmäßig fehlt es an einer ausdrücklichen Zuordnung durch die Gesellschafter. In den meisten Fällen ist daher durch Auslegung zu ermitteln, ob es sich um einen echten oder einen unechten Satzungsbestandteil handeln soll. Gemäß dem Grundsatz der objektiven Satzungsauslegung muss bei der Auslegung der Wille der Gesellschafter, eine Regelung als unechten Satzungsbestandteil zu vereinbaren, im Text der Satzung oder in den übrigen beim Handelsregister befindli-

---

[31] *Hergeth/Mingau* DStR 2001, 1217; *Ulmer*, FS Werner, 1984, S. 911 ff.; *Priester* DB 1979, 681, 682; *Heckschen* in: Heckschen/Heidinger, Die GmbH in der Gestaltungs- und Beratungspraxis, 4. Aufl. 2018, Kap. 4 Rn. 71; *Wicke* DNotZ 2006, 419, 430 f.
[32] *Hoffmann* in: Michalski/Heidinger/Leible/J. Schmidt, GmbHG, 3. Aufl. 2017, § 53 Rn. 11; a. A. *Weber*, Privatautonomie und Außeneinfluss im Gesellschaftsrecht, 2000, S. 33.
[33] RGZ 169, 65, 83.
[34] *Ulmer*, FS Wiedemann, 2002, S. 1297, 1309 ff.; *Heinze* in: MüKoGmbHG § 2 Rn. 4; *Altmeppen* in: Roth/Altmeppen, GmbHG, 9. Aufl. 2019, § 2 Rn. 4.
[35] *Harbarth* in: MüKoGmbHG § 53 Rn. 19; *Hoffmann* in: Michalski/Heidinger/Leible/J. Schmidt, GmbHG, 3. Aufl. 2017, § 53 Rn. 12.
[36] *Pentz* in: MüKoAktG § 23 Rn. 42; *Koch* in: Hüffer/Koch, AktG, 14. Aufl. 2020, § 23 Rn. 4; *Priester* DB 1979, 681, 682.
[37] *Hoffmann* in: Michalski/Heidinger/Leible/J. Schmidt, GmbHG, 3. Aufl. 2017, § 53 Rn. 13.

chen Unterlagen zum Ausdruck kommen.[38] Entscheidendes Auslegungskriterium zur Abgrenzung echter und unechter Satzungsbestandteile ist der Adressatenkreis der Regelung:[39] Sollen die Rechte oder Pflichten an die Mitgliedschaft geknüpft sein und auch zukünftig der Gesellschaft beitretende Dritte binden, ist von einem echten Satzungsbestandteil auszugehen; sind Rechte und Pflichten hingegen auf einen bestimmten Gesellschafter zugeschnitten und sollen ihm auch nach dem Ausscheiden aus der Gesellschaft zustehen bzw. binden, dürfte eher ein unechter Satzungsbestandteil vorliegen. Die Aufnahme einer Regelung in den Satzungstext ist dabei grundsätzlich[40] ein Indiz dafür, dass die Gesellschafter der Regelung den Charakter eines echten Satzungsbestandteils beimessen wollten.[41]

Indifferente Regelungen können sowohl das Verhältnis zwischen Gesellschaft und **15** Gesellschaftern als auch die Beziehungen zwischen den Gesellschaftern betreffen. Besondere Auslegungsprobleme stellen sich im Verhältnis zwischen Gesellschaft und Gesellschaftern. Praxisrelevant ist die Bestellung von Gesellschafter-Geschäftsführern durch die Satzung. Denn die Ausübung der Geschäftsführung kann einerseits als Sonderrecht des Gesellschafters – dann echter Satzungsbestandteil – oder andererseits als dessen Nebenpflicht gegenüber der Gesellschaft – dann unechter Satzungsbestandteil – eingeordnet werden. Grundsätzlich sind solche Bestimmungen als unechte Satzungsbestandteile aufzufassen.[42] Der bloße Ort der Regelung im Satzungstext kann abweichend von der Grundregel, wonach die Aufnahme einer Bestimmung in den Text der Satzung ein Indiz für einen echten Satzungsbestandteil ist,[43] nicht als Hinweis dafür dienen, dass es sich um einen echten Satzungsbestandteil handelt. Denn § 38 Abs. 1 GmbHG macht deutlich, dass zwischen Gesellschaft und Geschäftsführer ein Dienstvertrag besteht, aus dem sich erst die Pflicht des Gesellschafters zur Geschäftsführung ergibt.[44] Wird der Geschäftsführer gemäß § 6 Abs. 3 Satz 2 GmbHG bereits durch eine Bestimmung in der Satzung bestellt, ersetzt dies regelmäßig lediglich den Gesellschafterbeschluss gemäß § 46 Nr. 5 GmbHG.[45] Wird in diesem Zusammenhang in der Satzung zugleich eine Pflicht zur Geschäftsführung vorgesehen, soll es sich hierbei um die bloße Wiedergabe des Dienstvertrages handeln.[46] Entsprechend der Bestellung eines Gesellschafter-Geschäftsführers handelt es sich auch bei der Regelung seiner Bezüge grundsätzlich um einen unechten Satzungsbestandteil.[47]

Zu den indifferenten Regelungen, die abhängig vom Parteiwillen sowohl als echter als **16** auch als unechter Satzungsbestandteil vereinbart werden können, gehören weiter Wett-

---

[38] *Pentz* in: MüKoAktG § 23 Rn. 44 f.; *Harbarth* in: MüKoGmbHG § 53 Rn. 22; *Wicke* DNotZ 2006, 419, 434; *Koch* in: Hüffer/Koch, AktG, 14. Aufl. 2020, § 23 Rn. 5.
[39] Vgl. BGH, Urt. v. 8.2.1993 – II ZR 24/92, NJW-RR 1993, 607 f.; BGH, Urt. v. 11.10.1993 – II ZR 155/92, BeckRS 9998, 166501; *Priester* DB 1979, 681, 683; *Hoffmann* in: Michalski/Heidinger/Leible/J. Schmidt, GmbHG, 3. Aufl. 2017, § 53 Rn. 14.
[40] Eine Ausnahme gilt für die Bestellung eines Gesellschafter-Geschäftsführers, vgl. BGH, Urt. v. 19.1.1961 – II ZR 217/58, NJW 1961, 507; OLG Karlsruhe, Urt. v. 4.5.1999 – 8 U 153/97, NZG 2000, 264, 269; *Fastrich* in: Baumbach/Hueck, GmbHG § 6 Rn. 26; *Priester* DB 1979, 681, 684.
[41] *Noack*, Gesellschaftervereinbarungen bei Kapitalgesellschaften, 1994, S. 64; *Heckschen* in: Heckschen/Heidinger, Die GmbH in der Gestaltungs- und Beratungspraxis, 4. Aufl. 2018, Kap. 4 Rn. 72; *Wicke* DNotZ 2006, 419, 434; *Pentz* in: MüKoAktG § 23 Rn. 45.
[42] Vgl. BGH, Urt. v. 19.1.1961 – II ZR 217/58, NJW 1961, 507; OLG Karlsruhe, Urt. v. 4.5.1999 – 8 U 153/97, NZG 2000, 264, 269; *Fastrich* in: Baumbach/Hueck, GmbHG § 6 Rn. 26; *Priester* DB 1979, 681, 684.
[43] *Noack*, Gesellschaftervereinbarungen bei Kapitalgesellschaften, 1994, S. 64; *Heckschen* in: Heckschen/Heidinger, Die GmbH in der Gestaltungs- und Beratungspraxis, 4. Aufl. 2018, Kap. 4 Rn. 72; *Wicke* DNotZ 2006, 419, 434; *Pentz* in: MüKoAktG § 23 Rn. 45.
[44] *Hoffmann* in: Michalski/Heidinger/Leible/J. Schmidt, GmbHG, 3. Aufl. 2017, § 53 Rn. 16.
[45] *Hoffmann* in: Michalski/Heidinger/Leible/J. Schmidt, GmbHG, 3. Aufl. 2017, § 53 Rn. 16.
[46] Vgl. BGH, Urt. v. 19.1.1961 – II ZR 217/58, NJW 1961, 507; OLG Karlsruhe, Urt. v. 4.5.1999 – 8 U 153/97, NZG 2000, 264, 269.
[47] Vgl. BGH, Urt. v. 29.9.1955 – II ZR 225/54, NJW 1955, 1716; *Priester* DB 1979, 681, 684; *Wicke* DNotZ 2006, 419, 436 f.

bewerbsverbote, Vereinbarungen über ein Agio,[48] Gerichtsstands-[49] und Schiedsvereinbarungen[50] sowie Verpflichtungen zur Verlusttragung[51]. Bei einer Gerichtsstands- und Schiedsvereinbarung hat die Abgrenzung zwischen echtem und unechtem Satzungsbestandteil neben den Unterschieden bei der Auslegung,[52] der Form[53] sowie den Voraussetzungen für ihre Änderung[54] noch eine weitere Dimension:[55] Während eine individualrechtliche Schieds- bzw. Gerichtsstandsvereinbarung lediglich für Individualrechte das (Schieds-)Gericht verbindlich festlegen können, kann mithilfe einer echten Satzungsbestimmung wiederum nur für Streitigkeiten über einen Gegenstand statutarischer Bindung und damit für eine korporative Regelung die Zuständigkeit eines bestimmten (Schieds-)Gerichts festgelegt werden. Die Auslegung kann aber auch ergeben, dass die Schieds- oder Gerichtsstandsvereinbarung sowohl individual- als auch gesellschaftsrechtliche Streitigkeiten erfassen soll. In diesem Fall kommt der Vereinbarung ein Doppelcharakter zu.[56]

II. Form von Satzung und Nebenabrede

17 In seiner Urform kommt der Gesellschaftsvertrag formfrei zustande, vgl. § 705 BGB, was auch für alle Personengesellschaften gilt. Für Kapitalgesellschaften hingegen bedarf der Gesellschaftsvertrag der notariellen Beurkundung (§ 2 S. 1 GmbHG, § 23 Abs. 1 AktG).[57] Gemäß § 7 GmbHG und § 36 AktG hat zusätzlich die Eintragung des Gesellschaftsvertrages in das Handelsregister zu erfolgen. Formfehler bei Errichtung des Gesellschaftsvertrages führen zu seiner Nichtigkeit (§ 125 BGB); bei dennoch erfolgter Eintragung der Gesellschaft in das Handelsregister tritt Heilung ein.[58] Die Notwendigkeit notarieller Beurkundung und Eintragung in das Handelsregister gilt auch bei späteren Änderungen der Satzung.

18 Nebenabreden können hingegen im Grundsatz – es handelt sich um schuldrechtliche Verträge – formfrei geschlossen werden.[59] Selbst Stimmrechtsbindungen, die auf Satzungsänderungen, auch eine Kapitalerhöhung, abzielen, bedürfen nicht der notariellen Form.[60] Die Formbedürftigkeit von Nebenabreden kann sich jedoch im Einzelfall aufgrund besonderer gesetzlicher Formvorschriften ergeben. Dies ist zum Beispiel bei der Begründung von Vorkaufsrechten gemäß § 15 Abs. 4 GmbHG[61] oder bei der Einbringung von Grundstücken gemäß § 311b BGB[62] der Fall. Trotz der Formfreiheit ist in der Praxis oftmals die Bindungswirkung schuldrechtlicher Nebenvereinbarung größer, weil sie nur einstimmig von allen Vertragsparteien geändert werden können, während für Satzungsänderungen typischerweise eine qualifizierte Mehrheit ausreicht.

---

[48] *Heckschen* in: Heckschen/Heidinger, Die GmbH in der Gestaltungs- und Beratungspraxis, 4. Aufl. 2018, Kap. 4 Rn. 72.
[49] Vgl. BGH, Urt. v. 11.10.1993 – II ZR 155/92, BeckRS 9998, 166501.
[50] Vgl. BGH, Urt. v. 25.10.1962 – II ZR 188/61, NJW 1963, 203, 205.
[51] *Hoffmann* in: Michalski/Heidinger/Leible/J. Schmidt, GmbHG, 3. Aufl. 2017, § 53 Rn. 14.
[52] Siehe hierzu unter → Rn. 19 ff., 27 ff.
[53] Siehe hierzu unter → Rn. 17 f.
[54] Siehe hierzu unter → Rn. 32 ff.
[55] Vgl. BGH, Urt. v. 25.10.1962 – II ZR 188/61, NJW 1963, 203, 204; *Hoffmann* in: Michalski/Heidinger/Leible/J. Schmidt, GmbHG, 3. Aufl. 2017, § 53 Rn. 17 f.
[56] *Hoffmann* in: Michalski/Heidinger/Leible/J. Schmidt, GmbHG, 3. Aufl. 2017, § 53 Rn. 17.
[57] Bei der Partnerschaftsgesellschaft (§ 3 Abs. 1 PartGG), eG (§§ 4, 5 GenG) und EWIV genügen Schriftform und Eintragung in das entsprechende Register (Art. 5 EWIV-VO).
[58] *Bayer in:* Lutter/Hommelhoff, GmbHG, 19. Aufl. 2016, § 2 Rn. 282.
[59] BGH, Urt. v. 25.9.1986 – II ZR 272/85, NJW 1987, 890, 891; BGH, Urt. v. 10.1.1983 – II ZR 243/81, NJW 1983, 1910; *Felten* DStR 2010, 1261; *ders.,* ZEV 2010, 627; *Kramer* GmbHR 2010, 1023; siehe zur Formfreiheit ausführlich unter → Kap. 8 Rn. 2.
[60] *Priester* ZIP 1987, 280, 285; *Hergeth/Mingau* DStR 2001, 1217, 1219; a. A. *Wicke,* GmbHG, 4. Aufl. 2020, § 53 Rn. 23; *Hermanns* in: Michalski/Heidinger/Leible/J. Schmidt, GmbHG, 3. Aufl. 2017, § 55 Rn. 7.
[61] *Schmiegelt/Schmidt* in: Beck'sches Hdb. d. GmbH, 5. Aufl. 2014, § 3 Rn. 176.
[62] *Wicke* in: MüKoGmbHG, 3. Aufl. 2018, § 3 Rn. 134.

III. Auslegung und Umdeutung von Satzung und Nebenabrede

1. Auslegung von Satzungen

Bei der Auslegung von Satzungen ist zwischen körperschaftlichen und nicht-körperschaftlichen Satzungsbestandteilen (auch „echte" und „unechte", letztere auch „individualrechtliche" Satzungsbestanteile genannt) zu unterscheiden.[63] Zwar erfolgt die Auslegung der Satzung grundsätzlich nach §§ 133, 157 BGB.[64] Das gilt aber nicht für materielle, d. h. korporationsrechtliche Teile der Satzung, weil es insoweit nur auf den objektiven Erklärungswert der Satzungsurkunde ankommt; diese sind ausschließlich objektiv auszulegen.[65] Denn die Satzung richtet sich anders als ein zwei- oder mehrseitiger Vertrag an eine unbestimmte Vielzahl von Personen, weswegen es einer einheitlichen, nur am Urkundentext ausgerichteten und vom Gründerwillen abstrahierten Auslegung bedarf. Das gilt für notwendigen wie fakultativen Satzungsinhalt, für kapitalistisch und personalistisch geprägte Körperschaften und bei der Ein- und Mehrpersonengründung.[66] Zu diesen körperschaftlichen Satzungsbestimmungen zählen nach der Rechtsprechung des BGH all diejenigen Regelungen, die nicht nur für die derzeitigen, bei Inkrafttreten der Bestimmung vorhandenen Gesellschafter oder einzelne von ihnen von Bedeutung sind, sondern für einen unbestimmten Personenkreis, zu dem sowohl gegenwärtige als auch künftige Gesellschafter und/oder Gläubiger der Gesellschaft gehören.[67]

In der Terminologie des BGH sind solche Satzungsbestimmungen echte korporative Regelungen und „nach objektiven Gesichtspunkten aus sich heraus" auszulegen[68], d. h. bei der Auslegung solcher Bestimmungen sind nur der Wortlaut der jeweiligen Bestimmung, der Sinnzusammenhang und die hieraus abzuleitende Teleologie der Satzung selbst zu berücksichtigen. Darüber hinausgehend lässt der BGH den Rückgriff auf allgemein zugängliche Unterlagen (z. B. Handelsregisteranmeldungen einschließlich etwaiger früherer gesellschaftsvertraglicher Regelungen, Pflichtveröffentlichungen etc.) zu.[69] So hat der BGH in einer Entscheidung vom 16.1.1991[70] zur Auslegung einer statutarischen Abfindungsregelung ergänzend auf eine im Handelsregister hinterlegte frühere gesellschaftsvertragliche Regelung abgehoben und sah hierdurch das von ihm durch die Satzungsauslegung im engeren Sinne gefundene Auslegungsergebnis bestätigt. Weiter will der BGH außerhalb der Satzung liegende Umstände im Einzelfall berücksichtigt wissen, wenn deren Kenntnis allgemein vorausgesetzt werden kann.[71] Dagegen sind Absichten der (Gründungs-)Gesell-

---

[63] So bereits seit BGH, Urt. v. 9.6.1954 – II ZR 70/53, BGHZ 14, 25 ff. = NJW 1954, 1401, 1402 und seitdem in ständiger Rechtsprechung, zuletzt BGH, Urt. v. 28.6.1999 – II ZR 272/98, BGHZ 142, 116 ff. = NJW 1999, 2809, 2812; siehe zur Unterscheidung von echten und unechten Satzungsbestandteilen ausführlich oben → Rn. 8 ff.
[64] Vgl. OLG Köln, Urt. v. 26.3.1999 – 19 U 108/96, GmbHR 1999, 712.
[65] Ständige Rspr. BGH, Urt. v. 9.6.1954 – II ZR 70/53, BGHZ 14, 25 ff. = NJW 1954, 1401, 1402; BGH, Urt. v. 11.10.1993 – II ZR 155/92, BGHZ 123, 347 = NJW 1994, 51; *Bayer* in: Lutter/Hommelhoff, GmbHG, 19. Aufl. 2016, § 2 Rn. 13; *Jäger* DStR 1996, 1935, 1938; kritisierend: *Westermann*, Das Verhältnis von Satzung und Nebenordnungen in der Kapitalgesellschaft, 1994, S. 44 ff.; vgl. *Fastrich* in: Baumbach/Hueck, GmbHG 22. Aufl. 2019, § 2 Rn. 29, 31; *K. Schmidt*, Gesellschaftsrecht, 4. Aufl. 2002, § 5 I 4.
[66] *Altmeppen* in: Roth/Altmeppen, GmbHG, 9. Aufl. 2019, § 2 Rn. 10; *Grunewald* ZGR 1995, 68; *Ulmer/Löbbe* in: Habersack/Casper/Löbbe, GmbHG, 3. Aufl. 2019, § 2 Rn. 191 ff.; *Fastrich* in: Baumbach/Hueck, GmbHG § 2 Rn. 29. und § 3 Rn. 3; BGH, Urt. v. 2.12.1974 – II ZR 78/72, BGHZ 63, 282 = NJW 1975, 771 – Deutscher Sportbund; BGH, Urt. v. 11.11.1985 – II ZB 5/85, BGHZ 96, 245 = NJW 1986, 1033; BGH, Urt. v. 11.10.1993 – II ZR 155/92, BGHZ 123, 359 = NJW 1994, 51; BGH, Urt. v. 24.1.1974 – II ZR 65/72, WM 1974, 372; BGH, Urt. v. 25.9.1989 – II ZR 304/88, WM 1989, 1809; BGH, Urt. v. 11.10.1993 – II ZR 155/92, ZIP 1993, 1709; BGH, Urt. v. 27.9.2011 – II ZR 279/09, ZIP 2011, 2357; Urt. v. 16.2.1981 – II ZR 89/79, GmbHR 1982, 129; OLG Köln, Urt. v. 28.11.1986, – 6 U 101/86, WM 1987, 375; BGH, Urt. v. 16.10.1989 – II ZR 2/89, WM 1990, 13.
[67] BGH, Urt. v. 11.10.1993 – II ZR 155/92, BGHZ 123, 347 ff. = NJW 1994, 51, 52 m. w. Nachw.
[68] Ständige Rspr. BGH, Urt. v. 9.6.1954 – II ZR 70/53, BGHZ 14, 25 ff. = NJW 1954, 1401, 1402.
[69] BGH, Urt. v. 16.12.1991 – II ZR 58/91, BGHZ 116, 359 ff. = NJW 1992, 892, 894 m. w. Nachw.
[70] BGH, Urt. v. 16.12.1991 – II ZR 58/91, BGHZ 116, 359 ff. = NJW 1992, 892, 894.
[71] BGH, Urt. v. 16.12.1991 – II ZR 58/91, BGHZ 116, 359 ff. = NJW 1992, 892, 894 m. w. Nachw.

schafter, die keinen Niederschlag in der Satzung gefunden haben, nach der Rechtsprechung ebenso wie Vorentwürfe, Vorstellungen und Äußerungen der an der Satzung beteiligten Personen (beispielsweise Notare und Rechtsanwälte) bei der Auslegung der Satzung nicht zu berücksichtigen.[72]

21   Der Grund für die zwingende Auslegung des materiellen Satzungsinhalts ausschließlich nach dem objektiven Erklärungswert liegt darin, dass die Satzung auch künftige Gesellschafter bindet und die Grundlage der Gesellschaft darstellt, anhand derer Dritte – etwa künftige Gesellschafter und Gläubiger – ihre Rechte bestimmen können müssen.[73] Diesen ist insbesondere die Entstehungsgeschichte der Gesellschaft unbekannt, sie kennen den Gründerwillen und weitere Unterlagen, die zur Auslegung herangezogen werden könnten, nicht. Übereinstimmender Gründerwille, Absichten der Gründer, Nebenabreden und sonstige Anhaltspunkte wie beispielsweise Entstehungsgeschichte der Satzung, Vorentwürfe, Äußerungen von Personen, die die Satzung erstellten etc. dürfen nur berücksichtigt werden, wenn sie aus der Satzung ersichtlich oder allgemein bekannt sind.[74] Die objektive Satzungsauslegung unterliegt deswegen im Unterschied zur Auslegung schuldrechtlicher Nebenvereinbarungen nach §§ 133, 157 BGB auch der freien Nachprüfbarkeit in der Revision.[75] Zur objektiven Satzungsauslegung werden die Satzung (einschließlich der unechten Satzungsbestandteile) und gegebenenfalls die Akten des Handelsregisters herangezogen. Teleologische, satzungs- und gesetzeskonforme sowie die ergänzende Auslegung sind zulässig. Aus diesem Grund kommt nach der Rechtsprechung des BGH auch eine ergänzende Vertragsauslegung der Satzung nach dem hypothetischen Parteiwillen nicht in Betracht. Stattdessen sind Lücken im körperschaftlichen Bereich nach vorstehenden objektiven Kriterien aufzufüllen.[76] Entsprechendes gilt für mehrdeutige und in sich widersprüchliche Satzungsklauseln, die gesetzes- und satzungskonform auszulegen sind.[77] Korrespondierend hierzu ist das instanzgerichtliche Auslegungsergebnis uneingeschränkt überprüfbar.[78]

22   Anders ist dies bei nicht-körperschaftlichen Satzungsbestimmungen. Bei diesen handelt es sich um individualrechtliche, die Beziehung der Gesellschaft zu bestimmten Personen betreffende Satzungsbestandteile. Da Drittinteressen – von Nichtgesellschaftern oder künftigen Gesellschaftern – hierdurch nicht betroffen sind, können derartige Bestimmungen nach der Rechtsprechung des BGH nach den allgemeinen Grundsätzen der §§ 133, 157 BGB ausgelegt werden. Das Auslegungsergebnis solcher nicht-körperschaftlichen Satzungsbestimmungen ist nur beschränkt revisibel. Der BGH prüft nur, ob die Auslegung gegen gesetzliche Vorschriften und allgemein anerkannte Auslegungsregeln verstößt.[79]

23   Bei der Auslegung einer jeden Satzung ist daher vorab zu überlegen, ob es sich bei der auslegungsbedürftigen Vorschrift um eine solche **korporativen oder schuldrechtlichen Charakters** (d. h. einer Vielzahl schuldrechtlicher Einzelvereinbarungen) handelt, weil beide unterschiedlichen Auslegungsgrundsätzen folgen (Trennungsprinzip) und in einer Satzung sowohl korporative als auch schuldrechtliche Regelungen enthalten sein können.[80] An dieser Stelle ist zweistufig vorzugehen: Auf der ersten Stufe ist zu überlegen, nach welchen

---

[72] Ständige Rspr. BGH, Urt. v. 9.6.1954 – II ZR 70/53, BGHZ 14, 25 ff. = NJW 1954, 1401, 1402.
[73] BGH, Urt. v. 11.10.1993 – II ZR 155/92, BGHZ 123, 347 ff.= NJW 1994, 51, 52 m. w. Nachw.
[74] Vgl. BGH, Urt. v. 20.1.1983 – II ZR 243/81, NJW 1983, 1910; BGH, Urt. v. 11.10.1993 – II ZR 155/92, BGHZ 123, 347 = NJW 1994, 51.
[75] *Altmeppen* in: Roth/Altmeppen, GmbHG § 2 Rn. 10–12; BGH, Urt. v. 22.4.1953 – II ZR 143/52, BGHZ 9, 279 = NJW 1953, 937.
[76] *Pentz* in: MüKoAktG, 5. Aufl. 2019, § 23 Rn. 52 m. w. Nachw.
[77] *Pentz* in: MüKoAktG, 5. Aufl. 2019, § 23 Rn. 52 m. w. Nachw.
[78] Ständige Rechtsprechung seit BGH, Urt. v. 22.4.1953 – II ZR 72/53, BGHZ 9, 279 ff. = NJW 1953, 1021.
[79] Ständige Rechtsprechung seit BGH, Urt. v. 22.4.1953 – II ZR 72/53, BGHZ 9, 279 ff. = NJW 1953, 1021.
[80] *Seibt* in: Römermann, Münchener Anwaltshandbuch GmbH-Recht, 4. Aufl. 2018, § 2 Rn. 20 f.; *Bayer* in: Lutter/Hommelhoff, GmbHG, 19. Aufl. 2016, § 3 Rn. 91; *Limmer* in: Spindler/Stilz, AktG, 4. Aufl. 2019 § 23 Rn. 39, 40; unterscheidend in „körperschaftlich" und „schuldrechtlich/individualrechtlich": BGH, Urt. v. 11.10.1993 – II ZR 155/92, BGHZ 123, 347 = NJW 1994, 51.

Grundsätzen die Prüfung zu erfolgen hat, ob es sich bei einer fraglichen Satzungsregelung, deren Charakter als korporativ oder schuldrechtlich nicht geregelt und deswegen auslegungsbedürftig ist, um eine Regelung korporativen oder schuldrechtlichen Charakters handelt. Diese Auslegung erfolgt objektiv, d. h. die subjektiven Absichten der Beteiligten können nur insoweit Berücksichtigung finden, als sie im Wortlaut des Satzungstextes oder in sonstigen objektiven Umständen ihre Stütze finden.[81] Erst auf der zweiten Stufe ist dann – je nach Ergebnis der ersten Stufe – die korporative Regelung ausschließlich objektiv und die schuldrechtliche Regelung nach allgemeinen Grundsätzen auszulegen. Die Auslegung richtet sich letzterenfalls – bei den unechten Satzungsbestandteilen[82] – nicht ausschließlich nach dem objektiven Satzungsinhalt, sondern folgt uneingeschränkt den allgemeinen Regeln der §§ 133, 157 BGB. Bei unechten Satzungsbestandteilen, die auch außerhalb der Satzungsurkunde hätten niedergelegt werden können, werden sämtliche außerhalb des Vertragstextes liegenden Umstände berücksichtigt.[83] Teilweise wird die uneingeschränkte Anwendung der allgemeinen Auslegungsgrundsätze auch dann befürwortet, wenn die fragliche Regelung nur die Gründungsgesellschafter untereinander bindet, nach Stimmen in der Literatur auch schon bei Anwendung der Satzung ausschließlich auf Gründungsgesellschafter.[84]

24 Aufgrund dieser Besonderheiten bei der Auslegung der Satzung können Satzungsbestimmungen nicht anhand von Nebenvereinbarungen ausgelegt werden; diese schlagen auch für die Auslegung der Satzung auf diese nicht durch. Wohl aber können Satzungsregelungen als Hilfe bei der Auslegung von Nebenvereinbarungen dienen.[85]

25 Das zur Auslegung von Satzungsbestandteilen Gesagte gilt auch für die **Umdeutung** von Satzungsbestimmungen gemäß § 140 BGB, wobei dann der maßgebliche wirkliche oder hypothetische Parteiwille nur objektiv nach den vorstehenden Grundsätzen zu ermitteln ist.

26 Das Gros des **Schrifttums** hat sich dieser Unterscheidung nach dem Charakter der Satzungsbestimmung unter Hervorhebung der ausschließlich objektiven Auslegung körperschaftlicher Satzungsbestimmungen angeschlossen.[86] Gleichwohl gibt es eine Vielzahl von Stimmen im Schrifttum, die die Sichtweise des BGH als zu starr und von dem berechtigten Schutz Dritter nicht mehr gedeckt ansehen. Die Verästelung des Meinungsstandes soll, da sie auf Grund der klaren Leitlinien in der Rechtsprechung für den Praktiker nicht relevant sind, hier nicht im Einzelnen nachgezeichnet werden.[87] Beachtung finden soll hier nur der nicht neue, aber in jüngster Zeit von gewichtigen Stimmen aus Praxis[88] und Schrifttum[89] vorgetragene Vorstoß, wonach für die Auslegung von Satzungsbestimmungen nicht nur die Differenzierung nach dem Charakter der jeweiligen Bestimmung, sondern im (Innen)Verhältnis der Gesellschafter zueinander auch und vor allem die Realstruktur der Gesellschaft (personalistisch oder kapitalistisch) ausschlaggebend sein soll.[90] Diese Sichtweise hat zwar

---

[81] *Götze* in: MüKoAktG, 5. Aufl. 2019, § 54 Rn. 36; *Priester* DB 1979, 681, 684; *Cahn/von Spannenberg* in: Spindler/Stilz, AktG, 4. Aufl. 2019, § 54 Rn. 37; andere Ansicht:a. A. *Drygala* in: Kölner Komm. AktG, Band 1, 3. Aufl. 2010, § 54 Rn. 34.
[82] *Bayer* in: Lutter/Hommelhoff, GmbHG, 19. Aufl. 2016, § 2 Rn. 13 und § 3 Rn. 91; BGH, Urt. v. 9.6.1954– II ZR 70/53, BGHZ 14, 25; *Seibt* in: Römermann, Münchener Anwaltshandbuch GmbH-Recht, 4. Aufl. 2018, § 2 Rn. 24; *Wicke* DNotZ 2006, 419.
[83] BGH, Urt. v. 20.1.1983, – ZR 243/81, NJW 1983, 1910; BGH, Urt. v. 27.10.1986 – II ZR 240/85, NJW 1987, 1890, 1892; *Priester* in: Münch. Hdb. d. Gesellschaftsrechts, Bd. III, 5. Aufl. 2018, § 21 Rn. 26; a. A. *Bayer in:* Lutter/Hommelhoff, GmbHG, 19. Aufl. 2016, § 3 Rn. 85.
[84] *Bayer* in: Lutter/Hommelhoff, GmbHG, 19. Aufl. 2016, § 3 Rn. 13; BGH, Urt. v. 16.10.1989 – II ZR 2/89,WM 1990, 13; a. A. *Fastrich* in: Baumbach/Hueck, GmbHG § 2 Rn. 31.
[85] *Pentz* in: MüKoAktG, 5. Aufl. 2019, § 23 Rn. 200.
[86] *Pentz* in: MüKoAktG, 5. Aufl. 2019, § 23 Rn. 52 m. w. Nachw.
[87] Vgl. stattdessen *Ulmer/Löbbe* in: Habersack/Casper/Löbbe, 3. Aufl. 2019, GmbHG, § 2 Rn. 191 ff. mit umfangreichen Nachw. zum Meinungsstand.
[88] *Schockenhoff* ZGR 2013, 76 ff.
[89] *Fleischer* in: MüKoGmbHG, 3. Aufl. 2018, Einl. Rn. 193a; *ders.* DB 2013, 1466 ff. („konkrete Interessenbewertung im Einzelfall").
[90] Grundl. bereits *Wiedemann*, DNotZ-Sonderheft 1977, 101 ff. und 105 ff.; mit Unterschieden im Einzelnen auch *Grunewald* ZGR 1995, 65, 86 ff.; *Noack*, Gesellschaftervereinbarungen bei Kapitalgesellschaften, 1994, S. 80 ff.

für sich, dass sie versucht, nicht nur die Interessen der künftigen Gesellschafter und Gläubiger, sondern auch die tatsächlichen Gegebenheiten miteinander in Ausgleich zu bringen. Auch ist dem BGH eine solche Differenzierung nach der „Art" bzw. Verbandsstruktur der Gesellschaft nicht generell fremd. So legt er beispielsweise Gesellschaftsverträge von Publikums-Personengesellschaften objektiv aus[91] und trägt damit dem Umstand Rechnung, dass es sich bei diesen Gesellschaften um auf Zuwachs gerichtete „Kapitalsammelbecken" mit wechselndem Mitgliederbestand handelt. Im GmbH- und Aktien-Recht sind indes vergleichbare Tendenzen nicht festzustellen. So hat der BGH einer solchen Differenzierung nach der Realstruktur der Gesellschaft unter Hinweis darauf, dass die Grenzen zwischen personalistischer und kapitalistischer Gesellschaft fließend seien und sich im Laufe der Zeit verschieben können, eine klare Absage erteilt.[92] Entsprechendes gilt nach der Rechtsprechung für den Begriff der „Familiengesellschaft". Diese Begrifflichkeiten sind, wie der BGH klargestellt hat, ebenfalls nicht hinreichend bestimmt, um von dem Postulat der Auslegung der Satzung „aus sich selbst heraus" abzuweichen. Für die Rechtspraxis verbleibt es auf Grund dessen bei der vorstehend skizzierten Unterscheidung zwischen körperschaftlichen und nicht-körperschaftlichen Satzungsbestimmungen.

2. Auslegung von Gesellschaftervereinbarungen

27 Nebenvereinbarungen der Gesellschafter untereinander oder der Gesellschafter mit der Gesellschaft sind hingegen als „normale" individual-rechtliche Verträge gemäß den allgemein bürgerlich-rechtlichen Grundsätzen der §§ 133, 157 BGB auszulegen. Das ist der entscheidende Unterschied zu körperschaftlichen Satzungsbestimmungen. Zur Ermittlung des übereinstimmenden Parteiwillens kann daher auch auf außerhalb der Vertragsurkunde liegende Umstände zurückgegriffen werden. Das instanzgerichtliche Auslegungsergebnis ist ebenso wie bei nicht-körperschaftlichen Satzungsbestimmungen nur eingeschränkt revisibel.[93] Diese allgemeinen Grundsätze gelten unabhängig davon, ob die jeweilige Abrede (bspw. wegen ihrer Bedeutung) Eingang in die Satzung gefunden hat oder nicht.[94] Ausgangspunkt der Auslegung sind die Vertragsurkunde und ihr Wortlaut, im Übrigen sind aber stets die Umstände des Einzelfalls maßgebend. Weiter ist bei der Auslegung von Nebenvereinbarungen zu berücksichtigen, dass diese nicht um ihrer selbst willen, sondern mit Bezug auf die Verhältnisse der Gesellschaft getroffen werden.[95] Bei deren Auslegung ist damit stets die Satzung „im Auge" zu behalten. So wird es grundsätzlich dem Willen der Vertragsparteien entsprechen, unbeabsichtigte Widersprüche zu dem Satzungstext zu vermeiden.[96] Ebenso sind Lücken in der Nebenvereinbarung im Lichte der Satzung zu schließen. Diese Verknüpfung von Nebenvereinbarung und Satzung ist auch in der Rechtsprechung anerkannt. So hat der BGH beispielsweise in einer Entscheidung vom 21.4.1969[97] zur Auslegung einer außerstatutarischen Stimmrechtsvereinbarung auf den Inhalt der Satzung abgehoben. Trotz der strikten Trennung von Satzung und Nebenvereinbarung bestehen damit bei der Auslegung einseitige Wirkungen zwischen beiden Rechtssphären dergestalt, dass die Satzung zur Auslegung von Nebenvereinbarungen herangezogen werden kann.[98]

---

[91] BGH, Urt. v. 10.6.1991 – II ZR 247/90, NJW 1991, 2906, 2906 m. w. Nachw.
[92] BGH, Urt. v. 16.2.1981 – II ZR 89/79, BeckRS 1981, 00075; BGH, Urt. v. 25.9.1989 – II ZR 304/88, NJW-RR 1990, 99, 100.
[93] BGH, Urt. v. 7.7.1994 – IX ZR 211/93, NJW-RR 1994, 1187, 1187 m. w. Nachw.
[94] BGH, Beschl. v. 10.6.1991– II ZR 248/90, DStR 1991, 1290, 1290 (GmbH betr. (statutarische) Stimmbindungsvereinbarung).
[95] Zutr. *Noack,* Gesellschaftervereinbarungen bei Kapitalgesellschaften, 1994, S. 86.
[96] Zutr. *Noack,* Gesellschaftervereinbarungen bei Kapitalgesellschaften, 1994, S. 86.
[97] BGH, Urt. v. 21.4.1969 – II ZR 199/67, BeckRS 1969, 31169442.
[98] Wie hier *Pentz* in: MüKoAktG, 5. Aufl. 2019, § 23 Rn. 200.

§ 10 Wechselwirkungen von Nebenabrede und Satzung

I. Berücksichtigung von Nebenabreden bei der Satzungsauslegung

Eine für die Rechtspraxis wesentliche Frage ist es, inwieweit für die Auslegung Wechselwirkungen zwischen Nebenabreden und Gesellschaftsvertrag bestehen. So wird im Schrifttum zum Teil die Auffassung vertreten, dass die Satzung anhand von Nebenabreden ausgelegt werden könne.[99] Dieser Auffassung steht jedoch die klare Rechtsprechung zur ausschließlich objektiven Auslegung körperschaftlicher Satzungsbestimmungen gegenüber, weswegen sie für die Rechtspraxis abzulehnen ist.[100] Nebenvereinbarungen sind bei der Auslegung von Satzungsbestimmungen daher außer Acht zu lassen. Sie sind und sollen im Regelfall nicht publik sein und können damit gegenüber künftigen Gesellschaftern und Gläubigern nicht, auch nicht mittelbar über den Umweg der Auslegung von Satzungsbestimmungen, Bindungswirkung entfalten.[101] Das steht im Einklang mit dem Grundsatz, dass schuldrechtliche Nebenabreden nur die beteiligten Vertragsparteien binden. Das gilt, wie aufgezeigt, auch unabhängig von der Realstruktur der Gesellschaft.[102]

28

Selbst wenn die Gründungsgesellschafter noch unter sich sind, können Nebenvereinbarungen, auch wenn es nur um das Verhältnis der Gründungsgesellschafter zueinander geht, nicht auf die Satzung „durchschlagen", da es anderenfalls zu der der Rechtssicherheit[103] abträglichen Situation käme, dass der Bedeutungsgehalt der Satzung inhaltlich (je nach Adressatenkreis) und zeitlich (je nach Gesellschafterbestand) variieren würde. Raum für Wechselwirkungen besteht – theoretisch – nur bei der Auslegung nicht-körperschaftlicher Satzungsbestimmungen. Interessen unbeteiligter Dritter werden durch diese nicht tangiert. Das spricht dafür, dass zur Auslegung solcher Bestimmungen in Anwendung der allgemein bürgerlich-rechtlichen Regelungen gemäß §§ 133, 157 BGB auch auf Nebenvereinbarungen zurückgegriffen werden kann. In der Praxis wird aber oftmals schon streitig sein, ob es sich bei einer Regelung, die in die Satzungsurkunde aufgenommen wurde, um eine körperschaftliche oder nicht-körperschaftliche Bestimmung handelt. Nur wenn letzteres feststeht, kann auf Nebenvereinbarungen zur Auslegung der nicht-körperschaftlichen Bestimmung zurückgegriffen werden. Für die körperschaftlichen Satzungsbestimmungen verleibt es aufgrund der eindeutigen Rechtsprechung des BGH bei der strikten Trennung von Nebenvereinbarung und Satzung. Erstere können zur Auslegung der Satzung nicht herangezogen werden.[104]

29

Diese Grundsätze gelten auch bei der ergänzenden Satzungsauslegung, die nach der Rechtsprechung des BGH lediglich bei nicht-körperschaftlichen, nicht aber bei körperschaftlichen Regelungen in Betracht kommt. Bei der ergänzenden Auslegung nicht-körperschaftlicher Satzungsbestimmungen können Nebenabreden berücksichtigt werden.

30

---

[99] Zöllner in: Henze/Timm/Westermann, Gesellschaftsrecht, 1995, S. 105 ff. sowie im Anschluss Grunewald ZGR 1995, 68, 86 ff.
[100] Wie hier Pentz in: MüKoAktG, 5. Aufl. 2019, § 23 Rn. 200 m. w. Nachw.
[101] Der vom OLG Stuttgart, Urt. v. 7.2.2001, – U 52/97, DB 2001, 854, 859 unter Bezugnahme auf Noack, Gesellschaftervereinbarungen bei Kapitalgesellschaften, 1994, S. 163 ff. – in anderem Zusammenhang – vorgebrachte Einwand, dass die Satzung andernfalls durch die „Schattenordnung" einer Gesellschaftervereinbarung konterkariert werden könnte, gilt insoweit entsprechend.
[102] BGH, Urt. v. 16.2.1981 – II ZR 89/79, BeckRS 1981, 00075; BGH, Urt. v. 25.9.1989 – II ZR 304/88, NJW-RR 1990, 99, 100.
[103] Diese ist tragendes Leitmotiv der Rechtsprechung.
[104] Missverständlich insoweit BGH, Urt. 16.10.1989 – II ZR 2/89, NJW-RR 1990, 226, 226 (GmbH), der zur Auslegung einer statutarischen Wettbewerbsklausel auf eine der Gesellschaftsgründung vorausgegangenen „Grundsatzvereinbarung" zurückgreift; dies – zu Unrecht – für eine Zulassung von Nebenabreden bei der Satzungsauslegung fruchtbar machend Noack, Gesellschaftervereinbarungen bei Kapitalgesellschaften, 1994, S. 80 ff.

II. Konkretisierung von Satzungsgeneralklauseln durch Gesellschaftervereinbarungen

31 Im Grundsatz gilt entsprechendes für die Frage, ob statutarische Generalklauseln, wie bspw. „pflichtgemäßes Ermessen", „Gesellschaftsinteresse", „wichtiger Grund", durch Nebenabreden zwischen Gesellschaftern konkretisiert werden können. Diese Frage ist zu verneinen. Die Entscheidung des BGH vom 14.3.2005[105] stellt einen „Ausreißer" dar. In dieser hatte der II. Zivilsenat über eine Gestaltung zu befinden, in der einzelne, jeweils in einem bestimmten europäischen Land tätige Dienstleister eine GmbH mit Sitz in Deutschland gegründet hatten, um durch die damit geschaffene Kooperation europaweit zu einheitlichen Leistungsstandards Leistungen anbieten zu können. Zwischen der Gesellschaft und deren Gesellschaftern bestanden in deren Eigenschaft als Dienstleister ordentlich kündbare Kooperationsverträge. In der Satzung war die Befugnis, den Geschäftsanteil eines Gesellschafters zwangsweise einzuziehen, für den Fall enthalten, dass der mit ihm bestehende Kooperationsvertrag beendet wird. Nach der ordentlichen Kündigung eines Kooperationsvertrages zog die Gesellschaft den Geschäftsanteil des betroffenen Gesellschafters ein. Der II. Zivilsenat des BGH billigte – wider Erwarten – den Ausschluss des Gesellschafters. Thematisch befasst sich diese Entscheidung zwar in erster Linie mit dem „Hinauskündigungsrecht", erstaunlich ist aber die tragende Begründung des Senats. Dieser führt aus: „Die entscheidende Bedeutung für die Beziehungen der Gesellschafter […] zu der [Gesellschaft], ergibt sich aus dem Kooperationsvertrag. […] Er regelt im Einzelnen die wechselseitigen Rechte und Pflichten […]. Die Mitgliedschaft in der [Gesellschaft] […] stellt sich gegenüber dem Kooperationsvertrag als bloßer Annex dar."[106] Richtigerweise lässt sich hieraus die Zulässigkeit der Konkretisierung statutarischer Generalklauseln durch Nebenabreden nicht ableiten. Diese Frage wird in dieser und auch späteren Entscheidungen des BGH nicht thematisiert. Sie ist entgegen vereinzelter Stimmen im Schrifttum[107] richtigerweise abzulehnen.[108]

III. Änderung und Bindungswirkung von Satzung und Nebenabrede

32 Nebenabrede und Satzung unterscheiden sich auch bei den Anforderungen an ihre Änderung: Grundsätzlich kann jederzeit eine Satzungsänderung nach Maßgabe der §§ 53, 54 GmbHG erfolgen.[109] Nur dann, wenn die Satzung noch vor Eintragung der Gesellschaft in das Handelsregister geändert werden soll, müssen **alle** Gründer einstimmig der Änderung zustimmen.[110] Die Zustimmungserklärungen sind notariell zu beurkunden, § 2 GmbHG.[111] Der geänderte Vertrag wird nach Rücknahme der ursprünglichen Handelsregisteranmeldung gemäß § 7 GmbHG neu angemeldet.[112] Nach Eintragung der GmbH oder der Aktiengesellschaft in das Handelsregister gelten die Vorgaben der §§ 53 ff. GmbHG bzw. §§ 179 ff., 130 Abs. 1 AktG: Es bedarf eines notariell beurkundeten Gesellschafter- bzw. Hauptversammlungsbeschlusses mit einer Mehrheit von drei Vierteln der abgegebenen Stimmen bzw. des bei der Beschlussfassung vertretenen Grundkapitals; die Satzungsänderung muss gemäß § 54 GmbHG bzw. § 181 Abs. 3 AktG in das Handelsregister eingetragen werden[113], um Wirksamkeit zu erlangen.

---

[105] BGH, Urt. v. 14.3.2005 – II ZR 153/03, NZG 2005, 479 ff.
[106] BGH, Urt. v. 14.3.2005 – II ZR 153/03, NZG 2005, 479, 480.
[107] Vgl. insb. *Hoffmann-Becking* ZGR 1994, 442, 462: Zwangseinziehung auf Grund „wichtigen Grundes" bei wiederholtem Verstoß gegen schuldrechtliche Nebenvereinbarung.
[108] Vgl. *Kinzl* in: Laimer/Perathoner, Gesellschaftsrechtliche Nebenvereinbarungen in Europa, 2013, S. 72, 84.
[109] *Freitag* in: Münch. Hdb. d. GesR, Bd. III, 5. Aufl. 2018, § 5 Rn. 55.
[110] OLG Köln, Beschl. v. 28.3.1995, – 2 W 13/95, BB 1995, 2545; *Roth* in: Roth/Altmeppen, GmbHG, 9. Aufl. 2019, § 2 Rn. 87; *Hoffmann* in: MHLS, 3. Aufl. 2017, GmbHG, § 54 Rn. 24; a. A. (Mehrheitsbeschluss gemäß § 53 GmbHG genügend): *Priester* ZIP 1987, 280 ff.
[111] *Hoffmann* in: MHLS GmbHG § 54 Rn. 24.
[112] *Hoffmann* in: MHLS GmbHG § 54 Rn. 24.
[113] Bloße Schriftform und Eintragung in das jeweilige Register gelten für die Änderung des Gesellschaftsvertrages der Partnerschaftsgesellschaft (§ 4 Abs. 1 S. 3 PartGG) und für die EWIV (Art. 7 S. 2 lit. a) EWIV-VO i. V. m. § 2 Abs. 1 EWIV-AG).

Nebenabreden können hingegen – vorbehaltlich einer anderen vertraglichen Abrede – 33
grundsätzlich formfrei geschlossen werden, und auch ihre Änderung bedarf grundsätzlich
keiner bestimmten Form.[114] Zur Änderung einer schuldrechtlichen Nebenvereinbarung
genügt grundsätzlich allerdings nicht eine einfache oder qualifizierte Mehrheit der Vertragspartner, sondern die Zustimmung aller an ihr Beteiligten ist erforderlich,[115] was in der
Praxis im Vergleich zur Satzungsänderung, die jedenfalls bei gesetzestypischer Ausgestaltung in der Regel lediglich eine qualifizierte Mehrheit erfordert, aber auch ausreichen lässt,
eine erhebliche Verschärfung und Änderungssperre darstellt.

Schwierigkeiten bei der Frage, ob eine schuldrechtliche Regelung wirksam geändert oder 34
aufgehoben wurde, können sich insbesondere bei unechten Satzungsbestandteilen ergeben.
Verkennen die Beteiligten den schuldrechtlichen Charakter dieser unechten Satzungsbestandteile und gehen sie aufgrund der Aufnahme der Regelung in die Satzung davon aus,
dass es sich um einen echten Satzungsbestandteil handelt und durchlaufen deswegen das
Verfahren der Änderung der Satzung (satzungsändernder Beschluss der Gesellschafter- oder
Hauptversammlung) nebst Eintragung ins Handelsregister, reicht dies zur Aufhebung und
Änderung einer rein schuldrechtlichen Vereinbarung nicht aus. Das Verfahren der Satzungsänderung ist in einem solchen Falle weder erforderlich noch ausreichend.[116] Der als
solcher unwirksame Beschluss der Gesellschafterversammlung oder der Hauptversammlung
kann im Einzelfall jedoch einen wirksamen Änderungsvertrag darstellen, wenn alle Gesellschafter dem Beschluss zugestimmt haben das heißt, es müssen an der (unwirksamen)
Beschlussfassung alle (betroffenen) Aktionäre, nicht nur die anwesenden mitgewirkt haben,
da anderenfalls entweder die tatbestandlichen Voraussetzungen des § 140 BGB für die
Umdeutung nicht vorlägen oder das Ergebnis der Umdeutung nur für einen Teil der
Gesellschafter gelten würde, was nicht dem Willen der Gesellschafter entsprechen dürfte.[117]

Im Unterschied zur Satzung, die als das Organisationsrecht der Gesellschaft auch für und 35
gegen künftige Gesellschafter und Dritte wirkt[118], binden – wie bei schuldrechtlichen
Verträgen generell – Nebenabreden nur die Vertragschließenden oder die dem Vertrag
später beitretenden Personen.[119] Zwar kann ein neuer Gesellschafter der schuldrechtlichen
Nebenvereinbarung auch konkludent beitreten,[120] allein das Wissen um die Nebenabrede
oder die Kenntnis ihres Inhalts bei Erwerb des Gesellschaftsanteils ist für die Annahme einer
konkludenten Übertragung der entsprechenden Bindungen aber nicht ausreichend, vielmehr müssen für die Annahme eines Übernahmewillens zusätzliche Umstände vorliegen.[121]

§ 11 Nebenabreden und Personengesellschaftsvertrag

Der Gesellschaftsvertrag von Personengesellschaften kommt grundsätzlich formfrei zustande 36
(Anwendung der §§ 145 ff. BGB). Sollen allerdings mehr als zwei Personen an der Gesellschaft beteiligt sein, setzt das Zustandekommen des Gesellschaftsvertrages nicht lediglich
Angebot und Annahme voraus, sondern das Vorliegen übereinstimmender Beitrittserklä-

---

[114] *Priester* DB 1979, 681, 685; *Götze* in: MüKoAktG, 5. Aufl. 2019, § 54 Rn. 41; *Stein* in: MüKoAktG
§ 179 Rn. 31.
[115] Vgl. BGH, Urt. v. 25.10.1962 – II ZR 188/61, BGHZ 38, 155, 161 = NJW 1963, 203 (Schiedsabrede);
Priester DB 1979, 681, 685.
[116] *Götze* in: MüKoAktG, 5. Aufl. 2019, § 54 Rn. 41; *Chan/von Spannenberg* in: Spindler/Stilz, AktG,
4. Aufl. 2019, § 54 Rn. 30; für die GmbH: BGH, Urt. v. 29.9.1955 – II ZR 225/54, BGHZ 18, 205,
207; BGH, Urt. v. 19.1.1961 – II ZR 217/58, NJW 1961, 507.
[117] *Drygala* in: Kölner Komm. AktG, Band 1, 3. Aufl. 2010, § 54 Rn 40; *Götze* in: MüKoAktG, 5. Aufl.
2019, § 54 Rn. 41.
[118] *Bayer* in: Lutter/Hommelhoff, GmbHG, 19. Aufl. 2016, § 2 Rn. 13; *Wicke* in: Wicke, GmbHG, 4. Aufl.
2020, § 2 Rn. 2.
[119] *Wicke* in: MüKoGmbHG, 3. Aufl. 2018, § 3 Rn. 136.
[120] *Priester* DB 1979, 681, 686; *Wicke* in: MüKoGmbHG, 3. Aufl. 2018, § 3 Rn. 136.
[121] *Trölitzsch* in: BeckOK GmbHG § 53 Anh Gesellschaftervereinbarungen Rn. 22; *Priester* DB 1979, 681,
686; *Wicke* in: MüKoGmbHG, 3. Aufl. 2018, § 3 Rn. 136; a. A. *Drygala* in: Kölner Komm. AktG,
Band 1, 3. Aufl. 2010, § 54 Rn. 43.

rungen, die allen anderen (künftigen) Gesellschaftern nach allgemeinen Grundsätzen zugehen müssen (§ 130 Abs. 1 BGB), es sei denn, diese hätten einen Empfangsbevollmächtigten bestellt oder auf den Zugang verzichtet (§ 151 S. 1 Alt. 2 BGB). Aufgrund der Formfreiheit des Personengesellschaftsvertrages kann dieser auch konkludent zustande kommen, wobei sich der Übergang von bloßen Vorbereitungshandlungen zum Zusammenwirken auf rechtsgeschäftlicher Grundlage fließend darstellen wird.

37 Vom Grundsatz der Formlosigkeit des Personengesellschaftsvertrages – dieser Grundsatz gilt sowohl für die Gesellschaft bürgerlichen Rechts als auch für die offene Handelsgesellschaft und die Kommanditgesellschaft – gibt es Ausnahmen, beispielsweise bei der im Gesellschaftsvertrag niedergelegten Verpflichtung eines Gesellschafters zur Veräußerung eines Grundstücks an die Gesellschaft (§ 311b Abs. 1 S. 1 BGB), bei der Einräumung eines Vorkaufsrechts an einem Grundstück, bei der Verpflichtung zur Abtretung eines GmbH-Geschäftsanteils an die Personengesellschaft (§ 15 Abs. 4 S. 1 GmbHG) sowie bei der Verpflichtung zur Übertragung des gegenwärtigen Vermögens oder eines Bruchteils dessen (§ 311b Abs. 3 BGB). Liegen solche Tatbestände vor, die zur Formbedürftigkeit führen, fehlt es aber an der Form, wäre Gesamtnichtigkeit der § 125 S. 1 BGB die Rechtsfolge, es sei denn, im dinglichen Vollzug der Beitragsverpflichtung läge ein Heilungstatbestand. Tritt keine Heilung ein, wird die Rechtsfolge der Gesamtnichtigkeit in der Rechtspraxis in aller Regel durch die Anwendung der Lehre von der fehlerhaften Gesellschaft verdrängt, die bei in Vollzug gesetzten Gesellschaftsverhältnissen vorrangig ist.

38 Der Personengesellschaftsvertrag wird grundsätzlich nach den Regelungen der §§ 133, 157 BGB ausgelegt. Entscheidend ist damit der übereinstimmende Wille aller Gesellschafter. Kann dieser nicht festgestellt werden, gelten die Grundsätze der normativen Auslegung nach dem objektiven Empfängerhorizont der Gründungsgesellschafter. Damit ist nicht die objektive Auslegung wie von Gesellschaftsverträgen von Kapitalgesellschaften gemeint, sondern wie jeder der anderen Gesellschafter die Vertragserklärung unter den ihm bei Vertragsschluss bekannten oder erkennbaren Umständen nach Treu und Glauben mit Rücksicht auf eine etwaige Verkehrssitte auffassen durfte; diese normative Auslegung führt zu einem Vertrauensschutz der Gründungsgesellschafter. In die Auslegung einbezogen werden können alle Umstände außerhalb des Gesellschaftsvertrages, sofern sie allen Gründungsgesellschaftern bekannt oder erkennbar waren, ohne dass diese im Gesellschaftsvertrag eine Andeutung hätten erfahren müssen. So können etwa schriftliche Vorentwürfe oder vorvertragliche Äußerungen zum Gesellschaftsvertrag durch einzelne Gesellschafter relevant werden, wenn sämtliche Gesellschafter hieran beteiligt waren oder in Kenntnis dieser Umstände den Vertrag später abschlossen.[122] Ob und unter welchen Voraussetzungen die Grundsätze der „objektiven" Auslegung, wie sie für Satzungen von Kapitalgesellschaften Platz greift, auf Personengesellschaften anzuwenden sind, ist noch immer nicht geklärt, soll hier aber nicht weiter verfolgt werden. Damit bestehen zwischen den auf Personengesellschaftsverträge und Nebenvereinbarungen hierzu anwendbaren Rechtsgrundsätzen weit weniger Unterschiede als zwischen Kapitalgesellschaftssatzung und Nebenvereinbarung.

39 Ein wesentlicher Aspekt verbleibt allerdings in der Praxis: Für den Fall, dass bei einer Personengesellschaft die Gesellschaftervereinbarung von allen Gesellschaftern abgeschlossen wird, ist zu untersuchen, ob durch diese allseitige Gesellschaftervereinbarung nicht in Wirklichkeit der Gesellschaftsvertrag der Personengesellschaft geändert wurde, weil dessen Abschluss und Änderung grundsätzlich formlos und somit auch durch allseitige Nebenvereinbarung möglich sind. Die allseitige Gesellschaftervereinbarung wird bei einer Personengesellschaft wird daher in aller Regel als Änderung des Personengesellschaftsvertrages aufzufassen sein, es sei denn, konkrete Umstände oder der Parteiwille ließen darauf schließen, dass eine rechtlich und nicht nur räumlich vom Personengesellschaftsvertrag getrennte Nebenvereinbarung gewünscht sei. Kann der Gesellschaftsvertrag der Personengesellschaft allerdings durch Mehrheitsbeschluss geändert werden, weil dieser entsprechende Mehr-

---

[122] *Geibel*, in Gsell/Krüger/Lorenz/Reymann, BeckOGK BGB § 705 Rn. 50.

heitsklauseln enthält, die Nebenvereinbarung als normaler schuldrechtlicher Vertrag aber nicht, kommt es auch bei Gesellschaftervereinbarungen zu Personengesellschaftsverträgen darauf an, ob eine im Personengesellschaftsvertrag enthaltene Klausel, die Nebenvertragscharakter haben könnte, Teil dieses Gesellschaftsvertrages ist (als echter Gesellschaftsvertragsbestandteil) oder eine selbständige Nebenabrede darstellt, die lediglich nicht in einer vom Personengesellschaftsvertrag getrennten Urkunde niedergelegt ist (als unechter Gesellschaftsvertragsbestandteil), zu deren Änderung dann die Zustimmung aller an ihr Beteiligten notwendig ist und nicht die gesellschaftsvertragliche Mehrheitsklausel eingreift.

Kapitel 6. Satzungsüberlagernde Nebenabreden

§ 12 Problemstellung

1 In der Praxis vereinbaren die Gesellschafter in einer Nebenabrede oftmals von der Satzung Abweichendes. So können die Gesellschafter beispielsweise den in der Satzung enthaltenen Unternehmensgegenstand per Nebenabrede mit schuldrechtlicher Wirkung einschränken; während in der Satzung die Beteiligung der Gesellschaft an anderen Gesellschaften ausdrücklich vom Unternehmensgegenstand der Gesellschaft umfasst wird, können die Gesellschafter schuldrechtlich etwa vereinbaren, dass sich die Gesellschaft nicht an anderen Gesellschaften beteiligen darf.[1] Solche von der Satzung abweichenden Gesellschaftervereinbarungen sind zulässig.[2] Fassen die Gesellschafter mit der erforderlichen Mehrheit entgegen der abweichenden Gesellschaftervereinbarung gleichwohl einen Beschluss entsprechend der Satzung, wonach sich die Gesellschaft an einer anderen Gesellschaft beteiligt, können die übrigen den Beschluss ablehnenden Gesellschafter aus der Gesellschaftervereinbarung gegen die den nebenabredewidrigen Beschluss tragenden Gesellschafter gerichtlich vorgehen.[3] Problematisch ist lediglich, ob die übergegangenen Gesellschafter mittels Anfechtungsklage auch unmittelbar den Gesellschafterbeschluss über die Beteiligung an dem anderen Unternehmen angreifen können. Dahinter verbirgt sich die Frage nach dem grundsätzlichen Verhältnis von Satzung und Gesellschaftervereinbarung, und zwar ob und inwieweit eine schuldrechtliche Nebenabrede die Satzung überlagern, d. h. in der Weise auf die Ebene der Gesellschaft durchschlagen kann, dass Gesellschafterbeschlüsse, die im Einklang mit der Satzung gefasst werden, aber gegen eine schuldrechtliche Nebenabrede verstoßen, durch Anfechtungsklage – die gegenüber der Gesellschaft, die an der Nebenabrede gar nicht beteiligt sein muss, zu erheben ist – angefochten werden können.

§ 13 Trennungsprinzip und grundsätzliches Verhältnis zwischen Satzung und Nebenabrede

2 Dem Verhältnis von Satzung und Nebenabrede nähert man sich am besten, indem man sich zunächst das in § 13 Abs. 1 und 2 GmbHG zum Ausdruck kommende Trennungsprinzip vor Augen führt. Gemäß § 13 Abs. 1 GmbHG hat die GmbH „als solche [...] selbstständig ihre Rechte und Pflichten". Die Gesellschaft ist in personen- und vermögensrechtlicher Hinsicht selbstständig und von den individuellen Rechtsbeziehungen ihrer Gesellschafter – auch die aus Gesellschaftervereinbarungen folgenden – zu unterscheiden.[4] Die Gesellschaft und die Gesellschafter sind trotz ihrer organisationsrechtlichen Verbundenheit unterschiedliche Rechtssubjekte.[5] Zwischen den rechtlichen Sphären der Gesellschaft auf der einen Seite und ihrer Gesellschafter auf der anderen Seite ist damit strikt zu trennen („Trennungsprinzip"). Das gilt auch für Nebenabreden: Diese sind der Sphäre der vertragschließenden Gesellschafter zuzuordnen, nicht der Gesellschaft, wenn diese an ihr nicht beteiligt ist; ist die Gesellschaft auch Vertragspartei der Nebenabrede, wirkt diese Parteistellung der Gesellschaft auf ihrer Ebene ebenfalls nur schuldrechtlich, nicht korporativ. Zwischen den Sphären ist klar zu trennen. Nebenabreden sind grundsätzlich weder bei der Auslegung der Satzung[6] noch bei der Konkretisierung der gesellschaftsrechtlichen Treuepflicht[7] zu be-

---

[1] Vgl. BGH, Urt. v. 20.1.1983 – II ZR 243/81, NJW 1983, 1910.
[2] Vgl. BGH, Urt. v. 20.1.1983 – II ZR 243/81, NJW 1983, 1910.
[3] Siehe ausführlich zur prozessualen Durchsetzung von Nebenabreden unten → Kap. 19 Rn. 1 ff.
[4] *Lieder* in: MHLS GmbHG § 13 Rn. 331; *Fastrich* in: Baumbach/Hueck, GmbHG § 13 Rn. 5.
[5] *Fastrich* in: Baumbach/Hueck, GmbHG § 13 Rn. 5.
[6] Siehe hierzu → Kap. 5 Rn. 19 ff.
[7] Siehe hierzu unten → Kap. 11 Rn. 3 ff.

rücksichtigen. Daher liegt es nahe, dass auch Gesellschafterbeschlüsse nicht allein deshalb anfechtbar sind, weil sie abredewidrig, d. h. unter Verletzung einer Nebenabrede, gefasst wurden. Gesellschaftervereinbarungen, die zwischen den Gesellschaftern ohne Beteiligung der Gesellschaft und außerhalb des für die Willensbildung der Gesellschaft vorgesehenen Beschluss- und Satzungsänderungsverfahrens abgeschlossen werden, entfalten regelmäßig nur Wirkung zwischen den an der Vereinbarung beteiligten Gesellschaftern, nicht auch auf korporativer Ebene der Gesellschaft. Das Trennungsprinzip verhindert grundsätzlich, dass die Nebenabrede auf die Ebene der Gesellschaft durchschlägt.

§ 14 Durchbrechungen des Trennungsprinzips

In der Literatur wird seit jeher diskutiert, ob in bestimmten Fällen eine Durchbrechung des Trennungsprinzips im Sinne des Durchschlagens einer Nebenabrede auf die Ebene der Gesellschaft zuzulassen ist. Fahrt nahm diese Diskussion mit der viel beachteten „Kerbnägel"-Entscheidung des BGH aus dem Jahr 1983[8] auf, in der der BGH annahm, dass ein nebenabredewidrig gefasster Gesellschafterbeschluss durch gegen die Gesellschaft zu erhebende Anfechtungsklage – nicht durch Leistungsklage gegen die vertragsbrüchigen Gesellschafter – anfechtbar sei.

I. Rechtsprechung
1. Urteil des BGH vom 20.1.1983 – II ZR 243/81 („Kerbnägel")[9]

Die scharfe Trennung zwischen Nebenvereinbarung auf der einen und Satzungsbestimmungen auf der anderen Seite war Gegenstand einer höchstrichterlichen Entscheidung zu einer Nebenvereinbarung über den Unternehmensgegenstand und die Geschäftstätigkeit einer Gesellschaft. Solche Nebenvereinbarungen sind zulässig und häufiger anzutreffen. Insbesondere können Gesellschafter vereinbaren, dass die Gesellschaft bestimmte Geschäfte nicht tätigen soll, obwohl sie es nach ihrer Satzung dürfte, womit die Gesellschafter den in der Satzung niedergelegten Unternehmensgegenstand der Gesellschaft modifizierten und damit ihre Geschäftstätigkeit beeinflussten. In der berühmten „Kerbnägel"-Entscheidung entschied der BGH über eine solche Nebenvereinbarung.[10] Gegenstand des Urteils war eine Gesellschaft (Beklagte), deren Unternehmensgegenstand nach dem Gesellschaftsvertrag „Herstellung und Vertrieb von Maschinenelementen, insbesondere von Inserts aus Stoffen aller Art, sowie Werkzeugen aller Art" war, wozu unter anderem auch Kerbnägel rechneten. Im Rahmen einer Hilfsgeschäfteklausel durfte sich die Gesellschaft zur Erreichung dieses Zwecks an „gleichartigen oder ähnlichen Unternehmen" beteiligen. Die Gesellschafterversammlung der Beklagten beschloss mit 440 gegen 300 Stimmen der Klägerin und ihres Bruders den Kauf eines 50%igen Anteils an einem anderen Unternehmen, das zu 20% seines Gesamtumsatzes Kerbstifte und Kerbnägel fertigte und vertrieb. Pikant war daran, dass alle Gesellschafter der Beklagten bereits vor der Fassung dieses Beschlusses eine Nebenabrede abgeschlossen hatten, wonach die Gesellschaft selbst keine Kerbstifte und Kerbnägel herstellen und vertreiben dürfe. Die Klägerin, die den Gesellschafterbeschluss durch Anfechtungsklage gegen die Gesellschaft anfocht, vertrat die Auffassung, dieser verstoße aufgrund der entgegenstehenden Nebenabrede gegen den Gesellschaftszweck der Beklagten, weswegen ein Satzungsverstoß vorliege. Dürfe die Gesellschaft selbst keine Kerbstifte und Kerbnägel herstellen und vertreiben, so sei auch die Beteiligung an einem anderen Unternehmen mit diesem Geschäftsgegenstand unzulässig, ein solches Unternehmen sei nicht „gleichartig oder ähnlich".

---

[8] BGH, Urt. v. 20.1.1983 – II ZR 243/81, NJW 1983, 1910.
[9] BGH, Urt. v. 20.1.1983 – II ZR 243/81, NJW 1983, 1910.
[10] Siehe BGH, Urt. v. 20.1.1983 – II ZR 243/81, NJW 1983, 1910.

5 Der BGH ließ ein dogmatisch fragwürdiges und viel diskutiertes[11] Durchschlagen[12] der Nebenabrede auf den Beschluss zu:[13] Zunächst sei es den Gesellschaftern unbenommen, sich jederzeit außerhalb der Satzung gegenüber ihren Mitgesellschaftern schuldrechtlich zu verpflichten, in der Gesellschafterversammlung in bestimmter Weise abzustimmen. Deshalb bestünden keine Bedenken gegen ein Übereinkommen aller Gesellschafter, mit der Gesellschaft in einem bestimmten, von deren satzungsmäßigem Zweck gedeckten Geschäftszweig nicht tätig zu werden. Verletze ein Gesellschafter ein solches mit einem Mitgesellschafter getroffenes Abkommen, indem er abredewidrig abstimme, so sei zwar der auf diese Weise zustande gekommene Beschluss grundsätzlich nicht anfechtbar, der Streit um die Rechtsfolgen des Verstoßes also nur unter den an der Bindung Beteiligten und nicht mit der Gesellschaft auszutragen. Etwas anderes gelte aber dann, wenn der Beschluss gegen eine von allen Gesellschaftern eingegangene Bindung verstoße. Denn wenn alle Gesellschafter eine die Gesellschaft betreffende Angelegenheit unter sich einverständlich geregelt haben, so sei diese Regelung, auch ohne Bestandteil der Satzung zu sein, zumindest solange zugleich als eine solche der Gesellschaft zu behandeln, wie dieser nur die aus der Abrede Verpflichteten angehörten. In diesem Fall bestehe kein Grund, die vertragswidrig überstimmten Gesellschafter auf den umständlichen Weg einer Klage gegen die Mitgesellschafter zu verweisen, um durch deren Verurteilung zu einer gegenteiligen Stimmabgabe den Beschluss aus der Welt zu schaffen.[14] Die überstimmten Gesellschafter könnten den Beschluss vielmehr durch Klage gegen die Gesellschaft anfechten.[15]

2. Urteil des BGH vom 27.10.1986 – II ZR 240/85[16]

6 Der BGH blieb im Urteil aus dem Jahr 1986 seiner Linie aus der „Kerbnägel"-Entscheidung zur Anfechtbarkeit abredewidriger Gesellschafterbeschlüssen treu. In dem dieser Entscheidung zugrunde liegenden Sachverhalt beschlossen die Gesellschafter einer GmbH im Einklang mit der Satzung mit der Mehrheit der Stimmen die Abberufung eines der Gesellschafter von dessen Geschäftsführeramt. Dem abberufenen Gesellschafter-Geschäftsführer wurde die Teilnahme an der Abstimmung mit der Begründung verweigert, er sei als Betroffener nicht stimmberechtigt, woraufhin dieser den Gesellschafterbeschluss durch gegen die Gesellschaft gerichtete Klage anfocht. Zur Begründung trug er vor, alle Gesellschafter der GmbH seien sich vor der Abstimmung über seine Abberufung darüber einig gewesen, dass eine solche nur mit Zustimmung des betroffenen Geschäftsführers erfolgen könne. Ohne nähere Begründung folgte der BGH der Argumentation des vom Geschäftsführeramt abberufenen Gesellschafter-Geschäftsführers und bestätigte das in der „Kerbnägel"-Entscheidung drei Jahre zuvor gefundene Ergebnis: Ein Beschluss der Gesellschafterversammlung, einen Gesellschafter-Geschäftsführer abzuberufen, kann – obgleich von der Satzung gedeckt – anfechtbar sein, wenn sich alle Gesellschafter darüber

---

[11] Vgl. nur *Happ* ZGR 1984, 168; *Hoffmann-Becking* ZGR 1994, 442; *Jäger* DStR 1996, 1935; *Mertens* AG 1989, 241; *Ulmer* NJW 1987, 1849; *ders.*, „Satzungsgleiche" Gesellschaftervereinbarungen bei der GmbH?, FS Röhricht, 2005, S. 633; *M. Winter* ZHR 154 (1990), 259; umfangreiche Nachweise bei *Dörrscheidt*, Grenzen der Gestaltungsfreiheit bei omnilateralen außerstatutarischen Gesellschafterabreden, 2008, S. 49 Fn. 224.

[12] Die grundsätzliche Trennung von schuld- und korporationsrechtlicher Ebene ist allgemein anerkannt und wird weiter unten ausführlich diskutiert (vgl. [→ Kap. 5 Rn. 19 ff.). Betont wird die Trennung u. a. im BGH-Urteil „Schutzgemeinschaft", BGH, Urt. v. 24.11.2008 – II ZR 116/08, NJW 2009, 669.

[13] BGH, Urt. v. 20.1.1983 – II ZR 243/81, NJW 1983, 1910.

[14] „Dolo petit"-Gedanke als Ausfluss prozessökonomischer Überlegungen. Tatsächlich wirkt die in der Literatur am Kerbnägel-Urteil geäußerte Kritik vor dem Hintergrund ansonsten stattfindender unnötiger Förmelei formalistisch. So auch *Dürr*, Nebenabreden im Gesellschaftsrecht, 1994, S. 111. Bei Selbigem (aaO, S. 108 f.) findet sich eine Darstellung, wie der Kläger andernfalls zum Vollzug seiner Stimmbindungsklage (Klage gegen *jeden einzelnen* Gebundenen) vorgehen müsste.

[15] *Dürr* BB 1995, 1365, 1368 weist richtigerweise darauf hin, dass der BGH die Beschlussanfechtung letztlich als vereinfachte Methode der Zwangsvollstreckung, eine Art „Sammelvollstreckung" begreift.

[16] BGH, Urt. v. 27.10.1986 – II ZR 240/85, NJW 1987, 1890.

Kap. 6. Satzungsüberlagernde Nebenabreden **A.**

einig waren, dass eine Abberufung die Zustimmung des betroffenen Geschäftsführers voraussetze.[17]

3. Urteil des BGH vom 7.6.1993 – II ZR 81/92

In den mit der „Kerbnägel"-Entscheidung abgesteckten Rahmen fügt sich auch ein weiteres Urteil ein,[18] das seit seinem Ergehen unterschiedlich gedeutet wird, letztlich aber nichts an der mit der Kerbnägel-Entscheidung eingeschlagenen Linie des BGH geändert hat. In der Entscheidung aus dem Jahr 1993 ging es darum, ob Gesellschafter einer GmbH durch Beschlussfassung die Amtszeit der Aufsichtsratsmitglieder abweichend von der Satzung wirksam verlängern können: Nach der Satzung betrug die Amtszeit der Aufsichtsratsmitglieder drei Jahre. Durch einstimmigen Gesellschafterbeschluss wurde festgelegt, dass sich die Amtszeit der Aufsichtsratsmitglieder um ein Jahr verlängere, wenn nicht die Gesellschafterversammlung die Mitglieder des Aufsichtsrats abberufe. Nach Ablauf der (ersten) Amtszeit von drei Jahren verlangte der Kläger, auf die Tagesordnung der Gesellschafterversammlung die Neuwahl der Aufsichtsratsmitglieder zu setzen. Ein weiterer Gesellschafter beantragte, diesen Beschlussgegenstand von der Tagesordnung wieder abzusetzen und jegliche Beschlussfassung hierüber zu unterlassen. Über diesen Absetzungsantrag wurde in der Gesellschafterversammlung zunächst abgestimmt; er erhielt die Mehrheit, so dass über das Verlangen des Klägers, über die Wahl der Aufsichtsratsmitglieder zu beschließen, keine Beschlussfassung erfolgte. Gegen den Absetzungsbeschluss erhob der Kläger unter anderem Anfechtungsklage und begehrte ferner die Feststellung, dass die Amtszeit der Aufsichtsratsmitglieder abgelaufen sei. 7

Die Vorinstanzen hatten die Klage abgewiesen, die Revision war erfolgreich. Der BGH erklärte den Beschluss über die Absetzung des klägerischen Beschlussantrags von der Tagesordnung der Gesellschafterversammlung für unwirksam. Die im Wege eines einstimmigen Gesellschafterbeschlusses beschlossene Amtszeitveränderung in Form der automatischen Verlängerung der Amtszeit bei Nichtabberufung um ein weiteres Jahr sei als zustandsbegründende Satzungsänderung zu werten.[19] Eine solche bedürfe zu ihrer Wirksamkeit der notariellen Beurkundung[20] sowie der Eintragung[21] in das Handelsregister.[22] Daran fehlte es vorliegend. Die Zulässigkeit nicht formgültiger Satzungsdurchbrechungen beschränke sich auf Fälle einer „punktuellen" Regelung, bei denen sich die Wirkung des Beschlusses in der betreffenden Maßnahme erschöpfe. Satzungsdurchbrechungen, die einen von der Satzung abweichenden rechtlichen Zustand begründeten, seien dagegen ohne Einhaltung der für eine Satzungsänderung geltenden Formvorschriften auch dann unwirksam, wenn dieser Zustand auf einen bestimmten Zeitraum begrenzt sei.[23] Grund hierfür sei die Registerpublizität und die damit bezweckte Information des Rechtsverkehrs: Abweichungen von der Satzung, die eine Dauerwirkung nach sich zögen, hätten nicht bloß gesellschaftsinterne Bedeutung. Vielmehr berührten sie auch den Rechtsverkehr einschließlich etwaiger später eintretender Gesellschafter. Die Registerpublizität diene der Orientierung und des Schutzes des Rechtsverkehrs auch in Fragen, in denen es nicht etwa nur um die Vertretungsverhältnisse der Gesellschaft gehe. Denn zum Handelsregister sei die gesamte Satzungsurkunde einzureichen; gebe diese den materiellen Satzungsinhalt nicht richtig und vollständig wieder, werde der Rechtsverkehr über die Verhältnisse der Gesellschaft unzutreffend informiert.[24] Schließlich wies der BGH darauf hin, dass der unwirksame satzungsdurch- 8

---

[17] Vgl. BGH, Urt. v. 27.10.1986 – II ZR 240/85, NJW 1987, 1890, 1892.
[18] BGH, Urt. v. 7.6.1993 – II ZR 81/92, NJW 1993, 2246.
[19] Vgl. BGH, Urt. v. 7.6.1993 – II ZR 81/92, NJW 1993, 2246, 2247; *Dörrscheidt*, Grenzen der Gestaltungsfreiheit bei omnilateralen außerstatutarischen Gesellschafterabreden, 2008, S. 52.
[20] § 53 II GmbHG.
[21] § 54 I 1 GmbHG.
[22] BGH, Urt. v. 7.6.1993 – II ZR 81/92, NJW 1993, 2246, 2247.
[23] BGH, Urt. v. 7.6.1993 – II ZR 81/92 NJW 1993, 2246, 2247.
[24] BGH, Urt. v. 7.6.1993 – II ZR 81/92 NJW 1993, 2246, 2247.

brechende Beschluss grundsätzlich in eine schuldrechtliche Nebenvereinbarung umgedeutet werden könne. Der unwirksame Gesellschafterbeschluss stelle dann eine Verpflichtung der Beteiligten außerhalb des Gesellschaftsverhältnisses dar, sich so zu verhalten, dass der vereinbarten Regelung Geltung verschafft werde. Der II. Zivilsenat verwies dann auf vorangegangene Entscheidungen, in denen es jeweils um bestimmte, im allgemeinen auf die Abstimmung in der Gesellschafterversammlung bezogene Verhaltens- oder Unterlassungspflichten, deren Durchsetzung unter Umständen auch mit gesellschaftsrechtlichen Mitteln zugelassen wird, ging, d. h. anders als im Streitfalle nicht um dauerhafte Änderungen der organisationsrechtlichen Verfasstheit der Gesellschaft, weil eine schuldrechtliche Abrede nicht ohne weiteres eine bestimmte organisationsrechtliche Satzungsbestimmung ändern könne.

9 Der BGH gab damit seine „Kerbnägel"-Rechtsprechung nicht auf, was aber strittig blieb. Teilweise wurde dieses Judikat als Widerspruch zur vorangegangenen Rechtsprechung angesehen.[25] Die Besonderheit der Entscheidung aus dem Jahr 1993 liegt vielmehr schlicht darin, dass in das organisationsrechtliche Gefüge der GmbH eingegriffen worden wäre, hätte der BGH die Berufung auf einen einstimmigen, aber formunwirksamen Gesellschafterbeschluss über die Amtszeitverlängerung zugelassen, auch wenn dieser in eine wirksame schuldrechtliche Nebenabrede umgedeutet worden wäre. Die Frage, ob es sich um eine punktuelle oder dauerhafte Satzungsdurchbrechung handelt, ist vor diesem Hintergrund ohne Relevanz, weil der Eingriff in das Organisationsgefüge einer Gesellschaft im Vordergrund stand, der eine formwirksame Satzungsänderung voraussetzt. Auch nach diesem Verdikt können daher omnilaterale Nebenabreden weiterhin dem Satzungsinhalt widersprechende Verhaltenspflichten wirksam begründen.[26] Nur diese Interpretation passt überdies zu der Wortgruppe „ohne weiteres" in der entscheidenden Passage der Entscheidungsgründe, wonach eine „außerhalb des Gesellschaftsverhältnisses getroffene Abrede ... nicht bewirken [könne], dass eine bestimmte organisationsrechtliche Regelung der Satzung ohne weiteres geändert" werde.[27]

4. Urteil des OLG Stuttgart vom 7.2.2001 – 20 U 52/97

10 Das OLG Stuttgart hatte über einen Sachverhalt zu entscheiden, in dem die Mehrheitsgesellschafterin einer GmbH im Einklang mit der Satzung per Gesellschafterbeschluss die Ausgliederung von Unternehmensbereichen beschloss.[28] Hiergegen wandten sich die überstimmten Mitgesellschafter unter Berufung auf eine zwischen allen Gesellschaftern geschlossene Nebenabrede, die ein allgemeines Aushöhlungs- und Schädigungsverbot enthielt. Das OLG Stuttgart stellte sich offen gegen die Ansicht des BGH in der „Kerbnägel"-Entscheidung („Soweit der BGH – im Wesentlichen aus pragmatischen Gründen – früher anders entschieden […] hat, kann dem daher nicht gefolgt werden") und entschied, dass die Verletzung der Nebenabrede wegen ihres schuldrechtlichen Charakters nicht zur Anfechtbarkeit des Gesellschafterbeschlusses berechtigen würde.[29] Das OLG Stuttgart begründete seine vom BGH abweichende Ansicht ausführlich: Auch wenn sämtliche Gesellschafter Partei der Nebenabrede seien, sei die Nebenabrede lediglich schuldrechtlicher Natur; sie stelle keine statutarische, gesellschaftsrechtlich wirkende Regelung dar. Eine Beschlussanfechtung setze aber die Verletzung eines Gesetzes oder einer Satzung im Sinne von § 243 Abs. 1 AktG analog voraus. Beides sei im Falle der Verletzung einer Nebenabrede nicht gegeben. Schuldrechtliche Nebenabreden, so das OLG Stuttgart weiter, begründen lediglich ein Rechtsverhältnis zwischen den Gesellschaftern und beträfen gerade nicht die

---

[25] So *Goette* in: Henze/Timm/Westermann, Gesellschaftsrecht, 1995, S. 120.
[26] So wohl auch die überzeugende Urteilsanalyse von *Dörrscheidt*, Grenzen der Gestaltungsfreiheit bei omnilateralen außerstatutarischen Gesellschafterabreden, 2008, S. 53–56.
[27] Dieser Gedanke findet sich auch bei *Dörrscheidt*, Grenzen der Gestaltungsfreiheit bei omnilateralen außerstatutarischen Gesellschafterabreden, 2008, S. 54.
[28] OLG Stuttgart, Urt. v. 7.2.2001 – 20 U 52/97, BB 2001, 794.
[29] OLG Stuttgart, Urt. v. 7.2.2001 – U 52/97, BB 2001, 794, 797.

Gesellschaft als eigenes Rechtssubjekt. Würden Nebenabreden auf die Sphäre der GmbH übergreifen, käme die Nebenabrede einer „Schattenordnung" neben der korporativen Verbandsebene der GmbH gleich. Dies sei angesichts der fehlenden Registerpublizität von Nebenabreden und mit Blick auf das Gebot der Rechtssicherheit sehr bedenklich. Im Übrigen spreche gegen die Anfechtbarkeit abredewidriger Gesellschafterbeschlüsse, dass Satzungen grundsätzlich nach objektiven Kriterien auszulegen seien, während für Nebenabreden die allgemeinen Auslegungsgrundsätze der §§ 133, 157 BGB gelten würden.

II. Stellungnahme

Dem BGH folgend spricht sich ein Teil des Schrifttums zumindest dann für ein Durchschlagen schuldrechtlicher Nebenabreden auf die korporative Ebene der Gesellschaft aus, wenn es sich um eine omnilaterale Abrede, d. h. eine Gesellschaftervereinbarung, an der alle Gesellschafter beteiligt sind, handelt.[30] Begründet wird dies ganz pragmatisch mit prozessökonomischen Gründen.[31] Die überstimmten Gesellschafter sollen nicht den umständlichen Weg einer (Leistungs-) Klage gegen die übrigen Gesellschafter aus der Nebenabrede beschreiten müssen, um einen abredewidrigen Gesellschafterbeschluss aus der Welt zu schaffen,[32] sondern kurzerhand Anfechtungsklage gegen die Gesellschaft erheben können.

11

Überwiegend wurde die „Kernnägel"-Entscheidung des BGH jedoch sowohl im Ergebnis als auch in der Herleitung[33] scharf kritisiert.[34] Kritisiert wurde hauptsächlich, dass das Urteil den Unterschied zwischen bloß schuldrechtlich wirkenden Regelungen einerseits und organisationsrechtlichen Bestimmungen andererseits verwässere.[35] Das Argument, dass organisationsrechtliche Regelungen und damit Bestimmungen über die Grundlagen der Gesellschaft jederzeit zweifelsfrei feststellbar sein müssen und deshalb eine statutarische Grundlage benötigen,[36] ist zwar nicht von der Hand zu weisen, auch weil insbesondere die Publizitätsanforderungen an korporative Regelungen, die durch ihre Informationswirkung dem Schutz neuer Gesellschafter[37] dienen, ausgehebelt würden. Die herrschende Meinung[38] lehnt daher die Anfechtbarkeit von Beschlüssen, die entgegen einer Nebenabrede gefasst wurden, ab. Das ist aber eine rein dogmatische Begründung, die nicht darüber hinweghilft, dass bislang nicht nachvollziehbar begründet wurde, warum nicht ein Gesellschafterbeschluss, der im Widerspruch zu einer allseitigen Nebenabrede gefasst wurde, unter der Maßgabe, dass im Kreise der Gesellschafter und der Parteien der Nebenabrede keine Änderungen eintraten, doch anfechtbar sein soll. Es handelt sich um eine richterliche Rechtsfortbildung, die der prozessualen Vereinfachung dient, ohne dass Interessen außenstehender Dritter betroffen sind. Diese These wird dadurch gestützt, dass der BGH entgegen der landläufigen Meinung auch in seiner Entscheidung vom 7.6.1993 nicht von seiner im „Kernnägel"-Urteil gründenden Rechtsprechung zur Anfechtbarkeit nebenver-

12

---

[30] *K. Schmidt*, Gesellschaftsrecht, 4. Aufl. 2002, § 5 I 5; ders. in: Großkomm AktG, 4. Aufl. 1995, § 243 Rn. 20; Schwab *in*: K. Schmidt/Lutter, AktG § 243 Rn 23; *Happ* ZGR 1984, 168, 175; Noack, Gesellschaftervereinbarungen bei Kapitalgesellschaften, 1994, S. 162 ff., 168 f.
[31] *Happ* ZGR 1984, 168, 173 f.; *Schmidt* in: Scholz, GmbHG, § 45 Rn. 116.
[32] *Happ* ZGR 1984, 168, 173 f.; *Schmidt* in: Scholz, GmbHG, § 45 Rn. 116.
[33] *Ulmer* NJW 1987, 1849 spricht diplomatisch von „Schwierigkeiten" bei der Begründung für dieses Ergebnis.
[34] Vgl. u. a. *Hoffmann-Becking* ZGR 1994, 442, 450; *Ulmer* NJW 1987, 1849, 1850 f.; *Ulmer* FS Röhricht, 2005, S. 633, 634.
[35] *Raiser* in: Hachenburg, GmbHG, 8. Aufl. 1997, Anh. § 47 Rn. 142.
[36] *Dörrscheidt,* Grenzen der Gestaltungsfreiheit bei omnilateralen außerstatutarischen Gesellschafterabreden, 2008, S. 50; *M. Winter* ZHR 154 (1990), 259, 273; *Zöllner* DB 1989, 913 f.
[37] Auf diesen Gedanken scheint auch BGH, Urt. v. 7.6.1993 – II ZR 81/92, NJW 1993, 2246, 2247 abzustellen.
[38] *Wicke* in: MüKoGmbHG § 3 Rn. 144; *Würthwein* in: Spindler/Stilz, AktG, 4. Aufl. 2019, § 243 Rn. 74 ff.;144; *Dürr* BB 1995, 1365, 1366 ff.; *Milch*, Schuldrechtliche Absprachen in der GmbH, 2004, S. 30 ff.; *Koch* in: Hüffer/Koch, AktG, 14. Aufl. 2020, § 23 Rn. 47 und § 243 Rn. 10; *Ulmer* NJW 1987, 1849 ff.

tragswidriger Beschlüsse abrückte. Jedenfalls dann, wenn ein Beschluss, der im Einklang mit der Satzung, aber entgegen einer allseitigen Nebenabrede gefasst wurde, lediglich gesellschaftsinterne Wirkung entfaltet und weder den Rechtsverkehr noch die Interessen später in die Gesellschaft eintretender Gesellschafter berührt, verbleibt es bei der Anfechtbarkeit dieses Beschlusses durch Erhebung einer Anfechtungsklage gegen die Gesellschaft.[39] Beschlussanfechtungsklagen können daher weiterhin auf den Verstoß eines Gesellschafterbeschlusses gegen omnilaterale Nebenabreden gestützt werden.[40]

---

[39] *Hillmann* in: Henssler/Strohn, Gesellschaftsrecht, 4. Aufl. 2019, § 47 GmbHG Rn. 92; *Drescher* in: MüKoGmbHG, 3. Aufl. 2019, § 47 Rn. 250.
[40] *Dörrscheidt*, Grenzen der Gestaltungsfreiheit bei omnilateralen außerstatutarischen Gesellschafterabreden, 2008, S. 56; *Hillmann* in: Henssler/Strohn, Gesellschaftsrecht, 4. Aufl. 2019, § 47 GmbHG Rn. 92; *Zöllner/Noack* in: Baumbach/Hueck, GmbHG, 22. Auf. 2019, § 47 Rn. 118.

Kapitel 7. Umdeutung von Gesellschafterbeschlüssen in schuldrechtliche Nebenvereinbarungen

Eine Nebenabrede kann nicht nur dadurch zustande kommen, dass sie gemäß den allgemeinen Vertragsschlusstechniken vereinbart wird, sondern auch durch Umdeutung eines anderen nichtigen Rechtsgeschäfts gemäß § 140 BGB. In Betracht hierfür kommt beispielsweise ein nichtiger Gesellschafterbeschluss. Der Gesellschafterbeschluss ist das typische Gestaltungsmittel in Gesellschaften: Nicht nur kann nur durch ihn die Satzung geändert werden. Sondern mittels des Gesellschafterbeschlusses wird auch das Zusammenwirken der Gesellschafter untereinander und im Verhältnis zur Gesellschaft geregelt, ohne dass der Beschluss stets zwingend in die Satzung aufgenommen werden müsste. Praktisch bedeutsam ist daher die Umdeutung eines (formnichtigen) Gesellschafterbeschlusses in eine schuldrechtliche Nebenabrede, die zumindest die dem Beschluss zustimmenden Gesellschafter bindet. 1

§ 15 Rechtsprechung

Die Umdeutung eines unwirksamen Beschlusses kommt grundsätzlich in Betracht, wenn der Beschluss eine Sozialverpflichtung der Gesellschafter betrifft, nicht hingegen bei organisationsrechtlichen Regelungen.[1] Maßgebend sind die zwei Leitentscheidungen des BGH vom 7.6.1993[2] und vom 15.3.2010[3]. 2

Nach dem Sachverhalt der Entscheidung vom 7.6.1993 war ein Gesellschafterbeschluss, der abweichend von der Satzung die Amtszeit von Aufsichtsratsmitgliedern regelte, mangels notarieller Beurkundung sowie fehlender Eintragung in das Handelsregister unwirksam. Diesem Gesellschafterbeschluss versagte der BGH die Umdeutung, auch wenn grundsätzlich ein unwirksamer satzungsdurchbrechender Beschluss in eine schuldrechtliche Nebenvereinbarung umgedeutet werden könne, weil vorliegend die Nebenvereinbarung mit der Regelung der Amtszeit der Aufsichtsratsmitglieder das Organisationsstatut der Gesellschaft und damit den der Satzung vorbehaltenen Regelungsbereich betraf.[4] Nach der Satzung betrug die Amtszeit der Aufsichtsratsmitglieder drei Jahre. Die Gesellschafter beschlossen einstimmig, aber formunwirksam, weil es nach §§ 53 f. GmbHG sowohl an der notariellen Beurkundung als auch an der Eintragung in das Handelsregister fehlte,[5] dass sich die Amtszeit der Aufsichtsratsmitglieder um ein Jahr verlängere, wenn nicht die Gesellschafterversammlung die Mitglieder des Aufsichtsrats abberufe. Das Urteil spielte bereits bei der Frage der Anfechtbarkeit von Beschlüssen, die gegen eine allseitige Nebenabrede verstoßen, eine Rolle. Der BGH wertete die im Wege eines einstimmigen Gesellschafterbeschlusses beschlossene Veränderung der Regelung zur Amtszeit der Aufsichtsratsmitglieder als zustandsbegründende Satzungsdurchbrechung. Weil sich die Zulässigkeit formunwirksamer Satzungsdurchbrechungen auf Fälle einer „punktuellen" Regelung (die Wirkung des Beschlusses erschöpft sich in der Maßnahme) beschränke und Satzungsdurchbrechungen, die einen von der Satzung abweichenden rechtlichen Zustand begründeten, ohne Einhaltung der für eine Satzungsänderung geltenden Formvorschriften auch dann unwirksam seien, wenn dieser Zustand auf einen bestimmten Zeitraum begrenzt sei, kam im Urteilsfall eine Umdeutung des unwirksamen Gesellschafterbeschlusses in eine schuldrechtliche Verpflichtung der Beteiligten außerhalb des Gesellschaftsverhältnisses, sich so zu verhalten, dass der 3

---

1 BGH, Beschl. v. 15.3.2010 – II ZR 4/09, DStR 2010, 1850.
2 BGH, Urt. v. 7.6.1993 – II ZR 81/92, NJW 1993, 2246; siehe ausführlich zum Sachverhalt bereits oben → Kap. 6 Rn. 7.
3 Vgl. BGH, Beschl. v. 15.3.2010 – II ZR 4/09, DStR 2010, 1850.
4 Vgl. BGH, Urt. v. 7.6.1993 – II ZR 81/92, NJW 1993, 2246, 2247.
5 BGH, Urt. v. 7.6.1993 – II ZR 81/92, NJW 1993, 2246, 2247; *Dörrscheidt,* Grenzen der Gestaltungsfreiheit bei omnilateralen außerstatutarischen Gesellschafterabreden, 2008, S. 52.

vereinbarten Regelung Geltung verschafft werde, nicht in Betracht. Die Begründung des BGH ist auch unmittelbar nachvollziehbar. Denn es ging bei dem formnichtigen Gesellschafterbeschluss um dauerhafte Änderungen der organisationsrechtlichen Verfasstheit der Gesellschaft, nicht um bestimmte, auf die Abstimmung in der Gesellschafterversammlung bezogene Verhaltens- oder Unterlassungspflichten der Gesellschafter oder um Sozialansprüche.

4 Die Rechtsprechung lässt es damit im Ergebnis nicht zu, dass in das Organisationsgefüge der Gesellschaft über schuldrechtliche Abreden eingegriffen werden kann. Eine Umdeutung eines formunwirksamen Gesellschafterbeschlusses mit organisationsrechtlichem Einschlag in eine schuldrechtliche Abrede kommt daher nicht in Betracht, weil die Rechtsprechung solchen Abreden schon die Anerkennung versagt.

5 Im Urteilssachverhalt zur Entscheidung des BGH vom 15.3.2010[6] war ein Gesellschafterbeschluss ebenfalls formunwirksam, dieses Mal vom BGH aber in eine schuldrechtliche Nebenabrede zugunsten Dritter (und zwar zugunsten der Gesellschaft mit eigenem Forderungsrecht, § 328 BGB) umgedeutet worden. Die Gesellschafterversammlung hatte einstimmig, aber ohne notarielle Beurkundung eine Begrenzung der in der Satzung vorgesehenen Abfindung für den Fall des Ausscheidens eines Gesellschafters beschlossen. Der einstimmige Beschluss sollte nicht nur die damaligen Gesellschafter binden, sondern auch deren Erben. Der Kläger, der den Beschluss entwarf, Konsens im Gesellschafterkreis herstellte und als Geschäftsführer den Beschluss in der Folgezeit gegenüber ausscheidenden und nachrückenden Gesellschaftern durch reduzierte Abfindungszahlungen so auch vollzog, hatte seine Mitgesellschafter bei der seinerzeitigen Beschlussfassung im Glauben gelassen, dass bei Einstimmigkeit eine notarielle Beurkundung des Beschlusses nicht erforderlich sei. Im Streitfall ging es um ein Mitarbeiterbeteiligungsmodell, über das leitende Mitarbeiter des Unternehmens an dessen Erfolg beteiligt werden sollten. Künftige Gesellschafterwechsel sollten daher zu wirtschaftlich erschwinglichen Bedingungen möglich werden, etwa bei Ausscheiden eines Mitarbeiters. Der BGH verwies die Sache zur erneuten Entscheidung an die Vorinstanz zurück, damit geprüft werden könne, ob die den Beschluss fassenden Gesellschafter, also auch der Kläger, schuldrechtlich zugunsten der Gesellschafter dahin gebunden waren, dass bei ihrem Ausscheiden lediglich eine geringere als die satzungsmäßige Abfindung zu zahlen sei. Der BGH zog eine Umdeutung des Gesellschafterbeschlusses, der formunwirksam war, in eine schuldrechtliche Nebenabrede in Betracht, **weil es sich nicht um eine organisationsrechtliche Regelung,** sondern lediglich um eine Sozialverpflichtung der Gesellschaft gegenüber einem ausgeschiedenen Gesellschafter handelte.[7] Dass die Gesellschaft als Dritter aus einer Nebenvereinbarung, an der nur Gesellschafter beteiligt waren, begünstigt ist und hieraus eigene Rechte herleiten kann, ergibt sich abstrakt aus § 328 BGB und ergab sich konkret daraus, dass die Abfindungsbeschränkung ausdrücklich im Interesse der Gesellschaft erfolgte, um deren Liquidität beim Ausscheiden von Gesellschaftern zu schonen. Die Umdeutung satzungsdurchbrechender (unwirksamer) Beschlüsse in schuldrechtliche Nebenvereinbarungen der an der Beschlussfassung beteiligten Gesellschafter führt aber nur dazu, dass nur die an der Beschlussfassung beteiligten Gesellschafter an den Beschlussinhalt, weil er einer schuldrechtlichen Verpflichtung gleichlautenden Inhalts entspricht, gebunden sind. Später neu eintretende Gesellschafter, die an der Beschlussfassung nicht mitwirkten, sind nicht hieran gebunden, weil sie nicht Vertragspartner der (umgedeuteten) schuldrechtlichen Nebenabrede sind.[8]

6 In diese Linie fügt sich nahtlos auch das Urteil des OLG Hamm (Urt. v. 9.3.2015 – 8 U 78/14)[9] ein, nach dem eine Umdeutung eines unwirksamen Satzungsbeschlusses in eine schuldrechtliche Nebenvereinbarung nicht in Betracht kommt, wenn einem Gesell-

---

[6] BGH, Beschl. v. 15.3.2010 – II ZR 4/09, DStR 2010, 1850.
[7] Hierzu bereits BGH, Urt. v. 7.6.1993 – II ZR 81/92, BGHZ 123, 15, 20.
[8] *Goette* DStR 2010, 1850, 1852 zu BGH, Beschl. v. 15.3.2010 – II ZR 4/09, DStR 2010, 1850.
[9] OLG Hamm, Urt. v. 9.3.2015 – 8 U 78/14, NZG 2015, 678.

schafter durch Beschluss generell und auf Dauer ein doppeltes Stimmrecht eingeräumt werden soll.[10] Die Gesellschafter einer GmbH fassten einen Gesellschafterbeschluss, wonach einem der Gesellschafter zukünftig ein doppeltes Stimmrecht eingeräumt werden solle. Das OLG entschied, dass Regelungen über Stimmrechte der Gesellschaften echte Satzungsbestandteile seien. Daher bedürfe eine nachträgliche Änderung der Satzungsregeln über Stimmrechte gemäß §§ 53 Abs. 2 Satz 1, 54 Abs. 3 GmbHG der notariellen Beurkundung sowie der Eintragung in das Handelsregister. Diese Voraussetzungen waren vorliegend nicht erfüllt. Zwar könne durch einen satzungsdurchbrechenden Beschluss eine im Widerspruch zur Satzung stehende Regelung für einen Einzelfall getroffen werden, ohne das förmliche Verfahren für die Änderung der Satzung einhalten zu müssen, was aber nur bei Einzelfallregelungen, die keine Wirkung für die Zukunft entfalteten, zulässig sei. Die Einräumung eines doppelten Stimmrechts habe hingegen eine abstrakt-generelle Wirkung für die Zukunft, die auch für einen Rechtsnachfolger in die Gesellschafterstellung bindend wäre. Schließlich komme nach Ansicht des OLG Hamm auch eine Umdeutung des unwirksamen Gesellschafterbeschlusses in eine schuldrechtliche Nebenvereinbarung nicht in Betracht. Zwar sei bei (unwirksamen) satzungsdurchbrechenden Beschlüssen eine Umdeutung in eine schuldrechtliche Absprache zwischen den Gesellschaftern, die dem Beschluss zugestimmt haben, möglich. Eine Umdeutung könne aber dann nicht erfolgen, wenn mit dem Gesellschafterbeschluss ein echter Satzungsbestandteil geändert werden solle.

§ 16 Satzungsdurchbrechende Beschlüsse

Gemäß § 53 Abs. 2 Satz 1 GmbHG und §§ 179 Abs. 2, 130 Abs. 1 AktG bedarf eine 7
Änderung der Satzung eines Beschlusses der Gesellschafter und der notariellen Beurkundung. Zudem wird gemäß § 54 Abs. 3 GmbHG bzw. § 181 Abs. 3 AktG eine Satzungsänderung erst mit Eintragung in das Handelsregister wirksam. Gleichwohl können nach Rechtsprechung und herrschender Lehre Gesellschafterbeschlüsse, die eine von der Satzung abweichende Regelung treffen und die die für Satzungsänderungen geltenden Formvorschriften nicht einhalten, ausnahmsweise dann wirksam sein, wenn es sich um punktuelle Satzungsdurchbrechungen handelt.[11] Im Falle der Wirksamkeit solcher punktuell wirkenden Beschlüsse stellt sich die Frage der Umdeutung nicht, weil kein nichtiges Rechtsgeschäft, das umgedeutet werden könnte, vorliegt. Für einen solchen Beschluss kommt eine Umdeutung nur nach einer erfolgreichen Beschlussanfechtung in Frage. Hingegen kommen für die Umdeutung eines Gesellschafterbeschlusses in eine schuldrechtliche Nebenabrede zustandsbegründende Satzungsdurchbrechungen stets in Betracht, weil diese stets nichtig sind.

Eine „punktuelle" Durchbrechung der Satzung liegt in einem formunwirksamen Be- 8
schluss der Gesellschafter, der die Satzung verletzt und wenn sich die Wirkung des Beschlusses in der betreffenden Maßnahme erschöpft.[12] Dies ist beispielsweise der Fall, wenn die Gesellschafterversammlung einmalig die dem Aufsichtsrat übertragene Kompetenz zur Feststellung des Jahresabschlusses wahrnimmt[13] oder einmalig von einem Wettbewerbsverbot Befreiung erteilt[14]. Ein solcher Beschluss der Gesellschafter, auch wenn er nicht notariell beurkundet und nicht in das Handelsregister eingetragen wird, ist wirksam, gleichwohl aber anfechtbar.[15] Ein Bewusstsein der Gesellschafter, die Satzung zu ändern,

---

[10] Vgl. OLG Hamm, Urt. v. 9.3.2015 – 8 U 78/14, NZG 2015, 678, 680 f.
[11] Siehe ausführlich zu satzungsdurchbrechenden Beschlüssen *Leuschner* ZHR 180 (2016), 422 ff.
[12] BGH, Urt. v. 7.6.1993 – II ZR 81/92, DNotZ 1994, 313, 314; OLG Dresden, Beschl. v. 9.11.2011 – 12 W 1002/11, GmbHR 2012, 213, 214; *Wicke* in: Wicke, 4. Aufl. 2020, GmbHG, § 53 Rn. 19.
[13] *Wicke* in: Wicke, 4. Aufl. 2020, GmbHG, § 53 Rn. 19.
[14] *Trölitzsch* in: BeckOK GmbHG, 44. Ed., Stand: 1.5.2020, § 53 Rn. 27; siehe auch *Leuschner* ZHR 180 (2016), 422, 429.
[15] BGH, Urt. v. 7.6.1993 – II ZR 81/92, DNotZ 1994, 313, 314; *Trölitzsch* in: BeckOK GmbHG, 44. Ed., Stand: 1.5.2020, § 53 Rn. 46; *Wicke*, 4. Aufl. 2020, GmbHG, § 53 Rn. 19.

wird für die Wirksamkeit des Beschlusses regelmäßig nicht gefordert.[16] Begründen lässt sich die Zulässigkeit der punktuellen Satzungsdurchbrechung und die Wirksamkeit eines solchen Satzung und Gesetz verletzenden Beschlusses damit, dass der Beschluss die Satzung nicht ändert, schon gar nicht mit Wirkung nach außen, sondern die Satzung nur „verletzt"[17] und somit lediglich – wie jeder andere „einfache" Satzungs- oder Gesetzesverstoß auch – zur Anfechtbarkeit führt.

9 Anders als eine nur punktuelle Satzungsdurchbrechung ist eine Durchbrechung der Satzung, die einen von der Satzung abweichenden rechtlichen Zustand begründet, mangels notarieller Beurkundung und mangels Eintragung der Satzungsänderung in das Handelsregister auch dann unwirksam, wenn dieser Zustand auf einen bestimmten Zeitraum begrenzt ist.[18] Der BGH[19] hat dieses Ergebnis überzeugend damit begründet, dass solchen dauerhaften Abweichungen von der Satzung nicht nur eine gesellschaftsinterne Bedeutung zukommt, sondern diese zugleich den Rechtsverkehr sowie etwaig später eintretende Gesellschafter berühren. „Dauerhaftigkeit" in diesem Sinne liegt bereits dann vor, wenn der Gesellschafterbeschluss sich nicht im Vollzug der Maßnahme sogleich erschöpft und erledigt, sondern, wenn auch zeitlich befristet, Wirkung entfaltet oder Geltung beansprucht. Denn zum Handelsregister ist die gesamte Satzungsurkunde einzureichen. Gibt sie den materiellen Inhalt der Satzung nicht vollständig und richtig wieder, wird der Rechtsverkehr einschließlich später eintretender Gesellschafter entgegen dem mit der Registerpublizität verfolgten Zweck unzutreffend informiert. Eine zustandsbegründende Durchbrechung der Satzung liegt etwa bei der Verlängerung der Amtszeit neu gewählter Aufsichtsratsmitglieder,[20] einer generellen Gewinnverteilungsregelung für die Zukunft[21] oder bei der Abberufung eines Gesellschaftergeschäftsführers, dem in der Satzung das Sonderrecht zur Bestellung als Geschäftsführer eingeräumt war,[22] vor.

10 Die Abgrenzung punktueller von dauerhaften (wenn auch nur auf einen bestimmten Zeitraum beschränkten) Satzungsdurchbrechungen erfolgt mithin über die Abgrenzung eines bewussten oder unbewussten Rechtsverstoßes (Beispiel: Beschluss über die Feststellung des Jahresabschlusses nicht durch den satzungsgemäß zuständigen Beirat, sondern stattdessen durch die Gesellschafterversammlung) von der Begründung eines auf längere Zeit angelegten Zustandes, der dem Gehalt nach einer Satzungsänderung entspricht, ohne dass deren formale Voraussetzungen gewahrt werden. Entscheidend ist damit der Moment, ab dem die Gesellschafter inhaltlich die Satzung ändern müssten, weil beispielsweise ein bestimmter Zustand für längere Dauer geschaffen werden soll oder weil auch künftige Gesellschafter an diesen Zustand gebunden sein sollen. Bis dahin nehmen die Gesellschafter lediglich einen Rechtsverstoß bewusst oder unbewusst in Kauf. Solange sich dieser aus Sicht der Gesellschafter nicht wiederholen und solange er keine Geltung gegenüber künftigen Gesellschaftern beanspruchen soll, verbleibt es bei der Wirksamkeit dieser punktuellen Satzungsdurchbrechung, wobei der Gesellschafterbeschluss aber nach allgemeinen Regeln anfechtbar ist.

---

[16] OLG Dresden, Beschl. v. 9.11.2011 – 12 W 1002/11, GmbHR 2012, 213, 214; *Zöllner/Noack* in: Baumbach/Hueck, GmbHG § 53 Rn. 40; *Trölitzsch* in: BeckOK GmbHG, 44. Ed., Stand: 1.5.2020, § 53 Rn. 27; *Leuschner* ZHR 180 (2016), 422, 425 m. w. Nachw. zur abweichenden Ansicht.
[17] *Trölitzsch* in: BeckOK GmbHG, 44. Ed., Stand: 1.5.2020, § 53 Rn. 27.
[18] BGH, Urt. v. 7.6.1993 – II ZR 81/92, DNotZ 1994, 313, 314; OLG Dresden, Beschl. v. 9.11.2011 – 12 W 1002/11, GmbHR 2012, 213, 214; *Lawall* DStR 1996, 1169, 1175.
[19] BGH, Urt. v. 7.6.1993 – II ZR 81/92, DNotZ 1994, 313, 314 f.; siehe auch OLG Köln, Urt. v. 11.10.1995 – 2 U 159/94, NJW-RR 1996, 1439, 1441.
[20] BGH, Urt. v. 7.6.1993 – II ZR 81/92, DNotZ 1994, 313.
[21] OLG Dresden, Beschl. v. 9.11.2011 – 12 W 1002/11, GmbHR 2012, 213; a. A. *Pöschke* DStR 2012, 1089, 1091 ff.
[22] OLG Nürnberg, Urt. v. 10.11.1999 – 12 U 813/99, BB 2000, 687.

§ 17 Umdeutung in schuldrechtliche Nebenvereinbarung

Haben die Gesellschafter eine unwirksame zustandsbegründende Satzungsdurchbrechung 11 beschlossen oder wurde ein zunächst wirksamer, die Satzung punktuell durchbrechender Beschluss erfolgreich durch Anfechtungsklage angefochten,[23] kann der unwirksame bzw. nichtige Beschluss unter bestimmten Voraussetzungen gemäß § 140 BGB in eine wirksame schuldrechtliche Nebenvereinbarung umgedeutet werden.[24] Voraussetzung hierfür ist aber insbesondere, dass der Gegenstand des unwirksamen Beschlusses bzw. der schuldrechtlichen Nebenvereinbarung, in die umgedeutet werden würde, keine organisationsrechtliche Regelung, die der Satzung vorbehalten ist, betrifft.[25]

I. Voraussetzungen der Umdeutung

Damit Gesellschafterbeschlüsse in schuldrechtliche Nebenabreden umgedeutet werden 12 können, gilt es eine Reihe von Voraussetzungen zu beachten: § 140 BGB setzt für eine Umdeutung ein nichtiges oder – über den Wortlaut hinaus – ein unwirksames[26] Rechtsgeschäft voraus. Bei satzungsdurchbrechenden Beschlüssen wird sich die Unwirksamkeit bzw. Nichtigkeit regelmäßig aus einem von zwei Gründen ergeben: Entweder ist ein Beschluss unwirksam, weil er einen von der Satzung abweichenden rechtlichen Zustand begründet. Oder ein zunächst wirksamer weil nur punktuell die Satzung durchbrechender Beschluss wird später infolge erfolgreicher Anfechtung nichtig.

Weiter muss der unwirksame oder nichtige Beschluss alle Tatbestandsmerkmale einer 13 schuldrechtlichen Nebenvereinbarung erfüllen, insbesondere muss eine schuldrechtliche Nebenabrede mit dem entsprechenden Beschlussinhalt rechtlich zulässig sein. Für die Umdeutung unwirksamer oder nichtiger satzungsdurchbrechender Beschlüsse bedeutet dies insbesondere, dass der Beschluss keine organisationsrechtliche Satzungsregelung betreffen darf.[27] Entscheidend für die Frage der Zulässigkeit der Umdeutung eines nichtigen satzungsdurchbrechenden Gesellschafterbeschlusses in eine schuldrechtliche Nebenvereinbarung ist damit die Abgrenzung organisationsrechtlicher von anderen Satzungsregelungen. Organisationsrechtlich in diesem Sinne sind zunächst die zwingenden Satzungsbestandteile. Was darüber hinaus eine organisationsrechtliche Regelung sein könnte, ergibt sich nicht aus dem Gesetz und nur ansatzweise aus der Rechtsprechung. Die herrschende Meinung versteht unter organisationsrechtlichen Regelungen solche, die in Ergänzung oder Änderung des gesetzlichen Organisationsrechts die Grundlagen der Gesellschaft, ihre Beziehungen zu den Gesellschaftern sowie die Rechtsstellung ihrer Organe regeln.[28]

Zudem darf das Ersatzgeschäft in seinen Rechtswirkungen nicht über das wirklich 14 gewollte Geschäft hinausgehen.[29] Schließlich müssen die Parteien bei Abschluss des Rechtsgeschäfts den hypothetischen Willen gehabt haben, dass bei Unwirksamkeit oder Nichtig-

---

[23] Auch für solche erfolgreich angefochtenen Beschlüsse kommt die Umdeutung gemäß § 140 BGB in Betracht, *Trölitzsch* in: BeckOK GmbHG, 44. Ed., Stand: 1.5.2020, § 53 Rn. 28.
[24] Vgl. BGH, Beschl. v. 15.3.2010 – II ZR 4/09, RNotZ 2010, 589; BGH, Urt. v. 7.6.1993 – II ZR 81/92, DNotZ 1994, 313; KG, Beschl. v. 1.2.2016 – 23 W 1/16, NJW-RR 2016, 576 Rn. 6; *Hoffmann* in: MHLS GmbHG § 53 Rn. 42; *Zöllner/Noack* in: Baumbach/Hueck, GmbHG § 53 Rn. 45; siehe auch OLG Hamm, Urt. v. 9.3.2015 – 8 U 78/14, NZG 2015, 678, 680 f.
[25] BGH, Beschl. v. 15.3.2010 – II ZR 4/09, RNotZ 2010, 589, 591; BGH, Urt. v. 7.6.1993 – II ZR 81/92, DNotZ 1994, 313, 315; *Zöllner/Noack* in: Baumbach/Hueck, GmbHG § 53 Rn. 45.
[26] *Busche* in: MüKoBGB, 8. Aufl. 2018, § 140 Rn. 7; *Dörner* in: Schulze, BGB, 10. Aufl. 2019, § 140 Rn. 4.
[27] → Rn. 11.
[28] *Harbarth* in: MüKoGmbHG, 3. Aufl. 2018, § 53 Rn. 10; *Ulmer/Casper* in: Ulmer/Habersack/Löbbe, GmbHG, 2. Aufl. 2016, § 53 Rn. 8.
[29] BGH, Urt. v. 15.12.1955 – II ZR 204/54, NJW 1956, 297, 298; BGH, Urt. v. 7.6.2011 – VI ZR 260/10, NJW 2011, 2713, 2714 Rn. 10; *Roth* in: Staudinger, 2015, § 140 Rn. 22; *Busche* in: MüKoBGB, 8. Aufl. 2018, § 140 Rn. 17.

keit des Rechtsgeschäfts das Ersatzgeschäft gelten soll.[30] Demnach müssen die Gesellschafter bei Beschlussfassung für den Fall der Kenntnis von der Unwirksamkeit oder Nichtigkeit des Beschlusses den hypothetischen Willen gehabt haben, dass eine schuldrechtliche Nebenvereinbarung als Ersatzgeschäft gelten soll. Ein solcher Wille wird regelmäßig angenommen, wenn durch das Ersatzgeschäft annähernd der gleiche wirtschaftliche Erfolg erreicht wird wie durch das unwirksame oder nichtige Rechtsgeschäft.[31] Eine schuldrechtliche Nebenvereinbarung führt dazu, dass die Gesellschafter im Innenverhältnis so gestellt werden, als ob die Satzung durch den unwirksamen oder nichtigen Beschluss tatsächlich geändert worden wäre. Im Ergebnis wird somit durch die Nebenvereinbarung der gleiche Erfolg wie bei Wirksamkeit des satzungsdurchbrechenden Beschlusses erzielt. Wird zum Beispiel ein unwirksamer Beschluss zur Änderung der Satzung über die Höhe des Abfindungsanspruchs im Falle des Ausscheidens eines Gesellschafters in eine schuldrechtliche Nebenvereinbarung umgedeutet, kann sich ein ausgeschiedener Gesellschafter wegen dieser Nebenvereinbarung gegenüber der Gesellschaft zur Berechnung des Abfindungsanspruchs nicht auf die Regelungen in der Satzung berufen.[32] Wirtschaftlich stehen die Gesellschaft und der ausgeschiedene Gesellschafter so, als ob die Satzung durch den Beschluss geändert worden wäre.

15 Eine Umdeutung ist ausgeschlossen, wenn die Parteien die Unwirksamkeit oder Nichtigkeit des Rechtsgeschäfts kannten;[33] fahrlässige Unkenntnis steht einer Umdeutung hingegen nicht entgegen.[34] Kennen nicht alle Parteien die Unwirksamkeit oder Nichtigkeit des Rechtsgeschäfts, kommt eine Umdeutung zwar in Betracht. In dieser Konstellation kommt es für die Ermittlung des hypothetischen Parteiwillens aber allein auf die Vorstellungen derjenigen Beteiligten an, denen die Unwirksamkeit oder Nichtigkeit unbekannt war.[35] Ist den Gesellschaftern demnach bekannt, dass der Beschluss unwirksam ist, können sie sich später nicht darauf berufen, der Beschluss könne in eine schuldrechtliche Nebenvereinbarung umgedeutet werden. In diesem Fall hilft nur, tatsächlich eine entsprechende Nebenvereinbarung zu schließen.

II. Rechtsfolgen der Umdeutung

16 Gemäß § 140 BGB wird der unwirksame oder nichtige satzungsdurchbrechende Beschluss in eine schuldrechtliche Nebenvereinbarung umgedeutet. Die Nebenvereinbarung führt nicht unmittelbar zu einer Änderung der Satzung.[36] Denn zum einen darf das infolge der Umdeutung wirksame Rechtsgeschäft in seinen Rechtswirkungen nicht weitergehen als das unwirksame Rechtsgeschäft und zum anderen ist diese beschränkte Rechtsfolge Ausfluss des bloß schuldrechtlichen Charakters der Nebenabrede, die keine korporativen und damit auch satzungsändernden Wirkungen entfalten kann. Weil der satzungsdurchbrechende Beschluss unwirksam ist, die Satzung daher nicht zu ändern vermochte und diese Folge auch nicht durch die Nebenvereinbarung eintritt, in die der unwirksame Gesellschafterbeschluss umgedeutet wurde, soll aus der Nebenvereinbarung auch keine Verpflichtung der Gesellschafter zur Änderung der Satzung erwachsen.[37] Dies erscheint zweifelhaft, da eine schuldrechtliche Verpflichtung zur Satzungsänderung nur mittelbar auf die Satzung einwirkt und die Nebenvereinbarung somit in ihrer Rechtswirkung hinter der unmittelbaren

---

[30] BGH, Urt. v. 20.3.2001 – XI ZR 157/00, NJW 2001, 1855; *Roth* in: Staudinger, 2015, § 140 Rn. 24 ff.
[31] BGH, Urt. v. 15.12.1955 – II ZR 204/54, NJW 1956, 297; BGH, Urt. v. 24.10.1973 – IV ZR 3/72, NJW 1974, 43, 45; *Dörner* in: Schulze, BGB, 10. Aufl. 2019, § 140 Rn. 6.
[32] BGH, Beschl. v. 15.3.2010 – II ZR 4/09, RNotZ 2010, 589.
[33] BGH, Urt. v. 30.3.1994 – XII ZR 30/92, NJW 1994, 1785, 1787; *Roth* in: Staudinger, 2015, § 140 Rn. 28.
[34] *Busche* in: MüKoBGB, 8. Aufl. 2018, § 140 Rn. 18; *Wendtland* in: BeckOK BGB, 54. Ed., Stand: 1.5.2020, § 140 Rn. 12.
[35] *Wendtland* in: BeckOK BGB, 54. Ed., Stand: 1.5.2020, § 140 Rn. 12; *Roth* in: Staudinger, 2015, § 140 Rn. 28.
[36] *Habersack* ZGR 1994, 354, 370 f.; *Milch*, Schuldrechtliche Absprachen in der GmbH, 2004, S. 66 f.
[37] *Habersack* ZGR 1994, 354, 371.

Änderung der Satzung zurückbleibt.[38] Es wird auch erwogen, aus der Nebenvereinbarung ergebe sich die Verpflichtung zur erneuten Beschlussfassung über die konkrete Angelegenheit, ohne dabei die Satzung zu ändern, sowie ein Verzicht der Gesellschafter auf das Recht der Anfechtung des zukünftigen Beschlusses.[39] All dies ist letztlich Auslegungsfrage: Dass eine Nebenabrede die Verpflichtung zur Ausübung der Stimmrechte in einer Gesellschafterversammlung dergestalt, dass eine Satzungsänderung zustande kommt, begründen kann, ist selbstverständlich und folgt aus der Natur der Nebenvereinbarung als Verpflichtungsvertrag. Den Gesellschaftern kann auch nicht ohne weitere Anhaltspunkte unterstellt werden, sie wollten rechtswidrige Zustände bewusst bestehen lassen. Daher spricht einiges dafür, die Nebenabrede, in die ein unwirksamer satzungsdurchbrechender Beschluss umgedeutet wurde, auch als Verpflichtung zu verstehen, die Satzungsänderung formell wirksam zu beschließen und sich nicht mit dem Umdeutungsergebnis zufrieden zu geben.

In seiner Entscheidung vom 15.3.2010[40] nahm der BGH an, dass die Nebenvereinbarung 17 den klagenden Gesellschafter daran hindere, seinen Abfindungsanspruch beim Ausscheiden aus der Gesellschaft in der nach den Satzungsregelungen zu berechnenden Höhe geltend zu machen, weil auf Grundlage der Nebenvereinbarung, in die der unwirksame Beschluss über die Reduzierung der Abfindung umgedeutet wurde, die Höhe des Abfindungsanspruchs abweichend von der Satzung zu berechnen sei. Die schuldrechtliche Nebenvereinbarung überlagere den aus der Satzung hergeleiteten Anspruch.[41] Die Nebenvereinbarung hindere den ausscheidenden Gesellschafter auch daran, einen Gesellschafterbeschluss anzufechten, der die Höhe des Abfindungsanspruchs abweichend von der Satzung nach den Regelungen der Nebenvereinbarung ermittelt.[42]

Die Nebenvereinbarung entfaltet schuldrechtliche Bindung zwischen den den (unwirk- 18 samen) Beschluss fassenden Gesellschaftern.[43] Darüber hinaus wirkt die schuldrechtliche Nebenvereinbarung gemäß § 328 Abs. 1 BGB auch zugunsten der Gesellschaft,[44] wobei es aber Auslegungsfrage ist, ob sich die Gesellschaft, die nicht als Vertragspartner an der Nebenabrede beteiligt ist, aus eigenem Recht auf die Nebenabrede berufen können soll, ob diese also als Vertrag zugunsten Dritter für sie wirkt. Ein Vertrag zugunsten Dritter kann konkludent geschlossen werden.[45] Seine Form richtet sich nach der für das Deckungsverhältnis erforderlichen Form.[46] Da schuldrechtliche Nebenvereinbarungen zwischen den Gesellschaftern grundsätzlich formfrei geschlossen werden können,[47] gilt dies demnach auch für Nebenvereinbarungen zugunsten der Gesellschaft. Der BGH nahm ohne weiteres an, dass sich auch die Gesellschaft auf eine von den Gesellschaftern geschlossene Nebenvereinbarung berufen könne, wonach abweichend von einer Satzungsbestimmung eine geringere Abfindungshöhe für den Fall des Ausscheidens eines Gesellschafters aus der Gesellschaft vereinbart worden war.[48] Klagt ein aus der Gesellschaft ausgeschiedener Gesellschafter gegen die Gesellschaft auf Zahlung der nach der Satzung vorgesehenen Abfindung, kann die Gesellschaft dem Gesellschafter die schuldrechtliche Nebenvereinbarung entgegenhalten, weil diese unmittelbar zu ihren Gunsten wirke.[49] Für die Gesellschaft nachteilige

---

[38] *Habersack* ZGR 1994, 354, 371.
[39] *Habersack* ZGR 1994, 354, 371.
[40] BGH, Beschl. v. 15.3.2010 – II ZR 4/09, RNotZ 2010, 589, 591.
[41] *Leitzen* RNotZ 2010, 566, 567.
[42] BGH, Beschl. v. 15.3.2010 – II ZR 4/09, RNotZ 2010, 589, 591.
[43] BGH, Beschl. v. 15.3.2010 – II ZR 4/09, RNotZ 2010, 589, 590; *Trölitzsch* in: BeckOK GmbHG, 44. Ed., Stand: 1.5.2020, § 53 Rn. 28.
[44] BGH, Beschl. v. 15.3.2010 – II ZR 4/09, RNotZ 2010, 589, 590; *Zöllner/Noack* in: Baumbach/Hueck, GmbHG § 53 Rn. 45; *Podewils* GmbHR 2010, 982.
[45] *Janoschek* in: BeckOK BGB, 54. Ed., Stand: 1.5.2020, § 328 Rn. 11.
[46] BGH, Urt. v. 9.4.1970 – KZR 7/69, NJW 1970, 2157; *Stadler* in: Jauernig, BGB, 17. Aufl. 2018, § 328 Rn. 12.
[47] *Priester* in: Münchener Handbuch des Gesellschaftsrechts, Bd. 3, 5. Aufl. 2018, § 21 Rn. 14; *Solveen,* in: Hölters, AktG § 23 AktG Rn. 40.
[48] BGH, Beschl. v. 15.3.2010 – II ZR 4/09, RNotZ 2010, 589.
[49] BGH, Beschl. v. 15.3.2010 – II ZR 4/09, RNotZ 2010, 589.

Wirkungen kann die schuldrechtliche Nebenvereinbarung ohne Zustimmung der Gesellschaft aber nicht entfalten.[50] Dies wäre ein unzulässiger Vertrag zulasten Dritter.[51] Umstritten ist, ob es für die Zustimmung der Gesellschaft ausreichend ist, wenn alle Gesellschafter der Nebenvereinbarung zustimmen oder ob zusätzlich die Zustimmung des Geschäftsführers der Gesellschaft[52] erforderlich ist.[53]

§ 18 Schuldrechtliche Vereinbarung eines zustandsbegründenden, satzungsdurchbrechenden Inhalts und zur satzungsdurchbrechenden Beschlussfassung

19 Die Gesellschafter können anstatt durch Gesellschafterbeschluss auch schuldrechtlich eine zustandsbegründende Satzungsdurchbrechung herbeiführen, beispielsweise schuldrechtlich die Verlängerung der Amtszeit neu gewählter Aufsichtsratsmitglieder vereinbaren. Zielt die schuldrechtliche Nebenvereinbarung auf eine zustandsbegründende Satzungsdurchbrechung ab, die zugleich eine nicht-organisationsrechtliche Satzungsregelung wie beispielsweise die Berechnung des Abfindungsanspruchs eines ausscheidenden Gesellschafters betrifft, spricht nichts gegen eine Wirksamkeit dieser Vereinbarung. Die Rechtsfolge kann keine andere als bei einer schuldrechtlichen Nebenvereinbarung sein, in die ein zuvor gefasster, unwirksamer Gesellschafterbeschluss umgedeutet worden ist.[54] Die schuldrechtliche Nebenvereinbarung überlagert insoweit die Satzung. Betrifft die schuldrechtliche Nebenvereinbarung aber wie bei der Amtszeitverlängerung von Aufsichtsratsmitgliedern eine organisationsrechtliche Satzungsregelung, kann die Vereinbarung nicht bewirken, dass die betreffende Satzungsregelung geändert wird.[55] Diese Nebenvereinbarung ist unzulässig[56], d. h. rechtlich wirkungslos.[57]

20 Anders sieht dies hingegen aus, wenn die Gesellschafter die Satzung nicht unmittelbar mittels schuldrechtlicher Nebenvereinbarung durchbrechen wollen. Soll nicht schon die schuldrechtliche Vereinbarung den von der Satzung abweichenden Zustand begründen, sondern vereinbaren die Gesellschafter lediglich, die Satzung auf Dauer durch jeweils nicht in das Handelsregister einzutragende Beschlüsse zu ändern, ist die Vereinbarung auf eine von Anfang an objektiv unmögliche Leistung gerichtet.[58] Zwar hindert dies allein gemäß § 311a Abs. 1 BGB die Wirksamkeit der Vereinbarung nicht.[59] Die gegenteilige Ansicht[60] betraf noch die Zeit vor der Schuldrechtsmodernisierung zum 1.1.2002, als ein auf eine unmögliche Leistung gerichteter Vertrag gemäß § 306 BGB a. F. nichtig war. Die auf eine von Anfang an objektiv unmögliche Leistung gerichtete schuldrechtliche Nebenvereinbarung begründet jedoch keine Primärleistungspflichten.[61] Allenfalls Sekundäransprüche, etwa in Form eines Schadenersatzanspruchs (§ 311a Abs. 2 BGB), kommen in Betracht. Voraussetzung ist aber auch hier, dass eine zustandsbegründende Regelung organisations-

---

[50] *Leitzen* RNotZ 2010, 566, 567, 572.
[51] *Wicke* DStR 2006, 1137, 1141; *Priester* in: Münchener Handbuch des Gesellschaftsrechts, Bd. 3, 5. Aufl. 2018, § 21 Rn. 9.
[52] *Wicke* DStR 2006, 1137, 1141; *Priester* in: Münchener Handbuch des Gesellschaftsrechts, Bd. 3, 5. Aufl. 2018, § 21 Rn. 9.
[53] Vgl. *Leitzen* RNotZ 2010, 566, 567, 572.
[54] Siehe hierzu unter → Rn. 16 ff.
[55] BGH, Urt. v. 7.6.1993 – II ZR 81/92, DNotZ 1994, 313, 315; *Priester* in: Münchener Handbuch des Gesellschaftsrechts, Bd. 3, 5. Aufl. 2018, § 21 Rn. 3.
[56] *Schäfer* in: Henssler/Strohn, Gesellschaftsrecht, 4. Aufl. 2019, § 3 GmbHG Rn. 34; *Fastrich* in: Baumbach/Hueck, GmbHG § 3 GmbHG Rn. 57; *Solveen* in: Hölters, AktG § 23 AktG Rn. 39.
[57] *Priester* in: Münchener Handbuch des Gesellschaftsrechts, Bd. 3, 5. Aufl. 2018, § 21 Rn. 11.
[58] *Habersack* ZGR 1994, 354, 371.
[59] Vgl. BGH, Urt. v. 13.1.2011 – III ZR 87/10, NJW 2011, 756, 758 Rn. 16.
[60] ZGR 1994, 354, 371.
[61] Begr. RegE BT-Drs. 14/6040, 164; *Herresthal* in: BeckOGK, Stand: 1.6.2020, § 311a BGB Rn. 75; *Schulze* in: Schulze, BGB, 10. Aufl. 2019, § 311a BGB Rn. 4; *Stadler* in: Jauernig, BGB, 17. Aufl. 2018, § 311a BGB Rn. 4.

rechtlichen Charakters Gegenstand der Vereinbarung ist. Anderenfalls, wenn Gegenstand etwa die Änderung der Berechnung der Abfindung eines ausscheidenden Gesellschafters ist, wäre die zustandsbegründende Satzungsdurchbrechung wirksam.[62]

---

[62] Vgl. BGH, Beschl. v. 15.3.2010 – II ZR 4/09, RNotZ 2010, 589.

Kapitel 8. Formbedürftigkeit von Nebenabreden

1 Die Frage der Formbedürftigkeit von Nebenabreden zu Gesellschaftsverträgen ist bei Kapitalgesellschaften von praktisch erheblicher Bedeutung, kann daran doch zum einen die Rechtswirksamkeit einer Nebenabrede scheitern und ermöglicht die Formfreiheit von Nebenabreden zum anderen die Umdeutung nicht notariell beurkundeter Gesellschafterbeschlüsse in Gesellschaftervereinbarungen.

§ 19 Grundsatz der Formfreiheit

2 Der Abschluss schuldrechtlicher Gesellschaftervereinbarungen ist grundsätzlich formfrei möglich, sie unterliegen nicht den Formvorschriften für Satzungsänderungen, auch wenn sie auf solche gerichtet sind, wie etwa die Verpflichtung für eine Kapitalerhöhung zu stimmen, und sie bedürfen auch keiner Eintragung in das Handelsregister. Dieser Grundsatz gilt unabhängig von der Rechtsform der Gesellschaft. Die grundsätzliche Formfreiheit von Nebenvereinbarungen zum Gesellschaftsvertrag, insbesondere zu Satzungen von Kapitalgesellschaften, folgt aus ihrer Rechtsnatur als individualvertraglichem Schuldverhältnis und damit dem Grundsatz der Formfreiheit im Schuldrecht.[1] Wegen der Formerfordernisse bei Gründung der Gesellschaft ist die Formfreiheit einer der Satzung nahestehenden Nebenvereinbarung nicht selbstverständlich und wurde daher früher erwogen, die Formvorschriften des Gesellschaftsstatuts und damit § 23 Abs. 1 S. 1 AktG und § 2 Abs. 1 S. 1 GmbHG auf Nebenvereinbarungen anzuwenden.[2] Aber selbst der Bezug einer Nebenvereinbarung auf die Satzung, die Einwirkung der Nebenvereinbarung in tatsächlicher, rechtlicher und wirtschaftlicher Art auf die Gesellschaft und ihre Organe sowie die Überlagerung gesellschaftsvertraglicher Regelungen durch die Nebenvereinbarung begründen keinen Formzwang für die Nebenvereinbarung; es verbleibt vielmehr beim Grundsatz der Formfreiheit schuldrechtlicher Verträge.[3] Alleinige Wirksamkeitsvoraussetzung der Nebenabrede ist danach die erklärte Willensübereinstimmung nach den allgemeinen bürgerlich-rechtlichen Regelungen.

§ 20 Ausnahme vom Grundsatz der Formfreiheit: Formbedürftige Nebenabreden

3 Von dem Grundsatz der Formfreiheit schuldrechtlicher Nebenabreden gibt es aber Ausnahmen.

I. Verpflichtung zu Satzungsänderungen: Änderung unechter und echter Satzungsbestandteile

4 Nicht selten verpflichten sich Gesellschafter untereinander, die Satzung zukünftig durch Gesellschafterbeschluss zu ändern. Bei solchen Abreden handelt es sich dogmatisch um einen Stimmbindungsvertrag. So können sich beispielsweise die Gesellschafter schuldrechtlich dazu verpflichten, einer künftigen Kapitalerhöhung zuzustimmen. In diesem Zusammenhang stellt sich die Frage, ob die Formvorschriften für Satzungsänderungen (§§ 53 Abs. 2 GmbHG, 130 Abs. 1 AktG) auch für Nebenabreden gelten, in denen sich die Gesellschafter zur Änderung der Satzung verpflichten.

---

[1] Vgl. RG, Urt. v. 20.11.1925, – II 576/24, RGZ 112, 273, 277.
[2] *Zluhan*, Abstimmungsvereinbarungen des privaten Gesellschaftsrechts, AcP 128 (1928), 62, 86 f. (im Ergebnis aber ablehnend).
[3] *Noack*, Gesellschaftervereinbarungen bei Kapitalgesellschaften, 1994, S. 164 f., 198 f.; *Wicke* in: MüKo-GmbHG, 3. Aufl. 2018, § 3 Rn. 134; *Ulmer/Löbbe* in: Habersack/Casper/Löbbe, GmbHG, 3. Aufl. 2019, § 3 Rn. 40; *Fastrich* in: Baumbach/Hueck, GmbHG § 3 Rn. 56.

Kap. 8. Formbedürftigkeit von Nebenabreden   A.

Bei der nebenvertraglichen Verpflichtung der Gesellschafter zur Änderung der Satzung 5
ist zwischen echten und unechten Satzungsbestandteilen zu differenzieren.[4] Denn während
unechte Satzungsbestandteile formfrei geändert werden können, unterliegt der Änderung
echter Satzungsbestandteile den Formvorschriften der §§ 53 Abs. 2 GmbHG, 130 Abs. 1
AktG.

Verpflichten sich die Gesellschafter schuldrechtlich, zu einem späteren Zeitpunkt einen 6
unechten Satzungsbestandteil zu ändern – beispielsweise eine Regelung in der Satzung über
Rechte und Pflichten eines außenstehenden Dritten oder über die Gewährung eines
Darlehens eines Gesellschafters an die Gesellschaft – unterliegt der Abschluss einer solchen
Nebenabrede keiner besonderen Form. Denn wenn schon der Abschluss sowie die Änderung eines unechten Satzungsbestandteils formfrei erfolgen können, kann für die auf
Abänderung eines unechten Satzungsbestandteils gerichtete schuldrechtliche Verpflichtung
nichts anderes gelten.

Verpflichten sich die Gesellschafter in einer Nebenabrede, einen echten Satzungsbestand- 7
teil zukünftig zu ändern, ist fraglich, ob diese Nebenabrede für ihre Wirksamkeit wegen
§§ 53 Abs. 2 GmbHG, 130 AktG der notariellen Beurkundung bedarf, weil die Änderung
echter Bestandteile einer Satzung der notariellen Beurkundung und der Eintragung der
Änderung in das Handelsregister bedarf. Dementsprechend vertritt auch eine Ansicht in der
Literatur, dass sich die Gesellschafter in einer Nebenabrede nur wirksam dazu verpflichten
können, einen echten Satzungsbestandteil abzuändern, wenn die Nebenabrede notariell
beurkundet wird.[5] Gleichwohl ist der herrschenden Meinung[6] zu folgen, wonach sich die
Gesellschafter formfrei dazu verpflichten können, echte Bestandteile einer Satzung zu
ändern, auch wenn deren tatsächliche Änderung ihrerseits beurkundungsbedürftig ist.

So ging es im Urteilsfall des OLG Köln[7] um eine auf eine Satzungsänderung – konkret 8
ging es um den Zustimmungskatalog zugunsten eines Beirats – gerichtete Abrede, in der
sich die Gesellschafter einer GmbH vorbehaltlich der endgültigen Formulierung durch
einen Rechtsanwalt zur Änderung des Gesellschaftsvertrags verpflichtet hatten; der Entwurf
der zu beurkundenden Satzungsänderung wurde später von allen Gesellschaftern nur
paraphiert. Nach Auffassung des OLG Köln war der erste „Beschluss" als Stimmbindungsvertrag auszulegen, durch den eine Innengesellschaft bürgerlichen Rechts entstand, für die
die in der GmbH geltenden Mehrheitsregeln gelten sollten. Nach Ansicht des OLG Köln
sind Stimmbindungsverträge auch dann formfrei, wenn sie ihrerseits auf eine Satzungsänderung gerichtet sind. § 53 Abs. 2 GmbHG gilt nicht analog. Gesetzeszweck des § 53
Abs. 2 GmbHG ist nicht die Belehrungsfunktion, d. h. die Aufklärung der Gesellschafter
über die Tragweite einer Satzungsänderung; § 53 Abs. 2 GmbHG dient vielmehr der
Beweissicherung und der Rechtssicherheit.[8] Denn beurkundungsrechtlich ist nur dann eine
Belehrung vorgesehen, wenn der Notar Willenserklärungen beurkundet, § 17 BeurkG. Bei
der Beurkundung anderer Vorgänge, insbesondere auch von Beschlussfassungen, werden
nicht die auf den Beschluss gerichteten Willenserklärungen beurkundet, sondern allein der
Beschluss selbst, insbesondere das Ergebnis der Abstimmung. Eine Belehrungspflicht verfehlt ohnehin regelmäßig ihr Ziel, da bei Stimmbindungsvereinbarungen oftmals der
genaue Beschlussgegenstand nicht näher festgelegt, sondern die Stimmbindung generell
vereinbart wird. Daher kann eine Belehrung über einen konkreten Beschlussgegenstand
überhaupt nicht erfolgen, sondern lediglich eine Belehrung über die mit einer Stimm-

---

[4] Siehe ausführlich zur Abgrenzung von echten und unechten Satzungsbestandteilen oben → Kap. 5 Rn. 8 ff.
[5] *Wicke* in: Wicke, GmbHG, 4. Aufl. 2020, § 53 Rn. 23.
[6] Vgl. BGH, Urt. v. 20.1.1977 – II ZR 222/75, NJW 1977, 1151; BGH, Urt. v. 7.2.1983 – II ZR 25/82, BeckRS 1983, 00494; OLG Köln, Urt. v. 25.7.2002, – 18 U 60/02, GmbHR 2003, 416; *Drescher* in: MüKoGmbHG § 47 Rn. 249; *Müller* GmbHR 2007, 113, 114; *Tholen/Weiß* GmbHR 2016, 915, 917; *Zöllner/Noack* in: Baumbach/Hueck, GmbHG § 47 Rn. 113.
[7] OLG Köln, Urt. v. 25.7.2002, – 18 U 60/02, GmbHR 2003, 416.
[8] *Müller* GmbHR 2007, 113, 114; *Tholen/Weiß* GmbHR 2016, 915, 917; *Hergeth/Mingau* DStR 2001, 1217, 1219.

bindungsvereinbarung verbundenen generellen Risiken. Zudem wirkt die schuldrechtliche Verpflichtung nur inter partes. Darüber hinaus hat die Stimmbindungsvereinbarung keinen unmittelbaren Einfluss auf die Willensbildung der Gesellschaft, da auch bindungswidrig abgegebene Stimmen gültig sind.

9   Die formfrei mögliche Verpflichtung der Gesellschafter untereinander zu Kapitalerhöhungen – und damit auch zur Änderung echter Satzungsbestandteile – ist explizit auch vom BGH entschieden, wobei die Argumentation dieselbe ist: § 55 Abs. 1 GmbHG hat keine Belehrungsfunktion, sondern dient nur der Rechtssicherheit, weil die Kapitalgrundlagen der Gesellschaft feststehen sollen.[9] Dies folgt auch daraus, dass die notarielle Beglaubigung der Übernahmeerklärung auf die neuen Anteile ausreicht (§ 40 Abs. 2 BeurkG), womit schon ein gewisser Übereilungsschutz verbunden ist. Wesentlicher Grund für den BGH, solche Verpflichtungen formfrei zuzulassen, liegt darin, dass sie nur für und gegen die derzeitigen Vertragschließenden wirken, die Vertragspartner also gerade nicht in ihrer Eigenschaft als Gesellschafter, sondern nur individualrechtlich verpflichtet werden und deshalb keine Bindung anderer oder späterer Gesellschafter begründet wird. Auch für die schärfere Formvorschrift des § 2 GmbHG ließ der BGH formfreie schuldrechtliche Vereinbarungen zu, wenn keine mitgliedschaftlichen Bindungen für später eintretende Gesellschafter herbeigeführt werden sollen, selbst wenn die vereinbarte Leistung für die wirtschaftlichen Zwecke der GmbH unerlässlich ist.[10]

II. Besondere Formvorschriften

10 Die Nebenabrede ist wie alle anderen schuldrechtlichen Verträge formbedürftig, wenn Sondertatbestände eingreifen, beispielsweise wenn sie Abtretungen von Geschäftsanteilen an einer GmbH oder Verpflichtungen zur Übertragung von Grundstücken (etwa die Verpflichtung zur späteren Einbringung von Grundstücken in die Gesellschaft) umfasst. Viele Nebenvereinbarungen enthalten solche Verpflichtungen zur Abtretung von GmbH-Anteilen, etwa in Form der häufig anzutreffenden Vereinbarungen von Vorerwerbs-, Ankaufs- oder Vorkaufsrechten (§ 15 Abs. 4 GmbHG). Gleiches gilt, wenn die Nebenabrede eine bedingte Anteilsabtretung enthält (§ 15 Abs. 3 GmbHG), beispielsweise bedingt auf ein bestimmtes (vertragswidriges) Verhalten, etwa ein Abstimmverhalten. Nach der Rechtsprechung[11] und einem Teil der Literatur[12] erfasst der Formzwang des § 15 GmbHG sämtliche nach dem Willen der Parteien mit der formpflichtigen Klausel in Zusammenhang stehende Verpflichtungen (Vollständigkeitsgrundsatz). Hierzu gehören typischerweise Abtretungsbedingungen, Modalitäten der Vertragserfüllung, Regelungen zur Kostentragung,[13] Freistellungsvereinbarungen[14] sowie weitere Klauseln der Nebenabreden.

11 Eine in der Literatur vordringende Ansicht möchte die Anwendung des § 15 Abs. 4 GmbHG hingegen ausschließlich auf die Verpflichtung zur Abtretung der Geschäftsanteile beschränken.[15] Neben dem Wortlaut des § 15 Abs. 4 Satz 1 GmbHG („Vereinbarung, durch welche die Verpflichtung eines Gesellschafters zur Abtretung eines Geschäftsanteils") spreche vor allem dessen Sinn und Zweck dafür, das Formerfordernis des § 15 Abs. 4

---

[9] Vgl. BGH, Urt. v. 20.1.1977 – II ZR 222/75, NJW 1977, 1151; siehe auch OLG München, Urt. v. 4.5.2005 – 23 U 5121/04, NZG 2005, 756, 757; ebenso *Tholen/Weiß* GmbHR 2016, 915, 916.
[10] Vgl. BGH, Urt. v. 20.1.1977 – II ZR 222/75, NJW 1977, 1151.
[11] Vgl. BGH, Urt. v. 23.2.1983 – IVa ZR 187/81, NJW 1983, 1843; BGH, Urt. v. 27.6.2001 – VIII ZR 329/99, GmbHR 2001, 815 f.; OLG Frankfurt, Beschl. v. 12.5.2015 – 11 U 71/13, BeckRS 2015, 11018, Rn. 57.
[12] *Altmeppen* in: Roth/Altmeppen, GmbHG, 9. Aufl. 2019, § 15 Rn. 72; *Fastrich* in: Baumbach/Hueck, GmbHG § 15 Rn. 30.
[13] Vgl. OLG Frankfurt, Beschl. v. 12.5.2015 – 11 U 71/13, BeckRS 2015, 11018, Rn. 57.
[14] Vgl. BGH, Urt. v. 27.6.2001 – VIII ZR 329/99, GmbHR 2001, 815 f.
[15] *Reichert/Weller* in: MüKoGmbHG § 15 Rn. 113 ff.; *Heidenhain* NJW 1999, 3073 ff.; *Tholen/Weiß* GmbHR 2016, 915, 918 f.

GmbHG lediglich auf die Vereinbarung der Abtretungspflicht selbst zu beschränken.[16] Denn § 15 Abs. 4 GmbHG bezwecke, den spekulativen Handel mit Geschäftsanteilen zu unterbinden oder zumindest zu erschweren.[17] Um diesen Zweck zu erreichen, sei es ausreichend, wenn lediglich die Abtretungsvereinbarung selbst, nicht noch weitere Nebenpflichten notariell zu beurkunden sind.[18] Schließlich spreche auch die Kapitalverkehrsfreiheit in Art. 63 AEUV, unter die der Erwerb von Geschäftsanteilen fällt, gegen eine extensive Auslegung von § 15 Abs. 4 GmbHG.[19] Auch wenn die Mindermeinung in der Literatur Einiges für sich hat, ist gleichwohl für die Praxis zwingend zu empfehlen, mit der herrschenden Literaturmeinung der höchstrichterlichen Rechtsprechung zu folgen. Danach bezieht sich die die Beurkundungspflicht des § 15 Abs. 4 GmbHG nicht nur auf die Verpflichtung zur Abtretung selbst, sondern auch auf sonstige Nebenabreden, die nach dem Willen der Parteien in einem notwendigen Zusammenhang mit der Abtretungsverpflichtung stehen.

Schuldrechtliche Verpflichtungen, die Veräußerung eines Gegenstandes, etwa eines **12** GmbH-Gesellschaftsanteils, zu unterlassen, sind hingegen grundsätzlich formfrei möglich (§ 137 BGB).[20] Etwas anderes gilt nach dem Vollständigkeitsgrundsatz wiederum dann, wenn das Veräußerungsverbot eine Einheit mit einem nach beispielsweise § 311b BGB oder § 15 GmbHG formbedürftigen Vertrag bildet.

---

[16] *Tholen/Weiß* GmbHR 2016, 915, 918 f.; *Reichert/Weller* in: MüKoGmbHG § 15 Rn. 114.
[17] Vgl. BGH, Urt. v. 10.3.2008 – II ZR 312/06, BeckRS 2008, 6985, Rn. 9; *Fastrich* in: Baumbach/Hueck, GmbHG § 15 Rn. 30.
[18] *Tholen/Weiß* GmbHR 2016, 915, 919; *Reichert/Weller* in: MüKoGmbHG § 15 Rn. 114.
[19] *Reichert/Weller* in: MüKoGmbHG § 15 Rn. 115.
[20] *Ellenberger* in: Palandt, BGB, 78. Aufl. 2019, § 137 Rn. 5.

Kapitel 9. Nebenvereinbarungen als Gesellschaftsverträge einer Gesellschaft bürgerlichen Rechts

1 So vielgestaltig Nebenabreden sind, so mannigfach können auch die auf Nebenvereinbarungen anzuwendenden Rechtsnormen sein. Inhalt und Wirkung schuldrechtlicher Nebenabreden werden daher durch die Normen des jeweils einschlägigen Vertragstyps des bürgerlichen Rechts geregelt. Durch Nebenvereinbarungen zum Gesellschaftsvertrag können die daran Beteiligten, ohne dass sie es bemerken, eine eigene Gesellschaft zwischen sich errichten (Sekundärgesellschaft), die von der Gesellschaft (Primärgesellschaft), an der die an der Nebenabrede Beteiligten als Gesellschafter beteiligt sind, zu unterscheiden ist und die ihren eigenen Regeln folgt.[1] Es handelt sich bei den Sekundärgesellschaften zumeist um Gesellschaften bürgerlichen Rechts, die die an der Nebenabrede Beteiligten gründen, und die als Außengesellschaften oder als Innengesellschaften bestehen können. Sie unterliegen aber nicht den für Gesellschaftsverträge geltenden Grundsätzen objektiver Auslegung unter Ausklammerung des Willens der Vertragschließenden, vielmehr erfolgt die Auslegung wie für andere schuldrechtliche Verträge auch nach §§ 133, 157 BGB.[2] Für die Ermittlung des Parteiwillens sind daher auch subjektive Umstände beim Vertragsschluss, die keinen Niederschlag in der Vertragsurkunde, dem Nebenvertrag, gefunden haben, von Bedeutung.

§ 21 Zustandekommen des Gesellschaftsverhältnisses

I. Voraussetzung für die Begründung einer Gesellschaft bürgerlichen Rechts

2 Gesellschaftervereinbarungen bezwecken zumeist die gemeinschaftliche Ausübung von Gesellschafterrechten und dienen damit der Interessenbündelung oder der Beherrschung der Primärgesellschaft. In einem solchen Fall einer gemeinsamen Zweckrichtung kann die Nebenvereinbarung zur Begründung einer separaten Gesellschaft bürgerlichen Rechts gemäß §§ 705 ff. BGB führen,[3] für die nachfolgend der Begriff „Sekundärgesellschaft" vorgeschlagen wird.

3 Eine Gesellschaft bürgerlichen Rechts setzt zunächst den Abschluss eines Vertrages voraus – dieser Vertrag liegt in Form der Nebenabrede vor –, die Verfolgung eines gemeinsamen Zweckes und das Leisten von Beiträgen. Die Beteiligten verfolgen einen gemeinsamen Zweck, wenn der Zweck nur durch das Zusammenwirken aller Beteiligten erreicht werden kann, selbst wenn diese daneben noch eigene weitere Zwecke verfolgen, die einander widersprechen. Solche eigenen Motive oder Absichten sind unschädlich. Der sogenannte „Endzweck" ist für die Frage, ob die Vertragsparteien gemeinsame (vorgelagerte) Zwecke verfolgen, die zur Gründung einer Gesellschaft bürgerlichen Rechts führen, nicht von Bedeutung.[4]

4 Mit den Nebenabsprachen zum Gesellschaftsvertrag vereinbaren die Gesellschafter eine Veränderung ihrer Rechtsstellung in der Gesellschaft, die sie alleine nicht herbeiführen könnten. Die Herbeiführung oder die Sicherung dieser Veränderungen ihrer Rechtsstellung in der Primärgesellschaft – häufig Verbesserungen – ist dann der gemeinsame Zweck, den die Nebenvertragsbeteiligten verfolgen. Die Veränderung der Rechtsstellung kann im Streben nach Sondervorteilen liegen, aber auch in der Majorisierung anderer Gesellschafter-

---

[1] *Fastrich* in: Baumbach/Hueck, 22. Aufl. 2019, GmbHG § 3 Rn. 56; *Baumann/Reiß* ZGR 1989, 157, 200 f.; *Wicke* DStR 2006, 1140.
[2] *Limmer* in: Spindler/Stilz, AktG, 4. Aufl. 2019, § 23 Rn. 41a.
[3] Vgl. BGH, Urt. v. 24.11.2008 – II ZR 116/08, NZG 2009, 183, 184 Rn. 14; BGH Beschl. v. 21.9.2009 – II ZR 250/07, BeckRS 2009, 27788, Rn. 4; BGH, Urt. v. 22.1.2013 – II ZR 80/10, BeckRS 2013, 2105, Rn. 11; *Sailer-Coceani*, MHb d GesR, Bd. 4, 4. Aufl. 2015, § 6 Rn. 13; *Koch* in: Hüffer/Koch, AktG, 14. Aufl. 2020, § 23 Rn. 46; *Pentz* in: MüKoAktG § 23 Rn. 198; *Vetter* in: Henssler/Strohn, Gesellschaftsrecht, 4. Aufl. 2019, § 23 AktG Rn. 30.
[4] RG, Urt. v. 4.6.1940, – II 171/39, RGZ 164, 129, 139 ff.

gruppen, die an der Nebenabrede nicht beteiligt sind, mit dem Ziel, die Primärgesellschaft abweichend von Gesellschaftsvertrag und Gesetz zu führen oder Vereinbarungen treffen zu können, die nicht publik werden sollen. An den gemeinsamen Zweck selbst sind keine zu hohen Anforderungen zu stellen, weil dieser auch ideeller oder uneigennütziger Natur sein kann.[5] Selbst wenn nur zwischen zwei Gesellschaftergruppen vereinbart werden sollte, sich im Vorfeld von Gesellschafterversammlungen abzustimmen, läge ein gemeinsamer Zweck vor, weil so eine stärkere Stellung in der Primärgesellschaft erreicht werden soll.[6] Soll das Beratungsergebnis bindende Wirkung haben, liegt ein gemeinsamer Zweck auf der Hand. Wenn sich die Beteiligten mit der Nebenabrede lediglich wechselseitige Sicherungsrechte, etwa Vorkaufs- oder Ankaufsrechte, einräumen, liegt hierin kein eigener gemeinsamer Zweck, wohl aber verfolgen sie dann wieder einen gemeinsamen Zweck, der über ihre jeweiligen Interessen hinausgeht, wenn sie die Gesellschaft vor Fremdeinfluss schützen wollen.[7]

Schließlich muss für das Vorliegen der Voraussetzungstrias einer Gesellschaft bürgerlichen Rechts der gemeinsame Zweck noch gefördert werden. Unter die Förderungspflicht können alle Arten von Handlungen fallen, beispielsweise die gemeinsame Abstimmung im Vorfeld von Gesellschafterversammlungen, wenn gemeinsamer Zweck die Sicherung des Einflusses bestimmter Gesellschaftergruppen auf die Gesellschaft ist.

II. Unbeachtlichkeit von Negativklauseln

Sind die Voraussetzungen einer Gesellschaft bürgerlichen Rechts erfüllt, haben es die Gesellschafter nicht in der Hand, über eine „Negativklausel" zu bestimmen, dass eine Gesellschaft bürgerlichen Rechts dennoch nicht vorliegen soll, beispielsweise um die in der Praxis oftmals als störend empfundene Kündigungsregel des § 723 Abs. 1 BGB, die nach § 723 Abs. 3 BGB zwingenden Charakter hat, auszuhebeln.[8] Weil sich die Beteiligten nur der gesellschaftsrechtlich zulässigen Rechtsformen bedienen können, sind solche Negativklauseln unbeachtlich.[9] Denn anderenfalls wäre der Vertrag, der die Negativklausel enthält, zu dem die Parteien also vereinbaren, dass er kein Gesellschaftsvertrag einer Gesellschaft bürgerlichen Rechts sein soll, ein schuldrechtlicher Vertrag sui generis, der als solcher, das heißt als weiterer Vertragstypus, nur dann anerkannt würde, wenn kein anderer Vertragstypus – vorliegend aber der Gesellschaftsvertrag – zur Verfügung stünde.

Verbleibt es damit bei einer Gesellschaft bürgerlichen Rechts in den meisten Fällen einer schuldrechtlichen Nebenabrede, können die Vertragsparteien vom dispositiven Gesetzesrecht, das auf die Sekundärgesellschaft Anwendung findet, abweichen, soweit nicht zwingendes Recht entgegensteht. In der Folge verbleibt es, wenn eine Gesellschaft bürgerlichen Rechts begründet wurde, daher bei der zwingenden Kündigungsregelung des § 723 Abs. 1 BGB, die nicht zur Disposition der Parteien steht. Die unwirksame Negativklausel, wonach ein Gesellschaftsverhältnis nicht begründet werden solle, wird in der Rechtspraxis über die in Nebenverträgen zumeist enthaltenen salvatorische Klauseln geheilt. Selbst bei deren Fehlen ist anzunehmen, dass mit Blick auf den von den Parteien gemeinsam verfolgten Zweck der übrige Vertrag weiter gelten soll.[10] Eine Unwirksamkeit des Gesellschaftsvertrags insgesamt kommt nur dann in Betracht, wenn sich der Gesellschaftszweck nicht mehr erreichen lässt oder wenn eine der Vertragsparteien nachweisen kann, die Abbedingung des Gesellschaftsrechts über die Negativklausel sei für sie von so wesentlicher Bedeutung

---

[5] *Schäfer* in: MüKoBGB, 7. Aufl. 2017, § 705 Rn. 144; *Schöne* in: BeckOK BGB, 54. Ed., Stand: 1.5.2020, § 705 Rn. 63.
[6] *Joussen*, Gesellschafterabsprachen neben Satzung und Gesellschaftsvertrag, 1995, S. 61.
[7] *Joussen*, Gesellschafterabsprachen neben Satzung und Gesellschaftsvertrag, 1995, S. 61.
[8] *Joussen*, Gesellschafterabsprachen neben Satzung und Gesellschaftsvertrag, 1995, S. 63.
[9] *K. Schmidt*, Gesellschaftsrecht, 4. Aufl. 2002, § 5 II 3. b).
[10] BGH, Urt. v. 29.1.1962 – II ZR 172/60, WM 1962, 462; BGH, Urt. v. 9.5.1955 – II ZR 244/54, WM 1955, 1054; *Schäfer* in: MüKoBGB, 7. Aufl. 2017, § 705 Rn. 53.

gewesen, dass sie den gemeinsamen Zweck nicht nach Maßgabe des Rechts der Gesellschaft bürgerlichen Rechts verfolgen wollte.[11] Rechtsfolge ist dann das Vorliegen einer fehlerhaften Gesellschaft, die einen wichtigen Grund für eine sofortige Kündigung darstellt.

III. Mehrere Nebenabreden nebeneinander

8 Schließen die Parteien mehrere Nebenverträge ab, beispielsweise einen, der vor Überfremdung der Primärgesellschaft schützen soll, und einen weiteren, der Mitveräußerungsrechte und -pflichten regelt, fragt sich, ob hierdurch mehrere Sekundärgesellschaftsverhältnisse entstehen oder ob nicht vielmehr eine einheitliches Gesellschaftsverhältnis vorliegt, mit dem die Gesellschafter einen Gesamtzweck verfolgen und das sich aus den Einzelzwecken aller Nebenabreden zusammensetzt. Sind die an den mehreren Nebenabreden Beteiligten identisch, kann die Auslegung des Parteiwillens ergeben, dass eine einheitliche Sekundärgesellschaft zwischen ihnen bestehen soll, die in zwei Vertragsurkunden niedergelegt ist, weil die Parteien beispielsweise die Unabhängigkeit beider Regelungskreise wahren wollten und im Falle der Beendigung des einen Vertrages der andere fortbestehen sollte. Eine solche Auslegung wäre denkbar,[12] aber nicht zwingend. Selbst wenn man nur eine Sekundärgesellschaft annehmen wollte, mit der ein Gesamtzweck verfolgt wird, wäre zu berücksichtigen, dass die Parteien mit der Trennung in mehrere Vertragsurkunden möglicherweise rechtliche Erfolge bezweckten, die dann in die Gesamtvereinbarung hineingespiegelt werden müssten. Zu denken wäre hier an die Unabhängigkeit der Regelung, die erhalten bleiben müsste, beispielsweise Kündigung der einen Vereinbarung ohne gleichzeitige Beendigung der anderen Vereinbarung.

§ 22 Innengesellschaft

9 Nebenvereinbarungen begründen wegen Fehlens des Außenauftritts zumeist eine Gesellschaft bürgerlichen Rechts in der Form einer Innengesellschaft und nicht einer Außengesellschaft. Das ist leicht einsichtig, unterscheidet sich die Innen- von der Außengesellschaft doch grundsätzlich durch die vertraglich vereinbarte und tatsächliche Nichtteilnahme der Gesellschaft am Rechtsverkehr – das Fehlen von Vertretungsregelungen im Gesellschaftsvertrag ist ein Indiz hierfür[13] – und – jedoch strittig – durch den Verzicht auf die Bildung von Gesamthandsvermögen.[14] Die Nichtteilnahme am Rechtsverkehr führt in der Regel auch zum Nichtvorhandensein von Gesamthandsvermögen, weil dieses – von Sozialansprüchen und der Surrogation abgesehen – Rechtsgeschäfte mit der Gesellschaft voraussetzt, die ausgeschlossen sind, wenn die entsprechenden organisatorischen Vorkehrungen im Gesellschaftsvertrag durch Bestellung von Vertretungs- und Geschäftsführungsorganen fehlen. Ob die Gesellschafter die Existenz der Gesellschaft geheimhalten, ist für deren Qualifizierung als Innengesellschaft unerheblich.[15] Es ist zwischen Innengesellschaften im weiteren Sinne und solchen im engeren Sinne zu unterscheiden.

---

[11] *Joussen,* Gesellschafterabsprachen neben Satzung und Gesellschaftsvertrag, 1995, S. 66; BGH, 8.4.1976 – II ZR 203/74, WM 1976, 1027, 1029; *Schäfer* in: MüKoBGB, 7. Aufl. 2017, § 705 Rn. 53.
[12] *Joussen,* Gesellschafterabsprachen neben Satzung und Gesellschaftsvertrag, 1995, S. 68.
[13] BGH, Urt. v. 24.2.1954 – II ZR 3/53, BGHZ 12, 308, 314; BGH, Urt. v. 23.6.1960 – II ZR 172/59, NJW 1960, 1851.
[14] BGH, Urt. v. 13.6.1994 – II ZR 38/93, BGHZ 126, 226, 234 (Schutzgemeinschaft I); BGH, Urt. v. 1.4.1965 – II ZR 182/62, WM 1965, 793; BGH, Urt. v. 21.12.1972 – II ZR 13/71, WM 1973, 296, 297; *Schäfer* in: MüKoBGB, 7. Aufl. 2017, § 705 Rn. 275; a. A. *Hadding/Kießling* in: Soergel, BGB, 13. Aufl. 2011, vor § 705 Rn. 28.
[15] BGH, Urt. v. 23.6.1960 – II ZR 172/59, NJW 1960, 1851, 1852.

I. Innengesellschaft im weiteren Sinne

Der erste Typus ist die Innengesellschaft, die zwar nicht nach außen auftreten soll, aber 10
Gesamthandsvermögen hat, etwa durch Einlagen der Gesellschafter oder spätere Einbringungen von Vermögensgegenständen durch Gesellschafter. Beispiel für Einlagen der Gesellschafter ist die Einbringung der Anteile an der Gesellschaft, zu der die Nebenabrede besteht (der Primärgesellschaft), in die (Pool-)Gesellschaft, wodurch Gesellschaftsvermögen begründet wird.[16] Eine solche Innengesellschaft mit Gesamthandsvermögen wird auch als Innengesellschaft **im weiteren Sinne** bezeichnet.[17] Verbindlichkeiten hat die Innengesellschaft meist nicht, weil sie durch ihren fehlenden Auftritt nach außen nicht am Rechtsverkehr teilnimmt. Hat sie dennoch einmal Verbindlichkeiten, haften die Gesellschafter nach § 128 HGB analog.

II. Innengesellschaft im engeren Sinne

Der zweite Typus der Innengesellschaft – die Innengesellschaft **im engeren Sinne** – tritt 11
nicht im Außenverhältnis auf und hat auch kein Gesamthandsvermögen erworben.[18] Das ist der Fall, wenn die an der Primärgesellschaft gehaltenen Anteile im Eigentum der einzelnen Gesellschafter verbleiben und nicht in das Gesellschaftsvermögen der Innengesellschaft eingebracht werden.[19] Weil die Innengesellschaft im engeren Sinne über keinerlei Gesamthandsvermögen verfügt, entfallen nicht nur die Außenbeziehungen der Gesellschaft, sondern sind auch die Innenbeziehungen rein schuldrechtlicher Art. Das gemeinsamen Zwecken dienende Vermögen ist entweder (anteiliges) Miteigentum der Gesellschafter oder steht im Eigentum des Hauptgesellschafters, auch wenn es aus geleisteten Beiträgen der Gesellschafter herrührt. Der Hauptgesellschafter hat notwendige Geschäftsführungsbefugnis, eine Entziehung kommt nicht in Betracht.

Bei der Auflösung der Innengesellschaft im engeren Sinne finden §§ 730 ff. BGB mangels 12
Gesamthandsvermögens keine Anwendung. Vielmehr entscheidet der Hauptgesellschafter über die Beendigung der Gesellschaft unter Abfindung der Mitgesellschafter. Die Gesellschaft wird in der Regel sofort beendet.[20] Die Grundsätze der actio pro socio gelten nicht,[21] weil kein Vermögen zur gesamten Hand vorliegt.

§ 23 Fehlerhafte Gesellschaft

Führt eine Nebenabrede, wenn sie nicht an einem Wirksamkeitsmangel leidet, zur Begründung einer Gesellschaft bürgerlichen Rechts, stellt sich die Frage nach den Rechtsfolgen, 13
wenn die Nebenabrede – und damit der Gesellschaftsvertrag der Sekundärgesellschaft – tatsächlich einmal an einem Mangel leiden sollte. Normale zivilrechtliche Folge eines solchen Mangels (zum Beispiel nach Anfechtung, § 142 Abs. 1 BGB) wäre die Nichtigkeit der Nebenabrede. Die nichtige Nebenabrede wäre von keiner Partei zu beachten, und jeder könnte sich auf die Nichtigkeit berufen. Nicht so jedoch, wenn die (nichtige) Nebenabrede zu einem (nichtigen) Gesellschaftsverhältnis geführt hätte. Dann ist die Nebenabrede – das Gesellschaftsverhältnis – nicht nichtig, sondern zunächst – wie bei der fehlerhaften Gesellschaft – wirksam mit der Maßgabe, dass sich jede Partei jederzeit und fristlos lösen kann.

---

[16] *Pentz* in: MüKoAktG, 5. Aufl. 2019, § 23 Rn. 198; BGH, Beschl. v. 21.9.2009 – II ZR 250/07, DStR 2009, 2382 für Aktionärsvereinbarung über Change-of-Control-Klausel; *Wälzholz* GmbHR 2009, 1020, 1023.
[17] Kritisch dazu *Schäfer* in: MüKoBGB, 7. Aufl. 2017, § 705 Rn. 279 ff.
[18] *Schäfer* in: Münch. Komm., BGB, 7. Aufl. 2017, § 705 Rn. 282.
[19] *Bänwaldt* in: Prinz/Hoffmann, Beck'sches Handbuch der Personengesellschaft, 5. Aufl. 2020, § 21 Rn. 292.
[20] *Schäfer* in: MüKoBGB, 7. Aufl. 2017, § 730 Rn. 2 und 12 f.
[21] BGH, Urteil vom 14.11.1994 – II ZR 160/93, NJW 1995, 1353, 1355.

14 Die Grundsätze der fehlerhaften Gesellschaft finden auf Nebenabreden, die ein Gesellschaftsverhältnis begründet haben, Anwendung. Die Grundsätze der fehlerhaften Gesellschaft besagen, dass sich jede Partei jederzeit auf die Nichtigkeitsfolge berufen kann, aber nur mit Wirkung für die Zukunft. Hintergrund ist, dass eine in Vollzug gesetzte Gesellschaft nicht rückabgewickelt werden kann. Dem stehen die Vielschichtigkeit der Beziehungen einer ins Leben gesetzten Gesellschaft mit der Außenwelt, das Erbringen von Beiträgen durch die Beteiligten, das Schaffen von Werten, die Ausnutzung von Gewinnchancen und das Tragen gemeinschaftlichen Risikos entgegen. Eine in Vollzug gesetzte Gesellschaft kann nicht mit rückwirkender Kraft aus dem Rechtsleben getilgt werden, und ihre Rechtsbeziehungen können nicht bereicherungsrechtlich rückabgewickelt werden.

15 Klar ist, dass die Grundsätze über die fehlerhafte Gesellschaft für die Außengesellschaft bürgerlichen Rechts gelten. Ihre Anwendung auf die Innengesellschaft im engeren Sinne ist hingegen umstritten.[22] Nach ständiger Rechtsprechung des BGH sind die Grundsätze über die fehlerhafte Gesellschaft indes auf alle Innengesellschaften anwendbar, selbst dann, wenn diese über kein Gesamthandsvermögen verfügen. Entschieden wurde das zunächst für die atypisch stille Gesellschaft, bei der der stille Gesellschafter an der Wertsteigerung des Gesellschaftsvermögens in Abweichung von §§ 230 ff. HGB beteiligt war.[23] Der BGH dehnte diese Rechtsprechung auf typisch stille Gesellschaften aus, um Abgrenzungsschwierigkeiten der verschiedenen Arten stiller Gesellschaften zu vermeiden.[24]

16 Gegen die Anwendbarkeit der Grundsätze der fehlerhaften Gesellschaft spricht das Wesen der Innengesellschaft im engeren Sinne. Nach der Lehre der Doppelnatur wird die Gesellschaft als Verband von Schuldverhältnis und Organisation betrachtet. Der Innengesellschaft im engeren Sinne fehlt es an diesem verbandsrechtlichen Moment, weil sie einerseits nicht über Gesamthandsvermögen verfügt und andererseits nicht nach außen auftritt und damit nicht zum Rechtsträger wird, so dass auf Innengesellschaften ohne Gesamthandsvermögen, die nicht am Rechtsverkehr teilnehmen, die Grundsätze der fehlerhaften Gesellschaft nicht anwendbar sein sollen.[25] Die Auseinandersetzung der Gesellschafter im reinen Innenverhältnis ist auch ausschließlich bereicherungsrechtlich gemäß § 818 Abs. 1 bis 3 BGB möglich, weil die Gesellschaft nicht am Rechtsverkehr teilnimmt und lediglich schuldrechtliche Beziehungen bestehen.[26] Damit wird das Vorhandensein oder das Fehlen von Gesamthandsvermögen zum Abgrenzungskriterium erhoben, was keine Probleme bereitet, weil das Vorhandensein bzw. Fehlen von Gesamthandsvermögen eindeutig und leicht feststellbar ist. Praktische Probleme der Auseinandersetzung in Vollzug gesetzter Gesellschaften mit Gesamthandsvermögen – Vielzahl von Rechtsbeziehungen, so dass eine bereicherungsrechtliche Rückabwicklung nicht möglich ist – stellen sich nicht, so dass Gesellschaften ohne Gesamthandsvermögen generell von der Anwendung der Grundsätze der fehlerhaften Gesellschaft ausgenommen sein sollten.[27]

---

[22] Vgl. *Schäfer* in: MüKoBGB, 7. Aufl. 2017, § 705 Rn. 358 ff.
[23] BGH, Urt. v. 29.11.1952, – BGHZ 8, 157, 167; OLG Dresden, Urt. v. 19.6.2002, 8U – 8 U 630/02, BB 2002, 1776, 1777; OLG Hamm, Urt. v. 26.11.2002 – 27 U 66/02, BB 2003, 653, 654; OLG Braunschweig, ZIP 2003, 1154; a. A. OLG Jena, Urt. v. 26.2.2003, ZIP 2003, 1444, 1446; BGH, Urt. v. 26.9.2005 – II ZR 314/03, BB 2005, 2595; *Simpel* ZGR 1973, 73, 100 ff.
[24] BGH, Urt. v. 29.11.1952 – II ZR 15/52, NJW 1953, 818; BGH, Urt. v. 29.6.1979 – II ZR 158/69, BGHZ 55, 5, 8; BGH, Urt. v. 12.2.1973 – II ZR 69/70, WM 1973, 900, 90; BGH, Urt. v. 25.3.1974 – II ZR 1974, BGHZ 62, 234, 237; BGH, Urt. v. 25.11.1976 – II ZR 187/75, WM 1977, 196, 197; BGH, Urt. v. 24.9.1979 – II ZR 95/78, WM 1980, 12, 14; BGH, Urteile v. 21.3.2005: (II ZR 149/03, ZIP 2005, 763; II ZR 140/03, 753; II ZR 310/03, ZIP 2005, 759); BGH, Urt. v. 26.9.2005 – II ZR 314/03, NJW-RR 2006, 178; schwankend dann aber: BGH, Urt. v. 18.6.1990 – II ZR 132/89, WM 1990, 1543, 1546 (GbR ohne Gesamthandsvermögen), BGH, Urt. v. 22.10.1990 – II ZR 247/89, NJW-RR 1991, 613; OLG Schleswig, Urt. v. 13.6.2002, ZIP 2002, 1244, 1257 ff.; OLG Schleswig, Urt. v. 5.12.2002, – 5 U 28/02, ZIP 2003, 74, 77 f.; ferner *Goette* DStR 1996, 269.
[25] *Schäfer* in: MüKoBGB, 7. Aufl. 2017, § 705 Rn. 359.
[26] *Schöne* in: BeckOKBGB, 54. Edition, Stand: 1.5.2020, § 705 Rn. 162 f.
[27] *Schäfer* in: MüKoBGB, 7. Aufl. 2017, § 705 Rn. 359; *Ulmer*, FS Flume, 1978, S. 301, 318 f.; *Koenigs*, Die stille Gesellschaft, 1961, S. 107 ff.; *Bayer/Riedel* NJW 2003, 2567, 2570; *Schöne* in: BeckOK BGB, 54. Edition, Stand: 1.5.2020, § 705 Rn. 162 f.

Die Literatur kritisiert damit zu Recht die Anwendung der Grundsätze über die fehlerhafte Gesellschaft auch auf die Innengesellschaft ohne Gesamthandsvermögen (Innengesellschaft im engeren Sinne). Der pauschalen Anwendung der Grundsätze über die fehlerhafte Gesellschaft auf alle Innengesellschaften durch die Rechtsprechung – unabhängig davon, ob diese Gesamthandsvermögen haben oder nicht – ist indes zuzugeben, dass sie die Rechtsanwendung erleichtert, weil sie Abgrenzungsschwierigkeiten vermeidet. Denn gegen die Literaturauffassung spricht, dass Innengesellschaften im engeren Sinne, weil sie kein Gesamthandsvermögen haben, dem partiarischen Rechtsverhältnis, auf das die normalen zivilrechtlichen Nichtigkeitsfolgen Anwendung finden, so sehr ähneln, dass sich wiederum Fragen der Abgrenzung der Gesellschaftsverhältnisse zum partiarischen Rechtsverhältnis stellen. Die Unterschiede zwischen einer Innengesellschaft im engeren Sinne auf der einen und einem partiarischen Rechtsverhältnis auf der anderen Seite sind in der Rechtspraxis fließend. Die Abgrenzungsfragen werden also nur verlagert. Für die Rechtspraxis verbleibt es ohnehin bei den durch den BGH aufgestellten Grundsätzen. 17

§ 24 Fehlerhafte Vertragsänderungen

Selbst wenn eine Gesellschaftervereinbarung zunächst eine fehlerfreie Innengesellschaft bürgerlichen Rechts begründet hatte, kommt es in der Praxis immer wieder zu fehlerhaften Vertragsänderungen der Nebenvereinbarung und damit des Gesellschaftsvertrages der Gesellschaft bürgerlichen Rechts. 18

I. Typische fehlerhafte Vertragsänderungen

Diese liegen vor, wenn der Vertrag zur Änderung des Gesellschaftsvertrages (der Nebenvereinbarung) an Mängeln leidet, die seinem Wirksamwerden nach allgemeinen Rechtsgeschäftsgrundsätzen entgegenstehen, wobei die Vertragsmängel in aller Regel in drei Gruppen eingeteilt werden können:[28] 19

In der ersten Gruppe geht es um Anfechtungstatbestände (§§ 119, 123 BGB); Rechtsfolge ist dann die rückwirkend nichtige Vertragsänderung (§ 142 BGB). 20

In der zweiten Gruppe handelt es sich um Nichtigkeitsgründe wie Formnichtigkeit und Dissens (§§ 125, 154 ff. BGB); zur Formnichtigkeit kann es kommen, wenn sich die Gesellschaftervereinbarung auf Grundstücke bezieht oder wenn in das Gesamtvermögen der Gesellschaft bürgerlichen Rechts Anteile an einer GmbH eingebracht werden sollen, weil sich die Gesellschaftervereinbarung auf Anteile an dieser Gesellschaft bezieht. Zu untersuchen ist dann immer, ob nicht Heilung eingetreten ist oder ob nicht in dem in Kenntnis des Dissenses vollzogenen Vertrag eine Bestätigung des nichtigen Rechtsgeschäftes liegt. 21

Die dritte Gruppe stellen Vertragsänderungen unter fehlerhafter Mitwirkung einzelner, besonders schutzwürdiger Personen (insbesondere beschränkt geschäftsfähiger Minderjähriger) dar. Schließlich liegen fehlerhafte Vertragsänderungen darüber hinaus dann vor, wenn die Zustimmung einzelner Gesellschafter (einzelner an der Nebenabrede Beteiligter) fehlte, die Vertragsänderung aber scheinbar allen gesellschaftsvertraglichen und gesetzlichen Anforderungen entsprach. 22

II. Rechtsfolge fehlerhafter Vertragsänderungen

Begründet die Nebenvereinbarung ein separates Gesellschaftsverhältnis und ist die Änderung der Nebenvereinbarung fehlerhaft, fragt sich wiederum, ob die Lehre von der fehlerhaften Gesellschaft Anwendung findet. Das gilt auch bei fehlerhaftem Beitritt zur Nebenvereinbarung, etwa infolge des Erwerbs eines Anteils an der Primärgesellschaft oder bei fehlerhaftem Ausscheiden als Partei aus der Nebenvereinbarung. 23

---
[28] Näheres bei *Schäfer* in: MüKoBGB, 7. Aufl. 2017, § 705 Rn. 328.

A.   A. Allgemeiner Teil

1. Diskussionsstand

24 Die Rechtsfolge fehlerhafter Vertragsänderungen ist strittig. Der BGH übt sich bei der Anwendung der Grundsätze der fehlerhaften Gesellschaft auf fehlerhafte Vertragsänderungen in Zurückhaltung, es sei denn, es läge ein Gesellschafterwechsel vor.[29] Im Urteilsfall des BGH vom 10.12.1973 war fraglich, ob die Aufhebung einer gesellschaftsvertraglichen Nachfolgeklausel, dergemäß ein Gesellschafter einen Kommanditisten durch letztwillige Verfügung zum Erben eines Teils seines Gesellschaftsanteils und zum persönlich haftenden Gesellschafter bestimmen konnte, als von Anfang an nichtig zu behandeln ist, wenn die Vertragsänderung auf einem Irrtum über die Geschäftsgrundlage beruhte und der Erbfall inzwischen eingetreten war.

25 Nach Auffassung des BGH gelten die Grundsätze über die fehlerhafte Gesellschaft nur für den Abschluss eines Gesellschaftsvertrages und für fehlerhafte Verträge über Beitritt und Ausscheiden eines Gesellschafters. Diese sind nicht von Anfang an nichtig, sondern wegen eines Nichtigkeits- oder Anfechtungsgrundes nur mit Wirkung für die Zukunft vernichtbar. Für (fehlerhafte) Änderungen eines Gesellschaftsvertrages im Übrigen verbleibt es bei den normalen Nichtigkeitsfolgen. Denn Sinn und Zweck der Anwendung der Grundsätze der fehlerhaften Gesellschaft ist die Vielschichtigkeit der Beziehungen einer ins Leben gesetzten Gesellschaft mit der Außenwelt, das Erbringen von Beiträgen durch die Beteiligten, das Schaffen von Werten, die Ausnutzung von Gewinnchancen und das Tragen gemeinschaftlichen Risikos. Eine solche Gesellschaft könne nicht mit rückwirkender Kraft aus dem Rechtsleben getilgt werden. Anders sei dies aber für fehlerhafte Änderungen eines Gesellschaftsvertrages. Insoweit sei es möglich, die Auswirkungen einer vollzogenen, aber fehlerhaften Vertragsänderung später wieder rückgängig zu machen. Hinzu komme, dass der ursprüngliche Gesellschaftsvertrag dann fortgelte und eine sinnvolle rechtliche Ordnung für die (rückwirkende) Anknüpfung der Rechtsbeziehungen der Gesellschafter untereinander biete.

26 Diese Rechtsprechung stößt in der Literatur deswegen auf Kritik, weil Änderungen der Rechtsverhältnisse der Gesellschafter untereinander oftmals auch auf das Organisationsgefüge der Gesellschaft durchschlagen. In einem solchen Falle sollen nach Stimmen in der Literatur wieder die Grundsätze über die fehlerhafte Gesellschaft gelten. Diese Auffassung wendet die Grundsätze der fehlerhaften Gesellschaft auf Vertragsänderungen durch Aufnahme, Ausscheiden, Ausschließung von Gesellschaftern, Änderung ihrer Rechtsstellung und mit der Mitgliedschaft verbundener Verwaltungsrechte, insbesondere der Geschäftsführungs- und Stimmrechte, sowie einen fehlerhaften Auflösungsbeschluss an.[30] Auf Änderungen der Vermögensrechte, insbesondere des Gewinnverteilungsschlüssels, sollen die Grundsätze über die fehlerhafte Gesellschaft hingegen keine Anwendung finden.[31]

2. Insbesondere: Gesellschafterwechsel

27 Beim Gesellschafterwechsel – Aufnahme oder Ausscheiden einer Vertragspartei aus der Nebenvereinbarung, die ein Gesellschaftsverhältnis bürgerlichen Rechts begründet – gelten die Grundsätze der fehlerhaften Gesellschaft, wenn sich Beitritt oder Ausscheiden des Gesellschafters durch Vereinbarung mit den Mitgesellschaftern vollzieht. Hierbei handelt es sich nicht um eine Änderung des bestehenden Gesellschaftsvertrages, sondern um den Abschluss eines neuen Vertrages zwischen einem veränderten Kreis von Vertragspartnern.[32]

---

[29] BGH, Urt. v. 10.12.1973 – II ZR 53/72, NJW 1974, 498.
[30] MüKoBGB/Schäfer, 7. Aufl. 2017, § 705 Rn. 364; *Hadding/Kießling* in: Soergel, BGB, 13. Aufl. 2011, § 705 Rn. 91; *Westermann* in: Erman, BGB, 14. Aufl. 2014, § 705 Rn. 8691; *Schäfer* in: Staub, 5. Aufl. 2009, HGB § 131 Rn. 197 ff.
[31] *Wertenbruch* in: Ebenroth/Boujong/Joost/Strohn, HGB, 4. Aufl. 2020, § 105 Rn. 365; *Lieder* in: Oetker, HGB, 6. Aufl. 2019, § 105 Rn. 122.
[32] BGH, Urt. v. 6.2.1958 – II ZR 210/56, NJW 1958, 668; BGH, Urt. v. 8.11.1965 – II ZR 267/54, NJW 1966, 107; BGH, Urt. v. 14.12.1972 – II ZR 82/70, NJW 1973, 1604; BGH, Urt. v. 19.12.1974 – II ZR 27/73, NJW 1975 1022; BGH, Urt. v. 28.3.1977 – II ZR 230/75, NJW 1977, 1820; BGH, Urt. v.

a) **Beitritt.** Die Fehlerhaftigkeit des Beitritts zu einer Gesellschaft kann auf Irrtum, Täuschung, Drohung, auf der Nichteinhaltung von Formvorschriften für die Übernahme bestimmter Verpflichtungen oder auf der nicht vollen Geschäftsfähigkeit beruhen. Dem Beitritt liegt ein fehlerhaftes rechtsgeschäftliches Handeln auf Seiten des Beitretenden und zumindest eines bisherigen Gesellschafters zugrunde. Hängt die Wirksamkeit des Beitritts von der Zustimmung oder Mitwirkung weiterer Gesellschafter ab und liegt diese nicht vor, ist der Beitrittsvertrag ebenfalls fehlerhaft. Mit Vollzug eines (fehlerhaften) Beitritts finden die Grundsätze über die fehlerhafte Gesellschaft Anwendung.[33] Auf der Rechtsfolgenseite ist der Beitritt rückwirkend nicht vernichtbar, sondern besteht bis zur Geltendmachung durch fristlose Kündigung mit allen Rechten und Pflichten nach innen und außen fort; Ausnahmen gelten nur zum Schutze Geschäftsunfähiger. 28

b) **Ausscheiden.** Auch das Ausscheiden aus einer Gesellschaft, das auf einer Vereinbarung oder einem Ausschließungsbeschluss der übrigen Gesellschafter beruht, kann ebenso wie der Beitritt fehlerhaft sein. Die Literatur will hier wieder danach unterscheiden, ob die Fehlerhaftigkeit die Gesellschaft oder nur die schuldrechtlichen Beziehung zwischen den Beteiligten betrifft.[34] Das fehlerhafte Ausscheiden ist dann vollzogen, wenn die übrigen Gesellschafter beispielsweise die Gesellschaft fortgeführt haben, bei nur anfechtbarer Austrittsvereinbarung ist Vollzug bereits mit ihrem Abschluss eingetreten. Dem fehlerhaft Ausgeschiedenen steht ein Wiederaufnahmeanspruch zu, wenn ihm der Fehler nicht zur Last fällt.[35] 29

c) **Kombination aus Beitritt und Ausscheiden.** Diese Grundsätze gelten auch für den Fall einer **fehlerhaften Gesellschafternachfolge,** die sich durch sachlich und zeitlich zusammenhängende, wenn auch rechtstechnisch getrennte Verträge des Ausscheidenden und des Beitretenden mit den übrigen Gesellschaftern vollzieht. Die Fehlerhaftigkeit der einen Vereinbarung muss nicht zwingend die Fehlerhaftigkeit der anderen zur Folge haben. Die Lehre von der fehlerhaften Gesellschaft findet ferner Anwendung auf den Fall der zweiseitigen Anteilsübertragung vom Altgesellschafter auf den Neugesellschafter unter Zustimmung der übrigen Gesellschafter.[36] 30

Im **Todesfall** kann die Gesellschafternachfolge dadurch fehlerhaft werden, dass die Mitgesellschafter aufgrund einer gesellschaftsvertraglichen Nachfolgeklausel nicht den wahren Erben, sondern den vermeintlichen Erben als Nachfolger behandeln. In der Regel fehlt eine besondere rechtsgeschäftliche Vereinbarung mit dem Nachfolger, sodass kein fehlerhafter Vertragsschluss vorliegt. Die Voraussetzungen für die Anwendbarkeit der Grundsätze der fehlerhaften Gesellschaft sind dann nicht einschlägig. Gesellschafter ist trotz Vollzugs der Gesellschaft mit dem vermeintlichen Erben der wahre Erbe. Die Gesellschaft kann sich bei Vorliegen eines Erbscheins auf § 2367 BGB berufen.[37] Im Falle einer gesellschaftsvertraglichen Eintrittsklausel liegt eine rechtsgeschäftliche Beitrittsvereinbarung zwischen 31

12.10.1987 – II ZR 251/86, NJW 1988, 1321; BGH, Urt. v. 18.1.1988 – II ZR 140/87, NJW 1988, 1324; BGH, Urt. v. 14.10.1991 – II ZR 212/90, NJW 1992, 1501; BGH, Urt. v. 16.12.2002 – II ZR 109/01, NZG 2003, 277; *Hadding/Kießling* in: Soergel, BGB, 13. Aufl. 2011, § 705 Rn. 89 f.; *Schäfer* in: Großkomm. HGB, 5. Aufl. 2009, § 105 Rn. 87; *K. Schmidt* in: MüKoHGB, 4. Aufl. 2016, § 105 Rn. 248 ff.

[33] OLG Koblenz, Urt. v. 22.2.1979, 6 U 365/78, WM 1979, 1435 (fehlerhafter Beitritt wegen Verstoßes gegen §§ 134, 138 BGB); OLG Schleswig, Urt. v. 13.6.2002, 5 U 78/01, ZIP 2002, 1244, 1247; *K. Schmidt* in: MüKoHGB, 4. Aufl. 2016, § 105 Rn. 248.

[34] *Schäfer* in: MüKoBGB, 7. Aufl. 2017, § 705 Rn. 370; die Anwendung der Grundsätze über die fehlerhafte Gesellschaft grundsätzlich bejahend: *Wertenbruch* in: Ebenroth/Boujong/Joost/Strohn, HGB, 4. Aufl. 2020, § 105 Rn. 357; *Lieder* in: Oetker, HGB, 6. Aufl. 2019, § 105 Rn. 125.

[35] *Schäfer* in: MüKoBGB, 7. Aufl. 2017, § 705 Rn. 372; BGH, Urt. v. 14.4.1969 – II ZR 142/67, NJW 1969, 1483; BGH, Urt. v. 13.3.1975 – II ZR 154/73, WM 1975, 512; BGH, Urt. v. 18.1.1988 – II ZR 140/87, NJW 1988, 1324.

[36] BGH, Urt. v. 18.1.1988 – II ZR 140/87, NJW 1988, 1324.

[37] *Schäfer* in: MüKoBGB, 7. Aufl. 2017, § 705 Rn. 376; *K. Schmidt*, AcP 186 (1986), 421, 437 f.; a. A. *Konzen* ZHR 145 (1981), 29, 61 ff.

vermeintlichem Erben und Mitgesellschaftern vor, die nach Vollzug des Beitritts durch fristlose Kündigung beendet werden kann.

32 **d) Beitritt oder Ausscheiden Minderjähriger.** Für den Fall des fehlerhaften Beitritts oder des fehlerhaften Ausscheidens Minderjähriger geht der Minderjährigenschutz vor: Das fehlerhafte Ausscheiden erlangt stets Wirksamkeit, der Minderjährige kann jedoch zu seinem Schutze Wiederaufnahme verlangen. Der fehlerhafte Beitritt ist unwirksam, falls der Mangel nicht nachträglich geheilt wird. Bei fehlerhafter zweiseitiger Anteilsübertragung gilt auch unter Beteiligung Minderjähriger nicht die Lehre von der fehlerhaften Gesellschaft.[38]

§ 25 Beendigungstatbestände der Nebenvereinbarung bei Begründung eines Gesellschaftsverhältnisses

33 Nebenvereinbarungen, die zur Begründung einer Sekundärgesellschaft geführt haben, können wie jede andere Gesellschaft bürgerlichen Rechts auch durch Zeitablauf oder durch Erreichen des Zwecks enden.[39] Bei zeitlicher Begrenzung der Dauer der Nebenvereinbarung, die zur Entstehung einer Sekundärgesellschaft geführt hat, kann diese vorzeitig nur wegen eines wichtigen Grundes gekündigt werden (§ 723 Abs. 1 S. 2 BGB). Führt die Nebenvereinbarung zu einer auf unbestimmte Zeit geschlossenen Gesellschaft bürgerlichen Rechts, kann sie durch den (Innen-)Gesellschafter gemäß § 723 Abs. 1 S. 1 BGB jederzeit gekündigt werden. Das ordentliche Kündigungsrecht kann nicht gänzlich, jedoch zeitlich begrenzt ausgeschlossen werden, weil es sich um ein unverzichtbares Mitgliedschaftsrecht handelt (§ 723 Abs. 3).[40] Die zeitliche Grenze ist einzelfallabhängig zu bestimmen, jedoch besteht eine maximale Grenze von 30 Jahren.[41] Das Recht zur außerordentlichen Kündigung aus wichtigem Grund (§ 723 Abs. 1 S. 2 BGB) kann nicht ausgeschlossen werden.

---

[38] *Schäfer* in: MüKoBGB, 7. Aufl. 2017, § 705 Rn. 375.
[39] Siehe zur Laufzeit von Nebenabreden ausführlich unter → Kap. 17 Rn. 33 ff.
[40] BGH, Urt. v. 18.9.2006 – II ZR 137/04, NJW 2007, 295; *Wälzholz* GmbHR 2009, 1020, 1025.
[41] BGH, Urt. v. 18.9.2006 – II ZR 137/04, NJW 2007, 295.

Kapitel 10. AGB-rechtliche Inhaltskontrolle nach §§ 307 ff. BGB

Die Frage, wann Gesellschaftervereinbarungen als Allgemeine Geschäftsbedingungen zu qualifizieren sind und damit unter §§ 305 ff. BGB fallen, wurde bislang nur spärlich behandelt, ist aber von praktischer Relevanz. Nach § 305 Abs. 1 S. 1 BGB sind Allgemeine Geschäftsbedingungen „alle für eine Vielzahl von Verträgen vorformulierten Vertragsbedingungen, die eine Vertragspartei (Verwender) der anderen Vertragspartei bei Abschluss eines Vertrags stellt". Schuldrechtliche Nebenvereinbarungen können vorbehaltlich § 310 Abs. 4 S. 1 BGB ebenso hierunter fallen wie Gesellschaftsverträge von Personengesellschaften oder Satzungen von Körperschaften. Selbst im unternehmerischen Verkehr – wenn beispielsweise die Gesellschafter als Unternehmer zu qualifizieren wären – erfolgt eine Inhaltskontrolle anhand §§ 308, 309 BGB (§ 310 Abs. 1 S. 1 BGB). Schwierig wird das Verhältnis von AGB-Recht und Gesellschaftsverträgen sowie Gesellschaftervereinbarungen durch die Bereichsausnahme in § 310 Abs. 4 S. 1 BGB, wonach §§ 305 ff. BGB unter anderem keine Anwendung auf Verträge „auf dem Gebiet des Gesellschaftsrechts" finden. 1

Was sind aber Verträge „auf dem Gebiet des Gesellschaftsrechts", wie sind solche Verträge von anderen Verträgen abzugrenzen und lassen sich einheitliche Verträge in Bestimmungen „auf dem Gebiet des Gesellschaftsrechts" und solche auf anderen Gebieten aufteilen? Zum „Gebiet des Gesellschaftsrechts" zählen zunächst materielle Satzungsbestandteile bei Kapitalgesellschaften und „der" Gesellschaftsvertrag bei Personengesellschaften. Schwieriger zu beantworten sind hingegen die Fragen, ob auch formelle Satzungsbestandteile, also Regelungen, die nur rein äußerlich in einer Satzung oder in einem Gesellschaftsvertrag enthalten sind, materiell aber keine gesellschaftsvertragliche Qualität aufweisen, unter die Bereichsausnahme fallen sollen und ob Regelungen in Gesellschaftervereinbarungen unter die Bereichsausnahme zu subsumieren sind, mit denen außerhalb des Gesellschaftsvertrags die Beziehungen der Gesellschafter untereinander oder von Gruppen von Gesellschaftern untereinander geregelt werden, beispielsweise wenn durch eine Beteiligungsvereinbarung eine das gesellschaftsvertragliche Organisationsstatut überlagernde Regelungsebene geschaffen wird. 2

§ 26 Auslegung

Der deutsche Gesetzgeber hat die Begrifflichkeit „Verträge auf dem Gebiet des Gesellschaftsrechts" nicht näher definiert und dies auch nicht für notwendig gehalten.[1] Maßgebend ist für die Auslegung auch Europarecht, weil §§ 305 ff. BGB – § 310 BGB eingeschlossen – auf der Richtlinie 93/13/EWG beruhen.[2] 3

I. Wortlaut

Der Wortlaut des § 310 Abs. 4 BGB bietet nur geringe Anhaltspunkte für die Abgrenzung zwischen Verträgen auf dem Gebiet des Gesellschaftsrechts und Verträgen auf sonstigen Gebieten.[3] Dies liegt daran, dass der Wortlaut – „Verträge auf dem Gebiet des Gesellschaftsrechts" – sehr weit gefasst ist und mit „Gebiet des Gesellschaftsrechts" kein klar und eindeutig abgrenzbares Rechtsgebiet existiert. 4

---

[1] Der Gesetzgeber hat eine nähere Definition nicht für notwendig erachtet, vgl. BT-Drucks. 7/3919, S. 41.
[2] ABl. EG Nr. L 95 vom 21.4.1993, S. 29.
[3] *Mock* in: Graf von Westphalen, Vertragsrecht und AGB-Klauselwerke, 44. EL Oktober 2019, Teil „Klauselwerke", Gesellschaftsrecht, Rn. 3.

II. Historie

5 Auch eine historische Auslegung ist für die Konkretisierung wenig ergiebig.[4] Der Gesetzgeber verzichtete bewusst auf eine Definition des Begriffs „Gesellschaftsrecht", da er eine solche für nicht erforderlich hielt.[5] Stattdessen führte er in den Gesetzesmaterialen lediglich aus, dass „Rechtsgebiete [wie das Gesellschaftsrecht] pauschal vom Anwendungsbereich des Gesetzes [§§ 305 ff. BGB] aus[genommen seien], weil der Schutz des Gesetzes insoweit nicht erforderlich, nicht angemessen oder nicht systematisch erscheint."[6] Der Gesetzgeber begnügt sich damit darauf hinzuweisen, dass auf dem Gebiet des Gesellschaftsrechts „nur selten" AGB verwendet würden, das Gesellschaftsrecht so „viele Eigenarten" aufweisen würde, dass sich eine Anwendung der §§ 305 ff. BGB nicht eignen würde.[7] Zumindest in einem Punkt wird der Gesetzgeber konkret: Der Depotstimmrechtsvertrag ist ausdrücklich vom Anwendungsbereich des § 310 Abs. 4 BGB mit der Folge ausgenommen, dass Depotstimmrechtsverträge einer Kontrolle gemäß §§ 305 ff. BGB unterliegen.[8]

III. Systematik sowie Sinn und Zweck

6 In der Literatur wird auf unterschiedliche Weise anhand systematischer und teleologischer Aspekte der Versuch unternommen, die Bereichsausnahme in § 310 Abs. 4 BGB näher zu fassen.

7 Teilweise wird an die Gesetzesbegründung angeknüpft, wonach der Schutz der §§ 305 ff. BGB insoweit nicht erforderlich sei, als Verträge auf dem Gebiet des Gesellschaftsrechts betroffen seien, und die Anwendung der Bereichsausnahme davon abhängig gemacht, ob **eine enge persönliche und geschäftliche Beziehung zwischen den Gesellschaftern** bestehe.[9] In diesem Falle fehle es an einem Machtgefälle in Form des einseitigen Stellens von AGB, dessen Begrenzung die AGB-Kontrolle bezweckt; außerdem würden die einzelnen vertraglichen Regelungen vielmehr im Einzelnen ausgehandelt, so etwa in der Regel zwischen den Gesellschaftern einer Gesellschaft bürgerlichen Rechts oder einer Personengesellschaft des Handelsrechts.[10] Diese Ansicht überzeugt nicht. Zum einen kann sie nicht erklären, weshalb Verträge im Zusammenhang mit Gesellschaften, in denen keine engen persönlichen und geschäftlichen Beziehungen zwischen den Gesellschaftern herrschen, wie beispielsweise bei Publikumsgesellschaften, keiner AGB-Kontrolle unterliegen sollen,[11] was aber wiederum umstritten ist.[12] Zum anderen vermischt diese Ansicht Tatbestandsmerkmale des § 305 BGB mit denen des § 310 Abs. 4 BGB.[13] Käme es schon bei der Frage nach dem Anwendungsbereich der Bereichsausnahme des § 310 Abs. 4 BGB darauf an, ob eine Regelung im Einzelnen zwischen den Gesellschaftern ausgehandelt wurde und daher keine Allgemeine Geschäftsbedingung darstelle, würde der Regelungsgegenstand des § 305 BGB erheblich eingeschränkt.

8 Auch der **zwingende Charakter** einiger gesellschaftsrechtlicher Regelungen wird bemüht, um die Anwendung der Bereichsausnahme in § 310 Abs. 4 BGB zu begründen, weil

---

[4] *Mock* in: Graf von Westphalen, Vertragsrecht und AGB-Klauselwerke, 44. EL November 2019, Teil „Klauselwerke", Gesellschaftsrecht, Rn. 4.
[5] Vgl. BT-Drucks. 7/3919, S. 41.
[6] BT-Drucks. 7/3919, S. 41.
[7] Vgl. BT-Drucks. 7/3919, S. 41.
[8] Vgl. BT-Drucks. 7/3919, S. 41.
[9] *Stoffels*, AGB-Recht, 3. Aufl. 2015, Rn. 156.
[10] *Basedow* in: MüKoBGB, 8. Aufl. 2019, § 310 Rn. 120.
[11] *Richters/Friesen* in: BeckOGK, Stand: 1.2.2020, BGB § 310 Rn. 187 ff.; *Mock* in: Graf von Westphalen, Vertragsrecht und AGB-Klauselwerke, 44. EL November 2019, Teil „Klauselwerke", Gesellschaftsrecht, Rn. 6.
[12] *Basedow* in: MüKoBGB, 8. Aufl. 2019, § 310 Rn. 128.
[13] *Mock* in: Graf von Westphalen, Vertragsrecht und AGB-Klauselwerke, 44. EL November 2019, Teil „Klauselwerke", Gesellschaftsrecht, Rn. 7.

das auf Aktiengesellschaften und Genossenschaften anwendbare Gesetzesrecht so umfassend zwingenden Charakter habe, dass keine Gefahr bestehe, dass die Satzung unangemessene Regelungen enthalten könnte, die eine AGB-Kontrolle notwendig machten.[14] Schwäche dieser Ansicht ist, dass sie lediglich für Aktiengesellschaften und Genossenschaften die Anwendung des § 310 Abs. 4 BGB zu begründen vermag, da nur für diese aufgrund der Satzungsstrenge eine AGB-Kontrolle nicht notwendig erscheinen mag (vgl. §§ 23 Abs. 5 AktG; 18 Satz 2 GenG), nicht jedoch für alle anderen Gesellschaftsformen.[15]

Ob es sich um einen Vertrag auf dem Gebiet des Gesellschaftsrechts handelt oder nicht, **9** wird mitunter daran festgemacht, ob der Vertrag auf den **gegenseitigen Austausch von Leistungen** abzielt.[16] Ist dies der Fall, sollen §§ 305 ff. BGB Anwendung finden; steht hingegen die wechselseitige Förderung des gemeinschaftlichen Zwecks des Zusammenschlusses im Vordergrund, soll die Bereichsausnahme eingreifen.[17]

Schließlich findet sich in der Literatur noch eine „typologische Gesamtbetrachtung" in **10** dem Sinne der Würdigung des gesamten Vertragswerkes oder zumindest in sich geschlossener, selbständiger Vertragsteile anhand einer Vielzahl von Wertungskriterien, die jeweils für sich genommen kein entscheidendes Gewicht haben, untereinander in der Gesamtschau relativeren, aber auch verstärken können.[18]

Bei allem ist zu bedenken, dass §§ 305 ff. BGB auf der Richtlinie 93/13/EWG[19] **11** beruhen, in deren zehnter Begründungserwägung es heißt, dass die Vorschriften dieser Richtlinie, die dem Schutz der Verbraucher vor missbräuchlichen Klauseln dienten, für alle Verträge zwischen Gewerbetreibenden und Verbrauchern gelten sollten und **daher** insbesondere Arbeitsverträge sowie Verträge auf dem Gebiet des Erb-, Familien- und Gesellschaftsrechts von dieser Richtlinie ausgenommen seien. Der europarechtliche Unterbau der deutschen AGB-Vorschriften unterstellt daher zunächst in aller Pauschalität, dass an Gesellschaftsverträgen keine Verbraucher beteiligt sind,[20] was zur Notwendigkeit der teleologischen Reduktion der Bereichsausnahme für Nebenabreden zwingen könnte (§ 310 Abs. 4 S. 1 BGB), wenn an Nebenabreden doch einmal Verbraucher beteiligt sein sollten. So wird bereits für Gesellschaftsverträge, an denen Verbraucher beteiligt sind, vertreten, dass in diesem Fall zwar ein Gesellschaftsvertrag vorliege, der zugleich aber Verbrauchervertrag sei, von der Richtlinie daher erfasst werde und auf den die Bereichsausnahme des § 310 Abs. 4 S. 1 BGB keine Anwendung finden könne.[21] In Wirklichkeit geht es insoweit aber nicht um die europarechtskonforme Auslegung nationalen Rechts, sondern um die Auslegung unklaren Europarechts, das irrtümlich davon auszugehen scheint, dass Verbraucher per definitionem nicht an Gesellschaftsverträgen beteiligt sein könnten.[22]

Wie der europäische Normengeber die Frage der Bereichsausnahme für das Gesellschafts- **12** recht geregelt hätte, wenn er erkannt hätte, dass auch Verbraucher an Gesellschaftsverträgen beteiligt sein können, bleibt im Dunkeln. Berücksichtigt man, dass sowohl im Personen- als auch Kapitalgesellschaftsrecht die Gesellschaft grundsätzlich zur Gleichbehandlung ihrer

---

[14] MüKoBGB/Basedow, 8. Aufl. 2019, § 310 Rn. 120; Stoffels, AGB-Recht, 3. Aufl. 2015, Rn. 156.
[15] Richters/Friesen in: BeckOGK, Stand: 1.2.2020, BGB § 310 Rn. 186 ff.; Mock in: Graf von Westphalen, Vertragsrecht und AGB-Klauselwerke, 44. EL November 2019, Teil „Klauselwerke", Gesellschaftsrecht, Rn. 9.
[16] Vgl. BGH, Urt. v. 10.10.1994 – II ZR 32/94, NJW 1995, 192, 193; Becker in: BeckOK BGB, 54. Ed., Stand: 1.5.2020, § 310 Rn. 29.
[17] BGH, Urt. v. 10.10.1994 – II ZR 32/94, NJW 1995, 192, 193; Becker in: BeckOK BGB, 54. Ed., Stand: 1.5.2020, § 310 Rn. 30, 33.
[18] Bieder ZHR 174 (2010), 705, 724 m. w. N.
[19] ABl. Nr. L 95 vom 21.4.1993, S. 29.
[20] Bieder ZHR 174 (2010), 705, 727.
[21] Basedow in: MüKoBGB, 8. Aufl. 2019, § 310 Rn. 54, 128 („teleologische Reduktion"); Heinrichs NJW 1996, 2190, 2192; Schwerdtfeger DStR 1997, 499, 500; OLG Oldenburg, Urt. v. 20.5.1999, 1 U 24/99, NZG 1999, 896, 897; bestätigt durch Nichtannahmebeschluss des 2. Senats des BGH vom 17.7.2000 (II ZR 193/99); offenlassend BGH, Urt. v. 27.11.2000 – II ZR 218/00, NJW 2001, 1270, 1271; KG Berlin, Urt. v. 17.9.1997, Kart U 1885/97, WM 1999, 731.
[22] Bieder ZHR 174 (2010), 705, 728 f.

Mitglieder verpflichtet ist,[23] würde sich – wenn die Bereichsausnahme für Beteiligungen von Verbrauchern nicht gälte – eine erhebliche Ungleichbehandlung der Parteien eines Vertrags auf dem Gebiet des Gesellschaftsrechts – beispielsweise einer Gesellschaftervereinbarung – ergeben, wenn einige der Vertragspartner als Verbraucher qualifiziert werden und andere nicht. Dann würde beispielsweise eine Gesellschaftervereinbarung, an der alle Gesellschafter beteiligt sind, nach unterschiedlichen Kriterien ausgelegt werden müssen und verschiedenen Vorschriften und Rechtsgrundsätzen unterliegen, und das, wo den übrigen Gesellschaftern in der Regel die Verbrauchereigenschaft jener Gesellschafter unbekannt sein wird. Vertragspartner würden dann bei einer im Übrigen identischen Ausgestaltung der Beteiligung unterschiedlich behandelt werden. Weil aber Gesellschafter untereinander gleich zu behandeln sind und beispielsweise nicht im Vorhinein feststehen dürfte, wie sich der Gesellschafterkreis künftig genau zusammensetzen wird, müsste, wenn die Bereichsausnahme bei Verbraucherbeteiligungen nicht eingriffe, der höhere Verbraucherschutzstandard auf alle Gesellschafter – gleich ob in concreto Verbraucher oder Unternehmer – angelegt werden mit der Folge, dass die Bereichsausnahme über einen solchen Zwang zur faktischen Gleichbehandlung aller Gesellschafter ihre Bedeutung verlöre, weswegen Stimmen in der Literatur die Bereichsausnahme auch für Verbraucherverträge gelten lassen wollen, damit § 310 Abs. 4 Satz 1 BGB nicht zur Gänze leerläuft.[24]

13 Die Rechtsprechung des BGH kombiniert mehrere bekannte, nur terminologisch neu gefasste Kriterien. So verlangt sie für die Kontrollfreiheit im Sinne des § 310 Abs. 4 Satz 1 BGB Absprachen, die (i) unmittelbar auf dem Gesellschaftsvertrag beruhen, (ii) mitgliedschaftlicher Natur sind und (iii) der Verwirklichung des Gesellschaftszwecks dienen.[25] Bei Nichtvorliegen auch nur eines Kriteriums greift die Bereichsausnahme nicht ein.[26]

§ 27 Abgrenzung von Nebenabreden

14 Für die Frage, ob eine schuldrechtliche Nebenabrede einer AGB-Kontrolle unterfällt oder gemäß § 310 Abs. 4 BGB vom Anwendungsbereich der §§ 305 ff. BGB ausgenommen wird, lässt sich aus den obigen allgemeinen Abgrenzungskriterien Folgendes ableiten:

I. Nebenabrede begründet eine Gesellschaft bürgerlichen Rechts

15 Begründet die Nebenabrede ein Gesellschaftsverhältnis bürgerlichen Rechts, gleichviel ob Innen- oder Außengesellschaft bürgerlichen Rechts, findet die Bereichsausnahme des § 310 Abs. 4 BGB grundsätzlich Anwendung auf diese Nebenabrede, mit der Folge, dass die Nebenvereinbarung nicht der AGB-Kontrolle unterliegt.[27]

II. Kein Gesellschaftsverhältnis: Auslegung nach Vertragsgegenstand und Vertragsparteien

16 Begründet die Nebenabrede kein Gesellschaftsverhältnis bürgerlichen Rechts, kommt es darauf an, ob die Nebenabrede nicht bloß einen Austausch schuldrechtlicher Leistungen zum Gegenstand hat, sondern konkret auf die Ausübung mitgliedschaftlicher Rechte

---

[23] MüKoBGB/Schäfer, 7. Aufl. 2017, § 705 Rn. 244 ff.; *Verse,* Der Gleichbehandlungsgrundsatz im Recht der Kapitalgesellschaften, 2006, S. 10 f.
[24] *Richters/Friesen* in: BeckOGK, Stand: 1.2.2020, BGB § 310 Rn. 187 ff.; aA OLG Frankfurt a. M., Urt. v. 4.2.2004 – 23 U 66/03, NJW-RR 2004, 991; *Schulte-Nölke* in: Schulze, BGB, 10. Aufl 2019, § 310 Rn. 13; MüKoBGB/Basedow, 8. Aufl. 2019, § 310 Rn. 128.
[25] Vgl. BGH, Urt. v. 11.11.1991 – II ZR 44/91, ZIP 1992, 326; BGH, Urt. v. 8.2.1988 – II ZR 228/87, BGHZ 103, 219, 222 f.
[26] *Bieder* ZHR 174 (2010), 705, 724 f.
[27] MüKoBGB/Basedow, 8. Aufl. 2019, § 310 Rn. 54; *Becker* in: BeckOK BGB, Stand: 1.5.2020, § 310 Rn. 30 f.; *Mock* in: Graf von Westphalen, Vertragsrecht und AGB-Klauselwerke, 44. EL November 2019, Teil „Klauselwerke", Gesellschaftsrecht, Rn. 28.

abzielt.²⁸ Ein Stimmbindungsvertrag beispielsweise betrifft die Ausübung eines konkreten Mitgliedschaftsrechts und wird damit grundsätzlich von der Bereichsausnahme erfasst,²⁹ während eine Vereinbarung zwischen der Gesellschaft und einem Gesellschafter über die Rückübertragung von Gesellschaftsanteilen lediglich einen Austausch schuldrechtlicher Leistungen darstellt und §§ 305 ff. BGB unterfällt.³⁰ Selbst wenn aber eine Nebenabrede konkret die Ausübung eines mitgliedschaftlichen Rechts betrifft, fällt sie dann nicht unter die Bereichsausnahme des § 310 Abs. 4 BGB, wenn an der Nebenabrede außenstehende Dritte beteiligt sind.³¹ Grund hierfür ist, dass es bei solchen Vereinbarungen gerade an einem persönlichen und engen Zusammenwirken der Gesellschafter fehlt. Ob an einer Nebenabrede ein Verbraucher beteiligt ist, spielt für die Anwendung des § 310 Abs. 4 BGB nach der Rechtsprechung jedenfalls keine Rolle.

III. Einzelfälle von Nebenabreden

1. Depotstimmrechtsverträge

Diskutiert – und verneint – wird die Einschlägigkeit der Bereichsausnahme bei Depotstimmrechtsverträgen, bei denen ein Gesellschafter einen außenstehenden Dritten mit der Ausübung seines Stimmrechts bevollmächtigt.³² Dies entspricht dem Willen des Gesetzgebers, der in den Gesetzesmaterialien den Depotstimmrechtsvertrag ausdrücklich in den Anwendungsbereich der §§ 305 ff. BGB einbeziehen wollte.³³ Es fehlt der ausschließlich gesellschaftsrechtliche Bezug wie er bei Verträgen zwischen zwei Gesellschaftern, die die Gesellschaft betreffen, an beide beteiligt sind, vorliegt. Es handelt sich dann um eine „Außenrechtsbeziehung", die mit der Gesellschaft und der Beteiligung an ihr nur noch mittelbar in Zusammenhang steht und die eher einem Austauschverhältnis im Sinne einer Verpflichtung zur Leistungserbringung – der Stimmrechtsausübung auf einer Hauptversammlung – entspricht.

17

2. Stimmrechtsverträge zwischen Gesellschafter

Sind Stimmbindungen allerdings unter Gesellschaftern vereinbart und sichern diese so ihre Möglichkeiten der Einflussnahme in der Gesellschafterversammlung und auf die Gesellschaft, haben sie gesellschaftsvertraglichen Charakter,³⁴ weil solche Verträge ihrerseits ein eigenständiges Gesellschaftsverhältnis begründen.³⁵

18

3. Treuhandverträge

Bei Treuhandverträgen fehlt es wie bei einem Depotstimmrechtsvertrag an einem engen und persönlichen Zusammenwirken der Gesellschafter, da das Treuhandverhältnis zwischen einem Gesellschafter und einem außenstehenden Dritten besteht. Daher sind auch Treuhandverträge über eine Gesellschaftsbeteiligung nicht als Verträge auf dem Gebiet des Gesellschaftsrechts im Sinne von § 310 Abs. 4 BGB zu qualifizieren.³⁶

19

---

²⁸ *Mock* in: Graf von Westphalen, Vertragsrecht und AGB-Klauselwerke, 44. EL November 2019, Teil „Klauselwerke", Gesellschaftsrecht, Rn. 49 f.
²⁹ *Becker* in: BeckOK BGB, Stand: 1.5.2020, § 310 Rn. 33; *Richters/Friesen* in: BeckOGK, Stand: 1.2.2020, § 310 BGB Rn. 190.
³⁰ Vgl. LG Düsseldorf, Urt. v. 6.4.2010 – 36 S 3/09, BeckRS 2013, 02506.
³¹ *Richters/Friesen* in: BeckOGK, Stand: 1.5.2020, BGB § 310 Rn. 190; *Becker* in: BeckOK BGB, Stand: 1.5.2020, § 310 Rn. 33.
³² *Basedow* in: MüKoBGB, 8. Aufl. 2019, § 310 Rn. 124.
³³ Vgl. BT-Drucks. 7/3919, S. 41.
³⁴ *Ulmer* in: Ulmer/Brandner/Hensen, AGB-Recht, 11. Aufl. 2011, § 310 Rn. 123.
³⁵ → Kap. 4 Rn. 11.
³⁶ *Schmidt* in: Wolf/Lindacher/Pfeiffer, AGB-Recht, 6. Aufl. 2013, § 310 Abs. 4 Rn. 14; MüKoBGB/Basedow, 8. Aufl. 2019, § 310 Rn. 124; *Becker* in: BeckOK BGB, Stand: 1.5.2020, § 310 Rn. 33.

4. Anteilsveräußerungen oder die Belastung von Anteilen mit Rechten Dritter

20 Nebenabreden über Anteilsveräußerungen oder die Belastung von Anteilen mit Rechten Dritter, beispielsweise mit Nießbräuchen, sind als Austauschverträge zu qualifizieren und fallen daher nicht unter die Bereichsausnahme.[37] Anders ist dies nur bei einer Anteilsveräußerung an einen Mitgesellschafter aufgrund einer gesellschaftsvertraglichen Verpflichtung zu sehen, beispielsweise in Erfüllung einer gesellschaftsvertraglichen Übertragungsverpflichtung nach Einziehung von Geschäftsanteilen, weil dann nicht der Charakter als Austauschvertrag im Vordergrund steht, sondern die Erfüllung gesellschaftsvertraglicher Verpflichtungen gegen Zahlung eines gesellschaftsvertraglich vereinbarten Entgelts. Der Austauschcharakter stellt sich dann als bloß vordergründig und durch das Gesellschaftsverhältnis überlagert dar.

5. Einlageleistungen, Nachschusspflichten und Milestone-Vereinbarungen

21 Vereinbarungen zwischen der Gesellschaft und einem oder mehreren Gesellschaftern hinsichtlich der Einlageleistungen, Nachschusspflichten oder Milestone-Vereinbarungen – hierbei hängt die Einlage- und/oder Nachschusspflicht vom Erreichen bestimmter Ereignisse ab – fallen in den Anwendungsbereich des § 310 Abs. 4 BGB.[38]

---

[37] MüKoBGB/Basedow, 8. Aufl. 2019, § 310 Rn. 124.
[38] *Mock* in: Graf von Westphalen, Vertragsrecht und AGB-Klauselwerke, 44. EL November 2019, Teil „Klauselwerke", Gesellschaftsrecht, Rn. 46.

Kapitel 11. Verhältnis zwischen gesellschafterlicher Treuepflicht und Nebenvereinbarungen

§ 28 Einführung: Rechtsnatur der Treuepflicht, Anwendungsbereich und Inhalt

In jedem Rechtsverhältnis gibt es Loyalitätspflichten, die sich zu konkreten Handlungspflichten verdichten können und allgemein als Treuepflichten[1] bezeichnet werden.[2] Im Gesellschaftsrecht dient die mitgliedschaftliche Treuepflicht vor allem der Ausfüllung regelungsbedürftiger Lücken.[3] Ihre Rechtsgrundlage ist umstritten. Genannt werden unter anderem das mitgliedschaftliche Gemeinschaftsverhältnis, die mitgliedschaftliche Zweckförderungspflicht sowie die Korrelation zwischen Rechtsmacht und Verantwortung.[4] Auch zur rechtsdogmatischen Einordnung findet sich ein bunter Strauß an Ansichten.[5] Ihre Funktion erfüllt die mitgliedschaftliche Treuepflicht, indem sie die Gesellschafter als Verpflichtete dazu anhält, auf die Interessen der Gesellschaft und die mitgliedschaftsbezogenen Interessen der Mitgesellschafter angemessen Rücksicht zu nehmen.[6] Sie wirkt insofern primär als Rechtsausübungsschranke[7] und vermag nur in Ausnahmefällen als Anspruchsgrundlage für positives Tun herzuhalten. 1

Die Treuepflicht wirkt aber nicht nur zwischen Gesellschaftern untereinander,[8] sondern auch im Verhältnis der Gesellschaft zu Gesellschaftern und umgekehrt.[9] Konkrete Pflichten lassen sich aus ihr nur auf Grundlage einer Interessenwertung im Einzelfall ableiten.[10] Doch wird bei der Pflichtenkonkretisierung sowohl für die Aktiengesellschaft als auch für die GmbH herkömmlich zwischen eigennützigen und uneigennützigen Mitgliedschaftsrechten mit der Folge unterschieden, dass sich die Ausübung uneigennütziger Mitgliedschaftsrechte am Gesellschaftszweck auszurichten hat, wobei Belange der Gesellschaft im Grundsatz Vorrang gegenüber Interessen von Gesellschaftern genießen, und dass sich der Gesellschafter im Falle eigennütziger Mitgliedschaftsrechte rein egoistisch verhalten kann und eine Grenze lediglich im Willkürverbot erfährt.[11] Die uneigennützigen Mitgliedschaftsrechte sind dem Gesellschafter nicht zur Förderung seiner privaten Interessen eingeräumt, sondern zur Förderung der Interessen der Gesellschaft. Deswegen ist der Gesellschafter bei seiner Ausübung verpflichtet, den Gesellschaftsinteressen unbedingten Vorrang einzuräumen. Beispiel für ein uneigennütziges Mitgliedschaftsrecht ist das Stimmrecht. Eigennützige Mitgliedschaftsrechte dienen hingegen den Interessen der Gesellschafter, beispielsweise das Dividendenrecht. Bei den eigennützigen Mitgliedschaftsrechten müssen Aktionäre Ein- 2

---

1   Instruktiv und umfassend zu Treuepflichten *Winter,* Mitgliedschaftliche Treubindungen im GmbH-Recht, 1996.
2   *K. Schmidt,* Gesellschaftsrecht, 4. Aufl. 2002, § 20 IV 1a).
3   *Verse* in: Henssler/Strohn, Gesellschaftsrecht, 4. Aufl. 2019, GmbHG, § 14 Rn. 98.
4   *K. Schmidt,* Gesellschaftsrecht, 4. Aufl. 2002, § 20 IV 1b).
5   Nachweise zum Meinungsstand bei *Henze/Notz* in: Großkomm. AktG, 4. Aufl. 2004, Anhang zu § 53a Rn. 13–19.
6   *Verse* in: Henssler/Strohn, Gesellschaftsrecht, 4. Aufl. 2019, GmbHG § 14 Rn. 98.
7   Die Begründung einer konkreten Stimmpflicht innerhalb einer personalistisch geprägten GmbH in BGH, Versäumnisurt. v. 7.7.2003 – II ZR 235/01, NJW 2003, 3127 stellt insofern eine Ausnahme dar.
8   Für die GmbH seit dem ITT-Urteil, BGH, Urt. v. 5.6.1975 – II ZR 23/74, NJW 1976, 191; für die AG BGH, Urt. v. 1.2.1988 – II ZR 75/87, NJW 1988, 1579, 1581; BGH, Urt. v. 20.3.1995 – II ZR 205/94, NJW 1995, 1739.
9   Gesellschafter gegenüber der Gesellschaft: RG, Urt. v. 22.1.1935, II 198/34, RGZ 146, 385, 395 (zur Aktiengesellschaft), Gesellschaft gegenüber Gesellschaftern: BGH, Urt. v. 30.9.1991 – II ZR 208/90, NJW 1992, 368, 369; vgl. auch BGH, Urt. v. 15.5.1972 – II ZR 70/70, WM 1972, 931, 933: „beiderseitige Treuepflicht"; überdies BGH, Urt. v. 19.9.1994 – II ZR 248/92, NJW 1994, 3094 (zur Aktiengesellschaft).
10 *Altmeppen* in: Roth/Altmeppen, GmbHG, 9. Aufl. 2019, § 13 Rn. 31.
11 *Groß-Bölting,* Gesellschaftervereinbarungen in der AG, 2011, S. 84 f.; *Koch* in: Hüffer/Koch, AktG, 14. Aufl. 2020, § 53a Rn. 16.

schränkungen durch die Treuepflichtbindung nur in extremen Fällen hinnehmen, etwa bei sonst eintretender Existenzgefährdung des Unternehmens.[12]

§ 29 Konkretisierung der Treuepflicht durch außerstatutarische Abreden

3   Fraglich ist, ob Nebenabreden als außerstatutarische Vereinbarungen die Treuepflicht beeinflussen können. Bejaht man dies, so kann im Einzelfall ein Hauptversammlungsbeschluss oder ein Beschluss der Gesellschafterversammlung bei Abweichungen von der Nebenabrede anfechtbar sein. Wegen dieser weitgehenden Folge spielt sich die Diskussion hierüber vor allem vor diesem Hintergrund ab.[13]

I. Nebenvereinbarung und Treuepflicht in der Aktiengesellschaft

4   Bei der Aktiengesellschaft sollen schuldrechtliche Nebenvereinbarungen die gesellschafterliche Treuepflicht nicht berühren.[14] Auch das OLG Stuttgart[15] hat sich explizit gegen die schuldrechtliche Überformung von Treuepflichten entschieden, was zuvor schon implizit der BGH[16] judizierte. Zwar hatte der BGH[17] die Anfechtung des Mehrheitsbeschlusses einer Gesellschafterversammlung für zulässig erachtet, da sich sämtliche Gesellschafter zuvor schuldrechtlich zur Unterlassung einer durch den Mehrheitsbeschluss erfolgten Beteiligung der Gesellschaft an einem anderen Unternehmen verpflichtet hatten. Zugleich lehnte der BGH es aber ausdrücklich ab, dieses Ergebnis mithilfe der Verletzung einer gesellschaftsrechtlichen Treuepflicht zu rechtfertigen, denn eine solche kann sich allein aus dem Gesellschaftsverhältnis der Gesellschaft ergeben, nicht aber aufgrund schuldrechtlicher Nebenabreden ihrer Gesellschafter. Grund für das Nichtdurchschlagen von Vereinbarungen in Nebenabreden auf die Treuepflicht ist das Trennungsprinzip zwischen der korporationsrechtlichen Verfassung und damit auch der Treuepflicht einerseits und außerkorporationsrechtlich einzuordnenden Nebenabreden andererseits, so dass eine Inhaltsbestimmung der Treuepflicht auf Basis schuldrechtlicher Nebenabreden nicht möglich ist.[18]

5   Es gibt allerdings auch Gegenstimmen in der Literatur.[19] Zumindest omnilateralen Gesellschaftervereinbarungen wird ein gewisser Einfluss auf die Treuepflichten zwischen den Gesellschaftern oder zwischen den Gesellschaftern und der Gesellschaft zugestanden. Verstößt ein Gesellschafter gegen eine schuldrechtliche Abrede, die alle Gesellschafter untereinander über ihre Gesellschaftsverhältnisse in der Gesellschaft getroffen haben, verletzt der Gesellschafter nicht nur die schuldrechtliche Vereinbarung, sondern zugleich seine Treuebindung der Gesellschaft gegenüber.[20]

6   Jedenfalls aber besteht weitestgehende Einigkeit, dass Nebenvereinbarungen die gesellschafterliche Treuepflicht nicht zulasten der Gesellschaft modifizieren können,[21] denn Rechte und Pflichten aus schuldrechtlichen Nebenvereinbarungen sind nicht Ausfluss der Mitgliedschaft. Deswegen kann auch nicht durch eine Satzungsklausel ein Verstoß gegen

---

[12] *Koch* in: Hüffer/Koch, AktG, 14. Aufl. 2020, § 53a Rn. 17; MüKoBGB/*Schäfer*, 7. Aufl. 2017, § 705 Rn. 224, 226.
[13] Vgl. die Beiträge von *Weber* DStR 1997, 824; *Ulmer* NJW 1987, 1849; *Ripka,* Poolverträge und die neueren Entwicklungen des Gesellschaftsrechts, 2000, S. 52–57.
[14] MüKoAktG/*Pentz*, 5. Aufl. 2019, § 23 Rn. 201; ferner *Groß-Bölting*, Gesellschaftervereinbarungen in der AG, 2011, S. 85 Fn. 114.
[15] OLG Stuttgart, Urt. v. 7.2.2001, 20 U 52/97, BB 2001, 794, 797.
[16] Implizit der BGH, Urt. v. 27.10.1986 – II ZR 240/85, NJW 1987, 1890, 1891.
[17] BGH, Urt. v. 20.1.1983 – II ZR 243/81, NJW 1983, 1910, 1911; BGH, Urt. v. 27.10.1986 – II ZR 240/85, NJW 1987, 1890, 1891.
[18] *Groß-Bölting*, Gesellschaftervereinbarungen in der AG, 2011, S. 87.
[19] Vgl. *Hoffmann-Becking* ZGR 1994, 442, 462; *Noack*, Gesellschaftsvereinbarungen bei Kapitalgesellschaften, 1994, S. 161 ff.
[20] MHdB GesRIII/*Priester*, 5. Aufl 2018, § 21 Rn. 28.
[21] MüKoAktG/*Pentz*, 5 Aufl. 2019, § 23 Rn. 201; *Ulmer* NJW 1987, 1849 ff.; *Winter* ZHR 154 (1990), 259, 268 ff.; aA *Baumann/Reiß* ZGR 1989, 157, 214 f.

eine Nebenabrede zu einer korporativen Sanktion, etwa einer Anteilseinziehung nach §§ 64, 237 AktG führen, oder als Regelbeispiel für das Vorliegen eines wichtigen Grundes definiert werden; zugleich läge ein Verstoß gegen § 23 Abs. 5 AktG vor.[22] Das gilt daher auch entsprechend für den Verstoß eines Aktionärs gegen Verpflichtungen gegenüber der Aktiengesellschaft, die auf einer Nebenvereinbarung beruhen, und zwar unabhängig davon, ob die Nebenabrede die Aktiengesellschaft als Vertragspartnerin unmittelbar oder nur als Vertrag zu ihren Gunsten gemäß § 328 BGB berechtigt, weil sie nicht Ausfluss der Mitgliedschaft sind, sondern den Aktionär nur persönlich treffen. Gesellschaftsrechtliche Sanktionen, etwa der Ausschluss aus der Gesellschaft, sind dann unzulässig, auch wenn sich der Aktionär ihnen freiwillig unterwarf.[23]

II. Nebenvereinbarung und Treuepflicht in der GmbH

Auch im Recht der GmbH wird die Anerkennung von Nebenabreden bei der Konkretisierung von Treuepflichten weitestgehend verneint:[24] Für die GmbH beurteile sich das die Treuepflicht prägende Gesellschaftsinteresse außer nach objektivem Recht entscheidend nach dem Inhalt der GmbH-Satzung und dem Zweck der GmbH, nicht aber danach, ob und welche sonstigen Abreden die Gesellschafter außerhalb der Satzung unter sich getroffen hätten.[25] Indes wird vereinzelt die Auffassung vertreten, dass jedenfalls bei omnilateralen Vereinbarungen anderes gelte, weil sich der Inhalt der Treuepflicht maßgeblich über das Gesellschaftsinteresse erschließe, weswegen bei der Bestimmung des Gesellschaftsinteresses auf die grundlegenden Absprachen zur geschäftlichen Ausrichtung des Unternehmens zurückzugreifen sei, was Nebenabreden mit einschließe.[26] Nach dieser Auffassung würde mit der Heranziehung von Nebenabreden zur Inhaltsbestimmung der gesellschaftlichen Treuepflicht keineswegs die Trennung der korporativen von der schuldrechtlichen Ebene aufgegeben; vielmehr werde der Tatsache Rechnung getragen, dass schuldrechtliche Abreden faktisch auf das Gesellschaftsverhältnis ausstrahlen können.[27]

7

III. Verweis in der Satzung auf die Nebenabrede

Entgegen der teilweise im Schrifttum vertretenen Auffassung[28] lässt sich ein volles „Durchschlagen" der Nebenabrede auf die Treuepflicht in der Praxis auch nicht dadurch erreichen, dass in der Satzung auf die Nebenabrede Bezug genommen wird.[29] Eine solche Gestaltung widerspricht dem Trennungsprinzip. Im Aktienrecht verstößt sie im Übrigen gegen das Gebot der Satzungsstrenge gemäß § 23 Abs. 5 AktG.

8

IV. Stellungnahme

Dem Gros der Meinungen im Schrifttum, das ein **Durchschlagen von Nebenvereinbarungen** auf die Treuepflicht **ablehnt,**[30] ist im Grundsatz zuzustimmen. Aus Satzung und

9

---

[22] BGH, Urt. v. 22.1.2013 – II ZR 80/10, AG 2013, 224 Rn. 13; MüKoAktG/Pentz, 5. Aufl. 2019, § 23 Rn. 201; *Winter* ZHR 154 (1990), 259, 281; *Koch* in: Hüffer/Koch, AktG, 5. Aufl. 2019, § 23 Rn. 47; a. A. *Hoffmann-Becking* ZGR 1994, 442, 461 f.
[23] MüKoAktG/Götze, 5. Aufl. 2019, § 54 Rn. 31; *Fleischer* in: K. Schmidt/Lutter, AktG, 3. Aufl. 2015, § 54 Rn. 22; BGH, Urt. v. 22.1.2013 – II ZR 80/10, NZG 2013, 220.
[24] *Dürr*, Nebenabreden im Gesellschaftsrecht, 1994, S. 103–107 mwN; *Wicke* in: MüKoGmbHG, 3. Aufl. 2018, § 3 Rn. 146.
[25] BGH, Urt. v. 20.1.1983 – II ZR 243/81, NJW 1983, 1910, 1911; *Ulmer* NJW 1987, 1849, 1852; *Weber* DStR 1997, 824, 828.
[26] *Weber* DStR 1997, 824, 828 mwN.
[27] *Weber* DStR 1997, 824, 828.
[28] *Hoffmann-Becking* ZGR 1994, 442, 461 f.
[29] MüKoAktG/Pentz, 5. Aufl. 2019, § 23 Rn. 201; *Koch* in: Hüffer/Koch, AktG, 14. Aufl. 2020, § 23 Rn. 47.
[30] MüKoAktG/Pentz, 5. Aufl. 2019, § 23 Rn. 201 mwN.

Gesetz ergibt sich, welche konkrete Treuepflicht den einzelnen Gesellschafter trifft. Würde dieser Pflichtenkanon durch schuldrechtliche Nebenabreden modifiziert, schlüge die schuldrechtliche Nebenvereinbarung mittelbar auf die Satzung durch, womit die Satzung nicht mehr das alleinige Organisationsstatut wäre. Das schließt es aber nicht aus, für die Bestimmung der konkreten Treuepflicht und für die zur Feststellung des Treuepflichtverstoßes notwendige Interessenabwägung im Einzelfall auch einmal Verstöße gegen Gesellschaftervereinbarungen zu berücksichtigen.[31]

10 Das Voranstellen des Trennungsprinzips scheint eine dogmatische Begründungsbasis zu liefern, erweist sich aber bei näherer Betrachtung als inhaltsleerer Formalismus. Denn die Treuepflicht ist offen für eine Konkretisierung ihres situationsbezogenen Inhalts durch Nebenabreden,[32] weil ihr Inhalt maßgeblich Ausfluss des jeweiligen Gesellschaftsinteresses ist und das Gesellschaftsinteresse, aus dem konkrete Schranken und Pflichten resultieren sollen, eine spezielle, argumentativ belegte Interessenwertung voraussetzt.[33] Weil die Interessen der Beteiligten aber umfassend zu berücksichtigen sind und die Interessen von der Gesamtheit rechtlicher Bindungen und damit auch von Nebenvereinbarungen beeinflusst werden, können diese Nebenvereinbarungen als Teilausschnitte aus der Interessenlage der Beteiligten und ihren Bindungen die Art, den Umfang und den Inhalt des Gesellschaftsinteresses beeinflussen. Die Frage ist daher nicht das Ob der Berücksichtigung von Nebenabreden im Rahmen der Ausfüllung der Treuepflicht, sondern unter welchen Voraussetzungen die Treuepflicht offen ist für eine Überformung durch Nebenabreden. Abzulehnen ist daher die Auffassung, „das die Treupflicht in der GmbH prägende Gesellschaftsinteresse der GmbH" sei „außer nach objektivem Recht entscheidend nach dem Inhalt der GmbH-Satzung und dem Zweck der GmbH, nicht aber danach, ob und welche sonstigen Abreden die Gesellschafter außerhalb der Satzung unter sich getroffen haben"[34] abzuleiten. Auch Argumentationen unter Verweis auf drohende Rechtsunsicherheit, gewährte man Nebenabreden einen Einfluss auf die Bestimmung des konkreten Inhalts der Treupflichten, tragen nicht.[35] Denn schließt man einen jeden Einfluss von Nebenabreden auf den Inhalt der Treuepflicht aus, ist für die Rechtssicherheit ebenfalls nichts gewonnen: Vielmehr bleiben die Termini „Treuepflicht" und „Gesellschaftsinteresse" so unbestimmt wie zuvor.

11 Eine Nebenabrede kann zur Konkretisierung der Treuepflichten allerdings nur herangezogen werden, wenn alle Gesellschafter Partei dieser Nebenabrede sind, also eine omnilaterale Nebenabrede vorliegt. Andernfalls wäre die Treuepflicht von Gesellschafter zu Gesellschafter unterschiedlich ausgestaltet, je nachdem, ob der Gesellschafter Partei einer Nebenabrede ist oder nicht. Dies ist bereits deshalb problematisch, da nicht jedem Gesellschafter Nebenabreden zwischen anderen Gesellschaftern bekannt sein müssen, für jeden Gesellschafter aber ersichtlich sein sollte, in welchem Umfang welche Treupflichten für jeden anderen Gesellschafter bestehen.

§ 30 Treuepflichtverletzung bei Abschluss oder Erfüllung einer Nebenabrede

12 Von der Frage, ob die gesellschafterliche Treuepflicht, die Ausfluss des korporationsrechtlichen Verhältnisses ist, durch eine schuldrechtliche Nebenabrede konkretisiert werden kann,[36] ist die weitere Frage zu unterscheiden, ob umgekehrt der Abschluss einer Nebenabrede eine Verletzung der Treuepflicht begründen kann.[37] Ausgehend davon, dass die

---

[31] Zutr. *Wicke* in: MüKoGmbHG, 3. Aufl. 2018, § 3 Rn. 147.
[32] Anders *Milch*, Schuldrechtliche Absprachen in der GmbH, 2004, S. 46, die prima facie einleuchtend darauf verweist, dass die Stimmabrede die Treuepflicht nicht beeinflussen könnte, wenn die Wirksamkeit Ersterer mittelbar am Maßstab Letzterer zu beurteilen sei.
[33] So zur Treuepflicht *Altmeppen* in: Roth/Altmeppen, GmbHG, 9. Aufl. 2019, § 13 Rn. 31.
[34] *Ulmer* NJW 1987, 1849, 1852.
[35] *Groß-Bölting*, Gesellschaftervereinbarungen in der AG, 2011, S. 87.
[36] → Kap. 11 Rn. 3 ff.
[37] Siehe zu einer möglichen Unwirksamkeit von Nebenabreden wegen Verstoßes gegen die Treuepflicht → Kap. 12 Rn. 2 ff., 28 ff.

Treuepflicht[38] der Gesellschafter untereinander und im Verhältnis zur Gesellschaft vom Gesellschaftsverhältnis aus zu beurteilen ist,[39] kann der Treuepflichtverstoß umgekehrt gerade darin liegen, dass einzelne Gesellschafter ihr Verhalten nicht an den Interessen der Gesellschaft, sondern der mit Mitgesellschaftern getroffenen Nebenabrede ausrichten.[40]

So kann beispielsweise die Stimmrechtsbindung an Beschlüsse eines Konsortiums auf **13** Ebene der Primärgesellschaft einen Treuepflichtverstoß begründen. Hierher sind weiter zu rechnen beispielsweise Fälle, in denen sich ein Gesellschafter verpflichtet, einen wichtigen Grund zur Abberufung eines Organs oder zur Einziehung eines Geschäftsanteils oder Schadenersatzansprüche gegen Mitgesellschafter oder Geschäftsführer nicht geltend zu machen, obwohl insoweit kein Beurteilungsspielraum besteht.[41]

Weiter kann der (Treu-)Pflichtverstoß auch darin liegen, dass der Gesellschafter entgegen **14** den statutarischen Vorgaben überhaupt eine Nebenabrede abschließt. So sehen GmbH-Satzungen vereinzelt Vereinbarungen vor, die den Abschluss von Nebenvereinbarungen (insbesondere Stimmbindungsvereinbarungen) untersagen; handelt der Gesellschafter dieser Vereinbarung zuwider, kann sich dieser schadenersatzpflichtig machen.[42] In der Praxis ist daher die Satzung darauf hin zu überprüfen, ob der Gesellschaftsvertrag den Abschluss von Nebenvereinbarungen zulässt und, wenn ja, weiter, dass der Inhalt der Nebenvereinbarung nicht dem der Satzung zuwiderläuft. Andernfalls besteht für die an der Nebenvereinbarung beteiligten Gesellschafter die Gefahr einer Pflichtenkollision.[43]

---

[38] Vgl. grundlegend zur Treuepflicht BGH, Urt. v. 5.6.1975 – II ZR 23/74 – „ITT", BGHZ 65, 15 ff. = NJW 1976, 191 ff. (GmbH); BGH, Urt. v. 1.2.1988 – II ZR 75/87 – „Linotype", BGHZ 103, 184 ff. = NJW 1988, 1579 ff.; BGH, Urt. v. 20.3.1995 – II ZR 205/94 – „Girmes", BGHZ 129, 136 ff. = NJW 1995, 1739 ff. (AG).
[39] BGH, Urt. v. 20.1.1983 – II ZR 243/81 – „Kerbnägel", NJW 1983, 1910, 1911, sinngemäß wiederholt in BGH, Urt. v. 27.10.1986 – II ZR 240/85, NJW 1987, 1890, 1891.
[40] MüKoGmbHG/Wicke, 3. Aufl. 2018, § 3 Rn. 146.
[41] MüKoGmbHG/Drescher, 3. Aufl. 2019, § 47 Rn. 245.
[42] MüKoGmbHG/Drescher, 3. Aufl. 2019, § 47 Rn. 256.
[43] → Kap. 12 Rn. 28 ff.

Kapitel 12. Unwirksamkeitstatbestände

1 Die Zulässigkeit von Nebenabreden zum Gesellschaftsvertrag ist Ausfluss der Vertragsfreiheit (§ 311 Abs. 1 BGB). Für die Aktiengesellschaft folgt die Zulässigkeit **e contrario** aus § 136 Abs. 2 AktG.[1] Rechtliche Schranken für schuldrechtliche Nebenvereinbarungen sind die allgemeinen Grenzen schuldrechtlicher Verträge, wie etwa Verstöße gegen Verbotsgesetze, § 134 BGB, Geschäfte zur Umgehung eines gesetzlichen Verbots, abgeleitet aus § 134 BGB[2] oder Verstöße gegen die guten Sitten, § 138 BGB. Weiterhin ergeben sich Grenzen aus Spezialnormen wie § 47 Abs. 4 GmbHG: Danach darf keine Vereinbarung mit einem vom Stimmrecht ausgeschlossenen Gesellschafter oder ausgeschlossenen Dritten eingegangen werden, mittels derer sich ein Gesellschafter verpflichtet, die Weisungen des Ausgeschlossenen zur Stimmrechtsausübung zu befolgen.[3] Bei der Aktiengesellschaft dürfen Stimmbindungen weder gemäß § 136 Abs. 2 AktG zu Gunsten des Vorstands der Gesellschaft oder des Aufsichtsrates eingegangen, noch darf eine Vereinbarung, mit der sich der Aktionär verpflichtet, nach Weisungen der Gesellschaft oder der Mitglieder ihrer Organe abzustimmen, abgeschlossen werden. Verstöße gegen § 136 Abs. 2 AktG führen gemäß § 134 BGB zur Nichtigkeit des Vertrags. Zu den besonderen Unwirksamkeitsgründen zählen auch Verstöße gegen die gesellschafterliche Treuepflicht oder ein ausdrückliches Satzungsverbot.

§ 31 Nichtigkeit gemäß §§ 134, 138 BGB sowie wegen Verstoßes gegen die Treuepflicht

2 Verstoßen Gesellschaftervereinbarungen gegen ein Verbotsgesetz, sind sie gemäß § 134 BGB nichtig. Stets ist genau zu untersuchen, ob die Norm, gegen die verstoßen wird, Verbotscharakter hat. Weiterhin kommen Verstöße gegen § 138 BGB und gegen die gesellschafterliche Treuepflicht in Betracht. Besonders praxisrelevant sind die folgenden Fälle:

I. Einlagenrückgewähr

3 Bei einer Gründung oder Kapitalerhöhung eingezahlte Mittel oder eingebrachte Vermögensgegenstände dürfen aufgrund schuldrechtlicher Absprachen nicht unmittelbar oder mittelbar an den Inferenten zurückfließen.[4] Zwar sind schuldrechtliche Absprachen, die die Gesellschaft verpflichten, mit eingezahlten Einlagemitteln in bestimmter Weise zu verfahren, grundsätzlich zulässig. Sie dürfen aber allein der Umsetzung von Investitionsentscheidungen der Gesellschaft dienen oder müssen sonstige geschäftspolitische Zwecken verfolgen.[5] Abreden, aufgrund derer die Mittel unter Umgehung der Regeln über die Kapitalaufbringung mittelbar oder unmittelbar wieder an den Inferenten zurückfließen, führen nicht zu ihrer Nichtigkeit nach §§ 30 f. GmbHG oder § 57 AktG,[6] sondern zur Erstattungspflicht nach § 31 GmbHG oder § 57 AktG. Für einen schädlichen mittelbaren Mittelrückfluss ist Voraussetzung, dass der Inferent durch mittelbare Auszahlung an einen Dritten in gleicher Weise begünstigt wird wie bei einer unmittelbaren Auszahlung an den Inferenten selbst.

---

[1] BGH, Urt. v. 24.11.2008 – II ZR 116/08, NJW 2009, 669, 670 Rn. 12.
[2] *Wolf,* Der Beteiligungsvertrag bei der AG, 2004, S. 49 m. w. N.
[3] BGH, Urt. v. 29.5.1967 – II ZR 105/66, NJW 1967, 1963, 1964; *Zöllner/Noack* in: Baumbach/Hueck, GmbHG § 47 Rn. 114; MHLS/*Römermann*, 3. Aufl. 2017, GmbHG § 47 Rn. 507.
[4] BGH, Urt. v. 2.12.2002 – II ZR 101/02, NJW 2003, 825; BGH, Urt. v. 7.7.2003 – II ZR 235/01, DStR 2003, 1844.
[5] BGH, Urt. v. 24.9.1990 – II ZR 203/89, NJW 1991, 226.
[6] MüKoAktG/*Pentz*, 5. Aufl. 2019, § 23 Rn. 196.

Für die GmbH entschied der BGH[7], dass die Rechtsfolgen eines Verstoßes gegen das 4
Gebot der Kapitalaufbringung und Kapitalerhaltung gemäß § 30 GmbHG abschließend im
Gesellschaftsrecht geregelt sind. Für eine Anwendung der allgemeinen zivilrechtlichen
Normen, insbesondere des § 134 BGB, ist damit kein Raum, Verstöße gegen § 30
GmbHG werden allein nach § 31 GmbHG geahndet.[8] Denn es soll nur verhindert werden,
dass das für die Deckung des Stammkapitals der Gesellschaft erforderliche Vermögen nicht
an die Gesellschafter zurückfließt.

Mit Modifikationen gilt das vorstehend zur GmbH Gesagte auch für die Aktiengesell- 5
schaft. Nach früherer Ansicht wurden bei einem Verstoß gegen § 57 AktG sowohl das
schuldrechtliche Grundgeschäft des Leistungsaustausches mit dem Aktionär als auch das
dingliche Vollzugsgeschäft wegen Verstoßes gegen § 134 BGB als nichtig angesehen.[9] Aber
§ 62 AktG regelt die Rechtsfolgen bei Verstößen gegen die Vermögensbindung im Aktienrecht abschließend, so dass ein Rückgriff auf § 134 BGB nicht gerechtfertigt ist.[10] Der
Aktionär hat gemäß § 62 AktG entweder die entgegengenommenen Leistungen zurück zu
gewähren oder angemessenen Wertersatz zu leisten. Die Wertersatzhaftung des Aktionärs
setzt gerade keine Nichtigkeit des durchgeführten Rechtsgeschäfts voraus.[11] Zulässig wäre
beispielsweise aber eine Nebenvereinbarung, in der ein Aktionär einem anderen Aktionär
die Zahlung einer Verzinsung auf dessen Kapitalanteil aus seinem eigenen Vermögen
verspricht. Anders ist hingegen im Falle des Zinsverbots gemäß § 57 Abs. 2 AktG zu
entscheiden. Denn § 57 Abs. 2 AktG verbietet bereits eine Vereinbarung, auf deren
Grundlage eine Aktiengesellschaft einem Aktionär eine Verzinsung des Kapitalanteils aus
dem Gesellschaftsvermögen zahlen soll. Gleichwohl geschlossene Nebenabreden sind daher
gemäß § 134 BGB nichtig.[12]

II. Vereinbarungen über die Stimmrechtsausübung

1. Stimmenkauf und treupflichtwidrige Stimmausübung

In der Rechtspraxis kommt es nicht selten vor, dass sich Gesellschafter im Vorfeld zur Gesell- 6
schafterversammlung über die Stimmrechtsausübung verständigen, entweder ad hoc zu bestimmten Beschlussgegenständen oder längerfristig durch eine mehr oder weniger umfassende
Vereinbarung. Es kommen Absprachen über die Stimmrechtsausübung mit und ohne Entgelt
vor. Der Stimmenkauf – wenn ein Gesellschafter einem anderen eine Gegenleistung dafür
zahlt, dass er sein Stimmrecht in einem bestimmten Sinne ausübe – kann unterschiedliche
Rechtsfolgen haben. Aber auch ohne Gegenleistung kann eine solche Abrede über die Stimmrechtsausübung unwirksam sein, weil ein Gesellschafter gegen seine Treuepflichten verstößt.

Im **GmbH-Recht** führt die Vereinbarung einer Gegenleistung für eine bestimmte 7
Stimmabgabe bei einer Beschlussfassung der Gesellschafter (Stimmenkauf) nicht zur Un-
wirksamkeit der Vereinbarung wegen Verstoßes gegen ein gesetzliches Verbot gemäß § 134
BGB, weil es bei der GmbH anders als bei der Aktiengesellschaft (§ 405 Abs. 3 Nr. 6, 7
AktG) kein gesetzliches Verbot der Gegenleistung für ein bestimmtes Abstimmungsver-
halten gibt. Für die GmbH ist das Versprechen einer bestimmen Stimmabgabe gegen
Entgelt oder eines sonstigen besonderen Vorteils (Stimmenkauf) zwar nicht im Gesetz
geregelt. Sie wird aber zum Teil dennoch als sittenwidrig erachtet.[13] Nach anderer Auf-

---
[7] BGH, Urt. v. 23.6.1997 – II ZR 220/95, NJW, 1997, 2599.
[8] *Fastrich* in: Baumbach/Hueck, GmbHG § 30 Rn. 66 f.; *Fleischer* in: Henssler/Strohn, GesR, 4. Aufl. 2019, § 30 Rn. 31 f.
[9] *Henze* in: Großkomm. AktG, 4. Aufl. 2001, § 57 Rn. 206.
[10] BGH, Urt. v. 12.3.2013 – II ZR 179/12, DStR 2013, 982 f. Rn. 12 ff.; OLG Brandenburg, Urt. v. 21.4.2015 – 6 U 189/12, BeckRS 2015, 08568, Rn. 96; *Laubert* in: Hölters, AktG § 57 Rn. 28.
[11] *Joost* ZHR 149 (1985), 419, 426 ff.
[12] *Koch* in: Hüffer/Koch, AktG, 14. Aufl. 2020, § 57 Rn. 30.
[13] *Zöllner/Noack* in: Baumbach/Hueck, GmbHG § 47 Rn. 114; *Noack*, Gesellschaftervereinbarungen bei Kapitalgesellschaften, 1994, S. 145.

fassung folgt die Nichtigkeit des Stimmenkaufs bei der GmbH nicht aus einem Sittenverstoß gemäß § 138 BGB, vielmehr muss die Stimmabgabe selbst gegen die gesellschafterliche Treuepflicht verstoßen, nach der der Gesellschafter zur angemessenen Rücksichtnahme auf die berechtigten Interessen seiner Mitgesellschafter verpflichtet ist.[14] Eine Stimmabgabe kann bei einer GmbH auch ohne Gegenleistung analog § 243 Abs. 2 S. 1 AktG treuwidrig sein, wenn der Gesellschafter durch seine Stimmausübung eigene Vorteile zum Nachteil der Gesellschaft oder seiner Mitgesellschafter verfolgt.[15] Eine solche Verletzung der Treuepflicht[16] liegt beispielsweise vor, wenn ein Mehrheitsgesellschafter durch einen Auflösungsbeschluss versucht, sich das Unternehmen möglichst günstig anzueignen.[17] Übt ein Gesellschafter sein Stimmrecht treuwidrig aus, führt dies zur Nichtigkeit der Stimmabgabe.[18] Die treuwidrig abgegebenen Stimmen dürfen bei der Beschlussfassung nicht berücksichtigt werden. Der Beschluss ist anfechtbar, sofern sich die Nichtberücksichtigung der Stimmen auf das Ergebnis des Beschlusses auswirkt.[19] Der treuwidrig abstimmende Gesellschafter macht sich zudem schadenersatzpflichtig.[20]

8 Im **Aktienrecht** ist der Stimmenkauf bzw. Stimmenverkauf verboten und als Bußgeldtatbestand in § 405 Abs. 3 Nr. 6, 7 AktG geregelt; entsprechende Vereinbarungen sind gemäß § 134 BGB nichtig.[21] Nebenverträge, die auf einen solchen Stimmenkauf zielen, sind daher gemäß § 134 BGB nichtig. Als Täter kommt rein tatsächlich als Stimmenverkäufer nur in Betracht, wer auch das Recht oder die Möglichkeit hat, ein Stimmrecht in der Hauptversammlung auszuüben. Dies kann der stimmberechtigte Aktionär, der Aktionärsvertreter, dessen Bevollmächtigter oder der Legitimationsaktionär sein. Erforderlich ist ein besonderer Vorteil für den Abstimmenden, der nicht zwingend in einer Geldzahlung bestehen muss. Zwar ist umstritten, ob nur wirtschaftliche Vorteile oder auch sonstige Vorteile unter § 405 Abs. 3 Nr. 6, 7 AktG fallen. Weil aber der Tatbestand des § 405 AktG den Merkmalen der Korruptionsdelikte in §§ 331 ff. StGB nachgebildet ist, wird die Norm weit ausgelegt.[22] Jedenfalls darf sich der Vorteil nicht schon aus dem Abstimmungsverhalten als solchem ergeben oder sonst allen Aktionären zustehen. Der Stimmenverkäufer muss eine Gegenleistung in Form eines besonderen Vorteils für das geforderte Abstimmungsverhalten erhalten. Stimmenverkäufer und Stimmenkäufer müssen also eine Vereinbarung über Leistung (Abstimmen in einem besonderen Sinne oder Nichtabstimmen) und Gegenleistung (besonderer Vorteil) treffen (sog. Unrechtsvereinbarung).

9 Für Gesellschaften **anderer Rechtsform** als der Aktiengesellschaft ergibt sich die Nichtigkeitsfolge im Einzelfall aus § 138 BGB.[23]

2. Abgrenzung des rechtswidrigen Stimmenkaufs zur Stimmbündelung und zu Wahlabsprachen

10 Dem Stimmenkauf immanent ist ein Austauschverhältnis – Stimmabgabe gegen Entgelt. Hierdurch unterscheidet sich der Stimmenkauf von zulässigen Wahlabsprachen oder der Stimmbündelung. Zwar ist auch bei der Stimmbündelung oder bei Wahlabsprachen ein

---

[14] *K. Schmidt* in: Scholz, GmbHG § 47 Rn. 29.
[15] BGH, Urt. v. 28.1.1980 – II ZR 124/78, NJW 1980, 1278 f.; *K. Schmidt* in: Scholz GmbHG § 47 Rn. 29.
[16] *Bayer* in: Lutter/Hommelhoff, GmbHG, 19. Aufl. 2016, § 47 Rn. 52 mwN.
[17] BGH, Urt. v. 1.2.1988 – II ZR 75/87, NJW 1988, 1579.
[18] Vgl. BGH, Urt. v. 9.11.1987 – II ZR 100/87, NJW 1988, 969, 970; BGH, Urt. v. 19.9.2002, V ZB 30/02, NJW 2002, 3704; *K. Schmidt* in: Scholz, GmbHG § 47 Rn. 32; OLG Düsseldorf, Urt. v. 8.3.2001, 6 U 64/00, NZG 2001, 991, 994 f.
[19] Vgl. OLG Düsseldorf NZG, 2001, 991 (992).
[20] *K. Schmidt* in: Scholz, GmbHG § 47 Rn. 33.
[21] sehr instruktiv Vgl. OLG Hamm v. 3.2.2014 – 8 U 47/10, BeckRS 2015, 00257; *Overrath*, Die Stimmrechtsbindung, 1973, S. 25; *Dehmer* in: Betriebsaufspaltung, 4. Aufl. 2018, § 2 Rn. 198; → Kap. 22 Rn. 30, 35.
[22] *Schaal* in: MüKoAktG, 4. Aufl. 2017, § 405 Rn. 141, 149.
[23] *K. Schmidt* in: Scholz, GmbHG § 47 Rn. 45; *Zöllner/Noack* in: Baumbach/Hueck, GmbHG § 47 Rn. 114.

Austauschverhältnis insoweit zu bejahen, als der eine Beteiligte seine Stimmrechte in einem bestimmten Sinne ausübt, weil ein anderer Beteiligter es auch tut. Solche Verträge führen aber zur Begründung separater Gesellschaften bürgerlichen Rechts, weil ihnen die Verfolgung eines gemeinsamen Zwecks und dessen Förderung immanent sind. Solche Verträge sind zulässig, und ihnen haftet grundsätzlich nichts Verwerfliches an. Die Abgrenzung aber, ob ein verbotener Stimmenkauf oder eine zulässige Nebenvereinbarung mit der Folge der Stimmbindung bzw. Stimmbündelung vorliegt, ist im Einzelfall schwierig. Zu denken wäre beispielsweise an unangemessene Pflichten der einen Partei gegenüber der gebundenen Partei oder an überhöhte Vergütungen oder Aufwandsentschädigungen.[24]

3. Nebenvereinbarung zur Umgehung eines Stimmverbotes

Ist ein Gesellschafter mit seinem Stimmrecht gesetzlich ausgeschlossen (beispielsweise nach § 47 Abs. 4 GmbHG) oder beschränkt die Satzung die Stimmrechtsausübung in bestimmten Fällen, etwa bei Abstimmungen in eigener Sache, kann ein anderer Gesellschafter, der insoweit keiner Stimmrechtsbeschränkung unterliegt, mit dem ausgeschlossenen Gesellschafter keine Stimmbindung eingehen. Eine solche Stimmbindung erachtet der BGH als Verstoß gegen § 138 BGB und damit als nichtig.[25] Eine Nebenvereinbarung mit dem Zweck, das gesetzliche Stimmverbot zu umgehen, ist daher zwingend nichtig. Sieht das Gesetz ein dispositives Stimmverbot vor (beispielsweise § 47 Abs. 4 S. 2 GmbHG), kann hiervon nur im Gesellschaftsvertrag, nicht aber durch Nebenabrede abgewichen werden.[26] 11

4. Stimmbindung zu Gunsten der Verwaltung, § 136 Abs. 2 AktG

Nach ganz herrschender Meinung sind bei Aktiengesellschaften Nebenvereinbarungen in Form von Stimmbindungsverträgen grundsätzlich zulässig[27] und Ausdruck der Abstimmungsfreiheit sowie der Vertragsfreiheit des Aktionärs.[28] Die Aktionäre sind weder zu einer unparteiischen noch zu einer unbeeinflussten Ausübung ihrer Stimmrechte verpflichtet, haben aber die mitgliedschaftlichen Treuepflichten zu beachten. Es liegt daher grundsätzlich im Ermessen des Aktionärs, das Stimmrecht im Interesse eines anderen auszuüben. Stimmbindungsverträge sind aber dann nach § 138 BGB nichtig, wenn der Aktionär zur Stimmabgabe gegen das Gesetz, die guten Sitten oder entgegen Treu und Glauben verpflichtet wird. Zulässigkeitsschranken können sich auch aus der Satzung der Gesellschaft oder aus Treuepflichten des Aktionärs ergeben. 12

a) Voraussetzungen des § 136 Abs. 2 AktG. § 136 Abs. 2 AktG sieht verschiedene Nichtigkeitstatbestände vor: 13

aa) Bindung an Weisungen der Gesellschaft. Gemäß § 136 Abs. 2 Satz 1 Fall 1 AktG sind Stimmbindungsverträge nichtig, in denen sich ein Aktionär den Weisungen der Gesellschaft unterwirft. Die Rechtsfolge der Nichtigkeit tritt dabei unabhängig davon ein, durch wen die Gesellschaft vertreten wird, sei es durch ihre Organe, einen Prokuristen oder andere Vertreter der Gesellschaft.[29] 14

---

[24] *Joussen*, Gesellschafterabsprachen neben Satzung und Gesellschaftsvertrag, 1995, S. 84.
[25] Vgl. BGH, Urt. v. 12.6.1989 – II ZR 246/88, BGHZ 108, 21, 27, wonach eine gegen § 47 Abs. 4 S. 1 GmbHG verstoßende Satzungsregelung gemäß § 138 BGB nichtig ist; a. A. (§ 134 BGB) MHLS/Römermann, 3. Aufl. 2017, GmbHG § 47 Rn. 308.
[26] BGH, Urt. v. 29.5.1967 – II ZR 105/66, BGHZ 48, 163, 166 f.; *K. Schmidt* in: Scholz, GmbHG, 12. Aufl. 2018, § 47 Rn. 47; *Zöllner/Noack* in: Baumbach/Hueck, 22. Aufl. 2019, § 47 Rn. 114; *Tröger* in: Kölner Komm. AktG, Band 3/1, Teillieferung 7, 3. Aufl. 2016, § 136 Rn. 92.
[27] BGH, Urt. v. 27.10.1986 – II ZR 240/85, NJW 1987, 1890; *Arnold* in: MüKoAktG, 4. Aufl. 2018, § 136 Rn. 61 ff.
[28] BGH, Urt. v. 24.11.2008 – II ZR 116/08, NJW 2009, 669, 670.
[29] *Tröger* in: Kölner Komm. AktG, 7. Teillieferung, 3. Aufl. 2016, § 136 Rn. 133; *Rieckers* in: Spindler/Stilz, AktG, 4. Aufl. 2019, § 136 Rn. 52; *Arnold* in: MüKoAktG, 4. Aufl. 2018, § 136 Rn. 78.

15 bb) Bindung an Weisungen des Vorstands oder des Aufsichtsrats. § 136 Abs. 2 Satz 1 Fall 2 AktG erklärt Stimmbindungsverträge für nichtig, in denen sich ein Aktionär verpflichtet, das Stimmrecht nach Weisung des Vorstands oder des Aufsichtsrats auszuüben. Im Gegensatz zu § 136 Abs. 2 Satz 1 Fall 1 AktG sind hiervon lediglich Fälle erfasst, in denen der Vorstand und der Aufsichtsrat nicht im Namen der Gesellschaft handeln, sondern im Namen des jeweiligen Gremiums.[30] Weder der Vorstand noch der Aufsichtsrat sind jedoch rechtsfähig, weshalb einzelne oder mehrere Organmitglieder die Weisung im Namen der Gesamtheit der Organmitglieder erteilen müssen.[31] Erfasst von § 136 Abs. 2 Satz 1 Fall 2 AktG ist auch die Stimmrechtsvertretung durch die Organe der Gesellschaft, da mit der entsprechenden Bevollmächtigung vergleichbarer Verwaltungseinfluss begründet werden kann.[32]

16 Eine Bindung an die Weisungen einzelner Vorstands- oder Aufsichtsratsmitglieder wird vom Gesetz nicht untersagt (anders noch § 127 Abs. 3 RefE AktG 1965[33]) und ist grundsätzlich zulässig,[34] solange nicht Umgehungsgesichtspunkte hinzutreten oder die weisungsbefugten Organmitglieder den Willen des Organs bestimmen können.[35]

17 cc) Bindung an Weisungen abhängiger Unternehmen. Gemäß § 136 Abs. 2 Satz 1 Fall 3 AktG ist zudem die Bindung an Weisungen von der Aktiengesellschaft abhängiger Unternehmen unzulässig. Dadurch soll eine Umgehung des § 136 Abs. 2 Satz 1 Fall 1 und 2 AktG verhindert werden.[36] Denn die Unzulässigkeit der Bindung an Weisungen der Aktiengesellschaft oder ihres Vorstands oder Aufsichtsrats würde wenig nützen, wenn der Vorstand mittels eines von der Aktiengesellschaft abhängigen Unternehmens gerade diese Bindung erreichen könnte.[37] Der Begriff des abhängigen Unternehmens bestimmt sich nach § 17 AktG.[38] Nach Sinn und Zweck des § 136 Abs. 2 Satz 1 Fall 3 AktG sind auch diejenigen Fälle erfasst, in denen sich ein Aktionär verpflichtet, Weisungen der Verwaltung des abhängigen Unternehmens zu befolgen.[39]

18 dd) Bindung an Abstimmungsvorschläge der Verwaltung. Gemäß § 136 Abs. 2 Satz 2 AktG ist ein Vertrag nichtig, durch den sich ein Aktionär verpflichtet, für die jeweiligen Vorschläge des Vorstands oder des Aufsichtsrats der Aktiengesellschaft zu stimmen. Diese Regelung ist erforderlich. Denn andernfalls könnte § 136 Abs. 2 Satz 1 Fall 2 AktG leicht umgangen werden, da der Abstimmungsvorschlag nicht anders lauten würde als die Weisung.[40] Zu den Vorschlägen im Sinne von § 136 Abs. 2 Satz 2 AktG gehören nicht nur gemäß § 124 Abs. 3 Satz 1 AktG veröffentlichte, sondern auch erst in der Hauptversammlung gemachte Beschlussvorschläge.[41]

19 ee) Analoge Anwendung. Neben den bereits angesprochenen Fällen, in denen § 136 Abs. 2 AktG analoge Anwendung findet – Stimmrechtsvertretung[42] sowie Bindung an

---

[30] *Rieckers* in: Spindler/Stilz, AktG, 4. Aufl. 2019, § 136 Rn. 53.
[31] *Koch* in: Hüffer/Koch, AktG, 14. Aufl. 2020, § 136 Rn. 26; *Arnold* in: MüKoAktG, 4. Aufl. 2018, § 136 Rn. 79.
[32] *Singhoff* NZG 1998, 670, 672; *Rieckers* in: Spindler/Stilz, AktG, 4. Aufl. 2019, § 136 Rn. 58.
[33] Hierzu *Boesebeck* NJW 1960, 7, 10.
[34] *Tröger* in: Kölner Komm. AktG, 7. Teillieferung, 3. Aufl. 2016, § 136 Rn. 138; *Koch* in: Hüffer/Koch, AktG, 14. Aufl. 2020, § 136 Rn. 26.
[35] *Rieckers* in: Spindler/Stilz, AktG, 4. Aufl. 2019, § 136 Rn. 53; *Tröger* in: Kölner Komm. AktG, 7. Teillieferung, 3. Aufl. 2017, § 136 Rn. 138.
[36] *Arnold* in: MüKoAktG, 4. Aufl. 2018, § 136 Rn. 80; *Koch* in: Hüffer/Koch, AktG, 14. Aufl. 2020, § 136 Rn. 28; *Rieckers* in: Spindler/Stilz, AktG, 4. Aufl. 2019, § 136 Rn. 54.
[37] *Tröger* in: Kölner Komm. AktG, 7. Teillieferung, 3. Aufl. 2016, § 136 Rn. 139.
[38] *Koch* in: Hüffer/Koch, AktG, 14. Aufl. 2020, § 136 Rn. 28; *Arnold* in: MüKoAktG, 4. Aufl. 2018, § 136 Rn. 80.
[39] *Rieckers* in: Spindler/Stilz, AktG, 4. Aufl. 2019, § 136 Rn. 54; *Tröger* in: Kölner Komm. AktG, 7. Teillieferung, 3. Aufl. 2016, § 136 Rn. 140; *Koch* in: Hüffer/Koch, AktG, 14. Aufl. 2020, § 136 Rn. 28.
[40] *Tröger* in: Kölner Komm. AktG, 7. Teillieferung, 3. Aufl. 2016, § 136 Rn. 140.
[41] *Herrler* in: Grigoleit, 1. Aufl. 2013, AktG § 136 Rn. 30; *Rieckers* in: Spindler/Stilz, AktG, 4. Aufl. 2019, § 136 Rn. 55.
[42] Siehe oben → Rn. 15.

Weisungen der Verwaltung des abhängigen Unternehmens[43] – sind noch weitere Konstellationen denkbar, in denen die Gefahr der Umgehung der Vorschrift des § 136 Abs. 2 AktG besteht. § 136 Abs. 2 AktG ist zunächst analog anwendbar, wenn eine Stimmbindungsvereinbarung im Sinne von § 136 Abs. 2 AktG mit den Gesellschaftern einer vorgeschalteten Gesellschaft geschlossen wird und die Gesellschafter sich dazu verpflichten, auf das Stimmverhalten dieser Gesellschaft einzuwirken.[44] Auch wenn hier die Stimmbindungsvereinbarung nur mit den an der Aktiengesellschaft mittelbar Beteiligten, d. h. den Gesellschaftern der vorgeschalteten Gesellschaft, geschlossen wird, besteht die gleiche Gefährdungslage wie bei einer unmittelbaren vertraglichen Bindung dieser Gesellschaft.[45]

§ 136 Abs. 2 AktG ist auch dann analog anzuwenden, wenn Vorstands- oder Aufsichtsratsmitglieder ihre Aktien in einen Stimmpool einbringen und sie das Abstimmungsverhalten des Pools unabhängig von ihrer jeweiligen Kapitalbeteiligung beeinflussen können.[46] Denn das Weisungsrecht wird hier durch den Stimmpool vermittelt.[47] Ob eine Stimmbindungsvereinbarung auch dann unzulässig ist, wenn der maßgebliche Einfluss aus der Höhe der Kapitalbeteiligung folgt, ist umstritten.[48] Die Rechtsprechung verneint dies, da in diesem Fall nur die realen Machtverhältnisse widergespiegelt werden und es lediglich zu einer risikogemäßen Willensbildung im Pool kommt.[49]

b) Rechtsfolge des § 136 Abs. 2 AktG. Auf der Rechtsfolgenseite schließt § 136 Abs. 2 AktG das Stimmrecht aus, sofern der Inhalt des Vertrags den Aktionär nach Satz 1 an Weisungen oder nach Satz 2 an die jeweiligen Vorschläge der Verwaltung bindet. Zudem ist es zur Vermeidung von Umgehungen unzulässig, Aktionäre an Weisungen eines von der Gesellschaft abhängigen Unternehmens zu binden. Zur Vermeidung von Umgehungen ist daher ferner eine Bindung der Stimmen an ein Gesellschaftergremium verboten, wenn dort Organmitglieder, die auch Aktionäre sind, die Mehrheit der Stimmrechte ausüben. Maßgebend sind der Einzelfall und die Frage, ob die Gesellschaftsorgane zur Erteilung verpflichtender Weisungen rechtlich und faktisch im Stande sind oder nicht. Der gegen § 136 Abs. 2 AktG verstoßende Stimmbindungsvertrag ist wegen Verstoßes gegen ein gesetzliches Verbot gemäß § 134 BGB nichtig. Die Gültigkeit des übrigen Vertragsinhalts beurteilt sich nach § 139 BGB.

c) Keine analoge Anwendung des § 136 Abs. 2 AktG auf Gesellschaften anderer Rechtsform. Die Vorschrift des § 136 Abs. 2 AktG wird nicht analog auf Gesellschaften anderer Rechtsform angewendet, weil es bei diesen keine ähnlich starre Kompetenzverteilung zwischen den Organen wie bei der Aktiengesellschaft gibt, die überdies gemäß § 23 Abs. 5 AktG satzungsfest ist. Die analoge Anwendung des § 136 Abs. 2 AktG wird für die GmbH abgelehnt.[50] Auch wenn eine GmbH ähnlich organisiert sein kann wie eine Aktiengesellschaft, insbesondere wenn sie über einen gesetzlich zu bildenden oder einen freiwilligen Aufsichtsrat, auf den die Vorschriften des Aktienrechts Anwendung finden, verfügt, und auch wenn sie eher kapitalistisch als personalistisch geprägt ist, besteht für eine Analogie kein Bedürfnis. Selbst bei der personalistisch geprägten GmbH wird eine Bindung der übrigen Gesellschafter an Weisungen des Gesellschafter-Geschäftsführers für rechtlich zulässig gehalten.[51] Für Personenge-

---

[43] Siehe oben → Rn. 17.
[44] Vgl. OLG Stuttgart, Ent. v. 28.10.1985 – 5 U 202/84, JZ 1987, 570; *Tröger* in: Kölner Komm. AktG, 7. Teillieferung, 3. Aufl. 2016, § 136 Rn. 143; Otto AG 1991, 369, 378; *Herrler* in: Grigoleit, AktG, 1. Aufl. 2013, § 136 Rn. 31.
[45] *Rieckers* in: Spindler/Stilz, AktG, 4. Aufl. 2019, § 136 Rn. 56; *Tröger* in: Kölner Komm. AktG, 7. Teillieferung, 3. Aufl. 2016, § 136 Rn. 135.
[46] Vgl. OLG Stuttgart, Ent. v. 28.10.1985 – 5 U 202/84, JZ 1987, 570; *Herrler* in: Grigoleit, AktG, 1. Aufl. 2013, § 136 Rn. 32; *Rieckers* in: Spindler/Stilz, AktG, 4. Aufl. 2019, § 136 Rn. 57.
[47] *Herrler* in: Grigoleit, 2. Aufl. 2020, AktG § 136 Rn. 33.
[48] Siehe zum Streitstand *Tröger* in: Kölner Komm. AktG, 7. Teillieferung, 3. Aufl. 2016, § 136 Rn. 135; *Rieckers* in: Spindler/Stilz, AktG, 4. Aufl. 2019, § 136 Rn. 57.
[49] Vgl. OLG Stuttgart, Ent. v. 28.10.1985 – 5 U 202/84, JZ 1987, 570.
[50] OLG Köln, Urt. v. 16.3.1988, 6 U 38/87, NJW 1989, 352; *K. Schmidt* in: Scholz, GmbHG, 12. Aufl. 2018, § 47 Rn. 41.
[51] OLG Köln, Urt. v. 16.3.1988, 6 U 38/87, NJW 1989, 352.

sellschaften gibt es kein Verbot der Stimmbindung zugunsten der Gesellschaftsorgane. Etwas anderes mag bei kapitalistisch ausgestalteten Publikumskommanditgesellschaften gelten.

III. Verpflichtung zur unentgeltlichen Rückübertragung entgeltlich erworbener Aktien

23 Nach dem BGH sind Abreden zu unentgeltlichen Rückübertragungen entgeltlich erworbener Aktien auf die Aktiengesellschaft gemäß § 138 BGB nichtig.[52] Im Urteilssachverhalt hatte eine Aktiengesellschaft geklagt, die einen Unternehmensverbund für Versicherungsmakler betrieb und die nach ihrem Unternehmensgegenstand Versicherungsmaklern die Hilfen und Unterstützungsmittel zur Verfügung stellen sollte, die sich aus dem Berufsbild des Maklers ergeben. Sämtliche Aktionäre waren Versicherungsmakler, die – jeder für sich – mit der Aktiengesellschaft außerdem über einen „Partnerschaftsvertrag" verbunden waren, in dessen Rahmen die Aktiengesellschaft ihren Aktionären Beratungs- und Unterstützungsleistungen anbot. Im Partnerschaftsvertrag war vorgesehen, dass jeder Partner 25 singuläre Namensaktien im Nominalwert zu jeweils 52,00 EUR erwerben sollte. Dieser Partnerschaftsvertrag konnte von beiden Vertragsparteien mit einer Frist von drei Monaten gekündigt werden. Mit der Beendigung des Partnerschaftsvertrages waren alle Aktien unentgeltlich zur Übertragung auf einen neuen Partner an die Aktiengesellschaft zurückzuübertragen. Die Beklagte, die 25 Aktien zu insgesamt 1.300,00 EUR erwarb, kündigte den Partnerschaftsvertrag, woraufhin die Aktiengesellschaft die unentgeltliche Übertragung der Aktien verlangte, wogegen sich die Beklagte wehrte. Vorliegend handelte es sich mithin nicht um Nebenvereinbarungen zwischen Gesellschaftern, sondern um jeweils getrennte Verträge zwischen der Gesellschaft und jedem einzelnen Aktionär.

24 Der BGH beurteilte die Abreden als Verstoß gegen die guten Sitten (§ 138 Abs. 1 BGB). Durch eine schuldrechtliche Vereinbarung zwischen einer Aktiengesellschaft und ihrem jeweiligen Aktionär könnten grundsätzlich keine Rechte und Pflichten begründet werden, die alle gegenwärtigen und künftigen Aktionäre treffen sollen und damit mitgliedschaftlicher Natur seien; solche Rechte und Pflichten müssten vielmehr in die Satzung aufgenommen werden. Im Ergebnis sei mit den jeweils individuellen Vereinbarungen zwischen der Aktiengesellschaft und jedem einzelnen Aktionär eine Bindung aller Aktionäre gewollt gewesen. Ob schuldrechtliche Nebenabreden der Aktionäre mit der Gesellschaft dann zulässig seien, wenn sie das Ziel verfolgten, in Ergänzung einer satzungsmäßigen Vinkulierung der Aktien gemäß § 68 Abs. 2 AktG einen bestimmten Aktionärskreis zu erhalten[53] oder wenn nach Ausgabe von Belegschaftsaktien eine Rückübertragung der Aktien für den Fall sichergestellt werden soll, dass der Mitarbeiter aus dem Unternehmen ausscheidet,[54] hat der BGH unter Verweis auf die Gegenansicht[55] dahinstehen lassen. Denn jedenfalls sei dem Aktionär, dessen Aktien eingezogen werden oder der sonst aus der Gesellschaft ausgeschlossen werde, im Lichte der Eigentumsgarantie des Art. 14 Abs. 1 GG der volle Wert der Aktien zu ersetzen, weswegen ein entschädigungsloser oder nur mit einer unangemessen niedrigen Abfindung verbundener Ausschluss unzulässig in die vermögensmäßige Rechtsposition des Aktionärs eingreife und deswegen grundsätzlich gegen das Eigentumsgrundrecht und gegen die guten Sitten nach § 138 Abs. 1 BGB verstoße.[56]

---

[52] BGH, Urt. v. 22.1.2013– II ZR 80/10, NZG 2013, 220, 222.
[53] *Barthelmes/Braun* AG 2000, 172 f.; *Schanz* NZG 2000, 337, 341; MüKoAktG/*Bayer*, 5. Aufl. 2019, § 68 Rn. 41; ebenso für schuldrechtliche Vereinbarungen zusätzlicher Zahlungen an die Gesellschaft: *Drygala* in: Kölner Komm., AktG, Band 1, 3. Aufl. 2010, § 54 Rn. 31; *Koch* in: Hüffer/Koch, AktG, 14. Aufl. 2020, § 54 Rn. 7 f.
[54] BayObLG, Beschl. v. 24.11.1988, 3 Z 111/88, WPM 1989, 138 ff.
[55] *Immenga* AG 1992, 79; *Otto* AG 1991, 369 f.
[56] BVerfG, 11.7.2012, 1 BvR 3142/07, 1 BvR 1569/08, ZIP 2012, 1402 Rn. 52; BVerfG, 24.5.2012, 1 BvR 3221/10, ZIP 2012, 1656 Rn. 21 – Daimler/Chrysler; ZIP 1999, 1436, 1439 – DAT/Altana; ZIP 1999, 1804, 1805 f.; BGH, Urt. v. 25.11.2002 – II ZR 133/01, BGHZ 153, 47, 55.

Nach Auffassung des BGH könne mit einer schuldrechtlichen Vereinbarung zwischen 25
Gesellschaft und Aktionär keine Rechtsfolge herbeigeführt werden, die rechtswidrig wäre,
wenn sie auf Satzung oder Gesetz statt auf schuldrechtlicher Abrede beruhe. Bei einer
Zwangseinziehung von Aktien im Sinne des § 237 AktG oder bei einer Übertragung der
Aktien nach §§ 327a ff. AktG sowie gegebenenfalls bei einem zwangsweisen Ausschluss auf
Grundlage einer außerhalb der Satzung getroffenen Nebenabrede sei die entschädigungslose
Übertragung von Aktien stets verfassungswidrig. Der BGH ließ auch nicht das Argument
gelten, dass sich der Aktionär bei Begründung seiner Aktionärsstellung mit dieser Eingriffsmöglichkeit durch Abschluss des schuldrechtlichen Vertrages einverstanden erklärte, weil
dieses Einverständnis ebenfalls im Falle eines satzungsmäßigen Einziehungsrechts sowie
eines satzungsmäßigen Ausschließungsrechts vorgelegen habe. Jedenfalls bei einem entgeltlichen Erwerb der Aktien, so wie vorliegend, verletze die Pflicht zur unentgeltlichen Rückübertragung der Aktien das Eigentumsgrundrecht. Der BGH versagte der nichtigen schuldrechtlichen Vereinbarung auch eine ergänzende Vertragsauslegung, eine entsprechende
Anwendung des § 139 BGB und eine Umdeutung nach § 140 BGB. Ein wegen eines
sittenwidrigen Verhältnisses von Leistung und Gegenleistung nichtiges Rechtsgeschäft
könne grundsätzlich nicht durch Anpassung der Leistungen auf ein noch vertretbares Maß
aufrecht erhalten werden, auch fehlten Umstände für die Ermittlung der hypothetischen
Regelung, die die Parteien nach Treu und Glauben unter angemessener Abwägung ihrer
Interessen getroffen hätten, wenn sie die Unwirksamkeit der Klausel bedacht hätten. Entsprechendes gelte auch für die Umdeutung, die sich an einem hypothetischen Parteiwillen
zu orientieren habe, der angesichts der Vielgestaltigkeit schuldrechtlicher Abreden nicht
ohne weiteres zu ermitteln sei. Die Entscheidung wurde kritisch gesehen,[57] zum Teil auch
abgelehnt.[58]

IV. Knebelung

Nebenabsprachen können auch wegen übermäßiger Beschränkung der Freiheit des Ver- 26
tragspartners nach § 138 BGB nichtig sein. Insbesondere liegt eine solche Knebelung vor,
wenn der durch den Nebenvertrag gewährte Einfluss auf Mitgesellschafter außer Verhältnis
zu Beteiligung und Haftung steht.[59]

Praxisrelevantes Beispiel ist die übermäßige Beschränkung der Freiheit von Gesellschaf- 27
tern, ihre Mitverwaltungsrechte auszuüben. So ist es beispielsweise zwingender Grundsatz
des Personengesellschaftsrechts, dass der Ausschluss eines Gesellschafters nicht ohne sachlich
gerechtfertigten Grund erfolgen kann. Meist wird in den Gesellschaftsverträgen ein wichtiger Grund vorausgesetzt, jedenfalls ist ein sachlich gerechtfertigter Grund erforderlich.[60]
Nebenvertraglich kann daher beispielsweise kein Recht zugunsten eines Gesellschafters
oder einer Gesellschaftergruppe vereinbart werden, nach freiem Ermessen Anteile von
anderen Gesellschaftern zu erwerben („Ankaufsrecht"), wenn diese nicht selbst veräußern
wollen und auch sonst kein sachlich gerechtfertigter Grund (weil etwa das Unternehmen
im Ganzen veräußert werden soll) vorliegt. Ein solches Übernahmerecht hätte dieselbe
Wirkung wie ein im Gesellschaftsvertrag eingeräumtes, aber unzulässiges jederzeitiges Ausschließungsrecht,[61] so dass die entsprechende nebenvertragliche Bestimmung nichtig wäre.
Entsprechende Grundsätze gelten auch für die GmbH und die Aktiengesellschaft, weil auch
bei diesen jeder Gesellschafter bei der Mitwirkung in der Gesellschaft seinen Willen frei soll

---

[57] Im Ergebnis aber zustimmend: *Noack* NZG 2013, 281, 284 f.
[58] *Seibt*, EWiR 2013, 131, 132; *Cziupka/Kliebisch* BB 2013, 715, 717 f.
[59] *Joussen*, Gesellschafterabsprachen neben Satzung und Gesllschaftsvertrag, 1995, S. 89.
[60] BGH, Urt. v. 19.9.1988 – II ZR 329/87, BGHZ 105, 213, 217 = NJW 1989, 834 BGH, Urt. v. 5.6.1989
– II ZR 227/88, BGHZ 107, 351, 353 = NJW 1989, 2681 *Behr* ZGR 1990, 370 ff.
[61] BGH, Urt. v. 9.7.1990 – II ZR 194/89, BGHZ 112, 103, 107; *Joussen*, Gesellschafterabsprachen neben
Satzung und Gesellschaftsvertrag, 1995, S. 90.

bilden können. Wenn einem Gesellschafter aber der jederzeitige Ausschluss droht, ist er in seiner Willensbildung nicht mehr frei.[62]

V. Treupflichtwidrigkeit der Nebenabrede

28 Nebenabreden dürfen nicht gegen die Treupflichten der an ihnen beteiligten Gesellschafter gegenüber der Gesellschaft verstoßen.[63] So dürfen Gesellschafter über Nebenabreden zum Gesellschaftsvertrag nicht die Gesellschaft schädigen oder sich persönliche Vorteile zum Nachteil der Gesellschaft verschaffen.[64] Der allgemeine Rechtsgrundsatz der Treuepflicht gemäß § 242 BGB besagt nichts anderes, als dass jedermann in Ausübung seiner Rechte und in Erfüllung seiner Verpflichtungen nach Treu und Glauben zu handeln hat. Damit unterliegt auch jeder Gesellschafter sowohl gegenüber seinen Mitgesellschaftern als auch gegenüber der Gesellschaft der Treuepflicht, deren Grundlage im Gesellschaftsvertrag angelegt ist[65] und die für alle Gesellschaftsformen, auch für die Aktiengesellschaft, gilt.[66]

29 Solche Treupflichtverstöße kommen bei Nebenvereinbarungen immer wieder vor, weil Gesellschafter oder Gesellschaftergruppen häufig formlose Absprachen zum eigenen Vorteil, aber zum Nachteil von Mitgesellschaftern oder der Gesellschaft treffen. Nicht alle für Mitgesellschafter oder die Gesellschaft nachteiligen Abreden verstoßen auch gegen Treu und Glauben und sind deswegen treupflichtwidrig. Das sind sie nur, wenn in dem Umstand des Abschlusses einer solchen Vereinbarung oder in ihrem Inhalt ein Treupflichtverstoß zu erblicken wäre. Ein Beispiel für eine treupflichtwidrige Nebenabrede ist die Verpflichtung eines Gesellschafters, einen wichtigen Grund zur Abberufung eines Organs oder zur Einziehung eines Geschäftsanteils nicht geltend zu machen, sofern insoweit kein Beurteilungsspielraum besteht.[67]

30 Von der Rechtsfolgenseite her ist fraglich, ob Nebenvereinbarungen zum Gesellschaftsvertrag, die gegen die gesellschafterliche Treuepflicht verstoßen, nichtig sind, was zu verneinen ist: Der Abschluss eines Nebenvertrages zum Gesellschaftsvertrag, mit dem der Gesellschafter gegen seine ihm gegenüber der Gesellschaft oder anderen Gesellschaftern obliegende Treupflicht verstieße, führt nicht zur Nichtigkeit des Vertrages; Nebenverträge sind auch dann wirksam, wenn sie im Widerspruch zur gesellschafterlichen Treuepflicht stehen.[68] Denn jeder Gesellschafter kann einander widersprechende vertragliche Verpflichtungen (beispielsweise aus der Nebenabrede einerseits, aus dem Gesellschaftsvertrag andererseits) eingehen. Erzwungen werden kann die Erfüllung der treupflichtwidrigen Nebenabrede vom Gesellschafter aber nicht, weil der gebundene Gesellschafter seinerseits durch Befolgung der Nebenabrede gegen Treu und Glauben verstieße. Schließlich verstieße der die Erfüllung der Nebenabrede fordernde Gesellschafter seinerseits gegen Treu und Glauben.[69]

§ 32 Nichtigkeit wegen Verstoßes gegen den Gesellschaftsvertrag oder gesellschaftsrechtliche Prinzipien

31 Satzung und Gesellschaftsvertrag auf der einen und Nebenvertrag auf der anderen Seite stehen selbstständig nebeneinander. Daher können Gegenstand wirksamer schuldrechtlicher

---

62 BGH, Urt. v. 9.7.1990 – II ZR 194/89, BGHZ 112, 103, 108.
63 BGH, Urt. v. 27.4.1970 – II ZR 24/68, WM 1970, 904, 905.
64 *K. Schmidt* in: Scholz, GmbHG § 47 Rn. 54.
65 MüKoBGB/*Schäfer*, 7. Aufl. 2017, § 705 Rn. 222.
66 BGH, Urt. v. 1.2.1988 – II ZR 75/87, BGHZ 103, 184 ff. = NJW 1988, 1579 („Linotype"-Urteil) sowie ferner *Schäfer* in: Großkomm. HGB, 5. Aufl. 2009, § 105 Rn. 239 ff.
67 MüKoGmbHG/*Drescher*, 3. Aufl. 2019, § 47 Rn. 245.
68 *K. Schmidt* in: Scholz, GmbHG § 47 Rn. 50; *Zöllner* ZHR 155 (1991), 168, 172 ff.; *Joussen*, Gesellschafterabsprachen neben Satzung und Gesellschaftsvertrag, 1995, S. 108.
69 Vgl. *K. Schmidt* in: Scholz, GmbHG § 47 Rn. 50; *Zöllner* ZHR 155 (1991), 168, 178; *Joussen*, Gesellschafterabsprachen neben Satzung und Gesellschaftsvertrag, 1995, S. 108.

Nebenabreden insbesondere alle Vereinbarungen sein, die als Satzungsregelung und damit als echte korporative Regelung unwirksam wären.[70] Satzung bzw. Gesellschaftsvertrag sind die rechtsgeschäftliche Grundlage der Gesellschaft und ordnen die gesellschaftsrechtlichen Verhältnisse, wofür nur die Gesellschafter in ihrer Gesamtheit die unentziehbare Zuständigkeit haben. Die Gesellschafter selbst bestimmen über Inhalt und Änderung von Satzung bzw. Gesellschaftsvertrag und müssen sich daher, soweit sie sie nicht ändern, an diese selbst gesetzten Regelwerke halten. Die Nebenabreden stehen selbstständig neben Satzung bzw. Gesellschaftsvertrag und unterliegen den Bindungen des Schuldrechts. Sie können grundsätzlich auch Satzung bzw. Gesellschaftsvertrag ergänzen, ihnen sogar widersprechen, ohne dass sie deswegen unwirksam wären. Die Gesellschafter hätten sich dann möglicherweise in der Nebenabrede zwar zu etwas verpflichtet, was gegen ihre gesellschaftsvertragliche Bindung verstößt. Dies macht die Nebenabrede aber nicht unwirksam. Die Rechtslage ist nicht anders als bei sich einander widersprechenden vertraglichen Verpflichtungen, die eine Person eingeht; diese bleiben auch alle wirksam. Damit sind sowohl Nebenabreden, die gegen Satzung bzw. Gesellschaftsvertrag verstoßen, als auch verschiedene Nebenabreden zwischen denselben oder anderen Parteien, die sich untereinander widersprechen, wirksam.

Ein solcher Widerspruch zwischen Nebenabrede und Satzung bzw. Gesellschaftsvertrag **32** und damit ein Verstoß der Nebenabrede gegen Satzung bzw. Gesellschaftsvertrag kann schon deshalb nicht zur Nichtigkeit der Nebenabrede führen, weil Satzung bzw. Gesellschaftsvertrag mit all ihren rechtlichen Besonderheiten als Grundlage der Gesellschaft erhalten bleiben (sollen), auch wenn einzelne oder alle Gesellschafter eine hiervon abweichende Nebenabrede vereinbaren. In der Regel wird durch widersprechende Nebenabreden keine Änderung der Satzung bzw. des Gesellschaftsvertrages als dem Organisationstatut der Gesellschaft bezweckt, insbesondere soll in der Regel aus der Sicht der an der Nebenabrede Beteiligten ausschließlich die Satzung künftig eintretende Gesellschafter binden und soll sie das Regelwerk bleiben, an dem sich Gesellschafter und Gesellschaft auszurichten haben, wenn sie ihrerseits nicht Partei der Nebenabrede sind. Denn eine außerhalb des Gesellschaftsverhältnisses getroffene Abrede kann nicht eine Änderung der organisationsrechtlichen Regelung der Satzung bewirken.[71] Damit bleibt eine solche Abrede aber wirksam, auch wenn sie gegen die Satzung, insbesondere ihre organisationsrechtlichen Regelungen verstößt. Zu beachten ist aber, dass satzungsfeste Minderheitsrechte wie das Informationsrecht nach § 51a GmbHG oder auf Einberufung einer Gesellschafterversammlung nach § 50 GmbHG durch Nebenabreden nicht ausgehebelt werden können, sondern auch bei abweichenden Nebenabreden bestehen bleiben.[72] Generell gilt dies für Nebenabreden, die auf eine zustandsbegründende Änderung organisationsrechtlicher Satzungsbestimmungen ausgerichtet sind.[73]

Auch wenn Gegenstand von Nebenvereinbarungen grundsätzlich Regelungen sein können, **33** die als korporative Satzungsregelungen unzulässig wären, wird im Schrifttum für Aktiengesellschaften weitergehend vertreten, dass solchen Nebenabreden Bindungswirkung nur insoweit zukomme, als sie nicht gegen die höherrangige Satzung verstießen.[74] Dem ist

---

[70] Zur Aktiengesellschaft: BGH, Urt. v. 22.1.2013 – II ZR 80/10, NJW-RR 2013, 410 Rn. 11; BGH, Urt. v. 25.9.1986 – II ZR 272/85, NJW 1987, 890; BGH, Urt. v. 13.6.1994 – II ZR 38/93, BGHZ 126, 226, 234 = NJW 1994, 2536; BGH, Urt. v. 24.11.2008 – II ZR 116/08, NJW 2009, 669 Rn. 12; *Koch* in: Hüffer/Koch, AktG, 14. Aufl. 2020, § 23 Rn. 45 ff.; *Seibt* in: K. Schmidt/Lutter, AktG, 3. Aufl. 2015, § 23 Rn. 64 ff.; *Limmer* in: Spindler/Stilz, AktG, 4. Aufl. 2019, § 23 Rn. 41 ff.; *Arnold* in: Kölner Komm. AktG, Band 1, 3. Aufl. 2011, § 23 Rn. 172 ff.; *Mayer*, MittBayNot 2006, 285 ff.; zur GmbH: BGH, Urt. v. 29.5.1967 – II ZR 105/66, BGHZ 48, 163, 166 = NJW 1967, 1963; BGH, Urt. v. 27.10.1986 – II ZR 240/85, NJW 1987, 1890; BGH, Urt. v. 15.10.2007 – II ZR 216/06, NZG 2008, 73 Rn. 13 ff.; BGH, Beschl. v. 15.3.2010 – II ZR 4/09, NJW 2010, 3718 Rn. 7.
[71] BGH, Urt. v. 7.6.1993 – II ZR 81/92, BGHZ 123, 15, 20 = NJW 1993, 2246 (2247).
[72] *Wicke* DStR 2006, 1138; *Jäger* DStR 1996, 1935; *Milch*, Schuldrechtliche Absprachen in der GmbH, 2004, S. 150.
[73] → Kap. 6 Rn. 8 ff.
[74] MüKoAktG/*Pentz*, 5. Aufl. 2019, § 23 Rn. 196; *Tieves*, Unternehmensgegenstand, 1998, S. 203 ff.; *Dürr* BB 1995, 1365, 1367; vgl. auch *Joussen*, Die Stimmrechtsbindung, 1973, S. 137 f.

auch für Aktiengesellschaften nicht zu folgen. Denn die Satzungsüberlagerung durch Nebenabreden ist höchstrichterlich für die Gesellschaften mit beschränkter Haftung anerkannt, ohne dass insoweit relevante Unterschiede zu Aktiengesellschaften bestünden.[75] Auch wenn der BGH später die Satzungsüberlagerung nur für zulässig hielt, wenn die Abweichung von der Satzung lediglich gesellschaftsinterne Wirkung hat und weder Rechtsverkehr noch später eintretende Gesellschafter berührt,[76] verbleibt es dabei, dass Nebenabreden die Satzung überlagern können. Sonst wäre das Rechtsinstitut der schuldrechtlichen Nebenabreden zu Satzungen hinfällig. Dass Nebenabreden grundsätzlich nicht später eintretende Gesellschafter berühren können, folgt schon aus ihrer schuldrechtlichen Natur, die Bindungen nur zwischen den an ihr beteiligten Vertragsparteien bewirkt und daraus, dass es sich anderenfalls – wenn auch künftige Gesellschafter an eine Regelung gebunden sein sollen – bei dieser Regelung gerade wegen dieser beabsichtigten Bindung künftiger Gesellschafter um eine korporative, keine schuldrechtliche Regelung handelt. Deswegen haben Nebenabreden grundsätzlich auch nur gesellschaftsinterne Wirkungen, so dass die spätere Entscheidung[77] streng genommen keine Einschränkung enthielt. Darüber hinaus ist schließlich zu beachten, dass sowohl Satzungsrecht als auch schuldrechtliche Nebenabreden rechtsquellendogmatisch vertraglicher Natur sind. Sie haben beide ihren Ursprung in einer privatautonomen Entscheidung, weshalb dem Satzungsrecht gegenüber einer Nebenabrede nicht von vornherein ein höherer Rang zukommt.[78] Zumindest solange Interessen außenstehender Dritter, wie insbesondere Gläubiger der Gesellschaft, durch eine schuldrechtliche Nebenabrede nicht beeinträchtigt werden, schließt eine Satzungsregelung die wirksame Vereinbarung einer entgegenstehenden schuldrechtlichen Nebenabrede nicht aus.[79]

§ 33 Grenzziehung zwischen Nebenabrede und Verbandssouveränität

34 Grenzen finden Nebenabreden in dem Grundsatz der Verbandssouveränität, nach dem die vertragliche Ordnung der Rechtsverhältnisse der Gesellschaft, der Gesellschaft zu den Gesellschaftern und der Gesellschafter untereinander in der unentziehbaren Zuständigkeit der Gesellschafter selbst liegt. Über die Gesellschaft sollen nur diejenigen bestimmen können, die die aus der Mitgliedschaft folgenden Rechte und Pflichten übernommen haben und ihre Risiken tragen.[80] Der Grundsatz der Verbandssouveränität ist anerkannt sowohl für Personen- als auch für Kapitalgesellschaften.[81] Auch für die Bestimmung des Verhältnisses von Nebenabreden zur Verbandssouveränität ist die Selbstständigkeit von Nebenabreden auf der einen und Gesellschaftsvertrag bzw. Satzung auf der anderen Seite Ausgangspunkt. Beide stehen rechtlich selbständig nebeneinander. Insbesondere nur durch die Änderung der Satzung oder des Gesellschaftsvertrages kann an der Gesellschaftsstruktur und dem Organisationsstatut der Gesellschaft etwas geändert werden. Durch Nebenabreden geschaffene „Organe" sind daher beispielsweise keine Gesellschaftsorgane, sondern nur faktische Organe.

35 Der Ausgangspunkt ist damit klar, die Grenzziehung im Einzelfall – wann greift die Nebenabrede in die Verbandssouveränität ein und wie weit reicht diese – ist es aber nicht. Paradigmatisch für die Reichweite der Verbandssouveränität ist die Bindung von Gesellschaftern an außenstehende Gesellschaftsfremde,[82] beispielsweise bei der Einflussnahme Dritter auf die Besetzung von Gremien und Gesellschaftsorganen. Jegliche Einflussnahme

---

[75] BGH, Urt. v. 20.1.1983 – II ZR 243/81, NJW 1983, 1910, 1911; BGH, Urt. v. 27.10.1986 – II ZR 240/85, NJW 1987, 1890, 1892; *J. Koch* AG 2015, 213 ff.
[76] BGH, Urt. v. 7.6.1993 – II ZR 81/92, BGHZ 123, 15, 20 = NJW 1993, 2246 (2247).
[77] BGH, Urt. v. 7.6.1993 – II ZR 81/92, BGHZ 123, 15, 20 = NJW 1993, 2246 (2247).
[78] *J. Koch* AG 2015, 213, 217.
[79] *J. Koch* AG 2015, 213, 217.
[80] *K. Schmidt*, Gesellschaftsrecht, 4. Aufl. 2002, § 5 I 3.; *Wiedemann*, FS Schilling, 1973, S. 105, 111 ff.; *Priester*, FS Werner, 1984, S. 657, 663 ff.
[81] *K. Schmidt*, Gesellschaftsrecht, 4. Aufl. 2002, § 5 I 3.; *Wiedemann*, FS Schilling, 1973, S. 105, 111.
[82] BGH, Urt. v. 29.5.1967 – II ZR 105/66, BGHZ 48, 163 ff. = NJW 1967, 1963.

von Nichtgesellschaftern – selbst über eine Stimmbindung zu ihren Gunsten oder über die Besetzung von Gesellschaftsorganen mit Nichtgesellschaftern – engt die Kompetenz der Gesellschafter und der Gesellschaftsorgane ein, zumal dann, wenn sie nicht nur faktisch erfolgt, sondern auch rechtlich durch eine Nebenabrede abgesichert ist. Ein Beispiel aus der Praxis liefert die höchstrichterliche Rechtsprechung: Der BGH hält das Stimmrecht eines Dritten in einer offenen Handelsgesellschaft für zulässig, weil die Gesellschafter ihre eigene Verfügungsbefugnis über das gemeinschaftliche Vermögen durch das Mitspracherecht eines Dritten beschränken könnten, solange das dem Dritten gewährte Recht nicht unentziehbar sei.[83]

Bei Unentziehbarkeit des Rechts des Dritten gelangt der BGH zur Nichtigkeit gemäß § 138 BGB.[84] Wann aber Unentziehbarkeit in diesem Sinne vorliegt, ist eine Frage von Zufälligkeiten, und mag insbesondere dann vorliegen, wenn die Beendigung der Rechtsstellung des Dritten, etwa durch Kündigung, von einer qualifizierten Mehrheit der Gesellschafter beschlossen und ausgesprochen werden muss.[85] Entscheidend ist statt dessen vielmehr, wie weit der Einfluss des Dritten reichen soll und reichen kann. Beispielsweise kann Dritten keine Zuständigkeit zur Änderung des Gesellschaftsvertrages eingeräumt werden.[86] Auch alle anderen für die Gesellschaft besonders bedeutsamen Fragen bleiben den Gesellschaftern allein vorbehalten, insbesondere strukturändernde Beschlüsse wie Umwandlungen nach dem Umwandlungsgesetz, Konzernbildung[87] und dergleichen. Daher sind Nebenabreden über die Beteiligung Dritter an der Entscheidungsbildung innerhalb von Gesellschaften nur wirksam, wenn sie rechtlich oder tatsächlich leicht lösbar sind und sich die Mitwirkungsbefugnis nicht auf für die Gesellschafter und die Gesellschaft besonders wesentliche Geschäfte erstreckt. Selbst dann, wenn alle Gesellschafter der Einflussnahmemöglichkeit des Dritten zustimmen, ändert sich hieran nichts, weil die zwingende Alleinzuständigkeit der Gesellschafter zur Gestaltung der Verbandsordnung gewahrt bleiben muss.[88] 36

So könnte durch Nebenabreden die Zuständigkeit eines Schiedsgerichts begründet werden, wenn sich Gesellschafter über Beschlussgegenstände vorab nicht verständigen können. Auch insoweit würde die Zuständigkeit eines Dritten begründet, was unbedenklich ist, wenn es sich nur um im Vertrag beschriebene Einzelfälle oder um konkretisierbare Gruppen von Sachverhalten handelt. Nicht möglich dürfte es sein, dem Schiedsgericht abstrakte Kompetenzen für alle Fälle zuzuordnen, in denen die Gesellschafter nicht zur Beschlussfassung gelangen.[89] Vor dem Hintergrund der Verbandssouveränität sind auch Absprachen der Gesellschafter zu sehen, sich beispielsweise wie „ordentliche Kaufleute" zu verhalten oder der Gesellschaft gegenüber „loyal" zu sein und die Kontrolle, ob entsprechende Verpflichtungen eingehalten werden, einem Schiedsgericht zu übertragen. Für die Zulässigkeit solcher Klauseln ist auch entscheidend, ob ein Schiedsgericht insoweit nur bestehende Rechte und Pflichten feststellen oder selbst rechtgestaltend und damit die Gesellschaft beeinflussend tätig würde. Insbesondere in Strukturfragen oder bei Fragen von entscheidender Bedeutung für die Gesellschaft wären solche Klauseln unzulässig.[90] 37

Nebenvereinbarungen, die in die Verbandssouveränität eingreifen, etwa durch Beschränkungen oder durch (faktische) Übertragung auf Dritte, sind daher unwirksam. 38

---

[83] BGH, Urt. v. 22.2.1960 – VII ZR 83/59, JZ 1960, 490; *Keßler* in: Staudinger, 13. Aufl. 2003, § 709 Rn. 10.
[84] BGH, Urt. v. 12.7.1965 – II ZR 118/63, BGHZ 44, 158, 159 = NJW 1965, 2147.
[85] *Joussen*, Gesellschafterabsprachen neben Satzung und Gesllschaftsvertrag, 1995, S. 122.
[86] *Schäfer* in: Großkomm. HGB, 5. Aufl. 2009, § 109 Rn. 32.
[87] *K. Schmidt* in: Scholz, GmbHG, 12. Aufl. 2018, § 47 Rn. 42; *Wiedemann*, FS Schilling, 1973, S. 105, 115 f.; *Priester*, FS Werner, 1984, S. 657, 672.
[88] *K. Schmidt*, Gesellschaftsrecht, 4. Aufl. 2002, § 5 I 3.
[89] *Priester*, FS Werner, 1984, S. 657, 664, 675.
[90] *Joussen*, Gesellschafterabsprachen neben Satzung und Gesllschaftsvertrag, 1995, S. 124.

§ 34 Einräumung von Sonderrechten

39 Durch Nebenabreden ist auch die Einräumung von Sonderrechten zu Gunsten einzelner Gesellschafter oder Gesellschaftergruppen zulässig. Die Einräumung solcher Rechte, die im Gesellschaftsvertrag nicht vorgesehen sind, durch eine Nebenabrede verstößt nicht gegen den Gesellschaftsvertrag. Auch eine solche Nebenabrede stößt sich daher nicht daran, dass gesellschaftsrechtliche Vorschriften faktisch abbedungen würden. Durch eine solche Nebenabrede wird vielmehr „nur" ein schuldrechtlicher Anspruch zwischen Gesellschaftern auf Sonderstellung begründet. So ist es beispielsweise zulässig, bei einer Aktiengesellschaft das Stimmrecht mit einem Nebenvertrag unabhängig von der Höhe des Anteilsbesitzes des Gesellschafters auszugestalten, ohne dass §§ 12, 23 Abs. 5 AktG entgegen stünden. In der Satzung der Aktiengesellschaft wäre das nicht möglich.

§ 35 Verstoß gegen Gleichbehandlungsgrundsatz

40 Es liegt in der Natur von Nebenabreden, vor allem wenn nicht alle Gesellschafter an ihr beteiligt sind, dass einzelne Gesellschafter oder Gesellschaftergruppen, die nicht Partei der Nebenabrede sind, durch diese benachteiligt oder in ihren Rechten faktisch beschränkt werden oder bewusst beschränkt werden sollen. Oftmals ist es Ziel von Nebenabreden, die eigene Stellung zu Lasten anderer zu stärken oder Sonderrechte für sich zu erreichen. Damit ist die Frage nach dem Verhältnis von Nebenabrede und Gleichbehandlungsgrundsatz aufgeworfen.

I. Gleichbehandlungsgrundsatz

41 Das aktienrechtliche Gleichbehandlungsgebot, wonach die Aktionäre, die sich in vergleichbaren Verhältnissen befinden, gleich behandelt werden müssen, ist in § 53a AktG normiert. Dieses Gleichbehandlungsgebot ist eine Ausprägung der Treuepflicht der Aktiengesellschaft gegenüber ihren Aktionären. Es verschafft den Aktionären kein selbstständiges subjektives Recht oder Sonderrecht neben deren Vermögens- und Mitwirkungsrechten. Vielmehr normiert § 53a AktG nur den Maßstab, nach welchem sich die Aktiengesellschaft bei der Gestaltung ihrer Beziehungen zu den Aktionären auszurichten hat. § 53a AktG wirkt also nur auf die Beziehungen zwischen der Aktiengesellschaft auf der einen Seite und ihren Aktionären auf der anderen Seite ein. Die Norm verpflichtet grundsätzlich nicht einzelne Aktionäre zur Gleichbehandlung untereinander;[91] Gleichbehandlungspflichten von Aktionären untereinander lassen sich allenfalls aus der gesellschafterlichen Treuepflicht ableiten. Selbst im unmittelbaren Anwendungsbereich des § 53a AktG unterliegt im Verhältnis zwischen Aktiengesellschaft und Aktionären nicht jede rechtliche Beziehung dem Gleichbehandlungsgebot. Soweit es um schuldrechtliche Individualbeziehungen der Aktionäre zur Aktiengesellschaft geht, haben außenstehende Aktionäre, die nicht an den schuldrechtlichen Vertrag gebunden sind, keinen Anspruch darauf, den Aktionären, die Partei des Schuldvertrages sind, gleich behandelt zu werden.

42 Anders als im Aktienrecht ist der Gleichbehandlungsgrundsatz für Gesellschaften anderer Rechtsformen nicht ausdrücklich geregelt. Nach überwiegender Auffassung stellt der Gleichbehandlungsgrundsatz jedoch ein für jeden Verband gültiges Gebot mit rechtsformübergreifender Gültigkeit dar und gilt allgemein im Gesellschaftsrecht und damit auch für die GmbH[92] und Gesellschaften der anderen Rechtsformen[93]. Wie auch im Aktienrecht enthält der Gleichbehandlungsgrundsatz im Recht der anderen Rechtsformen das an die

---

[91] *Drygala* in: Kölner Komm. AktG, Band 1, 3. Aufl. 2010, § 53a Rn. 18; *Cahn/v. Spannenberg* in: Spindler/Stilz, AktG, 4. Aufl. 2019, § 53a Rn. 4.
[92] MHLS/*Lieder*, 3. Aufl. 2017, GmbHG § 13 Rn. 108 ff.
[93] BVerfG, Urt. v. 7.8.1962 – 1 BvL 16/60, BVerfGE 14, 263, 268; BGH, Urt. v. 16.12.1991 – II ZR 58/91, BGHZ 116, 359 ff.

Gesellschaft gerichtete Gebot, zum einen alle Gesellschafter bei gleichen Voraussetzungen gleich zu behandeln, zum anderen Gesellschafter nicht willkürlich und sachlich ungerechtfertigt unterschiedlich zu behandeln.[94] Der Gleichbehandlungsgrundsatz ist damit Ausfluss des Willkürverbots.[95] Umgekehrt gilt damit aber auch, dass ungleiche Sachverhalte entsprechend ihrer Eigenart ungleich zu behandeln sind.

II. Gleichbehandlungsgrundsatz und Nebenabreden

1. Keine Geltung des Gleichbehandlungsgrundsatzes für Nebenabreden

Schuldrechtliche Nebenabreden unterliegen nicht dem Gleichbehandlungsgrundsatz.[96] Für **43** sie gilt das Prinzip der Vertragsfreiheit. Vor diesem Hintergrund ist daher eine Nebenabrede zur Satzung einer Aktiengesellschaft über eine von der Satzung abweichende Gewinnverteilung, die bei Beteiligung aller Aktionäre die anders lautende Satzungsvorgabe verdrängt, gänzlich unproblematisch.[97] Gläubigerschutzaspekte greifen nicht ein. Denn die Gläubiger der Gesellschaft interessiert allein, in welcher Höhe Vermögen der Gesellschaft an ihre Aktionäre abfließt; gleichgültig ist den Gläubigern hingegen, wie das Vermögen auf die einzelnen Aktionäre – gemäß Satzung und Gesetz nach Kapitalanteilen oder abweichend hiervon aufgrund einer Nebenvereinbarung – verteilt wird.[98]

Das LG Frankfurt a. M. sah dies indes anders.[99] Im Urteilssachverhalt ging es um eine **44** nicht börsennotierte Aktiengesellschaft, die sowohl Stamm- als auch Vorzugsaktien an Investoren ausgab, die der Gesellschaft in mehreren Finanzierungsrunden Liquidität zur Verfügung stellten. An der Aktiengesellschaft war unter anderem ein Private-Equity-Fonds beteiligt. Den Beteiligungen der Investoren lagen verschiedene schuldrechtliche Vereinbarungen zugrunde (Beteiligungsverträge), in denen unter anderem vereinbart wurde, alle Gewinne nach einem von der Satzung abweichenden, schuldrechtlich vereinbarten Verteilungsschlüssel auszuschütten, wobei die ausgegebenen Stückaktien, je nach Ausgabezeitpunkt, in weitere Aktienklassen mit jeweils unterschiedlichem Rang bei der Gewinnverteilung unterteilt wurden (P-Shares, F–Shares und E-Shares, D-Shares und C-Shares, B-Shares, A-Shares, O-Shares). Darüber hinaus wurde den Gründern der Aktiengesellschaft eine schuldrechtliche Präferenz bei der Gewinnverteilung gewährt. Unter den Aktionären entbrannte über die Ausschüttungsbeträge Streit. Die klagende Aktiengesellschaft vertrat die Auffassung, dass die Ausschüttung nach den Aktionärsvereinbarungen zu erfolgen habe. Die Klägerin beantragte gegenüber einem Aktionär die Feststellung, dass sie berechtigt sei, gemäß des Beteiligungsvertrages abweichende Dividendenausschüttungen zu tätigen und dass zwei der Aktionäre verpflichtet seien, der Klägerin sämtliche Schäden daraus zu ersetzen, dass sie behaupteten, eine von der Satzung abweichende Gewinnverteilung sei nicht zulässig.

Das Landgericht wies die Klage ab. Im Verhältnis zwischen Gesellschaft und ihren **45** Aktionären gelte für den auf den einzelnen Aktionär entfallenden Betrag einer Gewinnausschüttung die gesetzliche bzw. die satzungsmäßige Regelung. Eine von der gesetzlichen Regelung des § 60 Abs. 1 und Abs. 2 AktG abweichende Gewinnverteilung oder abweichende Verteilung des Liquidationsüberschusses gemäß § 271 AktG müsse stets in der Satzung der Aktiengesellschaft selbst angeordnet werden. Nach § 60 Abs. 1 AktG erfolge die Gewinnverteilung grundsätzlich nach dem Anteil am Grundkapital, nach § 60 Abs. 3 AktG sei eine Abweichung hiervon nur durch Satzungsregelung möglich. Eine abweichen-

---

[94] BGH, Urt. v. 16.12.1991 – II ZR 58/91, NJW 1992, 892.
[95] *Fastrich* in: Baumbach/Hueck, GmbHG § 13 Rn. 32.
[96] *Trölitzsch* in: BeckOK GmbHG, Stand: 1.5.2020, Gesellschaftervereinbarungen, § 21a; *Reichert/Weller* in: MüKoGmbHG § 14 Rn. 67; MHLS/Ebbing, GmbHG § 14 Rn. 50; *Priester* ZIP 2015, 2156, 2158 f.; Joussen, Gesellschafterabsprachen neben Satzung und Gesllschaftsvertrag, 1995, S. 91.
[97] *J. Koch* AG 2015, 213 ff.; *Priester* ZIP 2015, 2156, 2157.
[98] *J. Koch* AG 2015, 213, 218.
[99] LG Frankfurt a. M., Urt. v. 23.12.2014, 3–05 O 47/14, NZG 2015, 482, 483 ff.

de Gewinnverteilung sei deswegen einer schuldrechtlichen Vereinbarung nicht zugänglich, weil es ansonsten der ausdrücklichen Ermächtigung in § 60 Abs. 3 AktG für eine abweichende Satzungsregelung nicht bedurft hätte. Das LG Frankfurt a. M. hielt sein Ergebnis auch für sachgerecht. Von dem Argument, eine Gläubigerbenachteiligung drohe nicht, zeigte es sich unbeeindruckt. Vielmehr sei eine außerhalb der Satzung der Gesellschaft zugesicherte höhere Dividendenausschüttung oder eine höhere Beteiligung am Liquidationsüberschuss für bestimmte Gattungen von Aktien „nicht mit dem deutschen aktienrechtlichen Mitgliedschaftsrecht und Organkompetenzen und der formalen Strenge des deutschen Aktienrechts vereinbar". Außerdem sei der in § 53a AktG normierte Grundsatz der Gleichbehandlung aller Aktionäre, der auch nicht zur Disposition durch die Satzung stehe, nicht durch eine privatrechtliche Regelung abdingbar, sondern nur durch eine Satzungsregelung über eine abweichende Gewinnverteilung. Deswegen verstoße eine **die Gesellschaft bindende** schuldrechtliche Nebenabrede außerhalb der Satzung gegen diese gesetzlichen Regelungen und könne nicht zu einer Verpflichtung der Gesellschaft führen, bei einer konkreten Ausschüttung gegen den Widerspruch eines Aktionärs die abweichende Gewinnverteilung gemäß der schuldrechtlichen Abrede vorzunehmen. Im Unterschied zu anderen Absprachen in Aktionärsvereinbarungen, wie beispielsweise zu Aufsichtsratswahlen, die für zulässig gehalten würden, sei die Regelung der konkreten Gewinnverteilung einer Aktionärsvereinbarung aufgrund der eindeutigen gesetzlichen Normierung in § 60 Abs. 3 AktG, der für eine disquotale Gewinnausschüttung ausdrücklich eine Satzungsregelung verlange, nicht zugänglich. Eine **Bindung der Aktiengesellschaft** an eine Vereinbarung über eine abweichende Gewinnverteilung könne nur in Betracht kommen, wenn in der von der Satzung abweichenden Vereinbarung ein (verdeckter) Teilgewinnabführungsvertrag im Sinne von § 292 AktG erblickt würde, dessen Voraussetzungen gemäß §§ 293 ff. AktG jedoch nicht eingehalten wurden.[100] Allerdings können die Aktionäre untereinander die Gewinnverteilung nebenvertraglich abweichend von den Beteiligungshöhen regeln.

2. Verzicht auf Gleichbehandlungsgrundsatz durch Nebenabrede

46 Das aktienrechtliche Gleichbehandlungsgebot steht ebenso wie die Gleichbehandlungsgebote im Recht der anderen Rechtsformen nicht zur Disposition der Aktionäre bzw. Gesellschafter.[101] Es kann auch nicht durch die Satzung oder durch einen Beschluss der Hauptversammlung abbedungen werden, weder generell noch für bestimmte Aktien oder Aktionäre. Zulässig sind nur bestimmte Abweichungen im Hinblick auf einzelne Rechte und Pflichten, wobei innerhalb der dadurch geschaffenen Aktiengattungen und hinsichtlich der allen Gattungen gemeinsamen Merkmale wiederum der Gleichbehandlungsgrundsatz gilt. Aktionäre können auch nicht durch schuldrechtliche Nebenabreden generell auf die Einhaltung des Gleichbehandlungsgebots verzichten.[102] Lediglich im Einzelfall oder für den Einzelfall können Aktionäre auf die Einhaltung des Gleichbehandlungsgrundsatzes verzichten, soweit der verzichtende Aktionär über die betroffene Rechtsposition verfügen kann.[103] Der Aktionär kann nicht nur nicht pauschal auf den Schutz durch den Gleichbehandlungsgrundsatz verzichten, sondern auch nicht im Vorhinein für bestimmte Arten von Angelegenheiten, beispielsweise die Aktienzuteilung bei künftigen Kapitalerhöhungen. Nur konkret auf den Einzelfall bezogen ist ein solcher Verzicht

---

[100] LG Frankfurt a. M., Urt. v. 23.12.2014, 3–05 O 47/14, NZG 2015, 482; Anmerkung *Wachter*, EWiR 2015, 345; *Priester* ZIP 2015, 2156.
[101] *Cahn/von Spannenberg* in: Spindler/Stilz, AktG, 4. Aufl. 2019, § 53a Rn. 28; *Drygala* in: Kölner KommAktG, Band 1, 3. Aufl. 2010, § 53a Rn. 28, 33; MüKoAktG/*Götze*, 5. Aufl. 2019, § 53a Rn. 17; *Henze/Notz* in: GroßKomm. AktG, 4. Aufl. 2004, § 53a Rn. 20, 84, 95; *Koch* in: Hüffer/Koch, AktG, 14. Aufl. 2020, § 53a Rn. 5.
[102] *Cahn/von Spannenberg* in: Spindler/Stilz, AktG, 4. Aufl. 2019, § 53a Rn. 28.
[103] *Cahn/von Spannenberg* in: Spindler/Stilz, AktG, 4. Aufl. 2019, § 53a Rn. 28; *Fleischer* in: K. Schmidt/Lutter, AktG, 3. Aufl. 2015, § 53a Rn. 37.

möglich.[104] Diese Grundsätze gelten entsprechend auch für Gesellschaften der anderen Rechtsformen, insbesondere auch für die GmbH. Entscheidend für die Wirksamkeit von Nebenvereinbarungen unter dem Gesichtspunkt des Gleichbehandlungsgrundsatzes ist, dass einzelne Gesellschafter zwar in Einzelfällen auf ihre Gleichbehandlung mit anderen Gesellschaftern verzichten können, aber nicht im Vorhinein für bestimmte Gattungen von Sachverhalten, beispielsweise auf Bezugsrechte aus allen Kapitalerhöhungen, oder pauschal.

§ 36 Verbot von Nebenvereinbarungen in Satzung

I. Wirksamkeit

In Satzungen von GmbH finden sich immer wieder Klauseln, wonach „Nebenabreden unter den Gesellschaftern nicht bestehen" oder „nicht abgeschlossen werden" oder „Stimmbindungsverträge nicht bestehen" etc. Die Auslegung ergibt, ob Klauseln in einer Satzung wie „Nebenvereinbarungen zu diesem Vertrag bestehen nicht" nur dem späteren Beweis der Tatsache dienen sollen, dass (seinerzeit bei Abschluss des Gesellschaftsvertrags) keine Nebenvereinbarungen getroffen wurden oder es sich um ein Verbot des Abschlusses solcher Vereinbarungen handelt. Ersterenfalls empfiehlt sich der Zusatz „im Zeitpunkt des Abschlusses des Gesellschaftsvertrages". Um Auslegungsschwierigkeiten bei einem beabsichtigten Verbot von vornherein aus dem Weg zu gehen, empfiehlt sich im Falle eines Verbots eine ausdrückliche Formulierung, etwa: „Der Abschluss von Nebenvereinbarungen zu diesem Gesellschaftsvertrag zwischen Gesellschaftern oder zwischen einem oder mehreren Gesellschaftern auf der einen Seite und der Gesellschaft auf der anderen Seite ist verboten". Besteht ein Satzungsverbot, stellen sich Fragen nach dessen Zulässigkeit und den Rechtsfolgen des Verstoßes hiergegen.

47

1. Verbot in der Satzung einer GmbH

Klauseln in Gesellschaftsverträgen, insbesondere GmbH-Satzungen, die den Abschluss von Nebenverträgen verbieten – manchmal bezogen nur auf bestimmte Regelungsgegenstände von Nebenverträgen, etwa Stimmbindungen – sind zulässig.[105] Beispielsweise darf die Satzung aufgrund § 3 Abs. 2 GmbHG den Gesellschaftern zusätzliche Pflichten (also auch Unterlassungspflichten) auferlegen.[106] Das satzungsmäßige Verbot, Nebenabreden abzuschließen, stellt eine solche Unterlassungspflicht dar, die Gesellschaftern einer GmbH in der Satzung auferlegt werden kann.

48

2. Verbot in der Satzung einer Aktiengesellschaft

Bei der Aktiengesellschaft sind gemäß § 55 AktG Nebenverpflichtungen der Aktionäre nur sehr eingeschränkt möglich. Nach § 55 Abs. 1 Satz 1 AktG kann die Satzung Aktionären die Verpflichtung auferlegen, neben den Einlagen auf das Grundkapital wiederkehrende, nicht in Geld bestehende Leistungen zu erbringen, wenn die Übertragung der Aktien an die Zustimmung der Gesellschaft gebunden ist. Nach Satz 2 hat die Satzung zu bestimmen, ob die Leistungen entgeltlich oder unentgeltlich zu erbringen sind und nach Satz 3 sind die Verpflichtung und der Umfang der Leistung in den Aktien und Zwischenscheinen anzugeben. Der Begriff der Leistung im Sinne von Abs. 1 Satz 1 umfasst auch Unterlassungen, wobei jedoch die gesetzlich normierte Unzulässigkeit von Verpflichtungen zu Dauerleis-

49

---

[104] MüKoAktG/*Götze*, 5. Aufl. 2019, § 53a Rn. 17; *Drygala* in: Kölner Komm. AktG, Band 1, 3. Aufl. 2010, § 53a Rn. 33.
[105] *K. Schmidt* in: Scholz, GmbHG § 47 Rn. 46; *Zöllner/Noack*, in: Baumbach/Hueck, GmbHG, 22. Aufl. 2019, § 47 Rn. 116; *Hillmann* in: Henssler/Strohn, Gesellschaftsrecht, GmbHG, 4. Aufl. 2019, § 47 Rn. 96 m. w. N.
[106] *Söntgerath*, Vermittelte Mehrheit, 2010, S. 197; MHLS/*Römermann*, 3. Aufl. 2017, GmbHG § 47 Rn. 551.

tungen die Möglichkeit, nach § 55 AktG Unterlassungspflichten zu begründen, erheblich einschränkt. Fraglich ist daher, wann bei Unterlassungspflichten eine Verpflichtung zu einer Dauerleistung vorliegt. Das ist jedenfalls nicht bei auf einen bestimmten Zeitpunkt bezogenen Unterlassungspflichten der Fall. Unzulässig sind aber auch Verpflichtungen zu einer einmaligen Leistung. Denn das Gesetz verlangt wiederkehrende Leistungen. Diese Frage ist demgemäß auch nicht klar. Eine Unterlassungspflicht, die sich immer nur bei bestimmten, wiederholt auftretenden Anlässen aktualisiert, stellt jedenfalls eine zulässige Verpflichtung zu wiederkehrenden Leistungen im Sinne von § 55 Abs. 1 Satz 1 AktG dar und ist deswegen, weil es sich gleichzeitig nicht um eine Dauerleistung handelt, zulässig.[107]

50 Daher können beispielsweise **Konditionenkartelle,** soweit sie nach § 2 GWB zulässig sind, in der Form aktienrechtlicher Nebenleistungspflichten vereinbart werden. Es handelt sich bei diesen um die Verpflichtung, von bestimmten Vertragsbedingungen (etwa Lieferbedingungen) nicht abzuweichen. Diese Unterlassungspflicht aktualisiert sich wiederkehrend anlässlich des Abschlusses bestimmter Rechtsgeschäfte, ohne gleichzeitig eine Dauerleistungspflicht zu begründen.[108] Hingegen würde ein **Wettbewerbsverbot** eine Verpflichtung zu einer Dauerunterlassung begründen und könnte daher als aktienrechtliche Nebenleistungspflicht nicht vereinbart werden.[109] Deswegen können auch weitere Unterlassungsverpflichtungen, die häufig in schuldrechtlichen Nebenvereinbarungen anzutreffen sind, nicht in der Satzung der Aktiengesellschaft vereinbart werden, beispielsweise nicht die Verpflichtung, den eigenen Aktienbesitz nicht über eine bestimmte Schwelle hinaus zu vergrößern, sich nicht an anderen Unternehmen zu beteiligen oder nicht an sie zu liefern, bestimmte Ware nicht im eigenen Sortiment zu führen oder bestimmte Rechtsgeschäfte nicht vorzunehmen, insbesondere bestimmte Grundstücke nicht zu veräußern.[110] Bei der Aktiengesellschaft ist deswegen eine satzungsmäßige Unterlassungsverpflichtung, Nebenvereinbarungen (oder andere Verträge) nicht abzuschließen, nicht zulässig.

II. Verstoßfolgen

51 Schließt ein Gesellschafter trotz Verbotes in der Satzung eine schuldrechtliche Nebenvereinbarung ab, sind die Rechtsfolgen fraglich. Denn Satzungsregelungen haben nicht die gleichen Wirkungen wie gesetzliche Regelungen.[111] Für die Wirksamkeit der entgegenstehenden Nebenabrede bleibt das Satzungsverbot ohne Belang, weil die Nebenabrede nicht gegen eine zwingende gesetzliche Verbotsnorm verstößt. Die Situation ist im Prinzip keine andere als wenn ein Gesellschafter zwei einander widerstreitende Verträge abschließt oder beispielsweise in einem Nebenvertrag den Abschluss eines weiteren Nebenvertrages durch den Vertragspartner des ersten Nebenvertrages verbietet. Satzungsverbote, keine Nebenabreden oder keine solchen mit bestimmten Inhalten abzuschließen oder ähnliche Satzungsverbote gelten nur zwischen den Gesellschaftern.[112] Verstöße gegen das satzungsmäßige Verbot, Nebenvereinbarungen abzuschließen, ziehen nur Unterlassungs- und Schadenersatzansprüche und auch das nur im Innenverhältnis nach sich.[113]

52 Dennoch empfiehlt es sich, solche Verbotsklauseln in Gesellschaftsverträge aufzunehmen, auch wenn hierdurch Nebenvereinbarungen, die unter Verstoß gegen das Satzungsverbot

---

[107] MüKoAktG/*Götze*, 5. Aufl. 2019, § 55 Rn. 17; *Drygala* in: Kölner Komm. AktG, Band 1, 3. Aufl. 2010, § 55 Rn. 12; *Henze* in: GroßKomm. AktG, 4. Aufl. 2001, § 55 Rn. 17 ff.

[108] MüKoAktG/*Götze*, 5. Aufl. 2019, § 55 Rn. 17; *Drygala* in: Kölner Komm. AktG, Band 1, 3. Aufl. 2010, § 55 Rn. 12; *Henze* in: GroßKomm. AktG, 4. Aufl. 2001, § 55 Rn. 17 ff.

[109] MüKoAktG/*Götze*, 5. Aufl. 2019, § 55 Rn. 17; *Drygala* in: Kölner Komm. AktG, Band 1, 3. Aufl. 2010, § 55 Rn. 12; *Wieneke/Fett* NZG 2007, 774, 778.

[110] Andere Ansicht für die Verpflichtung, den eigenen Aktienbesitz nicht zu vergrößern, *Wieneke/Fett* NZG 2007, 774, 778; wie hier MüKoAktG/*Götze*, 5. Aufl. 2019, § 55 Rn. 17.

[111] *K. Schmidt* in: Scholz, GmbHG § 47 Rn. 48; *Zöllner/Noack* in: Baumbach/Hueck, GmbHG § 47 Rn. 116.

[112] *Teichmann* in: Gehrlein/Ekkenga/Simon, GmbHG, 2. Aufl. 2019, § 47 Rn. 23.

[113] *Hillmann* in: Henssler/Strohn, Gesellschaftsrecht, GmbHG, 4. Aufl. 2019, § 47 Rn. 96.

abgeschlossen wurden, nicht nichtig werden. Denn schon die Verbotsklausel hat in der Rechtspraxis abschreckende Wirkung, auch weil die drohenden Schadenersatzansprüche oftmals nicht zu überschauen sind. Außerdem stellt der verbotswidrige Abschluss von Nebenvereinbarungen ein satzungswidriges Verhalten eines Gesellschafters dar, das durchaus auch einen wichtigen Grund für eine Einziehung von Gesellschaftsanteilen oder den Ausschluss aus der Gesellschaft darstellen kann. Bei einem Verstoß gegen ein Satzungsverbot, seine Stimme an Weisungen eines Dritten zu binden, kann demgemäß zwar nicht die Stimmbindung gegenüber dem Dritten verhindert werden, wohl aber – zusätzlich zu den Unterlassungs- oder Schadenersatzansprüchen – die Zwangsvollstreckung aus der satzungswidrigen Nebenabrede.[114] Anderenfalls müsste die (erfolgte) Zwangsvollstreckung über den Schadenersatzanspruch (Naturalrestitution) wieder rückgängig gemacht werden.

§ 37 Vinkulierungs- und Höchststimmrechtsklauseln und Nebenvereinbarungen

Eine Ausnahme davon, dass die Wirksamkeit von Nebenvereinbarungen von gesellschaftsvertraglichen Verbotsvorschriften unberührt bleibt, besteht nach der Rechtsprechung für Nebenverträge, die der Umgehung von Vinkulierungs- oder Höchststimmrechtsklauseln in Gesellschaftsverträgen dienen. Gegenstand von Vinkulierungsklauseln ist es, die Übertragung von Gesellschaftsanteilen von der Zustimmung der Gesellschaft oder ihrer Gesellschafter abhängig zu machen. Gegenstand von Höchststimmrechten ist es, Stimmrechte eines Gesellschafters unabhängig von der Größe seines Kapitalanteils auf eine bestimmte Höhe zu beschränken, damit dieser, auch wenn er über höhere Kapitalanteile verfügt, die übrigen Gesellschafter mit seinem größeren Stimmvolumen nicht majorisieren kann. Für beide Beschränkungen gibt es in der Rechtspraxis ausgeprägte Bedürfnisse. Nebenverträgen, die diesen beiden Regelungen in Gesellschaftsverträgen zuwiderlaufen, sind nicht wirksam.[115] 53

Hintergrund für die Unwirksamkeit der Umgehung der Anteilsvinkulierung durch den Nebenvertrag ist Sinn und Zweck der Vinkulierungsklausel. Es soll gerade die unkontrollierte Übertragung von Anteilen verhindert werden. Daher spielt es keine Rolle, ob die Anteile über den Nebenvertrag oder andere Mittel oder in anderem rechtlichen Gewand übertragen werden sollen[116] und kommt es nicht darauf an, ob erst der spätere Vollzug des Nebenvertrages gegen die Vinkulierungsklausel verstößt.[117] Rechtsfolge dürfte dann aber nicht die endgültige Nichtigkeit, sondern nur die schwebende Unwirksamkeit der Nebenvereinbarung sein, um die Nebenvertragsklausel genehmigungsfähig zu halten, was dem Ziel der Vinkulierung – Kontrolle über den Gesellschafterkreis – entspricht. 54

Vergleichbare Argumente greifen für Nebenvertragsklauseln, mit denen Höchststimmrechte umgangen werden. Auch hierdurch soll Einfluss in einer Gesellschaft verhindert werden, der der Kontrolle der übrigen durch das Höchststimmrecht begünstigten Gesellschafter entzogen ist. Fraglich ist in der Praxis dann aber, ab wann eine Umgehung des Höchststimmrechts vorliegt. Nicht jede Stimmbündelung ist auch auf die Umgehung des Höchststimmrechts gerichtet, schon weil sie mit dem Höchststimmrecht und den sich daraus ergebenden Beschränkungen nichts zu tun haben braucht. In der Praxis sind daher Beweisschwierigkeiten an der Tagesordnung. Klar sind nur die Fälle, in denen einem Gesellschafter nebenvertraglich Einfluss auf so viele Stimmrechte anderer Gesellschafter gewährt wird, dass er, wenn er unmittelbar so viele Stimmrechte hätte, das satzungsmäßige Höchststimmrecht verletzen würde.[118] Anderseits könnten sich aber gleichberechtigte 55

---

[114] K. Schmidt in: Scholz, GmbHG § 47 Rn. 48.
[115] BGH, Urt. v. 17.11.1986– II ZR 96/86 NJW 1987, 780; LG Berlin, Beschl. v. 17.1.1990, 98 AktE 10/89, AG 1991, 34, 35; Lutter/Drygala in: Kölner Komm. AktG, Band 1, 3. Aufl. 2009, § 68 Rn. 112 ff.
[116] Lutter/Grunewald AG 1989, 109, 110 f.
[117] Joussen, Gesellschafterabsprachen neben Satzung und Gesllschaftsvertrag, 1995, S. 104.
[118] vgl. Martens AG 1993, 495, 499.

Gesellschafter zusammenfinden, um aufgrund gleichgerichteter Interessen ihre Rechte besser zu koordinieren. Dies dürfte im Lichte satzungsgemäßer Höchststimmrechte unproblematisch sein, weil es insoweit nur um die Interessenbündelung und nicht die Umgehung des Höchststimmrechts geht. Entscheidend werden also auch subjektive Momente und damit die Motive hinter dem Abschluss eines bestimmten Nebenvertrages sein, um eine Umgehung der Höchststimmrechtsklauseln in der Satzung durch den Nebenvertrag festzustellen.

56 Wird ein Verstoß des Nebenvertrags gegen das Höchststimmrecht festgestellt, ist Rechtsfolge die endgültige Nichtigkeit des Nebenvertrags, weil insoweit – anders als bei Verstößen gegen Vinkulierungsvorschriften – keine Genehmigungsfähigkeit besteht. Ein Bedürfnis für eine schwebende Unwirksamkeit ist nicht zu erkennen. Alles in allem genießt das Höchststimmrecht in der Praxis daher nur schwachen Schutz, weil Umgehungen Tür und Tor geöffnet und nur schwer nachweisbar sind. Gepaart werden sollte das Höchststimmrecht daher mit einem Verbot, Stimmbindungen einzugehen. Das Ziel der Stimmrechtsbeschränkung in Form des Höchststimmrechts, den zu starken Einfluss von Gesellschaftern oder Gesellschaftergruppen zurückzudrängen, wäre dann klar dargelegt. Zumindest aus der Treuepflicht – wenn nicht aus dem Gesellschaftsvertrag – folgt in diesem Fall die Verpflichtung der Gesellschafter, alles zu unterlassen, was dazu führen könnte, Stimmrechtsbeschränkungen wirkungslos werden zu lassen.[119]

§ 38 Scheingeschäft

57 Eine vom satzungsmäßigen Unternehmensgegenstand abweichende und bei Errichtung der Gesellschaft abgeschlossene Nebenabrede, die den „wirklichen" Unternehmensgegenstand festlegt, kann dazu führen, dass die Satzung als Scheingeschäft angesehen werden könnte. Denn die Nebenabrede wäre Beleg dafür, dass das Rechtsgeschäft „Errichtung einer Gesellschaft mit beschränkter Haftung", das einen bestimmten Unternehmensgegenstand vorsieht, nicht ernstlich von den Gründungsgesellschaftern gewollt war und deswegen nach § 117 BGB als Scheingeschäft nichtig ist. Rechtsfolge wäre dann beispielsweise die Begründetheit einer Nichtigkeitsklage nach § 75 GmbHG oder eine Löschung von Amts wegen.[120]

§ 39 Rechtsfolgen bei Teil- oder Gesamtnichtigkeit der Nebenabrede

58 Für die Rechtsfolgen der Nichtigkeit eines Teils der in einer Nebenabrede enthaltenen Klauseln ist zu unterscheiden, ob die Nebenabrede ein separates Gesellschaftsverhältnis bürgerlichen Rechts begründete oder nicht.

I. Variante 1: Nebenabrede begründete kein Gesellschaftsverhältnis bürgerlichen Rechts

59 Ist das nicht der Fall, bestimmen sich die Rechtsfolgen bei Teilnichtigkeit einer Nebenvereinbarung nach der Auslegungsregel des § 139 BGB. Danach ist das gesamte Rechtsgeschäft nichtig, wenn nicht ein anderer Parteiwille festgestellt werden kann. Diese Rechtsfolge kann durch Vereinbarung einer salvatorischen Klausel modifiziert werden.[121] Gemäß § 139 BGB hat die Nichtigkeit eines Teils der Bestimmungen einer Nebenabrede nicht zwingend die Unwirksamkeit aller ihrer Bestandteile zur Folge. Entscheidend ist, ob die Nebenvereinbarung auch ohne den unwirksamen Teil vereinbart worden wäre.[122] Bei Unwirksam-

---

[119] Vgl. *Joussen*, Gesellschafterabsprachen neben Satzung und Gesllschaftsvertrag, 1995, S. 105; *Schneider* AG 1990, 56, 60.
[120] *Wicke* DStR 2006, 1137, 1138; *Ulmer/Löbbe*, in Habersack/Casper/Löbbe, Band 1, 3. Aufl. 2019, GmbHG § 3 Rn. 12 f.
[121] *Noack*, Gesellschaftervereinbarungen bei Kapitalgesellschaften, 1994, S. 200.
[122] *Busche* in: MüKoBGB, 8. Aufl. 2018, § 139 Rn. 29.

keit nur eines Teils einer satzungsergänzenden Nebenvereinbarung gelten in der Praxis daher oftmals die übrigen Vertragsbestimmungen fort.

II. Variante 2: Nebenabrede begründete ein Gesellschaftsverhältnis bürgerlichen Rechts

Begründet die Nebenvereinbarung, wie so häufig, eine Gesellschaft bürgerlichen Rechts (Sekundärgesellschaft), gelten spezielle Rechtsfolgen: Ein Gesellschaftsvertrag soll im Unterschied zu normalen Vertragsverhältnissen in der Regel nicht gesamtnichtig sein, so dass die von der Unwirksamkeit nicht betroffenen Bestandteile der Nebenvereinbarung fortgelten, und zwar auch ohne Vereinbarung einer salvatorischen Klausel, weil von Rechts wegen ein Bestandsinteresse an der Gesellschaft unterstellt wird, das grundsätzlich höher zu bewerten ist, als das Interesse einzelner Gesellschafter, an (teil-)unwirksame Rechtsgeschäfte nicht gebunden zu sein. Wäre ausnahmsweise einmal ein Gesellschaftsvertrag in seiner Gesamtheit nichtig, weil der Gesellschaftsvertrag an einem Mangel litt, der zu seiner Unwirksamkeit insgesamt führte, wäre die Gesellschaft gemäß der Lehre von der fehlerhaften Gesellschaft für den Zeitraum ihres Vollzuges als wirksam gegründet und fortbestehend zu behandeln.[123] Zum einen werden so Rückabwicklungsschwierigkeiten vermieden, zum anderen wird so das Vertrauen in den Bestand der Gesellschaft geschützt. Ab Kenntnis des Mangels wird den Gesellschaftern ein Recht auf Auflösungsklage bzw. ein Kündigungsrecht zugestanden, die beide aber nur in die Zukunft gerichtet wirken. Umstritten ist allerdings, ob die Lehre von der fehlerhaften Gesellschaft ohne weiteres auch auf Innengesellschaften ohne Gesamthandvermögen übertragen werden kann,[124] wie sie regelmäßig in Form schuldrechtlicher Nebenvereinbarungen vorliegen werden. Denn wird die Lehre von der fehlerhaften Gesellschaft mit der Doppelnatur der Personengesellschaft als Schuldverhältnis und Organisation begründet, wird man eingestehen müssen, dass es bei Innengesellschaften gerade an einer Organisation im Sinne der Verwaltung eines Gesamthandvermögens fehlen wird. Daher wird die Anwendung der Lehre von der fehlerhaften Gesellschaft von Teilen der Literatur auf Innengesellschaften generell abgelehnt, weil nur die Außengesellschaft einen Bestandsschutz bei Fehlerhaftigkeit des Gesellschaftsvertrages verdiene.[125]

Die ständige Praxis des **BGH**[126] wendet die Grundsätze der **fehlerhaften Gesellschaft** hingegen generell **auch bei Innengesellschaften** an, ein erheblicher Teil der Literatur[127] stimmt dem zu. Da es bei der Fehlerhaftigkeit der Innengesellschaft nicht um den Verkehrsschutz, sondern um den verbandsrechtlichen Bestandsschutze gehe, könne – so diese Auffassung – der Grundsatz der fehlerhaften Gesellschaft nicht auf Außengesellschaften beschränkt bleiben. Denn auch Innengesellschaften seien Verbände, so dass die Grundsätze über die fehlerhafte Gesellschaft angewandt werden könnten.[128] Die Anwendung der Grundsätze der fehlerhaften Gesellschaft auf Innengesellschaften durch die höchstrichterliche Rechtsprechung und die überwiegende Meinung in der Literatur führt auf Rechtsfolgenseite dazu, dass diese Gesellschaften wirksam begründet wurden. Das bedeutet, dass Nebenvereinbarungen, wenn, wie zumeist, durch sie eine Innengesellschaft begründet wurde, in der Praxis nur mit Wirkung für die Zukunft beendet werden können, indem sich ein Beteiligter auf die Unwirksamkeit der Nebenvereinbarung beruft. Die Nebenverein-

---

123 *Rubner/Leuering* NJW-Spezial 2010, 143.
124 Dafür: *Henssler* in: Henssler/Strohn, Gesellschaftsrecht, HGB, 4. Aufl 2019, § 105 Rn. 128; dagegen: *Schäfer* in: MüKoBGB, 7. Aufl. 2017, § 705 Rn. 276 mwN.
125 *Noack*, Gesellschaftervereinbarungen bei Kapitalgesellschaften, 1994, S. 202.
126 BGH, Urt. v. 25.6.1973 – II ZR 133/70, NJW 1973, 1691; BGH, Urt. v. 22.10.1990 – II ZR 247/89, NJW-RR 1991, 613.
127 *K. Schmidt*, Gesellschaftsrecht, 4. Aufl. 2012, § 6 II 3.; *Sprau* in: Palandt, BGB, 78. Aufl. 2019, § 705 Rn. 19a.
128 Kritisch: *K. Schmidt*, Gesellschaftsrecht, 4. Aufl. 2012, § 6 II 3. e), der die Anwendung der Grundsätze der fehlerhaften Gesellschaft auf rein schuldrechtliche Innengesellschaften ablehnt.

barung als „Gesellschaftsvertrag" ist als Rechtsgeschäft dann zwar fehlerhaft, die Innengesellschaft aber entstanden. In der Fehlerhaftigkeit der Gesellschaft liegt grundsätzlich ein wichtiger Grund für die Kündigung mit sofortiger Wirkung,[129] die aber nur in die Zukunft wirkt. Für die Rechtspraxis bedeutet dies, dass bei der Nichtigkeit der Nebenvereinbarung zunächst untersucht werden muss, ob die Nebenvereinbarung eine Gesellschaft bürgerlichen Rechts begründet hat, wobei die Frage, ob es sich um eine Innen- oder Außengesellschaft gehandelt hat, dahinstehen kann. Nur wenn ein Gesellschaftsverhältnis nicht begründet wurde, ist die Nebenabrede von Anfang an als nichtig anzusehen, anderenfalls kann sie mit Wirkung für die Zukunft unter Berufung auf den Nichtigkeitsmangel beendet werden.

---

[129] BGH, Urt. v. 24.1.1974 – II ZR 158/72, BeckRS 1974, 31122767.

Kapitel 13. Konzernierung durch Nebenabreden

Nebenabreden können zu einer Abhängigkeit der Gesellschaft im Sinne von § 17 AktG 1
von bestimmten Gesellschaftern oder Gesellschaftergruppen führen. Zu wem eine solche Abhängigkeit besteht, ist Frage des konkreten Einzelfalls, deren Beantwortung davon abhängt, wer Partei der Nebenvereinbarung ist – das können alle oder einige Gesellschafter oder auch Dritte sein – und welche Rechte und Einflussmöglichkeiten die Nebenvereinbarung nach ihrem Regelungsinhalt bestimmten Parteien einräumt. Rein praktisch lassen sich mithilfe von Gesellschaftervereinbarungen die Macht in der Gesellschaft und die Interessen verschiedener Gesellschafter bündeln, so dass sich die Frage nach einem Schutz von der Nebenvereinbarung ausgeschlossener Gesellschafter stellt. In Betracht zu ziehen sind §§ 311 ff. AktG über den faktischen Konzern, der nichts anderes bedeutet als (Möglichkeit der) Einflussnahme des herrschenden Unternehmens auf eine abhängige Gesellschaft.[1]

§ 40 Allgemeines

Insbesondere dann, wenn mehrere Gesellschafter, die jeweils über keine Mehrheitsbetei- 2
ligung verfügen, die aber zusammen mehr als die Hälfte des Kapitals oder der Stimmen auf sich vereinen, eine Nebenvereinbarung zum Gesellschaftsvertrag abschließen, kann dies eine konzernrechtliche Abhängigkeit zur Folge haben. Entscheidend ist, dass die Parteien des Nebenvertrages unternehmerische Interessen verfolgen, damit sie im konzernrechtlichen Sinne als „Unternehmen" anzusehen sind. Die Abhängigkeit besteht dann nicht zu der Innengesellschaft bürgerlichen Rechts, die womöglich durch die Nebenabrede begründet wurde, sondern zu jedem einzelnen herrschenden Unternehmen, also zu jedem einzelnen Gesellschafter. Es handelt sich um einen Fall der mehrfachen Abhängigkeit. Hierfür genügt es, wenn die Gesellschafter als jeweilige Unternehmen im konzernrechtlichen Sinne aufgrund der Nebenvereinbarung oder in sonstiger Weise derart zusammenwirken, dass sie gemeinsam einen beherrschenden Einfluss ausüben können. Hierzu reicht es typischerweise aus, wenn „gleichgerichtete Interessen eine gemeinsame Unternehmenspolitik gewährleisten", weil dann die Unternehmen gegenüber der abhängigen Gesellschaft eine herrschende Einheit bilden.[2] Insbesondere wenn ein Stimmbindungsvertrag hinreichende Mehrheiten sichert, ist eine Abhängigkeit begründet.[3]

Denkbar ist auch, dass die für die Begründung der Abhängigkeit nach § 17 AktG 3
ausreichende **Möglichkeit** der Einflussnahme durch einen Optionsvertrag über weitere Anteile vermittelt wird, durch deren Hinzuerwerb eine Abhängigkeit begründet werden würde. Besteht bereits ein Anwartschaftsrecht und damit eine sichere Erwerbsposition, könnte allein im Bestehen des Optionsrechts die Beherrschungsmöglichkeit erblickt werden.[4] Je mehr die Parteien in der Nebenabrede über Absprachen zur bloßen Stimmrechtsausübung hinausgehen, beispielsweise noch Abreden zur Organbesetzung oder zu wirtschaftlichen Einflussnahmemöglichkeiten treffen, desto mehr und desto eher entsteht eine Konzernabhängigkeit. Die Kombination verschiedener Elemente der Nebenabreden in einem einheitlichen Vertrag ist für die Rechtspraxis typisch. Je feiner das Netz, das sich über die Gesellschaft legt, umso deutlicher wird der Abhängigkeitstatbestand des § 17 AktG verwirklicht.

---

[1] *Koch* in: Hüffer/Koch, AktG, 14. Aufl. 2020, § 311 Rn. 1.
[2] BGH, Beschl. v. 8.5.1979, KVR 1/78, BGHZ 74, 359, 368; BGH, Beschl. v. 22.1.1987, V ZB 3/86 WM 1987, 326, 327; *Baumann/Reiß* ZGR 1989, 157, 202.
[3] BGH, Beschl. v. 8.5.1979, KVR 1/78, BGHZ 74, 359, 368; *Baumann/Reiß* ZGR 1989, 157, 202; *Groß-Bölting*, Gesellschaftervereinbarungen in der AG, 2011, S. 302.
[4] *Baumann/Reiß* ZGR 1989, 157, 203; *H. Werner*, Der aktienrechtliche Abhängigkeitstatbestand, 1979, S. 116.

§ 41 Schutz im faktischen Aktienkonzern

4 §§ 311 ff. AktG schützen bei Bestehen eines Abhängigkeitsverhältnisses die abhängige Gesellschaft sowie ihre Gläubiger und außenstehende Aktionäre im Sinne eines Außenseiterschutzes, denn Abhängigkeit kann dazu führen, dass das herrschende Unternehmen das Vermögen der abhängigen Gesellschaft zu deren Nachteil, zum Nachteil der Gesellschaftsgläubiger und der außenstehenden Aktionäre für seine eigenen Belange einsetzt.[5] Das Recht des faktischen Konzerns legt dem herrschenden Unternehmen und seinen gesetzlichen Vertretern, aber auch den Mitgliedern des Vorstands und des Aufsichtsrats der abhängigen Gesellschaft besondere Verhaltenspflichten auf, deren Verletzung zum Schadenersatz verpflichtet,[6] ohne dass wie im Vertragskonzern eine Verlustübernahmepflicht analog § 302 AktG bestünde. Nach § 311 Abs. 1 AktG darf ein herrschendes Unternehmen die abhängige Gesellschaft nicht zu für sie nachteiligem Handeln veranlassen, es sei denn, dass die Nachteile ausgeglichen werden.[7] Zu unterscheiden sind im Regelungsmodell der §§ 311 ff. AktG folgende drei Arten von Maßnahmen: Zunächst gemäß § 311 AktG durch Nachteilsausgleich gerechtfertigte Maßnahmen, sodann mangels Nachteilsausgleich nicht gerechtfertigte Maßnahmen und schließlich schon ihrer Art nach nicht legalisierbare Handlungen. In den letzteren beiden Fällen löst § 317 AktG eine Schadenersatzpflicht der Obergesellschaft aus.

5 Verständnis und rechtspolitische Bewertung der Vorschriften der §§ 311 ff. AktG werden seit jeher kontrovers diskutiert, wobei es im Wesentlichen immer um die Frage ging, ob der Gesetzgeber die Abhängigkeit von einem herrschenden Unternehmen gebilligt hat.[8] Nach der heutigen Vorstellung will § 311 AktG die nachteilige Einflussnahme nicht schlechthin verbieten, sondern lässt den faktischen Konzern unter bestimmten Voraussetzungen zu.[9] Das folgt insbesondere daraus, dass das herrschende Unternehmen noch am Ende des Geschäftsjahres, in dem der Nachteil zugefügt worden ist, Art und Zeitpunkt des Ausgleichs bestimmen kann.[10]

6 Die „Abhängigkeit" ist Tatbestandsvoraussetzung. Wann diese vorliegt, richtet sich nach §§ 15 ff. AktG. Es bedarf zweier Unternehmen, eines herrschenden und eines von diesem abhängigen Unternehmens.[11] Die Beherrschung kann insbesondere auch über den mehrheitlichen Anteilsbesitz vermittelt werden, wobei für die Beherrschung auch die Zusammenrechnung von Stimmanteilen gemäß § 20 AktG aufgrund gesellschaftsrechtlicher Nebenabreden in Betracht kommt, ohne dass eine Konzernierung im Sinne des § 18 AktG erforderlich wäre.[12] Dass der beherrschende Einfluss ausgeübt werden „kann", genügt (§ 17 Abs. 1 AktG).[13] Ob er tatsächlich ausgeübt wird, ist irrelevant.[14] Herrschend muss ein „Unternehmen" sein. Eine Privatperson als Gesellschafter ist kein Unternehmen in diesem Sinne, wenn sie außerhalb einer Mehrheitsbeteiligung an dem möglicherweise abhängigen Unternehmen keine weiteren unternehmerischen Interessen verfolgt.

---

[5] *Habersack* in: Emmerich/Habersack, Aktien- und GmbH-Konzernrecht, 9. Aufl. 2019, AktG § 311 Rn. 1.
[6] *Koch* in: Hüffer/Koch, AktG, 14. Aufl. 2020, § 311 Rn. 1; *Habersack* in: Emmerich/Habersack, Aktien- und GmbH-Konzernrecht, 9. Aufl. 2019, AktG § 311 Rn. 1.
[7] MüKoAktG/*Altmeppen*, 5. Aufl. 2019, § 311 Rn. 1.
[8] *Koch* in: Hüffer/Koch, AktG, 14. Aufl. 2020, § 311 Rn. 3.
[9] Str., vgl. *Koch* in: Hüffer/Koch, AktG, 14. Aufl. 2020, § 311 Rn. 1.
[10] *Habersack* in: Emmerich/Habersack, Aktien- und GmbH-Konzernrecht, 9. Aufl. 2019, AktG § 311 Rn. 7 mit kritischem Hinweis auf die mit dieser Flexibilität verbundenen Gefahren; *Koch* in: Hüffer/Koch, AktG, 14. Aufl. 2020, § 311 Rn. 1 thematisiert, dass im Gesetzgebungsverfahren zunächst geplant war, nur Maßnahmen zuzulassen, die sich bei Gegenüberstellung von Vor- und Nachteilen *sogleich* als vermögensneutral erweisen würden.
[11] *Bödeker* in: Henssler/Strohn, Gesellschaftsrecht, 4. Aufl. 2019, AktG § 311 Rn. 2.
[12] *Bödeker* in: Henssler/Strohn, Gesellschaftsrecht, 4. Aufl. 2019, AktG § 311 Rn. 3.
[13] MüKoAktG/*Altmeppen*, 5. Aufl. 2019, § 311 Rn. 53; zur Nichtanwendbarkeit auf Gleichordnungskonzerne *Bödeker* in: Henssler/Strohn, Gesellschaftsrecht, 4. Aufl. 2019, AktG § 311 Rn. 3.
[14] MüKoAktG/*Altmeppen*, 5. Aufl. 2019, § 311 Rn. 53.

"Unternehmen" ist **weit zu verstehen** und kann rechtsformunabhängig jede im In- 7
oder Ausland ansässige Person sein, die sich nicht auf private Vermögensverwaltung beschränkt. Für den Unternehmensbegriff ist es erforderlich, aber auch hinreichend, dass der betreffende Rechtsträger neben seiner Beteiligung an der fraglichen Gesellschaft, zu der die Nebenabrede abgeschlossen wurde, weitere wirtschaftliche Interessen verfolgt, die eine Einflussnahme zum Nachteil der abhängigen Gesellschaft ernsthaft befürchten lassen. Unter dieser Prämisse können auch Privatpersonen "Unternehmen" in diesem Sinne sein,[15] wenn sich ihr Engagement nicht nur in dem bloßen Halten der Beteiligung an der Gesellschaft, zu der die Nebenabrede abgeschlossen wurde, besteht, sondern beispielsweise weitere Beteiligungen gehalten und daher wirtschaftliche Interessen auch wegen dieser Beteiligungen verfolgt werden. Für die Frage, ob eine Nebenabrede zu einer faktischen Konzernierung führt, ist daher die Unternehmereigenschaft ihrer Vertragspartner von besonderem Interesse. Abhängige Gesellschaft kann im unmittelbaren Anwendungsbereich der §§ 15 ff. AktG nur eine Aktiengesellschaft oder Kommanditgesellschaft mit Satzungssitz im Inland sein.[16]

§ 311 AktG verbietet nachteilige Rechtsgeschäfte und Maßnahmen aller Art, insbeson- 8
dere jede nachteilige Einflussnahme,[17] es sei denn, das herrschende Unternehmen gewährte einen Nachteilsausgleich oder sagte einen solchen rechtsverbindlich zu und wahrte damit die Vermögensinteressen der abhängigen Gesellschaft.[18] Dieses Verbot nachteiliger Einflussnahme ist anders als die in Tatbestand und Rechtsfolgen beschränkte Norm des § 117 Abs. 1 AktG **umfassend.**[19] § 117 AktG verbietet bestimmte **vorsätzliche** Einflussnahmen zum Schaden der Gesellschaft,[20] § 311 AktG schützt hingegen vor allen nachteiligen Rechtsgeschäften und Maßnahmen. Nachteil in diesem Sinne ist jede unmittelbare oder mittelbare Minderung oder konkrete Gefährdung der Vermögens- oder Ertragslage, soweit sie auf die Abhängigkeit zurückzuführen ist.[21] Für den Nachteilsausgleich entscheidend ist, ob sich der Nachteil als solcher isolieren lässt und tatsächlich innerhalb des Geschäftsjahrs ausgeglichen (§ 311 Abs. 1 AktG) oder zum Gegenstand rechtsverbindlicher Regelung (§ 311 Abs. 2 AktG) gemacht wird. Wer, was und wie in der abhängigen Gesellschaft veranlasst wurde, spielt keine Rolle, so dass auch Veranlassungen durch Hauptversammlungsbeschluss erfasst sind.[22] Weil das Recht des faktischen Konzerns an die Abhängigkeit von der Obergesellschaft anknüpft, ist weitere Voraussetzung, dass ein ordentlicher und gewissenhafter Geschäftsleiter einer nicht abhängigen Gesellschaft in derselben Situation anders als der Vorstand der Untergesellschaft gehandelt hätte.[23] Zu messen ist dieses hypothetische Verhalten an der Sorgfaltspflicht des § 93 Abs. 1 S. 1 AktG.[24] Jeder einzelne Nachteil muss durch einen ihm jeweils zugeordneten Vorteil kompensiert werden.[25] Der Nachteilsausgleich muss entweder tatsächlich geleistet oder der Gesellschaft ein Rechtsanspruch hierauf eingeräumt werden, wobei der Ausgleich bis zum Ende des Geschäftsjahres nachgeholt werden kann.[26]

---

[15] MüKoAktG/*Altmeppen*, 5. Aufl. 2019, § 311 Rn. 56 ff.; *Leuering/Goertz* in: Hölters, AktG § 311 Rn. 22.
[16] *Bödeker* in: Henssler/Strohn, Gesellschaftsrecht, 4. Aufl. 2019, AktG § 311 Rn. 2.
[17] *Bödeker* in: Henssler/Strohn, Gesellschaftsrecht, 4. Aufl. 2019, AktG § 311 Rn. 16.
[18] *Habersack* in: Emmerich/Habersack, Aktien- und GmbH-Konzernrecht, 9. Aufl. 2019, AktG § 311 Rn. 4.
[19] MüKoAktG/*Altmeppen*, 5. Aufl. 2019, AktG § 311 Rn. 1.
[20] *Habersack* in: Emmerich/Habersack, Aktien- und GmbH-Konzernrecht, 9. Aufl. 2019, § 311 Rn. 4.
[21] *Bödeker* in: Henssler/Strohn, Gesellschaftsrecht, 4. Aufl. 2019, AktG § 311 Rn. 16; vgl. BGH, Urt. v. 1.12.2008 – II ZR 102/07, NJW 2009, 850, 851.
[22] MüKoAktG/*Altmeppen*, 5. Aufl. 2019, § 311 Rn. 1.
[23] *Bödeker* in: Henssler/Strohn, Gesellschaftsrecht, 4. Aufl. 2019, AktG § 311 Rn. 16; BGH, Urt. v. 1.3.1999 – II ZR 312/97, NJW 1999, 1706, 1708.
[24] *Bödeker* in: Henssler/Strohn, Gesellschaftsrecht, 4. Aufl. 2019, AktG § 311 Rn. 16 f.
[25] Prinzip des Einzelausgleichs, vgl. *H. F. Müller* in: Spindler/Stilz, AktG, 4. Aufl. 2019, § 311 Rn. 1.
[26] Möglichkeit des zeitlich gestreckten Ausgleichs, *vgl. H.-F. Müller* in: Spindler/Stilz, AktG, 4. Aufl. 2019, § 311 Rn. 1.

9 § 317 AktG macht das herrschende Unternehmen und seine gesetzlichen Vertreter bei Nichterfüllung der Ausgleichspflicht gegenüber der abhängigen Gesellschaft schadenersatzpflichtig.[27] Gläubiger des Schadenersatzanspruchs ist die abhängige Gesellschaft als Geschädigter.[28] Den Aktionären steht ein Schadenersatzanspruch nur bei einem vom Gesellschaftsschaden unabhängigen Schaden zu.[29] Den Anspruch der Gesellschaft können ihre Aktionäre und Gläubiger nach Maßgabe der §§ 309 Abs. 4, 317 Abs. 4 AktG verfolgen.[30]

§ 42 Schutz im faktischen GmbH-Konzern

10 Auf eine faktisch konzernierte GmbH finden die Vorschriften der §§ 311 ff. AktG keine, auch keine analoge Anwendung.[31] Aber auch eine GmbH kann faktisch abhängig sein.[32] Da das GmbH-Gesetz keine spezifischen konzernrechtlichen Bestimmungen enthält, wäre grundsätzlich an die analoge Anwendung der §§ 311 ff. AktG auf die abhängige GmbH zu denken.[33] Die herrschende Auffassung[34] lehnt eine entsprechende Anwendung dieser aktienrechtlichen Vorschriften indes ab, weil wegen der rechtsformspezifischen Unterschiede die Interessenlage zwischen dem geregelten Aktienkonzern und dem nicht geregelten GmbH-Konzern nicht vergleichbar sei, die GmbH kein unabhängiges Leitungsorgan wie die AG nach § 76 Abs. 1 AktG habe,[35] der Geschäftsführer einer GmbH anders als der Vorstand einer AG an Weisungen der Gesellschafter gebunden sei (§ 37 Abs. 1 GmbHG)[36] und die GmbH über keinen obligatorischen Aufsichtsrat verfüge, so dass bereits die Konzeption des Abhängigkeitsberichts als einer der zentralen Bausteine der §§ 311 ff. AktG auf die GmbH nicht übertragen werden könne.[37] Letztlich liegt der Grund für die Ablehnung der analogen Anwendung des Aktienkonzernrechts der §§ 311 ff. AktG auf die faktisch konzernierte GmbH darin, dass das herrschende Unternehmen als Gesellschafter (formell korrekt: die Gesellschafterversammlung) der beherrschten GmbH dieser auch nachteilige Weisungen erteilen kann, und zwar bis zur Grenze der Rechtswidrigkeit, die vom Geschäftsführer umzusetzen sind (§ 37 Abs. 1 GmbHG); die denkbare und oft vorkommende Konzernherrschaft über eine GmbH ist mithin viel intensiver, als dies in §§ 311 ff. AktG angelegt ist.[38]

11 Im GmbH-Recht ergeben sich die Schranken der Leitungsmacht des herrschenden Unternehmens vielmehr aus der mitgliedschaftlichen Treuepflicht,[39] die schon grundsätzlich jede nachteilige Einflussnahme auf die abhängige Gesellschaft untersagt,[40] sowie dem

---

[27] *Habersack* in: Emmerich/Habersack, Aktien- und GmbH-Konzernrecht, 9. Aufl. 2019, AktG § 311 Rn. 4.
[28] *Leuering/Goertz* in: Hölters, AktG § 317 Rn. 21; *Koch* in: Hüffer/Koch, AktG, 14. Aufl. 2020, § 317 Rn. 2.
[29] *Hans Friedrich Müller* in: Spindler/Stilz, AktG, 4. Aufl. 2019, § 317 Rn. 6; *Bödeker* in: Henssler/Strohn, Gesellschaftsrecht, 4. Aufl. 2019, § 317 AktG Rn. 8.
[30] *Koch* in: Hüffer/Koch, AktG, 14. Aufl. 2020, § 317 Rn. 2.
[31] *Koch* in: Hüffer/Koch, AktG, 14. Aufl. 2020, § 311 Rn. 53.
[32] Zu deren Merkmalen *K. Schmidt*, Gesellschaftsrecht, 4. Aufl. 2002, § 39 III 1.
[33] MüKoAktG/*Heider*, 5. Aufl. 2019, § 1 Rn. 69 mit Verweis auf Arbeitskreis GmbH-Reform, Thesen und Vorschläge zur GmbH-Reform, Bd. II, 1972, S. 49 ff.; *H. F. Müller* in: Spindler/Stilz, AktG, 4. Aufl. 2019, Vorbem. zu den §§ 311–318 Rn. 21 f.
[34] Nachweise für die Gegenmeinung bei *Altmeppen* in: Roth/Altmeppen, GmbHG, 9. Aufl. 2019, Anh. zu § 13 Rn. 166.
[35] *Koch* in: Hüffer/Koch, AktG, 14. Aufl. 2020, § 311 Rn. 53.
[36] *Habersack* in: Emmerich/Habersack, Aktien-, GmbH- und Konzernrecht, 9. Aufl. 2019, AktG Anh. zu § 318 Rn. 6; *H. F. Müller* in: Spindler/Stilz, AktG, 4. Aufl. 2019, Vorbem. zu §§ 311–318 Rn. 21.
[37] *Koch* in: Hüffer/Koch, AktG, 14. Aufl. 2020, § 311 Rn. 53.
[38] *H. F. Müller* in: Spindler/Stilz, AktG, 4. Aufl. 2019, Vorbem. zu §§ 311–318 Rn. 21.
[39] *Habersack* in: Emmerich/Habersack, Aktien-, GmbH- und Konzernrecht, 9. Aufl. 2019, AktG Anh. zu § 318 Rn. 2; *H. F. Müller* in: Spindler/Stilz, AktG, 4. Aufl. 2019, Vorbem. zu §§ 311–318 Rn. 21; auf die „ITT-"-Entscheidung (BGHZ 65, 311) weist *Altmeppen* in: Roth/Altmeppen, GmbHG, 9. Aufl. 2019, Anh. zu § 13 Rn. 166 hin.
[40] *H. F. Müller* in: Spindler/Stilz, AktG, 4. Aufl. 2019, Vorbem. zu §§ 311–318 Rn. 21.

Gleichbehandlungsgrundsatz.[41] Ausnahmen gelten allerdings dann, wenn die übrigen Gesellschafter zustimmen oder keine anderen Gesellschafter vorhanden sind, dies jedoch wiederum unter dem Vorbehalt, dass die Existenz der Gesellschaft nicht gefährdet wird.[42]

Aufgegeben hat der BGH seine langjährige Rechtsprechung zur Haftung im qualifiziert faktischen Konzern, in deren Rahmen die Normen zum Verlustausgleich nach §§ 302, 303 AktG zur entsprechenden Anwendung kamen.[43] Seitdem[44] verzichtet die Rechtsprechung auf einen konzernrechtlichen Begründungsansatz und stützt ihre Judikate auf die Rechtsfigur des „existenzvernichtenden Eingriffs".[45] Dieser war zunächst als Durchgriffshaftung der Gesellschafter unmittelbar zugunsten der Gläubiger wegen Missbrauchs der Rechtsform der GmbH konzipiert.[46] Seit der Trihotel-Entscheidung aus dem Jahr 2007[47] begründet der BGH diese schadenersatzrechtliche Innenhaftung gegenüber der Gesellschaft als besondere Fallgruppe der vorsätzlichen sittenwidrigen Schädigung gemäß § 826 BGB.[48]

12

---

[41] Der im Gegensatz zu § 53a AktG für die GmbH zwar nicht kodifiziert ist, sich aber in §§ 14, 19 Abs. 1, 24, 26 Abs. 3, 29 Abs. 3, 31 Abs. 3, 37 Abs. 2, 53 Abs. 3 und § 72 GmbHG widerspiegelt und allgemein anerkannt ist, vgl. *Maul* in: Gehrelein/Ekkenga/Simon, GmbHG, 1. Aufl. 2012, § 13 Rn. 54.
[42] H. F. *Müller* in: Spindler/Stilz, AktG, 4. Aufl. 2019, Vorbem. zu §§ 311–318 Rn. 21.
[43] H. F. *Müller* in: Spindler/Stilz, AktG, 4. Aufl. 2019, Vorbem. zu §§ 311–318 Rn. 23; vgl. die Entscheidungen Autokran, Tiefbau, Video BGH, Urt. v. 16.9.1985 – II ZR 275/84, NJW 1986, 188; BGH, Urt. v. 20.2.1989 – II ZR 167/88, NJW 1989, 1800; BGH, Urt. v. 23.9.1991 – II ZR 135/90, NJW 1991, 3142; wesentliche Einschränkung durch das „TBB-Urteil", BGH, Urt. v. 29.3.1993 – II ZR 265/91, NJW 1993, 1200.
[44] Seit „Bremer Vulkan", BGH, Urt. v. 17.9.2001 – II ZR 178/99, NJW 2001, 3622; Präzisierung im K-B-V-Urteil, BGH, Urt. v. 24.6.2002 – II ZR 300/00, NJW 2002, 3024; Ansatzpunkte zur Fortentwicklung des „Trihotel"-Konzepts finden sich bei *Habersack* ZGR 2008, 533.
[45] MüKoAktG/*Heider*, 5. Aufl. 2019, § 1 Rn. 88; H. F. *Müller* in: Spindler/Stilz, AktG, 4. Aufl. 2019, Vorbem. zu §§ 311–318 Rn. 23.
[46] H. F. *Müller* in: Spindler/Stilz, AktG, 4. Aufl. 2019, Vorbem. zu §§ 311–318 Rn. 23.
[47] BGH, Urt. v. 16.7.2007 – II ZR 3/04, NJW 2007, 2689.
[48] H. F. *Müller* in: Spindler/Stilz, AktG, 4. Aufl. 2019, Vorbem. zu §§ 311–318 Rn. 24.

Kapitel 14. Fernwirkungen

§ 43 Kapitalmarktrecht

1 Nebenvereinbarungen von Gesellschaftern und Aktionären, insbesondere in Form von Familien- und Aktienpools, können kapitalmarktrechtlich relevant sein, und zwar insbesondere nach den Regelungen des WpHG, des WpÜG und der Marktmissbrauchsverordnung[1] („MAR"). Aus diesem Normengeflecht ergeben sich für Nebenvereinbarungen praxisrelevante Fragen der Mitteilungspflichten, des Insiderrechts und der Ad-hoc-Publizität.

I. Meldepflichten nach WpHG
1. Allgemeines zu §§ 33 ff. WpHG

2 Die Regelungen der §§ 33 ff. WpHG begründen Meldepflichten von Aktionären, deren Stimmrechte die in § 21 WpHG festgelegten Quoten von (3[2], 5, 10, 15, 20, 25, 30, 50 und 75 %) erreichen, über- oder unterschreiten. Sinn und Zweck dieser Meldepflichten ist es, die bestmögliche Information der Anleger sicherzustellen und damit das Vertrauen in den Wertpapiermarkt zu stärken.[3] Anwendbar sind diese Vorschriften gemäß § 33 Abs. 4 WpHG auf Inlandsemittenten und Emittenten, für die die Bundesrepublik Deutschland der Herkunftsstaat ist, deren Aktien an einem organisierten Markt im Sinne von § 2 Abs. 11 WpHG zugelassen sind. Dies sind nach den Kategorien des Börsenrechts solche Emittenten, deren Aktien zum regulierten Markt zugelassen oder zum Handeln in den regulierten Markt einbezogen sind, §§ 32 ff. BörsG.[4] Für Unternehmen, deren Aktien lediglich im Freiverkehr gehandelt werden, § 48 BörsG, bestehen grundsätzlich keine Meldepflichten.

3 Die Regelungen der §§ 33 ff. WpHG sollen einen Schutz vor dem „heimlichen Anschleichen" durch einen sukzessiven Beteiligungsaufbau bieten und über mögliche Übernahmeversuche informieren.[5] Bis zur Umsetzung der Transparenzrichtlinie-Änderungsrichtlinie[6] (TRL-ÄnderRL) im Jahr 2013 durch das Transparenzrichtlinie-Änderungsrichtlinie-Umsetzungsgesetz[7] (TRL-ÄnderRL-UmsG) stellten die in §§ 21, 25 und 25a WpHG

---

[1] Verordnung (EU) Nr. 596/2014 des Europäischen Parlaments und des Rates vom 16. April 2014 über Marktmissbrauch (Marktmissbrauchsverordnung) und zur Aufhebung der Richtlinie 2003/6/EG des Europäischen Parlaments und des Rates und der Richtlinien 2003/124/EG, 2003/125/EG und 2004/72/EG der Kommission.

[2] Zum Überschießen der Transparenzrichtlinie 2004 vgl. *Schäfer* in: Marsch-Barner/Schäfer, Handbuch börsennotierte AG, 4. Aufl. 2017, § 18 Rn. 9.

[3] *Wehowsky* in: Erbs/Kohlhaas, Strafrechtliche Nebengesetze, 230. EL Mai 2020, WpHG, Vorb. zu § 21 ff. Rn. 2; *Schürnbrand/Habersack* in: Emmerich/Habersack, Aktien- und GmbH-Konzernrecht, 9. Aufl. 2019, WpHG, Vorb. zu §§ 33 ff. Rn. 1.

[4] *Schürnbrand/Habersack* in: Emmerich/Habersack, Aktien- und GmbH-Konzernrecht, 9. Aufl. 2019, WpHG, § 33 Rn. 5; *Bayer* in: MüKoAktG, 5. Aufl. 2019, WpHG, § 33 Rn. 14; *Wehowsky* in: Erbs/Kohlhaas, Strafrechtliche Nebengesetze, 230. EL Mai 2020, WpHG, § 21 Rn. 1.

[5] *Schürnbrand/Habersack* in: Emmerich/Habersack, Aktien- und GmbH-Konzernrecht, 9. Aufl. 2019, WpHG, Vorb. zu §§ 33 ff. Rn. 1; *Wehowsky* in: Erbs/Kohlhaas, Strafrechtliche Nebengesetze, 230. EL Mai 2020, WpHG, Vorb. zu §§ 21 ff. Rn. 2; *Fleischer/Schmolke* NZG 2009, 401; *Bayer* in: MüKoAktG, 5. Aufl. 2019, Überblick über die §§ 33 ff. WpHG, Rn. 8.

[6] Richtlinie 2013/50/EU des Europäischen Parlaments und des Rates vom 22. Oktober 2013 zur Änderung der Richtlinie 2004/109/EG des Europäischen Parlaments und des Rates zur Harmonisierung der Transparenzanforderungen in Bezug auf Informationen über Emittenten, deren Wertpapiere zum Handel auf einem geregelten Markt zugelassen sind, und der RL 2003/71/EG des Europäischen Parlaments und des Rates betreffend den Prospekt, der beim öffentlichen Angebot von Wertpapieren oder bei deren Zulassung zum Handel zu veröffentlichen ist, sowie der Richtlinie 2007/14/EG der Kommission mit Durchführungsbestimmungen zu bestimmten Vorschriften der Richtlinie 2004/109/EG, ABl. 2013 Nr. L 294 v. 6.11.2013, S. 13.

[7] Gesetz zur Umsetzung der Transparenzrichtlinie-Änderungsrichtlinie, BGBl. I 2015, 2029.

a. F. geregelten Meldepflichten drei selbständige Tatbestände dar.[8] Nunmehr besteht eine einheitliche Meldepflicht für Aktien gemäß § 33 WpHG n. F. und für Instrumente gemäß § 38 WpHG n. F. sowie gemäß § 39 WpHG n. F. für den Fall, dass die Summe der Aktien und Instrumente die jeweilige Quote erreicht. Als Folge der einheitlichen Meldepflicht sind beim Erreichen eines Schwellenwertes sämtliche Bestände – Aktien und Instrumente i. S. d. § 38 WpHG n. F. – anzugeben.

Seit dem Inkrafttreten des Dritten Finanzmarktförderungsgesetzes[9] verdrängen die Vorschriften der §§ 33 ff. WpHG bei börsennotierten Gesellschaften die Meldepflichten der §§ 20 ff. AktG. Adressat der Meldepflichten ist jeder, dem Stimmrechtsanteile an einem Emittenten, dessen Herkunftsstaat die Bundesrepublik Deutschland ist, zustehen. Somit können sowohl inländische als auch ausländische natürliche und juristische Personen zur Meldung verpflichtet sein.[10] Befindet sich der Aktienbesitz im Gesellschaftsvermögen (Gesamthandsvermögen) einer Gesellschaft bürgerlichen Rechts, so ist der vertretungsberechtigte und geschäftsführende Gesellschafter im Namen der Gesellschaft mitteilungspflichtig. Verwaltet die Gesellschaft dagegen lediglich die Aktien, die im Eigentum ihrer Gesellschafter stehen, so hat die Mitteilung durch die einzelnen Gesellschafter zu erfolgen, nicht durch die verwaltende Gesellschaft im Namen der Gesellschafter. Mitteilungspflichtig ist die verwaltende Gesellschaft dagegen dann, wenn sie in dieser Konstellation die Stimmrechte nach eigenem Ermessen ausüben darf und keinen Weisungen des Aktionärs unterliegt. Da §§ 33 ff. WpHG an Stimmrechte anknüpfen, lösen stimmrechtslose Vorzugsaktien grundsätzlich keine Mitteilungspflicht aus. Anders als § 20 Abs. 1 AktG unterscheidet § 33 WpHG nicht zwischen „Unternehmen" und „Nichtunternehmen" (sog. Privataktionären) als Inhaber der Stimmrechtsanteile, sondern treffen jeden Aktionär unabhängig vom Vorliegen unternehmerischer Interessenbindungen.

§ 33 WpHG stellt den Grundtatbestand der Beteiligungspublizität[11] dar. §§ 34 und 36 WpHG regeln die Zurechnung und die Nichtberücksichtigung von Stimmrechten. Grund für die Zurechnungstatbestände des § 34 WpHG ist zum einen, dass diejenigen Stimmrechte berücksichtigt werden sollen, die zwar nicht dem betreffenden Aktionär zustehen, dieser aber auf die Ausübung der Stimmrechte Einfluss nehmen kann.[12] Zum anderen dient § 34 WpHG der Einschränkung der Möglichkeiten zur Umgehung des § 33 WpHG durch entsprechende Gestaltung der Rechtsverhältnisse.[13] Bereits nach dem Wortlaut des § 34 Abs. 1 WpHG („gleich stehen") wird deutlich, dass es nicht darauf ankommt, ob der Adressat der Meldepflicht selbst Aktionär ist. Es kommt vielmehr auch eine Meldepflicht ausschließlich aufgrund einer Zurechnung gemäß § 34 WpHG in Betracht.

Besonders relevant im Zusammenhang mit schuldrechtlichen Nebenvereinbarungen ist § 34 Abs. 2 WpHG, wonach Stimmrechte eines Dritten auch dann zugerechnet werden, wenn der Dritte mit dem Meldepflichtigen oder dessen Tochterunternehmen sein Verhalten in Bezug auf den betreffenden Emittenten auf Grund einer Vereinbarung oder in sonstiger Weise abstimmt; ausgenommen sind Vereinbarungen in Einzelfällen. Ein solches abgestimmtes Verhalten setzt voraus, dass sich der Meldepflichtige oder ein Tochterunternehmen auf der einen Seite und der Dritte auf der anderen Seite über die Ausübung von Stimmrechten verständigen oder mit dem Ziel einer dauerhaften und erheblichen Änderung der unternehmerischen Ausrichtung des Emittenten in sonstiger Weise zusammenwirken. Von § 34 Abs. 2 WpHG sollen diejenigen Verhaltensweisen erfasst sein, die unter

---

[8] *Rück/Heusel* NZG 2016, 897, 899.
[9] Gesetz zur weiteren Fortentwicklung des Finanzplatzes Deutschland, BGBl. I 2002, 2010.
[10] BegrRegE BT-Drs. 12/6679 S. 52.
[11] *U. H. Schneider* in: Assmann/Schneider, WpHG, 6. Aufl. 2012, § 21 Rn. 1; *Schürnbrand/Habersack* in: Emmerich/Habersack, Aktien- und GmbH-Konzernrecht, 9. Aufl. 2019, § 33 Rn. 1.
[12] *von Bülow* in: Kölner Komm. WpHG, 2. Aufl. 2014, § 22 Rn. 4; *Wehowsky* in: Erbs/Kohlhaas, Strafrechtliche Nebengesetze, 230. EL Mai 2020, WpHG, § 22 Rn. 1.
[13] *Wehowsky* in: Erbs/Kohlhaas, Strafrechtliche Nebengesetze, 230. EL Mai 2020, WpHG, § 22 Rn. 1; *U. H. Schneider* in: Assmann/Schneider, WpHG, 6. Aufl. 2012, § 22 Rn 5.

7 Ursprünglich waren vom Tatbestand des § 22 Abs. 1 Nr. 3 WpHG a. F. Vereinbarungen über die einvernehmliche Ausübung von Stimmrechten zur Verfolgung langfristiger gemeinschaftlicher Ziele bezüglich der Geschäftsführung des Emittenten erfasst.[15] Seitdem im Jahr 2002 der heutige Abs. 2 S. 1 als Abs. 2 in § 22 WpHG a. F. (heute: § 34 WpHG) aufgenommen wurde, war jede über den Einzelfall hinausgehende Abstimmung des Verhaltens in Bezug auf den Emittenten aufgrund einer Vereinbarung oder in sonstiger Weise erfasst. Mit seiner WMF-Entscheidung[16] stellte der BGH klar, dass § 22 Abs. 2 WpHG a. F. in dieser Form lediglich auf Abstimmungen über die Stimmrechtsausübung in Hauptversammlungen des Emittenten beschränkt war. Daraufhin normierte der Gesetzgeber den früheren Tatbestand des § 22 Abs. 2 S. 2 WpHG (heute: § 34 Abs. 2 S. 2 WpHG), der auch ein Zusammenwirken in sonstiger Weise erfasst. Eine Abstimmung kann nunmehr sowohl aufgrund einer Vereinbarung als auch in sonstiger Weise, etwa durch Abschluss einer nicht rechtsverbindlichen Vereinbarung (etwa sog. Gentlemen's Agreement[17]) erfolgen. Es genügt damit zum einen bereits eine Abstimmung des Stimmverhaltens zu einem einzelnen Tagesordnungspunkt, etwa sämtlicher zukünftigen Kapitalerhöhungen.[18] Dauerhaftigkeit oder Nachhaltigkeit muss der Abstimmungsgegenstand nicht aufweisen,[19] sodass die Meldepflicht bereits mit Abschluss der Vereinbarung oder zum Zeitpunkt der tatsächlichen Abstimmung entsteht.[20] Es genügt jegliches Verhalten der Parteien, das nicht lediglich faktisch auf das gleiche Ziel ausgerichtet ist, sondern auf einem gemeinsamen Plan oder Entschluss beruht.[21] Andernfalls wäre die Norm leicht zu umgehen.[22]

8 An die **Form der Abstimmung** sind keine besonderen Anforderungen zu stellen, es ist insbesondere kein expliziter Abschluss einer Vereinbarung oder Ähnliches erforderlich.[23] § 34 Abs. 2 S. 2 WpHG legt Mindestvoraussetzungen für abgestimmtes Verhalten fest und soll unerwünschte Aktivitäten von Finanzinvestoren erschweren.[24] Es genügt somit auch etwa eine Vereinbarung oder eine Abstimmung, nach der faktisch außerhalb der Hauptversammlung auf den Vorstand Einfluss genommen werden soll.[25] Dies kann z. B. durch die Drohung geschehen, einen Misstrauensantrag in der Hauptversammlung zu stellen.[26] Grundlage des Einflusses muss die gesellschaftsrechtliche Beteiligung sein, ein ausdrücklicher Hinweis auf den Stimmrechtseinfluss ist indes nicht notwendig.[27] Ferner müssen sich die Beteiligten dem Ziel verschreiben, eine dauerhafte und erhebliche

---

[14] *Schürnbrand/Habersack* in: Emmerich/Habersack, Aktien- und GmbH-Konzernrecht, 9. Aufl. 2019, WpHG, § 34 Rn. 22 ff.; *Wehowsky* in: Erbs/Kohlhaas, Strafrechtliche Nebengesetze, 230. EL Mai 2020, WpHG, § 22 Rn. 21; *Bayer* in: MüKoAktG, 5. Aufl. 2019, § 34 WpHG Rn. 39; *von Bülow* in: Kölner Komm. WpHG, 2. Aufl. 2014, § 22 Rn. 188 f.
[15] *Schürnbrand/Habersack* in: Emmerich/Habersack, Aktien- und GmbH-Konzernrecht, 9. Aufl. 2019, WpHG, § 34 Rn. 22.
[16] BGH, Urt. v. 18.9.2006– II ZR 137/05, NJW-RR 2007, 1179.
[17] Vgl. *von Bülow* in: Kölner Komm. WpHG, 2. Aufl. 2014, § 22 Rn. 199.
[18] U. H. *Schneider* in: Assmann/Schneider, WpHG, 6. Aufl. 2012, § 22 Rn. 177.
[19] U. H. *Schneider* in: Assmann/Schneider, WpHG, 6. Aufl. 2012, § 22 Rn. 177.
[20] U. H. *Schneider* in: Assmann/Schneider, WpHG, 6. Aufl. 2012, § 22 Rn. 177.
[21] *Wehowsky* in: Erbs/Kohlhaas, Strafrechtliche Nebengesetze, 230. EL Mai 2020, WpHG, § 22 Rn. 23 m. w. N.
[22] So auch für § 30 WpÜG: *Diekmann* in: Baums/Thoma, WpÜG-Kommentar, Lieferung 1/2011, § 30 Rn. 68.
[23] *v. Hein* in: Schwark/Zimmer, KMRK, 5. Aufl. 2020, WpHG, § 34 Rn. 31; für § 30 WpÜG: *Diekmann* in: Baums/Thoma, WpÜG-Kommentar, Lieferung 5/2004, § 30 Rn. 68.
[24] Für die identische Fassung des § 30 Abs. 2 S. 2 WpÜG: *Ralf Thaeter/Genevieve Baker* in: Thaeter/Abbas, 2. Aufl. 2017, WpÜG, § 30 Rn. 3; allgemein zu den Folgen des Risikobegrenzungsgesetzes *von Bülow/ Stephanblome* ZIP 2008, 1797; für das WpHG *Korff* AG 2008, 692.
[25] U. H. *Schneider* in: Assmann/Schneider, WpHG, 6. Aufl. 2012, § 22 Rn. 182.
[26] *Pentz* ZIP 2003, 1479, 1487, 1491; U. H. *Schneider* in: Assmann/Schneider, WpHG, 6. Aufl. 2012, § 22 Rn. 182.
[27] U. H. *Schneider* in: Assmann/Schneider, WpHG, 6. Aufl. 2012, § 22 Rn. 182.

Änderung der unternehmerischen Ausrichtung zu erreichen, wofür die Absicht des Vorhabens genügt.[28]

Seit dem Erlass der TRL-ÄnderRL und dem Inkrafttreten des TRL-ÄnderRL-UmsG ist **9** die Reichweite des § 34 Abs. 2 S. 1 1. HS 2. Alt WpHG („in sonstiger Weise") Gegenstand einer Diskussion in der Literatur. Durch die TRL-ÄnderRL wurde unter Art. 1 Ziff. 2 der Art. 3 Abs. 1a Unterabs. 4 der TRL dahingehend geändert, dass der jeweilige Herkunftsmitgliedstaat für Aktionäre oder natürliche oder juristische Personen im Sinne des Art. 10 oder 13 keine strengeren Anforderungen vorsehen darf als in der TRL vorgesehen, soweit nicht ein Ausnahmetatbestand des Art. 3 TRL einschlägig ist. Es gilt nunmehr der Grundsatz der Vollharmonisierung. Das TRL-ÄnderRL-UmsG ergänzte § 22 WpHG a. F. um zwei neue Zurechnungstatbestände[29], ließ die vorhandenen Zurechnungstatbestände, insbesondere § 22 Abs. 2 S. 1 WpHG a. F. jedoch unberührt. Gemäß Art. 10 lit. a) TRL gilt die Mitteilungspflicht nach Artikel 9 Absätze 1 und 2 auch für eine natürliche oder juristische Person, sofern sie zum Erwerb, zur Veräußerung oder zur Ausübung von Stimmrechten berechtigt ist, die von einem Dritten gehalten werden, mit dem diese natürliche oder juristische Person eine Vereinbarung getroffen hat, die beide verpflichtet, langfristig eine gemeinsame Politik bezüglich der Geschäftsführung des betreffenden Emittenten zu verfolgen, indem sie die von ihnen gehaltenen Stimmrechte einvernehmlich ausüben. Die TRL setzt somit eine „Vereinbarung" voraus, die beide Parteien „verpflichtet". Die TRL-ÄnderRL definiert im neuen Art. 2 Abs. 1 lit q) eine „förmliche Vereinbarung" als eine Vereinbarung, die „nach geltendem Recht verbindlich ist". Hieraus will eine Ansicht in der Literatur ableiten, dass auch eine bloße „Vereinbarung" ohne einklagbaren Anspruch den Tatbestand des Art. 10 lit. a) TRL erfüllen soll.[30] Nach anderer Ansicht handele es sich vielmehr um ein gesetzgeberisches Versehen, dass Art. 10 lit. a) TRL nicht auf die Definition der „förmlichen Vereinbarung" verweist.[31]

§ 34 Abs. 2 S. 1 WpHG erfasst dagegen auch eine Verhaltensabstimmung „in sonstiger **10** Weise", so etwa das genannte „Gentlemen's Agreement".[32] Zudem sieht § 34 Abs. 2 WpHG eine Zurechnung auch dann vor, wenn sich das abgestimmte Verhalten nicht auf die „einvernehmliche" Ausübung der Stimmrechte bezieht, sondern ein Zusammenwirken „in sonstiger Weise" gegeben ist. Insoweit dürfte von einer überschießenden Umsetzung der TRL auszugehen sein.

Daneben sieht Art. 10 lit. e) TRL eine Zurechnung von Stimmrechten vor, die von **11** einem kontrollierten Unternehmen gehalten oder ausgeübt werden können. § 34 Abs. 1 S. 1 Nr. 1 WpHG bedient sich hierbei des Begriffes des Tochterunternehmens. Gemäß § 35 Abs. 1 Nr. 2 WpHG ist ein Tochterunternehmen ein Unternehmen, auf das ein beherrschender Einfluss ausgeübt werden kann. Nach deutschem Recht kann aber ein beherrschender Einfluss auch durch eine Minderheitsbeteiligung ausgeübt werden, während für den Begriff der Kontrolle, den die TRL bemüht, umstritten ist, ob diese ebenfalls durch eine Minderheitsbeteiligung vermittelt werden kann.[33] Strittig ist hier in der Literatur, ob diese mitgliedstaatliche Überumsetzung[34] vom Ausnahmetatbestand des Art. 3 Abs. 1a Unterabs. 4 (iii) TRL gedeckt ist. Nach dieser Vorschrift darf ein Mitgliedstaat strengere Anforderungen als die der TRL festlegen, wenn er Rechts- oder Verwaltungsvorschriften anwendet, die im Zusammenhang mit Übernahmeangeboten, Zusammenschlüssen und anderen Transaktionen stehen, die die Eigentumsverhältnisse oder die Kon-

---

[28] *U. H. Schneider* in: Assmann/Schneider, WpHG, 6. Aufl. 2012, § 22 Rn. 184b mwN; zu den Hintergründen *Schäfer* in: Marsch-Barner/Schäfer (Hrsg.), Handbuch börsennotierte AG, 4. Aufl. 2017, § 18 Rn. 9.
[29] Vgl. *Schilha* DB 2015, 1821; *Hitzer/Hauser* NZG 2016, 1365, 1366.
[30] Vgl. *Parmentier* AG 2014, 15, 18.
[31] Vgl. *Hitzer/Hauser* NZG 2016, 1365, 1366.
[32] Vgl. *Hitzer/Hauser* NZG 2016, 1365, 1366.
[33] Vgl. *Hitzer/Hauser* NZG 2016, 1365, 1367.
[34] Vgl. *Seibt/Wollenschläger* ZIP 2014, 545, 549.

12 Sowohl verschiedene Stellungnahmen in der Literatur als (wohl) auch der deutsche Gesetzgeber gehen davon aus, dass dieser Ausnahmetatbestand auf die Zurechnungstatbestände des Art. 10 lit. a) und e) TRL „zugeschnitten sind"[35] und mit diesem Ausnahmetatbestand vor allem die nationalen Vorschriften zum „Acting in Concert" gerettet werden sollen.[36] Dass der Gesetzgeber dieses Problem übersehen hat, ist angesichts der im Vorfeld des Erlasses des TRL-ÄndRL-UmsG erschienenen Stellungnahmen samt Hinweisen auf die überschießende Umsetzung sowie die Äußerungen des Gesetzgebers in der Regierungsbegründung zum TRL-ÄndRL-UmsG[37] und WpÜG[38] unwahrscheinlich.[39] Dabei ist dem Wortlaut des Ausnahmetatbestandes nicht zu entnehmen, dass sich dieser auch auf die Zurechnungstatbestände des § 34 WpHG beziehen soll.[40] Folgt man dieser Ansicht, so wäre § 34 Abs. 2 WpHG teleologisch auf den sich aus dem Wortlaut ergebenden Anwendungsbereich der TRL zu reduzieren[41], was – insbesondere für die dargestellten Fallgruppen – erhebliche Rechtsunsicherheit zur Folge hätte. Für die Praxis sind die dargestellten Fallgruppen aufgrund der unterbliebenen Änderung des § 34 Abs. 2 WpHG durch den deutschen Gesetzgeber zumindest vorerst weiterhin zu berücksichtigen.

13 Nicht meldepflichtig sind dagegen gemäß § 34 Abs. 2 S. 1 2. HS WpHG Vereinbarungen, welche sich lediglich auf einen Einzelfall beziehen. Für die Bestimmung, wann ein solcher Einzelfall vorliegt, legt eine Ansicht ein materielles Verständnis zugrunde. So soll eine „punktuelle Einflussnahme" einen Einzelfall darstellen, während eine „längerfristig angelegte Strategie" auch dann ein acting in concert begründet, wenn diese Strategie durch eine einzelne Maßnahme wie etwa eine bestimmte Abstimmung zu einem einzelnen Tagesordnungspunkt umgesetzt wird.[42] Die wohl herrschende Meinung stellt dagegen mit dem Argument der Rechtssicherheit auf eine strikt formale Betrachtungsweise ab.[43] Abstimmungen zu einem einzelnen Tagesordnungspunkt haben hiernach keine Zurechnung zur Folge.[44] Dies gelte auch dann, wenn sich die Beteiligten jeweils vor einer Hauptversammlung, d. h. von Fall zu Fall über einen Tagesordnungspunkt absprechen.[45]

2. Schuldrechtliche Nebenvereinbarungen und § 34 Abs. 2 S. 1 1. HS WpHG

14 Schuldrechtliche Nebenvereinbarungen in Form von Stimmbindungs- oder Poolvereinbarungen stellen den typischen Anwendungsfall von § 34 Abs. 2 S. 1 1. HS WpHG dar.[46] Häufig enthalten derartige Stimmbindungs- bzw. Poolvereinbarungen die Verpflichtung zur koordinierten Stimmrechtsausübung nach einem vorangehenden Verfahren zur Bestimmung der gemeinsamen Vorgehensweise.[47] Bei der Frage der Zurechnung der Stimmrechte

---

[35] Vgl. *Seibt/Wollenschläger* ZIP 2014, 545, 549.
[36] Vgl. *Veil* ZHR 177 (2013), 427, 434.
[37] Vgl. BT-Drs. 16/2498, 28; dort heißt es: „eine gegenüber der Richtlinie erweiterte Zurechnung [im Mutter-Tochter-Verhältnis erreicht werden.]".
[38] Vg. BT-Drs. 14/7034, 53.
[39] Vgl. *Hitzer/Hauser* NZG 2016, 1365, 1368.
[40] Vgl. auch *Seibt/Wollenschläger* ZIP 2014, 545, 549; *Hitzer/Hauser* NZG 2016, 1365, 1368.
[41] Vgl. *Hitzer/Hauser* NZG 2016, 1365, 1368; für eine im Ergebnis zu demselben Ergebnis kommende Nichtanwendung des § 22 Abs. 2 WpHG: *Burgard/Heimann*, WM 2015, 1445, 1449.
[42] Vgl. Bericht des Finanzausschusses, BT-Drs. 16/9821, 12; Emittentenleitfaden der BaFin 2013, VIII.2.5.8.2.; *Schürnbrand/Habersack* in: Emmerich/Habersack, Aktien- und GmbH-Konzernrecht, 9. Aufl. 2019, WpHG § 34 Rn. 30 m. w. N.
[43] OLG Frankfurt a. M., Beschl. v. 25.6.2004, WpÜG 5/03a, 6/03 und 8/03a, NZG 2004, 865; *von Bülow* in: Kölner Komm. WpHG, 2. Aufl. 2014, § 22 Rn. 228.
[44] *U. H. Schneider* in: Assmann/Schneider, WpHG, 6. Aufl. 2012, § 22 Rn. 191a mit Argumenten zur Gegenauffassung.
[45] *U. H. Schneider* in: Assmann/Schneider, WpHG, 6. Aufl. 2012, § 22 Rn. 191a.
[46] *Schäfer* in: Marsch-Barner/Schäfer (Hrsg.), Handbuch börsennotierte AG, 4. Aufl. 2017, § 18 Rn. 39; *U. H. Schneider* in: Assmann/Schneider, WpHG, 6. Aufl. 2012, § 22 Rn. 200.
[47] Vgl. → Kap. 22 Rn. 52.

der an dem Pool beteiligten Aktien ist dabei stets auf die konkrete Ausgestaltung und Umsetzung der Stimmbindungs- bzw. Poolvereinbarung abzustellen. So kommt es für eine Zurechnung der Stimmrechte etwa nicht darauf an, ob das Verfahren zur Bestimmung der gemeinsamen Vorgehensweise dem Mehrheitsprinzip oder dem Einstimmigkeitsprinzip unterliegt.[48] Dies wird damit begründet, dass jedes Poolmitglied auch bei einer Abstimmung im Rahmen des Mehrheitsprinzips die Möglichkeit hat, an der Mehrheitsbildung mitzuwirken und so die anderen Mitglieder zu verpflichten, entsprechend in der Hauptversammlung des Emittenten abzustimmen.[49]

Umstritten ist dagegen, wie sich eine Öffnungsklausel in der Poolvereinbarung, wonach sich die Mitglieder des Pools ein abweichendes Stimmverhalten vorbehalten, auf die Zurechnung auswirkt. Eine Ansicht verneint eine Zurechnung, da eine solche Öffnungsklausel letztlich die rechtlich abgesicherte Möglichkeit zur Einflussnahme auf die übrigen Poolmitglieder verhindert.[50] Die überzeugendere, wohl herrschende Ansicht bejaht dagegen eine Zurechnung, da § 34 Abs. 2 WpHG keine rechtlich verbindliche Durchsetzungsmöglichkeit voraussetzt.[51]

Besitzt ein Poolmitglied oder eine Gruppe von Poolmitgliedern die Stimmenmehrheit im Pool und kann sich damit stets bei der Entscheidung über die gemeinsame Abstimmung durchsetzen, so sind nach einer Ansicht die Stimmen der Minderheitspoolmitglieder diesem Poolmitglied bzw. dieser Gruppe zuzurechnen, nicht jedoch anders herum.[52] Nach der anderen Ansicht, die bislang auch von der BaFin vertreten wurde, ist eine derartige einschränkende Auslegung nicht mit dem Normzweck vereinbar.[53] Zu dem jeweiligen Ergebnis der Zurechnung bzw. Nichtzurechnung kommen diese Ansichten auch dann, wenn eine Partei einer Stimmbindungs- oder Poolvereinbarung aus dieser ausschließlich verpflichtet ist oder kein Stimmrecht hat.[54]

Schließen sich mehrere Einzelpools zu einem Gemeinschaftspool zusammen – sog. „Pool-in-Pool-Abrede" –, soll ebenfalls eine Zurechnung gemäß § 34 Abs. 2 WpHG erfolgen.[55]

Bei nahen Verwandten wird grundsätzlich nicht vermutet, dass diese ihr Abstimmungsverhalten absprechen.[56] Als Argument hierfür wird angeführt, dass die familiäre Verbundenheit nicht zwingend zu einem übereinstimmenden Verhalten der Familienangehörigen als Gesellschafter führen soll und auch bei Familiengesellschaften gesellschaftsrechtliche Auseinandersetzungen keine Seltenheit darstellen.[57] Bringen die Familienmitglieder ihre Aktien in eine Vermögensverwaltungsgesellschaft ein, so ist auf die konkrete Ausgestaltung der Vereinbarung abzustellen. So kommt eine Zurechnung dann in Betracht, wenn ein Familienmitglied als Gesellschafter wesentlichen Einfluss auf die Stimmrechtsausübung der Gesellschaft hat und darüber hinaus der Gesellschaftszweck ausschließlich in der Beteiligungsverwaltung im Interesse der Gesellschafter liegt.[58]

Unklar ist dagegen, ob eine Zurechnung bei Änderungen in der personellen Zusammensetzung von Stimmbindungsvereinbarungen und sonstigen Pools vorzunehmen ist. Die gleiche Frage stellt sich, wenn einzelne Gesellschafter einer nach den Grundsätzen der

---

[48] *U. H. Schneider* in: Assmann/Schneider, WpHG, 6. Aufl. 2012, § 22 Rn. 200; *von Bülow* in: Kölner Komm. WpÜG, 2. Aufl. 2010, § 30 Rn. 254.
[49] *von Bülow* in: Kölner Komm. WpÜG, 2. Aufl. 2010, § 30 Rn. 254; *Pentz* ZIP 2003, 1478, 1488.
[50] *von Bülow* in: Kölner Komm. WpÜG, 2. Aufl. 2010, § 30 Rn. 257.
[51] *Brellochs* ZIP 2011, 2225, 2231; *U. H. Schneider* in: Assmann/Schneider, WpHG, 6. Aufl. 2012, § 22 Rn. 200a; *Petersen* in: Spindler/Stilz, AktG, 4. Aufl. 2019, WpHG, § 34 Rn. 52.
[52] *von Bülow* in: Kölner Komm. WpÜG, 2. Aufl. 2010, § 30 Rn. 256 m. w. N.; *Pentz* ZIP 2003, 1478, 1488.
[53] *U. H. Schneider* in: Assmann/Schneider, WpHG, 6. Aufl. 2012, § 22 Rn. 200 m. w. N.; Emittentenleitfaden der BaFin 2013, VIII.2.5.8.3.
[54] *von Bülow* in: Kölner Komm. WpHG, 2. Aufl. 2014, § 22 Rn. 249.
[55] *U. H. Schneider* in: Assmann/Schneider, WpHG, 6. Aufl. 2012, § 22 Rn. 202.
[56] OLG Stuttgart, Urt. v. 10.11.2004, 20 U 16/03, NZG 2005, 432, 433; *Bayer* in: MüKoAktG, 5. Aufl. 2019, WpHG, § 34 Rn. 39.
[57] OLG Stuttgart, Urt. v. 10.11.2004, 20 U 16/03, NZG 2005, 432, 433.
[58] *U. H. Schneider* in: Assmann/Schneider, WpHG, 6. Aufl. 2012, § 22 Rn. 206.

Mehrmütterherrschaft beherrschten Holdinggesellschaft Anteile auf Dritte übertragen.[59] Damit können Nebenvereinbarungen unter Gesellschaftern einer börsennotierten Gesellschaft zu einer wechselseitigen Stimmrechtszurechnung führen und die Meldepflicht auslösen, weswegen in solchen Fällen besondere Obacht geboten ist.

3. Schuldrechtliche Nebenvereinbarungen und § 38 Abs. 1 WpHG

20 Im Zusammenhang mit den Mitteilungspflichten nach WpHG und schuldrechtlichen Nebenvereinbarungen ist zudem praxisrelevant, wie Andienungspflichten, Vorkaufs- und ähnliche Rechte[60] im Rahmen des § 38 Abs. 1 WpHG zu bewerten sind. Nach dieser Vorschrift ist der unmittelbare oder mittelbare Inhaber eines Instruments, das ihm entweder bei Fälligkeit ein unbedingtes Recht auf Erwerb von Aktien, die mit Stimmrechten verbunden sind, oder ein Ermessen in Bezug auf den Erwerb dieser Aktien verleiht (vgl. § 38 Abs. 1 Nr. 1 WpHG), oder wenn das Instrument eine wirtschaftlich vergleichbare Wirkung hat (vgl. § 38 Abs. 1 Nr. 2 WpHG), zur Mitteilung verpflichtet.

21 Zur Darstellung der Reichweite des § 38 WpHG ist zunächst die frühere Rechtslage kurz darzulegen. Unter dem alten Regelungsregime des § 25a WpHG a. F., der bis zum Inkrafttreten des TRL-ÄndRL-UmsG am 26.11.2015 galt, waren Inhaber von Finanzinstrumenten oder sonstigen Instrumenten, die es dem Inhaber oder einem Dritten auf Grund ihrer Ausgestaltung ermöglichen, mit Stimmrechten verbundene Aktien zu erwerben, verpflichtet, das Erreichen, Überschreiten und Unterschreiten der Schwellenwerte der BaFin mitzuteilen. Eingeführt wurde § 25a WpHG a. F. als Auffangtatbestand, der im Anschluss an die schlagzeilenträchtigen Fälle Schaeffler/Continental und Porsche/VW das „Anschleichen" – mittels seinerzeit nicht mitteilungspflichtiger Derivate mit Barausgleich (contracts for difference) – an börsennotierte Unternehmen verhindern sollte und der daher weit gefasst war.[61] Nach den Vorstellungen des Gesetzgebers sollte der Auffangtatbestand Instrumente erfassen, die aufgrund der ihnen „zugrundeliegenden wirtschaftlichen Logik" einen Aktienerwerb ermöglichten.[62] Die konkrete Vereinbarung eines Rechts auf Erwerb war nach den Erwägungen des Gesetzgebers nicht erforderlich. Voraussetzung sollte vielmehr sein, dass das jeweilige Instrument einen Bezug zu den betroffenen Aktien aufwies, welcher sich insbesondere aus der Abhängigkeit des Instruments im Hinblick auf sein Bestehen oder seine Renditechancen von der Kursentwicklung der jeweiligen Aktien ergab.[63]

22 Im Rahmen des TRL-ÄndRL-UmsG wurden die sich aus §§ 25, 25a WpHG a. F. ergebenden Mitteilungspflichten für aktienbezogene Erwerbsrechte und Rechte mit vergleichbarer wirtschaftlicher Wirkung zum neuen Tatbestand des § 25 WpHG a. F. (nunmehr: § 38 WpHG) zusammen gefasst.[64] Die Bestimmung der Reichweite des § 38 Abs. 1 WpHG, insbesondere § 38 Abs. 1 Satz 1 Nr. 2 WpHG, soll dabei der Praxis obliegen. Eine Orientierungshilfe bietet insoweit die nicht bindende, von der Europäischen Wertpapier- und Marktaufsichtsbehörde (European Securities and Markets Authority, ESMA) veröffentlichte indikative Liste[65] meldepflichtiger Instrumente. Sämtliche in der Liste aufgeführten Instrumente sieht die BaFin derzeit in ihrer Verwaltungspraxis als im Grundsatz meldepflichtig an.[66] Zu den nach der ESMA-Liste meldepflichtigen Instrumenten zählen auch Gesellschaftervereinbarungen („shareholders' agreements having [...] financial agreements as an underlying") und vertragliche Vorkaufsrechte („contractual buying pre-emption rights").

---

[59] Vgl. zum Ganzen *Liebscher* ZIP 1005,1016.
[60] Vgl. → Kap. 26 Rn. 1 ff.
[61] *Hitzer/Hauser* AG 2015, 891, 892.
[62] Begr RegE AnsFuG BT-Drucks. 17/3628, 19.
[63] Begr RegE AnsFuG BT-Drucks. 17/3628, 20.
[64] *Hitzer/Hauser* AG 2015, 891, 894.
[65] ESMA, Indicative list of financial instruments that are subject to notification requirements according to Article 13 (1b) of the revised Transparency Directive, ESMA/2015/1598 (nachfolgend: ESMA/2015/1598), 22.10.2015, S. 1 ff.].
[66] BaFin, FAQ zum Transparenzrichtlinie-Änderungsrichtlinie-Umsetzungsgesetz, Stand: 22.1.2016, Frage 39.

Zur alten Rechtslage des § 25a WpHG a. F. war die BaFin der Auffassung, dass von dem Tatbestand auch Gesellschaftervereinbarungen erfasst sein sollten, die sich auf den Bezug von Aktien beziehen (z. B. Vorkaufsrechte[67]). Eine differenzierende Betrachtung stellte die BaFin (nur) dann an, wenn sich Gesellschaftervereinbarungen nicht direkt auf den Bezug von Aktien bezogen, sondern auf den Bezug von Geschäftsanteilen an Gesellschaften (beispielsweise einer Zwischenholding), die mit Stimmrechten verbundene Aktien hielten.[68] Die wohl herrschende Meinung in der Literatur war der Auffassung, dass Vorerwerbsrechte in Gesellschaftervereinbarungen eine solche Meldepflicht nicht auslösen sollten.[69] Der Ansicht der BaFin ist mit einem überzeugenden Urteil das VG Frankfurt a. M. zu § 25a WpHG a. F. entgegengetreten.[70] Da das VG Frankfurt a. M. nicht nur auf § 25a WpHG a. F., sondern auch auf die europäische Transparenzrichtlinie Bezug nahm, ist diese Entscheidung auch unter der neuen Rechtslage von erheblicher Bedeutung für die Praxis. So führte das VG Frankfurt a. M. in seiner Begründung aus, dass die Ansicht der BaFin zwar vom Wortlaut des § 25a WpHG a. F. umfasst sei, die Auslegung des § 25a WpHG a. F. aber die Ansicht der BaFin nicht stütze. So diene eine Gesellschaftervereinbarung, bei der ein Vorerwerbsrecht für Angehörige eines bestimmten Gesellschafterstammes vorgesehen ist, nicht der Einräumung von Renditenchancen. Zudem folge der Aktienerwerb keiner wirtschaftlichen Logik, da weder die Übertragung der Aktien noch der Bestand der Gesellschaftervereinbarung selbst von der Kursentwicklung abhängig sei, vielmehr diene die Übertragung der Aktien dem Erhalt des Einfluss des Familienstammes und sei schließlich vom freien, nicht absehbaren Entschluss eines Familienaktionärs, Aktien veräußern zu wollen, abhängig.[71] Das VG Frankfurt a. M. führt weiter zur Begründung an, dass derartige Gesellschaftervereinbarungen grundsätzlich nicht dem „heimlichen Anschleichen", sondern vielmehr dem Schutz des Einflusses der Parteien der Vereinbarung dienten. Daneben sei in der wohl überwiegenden Zahl der Gesellschaftervereinbarungen bereits eine Klausel über die Verhaltenskoordination enthalten, was grundsätzlich ein acting in concert begründe und daher die Vertragsparteien bereits gemäß §§ 33, 34 Abs. 2 WpHG zur Mitteilung verpflichtet seien. Das VG Frankfurt a. M. stellte in einem obiter dictum klar, dass es davon ausgehe, dass die zum Zeitpunkt des Erlasses des Urteils noch nicht in Kraft getretene Neufassung des § 25 WpHG (nunmehr: § 38 WpHG) eine Abhängigkeit des „Instruments" von den zugrundeliegenden Aktien verlange und sich somit auch für die neue Rechtslage nichts anderes ergebe.[72]

Wohl als Reaktion auf das Urteil des VG Frankfurt a. M. änderte die BaFin zumindest mit Einschränkungen ihre Verwaltungspraxis, wonach Gesellschaftervereinbarungen mit Vorerwerbsrechten oder Vorerwerbspflichten nicht als meldepflichtige Instrumente im Sinne von § 38 Abs. 1 WpHG zu qualifizieren sind, „wenn die Gesellschaftervereinbarungen in Aktienbindungsverträgen und Aktienpoolverträgen ohnehin eine Verhaltensabstimmung regeln und dadurch der Stimmrechtszurechnung des § 34 Abs. 2 WpHG unterfallen", da dann – so bereits das Schrifttum zur alten Rechtslage – die Stimmrechte aus den gebundenen Aktien wechselseitig zuzurechnen seien und die Stimmrechtsanteile von den Gesellschaftern gegebenenfalls bereits nach § 33 Abs. 1 WpHG offenzulegen seien.[73] Offen lässt die BaFin damit, wie Gesellschaftervereinbarungen mit Erwerbsrechten oder -pflichten zu behandeln sind, die keine Klausel zur Verhaltensabstimmung enthalten.

Im Ergebnis bleibt es auch nach der Entscheidung des VG Frankfurt a. M. und der (teilweisen) Änderung der Verwaltungspraxis der BaFin dabei, dass es aufgrund der vielfäl-

---

[67] Emittentenleitfaden der BaFin 2013, VIII.2.9.1.1.
[68] Emittentenleitfaden der BaFin 2013, VIII.2.9.1.1.
[69] *Schilha/Lang*, EWiR 2016, 301, 302; *Hitzer/Hauser* AG 2015, 891, 894.
[70] VG Frankfurt a. M., Urt. v. 4.11.2015 – 7 K 4703/15.F, NZG 2016, 913.
[71] VG Frankfurt a. M., Urt. v. 4.11.2015 – 7 K 4703/15 F, NZG 2016, 913, 917; *Rück/Heusel* NZG 2016, 897, 898.
[72] VG Frankfurt a. M., Urt. v. 4.11.2015 – 7 K 4703/15 F, NZG 2016, 913, 917; *Rück/Heusel* NZG 2016, 897, 8989.
[73] Vgl. *Schilha/Lang*, EWiR 2016, 301, 302.

tigen Ausgestaltungsmöglichkeiten von Gesellschaftervereinbarungen und der in ihnen enthaltenen Vorerwerbs- und ähnlichen Rechte einer individuellen Prüfung der sich möglicherweise ergebenden Mitteilungspflichten bedarf und eine frühzeitige Abstimmung mit der BaFin empfehlenswert ist.[74] Die besseren Argumente sprechen jedoch insbesondere bei Vorerwerbs- und ähnlichen Rechten gegen eine Mitteilungspflicht gemäß § 38 WpHG, weil derartige Vereinbarungen im Regelfall keine Renditechancen im Hinblick auf die zugrunde liegenden Aktien nach sich ziehen.[75] Der Erwerb der Aktien erfolgt nicht aufgrund einer wirtschaftlichen Logik, sondern dient überwiegend der Sicherung des Einflusses der in der Gesellschaftervereinbarung zusammengeschlossenen Gesellschafter.[76]

4. Inhalt und Form von Mitteilungen und Rechtsfolgen unterlassener Mitteilungen

26   Inhalt und Form der Mitteilung sind in §§ 12 bis 17 WpAV (Wertpapierhandelsanzeigeverordnung) geregelt. Gemäß § 33 Abs. 1 S. 1 WpHG hat die Mitteilung unverzüglich zu erfolgen.[77] Für die Zeit der Nichterfüllung der Mitteilungspflichten bestehen gemäß § 44 WpHG die Rechte aus den einem Meldepflichtigen gehörenden oder ihm zugerechneten Aktien nicht, vgl. § 44 WpHG,[78] weswegen die unerkannte Meldpflicht infolge einer Nebenvereinbarung erhebliche Auswirkungen haben kann. Die Rechtsfolgen unterlassener Mittelungen sind also mit denen des § 20 Abs. 7 AktG vergleichbar.[79] Überdies stellt eine Verletzung der Meldepflicht nach § 33 WpHG und der Veröffentlichungspflicht nach § 40 WpHG eine mit Geldbuße bewehrte Ordnungswidrigkeit dar (§ 120 WpHG). Beweiserleichterungen oder Vermutungsregeln für das abgestimmte Verhalten bestehen nicht.[80] Sollen die Beteiligten mit einem Bußgeld belegt werden, so muss ihnen ein koordiniertes Vorgehen nachgewiesen werden.[81]

II. Übernahmeangebot nach WpÜG

27   Für Nebenvereinbarungen von Gesellschaftern können auch die Regelungen des WpÜG Bedeutung erlangen. § 29 WpÜG definiert zunächst die beiden Begriffe des Übernahmeangebots (Abs. 1) und der Kontrolle (Abs. 2) im Sinne des WpÜG. Ein Übernahmeangebot ist danach ein Angebot, das auf den Erwerb der Kontrolle gerichtet ist, während Kontrolle im Sinne des WpÜG das Halten von mindestens 30 % der Stimmrechte an der Zielgesellschaft ist. Das Übernahmeangebot ist dadurch von den einfachen Erwerbs- und Aufstockungsangeboten sowie von den Pflichtangeboten (vgl. § 35 WpÜG) abzugrenzen. Die einfachen Wertpapiererwerbsangebote erfolgen kontrollunabhängig, d. h. der Bieter erwirbt auch bei vollständiger Annahme seines Angebots keinen Stimmrechtsanteil von 30 % der Stimmrechte.[82] Denjenigen, dessen Stimmrechtsanteil bereits 30 % oder mehr beträgt, trifft nach § 35 Abs. 1 WpÜG die Pflicht zur unverzüglichen Veröffentlichung der Erlangung der Kontrolle sowie nach § 35 Abs. 2 WpÜG die Pflicht, ein Angebot, das auf den Erwerb sämtlicher Aktien der Zielgesellschaft gerichtet ist, abzugeben.[83]

---

[74] *Hitzer/Hauser* AG 2015, 891, 899; *Rück/Heusel* NZG 2016, 897, 902.
[75] *Hitzer/Hauser* AG 2015, 891, 899.
[76] *Schilha/Lang*, EWiR 2016, 301, 301.
[77] Zur der Rechtsunsicherheit aufgrund eines Urteils des OLG Köln für Legitimationsaktionäre *Merkner/Sustmann* NZG 2013, 1361, 1362; *Nartowska* NZG 2013, 124.
[78] *U. H. Schneider*, in: Assmann/Schneider, WpHG, 6. Aufl. 2012, § 22 Rn. 194.
[79] *U. H. Schneider*, in: Assmann/Schneider, WpHG, 6. Aufl. 2012, § 28 Rn. 1.
[80] Mit Begründung *Liebscher* ZIP 2002, 1105, 1109.
[81] *U. H. Schneider*, in: Assmann/Schneider, WpHG, 6. Aufl. 2012, § 22 Rn. 194; für § 30 WpÜG OLG Frankfurt a. M. v. 25.6.2004, WpÜG 5/03a, 6/03, 8/03a, NZG 2004, 865.
[82] *Diekmann* in: Baums/Thoma, WpÜG, Lieferung. 05/2004, § 29 Rn. 12; *Steinmeyer* in: Steinmeyer, WpÜG, 3. Aufl. 2013, § 29 Rn. 5.
[83] *Diekmann* in: Baums/Thoma, Lieferung 05/2004, § 35 Rn. 1; *Steinmeyer* in: Steinmeyer, WpÜG, 3. Aufl. 2013, § 35 Rn. 1.

§ 30 WpÜG ergänzt § 29 Abs. 2 WpÜG und regelt die Voraussetzungen, unter denen **28** dem Bieter Stimmrechte aus Aktien, die ihm nicht gehören, zugerechnet werden.[84] Für Nebenvereinbarungen von Gesellschaftern ist in diesem Zusammenhang insbesondere § 30 Abs. 2 WpÜG relevant, der dem Bieter die Stimmrechte Dritter unter bestimmten Voraussetzungen zurechnet. Der Wortlaut des § 30 Abs. 2 WpÜG entspricht dabei im Wesentlichen dem des § 34 Abs. 2 WpHG, weswegen auf die Ausführungen zu letzterer Vorschrift in vorangegangenem Abschnitt verwiesen werden kann. Bereits bei der Einführung des WpÜG zum 1.1.2002 vereinheitlichte der Gesetzgeber die Zurechnungstatbestände in § 22 Abs. 2 WpHG a. F. (nunmehr § 34 Abs. 2 WpHG) und § 30 Abs. 2 WpÜG und gestaltete diese im Wesentlichen inhaltsgleich aus.[85] Der Gesetzgeber erkannte bereits seinerzeit die Gefahr, dass durch eine unterschiedliche Auslegung der beiden Normen Irritationen an den Kapitalmärkten entstehen könnten und versuchte, dies mit einem im Wesentlichen übereinstimmenden Wortlaut beider Normen zu verhindern.[86] Diese Regelungstechnik wurde mit Hinweis auf die unterschiedlichen Regelungszwecke der §§ 21 ff. WpHG a. F. auf der einen und der §§ 29 ff., 35 ff. WpÜG auf der anderen Seite in der Literatur kritisiert.[87]

Mit seinem WMF-Urteil vom 18.9.2006[88] legte der BGH die Vorschrift des § 30 Abs. 2 **29** WpÜG a. F. restriktiv aus und stellte klar, dass sich Verhaltensabstimmungen nach dem „eindeutigen Wortlaut" der Vorschrift auf die Ausübung von Stimmrechten in der Hauptversammlung beziehen müssten und sonstige Vereinbarungen, wie die abgestimmte Wahl des Aufsichtsratsvorsitzenden durch den Aufsichtsrat, den Zurechnungstatbestand des § 30 Abs. 2 WpÜG a. F. nicht erfüllten.[89] Mit dem Risikobegrenzungsgesetz[90] verfolgte der Gesetzgeber das Ziel, die Auslegung der beiden Zurechnungsnormen zu vereinheitlichen und insbesondere Nachweisprobleme zu beheben sowie der genannten restriktiven Rechtsprechung des BGH entgegenzuwirken.[91] Obwohl der Gesetzgeber den Gleichlauf der beiden Zurechnungsnormen des § 22 Abs. 2 WpHG a. F. und des § 30 Abs. 2 WpÜG durch das Risikobegrenzungsgesetz bestätigte, blieb dieser Punkt in Literatur und Rechtsprechung weiterhin umstritten.[92] Als wesentliches Argument wird angeführt, dass § 30 WpÜG und § 22 WpHG a. F. rechtsfolgenorientiert auszulegen seien, ohne dass sich aus den unterschiedlichen Rechtsfolgen, die beide Normen anordnen, eine unterschiedliche Auslegung ergebe. Zudem sei zu berücksichtigen, dass beide Vorschriften auf unterschiedlichen Richtlinien beruhten.[93] Auch die Gesetzesbegründung, nach der die beiden Zurechnungsnormen inhaltsgleich auszulegen seien[94], sei keine rechtsverbindliche Auslegungsanweisung[95], sondern lediglich im Rahmen der Auslegung zu berücksichtigen.

Vor dem Hintergrund der gesetzgeberischen Intention und zur Absicherung eines **30** Gleichlaufs zwischen den Zurechnungsvorschriften des WpHG und des WpÜG kommt eine unterschiedliche Auslegung oder Handhabung beider Vorschriften weder auf Tatbestands- noch auf Rechtsfolgenseite in Betracht, auch nicht durch teleologische Reduktion. Rechtsunsicherheit, die gerade vermieden werden soll, wäre die Folge.[96] Einzelheiten sind über die Fachliteratur zu erschließen. Für die Zwecke dieses Buches soll an dieser Stelle der Hinweis genügen, dass Gesellschaftervereinbarungen im Hinblick auf die Zurechnungsnormen aus beiden Gesetzen – WpHG und WpÜG – prädestiniert für die

---

[84] *Steinmeyer* in: Steinmeyer, WpÜG, 3. Aufl. 2013, § 30 Rn. 1.
[85] Vgl. *Gätsch/Schäfer* NZG 2008, 846, 847.
[86] Vgl. *Gätsch/Schäfer* NZG 2008, 846, 847; Begr. RegE WpÜG, BT-Dr 14/7034, S. 53 und 70.
[87] Vgl. *Gätsch/Schäfer* NZG 2008, 846, 847; *Drinkuth* ZIP 2008, 676, 677.
[88] Vgl. BGH, Urt. v. 18.9.2006 – II ZR 137/05, BGHZ 169, 98.
[89] Vgl. BGH, Urt. v. 18.9.2006 – II ZR 137/05, BGHZ 169, 98; *Gätsch/Schäfer* NZG 2008, 846, 847.
[90] Gesetz zur Begrenzung der mit Finanzinvestitionen verbundenen Risiken (Risikobegrenzungsgesetz) vom 12.8.2008, BGBl. I S. 1666.
[91] *Diekmann* in: Baums/Thoma, WpÜG, Lieferung 01/2011, § 30 Rn. 67.
[92] Vgl. *Wackerbarth* in: MüKoAktG, 4. Aufl. 2017, § 30 WpÜG Rn. 5.
[93] Vgl. *Wackerbarth* in: MüKoAktG, 4. Aufl. 2017, § 30 WpÜG Rn. 5.
[94] Vgl. Begr. RegE Risikobegrenzungsgesetz, BT-Dr 16/7438, Seite 11.
[95] Vgl. *Gätsch/Schäfer* NZG 2008, 846, 848.
[96] Vgl. *Hitzer/Hauser* NZG 2016, 1365, 1369.

Zurechnung von Anteilsrechten sind und dass es für die Rechtspraxis schwer vorstellbar ist, dass die Zurechnungsvorschrift des einen Normenkreises enger oder weiter als des anderen Normenkreises ist, dass also beispielsweise, weil die Zurechnungsnorm des § 34 WpHG teleologisch reduziert wird, § 30 WpÜG als „einschneidendere" Zurechnungsnorm[97] im Rahmen des „acting in concert" zu einer weitergehenden Stimmrechtszurechnung führte.

III. Insiderrecht

31 Bei der Ausgestaltung oder Umsetzung von Nebenvereinbarungen, insbesondere von Familien- und Aktienpools, kann auch das Insiderrecht eine Rolle spielen.

32 Mit dem Inkrafttreten der neuen Marktmissbrauchsverordnung („MAR")[98] am 3.7.2016 gilt diese mit unmittelbarer Wirkung in den Mitgliedstaaten, das zuvor geltende Regelungsregime der Marktmissbrauchsrichtlinie a. F. mit den entsprechenden Umsetzungen im deutschen Recht in §§ 12–16b, 20a WpHG wurde aufgehoben. Mit dem Ersten Finanzmarktnovellierungsgesetz (1. FiMaNoG)[99] wurden die nationalen Vorschriften entsprechend angepasst, insbesondere wurden §§ 10, 12–14, 20a WpHG ersatzlos gestrichen, da das Insiderrecht und das Marktmanipulationsverbot unmittelbar in Art. 7 bis 16 MAR geregelt sind.[100] Vom Anwendungsbereich des europäischen Marktmissbrauchsrechts sind zum einen wie bisher die Finanzinstrumente, die zum Handel an einem organisierten Markt – in Deutschland etwa am regulierten Markt der Börse[101] – zugelassen sind oder für die ein Antrag auf Zulassung gestellt wurde, erfasst, Art. 2 Abs. 1 lit. a) MAR. Darüber hinaus sind nunmehr auch Finanzinstrumente erfasst, die in einem multilateralen Handelssystem (MTF) gehandelt werden, dort zum Handel zugelassen sind oder für die ein entsprechender Antrag gestellt wurde, Art. 2 Abs. 1 lit. b) MAR, und seit dem 3.1.2018 mit Inkrafttreten der MiFID II weitergehend Finanzinstrumente, die in organisierten Handelssystemen (OTF) gehandelt werden, Art. 2 Abs. 1 lit. c) MAR, was der intendierten Schließung von Regelungslücken durch eine Ausweitung des Anwendungsbereichs des Markmissbrauchsregimes dienen soll[102].

33 Art. 14 MAR verbietet das Tätigen von Insidergeschäften (und die Empfehlung bzw. Anstiftung hierzu) sowie die unrechtmäßige Offenlegung von Insiderinformationen. Tätigen von Insidergeschäften ist – wie bisher – der Erwerb und die Veräußerung von Finanzinstrumenten für eigene oder fremde Rechnung oder für einen anderen unter Nutzung einer Insiderinformation, Art. 8 MAR. Art. 7 MAR definiert dabei die Insiderinformation als nicht öffentlich bekannte präzise Information, die direkt oder indirekt einen oder mehrere Emittenten oder ein oder mehrere Finanzinstrumente betreffen und die, wenn sie öffentlich bekannt würden, geeignet wären, den Kurs dieser Finanzinstrumente oder den Kurs damit verbundener derivativer Finanzinstrumente erheblich zu beeinflussen. Hierbei soll es auch künftig insbesondere auf das Vorliegen einer präzisen Information und das erhebliche Kursbeeinflussungspotenzial ankommen.[103] Für die Frage, ob es sich bei der betreffenden Information um eine „präzise" Information handelt, ist gemäß Art. 7 Abs. 2 MAR darauf abzustellen, ob eine Reihe von Umständen bereits gegeben ist oder bei der man „vernünftigerweise" erwarten kann, dass sie in Zukunft gegeben sein wird. Für die Frage der Kursrelevanz, die etwa bei einem „internen" Verkauf unter Poolaktionären

---

[97] Vgl. *Hitzer/Hauser* NZG 2016, 1365, 1369.
[98] Verordnung (EU) Nr. 596/2014 des Europäischen Parlaments und des Rates vom 16.4.2014 über Marktmissbrauch (Marktmissbrauchsverordnung) und zur Aufhebung der Richtlinie 2003/6/EG des Europäischen Parlaments und des Rates und der Richtlinien 2003/124/EG, 2003/125/EG und 2004/72/EG der Kommission, ABl. 2014 L 173 vom 12.6.2014, 1.
[99] Erstes Gesetz zur Novellierung von Finanzmarktvorschriften auf Grund europäischer Rechtsakte (Erstes Finanzmarktnovellierungsgesetz – 1. FiMaNoG) vom 30. Juni 2016, BGBl. I S. 1514.
[100] Vgl. *Poelzig* NZG 2016, 528, 529.
[101] Vgl. *Poelzig* NZG 2016, 528, 530.
[102] Vgl. *Schmolke* AG 2016, 434, 436.
[103] *Poelzig* NZG 2016, 528, 531.

relevant werden könnte, ist gemäß Art. 7 Abs. 4 MAR darauf abzustellen, ob ein „verständiger Anleger" die Information wahrscheinlich als Teil der Grundlage seiner Anlageentscheidung nutzen würde.

Eine verbotene Offenlegung erlangter Insiderinformationen ist gemäß Art. 10 Abs. 1 **34** MAR grundsätzlich jede Offenlegung gegenüber einem Anderen (vgl. hierzu auch das Weitergabeverbot gemäß § 14 Nr. 2 WpHG a. F.), es sei denn, die Offenlegung geschieht im Zuge der normalen Ausübung einer Beschäftigung oder eines Berufes oder der normalen Erfüllung von Aufgaben.

Die Problematik des Insiderrechts und der damit verbundenen Folgen eines Erwerbs- **35** und Veräußerungsverbots ist vielschichtig und einzelfallbezogen. Fraglich ist bereits, ob etwa der Abschluss einer Aktionärsvereinbarung zur Verfolgung eines gemeinschaftlichen wirtschaftlichen Interesses unter Abstimmung der Ausübung der Stimmrechte eine Insiderinformation i. S. d. Art. 7 MAR darstellen kann. Dies kann insbesondere dann relevant werden, wenn die wertpapierrechtlichen Meldepflichten der §§ 33 ff. WpHG nicht eingehalten werden.[104] Bei dem Abschluss solcher Aktionärsvereinbarungen handelt es sich in der Regel um nicht öffentlich bekannte Tatsachen, die in Abhängigkeit von ihrer Ausgestaltung und je nach den Beteiligungsverhältnissen der Mitglieder erheblich kursbeeinflussend sein können. Zudem müsste sich die Information auf den Emittenten oder das Insiderpapier selbst beziehen. Erfasst werden sollen sowohl unternehmensinterne als auch unternehmensexterne Informationen, also auch solche, die den Emittenten nur mittelbar betreffen.[105]

Aufgrund dieser Ausweitung des Anwendungsbereichs, etwa auf Terroranschläge, die **36** den Kurs ganzer Märkte beeinflussen[106], geht die wohl herrschende Meinung davon aus, dass dem Tatbestandsmerkmal des Emittenten- oder Insiderpapierbezugs keine eigenständige Bedeutung mehr zukommt.[107] Somit ist davon auszugehen, dass bereits der Abschluss einer Aktionärsvereinbarung eine Insiderinformation im Sinne des Art. 7 MAR darstellen kann. Gemäß Art. 8 Abs. 1 MAR liegt für die Zwecke der MAR ein Insidergeschäft vor, wenn eine Person über Insiderinformationen verfügt und unter Nutzung derselben für eigene oder fremde Rechnung direkt oder indirekt Finanzinstrumente, auf die sich die Informationen beziehen, erwirbt oder veräußert. Schließen mehrere Aktionäre eine Aktionärsvereinbarung und erfüllen eine sich daraus ergebende Meldepflicht nach WpHG nicht, und entschließt sich ein beteiligter Aktionär im Hinblick auf den nunmehr gesicherten Einfluss zum Erwerb weiterer Aktien an der Börse bzw. von nicht an der Vereinbarung beteiligten Aktionären, ist von einem Insidergeschäft im Sinne des Art. 8 MAR auszugehen. Dies wird gestützt durch die Überlegung, dass einer der Zwecke der Mitteilungspflichten gemäß WpHG das Vereiteln von Insiderhandel ist.[108]

Insiderrechtlich ebenfalls relevant ist die Ausgestaltung eines Familien- oder Aktienpools **37** dergestalt, dass der Vorstand einer Aktiengesellschaft dem die Gesellschaft beherrschenden Pool Informationen über die Gesellschaft bevorzugt und vor den anderen Aktionären zur Verfügung stellt.[109] Bei der Offenlegung von Informationen durch den Vorstand an Aktionäre hat dieser grundsätzlich seine Verschwiegenheitspflicht aus § 93 Abs. 1 S. 2

---

[104] Vgl. → Rn. 2 ff.
[105] Vgl. *Kumpan* in: Baumbach/Hopt, HGB, 39. Aufl. 2020, MAR Art. 7 Rn. 6; *Wehowsky* in: Erbs/Kohlhaas, Strafrechtliche Nebengesetze, 230. EL Mai 2020, WpHG, § 13 Rn. 10; *Hilgendorf/Kusche* in: Park, Kapitalmarktstrafrecht, 5. Aufl. 2019, MAR Art 7 Rn. 63 f.; *Schwark/Kruse* in: Schwark/Zimmer, KMRK, 4. Aufl. 2010, WpHG, § 13 Rn. 38.
[106] Vgl. *Buck-Heeb* in: Assmann/Schütze, Handbuch des Kapitalanlagerechts, 5. Aufl. 2020, § 8 Rn. 105.
[107] Vgl. *Buck-Heeb* in: Assmann/Schütze, Handbuch des Kapitalanlagerechts, 5. Aufl. 2020, § 8 Rn. 105 m. w. N.
[108] Begr. RegE, BT-Drs. 12/6679, 52; *Cascante/Topf* AG 2009, 54, 55; *Schürnbrand/Habersack* in: Emmerich/Habersack, Aktien- und GmbH-Konzernrecht, 9. Aufl. 2019, WpHG, Vorb. zu §§ 33 ff. Rn. 2; *Wehowsky* in: Erbs/Kohlhaas, Strafrechtliche Nebengesetze, 230. EL Mai 2020, WpHG, Vorb. §§ 21 ff. Rn. 2; *Kumpan/Misterek* in: Schwark/Zimmer, KMRK, 5. Aufl. 2020, VO (EU) 596/2014 Art. 7 Rn. 86.
[109] Vgl. hierzu *Menke* NZG 2004, 697.

AktG zu beachten. Da der Vorstand selbst über die Weitergabe von Informationen über die Gesellschaft entscheiden kann, hat er bei der Entscheidung hierüber stets das Interesse der Gesellschaft zu berücksichtigen und nach pflichtgemäßem Ermessen zu handeln.[110] Informiert der Vorstand die Poolmitglieder über noch nicht veröffentlichte Umstände, die geeignet sind, im Falle einer Veröffentlichung den Kurs der Insiderpapiere zu beeinflussen, handelt es sich grundsätzlich um Insiderinformationen i. S. d. Art. 7 MAR. Gibt der Vorstand diese Informationen nach ordnungsgemäßer Ermessensabwägung an die Poolmitglieder weiter, ist hierin grundsätzlich keine unrechtmäßige Offenlegung von Insiderinformationen gemäß Art. 10 MAR zu sehen. Vielmehr erfolgt diese Weitergabe im Zuge der normalen Ausübung einer Beschäftigung bzw. der normalen Erfüllung von Aufgaben. Zu beachten ist jedoch, dass die Informationen durch die Weitergabe an die Poolmitglieder nicht ihre Qualifikation als Insiderinformationen verlieren. Entscheiden sich die Poolmitglieder auf Grundlage der Information durch den Vorstand zum Erwerb weiterer Aktien, liegt hierin ein verbotenes Insidergeschäft gemäß Art. 8 MAR.[111] Damit kann beispielsweise bei Eigen- und Fremdgeschäften mit Aktien einer Gesellschaft durch Poolaktionäre, wenn diese aufgrund besonderer „Vorstandsnähe" über besondere Informationen verfügen, gegen das Insiderhandelsverbot verstoßen werden.[112]

§ 44 Zurechnungsvorschriften nach AktG und HGB
I. Zurechnungen gemäß § 20 Abs. 1 (i. V. m. § 16 Abs. 4) AktG, § 20 Abs. 2 AktG

38 §§ 20–22 AktG normieren Mitteilungspflichten von Unternehmen über Beteiligungen an inländischen Aktiengesellschaften oder Kommanditgesellschaften auf Aktien und sollen Machtverhältnisse innerhalb beherrschter Gesellschaften bekannt machen.[113] Mit Hilfe der Regelung soll die Faktengrundlage für die Anwendung der §§ 16 ff. AktG sowie für andere Normen des Aktiengesetzes, die Rechtsfolgen an bestimmte Beteiligungsschwellen knüpfen, geklärt werden.[114] Diese Mitteilungspflichten setzen mit Über- oder Unterschreiten der in § 20 Abs. 1, 3 und 4 AktG festgelegten Beteiligungsschwellen ein. Mitteilungspflichtig nach § 20 AktG ist jedes Unternehmen gleich welcher Rechtsform, sofern es an einer inländischen Aktiengesellschaft bzw. KGaA in bestimmter Höhe beteiligt ist. Ob das beteiligte Unternehmen seinen Sitz im In- oder im Ausland hat, ist für die Mitteilungspflicht ohne Bedeutung.[115] Die Mitteilungspflicht wird bei dem Über- bzw. Unterschreiten der in § 20 Abs. 1, 3 und 4 AktG festgelegten Beteiligungsschwellen ausgelöst. Wird die Firma des mitteilungspflichtigen Unternehmens geändert, löst dies keine neue Pflicht zur Mitteilung der Beteiligung aus,[116] weil sich hierdurch nichts an der rechtlichen Zuordnung ändert.[117] Die Mitteilungspflicht eines Unternehmens löst nach Abs. 6 die Bekanntmachungspflicht der AG bzw. KGaA aus, der die Mitteilung gemacht wurde.

39 Mitteilungspflichtig sind nur Unternehmen, also nicht Privatpersonen als Nichtunternehmen. Der Unternehmensbegriff des § 20 AktG deckt sich mit jenem des § 15 AktG und wird normspezifisch, das heißt konzernrechtlich verstanden. Poolvereinbarungen und vergleichbare Nebenabreden führen regelmäßig zur Entstehung einer (Innen-)Gesellschaft bürgerlichen Rechts zwischen den Parteien dieser Vereinbarung.[118] Eine solche Gesell-

---

[110] Vgl. *Koch* in: Hüffer/Koch, AktG, 14. Aufl. 2020, § 93 Rn. 30; *Dauner-Lieb* in: Henssler/Strohn, Gesellschaftsrecht, 4. Aufl. 2019, AktG, § 93 Rn. 15; MüKoAktG/*Spindler*, 5. Aufl. 2019, § 93 Rn. 136.
[111] Vgl. *Menke* NZG 2004, 697, 701.
[112] Vgl. schon *Hopt* ZGR 1997, 1, 5.
[113] *Koch* in: Hüffer/Koch, AktG, 14. Aufl. 2020, § 20 Rn. 1; *Koppensteiner* in: Kölner Komm. AktG, Band I, 3. Aufl. 2008, § 20 Rn. 1; zu Mitteilungspflichten innerhalb eines Stimmrechtspools → Rn. 45 ff.
[114] *Nolte* in: Bürgers/Körber, Heidelberger Komm. AktG, 4. Aufl. 2017, § 20 Rn. 1.
[115] *Kinzl* in: Laimer/Perathoner, Gesellschaftsrechtliche Nebenvereinbarungen in Europa, 2013, S. 80.
[116] OLG Karlsruhe, Urt. v. 13.11.1998, 14 U 24/98, NZG 1999, 604.
[117] OLG Köln, Urt. v. 17.6.2009, 18 U 139/08, NZG 2009, 830.
[118] *Ripka*, Poolverträge und die neueren Entwicklungen des Gesellschaftsrechts, 2000, S. 16–20; *Langenfeld*, ZEV 2010, 17.

schaft, gleich ob Außen- oder Innengesellschaft, ist aber nicht stets als Unternehmen i. S. d. § 15 AktG zu qualifizieren. Unternehmen in diesem Sinne ist sie nur dann, wenn auch die Gesellschafter einen unternehmerischen Zweck verfolgen und dieses Interesse auf die Gesellschaft selbst „durchschlägt".[119] Die Rechtsprechung verlangt hierfür, dass sich der Gesellschaftszweck nicht auf das bloße Halten der Aktien beschränkt;[120] vielmehr müsse sich die Gesellschaft bürgerlichen Rechts selbst wirtschaftlich planend und entscheidend betätigen.[121] In einem solchen Falle führt die Nebenvereinbarung zur Verwirklichung eines Zurechnungstatbestandes und löst eine Mitteilungspflicht gegenüber der Aktiengesellschaft aus, an der die Anteile gehalten werden. Fungiert also das aus einer schuldrechtlichen Nebenvereinbarung hervorgegangene Konsortium als Beteiligungsgesellschaft, weil es beispielsweise eine Gesellschaft bürgerlichen Rechts ist, die noch dazu als Unternehmen im konzernrechtlichen Sinne einzustufen ist, ist die Gesellschaft ihrerseits mitteilungspflichtig.[122]

Ein Gesellschafter ist auch mitteilungspflichtig, wenn er zwar eine mitteilungspflichtige **40** Beteiligung hält, aber aufgrund nebenvertraglicher Stimmvereinbarungen die Schwelle (bei wirtschaftlicher Betrachtung) wieder unterschreitet, weil er beispielsweise aufgrund der Nebenvereinbarung überstimmt werden kann. Ob der Gesellschafter dauerhaft oder nur vorübergehend überstimmt werden kann, ist für das Bestehen der Mitteilungspflicht unerheblich. Denn die außerhalb des Gesellschaftsvertrages geschlossene Nebenvereinbarung ist eine solche zwischen den Gesellschaftern, die das Rechtsverhältnis zur Aktiengesellschaft und die im Verhältnis zu ihr bestehende Mitteilungspflicht nicht berührt.

Mitteilungsempfänger sind Aktiengesellschaften und Kommanditgesellschaften auf Aktien **41** (§ 278 Abs. 3 AktG) mit Sitz im Inland. Mitteilungspflichten hinsichtlich Beteiligungen an börsennotierten Unternehmen sind in §§ 33 ff. WpHG abschließend geregelt. Gemäß § 20 Abs. 1 S. 1 AktG ist eine Beteiligung von mehr als 25 % mitzuteilen. Wird die Beteiligung nach einem Umwandlungsvorgang von einem neuen Rechtsträger gehalten, so löst dies eine erneute Mitteilungspflicht nach Abs. 1 S. 1 aus. Die Ermittlung der Beteiligungshöhe richtet sich nach § 16 Abs. 2 S. 1, Abs. 4 AktG, so dass Anteile auch zugerechnet werden können. So hängt die Beteiligungshöhe auch vom Anteilsbesitz eines meldepflichtigen Unternehmen abhängigen Unternehmens sowie von Aktien Dritter, die dieser für Rechnung des Unternehmens oder eines von diesem abhängigen Unternehmens hält, ab. Durch Zurechnung ist ein abhängiges Unternehmen jedoch nicht von der Mitteilungspflicht befreit, wenn es eine Beteiligung von mehr als 25 % hält, sondern muss das abhängige Unternehmen eine gesonderte Mitteilung machen.[123] Hat das mitteilungspflichtige Unternehmen gegenüber einem abhängigen Unternehmen oder einem Dritten nach Abs. 2 Nr. 1 einen schuldrechtlichen Übereignungsanspruch oder ist es nach Abs. 2 Nr. 2 einem abhängigen Unternehmen oder einem Dritten gegenüber schuldrechtlich zur Abnahme von Aktien verpflichtet, so sind diese Aktien bei der Berechnung der Beteiligungshöhe zu berücksichtigen. Die Meldepflicht trifft hier bei einer Beteiligung von mehr als 25 % der abhängigen Unternehmen oder Dritter auch den formalen Inhaber der Aktien. Handelt es sich bei dem die Beteiligung haltenden Unternehmen um eine Kapitalgesellschaft, so ist diese nach Abs. 3 zur Mitteilung verpflichtet, wenn eine Beteiligung von mehr als 25 % ohne Zurechnung von Aktien abhängiger Unternehmen nach Abs. 2 besteht. Ob dies ebenso für Unternehmen mit Sitz im Ausland gilt, ist umstritten. Die h. M. verneint die Meldepflicht nach Abs. 3 für Unternehmen mit Sitz im Ausland. Dies ergebe sich aus

---

[119] MüKoAktG/*Bayer*, 5. Aufl. 2019, § 15 Rn. 29; *Nolte* in: Bürgers/Körber, Heidelberger Komm. AktG, 4. Aufl. 2017, § 20 Rn. 6.
[120] BGH, Urt. v. 22.4.1991 – II ZR 231/90, BGHZ 114, 203 = NJW 1991, 2765, 2766.
[121] *Kinzl* in: Laimer/Perathoner, Gesellschaftsrechtliche Nebenvereinbarungen in Europa, 2013, S. 80; *Nolte* in: Bürgers/Körber, Heidelberger Komm. AktG, 3. Aufl. 2014, § 20 Rn. 6.
[122] BGH, Urt. v. 22.4.1991 – II ZR 231/90, BGHZ 114, 203 = NJW 1991, 2765, 2766.
[123] BGH, Urt. v. 24.7.2000 – II ZR 168/99, NJW 2000, 3647.

dem Zweck der Norm, über wechselseitige Beteiligungen zu informieren, die nur zwischen inländischen Gesellschaftern bestehen können.[124]

42 Eine weitere Mitteilungspflicht sieht § 20 Abs. 4 AktG vor, sobald eine Mehrheitsbeteiligung an einer Aktiengesellschaft besteht. Abs. 4 bezieht sich hier nur auf § 16 Abs. 1 AktG, die Abs. 2 bis 4 werden als Hilfsvorschriften zur Konkretisierung des Abs. 1 angesehen.[125] Die Mitteilungspflicht kann daher sowohl durch Kapital- als auch durch Stimmrechtsmehrheiten ausgelöst werden. Fallen Stimmrechtsmehrheiten und Kapitalmehrheiten bei dem mitteilungspflichtigem und bei dem abhängigen Unternehmen auseinander (wie etwa bei stimmrechtslosen Vorzugsaktien), kann die Meldepflicht mehrfach bestehen. Ebenso mitteilungspflichtig ist der Wegfall einer Beteiligung nach Abs. 1, 3 oder 4. Umstritten ist, ob bei einer unterbliebenen Beteiligungsmitteilung der Wegfall mitgeteilt werden muss oder nicht. Dafür spricht das auf Abs. 7 gründende Interesse der Gesellschaft, von Rechtsverstößen Kenntnis zu erlangen. Entgegengehalten wird dieser Ansicht jedoch, dass der Wortlaut des Abs. 5 wie Abs. 1 und 4 für Transparenz des aktuellen Beteiligungsbesitzes sorgen soll.

43 Mitteilungen nach § 20 Abs. 1, 3 und 4 AktG haben unverzüglich nach Erwerb bzw. Übereignung der entsprechenden Anteile zu erfolgen. Die Mitteilung muss schriftlich erfolgen. Aus ihr muss hervorgehen, um welche Art von Mitteilung es sich handelt. Ausreichend ist der Hinweis auf die betreffenden Absätze des § 20 AktG. Eine Konkretisierung ist bei Beteiligung mehrerer Unternehmen erforderlich, beispielsweise wenn Beteiligungen eines Dritten dem meldepflichtigen Unternehmen zugerechnet werden. Die Mitteilung ist nur dann genügend, wenn für die Gesellschaft die Beteiligung und ihr Inhaber, wie sie ihr mitgeteilt wurden, nachvollziehbar sind und die Mitteilung ohne Ergänzungen bekannt gemacht werden kann. Die Gesellschaft hat die mitgeteilte Beteiligung nach Abs. 1 und 4 unverzüglich bekanntzumachen. Eine Mitteilung über das Bestehen und den Wegfall einer Beteiligung nach Abs. 3 ist nicht bekanntzumachen.

44 § 20 Abs. 7 AktG regelt die Rechtsfolgen unterlassener Mitteilungen. Eine Verletzung von § 20 Abs. 1 und Abs. 4 AktG wird mit dem Verlust der aus der Aktionärsstellung abgeleiteten Rechte für die Zeit der Nichterfüllung sanktioniert, vgl. § 20 Abs. 7 S. 1 AktG.[126] Dies gilt für alle dem Unternehmen gehörenden Aktien,[127] jedoch nicht für die Mitteilungs- bzw. Bekanntmachungspflichten gem. § 20 Abs. 5 und Abs. 6 AktG.[128] Hiernach bestehen Mitgliedsrechte des Unternehmens grundsätzlich nicht, solange die Mitteilung nicht nachgeholt wird. Ausgenommen vom zeitweiligen Rechtsverlust ist das Recht auf Dividende sowie auf Abwicklungsüberschuss, jedoch nur, wenn die Unterlassung der Mitteilung nicht vorsätzlich erfolgte. Das Recht auf Dividende sowie Abwicklungsüberschuss ruht daher bis zur Nachholung der Mitteilung. Die Verletzung der Mitteilungspflichten gem. § 20 Abs. 3 AktG wird mit dem Wegfall der Privilegierung des § 328 Abs. 2 AktG bestraft; wird indes ebenfalls die erforderliche Mitteilung nach § 20 Abs. 1 nicht erfüllt, so gelten zusätzlich die Rechtsfolgen des § 20 Abs. 7 AktG.[129] Schadenersatzansprüche kommen in allen Fällen infrage.[130] Ferner muss beim Meldepflichtigen Verschulden vorliegen, die Beweislast hierfür trifft Letzteren.[131]

---

[124] MüKoAktG/*Bayer*, 5. Aufl. 2019, § 20 Rn. 23; *Emmerich* in: Emmerich/Habersack, Aktien- und GmbH-Konzernrecht, 9. Aufl. 2019, AktG, § 20 Rn. 26; *Koch* in: Hüffer/Koch, AktG, 14. Aufl. 2020, § 20 Rn. 5.
[125] KG, Urt. v. 27.11.1998, 14 U 2892/97, NZG 1999, 508; *Koch* in: Hüffer/Koch, AktG, 14. Aufl. 2020, § 20 Rn. 6; *Koppensteiner* in: Kölner Komm. AktG, Band I, 3. Aufl. 2008, § 20 Rn. 20.
[126] *Keßler* in: Henssler/Strohn, Gesellschaftsrecht, 4. Aufl. 2019, AktG, § 20, Rn. 12; *Nolte* in: Bürgers/Körber, Heidelberger Komm. AktG, 4. Aufl. 2017, § 20 Rn. 25; zu Unterschieden ggü. der früheren Rechtslage und strafrechtlichen Konsequenzen MüKoAktG/*Bayer*, 5. Aufl. 2019, § 20 Rn. 45–47, 91.
[127] MüKoAktG/*Bayer*, 5. Aufl. 2019, § 20 Rn. 48; *Kinzl* in: Laimer/Perathoner, Gesellschaftsrechtliche Nebenvereinbarungen in Europa, 2013, S. 80 f.; *Nolte* in: Bürgers/Körber, Heidelberger Komm. AktG, 4. Aufl. 2017, § 20 Rn. 26.
[128] MüKoAktG/*Bayer*, 5. Aufl. 2019, § 20 Rn. 43.
[129] MüKoAktG/*Bayer*, 5. Aufl. 2019, § 20 Rn. 43.
[130] MüKoAktG/*Bayer*, 5. Aufl. 2019, § 20 Rn. 43, 88.
[131] *Nolte* in: Bürgers/Körber, Heidelberger Komm AktG, 4. Aufl. 2017, § 20 Rn. 25.

II. Mitteilungspflichten von Stimmrechtspools

Nebenverträge zum Gesellschaftsvertrag enthalten häufig Stimmbindungen (Poolverträge; Konsortialverträge). Schuldner einer Mitteilung nach § 20 Abs. 1 sowie Abs. 4 AktG können in einem solchen Falle die Aktionäre oder aber der Pool selbst sein. Schachtelbeteiligungen (§ 20 Abs. 1 AktG) sowie Mehrheitsbeteiligungen (§ 20 Abs. 4 AktG) setzen voraus, dass die Aktionäre als Unternehmen anzusehen sind und eine Beteiligung der Aktionäre in entsprechender Höhe vorliegt. Beteiligtes Unternehmen im Sinne des Aktiengesetzes ist nach Rechtsprechung und herrschender Lehre jeder Aktionär, gleich welcher Rechtsform, der neben seiner Beteiligung an der AG anderweitige wirtschaftliche Interessensbindungen verfolgt. Die Unternehmereigenschaft setzt auch hier voraus, dass andere wirtschaftliche Interessenbindungen vorliegen, die besorgen lassen, die Aktionäre könnten die Beteiligung nachteilig gegenüber der Aktiengesellschaft ausüben. Für den Fall, dass die Aktionäre als Mitglieder eines Stimmrechtspools nicht mitteilungspflichtig sind, ist der Stimmrechtspool wie folgt selbst mitteilungspflichtig: 45

1. Stimmrechtspool als Innengesellschaft ohne eigenes Vermögen

Da es für den Begriff des „Unternehmens" unausweichlich ist, dass das „Unternehmen" der Aktiengesellschaft als Aktionär gegenübertritt, kann die Mitteilungspflicht schon aufgrund des fehlenden Aktienbesitzes des Pools in diesem Fall verneint werden. Ohne eigenen Aktienbesitz kann dieser einen befürchteten nachteiligen Einfluss nicht ausüben. 46

2. Stimmrechtspool als Aktionär

Sofern die bisherigen Aktionäre ihre Anteile auf den Pool übertragen ist zu prüfen, ob der Pool mit Erreichen der Schwellenwerte der Abs. 1 oder 4 mitteilungspflichtig wird. Durch den Erwerb einer entsprechenden Beteiligung wird der Pool zur Außengesellschaft mit Gesamthandsvermögen.[132] Zusätzlich muss der Stimmrechtspool jedoch auch Unternehmen sein. Es kommt auch hier auf die Existenz einer anderweitigen wirtschaftlichen Interessensbindung des Pools an, welche vermuten lässt, dass sich diese nachteilig auf die Aktiengesellschaft auswirken könnte. Liegen keine anderweitigen wirtschaftlichen Interessensbindungen des Pools vor, so scheidet eine Mitteilungspflicht trotz Beteiligung in Höhe der Schwellenwerte aus Abs. 1 oder 4 aus. Es kommt hierbei nicht auf die Unternehmenseigenschaft der vormaligen Aktionäre an, sondern auf die des Pools selbst. Jedoch können Interessensbindungen der Mitglieder des Stimmrechtspools auf diesen durchschlagen, beispielsweise wenn der Pool als Außengesellschaft noch an einer anderen Aktiengesellschaft mehrheitlich beteiligt ist. 47

3. Stimmrechtspool als Außengesellschaft ohne eigenes Vermögen

Möglich ist noch die (seltene) Variante, dass der Stimmrechtspool zwar keine Aktien hält, jedoch aufgrund seiner Befugnis zur Ausübung der Stimmrechte als Außengesellschaft auftritt. Dies ist der Fall, wenn die Gesellschafter die Gesellschaft bürgerlichen Rechts zur Stimmrechtsausübung in der Hauptversammlung bevollmächtigen. 48

Umstritten ist für diese Konstellation, ob der Stimmrechtspool „Unternehmer" sein kann oder nicht. Einer Ansicht nach existiert eine solche Außengesellschaft ohne Gesamthandsvermögen schon gar nicht, da sie keine Trägerin von Rechten und Pflichten ist.[133] Die Gegenansicht lässt als Voraussetzung für das Bestehen einer Außengesellschaft hingegen gelten, dass der Stimmrechtspool durch die Beteiligten bevollmächtigt ist, am Rechtsverkehr durch Stimmrechtsausübung teilzunehmen.[134] 49

---
[132] K. Schmidt, Gesellschaftsrecht, 4. Aufl. 2002, § 58 II 2.
[133] K. Schmidt, Gesellschaftsrecht, 4. Aufl. 2002, § 43 II 3. a).
[134] Koch in: Hüffer/Koch, AktG, 14. Aufl. 2020, § 15 Rn. 13.

50 Anzusetzen ist hierbei aber nicht bei der Befugnis zur Stimmrechtsausübung des Pools. Mitgliedschaftliche Rechte stehen nur Aktionären zu. Daher scheidet die Unternehmenseigenschaft einer Außengesellschaft ohne eigenes Vermögen notwendigerweise aus. Demnach kann sich auch keine Mitteilungspflicht des Pools nach § 20 AktG ergeben. Mitteilungspflichtiger bleibt somit der Aktionär mit Unternehmenseigenschaft, der mindestens eine Schachtelbeteiligung an der Aktiengesellschaft hält. Ist dies nicht der Fall, kommt keine ersatzweise Mitteilungspflicht des Stimmrechtspools in Betracht, da es schon an der Unternehmereigenschaft des Pools fehlt.[135]

§ 45 Beschränkungen des Stimmrechts bei Aktiengesellschaften (§ 134 Abs. 1 S. 2, 3, 4 AktG)

51 Gemäß § 134 Abs. 1 S. 2 AktG kann die Satzung einer nicht börsennotierten Gesellschaft das Stimmrecht von Aktionären, die mehrere Aktien halten, durch Festsetzung eines Höchstbetrags oder Abstufungen beschränken. Um Umgehungen zu verhindern, gestattet § 134 Abs. 1 S. 3, 4 AktG darüber hinaus eine Satzungsbestimmung, wonach zu den Aktien, die dem Aktionär gehören, auch die Aktien rechnen, die einem von ihm abhängigen oder ihn beherrschenden oder einem mit ihm konzernverbundenen Unternehmen oder für Rechnung solcher Unternehmen einem Dritten gehören. Ein bloßer Stimmbindungsvertrag stellt jedoch grundsätzlich keine Umgehung dar, sodass § 134 Abs. 1 AktG für Konsortialverträge keine Relevanz hat.[136]

§ 46 Konzernabschluss (§ 290 Abs. 3 S. 1, 2 HGB)

52 § 290 HGB verpflichtet die gesetzlichen Vertreter einer inländischen Kapitalgesellschaft zur Aufstellung eines Konzernabschlusses nebst Konzernlageberichts, wenn diese – neben weiteren Voraussetzungen – das Mutterunternehmen eines Konzerns ist.[137]

53 § 290 Abs. 3 S. 2 HGB rechnet dem Mutterunternehmen Rechte zu, über welche es selbst oder ein Tochterunternehmen auf Grund von Vereinbarungen mit anderen Gesellschaftern verfügen kann. Es muss hierfür wie der Vertragspartner unmittelbarer oder mittelbar Gesellschafter des Unternehmens sein.[138] Zu „Rechten" nach § 290 Abs. 3 S. 2 HGB zählen auch Stimmbindungs- und Poolverträge, mit welchen der Vertragspartner dem Mutterunternehmen dauerhaft Rechte überträgt.[139] Aus diesem Grund kann eine derartige Nebenabrede die Pflicht zur Aufstellung eines Konzernlageberichts bzw. -abschlusses begründen.

---

[135] *Hüffer*, FS K. Schmidt, 2009, S. 758.
[136] *Nolte* in: Bürgers/Körber, Heidelberger Komm AktG, 4. Aufl. 2017, § 20 Rn. 10; *Arnold* in: MüKoAktG, 4. Aufl. 2018, § 134 Rn. 18.
[137] *Morck* in: Koller/Kindler/Roth/Morck, HGB, 9. Aufl. 2019, § 290 Rn. 1
[138] *Busse von Colbe* in: MüKoHGB, 3. Aufl. 2013, § 290 Rn. 63.
[139] *Morck/Bach* in: Koller/Kindler/Roth/Drüen, HGB, 9. Aufl. 2019, § 290 Rn. 4; *Busse von Colbe* in: MüKoHGB, 3. Aufl. 2013, § 290 Rn. 63 mwN.

Kapitel 15. Schutz vor Umgehung gesellschaftsvertraglicher Vinkulierungen und Höchststimmrechte durch Nebenabreden

§ 47 Einleitung

Vor allem in GmbH-Satzungen finden sich häufig Klauseln, die die Übertragung von Anteilen der Zustimmung der Gesellschaft, der Gesellschafterversammlung, einzelner oder aller Gesellschafter unterwerfen.[1] Solche Vinkulierungsklauseln bezwecken die Kontrolle der Beteiligungsstruktur.[2] In Einzelfällen dienen sie z. B. dem Schutz vor Überfremdung der Gesellschaft, insbesondere bei Familiengesellschaften,[3] oder der Aufrechterhaltung der bisherigen Beteiligungsverhältnisse, insbesondere zur Verhinderung der Mehrheitsposition eines Mitaktionärs.[4] Als Motiv kommt weiterhin der Erhalt der wirtschaftlichen Selbständigkeit der Aktiengesellschaft, also der Schutz vor einer feindlichen Übernahme durch einen Dritten, insbesondere einen Wettbewerber, in Betracht.[5]   1

In der Rechtspraxis sind oftmals die Reichweite des Schutzes und insbesondere die Unwirksamkeit auf Umgehung der Vinkulierung abzielender Gestaltungen sowie die Rechtsschutzmöglichkeiten bei Verweigerung der Zustimmung zur Anteilsübertragung, insbesondere wenn, wie zumeist,[6] präzise Kriterien für deren Erteilung oder Verweigerung fehlen, fraglich.   2

Ein in seinen Auswirkungen vergleichbarer Schutzmechanismus lässt sich bei nichtbörsennotierten Aktiengesellschaften durch satzungsmäßige Höchststimmrechte erreichen: In bestimmten Grenzen kann auf diesem Weg von der kapitalbezogenen Ausgestaltung des Stimmrechts abgewichen und der Gesellschaft ein stärker personalistischer Einschlag verliehen werden.[7] Höchststimmrechte drängen die Macht großer Kapitalbeteiligungen zurück, verschaffen den geringer Beteiligten eine verstärkte Einflussnahmemöglichkeit und stellen eines der wirksamsten Instrumentarien dar, den Einfluss potenzieller Übernehmer zumindest zu erschweren.[8] Auch bei diesem Schutzmechanismus stellt sich die Frage, ob und bejahendenfalls unter welchen Umständen Umgehungsmaßnahmen nichtig sind.   3

§ 48 Vinkulierungsklauseln

I. Aktiengesellschaft

1. Allgemeines

Ein Austritt aus der Aktiengesellschaft[9] ist prinzipiell nur durch Übertragung der Aktie möglich.[10] Der Aktionär kann nach dem Grundsatz der freien Übertragbarkeit von Aktien   4

---

[1] *Loritz* NZG 2007, 361.
[2] *Liebscher* ZIP 2003, 825, 826.
[3] Vgl. *Laubert* in: Hölters, AktG § 68 Rn. 10 mwN; gerade bei Familiengesellschaften wird die Erhaltung des Charakters als Familiengesellschaft häufig stattdessen oder aber zusätzlich durch Vor- und Rückkaufsrechte sowie Andienungspflichten, oftmals als Tag- oder Drag-along-Rechte bezeichnet, abgesichert; vgl. → Kap. 1 Rn. 4.
[4] *Laubert* in: Hölters, AktG § 68 Rn. 10 mwN.
[5] MüKoAktG/*Bayer*, 5. Aufl. 2019, § 68, Rn. 35, 37; weitere Beispiele bei *Laubert* in: Hölters, AktG § 68 Rn. 10 mwN.
[6] *Loritz* NZG 2007, 361, 363.
[7] MüKoAktG/*Heider*, 5. Aufl. 2019, § 12 Rn. 35.
[8] *Ripka*, Poolverträge und die neueren Entwicklungen des Gesellschaftsrechts, 2000, S. 173 mwN.
[9] Ob Vinkulierungsklauseln aus der Gründungssatzung bereits für Übertragungen Geltung beanspruchen, die im Stadium der Vorgesellschaft (AG und GmbH) aufschiebend bedingt durch die Eintragung der Gesellschaft vorgenommen werden, thematisiert *Stoppel*, WM 2008, 147.
[10] *Cahn* in: Spindler/Stilz, AktG, 4. Aufl. 2019, § 68 Rn. 28.

grundsätzlich frei über die von ihm gehaltenen Aktien verfügen.[11] Indes kann die Satzung gemäß § 68 Abs. 2 S. 1 AktG die Übertragung von Namensaktien, nicht aber Inhaberaktien, an die Zustimmung der Gesellschaft binden und damit vinkulierte Namensaktien schaffen.[12] Da die Regelung abschließend ist, können statutarisch keine weitergehenden Verfügungsbeschränkungen mit dinglicher Wirkung begründet werden.[13] Mit der Umwandlung einer Namens- in eine Inhaberaktie entfällt die Vinkulierung automatisch.[14] Die Vinkulierung kann ausschließlich durch die Satzung oder eine Satzungsänderung begründet werden[15] und ist bereits vor Aktienverbriefung gültig.[16] Die nachträgliche Einführung einer Vinkulierungsklausel ist unter den Voraussetzungen des § 180 Abs. 2 AktG möglich, was die Zustimmung aller durch die neue Regelung betroffenen Aktionäre erfordert.[17] Die Vinkulierungsklausel in der Satzung bezieht sich nur auf das dingliche Verfügungsgeschäft, nicht auf das Verpflichtungsgeschäft; nur das Verfügungsgeschäft ist vom Zustimmungserfordernis erfasst.[18] Die Satzung kann nicht bereits den Abschluss des Verpflichtungsgeschäfts an die Zustimmung der Gesellschaft binden (§ 23 Abs. 5 AktG).[19] Die Vinkulierung beschränkt ausschließlich die rechtsgeschäftliche Übertragung, wobei dem Schuldgrund der Übertragung, wie etwa Schenkung, Treuhand oder Kauf, keine Relevanz zukommt; gesetzliche Gesamt- oder Einzelrechtsnachfolge werden hingegen nicht erfasst.[20] Der Übertragung gleichgestellt sind die Verpfändung und die Bestellung eines Nießbrauchs.[21]

2. Umgehung der Vinkulierungsklausel durch Nebenabrede

5 Weil das Gesetz in § 68 Abs. 2 AktG die Wirkungen der Vinkulierung auf Verfügungsgeschäfte – also das dingliche Rechtsgeschäft der Übertragung oder Belastung des Mitgliedschaftsrechts – beschränkt, kann die Pflicht, die vorherige Zustimmung einzuholen, dadurch ausgehebelt werden, dass schuldrechtlich die wirtschaftlichen Wirkungen der ohne Zustimmung verbotenen und deswegen unwirksamen Verfügung hergestellt werden.[22] Die Umgehung kann auch mithilfe einer Nebenvereinbarung zum Gesellschaftsvertrag erfolgen. Denkbar sind insoweit eine Vielzahl schuldrechtlicher Vereinbarungen; der Phantasie der zur Umgehung Entschlossenen sind hier kaum Grenzen gesetzt. Klassisches Beispiel hierfür sind Treuhandabreden.[23] Entweder schließt der Aktionär mit einem von der Gesellschaft nicht als Gesellschafter akzeptierten Dritten ein Treuhandverhältnis ab (Vereinbarungstreu-

---

[11] *Lange* in: Henssler/Strohn, Gesellschaftsrecht, 4. Aufl. 2019, AktG, § 68 Rn. 6; BVerfG, Beschl. v. 27.4.1999, 1 BvR 1613/94, BVerfGE 100, 289, 305 ff. = NJW 1999, 3769; BGH, Urt. v. 20.9.2004 – II ZR 288/02, BGHZ 160, 253, 256 ff. = NJW 2004, 3561.
[12] *Koch* in: Hüffer/Koch, AktG, 14. Aufl. 2020, § 68 Rn. 10 f.; *Laubert* in: Hölters, AktG § 68 Rn. 9.
[13] *Bayer* in: MüKoAktG § 68 Rn. 39; *Lange* in: Henssler/Strohn, Gesellschaftsrecht, 4. Aufl. 2019, AktG, § 68 Rn. 6.
[14] *Lange* in: Henssler/Strohn, Gesellschaftsrecht, 4. Aufl. 2019, AktG, § 68 Rn. 6; OLG Hamburg, Urt. v. 3.7.1970 – 11 U 29/70, AG 1970, 230.
[15] *Cahn* in: Spindler/Stilz, AktG, 4. Aufl. 2019, § 68 Rn. 40 mwN.
[16] *Lange* in: Henssler/Strohn, Gesellschaftsrecht, 4. Aufl. 2019, AktG, § 68 Rn. 7; OLG Celle, Urt. v. 24.11.2004, 9 U 119/04, NZG 2005, 279.
[17] *Stupp* NZG 2005, 205, 207; *Lange* in: Henssler/Strohn, Gesellschaftsrecht, 4. Aufl. 2019, AktG, § 68 Rn. 7; *Cahn* in: Spindler/Stilz, AktG, 4. Aufl. 2019, § 68 Rn. 40 mwN.
[18] *Cahn* in: Spindler/Stilz, AktG, 4. Aufl. 2019, § 68 Rn. 70 mwN.
[19] *Laubert* in: Hölters, AktG § 68 Rn. 11 mwN.
[20] *Dörrscheidt*, Grenzen der Gestaltungsfreiheit bei omnilateralen außerstatutarischen Gesellschafterabreden, 2008, S. 154 mwN; *Cahn* in: Spindler/Stilz, AktG, 4. Aufl. 2019, § 68 Rn. 32 (die Zustimmung der Gesellschaft ist nicht erforderlich für Erwerbe nach §§ 1416 Abs. 2, 1922 BGB, 20, 131 Abs. 1 Nr 1, 176 ff. UmwG, 140 HGB, 320a AktG); *Lange* in: Henssler/Strohn, Gesellschaftsrecht, 4. Aufl. 2019, AktG, § 68 Rn. 8; *Laubert* in: Hölters, AktG, § 68 Rn. 12.
[21] Vgl. BGH, Urt. v. 16.2.2009 – II ZR 185/07, NZG 2009, 342, 348 (Verpfändung); *Cahn* in: Spindler/Stilz, AktG, 4. Aufl. 2019, § 68 Rn. 34 mwN.; *Laubert* in: Hölters, AktG § 68 Rn. 12; *Koch* in: Hüffer/Koch, AktG, 12. Aufl. 2016, § 68 Rn. 11.
[22] MüKoAktG/*Bayer*, 5. Aufl. 2019, § 68 Rn. 116 ff.
[23] *Liebscher* ZIP 2003, 825, 826; MüKoAktG/*Bayer*, 5. Aufl. 2019, § 68 Rn. 117.

hand)[24] oder der Erwerber, dessen Erwerb die Gesellschaft zustimmte, ist seinerseits Treuhänder zugunsten einer Person, die von der Gesellschaft als Erwerber nicht akzeptiert worden wäre oder die nicht in Erscheinung treten möchte (Erwerbstreuhand).[25] Als weitere Umgehungsgestaltungen kommen Stimmrechtsvollmachten und Stimmbindungsverträge zugunsten des missliebigen Erwerbsinteressenten in Betracht.[26]

3. Rechtsfolge bei Verstoß gegen Vinkulierungsklausel

Fraglich ist, wann solche schuldrechtlichen Rechtsgeschäfte, die zwar keinen verfügenden Charakter haben, aber die Umgehung der Vinkulierungsklausel und einen vergleichbaren Erfolg, wie er ohne Vinkulierung einträte, bezwecken, von der Vinkulierungsklausel erfasst werden. Dogmatisch werden zwei Ansätze, nach denen die Wirksamkeit der schuldrechtlichen Nebenabrede zu beurteilen ist, vertreten. Dies ist einerseits die Lehre von der Gesetzesumgehung, andererseits die Beurteilung nach der allgemeinen Treuepflicht des Gesellschafters.[27] Eine Umgehung der Vinkulierungsklausel liegt vor, wenn eine Gestaltung den Zweck der Vinkulierung objektiv aushebelt.[28] Da aber eine Vinkulierungsklausel nicht per se das Ziel verfolgt, die Anteilsübertragung schlechthin zu verbieten, kann das Umgehungsverbot bei mittelbarer oder wirtschaftlicher Anteilsübertragung nicht allein mit der Existenz der Vinkulierungsklausel begründet werden.[29] Es bedarf also der Erforschung des Zwecks der Vinkulierungsklausel. Je nach Reichweite des Zwecks werden mal mehr, mal weniger schuldrechtliche Gestaltungen von einer Vinkulierungsklausel erfasst. Nur wenn die Auslegung der Vinkulierungsklausel ein klares Verbot fremder Einflussnahme ergibt, kann die Diskussion einsetzen, ob und auf welche Weise dieses durch mittelbare oder wirtschaftliche Anteilsübertragungen umgangen wurde, welche Pflichten verletzt wurden und welche Rechtsfolgen dies auslöst.[30]

Bejaht man den Umgehungstatbestand, stellt sich die Frage nach der Rechtsfolge. Denn mit der Feststellung des Vorliegens einer Umgehung ist hierzu noch nichts gesagt. Umstritten und nur im Einzelfall zu beantworten ist, ob die Umgehung zur Nichtigkeit des Umgehungsgeschäfts (etwa der Treuhandabrede, der Stimmrechtsvollmacht, des Stimmbindungsvertrages) führt oder ob das Umgehungsgeschäft lediglich schwebend unwirksam und damit einer Genehmigung analog § 68 Abs. 2 AktG zugänglich ist.[31] Grundsätzlich ist (nur) von schwebender Unwirksamkeit der Nebenabrede auszugehen, weil es der endgültigen Unwirksamkeit nicht bedarf, um § 68 Abs. 2 AktG zur Geltung zu verhelfen. Es ist kein Grund ersichtlich, warum ein bloß „schuldrechtlicher" Verstoß gegen die Vinkulierungsklausel stärker sanktioniert werden sollte, als ein unzulässiges Verfügungsgeschäft. Wenn schon das gegen die Vinkulierungsklausel verstoßende Verfügungsgeschäft einer nachträglichen Legitimation in Form einer Genehmigung zugänglich ist, muss dies erst recht für eine schuldrechtliche Nebenvereinbarung gelten. § 68 Abs. 2 AktG ist die Wertung zu entnehmen, dass der für die Entscheidung über die Zustimmung Zuständige, sei es nun der Vorstand, die Hauptversammlung oder der Aufsichtsrat, nicht vor vollendete Tatsachen gestellt werden soll, sondern dem Rechtsgeschäft durch Genehmigung auch noch nachträglich mit Rückwirkung Wirksamkeit verleihen können soll. Eine Ausnahme von der grundsätzlichen Möglichkeit zur Genehmigung der schuldrechtlichen Nebenabrede zugunsten deren Unwirksamkeit ist allenfalls dann zu machen, wenn dies aufgrund besonderer Umstände im Einzelfall geboten

---

[24] *Binz/Mayer* NZG 2012, 201, 207; *Cahn* in: Spindler/Stilz, AktG, 4. Aufl. 2019, § 68 Rn. 77.
[25] MüKoAktG/*Bayer*, 5. Aufl. 2019, § 68 Rn. 117.
[26] BGH, Urt. v. 17.11.1986 – II ZR 96/86, NJW 1987, 780 f.; MüKoAktG/*Bayer*, 5. Aufl. 2019, § 68 Rn. 117; *Koch* in: Hüffer/Koch, AktG, 14. Aufl. 2020, § 68 Rn. 12; *Liebscher* ZIP 2003, 825, 826.
[27] OLG Naumburg, Urt. v. 22.1.2004 – 7 U 133/03, NZG 2004, 775, 779; *Liebscher* ZIP 2003, 825, 828 ff.
[28] MüKoAktG/*Bayer*, 5. Aufl. 2019, § 68 Rn. 118.
[29] *Loritz* NZG 2007, 361, 367.
[30] *Loritz* NZG 2007, 361, 367.
[31] Fallgruppen bei *Loritz* NZG 2007, 361, 364 f.; *Cahn* in: Spindler/Stilz, AktG, 4. Aufl. 2019, § 68 Rn. 80.

8 erscheint,[32] was beispielsweise der Fall ist bei derartigen Vereinbarungen mit einem Dritten, den die Gesellschaft bereits als Erwerber zurückgewiesen hat.[33]

8 Die Entscheidung über die Zustimmung liegt, wenn die Satzung nichts anderes bestimmt,[34] beim Vorstand, § 68 Abs. 2 S. 2 AktG,[35] um die Verkehrsfähigkeit vinkulierter Namensaktien nicht durch zu weiträumige Sitzungsfrequenzen anderer Organe zu beeinträchtigen.[36] Die Entscheidung kann aber durch Satzungsregelung auf den Aufsichtsrat (§ 68 Abs. 2 S. 3 AktG; und vom Gesamtorgan Aufsichtsrat nach § 107 Abs. 3 AktG auch auf einen Ausschuss) oder die Hauptversammlung übertragen werden. Eine Delegation auf eine einzelne Aktionärsgruppe ist nicht möglich (Satzungsstrenge, § 23 Abs. 5 AktG).[37] Für das Zustimmungsprozedere gilt, dass bei einer Entscheidung der Hauptversammlung über die Erteilung der Zustimmung der veräußernde Aktionär von der Ausübung seines Stimmrechts nicht ausgeschlossen ist und dass stets der Vorstand, auch im Falle der Zuständigkeit von Aufsichtsrat oder Hauptversammlung, im Außenverhältnis die Willenserklärung abgibt.[38] Inhaltlich hat sich die Entscheidung über Erteilung oder Verweigerung der Zustimmung an den Vorgaben der Satzung zu orientieren.[39] Fehlen solche entscheidet das zuständige Organ nach pflichtgemäßem Ermessen, wobei die Gesellschaftsinteressen und die Anliegen des übertragungswilligen Aktionärs angemessen zu berücksichtigen sind.[40] Bei Erteilung der Zustimmung ist die Übertragung der Aktien wirksam, ohne diese zunächst schwebend, mit der Versagung endgültig unwirksam;[41] es gelten die allgemeinen Regelungen der §§ 182 ff. BGB.[42] Die missbräuchlich versagte Zustimmung kann durch rechtskräftiges Urteil nach § 894 ZPO ersetzt werden.[43]

9 Die Versagung der Zustimmung durch die Aktiengesellschaft hat keinen Einfluss auf die Wirksamkeit des schuldrechtlichen Geschäftes zwischen dem veräußernden Aktionär und dem Erwerber, wenn nicht die Zustimmung zur Bedingung erhoben wurde.[44] Regelmäßig liegt ein Fall der Rechtsmängelhaftung vor.[45] Wird die Zustimmung pflichtwidrig versagt, kommen gegebenenfalls Schadenersatzansprüche gegenüber der Gesellschaft wegen Verletzung der Treuepflicht in Betracht.[46]

II. GmbH

1. Allgemeines

10 Für die GmbH gelten im Vergleich zur Rechtslage bei der Aktiengesellschaft kaum Besonderheiten. Geschäftsanteile einer GmbH sind nach dem Konzept des GmbH-Gesetzes grundsätzlich frei abtretbar. § 15 Abs. 1 GmbHG regelt die unbeschränkte Vererblichkeit und die grundsätzlich freie Übertragbarkeit von Geschäftsanteilen, jedoch kann die Satzung

---

[32] Vgl. BGH, Urt. v. 17.11.1986 – II ZR 96/86, NJW 1987, 780 f.; MüKoAktG/*Bayer*, 5. Aufl. 2019, § 68 Rn. 120.
[33] *Cahn* in: Spindler/Stilz, AktG, 4. Aufl. 2019, § 68 Rn. 80.
[34] *Lange* in: Henssler/Strohn, Gesellschaftsrecht, 4. Aufl. 2019, AktG, § 68 Rn. 9.
[35] *Bayer* in: MüKoAktG, 5. Aufl. 2019, § 68 Rn. 87; *Laubert* in: Hölters, AktG § 68 Rn. 18.
[36] *Koch* in: Hüffer/Koch, AktG, 14. Aufl. 2020, § 68 Rn. 5 mwN.
[37] *Laubert* in: Hölters, AktG § 68 Rn. 18 mwN.
[38] *Lange* in: Henssler/Strohn, Gesellschaftsrecht, 4. Aufl. 2019, AktG, § 68 Rn. 9.
[39] *Dörrscheidt*, Grenzen der Gestaltungsfreiheit bei omnilateralen außerstatutarischen Gesellschafterabreden, 2008, S. 157 mwN; *Lange* in: Henssler/Strohn, Gesellschaftsrecht, 4. Aufl. 2019, AktG, § 68 Rn. 9.
[40] *Lange* in: Henssler/Strohn, Gesellschaftsrecht, 4. Aufl. 2019, AktG, § 68 Rn. 9.
[41] *Koch* in: Hüffer/Koch, AktG, 14. Aufl. 2020, § 68 Rn. 16; BGH, Urt. v. 28.4.1954 – II ZR 8/53, BGHZ 13, 179, 187 = NJW 1954, 1155.
[42] *Koch* in: Hüffer/Koch, AktG, 14. Aufl. 2020, § 68 Rn. 16; *Lange* in: Henssler/Strohn, Gesellschaftsrecht, 4. Aufl. 2019, AktG, § 68 Rn. 10.
[43] *Dörrscheidt*, Grenzen der Gestaltungsfreiheit bei omnilateralen außerstatutarischen Gesellschafterabreden, 2008, S. 155 mwN.
[44] *Cahn* in: Spindler/Stilz, AktG, 4. Aufl. 2019, § 68 Rn. 70; *Laubert* in: Hölters, AktG § 68 Rn. 27.
[45] *Koch* in: Hüffer/Koch, AktG, 14. Aufl. 2020, § 68 Rn. 16a; *Lange* in: Henssler/Strohn, Gesellschaftsrecht, 4. Aufl. 2019, AktG, § 68 Rn. 10; *Laubert* in: Hölters, AktG § 68 Rn. 27.
[46] *Lange* in: Henssler/Strohn, Gesellschaftsrecht, 4. Aufl. 2019, AktG, § 68 Rn. 10.

gemäß § 15 Abs. 5 GmbHG die Abtretung von Geschäftsanteilen an weitere Voraussetzungen, insbesondere die Genehmigung der Gesellschaft, knüpfen.[47] Die GmbH kann durch solche Regelungen stark personalistisch ausgestaltet werden und eine sehr personalistische Gesellschaftsstruktur erhalten.[48] Entgegen der gesetzlichen Regelung – freie Übertragbarkeit als Regelfall – ist der Befund aus der Praxis gerade umgekehrt: Die ohne weiteres wirksame Verfügung ist die Ausnahme, nicht die Regel.[49] Die Ursache mag sein, dass die GmbH die typische Rechtsform für kleinere und mittelgroße Unternehmen sowie Familienunternehmen ist, und dass in solchen Gesellschaften das Bedürfnis nach Kontrolle über die Zusammensetzung des Gesellschafterkreises besonders groß ist, weswegen in der Praxis die Vinkulierung von Geschäftsanteilen eher die Regel und die freie Übertragbarkeit die Ausnahme ist, wodurch sich das gesetzliche Regel-Ausnahme-Verhältnis in der Praxis umkehrt.[50]

Nicht alle Fragen im Zusammenhang mit der Recht- und Zweckmäßigkeit der Ausgestaltung von Vinkulierungsklauseln sind geklärt.[51] Der Anwendungsbereich des § 15 Abs. 5 GmbHG erfasst wie die Vinkulierung im Aktienrecht nur das dingliche, nicht hingegen das schuldrechtliche Geschäft.[52] Die Erteilung der Zustimmung bezieht sich nur auf das dingliche Geschäft, das bis zur Entscheidung über die Zustimmung schwebend unwirksam ist.[53] Der der angestrebten Verfügung zugrunde liegende schuldrechtliche Vertrag ist in jedem Fall wirksam, seine Erfüllung wird aber unmöglich.[54] Ansonsten bleibt es auch für Vinkulierungsklauseln bei dem Prinzip des deutschen Schuldrechts, wonach sie als Teil der Gesellschaftsverträge wie alle schuldrechtlichen Regelungen nur inter partes und nicht gegenüber Dritten wirken.[55] In der Einmann-GmbH sind Beschränkungen durch Vinkulierungsklauseln von vornherein unbeachtlich, in der Zweipersonen-GmbH, wenn der eine Gesellschafter alle seine Geschäftsanteile an den anderen veräußert.[56] **11**

2. Umgehung der Vinkulierungsklausel durch Nebenabrede

Auch bei der GmbH kann die gesellschaftsvertragliche Vinkulierungsklausel je nach Ausgestaltung und Inhalt Umgehungskonstruktionen[57] erfassen, durch welche ein der (nicht zulässigen) Abtretung wirtschaftlich möglichst nahe kommendes Ergebnis erzielt werden soll,[58] beispielsweise Stimmbindungsverträge, weitreichende Stimmrechtsvollmachten, die sich nicht nur auf einzelne Gegenstände der Tagesordnung beziehen oder nur von kurzer Dauer sind,[59] Treuhandverträge[60], die Übertragung geschützten der Beteiligung an eine Tochtergesellschaft, verbunden mit dem anschließenden Verkauf der Geschäftsanteile dieser Tochtergesellschaft, sowie die Veräußerung der Geschäftsanteile einer reinen Holdinggesellschaft, deren Zweck nur oder überwiegend in der Beteiligung an der geschützten **12**

---

[47] *Blasche* RNotZ 2013, 515.
[48] *Wilhelmi* in: BeckOK GmbHG, 38. Ed., Stand. 1.2.2019, § 15 Rn. 138.
[49] *Blasche* RNotZ 2013, 515; ähnlich *Transfeld* GmbHR 2010, 185.
[50] *Bayer/Hoffmann/J. Schmidt* GmbHR 2007, 953, 955 f.; *Verse* in: Henssler/Strohn, Gesellschaftsrecht, 4. Aufl. 2019, GmbHG, § 15 Rn. 82.
[51] *Blasche* RNotZ 2013, 516 mwN.
[52] *Blasche* RNotZ 2013, 516 mwN.
[53] Vgl. BGH, Urt. v. 28.4.1954 – II ZR 8/53, NJW 1954, 1155; MHLS/*Ebbing*, 3. Aufl. 2017, GmbHG § 15 Rn. 156; *Fastrich* in: Baumbach/Hueck, GmbHG § 15 Rn. 47.
[54] MHLS/*Ebbing*, 3. Aufl. 2017, GmbHG § 15 Rn. 156; *Blasche* RNotZ 2013, 516.
[55] *Loritz* NZG 2007, 361, 368.
[56] *Altmeppen* in: Roth/Altmeppen, GmbHG, 9. Aufl. 2019, § 15 Rn. 99.
[57] Eine ausführliche Auseinandersetzung mit problematischen Fallgruppen findet sich bei *Transfeld* GmbHR 2010, 185, 186 ff.; knapper bei *Fastrich* in: Baumbach/Hueck, GmbHG § 15 Rn. 48 bis 65.
[58] *Wicke* in: Wicke, GmbHG, 4. Aufl. 2020, § 15 Rn. 27; *Wilhelmi* in: BeckOK GmbHG, 44. Ed., Stand: 1.2.2020, § 15 Rn. 147; ausführlich *Reichert/Weller* in: MüKoGmbHG, 3. Aufl. 2018, § 15 Rn 370 ff. mwN.
[59] *Wilhelmi* in: BeckOK GmbHG, 44. Ed., Stand: 1.2.2020, § 15 Rn. 147; *Bayer* in: Lutter/Hommelhoff, GmbHG, 19. Aufl. 2016, § 15 Rn 80; MHLS/*Ebbing*, 3. Aufl. 2017, § 15 Rn 164 f.; ähnlich *Seibt* in: Scholz, GmbHG, 12. Aufl. 2018, § 15 Rn 111.
[60] *Wilhelmi* in: BeckOK GmbHG, 44. Ed., Stand: 1.2.2020, § 15 Rn. 147.

Gesellschaft besteht.[61] Entscheidend ist jeweils, ob das Umgehungsgeschäft – beim mehraktigen Umgehungsgeschäft in seiner Gesamtschau – im Ergebnis der Veräußerung des von der Zweckrichtung der Vinkulierungsklausel geschützten Geschäftsanteils nahekommt.

3. Rechtsfolge bei Verstoß gegen Vinkulierungsklausel

13 Wenn das durchgeführte Umgehungsgeschäft von der Reichweite der Vinkulierungsklausel erfasst wird, ist Rechtsfolge die schwebende Unwirksamkeit des Umgehungsgeschäfts.[62]

14 Die Abtretung kann nach § 15 Abs. 5 GmbHG insbesondere von der „Genehmigung" der Gesellschaft abhängig gemacht werden.[63] Dieser Terminus stammt noch aus der Zeit vor dem BGB[64] und meint die Zustimmung durch die Gesellschaft im Sinne der §§ 182 ff. BGB,[65] die durch die Geschäftsführer in vertretungsberechtigter Zahl erteilt wird und die vor oder nach der Abtretung erfolgen kann, selbst dann, wenn die Satzung vorherige Zustimmung verlangt.[66] Die Zustimmung kann gegenüber dem Veräußerer oder dem Erwerber erklärt werden[67] und bedarf vorbehaltlich einer Satzungsregelung keiner besonderen Form, kann also auch schlüssig erfolgen.[68]

15 Der Veräußerer, nicht der Erwerber[69] hat stets Anspruch darauf, dass die Zustimmungsberechtigten innerhalb einer angemessenen Frist über die Erteilung der Zustimmung entscheiden und sich erklären.[70] Für weitergehende Ansprüche ist danach zu unterscheiden, ob in der Satzung genauer geregelt ist, wann die „Genehmigung" zu erteilen ist oder versagt werden darf oder ob ohne weitere Konkretisierung die Genehmigungspflicht angeordnet wird.[71] Wer im Innenverhältnis zur Erteilung der Genehmigung zuständig ist, kann in der Satzung näher geregelt werden. Das gilt auch für die Grundsätze, unter deren Beachtung die Entscheidung zu treffen ist; auch hierzu kann die Satzung nähere Vorgaben machen. Bei Fehlen solcher oder anderweitiger Vorgaben in der Satzung steht die Entscheidung über die Erteilung oder Verweigerung der Genehmigung grundsätzlich im Ermessen des Zustimmungsberechtigten, die Ablehnung bedarf keines wichtigen Grundes;[72] der Veräußerer hat nur Anspruch auf ermessensfehlerfreie Entscheidung.[73] Besteht ausnahmsweise ein Anspruch auf Zustimmung, so ist dieser mit einer Leistungsklage gegen den Zustimmungsberechtigten zu verfolgen,[74] und zwar selbst nach Ablauf der Frist für eine Anfechtungsklage gegen den ablehnenden Beschluss der Gesellschafterversammlung.[75] Die

---

[61] *Wicke* in: Wicke, GmbHG, 4. Aufl. 2020, § 15 Rn. 27; OLG Naumburg, Urt. v. 22.1.2004, 7 U 133/03, NZG 2004, 775; *Liebscher* ZIP 2003, 825.
[62] *Wilhelmi* in: BeckOK GmbHG, 44. Ed., Stand: 1.2.2020, § 15 Rn. 147; *Bayer* in: Lutter/Hommelhoff, GmbHG, 19. Aufl. 2016, § 15 Rn. 80 mwN.
[63] *Wicke* in: Wicke, GmbHG, 4. Aufl. 2020, § 15 Rn. 24.
[64] *Reichert/Weller* in: MüKoGmbHG, 3. Aufl. 2018, § 15 Rn. 397.
[65] Vgl. BGH, Urt. v. 28.4.1954 – II ZR 8/53, NJW 1954, 1155, 1156; *Fastrich* in: Baumbach/Hueck, GmbHG § 15 Rn. 41; *Reichert/Weller* in: MüKoGmbHG, 3. Aufl. 2018, § 15 Rn. 397.
[66] *Wicke* in: Wicke, GmbHG, 4. Aufl. 2020, § 15 Rn. 24; BGH, Urt. v. 8.4.1965 – II ZR 77/63, NJW 1965, 1377; OLG Celle, Urt. v. 8.7.1998, 9 U 233/97, GmbHR 1999, 131.
[67] *Wicke* in: Wicke, GmbHG, 4. Aufl. 2020, § 15 Rn. 26.
[68] *Wicke* in: Wicke, GmbHG, 4. Aufl. 2020, § 15 Rn. 26; BGH, Beschl. v. 10.5.2006 – II ZR 209/04, NZG 2006, 627.
[69] *Reichert/Weller* in: MüKoGmbHG, 3. Aufl. 2018, § 15 Rn. 430: „Ob ein gesellschaftsfremder Erwerber im Rahmen einer gewillkürten Prozessstandschaft oder aus abgetretenem Zustimmungsrecht klagen kann, ist umstritten."
[70] *Reichert/Weller* in: MüKoGmbHG, 3. Aufl. 2018, § 15 Rn. 407; MHLS/*Ebbing*, 3. Aufl. 2017, GmbHG § 15 Rn. 153 mwN.
[71] MHLS/*Ebbing*, 3. Aufl. 2017, GmbHG § 15 Rn. 154.
[72] *Verse* in: Henssler/Strohn, Gesellschaftsrecht, GmbHG, 4. Aufl. 2019, § 15 Rn. 96 mwN.
[73] Vgl. OLG Hamm, Urt. v. 6.4.2000 – 27 U 78/99, NJW-RR 2001, 109, 111; MHLS/*Ebbing*, 3. Aufl. 2017, GmbHG § 15 Rn. 155.
[74] Vgl. OLG Koblenz, Urt. v. 12.1.1989 – U 1053/87, NJW-RR 1989, 1057; *Reichert/Weller* in: MüKoGmbHG, 3. Aufl. 2018, § 15 Rn. 436.
[75] *Verse* in: Henssler/Strohn, Gesellschaftsrecht, GmbHG, 4. Aufl. 2019, § 15 Rn. 96; *Reichert/Weller* in: MüKoGmbHG, 3. Aufl. 2018, § 15 Rn. 436; OLG Koblenz, Urt. v. 12.1.1989 – U 1053/87, NJW-RR 1989, 1057, 1058; a. A.: *Reichert*/M. Winter, FS 100 Jahre GmbHG, 1992, S. 209, 227.

Leistungsklage kann auch unmittelbar, ohne dass zuvor die Anfechtung des Versagungsbeschlusses erfolgte, erhoben werden, und Anfechtungs- und Beschlussfeststellungsklage entfalten auch keine Sperrwirkung.[76] Das rechtskräftige stattgebende Urteil ersetzt gemäß § 894 ZPO die Zustimmungserklärung.[77]

§ 49 Höchststimmrechte

I. Aktiengesellschaft

1. Allgemeines

Für den Umfang des Stimmrechts ist nach § 134 Abs. 1 S. 1 AktG grundsätzlich die Höhe der Kapitalbeteiligung maßgeblich,[78] es gilt das Prinzip der „Kongruenz von Kapital und Stimme".[79] Die Stimmkraft entspricht der Kapitalbeteiligung und damit dem Kapitalrisiko.[80] Durch die gesetzliche Zulassung von Höchststimmrechten erhielt der Satzungsgeber in bestimmten Grenzen die Möglichkeit, von der kapitalbezogenen Ausgestaltung des Stimmrechts abzuweichen und die Stimmrechte stärker zu personalisieren; wegen dieses dem Wesen der Aktiengesellschaft widersprechenden Charakters waren die Höchststimmrechte rechtspolitisch stets umstritten, weswegen sie für börsennotierte Gesellschaften abgeschafft wurden.[81] Nach § 134 Abs. 1 S. 2 AktG darf die Satzung daher nur bei nicht börsennotierten Gesellschaften Höchststimmrechte vorsehen.[82] In der Praxis spielen Höchststimmrechte nur bei der Berechnung von Stimmmehrheiten, nicht aber von Kapitalmehrheiten eine Rolle (§ 134 Abs. 1 S. 6 AktG).[83]

Eine sachliche Rechtfertigung für die Begründung von Höchststimmrechten in der Satzung ist nicht erforderlich.[84] Die Festsetzung von Höchstbeträgen oder Abstufungen kann nicht nur in der ursprünglichen Satzung erfolgen, sondern auch im Wege eines satzungsändernden Hauptversammlungsbeschlusses, der lediglich eines zustimmenden Sonderbeschlusses gemäß § 179 Abs. 3 AktG bedarf.[85] Die Zustimmung jedes einzelnen betroffenen Aktionärs ist nicht notwendig (e contrario § 180 AktG).[86] Als Höchstbetrag werden in der Praxis[87] üblicherweise 5 % oder 10 % des Grundkapitals gewählt.[88] § 2 Abs. 1 des VW-Gesetzes, wonach die Stimmkraft der Aktionäre von VW durch das gesetzliche Höchststimmrecht auf 20 % des Nennbetrags des Grundkapitals beschränkt wurde, verstieß gegen die Kapitalverkehrsfreiheit[89] und wurde deshalb aufgehoben.[90] Nicht die Kapitalverkehrsfreiheit berühren hingegen Satzungsgestaltungen nach § 134 Abs. 1 S. 2

---

[76] *Reichert/Weller* in: MüKoGmbHG, 3. Aufl. 2018, § 15 Rn. 436.
[77] Vgl. LG Düsseldorf, Urt. v. 17.11.1988 – 32 O 226/87, DB 1989, 33; *Wilhelmi* in: BeckOK GmbHG, 44. Ed., Stand: 1.2.2020, § 15 Rn. 180.
[78] *Ripka*, Poolverträge und die neueren Entwicklungen des Gesellschaftsrechts, 2000, S. 173; *Lange* in: Henssler/Strohn, Gesellschaftsrecht, 4. Aufl. 2019, AktG, § 12 Rn. 5.
[79] *Westermann* in: Heidelberger Kommentar, AktG, 4. Aufl. 2017, § 12 Rn. 1 spricht von „one share, one vote".
[80] *Lange* in: Henssler/Strohn, Gesellschaftsrecht, 4. Aufl. 2019, AktG, § 12 Rn. 5.
[81] MüKoAktG/*Heider*, 5. Aufl. 2019, § 12 Rn. 35 mwN.
[82] *Koch* in: Hüffer/Koch, AktG, 13. Aufl. 2018, § 12 Rn. 6; *Arnold* in: MüKoAktG, 4. Aufl. 2018, § 134 Rn. 8.
[83] *Heider* in: MüKoAktG, 4. Aufl. 2016, § 12 Rn. 37 mwN.
[84] *Westermann* in: Heidelberger Kommentar, AktG, 4. Aufl. 2017, § 134 Rn. 7; *Arnold* in: MüKoAktG, 4. Aufl. 2018, § 134 Rn. 24.
[85] MüKoAktG/*Heider*, 5. Aufl. 2019, § 12 Rn. 36 mwN.
[86] *Westermann* in: Heidelberger Kommentar, AktG, 4. Aufl. 2017, § 134 Rn. 7; BGH, Urt. v. 19.12.1977 – II ZR 136/76, BGHZ 70, 117, 124; a. A.: *Immenga* BB 1975, 1042, 1043 f.
[87] Eine beispielhafte Formulierung für Höchststimmrechte in einer Aktiengesellschaft, die Stückaktien ausgab, findet sich bei *Pühler* in: Happ, Aktienrecht, 4. Aufl. 2015, § 1.04 Rn. 18.
[88] MüKoAktG/*Heider*, 5. Aufl. 2019, § 12 Rn. 36.
[89] EuGH, Urt. v. 23.10.2007, C-112/05, Kommission/Bundesrepublik Deutschland, NZG 2007, 942.
[90] *Vatter* in: Spindler/Stilz, AktG, 4. Aufl. 2019, § 12 Rn. 12.

AktG, die nicht staatlich erzwungen sind und sowohl in- als auch ausländische Investoren gleichermaßen betreffen.[91]

18 Hält ein Aktionär Aktien über die in der Satzung festgesetzte Höchstgrenze hinaus, vermitteln ihm die Aktien, welche die Höchstgrenze übersteigen, kein Stimmrecht.[92] Der Ausschluss des Stimmrechts ist in diesem Fall nicht in der Aktie selbst veranlagt, sondern Folge des Umfangs der Beteiligung des konkreten Aktionärs.[93] Die betroffenen Aktien stellen deshalb keine eigene Gattung dar.[94] Wenn Aktien veräußert werden, hat der Erwerber aus diesen Aktien das Stimmrecht, solange er die festgesetzte Höchstgrenze nicht seinerseits überschreitet.[95] Der rechtlichen Konstruktion nach handelt es sich also nicht um einen Ausschluss des Stimmrechts, sondern um eine Ausübungsbeschränkung.[96]

19 Nach § 134 Abs. 1 S. 3 AktG kann die Satzung bestimmen, dass zu den Aktien, die dem Aktionär gehören, auch die Aktien rechnen, die einem anderen für seine Rechnung gehören. Auf diesem Weg kann die Gesellschaft verhindern, dass Legitimationsaktionäre, Pfandgläubiger, Treuhänder oder auf andere Art und Weise Berechtigte nach Übertragung der Aktie ihr Stimmrecht im Interesse des Aktionärs ausüben, ohne den Beschränkungen des Höchststimmrechts zu unterliegen.[97] Der Zweck der Aktienübertragung spielt dann keine Rolle, weil eine solche Satzungsregelung ausschließlich an das Rechtsverhältnis anknüpft.[98] Ferner kann die Satzung gemäß § 134 Abs. 1 S. 4 AktG für den Fall, dass der Aktionär ein Unternehmen ist, bestimmen, dass zu den Aktien, die ihm gehören, auch die Aktien rechnen, die einem von ihm abhängigen oder ihn beherrschenden oder einem mit ihm konzernverbundenen Unternehmen oder für Rechnung solcher Unternehmen einem Dritten gehören. Insoweit gelten die Vorgaben der §§ 17, 18 AktG.[99]

2. Umgehung der Höchststimmrechtsklausel durch Nebenabrede

20 Ob und unter welchen Voraussetzungen auf Dauer angelegte[100] Stimmbindungsverträge eine Umgehung von Höchststimmrechtsregelungen darstellen, ist strittig. Hierzu findet sich ein bunter Strauß an Meinungen: Nach einer Ansicht sei dies an sich nie der Fall,[101] die Satzung könne Stimmbindungsverträge aber als unzulässige Umgehung behandeln[102]. Eine weitere Meinung plädiert dafür, jede zur Wirkungslosigkeit der Stimmrechtsbeschränkung führende Maßnahme als Treuepflichtverstoß zu werten.[103] Sinn und Zweck des Höchststimmrechts sei, so das zentrale Argument, eine auf Dauer angelegte Zementierung bei der Mehrheitsbildung zu verhindern.[104] Eine dritte Ansicht wiederum bejaht die Unzulässigkeit der Stimmbindung nur bei besonderen Sanktionswirkungen.[105] Schließlich wird vertreten,

---

[91] *Vatter* in: Spindler/Stilz, AktG, 4. Aufl. 2019, § 12 Rn. 12; siehe auch *Teichmann/Heise* BB 2007, 2577, 2581.
[92] *Lange* in: Henssler/Strohn, Gesellschaftsrecht, AktG, § 12 Rn. 5; *Solveen* in: Hölters, AktG § 12 Rn. 8.
[93] *Solveen* in: Hölters, AktG § 12 Rn. 8.
[94] MüKoAktG/*Arnold*, 4. Aufl. 2018, § 134 Rn. 13; *Vatter* in: Spindler/Stilz, AktG, 4. Aufl. 2015, § 12 Rn. 11.
[95] *Westermann* in: Heidelberger Kommentar, AktG, 4. Aufl. 2017, § 134 Rn. 4; *Koch* in: Hüffer/Koch, AktG, 14. Aufl. 2020, § 12 Rn. 6.
[96] *Koch* in: Hüffer/Koch, AktG, 14. Aufl. 2020, § 12 Rn. 6.
[97] *Ripka*, Poolverträge und die neueren Entwicklungen des Gesellschaftsrechts, 2000, S. 179.
[98] *Ripka*, Poolverträge und die neueren Entwicklungen des Gesellschaftsrechts, 2000, S. 179 mwN.
[99] *Liebscher* in: Henssler/Strohn, Gesellschaftsrecht, 4. Aufl. 2019, AktG, § 134 Rn. 5.
[100] Die Zulässigkeit bloßer „ad-hoc-Vereinbarungen" wird allgemein bejaht, vgl. *Ripka*, Poolverträge und die neueren Entwicklungen des Gesellschaftsrechts, 2000, S. 184 mwN.
[101] *Hirschmann* in: Hölters, AktG § 134 Rn. 18.
[102] *Liebscher* in: Henssler/Strohn, Gesellschaftsrecht, 4. Aufl. 2019, AktG, § 134 Rn. 5 mwN; *Arnold* in: MüKoAktG, 4. Aufl. 2018, § 134 Rn. 18; *Koch* in: Hüffer/Koch, AktG, 14. Aufl. 2020, § 134 Rn. 12.
[103] *U. H. Schneider* AG 1990, 56, 60; vgl. auch *Ripka*, Poolverträge und die neueren Entwicklungen des Gesellschaftsrechts, 2000, S. 183.
[104] *U. H. Schneider* AG 1990, 56, 60.
[105] *Martens* AG 1993, 495, 498 f.; *Arnold* in: MüKoAktG, 4. Aufl. 2018, § 134 Rn. 13; vgl. auch *Ripka*, Poolverträge und die neueren Entwicklungen des Gesellschaftsrechts, 2000, S. 184.

dass Stimmbindungsverträge zwar keine Umgehung von Höchststimmrechtsregelungen darstellten, die Treuepflicht aber erfordere, dass derartige Stimmbindungsverträge anzuzeigen seien.[106]

Der erstgenannten Auffassung ist zu folgen. Das Höchststimmrecht verfolgt lediglich den Zweck, den Einfluss des einzelnen Aktionärs zu reduzieren, der nicht gefährdet ist, wenn sich mehrere Aktionäre über ihre Stimmrechtsausübung einigen, zumal auch die Wirkung für außenstehende Gesellschafter unterschiedlich ist.[107] Dies gilt selbst für majorisierte Poolverträge, in denen ein Poolmitglied über die Mehrheit bei internen Abstimmungen verfügt.[108] Denn der Interessenausgleich zwischen den einzelnen Gesellschaftern findet ebenfalls statt; dieser ist nur vorgezogen. Die Gesellschafter haben ihren Interessen bereits Rechnung getragen, indem sie ihre Stimmrechte in den majorisierten Pool eingebracht haben. Der Schutzzweck des Höchststimmrechts – den Einfluss des einzelnen Aktionärs zu reduzieren – wird dadurch nicht gefährdet. Ohnehin dürfte es an einer planwidrigen Regelungslücke fehlen, um § 134 Abs. 1 S. 3 AktG analog anzuwenden.[109] Denn § 136 AktG enthält ausdrücklich Regelungen zur Zulässigkeit von Stimmbindungsverträgen. Der Gesetzgeber hat somit § 134 Abs. 1 AktG im Bewusstsein und in Kenntnis der Möglichkeit zum Abschluss von Stimmbindungsverträgen eingeführt und gleichwohl keine Regelung zum Höchststimmrecht im Zusammenhang mit einem Stimmbindungsvertrag getroffen. Im Umkehrschluss bedeutet dies, dass der Gesetzgeber in Stimmbindungsverträgen keinen Verstoß gegen Höchststimmrechtsregelungen sieht. Schließlich ist noch zu berücksichtigen, dass es sich bei § 134 Abs. 1 S. 3 AktG um eine Ausnahmevorschrift handelt, die allein deshalb schon restriktiv zu verstehen ist.[110]

Bei der Aktiengesellschaft kann eine Umgehung von Höchststimmrechtsklauseln durch schuldrechtliche Nebenabreden nicht dadurch verhindert werden, dass in die Satzung zusätzlich zu einer Höchststimmrechtsklausel ein Verbot schuldrechtlicher Nebenabreden aufgenommen wurde. Denn es handelt sich bei einem solchen Satzungsverbot des Abschlusses von Nebenabreden um Dauerunterlassungspflichten, die den Aktionären auferlegt werden, die bei Aktiengesellschaften nicht zulässig sind. § 55 Abs. 1 S. 1 AktG lässt nur wiederkehrende, positive Leistungspflichten, die noch dazu nicht in Geld bestehen dürfen, zu, nicht aber Unterlassungspflichten und auch keine Dauerpflichten.

II. Gesellschaften mit beschränkter Haftung und Gesellschaften anderer Rechtsform

In der GmbH gilt der Grundsatz der Satzungsautonomie und im Personengesellschaftsrecht gilt der gesetzliche Grundsatz der Abstimmung nach Köpfen, so dass sowohl in Gesellschaften mit beschränkter Haftung als auch in Personengesellschaften Höchststimmrechte festgelegt werden können.[111] Die Ausführungen zur Aktiengesellschaft zur Umgehung solcher gesellschaftsvertraglichen Beschränkungen der Stimmrechtsausübung gelten daher auch für die anderen Gesellschaftsformen. Immer ist aber Voraussetzung, dass der Gesellschaftsvertrag entsprechende Ausübungsbeschränkungen enthält. Insbesondere kann bei Gesellschaften mit beschränkter Haftung und Personengesellschaften auch die Satzung bzw. der Gesellschaftsvertrag Verbote enthalten, Nebenvereinbarungen abzuschließen; solche Dauerunterlassungspflichten sind bei diesen Gesellschaftstypen zulässig. Daher sollten im Rahmen der Gestaltung von Satzung bzw. Gesellschaftsvertrag Höchststimmrechte mit dem Verbot in Satzung oder Gesellschaftsvertrag, Nebenvereinbarungen oder be-

---

[106] *Burgard* AG 1992, 41, 49 f.; *Timm*, WM 1991, 481, 493 f.
[107] *Overrath*, Die Stimmrechtsbindung, 1973, S. 43; *Ripka*, Poolverträge und die neueren Entwicklungen des Gesellschaftsrechts, 2000, S. 185.
[108] *Ripka*, Poolverträge und die neueren Entwicklungen des Gesellschaftsrechts, 2000, S. 190.
[109] *Ripka*, Poolverträge und die neueren Entwicklungen des Gesellschaftsrechts, 2000, S. 188 f.
[110] *Hirschmann* in: Hölters, AktG § 134 Rn. 18.
[111] *Ripka*, Poolverträge und die neueren Entwicklungen des Gesellschaftsrechts, 2000, S. 173 mwN.

stimmte Arten von Nebenvereinbarungen, etwa Stimmrechtsbindungen, abzuschließen, flankiert werden.

§ 50 Fazit

24 Die Beschränkung oder der Ausschluss der Abtretung von Gesellschaftsanteilen bzw. Aktien („Vinkulierung") müssen im Gesellschaftsvertrag angeordnet und klar und eindeutig formuliert sein.[112] Die gleichen Grundsätze gelten für Höchststimmrechte, die ebenfalls einer Rechtsgrundlage im Gesellschaftsvertrag oder in der Satzung bedürfen.

25 Verstößt eine Verfügung gegen eine Vinkulierungsklausel, ist die Abtretung schwebend unwirksam und im Falle der Verweigerung der Genehmigung nichtig. Daher besteht die Gefahr, dass mit Hilfskonstruktionen versucht wird, unter Umgehung der Vinkulierungsklausel wirtschaftlich ein Ergebnis zu erzielen, das einer wirksamen Veräußerung von Geschäftsanteilen möglichst nahekommt. Zu den diskutierten Fallgruppen solcher Hilfskonstruktionen zählen insbesondere Stimmrechtsvollmachten, Stimmbindungsverträge sowie Treuhandkonstruktionen. Je nachdem, welchen Zweck eine Vinkulierungsklausel im konkreten Fall verfolgt, handelt es sich bei derartigen Hilfskonstruktionen um Umgehungsgeschäfte. Das Umgehungsgeschäft ist nach richtiger Ansicht schwebend unwirksam und kann mit Genehmigung durch das nach der Satzung zuständige Organ **ex tunc** wirksam werden.

26 Auch bei in Satzung bzw. im Gesellschaftsvertrag enthaltenen Höchststimmrechten besteht die Gefahr, dass diese mittels schuldrechtlicher Nebenabreden, konkret Stimmbindungsverträgen, umgangen werden. Daher sollen nach einer Ansicht derartige Stimmbindungsverträge stets gegen die gesellschafterliche Treuepflicht verstoßen. Nach richtiger Ansicht hingegen stehen solche Stimmbindungsverträge nicht im Konflikt mit Höchststimmrechten. Denn das Höchststimmrecht soll lediglich den Einfluss des einzelnen Aktionärs beschränken. Dieser Zweck ist aber nicht gefährdet, wenn sich mehrere Aktionäre auf einen Stimmbindungsvertrag einigen.

---

[112] *Wilhelmi* in: BeckOK GmbHG, 44. Ed., Stand: 1.2.2020, § 15 Rn. 149; BGH, Urt. v. 13.7.1967 – II ZR 238/64, BGHZ 48, 141, 144; *Fastrich* in: Baumbach/Hueck, GmbHG § 15 Rn. 40; *Bayer* in: Lutter/Hommelhoff, GmbHG, 19. Aufl. 2016, § 15 Rn. 60; MHLS/*Ebbing*, 3. Aufl. 2017, GmbHG § 15 Rn. 133.

Kapitel 16. Gesellschaftervereinbarungen als verdeckte Beherrschungsverträge

Gesellschaftervereinbarungen können, wenn sie besonders weitgehend sind und erheblichen Einfluss auf eine Gesellschaft gewähren, den Charakter eines Beherrschungsvertrages annehmen, ohne dass die rechtlichen Voraussetzungen für einen solchen erfüllt wären. 1

Unternehmensverträge sind gemäß § 291 Abs. 1 AktG Verträge, durch die eine Aktiengesellschaft oder KGaA die Leitung ihrer Gesellschaft einem anderen Unternehmen unterstellt (Beherrschungsvertrag) oder sich verpflichtet, ihren ganzen Gewinn an ein anderes Unternehmen abzuführen (Gewinnabführungsvertrag). Unternehmensverträge unterliegen strikten Regelungen (§§ 291 ff. AktG). Nach § 293 Abs. 3 AktG bedarf ein Unternehmensvertrag beispielsweise der Schriftform (§ 126 BGB).[1] Ein Verstoß gegen das Schriftformerfordernis führt gemäß § 125 BGB zur Nichtigkeit des Unternehmensvertrages.[2] Der Unternehmensvertrag muss zudem einen Ausgleich für die außenstehenden Aktionäre bestimmen, anderenfalls ist er gemäß § 304 Abs. 3 S. 1 AktG nichtig. In der Praxis kommt es vor, dass schuldrechtliche Nebenvereinbarungen zu einem erheblichen Einfluss auf die Leitung einer Gesellschaft führen, ohne aber die Voraussetzungen der §§ 291 ff. AktG einzuhalten. Man spricht von „verdeckten" Unternehmensverträgen. In Grenzfällen ist es notwendig, die schuldrechtliche Nebenvereinbarung von einem Unternehmensvertrag im Sinne des § 291 Abs. 1 AktG abzugrenzen. Denn schuldrechtliche Nebenvereinbarungen können auch formfrei wirksam geschlossen werden und müssen zu ihrer Wirksamkeit keinen Ausgleich im Sinne von § 304 Abs. 3 S. 1 AktG vorsehen. Liegt tatsächlich ein verdeckter Unternehmensvertrag vor, ist strittig, welche Rechtsfolgen dies auslöst. 2

§ 51 Persönliche und materielle Anforderungen an Unternehmensverträge

§ 291 Abs. 1 S. 1 AktG ist seinem Wortlaut nach unmittelbar zunächst nur auf Beherrschungsverträge zwischen einer abhängigen AG oder KGaA mit Sitz im Inland und einem in- oder ausländischen Unternehmen beliebiger Rechtsform als herrschendem Unternehmen anwendbar.[3] Mit anderen Worten: Vertragspartner einer Aktiengesellschaft oder KGaA in einem Beherrschungsvertrag muss nach § 291 Abs. 1 S. 1 AktG ein „Unternehmen" sein,[4] was aber schon ausreichend ist; weitere Anforderungen bestehen keine. Der Unternehmensbegriff (vgl. § 15 AktG) schließt es nach seinem Wortlaut aus, dass andere Personen als „Unternehmen" einschließlich privater Aktionäre Vertragspartner eines Beherrschungsvertrages sein können.[5] Daher ist umstritten, ob „Privataktionäre" als Partei eines Beherrschungsvertrages in Betracht kommen; tritt diese Frage in der Praxis tatsächlich einmal auf und bejaht man die Wirksamkeit des Beherrschungsvertrages, erlangt die Privatperson aber mit Abschluss des Beherrschungsvertrages Unternehmensqualität.[6] Hingegen sind Sitz und Rechtsform des herrschenden Unternehmens ohne Bedeutung, solange das herrschende 3

---

[1] *Deilmann* in: Hölters, AktG § 293 Rn. 33; *Paschos* in: Henssler/Strohn, Gesellschaftsrecht, 4. Aufl. 2019, AktG, § 293 Rn. 16; *Veil* in: Spindler/Stilz, AktG, 4. Aufl. 2019, § 293 Rn. 9.
[2] *Paschos* in: Henssler/Strohn, Gesellschaftsrecht, 4. Aufl. 2019, AktG, § 293 Rn. 16; *Veil* in: Spindler/Stilz, AktG, 4. Aufl. 2019, § 293 Rn. 9.
[3] *Emmerich* in: Emmerich/Habersack, Aktien- und GmbH-Konzernrecht, 9. Aufl. 2019, AktG, § 291 Rn. 8 und Rn. 33 (zum internationalen Anwendungsbereich).
[4] Vgl. BGH, Urt. v. 13.12.2004 – II ZR 256/02, NZG 2005, 214, 215; *Paschos* in: Henssler/Strohn, Gesellschaftsrecht, 4. Aufl. 2019, AktG, § 291 Rn. 5; *Koch* in: Hüffer/Koch, AktG, 14. Aufl. 2020, § 291 Rn. 5.
[5] *Emmerich* in: Emmerich/Habersack, Aktien- und GmbH-Konzernrecht, 9. Aufl. 2019, AktG, § 291 Rn. 9.
[6] *Emmerich* in: Emmerich/Habersack, Aktien- und GmbH-Konzernrecht, 9. Aufl. 2019, AktG, § 291 Rn. 9a.

A.

Rechtssubjekt „Unternehmenseigenschaft" hat.[7] Der Unternehmensbegriff des § 293 AktG entspricht jenem gemäß §§ 15 ff. AktG.[8] Als herrschende Unternehmen kommen daher z. B. Einzelkaufleute, Personengesellschaften[9] und ausländische Unternehmen in Betracht, ebenso aber auch Stiftungen oder Vereine, wobei bei den beiden letzteren die Unternehmenseigenschaft im Sinne der §§ 15 ff. AktG besonders genau zu untersuchen ist.[10]

4 Nach § 293 Abs. 1 AktG wird ein Unternehmensvertrag mit einer Aktiengesellschaft oder KGaA nur bei Zustimmung der Hauptversammlung der abhängigen Gesellschaft mit qualifizierter Mehrheit wirksam.[11] Diese Vorschrift betrifft bei Beherrschungs- und Gewinnabführungsverträgen allein die abhängige oder zur Gewinnabführung verpflichtete Gesellschaft, während sie bei dem Teilgewinnabführungsvertrag im Sinne des § 292 Abs. 1 Nr. 2 AktG die zur Abführung eines Teils ihres Gewinnes verpflichtete Gesellschaft und bei dem Betriebspacht- und Betriebsüberlassungsvertrag die verpachtende oder überlassende Gesellschaft im Auge hat.[12] Lediglich im Falle der Gewinngemeinschaft nach § 292 Abs. 1 Nr. 1 AktG muss die Hauptversammlung jeder beteiligten AG oder KGaA mit Sitz im Inland zustimmen.[13] Bei einer KGaA ist noch zusätzlich die Zustimmung der persönlich haftenden Gesellschafter nötig, wie sich aus § 285 Abs. 2 S. 1 ergibt.[14]

5 Ein Beherrschungsvertrag ist nach der Legaldefinition in § 291 Abs. 1 S. 1 Halbs. 1 AktG ein Vertrag, durch den eine AG die Leitung ihrer Gesellschaft einem anderen Unternehmen unterstellt, wobei der Leitungsbegriff des § 291 Abs. 1 S. 1 AktG demjenigen des § 76 Abs. 1 AktG entspricht und insbesondere Unternehmensplanung, -koordination und -kontrolle sowie Besetzung der nachgeordneten Führungsstellen umfasst.[15] Für eine Beherrschung ist ausreichend, dass einzelne wesentliche unternehmerische Funktionen dem anderen Unternehmen unterstellt werden,[16] wobei im einzelnen Streit herrscht, welche unternehmerischen Funktionen jedenfalls unterstellt werden müssen.[17]

6 Der Vertrag muss stets einen Ausgleich für die außenstehenden Aktionäre bestimmen, anderenfalls ist er gemäß § 304 Abs. 3 S. 1 AktG nichtig.[18] Eine fehlende Regelung über die Abfindung der außenstehenden Aktionäre wird auf Antrag vom Gericht getroffen (§ 305 Abs. 5 S. 2 AktG), so dass der Vertrag auch ohne entsprechende Bestimmung wirksam wird.[19] Ebenso wenig wie das Weisungsrecht muss die Verlustausgleichspflicht ausdrücklich im Vertrag geregelt werden, sie ergibt sich bereits aus § 302 AktG.[20]

---

[7] *Paschos* in: Henssler/Strohn, Gesellschaftsrecht, 4. Aufl. 2019, AktG, § 291 Rn. 6; *Emmerich* in: Emmerich/Habersack, Aktien- und GmbH-Konzernrecht, 9. Aufl. 2019, AktG, § 291 Rn. 9.

[8] *Paschos* in: Henssler/Strohn, Gesellschaftsrecht, 4. Aufl. 2019, AktG, § 291 Rn. 6; *Veil* in: Spindler/Stilz, AktG, 4. Aufl. 2019, § 291 Rn. 6.

[9] Siehe hierzu näher *Jäger* DStR 1997, 1770–1776.

[10] *Emmerich* in: Emmerich/Habersack, Aktien- und GmbH-Konzernrecht, 9. Aufl. 2019, AktG, § 291 Rn. 9.

[11] *Deilmann* in: Hölters, AktG § 293 Rn. 2; *Emmerich* in: Emmerich/Habersack, Aktien- und GmbH-Konzernrecht, 9. Aufl. 2019, AktG, § 293 Rn. 5.

[12] *Emmerich* in: Emmerich/Habersack, Aktien- und GmbH-Konzernrecht, 9. Aufl. 2019, AktG, § 293 Rn. 5.

[13] *Paschos* in: Henssler/Strohn, Gesellschaftsrecht, 4. Aufl. 2019, AktG, § 291 Rn. 3; *Emmerich* in: Emmerich/Habersack, Aktien- und GmbH-Konzernrecht, 9. Aufl. 2019, AktG, § 293 Rn. 5.

[14] *Deilmann* in: Hölters, AktG § 293 Rn. 3; *Paschos* in: Henssler/Strohn, Gesellschaftsrecht, 4. Aufl. 2019, AktG, § 293 Rn. 2.

[15] OLG München, Beschl. v. 24.6.2008 – 31 Wx 83/07, NZG 2008, 753; vgl. *Koch* in: *Hüffer/Koch*, AktG, 14. Aufl. 2020, § 291 Rn. 10; *Koppensteiner* in: Kölner Komm.AktG, Band 6, 3. Aufl. 2004, § 291 Rn. 20.

[16] vgl. OLG München, Beschl. v. 24.6.2008 – 31 Wx 83/07, NZG 2008, 753 mwN; ähnlich auch OLG Schleswig, Beschl. v. 27.8.2008 – 2 W 160/05, NZG 2008, 868, 869.

[17] OLG München, Beschl. v. 24.6.2008 – 31 Wx 83/07, NZG 2008, 753; vgl. Koppensteiner in: Kölner Komm., AktG, Band 6, 3. Aufl. 2004, § 291 Rn. 44 ff.

[18] MüKoAktG/*Altmeppen*, 5. Aufl. 2019, § 291 Rn. 76.

[19] *Servatius* in: MHLS, GmbHG, 3. Aufl. 2017, Systematische Darstellung 4, Rn. 103; MüKoAktG/*Altmeppen*, 5. Aufl. 2019, § 291 Rn. 76.

[20] MüKoAktG/*Altmeppen*, 5. Aufl. 2019, § 291 Rn. 77.

§ 52 Formelle Voraussetzungen von Unternehmensverträgen

Die Bezeichnung des Vertrages spielt keine Rolle, weil § 291 Abs. 1 S. 1 AktG auf den Vertragsinhalt und nicht auf dessen Bezeichnung abstellt.[21] Der Vorstand der Gesellschaft entscheidet über den Abschluss eines Unternehmensvertrags, bereitet den Vertragsschluss vor und bestimmt dessen Inhalt, wozu ihn die Hauptversammlung mit der für den Zustimmungsbeschluss erforderlichen Mehrheit anweisen kann.[22] Ob Satzung oder Aufsichtsrat bestimmen können, dass der Abschluss eines Unternehmensvertrags nur mit vorheriger Zustimmung des Aufsichtsrats erfolgen darf, ob also § 111 Abs. 4 S. 2 AktG Anwendung findet, ist strittig. Diese Frage betrifft aber ohnehin nur das Innenverhältnis zwischen Vorstand und Aufsichtsrat und damit zwar die Rechtmäßigkeit des Vorstandshandelns; im Außenverhältnis ist der unter Verstoß gegen einen solchen Zustimmungsvorbehalt abgeschlossene Vertrag gleichwohl wirksam.[23] Nach § 293 Abs. 3 AktG bedarf ein Unternehmensvertrag der Schriftform, vgl. § 126 BGB,[24] um für Rechtsklarheit zu sorgen und dem Vertrag Publizität zu verschaffen.[25] Die Vertragsurkunde muss zusammen mit allen Anlagen und sonstigen Bestandteilen eine Einheit bilden, ein Verstoß gegen die Schriftform macht den Vertrag gemäß § 125 BGB nichtig.[26]

Vom Unternehmensvertrag selbst zu trennen sind der oder die Zustimmungsbeschlüsse der Hauptversammlungen der beteiligten Gesellschaften nach § 293 Abs. 1 und Abs. 2 AktG.[27] Erforderlich ist zunächst nach § 293 Abs. 1 AktG die Zustimmung der Hauptversammlung derjenigen Aktiengesellschaft oder KGaA, die die vertragstypischen Verpflichtungen übernimmt, im Fall eines Beherrschungs- oder Gewinnabführungsvertrages somit die Zustimmung der Hauptversammlung der abhängigen bzw. verpflichteten Gesellschaft.[28] Der Zustimmungsbeschluss bedarf einer qualifizierten Mehrheit von mindestens drei Viertel des bei der Beschlussfassung vertretenen Grundkapitals, wobei diese Erfordernisse durch die Satzung zwar verschärft, nicht aber herabgesetzt werden können (§§ 23 Abs. 5, 293 Abs. 1 S. 3 AktG).[29]

Die Hauptversammlung des herrschenden Unternehmens kann gegenüber ihrem Vorstand den Abschluss eines Unternehmensvertrags nicht durchsetzen.[30] Ob sie ihn anweisen kann, einen Beherrschungs- oder Gewinnabführungsvertrag zu schließen, ist umstritten.[31] Gemäß § 293 Abs. 2 S. 1 AktG ist auch die Zustimmung der Hauptversammlung der Obergesellschaft erforderlich, wenn es sich um einen Beherrschungs- und/oder Gewinnabführungsvertrag handelt und der andere Vertragsteil die Rechtsform einer Aktiengesellschaft oder KGaA hat.[32] Ohne diese Zustimmung wird der Vertrag nicht wirksam.[33]

---

[21] *Koch* in: Hüffer/Koch, AktG, 13. Aufl. 2018, § 291 Rn. 13.
[22] *Veil* in: Spindler/Stilz, AktG, 4. Aufl. 2019, § 293 Rn. 2.
[23] *Altmeppen* in: MüKoAktG, 4. Aufl. 2015, § 293 Rn. 10 bis 15 mit Darstellung der Argumente.
[24] *Deilmann* in: Hölters, AktG § 293 Rn. 33; *Paschos* in: Henssler/Strohn, Gesellschaftsrecht, 4. Aufl. 2019, AktG, § 293 Rn. 16; *Veil* in: Spindler/Stilz, AktG, 4. Aufl. 2019, § 293 Rn. 9.
[25] *Veil* in: Spindler/Stilz, AktG, 4. Aufl. 2019, § 293 Rn. 9.
[26] *Paschos* in: Henssler/Strohn, Gesellschaftsrecht, 4. Aufl. 2019, AktG, § 293 Rn. 16; *Veil* in: Spindler/Stilz, AktG, 4. Aufl. 2019, § 293 Rn. 9.
[27] *Emmerich* in: Emmerich/Habersack, Aktien- und GmbH-Konzernrecht, 9. Aufl. 2019, AktG § 293 Rn. 23.
[28] *Emmerich* in: Emmerich/Habersack, Aktien- und GmbH-Konzernrecht, 9. Aufl. 2019, AktG § 293 Rn. 23 mit dem Hinweis, dass bei einer Kommanditgesellschaft auf Aktien ferner die Zustimmung der persönlich haftenden Gesellschafter einzuholen ist.
[29] *Emmerich* in: Emmerich/Habersack, Aktien- und GmbH-Konzernrecht, 9. Aufl. 2019, AktG § 293 Rn. 23.
[30] *Veil* in: Spindler/Stilz, AktG, 4. Aufl. 2019, § 293 Rn. 3.
[31] Einzelheiten bei *Veil* in: Spindler/Stilz, AktG, 4. Aufl. 2019, § 293 Rn. 3; MüKoAktG/*Altmeppen*, 5. Aufl. 2019, § 293 Rn. 5.
[32] *Koch* in: Hüffer/Koch, AktG, 14. Aufl. 2020, § 293 Rn. 17.
[33] *Deilmann* in: Hölters, AktG § 293 Rn. 2; *Veil* in: Spindler/Stilz, AktG, 4. Aufl. 2019, § 293 Rn. 10; *Koch* in: Hüffer/Koch, AktG, 14. Aufl. 2020, § 293 Rn. 17.

10   Nach § 294 Abs. 2 AktG wird der Unternehmensvertrag erst mit Eintragung in das Handelsregister wirksam, die damit konstitutiv und nicht bloß deklaratorisch wirkt.[34] Die Eintragungspflicht bezweckt Publizität:[35] Gläubiger, künftige Aktionäre und die Öffentlichkeit sollen über die mit dem Abschluss des Unternehmensvertrages übernommenen Verpflichtungen informiert werden.[36]

§ 53 Änderung und Aufhebung von Unternehmensverträgen, §§ 295–298 AktG

11   § 295 Abs. 1 AktG regelt die Änderung von Unternehmensverträgen. Er stellt klar, dass für Änderungen grundsätzlich dieselben Erfordernisse wie für den Abschluss der Unternehmensverträge gelten.[37] In § 295 Abs. 1 S. 2 AktG nimmt das Gesetz außerdem Bezug auf §§ 293a bis 293g AktG, sodass eine Vertragsänderung auch die Berichtspflicht des Vorstandes sowie die Pflicht zur Prüfung der Änderung durch sachverständige Prüfer auslöst.[38]

12   Die Vorschriften über die Beendigung von Unternehmensverträgen sind verstreut in §§ 296 bis 299, 303 und 307 AktG geregelt. Seinem Wortlaut nach kennt das Gesetz nur drei Gründe der Vertragsbeendigung, und zwar die einverständliche Aufhebung (§ 296 AktG), die Kündigung des Vertrages (§ 297 AktG) sowie nach § 307 AktG den Hinzutritt eines außenstehenden Aktionärs nach Abschluss eines Beherrschungs- oder Gewinnabführungsvertrages mit einer ursprünglich 100%igen Tochtergesellschaft. Gemäß § 298 AktG ist die Beendigung des Unternehmensvertrages ebenso wie der Abschluss des Vertrages in das Handelsregister einzutragen, wobei dieser Eintragung nur deklaratorische Wirkung zukommt.[39]

§ 54 Verdeckter Beherrschungsvertrag

I. Begriff

13   Gesellschaftervereinbarungen, bei denen die Gesellschaft selbst nicht Vertragspartei ist und die nicht die formellen Voraussetzungen eines Beherrschungsvertrages gemäß §§ 291 ff. AktG erfüllen, gleichwohl aber die Wirkungen eines solchen entfalten, gehören zu der umstrittenen Fallgruppe des verdeckten Beherrschungsvertrages.[40] Je nach konkreter Ausgestaltung zählen hierzu auch die sog. **Business Combination Agreements**[41] („BCA"), die in der Praxis in vielgestaltiger Form anzutreffen sind.[42] Bereits die Benennung dieser

---

[34] Im Falle einer mitverpflichteten GmbH gilt entsprechend § 54 Abs. 3 GmbHG das Gleiche, vgl. *Koch* in: Hüffer/Koch, AktG, 14. Aufl. 2020, § 294 Rn. 17.
[35] *Paschos* in: Henssler/Strohn, Gesellschaftsrecht, 4. Aufl. 2019 AktG, § 294 Rn. 1; *Koch* in: Hüffer/Koch, AktG, 14. Aufl. 2020, § 294 Rn. 1.
[36] *Koch* in: Hüffer/Koch, AktG, 14. Aufl. 2020, § 294 Rn. 1.
[37] *Paschos* in: Henssler/Strohn, Gesellschaftsrecht, 4. Aufl. 2019, AktG, § 295 Rn. 9; *Emmerich* in: Emmerich/Habersack, Aktien- und GmbH-Konzernrecht, 9. Aufl. 2019, AktG, § 295 Rn. 1.
[38] *Emmerich* in: Emmerich/Habersack, Aktien- und GmbH-Konzernrecht, 9. Aufl. 2019, AktG, § 295 Rn. 1.
[39] *Emmerich* in: Emmerich/Habersack, Aktien- und GmbH-Konzernrecht, 9. Aufl. 2019, AktG, § 296 Rn. 1.
[40] *Koch* in: Hüffer/Koch, AktG, 14. Aufl. 2020, § 291 Rn. 14; *Veil* in: Spindler/Stilz, AktG, 4. Aufl. 2019, § 291 Rn. 69; *Noack* NZG 2013, 281, 282.
[41] Instruktiv *Aha* BB 2001, 2225; *Wieneke* NZG 2004, 61, 62 ff; solche Unternehmenszusammenschlüsse unter Einsatz von Aktien als Kaufwährung („Aktientausch") werden zunehmend durch *schuldrechtliche Vereinbarungen* zwischen den beteiligten Gesellschaften bzw. deren Gesellschaftern vorbereitet. Im Vordergrund der Abreden steht häufig eine Vereinbarung, wonach den Anteilseignern der Zielgesellschaft verbindlich der Bezug von Aktien im Rahmen der Sachkapitalerhöhung unter Bezugsrechtsausschluss zugesagt wird. Die Praxis neigt zur Zulassung solcher Vereinbarungen; vgl. zum Ganzen *Servatius* in: Spindler/Stilz, AktG, 4. Aufl. 2019, § 187 Rn. 19 (zu Business Combination Agreements).
[42] *Emmerich* in: Emmerich/Habersack, Aktien- und GmbH-Konzernrecht, 9. Aufl. 2019, AktG, § 291 Rn. 24 und 24d bis 24f; *Koch* in: Hüffer/Koch, AktG, 14. Aufl. 2020, § 76 Rn. 41; *Reichert* ZGR 2015, 1, 4.

Fallgruppe ist in der Fachliteratur umstritten. Als sog. atypischer Beherrschungsvertrag wird in Abgrenzung zum verdeckten Beherrschungsvertrag ein Vertrag bezeichnet, mit dem die Parteien von dem gesetzlich vorgesehenen Inhalt eines Beherrschungsvertrages in einigen Punkten abweichen wollen, jedoch die gesetzlichen Wirksamkeitsvoraussetzungen einhalten, um so die Vorteile eines (wirksamen) Beherrschungsvertrages wie etwa die Aufhebung der Kapitalerhaltungsvorschriften gemäß § 291 Abs. 3 AktG erlangen zu können.[43] Der verdeckte Beherrschungsvertrag, der teilweise auch als „verschleierter", „getarnter", „versteckter", „heimlicher" oder „faktischer" Beherrschungsvertrag bezeichnet wird,[44] zeichnet sich dadurch aus, dass sich diese Vereinbarung bei formaler Betrachtung auf Abreden unter den Gesellschaftern beschränken, jedoch einem oder mehreren Gesellschaftern durch die mittelbare Einbeziehung der Gesellschaft – etwa durch Einbindung des Vorstandes – ein Weisungsrecht gegenüber der Gesellschaft einräumen.[45] Bei wertender Betrachtung begründet eine solche Gesellschaftervereinbarung damit eine Beherrschung, ohne als Beherrschungsvertrag bezeichnet zu werden und ohne dessen formale Wirksamkeitsvoraussetzungen zu erfüllen.

II. Gesellschaftervereinbarungen als verdeckte Beherrschungsverträge

Da es für einen Beherrschungsvertrag ausreichend ist, einzelne wesentliche unternehmerische Funktionen dem anderen Unternehmen zu unterstellen,[46] auch wenn im einzelnen Streit herrscht, welche unternehmerischen Funktionen jedenfalls unterstellt werden müssen,[47] ist es von einer unverdächtigen Gesellschaftervereinbarung zu einem unwirksamen Beherrschungsvertrag in manchen Konstellationen nur ein kleiner Schritt. Die Einordnung einer schuldrechtlichen Nebenvereinbarung unter Gesellschaftern als Beherrschungsvertrag erfolgt durch Auslegung des Vertrages in seiner Gesamtschau. Es sind auch mit dem fraglichen Vertrag in Verbindung stehende Abreden in die Auslegung einzubeziehen.[48] Entscheidend ist der tatsächliche Wille der Parteien, unabhängig davon, wie die Parteien die Vereinbarung konkret bezeichnen. Anders als manche Begrifflichkeiten für einen solchen Vertrag suggerieren mögen, beispielsweise der Begriff verdeckter Beherrschungsvertrag, ist eine Absicht zur Umgehung der gesetzlichen Vorschriften zum Beherrschungsvertrag gerade nicht erforderlich.[49] 14

Das LG München I hatte in seinem Urteil vom 31.1.2008 ein **Business Combination Agreement** zu prüfen und kam zu dem Ergebnis, dass der herrschende Vertragspartner durch das **Business Combination Agreement** in die Lage versetzt würde, „eine auf das Gesamtinteresse der verbundenen Unternehmen ausgerichtete Zielkonzeption zu entwickeln und gegenüber dem Vorstand der beherrschten Gesellschaft durchzusetzen."[50] Deswegen entsprach das **Business Combination Agreement** inhaltlich einem Beherrschungsvertrag und war an §§ 291 ff. AktG zu messen.[51] Dieser Urteilsfall verdeutlicht, dass Nebenvereinbarungen, wenn sie unbedacht formuliert werden, deswegen nichtig sein können, weil sie in Wahrheit einen Beherrschungsvertrag darstellen, ohne dass dessen gesetzliche Voraussetzungen eingehalten würden. Die Parteien der Nebenvereinbarung wollen diese zumeist auch nicht einhalten, weil sie gerade keinen Beherrschungsvertrag abschließen wollen. Es mag auch vorkommen, dass den Parteien nicht bewusst war, dass sie 15

---

[43] *Kienzle,* Verdeckte Beherrschungsverträge im Aktienrecht, 2009, S. 20; *Ederle* AG 2010, 273.
[44] *Dette,* Verdeckte und atypische Beherrschungsverträge im Aktienrecht, 2011, S. 28.
[45] *Emmerich* in: Emmerich/Habersack, Aktien- und GmbH-Konzernrecht, 9. Aufl. 2019, AktG, § 291 Rn. 24.
[46] *Rubner/Leuering* NJW-Spezial 2010, 143; vgl. *Veil* in: Spindler/Stilz, AktG, 4. Aufl. 2019, § 291 Rn. 24.
[47] *Rubner/Leuering* NJW-Spezial 2010, 143; vgl. Koppensteiner in: Kölner Komm., AktG, Band 6, 3. Aufl. 2004, § 291 Rn. 44 ff.
[48] *Rubner/Leuering* NJW-Spezial 2010, 143.
[49] *Koch* in: Hüffer/Koch, AktG, 14. Aufl. 2020, § 291 Rn. 14.
[50] LG München I, Urt. v. 31.1.2008 – 5 HKO 19782/06, BeckRS 2008, 02740; *Ederle* AG 2010, 273, 274.
[51] *Ederle* AG 2010, 273, 274.

durch die Nebenvereinbarung tatsächlich eine Stufe der Beherrschung erreichen, die zur Anwendung der Vorschriften über Beherrschungsverträge auf die konkrete Nebenvereinbarung führt.

16   Vor diesem Hintergrund wurde in der Literatur zur Einordnung von Vereinbarungen als verdeckte Beherrschungsverträge ein Prüfungsschema vorgeschlagen, nach dem ein verdeckter Beherrschungsvertrag dann vorliegen soll, wenn die Gesellschaftervereinbarung auf der ersten Stufe nicht lediglich Regelungen enthält, die dem Aktionärsbereich zugeordnet sind, sondern weitergehende Regelungen getroffen werden, wie etwa die Installation fakultativer Organe.[52] Liegen solche Regelungen, die in den Kompetenzbereich des Vorstands oder Aufsichtsrats hineinreichen, vor, so ist auf zweiter Stufe zu prüfen, ob diese derart umfassend sind, dass von einer Leitungsunterstellung gesprochen werden kann. Diese Leitungsunterstellung stellt das zentrale Kriterium eines Beherrschungsvertrages im Sinne des § 291 AktG dar.[53] Eine solche soll jedenfalls dann vorliegen, wenn die Gesellschaftervereinbarung nicht lediglich eine Absichtserklärung der beteiligten Parteien darstellt, sondern eine tatsächliche Pflicht des Vorstands zur Befolgung der in der Gesellschaftervereinbarung unmittelbar oder mittelbar getroffenen Entscheidungen zur Folge hat.[54]

III. Unwirksamkeit eines verdeckten Beherrschungsvertrages

17   Die herrschende Meinung geht davon aus, dass §§ 291 ff. AktG weit auszulegen und auch auf verdeckte Beherrschungsverträge anzuwenden sind.[55] So bedarf es zunächst der oben dargestellten Prüfung des Vorliegens eines Weisungsrechts oder der sonstigen Unterstellung unter die Leitung eines oder mehrerer Gesellschafter. Wird das eine oder andere bejaht, hat die Vereinbarung, die einen verdeckten Beherrschungsvertrag darstellt, den Anforderungen der §§ 291 ff. AktG zu entsprechen.[56] Für diese Ansicht wird angeführt, dass es für die Anwendung der §§ 291 ff. AktG nicht darauf ankommen könne, wie die Parteien ihre Vereinbarung bezeichnen und ob sie darin einem Gesellschafter oder einem Dritten ein förmliches, unmittelbares Weisungsrecht einräumen wollen oder nicht. Andernfalls drohe – durch geschickte Formulierungen – eine Umgehung der §§ 291 ff. AktG. Es sei nicht entscheidend, auf welche Weise eine Beherrschung eines Unternehmens durch ein anderes bzw. durch einen Gesellschafter erfolge.[57] Zwar wird der Ansatz des LG München I, wonach die dortige Gesellschaftervereinbarung einem Beherrschungsvertrag gleichstehe, da sie den herrschenden Vertragspartner in die Lage versetze, „eine auf das Gesamtinteresse der verbundenen Unternehmen ausgerichtete Zielkonzeption zu entwickeln und gegenüber dem Vorstand der beherrschten Gesellschaft durchzusetzen", weswegen sie an §§ 291 ff. AktG zu messen sei, in der Literatur mit dem Argument kritisiert, dass bereits eine Mehrheitsbeteiligung an der Gesellschaft zur Besetzung der Geschäftsführung befähige und mittelbar eine Möglichkeit der Entwicklung und Durchsetzung einer Zielkonzeption begründe, so dass für §§ 311 ff. AktG kein Anwendungsbereich mehr verbliebe.[58] Zutreffend bleibt aber der Ansatz, Gesellschaftervereinbarungen, die inhaltlich Beherrschungsvertragscharakter haben, an dessen Voraussetzungen zu messen, schon weil diese sonst umgangen werden könnten.

18   Folgt man der zutreffenden herrschenden Meinung, so dürften in der Praxis verdeckte Beherrschungsverträge wegen der fehlenden Handelsregistereintragung und der fehlenden

---

[52] *Kienzle* in: Verdeckte Beherrschungsverträge im Aktienrecht, 2010, S. 67.
[53] *Kienzle* in: Verdeckte Beherrschungsverträge im Aktienrecht, 2010, S. 67; *Paschos* in: Henssler/Strohn, Gesellschaftsrecht, 4. Aufl. 2019, AktG, § 291 Rn. 9; *Koch* in: Hüffer/Koch, AktG, 14. Aufl. 2020, § 291 Rn. 10.
[54] *Kienzle* in: Verdeckte Beherrschungsverträge im Aktienrecht, 2010, S. 67.
[55] Vgl. *Emmerich* in: Emmerich/Habersack, Aktien- und GmbH-Konzernrecht, 9. Aufl. 2019, AktG, § 291 Rn. 24e.
[56] Vgl. OLG Schleswig, Beschl. v. 27.8.2008, 2 W 160/05, NZG 2008, 868.
[57] *Reichert* ZGR 2015, 1, 11.
[58] *Ederle* AG 2010, 273, 274.

Zustimmung der Hauptversammlung gemäß §§ 293, 294 AktG i. V. m. § 125 BGB nichtig sein.[59] Zudem sehen diese Verträge regelmäßig entgegen § 304 Abs. 1 S. 1 AktG keinen Ausgleich vor.[60] Schließlich ist bei der Beurteilung der Wirksamkeit der Gesellschaftervereinbarung ein Verstoß gegen § 76 Abs. 1 AktG zu prüfen: Da der Vorstand gemäß § 76 Abs. 1 AktG zur Leitung der Gesellschaft unter eigener Verantwortung verpflichtet ist, kollidieren Gesellschaftervereinbarungen, die Einfluss auf den unabhängigen Vorstand ermöglichen, mit der Leitungsautonomie des Vorstands.[61] Damit kann sich eine Vertragsnichtigkeit gemäß § 134 BGB auch aus einer unzulässigen Einschränkung der Entscheidungsmacht des Vorstands ergeben.[62]

IV. Rechtsfolgen der Durchführung eines verdeckten Beherrschungsvertrages

Damit stellt sich die Frage, wie die durch die tatsächliche Umsetzung eines (unwirksamen) verdeckten Beherrschungsvertrages erfolgende Einwirkung auf die Leitung einer Aktiengesellschaft zu behandeln ist.[63] Die Rechtsfolgen der Durchführung einer Nebenvereinbarung, die einen unwirksamen verdeckten Beherrschungsvertrag darstellt, werden kontrovers diskutiert. Eine einheitliche Linie zeichnet sich nicht ab. 19

1. Lehre von der fehlerhaften Gesellschaft[64]

Eine Möglichkeit, die Durchführung einer nach §§ 293, 294 AktG unwirksamen Nebenvereinbarung, die einen verdeckten Beherrschungsvertrag darstellt, rechtlich aufzugreifen, besteht in der entsprechenden Anwendung der Grundsätze der fehlerhaften Gesellschaft.[65] Die Lehre von der fehlerhaften Gesellschaft in ihrer ursprünglichen Form behandelt Gesellschaften, die auf einem fehlerhaften Gesellschaftsvertrag beruhen, als im Innen- und Außenverhältnis wirksam zustande gekommen.[66] Den Parteien steht lediglich ein außerordentliches Kündigungsrecht bzw. ein Recht zur Erhebung der Auflösungsklage zu.[67] Diese Abweichung von den bürgerlich-rechtlichen Grundregeln über die Nichtigkeit eines Rechtsgeschäfts wird vor allem damit begründet, dass eine Ex-tunc-Unwirksamkeit und die damit verbundene Rückabwicklung einer bereits in Vollzug gesetzten Gesellschaft zu untragbaren Ergebnissen sowohl für die Gesellschafter als auch den Rechtsverkehr führen würde.[68] Die Grundsätze der fehlerhaften Gesellschaft können grundsätzlich auch auf andere organisationsrechtliche Verträge als den Gesellschaftsvertrag übertragen werden.[69] 20

Der BGH hat sich zur Anwendbarkeit der Grundsätze der fehlerhaften Gesellschaft auf einen Beherrschungsvertrag, der wegen Verstoßes gegen §§ 293, 294 AktG unwirksam ist, bislang nicht äußern müssen. Für die GmbH hat der BGH in einigen Fällen eine Anwendbarkeit dieser Grundsätze für in Vollzug gesetzte, unwirksame Unternehmensverträge 21

---

[59] *Emmerich* in: Emmerich/Habersack, Aktien- und GmbH-Konzernrecht, 9. Aufl. 2019, AktG, § 291 Rn. 24 f.
[60] OLG München, Beschl. v. 24.6.2008 – 31 Wx 83/07, NZG 2008, 753, 754.
[61] *Dette*, Verdeckte und atypische Beherrschungsverträge im Aktienrecht, 2012, S. 115, 168; *Reichert* ZGR 2015, 1, 14.
[62] *Koch* in: Hüffer/Koch, AktG, 14. Aufl. 2020, § 291 Rn. 14a.
[63] *Dette*, Verdeckte und atypische Beherrschungsverträge im Aktienrecht, 2012, S. 167.
[64] Siehe hierzu auch unter → Kap. 9 Rn. 23, 30 und → Kap. 12 Rn. 60
[65] *Reichert* ZGR 2015, 1, 13; *B. Mertens* BB 1995, 1417, 1418 ff.; *Timm* GmbHR 1989, 11, 17; *Koch* in: Hüffer/Koch, AktG, 14. Aufl. 2020, § 291 Rn. 21.
[66] *Kienzle*, Verdeckte Beherrschungsverträge im Aktienrecht, 2010, S. 75; *Gehrlein* in: Ebenroth/Boujng/Joost/Strohn, HGB, 4. Aufl. 2020, § 230 Rn. 33; *Rubner/Leuering* NJW-Spezial 2010, 143.
[67] *Rubner/Leuering* NJW-Spezial 2010, 143; *Roth* in: Baumbach/Hopt, HGB, 39. Aufl. 2020, § 105 Rn. 88;
[68] Ausführlich zur fehlerhaften Gesellschaft *Schäfer* in: MüKoBGB, 7. Aufl. 2017, § 705 Rn. 323 ff.
[69] *Rubner/Leuering* NJW-Spezial 2010, 143; vgl. insbesondere die Fälle BGH, Urt. v. 14.12.1987 – II ZR 170/87, NJW 1988, 1326; BGH, Urt. v. 11.11.1991 – II ZR 287/90, NJW 1992, 505; BGH, Urt. v. 5.11.2001 – II ZR 119/00, NJW 2002, 822.

i. S. d. § 291 AktG bejaht.[70] In Vollzug gesetzt ist ein Unternehmensvertrag, wenn das herrschende Unternehmen die Verluste des abhängigen Unternehmens ausgeglichen[71] oder das herrschende Unternehmen nachweislich in die Geschäftsleitung des abhängigen Unternehmens eingegriffen hat[72]. Auch in zwei Vermögensanlagefällen, die eine stille Beteiligung eines Kleinanlegers mit einer Aktiengesellschaft betrafen, nahm der BGH zu dem hierdurch zustande gekommenen Teilgewinnabführungsvertrag an, dass die Grundsätze über die fehlerhafte Gesellschaft auch auf eine stille Gesellschaft im Verhältnis zwischen Anleger und Aktiengesellschaft anwendbar seien.[73] Der Anwendung der Grundsätze der fehlerhaften Gesellschaft stand nicht entgegen, dass der Teilgewinnabführungsvertrag weder im Handelsregister eingetragen noch ein Hauptversammlungsbeschluss über den Teilgewinnabführungsvertrag gefasst wurde.[74] In einer früheren Entscheidung zur Verschmelzung zweier Gesellschaften mit beschränkter Haftung, die mangels Eintragung in das Handelsregister unwirksam war, stellte der BGH allerdings noch klar, dass die Grundsätze über die fehlerhafte Gesellschaft keine Anwendung finden.[75] Diese Differenzierung hat der BGH folgendermaßen gerechtfertigt: Bei der Verschmelzung zweier Kapitalgesellschaften sei die neue Organisation nicht bereits dann ins Leben gerufen, wenn der fehlerhafte gesellschaftsrechtliche Akt rein tatsächlich vollzogen ist, sondern aus Gründen der Rechtssicherheit erst mit der konstitutiv wirkenden Eintragung der neuen Organisation in das Handelsregister.[76] Bei einem Teilgewinnabführungsvertrag bestehe hingegen kein Anlass, die rechtliche Behandlung des in Vollzug gesetzten Vertrags von der Eintragung in das Handelsregister oder der Zustimmung der Hauptversammlung abhängig zu machen;[77] Chancen und Risiken sind hier sogleich geteilt worden.

22 Von den Obergerichten gab es Entscheidungen des OLG München[78] und des OLG Schleswig,[79] die sich im Einklang mit der herrschenden Meinung gegen eine Anwendbarkeit der Grundsätze der fehlerhaften Gesellschaft auf einen verdeckten Beherrschungsvertrag aussprachen.[80] So führt das OLG Schleswig zur Begründung aus, dass eine Anwendung der Grundsätze der fehlerhaften Gesellschaft nicht in Betracht kommt, wenn gewichtige Interessen der Allgemeinheit oder einzelner schutzwürdiger Personen entgegenstehen.[81] Derartige gewichtige Interessen, die einer Übertragung der Grundsätze der fehlerhaften Gesellschaft auf einen verdeckten Beherrschungsvertrag entgegenstehen, bestünden aber im Fall eines verdeckten Beherrschungsvertrages: Es fehle an einem Hauptversammlungsbeschluss und damit an einem auf die gemeinschaftliche und einverständliche Durchführung des Beherrschungsvertrages gerichteten Ziels der Aktiengesellschaft.[82] Denn eine fehlerhafte Gesellschaft setzt neben einem Akt der Invollzugsetzung ein Willenselement im Sinne einer bewussten und gewollten Herbeiführung der neuen Organisation voraus.[83] Daneben fehle es regelmäßig auch an der Handelsregistereintragung des Beherrschungsvertrages. Erst durch eine solche entstünde ein schützenswertes Vertrauen des

---

[70] BGH, Urt. v. 14.12.1987 – II ZR 170/87, NJW 1988, 1326; BGH, Urt. v. 11.11.1991 – II ZR 287/90, NJW 1992, 505; BGH, Urt. v. 5.11.2001 – II ZR 119/00, NJW 2002, 822, 823.
[71] Vgl. BGH, Urt. v. 11.11.1991 – II ZR 287/90, NJW 1992, 505 f.
[72] Vgl. OLG Hamburg, Beschl. v. 1.11.2004 – 11 W 5/04, NZG 2005, 604, 605.
[73] Vgl. BGH, Urt. v. 29.11.2004 – II ZR 6/03, NZG 2005, 261; BGH, Urt. v. 21.3.2005 – II ZR 140/03, NZG 2005, 472.
[74] Vgl. BGH, Urt. v. 29.11.2004 – II ZR 6/03, NZG 2005, 261, 262; BGH, Urt. v. 21.3.2005 – II ZR 140/03, NZG 2005, 472, 473.
[75] Vgl. BGH, Urt. v. 18.12.1995 – II ZR 294/93, NJW 1996, 659.
[76] Vgl. BGH, Urt. v. 18.12.1995 – II ZR 294/93, NJW 1996, 659, 660; so auch *K. Schmidt* AG 1991, 131, 136; *ders.* ZGR 1981, 373, 380 f.
[77] Vgl. BGH, Urt. v. 29.11.2004 – II ZR 6/03, NZG 2005, 261, 262.
[78] OLG München, Beschl. v. 21.5.2008 – 31 Wx 62/07, NZG 2008, 755.
[79] OLG Schleswig, Beschl. v. 27.8.2008 – 2 W 160/05, NZG 2008, 868.
[80] OLG Schleswig, Beschl. v. 27.8.2008 – 2 W 160/05, NZG 2008, 868, 872 m. w. N.
[81] BGH, Urt. v. 29.11.2004 – II ZR 6/03, NZG 2005, 261, 262 m. w. N.
[82] Vgl. OLG Schleswig, Beschl. v. 27.8.2008 – 2 W 160/05, NZG 2008, 868, 874; aber *Koppensteiner* in: Kölner Komm., AktG, Band 6, 3. Aufl. 2004, § 297 Rn. 55.
[83] MüKoAktG/*Altmeppen*, 5. Aufl. 2020, § 291 Rn. 207; *Hommelhoff* ZHR 158 (1994), 11, 15.

Rechtsverkehrs auf das Bestehen eines wirksamen Beherrschungsvertrages.[84] Zudem sei zu berücksichtigen, dass ein Beherrschungsvertrag einen schweren, strukturverändernden Eingriff in das beherrschte Unternehmen darstelle.[85] Durch den Vertrag stehe das Vermögen der abhängigen Gesellschaft fast schrankenlos zur Disposition des herrschenden Unternehmens. Bei einer wirtschaftlichen Betrachtungsweise sei ein Beherrschungsvertrag daher mit einer Verschmelzung vergleichbar.[86] Schließlich fehle es aufgrund der fehlenden Eintragung an einem geeigneten Anknüpfungszeitpunkt für den Beginn einer Geltendmachung von Abfindungsansprüchen im Rahmen eines Spruchverfahrens.[87]

2. §§ 311 ff. AktG

Die Rechtsprechung wendet auf formunwirksame Gesellschaftervereinbarungen, die in 23 ihren Wirkungen einem Beherrschungsvertrag gleichkommen, vielmehr §§ 311 ff. AktG unmittelbar an. Denn das Gesetz kennt eine Beherrschung aufgrund Beherrschungsvertrages, aber auch eine Beherrschung ohne Beherrschungsvertrag (faktischer Konzern), für die §§ 311 ff. AktG gelten.[88] Beiden Situationen – faktischer Konzern und Vertragskonzern – trug der Gesetzgeber durch unterschiedliche Regelungssysteme Rechnung, und zwar „Leitungsmacht und Verantwortlichkeit bei Bestehen eines Beherrschungsvertrags" in §§ 308 bis 310 AktG und „Verantwortlichkeit bei Fehlen eines Beherrschungsvertrags" in §§ 311 bis 318 AktG.[89] Für letztere Fälle einer „faktischen Konzernierung" habe der Gesetzgeber in § 317 Abs. 1 AktG eine Regelung getroffen, die gerade nicht mit den Rechtsfolgen der §§ 304, 305 AktG vergleichbar sei; vielmehr sei das beherrschende Unternehmen hier nur dazu verpflichtet, die dem beherrschten Unternehmen entstehenden Nachteile auszugleichen.[90] Nach dieser Auffassung würden diese gesetzlichen Regelungen und die Gesetzessystematik konterkariert, wenn der Aktionär des beherrschten Unternehmens im faktischen Konzern statt des vom Gesetz nur in engen Ausnahmefällen vorgesehenen Schadenersatzanspruchs im Wege der Durchführung eines Spruchverfahrens doch Ausgleich bzw. Abfindung – und somit eine vom Vorliegen eines konkret nachgewiesenen Schadens unabhängige „pauschalierte Entschädigung" wie im Vertragskonzern – erhalten könne.[91]

3. Analoge Anwendung der §§ 302 ff. AktG

Eine Ansicht in der Literatur spricht sich dagegen für die analoge Anwendung der Re- 24 gelungen des Vertragskonzerns über Verlustausgleich (§ 302 AktG), Ausgleichszahlung (§ 304 AktG) und die Verpflichtung des herrschenden Unternehmens zur Unterbreitung eines Abfindungsangebots an die außenstehenden Aktionäre (§ 305 AktG) aus.[92] Ebenfalls befürwortet wird die Durchführung eines Spruchverfahrens analog § 1 Nr. 1 SpruchG, mit

---

[84] *Rubner/Leuering* NJW-Spezial 2010, 143; MüKoAktG/*Altmeppen*, 5. Aufl. 2020, § 291 Rn. 204.
[85] OLG Schleswig, Beschl. v. 27.8.2008 – 2 W 160/05, NZG 2008, 868, 873.
[86] OLG Schleswig, Beschl. v. 27.8.2008 – 2 W 160/05, NZG 2008, 868, 873; so auch MüKoAktG/*Altmeppen*, 5. Aufl. 2019, § 291 Rn. 204.
[87] *Reichert* ZGR 2015, 1, 13; *Reichert* ist zudem der Ansicht, dass sich aufgrund der fehlenden Anwendbarkeit der Grundsätze der fehlerhaften Gesellschaft eine „aufwendige Feststellung einer „verdeckten" Beherrschungslage" erübrige. Vielmehr habe Vorrang, einen Verstoß des verdeckten Beherrschungsvertrages gegen § 76 AktG oder andere kompetenzrechtliche Normen zu prüfen.
[88] Vgl. OLG München, Beschl. v. 21.5.2008 – 31 Wx 62/07, NZG 2008, 755; OLG Schleswig, Beschl. v. 27.8.2008 – 2 W 160/05, NZG 2008, 868; *Balthasar* NZG 2008, 858, 859; *Emmerich* in: Emmerich/Habersack, Aktien- und GmbH-Konzernrecht, 9. Aufl. 2019, AktG § 291 Rn: 24f; *Kienzle*, Verdeckte Beherrschungsverträge im Aktienrecht, 2010, S. 94.; *Servatius* in: BeckOK GmbHG, 44. Stand: 1.5.2019, Konzernrecht, Rn. 313.
[89] Vgl. OLG München, Beschl. v. 21.5.2008, 31 Wx 62/07, NZG 2008, 755.
[90] Vgl. OLG München, Beschl. v. 21.5.2008, 31 Wx 62/07, NZG 2008, 755.
[91] OLG München, Beschl. v. 21.5.2008, 31 Wx 62/07, NZG 2008, 755.
[92] So z. B. *Emmerich* in: Emmerich/Habersack, Aktien- und GmbH-Konzernrecht, 8. Aufl. 2016, AktG § 291 Rn. 24 f.; *Veil* in: Spindler/Stilz, AktG, 4. Aufl. 2019, § 291 Rn. 69.

dessen Hilfe die außenstehenden Aktionäre die gerichtliche Festsetzung eines angemessenen Ausgleichs oder einer angemessenen Abfindung beantragen können.[93] Nach dieser Auffassung ist wirksamer Schutz der außenstehenden Aktionäre und der Gläubiger gegen derartige für sie besonders gefährlichen Vertragsgestaltungen allein über die entsprechende Anwendung der §§ 302 und 304 f. AktG möglich, die ebenfalls in der Rechtsprechung bereits wiederholt erwogen worden ist.[94] So solle die Anwendung der §§ 311 ff. AktG kein sachgerechtes Instrument darstellen.[95] Derjenige, der aufgrund unwirksamer Vertragsgestaltung Weisungen erteilt, dürfe nicht besser stehen als derjenige, der aufgrund einer wirksamen Vertragsgestaltung ein förmliches Weisungsrecht ausüben könne.[96]

4. Grundsätze des qualifiziert faktischen Konzerns / existenzvernichtenden Eingriffs

25 Die früheren Grundsätze des qualifiziert faktischen Konzerns und des existenzvernichtenden Eingriffs gelangen nicht mehr zu Anwendung. Der Begriff des qualifiziert faktischen Konzerns wurde im GmbH-Recht für Fallgestaltungen entwickelt, in denen ein Gesellschafter gegenüber der GmbH als beherrschtem Unternehmen auftrat und einen derart breitflächigen unzulässigen Zugriff auf das Gesellschaftsvermögen nahm, dass der Ausgleich der Vermögenseinbußen im Rahmen der §§ 311, 317 AktG versagte.[97] Rechtsfolge eines solchen sog. qualifiziert faktischen Konzerns war, dass Gläubiger bei Vermögenslosigkeit der abhängigen GmbH unter bestimmten Voraussetzungen Zahlungsansprüche auf Haftungsbestimmungen zum aktienrechtlichen Vertragskonzern wie etwa auf §§ 302, 303 AktG stützen konnten.[98] Der BGH gab diesen konzernrechtlichen Ansatz auf und führte sein Haftungskonzept zwischenzeitlich als allgemeine Ausfallhaftung des Alleingesellschafters unter dem Begriff des existenzgefährdenden Eingriffs fort.[99] Im Jahr 2007[100] gab der BGH auch dieses Konzept auf und schuf für die Existenzvernichtungshaftung des Gesellschafters eine besondere Fallgruppe der vorsätzlichen sittenwidrigen Schädigung gemäß § 826 BGB.

26 Auch für das Aktienrecht gibt es keine Grundlage für die Anwendung der Rechtsfigur des qualifiziert faktischen Konzerns mehr. Nach Auffassung des OLG Schleswig ist für eine Übertragung der zur GmbH entwickelten Grundsätze des qualifiziert faktischen Konzerns auf das Aktienrecht sowohl aufgrund der Aufgabe dieser Rechtsfigur im Recht der GmbH durch den BGH als auch aufgrund des Umstandes, dass das Aktienrecht den faktischen Konzern durch spezielle Vorschriften regelt, weder Raum noch besteht hierfür ein Bedürfnis. Unter Hinweis auf „gewichtige" Stimmen in der Literatur, die auf Grundlage des qualifiziert faktischen Konzerns eine analoge Anwendung des § 305 AktG und damit einen Anspruch des außenstehenden Aktionärs auf Barabfindungen fordern, ließ das OLG Schleswig die Entscheidung dieser Frage letztlich offen, da zumindest eine Geltendmachung im zu entscheidenden Spruchverfahren nicht möglich war, ohne dass zuvor eine Feststellung einer qualifizierter Nachteilszufügung durch ein ordentliches Gericht erfolgt wäre.[101]

---

[93] *Rubner/Leuering* NJW-Spezial 2010, 143.
[94] *Emmerich* in: Emmerich/Habersack, Aktien- und GmbH-Konzernrecht, 8. Aufl. 2016, AktG § 291 Rn. 24 f.
[95] *Reichert* ZGR 2015, 1, 12.
[96] *Emmerich,* FS für Hüffer zum 70. Geburtstag, 2010, S. 179, 185.
[97] Ausführlich zur Figur des qualifiziert faktischen Konzerns: *Koch* in: Hüffer/Koch, AktG, 13. Aufl. 2018, § 1 Rn. 22 f.; *ders.,* a. a. O., § 317 Rn. 10; BGH, Urt. v. 16.9.1985 – II ZR 275/84 NJW 1986, 188; BGH, Urt. v. 20.2.1989 – II ZR 167/88 NJW 1989, 1800; BGH, Urt. v. 23.9.1991 – II ZR 135/90 NJW 1991, 3142.
[98] Vgl. OLG Schleswig, Beschl. v. 27.8.2008 – 2 W 160/05, NZG 2008, 868, 874.
[99] Vgl. BGH, Urt. v. 17.9.2001 – II ZR 178/99 NJW 2001, 3622.
[100] Vgl. BGH, Urt. v. 16.7.2007 – II ZR 3/04, NZG 2007, 667.
[101] Vgl. OLG Schleswig, Beschl. v. 27.8.2008 – 2 W 160/05, NZG 2008, 868, 874.

5. Stellungnahme

Die Anwendung der Grundsätze der fehlerhaften Gesellschaft auf einen verdeckten Beherrschungsvertrag ist abzulehnen. Denn über sie würde einem Vertrag zur zeitweisen Wirksamkeit, bis sich ein Vertragsteil auf die Nichtigkeit beruft, verholfen ohne dass hierfür ein ernstliches Interesse bestehe. So hat nur die Eintragung eines Beherrschungsvertrages in das Handelsregister konstitutive Wirkung, die nicht nur dem Vertrauensschutz der Gläubiger und der Aktionäre, sondern auch der Rechtssicherheit dient.[102] Mit dem Erfordernis der Eintragung eines Beherrschungsvertrages soll sichergestellt werden, dass der Zeitpunkt des Inkrafttretens des Beherrschungsvertrages offenkundig wird.[103] Durch das Eintragungserfordernis wird zudem die registergerichtliche Prüfung des Beherrschungsvertrages sichergestellt. Schließlich ist die Handelsregistereintragung erforderlich, um in Interesse der Rechtssicherheit den frühesten Zeitpunkt, ab dem Abfindungsansprüche geltend gemacht werden können, feststellen zu können.[104] Aus diesen Gründen kann nicht über eine Anwendung der Grundsätze der fehlerhaften Gesellschaft auf das Erfordernis der Eintragung des Beherrschungsvertrages in das Handelsregister verzichtet werden. Zudem muss berücksichtigt werden, dass die Rechtsfigur der fehlerhaften Gesellschaft entwickelt wurde, um die Folgen einer Ex-tunc-Nichtigkeit in Vollzug gesetzter Gesellschaftsverträge, die aus einem Bündel von Leistungsbeziehungen zwischen den Gesellschaftern und zur Gesellschaft bestehen, auf ein vertretbares Maß zu reduzieren. Bereicherungsrechtlich wäre die Rückabwicklung solcher vielschichtigen, stetem Wandel unterliegenden Leistungsbeziehungen, bei denen die Parteien Verlust- und Gewinnchancen trugen, nicht machbar. Diese Begründung mit Rückabwicklungsschwierigkeiten – also von der Rechtsfolge her gedacht – ist auch der innere Grund für die Entwicklung der Rechtsfigur der fehlerhaften Gesellschaft. Solche Schwierigkeiten der bereicherungsrechtlichen Rückabwicklung in Vollzug gesetzter verdeckter Beherrschungsverträge drohen im Falle eines verdeckten Beherrschungsvertrages jedoch nicht. Insoweit geht es nur um die Kompensation von Nachteilen aus einer Beherrschungssituation, die auf einem unwirksamen Vertrag beruht, zu der es aber auch ohne vertragliche Abrede durch bloßen Anteilsbesitz kommen kann. Eine Vielzahl von Leistungsbeziehungen wie bei einer in Vollzug gesetzten Gesellschaft liegt hier gerade nicht vor.

Zuzustimmen ist dem OLG Schleswig in seiner ablehnenden Haltung gegenüber der Anwendung der mittlerweile für die GmbH höchstrichterlich aufgegebenen Grundsätze des qualifiziert faktischen Konzerns auf das Aktienrecht. So war es nicht gelungen, den Tatbestand des qualifiziert faktischen Konzerns hinreichend zu umschreiben[105], und es bestand an der Übertragung dieser Rechtsfigur auf das Aktienrecht kein Bedürfnis, da §§ 311 ff. AktG in ihrem unmittelbaren Anwendungsbereich – dem der Aktiengesellschaften – eine umfassende Regelung bereithalten.

Auch eine analoge Anwendung der §§ 302 ff. AktG auf den verdeckten Beherrschungsvertrag überzeugt nicht. So kann ein nicht eingetragener **verdeckter** Beherrschungsvertrag nicht besser behandelt werden als ein nicht eingetragener **typischer** Beherrschungsvertrag.[106] Für diesen wird die Anwendung der §§ 302 ff. AktG abgelehnt. Zudem steht mit §§ 311 ff. AktG ein ausreichendes Regelungsprogramm für beherrschenden, faktischen Einfluss zur Verfügung. Im Aktienkonzernrecht traf der Gesetzgeber mit §§ 311 ff. AktG konkrete Regelungen für die Fälle, in denen sich zwei Unternehmen ohne (wirksamen) Beherrschungsvertrag als beherrschend und abhängig gegenüberstehen. Jede Analogie läuft Gefahr, den Willen des Gesetzgebers zu umgehen. Schließlich ist der durch §§ 311 ff. AktG gewährte Schutz auch nicht unzureichend, im Gegenteil. So sind die Instrumente zum

---
[102] *Kort* NZG 2009, 364, 367.
[103] *Kort* NZG 2009. 364, 367.
[104] *Reichert* ZGR 2015, 1, 13.
[105] Vgl. *Balthasar* NZG 2008, 858, 860.
[106] Vgl. *Reichert* ZGR 2015, 1, 14.

Schutz von Gläubigern und außenstehenden Aktionären teilweise schärfer als im Konzern auf (wirksamer) vertraglicher Grundlage.[107] Beispielsweise stellt § 311 Abs. 1 AktG im Gegensatz zu § 302 Abs. 1 AktG nicht darauf ab, dass ohne Ausgleich ein Jahresfehlbetrag entstünde; vielmehr ist jeder Nachteil zu erstatten, ohne dass die Einflussnahme zu einem Jahresfehlbetrag hätte führen müssen. Zuzugeben ist zwar, dass in der Rechtspraxis die Darlegung und der Beweis des Nachteils und damit die Bestimmung des Schadens im Rahmen der §§ 317, 318 AktG im Prozess schwierig sind. Das aber ist die Schwierigkeit eines jeden Rechtsstreits um Schadenersatz. Diesen Schwierigkeiten kann – auch im Rechtsstreit um Nachteilsausgleich nach §§ 311 ff. AktG – wie auch in anderen Verfahren mit § 287 ZPO begegnet werden.[108]

---

[107] Vgl. *Rubner/Leuering* NJW-Spezial 2010, 143, 144.
[108] Vgl. *Reichert* ZGR 2015, 1, 14; *Ederle* AG 2010, 273, 277.

Kapitel 17. Bindungswirkungen und Laufzeit

Neben der Bindungswirkung von Nebenabreden ist ihre Laufzeit in der Rechtspraxis von **1** ausschlaggebender Bedeutung. In der Praxis geht es oftmals zunächst nur darum, ob eine bestimmte Person vom Personenkreis und vom Zeitablauf her schon oder noch an eine Nebenabrede gebunden ist. Aber auch rechtstheoretisch ist die Bindungswirkung – die Frage, wen eine Nebenabrede binden **soll** – von ausschlaggebender Bedeutung für ihre Qualifikation als schuldrechtlich oder korporationsrechtlich. Bei der Frage nach der Bindungswirkung ist eine differenzierte Betrachtungsweise geboten, die genau zwischen verschiedenen Personengruppen unterscheidet: Zu klären ist die Bindung der Parteien der Nebenabrede untereinander, die Bindung anderer Gesellschafter und die Bindung der Gesellschaft sowie ihrer Organe selbst an die Nebenabrede. Praktische Probleme mit der Bindung an die Nebenabrede treten in Fällen der Rechtsnachfolge auf, was für den vorausschauenden Kautelarjuristen eine der entscheidenden Fragen ist.

§ 55 Bindung nur der Vertragsparteien der Nebenabrede

I. Bindung inter partes

Nebenabreden unter Gesellschaftern wirken schuldrechtlich, nicht gesellschaftsrechtlich. **2** Aufgrund dieser schuldrechtlichen Wirkung binden Nebenabreden nach den allgemeinen bürgerlich-rechtlichen Vorschriften grundsätzlich nur die unmittelbar an der Nebenabrede beteiligten Vertragsparteien.[1] Dritte, die nicht als Vertragspartner an der Nebenabrede beteiligt sind, können bereits aufgrund des Verbots von Verträgen zu Lasten Dritter nicht an die in der Nebenabrede getroffenen Bestimmungen gebunden sein. Nur zugunsten Dritter im Rahmen eines Vertrages zugunsten Dritter können Nebenvereinbarungen wirken, wobei in solchen Fällen wiederum zu unterscheiden ist, ob der Dritte ein unmittelbares Forderungsrecht erhalten soll oder nicht. Letzteres ist Auslegungsfrage, so dass eine Klarstellung für den Fall, dass ein Dritter, der nicht an der Nebenabrede beteiligt ist, durch sie begünstigt werden soll, angezeigt ist.

Das Wesen einer Nebenabrede, Bindungen abseits vom Gesellschaftsvertrag zu erzielen, **3** führt gerade dazu, dass nicht alle Gesellschafter an der Nebenabrede beteiligt sein müssen. Oft soll mit Nebenabreden eine Bindung nur einzelner Gesellschafter oder von Gesellschaftergruppen erzielt werden. Paradebeispiel sind Stimmbindungsverträge unter einzelnen Gesellschaftergruppen oder Gesellschaftern. Damit die Gruppenbindung auch tatsächlich bei späteren Gesellschafterwechseln – wenn also einzelne Gruppenmitglieder aus der Gesellschaft ausscheiden – erhalten bleiben, ist rechtzeitige Vorsorge unabdingbar.

II. Einbeziehung der Gesellschaft als Vertragspartei oder mittels Vertrages zu ihren Gunsten

Auch die Gesellschaft wird nicht an die Nebenabrede gebunden, wenn sie nicht Vertrags- **4** partei ist oder zumindest ihrer Bindung zugestimmt hat.[2] Zu vertreten ist die Gesellschaft bei Abschluss der Nebenabrede durch die vertretungsberechtigten Geschäftsführer oder Vorstände, die ihrerseits zum Abschluss der Vereinbarung nur berechtigt sind, wenn diese auch im Interesse der Gesellschaft liegt.[3] Nach den allgemeinen bürgerlich-rechtlichen Vorschriften kann die Gesellschaft jedoch eigene Rechte aus der Nebenabrede erwerben,

---

[1] Vgl. BGH, Beschl. v. 15.3.2010 – II ZR 4/09, NZG 2010, 988, 989 Rn. 8; *Roth* in: Roth/Altmeppen, GmbHG, 9. Aufl. 2019, § 3 Rn. 18, 43; *Fastrich* in: Baumbach/Hueck, GmbHG § 3 Rn. 58.
[2] Vgl. BGH, Beschl. v. 15.3.2010 – II ZR 4/09, NZG 2010, 988.
[3] Vgl. BGH, Urt. v. 22.1.2013 – II ZR 80/10, NZG 2013, 220; *Schäfer* in: Henssler/Strohn, Gesellschaftsrecht, 4. Aufl. 2019, GmbHG § 3 Rn 34; *Wicke* in: MüKoGmbHG, 2. Aufl. 2015, § 3 Rn. 128.

A.   A. Allgemeiner Teil

ohne selbst Vertragspartei zu sein, wenn die Nebenabrede einen Vertrag zugunsten Dritter im Sinne der §§ 328 ff. BGB darstellt. Denkbar wären insbesondere unmittelbare Ansprüche der Gesellschaft aus einem echten, sie begünstigenden Vertrag, der ein Forderungsrecht der Gesellschaft begründet, beispielsweise auf Darlehensgewährung durch Gesellschafter,[4] zur Leistung eines Agios[5] oder zur Verlustübernahme[6].

III. Keine Bindung der Gesellschaftsorgane

5   Auch Gesellschaft**sorgane,** etwa Mitglieder des Geschäftsführungs- oder Aufsichtsorgans, werden aufgrund ihres schuldrechtlichen Charakters nicht unmittelbar durch die Nebenabrede gebunden. Ist ein an die Nebenabrede gebundener Gesellschafter gleichzeitig Organmitglied, wird er nur in seiner Stellung als Gesellschafter, nicht als Organmitglied an die Nebenabrede gebunden.[7] Nicht unumstritten ist diese Ansicht für Aktiengesellschaften.

6   Einige Stimmen in der Literatur wollen auf Grundlage der Holzmüller-Entscheidung[8] des BGH eine mittelbare Bindung des Vorstands der Aktiengesellschaft an Nebenabreden konstruieren.[9] In dem der Holzmüller-Entscheidung zugrunde liegenden Sachverhalt hatte der Vorstand einer Aktiengesellschaft einen Betrieb, der den wertvollsten Teil des Gesellschaftsvermögens ausmachte, in eine Tochtergesellschaft, deren sämtliche Anteile die Aktiengesellschaft halten sollte, ausgliedern wollen, ohne dabei eine Entscheidung der Hauptversammlung über die Ausgliederung einzuholen. Der BGH entschied, dass bei schwerwiegenden Eingriffen in die Rechte und Interessen der Aktionäre, wie zum Beispiel bei der Ausgliederung eines wertvollen Betriebs, der Vorstand gemäß § 119 Abs. 2 AktG ausnahmsweise nicht nur berechtigt, sondern auch verpflichtet sei, eine Entscheidung der Hauptversammlung einzuholen. Für die Bindungswirkung von Nebenabreden lässt sich dieser Entscheidung aber nichts entnehmen. Gerade im Hinblick auf das strikte Trennungsprinzip und die schuldrechtliche Ausprägung von Nebenabreden ist diese Ansicht, wonach auch Organmitglieder einer Gesellschaft mittelbar an eine Nebenabrede gebunden seien, abzulehnen.[10] Darüber hinaus würde diese Ansicht zu einer Aufweichung der gesetzlich vorgegebenen Kompetenzverteilung zwischen den Organen der Aktiengesellschaft führen.[11] Nach dem Prinzip der Fremdorganschaft wird die Aktiengesellschaft unabhängig von ihren Gesellschaftern allein durch ihren Vorstand vertreten, der nach § 76 Abs. 1 AktG die Aktiengesellschaft unter eigener Verantwortung leitet. Es verbleibt daher auch hinsichtlich der Gesellschaft und der Gesellschaftsorgane dabei, dass eine Nebenabrede nur die unmittelbar beteiligten Vertragsparteien bindet.

IV. Hinweise für die Kautelarpraxis

7   Die Parteien müssen eindeutig und klar identifiziert sein: Um die Bindungswirkung in der Praxis präzise zu regeln, sollten – wie in der Kautelarpraxis üblich – im Vertragseingang die Parteien mit konkreten, nicht verwechselbaren Daten aufgeführt werden, insbesondere durch namentliche Aufzählung der Parteien und der durch sie vertretenen Geschäftsanteile. Ein pauschaler Verweis auf „die Gesellschafter" oder eine bestimmte Gruppe von Gesellschaftern, etwa die Mitglieder eines „Familienstammes" oder dergleichen, sollte vermieden werden.

---

[4] Vgl. BGH, Urt. v. 28.6.1999 – II ZR 272-98, NJW 1999, 2809.
[5] Vgl. BGH, Urt. v. 15.10.2007 – II ZR 216/06, GmbHR 2008, 147, 148.
[6] Vgl. BGH, Beschl. v. 15.3.2010 – II ZR 4/09 ZIP 2010, 1541.
[7] *Groß-Bölting*, Gesellschaftervereinbarungen in der AG, 2011, S. 153.
[8] Vgl. BGH, Urt. v. 25.2.1982 – II ZR 174/80, NJW 1982, 1703.
[9] *Hoffmann-Becking* ZGR 1994, 442.
[10] *Groß-Bölting*, Gesellschaftervereinbarungen in der AG, 2011, S. 153 ff.
[11] *Groß-Bölting*, Gesellschaftervereinbarungen in der AG, 2011, S. 155.

Zur Bindungswirkung ist zu bedenken, dass ein Moment dafür entscheidend ist, dass die 8 Wirkungen der Nebenabrede schuldrechtlich sind: die Beschränkung des Bindungsumfangs auf die an ihr Beteiligten. **Sollen** auch später nur die Vertragspartner der Nebenabrede an diese oder an eine bestimmte Klausel gebunden sein, handelt sich um eine schuldrechtliche Abrede. **Sollen** hingegen auch künftige Gesellschafter an die Nebenabrede gebunden sein, auch wenn sie jetzt noch nicht Vertragspartner der Nebenabrede sind, handelt es sich um eine Abrede mit korporationsrechtlichem Charakter.[12] Bei Zweifeln sollte die Bindungsabsicht in der Vorbemerkung zur Nebenabrede oder in ihrem Regelungsteil, beispielsweise durch Benennung von Motiven, offen gelegt werden.

Die Zeitdauer der Bindung eines Gesellschafters an die Nebenabrede ist festzulegen: Je 9 nach Sach- und Interessenlage muss bedacht werden, dass bestimmte oder alle Gesellschafter, die Vertragspartner der Nebenabrede sind, auch nach ihrem Ausscheiden aus ihrer Gesellschafterstellung weiterhin an die Bestimmungen der Nebenabrede gebunden sein sollen. Denkbar wäre dies beispielsweise in der Konstellation, dass der Gesellschaftsvertrag ein vertragliches Wettbewerbsverbot für die Dauer der Mitgliedschaft in der Gesellschaft enthält, das nun per Nebenvereinbarung darüber hinaus auf den Ablauf einer gewissen Karenzzeit nach Ausscheiden aus der Gesellschafterstellung ausgedehnt werden soll.[13] Entsprechendes wäre im Falle nebenvertraglich vereinbarter nachgesellschafterlicher Verschwiegenheitsverpflichtungen denkbar.

§ 56 Gesamt- und Einzelrechtsnachfolge

Fraglich und für die Kautelarpraxis sehr relevant ist, inwiefern der Rechtsnachfolger einer 10 Partei der Nebenabrede, der in die Gesellschafterstellung nachfolgt, in die Nebenabrede eintritt. Zu unterscheiden ist zwischen Einzel- und Gesamtrechtsnachfolge.

I. Einzelrechtsnachfolge

1. Gesonderte rechtsgeschäftliche Übernahme notwendig

Ein neuer Gesellschafter, der der Primärgesellschaft im Wege der Einzelrechtsnachfolge 11 beitritt, wird nicht automatisch Vertragspartner der Nebenabrede;[14] vielmehr muss rechtsgeschäftlich noch die Stellung als Vertragspartner der Nebenabrede begründet werden, und zwar durch Beitritt zur Gesellschaft bürgerlichen Rechts, wenn die Nebenvereinbarung eine solche begründet hat, anderenfalls durch Vertragsübernahme der Nebenvereinbarung vom ausscheidenden Gesellschafter, durch Beitritt zur Nebenvereinbarung oder durch Abtretung mit Schuldübernahme oder Schuldbeitritt.[15] Dies ergibt sich bereits aus dem fehlenden korporativen Charakter von Nebenvereinbarungen, dem Trennungsprinzip sowie dem Grundsatz der Relativität der Schuldverhältnisse. Daher begründet weder ein rechtsgeschäftlicher Erwerb von Gesellschaftsanteilen ohne weitere Anhaltspunkte den Eintritt in die Nebenabrede noch bewirkt ein Verkauf der Anteile ein Ausscheiden des verkaufenden Gesellschafters aus der Nebenvereinbarung.

2. Konkludente Vertragsübernahme

Praxisrelevant ist die Frage, ob ein konkludenter Beitritt eines Anteilserwerbers zur Neben- 12 abrede in Betracht kommt, etwa wenn dem Erwerbsinteressenten das Bestehen und der Inhalt der Nebenvereinbarung vor seinem Beitritt zur Gesellschaft bekannt gemacht wurden, ohne dass ausdrückliche Erklärungen über den Beitritt zur Nebenvereinbarung abgegeben worden wären. Ob und inwiefern sich die (bloße) Kenntnis vom Bestehen und vom

---

[12] *Groß-Bölting,* Gesellschaftervereinbarungen in der AG, 2011, S. 142.
[13] *Groß-Bölting,* Gesellschaftervereinbarungen in der AG, 2011, S. 143.
[14] *Wälzholz* GmbHR 2009, 1020, 1025; *Wicke* in: MüKoGmbHG, 3. Aufl. 2018, § 3 Rn. 136.
[15] MHLS/*J. Schmidt,* 3. Aufl 2017, § 3 Rn. 97; *Wicke* DStR 2006, 1140.

Inhalt der Nebenvereinbarung auf einen möglichen konkludenten Beitritt zu ihr auswirkt, wird in der Literatur vielschichtig diskutiert. Einerseits gibt es Stimmen, die die bloße Kenntnis des Rechtsnachfolgers von der Vereinbarung als nicht ausreichend für dessen Beitritt erachten.[16] Vielmehr müssten weitere Anhaltspunkte gegeben sein, die einen Willen zur Übernahme auch der Nebenvereinbarung erkennen lassen. Schließlich könne sich das Interesse des Erwerbers allein auf die Übernahme von Geschäftsanteilen beschränken, ohne zugleich auf die Übernahme auch der Bindung an die Nebenvereinbarung gerichtet zu sein.[17] Andererseits wird es für die konkludente Übernahme der Nebenvereinbarung teilweise als ausreichend angesehen, dass der Erwerber vom Bestehen der Nebenabrede Kenntnis hatte. Dies sei vor allem der Fall, wenn der Erwerber ebenso von den Pflichten der Nebenabrede Kenntnis hatte wie davon, dass der Veräußerer diesen Pflichten selbst nicht mehr nachkommen kann.[18]

13 Die Frage, ob in einer konkreten Situation, in der ausdrückliche Willenserklärungen zur Übernahme der Verpflichtungen auch aus der Nebenabrede fehlen, der Anteilserwerber durch konkludentes Handeln der Nebenvereinbarung beigetreten ist, ist Auslegungsfrage und entscheidet sich durch Auslegung der Erklärungen des Anteilserwerbers gemäß §§ 133, 157 BGB. Maßgebend ist insoweit stets, ob der Anteilserwerber vom Bestehen der Nebenabrede Kenntnis hatte oder nicht. Hatte er keine Kenntnis, dürfte für eine Annahme einer konkludenten Willenserklärung, der Nebenabrede beizutreten, kein Raum sein. In diesem Fall gibt es schlicht keinen Anknüpfungspunkt für eine (konkludente) Willensäußerung dahin, einer dem Anteilserwerber unbekannten Vereinbarung beitreten zu wollen. Ganz so eindeutig ist die Rechtlage aber dann nicht mehr, wenn der Anteilserwerber Kenntnis vom Bestehen und vom Inhalt der Nebenabrede hatte. Bei dieser Sachlage kommt es auf weitere Indizien an, etwa aufgrund wessen Veranlassung der Interessent die Anteile erwerben konnte, ob am Erwerbsvorgang alle Vertragsparteien der Nebenabrede beteiligt waren etc. In einer solchen Situation wäre in der Rechtspraxis anhand aller relevanten Umstände das Verhalten der Beteiligten auf einen Erklärungswert zu untersuchen. Um derartige Auslegungsschwierigkeiten von vornherein zu vermeiden und um Rechtssicherheit in der Praxis zu erlangen, sollten klare Regelungen getroffen werden, etwa im Vertrag über die Anteilsübernahme, dass schuldrechtliche Nebenabreden nicht bestehen oder dieser hiermit oder durch separates Rechtsgeschäft beigetreten wird. In der Rechtspraxis ist darauf zu achten, dass jedenfalls nicht nur die Anteilsübertragung schuldrechtlich vereinbart und dinglich vollzogen wird, sondern dass durch ausdrückliche Erklärungen auch der Eintritt in die Nebenabrede unter Ausscheiden des bisherigen Gesellschafters oder die Übernahme dessen Stellung als Vertragspartner der Nebenabrede erfolgt. Hierfür ist stets auch die Zustimmung der übrigen an der Nebenvereinbarung Beteiligten erforderlich. Auch wenn diese wiederum konkludent erteilt werden kann, ist auf ausdrückliche Erklärungen wert zu legen.

3. Gleichlauf von Gesellschafterstellung und Partei der Nebenabrede

14 Zur Verknüpfung des Beitritts zur Gesellschaft und des Beitritts zur Nebenabrede sowie zur Vermeidung der Unsicherheit, ob durch den Beitritt zur Gesellschaft zugleich ein konkludenter Beitritt zur Nebenvereinbarung erfolgte oder nicht, empfehlen sich satzungsmäßige oder auch vertragliche Regelungen, die das Verhältnis des durch Einzelrechtsnachfolge eintretenden Gesellschafters zur Nebenabrede festlegen.

15 Denkbar ist zunächst, die Gesellschaftsanteile in der Satzung zu vinkulieren und die Zustimmung zur Anteilsübertragung rechtlich oder faktisch daran zu knüpfen, dass der Beitritt zur Nebenabrede tatsächlich erfolgt.[19] Das ist vor allem sinnvoll, wenn die über die

---

[16] *Wälzholz* GmbHR 2009, 1020, 1025; *Wicke* DStR 2006, 1137, 1140.
[17] *Wicke* DStR 2006, 1137, 1140.
[18] *Noack*, Gesellschaftervereinbarungen in Kapitalgesellschaften, 1994, S. 176 m. w. N.
[19] *Trölitzsch* in: Ziemons/Jäger, BeckOK GmbHG, 44. Ed., Stand: 1.5.2020, § 53 Anh. Gesellschaftervereinbarungen, Rn. 22.

Nebenabrede verbundenen Gesellschafter über die Mehrheit in der Gesellschafterversammlung, die über die Genehmigung zu entscheiden hat, verfügen.[20] Auch kann in der Satzung die Weitergabe der Bindung aus der Gesellschaftervereinbarung als tatbestandliches Wirksamkeitserfordernis einer Anteilsübertragung verankert werden.[21] Bei Gesellschaften in der Rechtsform der GmbH ist es möglich, den neuen GmbH-Gesellschafter mittels einer Vinkulierungsklausel gemäß § 15 Abs. 5 GmbHG in der Satzung zum Beitritt zur Gesellschaftervereinbarung zu verpflichten.[22] Bei vinkulierten Namensaktien gemäß § 68 Abs. 2 AktG kann der Übergang der Bindungen der schuldrechtlichen Nebenvereinbarung auf den Aktienerwerber ebenfalls dadurch gesichert werden, dass die Aktiengesellschaft ihre Zustimmung zur Übertragung der Aktien von der Übernahme der schuldrechtlichen Pflichten abhängig macht.[23]

16 Denkbar ist auch eine statutarische Regelung, dass das Stimmrecht eines Gesellschafters ruht oder von anderen Gesellschaftern ausgeübt wird, solange er nicht die Gesellschaftervereinbarung akzeptiert hat.[24] Es gilt aber zu bedenken, dass durch solche oder ähnliche Satzungsklauseln das Bestehen der Nebenabrede publik wird, und zwar gegenüber Mitgesellschaftern, die nicht zugleich auch an der Nebenabrede beteiligt sind, oder gegenüber Dritten.

17 Außerdem wird vorgeschlagen, dem Erwerber schon vor der eigentlichen Anteilsübertragung eine umfassende Einsicht in den gesamten Inhalt der Nebenvereinbarung zu gewähren, um den Erwerb der Anteile in Kenntnis der Nebenabrede als konkludente Willenserklärung, dieser beizutreten, zu interpretieren.[25] Dieser Vorschlag ist für die Rechtspraxis abzulehnen, da er mit zu viel Unsicherheit behaftet ist, welches „Auslegungsergebnis" denn herauskommt. Das prinzipielle Problem der Offenlegung der Nebenvereinbarung im Vorfeld zum Anteilserwerb ist stets auch, dass der Anteilserwerb noch immer scheitern kann, entweder weil dem Erwerbsinteressenten die Verpflichtungen aus der Nebenvereinbarung missfallen oder weil eine Einigung im Übrigen nicht gefunden werden kann. Vorstellbar ist natürlich auch, dass ein Erwerbsinteresse nur vorgespielt wird, um Einsicht in die Nebenvereinbarung zu erlangen.[26] Daher sollten strikte, vertragsstrafebewehrte Vertraulichkeitsvereinbarungen im Vorfeld zum Anteilserwerb und zur Einsichtnahme in die Nebenvereinbarung abgeschlossen werden.

18 Von solchen oder ähnlichen Satzungsklauseln abgesehen können auch in der Nebenabrede selbst entsprechende Beschränkungen oder Verpflichtungen vorgesehen werden. Nicht selten enthalten Nebenabreden eine Verpflichtung, im Falle einer Anteilsübertragung zugleich eine Bindung des neuen Gesellschafters an die Nebenabrede herbeizuführen.[27] Die tatsächliche Befolgung dieser Pflicht sollte mit einer empfindlichen Vertragsstrafe bewehrt werden. Die Nebenabrede könnte auch ein Verbot der Veräußerung der Gesellschaftsanteile für den Fall enthalten, dass der Erwerber nicht zugleich der Nebenabrede beitritt. Eine solches Verbot hinderte allerdings die Wirksamkeit der dinglichen Anteilsübertragung nicht, sondern wirkte nur schuldrechtlich (§ 137 BGB). Rechtsfolge wären Schadenersatzansprüche, die in der Praxis auf der einen Seite abschreckend wirken und so eine verbotswidrige, aber dinglich wirksame Veräußerung hindern mögen, auf der anderen Seite im Rechtsstreit aber schwierig zu substanziieren sein können, so dass die Veräußerungsverbote auf jeden Fall vertragsstrafebewehrt sein sollten.

---

[20] *Noack*, Gesellschaftervereinbarungen in Kapitalgesellschaften, 1994, S. 175.
[21] *Noack*, Gesellschaftervereinbarungen in Kapitalgesellschaften, 1994, S. 175 m. w. N.
[22] *Priester* in: FS Claussen, 1997, S. 319.
[23] Vgl. BayObLG, Beschl. v. 24.11.1988 – BReg 3 Z 111/88, DB 1989, 214, 217; *Götze* in: MüKoAktG, 5. Aufl. 2019, § 54 Rn. 43.
[24] *Trölitzsch* in: Ziemons/Jäger, BeckOK GmbHG, 44. Ed., Stand 1.5.2020 § 53 Anh. Gesellschaftervereinbarungen, Rn. 22.
[25] *Groß-Bölting*, Gesellschaftervereinbarungen in der AG, 2011, S. 149.
[26] *Groß-Bölting*, Gesellschaftervereinbarungen in der AG, 2011, S. 149.
[27] *Groß-Bölting*, Gesellschaftervereinbarungen in der AG, 2011, S. 149.

19 Den übrigen Gesellschaftern kann auch ein **Vorkaufsrecht** gemäß §§ 463 ff. BGB an den zu veräußernden Geschäftsanteilen eingeräumt werden, dessen Ausübung davon abhängig gemacht wird, ob der potentielle neue Gesellschafter auch der Nebenabrede beitritt.[28] Auch bei dieser Gestaltung ist jedoch zu beachten, dass das Vorkaufsrecht nichts an der Wirksamkeit der dinglichen Übertragung der Geschäftsanteile auf einen Dritten ändert und daher allenfalls eine eingeschränkte Sicherheit bietet.

20 Ein weiteres Modell zur Absicherung des Beitritts zur Nebenabrede bei Anteilsveräußerung ist die Erteilung einer **Vollmacht** aller an der Nebenvereinbarung Beteiligten an den **„Geschäftsführer" der Sekundärgesellschaft,** eine Beitrittserklärung des Dritten mit Wirkung für die übrigen an der Nebenvereinbarung Beteiligten abzuschließen.

21 Die Probleme der Weitergabe der Bindungen aus der Nebenvereinbarung bei einem Gesellschafterwechsel und der Entlassung des veräußernden Gesellschafters aus der Nebenvereinbarung stellen sich nicht, wenn die Anteile an der Primärgesellschaft in eine Sekundärgesellschaft, die dann Außengesellschaft wäre, eingebracht wurden. Die Gesellschafter sind in dieser Konstellation nicht mehr unmittelbar an der Primärgesellschaft beteiligt, sondern unterliegen den gesellschaftsrechtlichen Bindungen auf Ebene der Sekundärgesellschaft, das heißt den Bindungen aus dem Gesellschaftsvertrag bürgerlichen Rechts.[29] Anteilseignerin wäre die Sekundärgesellschaft. Sollten die Geschäftsanteile oder Aktien allerdings im Eigentum des jeweiligen Gesellschafters verbleiben, sehen insbesondere Schutzgemeinschaftsverträge häufig die Verpflichtung vor, diese Anteile gegen ein gegebenenfalls näher bestimmtes Entgelt auf die verbleibenden oder auf übernahmewillige Gesellschafter zu übertragen.[30]

4. Schicksal des Altgesellschafters

22 Bei Ausscheiden aus der Gesellschaft scheidet der Alt-Gesellschafter nicht zugleich auch aus der schuldrechtlichen Gesellschaftervereinbarung aus, soweit dieses Ausscheiden nicht im Nebenvertrag vereinbart ist. Es besteht keine Abhängigkeit zwischen Gesellschafterstellung, Gesellschaftsanteilen und schuldrechtlicher Nebenabrede, weder in die eine noch in die andere Richtung.[31] Denn das Fortbestehen schuldrechtlicher Bindungen aus der Nebenvereinbarung auch nach Ausscheiden aus der Gesellschaft kann sinnvoll sein, so dass sich die Annahme eines Freiwerdens von den Bindungen der Nebenvereinbarung oder eines Ausscheidens aus der durch die Nebenvereinbarung begründeten Gesellschaft bürgerlichen Rechts (der Sekundärgesellschaft) bei Veräußerung der Geschäftsanteile an der Primärgesellschaft verbietet, zumal den verbleibenden Gesellschaftern ein solches Freiwerden bzw. Ausscheiden des Alt-Gesellschafters aus der Sekundärgesellschaft nur angesonnen werden kann, wenn der neue Gesellschafter der Nebenvereinbarung beitritt.[32] Es gelten vielmehr die jeweiligen vertraglichen Vereinbarungen.

23 Führt die Nebenabrede zur Begründung einer separaten Gesellschaft bürgerlichen Rechts (Sekundärgesellschaft), gelten die allgemeinen Vorschriften der §§ 705 ff. BGB. Daher ist in der Kautelarpraxis zu überlegen, ob ein aus der Primärgesellschaft ausscheidender Gesellschafter auch aus der Sekundärgesellschaft (der Nebenabrede) ausscheiden soll oder nicht. Je nach Sach- und Interessenlage ist entweder die Stellung als Vertragspartner der Nebenvereinbarung mit der Gesellschafterstellung in der Primärgesellschaft zu verknüpfen, um zu

---

[28] *Groß-Bölting,* Gesellschaftervereinbarungen in der AG, 2011, S. 150.
[29] *Röhricht* in: Großkomm. AktG, 4. Aufl. 1997, § 23 Rn. 275.
[30] MüKoAktG/*Pentz,* 5. Aufl. 2019, § 23 Rn. 199; BGH, Urt. v. 13.6.1994 – II ZR 38/93, BGHZ 126, 226 = NJW 1994, 2536.
[31] *Noack,* Gesellschaftervereinbarungen bei Kapitalgesellschaften, 1994, S. 170 f.; andere Ansicht MüKoAktG/*Pentz,* 5. Aufl. 2019, § 23 Rn. 198, wonach bei der Veräußerung von Aktien durch einen Vertragspartner der Nebenvereinbarung dieser regelmäßig auch ohne ausdrückliche Vertragsbestimmung aus der Innengesellschaft bürgerlichen Rechts ausscheide.
[32] *Wicke* DStR 2006, 1140; andere Auffassung aber MHdB GesRIII/*Priester,* 5. Aufl. 2018, § 21 Rn. 18; MüKoAktG/*Pentz,* 5. Aufl. 2019, § 23 Rn. 198.

verhindern, dass beide Rechtsstellungen, gleich aus welchem Grunde, auseinander fallen können. Bei Ausscheiden aus der Primärgesellschaft scheidet der Gesellschafter auch aus der Nebenabrede aus. Oder aber es wird ausdrücklich geregelt, dass der Verlust der Gesellschafterstellung in der Primärgesellschaft nicht zugleich die Parteistellung in der Nebenabrede beenden lässt. Denn es kann vorteilhaft sein, wenn ein aus der Primärgesellschaft ausscheidender Gesellschafter weiterhin noch Vertragspartner der schuldrechtlichen Abrede bleibt, beispielsweise um noch beratend tätig zu sein, als Vertrauter anderer Gesellschafter zur Verfügung zu stehen oder noch anderweitig mitzuwirken.[33]

Begründet die Nebenvereinbarung ein separates Gesellschaftsverhältnis bürgerlichen Rechts, dann sollte im Gesellschaftsvertrag dieser Gesellschaft – der Nebenvereinbarung – festlegt werden, dass die Gesellschaft (und damit die Nebenvereinbarung) auch bei Ausscheiden eines Gesellschafters fortgeführt werden soll, sodass kein Fortsetzungsbeschluss notwendig ist (§§ 723, 736 BGB). **24**

II. Gesamtrechtsnachfolge

1. Gesamtrechtsnachfolge durch Erbschaft

Im Falle der Gesamtrechtsnachfolge durch Erbschaft gehen Gesellschaftsanteil und Nebenvereinbarung gemäß § 1922 BGB auf den Erben über. Der Erbe tritt unmittelbar in die Parteistellung aus der Nebenvereinbarung ein.[34] Zu beachten ist jedoch, dass Gesellschaftervereinbarungen oftmals Innengesellschaften bürgerlichen Rechts und somit eine zweite, eigenständige Gesellschaft begründen („Sekundärgesellschaft"). Nach § 727 Abs. 1 BGB wird die Gesellschaft im Falle des Versterbens eines Gesellschafters automatisch aufgelöst.[35] Auch der Blick auf § 131 Abs. 3 Nr. 1 HGB belegt, dass jedenfalls die Gesellschaft bürgerlichen Rechts, sofern in deren Gesellschaftsvertrag nichts anderes geregelt ist, mit dem Tod eines Gesellschafters aufgelöst wird, dass also eine Übertragbarkeit der Mitgliedschaft in der Gesellschaft bürgerlichen Rechts durch Erbfolge nicht in Betracht kommt. Denn es kommt zu einem Gesellschafterwechsel durch den Erbfall und damit zu einer Änderung des Gesellschaftsvertrages, so dass über die Rechtsfolge der Auflösung vorbehaltlich einer anderweitigen Regelung die Entscheidungskompetenz der Gesellschafter hinsichtlich des Mitgliederbestandes geschützt wird. Wichtig ist daher, in der Nebenvereinbarung – und damit im Gesellschaftsvertrag bürgerlichen Rechts – zu regeln, dass die Nebenvereinbarung (und damit die Gesellschaft bürgerlichen Rechts) über den Tod eines an ihr Beteiligten hinaus fortbesteht. Das gilt unabhängig davon, ob die Nebenvereinbarung ein separates Gesellschaftsverhältnis begründet oder nicht. Ist das nicht der Fall, schadet die Klarstellung, dass der Erbe in das durch die Nebenvereinbarung begründete (normale) Vertragsverhältnis eintritt, nichts. **25**

Begründet hingegen die Gesellschaftervereinbarung ein separates Gesellschaftsverhältnis, ist eine einfache Nachfolgeklausel im Gesellschaftsvertrag (dem Nebenvertrag) erforderlich, damit im Erbfall die Erben unmittelbar an die Stelle des Erblassers treten und die Gesellschaft nicht aufgelöst ist, sondern fortbesteht.[36] In der Rechtspraxis mag zwar die Auslegung der Nebenvereinbarung, wenn durch sie ein separates Gesellschaftsverhältnis begründet wurde, ergeben, dass sie auch im Erbfalle fortbestehen solle, weil die Gesellschafterstellung in der Sekundärgesellschaft dem Anteil an der Primärgesellschaft, der vererblich ist, folge und weil die Parteistellung in der Gesellschaftsvereinbarung dem Geschäftsanteil anhafte. Schon aus Gründen der Rechtsklarheit und Rechtssicherheit sollte sich auf ein solches Auslegungsergebnis aber niemand verlassen. Daher ist in der Rechtspraxis in einer Neben- **26**

---

[33] *Ehricke*, schuldvertragliche Nebenabreden zu GmbH-Gesellschaftsverträgen, 2004, S. 53.
[34] *Groß-Bölting*, Gesellschaftervereinbarungen in der AG, 2011, S. 144 m. w. N.
[35] *Saenger* in: Schulze, BGB, 10. Aufl. 2019, § 727 Rn. 1; *Schöne* in: BeckOK BGB, 54. Ed., Stand: 1.5.2020, § 727 Rn. 3.
[36] *Noack*, Gesellschaftervereinbarungen in Kapitalgesellschaften, 1994, S. 185.

vereinbarung Vorsorge für den Erbfall zu treffen. Über eine einfache Nachfolgeklausel sollte auch der Eintritt des Vermächtnisnehmers geregelt werden, da durch ein Vermächtnis gerade nicht die umfassende Übernahme aller Rechten und Pflichten des Erblassers ausgelöst wird.[37]

2. Maßnahmen nach dem UmwG

27 Fraglich ist, wie sich Nebenvereinbarungen bei Maßnahmen nach dem Umwandlungsgesetz verhalten. Diese Frage ist immer dann virulent, wenn zu dem umwandlungsbedingt übergehenden Vermögen Gesellschaftsanteile gehören, zu denen Nebenvereinbarungen abgeschlossen wurden. Die Vorteile von Maßnahmen nach dem Umwandlungsgesetz – Verschmelzung, Aufspaltung und Abspaltung, Ausgliederung – liegen auf der Hand: Gesetzlich ist Gesamtrechtsnachfolge angeordnet, so dass insbesondere Vertragsverhältnisse auf den übernehmenden Rechtsträger übergehen und deswegen die bei Einzelrechtsnachfolgen in Vertragsverhältnisse aus §§ 414, 415 BGB folgenden Zustimmungsvorbehalte zu Gunsten des Vertragspartners nicht eingreifen. Es kommt beim Übergang von Vertragsverhältnissen aufgrund von Maßnahmen nach dem Umwandlungsgesetz damit zum Vertragspartnerwechsel, dem der andere Vertragsteil nicht widersprechen kann.

28 Bei Nebenvereinbarungen ist die Rechtslage allerdings komplexer, weil es sich nicht um „normale" Austauschverträge handelt. Vielmehr begründen Nebenvereinbarungen in aller Regel zumindest eine Innengesellschaft, weil die Nebenvereinbarung regelmäßig zumindest auch der gemeinsamen Zweckverfolgung durch die Konsorten dient, so dass die Tatbestandsmerkmale des Gesellschaftsvertrages bürgerlichen Rechts im Sinne des § 705 BGB – Vertrag, Beiträge und gemeinsame Zweckverfolgung – vorliegen werden. Die Mitgliedschaft in einer solchen Gesellschaft bürgerlichen Rechts ist höchstpersönlich und grundsätzlich nicht übertragbar, natürlich stets vorbehaltlich einer abweichenden Vereinbarung im Gesellschaftsvertrag, weil die Zusammensetzung des Gesellschafterkreises eine Angelegenheit des Gesellschaftsvertrages ist und eine Änderung des Gesellschafterbestandes damit eine Änderung des Gesellschaftsvertrages bedeutet, die in die Zuständigkeit aller Gesellschafter fällt. Daher ist die Mitgliedschaft in einer Gesellschaft bürgerlichen Rechts nach herrschender Meinung nicht durch Gesamtrechtsnachfolge übertragbar.[38]

29 Ob nach dem Gesellschaftsvertrag der Gesellschaft bürgerlichen Rechts, der keine Klausel für Umwandlungsfälle enthält, die Mitgliedschaft in dieser aufgrund der Nebenvereinbarung und die Mitgliedschaft in der Gesellschaft, deren Anteil vom Umwandlungsvorgang erfasst ist, auseinanderfallen können, ist Auslegungsfrage. Auch für diese Konstellation vertritt die Literatur die Auffassung, dass die Mitgliedschaft in der Gesellschaft bürgerlichen Rechts am Geschäftsanteil „klebe".[39] Das ist im Falle einer gerichtlichen oder außergerichtlichen Auseinandersetzung aber Auslegungs- und damit Tatfrage. Wie letztlich der Gesellschaftsvertrag ausgelegt werden wird, ist unsicher und nicht vorherzusagen. Eine sorgfältige Gestaltung der vertraglichen Beziehungen kann solche Unsicherheiten bei der Auslegung nicht sehenden Auges hinnehmen. Auch wenn die Meinung vertreten wird, eine Nebenvereinbarung, die ein separates Gesellschaftsverhältnis bürgerlichen Rechts begründet hätte, sei so auszulegen, dass ein Gesellschafterwechsel in der Primärgesellschaft infolge eines Umwandlungsvorgangs auch zu einem Gesellschafterwechsel in der Sekundärgesellschaft (der durch die Nebenvereinbarung begründeten Gesellschaft bürgerlichen Rechts) führe,[40] sollte dieser Fall dennoch ausdrücklich geregelt werden. Eine solche Regelung liegt auch deswegen nahe, weil es tatsächlich dem hypothetischen Willen der Parteien der Nebenver-

---

[37] *Trölitzsch* in: Ziemons/Jäger, BeckOK GmbHG, 44. Ed., Stand 1.5.2020, § 53 Anh. Gesellschaftsvereinbarungen, Rn. 23.
[38] *Grunewald* in: Lutter/Winter UmwG, 5. Aufl. 2014, § 20 Rn. 18; *Marsch-Barner* in: Kallmeyer UmwG, 6. Aufl. 2017, § 20 UmwG Rn. 7; *Leonard* in: Semler/Stengel UmwG, 4. Aufl. 2017, § 20 Rn. 24 ff.; *Burg/Marx* NZG 2013, 127, 129 f.
[39] *Burg/Marx* NZG 2013, 127, 130.
[40] *Burg/Marx* NZG 2013, 127, 130.

einbarung entsprechen dürfte, dass die Beteiligtenstellung in der Nebenvereinbarung der Inhaberschaft am Geschäftsanteil an der Primärgesellschaft folgt. Es mag aber auch Konstellationen geben, in denen sich dies so nicht feststellen lässt oder die Parteien weitergehende Interessen mit der Nebenvereinbarung verfolgen, als die jeweilige Beteiligtenstellung in der Nebenvereinbarung an die Gesellschafterstellung in der Primärgesellschaft zu koppeln.

Auch wenn vieles dafür spricht, dass auch ohne ausdrückliche Regelung bei Maßnahmen nach dem UmwG eine Rechtsnachfolge auch in die Stellung als Beteiligter der Nebenvereinbarung erfolgt, stellt sich doch die Frage, was im Falle eines Beteiligtenwechsels an der Sekundärgesellschaft gilt. Es geht hierbei um die Sekundärrechtsfolgen, beispielsweise ob der in die Nebenvereinbarung eingetretene Gesellschafter ausgeschlossen werden kann oder ob eine Änderungs- oder Lösungsmöglichkeit nach § 313 BGB wegen Wegfalls der Geschäftsgrundlage in Betracht kommt. Auch für diese Frage gibt es keine klare Antwort. Anknüpfungspunkt für den Ausschluss aus der Sekundärgesellschaft oder den Wegfall der Geschäftsgrundlage wäre eine Maßnahme nach dem UmwG, die zu einer Änderung der Zusammensetzung des Gesellschafterkreises bei der Primärgesellschaft geführt hat und die wegen der Verknüpfung von Gesellschafterstellung an der Primärgesellschaft und Gesellschafterstellung an der Sekundärgesellschaft dazu führte, dass auch ein Beteiligtenwechsel bei der Sekundärgesellschaft eintrat. Letztlich würde damit ein Umwandlungsvorgang, der nach der gesetzgeberischen Intention eine Gesamtrechtsnachfolge auslöste, dazu führen, dass diese Gesamtrechtsnachfolge zum Anknüpfungspunkt für Sonderrechte gemacht wird, die die Gesamtrechtsnachfolge als solche gerade konterkariere. Wenn schon die Gesamtrechtsnachfolge in ein „normales" Vertragsverhältnis im Sinne eines Austauschverhältnisses nicht dazu führt, dass der andere Vertragspartner Kündigungsrechte hat, sondern dieser vielmehr einen neuen Vertragspartner akzeptieren muss, kann dies im Zusammenhang mit Nebenabreden nicht deswegen anders sein, weil Sonderausschließungs- oder Sonderkündigungsrechte bestünden. Das folgt auch aus der Begründung des Regierungsentwurfs zur Aufhebung des § 132 a. F. UmwG. Danach solle sich aus den allgemeinen Vorschriften ergeben, ob und inwieweit ein durch den Rechtsübergang betroffener Dritter, der sich durch die Gesamtrechtsnachfolge einem neuen Vertragspartner gegenübersieht, diesen Zustand akzeptieren muss oder sich dagegen durch Kündigung, Rücktritt oder Berufung auf den Wegfall der Geschäftsgrundlage wehren kann.[41]

Diese Frage stellt sich auch für Vinkulierungsklauseln in Gesellschaftsverträgen, die Umwandlungsvorgänge, wenn zum übergehenden Vermögen vinkulierte Geschäftsanteile gehören, nicht hindern. Auch dann fragt sich, ob Sekundärrechte bestehen, was in der Literatur umstritten ist.[42] Das soll insbesondere dann gelten, wenn die Vinkulierungsklausel der Abschottung gegenüber bislang an der Gesellschaft nicht beteiligten Personen diente. Unter Verweis auf die geltenden allgemeinen Vorschriften in der Begründung zum Regierungsentwurf zum 2. Gesetz zur Änderung des Umwandlungsgesetzes im Rahmen der Aufhebung des § 132 a. F. UmwG wird in der Literatur aber auch genau die gegenteilige Meinung vertreten, nämlich dass aufgrund der vom Gesetzgeber intendierten Geltung der allgemeinen Vorschriften kein umwandlungsbedingtes Sonderrecht geschaffen werden könne.[43] Begründet wird dies mit der umwandlungsrechtlichen Systematik der Gesamtrechtsnachfolge, mit der Rechtslage bei der Übertragung anderer Rechtspositionen wie Verbindlichkeiten oder Verträgen im Rahmen der Gesamtrechtsnachfolge, mit der Sicherung der Gläubiger des übertragenden Rechtsträgers, deren Forderung auf den übernehmenden Rechtsträger übergehen, mit der gesamtschuldnerischen Haftung des übertragenden und des übernehmenden Rechtsträgers gemäß § 133 UmwG für vor der Umwandlung begrün-

---

[41] *Burg/Marx* NZG 2013, 127, 130 unter Verweis auf RegE zum 2. Gesetz zur Änderung des Umwandlungsgesetzes, BR-Drs. 548/06, S. 41.
[42] Vgl. *Vossius* in: Widmann/Mayer, Umwandlungsrecht, 158. Erg.-Lfg. 7.2016, UmwG § 131 Rn. 74 und § 20 Rn. 156; *Grunewald* in: Lutter/Winter, UmwG, 5. Aufl. 2014, § 20 Rn. 17.
[43] *Burg/Marx* NZG 2013, 127, 130.

dete Verbindlichkeiten, ohne dass ein Lösungsrecht für die Zeit nach der Umwandlung bestünde, und mit dem Anspruch auf Sicherheitsleistung bei Verschmelzung gemäß § 22 UmwG, was ein Kündigungsrecht des Gläubigers aufgrund einer allgemeinen Risikoerhöhung ausschließe. Nach dieser Auffassung dürfe es daher keine umwandlungsbedingten Sonderrechte zur Lösung von Rechtsnachfolgern geben. Nur aus den allgemeinen Grundsätzen – beispielsweise Ausschluss beim Vorliegen eines wichtigen Grundes – ließe sich eine Trennung vom Rechtsnachfolger bewerkstelligen.

32   Bei der Abfassung von Nebenvereinbarung ist daher in der **Kautelarpraxis** Obacht auf die Vereinbarung solcher Lösungsrechte infolge umwandlungsbedingter Wechsel in der Parteistellung zugunsten der übrigen an der Nebenvereinbarung Beteiligten zu geben.

§ 57 Laufzeit von Gesellschaftervereinbarungen

33   Die Harmonisierung der Laufzeiten von Nebenvereinbarung und Gesellschaftsvertrag stellt die Praxis vor große Herausforderungen. In aller Regel wird es den Beteiligten darauf ankommen, dass die Nebenvereinbarung solange wie die Gesellschaft rechtswirksam besteht. Denn nur so lassen sich die Schutzziele der Nebenvereinbarung erreichen, wobei in der Praxis auch ein abweichender Parteiwille denkbar ist.

I. Ausschluss des ordentlichen Kündigungsrechts

34   Begründet die Nebenvereinbarung ein separates Gesellschaftsverhältnis (Sekundärgesellschaft), kann jeder Gesellschafter gemäß § 723 Abs. 1 BGB die Gesellschaft jederzeit ordentlich kündigen. Da es regelmäßiger Parteiwille ist, die Nebenvereinbarung so lange aufrecht zu erhalten, wie die Gesellschafterstellung in der Primärgesellschaft besteht, ist in der Nebenabrede (im Gesellschaftsvertrag der Sekundärgesellschaft) deren Kündigung regelmäßig ausgeschlossen, um den Bestand der Nebenvereinbarung zu erhalten. Insbesondere für Schutzgemeinschaften, die bei Familiengesellschaften häufig vorkommen, wird es Parteiwille sein, dass die Nebenvereinbarung so lange besteht, wie auch die Primärgesellschaft besteht.[44] Der Ausschluss des ordentlichen Kündigungsrechts verstößt im Grundsatz auch nicht gegen § 723 Abs. 3 BGB, während das Recht zur außerordentlichen Kündigung hingegen nicht ausgeschlossen werden kann.[45]

II. Höchstgrenze für Ausschluss des ordentlichen Kündigungsrechts

35   Für Nebenabreden, ob es sich um ein rein schuldrechtliches Vertragsverhältnis oder ein eigenständiges Gesellschaftsverhältnis bürgerlichen Rechts handelt, kann das ordentliche Kündigungsrecht höchstens für einen Zeitraum von 30 Jahren ausgeschlossen werden, weil anderenfalls die persönliche und wirtschaftliche Betätigungsfreiheit der Vertragspartner in unvertretbarer Weise eingeengt würde.[46] Bei der Frist von 30 Jahren handelt es sich um eine Höchstfrist, die in Abhängigkeit von der jeweiligen Konstellation auch wesentlich kürzer sein kann. In dem der Entscheidung des BGH vom 18.9.2016 zugrundeliegenden Sachverhalt hielt der BGH eine über 14 Jahre hinausgehende Bindung der Parteien an die vertragliche Vereinbarung für unangemessen. Daher ist je nach der konkreten Ausgestaltung der vertraglichen Regelung auch eine wesentlich kürzere Laufzeit – nicht notwendigerweise nur eine solche von mehr als 15 Jahren[47] – bereits als riskant anzusehen. Entscheidend für die Beurteilung der Laufzeitfrage sind immer die Umstände des Einzelfalls.[48]

---

44 MüKoAktG/*Pentz*, 5. Aufl. 2019, § 23 Rn. 199.
45 *Trölitzsch* in: BeckOK GmbHG, 44. Ed., Stand: 1.5.2020, § 53 Anh. Gesellschaftervereinbarungen, Rn. 18, 18a.
46 BGH, Urt. v. 18.9.2006– II ZR 137/04, NZG 2007, 65.
47 So etwa *Wälzholz* GmbHR 2009, 1020, 1026 m. w. N.
48 Vgl. BGH, Urt. v. 22.5.2012 – II ZR 205/10, BeckRS 2012, 16559, Rn. 19.

Liegt ein Verstoß gegen § 723 Abs. 3 BGB vor, ist der Ausschluss des Kündigungsrechts nichtig, mit der Folge, dass der Gesellschafter die Sekundärgesellschaft grundsätzlich gemäß § 723 Abs. 1 BGB jederzeit kündigen kann.[49] Lässt die betroffene Vereinbarung, was bei Gesellschaftervereinbarungen regelmäßig der Fall sein dürfte, allerdings erkennen, dass die Beteiligten übereinstimmend eine zeitlich unbegrenzte Bindung wollten und nicht mit einer Unwirksamkeit gemäß § 723 Abs. 3 BGB rechneten, können die Gerichte im Wege der ergänzenden Vertragsauslegung noch einer den gemeinsamen Vorstellungen der Parteien nahe kommende Laufzeit der Gesellschaft Rechnung tragen.[50] Die Nebenvereinbarung kann aufgrund ihres Charakters als Instrument der gemeinschaftlichen Interessenwahrnehmung in der Primärgesellschaft zumindest gewichtige Gründe für eine lange wechselseitige Bindung vorweisen.[51] Ob die Höchstgrenze von 30 Jahren jedoch voll ausgeschöpft werden sollte, erscheint mehr als fraglich.

III. Gestaltungsvarianten zur Harmonisierung der Laufzeiten von Nebenvereinbarung und Gesellschaftsvertrag

Nebenvereinbarungen werden in der Praxis häufig zu Gesellschaften in den Rechtsformen der GmbH und der Aktiengesellschaft abgeschlossen. Die Laufzeit dieser Gesellschaften ist grundsätzlich unbefristet. Bestehen keine gesellschaftsvertraglichen Kündigungsrechte und sind die Anteile vinkuliert, besteht für die Gesellschafter keine rechtliche Möglichkeit, die Gesellschaft zu verlassen. In dieser Konstellation stehen sich die unbegrenzte Laufzeit der Primärgesellschaft und die auf 30 Jahre beschränkte Höchstdauer der Nebenvereinbarung gegenüber. Spätestens nach 30 Jahren, in der Praxis aber regelmäßig eher fällt daher die Bindungswirkung der Nebenvereinbarung weg, während die Mitgliedschaft in der Primärgesellschaft noch fortbestehen kann. Daher kann es sich empfehlen, die materiell wichtigen Regelungen, die unbefristet gelten sollen, in den Gesellschaftsvertrag der Primärgesellschaft als korporative Bestandteile aufzunehmen, was aber den Nachteil der Publizität hätte, oder, anstatt eine schuldrechtliche Gesellschaftervereinbarung abzuschließen, die Anteile in eine separate „Pool"-Kapitalgesellschaft, die von Rechts wegen eine unbeschränkte Laufzeit haben kann, einzubringen, die dann ihrerseits die dauerhafte Bindungswirkung zwischen den Beteiligten entfaltet, die die schuldrechtliche Nebenabrede, auch wenn sie ein separates Gesellschaftsverhältnis bürgerlichen Rechts darstellt, nicht haben kann.

Ansonsten empfiehlt sich die Vereinbarung einer Laufzeit der Gesellschaftervereinbarung in dieser selbst. Die Laufzeit sollte dabei deutlich unterhalb der Höchstfrist von 30 Jahren liegen, um mögliche Konflikte mit der höchstrichterlichen Rechtsprechung zu vermeiden. Sicher ist es, eine Erneuerung der Gesellschaftervereinbarung in wesentlich kürzeren Zeitabständen (beispielsweise 10 Jahre) zu vereinbaren. Damit könnte auch zwischenzeitlich veränderten Gegebenheiten in der Gesellschaft deutlich einfacher und flexibler Rechnung getragen werden. Stimmen einzelne an der Nebenabrede Beteiligten ihrer Erneuerung dann nicht zu, könnten sie bedingt auf diesen Fall beispielsweise bereits in der ursprünglichen Fassung der Nebenabrede zur Anteilsabtretung verpflichtet werden.

---

[49] *Trölitzsch* in: BeckOK GmbHG, 44. Ed., Stand: 1.5.2020, § 53 Anh. Gesellschaftervereinbarungen, Rn. 18a.
[50] Vgl. BGH, Urt. v. 22.5.2012 – II ZR 205/10, BeckRS 2012, 16559, Rn. 22; BGH, Urt. v. 18.9.2006 – II ZR 137/04, NJW 2007, 295, 297 Rn. 21.
[51] *Wälzholz* GmbHR 2009, 1020, 1026.

Kapitel 18. Erfüllung sowie präventive Absicherung der Erfüllung von Nebenvereinbarungen

1   Werden Nebenabreden verletzt, bestehen schuldrechtliche Ansprüche, insbesondere Schadenersatzansprüche, oder, wenn die Nebenabrede eine separate Gesellschaft begründet, Ansprüche aus diesem separaten Gesellschaftsverhältnis. Auf Ebene der Primärgesellschaft ergeben sich unmittelbar keine rechtlichen Auswirkungen (Trennungsprinzip), es sei denn, aufgrund besonderer Vereinbarung bestünde eine Verbindung zwischen der Nebenvereinbarung und Primärgesellschaft, die grundsätzlich rechtlich getrennt voneinander sind. Insbesondere hat die Verletzung wirksamer Stimmbindungen durch bindungswidrige Stimmrechtsausübung keine Auswirkungen auf den bindungswidrigen Gesellschafterbeschluss,[1] insbesondere ist dieser nicht anfechtbar, jedenfalls nicht, soweit die Stimmbindung nicht in die Satzung aufgenommen wurde. Eine Ausnahme besteht nur für den Fall, dass alle Gesellschafter Partei des Stimmbindungsvertrages sind.[2] Aus prozessökonomischen Gründen können in diesem Fall ausnahmsweise die vertragswidrig überstimmten Gesellschafter den Beschluss durch Klage gegen die Gesellschaft anfechten, so dass sie zur Durchsetzung der Stimmbindung nicht auf eine Klage gegen die Mitgesellschafter angewiesen sind.[3]

§ 58 Erfüllungsanspruch

2   Ist die Nebenabrede wirksam, wird sie aber von einem (oder mehreren) der Beteiligten nicht erfüllt, haben die anderen Beteiligten je einzeln einen Erfüllungsanspruch und können Leistungsklage auf Erfüllung der Verpflichtung erheben.[4] Das gilt für alle Pflichten aus Gesellschaftervereinbarungen; es handelt sich um durchsetzbare Primäransprüche. Bekanntestes Beispiel dürften Stimmbindungsvereinbarungen sein. Kündigt beispielsweise im Falle einer Stimmbindung der Gesellschafter eine vertragswidrige Stimmabgabe an, können die Vertragspartner auf Unterlassung oder auf vertragskonforme Stimmabgabe klagen. Aufgrund der Dauer des gerichtlichen Verfahrens, bis zu dessen Abschluss eine Abstimmung wohl erfolgt sein dürfte, ist die Klagemöglichkeit aus Stimmbindungen eher theoretischer Natur.[5] Durch Auslegung der Stimmbindung können sich Nebenpflichten ergeben, die zu neuen Abstimmungspflichten führen, wenn zunächst bindungswidrig abgestimmt worden sein sollte. Zumindest sollte vorsorglich vereinbart werden, dass im Falle einer vertragswidrigen Stimmabgabe die Verpflichtung des gebundenen Gesellschafters besteht, alles zu unternehmen, dass der mit seiner Stimmabgabe zustande gekommene, bindungswidrige Beschluss durch erneute Beschlussfassung ungeschehen gemacht und ein im Sinne der Stimmbindung positiver Beschluss gefasst, jedenfalls die gebundenen Stimmrechte pflichtgemäß nochmals ausgeübt werden.

---

[1] BGH, Urt. v. 20.1.1983 – II ZR 243/81, NJW 1983, 1910; BGH, Urt. v. 25.10.1990, 6 U 238/90, NJW 1991, 1119; OLG Stuttgart, Urt. v. 7.2.2001, 20 U 52/97, DB 2001, 854.
[2] *Weber* DStR 1997, 824, 828; *Zöllner/Noack* in: Baubach/Hueck, GmbHG § 47 Rn. 118; *Hillmann* in: Henssler/Strohn, Gesellschaftsrecht, 4. Aufl. 2019, GmbHG, § 47 Rn. 92; *Drescher* in: MüKoGmbHG, 3. Aufl. 2019, § 47 Rn. 250.
[3] Vgl. BGH, Urt. v. 20.1.1983 – II ZR 243/81, NJW 1983, 1910; BGH, Urt. v. 27.10.1986 – II ZR 240/85, NJW 1987, 1890; *Weber* DStR 1997, 824, 828; *Hillmann* in: Henssler/Strohn, Gesellschaftsrecht, 4. Aufl. 2019, GmbHG, § 47 Rn. 92; *Drescher* in: MüKoGmbHG, 3. Aufl. 2019, § 47 Rn. 250; kritisch *Ulmer* NJW 1987, 1849 ff.
[4] BGH, Urt. v. 29.6.1967 – II ZR 105/67, BGHZ 48, 163.
[5] *Zutt* ZHR 155 (1991), 192.

§ 59 Schadenersatzanspruch

Wird die Gesellschaftervereinbarung verletzt, bestehen Sekundäransprüche. Anhand von Stimmbindungsvereinbarungen soll das verdeutlicht werden: Wurde die Stimme pflichtwidrig abgegeben, ist „nur" die schuldrechtliche Abrede verletzt, der Gesellschafterbeschluss bleibt davon in der Regel unberührt. Das ist Folge des Trennungsprinzips. Derjenige, der pflichtwidrig die Stimme abgab, ist gemäß § 280 Abs. 1 BGB zum Schadenersatz statt der Leistung verpflichtet,[6] wenn **wegen Fehlens dieser Stimmen** der gewünschte Gesellschafterbeschluss nicht zustande kam. War die fragliche Stimme für das Beschlussergebnis nicht ausschlaggebend, besteht kein Schadenersatzanspruch.[7]

I. Naturalrestitution

Im Wege der Naturalrestitution (sie richtet sich bei Stimmbindungen auf die vertragsgemäße Stimmabgabe in der Gesellschafterversammlung) muss der Gesellschafter den Zustand herstellen, der sich bei pflichtgemäßem Verhalten, zum Beispiel bei ordnungsgemäßer Abstimmung ergeben hätte (§ 249 BGB). Wurde mangels abredewidriger Enthaltung über den Abstimmungsgegenstand kein Beschluss gefasst, hat der sich abredewidrig verhaltende Gesellschafter dafür zu sorgen, dass erneut eine Gesellschafterversammlung einberufen wird, auf der er seine Stimme vertragsgemäß abgibt.[8] Kam aufgrund der Verletzung der Stimmbindungsvereinbarung ein Beschluss mit einem anderen Inhalt als nach dem Stimmbindungsvertrag vorgesehen zustande, hat der vertragsbrüchige Gesellschafter dafür zu sorgen, dass eine neue Gesellschafterversammlung einberufen wird, in deren Rahmen der ursprüngliche Beschluss aufgehoben und ein neuer, dem Stimmbindungsvertrag entsprechender Beschluss gefasst wird.[9] In beiden Fällen wird die Pflicht zur Naturalrestitution nur dann vollständig erfüllt, wenn der neue Beschluss Rückwirkung auf den Zeitpunkt der Gesellschafterversammlung, in der sich der Gesellschafter abredewidrig verhielt, entfaltet.[10] Anspruch auf Schadenersatz haben die an der Nebenabrede Beteiligten oder, wenn die Vereinbarung zu ihren Gunsten erfolgte, auch die Gesellschaft oder andere gemäß § 328 BGB Berechtigte. Abgesehen von den Sonderfällen, dass die Primärgesellschaft unmittelbar Partei der Nebenabrede ist oder diese zu ihren Gunsten wirkt (§ 328 BGB), liegt, wenn die Nebenabrede verletzt wird, keine Pflichtverletzung gegenüber der Primärgesellschaft vor.[11]

II. Schadenersatz in Geld

Ist Naturalrestitution nicht möglich oder zur Entschädigung des Gläubigers nicht genügend, ist gemäß § 251 BGB Schadenersatz in Geld zu leisten.[12] Die genaue Schadensbezifferung gestaltet sich gerade bei Verstößen gegen Stimmbindungen schwierig.[13] Fraglich ist schon, ob bei einem Verstoß gegen eine Stimmbindung überhaupt ein Vermögensschaden entstanden ist. In der Praxis bietet es sich daher an, eine Vertragsstrafe als Sanktion für die Verletzung nebenvertraglicher Bindungen zu vereinbaren.[14]

---

6 *Hillmann* in: Henssler/Strohn, Gesellschaftsrecht, 4. Aufl. 2019, GmbHG, § 47 Rn. 91.
7 *Drescher* in: MüKoGmbHG, 3. Aufl. 2019, § 47 Rn. 251; *Römermann* in: MHLS GmbHG § 47 Rn. 529.
8 *Römermann* in: MHLS GmbHG § 47 Rn. 528.
9 *Römermann* in: MHLS GmbHG § 47 Rn. 528.
10 *Römermann* in: MHLS GmbHG § 47 Rn. 528.
11 *Drescher* in: MüKoGmbHG, 3. Aufl. 2019, § 47 Rn. 250.
12 *Priester* in: FS Raiser, 2005, S. 293, 302.
13 Statt vieler *Piehler* DStR 1992, 1654.
14 *Zöllner/Noack* in: Baumbach/Hueck, GmbHG § 47 Rn. 119; *Piehler* DStR 1992, 1654, 1661; *Römermann* in: MHLS GmbHG § 47 Rn. 530.

§ 60 Absicherung des Erfüllungsanspruchs

6 Bei der Abfassung von Nebenvereinbarungen ist besondere Obacht auf die präventive Absicherung des Vertragsinhalts, das heißt der Erfüllung der vertraglichen Pflichten durch die Vertragsparteien zu legen. Gesellschaftervereinbarungen sollten daher Sanktionen für Verstöße sowie Streitbeilegungsklauseln enthalten, die häufig aber fehlen.[15] Wenn und soweit – wie im Regelfall – Nebenvereinbarungen aus Vertraulichkeitsgründen geschlossen werden, ist eine Geheimhaltungsklausel – auch für die Zeit nach Ausscheiden eines Gesellschafters oder Beendigung der Abrede – zwingend, deren Verletzung ebenfalls vertragsstrafebewehrt sein sollte.

7 Für die Gestaltungspraxis bieten sich die nachfolgend dargestellten Mechanismen an: I. Kündigung oder Ausschluss aus der Sekundärgesellschaft (→ Rn. 8), Ausschluss aus der Primärgesellschaft (→ Rn. 10), Stimmrechtsvollmacht (→ Rn. 13) und Vertragsstrafe (→ Rn. 15, Klauselvorschlag → Rn. 18).

I. Kündigung des Vertragsbrüchigen oder Ausschluss aus der Sekundärgesellschaft

8 Ist durch den Abschluss des Nebenvertrages eine separate Gesellschaft bürgerlichen Rechts („Sekundärgesellschaft") entstanden, haben die Gesellschafter (die Nebenvertragsbeteiligten) das Recht, dem vertragsbrüchigen Gesellschafter gemäß § 723 Abs. 3 BGB zu kündigen. Aus einer Gesellschaft bürgerlichen Rechts können Gesellschafter aus wichtigem Grund ausgeschlossen werden. Die vertragswidrige Handlung kann einen wichtigen Grund darstellen, wenn die (vertragstreue) Handlung wie im Regelfall Zweck der Gesellschaft ist, insbesondere wenn und weil die Nebenabrede das Gesellschaftsverhältnis erst zustande bringt. Wollen die Gesellschafter die Stimmbindung unter sich bestehen lassen, nach dem dem Vertragsbrüchigen gekündigt wurde, muss im Nebenvertrag gemäß § 736 Abs. 1 BGB entweder die Fortsetzung vereinbart sein (Fortsetzungsklausel) oder die Fortsetzung beschlossen werden.

9 Zwar mag ein vertragsbrüchiger Gesellschafter der Sekundärgesellschaft ohnehin kein Interesse an ihrer Fortsetzung haben. Für die übrigen Beteiligten ist es aber von praktischer Bedeutung, dass in der Nebenvereinbarung rechtssicher formulierte Ausschließungsklauseln enthalten sind. Für den Fall, dass die Nebenvereinbarung keine eigene Gesellschaft begründet, sollten Kündigungs- oder Ausschlussklauseln vorgesehen werden, um die verbliebenen Gesellschafter auf diese Weise in den Stand zu versetzen, das Vertragsverhältnis zu der vertragsbrüchigen Partei zu beenden.

II. Ausschluss aus der Primärgesellschaft

10 Auf Ebene der Primärgesellschaft gilt es, mehrere Aspekte zu bedenken: Der Verstoß gegen die Nebenvereinbarung stellt als solcher in der Regel keinen wichtigen Grund für den Ausschluss oder die Einziehung von Anteilen auf Ebene der Primärgesellschaft dar. Insoweit sind die verschiedenen Regelungs- und Rechtskreise – Gesellschaftervereinbarung auf der einen Seite, Primärgesellschaft auf der anderen Seite – zu trennen. Aufgrund des Trennungsprinzips tangiert der Verstoß gegen die schuldrechtliche Abrede die Ebene der Primärgesellschaft grundsätzlich nicht. Voraussetzung wäre zugleich ein erheblicher Pflicht- und Vertrauensverstoß auf Ebene der Primärgesellschaft in Verbindung mit der Unzumutbarkeit für die übrigen Gesellschafter, das Primärgesellschaftsverhältnis fortzuführen. Eine Einziehung der Anteile oder ein Ausschluss aus der Primärgesellschaft setzt allerdings voraus, dass die an der Nebenvereinbarung Beteiligten eine Mehrheit in der Gesellschaftsversammlung der Primärgesellschaft haben oder jedenfalls die Verhältnisse dort so beeinflussen können,

---

[15] *Zutt* ZHR, 155 (1991), 213, 215.

dass ein Einziehungs- oder Ausschließungsbeschluss tatsächlich gefasst würde. Weiterer Nachteil an der Einziehungs- oder Ausschließungsfolge ist es, dass im sich hieran oftmals anschließenden Rechtsstreit die Vertragsverstöße und ihr Durchschlagen auf das Gesellschaftsverhältnis in der Primärgesellschaft diskutiert werden müssten, wodurch Bestehen und Inhalt der Nebenabrede publik würden.

Hilfreicher mag deswegen eine Andienungspflicht der Geschäftsanteile als Sanktion für Nebenvertragsverstöße sein,[16] was allerdings von der Zulässigkeit der entsprechenden Veräußerung nach der Satzung der Primärgesellschaft (Vinkulierung) abhängt. Mit der Andienungspflicht eng verwandt ist die Verpflichtung des Vertragsbrüchigen, die Geschäftsanteile an die übrigen Vertragspartner der Nebenabrede zu übertragen. Diese Rechtsfolge auf Ebene der Primärgesellschaft könnte zugleich an die Hinauskündigung aus der Nebenabrede bzw. dem Ausschluss aus der Sekundärgesellschaft, beispielsweise eines Konsortiums gekoppelt werden.[17] Schließlich könnte die Anteilsabtretung bereits im Voraus und auf den späteren Verstoß gegen die Nebenvereinbarung bedingt erfolgen. Regelungsort dieser bedingten Anteilsabtretung könnte die Nebenvereinbarung sein, was aber die notarielle Beurkundung der Nebenvereinbarung nach sich ziehen kann (§ 15 GmbHG).

Denkbar ist schließlich, die Rechtsfolge – beispielsweise die Anteilsabtretung – durch eine Vollmachtklausel abzusichern, die den Berechtigten in die Lage versetzt, das Abtretungsgeschäft mit sich zustande zu bringen, sobald bestimmte Voraussetzungen – beispielsweise ein konkreter Verstoß gegen den Nebenvertrag – eingetreten sind.

III. Stimmrechtsvollmacht

Eine Absicherung der faktischen Erfüllung von Stimmbindungsvereinbarungen kann über eine Stimmrechtsvollmacht des Gebundenen an den Berechtigten oder einen Dritten, der das Vertrauen des Berechtigten genießt, erfolgen (Vertreterklausel).[18] Die Bevollmächtigung unterliegt aber bestimmten Grenzen, sie darf nicht unwiderruflich sein,[19] das Abspaltungsverbot ist zu beachten und etwaige Dritte sind als Stellvertreter auch an die Treuepflicht zur Gesellschaft gebunden.[20] Unwiderruflich darf die Vollmacht nur dann sein, wenn sie mit dem zugrundeliegenden Rechtsverhältnis endet.[21] Zudem muss sie stets aus wichtigem Grund widerrufen werden können.[22] Anderenfalls würde das Stimmrecht dauerhaft auf den Vertreter übertragen und würden dem Gesellschafter die Stimmrechte entzogen. Stimmrecht und Geschäftsanteil sind aber untrennbar miteinander verbunden und dürfen nicht separat auf Dritte übertragen werden (Abspaltungsverbot).[23] Die Vollmacht darf ferner nicht unwiderruflich sein und gleichzeitig einen Stimmrechtsverzicht des Gesellschafters beinhalten, denn damit verstößt sie gegen das Abspaltungsverbot und ist nichtig.[24]

---

[16] BGH, Urt. v. 13.6.1994 – II ZR 38/93, BGHZ 126, 226 = NJW 1994, 2537 („Schutzgemeinschaft I"); Formulierungsbeispiel: *„Im Falle eines Ausschlusses aus der GbR ist der Gesellschafter verpflichtet, seine Geschäftsanteile an der XY GmbH auf die übrigen Gesellschafter im Verhältnis ihrer Beteiligung an der GmbH zu übertragen"*, vgl. Herringer, MittRhNotK 1993, 269, 281 f.
[17] *Herringer*, MittRhNotK 1993, 269.
[18] *Piehler* DStR 1992, 1654, 1661.
[19] *Piehler* DStR 1992, 1654, 1661; *Altmeppen* in: Roth/Altmeppen, GmbHG, 9. Aufl. 2019, § 47 Rn. 55.
[20] *Altmeppen* in: Roth/Altmeppen, GmbHG, 9. Aufl. 2019, § 47 Rn. 55.
[21] *Zöllner/Noack* in: Baumbach/Hueck, GmbHG § 47 Rn. 50; *Römermann* in: MHLS, GmbHG, 3. Aufl. 2017, § 47 Rn. 430 ff.
[22] Zur OHG: Urt. v. 10.11.1951 – II ZR 111/50, BGHZ 3, 354, 359; zur KG: BGH, Urt. v. 14.5.1956 – II ZR 229/54, BGHZ 20, 363, 364; zur AG: BGH, Urt. v. 17.11.1986 – II ZR 96/86, NJW 1987, 780, 781; *Zöllner/Noack* in: Baumbach/Hueck, GmbHG § 47 Rn. 50; *Fischer* GmbHR 1952, 113; *Fleck* in: FS Fischer, 1979, 115; *Teichmann* in: Gerlein/Ekkenga/Simon, GmbHG, 1. Aufl. 2012, § 47 Rn. 28; *Altmeppen* in: Roth/Altmeppen, GmbHG, 9. Aufl. 2019, § 47 Rn. 55.
[23] Zur KG: BGH, Urt. v. 14.5.1956 – II ZR 229/54, BGHZ 20, 363; zur GmbH: BGH, Urt. v. 25.2.1965 – II ZR 287/63, BGHZ 43, 261, 267; zur AG: BGH, Urt. v. 17.11.1986 – II ZR 96/86, NJW 1987, 780.
[24] *Altmeppen* in: Roth/Altmeppen GmbHG, 9. Aufl. 2019, § 47 Rn. 55; *Drescher* in: MüKoGmbHG, 3. Aufl. 2019, § 47 Rn. 93.

Dies würde dazu führen, dass nurmehr dem Vertreter, aber nicht mehr dem Vollmachtgeber die Ausübungsbefugnisse zustünden (verdrängende Vollmacht). Im Einzelfall kann eine solche Vollmacht in eine aus wichtigem Grund kündbare Vollmacht umgedeutet werden.[25] Eine verdrängende Vollmacht hätte lediglich schuldrechtliche Wirkung im Innenverhältnis zwischen Vollmachtgeber und Vertreter, nie aber im Außenverhältnis.[26] Sie ist im Außenverhältnis stets unwirksam.

14 Über Stimmrechtsvollmachten können faktisch auch andere Verpflichtungen als Stimmbindungen abgesichert werden.

IV. Vertragsstrafe

15 Generell empfiehlt sich – eventuell auch abgestuft nach der Bedeutung der verletzten Regelung – die Vereinbarung von Vertragsstrafen, schon um Schwierigkeiten bei der Ermittlung der Schadenshöhen für eventuelle Ersatzansprüche, den Einschränkungen der Erfüllungsklage sowie der Zeitdauer gerichtlicher und schiedsgerichtlicher Verfahren aus dem Weg zu gehen (§§ 339 ff. BGB oder § 348 HGB bei Kaufleuten).[27] Der Betrag der Vertragsstrafe darf naturgemäß nicht zu hoch bemessen sein, dennoch sollte er eine abschreckende Wirkung haben und zur Vertragseinhaltung anhalten.[28] Der Anspruch auf Vertragsstrafe wird anteilig den weiteren Parteien der Nebenvereinbarung gewährt (Teilgläubigerschaft) oder wird als Gesamtgläubigerschaft ausgestaltet; letzteres ist im Zweifel anzunehmen.[29] Die Strafe kann aber auch zu Gunsten der Gesellschaft vereinbart oder an diese abgetreten werden.[30]

16 Die Vertragsstrafeklausel kann in die Satzung bzw. den Gesellschaftsvertrag aufgenommen werden, wobei dann allerdings das Risiko besteht – bei Satzungen von Kapitalgesellschaften auch wegen deren Publizität –, dass die Klausel zu unspezifisch gehalten ist und es bei Durchsetzungsversuchen zu rechtlichen Problemen kommen wird.

17 Die Vertragsstrafe kann im Wege der actio pro socio geltend gemacht werden, da Gesellschafter einen Anspruch gegen einen Mitgesellschafter haben.

18 Beispiel einer **Vertragsstrafeklausel:**

> § ... Vertragsstrafe
> Verstößt ein Mitglied des Konsortiums gegen diesen Vertrag, ist es zur Zahlung einer Vertragsstrafe in Höhe von 50.000,00 EUR verpflichtet. Die Zahlung wird sofort fällig und ist an die GbR auszuzahlen. Die Vertragsstrafe steht den Mitgliedern des Konsortiums, die sich vertragskonform verhalten halten, zu. Schadenersatzansprüche im Übrigen bleiben unberührt. Geleistete Vertragsstrafezahlungen sind hierauf anzurechnen.

---

[25] *Drescher* in: MüKoGmbHG, 3. Aufl. 2019, § 47 Rn. 93; entgegen § 140 BGB der Umdeutung widersprechend: *Fischer* GmbHR 1952, 113; ähnlich KG, Urt. v. 11.12.1998, 14 U 4594/97, NZG 1999, 446.
[26] *Römermann* in: MHLS GmbHG § 47 Rn. 436 f.; *Kiefner* NZG 2011, 887, 888.
[27] *Baumann/Reiß* ZGR 1989, 157, 185.
[28] *Priester* in: FS Raiser, 2005, 293, 303.
[29] *Söntgerath*, Vermittelte Mehrheit, 2010, S. 264.
[30] BGH, Urt. v. 10.3.1986 – II ZR 147/85, NJW-RR 1986, 1159.

Kapitel 19. Rechtsschutz

§ 61 Hauptsache- und Eilverfahren vor staatlichen Gerichten

Die Fragen zum Rechtsschutz im Zusammenhang mit Gesellschaftervereinbarungen drehen sich im Wesentlichen um die Durchsetzung der Leistungsversprechen aus der Nebenabrede („Erfüllung"), die Durchsetzung von Schadenersatz- und Vertragsstrafeansprüchen sowie schließlich darum, ob Gesellschafterbeschlüsse, die unter Verletzung einer allseitigen Nebenabrede zustande kamen, durch Anfechtungsklage gegen die Gesellschaft und nicht durch Leistungsklage gegen die anderen Gesellschafter aus der Welt geschafft werden können.

I. Hauptsacheverfahren vor staatlichen Gerichten

1. Erfüllungsklage

a) Zulässigkeit der Erfüllungsklage. Seit der Grundsatzentscheidung des BGH vom 29.5.1967[1] ist die Leistungsklage zur gerichtlichen Durchsetzung des Erfüllungsanspruches aus einer Gesellschaftervereinbarung eröffnet und eine Vollstreckung nach § 894 ZPO zulässig.[2] Im Urteilssachverhalt ging es um eine Stimmbindungsvereinbarung; der Beklagte hielt die Klage auf Erfüllung einer Abstimmungsvereinbarung für unzulässig und meinte, der Klägerin stünden nur Schadenersatzansprüche zu. Der BGH urteilte anders als noch das Reichsgericht[3] und teilte auch verschiedene in der Literatur geäußerte Bedenken nicht. Bis zu diesem Urteil des BGH wurde die Erfüllungsklage unter anderem aus Gründen der Prozessökonomie für nicht zulässig gehalten.[4] Selbst wenn nach erfolgreicher Klage das Urteil rechtzeitig vollstreckt werden könne, wäre eine anschließend erneute abweichende und damit bindungswidrige Beschlussfassung möglich.[5]

Die Klage aus einer Stimmbindungsvereinbarung ist gemäß § 259 ZPO auch schon vor Beschlussfassung zulässig.[6] Gemäß § 259 ZPO muss der Kläger hierfür die Besorgnis nachweisen können, der Schuldner der Stimmabgabe werde sich anderenfalls der rechtzeitigen Leistung entziehen. Ausreichend ist beispielsweise, dass der Schuldner der Stimmabgabe den Anspruch auf eine bestimmte Stimmabgabe aus der Stimmbindungsvereinbarung ernstlich bestreitet.[7]

b) Aktiv- und Passivlegitimation. Die Klage richtet sich gegen den die Stimmbindung (eventuell künftig) verletzenden Vertragspartner, nicht gegen die Gesellschaft. Kläger können nur die durch die Stimmbindung Berechtigten sein. Wurde durch die Nebenabrede gemäß § 328 BGB ein Leistungsanspruch zugunsten der Primärgesellschaft begründet, kann (auch) diese die Leistungsklage erheben.

c) Klageantrag (Stimmbindungsvereinbarung). Der Klageantrag muss im Falle einer Stimmbindungsvereinbarung auf die Verpflichtung zu einer künftigen Beschlussfassung gerichtet sein. Der Klageantrag ist so konkret wie möglich zu formulieren, damit das Gericht prüfen kann, ob die beantragten Beschlüsse rechtmäßig sind.[8] So ist beispielsweise

---

[1] BGH, Urt. v. 29.5.1967 – II ZR 105/67, BGHZ 48, 163.
[2] BGH, Urt. v. 29.5.1967 – II ZR 105/67, BGHZ 48, 163; *Römermann* in: MHLS GmbHG § 47 Rn. 540 und 546; *Baumann/Reiß* ZGR 1989, 157, 185; *Odersky* in: FS Lutter, 2000, 557, 561.
[3] RG, Urteil vom 20.11.1925, II 576/24, RGZ 112, 273, 279 f.; RG, Urteil vom 5.4.1939, II 155/38, RGZ 160, 257, 262.
[4] *Behrens*, FS 100 Jahre GmbHG, 1992, 539, 551 f.; *Zöllner/Noack* in: Baumbach/Hueck, GmbHG § 47 Rn. 119.
[5] RG, Urteil vom 20.11.1925, II 576/24, RGZ 112, 273, 279 f.
[6] *K. Schmidt* in: Scholz, GmbHG, 12. Aufl. 2018, § 47 Rn. 57.
[7] Vgl. *Foerste* in: Musielak/Voit, ZPO, 16. Aufl. 2019, § 259 Rn. 5.
[8] OLG Saarbrücken, Urt. v. 10.10.2006 – 4 U 382/05, GmbHR 2007, 143; *Hillmann* in: Henssler/Strohn, Gesellschaftsrecht, 4. Aufl. 2019, GmbHG § 47 Rn. 93, 94.

ein Klageantrag, wonach sich die Stimmverpflichtung auf in künftigen Gesellschafterversammlungen der GmbH mit qualifizierter Mehrheit gefasste Beschlüsse über die Abberufung eines bestimmten Geschäftsführers der GmbH sowie über die Bestellung eines neuen Geschäftsführers für die GmbH richtet, noch immer zu unpräzise.[9] Weder sei klar, ob die Abberufung des bisherigen Geschäftsführers aus wichtigem Grund oder ohne wichtigen Grund erfolge noch wer anstelle des bisherigen Geschäftsführers zum Geschäftsführer der GmbH bestellt werden soll.[10] Weil im Streitfall der Klageantrag nicht bestimmt genug gefasst war, damit das Gericht prüfen konnte, ob die Beschlüsse infolge einer antragsgemäßen Verurteilung zur Stimmabgabe rechtmäßig waren, bestand die Gefahr, dass der Beklagte im Falle antragsgemäßer Verurteilung gezwungen gewesen wäre, einem gesetzeswidrigen Beschluss zuzustimmen.

6 **d) Rechtsschutzbedürfnis.** Nach der Rechtsprechung des BGH schlägt eine Nebenabrede auf die Satzung ausnahmsweise dann durch, wenn alle Gesellschafter Partei der Nebenabrede sind. Konkret entschied der BGH, dass ein Gesellschafterbeschluss, der unter Verletzung einer omnilateralen Nebenabrede zustande kam, anfechtbar ist und durch Erhebung einer Anfechtungsklage gegen die Gesellschaft mit der Begründung, der Beschluss sei nebenvertragswidrig, beseitigt werden kann.[11] Fraglich ist, ob eine Anfechtungsklage gemäß § 243 Abs. 1 AktG (analog) das Rechtsschutzbedürfnis für eine Leistungsklage aus der Nebenabrede entfallen lässt. Das OLG Köln[12] sowie die Literatur[13] lehnen dies ab. Zwar ist nicht auszuschließen, dass im Einzelfall die Anfechtungsklage unter prozessökonomischen Gründen einer Leistungsklage vorzuziehen ist. Wo der Gesetzgeber allerdings mehrere Rechtsschutzmöglichkeiten vorsieht, wird grundsätzlich ein gleichberechtigtes Nebeneinander dieser Möglichkeiten gewollt sein.[14] Dies gilt umso mehr, wenn die beiden Rechtsschutzmöglichkeiten gegenüber verschiedenen Beklagten bestehen.[15] Denn während die Anfechtungsklage gemäß § 243 Abs. 1 AktG (analog) gegen die Gesellschaft zu richten ist, richtet sich die Leistungsklage aus der Nebenabrede gegen den die Stimmbindung (eventuell künftig) verletzenden Vertragspartner.

2. Beschlussanfechtung

7 Verstöße gegen die Nebenabrede betreffen nur die an ihr Beteiligten oder Dritte, zu deren Gunsten die Nebenabrede besteht und die aus ihr Rechte herleiten können (etwa die Primärgesellschaft). Durch die Trennung der Ebenen der Nebenabrede und der Primärgesellschaft haben Verstöße grundsätzlich keine verbandsrechtlichen Auswirkungen. Stimmt etwa ein gebundener Gesellschafter vertragswidrig ab, bleiben sowohl die Stimmabgabe als auch der Gesellschafterbeschluss wirksam.[16] Verstößt ein Gesellschafterbeschluss hingegen gegen die Satzung, ist dieser Beschluss anfechtbar.[17] Verstößt ein Gesellschafterbeschluss gegen eine Nebenvereinbarung, ist er – wenn nicht zugleich auch ein Satzungsverstoß vorliegt – nicht anfechtbar.[18] Die strikte dogmatische Trennung von Satzung und schuldrechtlicher Nebenabrede wurde durch ein Urteil des BGH aufgeweicht, der in der so

---

[9] Vgl. OLG Saarbrücken, Urt. v. 10.10.2006 – 4 U 382/05, GmbHR 2007, 143, 148.
[10] Vgl. OLG Saarbrücken, Urt. v. 10.10.2006 – 4 U 382/05, GmbHR 2007, 143, 148.
[11] BGH, Urt. v. 20.1.1983 – II ZR 243/81, NJW 1983, 1910; siehe hierzu ausführlich oben unter → Kap. 6 Rn. 5.
[12] OLG Köln, Urt. v. 16.3.1988 – 6 U 38/87, GmbHR 1989, 76, 77.
[13] *K. Schmidt* in: Scholz, GmbHG § 47 Rn. 57.
[14] Vgl. BGH, Urt. v. 14.3.1979 – IV ZR 98/78, NJW 1979, 1508; OLG Köln, Urt. v. 16.3.1988 – 6 U 38/87, GmbHR 1989, 76, 77.
[15] Vgl. OLG Köln, Urt. v. 16.3.1988 – 6 U 38/87, GmbHR 1989, 76, 77.
[16] *Schindler* in: BeckOK GmbHG, 44. Ed., Stand: 1.11.2019, § 47 Rn. 72; OLG Saarbrücken, Urt. v. 24.11.2004, 1 U 202/04, OLGR Saarbrücken 2005, 258.
[17] *Fichtelmann* in: Bartl/Bartl/Fichtelmann/Koch/Schlarb/Schmitt, GmbH-Recht, 7. Aufl. 2014, § 47 Rn. 111.
[18] *Wertenbruch* in: MüKoGmbHG, 3. Aufl. 2019, Anh. zu § 47 Rn. 208; BGH, Urt. v. 20.1.1983, ZR 243/81, NJW, 1983, 1910.

genannten „Kerbnägel"-Entscheidung aus dem Jahr 1983 einen Durchgriff zugelassen und eine Beeinflussung korporativer Regelungen bejaht hatte.[19] Ein Gesellschafterbeschluss kann danach gemäß § 243 Abs. 1 AktG zumindest dann angefochten werden, wenn der Beschluss unter Verletzung einer Gesellschaftervereinbarung zustande kam und an dieser Gesellschaftervereinbarung alle Gesellschafter beteiligt sind.[20] In diesen Fällen sind die Gesellschafter nicht auf den umständlichen Weg der Leistungsklage auf der Grundlage der Gesellschaftervereinbarung gegen den die Vereinbarung verletzenden Mitgesellschafter verwiesen, um durch dessen Verurteilung zu einer gegenteiligen Stimmabgabe den Beschluss aus der Welt zu schaffen. Geht es beispielsweise um die Bestellung eines Vorstandsmitglieds, führt eine erfolgreiche Anfechtungsklage zur rückwirkenden Beseitigung der Bestellung,[21] während eine Leistungsklage darauf abzielt, dass mithilfe eines neuen Beschlusses das Vorstandsmitglied mit Ex-nunc-Wirkung abberufen wird.[22]

II. Einstweiliger Rechtsschutz vor staatlichen Gerichten

Die Instrumente des einstweiligen Rechtsschutzes sollen die Rechtsdurchsetzung vor Vereitelung oder sonstiger Gefahr des Untergangs eines Anspruchs schützen oder die Unterlassung einer Handlung unterbinden. Ersichtlich ist diese Notwendigkeit insbesondere im Falle von Stimmbindungsvereinbarungen, bei denen Urteile über die Durchsetzung eines Anspruchs aus einer Stimmbindungsvereinbarung in der Regel zu spät kommen. Die Beschlussfassung fand möglicherweise zwischenzeitlich statt. Statt des zeitintensiven Klageverfahrens kann der einstweilige Rechtsschutz als schnelle Lösung dienen. Einstweiliger Rechtsschutz ist im Sinne des effektiven Rechtsschutzes grundsätzlich auch bei Gesellschafterstreitigkeiten[23] eröffnet, auch für Fragen der Stimmabgabe und der Beschlussfassung. 8

1. Einstweilige Verfügung

a) Allgemeines. Die einstweilige Verfügung soll einen Anspruch sichern, der keine Geldforderung ist. Sie ist nur möglich, wenn die Gefahr besteht, dass durch eine Veränderung des bestehenden Zustands die Verwirklichung des Rechts einer Partei vereitelt oder wesentlich erschwert werden könnte (§ 935 ZPO). 9

Voraussetzungen einer einstweiligen Verfügung sind ein Antrag und die schlüssige Darlegung und Glaubhaftmachung eines materiell-rechtlichen Verfügungsanspruchs (Anspruch aus der Nebenabrede, z. B. Leistungsanspruch, Herausgabeanspruch, Unterlassungsanspruch) und ein Verfügungsgrund (Eilbedürftigkeit im Sinne der Gefahr der Vereitelung).[24] Antragsteller wären die Vertragspartner der Nebenvereinbarung oder die Primärgesellschaft, wenn sie entweder Vertragspartner oder begünstigte Dritte der Nebenvereinbarung sein sollte. Im Vorfeld ist der Verfügungsgrund stets sehr sorgfältig zu prüfen, weil hieran in der forensischen Praxis nicht selten die Durchsetzung von Ansprüchen aus Nebenvereinbarungen scheitert, insbesondere wenn es um Randfragen der Ausgestaltung von Gesellschafterrechten geht. In der Regel bejahen die Gerichte die Eilbedürftigkeit nur bei schwerwiegenden Eingriffen in Gesellschafterrechte. Fehlt die Eilbedürftigkeit, bleibt nur der Weg des „normalen" gerichtlichen Verfahrens. Sollte die einstweilige 10

---

[19] BGH, Urt. v. 20.1.1983 – II ZR 243/81, NJW 1983, 1910.
[20] Siehe zu dieser Durchbrechung des Trennungsprinzips ausführlich oben unter → Kap. 6 Rn. 4f.
[21] Vgl. *Koch* in: Hüffer/Koch, AktG, 14. Aufl. 2020, § 248 Rn. 6.
[22] Vgl. OLG Köln, Urt. v. 16.3.1988 – 6 U 38/87, GmbHR 1989, 76, 77.
[23] Vgl. schon *Semler* BB 1979, 1533 ff.; *Vollkommer* in: Zöller, ZPO, 32. Aufl. 2018, § 940 Rn. 8 m. w. N.; OLG Zweibrücken, Urt. v. 30.10.1997, 4 U 11/97, NZG 1998, 385 = GmbHR 1998, 373; LG Essen, Urt. v. 9.6.2010, 42 O 100/09, NZG 2010, 867; *Damm* ZHR 154 (1991), 413, 438; *v. Gerkan* ZGR 1985, 167, 183; OLG Zweibrücken, Urt. v. 30.10.1997, 4 U 11/91, GmbHR 1998, 373; *Kiethe* DStR 1993, 609 ff.
[24] *Kiethe* DStR 1993, 609 ff.

Verfügung zu Unrecht erwirkt worden sein, besteht eine verschuldensunabhängige Schadenersatzpflicht des Antragstellers aus § 945 ZPO. Je nach Anspruch ist eine Unterlassungsverfügung (§ 938 Abs. 2 ZPO) oder eine Leistungsverfügung (§§ 935, 940 ZPO) möglich.

11 b) Vollziehung eines abredewidrig gefassten Gesellschafterbeschlusses. Mit der einstweiligen Verfügung kann insbesondere gegen die Vollziehung eines Gesellschafterbeschlusses angegangen werden.[25] Das ist in der Praxis der Regelfall einstweiliger Verfügungen auf dem Gebiet des Gesellschaftsrechts. Dem Gericht muss dann – soweit bei einem Verstoß gegen eine Nebenabrede eine Anfechtungsklage in Betracht kommt[26] – auch glaubhaft gemacht werden, dass bereits Anfechtungsklage erhoben wurde oder noch wird, wenn kein nichtiger Beschluss,[27] sondern ein anfechtbarer Beschluss vorliegt.[28]

12 c) Vorwegnahme der Hauptsache (Stimmbindungsvereinbarungen). Soll aus Stimmbindungsverträgen im Wege einstweiligen Rechtsschutzes vorgegangen werden, wären zwei Verfügungsarten denkbar: Zum einen eine Verfügung auf Unterlassen einer Stimmabgabe (etwa wenn eine „vertragsgemäße" Stimmabgabe aus unwirksamer Abrede angekündigt wurde), zum anderen eine Verfügung auf vereinbarungsgemäße Stimmabgabe. Streit entzündet sich vor allem bei der Frage, ob eine einstweilige Verfügung im Zusammenhang mit einer Stimmbindungsvereinbarung unzulässig ist, da infolge der einstweiligen Verfügung die Hauptsache vorweggenommen wird.

13 d) Keine Differenzierung zwischen Stimmabgabe und Unterlassen einer Stimmabgabe. Teilweise gehen Rechtsprechung und Literatur davon aus, dass bei einer Unterlassungsverfügung der einstweilige Rechtsschutz möglich und bei einer Leistungsverfügung – also auf Abgabe einer Stimme in einem bestimmten Sinne – nicht möglich sei, weil bei der Leistungsverfügung im Gegensatz zur Unterlassungsverfügung die Hauptsache vorweggenommen werden würde,[29] vorläufige Rechtsschutzverfahren aber lediglich die **spätere Befriedigung** sichern sollen.[30] Ob es zu einer Vorwegnahme der Hauptsache käme oder nicht, dürfte als Unterscheidungskriterium untauglich sein, weil die Untersagung einer Stimmabgabe ebenso eine Vorwegnahme der Hauptsache bedeutete wie die Verpflichtung zur Stimmabgabe.[31] Denn für die Frage der Vorwegnahme der Hauptsache macht es keinen Unterschied, ob beantragt wird, der Antragsgegner solle in einer bestimmten Weise abstimmen oder solle in einer bestimmten Weise nicht abstimmen; bei Stattgabe des Antrags ist die Hauptsache stets vorweggenommen, weil die Versammlung, auf der es auf die Ausübung des Stimmrechts ankam, abgehalten sein wird, bevor in der Hauptsache ein Urteil ergehen kann.

14 e) Einstweilige Verfügung bei Verstößen gegen Stimmbindungsvereinbarung grundsätzlich zulässig. Bei Verpflichtung zur Abgabe einer Stimme gemäß Stimmbindungsvertrag käme ein Antrag auf Sicherungsverfügung gemäß § 935 ZPO (Leistungsverfügung) in Betracht. Hierdurch könnte der gebundene, aber (womöglich) vertragsuntreue Gesellschafter zur Stimmabgabe so wie vereinbart gezwungen werden. Die Zulässigkeit

---

[25] *Damm* ZHR 154 (1990), 413, 437 m. w. N.; *Lutz* BB 2000, 833, 837.
[26] → Kap. 6 Rn. 11 f.
[27] Nichtig sind GmbH-Gesellschafterbeschlüsse nur unter den Voraussetzungen des § 47 GmbHG i. V. m. § 241 AktG, was im Zusammenhang mit Nebenabreden nicht relevant ist.
[28] *Jaeger* in: Oppenländer/Trölitzsch, Praxishandbuch der GmbH-Geschäftsführung, 2. Aufl. 2011, § 19 Rn. 146 f.; auch bei Anfechtung eines Aufsichtsratsbeschluss bei der AG: OLG Celle, Urt. v. 9.10.1989, 9 U 186/89, ZIP 1989, 1552.
[29] OLG Koblenz, Urt. v. 27.2.1986, 6 U 261/86, NJW 1986, 1692; OLG Hamm, Beschl. v. 6.7.1992, 8 W 18/92; a. A. *Kiethe* DStR 1993, 609, 610; ablehnend: *Herringer*, MittRhNotK 1993, 269, 279.
[30] *Müller* GmbHR 2007, 113, 117; *Herringer*, MittRhNotK 1993, 269, 279; *Schindler* in: BeckOK GmbHG, 44. Edition, Stand: 1.11.2019, § 47 Rn. 75; *Drescher* in: MüKoZPO, 5. Aufl. 2016, § 938 Rn. 9 ff.; *Haertlein* in: Kindl/Meller-Hannich/Wolf, Gesamtes Recht der Zwangsvollstreckung, 3. Aufl. 2015, § 935 ZPO Rn. 33.
[31] *Römermann* in: MHLS GmbHG § 47 Rn. 549; *K. Schmidt* in: Scholz, GmbHG, 12. Aufl. 2018, § 47 Rn. 59; *Zutt* ZHR 155 (1991), 190, 201; *Damm* ZHR (1990), 413, 435.

einstweiligen Rechtsschutzes zur Durchsetzung von Pflichten aus Stimmbindungsvereinbarungen ist besonders umstritten, weil in dieser Konstellation besonders greifbar wird, dass der Erlass der einstweiligen Verfügung eine Vorwegnahme der Hauptsache darstellt und – so zumindest frühere Ansichten – ein Eingriff in die Willensbildung der Gesellschaft vorliegt.[32] Dass eine Vorwegnahme der Hauptsache bei der Verfügung zur Stimmabgabe in einem bestimmten Sinne vorliege, nehmen ein Teil der Literatur und teilweise die obergerichtliche Rechtsprechung an.[33] Nach anderer Ansicht liege eine Vorwegnahme dann nicht vor, wenn die Abhaltung einer Gesellschafterversammlung Gegenstand des Verfahrens sei; sei hingegen die Beschlussfassung Gegenstand des Verfahrens, liege die Vorwegnahme vor.[34] Denn ein gefasster Beschluss ohne Teilnahme des betroffenen Gesellschafters bleibe bestehen, selbst bei einem Wegfall der einstweiligen Verfügung.[35] Nach anderer Auffassung nehme jede einstweilige Verfügung die Entscheidung in der Hauptsache vorweg, zumindest bis die Entscheidung in der Hauptsache ergeht.[36] Das OLG Hamm hält eine einstweilige Verfügung, die sich auf eine Abstimmung in einer Gesellschafterversammlung bezieht, für möglich, wenn eine eindeutige Rechtslage (die vertragliche Stimmbindung) zu Gunsten des Antragstellers besteht oder ein **„überragendes Schutzrecht besteht und die einstweilige Verfügung nicht am Gebot des geringstmöglichen Eingriffs scheitert".**[37] Zu bedenken ist ferner, dass das Gebot, der Hauptsache nicht vorzugreifen, bei Nebenvereinbarungen zu vernachlässigen sein wird, weil die Gesellschafter sich selbst die Stimmbindung auferlegt haben.[38]

Nach anderen Teilen der Literatur, vor allem der jüngeren, kommt es für die Frage der Vorwegnahme der Hauptsache auf den Verfügungsgrund an.[39] Entscheidend sei, wie stark sich das Gericht in die Gesellschafterangelegenheiten einmische,[40] ähnlich auch das OLG Frankfurt bei einer Entscheidung zu einem Gesellschafterbeschluss: „... **der einstweilige Rechtsschutz setzt eine besonders schwere Beeinträchtigung der gesellschaftsrechtlichen Belange des Antragstellers voraus**".[41] Demnach ist einstweiliger Rechtsschutz bei Nebenvereinbarungen nur dann möglich, wenn die Interessen der Gesellschaft – und nicht die der Vertragspartner der Vereinbarung – besonders schwer beeinträchtigt werden.[42] Die Schwere der Beeinträchtigung ist demnach im Einzelfall festzustellen. Zu-

15

---

[32] vgl. *Zutt* ZHR 155 (1991), 190, 199 mit Verweis auf Grundsatzurteil des BGH v. 29.5.1967 – II ZR 105/67, BGHZ 48, 163; OLG München, Beschl. v. 20.7.1998 – 23 W 1455/98, NZG 1999, 407 (für den Eingriff in den Bereich der Willensbildung einer Gesellschaft, insbesondere in das Abstimmungsverhalten von Gesellschaftern, mit Mitteln des vorläufigen Rechtsschutzes); *Kiethe* DStR 1993, 609, 610; *Drescher* in: Spindler/Stilz, AktG, 4. Aufl. 2019, § 243 Rn. 249, 251, zur Aktiengesellschaft.

[33] Einstweilige Verfügung ablehnend, auch aufgrund unzulässigen Eingriffs in die Gestaltungsfreiheit der Gesellschafter: *Zöllner/Noack* in: Baumbach/Hueck, GmbHG Anh. zu § 47, Rn. 202; OLG Celle, Urt. v. 1.4.1981, 9 U 195/80, GmbHR 1981, 264; OLG Frankfurt, Urt. v. 15.12.1981, 5 W 9/81, ZIP 1982, 180; OLG Koblenz, Urt. v. 25.10.1990, 6 U 238/90, NJW 1991, 1119.

[34] OLG Frankfurt, Urt. v. 15.12.1981, 5 W 9/81, ZIP 1982, 180; OLG Koblenz, Urt. v. 25.10.1990, 6 U 238/90, NJW 1991, 1119; *Kiethe* DStR 1993, 609, 610; zur Unterscheidung Stimmabgabe/Beschlussfassung: *Zutt* ZHR 155 (1991), 213, 201; *Buchta* DB 2008, 913.

[35] *Kiethe* DStR 1993, 609, 610; *Lutz* BB 2000, 833, 836 ff.

[36] *Drescher* in: Spindler/Stilz, AktG, 4. Aufl. 2019, § 243 Rn. 249, 251; Vorwegnahme nur bei Unterlassungsverfügung: *Kiethe* DStR 1993, 609, 610; und fraglich zu wessen Lasten, vgl. *König*, Der satzungsergänzende Nebenvertrag, 1996, S. 95.

[37] OLG Hamm, Beschl. v. 6.7.1992, 8 W 18/92, GmbHR 1993, 163 = DB 1992, 2129; *Kiethe* DStR 1993, 609, 611 f.

[38] *Trölitzsch* in: Ziemons/Jaeger, BeckOK GmbHG, 44. Edition, Stand 1.5.2020, § 53 Anh. Gesellschaftervereinbarung Rn. 26; *König*, Der satzungsergänzende Nebenvertrag, 1996, S. 95, *Kiethe* DStR 1993, 609, 611.

[39] *K. Schmidt* in: Scholz, GmbHG, 12. Aufl. 2018, § 47 Rn. 59; *Priester*, FS Reuter, 2010, S. 1139, 1141.

[40] *K. Schmidt* in: Scholz, GmbHG, 12. Aufl. 2018, § 47 Rn. 59; so auch: OLG Hamburg, Urt. v. 28.6.1991, 11 U 65/91, NJW 1992, 186; Anmerkung von *K. Schmidt* zu OLG Hamburg, Urt. v. 28.6.1991, 11 U 65/91, GmbHR 1991, 467, 469 f.

[41] OLG Frankfurt, Urt. v. 1.7.1992, 17 U 9/91, GmbHR 1993, 161, 162.

[42] OLG Frankfurt, Urt. v. 1.7.1992, 17 U 9/91, OLG Hamm, Beschl. v. 6.7.1992, 8 W 18/92, GmbHR 1992, 163; *Kiethe* DStR 1993, 609; OLG Hamburg, Urt. v. 28.6.1991, 11 U 65/91, NJW 1992, 186; Anmerkung von *K. Schmidt* zu OLG Hamburg, Urt. v. 28.6.1991, 11 U 65/91, GmbHR 1991, 467,

dem sollten die Vor- und Nachteile für beide Seiten – unter Berücksichtigung der Fortsetzung des Gesellschaftsverhältnisses – betrachtet werden.[43] Die einstweilige Verfügung ist bei Verstößen gegen Stimmrechtsvereinbarungen daher grundsätzlich möglich.[44]

16 **f) Verfügungsgrund (Fallgruppen).** Ob neben einem Verfügungsanspruch aus der Stimmbindungsvereinbarung auch ein Verfügungsgrund für den Erlass einer einstweiligen Verfügung vorliegt, ist im Einzelfall zu entscheiden. Gleichwohl lassen sich zwei Fallgruppen bilden, in denen grundsätzlich ein Verfügungsgrund angenommen werden kann.

17 **g) Zusammentreffen von Beschlussfassung und Beschlussausführung.** Eine erste Gruppe, für die der Erlass einer einstweiligen Verfügung in Betracht kommt, ist diejenige, in der die Beschlussfassung und die Beschlussausführung zusammentreffen.[45] Dies ist etwa der Fall bei der Bestellung eines Geschäftsführers in der GmbH[46] oder eines Aufsichtsratsmitglieds in der Aktiengesellschaft[47]. Auch bei der Abberufung eines Geschäftsführers oder eines Aufsichtsratsmitglieds treffen die Fassung sowie die Ausführung des Beschlusses zusammen. Ein weiteres Beispiel für das Zusammentreffen von Beschlussfassung und Beschlussausführung ist die Untersagung eines bestimmten Gewinnverwendungsbeschlusses (§ 174 Abs. 1 AktG), da der Aktionär mit dem Beschluss einen unentziehbaren und sofort fälligen Anspruch auf Dividendenzahlung erhält.[48]

18 **h) Beschlüsse von gravierender Bedeutung.** Auch bei Beschlüssen von gravierender Bedeutung wird in der Literatur zu Recht ein ausreichendes Rechtsschutzinteresse für den Erlass einer einstweiligen Verfügung angenommen. Genannt werden beispielsweise ein Auflösungsbeschluss gemäß § 262 Abs. 1 Nr. 2 AktG oder Weisungsbeschlüsse gemäß § 83 Abs. 1 AktG.[49] Haben Gesellschafter zu derart wichtigen Gegenständen eine Stimmbindungsvereinbarung getroffen und beabsichtigt einer der Vertragsparteien, sich nicht an die vereinbarte Stimmabgabe zu halten, können die übrigen Vertragsparteien mit Aussicht auf Erfolg den Erlass einer einstweiligen Verfügung zur Sicherung ihrer Rechte aus der Stimmbindungsvereinbarung beantragen.

2. Arrest

19 Arrest kann gemäß § 917 ZPO zur Sicherung der Zwangsvollstreckung wegen einer Geldforderung (§ 917 Abs. 1 Alt. 1 ZPO) oder wegen eines Anspruchs, der in eine Geldforderung übergehen kann (§ 917 Abs. 1 Alt. 2 ZPO), beantragt werden. Zusätzlich zum Anspruch muss ein Arrestgrund, also die Gefährdung der Zwangsvollstreckung gemäß § 917 ZPO (dinglicher Arrest) oder nach § 918 ZPO (persönlicher Arrest), vorliegen; beides ist glaubhaft zu machen. Bei einer Nebenabrede wäre ein Gesuch auf Anordnung

---

469 f.; OLG Stuttgart, Beschl. v. 20.2.1987, 2 U 202/86, NJW 1987, 2449; OLG Stuttgart, Beschl. v. 18.2.1997, 20 W 11/97, GmbHR 1997, 312; a. A. *Damm* ZHR 154 (1990), 413, 430 ff.; OLG Koblenz, Urt. v. 25.10.1990, 6 U 238/90, NJW 1991, 1119.

[43] *Drescher* in: Spindler/Stilz, AktG, 4. Aufl. 2019, § 243 Rn. 250; *Hillman* in: Henssler/Strohn, Gesellschaftsrecht, 4. Aufl. 2019, GmbHG § 47 Rn. 95.

[44] OLG Koblenz, Urt. v. 27.2.1986, 6 U 261/86, ZIP 1986, 503 ff.; OLG Frankfurt, Urt. v. 1.7.1992, 17 U 9/91, GmbHR 1993, 161; OLG Hamm, Beschl. v. 6.7.1992, 8 W 18/92, GmbHR 1992, 163; OLG Hamburg, Urt. v. 28.6.1991, 11 U 65/91, NJW 1992, 186; Anmerkung von *K. Schmidt* zu OLG Hamburg, Urt. v. 28.6.1991, 11 U 65/91, GmbHR 1991, 467, 469 f.; OLG Stuttgart, Beschl. v. 20.2.1987, 2 U 202/86, NJW 1987, 2449; OLG Stuttgart, Beschl. v. 18.2.1997, 20 W 11/97, GmbHR 1997, 312; *Römermann* in: MHLS GmbHG § 47 Rn. 549; *Wertenbruch*, MüKoGmbHG, 3. Aufl. 2019, Anh. zu § 47, Rn. 391; *Kiethe* DStR 1993, 609; *Buchta* DB 2008, 913, 914.

[45] *Nietsch* GmbHR 2006, 393, 398.

[46] Vgl. OLG Frankfurt a. M., Urt. v. 1.7.1992 – 17 U 9/91, GmbHR 1993, 161, 162; OLG München, Urt. v. 20.7.1998, 23 W 1455/98, GmbHR 1999, 718, 719; OLG Hamburg, Urt. v. 28.6.1991 – 11 U 65/91, NJW 1992, 186.

[47] *Buchta* DB 2008, 913, 915.

[48] *Nietsch* GmbHR 2006, 393, 398 f.; *Buchta* DB 2008, 913, 915.

[49] *Buchta* DB 2008, 913, 915.

des persönlichen Arrestes zum Beispiel dann denkbar, wenn aus der Vereinbarung ein Anspruch auf Zahlung einer Vertragsstrafe geltend gemacht werden soll und die Gefahr besteht, dass der Gesellschafter, der gegen die Nebenabrede verstoßen hat, die Zwangsvollstreckung vereitelt. Diese Fallkonstellationen sind im Kontext dieses Werkes eher selten und daher zu vernachlässigen. Die Zwangsvollstreckung eines Arrestbefehls erfolgt nach Maßgabe des § 929 ZPO. Sollte der Arrestbefehl zu Unrecht erwirkt worden sein, besteht eine verschuldensunabhängige Schadenersatzpflicht aus § 945 ZPO.

§ 62 Schiedsverfahren

Das im Vergleich zu staatlichen Gerichtsverfahren nur manchmal günstigere, manchmal schnellere, vor allem aber flexiblere Schiedsverfahren stellt eine Alternative für die Beilegung gesellschaftsrechtlicher Streitigkeiten dar.[50] Der wohl wichtigste Grund für ein Schiedsverfahren ist der Ausschluss der Öffentlichkeit im Gegensatz zu Verfahren vor staatlichen Gerichten, die nahezu ausnahmslos öffentlich sind.[51] Weitere Vorteile eines Schiedsverfahrens bieten sich insbesondere für ausländische Beteiligte, die sich nicht einer für sie fremden nationalen Gerichtsbarkeit unterwerfen wollen. Schließlich wollen die Beteiligten oft die spezifische Sachkunde der Richter nicht dem Zufall überlassen, sondern diese jedenfalls teilweise unmittelbar auswählen können. Gegenüber der Mediation hat das Schiedsverfahren den Vorteil, dass es mit einer echten abschließenden Entscheidung endet, die gemäß § 1055 ZPO zwischen den Parteien die Wirkungen eines rechtskräftigen Urteils entfaltet.

Schiedsverfahren sind auch über Gesellschaftsverhältnisse und gesellschaftsrechtliche Streitigkeiten zulässig. Der Schiedsspruch ist zwar kein Vollstreckungstitel, die Erlangung eines solchen – falls notwendig – kann aber beim Oberlandesgericht beantragt werden. Viele Staaten erkennen ausländische Schiedssprüche an,[52] was die Durchsetzung im Ausland erleichtert.

I. Schiedsvereinbarung

Um an eine Schiedsvereinbarung gebunden zu sein, ist zunächst Schiedsfähigkeit Voraussetzung, die mit der Geschäftsfähigkeit korrespondiert.[53] Lediglich bei Streitigkeiten auf dem Gebiet der Wertpapier- und Finanzdienstleistungen müssen die Parteien der Schiedsabrede Kaufleute sein.[54] Sodann bedarf es einer Schiedsvereinbarung zwischen den Parteien, in der sie erklären, dass sie das Schiedsverfahren und damit korrespondierend die ausdrückliche Abwahl staatlicher Gerichte wünschen.[55] Eine Schiedsklausel liegt dann vor, wenn die Schiedsvereinbarung lediglich eine Klausel in einem Vertrag darstellt (§ 1029 Abs. 2 ZPO), eine Schiedsabrede dann, wenn sie in Form einer selbständigen Vereinbarung geschlossen wird (vgl. beispielsweise § 1031 Abs. 5 ZPO).

Die Parteien können sich erst im Streitfall darauf einigen, den Streit von einem Schiedsgericht entscheiden zu lassen (Ad-hoc-Schiedsgericht), oder sie können frühzeitig, lange bevor es überhaupt zu einem Streit kommt, die Entscheidung eventueller Streitfälle durch ein Schiedsgericht vereinbaren.

---

[50] *K. Schmidt* BB 2001, 1857; *Rossig,* Gesellschafterabsprachen bei GmbH und Close Corporation, 2003, S. 100.
[51] *Söntgerath,* Vermittelte Mehrheit, 2010, S. 256; *K. Schmidt* BB 2001, 1857.
[52] UN-Übereinkommen über die Anerkennung und Vollstreckung ausländischer Schiedssprüche vom 10.6.1958 (New York Convention); vgl. auch § 1061 ZPO; Übereinkommen vom 10.6.1958 über die Anerkennung und Vollstreckung ausländischer Schiedssprüche, BGBl. II 1961, 121.
[53] Zur objektiven Schiedsfähigkeit: BGH, Urt. v. 29.3.1996, ZR 124/95, BGHZ 132, 278 = NJW 1996, 1753 („Schiedsfähigkeit I").
[54] *Geimer* in: Zöller, ZPO, 32. Aufl. 2018, § 1029 Rn. 19.
[55] *Geimer* in: Zöller, ZPO, 32. Aufl. 2018, § 1029 Rn. 11.

24   Eine Verfahrensvereinbarung kann gemäß § 1029 Abs. 2 ZPO entweder als Klausel in den Vertrag aufgenommen – hier in die Nebenabrede – oder separat getroffen werden.[56] Ist die Schiedsklausel in den Vertrag aufgenommen, sind die übrigen Vertragsregelungen von der Gültigkeit der Schiedsklausel unabhängig.[57] Im Gegensatz zur Nebenabrede sind bei Schiedsvereinbarungen Formvorschriften zu beachten. Diese ergeben sich aus § 1031 Abs. 1 ZPO, wonach die Schiedsvereinbarung in einem Schriftstück (sei es als Klausel in einem Hauptvertrag, als gesonderter Vertrag oder herauslesbar aus gegenseitigem Schriftwechsel) gefasst sein muss.[58] Mündliche Absprachen reichen demnach nicht aus. Der Formmangel wird allerdings durch Einlassung auf die schiedsgerichtliche Hauptverhandlung gemäß § 1031 Abs. 6 ZPO geheilt.[59] Es kann in der Schiedsvereinbarung der komplette Ablauf des schiedsgerichtlichen Verfahrens vorab schriftlich geregelt werden.

25   Schiedsvereinbarungen sind bei Beteiligungsverträgen sinnvoll, vor allem wenn Auslandsbezug besteht. Die Parteien, die das Schiedsverfahren eingehen, müssen mit denjenigen, die die Schiedsvereinbarung abgeschlossen haben, identisch sein, weil ohne Zustimmung der Parteien ein Schiedsverfahren nicht durchgeführt werden kann. Die Schiedsklausel muss daher entweder in die Nebenabrede aufgenommen oder separat getroffen werden. Wichtig ist nur, dass alle Gesellschafter, die am Schiedsverfahren teilnehmen sollen, der Schiedsvereinbarung zugestimmt haben.

26   Nach § 1031 Abs. 5 Satz 1 ZPO müssen Schiedsvereinbarungen, an denen ein Verbraucher beteiligt ist, in einer von den Parteien eigenhändig unterzeichneten Urkunde enthalten sein. Nach Satz 2 kann die schriftliche Form durch die elektronische Form nach § 126a BGB ersetzt werden. Nach Satz 3 dürfen andere Vereinbarungen als solche, die sich auf das schiedsrichterliche Verfahren beziehen, in der Urkunde oder in dem elektronischen Dokument nicht enthalten sein, was wiederum nicht bei notarieller Beurkundung gilt.

27   Für die Abfassung von Schiedsvereinbarungen im Gesellschaftsrecht empfiehlt sich aus Vorsichtsgründen, zwingend die Schriftform oder die elektronische Form zu wahren und in die Urkunde ausschließlich die Schiedsvereinbarung und nur solche Regelungen, die sich auf das schiedsrichterliche Verfahren beziehen, aufzunehmen. Beachtet die Praxis die besonderen Formvorschriften des § 1031 Abs. 5 ZPO, erübrigt sich im Streitfalle jede Diskussion um die tatsächliche oder eventuelle Verbrauchereigenschaft der Gesellschafter bzw. der an der Nebenvereinbarung beteiligten Parteien. Zwar wird es in der Praxis viele Konstellationen geben, in denen die Verbrauchereigenschaft zu verneinen sein wird. Das ist insbesondere dann der Fall, wenn die Gesellschafter bzw. die an der Nebenabrede Beteiligten ihrerseits Gesellschaften und keine natürlichen Personen sind. Handelt es sich jedoch um natürliche Personen, ist die Abgrenzung zwischen Verbraucher und Unternehmer oftmals schwierig und streitanfällig. Abgegrenzt wird die Verbrauchereigenschaft weniger nach dem handelsrechtlichen Statusbegriff des Kaufmanns, sondern anhand der §§ 13 f. BGB. Danach ist Verbraucher jede natürliche Person, die ein Rechtsgeschäft zu Zwecken abschließt, die überwiegend weder ihrer gewerblichen noch ihrer selbständigen beruflichen Tätigkeit zugerechnet werden können. Die Verbrauchereigenschaft wird mithin situationsbezogen bestimmt. Es wird danach abzugrenzen sein, zu welchem Zwecke ein Gesellschafter bzw. eine an einer Nebenvereinbarung beteiligte natürliche Person das Gesellschaftsverhältnis begründete oder an der Nebenvereinbarung beteiligt ist.[60]

---

[56] *Söntgerath*, Vermittelte Mehrheit, 2010, S. 256; *Hauschild/Böttcher* DNotZ 2012, 577, 578.
[57] *K. Schmidt* ZHR 162 (1998), 281 oben.
[58] *Geimer* in: Zöller, ZPO, 32. Aufl. 2018, § 1029 Rn. 5, 6; sind allerdings die GbR-Gesellschafter als Verbraucher beteiligt, ist die Schiedsvereinbarung in einem gesonderten Schiedsvertrag (zum Schutze der Verbraucher) zu regeln gemäß § 1031 Abs. 5 ZPO, *Saenger*, ZPO, 8. Aufl. 2019, § 1031 Rn. 13.
[59] *Geimer* in: Zöller, ZPO, 32. Aufl. 2018, § 1031 Rn. 40.
[60] *Wolf/Eslami* in: BeckOK ZPO, 36. Edition, Stand: 1.3.2020, § 1031 Rn. 20; *Münch* in: MüKoZPO, 5. Aufl. 2017, § 1031 Rn. 50.

Hauptvertrag und Schiedsvereinbarung sind rechtlich streng voneinander zu trennen. Die 28
Schiedsvereinbarung stellt einen Prozessvertrag dar, der Hauptvertrag hingegen einen
materiell-rechtlichen Vertrag. Ist der eine Vertrag unwirksam, hat dies nicht zwingend die
Unwirksamkeit des anderen Vertrages zur Folge, und findet § 139 BGB insoweit keine
Anwendung. Abgeleitet wird dies auch aus § 1040 Abs. 1 Satz 2 ZPO, wonach das
Schiedsgericht die Schiedsklausel für die Prüfung der Wirksamkeit als eine von den übrigen
Vertragsbestimmungen unabhängige Vereinbarung zu behandeln hat.[61]

II. Beschlussmängelstreitigkeiten / Durchbruch auf Ebene der Primärgesellschaft

Die Frage, wie Gesellschafter gegen einen nebenvertragswidrigen Gesellschafterbeschluss 29
vorgehen können, wenn also bindungswidrige Stimmausübungen zur Beschlussanfechtung
führen, stellt sich nicht nur im Rechtsstreit vor den ordentlichen Gerichten, sondern in
ganz ähnlicher Weise für Schiedsverfahren. In der Regel geht es um die Frage, wie durch
eine Stimmbindungsvereinbarung begünstigte Gesellschafter gegen einen anderslautenden
Gesellschafterbeschluss vorgehen können.

Angesprochen ist damit die Reichweite von Schiedsvereinbarungen. Die Schiedsverein- 30
barung – unerheblich, ob sie in einer gesonderten Vereinbarung, der Nebenvereinbarung
oder in der Satzung getroffen wurde – umfasst zunächst nicht Beschlussmängelstreitigkeiten. Die **Parteien des Schiedsverfahrens** müssen mit denjenigen, die die **Schiedsvereinbarung** abgeschlossen haben, identisch sein, weil ohne die Zustimmung der Parteien
ein Schiedsverfahren nicht durchgeführt werden kann. Dieses Identitätserfordernis führt
dazu, dass Beschlussmängelstreitigkeiten nicht im Schiedsverfahren entschieden werden
können, weil bei Beschlussmängelklagen die Gesellschaft selbst die Beklagte ist und sie
daher Partei der Schiedsvereinbarung sein müsste.[62] Daraus folgt, dass eine Schiedsvereinbarung, die außerhalb der Satzung, beispielsweise in einer Nebenvereinbarung, geschlossen
wurde, nicht eine Beschlussanfechtung vor einem Schiedsgericht ermöglicht.

Nur dann, wenn – gegebenenfalls zusätzlich zu einer Schiedsabrede in einem Neben- 31
vertrag – der Gesellschaftsvertrag eine eigene **Schiedsklausel** enthält, können GmbH-
Gesellschafter in einem Schiedsverfahren gegen einen Beschluss, der unter Verstoß gegen
eine Nebenabrede, insbesondere eine Stimmbindungsvereinbarung gefasst wurde, vorgehen. Folgende Mindestvoraussetzungen müssen hierfür kumulativ erfüllt sein:[63]

Die Schiedsabrede muss entweder mit Zustimmung **sämtlicher** Gesellschafter in der 32
Satzung niedergelegt oder außerhalb der Satzung unter Mitwirkung aller Gesellschafter und
der Gesellschaft getroffen worden sein;[64]

Jeder Gesellschafter und jedes Gesellschaftsorgan muss über die Einleitung des Schieds- 33
verfahrens und dessen Ablauf **informiert** sein, sodass sie an der Auswahl und der Bestellung
der Schiedsrichter teilnehmen und gegebenenfalls auch als Nebenintervenient beitreten
können, um so das Recht auf Gewährung rechtlichen Gehörs nicht zu verletzen;

Sämtliche Gesellschafter müssen an **Auswahl und Bestellung der Schiedsrichter** mit- 34
wirken können, wenn nicht die Auswahl durch eine neutrale Stelle erfolgt;

Beschlussmängelstreitigkeiten, die **denselben Streitgegenstand** betreffen, dürfen nur 35
vor ein und demselben Schiedsgericht verhandelt werden.[65]

---

[61] *Hauschild/Böttcher* DNotZ 2012, 577, 579.
[62] *Rossig*, Gesellschafterabsprachen bei GmbH und Close Corporation, 2003, S. 101.
[63] BGH, Urt. v. 6.4.2009 – II ZR 255/08, („Schiedsfähigkeit II"), BGHZ, 180, 221 = NJW 2009, 1962; BGH, Beschl. v. 6.4.2017 – I ZB 23/16, NJW-RR 2017, 876 (zur GmbH & Co. KG); *Hauschild/Böttcher* DNotZ 2012, 577, 583; *Nolting*, SchiedsVZ, 2011, 319.
[64] Dies gilt auch für die Gesellschafter einer Vor-GmbH wegen § 11 GmbHG, *Geimer* in: Zöller, ZPO, 32. Aufl. 2018, § 1029 Rn. 65.
[65] BGH, Urt. v. 6.4.2009 – II ZR 255/08 („Schiedsfähigkeit II"), BGHZ 180, 221 = NJW 2009, 1962; damit wurde das BGH-Urt. v. 20.3.1996 – II ZR 124/95 („Schiedsfähigkeit I"), BGHZ 132, 278 = NJW 1996, 1753 obsolet, auch in Anbetracht der Einführung des Schiedsverfahrens-Neuregelungsgesetzes, BT-Drucks. 13/9124, S. 46.

36 Unter diesen Voraussetzungen können nach der Rechtsprechung auch Beschlussmängelstreitigkeiten durch Schiedsurteil entschieden werden. Das gilt auch dann, wenn sich die Anfechtbarkeit des Beschlusses nach materiellem Recht aus einem Verstoß gegen eine allseitige Nebenvereinbarung ergibt.

III. Einstweiliger Rechtsschutz im Schiedsverfahren

37 Das Schiedsverfahren ist häufig, aber nicht immer schneller als das Verfahren vor staatlichen Gerichten. Es ist aber auch seinerseits nicht schnell genug, eine Stimmabgabe zu verhindern, die auf einer bevorstehenden Gesellschafterversammlung entgegen einer Stimmbindung erfolgen soll. Die Entscheidung eines Gerichts im Wege einer einstweiligen Verfügung erginge viel schneller und vor allem rechtzeitig. Früher waren einstweilige Verfügungsverfahren vor Schiedsgerichten nicht möglich,[66] was aus dem ungeklärten Verhältnis zwischen §§ 1033 und 1041 ZPO herrührte, weswegen eine Vorrangigkeit des staatlichen Gerichtes angenommen wurde.[67] Mittlerweile ist das Eilverfahren auch vor dem Schiedsgericht möglich.[68]

38 Nach § 1041 Abs. 1 ZPO kann ein Schiedsgericht, wenn die Parteien nichts anderes vereinbart haben, auf Antrag einer Partei vorläufige oder sichernde Maßnahmen anordnen, die es in Bezug auf den Streitgegenstand für erforderlich hält. Nach Satz 2 kann das Schiedsgericht von jeder Partei angemessene Sicherheit verlangen. Nach Absatz 2 kann das staatliche Gericht auf Antrag einer Partei die Vollziehung einer solchen Maßnahme zulassen, sofern nicht schon einstweiliger Rechtsschutz bei einem staatlichen Gericht beantragt wurde. Nach Absatz 3 kann das staatliche Gericht den Beschluss nach Absatz 2 aufheben oder ändern. Absatz 4 enthält eine § 945 ZPO nachgebildete verschuldensunabhängige Haftung des Antragstellers auf Schadenersatz für den Fall, dass sich die Anordnung einer Maßnahme nach Absatz 1 als von Anfang an ungerechtfertigt erweist. Auch für Verfahren des einstweiligen Rechtsschutzes vor Schiedsgerichten gilt der Grundsatz des Verbotes der Vorwegnahme der Hauptsache.[69] Da aber die Vollziehung von Anordnungen vorläufiger und sichernder Maßnahmen des Schiedsgerichtes nach wie vor der Vollziehbarkeitserklärung durch das staatliche Gericht bedarf, sollte unter Zeitaspekten einstweiliger Rechtsschutz vor staatlichen Gerichten ersucht werden.[70]

§ 63 Mediation

39 Mediation ist ein außergerichtliches Verfahren zur Konfliktbeilegung. Es eignet sich zur Streitbeilegung dann, wenn Parteien ihre Konflikte freiwillig lösen möchten, um konstruktiv in Zukunft zusammenarbeiten zu können. Die rechtliche Zulässigkeit beruht auf der Vertragsfreiheit.[71] Besonders in Familiengesellschaften kann es zu Gesellschafterstreitigkeiten kommen, die für eine Mediation geeignet sind, etwa aufgrund persönlicher Spannungen innerhalb der Verwandtschaftsbeziehungen, Differenzen zwischen Familienstämmen und bei Erbfällen. Einstweilige Verfügungen oder Klageerhebungen können die auf Dauer angelegten Bindungen erheblich schädigen und kleinere Unternehmen gar ruinieren, weil Spannungen, Streitigkeiten und Auseinandersetzungen zwischen Familienangehörigen oder Verwandten oftmals auf die betriebliche Ebene durchschlagen. Die Frage nach dem Nutzen eines gerichtlichen Verfahrens stellt sich immer dann, wenn nach Ausschöp-

---

[66] *K. Schmidt* ZHR 162 (1998), 281, 287 mit Verweis auf RG, Urt. v. 27.2.1893, VI 247/92, RGZ 31, 370, 374.
[67] *K. Schmidt* ZHR 162 (1998), 281, 288.
[68] Ausführlich: *Saenger* in: Saenger ZPO, 8. Aufl. 2019, § 1041 Rn. 1; *Voit* in: Musielak/Voit, ZPO, 17. Aufl. 2020, § 1041 Rn. 1; *Geimer* in: Zöller, ZPO, 32. Aufl. 2018, § 1041 Rn. 1.
[69] *Geimer* in: Zöller, ZPO, 32. Aufl. 2018, § 1041 Rn. 1.
[70] *Voit* in: Musielak/Voit, ZPO, 17. Aufl. 2020, § 1041 Rn. 1; *Saenger* in: Saenger, ZPO, 8. Aufl. 2019, § 1041 Rn. 1.
[71] *Wertenbruch* in: MüKoGmbHG, 3. Aufl. 2019, Anh § 47 Rn. 454 ff.

fung der Instanzen nach langer Zeit ein Vergleich geschlossen wird, zu dem man in einem Mediationsverfahren innerhalb weniger Wochen hätte finden können.[72]

Der Mediator, ein privater Dienstleister, übernimmt die Rolle eines unparteiischen Schlichters gemäß § 1 und § 2 Abs. 1, 2 MediationsG.[73] Vorteil der Mediation ist die Geheimhaltung. Im Gegensatz zum öffentlichen Klageverfahren erfolgt die Mediation hinter verschlossenen Türen und genießt Vertraulichkeit.[74] Das Mediationsverfahren birgt jedoch die Gefahr, dass es von den Parteien verzögert oder gar vorzeitig beendet wird. Da es freiwillig ist, kann es jederzeit durch die Teilnehmer abgebrochen werden. Beteiligte können das Mediationsverfahren auch absichtlich dafür nutzen, den Streit in die Länge zu ziehen oder um Informationen aus der Mediation für sachfremde Zwecke oder in einem späteren Gerichtsverfahren für sich zu nutzen.[75] In der Praxis ist darauf zu achten, dass durch ein Mediationsverfahren Klage- oder Ausschlussfristen, insbesondere bei Beschlussmängelstreitigkeiten die Frist zur Anfechtung des Gesellschafterbeschlusses, nicht versäumt werden. Teilweise wird in diesem Zusammenhang vertreten, dass das Mediationsverfahren Einfluss auf die Anfechtungsfrist nehme,[76] was aber nicht gesichert ist. **40**

Bei der Mediation geht es nicht darum, zu seinem „Recht zu kommen", sondern eine akzeptable Lösung für jede Seite zu finden. Das Mediationsverfahren kann daher weder die Rechte aus schuldrechtlichen Abreden durchsetzen noch Gesellschafterbeschlüsse aufheben oder ändern. Im Hinblick auf die künftige Zusammenarbeit der Nebenvertragsparteien bzw. Gesellschafter ist sie aber oftmals als unterstützendes Mittel zur Bewältigung von Streitigkeiten als begleitender Prozess denkbar. **41**

§ 64 Zwangsvollstreckung

Die Zwangsvollstreckung von Ansprüchen aus Stimmbindungsvereinbarungen ist seit dem Grundsatzurteil des BGH vom 29.5.1967[77] nach § 894 ZPO möglich. Der Beklagte kann – je nach Tenor – zum einen zur Unterlassung einer bestimmten, im Tenor beschriebenen Stimmabgabe, zum anderen zur Stimmabgabe exakt wie im Tenor beschrieben verpflichtet sein. Gemäß § 894 ZPO wird die Stimmabgabe durch das Urteil ersetzt. Durch das Urteil wird aber nur die Stimmabgabe, nicht die Beschlussfassung ersetzt.[78] Ein ordnungsgemäßer Gesellschafterbeschluss liegt erst vor, wenn in dem nach der Satzung vorgesehenen Verfahren alle Stimmen abgegeben worden sind und der Versammlungsleiter festgestellt hat, dass die erforderliche Mehrheit für den Beschlussgegenstand vorliegt. Die Willenserklärung, die durch das Urteil ersetzt wird, gilt dann als zugegangen, wenn sie dem Leiter der beschlussführenden Gesellschafterversammlung zugestellt wurde.[79] Wichtig ist schon bei Klageerhebung, den Antrag so genau wie möglich zu stellen. Zu unbestimmt für die Zwangsvollstreckung wäre eine lediglich allgemeine Verpflichtung zur „weisungsgemäßen Stimmabgabe".[80] **42**

Der Unterlassungsanspruch gegen eine Stimmabgabe (z.B. bei einem Stimmverbot) kann nach § 890 ZPO vollstreckt werden.[81] Nach § 890 ZPO ist nach vorangehender Andro- **43**

---

[72] Casper/Risse ZIP 2000, 437, 439.
[73] Mediationsgesetz vom 21. Juli 2012 (BGBl. I S. 1577 – 1582); Casper/Risse ZIP 2000, 437, 439.
[74] Art. 1 § 1 Abs. 1 MediationsG vom 21. Juli 2012 (BGBl. I S. 1577 – 1582); Casper/Risse ZIP 2000, 437, 439.
[75] Casper/Risse ZIP 2000, 437, 440.
[76] Casper/Risse ZIP 2000, 437, 441.
[77] BGH, Urt. v. 29.5.1967 – II ZR 105/66, BGHZ 48, 163; zustimmend Römermann in: MHLS, GmbHG, 3. Aufl. 2017, § 47 Rn. 546; Altmeppen in: Roth/Altmeppen, GmbHG, 9. Aufl. 2019, § 47 Rn. 75.
[78] Vgl. BGH, Urt. v. 10.4.1989 – II ZR 225/88, GmbHR 1990, 68; Zutt ZHR 155 (1991) 190, 202; Hillmann in: Henssler/Strohn, Gesellschaftsrecht, 4. Aufl. 2019, GmbHG § 47 Rn. 94.
[79] BGH, Urt. v. 10.4.1989 – II ZR 225/88, ZIP 1989, 1261; Hillmann in: Henssler/Strohn, Gesellschaftsrecht, 4. Aufl. 2019, GmbHG § 47 Rn. 94; Römermann in: MHLS, GmbHG § 47 Rn. 545.
[80] Römermann in: MHLS GmbHG § 47 Rn. 542.
[81] K. Schmidt in: Scholz, GmbHG, 12. Aufl. 2018, § 47 Rn. 57; Hillmann in: Henssler/Strohn, Gesellschaftsrecht, 4. Aufl. 2019, GmbHG § 47 Rn. 94.

hung ein Ordnungsgeld oder Ordnungshaft festzusetzen. Enthält die Satzung ein Verbot von Nebenvereinbarungen, insbesondere Stimmbindungen, mag darüber nachgedacht werden, ob die Zwangsvollstreckung aus einer solchen Nebenvereinbarung bzw. Stimmbindung zulässig ist. Denn die Vollstreckung müsste sogleich wieder rückgängig gemacht werden, weil in ihr ein zum Schadenersatz verpflichtender Satzungsverstoß läge (Naturalrestitution). Für die Kautelarpraxis empfiehlt sich daher, zur Satzungsverbotsklausel hinzuzufügen, dass Zwangsvollstreckungen aus den (satzungsmäßig verbotenen) Vereinbarungen unzulässig sind.

Kapitel 20. Rechte der nicht an der Gesellschaftervereinbarung Beteiligten

Nebenabreden unterliegen – mit Ausnahme der Mitteilungspflicht gegenüber dem Transparenzregister – keiner gesetzlichen Publizität und werden insbesondere nicht wie Satzungen von Kapitalgesellschaften in das Handelsregister eingetragen. Weil Gesellschafterabreden nur den an ihr Beteiligten bekannt sind, fragt sich in der Rechtspraxis immer wieder, unter welchen Umständen außenstehende Dritte, etwa nicht an der Abrede beteiligte Gesellschafter, Gläubiger der Gesellschaft oder sonstige Dritte, einen Anspruch gegen Gesellschafter auf Auskunft darüber haben, ob eine solche Abrede zwischen ihnen besteht und welchen Inhalt sie hat. Grundsätzlich sind die Beteiligten einer schuldrechtlichen Nebenvereinbarung der Gesellschaft und den anderen außenstehenden Gesellschaftern über Bestehen und Inhalt der Nebenvereinbarung nicht auskunftspflichtig. Auch ihre Treuepflicht gegenüber der Gesellschaft und anderen Gesellschaftern verpflichtet sie nicht zu einer generellen Auskunft.

Es können sich jedoch Offenbarungspflichten ergeben, wenn sich die Nebenvereinbarung auf Vorgaben in der Satzung bezieht oder mit dieser in Konflikt geraten könnte. Dies ist beispielsweise bei der Verankerung eines Höchststimmrechts der Fall. Das Interesse der Gesellschaft ist in diesem Fall darauf gerichtet zu erfahren, ob durch Bildung von Abstimmungsblöcken Höchststimmrechte oder Mitteilungspflichten umgangen werden oder ob ein Gesellschafter an einer freien Stimmausübung gehindert ist. Hier müssten die an der Nebenvereinbarung Beteiligten aufgrund ihrer Treuepflicht mit der Auskunft über Bindungen aufgrund der Nebenabrede eine etwaige Schädigung der Gesellschaft abwenden.

Unter Umständen greifen auch gesetzliche Auskunftsansprüche, die zum Teil sehr weitreichend sind, ein. § 131 AktG und § 51a GmbHG verschaffen den Aktionären bzw. den Gesellschaftern einer GmbH ein Auskunftsrecht über Angelegenheiten der Gesellschaft.[1] Für die Praxis ergeben sich hieraus – je nach Einzelfall – Ansätze für einen Auskunftsanspruch über Bestehen und Inhalt von Nebenvereinbarungen.

§ 65 Informations- und Auskunftsrechte kraft Gesetzes

I. Aktiengesellschaft

1. Allgemeines

Der aktienrechtliche Auskunftsanspruch aus § 131 AktG ist deutlich enger gefasst als der Anspruch aus § 51a Abs. 1 GmbHG, weil er das Auskunftsrecht des Gesellschafters auf Tagesordnungspunkte der Hauptversammlung begrenzt, während das Informations- und Einsichtsrecht des Gesellschafters einer GmbH nahezu unbegrenzt ist.

Gemäß § 131 Abs. 1 S. 1 AktG ist jedem Aktionär auf Verlangen in der Hauptversammlung vom Vorstand Auskunft über Angelegenheiten der Gesellschaft zu geben, soweit jene zur sachgemäßen Beurteilung des Gegenstands der Tagesordnung erforderlich ist. Zweck der Regelung ist es, dem Aktionär die Informationen zur Verfügung zu stellen, die er für die sinnvolle Ausübung der Rechte braucht, die ihm in der Hauptversammlung oder mit Bezug zur Hauptversammlung zustehen.[2] Wesentliche Informationsquelle des Aktionärs zu gesellschaftsbezogenen Fragestellungen bildet daher die Hauptversammlung. Soweit zur sachgemäßen Beurteilung der Tagesordnungspunkte Informationen erforderlich werden, sind Auskünfte beispielsweise über Stimmrechts- sowie Beteiligungsverhältnisse vom Vor-

---

[1] Die Grenzen des Auskunftsrechts unter dem Gesichtspunkt des Rechtsmissbrauchs erörtert *Geißler* NZG 2001, 539.
[2] *Koch* in: Hüffer/Koch, AktG, 14. Aufl. 2020, § 131 Rn. 1; BayObLG, Beschl. v. 30.11.1995, 3Z BR 161/93, NJW 1996, 1904.

stand auf Verlangen hin mitzuteilen.³ Weiter hat nach der Bestimmung des Absatzes 4 jeder Aktionär in der Hauptversammlung einen Anspruch auf Auskünfte, die anderen Aktionären im Vorfeld erteilt wurden. Der Auskunftsanspruch des § 131 AktG beruht zum einen auf der Aktionärseigenschaft, zum anderen auf dem Recht zur Teilnahme an der Hauptversammlung. Wer kein Aktionär ist, jedoch aufgrund Gesetzes oder besonderer Zulassung an der Hauptversammlung teilnehmen darf, ist nicht auskunftsberechtigt. Dies ist z. B. bei Mitgliedern des Vorstands oder Aufsichtsrats, aber auch bei zugelassenen Gästen und Pressevertretern der Fall. Das Auskunftsrecht kann auch durch Dritte in Form einer Stellvertretung oder durch Legitimationsaktionäre ausgeübt werden, wenn diese teilnahmeberechtigt oder besonders zur Hauptversammlung zugelassen sind.

2. Angelegenheiten der Gesellschaft und Erforderlichkeit

6 Dass die Bestimmung des § 131 AktG dem Aktionär auch einen Informationsanspruch über bestehende schuldrechtliche Nebenabreden zwischen Aktionären (Aktionärsvereinbarungen) verschafft, erscheint zunächst mit Blick auf den Wortlaut der Norm fraglich. Denn das Auskunftsrecht umfasst lediglich „Angelegenheiten der Gesellschaft", und rechtlich ist die Gesellschaft oftmals nicht Partei von Aktionärsvereinbarungen und tatsächlich beeinflussen solche die Gesellschaft nicht unmittelbar;⁴ das kann aber durchaus einmal anders sein. Zu den Angelegenheiten der Gesellschaft im Sinne des § 131 AktG zählen alle Informationen zur Vermögens-, Finanz- und Ertragslage sowie alle rechtlichen und tatsächlichen Verhältnisse innerhalb der Gesellschaft, zudem alle Informationen zur Geschäftspolitik, zum Auftritt der Gesellschaft in der Öffentlichkeit ebenso wie zu Personalangelegenheiten.⁵ Neben diesen internen Gesellschaftsangelegenheiten sind auch Beziehungen zu anderen Vertragspartnern wie Lieferanten oder Kunden „Angelegenheiten der Gesellschaft" im Sinne des § 131 AktG. Indes vertritt die herrschende Auffassung eine weite Lesart des Tatbestandsmerkmals „Angelegenheiten der Gesellschaft": „Angelegenheiten der Gesellschaft" seien unter anderem „sämtliche Umstände", die einen rechtlichen oder tatsächlichen Bezug zur Gesellschaft oder ihrer Tätigkeit aufweisen.⁶

7 Entscheidend für die Auskunftserteilung über das Bestehen von Nebenabreden ist also, ob allein das **Verhältnis der Gesellschafter untereinander** betroffen ist oder die Vereinbarung wesentliche **Folgewirkungen für die Gesellschaft selbst** nach sich zieht. Letzteres kann bei Stimmbindungsvereinbarungen oder Abreden im Zusammenhang mit Kapitalmaßnahmen zu bejahen sein, wobei sich eine schematische Betrachtung verbietet und stets die Umstände des Einzelfalls entscheiden.⁷ Über Inhalt und Parteien von Stimmbindungsvereinbarungen ist keine Auskunft zu erteilen. Denn Stimmrechtsverhältnisse innerhalb der Gesellschaft sind keine „Angelegenheiten der Gesellschaft". Allerdings lässt sich ein Auskunftsanspruch für das bloße Bestehen von Konsortialabreden im Einzelfall wegen deren Auswirkungen bejahen. Denn hier ist das Gesellschaftsverhältnis betroffen. Veräußerungsbeschränkungen sowie vertragliche Schadenersatz- und Vertragsstrafeansprüche aus Nebenvereinbarungen sind gesellschafterbezogene Abreden ohne Bezug zur Gesellschaft und fallen wiederum nicht unter den Auskunftsanspruch aus § 131 AktG. Entsprechendes gilt für Absprachen zur Geschäftspolitik.⁸

8 Nicht nur muss es sich um „Angelegenheiten der Gesellschaft" handeln. Die Erteilung der Auskunft muss auch noch „erforderlich" sein. Die Erforderlichkeit bemisst sich danach, welche Informationen ein objektiv urteilender Durchschnittsaktionär für die Beurteilung eines Tagesordnungspunkts benötigt,⁹ was bestehende Konsortialabreden in der Regel

---

[3] *Ebenroht/Wilken* BB 1993, 1818, 1820.
[4] *Groß-Bölting*, Gesellschaftervereinbarungen in der AG, 2011, S. 290.
[5] *Kubis* in: MüKoAktG, 4. Aufl. 2018, § 131 Rn. 36; *Drinhausen* in: Hölters, AktG § 131 Rn. 8.
[6] *Siems* in: Spindler/Stilz, AktG, 4. Aufl. 2019, § 131 Rn. 23; *Drinhausen* in: Hölters, AktG § 131 Rn. 8.
[7] *Groß-Bölting*, Gesellschaftervereinbarungen in der AG, 2011, S. 291.
[8] *Groß-Bölting*, Gesellschaftervereinbarungen in der AG, 2011, S. 296.
[9] OLG Stuttgart, Urt. v. 17.11.2010, 20 U 2/10, NZG 2011, 146.

nicht einschließt.¹⁰ Eine Ausnahme stellt beispielsweise aber die Wahl zum Aufsichtsrat dar:¹¹ Zu bejahen ist in diesem Falle ein Auskunftsrecht dazu, ob der jeweilige Aufsichtsratskandidat einer Konsortialvereinbarung angehört sowie die Verständigung eines Stimmrechtspools auf einen gemeinsamen Kandidaten.¹² Denn in beiden Fällen bestehen begründete Zweifel an der Unabhängigkeit des Kandidaten.¹³ Auch ist ein Auskunftsanspruch für den Fall denkbar, dass ein Beteiligungskonsortium die zur Durchsetzung einer wesentlichen Strukturentscheidung nötige Mehrheit besitzt und konkrete für eine Ausnutzung dieser Macht sprechende Anhaltspunkte existieren.¹⁴

3. Auskunftsverweigerung

Eine Auskunftsverweigerung ist nur aus den von § 131 Abs. 3 AktG genannten Gründen zulässig. Daneben ist eine Auskunftsverweigerung wegen Missbrauchs des Informationsrechts zulässig. Der Anwendungsbereich dieses Tatbestands ist gering, weil der Auskunftsanspruch gesetzlich auf die Tagesordnungspunkte der Hauptversammlung beschränkt ist und viele Auskunftsbegehren schon daran scheitern, dass sie keinen Bezug zur Tagesordnung aufweisen.

Von praktischer Relevanz ist die Frage, ob der Abschluss einer Geheimhaltungsvereinbarung zwischen den an der Gesellschaftervereinbarung beteiligten Gesellschaftern und der Gesellschaft dazu führt, dass die Gesellschaft die Auskunft über die Gesellschaftervereinbarung gemäß § 131 Abs. 3 AktG verweigern darf. Solche Geheimhaltungsvereinbarungen finden sich insbesondere bei der Beteiligung von Finanzinvestoren an der Gesellschaft oder in Joint Venture-Verträgen. Allein der Abschluss einer Geheimhaltungsvereinbarung führt jedoch nicht dazu, dass die Gesellschaft die Auskunft verweigern darf.¹⁵ Anderenfalls stünde das Informationsrecht des § 131 AktG zur Disposition des Vorstandes der Aktiengesellschaft.

4. Praktische Bedeutung

Letztlich ist die praktische Bedeutung eines solchen Auskunftsanspruches über Bestehen, Inhalt und Parteien von Nebenvereinbarungen in der Aktiengesellschaft aber gering: Mangels Kenntnis wird der Vorstand häufig keinerlei Angaben machen können. Selbst wenn er das Bestehen einer Stimmrechtsabrede kennt, wird er selten wissen, ob sich diese auf einen bestimmten Beschlussgegenstand erstreckt.¹⁶

II. GmbH

1. Allgemeines

Gesellschaftern einer GmbH steht ein viel weitergehender Informationsanspruch aus § 51a Abs. 1 GmbHG zu als Aktionären aus § 131 AktG.¹⁷ § 51a GmbHG regelt das individuelle Informationsrecht des Gesellschafters und dient der richtigen, informationsbasierten Stimmrechtsausübung.¹⁸ Voraussetzung und Grenze des Informationsanspruchs ist auch hier, dass es sich um „Angelegenheiten der Gesellschaft" (Abs. 1) handelt. Hiernach haben die

---

10 *Groß-Bölting*, Gesellschaftervereinbarungen in der AG, 2011, S. 294.
11 *Groß-Bölting*, Gesellschaftervereinbarungen in der AG, 2011, S. 294; MüKoAktG/*Kubis*, § 131 Rn. 59.
12 *Groß-Bölting*, Gesellschaftervereinbarungen in der AG, 2011, S. 295.
13 *Groß-Bölting*, Gesellschaftervereinbarungen in der AG, 2011, S. 295.
14 *Groß-Bölting*, Gesellschaftervereinbarungen in der AG, 2011, S. 294.
15 *Groß-Bölting*, Gesellschaftervereinbarungen in der AG, 2011, S. 297; MüKoAktG/*Kubis*, § 131 Rn. 117; Vgl. BayObLG AG 2000, 131, 132 = NZG 1999, 1218, 1219; AG 1996, 322, 323 f. = NJW-RR 1996, 994, 995 = ZIP 1996, 1251, 1253 f.; LG Berlin AG 1991, 34, 36 = WM 1990, 978, 981; MHdB AG/ Hoffmann-Becking § 38 Rn. 44; Spindler/Stilz/Siems Rn. 38.
16 *Groß-Bölting*, Gesellschaftervereinbarungen in der AG, 2011, S. 297
17 Zu den Schranken dieses Anspruchs vgl. Otte NZG 2014, 521, 525.
18 *K. Schmidt* in: Scholz, GmbHG, 12. Aufl. 2018, § 51a Rn. 1.

Geschäftsführer jedem Gesellschafter auf Verlangen unverzüglich Auskunft zu erteilen über die Angelegenheiten der Gesellschaft und Einsicht in die Bücher und Schriften der Gesellschaft zu gewähren. Die Norm soll jedem Gesellschafter eine sachgerechte Ausübung seiner Rechte ermöglichen und ihn in die Lage versetzen, die Tätigkeit der Geschäftsführer wirksam kontrollieren zu können.[19]

2. Angelegenheiten der Gesellschaft

13 Auch für diesen Auskunftsanspruch gilt, dass nicht alle Abreden der Gesellschafter „Angelegenheiten der Gesellschaft" im Sinne des § 51a Abs. 1 GmbHG sind. Bei der Beurteilung, ob über Bestehen und Inhalt von Nebenabreden Auskunft bzw. Einsicht erteilt werden muss, kommt es darauf an, ob das Auskunftsersuchen Angelegenheiten der Gesellschaft oder aber Angelegenheiten der Gesellschafter untereinander betrifft.[20] Jedoch kann auch im letzteren Fall ein gerechtfertigtes Informationsinteresse des Gesellschafters bestehen, beispielsweise, wenn die Angelegenheiten der Gesellschafter untereinander auch die Gesellschaft direkt selbst betreffen.

14 Der Begriff „Angelegenheit der Gesellschaft" wird bei der GmbH sehr weit gefasst.[21] Hierzu gehören alle wesentlichen Tatsachen, die das Gesellschaftsvermögen, die Unternehmensführung, Gewinnermittlung und -verwendung und alle sonstigen wirtschaftlichen Verhältnisse der GmbH betreffen.

15 Im Sinne der obigen, weiten Definition des Begriffs der „Angelegenheiten der Gesellschaft" wird eine Gesellschaftervereinbarung dann zu einer „Angelegenheit der Gesellschaft", wenn die Absprache das Gesellschaftsvermögen, die Unternehmensführung,[22] Gewinnermittlung oder -verwendung oder alle sonstigen wirtschaftlichen Verhältnisse der GmbH betrifft und damit Auswirkungen auf die Rechte der anderen, nicht an der Nebenabrede beteiligten Mitgesellschafter hat. Erreicht beispielsweise eine Gruppe von Gesellschaftern aufgrund der Nebenabrede die Mehrheit der Stimmen, so gerät die Gesellschaft dadurch in Abhängigkeit von den Beteiligten der Vereinbarung. Daher sind auch die nicht an der Vereinbarung beteiligten Mitgesellschafter über diesen Umstand zu informieren, damit sie prüfen können, ob beispielsweise ein Konzernierungstatbestand vorliegt und welche Rechtsfolgen sich hieraus ergeben.

16 Zu den Angelegenheiten der Gesellschafter untereinander und daher nicht von dem Informationsanspruch gemäß § 51a Abs. 1 GmbHG erfasst gehört beispielsweise die Einräumung eines Vorkaufsrechts.[23]

3. Informationsinteresse des auskunftsbegehrenden Gesellschafters?

17 Umstritten ist, ob das Informationsrecht des GmbH-Gesellschafters durch sein Informationsinteresse begrenzt ist oder ob eine Begrenzung lediglich im Missbrauchsverbot zu sehen ist, dass also die Informationserteilung nur im Falle des Rechtsmissbrauchs durch den Gesellschafter versagt werden kann. Die Literatur sieht teilweise zu dem geschriebenen Tatbestandsmerkmal „Angelegenheiten der Gesellschaft" zusätzlich als ungeschriebene Voraussetzung das Informationsbedürfnis des Gesellschafters an.[24] Relevant dürfte das in der Praxis kaum werden, folgt doch in aller Regel aus dem Informationsbegehren des Gesellschafters dessen Informationsinteresse. Davon abgesehen ist das Informationsbedürfnis weder Tatbestandsmerkmal der Norm noch Rechtsausübungsschranke. Der Wortlaut der Norm sieht ein Informationsbedürfnis nicht als Tatbestandsmerkmal vor; außerdem darf

---

[19] RegE 1977, BT-Drucks. 8/1347, S. 44; *Hillmann* in: MüKoGmbHG, 3. Aufl. 2019, § 51a Rn. 1.
[20] *Noack*, Gesellschaftervereinbarungen bei Kapitalgesellschaften, 1994, S. 251.
[21] *Lutter/Bayer* in: Lutter/Hommelhoff, GmbHG, 19. Aufl. 2016, § 51a Rn. 4; *Strohn* in: Henssler/Strohn, Gesellschaftsrecht, 4. Aufl. 2019, § 51a Rn. 11.
[22] Andere Ansicht zu § 131 AktG: *Groß-Bölting*, Gesellschaftervereinbarungen in der AG, 2011, S. 296.
[23] *Noack*, Gesellschaftervereinbarungen bei Kapitalgesellschaften, 1994, S. 251.
[24] *K. Schmidt* in: Scholz GmbHG, 12. Aufl. 2018, § 51a Rn. 8a.

dem informationsbegehrenden Gesellschafter nicht die Darlegungs- und Beweislast für sein Informationsbedürfnis auferlegt werden.[25]

4. Auskunftsverweigerung

18 Gemäß § 51a Abs. 2 GmbHG dürfen die Geschäftsführer die Auskunft und die Einsicht verweigern, wenn zu besorgen ist, dass der Gesellschafter sie zu gesellschaftsfremden Zwecken verwenden und dadurch der Gesellschaft oder einem verbundenen Unternehmen einen nicht unerheblichen Nachteil zufügen wird. Wie schon bei dem Auskunftsanspruch gemäß § 131 AktG[26] stellt sich im Zusammenhang mit Gesellschaftervereinbarungen insbesondere die Frage, ob der Geschäftsführer auf Grund einer zwischen ihm und den an der Gesellschaftervereinbarung beteiligten Gesellschaftern geschlossenen Geheimhaltungsvereinbarung die Auskunft über die Gesellschaftervereinbarung verweigern darf. Dies ist grundsätzlich abzulehnen, da dies ein unzulässiger Vertrag zulasten Dritter, das heißt den nicht an der Gesellschaftervereinbarung beteiligten auskunftsbegehrenden Gesellschafter wäre.[27]

§ 66 Auskunftsanspruch kraft Treuepflicht

I. Auskunftsanspruch der Gesellschafter

19 Ein Auskunftsanspruch lässt sich ferner auf Grundlage der gesellschafterlichen Treuepflicht begründen.[28] Zwar kommt der gesellschafterlichen Treuepflicht hauptsächlich Schrankenfunktion zu, in besonderen Fallgestaltungen kann sie aber aktive Handlungspflichten wie beispielsweise die Pflicht zur Teilnahme an der Gesellschafterversammlung oder die Pflicht zur Stimmabgabe in einem bestimmten Sinne auslösen. Über die gesellschafterliche Treuepflicht einen positiven Auskunftsanspruch zu begründen erfordert, dass die mitgliedschaftliche Stellung des Informationsberechtigten anderenfalls erheblich beeinträchtigt würde und dessen Interesse an der Informationserteilung das der übrigen Gesellschafter an der Nichterteilung aus diesem Grund wesentlich überwöge.[29] Dies kann namentlich der Fall sein, wenn aufgrund der intensiven Beziehung der Gesellschafter untereinander eine gesteigerte Rücksichtnahmepflicht existiert, was bei Aktiengesellschaften eine personalistische Prägung mit sehr kleinem Aktionärskreis erfordert.[30] Eine „erhebliche Beeinträchtigung" im obigen Sinne fordert aber **zumindest,** dass die Hauptversammlung oder die Gesellschafterversammlung durch einen Zusammenschluss mehrerer Aktionäre bzw. Gesellschafter vollständig und dauerhaft beherrscht wird und einzelne Aktionäre bzw. Gesellschafter dadurch faktisch jeglichen Einfluss auf die gesellschaftsinterne Willensbildung verlieren.[31]

20 In den meisten Fällen werden die Voraussetzungen für einen Auskunftsanspruch kraft Treuepflicht nicht erfüllt sein. Selbst wenn ausnahmsweise einmal die mitgliedschaftliche Stellung des Informationsberechtigten bei Geheimhaltung der Nebenvereinbarung erheblich beeinträchtigt wird und dessen Interesse an der Informationserteilung das der übrigen Gesellschafter an der Nichterteilung aus diesem Grund wesentlich überwiegt, ist der Gesellschafter sowohl bei der nicht börsennotierten als auch bei der börsennotierten Aktiengesell-

---

[25] *Ganzer* in: Rowedder/Schmidt-Leithoff, GmbHG, 6. Aufl. 2017, § 51a Rn. 27.
[26] S. o. unter Kap. 20 § 1 I,.
[27] *Römermann* in: MHLS GmbHG § 51a Rn. 222; *Strohn* in: Henssler/Strohn, Gesellschaftsrecht, 4. Aufl. 2019, § 51a Rn. 18; vgl. auch OLG München, Beschl. v. 9.5.2008 – 31 Wx 86/07, NZG 2008, 878, 879.
[28] *Groß-Bölting*, Gesellschaftervereinbarungen in der AG, 2011, S. 298; Zetzsche NZG 2002, 942, 946 f.; andere Ansicht *Noack*, Gesellschaftervereinbarungen bei Kapitalgesellschaften, 1994, S. 251.
[29] *Groß-Bölting*, Gesellschaftervereinbarungen in der AG, 2011, S. 298.
[30] *Groß-Bölting*, Gesellschaftervereinbarungen in der AG, 2011, S. 298; Zetzsche NZG 2002, 942, 946 f.
[31] Für die Aktiengesellschaft ähnlich *Groß-Bölting*, Gesellschaftervereinbarungen in der AG, 2011, S. 298; bei der GmbH kann der Maßstab nicht weiter sein.

schaft nicht schutzlos gestellt. Denn das Gesetz sieht besondere gesetzliche Informationspflichten vor – beispielsweise §§ 20 ff. AktG bzw. §§ 33 ff. WpHG –, die einen grundlegenden Schutz des an der Nebenvereinbarung nicht beteiligten Aktionärs gewährleisten.[32]

II. Auskunftsanspruch der Gesellschaft

21 Der Gesellschaft steht bis auf wenige Ausnahmesituationen kein Anspruch gegen die Gesellschafter zu, Auskunft über etwaige Gesellschaftervereinbarungen zu erhalten, und zwar auch nicht aufgrund der zwischen Gesellschaft und Gesellschafter bestehenden Treuepflicht.[33] Wenn die fehlende Kenntnis der Gesellschaft von der schuldrechtlichen Nebenvereinbarung allerdings zu einer Schädigung der Gesellschaft führt, sind die an der Nebenvereinbarung beteiligten Gesellschafter aufgrund ihrer Treuepflichten verpflichtet, die Gesellschaft über die Nebenvereinbarung zu informieren.[34]

§ 67 Offenlegungspflichten im Vorfeld eines Anteilserwerbs

22 Bevor ein Erwerber einen Gesellschaftsanteil erwirbt, hat er ein faktisches Interesse an Aufklärung über in dieser Gesellschaft bestehende Sonderverbindungen auf schuldrechtlicher Grundlage. Der Erwerber kann sein Investitionsvorhaben nur hinreichend beurteilen, wenn er auch Kenntnis von den schuldrechtlichen Nebenvereinbarungen hat.

I. Schuldrechtlicher Auskunftsanspruch

23 Aus dieser Interesselage allein folgt aber kein Auskunftsanspruch. Grundsätzlich existieren keine besonderen Auskunftsansprüche des Erwerbers im Vorfeld eines Kaufvertrages. Das Gleiche gilt für Aufklärungspflichten des Verkäufers: Denn dem deutschen Recht ist eine **generelle** Auskunftspflicht zukünftiger Vertragsparteien untereinander fremd. Insbesondere im Vorfeld zu einem Anteilserwerb muss sich der Kaufinteressent selbst über die allgemeinen Marktverhältnisse und die sich daraus ergebenden Risiken und Chancen informieren,[35] was auch die Machtverhältnisse in der Gesellschaft einschließt. Die Rechtsprechung bejaht daher eine Aufklärungspflicht des Verkäufers nur bei Vorliegen besonderer, zusätzlicher Umstände, die allein der einen Partei bekannt sind und von denen sie zudem weiß oder doch wissen muss, dass die Entscheidung der anderen von deren Kenntnis beeinflusst werden kann. Das gilt vor allem, wenn durch die fraglichen Umstände der Vertragszweck der anderen Partei vereitelt werden kann, sofern diese nach der Verkehrsauffassung tatsächlich eine Information hierüber erwarten kann.[36] Die Rechtsprechung verfuhr zwar bei Aufklärungspflichten im Rahmen eines Anteilserwerbs in der Vergangenheit sehr großzügig.[37] Es dürfte aber im Regelfall zu weit gehen, eine Aufklärungspflicht des Verkäufers über das Bestehen von Nebenabreden zu bejahen.[38] Denn es verbleibt bei dem Grundsatz, dass eine schuldrechtliche Bindung des Erwerbers an schuldrechtliche Nebenvereinbarungen mit dem Anteilserwerb als solchem gerade nicht verbunden ist,[39] d. h. der neue Anteilsinhaber müsste aufgrund separaten Rechtsgeschäfts der Nebenvereinbarung gesondert beitreten. Anderenfalls erstreckte sie sich nicht auf ihn.

---

[32] *Groß-Bölting,* Gesellschaftervereinbarungen in der AG, 2011, S. 298.
[33] *Noack,* Gesellschaftervereinbarungen bei Kapitalgesellschaften, 1994, S. 250; a. A. *Zetzsche* NZG 2002, 942, 946 f.; *Timm,* WM 1991, 481, 493 f.; *Burgard* AG 1992, 41, 49 f.; *Jäggi,* ZSR 1959, 733.
[34] *Lutter/Grunewald* AG 1989, 109, 116; *Sieveking/Technau* AG 1989, 17, 20 f.; *Noack,* Gesellschaftervereinbarungen bei Kapitalgesellschaften, 1994, S. 250.
[35] BGH, Urt. v. 15.4.1997– IX ZR 112/96, NJW 1997, 3230.
[36] *Emmerich* in: MüKoBGB, 8. Aufl. 2019, § 311 Rn. 66.
[37] *Emmerich* in: MüKoBGB, 8. Aufl. 2019, § 311 Rn. 85.
[38] *Groß-Bölting,* Gesellschaftervereinbarungen in der AG, 2011, S. 300.
[39] Siehe hierzu ausführlich oben unter → Kap. 17 Rn. 2 ff.

II. Auskunftsanspruch kraft Treuepflicht

Ein Auskunftsanspruch des Erwerbsinteressenten gegenüber den anderen Gesellschaftern im Vorfeld zum Anteilserwerb kann auch vor Beitritt zur Gesellschaft auf die Treuepflicht gestützt werden.[40] Unproblematisch ist, dass zu diesem Zeitpunkt noch keine mitgliedschaftliche Bindung bestünde; die Existenz vormitgliedschaftlicher Treuepflichten ist im Grundsatz anerkannt.[41] Auch insoweit besteht aber das Problem, dass die Treuepflicht zunächst nur die Ausübung von Rechten beschränkt und daher als Anspruchsgrundlage für Auskunftsbegehren nur in Ausnahmefällen dient. 24

In jedem Falle kann der Auskunftsanspruch des Erwerbers nicht weiter reichen, als der Auskunftsanspruch eines aktuellen Gesellschafters, der seinerseits aber nur in Ausnahmefällen besteht.[42] Daher kann der Erwerber einen Auskunftsanspruch ebenfalls nur in besonders gelagerten Fällen auf die vormitgliedschaftliche Treuebindung stützen, wenn nämlich eine bestehende Nebenvereinbarung dermaßen große Auswirkungen auf die Machtverhältnisse in der Gesellschaft hat, die von außen nicht ersichtlich sind und die Interessen des Erwerbers dadurch wesentlich beeinträchtigt. Dies ist z. B. der Fall, wenn sich ein Gesellschafter in allen wesentlichen Fragen der Personal-, Wirtschafts- und Finanzpolitik ein Vetorecht schuldrechtlich hat zusichern lassen. 25

Ein Bedürfnis für einen solchen Auskunftsanspruch gegenüber Dritten, also nicht gegenüber der Partei des künftigen Anteilskaufvertrages, sondern gegenüber weiteren Gesellschaftern, besteht auch praktisch nicht: Denn der Erwerber kann sich im Vorfeld beim Veräußerer erkundigen, ob und welche Konsortialabreden innerhalb der Gesellschaft existieren.[43] Erhält er unter Hinweis auf deren Vertraulichkeit keine weiteren Informationen, so steht es ihm frei, vom Erwerb abzusehen.[44] 26

§ 68 Kontrahierungszwang

Nebenvereinbarungen, insbesondere Stimmrechtskonsortien, bündeln in Abweichung von der Satzung Interessen, vor allem aber Macht. Ein Gesellschafter, der vom Bestehen schuldrechtlicher Nebenabreden zwischen anderen Gesellschaftern erfährt, mag vor diesem Hintergrund den Beitritt zu dieser Nebenvereinbarung oder die Aufnahme in das Konsortium begehren.[45] Verweigern die Parteien der Nebenabrede dem Interessenten den Beitritt, stellt sich die Frage nach dem Kontrahierungszwang, also der Aufnahmepflicht. Als Anspruchsgrundlagen kommen die gesellschafterliche Treuepflicht und der allgemeine Kontrahierungszwang aus § 826 BGB in Betracht.[46] Weil aber die Treuepflicht in erster Linie als Rechtsausübungsschranke fungiert, kann sie nur in besonders gelagerten Ausnahmefällen aktive Handlungs- oder Förderpflichten begründen. 27

Für die Annahme solcher aktiven Handlungs- oder Förderpflichten ist generell große Zurückhaltung geboten.[47] Die Rechtsfigur der Treuepflicht würde überdehnt, erstreckte man sie auf die Pflicht zur Aufnahme von Gesellschaftern in Stimmrechtskonsortien.[48] Dieser Bewertung steht für die Aktiengesellschaft auch § 53a AktG nicht entgegen, da der 28

---

[40] Zu den unterschiedlichen Ansätzen der Herleitung von Treuepflichten in der GmbH *Dreher* DStR 1993, 1632, 1633.
[41] *Groß-Bölting*, Gesellschaftervereinbarungen in der AG, 2011, S. 299 m. w. N.; *M. Weber*, Vormitgliedschaftliche Treubindungen, 1999, S. 226 ff.
[42] Siehe zu Auskunftsansprüchen von Gesellschaftern kraft Treuepflicht oben → Kap. 20 Rn. 19 f.
[43] *Groß-Bölting*, Gesellschaftervereinbarungen in der AG, 2011, S. 300.
[44] *Groß-Bölting*, Gesellschaftervereinbarungen in der AG, 2011, S. 300.
[45] *Groß-Bölting*, Gesellschaftervereinbarungen in der AG, 2011, S. 301.
[46] Ohne Thematisierung des allgemeinen Kontrahierungszwangs *Groß-Bölting*, Gesellschaftervereinbarungen in der AG, 2011, S. 301.
[47] Für die Aktiengesellschaft bejaht im Fall „Girmes", BGH, Urt. v. 20.3.1995 – II ZR 205/94, NJW 1995, 1739; für die GmbH Beispiele bei *Bayer* in: Lutter/Hommelhoff, GmbHG, 19. Aufl. 2016, § 14 Rn. 22.
[48] *Noack*, Gesellschaftervereinbarungen bei Kapitalgesellschaften, 1994, S. 248 f.; *Groß-Bölting*, Gesellschaftervereinbarungen in der AG, 2011, S. 301.

darin normierte Gleichbehandlungsgrundsatz nur im Verhältnis zwischen der Gesellschaft und ihren Aktionären gilt, nicht aber im Verhältnis der Gesellschafter untereinander.[49] Auch § 826 BGB vermag keine Pflicht zur Beteiligung eines Außenstehenden an einer Nebenvereinbarung zu begründen: Vereine mit Monopolstellung sind gemäß § 826 BGB zur Aufnahme verpflichtet, wenn die Verweigerung der Mitgliedschaft eine sittenwidrige Schädigung darstellt.[50] Einen Aufnahmeanspruch für Verbände mit überragender Machtstellung hat der BGH unter Rekurs auf Art. 9 GG entwickelt: Eine Aufnahmepflicht bestehe immer dann, wenn die Ablehnung der Aufnahme zu einer sachlich nicht gerechtfertigten, ungleichen Behandlung und unbilligen Benachteiligung des Bewerbers führt.[51] Diese Rechtsprechung umfasst nicht den Fall schuldrechtlicher Nebenabreden. Denn es besteht schon keine strukturelle Vergleichbarkeit zu „Verbänden" „mit überragender Machtstellung".

---

[49] *Götze* in: MüKoAktG, 5. Aufl. 2019, § 53a Rn. 21.
[50] BGH, Urt. v. 14.11.1968 – KZR 3/67, NJW 1969, 316; *Ellenberger* in: Palandt, BGB, 78. Aufl. 2019, § 25 Rn. 11.
[51] BGH, Urt. v. 23.11.1998 – II ZR 54/98, NJW 1999, 1326.

Kapitel 21. Kollisionsrecht und internationale Zuständigkeit

Ist der Gesellschafterkreis grenzüberschreitend zusammengesetzt, weil beispielsweise einzelne Gesellschafter, die auch Partei einer Nebenvereinbarung sind, im Ausland wohnen oder gibt es sonst Berührungen zum Ausland, stellt sich die Frage nach dem auf die Gesellschaftervereinbarung anwendbaren Recht. Ebenfalls ist es gegenüber einem rein nationalen Sachverhalt notwendig zu bestimmen, die Gerichte welches Staates für einen Rechtsstreit im Zusammenhang mit einer Gesellschaftervereinbarung international zuständig sind. 1

§ 69 Kollisionsrecht
I. Abgrenzung Vertrags- und Gesellschaftsstatut

Zur Bestimmung des anwendbaren Rechts auf Gesellschaftervereinbarungen kommen sowohl das Vertrags- als auch das Gesellschaftsstatut in Betracht. Während das Kollisionsrecht der Gesellschaften weder im europäischen noch im deutschen autonomen Recht kodifiziert ist und Gewohnheitsrecht ist, richtet sich die Anknüpfung von Schuldverträgen nach der Rom I-VO. 2

II. Rechtsprechung
1. RG, Urt. v. 17.6.1939 – II 19/39

Im Jahr 1939 befasste sich das Reichsgericht[1] mit der Frage, welchem Recht eine Stimmbindungsvereinbarung unterliegt. Dem Urteil des RG lag folgender Sachverhalt zugrunde: Der Kläger, der Beklagte und eine weitere Person – alle drei deutsche Reichsangehörige – gründeten zusammen mit vier dänischen Staatsangehörigen eine Aktiengesellschaft, die ihren Sitz in Kopenhagen hatte. Wenige Wochen vor der Gründung der Aktiengesellschaft trafen der Kläger und der Beklagte in Deutschland eine schriftliche Vereinbarung über die Abstimmung und Ausübung ihrer beiden Stimmrechte in der Aktiengesellschaft. Als der Beklagte die Stimmrechtsvereinbarung kündigte, beantragte der Kläger gerichtlich festzustellen, dass die Kündigung unwirksam sei und die Stimmrechtsvereinbarung unverändert fortbestehe. 3

Das RG hatte sich zunächst damit auseinanderzusetzen, welches Recht auf die Stimmrechtsvereinbarung anzuwenden war. Das RG stellte in diesem Zusammenhang fest, dass es sich bei der gegenseitigen Verpflichtung der Parteien, ihr Stimmrecht in bestimmter Weise auszuüben, um „rein schuldrechtliche Verpflichtungen" des Klägers und des Beklagten handele. Hierdurch werde die Generalversammlung der Aktiengesellschaft selbst sachlich nicht berührt. Das habe nach dem RG zur Konsequenz, dass das anwendbare Recht auf die Stimmrechtsvereinbarung nach den „Grundsätzen des deutschen zwischenstaatlichen Privatrechts über die Beurteilung von gegenseitigen schuldrechtlichen Verträgen" und damit nach dem Vertragsstatut zu bestimmen sei. 4

2. BGH, Urt. v. 21.9.1995 – VII ZR 248/94

Der BGH hat erstmals in seinem Urteil vom 21.9.1995[2] Stellung zur Bestimmung des auf eine schuldrechtliche Nebenvereinbarung zwischen Gesellschaftern anwendbaren Rechts bezogen. Die Parteien – türkische Staatsangehörige – waren Gesellschafter einer Aktiengesellschaft nach türkischem Recht, die ihren Sitz in Istanbul hatte und Reiseveranstaltungen in der Türkei durchführte. Der Beklagte war zudem Gesellschafter eines Reiseunter- 5

---
[1] RG, Urt. v. 17.6.1939 – II 19/39, RGZ 161, 296.
[2] BGH, Urt. v. 21.9.1995 – VII ZR 248/94, NJW 1996, 54.

nehmens in Deutschland, das Reisen in die Türkei organisierte und vermittelte. Die von der türkischen Aktiengesellschaft in der Türkei für Touristen organisierten Fahrten leiteten unter anderem die Kläger. Die Gesellschafter vereinbarten schriftlich in türkischer Sprache, dass die Kläger vom Beklagten eine Provision für durchgeführte Touristen-Fahrten erhalten sollten, welche die Kläger einklagten.

6 Der BGH entschied zur Bestimmung des anwendbaren Rechts, dass gesellschaftsrechtliche Vereinbarungen dem Gesellschaftsstatut unterfallen, das anwendbare Recht auf schuldrechtliche Verträge hingegen dem Vertragsstatut zu entnehmen sei.[3] Für die Frage, wann eine Vereinbarung als gesellschaftsrechtlich oder als schuldrechtlich im Sinne des Internationalen Privatrechts zu qualifizieren sei, stellte der BGH darauf ab, ob die Vereinbarung „in die Struktur der Gesellschaft eingreif[t]".[4] Ist dies der Fall, richtet sich die Vereinbarung nach dem Gesellschaftsstatut, auch wenn es sich nach dem Sachrecht um eine schuldrechtliche Nebenvereinbarung handelt. Greift die Vereinbarung nicht in die Struktur der Gesellschaft ein, unterliegt sie dem Vertragsstatut.

7 Der BGH nahm beispielhaft an, dass eine Vereinbarung über interne Verlustausgleichsansprüche[5] oder eine Mindestrendite[6] nicht in die Struktur der Gesellschaft eingreife und daher dem Vertragsstatut unterliege.

III. Literatur

8 Die h. L. folgt dem BGH.[7] Während im internationalen Vertragsrecht der Grundsatz der Privatautonomie gelte, wonach die Parteien mehr oder weniger frei das anwendbare Recht auf das Schuldverhältnis wählen können, sei eine Rechtswahl im internationalen Gesellschaftsrecht aus Gründen des Verkehrsschutzes nicht zulässig. Daher seien Gesellschaftervereinbarungen, die in die Struktur der Gesellschaft eingriffen, nicht dem Vertrags-, sondern dem Gesellschaftsstatut zu unterstellen.[8] Greift eine Nebenabrede nicht in die Struktur der Gesellschaft ein, unterfällt sie demnach dem Vertragsstatut,[9] mit der Konsequenz, dass die Parteien gemäß Art. 3 Rom I-VO grundsätzlich das anwendbare Recht auf eine Gesellschaftervereinbarung frei wählen können.[10] Einige Autoren sprechen sich dafür aus, die Zulässigkeit des Abschlusses einer Gesellschaftervereinbarung vom Vertragsstatut losgelöst selbstständig anzuknüpfen und dem Gesellschaftsstatut zu unterstellen.[11] Schließlich lehnt eine Mindermeinung jegliche Differenzierung zwischen Nebenabreden, die in die Struktur der Gesellschaft eingreifen und solchen, die nicht in die Struktur eingreifen, für die Zwecke der Bestimmung des anwendbaren Rechts ab.[12] Vielmehr seien alle Nebenvereinbarung vertraglich zu qualifizieren.[13] Lediglich die Frage nach der gesell-

---

[3] BGH, Urt. v. 21.9.1995 – VII ZR 248/94, NJW 1996, 54, 55.
[4] BGH, Urt. v. 21.9.1995 – VII ZR 248/94, NJW 1996, 54, 55.
[5] BGH, Urt. v. 20.3.1986 – II ZR 125/85, NJW-RR 1986, 969, 970.
[6] BGH, Urt. v. 13.6.1996 – IX ZR 172/95, NJW 1996, 2569.
[7] Vgl. *Kindler* in: MüKoBGB IntGesR Rn. 592 f.; *Trölitzsch* in: BeckOK GmbHG, 44. Ed., Stand: 1.5.2020, § 53 Anh. Gesellschaftervereinbarungen Rn. 10; *Großfeld* in: Staudinger, 1998, IntGesR Rn. 345 f.
[8] *Kindler* in: MüKoBGB IntGesR Rn. 592; *Wegen/Mossler* in: Piltz, MAH, Internationales Wirtschaftsrecht, 2017, § 11 Rn. 76;
[9] *Köhler* in: BeckOGK, Stand: 1.6.2020, Art. 4 Rom I-VO Rn. 565; *Lüderitz* in: Soergel, BGB, Bd. 10, 12. Aufl. 1996, Anh Art. 10 EGBGB Rn. 42; *Behrens* in: Behrens, Die Gesellschaft mit beschränkter Haftung im internationalen und europäischen Recht, 2. Aufl. 1997, IPR Rn. 28.
[10] *Kindler* in: MüKoBGB IntGesR Rn. 592; *Woite* NJW 1965, 2140 f.
[11] *Reuter*, RIW 2019, 21, 29; *Overrath* ZGR 1974, 86, 91 ff.; *Lüderitz* in: Soergel, BGB, Bd. 10, 13. Aufl. 1999, Anh Art. 10 EGBGB Rn. 42; *von Thunen* in: BeckOGK, Stand: 1.10.2018, Internationales Personengesellschaftsrecht, Rn. 139 ff.; andere Ansicht *Grasmann*, System des internationalen Gesellschaftsrechts, 1970, Rn. 1054 f.; *Laimer* in: Laimer/Perathoner, Gesellschaftsrechtliche Nebenvereinbarungen in Europa, 2013, S. 3, 33 f.
[12] *Reuter*, RIW 2019, 21, 29.
[13] *Reuter*, RIW 2019, 21, 29.

schaftsrechtlichen Zulässigkeit von Nebenabreden sei im Wege einer selbstständigen Anknüpfung dem Gesellschaftsstatut zu entnehmen.[14]

Folgt man der Rechtsprechung und der h. L. stellt sich die Problematik, wann eine schuldrechtliche Vereinbarung „in die Struktur der Gesellschaft eingreift". Teilweise wird ein solcher Eingriff für interne Ausgleichsansprüche, strafbewehrte Wettbewerbsverbote und Schiedsverträge verneint.[15] Auch Poolverträge, Vereinbarungen gegenseitiger Veräußerungsbeschränkungen sowie Vorkaufsrechte sollen nicht in die Struktur der Gesellschaft eingreifen, sondern dem Vertragsstatut unterliegen.[16] Haftungsvereinbarungen und Stimmbindungsverträge hingegen sollen nach einer Ansicht in die Struktur der Gesellschaft eingreifen und folglich dem Gesellschaftsstatut unterstellt werden.[17] Denn Stimmbindungsverträge seien für das gesellschaftliche Verhältnis von großer Bedeutung, da sie auf die Willensbildung der Gesellschafter gerichtet seien und ihnen eine quasi-statutarische Wirkung zukomme.[18] Eine andere Ansicht möchte aber auch Stimmbindungsverträge schuldrechtlich anknüpfen.[19] Grund hierfür sei, dass Stimmbindungsverträge die Abstimmung in der Hauptversammlung selbst nicht berühre, sondern nur schuldrechtliche Wirkungen zwischen den an ihr beteiligten Gesellschaftern entfalte, und nur auf diese Weise eine Statutenspaltung innerhalb eines Stimmbindungsvertrages – Regelungen über die Stimmbindung unterfallen dem Gesellschaftsstatut, (beispielhaft) Regelungen über ein Veräußerungsverbot unterfallen aber dem Vertragsstatut – vermieden werden kann.[20] **9**

IV. Stellungnahme

Ausgangspunkt für die **Abgrenzung zwischen Vertrags- und Gesellschaftsstatut** ist Art. 1 Abs. 1 Rom I-VO, wonach Rom I-VO für vertragliche Schuldverhältnisse in Zivil- und Handelssachen, die eine Verbindung zum Recht verschiedener Staaten aufweisen, gilt. Nach Art. 1 Abs. 2 lit. f) Rom I-VO sind Fragen betreffend das Gesellschaftsrecht, das Vereinsrecht und das Recht der juristischen Personen, wie die Errichtung durch Eintragung oder auf andere Weise, die Rechts- und Handlungsfähigkeit, die innere Verfassung und die Auflösung von Gesellschaften, Vereinen und juristischen Personen sowie die persönliche Haftung der Gesellschafter und der Organe für die Verbindlichkeiten einer Gesellschaft, eines Vereins oder einer juristischen Person vom Anwendungsbereich der Rom I-VO ausgenommen. **10**

Ob nun eine Vereinbarung zwischen Gesellschaftern oder zwischen Gesellschaftern und der Gesellschaft in den Anwendungsbereich der Rom I-VO fällt oder gemäß Art. 1 Abs. 2 lit. f) Rom I-VO von diesem ausgenommen ist, ist eine Frage der Qualifikation. Geht es um die Anwendung einer europäischen Verordnung, muss europäisch-autonom, d. h. losgelöst von den Vorstellungen der einzelnen Mitgliedstaaten qualifiziert werden.[21] Dabei ist besonders zu berücksichtigen, inwieweit sich die durch die Vereinbarung berührten Interessen mit den von der jeweiligen Kollisionsnorm verfolgten international-privatrechtlichen Interessen decken.[22] In erster Linie berühren Gesellschaftervereinbarungen die Interessen der an ihr beteiligten Gesellschafter sowie mittelbar der Gesellschaft und der **11**

---

[14] *Reuter*, RIW 2019, 21, 29 und 31.
[15] *Spahlinger/Wegen*, Internationales Gesellschaftsrecht in der Praxis, 2005, Rn. 318; *Kindler* in: MüKoBGB IntGesR Rn. 593.
[16] *Spahlinger/Wegen*, Internationales Gesellschaftsrecht in der Praxis, 2005, Rn. 318; Gutachten zum internationalen und ausländischen Privatrecht, IPG 1976, Nr. 6, 29, 39 f.
[17] *Großfeld* in: Staudinger, 1998, IntGesR Rn. 346; *Kindler* in: MüKoBGB IntGesR Rn. 593.
[18] *Kindler* in: MüKoBGB IntGesR Rn. 593.
[19] *Becker*, NotBZ 2017, 1 ff.; *von Thunen* in: BeckOGK, Stand: 1.8.2017, Internationales Personengesellschaftsrecht Rn. 137 f. (allerdings mit der Einschränkung, dass sich die Zulässigkeit von Stimmrechtsbindungen nach dem Gesellschaftsstatut richte).
[20] *Becker*, NotBZ 2017, 1, 4.
[21] *v. Hein* in: MüKoBGB Einl zum IPR Rn. 126.
[22] Vgl. *Wendelstein*, Kollisionsrechtliche Probleme der Telemedizin, 2012, S. 140 f.

übrigen nicht an der Vereinbarung beteiligten Gesellschafter. In diesem Zusammenhang ist zunächst festzuhalten, dass es sich bei Gesellschaftervereinbarungen um schuldrechtliche Nebenvereinbarungen handelt, die Bindungswirkung nur zwischen den an ihr beteiligten Parteien entfaltet. Als schuldrechtliche Verträge unterliegen Gesellschaftervereinbarungen weitgehend der Privatautonomie. Die Kollisionsnormen des internationalen Vertragsrechts tragen mit der weitgehenden Rechtswahlmöglichkeit in Art. 3 Rom I-VO der Privatautonomie auch auf kollisionsrechtlicher Ebene Rechnung.[23] Daher ist für schuldrechtliche Nebenvereinbarungen grundsätzlich das Vertragsstatut einschlägig.

12 Der BGH sowie die h.L. machen Ausnahmen von dieser vertraglichen Qualifikation zugunsten des Gesellschaftsstatuts für Gesellschaftervereinbarungen, die „in die Struktur der Gesellschaft eingreifen". Hintergrund ist die Sorge, dass anderenfalls das Gesellschaftsstatut, welches aus Gründen des Verkehrsschutzes der Parteiautonomie der Gesellschafter entzogen ist, mittels Wahl eines „günstigen" Rechts für die Nebenvereinbarung umgangen werden könnte. Sicherlich ist denkbar, dass das Gesellschaftsstatut beispielsweise (gewisse) Stimmbindungsverträge untersagt (vgl. zum deutschen Recht beispielhaft § 136 Abs. 2 AktG) und die Gesellschafter für den Stimmbindungsvertrag ein nationales Recht wählen, nach dem dieser wirksam ist. Um die Gesellschaft und die nicht an der Vereinbarung beteiligten Gesellschafter vor einer solchen Umgehung zu schützen, ist es aber nicht erforderlich, den Stimmbindungsvertrag insgesamt dem Gesellschaftsstatut zu unterstellen. Es genügt, wenn allein die (Teil-)Frage, ob der Abschluss eines Stimmbindungsvertrages zulässig oder unzulässig ist, vom Gesellschaftsstatut beantwortet wird.[24] Die übrigen Voraussetzungen für die Wirksamkeit der Nebenvereinbarung (etwa der Vertragsabschluss oder der Zugang von Willenserklärungen) sowie die Rechtsfolgen einer Vertragsverletzung richten sich nach dem Vertragsstatut. Auf diese Weise sind einerseits die Gesellschaft und die an der Vereinbarung nicht beteiligten Gesellschafter vor einer missbräuchlichen Umgehung geschützt; andererseits wird auch den Interessen der an der Vereinbarung beteiligten Gesellschafter mit der grundsätzlichen Anwendung des Vertragsstatuts ausreichend Rechnung getragen. Daher sollte bei der kollisionsrechtlichen Anknüpfung nicht zwischen schuldrechtlichen Nebenvereinbarungen, die in die Struktur der Gesellschaft eingreifen, und solchen, die nicht in die Gesellschaftsstruktur eingreifen, differenziert werden.[25] Der damit bezweckte Umgehungsschutz kann auf andere, die international-privatrechtliche Interessenlage besser berücksichtigende Art und Weise erreicht werden.

13 Diese Aufspaltung zwischen Zulässigkeit und übrigen Voraussetzungen einer Gesellschaftervereinbarung ist auch keineswegs ungewöhnlich. So ist beispielsweise anerkannt, dass die Zulässigkeit gewillkürter Stellvertretung zum Abschluss eines Vertrages nach dem Vertragsstatut zu beurteilen ist, während die Voraussetzungen der Stellvertretung dem Vollmachtsstatut (Art. 8 EGBGB) zu entnehmen sind.[26]

14 Ohnehin ist das Abgrenzungskriterium des Eingriffs in die Struktur der Gesellschaft kaum geeignet, um in der Praxis vorhersehbar das auf eine Gesellschaftervereinbarung anwendbare Recht bestimmen zu können. Denn wann liegt ein solcher „Eingriff" schon einmal eindeutig vor? Greifen beispielsweise alle Stimmbindungsverträge in die Struktur der Gesellschaft ein oder nur diejenigen, die eine Stimmbindung für wesentliche Fragen der Gesellschaft vorsehen? Genügt für einen solchen Eingriff, dass der Stimmbindungsvertrag eine einmalige Stimmbindung für eine konkrete Abstimmung vorsieht oder muss es sich

---

[23] *Kropholler*, Internationales Privatrecht, 6. Aufl. 2006, § 40 III 2; *Mansel* in: Leible/Unberath, Brauchen wir eine Rom 0-Verordnung?, 2013, 241, 263; *Neuhaus*, Die Grundbegriffe des internationalen Privatrechts, 2. Aufl. 1976, S. 257.

[24] *Overrath* ZGR 1974, 86 ff.; *Reuter*, RIW 2019, 21, 29 und 31; *Trölitzsch* in: BeckOK GmbHG, 44. Ed., Stand: 1.5.2020, § 53 Anh. Gesellschaftervereinbarungen Rn. 10; *von Thunen* in: BeckOGK, Stand: 1.10.2018, Internationales Personengesellschaftsrecht, Rn. 140; siehe auch *Spahlinger/Wegen*, Internationales Gesellschaftsrecht in der Praxis, 2005, Rn. 319.

[25] So auch *Reuter*, RIW 2019, 21, 29.

[26] *Mäsch* in: BeckOK BGB, 54. Ed., Stand: 1.5.2020, Art. 8 EGBGB Rn. 24; *Weller* in: BeckOGK, Stand: 1.2.2020, Art. 10 Rom I-VO Rn. 21.

um die Bindung zu mehreren, wiederkehrenden Abstimmungen handeln? Aus Gründen der Rechtssicherheit sollte auf das schwammige Abgrenzungskriterium des BGH und der h. L. verzichtet werden.

V. Bestimmung des Vertragsstatuts
1. Subjektive Anknüpfung (Rechtswahl)

Gemäß Art. 3 Rom I-VO können die Gesellschafter das auf die Gesellschaftervereinbarung anwendbare Recht wählen.[27] Neben einer ausdrücklichen Rechtswahl kommt auch eine stillschweigende in Betracht. **15**

2. Objektive Anknüpfung

Mangels Rechtswahl ist das anwendbare Recht auf die Gesellschaftervereinbarung objektiv gemäß Art. 4 Rom I-VO zu bestimmen. Da keine der Fallgruppen in Absatz 1 einschlägig ist, unterliegt die Gesellschaftervereinbarung nach Absatz 2 dem Recht des Staates, in dem die Partei, welche die für den Vertrag charakteristische Leistung zu erbringen hat, ihren gewöhnlichen Aufenthalt hat. Regelmäßig wird bei Gesellschaftervereinbarungen keine Partei, die die charakteristische Leistung erbringt, identifiziert werden können.[28] Denn häufig sind die Verpflichtungen der an der Vereinbarung beteiligten Gesellschafter identisch ausgestaltet, so etwa, wenn die Gesellschafter ein Vorkaufsrecht jeweils zugunsten der nicht veräußernden Gesellschafter vereinbaren oder wenn sich die Gesellschafter untereinander jeweils zur Gewährung eines Darlehens an die Gesellschaft verpflichten. Auch Kooperationsverträge, die neben der vereinbarten Zusammenarbeit zugleich auf die Gründung einer gemeinsamen Gesellschaft gerichtet sind **(joint venture)** [29] weisen ebenso keine charakteristische Leistung auf wie gegenseitige Stimmbindungen,[30] bei denen alle Vertragsparteien eine Verpflichtung hinsichtlich ihres Stimmrechts eingehen. Dies ist aber nicht immer so. Denkbar ist auch, dass nur zugunsten eines von mehreren Gesellschaftern ein Vorkaufsrecht vereinbart wird. In diesem Fall erbringt derjenige Gesellschafter die charakteristische Leistung, der das Vorkaufsrecht gewährt, sofern als Gegenleistung für die Gewährung eines Vorkaufsrechts lediglich die Zahlung eines Geldbetrages vorgesehen ist. Denn die charakteristische Leistung ist regelmäßig diejenige Verpflichtung, die nicht in der Zahlung von Geld besteht.[31] **16**

Kann jedoch, was regelmäßig der Fall sein wird, kein einzelner Gesellschafter bestimmt werden, der die charakteristische Leistung erbringt, ist auf die Hilfsanknüpfung des Art. 4 Abs. 4 Rom I-VO zurückzugreifen, wonach der Vertrag dem Recht des Staates unterliegt, zu dem er die engste Verbindung aufweist. Um eine Statutenspaltung zu verhindern, wird vorgeschlagen, dass die engste Verbindung der Nebenvereinbarung grundsätzlich mit dem Recht des Staates besteht, dem auch die Primärgesellschaft unterliegt, mit der Folge, dass die Nebenvereinbarung deren Gesellschaftsstatut unterfällt.[32] Dies ist aber nicht zwingend.[33] Wenn sich die Primärgesellschaft beispielsweise in Frankreich befindet, während alle Gesell- **17**

---

[27] BGH, Urt. v. 21.9.1995 – VII ZR 248/94, NJW 1996, 54, 55.
[28] Vgl. *Kindler* in: MüKoBGB IntGesR Rn. 592; *Trölitzsch* in: BeckOK GmbHG, 44. Ed., Stand: 1.5.2020, § 53 Anh. Gesellschaftervereinbarungen Rn. 10.
[29] *von Thunen* in: BeckOGK, Stand: 1.10.2018, Internationales Personengesellschaftsrecht, Rn. 144; *Magnus,* IPRax 2010, 27, 38; *Göthel* BB 2014, 1475, 1478.
[30] *Appenzeller,* Stimmbindungsabsprachen in Kapitalgesellschaften, 1996, S. 218.
[31] *Giuliano/Lagarde,* BT-Drs. 10/503, S. 52; *Köhler* in: BeckOGK, Stand: 1.6.2020, Art. 4 Rom I-VO Rn. 152.
[32] *Kindler* in: MüKoBGB IntGesR Rn. 592; *Trölitzsch* in: BeckOK GmbHG, 44. Ed., Stand: 1.5.2020, § 53 Anh. Gesellschaftervereinbarungen Rn. 10.
[33] *von Thunen* in: BeckOGK, Stand: 1.8.2017, Internationales Personengesellschaftsrecht, Rn. 146; *Reuter,* RIW 2019, 21, 31; *Ferrari* in: Ferrari/Kieninger/Mankowski, Internationales Vertragsrecht, 3. Aufl. 2018, Art. 4 Rom I-VO Rn. 141.

schafter in Deutschland wohnhaft sind, wo auch die Poolversammlungen stattfinden und das Stimmverhalten des Pools im einzelnen festgelegt wird, liegt es näher, dass der Pool seine engste Verbindung zum deutschen Recht hat. Auch das Reichsgericht nahm an, dass die Parteien eine Stimmrechtsvereinbarung dem deutschen Recht unterstellen wollten, hätten sie bei Abschluss der Stimmrechtsvereinbarung eine Rechtswahl getroffen, obwohl im Streitfall die Aktiengesellschaft dem dänischen Recht unterlag.[34]

18 Bei der Bestimmung der engsten Verbindung kommt es daher stets auf die Gesamtheit der Umstände an,[35] so dass sich pauschale Aussagen unter Verweis auf eine mögliche Statutenspaltung verbieten. Zu den relevanten Umständen zählen unter anderem der gewöhnliche Aufenthaltsort der Parteien (starke Indizwirkung) oder der Abschlussort des Vertrages (schwache Indizwirkung).[36] So stellte etwa das OLG Stuttgart in einer Entscheidung vom 24.3.2004 zur Begründung der engsten Verbindung zwischen einer Poolvereinbarung und dem deutschen Recht unter anderem darauf ab, dass die Mitglieder des Pools in verschiedenen Ländern wohnten, die Aktien solche einer deutschen Aktiengesellschaft waren, die Poolversammlungen in Deutschland stattfanden und der Poolgeschäftsführer zugleich Vorstandsvorsitzender der deutschen Aktiengesellschaft war.[37]

§ 70 Internationale Zuständigkeit

19 Was die internationale Zuständigkeit für Streitigkeiten im Zusammenhang mit einer Gesellschaftervereinbarung betrifft, muss danach unterschieden werden, ob die verklagte Partei der Gesellschaftervereinbarung ihren Wohnsitz in einem Mitgliedstaat der Europäischen Union hat oder nicht.

I. Beklagter hat seinen Wohnsitz in einem EU-Mitgliedstaat

1. Anwendungsbereich der EuGVVO

20 Hat der Beklagte seinen Wohnsitz in einem EU-Mitgliedstaat, ist die EuGVVO (Brüssel Ia-VO) in persönlicher Hinsicht anwendbar. Gemäß Art. 1 Abs. 1 EuGVVO ist auch der sachliche Anwendungsbereich der EuGVVO für Streitigkeiten im Zusammenhang mit einer Gesellschaftervereinbarung eröffnet, da es sich um eine Zivilsache handelt.

2. Gerichtsstand

21 Eine ausschließliche und gegenüber Art. 4 ff. EuGVVO vorrangige internationale Zuständigkeit der Gerichte des Mitgliedstaats, in dessen Hoheitsgebiet die Gesellschaft oder juristische Person ihren Sitz hat, gemäß Art. 24 Nr. 2 EuGVVO scheidet in der Regel aus.[38] Denn Art. 24 Nr. 2 EuGVVO betrifft lediglich Verfahren, welche die Gültigkeit, die Nichtigkeit oder die Auflösung einer Gesellschaft oder juristischen Person oder die Gültigkeit der Beschlüsse ihrer Organe zum Gegenstand haben. Bei Streitigkeiten im Zusammenhang mit einer Gesellschaftervereinbarung wird es aber regelmäßig um Schadenersatzansprüche wegen eines Verstoßes gegen die Gesellschaftervereinbarung gehen oder aber um die Erfüllung der Gesellschaftervereinbarung. Wird allerdings ein Gesellschafterbeschluss mit der Begründung angefochten, er sei unter Verstoß gegen eine von allen Gesellschaftern vereinbarte schuldrechtliche Nebenabrede zustande gekommen, richtet sich die internationale Zuständigkeit nach Art. 24 Nr. 2 EuGVVO.[39] Danach sind die Gerichte

---

[34] RG, Urt. v. 17.6.1939 – II 19/39, RGZ 161, 296.
[35] *Martiny* in: MüKoBGB Art. 4 Rom I-VO Rn. 311.
[36] *Ferrari* in: Ferrari/Kieninger/Mankowski, Internationales Vertragsrecht, 3. Aufl. 2018, Art. 4 Rom I-VO Rn. 85 und 87.
[37] OLG Stuttgart, Urt. v. 24.3.2004 – 14 U 21/03, NJOZ 2004, 2124, 2128.
[38] Vgl. OLG Stuttgart, Urt. v. 24.3.2004 – 14 U 21/03, NJOZ 2004, 2124, 2125.
[39] *Reuter*, RIW 2019, 21, 27.

des Mitgliedstaats international zuständig, in dessen Hoheitsgebiet die Gesellschaft oder juristische Person ihren Sitz hat.

In allen übrigen Fällen ist zunächst, vorbehaltlich einer Gerichtsstandsvereinbarung 22 gemäß Art. 25 EuGVVO oder einer Schiedsvereinbarung, der allgemeine Beklagtengerichtsstand des Art. 4 EuGVVO eröffnet. Danach ist eine Partei der Gesellschaftervereinbarung vor den Gerichten des Mitgliedstaats zu verklagen, in dem sie ihren Wohnsitz hat.

Vor den Gerichten eines anderen Mitgliedstaats kann die Partei der Gesellschaftervereinbarung nur im Falle eines besonderen Gerichtsstandes des Erfüllungsortes gemäß Art. 7 23 Nr. 1 lit. c) EuGVVO verklagt werden. Art. 7 Nr. 1 lit. b) EuGVVO ist nicht einschlägig, da eine Gesellschaftervereinbarung weder einen Vertrag über den Kauf beweglicher Sachen noch einen Dienstleistungsvertrag darstellt. Gemäß Art. 7 Nr. 1 lit. c) EuGVVO kann eine Person, die ihren Wohnsitz im Hoheitsgebiet eines Mitgliedstaats hat, in einem anderen Mitgliedstaat verklagt werden, und zwar wenn ein Vertrag oder Ansprüche aus einem Vertrag den Gegenstand des Verfahrens bilden, vor dem Gericht des Ortes, an dem die Verpflichtung erfüllt worden ist oder zu erfüllen wäre. Wird ein Schadenersatzanspruch als Sekundäranspruch geltend gemacht, ist auf den Erfüllungsort der verletzten Primärpflicht abzustellen, aus der der Schadenersatzanspruch herrührt.[40] Der Erfüllungsort im Sinne von Art. 7 Nr. 1 lit. c) EuGVVO wird nicht verordnungsautonom, sondern nach dem Kollisionsrecht des mit dem Rechtsstreit befassten Gerichts (**lex fori**) bestimmt.[41] Findet gemäß Art. 3 f. Rom I-VO beispielsweise deutsches Recht auf einen Stimmbindungsvertrag Anwendung, ist Erfüllungsort für die Verpflichtung zur vertraglich vereinbarten Stimmabgabe gemäß §§ 29 ZPO, 269 Abs. 1 BGB der Ort, an dem die satzungsgemäß die Gesellschafterversammlungen stattfinden.[42]

II. Beklagter hat seinen Wohnsitz nicht in einem EU-Mitgliedstaat

Hat der Beklagte seinen Wohnsitz nicht in einem EU-Mitgliedstaat, richtet sich die inter- 24 nationale Zuständigkeit der Gerichte eines jeden Mitgliedstaats nach dessen autonomen Zuständigkeitsvorschriften (Art. 6 EuGVVO). Vorrangig ist gemäß Art. 25 EuGVVO lediglich eine Gerichtsstandsvereinbarung zu beachten. Nach dem Grundsatz der Doppelfunktionalität richtet sich die internationale Zuständigkeit deutscher Gerichte nach §§ 12 ff. ZPO analog.[43] Danach kommt zunächst die internationale Zuständigkeit deutscher Gerichte gemäß § 29 ZPO analog in Betracht, wenn die geltend gemachte Verpflichtung aus der Gesellschaftervereinbarung in Deutschland zu erfüllen ist oder war. Zur Bestimmung des Erfüllungsortes ist auf das Vertragsstatut gemäß Art. 3 f. Rom I-VO abzustellen.[44] Unterliegt die Gesellschaftervereinbarung deutschem Recht, ist der Erfüllungsort gemäß § 269 BGB zu bestimmen.

Außerdem kommt auch der besondere Gerichtsstand der Mitgliedschaft gemäß § 22 25 ZPO analog in Betracht. Danach sind deutsche Gerichte international zuständig für Klagen von Gesellschaftern in dieser Eigenschaft gegeneinander, wenn die Gesellschaft den allgemeinen Gerichtsstand in Deutschland hat. Zu beachten ist, dass § 22 ZPO analog gegen-

---

[40] Vgl. EuGH, Entsch. v. 6.10.1976, de Bloos, 14/76, BeckRS 2004, 71612 Rn. 15/17; BGH, Urt. v. 16.10.2015 – V ZR 120/14, NJW 2016, 409, 410 Rn. 7; *Stadler* in: Musielak/Voit, ZPO, 17. Aufl. 2020, Art. 7 EuGVVO Rn. 2.

[41] Vgl. EuGH, Urt. v. 29.6.1994, Rs. C-288/92, NJW 1995, 183, 184 Rn. 26; EuGH, Urt. v. 6.10.1976, Tessili, Rs 12/76, NJW 1977, 491 f.; *Gottwald* in: MüKoZPO, 5. Aufl. 2017, Art. 7 EuGVVO Rn. 40.

[42] *Drescher* in: MüKoGmbH, 3. Aufl. 2019, § 47 Rn. 252.

[43] Vgl. BGH, Urt. v. 18.4.1985 – VII ZR 359/83, NJW 1985, 2090; BGH, Urt. v. 18.1.2011 – X ZR 71/10, NJW 2011, 2056 Rn. 13; *Heinrich* in: Musielak/Voit, ZPO, 17. Aufl. 2020, § 12 Rn. 17.

[44] Vgl. BGH, Urt. v. 3.12.1992 – IX ZR 229/91, NJW 1993, 1073, 1075; BGH, Urt. v. 18.1.2011 – X ZR 71/10, NJW 2011, 2056, 2058 Rn. 29; *Toussaint* in: BeckOK ZPO, 36. Ed., Stand: 1.3.2020, § 29 Rn. 42.

ständlich nur Klagen erfasst, die Rechte der Gesellschafter aus ihrem Gesellschaftsrechtsverhältnis betreffen.[45] Daher werden schuldrechtliche Ansprüche der Gesellschafter aus Nebenvereinbarungen nicht von § 22 ZPO analog erfasst. Ficht allerdings ein Gesellschafter einen Gesellschafterbeschluss mit der Begründung an, dieser verstoße gegen eine von allen Gesellschaftern geschlossene schuldrechtliche Nebenvereinbarung, kann sich die internationale Zuständigkeit deutscher Gerichte auch aus § 22 ZPO analog ergeben. Zudem ist zu berücksichtigen, dass mit dem Abschluss einer Gesellschaftervereinbarung häufig zugleich eine separate Gesellschaft bürgerlichen Rechts entsteht.[46] Handelt es sich bei dieser Sekundärgesellschaft ausnahmsweise um eine Außengesellschaft, kann § 22 ZPO analog für Streitigkeiten ihrer Gesellschafter untereinander über mitgliedschaftliche Rechte die internationale Zuständigkeit deutscher Gerichte begründen.[47] Die reine Innengesellschaft fällt hingegen nicht in den Anwendungsbereich von § 22 ZPO analog.

---

[45] Vgl. *Bendtsen* in: Saenger, ZPO, 8. Aufl. 2019, § 22 Rn. 2; MüKoZPO/*Patzina*, 6. Aufl. 2020, § 22 Rn. 8.
[46] S. o. unter → Kap. 9 Rn. 2 ff.
[47] Vgl. LG Bonn, Zwischenurt. v. 20.2.2002 – 2 O 111/01, NJW-RR 2002, 1399, 1400; MüKoZPO/*Patzina*, 6. Aufl. 2020, § 22 Rn. 3.

B. Besonderer Teil

Schuldrechtliche Vereinbarungen können unterschiedlichste Leistungspflichten, aber auch unterschiedlichste Unterlassungspflichten zum Gegenstand haben, und sie können zwischen einem Teil der Gesellschafter abgeschlossen sein, zwischen allen Gesellschaftern und jeweils auch mit der Gesellschaft oder auch nicht, wobei die Gesellschaft auch im Wege eines Vertrages zugunsten Dritter gemäß § 328 BGB aus der schuldrechtlichen Nebenvereinbarung zwischen Gesellschaftern berechtigt sein kann. Zu berücksichtigen ist ferner, dass (bloß) schuldrechtlich auch solche Leistungs- und Unterlassungspflichten vereinbart werden können, die als Nebenleistungspflichten auch Aufnahme in die Satzung hätten finden (für AG § 55 AktG; für GmbH § 3 Abs. 2 GmbHG) und die daher auch als echte mitgliedschaftliche Verpflichtungen hätten begründet werden können. Mit anderen Worten: Pflichten, die als korporative Nebenleistungspflichten gemäß § 55 AktG bzw. § 3 Abs. 2 GmbHG begründet werden können, können auch als lediglich schuldrechtliche Leistungs- oder Unterlassungspflichten vereinbart werden. 1

Nur als schuldrechtliche Verpflichtungen können aber solche vereinbart werden, die von § 55 AktG bzw. § 3 Abs. 2 GmbHG nicht erfasst sind, sei es inhaltlich (wie zumeist bei Aktiengesellschaften, bei denen § 55 AktG eine Beschränkung auf „wiederkehrende nicht in Geld bestehende Leistungen" enthält) oder weil eine Satzungsänderung notwendig ist, der nicht alle Gesellschafter zustimmen (§ 53 Abs. 3 GmbHG). 2

Als schuldrechtliche Verpflichtungen sind die unterschiedlichsten Leistungs- und Unterlassungspflichten denkbar, beispielsweise die Verpflichtung, der Gesellschaft Darlehen oder bestimmte Dienst- oder Sachleistungen zur Verfügung zu stellen, aber beispielsweise auch Wettbewerb zu unterlassen. Hervorzuheben ist, dass schuldrechtlich auch Bindungen bei der Ausübung der Mitgliedschaftsrechte eingegangen werden können, die dann nur schuldrechtlich wirken und die mitgliedschaftsrechtliche Stellung des Gesellschafters nicht berühren. Prominentes Beispiel hierfür sind Stimmbindungsverträge.[1] Nachfolgend werden die typischsten Leistungs- und Unterlassungspflichten, wie sie in Gesellschaftervereinbarungen, in welcher Kombination und vor welchem Hintergrund auch immer vorkommen, besprochen. 3

---

[1] *Götze* in: MüKoAktG, 5. Aufl. 2019, § 54 Rn. 32 f.

Kapitel 22. Stimmbindungsvereinbarung

§ 71 Allgemeines

I. Begriff und Motive

1 Eine Stimmbindung ist die rechtsgeschäftliche Beschränkung künftigen Abstimmungsverhaltens.[1] Kraft schuldrechtlicher Vereinbarung wird der Gesellschafter gegenüber dem Berechtigten verpflichtet, sein Stimmrecht in einer bestimmten Weise auszuüben. Der Gesellschafter kann verpflichtet werden, gegen einen Antrag zu stimmen oder sich der Stimme zu enthalten, sog. negative Stimmausübung; oder aber für einen Antrag zu stimmen, sog. positive Stimmausübung.

2 Die Begriffe **Stimmrechtspool** und **Stimmrechtskonsortium** werden überwiegend synonym verwendet.[2] Ein Stimmrechtspool oder Stimmrechtskonsortium liegt vor, wenn an der Stimmbindungsvereinbarung ausschließlich Gesellschafter beteiligt sind.[3] Bilden sich innerhalb des Stimmrechtspools weitere Gesellschafterfraktionen heraus, die ihre Stimme in dem Stimmrechtspool wiederum nach Maßgabe eines vorgelagerten Entscheidungsprozesses bündeln, wird von einem Unterpool gesprochen.[4] Verfolgt ein Stimmrechtspool neben der Stimmrechtsbündelung noch den weiteren Zweck, die Gesellschaft vor dem Eindringen Dritter zu schützen, indem die Beteiligungsrechte an der Gesellschaft innerhalb der Parteien des Stimmrechtspools erhalten bleiben, liegt eine Schutzgemeinschaft vor.[5]

3 Es gibt unterschiedliche Motive für den Abschluss einer Stimmbindungsvereinbarung, die im Einzelnen nicht abschließend aufgezählt werden können. Zu den Hauptmotiven zählt zunächst sicherlich die Absicht, die wirtschaftliche Inhaberstellung hinsichtlich eines Geschäftsanteils einer außenstehenden Person abzusichern.[6] Wegen des Verbots der Stimmrechtsabspaltung kann das Stimmrecht eines Gesellschafters nicht auf einen Dritten übertragen werden.[7] Daher wird beispielsweise einem Dritten, zu dessen Gunsten ein Nießbrauch an einem Geschäftsanteil bestellt ist, mittels einer Stimmrechtsvereinbarung ein gewisser Einfluss auf das Abstimmungsverhalten in der Gesellschafterversammlung eingeräumt, um seine wirtschaftliche Stellung im Hinblick auf den Geschäftsanteil durch Einflussnahme auf das Abstimmungsverhalten absichern zu können.[8] Auch Investoren sichern ihre wirtschaftliche Position durch Stimmbindungsvereinbarungen ab, um Einfluss auf die Geschicke der Gesellschaft nehmen zu können.[9]

4 Darüber hinaus wird mit Stimmabsprachen versucht, die Machtverhältnisse innerhalb einer Gesellschaft zu sichern,[10] etwa wenn es um den Einfluss von Familienstämmen auf die Besetzung von Leitungs- oder Kontrollorganen geht.[11]

5 Schließlich können auch steuerliche Gründe für den Abschluss einer Stimmbindungsvereinbarung sprechen. Damit Beteiligungen an Kapitalgesellschaften zum erbschaft- und schenkungsteuerlich begünstigten Vermögen gehören, muss der Erblasser bzw. Schenker zu mehr als 25 % am Nennkapital der Gesellschaft beteiligt sein. Dies wird regelmäßig dadurch

---

[1] *Overrath*, Die Stimmrechtsbindung, 1973, S. 1; *Römermann* in: MHLS GmbHG § 47 Rn. 475.
[2] Vgl. *Drescher* in: MüKoGmbHG § 47 Rn. 234; *Habersack* ZHR 164 (2000), 1, 2.
[3] *Römermann* in: MHLS GmbHG § 47 Rn. 475.
[4] *Klein-Wiele* NZG 2018, 1401, 1403; *Odersky*, FS Lutter, 2000, S. 557, 564.
[5] *Schneider*, Der Stimmbindungsvertrag, 2017, S. 11.
[6] *K. Schmidt* in: Scholz, GmbHG, Band 2 § 47 Rn. 36; *Drescher* in: MüKoGmbHG § 47 Rn. 232.
[7] *Hillmann* in: Henssler/Strohn, Gesellschaftsrecht, 4. Aufl. 2019, § 47 Rn. 35; *Zöllner/Noack* in: Baumbach/Hueck, GmbHG § 47 Rn. 40.
[8] *Römermann* in: MHLS GmbHG § 47 Rn. 489.
[9] *Schaub* DStR 2018, 871.
[10] *Schaub* DStR 2018, 871; *Römermann* in: MHLS GmbHG § 47 Rn. 490.
[11] *Drescher* in: MüKoGmbHG § 47 Rn. 232; *Römermann* in: MHLS GmbHG § 47 Rn. 490.

erreicht, dass die Beteiligungen mehrerer Gesellschafter aufgrund einer Stimmbindungsvereinbarung zusammengerechnet werden (vgl. § 13b Abs. 1 Nr. 3 S. 2, Abs. 4 Nr. 2 S. 2 ErbStG).[12]

II. Rechtsnatur

Stimmbindungsvereinbarungen sind schuldrechtlicher Natur.[13] Je nachdem, wie die Stimmbindungsvereinbarung ausgestaltet ist, kommen unterschiedliche Vertragstypen in Betracht.

6

1. Innengesellschaft bürgerlichen Rechts

Vereinbaren die Gesellschafter eine wechselseitige Stimmbindung, kommt in der Regel ein separates Gesellschaftsverhältnis bürgerlichen Rechts zustande.[14] Denn mit der koordinierten Ausübung des Stimmrechts verfolgen die Parteien der Stimmabsprache einen gemeinsamen und auf Dauer angelegten Zweck.[15] In der Regel bilden die Geschäftsanteile kein Gesamthandsvermögen, so dass es sich um eine reine Innengesellschaft handelt.[16]

7

2. Auftrag, Geschäftsbesorgungsvertrag

Verpflichtet sich nur eine der Parteien, ihr Stimmrecht entsprechend der Stimmrechtsausübung der anderen Partei auszuüben, liegt regelmäßig ein Auftrag (§§ 662 ff.) oder ein Geschäftsbesorgungsvertrag (§§ 675 ff.) vor.[17]

8

3. Vertragliche Nebenpflicht

Ist die Stimmbindung nicht Haupt-, sondern vertragliche Nebenpflicht, kommt es für den rechtlichen Charakter der Stimmbindung auf die rechtliche Einordnung des Hauptvertrages an. In Betracht kommen dabei insbesondere Anteilskaufvertrag, Pfandrechts-, Nießbrauchs- sowie Treuhandverhältnisse.[18] Dabei kann die Stimmbindung als vertragliche Nebenpflicht auch konkludent vereinbart werden.[19] Veräußert etwa ein Gesellschafter seinen Geschäftsanteil und enthält die Satzung eine Vinkulierungs-Klausel, verpflichtet sich der veräußernde Gesellschafter konkludent als Nebenpflicht aus dem Anteilskaufvertrag, in der Gesellschafterversammlung der Veräußerung zuzustimmen.[20]

9

---

[12] *Schaub* DStR 2018, 871.
[13] *Schindler* in: BeckOK GmbHG § 47 Rn. 69.
[14] Vgl. BGH, Urt. v. 24.11.2008 – II ZR 116/08, NJW 2009, 669, 670 Rn. 14; BGH, Urt. v. 13.6.1994 – II ZR 38/93, NJW 1994, 2536; *Schäfer* in: MüKoBGB Vor § 705 Rn. 68; *Hillmann* in: Henssler/Strohn, Gesellschaftsrecht, 4. Aufl. 2019, § 47 Rn. 87.
[15] Vgl. BGH, Urt. v. 24.11.2008 – II ZR 116/08, NJW 2009, 669, 670 Rn. 14; *Drescher* in: MüKoGmbHG § 47 Rn. 234.
[16] Vgl. BGH, Urt. v. 24.11.2008 – II ZR 116/08, NJW 2009, 669, 670 Rn. 14; BGH, Urt. v. 13.6.1994 – II ZR 38/93, NJW 1994, 2536; *Hillmann* in: Henssler/Strohn, Gesellschaftsrecht, 4. Aufl. 2019, § 47 Rn. 87.
[17] *Drescher* in: MüKoGmbHG § 47 Rn. 233; *Hillmann* in: Henssler/Strohn, Gesellschaftsrecht, 4. Aufl. 2019, § 47 Rn. 87.
[18] *K. Schmidt* in: Scholz, GmbHG, Band 2 § 47 Rn. 35.
[19] *Hillmann* in: Henssler/Strohn, Gesellschaftsrecht, 4. Aufl. 2019, § 47 Rn. 87; *Drescher* in: MüKoGmbHG § 47 Rn. 236.
[20] Vgl. BGH, Urt. v. 29.5.1967 – II ZR 105/66, NJW 1967, 1963; *Drescher* in: MüKoGmbHG § 47 Rn. 236; a. A. *Zöllner/Noack* in: Baumbach/Hueck, GmbHG § 47 Rn. 114.

4. Form

10 Die Stimmbindung kann grundsätzlich formfrei vereinbart werden.[21] Dies ist selbst dann der Fall, wenn die Stimmbindung auf eine formbedürftige Satzungsänderung gerichtet ist.[22]

11 In Einzelfällen kann sich allerdings aus bestimmten Zusammenhängen die Formbedürftigkeit der Stimmbindungsvereinbarung ergeben. Dies ist etwa der Fall, wenn die Stimmbindung als vertragliche Nebenpflicht zu einem formbedürftigen Hauptvertrag vereinbart wird,[23] so beispielsweise im Zusammenhang mit einem Geschäftsanteilskaufvertrag, der der notariellen Beurkundung bedarf (§ 15 Abs. 4 GmbHG).[24] Wird über Stimmbindungen testamentarisch verfügt, muss die Formvorschrift des § 2247 BGB beachtet werden.[25]

12 Da Stimmbindungen nicht unmittelbar die Willensbildung der Gesellschaft, sondern nur des jeweiligen Gesellschafters als Verpflichteten aus der Stimmbindungsvereinbarung beeinflussen, sind sie nicht zwingend in die Satzung aufzunehmen.[26] Es steht den Gesellschaftern aber frei, freiwillig Stimmbindungen – regelmäßig als formelle Satzungsbestandteile[27] – in die Satzung aufzunehmen.[28] Wird eine Stimmbindung ausnahmsweise in die Satzung aufgenommen, sind §§ 53 Abs. 2 S. 1 GmbHG; 130 Abs. 1 S. 1 AktG zu berücksichtigen.

5. Zulässigkeit

13 **a) Grundsatz.** Während die frühere Rechtsprechung des Reichsgerichts[29] und Teile der Literatur[30] Stimmbindungsvereinbarungen für unzulässig hielten, änderte das RG[31] später seine Meinung und sprach sich für eine generelle Zulässigkeit von Stimmbindungsvereinbarungen aus. Auch der Bundesgerichtshof[32] und die ganz herrschende Ansicht in der Literatur[33] gehen von einer generellen Zulässigkeit von Stimmbindungsvereinbarungen aus. Dem Gegenargument, eine Stimmbindung schränke die Ausübungsfreiheit mitgliedschaftlicher Rechte unangemessen ein,[34] ist entgegenzuhalten, dass die Gesellschafter in der Abstimmung grundsätzlich frei sind und sich daher hinsichtlich der Stimmabgabe auch wirksam binden können.[35] Dies folgt aus der allgemeinen Vertragsfreiheit (§ 311 Abs. 1 BGB).[36]

14 **b) Fallgruppen.** Auch wenn schuldrechtliche Vereinbarungen über die Ausübung des Stimmrechts grundsätzlich zulässig sind, ist umstritten, wer Partei von Stimmrechtsvereinbarungen sein kann. Nachfolgend werden einzelne Fallgruppen, unterschieden nach den aus einer Stimmbindungsvereinbarung berechtigten Personen, auf ihre Zulässigkeit hin untersucht.

---

[21] *Schindler* in: BeckOK GmbHG, 44. Ed., Stand: 1.11.2019, § 47 Rn. 70; *K. Schmidt* in: Scholz, GmbHG, Band 2 § 47 Rn. 38.
[22] Vgl. BGH, Urt. v. 7.2.1983 – II ZR 25/82, BeckRS 1983, 00494, Rn. 8; OLG Köln, Urt. v. 25.7.2002 – 18 U 60/02, BeckRS 2003, 4618, Rn. 53 ff.; *Piehler* DStR 1992, 1654; *Schindler* in: BeckOK GmbHG, 44. Ed., Stand: 1.11.2019, § 47 Rn. 70; aA *Wicke* in: Wicke, GmbHG, 4. Aufl. 2020, § 53 Rn. 23.
[23] *Drescher* in: MüKoGmbHG § 47 Rn. 249.
[24] *Schindler* in: BeckOK GmbHG, 44. Ed., Stand: 1.11.2019, § 47 Rn. 70.
[25] *Drescher* in: MüKoGmbHG § 47 Rn. 249.
[26] *K. Schmidt* in: Scholz, GmbHG, Band 2 § 47 Rn. 38; *Drescher* in: MüKoGmbHG § 47 Rn. 249.
[27] *Römermann* in: MHLS GmbHG § 47 Rn. 487 f.
[28] *K. Schmidt* in: Scholz, GmbHG, Band 2 § 47 Rn. 38; *Drescher* in: MüKoGmbHG § 47 Rn. 249.
[29] Vgl. RGZ 57, 205, 208; RGZ 131, 179, 183.
[30] *Müller-Erzbach*, Das private Recht der Mitgliedschaft, 1948, S. 248 ff.
[31] Vgl. RGZ 112, 273, 279 f.; RGZ 133, 90, 95.
[32] Vgl. BGHZ 48, 163, 166 ff.; BGH, Urt. v. 20.1.1983 – II ZR 243/8, NJW 1983, 1910, 1911; BGH, Urt. v. 24.11.2008 – II ZR 116/08, GmbHR 2009, 306, 307.
[33] *Altmeppen* in: Roth/Altmeppen, GmbHG § 47 Rn. 70; *Mayer* GmbHR 1990, 61, 62 ff.; *Schindler* in: BeckOK GmbHG § 47 Rn. 64; *Piehler* DStR 1992, 1654; *K. Schmidt* in: Scholz, GmbHG, Band 2 § 47 Rn. 39.
[34] Vgl. RGZ 131, 179, 183; *Müller-Erzbach*, Das private Recht der Mitgliedschaft, 1948, S. 248 ff.
[35] *Piehler* DStR 1992, 1654.
[36] *Römermann* in: MHLS GmbHG § 47 Rn. 492.

aa) Stimmbindung zwischen Gesellschaftern.
Unproblematisch sind, vorbehaltlich allgemeiner und spezifisch gesellschaftsrechtlicher Grenzen,[37] Stimmbindungen der Gesellschafter untereinander zulässig.[38] Die Gesellschafter können mittels Pool- oder Konsortialvereinbarungen dauerhaft oder ad hoc untereinander Fraktionen bilden.[39] Die Gesellschafter können eine Stimmbindung sogar als Vertrag zu Gunsten eines Dritten vereinbaren.[40]

15

bb) Stimmbindung gegenüber gesellschaftsfremden Dritten.
Auch gegenüber gesellschaftsfremden Dritten sind Stimmbindungen grundsätzlich zulässig.[41] Die Gegenansicht, die eine grundsätzliche Unzulässigkeit von Stimmbindungen gegenüber außenstehenden Dritten befürwortet,[42] ist nicht zu folgen. Die Gegenansicht beruft sich auf das Abspaltungsverbot, dessen Wertungen einer Stimmbindung gegenüber Dritten entgegenstünden.[43] Denn wirtschaftlich betrachtet seien Stimmrechtsabtretung und Stimmrechtsbindung im Ergebnis vergleichbar.[44] Die Stimmrechtsbindung könne notfalls gerichtlich durchgesetzt werden.[45] Weiter müsse die Gesellschaft vor Fremdeinflüssen geschützt werden.[46] Die Gegenansicht verkennt dabei, dass das Abspaltungsverbot nur die formale Trennung von Mitgliedschaft und Stimmrecht verbietet, die bei einer nur schuldrechtlichen Stimmbindung nicht erfolgt.[47] Zudem müssten nach der Gegenansicht konsequenterweise auch Stimmbindungen zwischen Gesellschaftern untereinander unzulässig sein, da das Abspaltungsverbot auch die Abspaltung des Stimmrechts zugunsten eines Mitgesellschafters verbietet.[48] Stimmbindungsvereinbarungen zwischen Gesellschaftern untereinander werden jedoch nach allgemeiner Meinung für zulässig gehalten.[49] Auch das grundsätzlich berechtigte Interesse, die Gesellschaft vor dem Einfluss außenstehender Dritter zu schützen, kann nicht zu einer generellen Unzulässigkeit von Stimmbindungsvereinbarungen zwischen Gesellschaftern und Dritten führen. Denn auch unstreitig zulässige Treuhandvereinbarun-

16

---

[37] Siehe hierzu → Rn. 23 ff.
[38] Vgl. BGH, Urt. v. 24.11.2008 – II ZR 116/08, GmbHR 2009, 306, 307; *Zöllner/Noack* in: Baumbach/Hueck, GmbHG § 47 Rn. 113; *Schindler* in: BeckOK GmbHG, 44. Ed., Stand: 1.11.2019, § 47 Rn. 65; *Müller* GmbHR 2007, 113; *Hergeth/Mingau* DStR 2001, 1217, 1218.
[39] *K. Schmidt* in: Scholz, GmbHG, Band 2 § 47 Rn. 40.
[40] Vgl. BGH, Beschl. v. 10.6.1991 – II ZR 248/90 DStR 1991, 1290; *Hergeth/Mingau* DStR 2001, 1217, 1218.
[41] Vgl. OLG Frankfurt a. M., Urt. v. 16.9.1999 – 1 U 137/98, NZG 2000, 378; *Drescher* in: MüKoGmbHG § 47 Rn. 241; *Zöllner/Noack* in: Baumbach/Hueck, GmbHG, § 47 Rn. 113.
[42] *Hüffer/Schürnbrand* in: Ulmer/Habersack/Löbbe, GmbHG, Band 2, 2. Aufl. 2014, § 47 Rn. 80.
[43] *Hüffer/Schürnbrand* in: Ulmer/Habersack/Löbbe, GmbHG, Band 2, 2. Aufl. 2014, § 47 Rn. 55. RGZ 132, 149, 159 (AG); BGHZ 3, 354, 357 (KG) = NJW 1952, 178; BGHZ 43, 261, 267 = NJW 1965, 1378 (GmbH); BGH NJW 1968, 396, 397; BGH GmbHR 1977, 244, 245; BGH NJW 1987, 780 (AG); BayObLG GmbHR 1986, 87; OLG Hamburg GmbHR 1990, 42, 43; OLG Frankfurt GmbHR 1990, 79, 81; KG NZG 1999, 446, 447. Vgl. etwa Baumbach/Hueck/Zöllner Rn. 4; Scholz/K. Schmidt Rn. 20; MüKoGmbHG/Drescher Rn. 75; Michalski/Römermann Rn. 49; s. auch Habersack Die Mitgliedschaft – subjektives und ‚sonstiges' Recht (1996), S. 78 ff.; Schürnbrand AcP 204 (2004), 177, 187 ff.; krit. bzw. relativierend aber Fleck FS Rob. Fischer (1979), S. 107; Weber Privatautonomie und Außeneinfluss im Gesellschaftsrecht (2000), S. 229 ff., 252 ff., 275 f.; MünchHdbch/Wolff § 38 Rn. 5 ff.
[44] *Hüffer/Schürnbrand* in: Ulmer/Habersack/Löbbe, GmbHG, Band 2, 2. Aufl. 2014, § 47 Rn. 80. So zutr. Fleck, FS Rob. Fischer, 1979, S. 107 (116); Priester, FS Werner, 1984, S. 657 (667 ff.); Mühlhäuser, Stimmrechtsbindung in der Personengesellschaft und Nachlassplanung, 1999, S. 198 ff.
[45] *Hüffer/Schürnbrand* in: Ulmer/Habersack/Löbbe, GmbHG, Band 2, 2. Aufl. 2014, § 47 Rn. 80. MüKoBGB/Schäfer § 717 Rn. 28; BGHZ 48, 163 = NJW 1967, 1963 (dazu vgl. Rob. Fischer, FS Kunze, 1969, S. 95 [98 ff.]); vgl. auch BGH NJW 1983, 1910 (1911); 1987, 1890 (1892) jeweils zur Stimmbindung unter Gesellschaftern; OLG Köln WM 1988, 974 (976) zur Stimmbindung des GmbH-Gesellschafters gegenüber Kommanditisten in der GmbH & Co KG; OLG Koblenz NJW 1986, 1692 zur Stimmbindung unter GmbH-Gesellschaftern.
[46] *Hüffer/Schürnbrand* in: Ulmer/Habersack/Löbbe, GmbHG, Band 2, 2. Aufl. 2014, § 47 Rn. 80. MüKoBGB/Schäfer § 717 Rn. 25; Flume I/2 § 7 VI (S. 242); Habersack ZHR 164 (2000), 1, 11 f.; Klaus J. Müller GmbHR 2007, 113, 115; vgl. auch OLG Celle GmbHR 1991, 580 re.Sp.
[47] *Römermann* in: MHLS GmbHG § 47 Rn. 503.
[48] *Mollenkopf* in: Henssler/Strohn, Gesellschaftsrecht, 4. Aufl. 2019, § 45 GmbHG Rn. 11; *Vatter* in: Spindler/Stilz, AktG, 4. Aufl. 2019, § 8 Rn. 50.
[49] Siehe → Rn. 13.

17 gen gewähren gesellschaftsfremden Dritten Einflussnahmemöglichkeiten auf die Gesellschaft ohne unmittelbare Risikotragung.[50]

17 Allerdings sind bei Stimmbindungsvereinbarungen mit Dritten Einschränkungen zu beachten. In Rechtsprechung und Literatur ist heftig umstritten, in welchem Umfang Einschränkungen bestehen. Allgemein anerkannt ist zumindest, dass eine Stimmbindung stets nur im Rahmen des dem Gesellschafter zustehenden Abstimmungsermessens erfolgen kann.[51] Denn außenstehende Dritte unterliegen anders als Gesellschafter nicht der gesellschaftlichen Treuepflicht.

18 Betrifft die Stimmbindung z. B. Stimmrechte aus einem vinkulierten Geschäftsanteil, bedarf die Stimmbindungsvereinbarung nach einer Ansicht[52] wegen des Rechtsgedankens des § 15 Abs. 5 GmbHG der für die Übertragung des Geschäftsanteils erforderlichen Zustimmung. Dies kann je nach Ausgestaltung der Vinkulierungsklausel die Zustimmung der Gesellschaft oder der Gesellschafter sein. Denn mit der Vinkulierung bringen die Gesellschafter den Willen zum Ausdruck, sich gegen Fremdeinflüsse abschirmen zu wollen. Diese Grundsatzentscheidung darf durch eine Stimmbindungsvereinbarung nicht umgangen werden. Nach der Gegenansicht beeinflusst eine bloße Vinkulierungsklausel eine Stimmbindungsvereinbarung nicht, da die Stimmbindung nicht so weit gehe wie die Vinkulierung.[53]

19 Ebenfalls differenzieren einige Stimmen in der Literatur[54] danach, ob eine Stimmbindung dauerhaft oder nur ad hoc erfolgt. Während ad hoc eingegangene Bindungen unproblematisch sein sollen, soll für eine auf Dauer angelegte Stimmbindung ein verbandsrechtlich vermitteltes Drittinteresse erforderlich und für die Durchführung von Verträgen unentbehrlich sein.[55] Dies soll bei Treuhand-,[56] Pfand-,[57] oder Nießbrauchsverhältnissen[58] der Fall sein. Nach anderer, vorzugswürdiger Ansicht ist auch eine dauerhafte Stimmbindung ohne verbandsrechtlich vermitteltes Drittinteresse zulässig, solange die Stimmbindung im Rahmen des dem Gesellschafter zustehenden Abstimmungsermessens liegt.[59]

20 Schließlich werden auch Satzungsänderungen und andere wichtige Strukturmaßnahmen als unverzichtbarer Kernbereich der Verbandsautonomie von der Stimmbindung ausgenommen, sofern der außenstehende Dritte nicht Träger legitimer Gesellschaftsinteressen im materiellen Sinne sei.[60] Letzteres sei beispielsweise der Fall bei einem Dritten als Treugeber, als Erwerber eines (vinkulierten) Geschäftsanteils, als herrschendes Unternehmen im Vertragskonzern oder als Kommanditist bei einer nicht personenidentischen GmbH & Co. KG.[61] Auch gegen diese Einschränkungen wenden sich zahlreiche Stimmen in der Literatur. Die Verbandsautonomie schütze lediglich vor unmittelbarer Einflussnahme durch Dritte auf die Willensbildung der Gesellschaft, durch die Stimmbindung kann der Dritte aber nur mittelbar – vermittelt durch den Gesellschafter – Einfluss auf die Willensbildung nehmen.[62]

21 **cc) Stimmbindung gegenüber Gesellschaftsorganen.** Bei der Aktiengesellschaft ist gemäß § 136 Abs. 2 AktG ein Vertrag, durch den sich ein Aktionär verpflichtet, nach

---

[50] *Römermann* in: MHLS GmbHG § 47 Rn. 503.
[51] *Hillmann* in: Henssler/Strohn, Gesellschaftsrecht, 4. Aufl. 2019, § 47 Rn. 89; *Zöllner/Noack* in: Baumbach/Hueck, GmbHG § 47 Rn. 113; *Römermann* in: MHLS GmbHG § 47 Rn. 504.
[52] Vgl. OLG Köln, Beschl. v. 26.3.2008 – 18 U 7/07, NZG 2008, 839 f.; *Altmeppen* in: Roth/Altmeppen, GmbHG, 9. Aufl. 2019, § 47 Rn. 72; *Piehler* DStR 1992, 1654, 1656.
[53] *Drescher* in: MüKoGmbHG § 47 Rn. 241; *Zöllner/Noack* in: Baumbach/Hueck, GmbHG § 47 Rn. 113.
[54] *K. Schmidt* in: Scholz, GmbHG, Band 2 § 47 Rn. 42.
[55] *Müller* GmbHR 2007, 113, 116; *Hergeth/Mingau* DStR 2001, 1217, 1218; *K. Schmidt* in: Scholz, GmbHG, Band 2 § 47 Rn. 42.
[56] *Hergeth/Mingau* DStR 2001, 1217, 1218.
[57] *K. Schmidt* in: Scholz, GmbHG, Band 2 § 47 Rn. 42; *Müller* GmbHR 2007, 113, 116.
[58] *K. Schmidt* in: Scholz, GmbHG, Band 2 § 47 Rn. 42.
[59] *Drescher* in: MüKoGmbHG § 47 Rn. 241; *Zöllner/Noack* in: Baumbach/Hueck, GmbHG § 47 Rn. 113.
[60] *K. Schmidt* in: Scholz, GmbHG, Band 2 § 47 Rn. 42.
[61] *K. Schmidt* in: Scholz, GmbHG, Band 2 § 47 Rn. 42.
[62] *Drescher* in: MüKoGmbHG § 47 Rn. 241; *Zöllner/Noack* in: Baumbach/Hueck, GmbHG § 47 Rn. 113.

Weisung der Gesellschaft, des Vorstandes oder des Aufsichtsrats das Stimmrecht auszuüben, nichtig.[63] Erfasst ist hiervon aber nur die Unterwerfung unter Weisungen der Gesamtorgane Vorstand und Aufsichtsrat, nicht einzelner Organmitglieder.

In der GmbH ist strittig, inwieweit Gesellschafter gegenüber Geschäftsführern der GmbH **22** wirksam eine Stimmbindung eingehen können. Weitgehend einig ist man sich darüber, dass § 136 Abs. 2 AktG, der die Bindung von Aktionären an Weisungen des Vorstands und Aufsichtsrats einer Aktiengesellschaft verbietet, keine analoge Anwendung im GmbH-Recht findet.[64] Ebenso unstrittig dürfte sein, dass Stimmbindungen zwischen einem oder mehreren Gesellschaftern mit einem Gesellschafter-Geschäftsführer grundsätzlich zulässig sind.[65] Im Falle eines Fremdgeschäftsführers wird vertreten, dass zumindest eine dauerhafte Stimmbindung mit den Grundsätzen der GmbH-Verfassung unvereinbar und daher unzulässig sei.[66] Wieder andere lehnen eine Stimmbindung gegenüber Geschäftsführern ab, wenn dadurch der Kernbereich der Kompetenzstruktur der GmbH tangiert wird, was z.B. der Fall sein soll, wenn die Stimmbindung sämtliche Weisungen erfasst, die die Gesellschafterversammlung dem Geschäftsführer erteilen kann.[67] Die herrschende Meinung hingegen geht von einer generellen Zulässigkeit von Stimmbindungen gegenüber einem Geschäftsführer (nicht aber der Geschäftsführung als Gesamtorgan) aus.[68]

c) Grenzen der Stimmbindung. Auch wenn der Abschluss von Stimmbindungsverein- **23** barungen grundsätzlich zulässig ist, kann sich ein Stimmberechtigter in bestimmten Fällen nicht zur Ausübung seines Stimmrechts gegenüber einem anderen verpflichten. Als Schranken einer Stimmbindungsvereinbarung kommen bestimmte Stimmverbote des Berechtigten, die gesellschafterliche Treuepflicht, das Verbot des Stimmenkaufs sowie kartellrechtliche Besonderheiten in Betracht.

aa) Stimmverbot des Berechtigten. Gemäß § 47 Abs. 4 GmbHG hat ein Gesellschafter, **24** welcher durch die Beschlussfassung entlastet oder von einer Verbindlichkeit befreit werden soll, hierbei kein Stimmrecht. Absatz 4 soll verhindern, dass Verbandsentscheidungen von verbandsfremden Sonderinteressen eines Gesellschafters beeinflusst werden.[69] Die Willensbildung innerhalb der Gesellschaft soll freigehalten werden von jeglicher Kollision des Sonderinteresses eines Gesellschafters mit dem Interesse der Gesellschaft.[70] Gibt der Gesellschafter entgegen § 47 Abs. 4 GmbHG seine Stimme ab, ist sie gemäß § 134 BGB nichtig.[71]

Um zu verhindern, dass das Stimmverbot gemäß § 47 Abs. 4 GmbHG allzu leicht **25** umgangen werden könnte, ist ein Stimmbindungsvertrag unzulässig und gemäß § 134 BGB iVm § 47 Abs. 4 GmbHG nichtig, wenn der aus dem Stimmbindungsvertrag Berechtigte selbst einem Stimmverbot unterliegt.[72] Unwirksam ist damit eine Verpflichtung, nach der Weisung eines vom Stimmrecht ausgeschlossenen Gesellschafters zu stimmen. Ein Gesellschafter-Geschäftsführer beispielsweise hat gemäß § 47 Abs. 4 S. 1 Fall 1 GmbHG kein Stimmrecht, wenn er durch den Beschluss entlastet werden soll. Dieser Stimmrechtsaus-

---

[63] Siehe hierzu ausführlich → Kap. 12 Rn. 14.
[64] Vgl. BGH, Urt. v. 7.2.1983 – II ZR 25/82, ZIP 1983, 432 f.; OLG Köln, Urt. v. 16.3.1988 – 6 U 38/87, GmbHR 1989, 76, 78; *Piehler* DStR 1992, 1654, 1657; *Römermann* in: MHLS GmbHG § 47 Rn. 495.
[65] Vgl. *K. Schmidt* in: Scholz, GmbHG, Band 2 § 47 Rn. 41; *Römermann* in: MHLS GmbHG § 47 Rn. 496.
[66] *K. Schmidt* in: Scholz, GmbHG, Band 2 § 47 Rn. 41.
[67] *Schindler* in: BeckOK GmbHG, 44. Ed., Stand: 1.11.2019, § 47 Rn. 67.
[68] *Piehler* DStR 1992, 1654, 1657; *Drescher* in: MüKoGmbHG § 47 Rn. 240; *Zöllner/Noack* in: Baumbach/Hueck, GmbHG § 47 Rn. 115.
[69] *Zöllner*, Die Schranken mitgliedschaftlicher Stimmrechtsmacht bei den privatrechtlichen Personenverbänden, 1963, S. 146 ff.; *Zöllner/Noack* in: Baumbach/Hueck, GmbHG § 47 Rn. 76.
[70] *Schindler* in: BeckOK GmbHG, 44. Ed., Stand: 1.11.2019, § 47 Rn. 104.
[71] Vgl. OLG Stuttgart, Urt. v. 24.7.1990 – 12 U 234/89, GmbHR 1992, 48 f.; *Römermann* in: MHLS GmbHG § 47 Rn. 308; *Drescher* in: MüKoGmbHG § 47 Rn. 215; andere Ansicht (unwirksam) *K. Schmidt* in: Scholz, GmbHG, Band 2 § 47 Rn. 175.
[72] Vgl. BGH, Urt. v. 29.5.1967 – II ZR 105/67, BGHZ 48, 163, 166; *Piehler* DStR 1992, 1654, 1656; *K. Schmidt* in: Scholz, GmbHG, Band 2 § 47 Rn. 47.

schluss kann nur dann effektiv durchgesetzt werden, wenn der Gesellschafter-Geschäftsführer keine Stimmbindung mit einem anderen Gesellschafter vereinbaren kann, wonach der Gesellschafter für die Entlastung des Gesellschafter-Geschäftsführers stimmt. Eine solche Stimmbindung ist gemäß § 134 BGB iVm § 47 Abs. 4 S. 1 Fall 1 GmbHG nichtig.

26 Auch wenn der Berechtigte aus der Stimmbindungsvereinbarung kein Gesellschafter, sondern ein gesellschaftsfremder Dritter ist, greift § 134 BGB iVm § 47 Abs. 4 GmbHG, vorausgesetzt, dass der Dritte als Gesellschafter im konkreten Fall einem Stimmverbot unterliegen würde.[73] Ein Gesellschafter kann danach z. B. keine Stimmbindung zugunsten eines Fremdgeschäftsführers eingehen, welche die Entlastung, die Abberufung aus wichtigem Grund oder die Kündigung des Anstellungsvertrages aus wichtigem Grund betrifft.[74]

27 **bb) Treuepflicht.** Auch aus der Treuepflicht der Gesellschafter gegenüber der Gesellschaft können sich Grenzen der Stimmbindung ergeben. Jeder Gesellschafter unterliegt gegenüber der Gesellschaft der Treuepflicht.[75] Verletzt ein Gesellschafter durch seine Stimmabgabe die Treuepflicht, etwa weil dadurch der Gesellschaft ein Schaden zugefügt oder ein gesellschaftsfremder Dritter in unangemessener Weise begünstigt wird, ist die Stimmabgabe unzulässig.[76]

28 Verletzt ein Gesellschafter durch seine Stimmabgabe die Treuflicht, kann er sich zu einer solchen Stimmabgabe auch nicht vertraglich binden. Eine Stimmbindungsvereinbarung, die den Gesellschafter zu einer unzulässigen Stimmabgabe verpflichten würde, entfaltet gegenüber dem Gesellschafter keine Bindungswirkung.[77] Unerheblich für die Frage der Zulässigkeit der Stimmbindung ist es, ob die Stimmabgabe in der Vereinbarung bereits ausreichend konkret beschrieben ist oder ob der Berechtigte aufgrund einer allgemein gehaltenen, generalklauselartig formulierten Stimmbindungsvereinbarung zur Erteilung von Weisungen berechtigt ist und eine konkrete Weisung zu einer treuwidrigen Stimmabgabe führen würde. Im ersten Fall ist die Stimmbindungsvereinbarung unwirksam, während im zweiten Fall lediglich die konkrete Weisung unverbindlich ist.[78]

29 Ein Beispiel für eine treuepflichtwidrige Nebenabrede ist der Fall, in dem sich ein Gesellschafter verpflichtet, einen wichtigen Grund zur Abberufung eines Organs oder zur Einziehung eines Geschäftsanteils nicht geltend zu machen, sofern insoweit kein Beurteilungsspielraum besteht.[79] Im Stimmrechtskonsortium ist zu beachten, dass ein Verstoß gegen die Treuepflicht schon auf der Ebene des Konsortiums möglich ist.[80] Dies führt zur Nichtigkeit des Konsortialbeschlusses über die Ausübung des Stimmrechts in der Gesellschaft.[81] Daneben kommt zusätzlich noch ein Verstoß gegen die Treuepflicht durch die Stimmrechtsausübung auf der Ebene der Gesellschaft in Betracht.[82]

30 **cc) Stimmenkauf.**[83] Das AktG enthält in § 406 Abs. 3 Nr. 6 und 7 anders als das GmbHG ausdrückliche Regelungen zum Stimmenverkauf und Stimmenkauf. Geschützt werden soll das Vermögensinteresse von Gesellschaft und Aktionären. Denn der Aktionär

---

[73] Vgl. OLG Frankfurt a. M., Urt. v. 16.9.1999 – 1 U 137/98, NZG 2000, 378; *Drescher* in: MüKoGmbHG § 47 Rn. 243; *Piehler* DStR 1992, 1654, 1656; *Römermann* in: MHLS GmbHG § 47 Rn. 510.
[74] *Drescher* in: MüKoGmbHG § 47 Rn. 243.
[75] Vgl. BGH, Urt. v. 9.6.2015 – II ZR 420/13, NJW 2015, 2882; BGHZ 9, 157, 163; *Fleischer/Harzmeier* NZG 2015, 1289, 1290; siehe ausführlich zur Treuepflicht *Winter*, Mitgliedschaftliche Treubindung im GmbH-Recht, 1996.
[76] *Römermann* in: MHLS GmbHG § 47 Rn. 511.
[77] Vgl. BGH, Urt. v. 24.11.2008 – II ZR 116/08, NJW 2009, 669; *Wertenbruch* NZG 2009, 645, 648; *Hillmann* in: Henssler/Strohn, Gesellschaftsrecht, 4. Aufl. 2019, § 47 Rn. 88; *Schindler* in: BeckOK GmbHG, 44. Ed., Stand: 1.11.2019, § 47 Rn. 65.
[78] *Römermann* in: MHLS GmbHG § 47 Rn. 513; *Drescher* in: MüKoGmbHG § 47 Rn. 245.
[79] Vgl. RGZ 124, 371, 379 f.; *Drescher* in: MüKoGmbHG § 47 Rn. 245.
[80] Vgl. BGH, Urt. v. 27.4.1970 – II ZR 24/68, BeckRS 1970, 31120951; *Podewils* BB 2009, 733, 736.
[81] Vgl. BGH, Urt. v. 27.4.1970 – II ZR 24/68, BeckRS 1970, 31120951; *Podewils* BB 2009, 733, 736.
[82] *Drescher* in: MüKoGmbHG § 47 Rn. 245.
[83] Siehe hierzu bereits oben → Kap. 12 Rn. 8.

lässt sich durch den Stimmenverkauf oder Stimmenkauf nicht mehr von den Interessen der Gesellschaft leiten, sondern allein von seinen eigenen Interessen, was zu einem Risiko für das Vermögen der Gesellschaft führt.[84]

Gemäß § 405 Abs. 3 Nr. 6 AktG (Stimmenverkauf) handelt ordnungswidrig, wer besondere Vorteile als Gegenleistung dafür fordert, sich versprechen lässt oder annimmt, dass er bei einer Abstimmung in der Hauptversammlung oder in einer gesonderten Versammlung nicht oder in einem bestimmten Sinne stimmt. Täter kann jeder sein, der die Möglichkeit hat, ein Stimmrecht auszuüben.[85] Dies kann ein Aktionär selbst, aber auch ein Aktionärsvertreter, ein Bevollmächtigter (§ 134 Abs. 3 S. 1 AktG) oder ein Legitimationsaktionär sein.[86] Fordern meint die ausdrückliche oder konkludente Erklärung des Täters, dass er einen besonderen Vorteil als Gegenleistung begehrt.[87] Bereits mit Zugang dieser Erklärung des Täters bei dem Berechtigten ist diese Tatalternative vollendet.[88] Sichversprechenlassen bedeutet die ausdrückliche oder konkludente Annahme des Angebots einer zukünftigen Vorteilsgewährung als Gegenleistung für ein bestimmtes Abstimmungsverhalten.[89] Unter Annahme als dritte alternative Tathandlung versteht man die tatsächliche Entgegennahme des besonderen Vorteils mit dem Willen, über diesen zu eigenen Zwecken und nach eigenem Willen zu verfügen.[90] Die Tatalternative des Annehmens ist erst mit der Entgegennahme des Vorteils vollendet.[91] Besonderer Vorteil im Sinne von § 405 Abs. 3 Nr. 6 AktG ist jede unentgeltliche Leistung, auf die der Täter keinen Anspruch hat und die ihn materiell oder immateriell besser stellt,[92] beispielsweise eine Put-Option oder eine Mindestdividende.[93] Das bloße Abstimmen nach Maßgabe von Konsortial-, Pool-, Schutzgemeinschafts- oder sonstigen Stimmrechtsvereinbarungen ist nicht tatbestandsmäßig, wenn die Vereinbarungen keine besonderen Vorteile gewähren.[94] Etwas anderes gilt aber, wenn eine stimmbindungsgemäße Abstimmung dazu führt, dass einer bestimmten Aktionärsgruppe ein Aufsichtsratsmandat zukommt.[95]

Gemäß § 405 Abs. 3 Nr. 7 AktG (Stimmenkauf) handelt ordnungswidrig, wer besondere Vorteile als Gegenleistung dafür anbietet, verspricht oder gewährt, dass jemand bei einer Abstimmung in der Hauptversammlung oder in einer gesonderten Versammlung nicht oder in einem bestimmten Sinne stimmt. § 405 Abs. 3 Nr. 7 AktG bildet für den Vorteilsgeber das spiegelbildliche Gegenstück zu Nr. 6. Unter Anbieten versteht man die gegenwärtige Gewährung des besonderen Vorteils, was sowohl ausdrücklich als auch konkludent erfolgen kann.[96] Versprechen meint die ausdrückliche oder konkludente Zusage einer zukünftigen Gewährung des besonderen Vorteils[97] und ist mit Zugang der Erklärung beim Aktionär vollendet. Gewähren bedeutet die tatsächliche Übergabe oder Hingabe des besonderen Vorteils mit dem Willen, dass die Verfügungsgewalt auf den Vorteilsnehmer übergehen

---

[84] *Hefendehl* in: Spindler/Stilz, AktG, 4. Aufl. 2019, § 405 Rn. 63.
[85] Vgl. OLG Hamm v. 3.2.2014 – 8 U 47/10, BeckRS 2015, 00257 Rn. 87; *Schaal* in: MüKoAktG, 4. Aufl. 2017, § 405 Rn. 142.
[86] *Altenhain* in: Kölner Komm., AktG, Bd. 7, 3. Aufl. 2016, § 405 Rn. 55; *Hefendehl* in: Spindler/Stilz, AktG, 4. Aufl. 2019, § 405 Rn. 64.
[87] Vgl. BGH, Urt. v. 25.7.1960 – 2 StR 91/60, NJW 1960, 2154, 2155; *Müller-Michaels* in: Hölters, AktG § 405 Rn. 65; *Altenhain* in: Kölner Komm., AktG, Bd. 7, 3. Aufl. 2016, § 405 Rn. 57.
[88] Vgl. BGH, Urt. v. 30.4.1957 – 1 StR 287/56, NJW 1957, 1078, 1079; *Müller-Michaels* in: Hölters, AktG § 405 Rn. 67.
[89] *Schaal* in: MüKoAktG, 4. Aufl. 2017, § 405 Rn. 155; *Hefendehl* in: Spindler/Stilz, AktG, 4. Aufl. 2019, § 405 Rn. 67.
[90] *Müller-Michaels* in: Hölters, AktG § 405 Rn. 65.
[91] *Hefendehl* in: Spindler/Stilz, AktG, 4. Aufl. 2019, § 405 Rn. 61.
[92] Vgl. OLG Hamm v. 3.2.2014 – 8 U 47/10, BeckRS 2015, 00257 Rn. 89.
[93] Vgl. OLG Hamm v. 3.2.2014 – 8 U 47/10, BeckRS 2015, 00257 Rn. 89; *Müller-Michaels* in: Hölters, AktG § 405 Rn. 66.
[94] *Schaal* in: MüKoAktG, 4. Aufl. 2017, § 405 Rn. 150; *Altenhain* in: Kölner Komm., AktG, Bd. 7, 3. Aufl. 2016, § 405 Rn. 59.
[95] Vgl. *Altenhain* in: Kölner Komm., AktG, Bd. 7, 3. Aufl. 2016, § 405 Rn. 59.
[96] *Müller-Michaels* in: Hölters, AktG § 405 Rn. 69.
[97] *Altenhain* in: Kölner Komm., AktG, Bd. 7, 3. Aufl. 2016, § 405 Rn. 57.

soll,⁹⁸ und setzt für die Vollendung die tatsächliche Annahme des besonderen Vorteils voraus.⁹⁹ Praxisrelevant sind die Fälle, in denen sich Personen im Auftrag des Vorstands gegenüber Publikumsaktionären anbieten, für die Aktionäre kostenlos das Stimmrecht in der Hauptversammlung oder der gesonderten Versammlung treuhänderisch auszuüben.¹⁰⁰ Ergibt sich aus dem Gesamtzusammenhang der für die Aktiengesellschaft entgeltlichen und für die Aktionäre unentgeltlichen Beauftragung eine Gegenleistung für ein bestimmtes Abstimmungsverhalten, ist die dritte alternative Tathandlung des § 405 Abs. 3 Nr. 7 AktG erfüllt.¹⁰¹ Dies kommt bereits dann in Betracht, wenn der Treuhänder formularmäßig ermächtigt werden soll, „im Sinne der Verwaltung" abzustimmen; ob ausdrückliche Weisungen im Sinne von § 135 Abs. 3 S. 3 AktG analog vorgesehen sind, ist dabei unerheblich.¹⁰² Der Begriff des besonderen Vorteils ist identisch mit demjenigen im Sinne von Nr. 6.

33 Unerheblich ist es, wenn sich alle Aktionäre an dem Stimmenkauf beteiligen, da § 405 Abs. 3 Nr. 6 und 7 AktG nicht nur die Freiheit der Willensbildung der Aktionäre schützen, sondern auch die Aktiengesellschaft selbst.¹⁰³

34 § 405 Abs. 3 Nr. 6 und 7 AktG erfassen gegenständlich Abstimmungen in der Hauptversammlung oder gesonderten Versammlung, nicht aber Abstimmungen im Vorstand oder Aufsichtsrat.¹⁰⁴

35 Ein Verstoß gegen § 405 Abs. 3 Nr. 6 oder 7 AktG hat zur Folge, dass die Stimmbindung gemäß § 134 BGB nichtig ist.¹⁰⁵ Der Aktionär ist an die Stimmbindungsvereinbarung nicht gebunden. Zudem sind § 405 Abs. 3 Nr. 6 oder 7 AktG Schutzgesetze im Sinne von § 823 Abs. 2 BGB, und zwar sowohl für die Gesellschaft als auch für ihre Aktionäre.¹⁰⁶

36 Anders als das AktG (§ 405 Abs. 3 Nr. 6 und 7 AktG) enthält das GmbHG keine ausdrückliche Regelung zum Stimmenkauf. Zwar sah der Regierungsentwurf zu § 297 Abs. 1 Nr. 2 und 3 GmbHG-E¹⁰⁷ eine § 405 Abs. 3 Nr. 6 und 7 AktG entsprechende Regelung vor, die aber letztlich nicht Gesetz geworden ist. Gleichwohl nimmt die herrschende Meinung die Nichtigkeit eines Stimmenkaufs an.¹⁰⁸ Mangels ausdrücklicher gesetzlicher Regelung stützt die herrschende Meinung die Nichtigkeit nicht auf § 134 BGB, sondern auf § 138 BGB.¹⁰⁹ Der sittenwidrige Charakter des Stimmenkaufs folge aus dem Bestechungscharakter der Vorteilsgewährung¹¹⁰ oder dem Verfolgen von Partikularinteressen in anstößiger Weise zu Lasten der GmbH¹¹¹. Die Gegenansicht¹¹² verweist darauf, dass den Gesellschaftern Eigennutz grundsätzlich nicht verboten sein könne. Jeder Gesellschafter

---

⁹⁸ *Schaal* in: MüKoAktG, 4. Aufl. 2017, § 405 Rn. 172; *Altenhain* in: Kölner Komm., AktG, Bd. 7, 3. Aufl. 2016, § 405 Rn. 57.
⁹⁹ *Müller-Michaels* in: Hölters, AktG § 405 Rn. 71.
¹⁰⁰ *Hefendehl* in: Spindler/Stilz, AktG, 4. Aufl. 2019, § 405 Rn. 80.
¹⁰¹ *Schaal* in: MüKoAktG, 4. Aufl. 2017, § 405 Rn. 176; *Hefendehl* in: Spindler/Stilz, AktG, 4. Aufl. 2019, § 405 Rn. 80; siehe auch *Singhof* NZG 1998, 670, 672.
¹⁰² Vgl. LG Baden-Baden, Urt. v. 29.4.1998 – 4 O 137/97, NZG 1998, 685, 686 f.; *Hefendehl* in: Spindler/Stilz, AktG, 4. Aufl. 2019, § 405 Rn. 80; andere Ansicht MüKoAktG/*Schaal*, 4. Aufl. 2017, § 405 Rn. 176.
¹⁰³ *Müller-Michaels* in: Hölters, AktG § 405 Rn. 65.
¹⁰⁴ *Altenhain* in: Kölner Komm., AktG, Bd. 7, 3. Aufl. 2016, § 405 Rn. 60; MüKoAktG/*Schaal*, 4. Aufl. 2017, § 405 Rn. 151.
¹⁰⁵ Vgl. OLG Hamm v. 3.2.2014 – 8 U 47/10, BeckRS 2015, 00257 Rn. 85.
¹⁰⁶ MüKoAktG/*Schaal*, 4. Aufl. 2017, § 405 Rn. 147 und 167.
¹⁰⁷ BT-Drucks. 7/253, S. 80.
¹⁰⁸ Vgl. *Overrath*, Die Stimmrechtsbindung, 1973, S. 30; *Piehler* DStR 1992, 1654, 1655; MüKoBGB/*Leuschner*, 8. Aufl. 2018, § 32 Rn. 36; *Zöllner/Noack* in: Baumbach/Hueck, GmbHG § 47 Rn. 114; *K. Schmidt* in: Scholz, GmbHG, Band 2 § 47 Rn. 45.
¹⁰⁹ *Altmeppen* in: Roth/Altmeppen, GmbHG, 9. Aufl. 2019, § 47 Rn. 70; MüKoBGB/*Leuschner*, 8. Aufl. 2018, § 32 Rn. 36; *Schindler* in: BeckOK GmbHG, 44. Ed., Stand: 1.11.2019, § 47 Rn. 65; *Zöllner/Noack* in: Baumbach/Hueck, GmbHG § 47 Rn. 114.
¹¹⁰ MüKoBGB/*Leuschner*, 8. Aufl. 2018, § 32 Rn. 36; *K. Schmidt* in: Scholz, GmbHG, Band 2 § 47 Rn. 45.
¹¹¹ Ulmer/Hüffer/Schürnbrand, § 47 Rn. 85.
¹¹² *Römermann* in: MHLS GmbHG § 47 Rn. 521 f.; *Drescher* in: MüKoGmbHG § 47 Rn. 247.

einer GmbH verfolge eigene, meist finanzielle Interessen. Daher könne allein die Verfolgung von Partikularinteressen nicht die Nichtigkeit eines Stimmenkaufs nach sich ziehen. Obwohl das Verbot des Stimmenkaufs in § 297 Abs. 1 Nr. 2 und 3 GmbHG-E letztlich nicht Eingang in das GmbHG gefunden hat, spricht das Leitbild des Gesetzgebers für die herrschende Meinung. Es ist nämlich kein Grund ersichtlich, warum für eine Aktiengesellschaft die strengen Regelungen des Stimmenkaufs und Stimmenverkaufs (§ 405 Abs. 3 Nr. 6 und 7 AktG) gelten sollen, für die GmbH jedoch nicht. Daher müssen die Wertungen der § 405 Abs. 3 Nr. 6 und 7 AktG über § 138 BGB auch im Recht der GmbH Berücksichtigung finden.

Die Annahme eines sittenwidrigen und damit nichtigen Stimmenkaufs setzt einen **Vor- 37 teil** als Gegenleistung für die Stimmabgabe voraus. Ein Kauf im Sinne von § 433 BGB ist nicht notwendig.[113] Nicht geklärt ist, ob jeder Vorteil für die Unzulässigkeit des Stimmenkaufs ausreicht[114] oder ob ein **sachfremder** Vorteil nötig ist[115]. Ein sachfremder Vorteil liegt beispielsweise vor, wenn für die Stimmabgabe eine Sicherheit für eine Beitragsleistung gewährt wird.[116] Hingegen soll der Kaufpreis beim Verkauf eines vinkulierten Geschäftsanteils ebenso kein sachfremder Vorteil für die Stimmabgabe sein[117] wie die Verpflichtung eines Gesellschafter-Geschäftsführers bei seiner Bestellung, einer späteren Satzungsänderung (z. B. eine Kapitalerhöhung) zuzustimmen[118]. Ebenfalls zulässig, da nicht sachfremd, sind Vorteile rein organisationsrechtlicher Art.[119] Ein Beispiel für einen derartigen organisationsrechtlichen Vorteil ist die Verpflichtung zu wechselseitiger Wahl zum Geschäftsführer.[120] Ein Verstoß gegen § 138 BGB kommt nur dann nicht Betracht, wenn zugleich eine unangemessen hohe Vergütung für die Geschäftsführertätigkeit vereinbart wird.[121]

Im Recht der Personengesellschaften fehlt eine § 405 AktG entsprechende Regelung 38 zum Verbot von Stimmenkauf und -verkauf. Entsprechend den Ausführungen zur GmbH folgt die Unwirksamkeit eines Stimmenkaufs oder -verkaufs für Gesellschafter einer Personengesellschaft aus § 138 BGB.[122]

dd) Kartellrecht. Führt die Stimmbindung zur Bildung eines Kartells, kann ein Verbot der 39 Stimmbindung aus § 1 GWB folgen.[123] In der Praxis spielt § 1 GWB im Zusammenhang mit Stimmbindungsvereinbarungen vor allem eine Rolle, wenn Konkurrenzunternehmen gemeinsam eine Gesellschaft – in der Regel in der Rechtsform einer GmbH – gründen und zugleich eine Stimmbindungsvereinbarung schließen. Fassen die Konkurrenzunternehmen als Gesellschafter der gemeinsamen GmbH Beschlüsse, haben diese Beschlüsse oftmals Auswirkungen auf ihr Wettbewerbsverhalten. Folge eines Verstoßes gegen § 1 GWB ist die Nichtigkeit der Stimmbindungsvereinbarung gemäß § 134 BGB.[124] Siehe ausführlich zu Stimmbindungsvereinbarungen und Kartellrecht → Kap. 41 § 129, → Kap. 42 und Kap. 43.

§ 72 Konsortialvertrag

Typischerweise treffen sich die Vertragspartner gemäß den vertraglichen Abreden kurz vor 40 Gesellschafter- oder Hauptversammlungen oder anderen wichtigen Terminen, etwa Aufsichtsratssitzungen, zur Vorbesprechung. Die an der Stimmbindung Beteiligten handeln auf

---

[113] *Römermann* in: MHLS GmbHG § 47 Rn. 517.
[114] *Ulmer/Hüffer/Schürnbrand*, § 47 Rn. 85.
[115] *Altmeppen* in: Roth/Altmeppen, GmbHG, 9. Aufl. 2019, § 47 Rn. 70; *Piehler* DStR 1992, 1654, 1655.
[116] *K. Schmidt* in: Scholz, GmbHG, Band 2 § 47 Rn. 45.
[117] *Piehler* DStR 1992, 1654, 1655; *K. Schmidt* in: Scholz, GmbHG, Band 2 § 47 Rn. 45; a. A. *Zöllner/Noack* in: Baumbach/Hueck, GmbHG § 47 Rn. 114.
[118] Vgl. *Römermann* in: MHLS GmbHG § 47 Rn. 519.
[119] *K. Schmidt* in: Scholz, GmbHG, Band 2 § 47 Rn. 45.
[120] *Piehler* DStR 1992, 1654, 1655; *Zöllner/Noack* in: Baumbach/Hueck, GmbHG § 47 Rn. 114.
[121] *Piehler* DStR 1992, 1654, 1655; *Ulmer/Hüffer/Schürnbrand*, § 47 Rn. 85.
[122] *Overrath*, Die Stimmrechtsbindung, 1973, S. 30.
[123] *Römermann* in: MHLS GmbHG § 47 Rn. 523; *K. Schmidt* in: Scholz, GmbHG, Band 2 § 47 Rn. 43.
[124] *Podewils* BB 2009, 733, 734.

dieser Vorbesprechung vorab die Tagesordnung der eigentlichen Versammlung ab und legen vorab ihr Abstimmungsverhalten dort fest. Häufig werden Stimmbindungsvereinbarungen in einem Konsortium, also unter mehreren Mitgliedern, getroffen (**Konsortial-** oder **Poolvertrag**). Im Konsortium wird – je nach Ausgestaltung des Konsortiums – vor einer Gesellschafterversammlung des Beteiligungsunternehmens – in der Regel mehrheitlich – darüber abgestimmt, wie eine Stimmabgabe aller Konsorten in der Gesellschafterversammlung der Beteiligungsgesellschaft zu erfolgen hat.[125] Es ist rechtlich nicht zu beanstanden, wenn im Konsortialvertrag für die Beschlussfassung im Konsortium dasselbe Mehrheitserfordernis vereinbart wird, das für den jeweiligen Beschlussgegenstand in der Beteiligungsgesellschaft gilt; dass bei Gesellschaften bürgerlich Rechts, die das Konsortium in aller Regeln darstellen wird, die Einstimmigkeit der gesetzliche Regelfall ist, ändert hieran nichts.[126] Das Urteil des BGH vom 24.11.2008 – „Schutzgemeinschaft II" – erging zum Verhältnis einer Innen-GbR ohne Gesellschaftsvermögen zu einer Aktiengesellschaft.

I. Das Urteil des BGH vom 24.11.2008 – *Schutzgemeinschaft II*

41 Zwischen den Aktionären einer Aktiengesellschaft, die drei Stämmen angehörten, bestand ein Schutzgemeinschaftsvertrag, mit dem eine einheitliche Rechtsausübung aus gegenwärtigen und künftigen Beteiligungen der Schutzgemeinschaftsmitglieder an der Aktiengesellschaft und weiteren Gruppenunternehmen bezweckt wurde. Nach dem Schutzgemeinschaftsvertrag war jedes Mitglied der Schutzgemeinschaft verpflichtet, sein Stimmrecht in den Gesellschafterversammlungen der Vertragsunternehmen so auszuüben, wie dies von den Schutzgemeinschaftsmitgliedern in einer zuvor abzuhaltenden Mitgliederversammlung mit einfacher Mehrheit beschlossen wurde. Nach ausdrücklicher Regelung im Schutzgemeinschaftsvertrag sollte das auch dann gelten, wenn für die Beschlussfassung auf Ebene eines Vertragsunternehmens eine größere als die einfache Mehrheit vorgeschrieben war, beispielsweise aus Satzung oder Gesetz. Der BGH hielt die Klausel im Schutzgemeinschaftsvertrag für zulässig, wonach Beschlüsse der Schutzgemeinschaftsmitglieder mit einfacher Mehrheit zu fassen seien, auch wenn für denselben Beschlussgegenstand auf Ebene des Vertragsunternehmens – im konkreten Streitfall einer Aktiengesellschaft – qualifizierte Mehrheitserfordernisse gelten. Nach dem BGH-Urteil kann in einer Nebenvereinbarung bestimmt werden, dass mit einfacher Mehrheit gefasste Beschlüsse auf Ebene des Stimmrechtskonsortiums (Sekundärgesellschaft) jedes Mitglied auch dann in der Stimmrechtsausübung in der Gesellschafterversammlung der Primärgesellschaft binden, wenn auf Ebene der Primärgesellschaft, sei es durch Satzung oder Gesetz, insbesondere nach dem Umwandlungsgesetz, eine größere Mehrheit vorgeschrieben ist, insbesondere qualifizierte Mehrheiten. Nach Auffassung des BGH bedürfe es keiner minutiösen Auflistung der einzelnen in Betracht kommenden Beschlussgegenstände auf Ebene der Primärgesellschaft für die Wirksamkeit der einfachen Mehrheitsklausel auf Ebene der Sekundärgesellschaft. Die jeweilige Mehrheitsentscheidung auf Ebene der Sekundärgesellschaft unterliege erst auf einer zweiten Stufe einer Inhaltskontrolle. Damit schlagen die qualifizierten Mehrheitserfordernisse des GmbHG, des AktG und des UmwG nicht auf durch Nebenvereinbarungen begründete Sekundärgesellschaften durch.

42 Nach dem BGH-Urteil sei die Lage insoweit nicht anders, als wenn sich ein Kapitalgesellschafter gegenüber einem anderen Kapitalgesellschafter verpflichte, sein Stimmrecht nach den Weisungen dieses Mitgesellschafters auszuüben. Er könne daher auch mit mehreren Dritten – den Schutzgemeinschaftsmitgliedern – vereinbaren, dass diese und er selbst ihr Stimmrecht in der Kapitalgesellschaft jeweils so auszuüben hätten, wie sie das zuvor in

---

[125] BGH, Urt. v. 24.11.2008 – II ZR 116/08, BGHZ 179, 13 („Schutzgemeinschaft II"); *Wertenbruch* NZG 2009, 645; *Overrath*, Die Stimmrechtsbindung, 1973, S. 1.
[126] BGH, Urt. v. 24.11.2008 – II ZR 116/08, BGHZ 179, 13; *Podewils* BB 2009, 733, 734; *Priester*, FS Reuter, 2010, S. 1139, 1142 mit Verweis auf das Urteil zur Aktiengesellschaft in BGH, Urt. v. 26.4.2004 – II ZR 155/02, BGHZ 159, 30 („Gelatine I"); *Zöllner*, FS Ulmer, 2003, S. 725, 726 ff., 753.

der Sekundärgesellschaft mit einfacher Mehrheit beschlossen hätten; denn aus Sicht jedes hierdurch Gebundenen stellt sich diese Bindung nicht anders dar, als wenn sich der betreffende Gesellschafter gegenüber nur einem Mitgesellschafter statt gegenüber mehreren Personen gebunden hätte. Durch eine solche gesellschaftsvertragliche Regelung auf Ebene der Sekundärgesellschaft wird keine weitergehende Bindung als durch „einfache" Stimmbindungsvereinbarungen geschaffen, bei der sich der Gebundene im Rahmen des rechtlich Zulässigen den Weisungen des Berechtigten unterwirft. Dass die jeweilige Minderheit auf Ebene der Sekundärgesellschaft, die zumeist eine GbR und damit eine Personengesellschaft darstellen wird, in Abweichung von kapitalgesellschaftsrechtlichen Mehrheitserfordernissen nicht geschützt sei, sei nicht per se treuwidrig oder gesetzeswidrig. Eine Überprüfung auf Treu- oder Gesetzeswidrigkeit erfolge anhand der einzelnen Mehrheitsentscheidung. Die Mehrheitsklausel auf Ebene der Sekundärgesellschaft setze auch nicht die qualifizierten Mehrheitserfordernisse des Aktien- und Umwandlungsrechts unzulässigerweise außer Kraft und führe auch nicht zu einer sittenwidrigen Knebelung der Konsortialmitglieder. Der BGH stellte klar, dass selbst bei einer auf Dauer angelegten Stimmbindung diese nicht ungewöhnlich sei und dann nicht zu einer unvertretbaren Bindung führe, wenn sich das Konsortialmitglied aus ihr unter zumutbaren Bedingungen befreien könne, wobei beim Ausscheiden eines Mitglieds aus der Sekundärgesellschaft vorgesehen werden könne, dass dessen Anteil an der Primärgesellschaft von den übrigen Mitgliedern der Sekundärgesellschaft zum Nennbetrag übernommen werden könne. Hierin erblickte der BGH keine unzulässige Kündigungsbeschränkung gemäß § 723 Abs. 3 BGB.[127]

II. Das Urteil des BGH vom 13.6.1994 – *Schutzgemeinschaft I*

In dem Fall, der dem Urteil des BGH vom 13.6.1994 („Schutzgemeinschaft I") zugrundelag, hatten sich die Aktionäre ebenfalls in einer Schutzgemeinschaft zusammengeschlossen, deren Zweck die Koordinierung der gemeinsamen Interessen in der Aktiengesellschaft war. Die Aktien wurden hierbei nicht Gesamthandsvermögen der durch den Schutzgemeinschaftsvertrag begründeten GbR, sondern verblieben im Alleineigentum der Aktionäre (Schutzgemeinschafter). Nach dem Schutzgemeinschaftsvertrag und damit dem Gesellschaftsvertrag der GbR ohne Gesamthandsvermögen waren die Gesellschafter bei Ausscheiden aus der GbR verpflichtet, ihre Aktien an der Aktiengesellschaft, die sie im Alleineigentum hielten, den anderen Gesellschaftern zum Verkauf anzubieten. Als Entschädigung war im Schutzgemeinschaftsvertrag ein Betrag vorgesehen, der unter dem Verkehrswert lag.

Im Schutzgemeinschaft-I-Urteil stellte der BGH zunächst klar, dass die Klausel über das Übernahmerecht gegen Abfindung ohne weiteres wirksam ist, weil sie keine andere Rechtslage herbeiführt, als wenn die Gesellschafter ihre Aktien von Beginn an in das Gesamthandseigentum der GbR übertragen hätten. Zur Abfindungsklausel – in der Innengesellschaft geht es um das Entgelt für den Verkauf der Anteile an die verbleibenden BGB-Innengesellschafter – selbst stellte der BGH mit der seinerzeit jüngeren Rechtsprechung klar, dass eine Abfindungsklausel, wenn sie eine Abfindung unter dem Verkehrswert vorsieht, nur dann nichtig ist, wenn bereits zum Zeitpunkt des Vertragsabschlusses ein grobes Missverhältnis zwischen dem Abfindungsbetrag und dem Verkehrswert der Anteile bestand. Ist die Klausel danach wirksam, kann sich ein Anspruch auf Zahlung eines höheren Betrages aus einer Vertragsanpassung ergeben, wenn im Zeitpunkt des Ausscheidens zwischen dem Abfindungsbetrag und dem realen Wert des Anteils ein erhebliches Missverhältnis besteht. Abfindungsmaßstab und Abfindungsbetrag seien dann durch ergänzende Vertragsauslegung nach den Grundsätzen von Treu und Glauben unter Berücksichtigung aller Umstände des Einzelfalls entsprechend den veränderten Verhältnissen neu zu ermitteln. Insbesondere erblickte der BGH in dem Ankaufsrecht (und damit in der korrespondierenden Anbiete-

---

[127] Hinweis auf BGH, Urt. v. 13.6.1994 – II ZR 38/93, NJW 1994, 2536, 2538 f. – Schutzgemeinschaft I.

pflicht) und in der vertraglich vereinbarten Abfindungshöhe keine Beschränkung des Kündigungsrechts aus § 723 BGB.

III. Bewertung

45   Der BGH hat sich im Schutzgemeinschaft-II-Urteil gegen eine Übertragung des aktienrechtlichen Mehrheitserfordernisses auf das Stimmrechtskonsortium ausgesprochen[128] und gewährleistet den Schutz der Minderheitsaktionäre über die gesellschafterliche Treuepflicht, und zwar unabhängig davon, ob die Beschlüsse die Grundlagen des Konsortiums berühren oder in den Kernbereich der Mitgliedschaft eingreifen, so dass sich der Mehrheitsbeschluss im Konsortium im Rahmen der gesellschafterlichen Treuepflicht bewegen und einer Verhältnismäßigkeitsprüfung standhalten muss.[129]

46   Dieser Grundsatz gilt auch für den Fall, dass die Vereinbarung über das Stimmrechtskonsortium keine Regelungen über die Mehrheitsverhältnisse bei der Beschlussfassung im Konsortium über die Abstimmung in der Beteiligungsgesellschaft enthält. Nach einzelnen Literaturstimmen soll für die Abstimmung im Konsortium das Mehrheitserfordernis für den jeweiligen Abstimmungsgegenstand der Beteiligungsgesellschaft gelten,[130] nach anderen Stimmen nicht.[131] Letztlich geht es um die Frage des „umgekehrten Durchschlagens" der korporativen Ebene auf die Ebene der schuldrechtlichen Nebenvereinbarung (vgl. zur spiegelbildlichen Frage des Durchschlagens der Nebenvereinbarung auf die korporative Ebene siehe oben Kapitel 5 § 3). Denn es geht um die Frage, ob die Regelungen über das Zustandekommen von Beschlüssen von Kapitalgesellschaften zumindest insoweit, als Mehrheitserfordernisse betroffen sind, auch für grundsätzlich rein schuldrechtliche Beziehungen der Gesellschafter untereinander gelten.[132] Die korporativen Mehrheitserfordernisse schlagen nicht auf das Stimmrechtskonsortium durch. Das folgt zunächst aus der Trennung von kapitalgesellschafts- und schuldrechtlicher Ebene. Die Beschlussfassung auf beiden Ebenen vollzieht sich nach den jeweils für sie geltenden Grundsätzen. Insbesondere ist die Stimmabgabe auf Ebene der Kapitalgesellschaft unabhängig von der Einhaltung von Bindungen aus dem Stimmrechtskonsortium wirksam und kommt der Beschluss auf Ebene der Kapitalgesellschaft unabhängig von den Absprachen der Konsorten nach ausschließlich kapitalgesellschaftsrechtlichen Grundsätzen zustande. Außerdem ließe sich rein rechnerisch der korporative Minderheitenschutz, der qualifizierten Mehrheitserfordernissen in aller Regel zugrunde liegt, nur dann auf Ebene des Stimmrechtskonsortiums bewältigen, wenn alle Kapitalgesellschafter auch im Stimmrechtskonsortiums gebunden sind. Ist dies indes nicht der Fall, verschieben sich die Mehrheitsverhältnisse zwischen Sekundärgesellschaft (Stimmrechtskonsortium) und Primärgesellschaft (Kapitalgesellschaft) erheblich. Eine Mehrheitsklausel im Stimmrechtskonsortium, die den Mehrheitserfordernissen auf Ebene der Kapitalgesellschaft nachgebildet ist, führt dazu, dass eine bestimmte Stimmquote in der Kapitalgesellschaft, wenn die Beteiligungsquote durchgerechnet wird, bereits mit einer weitaus niedrigeren Quote im Konsortium erreicht werden kann. Nach den Untersuchungen von König[133] wirkt sich das im jeweils knappsten Fall wie folgt aus:

47   1. Die qualifizierte Dreiviertel-Mehrheit in der Kapitalgesellschaft kann bereits mit einer Stimmenmehrheit von durchgerechnet 37,5 % plus einer Stimme im Stimmrechtskonsortium erreicht werden, da diese bereits dann eine einfache Mehrheit im Pool sichert, wenn in diesem insgesamt 75 % der Stimmen in der Kapitalgesellschaft gebunden sind;

---

[128] MüKoAktG/*Pentz*, 5. Aufl. 2019, § 23 Rn. 205.
[129] MüKoAktG/*Pentz*, § 23 Rn. 205 zu Einzelheiten; BGH, Urt. v. 24.11.2008– II ZR 116/08 („Schutzgemeinschaft II"), BGHZ 179, 13.
[130] *Habersack* ZHR 164 (2000), 1.
[131] *Zöllner*, FS Ulmer, 2003, S. 725 ff.; *König* ZGR 2005, 417.
[132] *König* ZGR 2005, 417, 419.
[133] *König* ZGR 2005, 417, 421.

2. für die einfache Mehrheit in der Kapitalgesellschaft genügten durchgerechnet bereits 25 % plus eine Stimme im Stimmrechtskonsortium, wenn unterstellt wird, dass im Pool Gesellschafter der Kapitalgesellschaft mit zusammen 50 % plus einer Stimme vereint sind; und
3. das Erreichen einer Sperrminorität von 25 % plus einer Stimme in der Kapitalgesellschaft setzt durchgerechnet mindestens 12,5 % plus eine Stimme im Pool voraus, die die Mehrheit in einem Pool, der Gesellschafter mit zusammen 25 % plus einer Stimme bindet, verschafft.

48 Mit anderen Worten: Durchgerechnet verringert sich die erforderliche Mindeststimmenzahl Schritt für Schritt, je nach Stufe, auf der man sich bewegt – Kapitalgesellschaft, Pool, Unterpool. Bereits eine Mehrheit von durchgerechnet 56,25 % der Stimmen der Kapitalgesellschaft erreicht eine ¾-Mehrheit im Pool, wenn der knappste Fall unterstellt wird, wonach 75 % der Stimmen der Kapitalgesellschaft im Pool gebunden sind. Im Unterpool wären es bei derselben Annahme durchgerechnet 42,19 % der Stimmen, die zur Beschlussfassung ausreichten.[134] Soll mithin sichergestellt werden, dass im Pool dieselben Mehrheitserfordernisse gelten wie in der Kapitalgesellschaft, müsste jeweils berücksichtigt werden, welchen Anteil die im Pool gebündelten Stimmrechte auf Ebene der Kapitalgesellschaft darstellen. Sind alle Kapitalgesellschafter zugleich auch Poolmitglieder, ist die Lage klar: Das korporative Mehrheitserfordernis schlägt unmittelbar auf den Pool durch. Sind dort nicht alle Gesellschafter gebunden, wäre im Pool eine Mehrheit erforderlich, die durchgerechnet 75 % der Stimmen in der Kapitalgesellschaft ausmacht. Sind im Pool nur 75 % der Stimmen der Kapitalgesellschaft gebunden, wäre mithin im Pool Einstimmigkeit erforderlich.[135]

49 Die qualifizierten Mehrheitserfordernisse im Kapitalgesellschaftsrecht haben den Sinn und Zweck sicherzustellen, dass wesentliche und zumeist grundlegende Entscheidungen, die geeignet sind, auf die Mitgliedschaftsrechte des einzelnen Gesellschafters über das übliche Maß hinaus einzuwirken, von einer qualifizierten Mehrheit getragen werden, um der betroffenen Minderheit ein gesteigertes Beteiligungsrecht einzuräumen. Dieser Sinn und Zweck der verschiedenen qualifizierten Mehrheitserfordernisse aus dem Kapitalgesellschaftsrecht hat aber keine Auswirkungen auf das Vorfeld der Beschlussfassung in der Kapitalgesellschaft, in dem sich die Stimmen sammeln, Gesellschafter sich abstimmen, gegebenenfalls spontan oder weil sie für die Stimmrechtsausübung aneinander gebunden sind. Mit anderen Worten: Das qualifizierte Mehrheitserfordernis begründet kein rechtliches Band zwischen dem Vorfeld der Gesellschafterversammlung (der Versammlung der Konsorten) und der Gesellschafterversammlung selbst.

50 Schließlich wirken kapitalgesellschaftsrechtliche Beschlussfassungsnormen, Mehrheitserfordernisse eingeschlossen, nicht auf konsortiale Beschlussfassungen ein, weil die insoweit geltenden kapitalgesellschaftsrechtlichen Regelungen die Beschlussfassungen auf konsortialer Ebene schon tatbestandlich nicht erfassen. Bei letzteren handelt es sich um Beschlussfassungen nach GbR-Recht. Die Beschlussfassung durch Gesellschafter einer GbR ist etwas gänzlich anderes als die Beschlussfassung von GmbH-Gesellschaftern oder von Aktionären auf einer Hauptversammlung.[136]

51 Zusammenfassend schlagen die Mehrheitserfordernisse auf Ebene der Kapitalgesellschaft nicht auf das Stimmrechtskonsortium durch, weil für das Konsortium weiterhin die allgemeinen personengesellschaftsrechtlichen Grundsätze und die Absprachen der Konsorten gelten und beide Regelungsebenen – Kapitalgesellschaft hier, Stimmrechtskonsortium dort – zu trennen sind.

---

[134] *König* ZGR 2005, 417, 426.
[135] *König* ZGR 2005, 417, 426.
[136] *Zöllner* in: FS Ulmer, 2003, S. 725, 740 f.

IV. Verfahrensregelungen zur Meinungsbildung im Konsortium und Stimmrechtsausübung

52 Die Konsortialverträge sollten jenseits der Regelungen zu Mehrheitserfordernissen auch Verfahrensregelungen darüber enthalten, wie die Meinungsbildung im Konsortium vor der Stimmrechtsausübung in der Gesellschafterversammlung der Beteiligungsgesellschaft konkret erfolgt. Es handelt sich bei diesen Vorabversammlungen im Konsortium im Prinzip um vorweggenommene Gesellschafterversammlungen, so dass ein ähnliches Regelungsbedürfnis besteht. Schließlich kann die Absprache über das Stimmverhalten auch ad hoc erfolgen, und zwar selbst dann, wenn im Konsortium schon abgestimmt wurde. Der Ad-hoc-Änderungsbeschluss des Konsortiums unterliegt dann den Regelungen über die Mehrheitserfordernisse im Konsortium.

53 Beispielhaft könnte in einem Konsortialvertrag die **Stimmrechtsausübung** wie folgt geregelt werden:

> § ... **Gesellschafterrechte**
> Die Konsorten halten vor jeder Gesellschafterversammlung oder jeder Beschlussfassung im schriftlichen Umlaufverfahren der A-Gesellschaft eine Konsortialversammlung ab, in der sie darüber beschließen, wie sie in der Gesellschafterversammlung der A-Gesellschaft abstimmen werden. Für die Beschlussfassung der Konsorten gelten die Mehrheitserfordernisse, die für den jeweiligen Beschlussgegenstand auf Ebene der A-Gesellschaft gelten. Die Abstimmung der Konsorten kann auch vorab schriftlich erfolgen.
> Die Mitglieder des Konsortiums haben in den Gesellschafterversammlungen oder im Umlaufverfahren der A-Gesellschaft ihre Stimmen und Anträge nach Maßgabe der in der Konsortialversammlung oder der Konsortialabstimmung getroffenen Gesellschafterbeschlüsse abzugeben. Gleiches gilt für etwaige Vertreter der Gesellschafter.

54 Neben der internen Willensbildung im Konsortium muss auch geregelt werden, wie die Stimmrechtsausübung in der Beteiligungsgesellschaft erfolgt: Denkbar ist, dass jeder Konsorte selbst abstimmt, denkbar ist aber auch die Bevollmächtigung eines Konsorten oder die Übertragung der Ausübung der Stimmrechte auf einen der Konsorten („Ermächtigung zur Stimmrechtsausübung"). Faktisch kann eine Stimmbündelung auch über eine Vertreterklausel im Gesellschaftsvertrag erreicht werden, häufig in Familiengesellschaften. Mit einer solchen Klausel wird ein Vertreter bevollmächtigt, der in der Folge die Stimmrechte einheitlich ausübt.[137] Unwiderrufliche oder verdrängende Stimmrechtsvollmachten mit gleichzeitigem Verzicht auf das eigene Stimmrecht sind nicht zulässig, was verwundert, kann doch der Gesellschafter frei entscheiden, ob er an einer Stimmbindung teilnimmt oder nicht,[138] die dieselben unwiderruflichen oder verdrängenden Wirkungen haben kann. Der Gesellschafter kann daher trotz Stimmrechtsbevollmächtigung eines anderen sein eigenes Stimmrecht in der Gesellschafterversammlung ausüben. Daher wird über die Vertreterklausel eine Stimmbündelung in der Person des Vertreters erreicht. Aufgrund des gesellschaftsrechtlichen Abspaltungsverbotes ist eine Trennung von Stimmrecht und Gesellschaftsanteil nicht möglich, weil das Stimmrecht ein mitgliedschaftliches Recht des Gesellschafters ist und es daher weder von ihm gelöst noch selbständig übertragen werden kann.[139] Das Stimmrecht als solches kann daher nicht separat übertragen werden.

---

[137] BGH, Urt. v. 12.12.1966 – II ZR 41/65, BGHZ 46, 291; *Odersky,* FS Lutter, 2000, S. 562.
[138] Vgl. *Noack,* Gesellschaftervereinbarungen bei Kapitalgesellschaften, 1994, S. 149 f.
[139] Zur Aktiengesellschaft BGH, Urt. v. 17.11.1986 – II ZR 96/86, NJW 1987, 780; *Casper* in: Bork/Schäfer, GmbHG, 4. Aufl. 2019, § 47 Rn. 18; *Noack,* Gesellschaftervereinbarungen bei Kapitalgesellschaften, 1994, S. 149 unten; *Fichtelmann* in: Bartl/Bartl/Fichtelmann/Koch/Schlarb/Schmitt, GmbH-Recht, 7. Aufl. 2014, § 47 Rn. 8; indirekt *Köhler,* Nebenabreden im GmbH- und Aktienrecht – Zulässigkeit und Wirkung, 1992, S. 6.

§ 73 Verträge über die Bestellung von Aufsichtsratsmitgliedern und die Besetzung anderer Organe der Gesellschaft

Verträge über die Besetzung von Aufsichtsratsmandaten sind häufig. Es handelt sich hierbei nicht um Entsendungsrechte gemäß § 101 AktG, die satzungsmäßige Sonderrechte für bestimmte Aktionäre darstellen, sondern um schuldrechtliche Vereinbarungen, die einen Unterfall der Stimmbindung darstellen. Solche Abreden sind zwar grundsätzlich zulässig. Es stellen sich aber Fragen der Unabhängigkeit des Aufsichtsratsmitglieds und seiner Weisungsfreiheit. Es sollte in einem solchen Vertrag auf jeden Fall klargestellt werden, dass das Aufsichtsratsmitglied in seinen Entscheidungen und in der Ausübung seines Stimmrechts unabhängig ist und keinen Weisungen unterliegt. Rein tatsächlich wird es so aber oftmals nicht sein: Die zumindest faktische Abhängigkeit ergibt sich aus der der Bestellung zum Mitglied des Überwachungsorgans zugrunde liegenden Erwartungshaltung oder daraus, dass das auf Ebene der Tochtergesellschaft gewählte Aufsichtsratsmitglied zugleich Mitglied des Geschäftsleitungsorgans oder leitender Angestellter einer Obergesellschaft ist. Völlig unabhängig von den vertraglichen Abreden zwischen Dritten, die der Bestellung zum Aufsichtsratsmitglied zugrunde liegen, muss sich das Aufsichtsratsmitglied stets von den Interessen der Gesellschaft, dessen Aufsichtsrat es ist, leiten lassen und darf nicht für die Gesellschaft nachteilige, für eine Obergesellschaft aber vorteilhafte Entscheidungen unterstützen. 55

Die Parteien von Abreden über die Besetzung oder Beeinflussung von Aufsichtsratsmitgliedern können sich wegen **Einflussnahme auf Organmitglieder** der Gesellschaft gegenüber ersatzpflichtig machen (§ 117 AktG). Die Voraussetzungen einer Haftung gemäß § 117 AktG sind zwar hoch, aber in der Praxis durchaus schnell zu erreichen. Objektives Tatbestandsmerkmal des § 117 Abs. 1 S. 1 AktG ist die schädigende Einflussnahme. Einfluss ist jegliche bestimmende Einwirkung durch natürliche oder juristische Personen des privaten oder öffentlichen Rechts auf Organe oder Führungspersonen (etwa Prokuristen oder Handlungsbevollmächtigte) der Gesellschaft, die zu schädigendem Handeln gegenüber der Gesellschaft führen kann. Dieser Einfluss kann aus der rechtlichen Stellung als Vorstands- oder Aufsichtsratsmitglied, aus mehrheitlichem Anteilsbesitz, geschäftlichen und persönlichen Beziehungen entspringen. Zunächst muss Einfluss vorhanden sein, weiter muss die Handlung, die die Beeinflussten ausführen sollen, eine schädigende Wirkung auf die Gesellschaft haben. Die Voraussetzung der Rechtswidrigkeit ergibt sich erst durch positive Interessenabwägung, nicht schon durch die Tatbestandsmäßigkeit. Vorsatz ist erforderlich. 56

Auch können Stimmbindungsvereinbarungen, die die Besetzung von Aufsichtsrats- oder Geschäftsführungsorganen zum Regelungsgegenstand haben, zur Begründung eines faktischen Konzerns führen. Eine Haftung der Muttergesellschaft für die in den Aufsichtsrat der Tochtergesellschaft entsandte Person, die bei der Muttergesellschaft eine Organtätigkeit wahrnimmt, nach §§ 116, 93 AktG iVm § 31 BGB hat der BGH abgelehnt. Nach Auffassung des BGH handelt das pflichtwidrig die Interessen der Muttergesellschaft wahrnehmende Aufsichtsratsmitglied nur in seiner Eigenschaft als Mitglied des Aufsichtsorganes und nicht in Ausführung seiner Organtätigkeit für die Muttergesellschaft. Mangels Weisungsgebundenheit kommt bei deliktischem Handeln des Aufsichtsratsmitglieds § 831 BGB nicht in Betracht, mangels vertraglicher Beziehung zwischen „entsendender" und „aufnehmender" Gesellschaft scheidet eine Haftung nach § 278 BGB aus. Denkbar wäre noch § 317 AktG als Anspruchsgrundlage. Besteht kein Beherrschungsvertrag, haftet nach § 317 Abs. 1 AktG ein herrschendes Unternehmen gegenüber der abhängigen Gesellschaft. Voraussetzung dafür ist, dass das herrschende Unternehmen die abhängige Gesellschaft zu einem für diese nachteiligen Rechtsgeschäft oder einer nachteiligen Maßnahme veranlasst hat und der abhängigen Gesellschaft dadurch ein Schaden entstand. Wird der Nachteil bis zum Ende des Geschäftsjahres tatsächlich oder durch Einräumung eines Rechtsanspruchs ausgeglichen, entfällt die Haftung. 57

58 Neben dem herrschenden Unternehmen **haften** bei Verstößen auch dessen **gesetzliche Vertreter persönlich**. Die Voraussetzungen der Haftung aus § 317 AktG entsprechen denen des § 311 AktG. In diesem Zusammenhang ist aber zu beachten, dass eine solche Konzernhaftung nach § 317 AktG tatbestandlich zumeist ausscheidet, wenn die Obergesellschaft einen bloßen Stimmrechtspool oder ein Stimmrechtskonsortium darstellt, auch wenn sie tatsächlich herrschenden Einfluss auf das Beteiligungsunternehmen ausübt. Denn eine Abhängigkeit im Sinne von § 17 AktG setzt voraus, dass ein herrschendes Unternehmen vorliegt, was bei bloßen Stimmrechtspools oder Stimmrechtskonsortien in der Regel zu verneinen sein wird, weil diese in der Regel keine Unternehmen im konzernrechtlichen Sinne sein werden. Eine Haftung des Anteilseigners für das Verhalten „seines" Aufsichtsratsmitglieds scheitert daher in der Regel an den Voraussetzungen der §§ 117, 317 AktG. Die vorstehenden Ausführungen gelten auch für die GmbH, die über einen fakultativen oder zwingenden Aufsichtsrat verfügt (§ 51 GmbHG), weil im Wesentlichen die aktienrechtlichen Vorschriften auf einen solchen Aufsichtsrat Anwendung finden.

59 Stimmbindungsverträge über die Besetzung von Geschäftsführungsorganen sind – von der Aktiengesellschaft abgesehen – unproblematisch. In einer mitbestimmungsfreien GmbH bestellt die Gesellschafterversammlung die Geschäftsführung und beruft diese auch ab (§ 46 GmbHG). Eine Vereinbarung zwischen Gesellschaftern über die Stimmrechtsausübung in einem bestimmten Sinne ist daher unproblematisch. Bei der Aktiengesellschaft ist für die Vorstandsbestellung allein der Aufsichtsrat zuständig, sodass eine verbindliche Festlegung bestimmter Vorstandsmandate zwischen Aktionären nicht möglich ist. Aktionäre können aber vereinbaren, unter Ausnutzung ihres faktischen Einflusses bei den Aufsichtsratsmitgliedern auf die Wahl bestimmter Personen zum Vorstandsmitglied hinzuwirken; solche Abreden sind grundsätzlich zulässig. Auch in der mitbestimmten Gesellschaft sind die Aufsichtsratsmitglieder, und zwar sowohl die Anteilseignervertreter als auch die Arbeitnehmervertreter, weisungsfrei. Diese können sich auch nicht durch Stimmbindung gegenüber Nichtmitgliedern oder untereinander zu einem bestimmten Abstimmungsverhalten verpflichten.

§ 74 Absicherung der Mitgliedschaft im Stimmrechtspool bei Wechsel im Gesellschafterbestand

60 Für die Kautelarpraxis ist entscheidend, wie die Poolmitgliedschaft bei einem Wechsel im Gesellschafterbestand der Primärgesellschaft gesichert werden kann. Zur Sicherung der Konsortialmitgliedschaft sollte die Stimmbindungsvereinbarung mit Vorkaufs- und Erwerbsrechten sowie korrespondierenden Andienungspflichten für den Fall des Ausscheidens eines Konsorten aus der Beteiligungsgesellschaft verknüpft werden. Allerdings ist hierbei bei Gesellschaften mit beschränkter Haftung zu beachten, dass die Vereinbarung zur Übertragung von GmbH-Geschäftsanteilen nach § 15 Abs. 4 GmbHG notariell zu beurkunden ist. Sollten die Gesellschafter die Vorkaufs- oder Erwerbsrechte nicht in Anspruch nehmen, ist es ratsam, dass der scheidende Gesellschafter den Anteilskäufer vorab zum Beitritt zum Konsortium verpflichtet, damit es bei der bisherigen Gesamtbeteiligungsquote des Konsortiums in der Primärgesellschaft verbleibt. Die Beitrittsverpflichtung könnte auch eine aufschiebende Bedingung gemäß § 158 Abs. 1 BGB darstellen, sodass der Erwerb der Anteile an der Beteiligungsgesellschaft nur dann dinglich vollzogen wird, wenn der Beitritt zum Konsortium erfolgte. Diese aufschiebende Bedingung könnte dem Käufer entweder vom Verkäufer auferlegt werden oder sie ist in der Konsortialvereinbarung enthalten, und zwar als Voraussetzung für die Übertragung des Anteils an der Primärgesellschaft.

61 Die Fragen der Bindung von Anteilserwerbern an die Konsortialvereinbarung stellen sich nicht, wenn die Stimmbindung in die Satzung aufgenommen wurde; sie gilt dann qua Satzungsregelung auch für alle künftigen Gesellschafter.

§ 75 Rechtsfolgen der vertragswidrigen Stimmabgabe

Hält sich die zu einer bestimmten Stimmabgabe verpflichtete Partei der Stimmbindungsvereinbarung nicht an die vertraglichen Absprachen, stehen der anderen Vertragspartei ggf. Erfüllungs- oder Schadenersatzansprüche zu. Zudem stellt sich die Frage, wie sich eine vertragswidrige Stimmabgabe auf die Beschlussfassung auswirkt. 62

I. Erfüllungsanspruch

Kommt eine der Vertragsparteien ihren Verpflichtungen aus der Stimmbindungsvereinbarung nicht nach, steht der anderen Vertragspartei ein Erfüllungsanspruch zu.[140] Voraussetzung für den Erfüllungsanspruch ist stets, dass die Stimmbindung zulässig ist. Denn eine unzulässige Stimmbindung entfaltet keine Rechtswirkungen; ein Verstoß gegen die Stimmbindung bleibt rechtlich grundsätzlich folgenlos.[141] Siehe zu den verschiedenen Möglichkeiten, einen Erfüllungsanspruch abzusichern oben → Kap. 18 § 3. 63

II. Schadenersatzanspruch

Derjenige, der trotz wirksamer Stimmbindungsvereinbarung pflichtwidrig die Stimme abgibt, ist gemäß § 280 Abs. 1 BGB zum Schadenersatz statt der Leistung verpflichtet.[142] Voraussetzung für einen Schadenersatzanspruch ist jedoch stets, dass der gewünschte Gesellschafterbeschluss wegen Fehlens dieser Stimmen nicht zustande kam. War die fragliche Stimme für das Beschlussergebnis nicht kausal, besteht kein Schadenersatzanspruch.[143] Zu den Details eines Anspruchs auf Naturalrestitution oder eines Schadenersatzanspruchs in Geld siehe oben → Kap. 18 § 2. 64

III. Auswirkungen auf den gefassten Beschluss

Besonders strittig ist, wie sich eine abredewidrige Stimmabgabe auf den gefassten Gesellschafterbeschluss auswirkt. Siehe hierzu ausführlich oben → Kap. 22 § 75. 65

§ 76 Rechtsfolgen bei unwirksamer Stimmbindungsvereinbarung

Ist die Stimmbindung unwirksam, ist zu prüfen, ob der Vertrag insgesamt unwirksam ist oder nicht. Wenn nur ein Teil des Nebenvertrages unwirksam ist, ist nicht der gesamte Vertrag nach § 139 BGB automatisch unwirksam. Vielmehr ist im Wege der ergänzenden Vertragsauslegung zu ermitteln, ob die Parteien den Vertrag auch ohne die unwirksame Klausel geschlossen hätten. Die gesellschaftsrechtliche Nähe der satzungsergänzenden Vereinbarung lässt eine strenge Anwendung des § 139 BGB nicht zu, schon weil zumeist eine GbR vorliegen wird, deren Gesellschaftsvertrag grundsätzlich nicht insgesamt nichtig sein soll. 66

Ist eine Nebenvereinbarung unwirksam, kann keine Erfüllung verlangt werden, so dass eine Erfüllungsklage auf Stimmabgabe unbegründet wäre. Es besteht vielmehr ein Anspruch auf Unterlassung der Stimmabgabe, jedenfalls dann, wenn der aus der Stimmbindungsvereinbarung Berechtigte als Stimmrechtsvertreter auftritt und nicht jeder an der Stimmbindung Beteiligte selbst seine (gebundenen) Stimmrechte ausübt; es geht dann um die Verhinderung der Stimmabgabe durch den Vertreter. Die Nichtigkeit einer Stimm- 67

---

[140] Vgl. BGH, Urt. v. 29.5.1967 – II ZR 105/67, BGHZ 48, 163, 170 f.; *Römermann* in: MHLS GmbHG § 47 Rn. 519.
[141] *Römermann* in: MHLS GmbHG § 47 Rn. 525.
[142] *Hillmann* in: Henssler/Strohn, Gesellschaftsrecht, 4. Aufl. 2019, GmbHG, § 47 Rn. 91.
[143] *Drescher* in: MüKoGmbHG, 3. Aufl. 2019, § 47 Rn. 251; *Römermann* in: MHLS GmbHG § 47 Rn. 529.

bindungsvereinbarung führt mangels organisationsrechtlicher Natur nicht zur Unwirksamkeit einer später abgegebenen Stimme in der Gesellschafterversammlung. Die Unwirksamkeit der Stimmbindungsvereinbarung ist auch kein Grund für eine Beschlussanfechtung.

68 Für die Rechtsfolge der Stimmabgabe bei nichtiger Stimmbindungsvereinbarung ist zu unterscheiden, ob sie bindungsgemäß oder bindungswidrig erfolgte. Stimmt ein Gesellschafter bindungswidrig entgegen der unwirksamen Stimmbindung, ergeben sich aufgrund der Nichtigkeit weder Rechtsfolgen für den Gesellschafterbeschluss noch Schadenersatzansprüche; die bindungswidrige Stimmabgabe ist bei unwirksamer Stimmbindung unproblematisch. Entspricht die Stimmabgabe der (unwirksamen) Stimmbindungsvereinbarung, kommt es für die Auswirkungen der bindungsgemäßen Stimmabgabe auf den Beschluss auf die Gründe für die Unwirksamkeit der Stimmbindung an: Der Beschluss kann wegen Inhaltsmangels, etwa wegen der Verfolgung von Sondervorteilen, oder wegen Treupflichtverstoßes anfechtbar sein, wobei die Unwirksamkeit der Stimmbindung selbst noch keinen Anfechtungsgrund begründet. Wurde eine einem Stimmverbot unterliegende Stimme abgegeben, schlägt die Unwirksamkeit der Stimmbindung auf jeden Fall auf den Beschluss durch. Die verbotswidrig abgegebene Stimme ist nichtig nach § 134 BGB und darf bei der Mehrheitsermittlung nicht berücksichtigt werden.

69 Hat die Stimme keinen Einfluss auf das Abstimmungsergebnis, wirkt sich die verbotswidrige Abgabe nicht aus. Verändert sich durch die ungültige und dennoch berücksichtigte Stimme das Ergebnis, ist der Gesellschafterbeschluss analog nach § 243 AktG anfechtbar. Zudem kann sich aufgrund verbotswidriger Stimmabgabe ein Schadenersatzanspruch zumindest aus Verstoß gegen die Treuepflicht und gegebenenfalls auch aus § 823 Abs. 2 BGB (verletztes Schutzgesetz wäre § 47 GmbHG) ergeben. Noack hingegen unterscheidet nach dem gesellschaftsrechtlichen Einschlag des Unwirksamkeitsgrundes: Die bindungsgemäße Stimmabgabe schlage dann auf den Beschluss durch, wenn sie gesellschaftsrechtliche Regelungen verletzte, nicht hingegen bei einem Verstoß gegen zivil- oder strafrechtliche Normen.

70 Beweisschwierigkeiten mag in der Praxis der Einwand bedeuten, die Stimme sei nicht entsprechend der unwirksamen Stimmbindungsvereinbarung ausgeübt worden, sondern nach dem freien Willen des Abstimmenden. Ob ein solcher Einwand glaubhaft ist, mag dahinstehen. Es fehlte dann jedenfalls an der Verknüpfung zwischen der Unwirksamkeit der Stimmbindungsvereinbarung und der Stimmabgabe, mit anderen Worten: Die Unwirksamkeit der Vereinbarung war nicht relevant für die konkrete Stimmabgabe, so dass die Unwirksamkeit der Stimmbindung nicht auf den Beschluss durchschlagen konnte.

§ 77 Prozessuale Durchsetzung

71 Kommt eine der Vertragsparteien ihren Verpflichtungen aus der Stimmbindungsvereinbarung nicht nach, bleibt der anderen Vertragspartei oftmals nichts anderes übrig, als den Erfüllungsanspruch gerichtlich durchzusetzen. Da die Gesellschafterversammlung zumeist zeitnah ansteht, kommt eine Leistungsklage zur Durchsetzung des Erfüllungsanspruchs in der Regel zu spät. In der Praxis werden Erfüllungsansprüche aus Stimmbindungsvereinbarungen daher regelmäßig im Wege des einstweiligen Rechtsschutzes durchgesetzt. Am Ende des prozessualen Verfahrens stellt sich die Frage nach der Vollstreckung von Erfüllungsansprüchen aus Stimmbindungsabreden. Siehe zur prozessualen Durchsetzung von Erfüllungsansprüchen aus einer Stimmbindungsvereinbarung ausführlich oben → Kap. 19 Rn. 3.

§ 78 Satzungsgestaltungen

72 Haben Gesellschafter die Absicht, eine Stimmbindung zu vereinbaren, kommt der Satzung in zweierlei Hinsicht eine Bedeutung zu. Zum einen stellt sich die Frage, ob die Stimmbindungsvereinbarung in der Satzung getroffen werden kann und soll. Zum anderen besteht

die Möglichkeit, in der Satzung den Gesellschaftern den Abschluss von Stimmbindungsabreden zu verbieten.

Es ist anerkannt, dass in der Satzung der Abschluss einer Stimmbindungsvereinbarung 73 untersagt werden kann.[144] Dies folgt aus § 3 Abs. 2 GmbHG, wonach den Gesellschaftern in der Satzung über die bloße Pflicht zur Leistung einer Einlage hinaus weitere Verpflichtungen auferlegt werden können. Zu den Verpflichtungen im Sinne von § 3 Abs. 2 GmbHG zählt auch die Verpflichtung der Gesellschafter, eine Stimmbindungsvereinbarung nicht abzuschließen. Schließen ein oder mehrere Gesellschafter gleichwohl eine Stimmbindungsvereinbarung ab, obwohl in der Satzung Gegenteiliges vereinbart wurde, ist die Stimmbindungsvereinbarung allein wegen des satzungsmäßigen Verbots nicht unwirksam.[145] Insbesondere ist die Stimmbindungsvereinbarung nicht wegen § 134 BGB unwirksam, da ein satzungsmäßiges Verbot kein gesetzliches Verbot ist. Der Gesellschafter, der entgegen einem Verbot in der Satzung eine Stimmbindung eingeht, handelt aber im Innenverhältnis pflichtwidrig.[146]

Ebenfalls zulässig ist der umgekehrte Fall, nämlich, dass in der Satzung bestimmte Stimm- 74 bindungen vorgesehen werden.[147] In der Praxis ist diese Möglichkeit allerdings wenig verbreitet. Denn ein Vorteil, Stimmbindungen in schuldrechtlichen Nebenabreden treffen zu können, ist gerade, dass diese nicht den für die Satzung geltenden Publizitätspflichten unterliegen.

§ 79 Laufzeit der Stimmbindungsvereinbarung

In der Praxis bedeutsam ist die Laufzeit der Stimmbindungsvereinbarung. Das Interesse mag 75 bei Begründung der Stimmbindung in bestimmten Konstellationen – etwa Verhinderung des Einflusses Dritter auf die Gesellschaft – auf eine möglichst lange Laufzeit gerichtet sein. Bei Familienpools wird in der Regel eine unbefristete Laufzeit mit einer Koppelung der Stimmbindung an die Dauer der Primärgesellschaft angestrebt sein. Da Stimmbindungsvereinbarungen oftmals zu eigenständigen Gesellschaften bürgerlichen Rechts (Sekundärgesellschaften) führen, kommt es für die Laufzeit darauf an, ob die Absprachen, die den Gesellschaftsvertrag der Sekundärgesellschaft darstellen, eine ausdrückliche Befristungsregelung enthalten oder ob der Zweck der Stimmbindung (der Gesellschaftszweck der Sekundärgesellschaft) zeitlich befristet wurde. Wenn beides nicht zutrifft, handelt es sich in der Regel um eine Gesellschaft auf unbestimmte Zeit, die dann jederzeit gekündigt werden kann (§ 723 Abs. 1 S. 1 BGB), es sei denn, es ergäbe sich etwas anderes aus den Umständen. Insbesondere bei Schutzgemeinschaften ohne Regelung der Dauer ist davon auszugehen, dass die Stimmbindung so lange gelten soll, wie die Primärgesellschaft besteht.

Erfolgt eine Stimmbindung befristet, d.h. auf Zeit, kann sie vor Ablauf der für sie 76 bestimmten Zeit nicht ordentlich gekündigt werden. Die Befristung selbst kann durch Nennung eines kalendermäßig bestimmten Zeitraums, einen Endzeitpunkt oder rein objektiv, z.B. durch Koppelung an die Dauer der Gesellschafterstellung in der Primärgesellschaft, in Abhängigkeit zur Dauer bestimmter Beteiligungsverhältnisse sowie durch Eintritt eines bestimmten Ereignisses festgelegt werden. Als Höchstdauer eines Stimmbindungsvertrages hält der BGH eine Befristung auf 30 Jahre für unbedenklich,[148] welche regelmäßig auch bei Gesellschaftsverträgen toleriert wird.[149] Stellt die Stimmbindungsvereinbarung eine eigenständige GbR dar, gilt § 723 BGB. § 723 BGB engt eine als Gesellschaftsverhältnis zu

---

[144] *Römermann* in: MHLS GmbHG § 47 Rn. 551; *K. Schmidt* in: Scholz, GmbHG, Band 2 § 47 Rn. 48.
[145] *Römermann* in: MHLS GmbHG § 47 Rn. 552; *K. Schmidt* in: Scholz, GmbHG, Band 2 § 47 Rn. 48.
[146] *K. Schmidt* in: Scholz, GmbHG, Band 2 § 47 Rn. 48.
[147] *Römermann* in: MHLS GmbHG § 47 Rn. 553.
[148] BGH, Urt. v. 25.9.1986 – II ZR 272/85, JZ 1987, 566; Anmerkung *Flume* zur Vorinstanz, OLG Stuttgart, Urt. v. 28.10.1985, 5 U 202/84, JZ 1987, 570, 572; BGH, Urt. v. 19.1.1967 – II ZR 27/65, WM 1967, 315.
[149] BGH, Urt. v. 18.6.2006 – II ZR 137/04, NJW 2007, 295; BGH, Urt. v. 19.1.1967 – II ZR 27/67, WM 1967, 315.

wertende Stimmbindung nicht ein, weil er keine zeitliche Grenze setzt. Bei zu langer Befristung entsteht jedoch das Problem, dass aufgrund § 723 Abs. 1 S. 2 BGB den Gesellschaftern faktisch die Möglichkeit zur ordentlichen Kündigung entzogen wird, denn befristete Gesellschaftsverträge sind nicht ordentlich, sondern nur aus wichtigem Grund kündbar. Bei Stimmbindungen, die eine GbR darstellen, ist die durch § 723 Abs. 3 BGB gewährleistete Überschaubarkeit der Bindung zu beachten.[150] Bindet sich der Gesellschafter zu lange an die Gesellschaft, kann er – vor allem vor dem Hintergrund seiner Haftung – künftige unüberschaubare Entwicklungen nicht abschätzen.[151] Die Vereinbarung darf die persönliche Freiheit des Gesellschafters nicht unvertretbar einengen und seine wirtschaftliche Betätigungsfreiheit beschneiden.[152] Allerdings kann bei überlangem Ausschluss der ordentlichen Kündigung der Vertrag auch in einen Vertrag von unbestimmter Dauer umgedeutet werden. In der Regel wird bei der Vereinbarung von Stimmbindungen der Gesellschafter nicht persönlich, sondern lediglich bezüglich seiner Stimmabgabe eingeschränkt. Flume spricht hier von einer „rein objektbezogenen Bindung".[153]

---

[150] *Habermeier* in: Staudinger, BGB, 2003, Vorbem zu § 723 Rn. 7.
[151] BGH, Urt. v. 18.9.2006 – II ZR 137/04, NJW 2007, 295 (RA-Sozietät, 30 Jahre).
[152] BGH, Urt. v. 18.9.2006 – II ZR 137/04, NJW 2007, 295.
[153] *Flume,* Anmerkung zum Urt. des OLG Stuttgart v. 28.10.1985, 5 U 202/84, JZ 1987, 570, 572.

Kapitel 23. Veräußerungsverbote, Veräußerungsrechte und Veräußerungspflichten

Die Gesellschafter können sich schuldrechtlich verpflichten, in bestimmter Weise über ihre 1
Anteile zu verfügen oder bestimmte Verfügungen zu unterlassen.[1] Diese Vereinbarungen
können sowohl zwischen den Gesellschaftern einer GmbH oder den Aktionären einer
Aktiengesellschaft untereinander als auch mit der jeweiligen Gesellschaft geschlossen werden.[2] Für Aktiengesellschaften sind solche Vereinbarungen mit der Aktiengesellschaft auf
der einen und Emissionsbanken oder anderen in die Emission eingeschalteten unmittelbaren Aktienerwerbern auf der anderen Seite in § 186 Abs. 5 AktG sogar gesetzlich
vorgeschrieben.[3] Damit stellt das Gesetz klar, dass Aktiengesellschaften Vertragspartei von
Vereinbarungen über die Verfügung über Aktien sein können. Grenzen schuldrechtlicher
Verpflichtungen zur Übertragung von Aktien auf die Aktiengesellschaft finden sich jedoch
in § 71 AktG. Bei Verstoß sind solche Vereinbarungen nichtig.[4]

Ist die fragliche Leistungs- oder Unterlassungspflicht in der Satzung enthalten und ergibt 2
die Auslegung, dass sie korporativen Charakter hat, ist die Verpflichtung als korporative
Regelung bei der Aktiengesellschaft nur unter den Voraussetzungen der §§ 54, 55 AktG
zuzulassen, bei Gesellschaften mit beschränkter Haftung gemäß § 3 Abs. 2 GmbHG. Liegen
bei der Aktiengesellschaft die Voraussetzungen der §§ 54, 55 AktG nicht vor, ist die
Satzungsbestimmung nach § 23 Abs. 5 Satz 1 AktG unwirksam.[5]

§ 80 Veräußerungsverbote

Veräußerungsverbote und -beschränkungen spielen für Gesellschaftervereinbarungen eine 3
große Rolle. Grund hierfür sind die mit den Veräußerungsverboten und -beschränkungen verfolgten Ziele unter anderem der Kontrolle des Gesellschafterkreises, des Schutzes
vor Überfremdung der Gesellschaft und des Ausschlusses nicht erwünschter Gesellschafter sowie der Aufrechterhaltung der bisherigen Beteiligungsverhältnisse.[6] Voraussetzung
für das Erreichen dieser Ziele ist Vertraulichkeit, die im Rahmen von Nebenvereinbarungen, nicht aber von Satzungsbestimmungen gewahrt werden kann, zumal oftmals
auch nur ein Teil der Gesellschafter gebunden sein soll oder sich untereinander binden
möchte.

I. Gesellschaften mit beschränkter Haftung

In den oftmals personenbezogenen Gesellschaften mit beschränkter Haftung besteht nicht 4
selten der Wunsch, die Abtretbarkeit von Gesellschaftsanteilen einzuschränken, um so die
Zusammensetzung des Gesellschafterkreises kontrollieren zu können.

1. Arten von Vinkulierungsklauseln

Vom vollständigen Ausschluss der Abtretbarkeit bis zu bloßen Zustimmungsvorbehalten 5
kommen in der Rechtspraxis alle Gestaltungen in Betracht. Zwar ist der vollständige
Ausschluss der Abtretbarkeit in § 15 Abs. 5 GmbHG nicht vorgesehen, mit diesem aber

---
[1] BGH, Urt. v. 22.1.2013 – II ZR 80/10 (LG Düsseldorf), NZG 2013, 220, 221; BayObLG, 24.11.1988, BReg. 3 Z 111/88, DB 1989, 214, 216 f.; MüKoAktG/*Götze*, 5. Aufl. 2019, § 54 Rn. 34; *Noack* NZG 2013, 281, 283; *Cziupka/Kliebisch* BB 2013, 715, 716.
[2] *Noack* NZG 2013, 281, 283 f.; offen gelassen durch BGH, Urt. v. 22.1.2013 – II ZR 80/10 (LG Düsseldorf), NZG 2013, 220, 221.
[3] MüKoAktG/*Götze*, 5. Aufl. 2019, § 54 Rn. 34.
[4] *Cziupka/Kliebisch* BB 2013, 715, 718; *Knott/Jacobsen* NZG 2014, 372, 376 f.
[5] MüKoAktG/*Götze*, 5. Aufl. 2019, § 54 Rn. 38.
[6] *Liebscher* ZIP 2003, 825, 826.

vereinbar.⁷ Denn dem Wortlaut des § 15 Abs. 5 GmbHG kann nicht entnommen werden, dass etwaige Vinkulierungsklauseln die Übertragbarkeit von Anteilen lediglich erschweren, nicht aber gänzlich ausschließen können sollen. In einem solchen vollständigen Ausschluss der Übertragbarkeit der GmbH-Anteile liegt kein Verstoß gegen § 137 BGB, da hierdurch nicht die Verfügungsbefugnis des Gesellschafters berührt wird, sondern es sich um eine Inhaltsbestimmung des Anteilsrechts gemäß §§ 399, 413 BGB handelt. Jedoch fordert auch die herrschende Meinung eine Einschränkung dieses Grundsatzes dahingehend, dass eine Übertragung der Anteile möglich sein muss, wenn ein wichtiger Grund für einen Austritt bzw. eine Kündigung besteht.⁸

6   Eine in der Praxis häufige Veräußerungsbeschränkung ist der **Zustimmungsvorbehalt**. Auch hier gibt es viele verschiedene Arten der Ausgestaltung. Denkbar ist unter anderem das Erfordernis einer Zustimmung durch die Gesellschaft, die Gesellschafterversammlung oder die Gesellschafter. Wer der Übertragung der Anteile zustimmen muss, ist gegebenenfalls durch Auslegung zu bestimmen. Bei einer der Formulierung des § 15 Abs. 5 GmbHG entsprechenden Bestimmung, wonach die Gesellschaft der Übertragung zustimmen muss, ist wohl die Zustimmung von Geschäftsführern in vertretungsberechtigter Anzahl erforderlich.⁹ Bereits mit Blick auf die Formulierung des Gesetzestextes zeigt sich die Notwendigkeit klar strukturierter und definierter Vinkulierungsklauseln, da nur so ein Streit über die Bedeutung, Inhalt und Reichweite der Klauseln verhindert werden kann. Neben der Regelung der Zuständigkeit zur Erteilung der Zustimmung, die präziser sein sollte als „die Gesellschaft" oder „die Gesellschafter", sollte die Vinkulierungsklausel auch konkrete Regelungen zu den Mehrheitserfordernissen der Zustimmungsentscheidung enthalten. Zudem sollten auch Regelungen über die Form der Zustimmung getroffen werden, da § 15 Abs. 5 GmbHG für die Zustimmung keine besondere Form vorsieht und hierdurch ein späterer Rechtsstreit verhindert werden kann. Ein Verstoß gegen eine solche Formvorschrift, wenn es sich nicht lediglich um eine bloße Ordnungsvorschrift handelt, kann im Zweifel zur Unwirksamkeit der Übertragung der Anteile führen.

7   In Betracht kommt auch eine Regelung, wonach ein **nicht an der GmbH beteiligter Dritter zustimmen** muss. Das ist zwar nicht unumstritten. So lehnt eine Ansicht die Anknüpfung an die Zustimmung eines Dritten mit der Begründung ab, dass Dritten keine eigenen Rechte durch den Gesellschaftsvertrag verliehen werden könnten und dass diese Dritten auch nicht derart dem Gesellschaftsinteresse verbunden seien wie das die Gesellschafter seien.¹⁰ Die überwiegende Meinung geht aber von der Zulässigkeit auch solcher Zustimmungsvorbehalte aus.¹¹ So sind auch Dritte, deren Zustimmung zur Wirksamkeit der Übertragung der Anteile erforderlich ist, an Ermessensschranken und -leitlinien gebunden. Hier wird das Bedürfnis klar strukturierter und formulierter Versagungsgründe deutlich. Auch für Dritte besteht eine Pflicht zur Abwägung des Vinkulierungsinteresses der Gesellschaft und des Veräußerungsinteresses des Gesellschafters.¹² Schließlich lässt der Wortlaut des § 15 Abs. 5 GmbH keine Einschränkung auf Gesellschafter oder Gesellschaftsorgane erkennen, da hier lediglich von „weitere Voraussetzungen" die Rede ist.

8   Vinkulierungsklauseln können unproblematisch die Regelung enthalten, dass lediglich an Mitgesellschafter oder Gesellschafter aus einem bestimmten Gesellschafterstamm abgetreten

---

7   *Seibt* in: Scholz, GmbHG, 12. Aufl. 2018, § 15 Rn. 135; MüKoGmbHG/*Reichert/Weller*, 3. Aufl. 2018, § 15 Rn. 393.
8   *Verse* in: Henssler/Strohn, Gesellschaftsrecht, 4. Aufl. 2019, § 15 Rn. 82; MHLS/*Ebbing*, 3. Aufl. 2017, GmbHG § 15 Rn. 138; *Wilhelmi* in: BeckOK GmbHG, 38. Edition, Stand: 1.2.2019, § 15 Rn. 156; *Fastrich* in: Baumbach/Hueck, GmbHG § 15 Rn. 38.
9   *Görner* in: Rowedder/Schmidt-Leithoff, GmbHG, 6. Aufl. 2017, § 15 Rn. 182.
10 *Seibt* in: Scholz, GmbHG, 12. Aufl. 2018, § 15 Rn. 122; *Görner* in: Rowedder/Schmidt-Leithoff, GmbHG, 6. Aufl. 2017, § 15 Rn. 174; MüKoGmbHG/*Reichert/Weller*, 3. Aufl. 2018, § 15 Rn. 428.
11 *Fastrich* in: Baumbach/Hueck, GmbHG § 15 Rn. 38; MüKoGmbHG/*Reichert/Weller*, 3. Aufl. 2018, § 15 Rn. 428.
12 MüKoGmbHG/*Reichert/Weller*, 3. Aufl. 2018, § 15 Rn. 428.

werden darf.[13] Des Weiteren können konkrete Vorgaben zur Person des Erwerbers gemacht werden. So kann an die Berufs- oder Familienzugehörigkeit, das Alter, die Mitgliedschaft in der GmbH oder an einer anderen Gesellschaft angeknüpft werden.[14] Die Klausel kann auch vorsehen, dass gerade für die Veräußerung an Erwerber, die die bestimmte Eigenschaft oder die Eigenschaften aufweisen, eine Befreiung von einem generellen Veräußerungsverbot erteilt wird. Ebenfalls möglich ist, dem veräußerungswilligen Gesellschafter ein Kündigungs- bzw. Austrittsrecht bei Versagung der Zustimmung zur geplanten Veräußerung zu gewähren. So wird der Gesellschafter nicht gegen seinen Willen in der Gesellschaft gehalten und er wird dann von dem Erfordernis der Darlegung eines wichtigen Kündigungsgrundes befreit (soweit kein ordentliches Kündigungsrecht vereinbart wurde). Nachteil einer solchen Vereinbarung ist häufig für den veräußerungswilligen Gesellschafter, dass die konkret vorgesehene Abfindung teils deutlich unter dem erzielbaren Marktwert liegt.[15] Solche vertraglichen Abfindungsklauseln sind nach den Grundsätzen der Rechtsprechung nur dann unwirksam, wenn bereits bei Abschluss der Vereinbarung ein „grobes Missverhältnis" zwischen Übernahmepreis und Verkehrswert bestand.[16] Ergibt sich das „grobe Missverhältnis" erst nach einiger Zeit, so kann der veräußerungswillige Gesellschafter die Zahlung eines gemäß §§ 157, 242 BGB angepassten Preises verlangen.

Vinkulierungsklauseln können auch in nebenvertraglichen Vereinbarungen enthalten sein,[17] etwa kann in ihnen die Übertragung von Anteilen von der Zustimmung eines Dritten abhängig gemacht werden oder können durch sie satzungsmäßige Vinkulierungsklauseln modifiziert werden. So kann vereinbart werden, dass die Gesellschaft von der ihr nach der Satzung zustehenden Zustimmungsbefugnis ohne vorherige Zustimmung des Dritten keinen Gebrauch macht.[18] Durch solchen Nebenvereinbarungen können – wie auch bei satzungsmäßigen Vinkulierungsklauseln – beispielsweise (Gründungs-)Gesellschafter, Gebietskörperschaften oder Investoren Einfluss auf die Entwicklung der GmbH und deren Beteiligungsverhältnisse nehmen. **9**

2. Wirkung von Vinkulierungsklauseln und Nebenvereinbarungen

Eine in die Satzung aufgenommene Vinkulierungsklausel wirkt dinglich und hat damit – bei rechtswirksam verweigerter Zustimmung – die dringliche Unwirksamkeit der Übertragung der Anteile gem. §§ 399, 413 BGB zur Folge.[19] Bis zu der Erteilung oder Verweigerung der Genehmigung ist der Abtretungsvertrag schwebend unwirksam. Wird die Erteilung einer Genehmigung einmal verweigert, so kann eine nachträglich erteilte Genehmigung nicht mehr die Wirksamkeit der Abtretung herbeiführen. Es bedarf vielmehr einer Neuvornahme des Geschäftes. Wird die Zustimmung dagegen entgegen der Vinkulierungsklausel und damit entgegen bestehender Treuepflichten rechtswidrig nicht erteilt, wird der Abtretungsvertrag nicht unwirksam, sondern bleibt grundsätzlich in der Schwebe.[20] Es bedarf einer erneuten, fehlerfreien Entscheidung über die Erteilung der Zustimmung. **10**

Die Vereinbarung eines Veräußerungsverbotes oder einer Veräußerungsbeschränkung in einer Nebenvereinbarung wirkt dagegen nur schuldrechtlich und steht der Wirksamkeit der **11**

---

[13] *Görner* in: Rowedder/Schmidt-Leithoff, GmbHG, 6. Aufl. 2017, § 15 Rn. 191.
[14] *Seibt* in: Scholz, GmbHG, 12. Aufl. 2018, § 15 Rn. 116.
[15] *Otto* GmbHR 1996, 16, 17.
[16] BGH, Urt. v. 13.6.1994 – II ZR 38/93, NJW 1994, 2536.
[17] *Loritz* NZG 2007, 361, 366; MüKoAktG/*Bayer*, 5. Aufl. 2019, § 68 Rn. 41; MüKoGmbHG/*Reichert*/*Weller*, § 15 Rn. 385.
[18] *Seibt* in: Scholz, GmbHG, 12. Aufl. 2018, § 15 Rn. 122.
[19] *Verse* in: Henssler/Strohn, Gesellschaftsrecht, 4. Aufl. 2019, GmbHG § 15 Rn. 99; *Altmeppen* in: Roth/Altmeppen, GmbHG, 9. Aufl. 2019, § 15 Rn. 97.
[20] MHLS/*Ebbing*, 3. Aufl. 2017, GmbHG § 15 Rn. 156; MüKoGmbHG/*Reichert*/*Weller*, 3. Aufl. 2018, § 15 Rn. 406; *Verse* in: Henssler/Strohn, Gesellschaftsrecht, 4. Aufl. 2019, GmbHG § 15 Rn. 99; zu Aspekten der Treuepflicht bei Erteilung der Genehmigung BGH, Urt. v. 29.9.1989 – V ZR 1/88, DNotZ 1990, 728, 730.

Übertragung der Anteile grundsätzlich nicht entgegen. Ein Verstoß gegen eine solche schuldrechtliche Verfügungsbeschränkung kann jedoch einen Anspruch auf Schadenersatz begründen. Oftmals wird aber über eine Nebenvereinbarung bezweckt, auch wenn diese grundsätzlich nur schuldrechtlich wirkt, eine dingliche Vinkulierungswirkung und damit eine Unwirksamkeit der abredewidrigen Verfügung zu erreichen. Um eine gewisse dingliche Vinkulierungswirkung einer Nebenvereinbarung herbeizuführen, kann die Konstruktion einer bedingten Anteilsübertragung genutzt werden. Hierbei wird die Übertragung von Anteilen unter die aufschiebende Bedingung gestellt, dass bestimmte Pflichten aus der Nebenvereinbarung erfüllt werden (z. B. die Verpflichtung, vor einer Übertragung von Anteilen die Zustimmung der Gesellschaft einzuholen).

12 Durch die Wirkung des § 161 Abs. 1 BGB, wonach eine Verfügung in der Schwebezeit bei Eintritt der Bedingung unwirksam ist, wird die Übertragung von Anteilen entgegen den schuldrechtlichen Abreden durch eine dinglich wirkende Veräußerungssperre weitgehend verhindert, wobei die Grundsätze des gutgläubigen Erwerbs zu beachten sind. Eine gestalterische Herausforderung bedeutet die Vorschrift des § 16 Abs. 3 GmbHG, wonach ein gutgläubiger Erwerb von Geschäftsanteilen oder Rechten daran vom Nichtberechtigten möglich sein soll. Ein solcher gutgläubiger Erwerb war bis zur Änderung der Vorschrift durch das MoMiG nicht möglich, da Gutglaubensvorschriften für die Abtretung von Rechten nicht existierten. Nun soll ein solcher gutgläubiger Erwerb vom Nichtberechtigten dann möglich sein, wenn der Veräußerer als Inhaber des Geschäftsanteils in der im Handelsregister aufgenommenen Gesellschafterliste eingetragen ist. Dies gilt wiederum dann nicht, wenn die Liste zum Zeitpunkt des Erwerbs weniger als drei Jahre unrichtig war und die Unrichtigkeit nicht dem Berechtigten zuzurechnen ist. Ein gutgläubiger Erwerb ist auch dann nicht möglich, wenn dem Erwerber die mangelnde Berechtigung bekannt oder infolge grober Fahrlässigkeit nicht bekannt ist oder der Liste ein Widerspruch zugeordnet ist. Dieser gutgläubige Erwerb kann grundsätzlich die Praktikabilität der oben dargestellten Konstruktion der bedingten Übertragung mindern.

13 Abhilfe kann eine Kombination aus Vinkulierungsklausel und Nebenabrede schaffen. Da in der Gesellschafterliste Verfügungsbeschränkungen nicht eintragbar sind, ist der gute Glaube an die freie Übertragbarkeit nach h. M. nicht geschützt, weswegen eine Vinkulierungsklausel gem. § 15 Abs. 5 GmbHG nicht mit der Gesellschafterliste überwunden werden kann.[21] So könnte eine allgemein gehaltene Vinkulierungsklausel, die etwa die Zustimmung der Gesellschaft zur Übertragung von Anteilen erfordert, einen gutgläubigen Erwerb verhindern, zumindest solange eine solche Zustimmung nicht vorliegt, während die nicht publiken Nebenabreden bei bedingter Übertragung von Anteilen weitere Voraussetzungen an die Übertragung knüpfen.

II. Aktiengesellschaft

14 Gemäß § 68 Abs. 2 AktG können auch in der Satzung der Aktiengesellschaft Veräußerungsverbote festgesetzt werden. Aufgrund ihres korporationsrechtlichen Charakters wirken diese absolut, so dass eine ihnen widersprechende Übertragung unwirksam ist. § 68 Abs. 2 AktG macht hierbei strengere, abschließende Vorgaben als § 15 Abs. 5 GmbHG, so dass nur das Erfordernis einer Zustimmung festgesetzt werden kann, ein vollständiger Ausschluss der Übertragbarkeit oder etwaige Vorkaufs- und Erwerbsrechte dagegen nicht vereinbart werden können.[22] Gemäß § 180 Abs. 2 AktG ist eine nachträgliche Vereinbarung einer

---

[21] Vgl. BGH, Beschl. v. 20.9.2011 – II ZB 17/10, NZG 2011, 1268, 1270; MüKoGmbHG/*Heidinger*, 3. Aufl. 2016, § 16 Rn. 320; *Hamann* NZG 2007, 492, 494; *Fastrich* in: Baumbach/Hueck, GmbHG § 16 Rn. 26; *Wilhemi* in: BeckOK GmbHG, 38. Edition, Stand: 1.2.2019, § 16 Rn. 79; *Altmeppen* in: Roth/Altmeppen, GmbHG, 9. Aufl. 2019, § 16 Rn. 75 f.; MHLS/*Ebbing*, 3. Aufl. 2017, GmbHG § 16 Rn. 248; kritisch und mit abweichender Forderung für die Praxis *Klöckner* NZG 2008, 841, 845.

[22] MüKoAktG/*Bayer*, 5. Aufl. 2019, § 68 Rn. 39; *Lange* in: Henssler/Strohn, Gesellschaftsrecht, 4. Aufl. 2019, AktG § 68 Rn. 6.

solchen Vinkulierungsklausel möglich, der aber sämtliche durch die Regelung betroffenen Aktionäre zustimmen müssen.

Auch in der Aktiengesellschaft sind schuldrechtlich wirkende Verfügungsbeschränkungen 15 durch Nebenvereinbarungen zulässig.[23] Die Aktionäre können untereinander Vorkaufs- und Ankaufsrechte vereinbaren oder bestimmen, dass die Aktien in eine GbR einzubringen sind.[24] Auch hier besteht der Nachteil gegenüber echten korporativen Vinkulierungsklauseln in der Satzung darin, dass ein Zuwiderhandeln gegen eine Nebenvereinbarung lediglich eine Schadenersatzpflicht zur Folge hat (§ 137 S. 2 BGB), die wirksame Übertragung der Aktien aber nicht hindert (§ 137 S. 1 BGB).[25] Steht ein Zuwiderhandeln gegen die schuldrechtliche Nebenvereinbarung unmittelbar bevor, kann zwar grundsätzlich ein Unterlassungsanspruch bestehen, dieser wird in der Praxis aber nur selten rechtzeitig geltend gemacht werden können.[26]

Auch bei der Aktiengesellschaft kann eine Nebenvereinbarung unmittelbar mit der 16 Gesellschaft als Vertragspartnerin abgeschlossen werden.[27] In einer solchen Vereinbarung kann sich der Aktionär beispielsweise dazu verpflichten, nur in bestimmter Weise über seine Aktien zu verfügen (etwa nur an Familienangehörige zu übertragen) oder bestimmte Verfügungen zu unterlassen. Damit können auf der Ebene von Nebenvereinbarungen gerade die Pflichten begründet werden, die nicht durch eine satzungsrechtliche Festsetzung möglich sind.

Als Möglichkeit zur Sicherung der schuldrechtlichen Nebenabreden besteht die Mög- 17 lichkeit der treuhänderischen Verwaltung der Aktien durch einen Dritten, gegebenenfalls nach Einbringung in einen Pool.[28]

§ 81 Mitveräußerungsrechte und -pflichten[29]

Besonders bei **exit**orientierten Geschäftsmodellen wie Venture-Capital-Finanzierungen[30] 18 finden sich in der Satzung oder in Gesellschaftervereinbarungen häufig[31] sog. Mitveräußerungsrechte und Mitveräußerungspflichten.[32] Aber auch sonst kommen solche Vereinbarungen regelmäßig vor, wenn sich ein starker Gesellschafter offen halten möchte, alle Anteile oder eine bestimmte Anzahl von Anteilen zu veräußern, um bessere Verkaufs- und Erlöschancen zu haben, oder wenn sich Minderheitsgesellschafter das Recht ausbedungen haben, mitveräußern zu dürfen, wenn beispielsweise der Mehrheitsgesellschafter seine Mehrheitsanteile oder wenn mehrere Gesellschafter insgesamt ihre Mehrheitsanteile veräußern, um nicht in einer Gesellschaft, bei der sich die Verhältnisse geändert haben, sitzen zu bleiben. Das sind die in der Kautelarpraxis häufigsten Motive für dieses sog. **drag along** (Mitnahmerechtrecht; Mitveräußerungspflicht) oder **tag along** (Mitveräußerungsrecht; Mitnahmepflicht). Ihnen ist gemein, dass sie die Umlauffähigkeit von Geschäftsanteilen nicht einschränken, sondern diese bei Vorliegen bestimmter Umstände erhöhen.[33]

Mitverkaufsrechte geben insbesondere Minderheitsgesellschaftern das Recht, an der 19 Beteiligungsveräußerung eines anderen Gesellschafters (regelmäßig des Mehrheits- oder

---

[23] Barthelmeß/Braun AG 2000, 172, 173; MüKoAktG/Bayer, 5. Aufl. 2019, § 68 Rn. 41; Cahn in: Spindler/Stilz, AktG, 4. Aufl. 2019, § 68 Rn. 39.
[24] MüKoAktG/Bayer, 5. Aufl. 2019, § 68 Rn. 41.
[25] MüKoAktG/Bayer, 5. Aufl. 2019, § 68 Rn. 41; Cahn in: Spindler/Stilz, AktG, 4. Aufl. 2019, § 68 Rn. 39.
[26] MüKoAktG/Bayer, 5. Aufl. 2019, § 68 Rn. 42.
[27] Siehe aber zu den Grenzen einer solchen Nebenabrede gemäß § 138 Abs. 1 BGB oben unter [o].
[28] MüKoAktG/Bayer, 5. Aufl. 2019, § 68 Rn. 42.
[29] Otto GmbHR 1996, 16 ff.
[30] Fleischer/Schneider DB 2012, 961, 962 nennen darüber hinaus Joint Ventures.
[31] Trölitzsch in: BeckOK GmbHG, 44. Ed., Stand: 1.5.2020, § 53 Anh. Gesellschaftervereinbarung, Rn. 4; Schmiegelt/Schmidt in: Beck'sches Handbuch der GmbH, 5. Aufl. 2014, § 3 Rn. 163.
[32] Rombach in: Lorz/Pfisterer/Gerber, Beck'sches Formularbuch GmbH-Recht, 1. Aufl. 2010, C II 5. Rn. 1.
[33] Seibt in: Römermann, Münchener Anwaltshandbuch GmbH-Recht, 4. Aufl. 2018, § 2 Rn. 309.

Großgesellschafters) zu in der Regel denselben Bedingungen teilzunehmen.[34] Es handelt sich um ein Recht auf simultanes Ausscheiden, einen „Mitausstieg" **(tag along)**.[35] In einer Abstufung des **Tag-along**-Rechts kann der berechtigte Gesellschafter (zumeist Minderheitsgesellschafter und Venture-Capital-Investor[36], ggf. auch Manager[37]) seine Zustimmung zur Veräußerung der Gesellschaftsanteile durch einen Mitgesellschafter (zumeist den Mehrheitsgesellschafter), die er ansonsten erteilen müsste, davon abhängig machen, dass der die Gesellschaftsanteile des veräußerungswilligen (und zur Mitveräußerung weiterer Anteile verpflichteten) Gesellschafters erwerbende Dritte (bzw. andere Mitgesellschafter) auch die Gesellschaftsanteile des **Tag-along**-Berechtigten zu den verhältnismäßig gleichen Konditionen erwirbt, zu denen er die Anteile des veräußerungswilligen Gesellschafters erwirbt.[38] Häufig sind auch echte Verpflichtungen des veräußerungswilligen Gesellschafters, der zur Anteilsveräußerung grundsätzlich berechtigt ist, dass die Mitgesellschafter ihre Anteile zu den anteilig gleichen Konditionen mitveräußern können, anzutreffen. Oder die Anteilsveräußerung ist überhaupt erst dann zulässig, wenn auch die berechtigten Gesellschafter mitveräußern können.

20 Ein **Mitnahmerecht**, auch als „**Drag-along**-Recht" bezeichnet, stellt die zum „**Tag along**" spiegelbildliche Regelung dar: Ein solches Recht berechtigt einen veräußerungswilligen Gesellschafter, von dem oder den verbleibenden Mitgesellschafter(n) die Mitübertragung ihrer an der Gesellschaft gehaltenen Anteile in dem Fall zu verlangen, dass ein Dritter alle (oder bestimmte) Anteile an der Gesellschaft übernehmen will.[39] Dieses Mitnahmerecht gibt also dem Mehrheitsgesellschafter die Möglichkeit, die Minderheitsgesellschafter zur Mitveräußerung zu zwingen und einem Erwerbsinteressenten 100 % der Geschäftsanteile oder bestimmte (qualifizierte) Mehrheitsbeteiligungen zu verkaufen.[40] Die Einräumung einer **Drag-along**-Option[41] stellt wirtschaftlich[42] den zeitlich gestreckten Verkauf von Anteilen dar, wobei sowohl der Eintritt des Verkaufsfalles als auch dessen Bedingungen ungewiss sind.[43] Es handelt sich um Regelungen, bei denen verbleibenden Gesellschaftern zugunsten des Erwerbers einer bestimmten Beteiligung innerhalb bestimmter Bedingungen die Pflicht auferlegt wird, auf dessen Verlangen diesem weitere Anteile zu übertragen. Die Bedingungen, unter denen dieses Übertragungsrecht steht (die sog. „Optionsbedingungen"), und die Bedingungen, zu denen die weitere Übertragung erfolgt, also insbesondere die Kaufpreismodalitäten, sollten die Parteien vorab festlegen.

I. Mitverkaufsrechte („Tag-along"-Rechte)

21 Das **Tag along** ist häufig die einzige realistische Exit-Möglichkeit für den Minderheitsgesellschafter, da die Minderheitsanteile separat oft kaum verkäuflich sind und ein Verkauf zudem den Beschränkungen durch Vinkulierung und Vorerwerbsrechten des Mehrheits-

---

[34] *Seibt* in: MAH GmbHR, 3. Aufl. 2014, § 2 Rn. 310; *Schulte/Hushahn* in: MHdB GesR I, 5. Aufl. 2019, § 73 Rn. 14; *Sickinger* in: Schüppen/Schaub, MAH Aktienrecht, 3. Aufl. 2018, § 11 Rn. 19.
[35] *Martinius/Stubbert* BB 2006, 1977, 1978.
[36] *Martinius/Stubbert* BB 2006, 1977, 1978.
[37] *von Schorlemer* in: BeckFormB GmbHR, 1. Aufl. 2010, C III 3 Rn. 30.
[38] *Schulte/Hushahn* in: MHdB GesR II, 5. Aufl. 2019, § 35 Rn. 14.
[39] *Sickinger* in: Schüppen/Schaub, MAH Aktienrecht, 3. Aufl. 2018, § 11 Rn. 21; *Schmiegelt/Schmidt* in: BeckHdB GmbH, 5. Aufl. 2014, § 3 Rn. 163 *Schulte/Hushahn* in: MHdB GesR II, 5. Aufl. 2019, § 35 Rn. 14.
[40] *Rombach* in: BeckFormB GmbHR, 1. Aufl. 2010, C II 5. Rn. 1.
[41] Ausführungen zur technischen Umsetzung und zur Kombination von Tag-along-Rechten mit Put-Optionen sowie Drag-along-Rechten mit Call-Optionen sowie mit Vorerwerbsrechten bei *Fleischer/Schneider* DB 2012, 961, 963 f.
[42] Eine rechtsökonomische Untersuchung von „Tag"-bzw. „Drag-Along"-Rechten findet sich bei *Fleischer/Schneider* DB 2012, 961, 962 f.
[43] *Dörrscheidt*, Grenzen der Gestaltungsfreiheit bei omnilateralen außerstatutarischen Gesellschafterabreden, 2009, S. 219; *Wirbel* in: MHdB GesR I, 5. Aufl. 2019, § 28 Rn. 57.

gesellschafters unterliegt.⁴⁴ Überdies verhindern sie, dass die Anteile des Venture-Capital-Gebers, der oftmals der Minderheitsgesellschafter ist, durch eine Veräußerung des Mehrheitsgesellschafters (der oftmals der Altgesellschafter oder Gründer ist) an Wert verlieren, wenn letzterer als Know-how-Träger nach seinem Ausstieg nicht mehr zur Verfügung steht.⁴⁵

Das Mitveräußerungsrecht regelt für sich genommen nur Pflichten des Mehrheitsgesellschafters und ist daher durch eine Vinkulierungsklausel abzusichern:⁴⁶ Im Zusammenwirken mit einer die Veräußerung von Geschäftsanteilen an die Zustimmung aller Gesellschafter bindenden Vinkulierungsklausel gemäß § 15 Abs. 5 GmbHG können Minderheitsgesellschafter eine das Mitveräußerungsrecht ignorierende Geschäftsanteilsveräußerung durch den Mehrheitsgesellschafter verhindern.⁴⁷ Ansonsten wären sie auf Schadenersatzansprüche verwiesen, wenn sie in der Gesellschaft zurückgelassen werden, weil der veräußernde Gesellschafter seine Pflicht, dass die anderen Gesellschafter, wenn sie dies wünschen, ihre Anteile zu anteilig gleichen Konditionen ebenfalls veräußern könnten, verletzt hätte. In der Praxis muss daher der durch das **Tag along** anderer gebundene Gesellschafter im Falle seiner Veräußerungsabsicht zusehen, dass der Erwerber auch bereit ist, die Anteile der berechtigten Gesellschafter zu übernehmen oder er holt vorab von den berechtigten Gesellschaftern deren Verzicht auf die Mitveräußerung ein. Ist der Käufer nicht bereit, mehr Anteile als die Anteile des gebundenen Gesellschafter zu übernehmen, führt das **Tag along,** wenn das Recht ausgeübt wird, dazu, dass der Mehrheitsgesellschafter weniger Anteile verkaufen kann, weil die anderen Gesellschafter auf jeden Fall verkaufen dürfen.⁴⁸

II. Mitverkaufspflichten („Drag-along"-Rechte)

Drag along-Klauseln dienen dazu, einem Gesellschafter – zumeist dem Investor in Venture-Capital-Situationen – den Verkauf seiner Anteile zu erleichtern.⁴⁹ Die Klauseln sind daher immer dann anzutreffen, wenn ein Gesellschafter nicht über Dividenden entlohnt werden soll, sondern die Refinanzierung der Einlage und die Gewinnerzielung auf der erwarteten Wertsteigerung bei Abgabe der Beteiligung nach einigen Jahren beruhen sollen.⁵⁰ In der Regel werden immer Mehrheitsanteile verkauft, oftmals auch nur qualifizierte Mehrheitsbeteiligungen von 75 % der Anteile plus einer Stimme. Das drag along bezieht sich daher in aller Regel zumindest auf solche marktgängigen Mehrheitsbeteiligungen. Oft sollen in einer Exitkonstellation auch 100 % der Anteile veräußert werden. Nur über die Mitverkaufspflichten gewinnen Finanzinvestoren neben dem Börsengang, der auch nebenvertraglich vereinbart werden kann, eine zweite Ausstiegsoption.⁵¹ Vorteil der Veräußerung qualifizierter Mehrheitspakete oder aller Anteile ist stets, dass sich ein höherer Preis erzielen lässt als bei Verkauf von Minderheitsbeteiligungen oder einfacher Mehrheitsbeteiligungen,⁵² sofern diese überhaupt marktgängig sind. Denn ein potentieller Erwerber wird meist sämtliche Geschäftsanteile erwerben wollen, um die vollständige Kontrolle über das Unternehmen zu erhalten und Komplikationen, die mit Minderheitsbeteiligungen verbunden sein können, zu vermeiden.⁵³ Nach den Regelungen der Mitveräußerungspflicht wird in

---

⁴⁴ *Wirbel* in: MHdB GesR I, 5. Aufl. 2019, § 28 Rn. 56.
⁴⁵ *Otto* GmbHR 1996, 16, 21; *Dörrscheidt,* Grenzen der Gestaltungsfreiheit bei omnilateralen außerstatutarischen Gesellschafterabreden, 2009, S. 222 f.
⁴⁶ *Rombach* in: BeckFormB GmbHR, 1. Aufl. 2010, C II 5. Rn. 2.
⁴⁷ *Rombach* in: BeckFormB GmbHR, 1. Aufl. 2010, C II 5. Rn. 2.
⁴⁸ *Martinius/Stubert* BB 2006, 1977, 1978
⁴⁹ *Martinius/Stubert* BB 2006, 1977, 1978.
⁵⁰ *Martinius/Stubert* BB 2006, 1977, 1978 m. w. N.
⁵¹ *Weitnauer* in: Weitnauer, Handbuch Venture Capital, 6. Aufl. 2019, Teil F Rn. 199; *Rombach* in: BeckFormB GmbHR, 1. Aufl. 2010, C II 5. Rn. 1.
⁵² *Stricker,* Optimierung von Exitklauseln in Venture Capital Verträgen, 2011, S. 69; *Schockenhoff* NZG 2018, 201, 208.
⁵³ *von Schorlemer* in: BeckFormB GmbHR, 1. Aufl. 2010, C III 3 Rn. 32.

der Praxis dem Investor die Entscheidungsbefugnis über Zeitpunkt, Art und Weise seines Ausstiegs und damit des Ausstiegs auch der anderen Gesellschafter, seiner Konditionen sowie der Person des potentiellen Erwerbers gewährt.[54] Daher ist die Vereinbarung von Drag along-Regelungen allen Gesellschaftern zu empfehlen, die entweder über realistische Verkaufsmöglichkeiten verfügen[55] oder zu Zwecken der Refinanzierung der Einlage und der Realisierung von Gewinnen über die Wertsteigerung der Anteile ihre Beteiligung verkaufen müssen und die bereit sind, sich – zu welchem Zeitpunkt auch immer – von ihrer Beteiligung zu trennen.[56]

24 Dass eine Beteiligung sich nicht so entwickelt wie angenommen, ist nie auszuschließen, was bis zur Unverkäuflichkeit der Beteiligung gehen kann. Für solche Fälle, in denen es zu einem Notverkauf „unter Wert" kommt, d. h. der Investor nicht einmal seine Einlage, jedenfalls aber ohne Verzinsung erhält, sollten sogenannte Erlösvorzüge (sog. liquidation preferences) vereinbart werden,[57] wonach der aus dem Gesamtverkauf oder der Liquidation der Gesellschaft erzielte Erlös nicht beteiligungsanteilig zwischen den Gesellschaftern verteilt wird, sondern der einzelne Gesellschafter, zumeist die Investoren, so bevorzugt werden, dass sie zumindest ihre Einlage (oftmals neben einer Mindestverzinsung pro Jahr der Beteiligung) ausbezahlt erhalten und die anderen Gesellschafter weniger als ihrer Beteiligung entspräche oder gar nichts erhalten. Solche Erlösvorzüge, die auch für den Verkaufsfall vereinbart werden sollten, schützen den Investor vor Ausfällen, wenn der Verkaufspreis oder der Liquidationsüberschuss unter den Einlagen und damit den Investitionen der Gesellschafter liegt.[58]

25 Gesellschaftsverträge enthalten zumeist Vorkaufsrechte zugunsten der nicht veräußerungswilligen Gesellschafter. Diese Vorkaufsrechte griffen auch im Falle der Mitveräußerungspflicht, so dass andere Gesellschafter, die nicht veräußerungswillig sind, das Vorkaufsrecht ausüben könnten. Für diese Gesellschafter wäre dies interessant, wenn die Beteiligung unter Wert veräußert werden sollte. Denn grundsätzlich bestimmt im Falle eines drag along der berechtigte Gesellschafter, ob, wann und zu welchen Konditionen die Veräußerung erfolgt. Weil in Mitveräußerungspflichtsklauseln das Vorkaufsrecht in aller Regel ausgeschlossen wird, könnte, um das beschriebene Risiko einer Veräußerung unter Wert auszuschließen, der Ausschluss des Vorkaufsrechts an einen bestimmten Mindestkaufpreis (oder an andere Bedingungen) gekoppelt werden.[59] Eine typische Beschränkung der Mitverkaufsverpflichtung liegt auch in der Vereinbarung einer Mindesthaltedauer,[60] nach deren Ablauf erst der Investor das Recht haben soll, unter Mitnahme der anderen Beteiligungen das Unternehmen veräußern zu dürfen.

III. Regelungsstandort und Zulässigkeitsschranken

26 Mitveräußerungsrechte und -pflichten werden in der Praxis in aller Regel nicht in der Satzung der Gesellschaft vereinbart, weil diese dadurch registerpublik würden und es klar auf der Hand läge, welcher Gesellschafter der „starke" ist. Das ist deswegen misslich, weil der aus Mitveräußerungspflichten anderer Berechtigte oftmals nicht der Mehrheitsgesellschafter ist, sondern der Geldgeber. Die Machtverhältnisse in der Gesellschaft träten so offen zu Tage. Für die Aktiengesellschaft regeln §§ 54, 55 AktG die körperschaftlichen Pflichten des Aktionärs abschließend, Sonderrechte sind nur im gesetzlich vorgesehenen Umfang zulässig.[61] Damit sind **Tag-along-** und **Drag-along-**Klauseln in der Satzung von Aktien-

---

[54] von Schorlemer in: BeckFormB GmbHR, 1. Aufl. 2010, C III 3 Rn. 32.
[55] Fleischer/Schneider DB 2012, 961, 964.
[56] Schulte/Hushahn in: MHdB GesR II, 5. Aufl. 2019, § 35 Rn. 14.
[57] Fleischer/Schneider DB 2012, 961, 964.
[58] Fleischer/Schneider DB 2012, 961, 964.
[59] Weitnauer in: Weitnauer, Handbuch Venture Capital, 6. Aufl. 2019, Teil F Rn. 202; Rombach in: BeckFormB GmbHR, 1. Aufl. 2010, C II 5. Rn. 3.
[60] Weitnauer in: Weitnauer, Handbuch Venture Capital, 6. Aufl. 2019, Teil F Rn. 200; Rombach in: BeckFormB GmbHR, 1. Aufl. 2010, C II 5. Rn. 3.
[61] Fleischer/Schneider DB 2010, 961, 964 f.

gesellschaften nichtig,⁶² so dass die Nebenvereinbarung für Mitveräußerungsrechte und -pflichten bei Aktiengesellschaften der Standort der Wahl ist.

Die Wirksamkeit von Nebenabreden und ihre Grenzen sind unabhängig von der Rechts- **27** form nicht unbestritten, wenngleich die uneingeschränkte Wirksamkeit mehrheitlich bejaht wird.⁶³ Andere beschränken die Zulässigkeit auf Fälle, in denen die Konditionen der Veräußerung „**at arm's length**" sind, also einem Drittvergleich standhalten,⁶⁴ anderenfalls die Klausel nichtig sei.⁶⁵ Die von dieser Auffassung thematisierte Gefahr – Verkauf zu nachteiligen Bedingungen für die nicht berechtigten Gesellschafter – ist nicht von der Hand zu weisen; ein entsprechendes Schutzbedürfnis besteht durchaus in der Rechtspraxis. Die Nichtigkeit ist aber jedenfalls dann kein probates Mittel zum Schutze dieser Gesellschafter, wenn der zur Mitveräußerung verpflichtete Gesellschafter durch ein Vorerwerbsrecht abgesichert ist (was aber zumeist ausgeschlossen wird, weswegen dieser Ausschluss in der Kautelarpraxis nur für Fälle gelten sollte, in denen die Veräußerung dem Drittvergleich standhält) und über eine entsprechende Finanzkraft⁶⁶ verfügt. In diesem Fall besteht keine Gefahr des Rechtsmissbrauchs durch den Investor.⁶⁷ § 242 BGB und eine nachträgliche Schadenersatzpflicht sorgen nicht für ausreichenden Schutz, da sich Kenntniserlangung vom Rechtsmissbrauch durch Strohmanngeschäfte und Zwischengesellschaften auf einfachem Weg verhindern lässt.⁶⁸

Bei **Drag-along**-Klauseln stellt sich die Frage, ob bzw. unter welchen Umständen sie zu **28** behandeln sind wie sog. Hinauskündigungsklauseln,⁶⁹ welche zum grundlosen einseitigen Ausschluss von Gesellschaftern berechtigen und prinzipiell unzulässig⁷⁰ sind.⁷¹ Solche Regelungen können aber unter besonderen Umständen zulässig sein, namentlich bei sachlicher Rechtfertigung.⁷² Die ganz herrschende Meinung wertet **Drag-along**-Bestimmungen jedenfalls nicht als **unzulässige** Hinauskündigungsklauseln.⁷³ Entscheidend ist bei Wagniskapitalverträgen, dass der Ausstieg eines Gesellschafters zu einem bestimmten Zeitpunkt zu dessen Geschäftsmodell gehört und sich der Unternehmensgründer bewusst hierauf einlässt.⁷⁴ Die

---

⁶² *Fleischer/Schneider* DB 2010, 961, 964 f. m. w. N.
⁶³ *Dörrscheidt*, Grenzen der Gestaltungsfreiheit bei omnilateralen außerstatutarischen Gesellschafterabreden, 2009, S. 222 m. w. N.; *Fleischer/Schneider* DB 2012, 961, 965, 967 gehen von der Zulässigkeit aus, da § 242 BGB und zivilrechtliche Schadensersatzansprüche ausreichenden Schutz gewährleisten.
⁶⁴ So *Dörrscheidt*, Grenzen der Gestaltungsfreiheit bei omnilateralen außerstatutarischen Gesellschafterabreden, 2009, S. 221 ausdrücklich für Drag-Along-Klauseln. Ihre Ansicht ist indes auf Tag-along-Klauseln übertragbar, da hier die Gefahr besteht, dass sich Mehrheitsgesellschafter und Dritterwerber offiziell auf einen niedrigeren Verkaufspreis einigen und eine höhere Vergütung – durch zusätzliches Entgelt oder über Kompensationsgeschäfte – ohne Wissen des Minderheitsgesellschafters realisieren lässt, vgl. *Otto* GmbHR 1996, 16, 21.
⁶⁵ *Dörrscheidt*, Grenzen der Gestaltungsfreiheit bei omnilateralen außerstatutarischen Gesellschafterabreden, 2009, S. 220.
⁶⁶ Diesen bedeutsamen Aspekt erwähnen *Fleischer/Schneider* DB 2010, 965, 967.
⁶⁷ Den man im Verkauf unter Verkehrswert an einen „Strohmann" oder ein Unternehmen, an welchem der Investor selbst Anteile hält, sehen könnte; vgl. auch *Otto* GmbHR 1996, 16, 21.
⁶⁸ Die Rechtspraxis insofern wohl verkennend von *Fleischer/Schneider* DB 2010, 961, 967.
⁶⁹ Unabhängig davon, ob sich diese im Gesellschaftsvertrag oder in Nebenabreden finden, *Fleischer/Schneider* DB 2012, 961, 966 m. w. N.
⁷⁰ Vgl. nur BGH, Urt. v. 13.7.1981 – II ZR 56/80, BGHZ 81, 264, 266 ff.] = NJW 1981, 2565; BGH, Urt. v. 19.9.1988 – II ZR 329/87, BGHZ 105, 213, 216 f. = NJW 1989, 834; BGH, Urt. v. 9.7.1990 – II ZR 194/89, BGHZ 112, 103, 107 f. = NJW 1990, 2622; BGH, Urt. v. 8.3.2004 – II ZR 165/02 (OLG Karlsruhe), 2004, 569 = ZIP 2004, 903, 904; BGH, Urt. v. 14.3.2005 – II ZR 153/03 (OLG Frankfurt a. M.), NZG 2005, 479 = ZIP 2005, 706; BGH, Urt. v. 19.9.2005 – II ZR 173/04 (OLG Frankfurt a. M.), NZG 2005, 968 zur Zulässigkeit i. R. v. Manager(beteiligungs)modellen.
⁷¹ *Martinius/Stubert* BB 2006, 1977, 1979 und *Fleischer/Schneider* DB 2012, 961, 965 mit Argumenten der Rechtsprechung.
⁷² *Martinius/Stubert* BB 2006, 1977, 1979.
⁷³ *Weitnauer* in: Weitnauer, Handbuch Venture Capital, 6. Aufl. 2019, Teil F Rn. 201; *Schockenhoff* NZG 2018, 201, 208; *Fleischer/Schneider* DB 2012, 961, 966 mit zahlreichen Einzelnachweisen; *Martinius/Stubert* BB 2006, 1977, 1979 differenzieren nach Einräumung eines zu weiten Ermessens und sachlicher Rechtfertigung hierfür, wobei bereits die erste Voraussetzung verneint wird.
⁷⁴ *Fleischer/Schneider* DB 2012, 961, 966.

Drag along-Bestimmung lässt sich als sachlich gerechtfertigte Schutzvorkehrung des Wagniskapitalgebers auffassen,[75] von Willkür kann schwerlich die Rede sein.[76]

IV. Formulierungsvorschläge

1. Tag-along-Klausel

a) Variante 1:

29
1. (…)
2. Ein Gesellschafter („Veräußerungswilliger Gesellschafter"), der seine gesamte oder einen Teil seiner Beteiligung/eine Beteiligung von mehr als X % des Stammkapitals an der Gesellschaft übertragen will, ohne dass von den nach der Satzung der Gesellschaft bestehenden Vorerwerbsrechten Gebrauch gemacht wird, hat die übrigen Gesellschafter über seine Veräußerungsabsicht sowie über den Verlauf der Veräußerungsverhandlungen zu unterrichten. Ein einzelner oder alle mitveräußerungswilligen Gesellschafter können vom Veräußerungswilligen Gesellschafter verlangen, alles zu unternehmen, damit die mitveräußerungswilligen Gesellschafter ihre Beteiligungen zu den gleichen Konditionen an den Erwerber mit übertragen können.
3. Der Veräußerungswillige Gesellschafter hat den mitveräußerungswilligen Gesellschaftern spätestens x Tage vor Abschluss des entsprechenden Anteilskaufvertrags den Vertragsentwurf zuzuleiten, der sämtliche Regelungen des beabsichtigten Anteilsverkaufs enthalten muss. Jeder der mitveräußerungswilligen Gesellschafter kann durch schriftliche Mitteilung an den Veräußerungswilligen Gesellschafter, die diesem spätestens x Tage nach Zugang des Kaufvertragsentwurfes bei dem entsprechenden mitveräußerungswilligen Gesellschafter zugehen muss, vom Veräußerungswilligen Gesellschafter verlangen, dass die vom mitveräußerungswilligen Gesellschafter gehaltenen Geschäftsanteile zu den gleichen Konditionen an den Erwerber mitveräußert werden.
4. Ist der Erwerber nicht bereit, neben den Anteilen des Veräußerungswilligen Gesellschafters auch die Anteile der mitveräußerungswilligen Gesellschafter zu erwerben, so sind an den Erwerber zunächst sämtliche Anteile der mitveräußerungswilligen Gesellschafter zu verkaufen und zu übertragen, bevor der Veräußerungswillige Gesellschafter eigene Anteile an den Erwerber veräußert und überträgt.
5. (…)

b) Variante 2:

30
Ist der Erwerber nicht bereit, neben den Anteilen des Veräußerungswilligen Gesellschafters auch die Anteile der mitveräußerungswilligen Gesellschafter zu erwerben, kauft und erwirbt der Erwerber die von ihm gewünschte Beteiligung an der Gesellschaft von dem Veräußerungswilligen Gesellschafter und den mitveräußerungswilligen Gesellschaftern im Verhältnis ihrer jeweiligen Beteiligung zueinander.

c) Variante 3:

31
Ist der Erwerber zu einem Erwerb von Anteilen der mitveräußerungswilligen Gesellschafter nicht bereit und veräußert der Veräußerungswillige Gesellschafter gleichwohl eigene Anteile an den Erwerber, hat der Veräußerungswillige Gesellschafter gegenüber den mitveräußerungswilligen Gesellschaftern unverzüglich für deren sämtliche Anteile ein eigenes Kaufangebot zu gleichen Konditionen, wie mit dem Erwerber vereinbart, zu unterbreiten.

---

[75] *Fleischer/Schneider* DB 2012, 961, 966.
[76] *Dörrscheidt*, Grenzen der Gestaltungsfreiheit bei omnilateralen außerstatutarischen Gesellschafterabreden, 2009, S. 220.

2. Drag-along-Klausel

a) Variante 1:

Veräußert der Gesellschafter A sämtliche seiner Anteile an der Gesellschaft an einen Erwerber, so haben die übrigen Gesellschafter auf Verlangen des Gesellschafters A ihre gesamten Anteile an der Gesellschaft ebenfalls an den Erwerber zu den gleichen Konditionen zu veräußern. [Ein Gesellschafter kann die Veräußerung seiner Geschäftsanteile an den Erwerber verweigern, sofern der Gegenleistung nicht eine Bewertung aller Geschäftsanteile an der Gesellschaft von mindestens x EUR zugrunde liegt.]

32

b) Variante 2:

Beschließt die Gesellschafterversammlung mit mindestens 80 % der abgegebenen Stimmen, dass sämtliche Anteile an der Gesellschaft an einen Erwerber zu bestimmten Konditionen veräußert werden, und erfolgt die Veräußerung zu den gleichen Konditionen, sind alle Gesellschafter dazu verpflichtet, ihre Geschäftsanteile an den Erwerber zu den vorgegebenen Konditionen zu veräußern. [Ein Gesellschafter kann die Veräußerung seiner Geschäftsanteile an den Erwerber verweigern, sofern der Gegenleistung nicht eine Bewertung aller Geschäftsanteile an der Gesellschaft von mindestens x EUR zugrunde liegt.]

33

Kapitel 24. Bestellung und Abberufung von Mitgliedern des Leitungs- oder Aufsichtsorgans

1 In der Praxis kommen Abreden über Bestellung und Abberufung von Mitgliedern der Geschäftsführung oder des Aufsichtsorgans häufig vor, weil diese den Gesellschaften maßgeblichen Einfluss auf die Geschicke der Gesellschaft bieten. Besetzungsabreden kommen in vielfältigen Konstellationen vor, nicht nur ad hoc, sondern oftmals im Rahmen umfangreicherer Absprachen.

§ 82 Bestellung eines Geschäftsführers oder eines Vorstandsmitglieds

2 In der GmbH gehört gemäß § 46 Nr. 5 Fall 1 GmbHG die Bestellung von Geschäftsführern zum Aufgabenkreis der Gesellschafter. Es bestehen keine Bedenken dagegen, dass sich ein oder mehrere Gesellschafter untereinander oder gegenüber einem außenstehenden Dritten dazu verpflichten können, eine bestimmte Person zum Geschäftsführer zu bestellen oder ihn nur aus wichtigem Grund abzuberufen.[1] Durch derartige Nebenabreden können sich bestimmte Gesellschafter einen maßgeblichen Einfluss auf die Personal- und Geschäftspolitik der Gesellschaft sichern.

3 In der Aktiengesellschaft bestellt gemäß § 84 AktG der Aufsichtsrat die Vorstandsmitglieder. Schuldrechtliche Vereinbarungen, die die Entscheidungsfreiheit des Aufsichtsrats beeinträchtigen können, sind unzulässig und gemäß § 134 BGB nichtig.[2] Weder der Aufsichtsrat noch ein einzelnes Aufsichtsratsmitglied kann sich wirksam gegenüber der Gesellschaft, einem oder mehreren Aktionären oder einem Dritten verpflichten, bestimmte Personen zu Mitgliedern des Vorstands zu bestellen.[3] Selbst ein schuldrechtlich eingeräumtes unverbindliches Vorschlagsrecht zugunsten eines Aktionärs oder außenstehenden Dritten ist unzulässig.[4] Denn bereits die Einräumung eines Vorschlagsrechts, selbst wenn es unverbindlich ist, ist dazu geeignet, einen gewissen Druck auf den Aufsichtsrat auszuüben und den Aufsichtsrat dadurch in seiner Entschließungsfreiheit zu beeinträchtigen.[5] Zulässig sind hingegen wegen der bloß faktischen Einflussnahme Absprachen der Aktionäre untereinander oder zwischen einzelnen Aktionären und außenstehenden Dritten, etwa potentiellen Bewerbern um ein Vorstandsamt, für die Bestellung einer bestimmten Person zum Vorstandsmitglied zu sorgen.[6]

§ 83 Abberufung eines Geschäftsführers oder eines Vorstandsmitglieds

I. Abberufung eines Geschäftsführers einer GmbH

4 Regelungen über die Abberufung eines Geschäftsführers sind häufig Gegenstand schuldrechtlicher Nebenvereinbarungen. Die Bestellung zum Geschäftsführer ist gemäß § 38 Abs. 1 GmbHG prinzipiell frei widerruflich. Gemäß § 38 Abs. 2 GmbHG kann die Zulässigkeit des Widerrufs eines Geschäftsführers auf den Fall, dass wichtige Gründe vorliegen,

---

[1] Vgl. BGH, Urt. v. 7.2.1983 – II ZR 25/82, BeckRS 1983, 00494, Rn. 8; OLG Köln, Urt. v. 16.3.1988 – 6 U 38/87, GmbHR 1989, 76; *Piehler* DStR 1992, 1654, 1657; *K. Schmidt* in: Scholz, GmbHG § 47 Rn. 41.
[2] *Fleischer* in: Spindler/Stilz, AktG, 4. Aufl. 2019, § 84 Rn. 10; *Koch* in: Hüffer/Koch, AktG, 14. Aufl. 2020, § 84 Rn. 5.
[3] *Weber* in: Hölters, AktG § 84 Rn. 9; *Spindler* in: MüKoAktG, 5. Aufl. 2019, § 84 Rn. 15; *Niewiarra* BB 1998, 1961, 1963.
[4] *Mertens/Cahn* in: Kölner Komm, AktG, 3. Aufl. 2010, § 84 Rn. 9; *Fleischer* in: Spindler/Stilz, AktG, 4. Aufl. 2019, § 84 Rn. 10.
[5] *Mertens/Cahn* in: Kölner Komm, AktG, 3. Aufl. 2010, § 84 Rn. 9.
[6] *Niewiarra* BB 1998, 1961, 1963; *Thüsing* in: Fleischer, Handbuch des Vorstandsrechts, 1. Aufl. 2006, § 4 Rn. 21; *Mertens/Cahn* in: Kölner Komm, AktG, 3. Aufl. 2010, § 84 Rn. 9.

beschränkt werden. Schuldrechtliche Vereinbarungen über die Abberufbarkeit des Geschäftsführers sind im Rahmen des Anstellungsvertrages, der zwischen dem Geschäftsführer und dem zur Bestellung des Geschäftsführers zuständigen Organ (häufig Gesellschafterversammlung oder Aufsichtsrat) geschlossen wurde, sowie im Rahmen von Stimmbindungsverträgen möglich.

1. Vereinbarung über die Voraussetzungen einer Abberufung

Eine schuldrechtliche Vereinbarung zwischen dem Geschäftsführer und dem zuständigen 5 Organ über die Voraussetzungen der Abberufung ist grundsätzlich möglich.[7] Hier ist jedoch zu beachten, dass es sich bei der Beschränkung der Abberufbarkeit um eine körperschaftliche Frage handelt, deren Regelung außerhalb der Satzung nicht wirksam ist. Der Anstellungsvertrag kann damit keine Änderung des Organisationsrechts der Gesellschaft herbeiführen. Eine schuldrechtliche Abrede zwischen der Gesellschaft und einem Fremdgeschäftsführer, dass dieser lediglich bei Vorliegen eines wichtigen Grundes abberufen werden kann, ändert nichts an der Anwendbarkeit des § 38 Abs. 1 GmbHG,[8] die Abrede entfaltet somit keine Rechtswirkung dahingehend, dass die Abberufung als solche unwirksam ist.[9] Aus einem Verstoß gegen eine solche schuldrechtliche Nebenvereinbarung kann sich jedoch ein Schadenersatzanspruch ergeben.[10] Mangels materieller Vermögenseinbuße durch den bloßen Verlust der Organstellung läuft ein Schadenersatzanspruch jedoch zumeist ins Leere.[11] Dieser Schadenersatzanspruch des Geschäftsführers kann zudem nicht auf Unterlassung der Abberufung oder auf erneute Bestellung zum Geschäftsführer gerichtet sein, da die Entscheidung über die (erneute) Bestellung grundsätzlich allein den Gesellschaftern zusteht. Ein solcher Anspruch wäre damit bereits nicht durchsetzbar.[12]

Haben sich jedoch die Gesellschafter als Einzelpersonen gegenüber dem Geschäftsführer 6 verpflichtet, eine Abberufung nur aus besonderen Gründen auszusprechen, und widerrufen die Gesellschafter entgegen der Vereinbarung die Bestellung des Geschäftsführers, hat der abberufene Geschäftsführer einen einklagbaren Anspruch auf Zustimmung zur Wiederbestellung durch Gesellschafterbeschluss.[13] Abreden über die Beendigung der Organstellung im Anstellungsvertrag sind im Zweifel nicht als konkludent geschlossener Stimmbindungsvertrag zwischen den einzelnen Gesellschaftern und dem Geschäftsführer, sondern lediglich als Abreden zwischen der Gesellschaft und dem Geschäftsführer anzusehen.[14] Im Gesellschaftsvertrag kann dagegen wirksam vereinbart werden, dass eine Abberufung nur bei Vorliegen eines wichtigen Grundes erfolgen kann. Stimmt die vertragliche Vereinbarung mit der Satzungsbestimmung überein, stehen beide Schranken nebeneinander.[15] Denkbar ist auch die Festlegung einer bestimmten Beschlussmehrheit oder die Vereinbarung einer Frist, zu deren Ablauf die Abberufung wirksam wird.[16] In diesem Zusammenhang ist auch die Möglichkeit einer Vereinbarung über eine Abweichung von der satzungsrechtlich

---

[7] *Terlau* in: MHLS, 3. Aufl. 2017, GmbHG § 38 Rn. 35.
[8] Vgl. BGH, Urt. v. 4.11.1968 – II ZR 63/67, NJW 1969, 131; OLG Stuttgart, Urt. v. 30.3.1994, 3 U 154/93, NJW-RR 1995, 295, 296; *Baukelmann* in: Rowedder/Schmidt-Leithoff, GmbHG, 6. Aufl. 2017, § 38 Rn. 4; *Heilmeier* in: BeckOK GmbHG, 38. Edition, Stand: 1.2.2019, § 38 Rn. 37.
[9] *Oetker* in: Henssler/Strohn, Gesellschaftsrecht, 4. Aufl. 2019, GmbHG, § 38 Rn. 18; *Zöllner/Noack* in: Baumbach/Hueck, GmbHG § 38 Rn. 21; *Stephan/Tieves* in: MüKoGmbHG, 3. Aufl. 2019, § 38 Rn. 21; *Fischer* BB 2013, 2819.
[10] Vgl. BAG, Urt. v. 8.8.2002 – 8 AZR 574/01, BeckRS 2002, 30276903, Rn. 50; *Heilmeier* in: BeckOK GmbHG, 38. Ed., Stand: 1.2.2019, § 38 Rn. 37.
[11] *Zöllner/Noack* in: Baumbach/Hueck, GmbHG § 38 Rn. 22.
[12] *Zöllner/Noack* in: Baumbach/Hueck, GmbHG § 38 Rn. 23.
[13] *Oetker* in: Henssler/Strohn, Gesellschaftsrecht, 4. Aufl. 2019, § 38 GmbHG Rn. 18; *Zöllner/Noack* in: Baumbach/Hueck, GmbHG § 38 Rn. 22.
[14] *Stephan/Tieves* in: MüKoGmbHG, 3. Aufl. 2019, § 38 Rn. 22; OLG Dresden, Urt. v. 4.12.2001, 2 U 1145/01, NJOZ 2003, 3301, 3305.
[15] *Terlau* in: MHLS, 3. Aufl. 2017, GmbHG § 38 Rn. 35.
[16] OLG Düsseldorf, Urt. v. 11.2.1993, 6 U 4372, GmbHR 1994, 245 f.; *Oetker* in: Henssler/Strohn, Gesellschaftsrecht, 4. Aufl. 2019, GmbHG, § 38 Rn. 15.

vorgesehenen Höhe einer Abfindung zu nennen. Eine Beschränkung einer solchen Abfindung ist jedoch nur dann möglich, wenn auch der Geschäftsführer Teil der Vereinbarung geworden ist.[17]

2. Stimmbindungsverträge

7 Ein wirksames Mittel, um die Wirksamkeit und Durchsetzbarkeit schuldrechtlicher Nebenabreden in Bezug auf die Abberufung eines Geschäftsführers sicherzustellen, sind Stimmbindungsverträge. In einem solchen Stimmbindungsvertrag können die Gesellschafter vereinbaren, dass der Gesellschafter-Geschäftsführer oder der Fremdgeschäftsführer ausschließlich bei Vorliegen eines wichtigen Grundes oder besonderer Voraussetzungen abberufen wird.[18] Eine solche Vereinbarung kann zwar ausschließlich zwischen den Gesellschaftern geschlossen werden, es ist aber üblich, dass der Geschäftsführer in diese Vereinbarung einbezogen wird, wobei die Bindung der Gesellschafter gegenüber dem Geschäftsführer formfrei erfolgen kann.[19] Solche Stimmbindungsverträge sind auch zu Gunsten eines Fremdgeschäftsführers zulässig. Als Voraussetzungen für die Abberufung können etwa der Verlust einer berufsspezifischen Zulassung oder die Veräußerung von Geschäftsanteilen sein. Die Möglichkeit zur Abberufung aus wichtigem Grund kann jedoch nicht ausgeschlossen werden,[20] weil die Vorschrift des § 38 Abs. 2 GmbHG zwingend ist. Eine GmbH soll unter keinen Umständen auf längere Zeit an einen Geschäftsführer gebunden bleiben, der eine grobe Pflichtverletzung begangen hat oder dessen Unfähigkeit zur Geschäftsführung sich gezeigt hat.[21]

8 Bei der Vereinbarung eines solchen Stimmbindungsvertrags sind insbesondere die Grenzen des § 47 Abs. 4 GmbHG zu berücksichtigen. Zwar ist § 134 BGB für den Fall, dass der Gläubiger des Stimmbindungsvertrags nicht Gesellschafter, sondern Dritter ist, nicht unmittelbar anwendbar. Der Rechtsgedanke und der Schutzzweck der Stimmverbote gemäß § 47 Abs. 4 GmbHG greifen aber auch dann ein, wenn Sonderinteressen über einen Stimmbindungsvertrag auf die Willensbildung der Gesellschafter von außen einwirken können. Deshalb kann sich die Stimmbindung zu Gunsten eines Gesellschafter-Geschäftsführers oder eines Fremdgeschäftsführers bei einem Gesellschafter, der einem Stimmverbot unterliegt, nicht direkt auf die Entlastung, die Abberufung aus wichtigem Grund oder die Kündigung aus wichtigem Grund beziehen. Eine Stimmbindung, die sich auf eine ordentliche Kündigung, ein Zustimmungserfordernis des Geschäftsführers bei einer ordentlichen Kündigung oder die Kündigung nur aus wichtigem Grund bezieht, ist dagegen grundsätzlich wirksam.[22]

9 Ist bei einem Stimmrechtskonsortium ein Gesellschafter aufgrund eines Stimmverbots gem. § 47 Abs. 4 GmbHG an der Abstimmung gehindert, behalten die übrigen Gesellschafter in der Regel ihr Stimmrecht. Dies soll jedoch dann nicht gelten, wenn der betroffene Gesellschafter im Stimmrechtskonsortium einen überwiegenden Einfluss hat. Dann soll das Stimmverbot auch die Stimmen der übrigen Gesellschafter erfassen. Ein solcher überwiegender Einfluss besteht grundsätzlich dann, wenn der betroffene Gesellschafter den oder die anderen Gesellschafter zur Stimmabgabe anweisen kann, nicht jedoch dann, wenn zunächst über die Stimmabgabe abgestimmt werden muss.[23]

---

[17] BGH, Beschl. v. 15.3.2010 – II ZR 4/09, DNotI-Report 2010, 159, 160.
[18] OLG Frankfurt, Urt. v. 16.9.1999, 1 U 137/98, NZG 2000, 378; *Heilmeier* in: BeckOK GmbHG, 44. Ed., Stand: 1.2.2019, § 38 Rn. 37; *Terlau* in: MHLS, 3. Aufl. 2017, § 38 Rn. 36.
[19] BGH, Urt. v. 7.2.1983 – II ZR 25/82, BeckRS 1983, 00494.
[20] *Heilmeier* in: BeckOK GmbHG, 38. Ed., Stand: 1.2.2019, § 38 Rn. 38; *Stephan/Tieves* in: MüKoGmbHG, 3. Aufl. 2019, § 38 Rn. 20; *Zöllner/Noack* in: Baumbach Hueck, GmbHG § 38 Rn. 21 ff.
[21] BGH, Urt. v. 21.4.1969 – II ZR 200/67, NJW 1969, 1483.
[22] *Drescher* in: MüKoGmbHG, 3. Aufl. 2019, § 47 Rn. 244; *Zöllner/Noack* in: Baumbach/Hueck, GmbHG § 47 Rn. 113 m. w. N.
[23] *Drescher* in: MüKoGmbHG, 3. Aufl. 2019, § 47 Rn. 242.

Die Folgen eines Verstoßes gegen den Stimmbindungsvertrag mit einem oder mehreren 10
Gesellschaftern sind ebenfalls lediglich schuldrechtlicher Art. Die Abberufung ist zunächst
wirksam, und es bedarf der erneuten Bestellung, bei welcher die einzelnen, vertragswidrig
nicht abgegebenen Stimmen der am Stimmbindungsvertrag Beteiligten gegebenenfalls
gemäß § 894 ZPO zu ersetzen sind.[24]

Anders sah dies der BGH für den Fall, dass sich sämtliche Gesellschafter über eine 11
außerhalb der Satzung liegende schuldrechtliche Vereinbarung zu einem bestimmten (Abstimmungs-)Verhalten verpflichtet haben. Sind sämtliche Gesellschafter an einer solchen
Vereinbarung beteiligt, soll der Geschäftsführer diese Bindung im Rahmen einer Anfechtungs- oder Nichtigkeitsklage geltend machen können.[25]

II. Besonderheiten bei der Aktiengesellschaft

Bei der Aktiengesellschaft gilt der Grundsatz der freien Abberufbarkeit von Mitgliedern des 12
Geschäftsführungsorgans von Gesellschaften mit beschränkter Haftung nicht. So kann
weder in der Satzung noch in einer schuldrechtlichen Vereinbarung, auch nicht im Anstellungsvertrag, vereinbart werden, dass bestimmte Gründe als wichtige Gründe zur Abberufung des Vorstands angesehen werden können und der Vorstand damit auch bei
objektiv weniger schwerwiegenden Gründen abzuberufen ist.[26] Grund hierfür ist, dass der
Aufsichtsrat, der zur Abberufung des Vorstands gemäß § 84 AktG ausschließlich zuständig
ist, nicht in seiner Entschließungsfreiheit über die Abberufung eingeschränkt werden darf.[27]
Zudem soll der Vorstand, der gemäß § 76 AktG zur eigenverantwortlichen, am Interesse
der Gesellschaft orientierten Geschäftsleitung verpflichtet ist, durch das Erfordernis des
Vorliegen eines wichtigen Grundes in die Lage versetzt werden, dieser Verpflichtung
ungeachtet Interessen Dritter nachkommen zu können.[28]

Auch die schuldrechtliche Vereinbarung einer Vertragsstrafe, etwa im Anstellungsvertrag, 13
zugunsten des Vorstandsmitglieds bei einer unberechtigten Abberufung soll nach h. M. aus
diesem Grund ausgeschlossen sein, weil die drohende Vertragsstrafe die Entscheidung des
Aufsichtsrats über die Abberufung des Vorstands erheblich beeinflussen kann.[29] Anders soll
dies nach einer Ansicht in der Literatur bei einem vorsätzlichen Handeln des Aufsichtsrats
sein, in einem solchen Fall sollen die Interessen des Vorstands das Bedürfnis des Aufsichtsrats auf eine unbeeinflusste Entscheidung über die Abberufung überwiegen.[30] Dennoch
vereinbarte Gründe für die Abberufung im Anstellungsvertrag oder in einer schuldrechtlichen Nebenabrede unter den Gesellschaftern können allenfalls eine Indizwirkung für die
Beurteilung der Frage, ob der Gesellschaft eine weitere Beschäftigung des Vorstandsmitgliedes bis zum Ablauf des Mandats zuzumuten ist, entfalten.[31]

Eine freie Abberufbarkeit des Vorstandes kann damit nicht über die „Hintertür" der 14
Nebenvereinbarung erreicht werden. Denkbar und zulässig ist dagegen die Vereinbarung
einer sog. Verlängerungsklausel. Hierbei kann bei einer Bestellung des Vorstands für einen
Zeitraum von weniger als fünf Jahren bestimmt werden, dass sich die Amtszeit automatisch
verlängern soll, wenn nicht der Aufsichtsrat von seinem Widerrufsrecht Gebrauch gemacht
hat. Da die Höchstdauer einer Bestellung zum Vorstand fünf Jahre beträgt (§ 84 Abs. 1 S. 1
AktG) und eine Verlängerung des Vorstandsmandats über diesen Zeitraum hinaus eines
ausdrücklichen Aufsichtsratsbeschlusses bedarf, kann eine solche Verlängerungsklausel nicht
bei einer Bestellung für einen Zeitraum von fünf Jahren vereinbart werden. Ebenfalls nicht

---

[24] *Zöllner/Noack* in: Baumbeck/Hueck, GmbHG § 38 Rn. 22.
[25] BGH, Urt. v. 27.10.1986 – II ZR 240/85, NJW 1987, 1890, 1892.
[26] *Spindler* in: MüKoAktG, 5. Aufl. 2019, § 84 Rn. 129; *Janzen* NZG 2003, 468, 470.
[27] *Janzen* NZG 2003, 468, 469.
[28] *Weber* in: Hölters, AktG § 84 Rn. 69.
[29] *Fleischer* in: Spindler/Stilz, AktG, 4. Aufl. 2019, § 84 Rn. 95; *Weber* in: Hölters, AktG § 84 Rn. 65.
[30] *Fleischer* in: Spindler/Stilz, AktG, 4. Aufl. 2019, § 84 Rn. 95.
[31] *Thüsing,* in Fleischer, Handbuch des Vorstandsrechts, 1. Aufl. 2006, § 5 Rn. 12.

15 Dem Aufsichtsrat, der gem. § 84 AktG für die Abberufung des Vorstandes zuständig ist, steht für die Beurteilung des Vorliegens eines wichtigen Grundes kein Spielraum zu, die Entscheidung über die Abberufung kann durch das Gericht vollständig überprüft werden.[33] Insoweit kann keine abweichende Vereinbarung erfolgen. Es kann schließlich auch nicht vereinbart werden – weder unter Einbeziehung des Vorstands noch durch eine Abrede zwischen den oder einzelnen Gesellschaftern –, dass ein Widerruf aus wichtigem Grund nur auf bestimmte wichtige Gründe beschränkt werden soll.[34]

zulässig ist die Vereinbarung einer automatischen Verlängerung nach einem bestimmten Zeitraum, wenn dadurch insgesamt der Zeitrahmen von fünf Jahren überschritten wird.[32]

§ 84 Abreden über die Wahl von Aufsichtsratsmitgliedern

16 Gemäß § 101 Abs. 1 S. 1 AktG werden die Mitglieder des Aufsichtsrats grundsätzlich von der Hauptversammlung gewählt. Ob und inwieweit schuldrechtliche Abreden über die Wahl von Aufsichtsratsmitgliedern zulässig sind, ist nicht abschließend geklärt. Weitestgehend Einigkeit besteht darüber, dass sich die Aktiengesellschaft selbst nicht zur Bestellung bestimmter Aufsichtsratsmitglieder verpflichten kann, da sie für die Bestellung nicht zuständig ist.[35] Ein entsprechender Vertrag wäre gemäß § 134 BGB iVm § 101 Abs. 1 S. 2 AktG nichtig.[36] Die Aktiengesellschaft macht sich daher bei einem Verstoß gegen eine Wahlabsprache nicht schadenersatzpflichtig und schuldet auch nicht die Zahlung einer etwaigen Vertragsstrafe.[37]

17 Untereinander können die Aktionäre Stimmbindungsvereinbarungen im Hinblick auf die Bestellung von Aufsichtsratsmitgliedern ohne weiteres eingehen.[38] Solche Stimmbindungsvereinbarungen sind in den allgemeinen Zulässigkeitsschranken (§§ 136 Abs. 2, 405 Abs. 3 Nr. 6 und 7 AktG; § 138 BGB; Treuepflicht) zulässig.[39] Durch die Satzung kann der Abschluss von Stimmbindungsvereinbarungen hingegen nicht untersagt werden.[40] Dies wäre ein unzulässiger Eingriff in die Privatautonomie und die Willensbildungsfreiheit des stimmberechtigten Aktionärs.[41] Ist die nach der Stimmbindungsabrede benannte Person offensichtlich ungeeignet für das Amt des Aufsichtsrats oder deren Wahl aus anderen Gründen mit Nachteilen für die Aktiengesellschaft verbunden, ist der Aktionär wegen der mitgliedschaftlichen Treuepflicht nicht an die Stimmbindungsabrede gebunden.[42] Der bloße Hinweis darauf, ein anderer Bewerber um das Amt des Aufsichtsrats sei besser geeignet als der in der Nebenabrede benannte Bewerber genügt allerdings nicht, um sich unter Berufung auf die Treuepflicht von den Verpflichtungen aus der Nebenabrede loszusagen.[43] Da dem Aktionär ein weiter Beurteilungsspielraum bei der Wahl der Aufsichtsratsmitgliedern zusteht, sind an den Einwand, die Wahl einer bestimmten Person zum

---

[32] *Spindler* in: MüKoAktG, 5. Aufl. 2019, § 84 Rn. 52, 125; BGH, Urt. v. 11.7.1953 – II ZR 126/52, NJW 1953, 1465, 1466; *Koch* in: Hüffer/Koch, AktG, 14. Aufl. 2020, § 84 Rn. 8.
[33] *Weber* in: Hölters, AktG § 84 Rn. 69; *Dauner-Lieb* in: Henssler/Strohn, Gesellschaftsrecht, 4. Aufl. 2019, AktG, § 84 Rn. 30.
[34] *Weber* in: Hölters, AktG § 84 Rn. 69.
[35] *Henssler* in: Henssler/Strohn, Gesellschaftsrecht, 4. Aufl. 2019, AktG § 101 Rn. 3; *Grigoleit/Tomasic* in: Grigoleit, 2. Aufl. 2020, AktG § 101 Rn. 5; *Spindler* in: Spindler/Stilz, AktG, 4. Aufl. 2019, § 101 Rn. 24; *Habersack* in: MüKoAktG, 5. Aufl. 2019, § 101 Rn. 12.
[36] *Grigoleit/Tomasic* in: Grigoleit, 2. Aufl. 2020, AktG § 101 Rn. 5; *Spindler* in: Spindler/Stilz, AktG, 4. Aufl. 2019, § 101 Rn. 24.
[37] *Habersack* in: MüKoAktG, 5. Aufl. 2019, § 101 Rn. 12.
[38] Vgl. RGZ 133, 90, 94 ff.; *Henssler* in: Henssler/Strohn, Gesellschaftsrecht, 4. Aufl. 2019, § 101 AktG Rn. 3; *Grigoleit/Tomasic* in: Grigoleit, 2. Aufl. 2020, AktG § 101 Rn. 5.
[39] *Simons* in: Hölters, AktG § 101 Rn. 22; *Grigoleit/Tomasic* in: Grigoleit, 2. Aufl. 2020, AktG § 101 Rn. 5.
[40] *Habersack* in: MüKoAktG, 5. Aufl. 2019, § 101 Rn. 13; *Mertens/Cahn* in: Kölner Komm., AktG, 3. Aufl. 2013, § 101 Rn. 32; *Simons* in: Hölters, AktG § 101 Rn. 22.
[41] *Spindler* in: Spindler/Stilz, AktG, 4. Aufl. 2019, § 101 Rn. 29.
[42] Vgl. RGZ 133, 90, 95 f.; *Mertens/Cahn* in: Kölner Komm, AktG, 3. Aufl. 2013, § 101 Rn. 30; *Spindler* in: Spindler/Stilz, AktG, 4. Aufl. 2019, § 101 Rn. 25.
[43] *Habersack* in: MüKoAktG, 5. Aufl. 2019, § 101 Rn. 13.

Aufsichtsrat verstoße gegen die mitgliedschaftliche Treuepflicht, hohe Anforderungen zu stellen.[44] Um die Entscheidungsfreiheit und Organisationsautonomie des Aufsichtsrats nicht zu beeinträchtigen, sind Stimmabreden unter Aktionären, die besondere Funktionen eines Aufsichtsratsmitglieds zum Gegenstand haben – etwa den Vorsitz oder die Mitgliedschaft in einem Ausschuss –, unzulässig.[45]

Bei börsennotierten Aktiengesellschaften können Stimmbindungsvereinbarungen zwischen Aktionären über die Wahl von Aufsichtsratsmitgliedern **kapitalmarktrechtliche Konsequenzen** nach sich ziehen. Die Stimmrechtsbindung kann zu einer Abstimmung des Verhaltens gegenüber der Aktiengesellschaft über den Einzelfall hinaus – sog. **acting in concert** – gemäß §§ 34 Abs. 2 S. 1 WpHG; 30 Abs. 2 S. 1 WpÜG führen. Dies hat zur Folge, dass alle Stimmanteile bei dem aus der Stimmbindungsvereinbarung Berechtigten addiert werden und ggf. die Meldepflicht gemäß §§ 33 ff. WpHG oder die Pflicht zur Abgabe eines Übernahmeangebots gemäß §§ 35 ff. WpÜG auslösen. Voraussetzung für ein **acting in concert** ist ein Zusammenwirken von Aktionären mit dem Ziel, eine dauerhafte und erhebliche Änderung der unternehmerischen Ausrichtung des Emittenten zu erreichen.[46] Diese Voraussetzungen könnten beispielsweise erfüllt sein, wenn Aktionäre eine Stimmbindung über die Wahl einer bestimmten Person zum Aufsichtsratsmitglied, das sich für eine neue unternehmerische Ausrichtung der Aktiengesellschaft ausgesprochen hat, vereinbaren.[47] Eine einmalige Absprache zur Wahl eines Aufsichtsratsmitglieds genügt für ein **acting in concert** allerdings nicht; erforderlich ist vielmehr, dass die Stimmbindung auch für zukünftige Wahlen gilt.[48]

Auch gegenüber Dritten können sich Aktionäre nach strittiger, aber zutreffender Ansicht zu einer bestimmten Stimmabgabe bei der Wahl der Aufsichtsratsmitglieder verpflichten.[49]

Gibt ein Aktionär seine Stimme entgegen der Stimmbindungsvereinbarung ab, ist die Stimmabgabe gleichwohl wirksam, da es sich lediglich um einen Verstoß gegen eine schuldrechtlich wirkende Abrede handelt.[50] Der Aktionär macht sich gegenüber seinem Vertragspartner lediglich schadenersatzpflichtig. Der Vertragspartner kann jedoch seinen Erfüllungsanspruch aus der Nebenabrede mit der Leistungsklage einklagen und gemäß § 894 ZPO vollstrecken.[51]

---

[44] *Habersack* in: MüKoAktG, 5. Aufl. 2019, § 101 Rn. 13.
[45] *Habersack* in: MüKoAktG, 5. Aufl. 2019, § 101 Rn. 13.
[46] BT-Drs. 16/7438, S. 17; *Schockenhoff/Wagner* NZG 2008, 361, 362; *Diekmann/Merkner* NZG 2007, 921, 923.
[47] *Spindler* in: Spindler/Stilz, AktG, 4. Aufl. 2019, § 101 Rn. 27.
[48] *Mertens/Cahn* in: Kölner Komm., AktG, 3. Aufl. 2013, § 101 Rn. 35; *Spindler* in: Spindler/Stilz, AktG, 4. Aufl. 2019, § 101 Rn. 27.
[49] *Mertens/Cahn* in: Kölner Komm, AktG, 3. Aufl. 2013, § 101 Rn. 26; *Grigoleit/Tomasic* in: Grigoleit, 2. Aufl. 2020, AktG § 101 Rn. 5; *Spindler* in: Spindler/Stilz, AktG, 4. Aufl. 2019, § 101 Rn. 23; aA *Simons* in: Hölters, AktG § 101 Rn. 22; *Henssler* in: Henssler/Strohn, Gesellschaftsrecht, 4. Aufl. 2019, § 101 AktG Rn. 3; *Habersack* in: MüKoAktG, 5. Aufl. 2019, § 101 Rn. 14.
[50] *Grigoleit/Tomasic* in: Grigoleit, 2. Aufl. 2020, AktG § 101 Rn. 6; *Spindler* in: Spindler/Stilz, AktG, 4. Aufl. 2019, § 101 Rn. 29.
[51] *Simons* in: Hölters, AktG § 101 Rn. 22; *Grigoleit/Tomasic* in: Grigoleit, 2. Aufl. 2020, AktG § 101 Rn. 6; *Spindler* in: Spindler/Stilz, AktG, 4. Aufl. 2019, § 101 Rn. 29.

Kapitel 25. Absprachen zur Finanzierung einer Gesellschaft

1 Gesellschafter können in Nebenvereinbarungen die Kapitalbeschaffung des Unternehmens regeln, etwa durch die Übernahme der Verpflichtung zu Darlehensgewährungen oder zur Zustimmung zur Aufnahme stiller Gesellschafter oder indem sie die Pflicht aller oder bestimmter Gesellschafter zur Teilnahme an Kapitalerhöhungen[1] oder zur Zahlung eines bestimmten Aufgeldes (Agio)[2] bei Kapitalerhöhungen regeln, wobei über die Kapitalerhöhung selbst nach § 55 i. V. m. §§ 53, 54 GmbHG ein beurkundungspflichtiger Gesellschafterbeschluss zu fassen ist. Unter Absprachen zur Finanzierung der Gesellschaft fallen im weiteren Sinne auch Beteiligungsverträge mit Venture-Capital- oder Private-Equity-Gesellschaften oder sonstigen Geldgebern. Diese zumeist sehr umfangreichen Verträge weisen umfassende Klauseln auf, beginnend mit der Beteiligung des Investors, über die Regelungen zu verschiedenen Finanzierungsrunden (unter genauer Bestimmung der jeweils zu erreichenden Unternehmensziele, „**milestones**") mit Verwässerungsschutzabsprachen, Neufassung der Satzung, Vorerwerbsrechten bei Veräußerungswunsch eines Gesellschafters, Mitveräußerungsrechten und -pflichten (sog. **tag along** und **drag along**, hierzu näher → Kap. 23 § 81)[3] sowie Liquiditätspräferenzen und weiteren Exitszenarien.[4]

2 Es besteht ein großes praktisches Bedürfnis für Finanzierungsabsprachen in Nebenverträgen. Das Bedürfnis nach der flexiblen Ausgestaltung der Finanzierung der Gesellschaft geht bei den Kapitalgesellschaften zu einem großen Teil auf deren starre Regelungen der Kapitalerhöhung zurück. So bedarf es zunächst für einen Kapitalerhöhungsbeschluss einer Mehrheit von mindestens drei Vierteln des bei der Beschlussfassung vertretenen Stammkapitals oder Grundkapitals. Zudem ist in vielen Gesellschaften der tatsächliche Unternehmenswert höher als der Betrag des Stamm- bzw. Grundkapitals, so dass häufig ein Agio (Aufgeld) auf den Nominalbetrag der ausgegebenen Aktien festgelegt wird. Dieses Agio ist ein Teil der Einlage, was eine Pflicht des Gesellschafters bzw. Aktionärs zur Leistung des Agio nach sich zieht. Die Praxis versucht daher, flexible Finanzierungsvereinbarungen zu treffen, die bereits im Vorfeld zu Kapitalerhöhungen ansetzen.

§ 85 Zusage der künftigen Gewährung von Darlehen

3 In einer Entscheidung des BGH vom 28.6.1999[5] ging es um die Frage, unter welchen Voraussetzungen Gesellschafter einer GmbH verpflichtet sind, ein der Gesellschaft zugesagtes Darlehen an diese auszuzahlen. Die Gründungsgesellschafter hatten zunächst in die Satzung eine Verpflichtung zur Gewährung eines Darlehens an die Gesellschaft, wenn diese es abruft, aufgenommen. Diese Satzungsbestimmung wurde durch eine später getroffene Nebenvereinbarung zwischen den Gesellschaftern und der Gesellschaft noch konkretisiert. Die Verpflichtung zur Darlehensgewährung wurde nach Abruf des Darlehens durch die Gesellschaft von den Gesellschaftern nur zum Teil erfüllt. Nach Eröffnung des Insolvenzverfahrens über das Vermögen der GmbH verlangte der Insolvenzverwalter von einem

---

[1] BGH, Urt. v. 20.1.1977 – II ZR 222/75, NJW 1977, 1151; vgl. *Florstedt*, FS K. Schmidt, 2009, 399, 406 ff.; auch bei der AG: *Singhof*, FS Schneider, 2011, 1261 ff.
[2] *Winneke*, Schuldrechtliche Vereinbarungen über Kapitalbeschaffungsmaßnahmen in GmbH und AG, 2005, S. 116 ff.; *vgl. Bormann* in: *Gehrlein/Ekkenga/Simon*, GmbHG, 2. Aufl. 2019, § 55 Rn. 14.
[3] So genannte *Drag-along-Pflichten* (Mitveräußerungspflicht: veräußerungswilliger Gesellschafter kann andere Gesellschafter verpflichten, dass diese ihre Anteile an den gleichen Käufer verkaufen) oder *Tag-along-Rechte* (Mitveräußerungsrechte z. B. von Minderheitsgesellschaftern) vgl. zu allem: *Dörrscheidt*, Grenzen der Gestaltungsfreiheit bei omnilateralen außerstatutarischen Gesellschafterabreden, 2009, S. 219 ff; bei der AG in der Rolle des Kapitalgebers i. d. R. Minderheitsgesellschafter, *Dittert*, Satzungsbegleitende Aktionärsvereinbarungen, 2009, S. 76 f.
[4] *Wicke* in: MüKoGmbHG, 3. Aufl. 2018, § 3 Rn. 131; *Priester* in: MHdB GesR III, 5. Aufl. 2018, § 21 Rn. 7; *Singhof*, FS Schneider, 2011, S. 1261 ff.
[5] BGH, Urt. v. 28.6.1999 – II ZR 272/98, NJW 1999, 2809.

Gesellschafter die von diesem noch nicht erbrachte Zahlung. Dieser verweigerte die Zahlung unter Berufung auf die seinerzeitige Auslegungsregel des § 610 BGB a. F. Danach waren Darlehensversprechen grundsätzlich widerruflich, „wenn in den Vermögensverhältnissen des anderen Teils eine wesentliche Verschlechterung eintritt, durch die der Anspruch auf die Rückerstattung gefährdet wird". Eine solche wesentliche Verschlechterung der Vermögensverhältnisse der Gesellschaft wurde im Urteilsfall durch ihre Insolvenz offenkundig. Das Berufungsgericht versuchte jedoch die Rechtsfolge des § 610 BGB, das Darlehensversprechen aufgrund wesentlicher Verschlechterung der Vermögensverhältnisse widerrufen zu können, durch analoge Anwendung der damals geltenden Eigenkapitalersatzregeln zu vermeiden. Nach Ansicht des Berufungsgerichts handelte es sich bei dem Darlehensversprechen der Gesellschafter um einen Finanzplankredit, der bei bewusster Gründung einer materiell unterkapitalisierten Gesellschaft vorläge, weil diese nur mit den bei der Gründung zugesagten Gesellschafterdarlehen lebensfähig sei.

Der BGH hingegen verwarf die Überlegungen des Berufungsgerichts. Er begründete die **4** Verpflichtung des Beklagten, der Gesellschaft, die sich mittlerweile in Insolvenz befand, das versprochene Darlehen noch zu gewähren, mit dem Inhalt der Darlehenszusage, weswegen es eines Rückgriffs auf gesetzliche Haftungsgrundlagen nicht bedürfe. Nach Auffassung des BGH hat der Gesellschafter der GmbH einlageähnlich die Gewährung eines Darlehens versprochen, weswegen er in der Insolvenz der Gesellschaft daran gehindert sei, seine Zusage einseitig und ohne Beachtung der eingegangenen einlageähnlichen Bindung zurückzunehmen. Der Gesellschafter fühlte sich an das Versprechen, der Gesellschaft ein Darlehen zu gewähren, aufgrund der zwischenzeitlich eingetretenen Insolvenz der Gesellschaft nicht mehr gebunden. Der Inhalt der Abrede entscheidet nach Auffassung des BGH nicht nur darüber, für welchen Zweck das versprochene Darlehen verwendet werden soll, sondern auch, auf welche Dauer es zur Verfügung gestellt ist und ob es gegebenenfalls auch zur Befriedigung der Gläubiger in einem Krisenfall dienen soll. Damit ist ausschließlich der Inhalt der getroffenen Absprachen der Rechtsgrund dafür, dass die Gesellschaft unter Umständen auch in der Krise oder sogar nach Eröffnung des Insolvenzverfahrens die Erfüllung des Darlehensversprechens eines Gesellschafters verlangen kann. Der BGH betonte, dass das schuldrechtliche Versprechen formlos, aber nur einvernehmlich aufgehoben werden kann. Das Finanzierungsversprechen kann als materieller Satzungsbestandteil auch in der Satzung enthalten sein. In einem solchen Fall ist zwar eine Satzungsänderung erforderlich, die eine notarielle Beurkundung voraussetzt, gleichzeitig genügt aber eine Dreiviertelmehrheit gemäß § 53 Abs. 2 GmbHG für die Satzungsänderung im Unterschied zum Einstimmigkeitserfordernis bei der Änderung schuldrechtlicher Zusagen. Sofern die Auslegung der Finanzierungszusage ergibt, dass diese wie eine Einlagepflicht zu behandeln ist, begründet dies eine zeitliche Sperrwirkung für spätere Änderungen dieser Abrede. Das Finanzierungsversprechen kann dann nur vor Eintritt der Krise der Gesellschaft einvernehmlich aufgehoben werden. Nach Eintritt dieses Zeitpunkts kann sich der Gesellschafter nicht mehr von seiner Zusage unter Berufung auf die zwischenzeitlich eingetretene Verschlechterung der Vermögenslage der Gesellschaft berufen.[6]

Nach der höchstrichterlichen Rechtsprechung können die Gesellschafter einer GmbH **5** schuldrechtlich jegliche Nebenleistungspflichten vereinbaren, im entschiedenen Fall ging es um die Übernahme von Deckungsbeiträgen zu den Kosten der Gesellschaft.[7] Diese Nebenleistungspflichten bedürfen nach dem Urteil vom 8.2.1993 nur dann der Aufnahme in die Satzung, wenn die Verpflichtung an den Geschäftsanteil so gebunden sein soll, dass die Nebenleistungspflicht auch künftige Gesellschafter treffen soll, anderenfalls reicht eine formfreie Vereinbarung der Gesellschafter untereinander oder mit der Gesellschaft oder der Gesellschafter untereinander aber mit Wirkung zu Gunsten der Gesellschaft gemäß § 328 BGB aus. Nach der Vereinbarung im Streitfall hatte jeder Gesellschafter, der zugleich als

---

[6] Anm. *Goette* zu BGH, Urt. v. 28.6.1999 – II ZR 272/98 DStR 1999, 1198, 1201 f.
[7] BGH, Urt. v. 8.2.1993 – II ZR 24/92 DStR 1993, 613 m. Anm. *Goette*.

Berater der Gesellschaft tätig war, mit einem bestimmten jährlichen Deckungsbeitrag zu den Gesamtkosten der Gesellschaft beizutragen, der in die Jahresendabrechnung einging. Einer der Berater forderte nach seinem Ausscheiden aus der Gesellschaft den von ihm geleisteten Deckungsbeitrag überwiegend zurück, und zwar mit der Begründung, der Sache nach handele es sich um eine Nachschusspflicht, für die die notarielle Form nicht eingehalten sei. Hätte es sich tatsächlich um eine Nachschusspflicht gehandelt, hätte sie zwingend der Aufnahme in den Gesellschaftsvertrag und damit der notariellen Form nach § 2 GmbHG (wenn sie ursprünglich bei Gründung in den Gesellschaftsvertrag aufgenommen worden wäre) oder § 53 GmbHG (bei nachträglicher Begründung) bedurft. Eine Nachschusspflicht nach § 26 Abs. 1 GmbHG setzt voraus, dass die Gesellschafterversammlung auf der Grundlage einer Ermächtigung in der Satzung die Einforderung eines Nachschusses beschließt, nach Abs. 2 muss die Einzahlung der Nachschüsse im Verhältnis der Geschäftsanteile zueinander erfolgen, d. h. darf nicht wie im Streitfalle bei unterschiedlicher Anteilshöhe identisch sein. Schließlich dienen die Nachschüsse der Erhöhung des Vermögens der Gesellschaft und nicht wie im Streitfall der Deckung ihrer laufenden Kosten.

6 Von diesen Nachschusspflichten im Sinne von § 26 GmbHG sind die **Nebennachschusspflichten nach § 3 Abs. 2 GmbHG** abzugrenzen. Nach dieser Vorschrift können die Gesellschafter über die Einlagepflicht hinaus beliebige, einmalig oder wiederkehrend zu erfüllende Leistungspflichten übernehmen, bei denen es sich um Unterlassungs-, Sachleistungs- oder Dienstleistungspflichten, aber auch um Zahlungspflichten, beispielsweise durch Aufbringung von Zuschüssen, Beiträgen, Umlagen, Ausgleich von Verlusten, Hingabe von Darlehen etc. handeln kann.[8] Nebenleistungen im Sinne nach § 3 Abs. 2 GmbHG können sowohl als echte materielle Satzungsbestandteile in der Satzung niedergelegt als auch formfrei schuldrechtlich vereinbart werden. Die Abgrenzung erfolgt danach, ob sich die Gesellschafter nur schuldrechtlich oder mitgliedschaftlich binden wollten, ob also die Nebenleistungspflicht an den Gesellschaftsanteil so gekoppelt ist, dass sie auch neu in die Gesellschaft eintretende Gesellschafter treffen soll.[9] Entscheidend ist damit die Auslegung der Nebenleistungsvereinbarung. Um in der Praxis Auslegungsschwierigkeiten zu vermeiden, empfiehlt sich eine ausdrückliche Klarstellung, ob die Nebenleistungsverpflichtung schuldrechtlich oder korporativ zu verstehen ist. Insbesondere bei der Aufnahme der Nebenleistungsverpflichtung in die Satzung sollte dies klargestellt werden, weil schuldrechtliche Leistungsversprechen auch als unechter Satzungsbestandteil in der Satzung enthalten sein können.

§ 86 Schuldrechtliche Vereinbarungen über Kapitalbeschaffungsmaßnahmen

7 Gegenstand schuldrechtlicher Vereinbarungen, d. h. für Nebenabreden, können auch Vereinbarungen über Kapitalbeschaffungsmaßnahmen oder die Beteiligung an verschiedenen Formen einer Kapitalerhöhung oder einzelnen Phasen einer Kapitalerhöhung sein. Denkbar ist auch eine Verpflichtung der Gesellschafter, einen Beschluss über oder die Durchführung einer Kapitalerhöhung zu unterlassen. Eine solche Unterlassungspflicht kann insbesondere sinnvoll sein, wenn die Gesellschafter die Zusammensetzung des Gesellschafterkreises sichern wollen.[10] Die Zweckrichtung einer solchen Unterlassungspflicht in Familiengesellschaften unterscheidet sich von einer Zweckrichtung in Publikumsgesellschaften. In Familiengesellschaften wird es zumeist um die Sicherung des Gesellschafterkreises gehen, bei Publikumsgesellschaften eher darum, dass die relative Beteiligungshöhe und der monetäre Beteiligungswert pro Anteil durch weitere Kapitalerhöhungen nicht verwässert werden.[11]

---

[8] BGH, Urt. v. 8.2.1993 – II ZR 24/92 unter Ziffer 2.1.
[9] Anm. *Goette* zu BGH, Urt. v. 8.2.1993 – II ZR 24/92 DStR 1993, 613.
[10] BGH, Urt. v. 27.4.1970 – II ZR 24/68, WM 1970, 904; *Winneke*, Schuldrechtliche Vereinbarungen über Kapitalbeschaffungsmaßnahmen in GmbH und AG, 2005, S. 54.
[11] *Barthelmeß/Braun* AG 2000, 172; *Otto* AG 1991, 369, 371; *Technau* AG 1998, 445, 457; *Winneke*, Schuldrechtliche Vereinbarungen über Kapitalbeschaffungsmaßnahmen in GmbH und AG, 2005, S. 54.

Davon abgesehen sind aber auch Abreden dergestalt denkbar, dass eine mehr oder 8 weniger genau bestimmte Kapitalerhöhung durchgeführt wird, sich die Gesellschafter im Vorfeld jedoch verpflichten, im Rahmen des Kapitalerhöhungsbeschlusses außenstehende Dritte nicht zur Zeichnung neuer Anteile zuzulassen. Möglicherweise verpflichten sich die Gesellschafter aber auch, selbst Anteile zu zeichnen.

Eine statutarische Pflicht der Gesellschafter, sich an einer Kapitalerhöhung durch Über- 9 nahme neuer Geschäftsanteile zu beteiligen, besteht nicht, weil anderenfalls eine Nachschusspflicht begründet würde. Für die Aktiengesellschaft ist dies in § 54 Abs. 1 AktG ausdrücklich geregelt, rechtsformübergreifend ergibt sich dies aus § 707 BGB. Dies gilt selbst dann, wenn die Gesellschafter dem Kapitalerhöhungsbeschluss zugestimmt haben. Von diesem gesellschaftsrechtlichen Grundsatz, dass eine Nachschusspflicht grundsätzlich nicht besteht, kann durch schuldrechtliche Verpflichtungen abgewichen werden, indem die Gesellschafter sich beispielsweise verpflichten, neue Anteile aus einer künftig noch zu beschließenden Kapitalerhöhung zu zeichnen;[12] ein solcher Vertrag ist formfrei wirksam und unterliegt nicht den Formerfordernissen der § 185 Abs. 1 AktG oder § 55 Abs. 1 GmbHG. Bei der GmbH besteht gemäß § 3 Abs. 2 GmbHG noch die Möglichkeit, statutarische Pflichten zur Übernahme neuer Geschäftsanteile als Nebenleistungspflicht der Gesellschafter im Gesellschaftsvertrag festzulegen. In der Praxis haben sich jedoch schuldrechtliche Übernahmeverpflichtungen durchgesetzt. Sie sind flexibler und vor allem leichter änderbar, zumal in Krisensituationen der Gesellschaft. In solchen Situationen sollte vermieden werden, den Gesellschaftsvertrag ändern zu müssen, um beispielsweise die Zeichnungsverpflichtung anzupassen. Vorteil schuldrechtlicher Zeichnungsvereinbarungen ist, dass durch sie vor einem Beschluss über die Kapitalerhöhung und ihrer Durchführung bereits die Platzierung des neuen Kapitals feststeht.

Die Vereinbarung, eine Kapitalerhöhung später zu beschließen und eine bestimmte 10 Person zur Übernahme des neuen Geschäftsanteils zuzulassen, kann bei der GmbH ganz ähnliche Wirkungen wie genehmigte oder bedingte Kapitalia bei der Aktiengesellschaft haben. Geregelt werden müssen für eine solche Wirkung die Auslöser für die Verpflichtung der Gesellschafter, das Kapital zu erhöhen und eine bestimmte Person zur Übernahme des neuen Anteils zuzulassen. Denkbar ist auch, die Erhöhung des Kapitals, zu der die Gesellschafter ermächtigt haben, in das Ermessen der Gesellschaft und damit der Geschäftsleitung zu stellen, die sich dann ihrerseits Dritten gegenüber entsprechend verpflichten kann.

I. Verpflichtungen zur Kapitalerhöhung

Kapitalerhöhungsverpflichtungen sind Vereinbarungen über die Verpflichtung zur Zustim- 11 mung zu einem Beschluss über eine Kapitalerhöhung oder zur Teilnahme an dieser durch Übernahme neuer Anteile.[13] Sie sichert in der zweiten Variante die tatsächliche Durchführung einer noch zu beschließenden, künftigen Kapitalerhöhung ab, indem sie die Platzierung der Kapitalerhöhung sicherstellt.

Die Kapitalerhöhungsverpflichtung kann zunächst die schuldrechtliche Pflicht zur Be- 12 schlussfassung über eine Kapitalerhöhung begründen, d. h. die Stimmausübung lenken. Da die Höhe des Stammkapitals gemäß § 3 Abs. 1 Nr. 3 GmbHG bei der GmbH einen Satzungsbestandteil darstellt, bedeutet eine solche Verpflichtung die Verpflichtung zur Änderung der Satzung.

Die eine Kapitalerhöhungsverpflichtung begründende Klausel könnte wie folgt lauten: 13

---

[12] *Wiedemann* in: Großkomm. AktG, 4. Aufl. 1999, § 185 Rn. 82; *Ulmer* in: Hachenburg, Großkomm. GmbHG, 8. Aufl. 1997, § 55 Rn. 85; *Noack*, Gesellschaftervereinbarungen, 1994, S. 321; *Priester*, in Scholz, GmbHG, 12. Aufl. 2018, § 55 Rn. 114; *Winneke*, Schuldrechtliche Vereinbarungen über Kapitalbeschaffungsmaßnahmen in GmbH und AG, 2005, S. 57 f.

[13] *Winneke*, Schuldrechtliche Vereinbarungen über Kapitalbeschaffungsmaßnahmen in GmbH und AG, 2005, S. 67.

> Die Vertragsparteien sind verpflichtet, in einer von der Geschäftsführung bis längstens ... [Zeitpunkt] einzuberufenden Gesellschafterversammlung die Erhöhung des Stammkapitals der XY GmbH von X EUR um Y EUR auf Z EUR zu beschließen. Für den Fall, dass die Geschäftsführung nicht bis längstens ... [Datum] eine solche Gesellschafterversammlung einberuft, verpflichten sich die Gesellschafter ABC, ein entsprechendes Einberufungsverlangen an die Geschäftsführung zu stellen und gegebenenfalls die Gesellschafterversammlung selbst einzuberufen.

14 Eine solche Vereinbarung wird im Regelfall ad hoc zustande kommen, wenn und soweit ein konkretes Finanzierungsbedürfnis besteht. Anzutreffen sind aber langfristig wirkende Verpflichtungen zur Mitwirkung an Kapitalmaßnahmen, beispielsweise die Verpflichtung der Gesellschafter, im Falle eines bestimmten künftigen Finanzierungsbedürfnisses der Gesellschaft eine Kapitalerhöhung zu beschließen, wobei darauf geachtet werden muss, Höchstbeträge der so begründeten Nachschlusspflichten der Gesellschafter zu definieren.

15 Eine solche Klausel könnte z. B. wie folgt lauten:

> Die Vertragsparteien sind verpflichtet, beim Herabsinken des Eigenkapitals unter das Hälftige Stammkapital auf einer unverzüglich stattfindenden Gesellschafterversammlung eine Kapitalerhöhung zu beschließen und an dieser teilzunehmen, mit der jede der Vertragsparteien folgende Beiträge erbringt: ...

16 Solche Kapitalerhöhungsverpflichtungen sind grundsätzlich zulässig. Es handelt sich bei ihnen um schuldrechtliche Vereinbarungen, die zu allen rechtmäßigen Zwecken geschlossen werden können. Erforderlich ist jedoch, dass der Inhalt der Verpflichtung hinreichend bestimmbar ist, damit die Gesellschafter die Reichweite ihrer Nachschussverpflichtung ersehen können. Mindestens die Spannbreite, um die das Kapital mindestens und höchstens erhöht werden darf, ist anzugeben, damit auch der Gesellschafter weiß, mit welchen Mindest- und Maximalnachschüssen er zu rechnen hat.[14]

17 In der Literatur werden als Rechtsnatur eines Vertrages, der Kapitalerhöhungsverpflichtung begründet, eine Gesellschaft des bürgerlichen Rechts oder ein Vertrag **sui generis** diskutiert.[15] Bei Kapitalerhöhungsverpflichtungen handelt es sich in aller Regel um Verpflichtungen, die sich mit dem Kapitalerhöhungsbeschluss erledigen. Im Gegensatz dazu stehen Dauerstimmbindungen aus Pool- und Konsortialverträgen, die grundsätzlich auf unbestimmte Dauer geschlossen sind und eine Vielzahl von Beschlussgegenständen betreffen, die noch nicht näher konkretisiert sind. Dauerstimmbindungsverhältnisse begründen daher regelmäßig ein Gesellschaftsverhältnis bürgerlichen Rechts, weswegen vorbehaltlich anderer Abreden jedem Gesellschafter das jederzeitige Kündigungsrecht des § 723 Abs. 1 Satz 1 BGB zusteht.[16] Stimmbindungen aber, die auf einen spezifischen künftigen Beschlussgegenstand gerichtet sind, sind hingegen nicht ohne weiteres gemäß § 723 Abs. 1 Satz 1 BGB kündbar.

18 Kapitalerhöhungsverpflichtungen sind formfrei wirksam, insbesondere mit Blick auf § 53 Abs. 2 Satz 1 GmbHG über die notarielle Beurkundung von Satzungsänderungen und mit Blick auf § 55 Abs. 1 Satz 1 GmbHG über die Übernahme neuer Geschäftsanteile. Beides folgt aus dem allgemeinen Grundsatz, dass Verpflichtungen zu Satzungsänderungen nicht beurkundungspflichtig sind.[17] Anspruchsberechtigt aus einer Kapitalerhöhungsverpflichtung

---

[14] *Noack*, Gesellschaftervereinbarungen, 1994, S. 319; *Winneke*, Schuldrechtliche Vereinbarungen über Kapitalbeschaffungsmaßnahmen in GmbH und AG, 2005, S. 73.
[15] *Forstmoser*, FS Schluep, 1988, S. 359, 367; *Hüffer* in: Hachenburg, Großkomm. GmbHG, 8. Aufl. 1997, § 47 Rn. 72; *Winneke*, Schuldrechtliche Vereinbarungen über Kapitalbeschaffungsmaßnahmen in GmbH und AG, 2005, S. 73.
[16] BGH, Urt. v. 11.7.1968 – II ZR 179/66, BGHZ 50, 316, 322 (zur Unterbeteiligung); *Joussen*, Gesellschafterabsprachen, 1995, S. 202 ff.
[17] BGH, Urt. v. 7.2.1983 – II ZR 25/82, ZIP 1983, 432, 433; *Winneke*, Schuldrechtliche Vereinbarungen über Kapitalbeschaffungsmaßnahmen in GmbH und AG, 2005, S. 75, 76; *Hergeth/Mingau* DStR 2001,

sind zunächst die Vertragsparteien. Berechtigt kann aber im Sinne eines Vertrages zugunsten Dritter gemäß § 328 BGB auch die Gesellschaft selbst sein, insbesondere dann, wenn nicht auch sie, sondern nur die Gesellschafter an der Abrede beteiligt sind. Gegebenenfalls empfiehlt sich daher, wenn eine eigene Berechtigung der Gesellschaft ausgeschlossen werden soll, die **Klarstellung:**

> Anspruchsberechtigt aus diesem Vertrag sind nur die Vertragsparteien. Die Vertragsparteien stellen klar, dass der Gesellschaft als Dritter kein eigenes Forderungsrecht zustehen soll.

Neben Abreden über Kapitalmaßnahmen zwischen allen oder mehreren Gesellschaftern ist auch denkbar, dass sich alle oder mehrere Gesellschafter ausschließlich gegenüber der Gesellschaft zur Beschlussfassung über eine Kapitalerhöhung verpflichten. Relevant wird eine solche Verpflichtung beispielsweise dann, wenn sich ein Investor an der Gesellschaft beteiligen will und die Gesellschaft vor Abschluss des Beteiligungsvertrages die Sicherheit braucht, dass die Altgesellschafter das Kapital erhöhen werden. Ein solcher Vertrag, der der Gesellschaft ein Forderungsrecht auf Stimmabgabe in einem bestimmten Sinne verleiht, wäre bei der Aktiengesellschaft nach § 136 Abs. 2 Satz 1 AktG nichtig. Denn die Aktionäre würden sich zur Stimmrechtsausübung nach Weisung des Vorstands oder des Aufsichtsrats verpflichten. Auf Gesellschaften mit beschränkter Haftung wird diese Vorschrift nicht angewandt, weil nur bei Aktiengesellschaften die strengen gesetzlichen Zuständigkeitsabgrenzungen zwischen Vorstand, Aufsichtsrat und Hauptversammlung normiert sind.[18] Nach anderer Auffassung soll § 136 Abs. 2 AktG in den Fällen analog gelten, in denen auch für eine GmbH die Gesellschafterversammlung zwingende Kompetenzen hat (beispielsweise bei einer mitbestimmten GmbH gemäß § 52 GmbHG).[19] Diese Auffassung überzeugt jedoch deswegen nicht, weil § 52 Abs. 1 GmbHG den Vorbehalt abweichender gesellschaftsvertraglicher Regelungen macht.[20] 19

In **Venture Capital**-Gestaltungen verpflichten sich Gesellschafter oder die Gesellschaft gegenüber einem Neuinvestor regelmäßig, eine spätere Kapitalerhöhung zu beschließen. Eine solche Verpflichtung gegenüber einem Nichtgesellschafter kommt nur schuldrechtlich in Betracht, nicht in der Satzung der Gesellschaft, weil diese die innergesellschaftlichen Rechtsbeziehungen zwischen Gesellschaftern untereinander und zwischen Gesellschaftern und Gesellschaft regelt, aber nicht auch im Verhältnis zu Dritten. Schuldrechtliche Kapitalerhöhungsverpflichtungen der Gesellschaft gegenüber Dritten sind ihrem Wesen nach Stimmbindungen zugunsten eines Dritten.[21] Stimmbindungen gegenüber Dritten sind zulässig,[22] auch wenn Dritte – im Unterschied zur Bindung des Stimmrechts eines Gesellschafters an einen anderen Gesellschafter – nicht zur Treuepflicht verpflichtet und weil Geschäftsanteil und Stimmrechte untrennbar sind (Abspaltungsverbot)[23] und die zwingende Zuständigkeit der Gesellschafterversammlung für Gesellschaftsvertragsänderungen durch die Bindung an Dritte unterlaufen werden könnte (§ 53 Abs. 2 Satz 1 20

1217, 1219; *Noack,* Gesellschaftervereinbarungen, 1994, S. 320; *Sieger/Schulte* GmbHR 2002, 1050, 1052; *Zöllner,* FS Ulmer, 2003, S. 725, 748.
[18] *Overrath,* Stimmrechtsbindung, 1973, S. 23; *K. Schmidt* in: Scholz, GmbHG, 12. Aufl. 2018, § 47 Rn. 41.
[19] *Zöllner* in: Baumbach/Hueck, GmbHG § 47 Rn. 70a; *Ganzer* in: Rowedder/Schmidt-Leithoff, GmbHG, 6. Aufl. 2017, § 47 Rn. 32; *Zöllner* ZHR 155 (1991), 168, 183 f.
[20] *Winneke,* Schuldrechtliche Vereinbarungen über Kapitalbeschaffungsmaßnahmen in GmbH und AG, 2005, S. 93.
[21] *Winneke,* Schuldrechtliche Vereinbarungen über Kapitalbeschaffungsmaßnahmen in GmbH und AG, 2005, S. 94.
[22] BGH, Urt. v. 29.5.1967 – II ZR 105/66, BGHZ 48, 163, 166 f.; BGH, Urt. v. 7.2.1983 – II ZR 25/82, ZIP 1983, 432, 433; OLG Celle v. 26.9.1990 9 U 113/90, GmbHR 1991, 580; ThürOLG Jena, Urt. v. 9.7.1997, 2 U 1248/96 (LG Erfurt), NZG 1998, 343, 344.
[23] *Hüffer* in: Hachenburg, Großkomm. GmbHG, 8. Aufl. 1997, § 47 Rn. 75.

GmbHG).²⁴ Für die Bindung an Dritte für die Durchführung von Kapitalmaßnahmen greifen diese Bedenken aber nicht durch, weil eine fremdbeeinflusste Gesellschaft ausgeschlossen ist. Es handelt sich vielmehr um konkrete, inhaltlich definierte und begrenzte Maßnahmen der Kapitalbeschaffung, durch die die Gesellschaft infolge der Mittelzufuhr besser gestellt wird und die auch im Interesse der Altgesellschafter erfolgt.²⁵

21   Fraglich und umstritten ist, ob sich auch die Gesellschaft, vertreten durch ihre Geschäftsführer, gegenüber einem Investor wirksam zum Beschluss und zur Durchführung einer Kapitalerhöhung durch ihre Gesellschafter verpflichten kann.²⁶ Weil § 53 Abs. 1 GmbHG ausschließlich und zwingend die Gesellschafterversammlung zur Vornahme von Satzungsänderungen für zuständig erklärt, erstreckt sich die Vertretungsbefugnis des Geschäftsführers nach § 35 GmbHG nicht auf Maßnahmen, für deren Vornahme die Gesellschafterversammlung ausschließlich zuständig ist.²⁷ Streng genommen handelt es sich nicht um ein Geschäft der Gesellschaft, das von dieser in Vertretung durch ihre Geschäftsführer vorgenommen wird, sondern um ein Geschäft der Gesellschafterversammlung, für das diese zuständig ist.²⁸ Die GmbH kann sich aber zu einer Kapitalerhöhung durch ihre Gesellschafter verpflichten, wenn diese zu dieser Verpflichtung ihre Zustimmung erteilt haben. Ob es sich hierbei um eine Ermächtigung²⁹ handelt oder ein mitwirkungsbedürftiges Vertretungsgeschäft vorliegt,³⁰ kann dahinstehen. Die Ermächtigung bzw. die Mitwirkung durch die Gesellschafterversammlung bedarf auf jeden Fall der satzungsändernden Mehrheit.³¹ Nach der Rechtsprechung bedarf der Ermächtigungsbeschluss, weil er Grundlage einer möglichen gerichtlichen Auseinandersetzung sein kann, der notariellen Beurkundung.³² In der Literatur wird die Notwendigkeit der notariellen Beurkundung bestritten, weil dieser keine Warnfunktion zukomme, sondern lediglich Beweisfunktion und der Ermächtigungsbeschluss lediglich dokumentieren soll, dass die Gesellschaft die Kapitalerhöhungsverpflichtung mit Zustimmung der Gesellschafterversammlung eingeht.³³ Daher müsse weder der Ermächtigungsbeschluss notariell beurkundet werden noch dieser in das Handelsregister eingetragen werden.³⁴ Zum Teil wird jedoch die Handelsregisterpublizität durch Eintragung des Ermächtigungsbeschlusses verlangt, um neu eintretende Gesellschafter über die bevorstehende Veränderung der Gesellschaftsverhältnisse zu informieren.³⁵ Zutreffend wird dies abgelehnt, weil auch im Übrigen Satzungsänderungen erst mit Vollzug der Maßnahme im Handelsregister publik werden, insoweit

---

[24] *Priester* in: Scholz, GmbHG, 12. Aufl. 2018, § 53 Rn. 62.
[25] *Winneke*, Schuldrechtliche Vereinbarungen über Kapitalbeschaffungsmaßnahmen in GmbH und AG, 2005, S. 96; *Hergeth/Mingau* DStR 2001, 1217, 1218; *Priester*, FS Werner, 1984, S. 657, 675; *Zöllner*, FS Ulmer, 2003, S. 725, 749 f.
[26] *Winneke*, Schuldrechtliche Vereinbarungen über Kapitalbeschaffungsmaßnahmen in GmbH und AG, 2005, S. 96 f.
[27] *Winneke*, Schuldrechtliche Vereinbarungen über Kapitalbeschaffungsmaßnahmen in GmbH und AG, 2005, S. 97.
[28] *Schneider* in: Scholz, GmbHG, 12. Aufl. 2018, § 35 Rn. 40.
[29] *Fleck* ZGR 1988, 104, 113 f.; *Ulmer* in: Hachenburg, Großkomm. GmbHG, 8. Aufl. 1997, § 53 Rn. 37; *Bayer* in: Lutter/Hommelhoff, GmbHG, 19. Aufl. 2016, § 53 Rn. 41; *Priester* in: Scholz, GmbHG, 12. Aufl. 2018, § 53 Rn. 35.
[30] *Marsch-Barner* in: Kallmeyer, UmwG, 6. Aufl. 2017, § 4 Rn. 4; *Kleindieck* in: Lutter/Hommelhoff, GmbHG, 19. Aufl. 2016, § 35 Rn. 10 f.
[31] *Fleck* ZGR 1988, 104, 114; *Winneke*, Schuldrechtliche Vereinbarungen über Kapitalbeschaffungsmaßnahmen in GmbH und AG, 2005, S. 98.
[32] OLG Hamm, Urt. v. 3.6.1992, 8 U 272/91, DB 1992, 2181; *Fleck* ZGR 1988, 104, 114; *Winneke*, Schuldrechtliche Vereinbarungen über Kapitalbeschaffungsmaßnahmen in GmbH und AG, 2005, S. 98; *Herfs*, Einwirkungen Dritter, 1994, S. 246.
[33] *Winneke*, Schuldrechtliche Vereinbarungen über Kapitalbeschaffungsmaßnahmen in GmbH und AG, 2005, S. 98 f.
[34] *Ulmer* in: Hachenburg, Großkomm. GmbHG, 8. Aufl. 1997, § 53 Rn. 37; BGH, Urt. v. 30.3.1953, JZ 1953, 474, 475; *Herfs*, Einwirkungen Dritter, 1994, S. 249 f., 264; *Priester* in: Scholz, GmbHG, 12. Aufl. 2018, § 53 Rn. 36.
[35] *Bayer* in: Lutter/Hommelhoff, GmbHG, 19. Aufl. 2016, § 53 Rn. 41.

also erst ab Beschluss der Gesellschafterversammlung über die Kapitalerhöhung und Durchführung.[36]
Der Verpflichtungsvertrag zwischen Gesellschaft und Drittem ist **formfrei** wirksam.[37]   22

II. Unterlassung von Kapitalerhöhungen

Grundsätzlich zulässig ist auch die Verpflichtung, eine Kapitalerhöhung nicht zu beschließen. 23
Wirtschaftlicher Hintergrund solcher Verpflichtungen ist es beispielsweise, Beteiligungen Dritter zu verhindern und generell vor Verwässerung der relativen Anteilshöhe, aber auch des Beteiligungswertes geschützt zu sein. Schließlich dienen solche Unterlassungspflichten der Absicherung weitergehender Finanzierungsklauseln, die konterkariert werden könnten, würden die Gesellschafter Kapitalerhöhungen beschließen. Jedoch dürfen Maßnahmen im Gesellschaftsinteresse, insbesondere die Zufuhr neuer Mittel in der Krise der Gesellschaft, nicht blockiert werden. In einem solchen Falle sind die Gesellschafter schuldrechtlich verpflichtet, eine Kapitalerhöhung zu unterlassen, korporativ hierzu jedoch positiv verpflichtet, allein schon unter Treuepflichtgesichtspunkten. Die Verpflichtungen auf schuldrechtlicher und auf korporativer Ebene widersprechen mithin einander. Dieser Widerspruch ist zugunsten der korporativen Verpflichtung aufzulösen, insbesondere wenn die Kapitalmaßnahme im Interesse der Gesellschaft vom Standpunkt eines verantwortlichen Gesellschafters gerechtfertigt ist.[38]

III. Korporative Regelungen zur Kapitalerhöhung

Die Verpflichtung zur Kapitalerhöhung oder die Verpflichtung zur Unterlassung einer 24
Kapitalerhöhung kann bei der GmbH schuldrechtlich, aber auch mit korporativer Wirkung vereinbart werden. § 3 Abs. 2 GmbHG lässt die Begründung korporativer Pflichten, auch korporativer Unterlassungspflichten in der Satzung zu.[39] Bei Aktiengesellschaften besteht diese Möglichkeit zusätzlicher korporativer Verpflichtungen in der Satzung nicht. Bei der nachträglichen Vereinbarung korporativer Leistungspflichten in der GmbH ist gemäß § 53 Abs. 3 GmbHG die Zustimmung aller Gesellschafter erforderlich, weil deren Leistungspflichten vermehrt werden. Ob die Gesellschafter ihre Leistungs- oder Unterlassungsverpflichtungen schuldrechtlich oder korporativ regeln, hängt vom Umfang der gewünschten Bindungswirkung ab und ergibt sich daher durch Auslegung: Sollen auch künftige Gesellschafter der Pflicht unterworfen sein, ist nur eine korporative Pflicht möglich. Zur korporativen Regelung sind die Gesellschafter nicht deswegen, weil das GmbHG eine solche Regelungsmöglichkeit vorsieht, verpflichtet.[40]

IV. Übernahme der neuen Anteile

Neben der Verpflichtung, einen Kapitalerhöhungsbeschluss zu fassen oder eine solche 25
Beschlussfassung zu unterlassen, werden in Vereinbarungen über die Finanzierung von Gesellschaften oftmals auch schuldrechtliche Vereinbarungen im Zusammenhang mit der Übernahme der neuen Anteile getroffen. Das ist zulässig, weil sich die Gesellschafter einer GmbH untereinander formfrei zur Vornahme von Satzungsänderungen und damit auch zu Beschlussfassungen über die Vornahme von Kapitalerhöhungen verpflichten können, wobei

---
[36] *Winneke,* Schuldrechtliche Vereinbarungen über Kapitalbeschaffungsmaßnahmen in GmbH und AG, 2005, S. 99.
[37] *Fleck* ZGR 1988, 104, 115; *Ulmer* in: Hachenburg, Großkomm. GmbHG, 8. Aufl. 1997, § 53 Rn. 37.
[38] BGH, Urt. v. 27.4.1970 – II ZR 24/68, WM 1970, 904; BGH, Urt. v. 25.9.1986 – II ZR 262/85, BGHZ 98, 276, 279 f.; BGH, Urt. v. 23.3.1987 – II ZR 244/86, NJW 1987, 3192; *Noack,* Gesellschaftervereinbarung, 1994, S. 321.
[39] *Noack,* Gesellschaftervereinbarung, 1994, S. 53, 320; *Overrath,* Stimmrechtsbindung, 1973, S. 2; *Winneke,* Schuldrechtliche Vereinbarungen über Kapitalbeschaffungsmaßnahmen in GmbH und AG, 2005, S. 102.
[40] *Winneke,* Schuldrechtliche Vereinbarungen über Kapitalbeschaffungsmaßnahmen in GmbH und AG, 2005, S. 102.

insoweit die Verpflichtung inhaltlich bestimmbar sein muss, also einen bestimmten Erhöhungsbetrag oder einen Höchstbetrag für die Kapitalerhöhung enthalten muss.[41] Die Verpflichtung, die Stimmrechte im Sinne des Zustandekommens eines Kapitalerhöhungsbeschlusses auszuüben, kann auch gegenüber gesellschaftsfremden Dritten eingegangen werden. Zwar finden Stimmrechtsbindungen gegenüber Dritten für Satzungsänderungen ihre Grenze in der Satzungsautonomie, die ausschließlich bei den Gesellschaftern liegt. Im Falle der Stimmbindung für einen Kapitalerhöhungsbeschluss ist die Satzungsautonomie aber nicht berührt, weil es sich um eine Bindung für einen konkreten Einzelfall handelt.[42] Die Übernahme neuer Anteile selbst erfolgt durch Übernahmevertrag zwischen Gesellschaft und Übernehmer; der Übernahmevertrag besteht aus einer (formbedürftigen, § 55 Abs. 2 GmbHG) Übernahmeerklärung des Übernehmers und deren (formfreier) Annahme durch die Gesellschaft. Die Übernahme vollzieht sich gemäß § 55 GmbHG. Der Übernahmevertrag ist ein unvollkommen zweiseitig verpflichtender Vertrag, weil der Pflicht des Übernehmers zur Einlageleistung nicht die Pflicht der Gesellschaft zur Verschaffung des Mitgliedschaftsrechts gegenübersteht, denn das Mitgliedschaftsrecht entsteht gesetzlich erst durch Eintragung der Durchführung der Kapitalerhöhung.[43]

26   In der Praxis sind (von dem Übernahmevertrag zu unterscheidende) Vereinbarungen im Zusammenhang mit der Übernahme üblich. Zum einen regelt der Übernahmevertrag als körperschaftsrechtlicher Vertrag nur die Übernahme der neuen Anteile und damit die Aufnahme des neuen Gesellschafters in die Gesellschaft, die freilich erst mit Eintragung der Kapitalerhöhung in das Handelsregister wirksam wird. Zum anderen ergibt sich die Verpflichtung von Gesellschaftern oder Dritten, neue Anteile zu zeichnen, nicht bereits aus dem Kapitalerhöhungsbeschluss, so dass in der Praxis im Vorfeld von Kapitalerhöhungsbeschlüssen oftmals weitergehender Regelungsbedarf besteht. Die Gesellschafter – und natürlich erst recht Dritte – sind aufgrund eines Kapitalerhöhungsbeschlusses nur berechtigt, aber nicht verpflichtet, sich an einer Kapitalerhöhung zu beteiligen, selbst wenn der Gesellschafter dem Kapitalerhöhungsbeschluss zugestimmt hatte.[44] Das Platzierungsrisiko trägt mithin die Gesellschaft – mittelbar damit auch ihre Gesellschafter –, weswegen sie ein Interesse an der tatsächlichen Übernahme der neuen Anteile hat. Zwischen dem Übernahmevertrag als korporationsrechtlichem Rechtsgeschäft und der schuldrechtlichen Nebenabrede zur Übernahme neuer Gesellschaftsanteile ist streng zu unterscheiden; beide stehen selbständig nebeneinander, nicht im Verhältnis kausaler Schuldverträge zu abstrakten Verpflichtungsverträgen.[45]

27   Eine Nebenvereinbarung im Zusammenhang mit der Übernahme neuer Anteile im Rahmen einer Kapitalerhöhung könnte beispielsweise die Verpflichtung eines Gesellschafters oder eines Dritten zum Abschluss eines Übernahmevertrages – sinngemäß mit dem Inhalt, der oder die Gesellschafter oder der oder die Dritten verpflichten sich, eine Stammeinlage in Höhe von … EUR zu übernehmen – umfassen; es handelt sich um einen Vertrag, der auf den formgerechten Abschluss eines anderen Vertrags – des Übernahmevertrags – gerichtet ist.[46] Eine solche Zusage muss inhaltlich zumindest bestimmbar sein, um wirksam zu sein. Ihre Vollstreckung erfolgt nach § 894 ZPO. Oftmals enthalten solche Verträge auch Stimmbindungen für den Beschluss über die Kapitalerhöhung. Eine solche (nebenvertragliche) Verpflichtung zum Abschluss des Übernahmevertrages kann zwischen den Übernehmenden und der Gesellschaft, aber auch zwischen mehreren Übernehmern geschlossen werden.[47] Ist

---

[41] *Priester* in: Scholz, GmbHG, 12. Aufl. 2018, § 53 Rn. 36 und § 55 Rn. 116.
[42] *Priester* in: Scholz, GmbHG, 12. Aufl. 2018, § 55 Rn. 116.
[43] BGH, Urt. v. 30.11.1967 – II ZR 68/65 (KG), BGHZ 49, 117, 119; BGH, Urt. v. 11.1.1999 – II ZR 170/98, BGHZ 140, 258, 260; entsprechend gemäß § 185 AktG für Aktiengesellschaft, *vgl. Wiedemann* in: Großkomm. AktG, 4. Aufl. 1999, § 185 Rn. 30.
[44] *Priester* in: Scholz, GmbHG, 12. Aufl. 2018, § 55 Rn. 71.
[45] *Zöllner/Fastrich* in: Baumbach/Hueck, GmbHG § 55 Rn. 40.
[46] *Winneke*, Schuldrechtliche Vereinbarungen über Kapitalbeschaffungsmaßnahmen in GmbH und AG, 2005, S. 105; *Noack*, Gesellschaftervereinbarungen, 1994, S. 321.
[47] *Priester* in: Scholz, GmbHG, 12. Aufl. 2018, § 55 Rn. 89.

auch die Gesellschaft Vertragspartnerin der schuldrechtlichen Übernahmeabrede, ist hierüber ein Gesellschafterbeschluss zu fassen, gilt § 187 Abs. 2 AktG bei der GmbH nicht analog und muss der Beschluss die Bezugsrechte der Altgesellschafter wahren oder einen Bezugsrechtsausschluss vorsehen.[48] Liegen seine Voraussetzungen nicht vor, ist der Beschluss anfechtbar. Der Gesellschaft gegenüber kann der zur Übernahme der neuen Anteile bereite Dritte die Kapitalerhöhung nicht erzwingen; ggf. stehen ihm Schadenersatzansprüche gegen die Gesellschaft zu. Enthält die schuldrechtliche Übernahmevereinbarung Stimmbindungen zulasten der übrigen Gesellschafter, einen Kapitalerhöhungsbeschluss zu fassen, könnte die Kapitalerhöhung erzwungen werden.[49] Ob er wie die Übernahmeerklärung als solche gemäß § 55 Abs. 1 GmbHG der notariellen Beglaubigung bedarf ist umstritten.[50] Vorzugswürdig ist die Auffassung, wonach die Übernahmeverpflichtung – auch durch Dritte, die bislang noch nicht Gesellschafter sind – formfrei möglich ist, weil die notarielle Beglaubigung der Übernahmeerklärung gemäß § 55 Abs. 1 GmbHG als solche nur die Echtheit der Unterschrift und nicht wie bei der Beurkundung einer Willenserklärung den Inhalt der Erklärung bestätigen soll, sodass der Schutzzweck nur in der Sicherheit über die Kapitalgrundlage der Gesellschaft besteht; bei einer Verpflichtung, Anteile zu übernehmen – die Übernahmeerklärung bedarf dann der notariellen Beglaubigung – ist dieser Schutzzweck aber nicht einschlägig.[51]

Im Unterschied zur Übernahmeverpflichtung wird die vorgezogene Übernahmeerklärung vor dem Beschluss über die Erhöhung des Kapitals abgegeben, bei der es sich um eine körperschaftliche Erklärung, nicht um eine schuldrechtliche Verpflichtung zur Abgabe einer solchen handelt, die lediglich zeitlich vor dem Kapitalerhöhungsbeschluss erfolgt und die daher uneingeschränkt den Vorschriften des § 55 GmbHG unterliegt.[52] Die Kapitalerhöhung, für die die vorzeitige Übernahmeerklärung gelten soll, muss dann aber identifizierbar bezeichnet sein. 28

Von der Verpflichtung zum Abschluss eines Übernahmevertrages ist das sogenannte Zulassungsversprechen zu unterscheiden. Hier sichert die GmbH dem Kapitalgeber zu, dass er zur Zeichnung neuer Anteile aus einer künftigen Kapitalerhöhung zugelassen werden wird. Das Zulassungsversprechen durch eine GmbH ist im Unterschied zum Zulassungsversprechen durch eine Aktiengesellschaft zulässig, weil für Gesellschaften mit beschränkter Haftung § 187 Abs. 2 AktG, der für Aktiengesellschaften Zusicherungen auf den Bezug junger Aktien vor dem Kapitalerhöhungsbeschluss für unwirksam erklärt, nicht gilt. Auch ist der Rechtsgedanke des § 187 Abs. 2 AktG auf die GmbH nicht anwendbar, weil das GmbHG – im Unterschied zum AktG – keine ausdrückliche gesetzliche Regelung eines Bezugsrechts wie nach § 186 AktG kennt.[53] Das Zulassungsversprechen muss durch Gesellschafterbeschluss erteilt werden, weil es korporativen Bezug hat und mitursächlich für die Veränderung der Gesellschaftsstruktur ist; erforderlich ist die einfache Mehrheit, es besteht kein besonderes Formerfordernis.[54] 29

Ein Anspruch auf Durchführung der Kapitalerhöhung und damit auf Erwerb der Mitgliedschaft besteht jedoch bei einem Versprechen auf Ausgabe künftiger Anteile nicht, weil die neuen Anteile erst kraft Gesetzes mit der Eintragung des Kapitalerhöhungsbeschlusses 30

---

[48] *Zöllner/Fastrich* in: Baumbach/Hueck, GmbHG § 55 Rn. 40.
[49] *Zöllner/Fastrich* in: Baumbach/Hueck, GmbHG § 55 Rn. 40.
[50] *Zöllner/Fastrich* in: Baumbach/Hueck, GmbHG § 55 Rn. 40; *Noack*, Gesellschaftervereinbarungen, 1994, S. 322 f.; *Winneke*, Schuldrechtliche Vereinbarungen über Kapitalbeschaffungsmaßnahmen in GmbH und AG, 2005, S. 108 f.
[51] *Zöllner/Fastrich* in: Baumbach/Hueck, GmbHG § 55 Rn. 40; *Priester* in: Scholz, GmbHG, 12. Aufl. 2018, § 55 Rn. 89; *Hergeth/Mingau* DStR 2001, 1217, 1220; *Sieger/Schulte* GmbHR 2002, 1050, 1053.
[52] *Priester* in: Scholz, GmbHG, 12. Aufl. 2018, § 55 Rn. 117; *Zöllner/Fastrich* in: Baumbach/Hueck, GmbHG § 55 Rn. 39.
[53] *Schnorbus* in: Rowedder/Schmidt-Leithoff, GmbHG, 6. Aufl. 2017, § 55 Rn. 48; *Priester* in: Scholz, GmbHG § 55 Rn. 115; *Winneke*, Schuldrechtliche Vereinbarungen über Kapitalbeschaffungsmaßnahmen in GmbH und AG, 2005, S. 112.
[54] *Zöllner/Fastrich* in: Baumbach/Hueck, GmbHG § 55 Rn. 40; *Fleck* ZGR 1988, 104, 117; *Schnorbus* in: Rowedder/Schmidt-Leithoff, GmbHG, 6. Aufl. 2017, § 55 Rn. 48; *Priester* in: Scholz, GmbHG, 12. Aufl. 2018, § 55 Rn. 118.

entstehen und das Zulassungsversprechen daher unter der Bedingung der Durchführung der Kapitalerhöhung steht, die bis zu ihrer Eintragung ausschließlich Angelegenheit der Gesellschafter ist.[55] Wo kein Erfüllungsanspruch besteht, kann die Gesellschaft auch nicht über Sekundäransprüche zur Erfüllung gezwungen werden, sodass kein auf das Erfüllungsinteresse gerichteter Schadenersatzanspruch besteht.[56] Denkbar ist höchstens ein Anspruch auf Ersatz des Vertrauensschadens, der aber nur in Frage kommt, wenn die Gesellschaft das ihrerseits erforderliche nicht tut, um eine von den Gesellschaftern **beschlossene** Kapitalerhöhung durchzuführen. Hebt die Gesellschafterversammlung den Kapitalerhöhungsbeschluss wieder auf, wird zwar ein Schadenersatzanspruch bejaht,[57] der aber nur bestehen dürfte, wenn die Aufhebung nicht auf sachlichen Gründen beruht.[58]

V. Vereinbarung über schuldrechtliche Mehrleistungen (schuldrechtliches Agio)

31 Das Agio (Aufgeld) dient dazu, bei späteren Kapitalerhöhungen, insbesondere bei Ausgabe neuer Anteile an Investoren, sicherzustellen, dass der tatsächliche, innere Wert des Geschäftsanteils bezahlt wird. Eine Kapitalerhöhung zum Nominalwert ohne Aufgeld spiegelt immer dann diesen inneren Wert der Geschäftsanteile der verbleibenden Gesellschafter nicht richtig wieder, sodass deren Anteile (auch) wertmäßig verwässert würden, wenn die Gesellschaft über offene oder stille Reserven verfügt. Insbesondere dann, wenn nicht alle Gesellschafter an der Kapitalerhöhung teilnehmen oder sich Dritte nur unter Verzicht auf das Bezugsrecht an der Gesellschaft beteiligen, kommt es ohne Agio regelmäßig zu dieser wertmäßigen Verwässerung. Das Aufgeld ist mit dem Geschäftsanteil verbunden und damit korporativer Natur. Es ist als zulässige Nebenleistungspflicht anzusehen und gemäß § 3 Abs. 2 GmbHG in den Gesellschaftsvertrag aufzunehmen.[59] Bei der Verpflichtung Dritter zur Aufgeldzahlung ist § 55 Abs. 2 Satz 2 GmbHG zu beachten. Die Übernahmeerklärung des Dritten muss das Agio umfassen. Bei der GmbH muss das Aufgeld bei Eintragung der Kapitalerhöhung nicht bereits geleistet sein, seine Fälligkeit richtet sich allein nach der Vereinbarung im Gesellschaftsvertrag, dem Inhalt des Kapitalerhöhungsbeschlusses oder der Übernahmeerklärung (anders die Rechtslage bei der Aktiengesellschaft gemäß § 36a Abs. 1 Satz 2, Abs. 2 AktG).

32 Im Unterschied zu diesem körperschaftlichen Agio stehen die schuldrechtlichen Mehrleistungsverpflichtungen, die nicht in den Gesellschaftsvertrag aufgenommen, sondern außerhalb des Gesellschaftsvertrages vereinbart werden.[60] Rechtsgrundlage für ihre Zahlung ist die schuldrechtliche Vereinbarung, die als solche nicht alle Gesellschafter, sondern nur die an der Vereinbarung beteiligten Gesellschafter bindet. Solche schuldrechtlichen Verpflichtungen sind grundsätzlich zulässig.[61] Schuldrechtliche Mehrleistungsverpflichtungen im Zusammenhang mit einer Kapitalerhöhung stehen ihrem wirtschaftlichen Gehalt nach einem Agio gleich, erfüllen aber dessen formelle Anforderungen nicht.[62] Die schuldrechtlichen Mehrleistungen werden ebenfalls in das Eigenkapital geleistet, aber in die Rücklage gemäß § 272 Abs. 2 Nr. 4 HGB als „andere Zuzahlungen, die Gesellschafter in das Eigenkapital leisten"

---

[55] BGH, Urt. v. 11.1.1999 – II ZR 170/98, BGHZ 140, 258, 260; Bayer in: Lutter/Hommelhoff, GmbHG, 19. Aufl. 2016, § 55 Rn. 30; Schnorbus in: Rowedder/Schmidt-Leithoff, GmbHG, 6. Aufl. 2017, § 55 Rn. 48; Priester in: Scholz, GmbHG, 12. Aufl. 2018, § 55 Rn. 35, 115; Winneke, Schuldrechtliche Vereinbarungen über Kapitalbeschaffungsmaßnahmen in GmbH und AG, 2005, S. 113 f.
[56] BGH, Urt. v. 11.1.1999 – II ZR 170/98, BGHZ 140, 258, 262.
[57] Ulmer in: Hachenburg, Großkomm. GmbHG, 8. Aufl. 1997, § 55 Rn. 75.
[58] Winneke, Schuldrechtliche Vereinbarungen über Kapitalbeschaffungsmaßnahmen in GmbH und AG, 2005, S. 115 f.
[59] Priester in: Scholz, GmbHG, 12. Aufl. 2018, § 55 Rn. 27.
[60] Winneke, Schuldrechtliche Vereinbarungen über Kapitalbeschaffungsmaßnahmen in GmbH und AG, 2005, S. 121.
[61] Vgl. BGH, Urt. v. 15.10.2007 – II ZR 216/06, DNotZ 2008, 461; BayObLG, Beschl. v. 27.2.2002, 3Z BR 35/02, ZIP 2002, 1484, 1486 (obiter dictum zur Aktiengesellschaft); Heckschen DStR 2001, 1437, 1444; Hergeth/Eberl DStR 2002, 1818, 1820; Weitnauer NZG 2001, 1065, 1068.
[62] Herchen, Agio und verdecktes Agio, 2004, S. 171 ff., LG Mainz, Urt. v. 18.9.1986, 12 HO 53/85, WM 1986, 1315, 1317, 1320.

gebucht und nicht wie das reguläre Agio in die Kapitalrücklage gemäß § 272 Abs. 2 Nr. 1 HGB. Den schuldrechtlichen Mehrleistungen muss mithin die eindeutige Zweckbestimmung beigefügt sein, dass sie in die Rücklage gemäß § 272 Abs. 2 Nr. 4 HGB eingestellt werden und dort verbleiben sollen. Die Vereinbarung einer solchen freiwilligen Mehrleistung unterliegt keiner Form und ist nicht zur Eintragung in das Handelsregister anzumelden.

Von diesen schuldrechtlichen Mehrleistungen sind verdeckte Aufgelder abzugrenzen, die die Leistungspflicht aller Übernehmer betreffen, auch künftige Gesellschafter treffen sollen, inhaltlich mit der Kapitalerhöhung in Zusammenhang stehen und bei denen der Erwerb eines neuen Anteils unter der Bedingung der Erbringung dieser Zusatzleistung steht und die die Differenz zwischen Nennbetrag und innerem Wert eines Anteilsrechts ausgleichen sollen. Verdeckte Aufgelder können als Umgehung zum regulären korporationsrechtlichen Agio angesehen werden, insbesondere wenn beabsichtigt ist, Anteile nur gegen Aufgeld auszugeben, oder wenn – als Indiz für diese Motivation – eine bestimmte zeitliche und sachliche Nähe zu einer Kapitalerhöhung und zu den betroffenen Übernehmern besteht.[63] Im Falle eines verdeckten Agio ergibt sich die Nichtigkeitsfolge allerdings nicht unter dem Gesichtspunkt der Umgehung eines gesetzlichen Verbotes, sondern aus der unvollständigen Beurkundung des Kapitalerhöhungsbeschlusses, weil die Nebenleistungspflicht nicht gemäß § 53 Abs. 2 Satz 2 GmbHG beurkundet wurde.[64] 33

1. Besonderheiten bei der Aktiengesellschaft

Schuldrechtliche Vereinbarungen über die Finanzierung von Aktiengesellschaften sind auch bei dieser zulässig und ermöglichen Gestaltungsspielräume, die das Aktiengesetz selbst nicht kennt. Während es im Recht der GmbH im Wesentlichen darum geht, ob schuldrechtliche Vereinbarungen zulässig sind, obwohl sie auch im Gesellschaftsvertrag geregelt werden könnten, geht es im Aktienrecht im Wesentlichen um die Frage, ob schuldrechtliche Vereinbarungen zulässig sind, die, wenn sie in der Satzung getroffen worden wären, unzulässig wären.[65] Diese Frage ist zu bejahen.[66] 34

Auch das schuldrechtliche Agio ist bei Aktiengesellschaften zulässig.[67] Weitere Zuzahlungspflichten als ein Agio – für Pflichten, die sich nicht auf in Geld zu erbringende Leistungen beziehen, vgl. § 55 AktG – können bei der Aktiengesellschaft korporationsrechtlich grundsätzlich nicht vereinbart werden, § 54 Abs. 1 AktG. Gemäß § 36a AktG muss der eingeforderte Betrag bei einer Kapitalerhöhung bei der Ausgabe der Aktien für einen höheren Preis als den geringsten Ausgabepreis – Nennbetrag oder den auf die einzelne Stückaktie entfallenden anteiligen Betrag des Grundkapitals – vollständig eingezahlt und dem Vorstand zur Verfügung stehen. Mit anderen Worten: Das korporative Agio muss somit direkt nach der Anmeldung der Kapitalerhöhung eingezahlt werden, eine Finanzierung über mehrere Schritte ist nicht möglich. 35

Gerade eine Finanzierung über mehrere Schritte ist aber z. B. für den Einstieg von Finanzinvestoren erforderlich. Daher wird in der Praxis häufig ein **schuldrechtliches Agio** vereinbart. Der Investor wird im Rahmen einer Kapitalerhöhung der Gesellschaft zur Zeichnung neuer Aktien zum Nennbetrag (und eventuell zuzüglich eines geringen korporativen Agios) zugelassen und verpflichtet sich in einer schuldrechtlichen Nebenabrede gegenüber der Gesellschaft oder gegenüber einem oder mehreren anderen Gesellschaftern 36

---

[63] *Winneke,* Schuldrechtliche Vereinbarungen über Kapitalbeschaffungsmaßnahmen in GmbH und AG, 2005, S. 124; *Heckschen* DStR 2001, 1437, 1444.
[64] *Herchen,* Agio und verdecktes Agio, 2004, S. 373 f.; *Winneke,* Schuldrechtliche Vereinbarungen über Kapitalbeschaffungsmaßnahmen in GmbH und AG, 2005, S. 124 f.
[65] *Winneke,* Schuldrechtliche Vereinbarungen über Kapitalbeschaffungsmaßnahmen in GmbH und AG, 2005, S. 133.
[66] BGH, Urt. v. 25.9.1986 – II ZR 272/85, ZIP 1987, 103, 104; Urt. v. 13.6.1994 – II ZR 38/93, BGHZ 126, 226, 234 f.; Urt. v. 24.11.2008 – II ZR 116/08, ZIP 2009, 216 Rn. 12 – (Schutzgemeinschaft II); OLG Karlsruhe, Urt. v. 11.4.1990, 14 U 267/88, WM 1990, 725 ff.
[67] Vgl. BayObLG, Beschl. v. 27.2.2002, 3Z BR 35/02, ZIP 2002, 1484, 1486 (Obiter Dictum).

zur Zahlung eines weiteren Aufgeldes. Die Zahlung dieses weiteren Agios wird häufig vom Erreichen bestimmter wirtschaftlicher Ziele (sog. Milestones) abhängig gemacht.[68] Anknüpfungspunkte können bestimmte Umsatzzahlen, aber auch die Berufung bestimmter Personen in den Vorstand der Gesellschaft sowie etwa die Erlangung öffentlich-rechtlicher Genehmigungen oder das positive Ergebnis einer Due-Diligence-Untersuchung sein.

37 Eine solche Vereinbarung könnte etwa lauten:

> Der Investor verpflichtet sich gegenüber den Altgesellschaftern, innerhalb von zwei Wochen nach Zeichnung der unter § … angeführten Aktien einen Betrag von … EUR in die Kapitalrücklage der Gesellschaft gemäß § 272 Abs. 2 Nr. 4 HGB einzubezahlen.
> Des Weiteren verpflichtet sich der Investor, innerhalb von sechs Monaten nach der Zeichnung der unter § … genannten Aktien einen weiteren Betrag von insgesamt … EUR in die Kapitalrücklage der Gesellschaft einzubezahlen. Diese Zahlung steht unter der Bedingung eines festgestellten Bilanzgewinns zum Stichtag.
> Die Gesellschaft erlangt hierdurch keinen eigenständigen Anspruch auf Zahlung dieser Beträge.

38 Während eine Ansicht in der Literatur die Wirksamkeit einer solchen Vereinbarung mit Hinweis auf eine angebliche Umgehung der in §§ 36, 36a AktG festgelegten Anforderungen an ein Agio verneint, geht die wohl h. M.[69] von der Wirksamkeit eines schuldrechtlichen Agios aus. Eine dritte Ansicht differenziert danach, ob der Gesellschaft ein eigenes Forderungsrecht zustehen soll. Ein solches könne nur bei Einhaltung der für das korporative Agio geltenden Voraussetzungen begründet werden. Im Übrigen seien die Gesellschafter in einer Vereinbarung untereinander frei.[70] Der h. M. ist zuzustimmen. Das schuldrechtliche Agio ist aus folgenden Gründen zulässig. Die Vorschriften über die Kapitalaufbringung werden nicht umgangen, auch nicht §§ 36a Abs. 1 Fall 2, 36 Abs. 2, 54 AktG.[71] Denn Gläubiger der Gesellschaft sind nur in dem Fall schützenswert, dass die tatsächlich geleistete Einlage hinter den dem Handelsregister zu entnehmenden Informationen zurückbleibt. Bei der schuldrechtlichen Vereinbarung eines Agios steht dem Gesellschaftsgläubiger mehr Gesellschaftsvermögen zur Verfügung als er seiner – bei einer tatsächlichen Einsichtnahme in das Handelsregister – Entscheidung über die Eingehung des Vertrages mit der Gesellschaft zugrunde gelegt hatte.[72]

39 Auch Gründe des Verkehrsschutzes sprechen nicht gegen ein schuldrechtliches Agio. §§ 36, 36a AktG sollen neben den Gesellschaftsgläubigern auch mögliche Aktienerwerber vor einer Haftung für eine noch nicht bezahlte Einlage und damit auch für ein noch nicht bezahltes Agio schützen. Mit diesem Zweck hängt auch § 36a Abs. 1 AktG zusammen: Während das Risiko einer noch nicht bezahlten Einlage mit Blick auf einen noch ausstehenden Nominalbetrag kalkulierbar ist – höchstens drei Viertel des Nominalbetrages –, konnte ein Agio in beliebiger Höhe vereinbart werden. Das Risiko der Haftung des Aktienerwerbers für eine rückständige Einlage, das korporative Agio eingeschlossen, wäre ohne die Pflicht zur vollständigen Einzahlung des Agio schwer kalkulierbar. Diese Ungewissheiten würden die Fungibilität von Aktien erheblich beeinträchtigen, diese Gefahr ist mit der vollständigen Einzahlungsverpflichtung gebannt.[73] Für die schuldrechtliche Vereinbarung eines Agios greift diese Überlegung aber nicht ein, da schuldrechtliche Vereinbarungen lediglich die Parteien einer solchen Vereinbarung und nicht den neu ein-

---

[68] *Pentz* in: MüKoAktG, 5. Aufl. 2019, § 36a Rn. 6; *Groß-Bölting*, Gesellschaftervereinbarung in der AG, 2011, S. 217.
[69] *Koch* in: Hüffer/Koch, Aktiengesetz, 14. Aufl. 2020, § 36a Rn. 2a; *Vatter* in: Spindler/Stilz, AktG, 4. Aufl. 2019, § 9 Rn. 35; BGH, Urt. v. 15.10.2007 – II ZR 216/06, BeckRS 2007, 19668; *Becker* NZG 2003, 510 f.
[70] Vgl. BayObLG, Beschl. v. 27.2.2002, 3Z BR 35/02, NZG 2002, 583, 584; kritisch hierzu: *Schorling/Vogel* AG 2003, S. 86 f.; *Groß-Bölting*, Gesellschaftervereinbarungen in der AG, 2011, S. 219.
[71] *Becker* NZG 2003, 513.
[72] *Becker* NZG 2003, 513.
[73] *Schorling/Vogel* AG 2003, 86, 88.

tretenden Gesellschafter binden.[74] Schließlich ergibt sich auch aus der Vorschrift des § 150 AktG für die Zulässigkeit einer schuldrechtlichen Vereinbarung eines (weiteren) Agios nichts anderes. Die Frage, ob die Zahlung eines schuldrechtlich vereinbarten Agios als Agio i. S. d. § 272 Abs. 2 Nr. 1 HGB oder als andere Zuzahlung i. S. d. § 272 Abs. 2 Nr. 4 HGB zu qualifizieren ist und die damit verbundene Frage, ob der gezahlte Betrag den Zweckbindungen über den Reservefonds der Aktiengesellschaft gem. § 150 AktG unterfällt, hat keine Auswirkung auf die Zulässigkeit einer schuldrechtlichen Vereinbarung eines (weiteren) Agios.[75]

Bei der Vereinbarung eines schuldrechtlichen Agios besteht allerdings ein Anfechtungsrisiko: Gemäß § 255 Abs. 2 AktG ist ein Beschluss über eine Kapitalerhöhung anfechtbar, wenn – aus Sicht des Anfechtenden – der sich aus dem Erhöhungsbeschluss ergebende Ausgabebetrag oder der Mindestbetrag, unter dem die neuen Aktien nicht ausgegeben werden sollen, unangemessen niedrig ist. Zweck des § 255 Abs. 2 AktG ist der Verwässerungsschutz, d. h. der Schutz der vom Bezugsrecht ganz oder teilweise ausgeschlossenen Minderheit vor einer vermögensmäßigen Entwertung dadurch, dass neue Aktien geschaffen und ausgegeben werden, ohne dass ein entsprechender Gegenwert in das Gesellschaftsvermögen fließt.[76] Da sich aus dem Kapitalerhöhungsbeschluss lediglich der Nennbetrag sowie gegebenenfalls das korporative Agio ergeben, werden auch nur Nennbetrag und eventuell das korporative Agio bei der Beurteilung der Angemessenheit berücksichtigt, nicht jedoch ein schuldrechtliches Agio. Daher sollte ein schuldrechtliches Agio nur dann vereinbart werden, wenn das Risiko einer Anfechtung minimal oder ganz auszuschließen ist.[77]

40

2. Schuldrechtliches Agio bei der GmbH

Bei der GmbH ist die schuldrechtliche Vereinbarung eines Agios ebenfalls zulässig, aufgrund des Fehlens einer § 36a AktG entsprechenden Vorschrift aber nicht annähernd so umstritten.[78] Gemäß § 7 Abs. 2 GmbHG darf eine Anmeldung der Gründung der Gesellschaft oder der Durchführung einer Kapitalerhöhung erst erfolgen, wenn ein Viertel des Nennbetrags eingezahlt ist. Ein satzungsrechtlich oder nebenvertraglich vereinbartes Agio wird von § 7 Abs. 2 GmbHG nicht erfasst, so dass sich die Wirksamkeit und Fälligkeit einer solchen Vereinbarung lediglich nach dem Gesellschafterbeschluss oder der schuldrechtlichen Vereinbarung richten.[79]

41

VI. Genehmigtes Kapital

In der Praxis stellt sich insbesondere im Rahmen von **Lock Up-Agreements** oder **Business Combination Agreements** die Frage, ob Aktionäre oder Dritte mithilfe schuldrechtlicher Vereinbarungen mit einer Aktiengesellschaft oder einer GmbH Einfluss auf die Verwendung oder Nichtverwendung von genehmigtem Kapital nehmen können. Der Investor schließt regelmäßig vor dem Erwerb von Anteilen an der Zielgesellschaft mit dieser und den Gesellschaftern eine Vereinbarung, nach der sich die Zielgesellschaft und ihre Gesellschafter u. a. dazu verpflichten, weder eine reguläre Kapitalerhöhung durchzuführen noch vom genehmigten Kapital Gebrauch zu machen, zumindest nicht ohne vorherige Zustimmung des Investors.

42

---

[74] *Schorling/Vogel* AG 2003, 86, 88.
[75] Vgl. *Schorling/Vogel* AG 2003, 86, 89; *Becker* NZG 2003, 510, 514.
[76] *Koch* in: Hüffer/Koch, AktG, 14. Aufl. 2020, § 255 Rn. 2; *Drescher* in: Henssler/Strohn, Gesellschaftsrecht, 4. Aufl. 2019, AktG, § 255 Rn. 2.
[77] *Becker* NZG 2003, 514.
[78] BGH, Urt. v. 15.10.2007 – II ZR 216/06, BeckRS 2007, 19667; OLG Köln, Urt. v. 17.8.2006, 18 U 175/05, NZG 2007, 108; *Becker* NZG 2003, 510, 515.
[79] *Becker* NZG 2003, 510, 515.

1. Genehmigtes Kapital bei der Aktiengesellschaft

43 Bei der Aktiengesellschaft besteht neben der effektiven Kapitalerhöhung zudem die Möglichkeit, das Grundkapital gemäß § 202 Abs. 1 AktG durch genehmigtes Kapital zu erhöhen. Das genehmigte Kapital unterscheidet sich von der effektiven Kapitalerhöhung dadurch, dass nicht die Hauptversammlung, sondern der Vorstand aufgrund einer Ermächtigung durch die Hauptversammlung die Kapitalerhöhung durchführt. Mit genehmigtem Kapital kann die Aktiengesellschaft schneller und flexibler auf neuen Bedarf nach Kapital reagieren als im Wege einer regulären Kapitalerhöhung. Der Beschluss, mit dem die Hauptversammlung den Vorstand zur Kapitalerhöhung ermächtigt, stellt eine Satzungsänderung dar. Es gelten §§ 179 ff. AktG, soweit §§ 202 ff. AktG nichts Abweichendes regeln. Die Entscheidung des Vorstands, von der Ermächtigung Gebrauch zu machen und das genehmigte Kapital zu verwenden, ist eine Geschäftsführungsmaßnahme gemäß § 77 AktG.[80] Der Vorstand entscheidet nach pflichtgemäßem Ermessen.[81] Im Rahmen des ihm eingeräumten unternehmerischen Ermessens kann der Vorstand frei darüber entscheiden, ob und inwieweit er das genehmigte Kapital zu einer Kapitalerhöhung verwendet.[82] Die Hauptversammlung kann den Vorstand durch Beschluss nicht korporationsrechtlich verpflichten, – ggf. abhängig vom Einritt bestimmter Bedingungen –, von der Ermächtigung Gebrauch zu machen.[83] Will die Hauptversammlung den Vorstand binden, muss sie eine reguläre Kapitalerhöhung selbst durchführen.[84]

44 Fraglich ist allerdings, ob sich die Aktiengesellschaft gegenüber den Aktionären oder einem Dritten, etwa einem Investor, schuldrechtlich dazu verpflichten kann, genehmigtes Kapital zur Durchführung einer Kapitalerhöhung zu verwenden oder – zumindest für einen bestimmten Zeitraum – nicht zu verwenden. Das LG München[85] und das OLG München[86] hielten ein **Business Combination Agreement** zwischen einer Zielgesellschaft und einem Investor gemäß § 134 BGB für nichtig, da sich die Zielgesellschaft durch ihren Vorstand darin gegenüber dem Investor u. a. dazu verpflichtet hatte, das genehmigte Kapital ohne Zustimmung des Investors nicht auszunutzen. Eine solche Klausel verstoße gegen die aktienrechtliche Kompetenzordnung und daher gegen den Grundsatz der eigenverantwortlichen Leitung einer Aktiengesellschaft durch den Vorstand.[87]

45 Teile der Literatur schlossen sich der Ansicht der Rechtsprechung an.[88] Eine starke Gegenansicht plädiert jedoch dafür, in gewissen Grenzen schuldrechtliche Verpflichtungen der Aktiengesellschaft gegenüber Aktionären oder Dritten über den (Nicht-)Gebrauch genehmigten Kapitals zuzulassen.[89] Der letztgenannten Ansicht ist zuzustimmen. Solange die schuldrechtliche Vereinbarung innerhalb der pflichtgemäßen Ermessensausübung des Vorstands liegt, ist gegen den Abschluss solcher Vereinbarungen nichts einzuwenden. Es kann, umgekehrt, gerade einer pflichtgemäßen Ermessensausübung entsprechen, wenn der Vorstand die Aktiengesellschaft gegenüber einem Investor dazu verpflichtet, etwa von einem genehmigten Kapital keinen Gebrauch zu machen, damit sich der Investor an der Aktiengesellschaft beteiligt und die Aktiengesellschaft dadurch für die Zukunft besser aufgestellt ist. Ihre Grenzen findet eine solche Vereinbarung jedoch dort, wo die verein-

---

[80] *Rieder/Holzmann* in: Grigoleit, 2. Aufl. 2020, AktG § 202 Rn. 23; *Koch* in: Hüffer/Koch, AktG, 14. Aufl. 2020, § 202 Rn. 20.
[81] *Wamser* in: Spindler/Stilz, AktG, 4. Aufl. 2019, § 202 Rn. 85; *Koch* in: Hüffer/Koch, AktG, 14. Aufl. 2020, § 202 Rn. 20.
[82] *Wamser* in: Spindler/Stilz, AktG, 4. Aufl. 2019, § 202 Rn. 85.
[83] *Bayer* in: MüKoAktG § 202 Rn. 34; *Koch* in: Hüffer/Koch, AktG, 14. Aufl. 2020, § 202 Rn. 6.
[84] *Koch* in: Hüffer/Koch, AktG, 14. Aufl. 2020, § 202 Rn. 6.
[85] LG München I, Urt. v. 5.4.2012 – 5 HK O 20488/11, NZG 2012, 1152.
[86] Vgl. OLG München, Beschl. v. 14.11.2012 – 7 AktG 2/12, BeckRS 2012, 24560.
[87] Vgl. LG München I, Urt. v. 5.4.2012 – 5 HK O 20488/11, NZG 2012, 1152, 1153; OLG München, Beschl. v. 14.11.2012 – 7 AktG 2/12, BeckRS 2012, 24560.
[88] *Bayer* in: MüKoAktG § 202 Rn. 35.
[89] *Bungert/Wansleben* ZIP 2013, 1841 ff.; *Winneke*, Schuldrechtliche Vereinbarungen über Kapitalbeschaffungsmaßnahmen in GmbH und AG, 2005, S. 200 f.

barungsgemäße Entscheidung des Vorstands keiner pflichtgemäßen Ermessenausübung entspricht. Bei einer Verpflichtung zwischen sechs Monaten und einem Jahr ist dies jedoch noch nicht anzunehmen.[90] Widerspricht eine vertragsgemäße Entscheidung des Vorstands aber tatsächlich einmal einer pflichtgemäßen Ermessensausübung, wird der Vorstand zu stark in seiner Entscheidungsfreiheit beeinträchtigt, mit der Folge, dass der Vorstand nicht mehr an die Vereinbarung gebunden ist und ohne Verstoß gegen die Vereinbarung eine davon abweichende pflichtgemäße Entscheidung über die Ausnutzung des genehmigten Kapitals treffen kann. Für die Kautelarpraxis ist es daher ratsam, die Vereinbarung möglichst präzise zu fassen, insbesondere sollte darauf geachtet werden, dass die Verpflichtung der Aktiengesellschaft nicht länger als ein Jahr besteht. Zudem sind sogenannte **Fiduciary-out**-Klauseln zu empfehlen, wonach die Verpflichtung der Aktiengesellschaft nur im Rahmen des gesetzlich Zulässigen besteht, d. h. der Vorstand kann nur insoweit verpflichtet werden, als er nicht gegen seine eigenen Sorgfaltspflichten verstößt.[91] Dadurch wird dem Vorstand die pflichtgemäße Ausnutzung des genehmigten Kapitals ermöglicht, etwa in einer Notsituation der Aktiengesellschaft oder im Falle eines besseren konkurrierenden Angebots als dasjenige des Vertragspartners, wodurch gewährleistet wird, dass die Entscheidung des Vorstands stets im Rahmen einer pflichtgemäßen Ermessensausübung liegt, womit die Wirksamkeit der Vereinbarung gesichert wird.

2. Genehmigtes Kapital bei der GmbH

Für die GmbH ermöglicht es § 55a GmbHG den Gesellschaftern, genehmigtes Kapital zu schaffen. Gemäß § 55a Abs. 1 GmbHG können die Geschäftsführer durch den Gesellschaftsvertrag ermächtigt werden, das Stammkapital der GmbH durch die Ausgabe neuer Geschäftsanteile gegen Einlagen zu erhöhen. Die Ermächtigung kann bereits bei Gründung der GmbH in die Satzung aufgenommen oder nachträglich durch Änderung der Satzung eingeführt werden (§ 55a Abs. 2 GmbHG). 46

Für die Verpflichtung der GmbH gegenüber einem Dritten, genehmigtes Kapital zu nutzen oder nicht zu nutzen, gelten die Ausführungen in der vorangehenden Ziffer zur Aktiengesellschaft entsprechend. Wie der Vorstand trifft die Geschäftsführung die Entscheidung über den Gebrauch genehmigten Kapitals nach pflichtgemäßem Ermessen.[92] Ob eine Verpflichtung der GmbH gegenüber einem Dritten wirksam ist, hängt daher davon ab, ob sie die Geschäftsführung zu einer Entscheidung verpflichtet, die innerhalb oder außerhalb einer pflichtgemäßen Ermessensausübung liegt. 47

Für eine Verpflichtung der GmbH gegenüber den Gesellschaftern dürften die Grenzen im Vergleich zum Aktienrecht weiter zu ziehen sein. Denn nach herrschender Meinung[93] unterliegen die Geschäftsführer hinsichtlich ihrer Entscheidung über die Verwendung des genehmigten Kapitals ohnehin den Weisungen der Gesellschafter. Hier besteht ein struktureller Unterschied zum Vorstand einer Aktiengesellschaft, der nicht den Weisungen der Aktionäre unterliegt. 48

§ 87 Erlös- und Liquidationspräferenzen

Insbesondere Risikokapitalgeber vereinbaren in aller Regel für den sogenannten Exit – die angestrebte Veräußerung der Gesellschaft – Vorzüge bei der Erlösverteilung und für den Fall der Liquidation der Gesellschaft Vorzüge bei der Verteilung des Liquidationserlöses. Es 49

---

[90] *Bungert/Wansleben* ZIP 2013, 1841, 1844.
[91] Nach Ansicht des LG München I, Urt. v. 5.4.2012 – 5 HK O 20488/11, NZG 2012, 1152, 1153 f. ändert eine solche Klausel an der Unwirksamkeit der Verpflichtung hingegen nichts; aA *Bungert/Wansleben* ZIP 2013, 1841, 1844 f.; *Paschos* NZG 2012, 1142, 1144.
[92] *Ziemons* in: BeckOK GmbHG, 44. Ed., Stand: 1.5.2020, § 55a Rn. 41; *Priester* in: Scholz, GmbHG, 12. Aufl. 2018, § 55a Rn. 19.
[93] *Zöllner/Fastrich* in: Baumbach/Hueck, GmbHG § 55a Rn. 12a; *Priester* in: Scholz, GmbHG, 12. Aufl. 2018, § 55a Rn. 21; aA *Ziemons* in: BeckOK GmbHG, 44. Ed., Stand: 1.5.2020, § 55a Rn. 52.

handelt sich bei solchen Vereinbarungen um Teile der Absicherungsmechanismen, die Venture-Capital- und Private Equity-Investoren regelmäßig verlangen und die neben die weiteren Sicherungsmechanismen wie Andienungspflichten, Vorerwerbsrechte, Mitveräußerungsrechte, Mitveräußerungspflichten und Verwässerungsschutzklauseln treten. Die Erlös- und Liquidationsvorzüge sollen sicherstellen, dass der oder die Investoren – eventuell untereinander noch abgestuft – aus einem erzielten Erlös beim Verkauf der Gesellschaft oder bei ihrer Liquidation vor anderen Investoren und/oder Gesellschaftern befriedigt werden. Da Wagniskapitalgeber in der Regel lediglich eine Minderheitsbeteiligung an der Zielgesellschaft erwerben, jedoch überproportionale Beiträge zu ihrer Finanzierung in kritischen Phasen leisten, werden sie im Erlös- bzw. im Liquidationsfall vor anderen Gesellschaftern bevorzugt, um ihnen beispielsweise Mindestrenditen zu sichern. Derartige Vorzüge werden zumeist in Gesellschaftervereinbarungen geregelt. Sie könnten zwar auch in der Satzung geregelt werden, unterlägen dann aber der Handelsregisterpublizität (für GmbH: vgl. §§ 8 Abs. 1 Nr. 1, 54 Abs. 1 Satz 2 GmbHG, für AG: vgl. §§ 37 Abs. 4 Nr. 1, 181 Abs. 1 Satz 2 AktG). Gebunden sind an die schuldrechtlichen Verteilungsabreden nur die Vertragspartner, nicht die jeweiligen Gesellschafter. Für den Fall von Gesellschafterwechseln wäre daher sicherzustellen, dass die neuen Gesellschafter ebenfalls Partei der Nebenvereinbarung werden.

50 Die Vorzugsklauseln sollten an den Exit durch Anteilsverkauf (Share Deal) oder durch Verkauf von Wirtschaftsgütern (Asset Deal) anknüpfen. Beim Exit durch Anteilsverkauf führt die Erlöspräferenz dazu, dass der gesamte Veräußerungserlös aus allen verkauften Anteilen nicht im Verhältnis der verkauften Anteilshöhen zueinander verteilt wird, sondern eine von diesem Verhältnis abweichende Verteilung erfolgt, die beispielsweise dem Investor die versprochene Mindestrendite (bezogen auf seine Einzahlung ins Stammkapital bzw. Grundkapital und auf das Aufgeld) sichert. Für den Exit durch Asset Deal ist in der Nebenvereinbarung die Erlösverteilung durch die Gesellschaft, der zunächst der Erlös für den Verkauf ihrer Wirtschaftsgüter zufließt, zu regeln, also die Auskehrung des Erlöses durch die Gesellschaft an die Gesellschafter. Entsprechendes gilt für die Erlösverteilung im Falle der Liquidation der Gesellschaft. Neben der abweichenden Erlösverteilung im Falle des Exit durch Share Deal kann im Vorfeld hierzu auch eine kompensatorische Anteilsübertragung dergestalt stattfinden, dass dem Investor von den anderen Gesellschaftern so viele Anteile übertragen werden, dass er aus dem Erlös der Veräußerung dieser Anteile seine Gewinnerwartungen befriedigt sieht. Auch bei dem Exit durch Börsengang ist eine solche Abrede sinnvoll. Flankiert werden die Vorzugsabreden durch die Erstreckung des „Exit-Falles" auf sonstige Vorgänge, die zu einem vergleichbaren wirtschaftlichen Ergebnis wie ein Share Deal oder ein Asset Deal führen, insbesondere die Durchführung von Maßnahmen nach dem Umwandlungsgesetz.[94]

51 Für den Fall mehrerer Finanzierungsrunden nacheinander – in der Praxis nicht selten – ist nicht nur das Verhältnis des Investors zu den übrigen Gesellschaftern zu regeln, sondern auch der mehreren Investoren, die an den verschiedenen Finanzierungsrunden teilnahmen, untereinander. Denkbar sind hier alle Nuancen – von der Gleichbehandlung aller Investoren bis zum strengen Last-In First-Out-Prinzip, bei dem die Investoren aus der jüngsten Finanzierungsrunde mit der höchsten Priorität bedient werden, sodass deren Chance, dass ihre Renditeerwartung erfüllt werden, am größten ist. Erst nach voller Befriedigung der Investoren mit höchster Priorität werden die nachfolgenden Investoren in ihren jeweiligen Rängen befriedigt. Erst wenn nach Bedienung aller Erlöspräferenzen noch Resterlöse verbleiben, werden sämtliche Gesellschafter pro rata ihres Beteiligungsverhältnisses bedient. In der Praxis genau zu prüfen ist, ob eine solche Regelung den jeweiligen Interessen gerecht wird. Denn die Investoren wurden bereits befriedigt, sodass sie überproportional am Gesamterlös beteiligt wären, wenn der Resterlös beteiligungsanteilig auch auf sie entfiele. In der Praxis häufiger anzutreffen sind daher Regelungen, die eine Beteiligung der vor-

---

[94] *Weitnauer* in: Weitnauer, Handbuch Venture Capital, 6. Aufl. 2019, Teil F. Rn. 211.

rangig bedienten Investoren an der Verteilung des Resterlöses solange ausschließen, wie die anderen Gesellschafter nicht mehr oder weniger gleichberechtigt am Gesamterlös beteiligt sind. In der Praxis kommen insoweit die unterschiedlichsten Spielarten vor. So wird beispielsweise zunächst berechnet, wie der gesamte Erlös (einschließlich der gezahlten Präferenzen) unter alle Gesellschafter nach der Höhe ihrer jeweiligen Beteiligung zu verteilen wäre. Sofern der so ermittelte Anteil des Investors am Exit-Erlös dessen Erlöspräferenz nicht übersteigt, erhält dieser keine weiteren Zahlungen aus dem verbleibenden Erlös, der sodann unter die übrigen Gesellschafter in voller Höhe verteilt wird. Die übrigen Gesellschafter holen in diesem Falle gegenüber dem erlösbevorzugten Investor auf, ohne aber den Anteil am Gesamterlös zu erreichen, der ihrer Beteiligungshöhe entspricht. Ist der errechnete Anteil am Exit-Erlös höher als die gezahlte Erlöspräferenz, würde der Investor auch die Differenz zwischen seinem vereinbarten Vorzug und dem errechneten Erlösanteil erhalten.[95]

Eine **Erlösvorzugsklausel** in der einfachen Form lautet beispielsweise: 52

> Im Falle der Veräußerung von mehr als 50 % der Anteile an der Gesellschaft oder der Veräußerung des wesentlichen Betriebsvermögens der Gesellschaft oder ihrer Liquidation wird der Erlös zunächst in einer ersten Stufe in Höhe eines Betrages von … EUR an den Gesellschafter VC ausbezahlt („Erlösvorzug Stufe 1"). Ist der Erlös geringer als der dem Gesellschafter VC zustehende Betrag, wird der Erlös in voller Höhe an den Gesellschafter VC ausbezahlt. Ein nach Auszahlung des Erlöses an den Gesellschafter VC etwa verbleibender weiterer Erlös wird sodann in einer zweiten Stufe in Höhe eines Betrages von … EUR an den Gesellschafter VC 2 ausbezahlt („Erlösvorzug Stufe 2"). Ist der an den Gesellschafter VC 2 ausbezahlte Erlös geringer als … EUR, wird der verbleibende Erlös in voller Höhe an den Gesellschafter VC 2 ausbezahlt. Der nach der Bedienung der Erlösvorzüge 1 und 2 etwaig verbleibende weitere Erlös wird in einer dritten Stufe an alle Gesellschafter entsprechend ihrer Beteiligung an der Gesellschaft verteilt.

Wesentlich bei Erlösvorzugsabreden ist zunächst die **Definition des Exit-Falles**. So 53 wäre beispielsweise sicherzustellen, dass, wenn nicht alle Gesellschafter zur Mitveräußerung verpflichtet sind, die Gesellschafter, die ihre Anteile nicht veräußern, am Erlösvorzug nicht beteiligt sind. Dies kann beispielsweise durch folgende zusätzliche Regelungen sichergestellt werden:

> Ein Gesellschafter hat nur dann Anspruch auf Zahlung eines Erlösvorzugs oder auf anteiligen Restgewinn, wenn und soweit er seine Gesellschaftsanteile im Rahmen eines Share Deal mitveräußert.

Damit wäre der Fall eines mehrstufigen Exit durch nachfolgende Anteilsveräußerungen 54 an einen oder verschiedene Erwerber geregelt.

Soll die Vorzugsklausel um ein **Anrechnungselement** erweitert werden, wäre sie um 55 folgende Regelung zu ergänzen:

> Die in den Erlösvorzug Stufe 1 und Erlösvorzug Stufe 2 ausbezahlten Beträge werden dabei auf die Gesellschafter VC und VCB nach der Stufe 3 entfallenden Betrag angerechnet. Die Gesellschafter VC bzw. VCB erhalten insoweit erst dann einen über die Erlöspräferenz hinausgehenden Anteil am verbleibenden Erlös, soweit die ihrer Beteiligung an der Gesellschaft entsprechende rechnerische Beteiligung am Gesamterlös die Erlöspräferenz übersteigt.

---

[95] *Zirngibl/Kupsch* BB 2011, 579, 580.

56 In der Literatur wird allerdings, weil bei mehrstufigen Anteilsveräußerungen die Verteilungsergebnisse verglichen mit einer einmaligen Veräußerung aller Anteile abweichen, vorgeschlagen, den **Erlösvorzug** den zum Erlös verpflichteten Gesellschaftern **abzuziehen,** und zwar bei mehrstufigen Veräußerungsvorgängen auf jeder Veräußerungsstufe.[96] Diese Lösung hat den Vorteil, dass sie den wirtschaftlichen Gegebenheiten entspricht. Der Erlösvorzug haftet als „Manko" den Anteilen der Gesellschafter, die nicht am Erlös beteiligt sind (Erlösverpflichtete), an. Immer wenn diese Gesellschafter Anteile veräußern, scheiden die zum Vorzuge verpflichteten Gesellschafter aus der Gesellschaft aus, so dass der auf die Anteile entfallende Vorzug an die berechtigten Gesellschafter auszuzahlen ist. Im Ausgangspunkt vorzugswürdig ist es daher, die **Erlösverteilungsvereinbarung** am Erlös des Nichtpräferenzberechtigten anzusetzen und die Verpflichtung zur Zahlung der Erlöspräferenz als Belastung des Gesellschaftsanteils zu verstehen. Als Klausel wird daher vorgeschlagen:[97]

57 Jeder Gesellschaftsanteil der Gesellschaft ist mit der Verpflichtung zur Zahlung von Erlöspräferenzen durch den jeweiligen Inhaber des Anteils nach Maßgabe der nachfolgenden Bestimmungen dinglich belastet. Die Belastung besteht jeweils solange, bis die jeweilige Erlöspräferenz in voller Höhe an den jeweils Berechtigten gezahlt wurde.
Im Falle der Veräußerung eines Gesellschaftsanteils ist aus dem auf den veräußerten Gesellschaftsanteil (anteilig) entfallenden Veräußerungserlös („anteiliger Veräußerungserlös") zunächst an die Inhaber der Gesellschaftsanteile mit den laufenden Nummern 37.501 bis 50.000 („Stufe 1-Präferenzberechtigte") insgesamt ein Betrag in Höhe von 40,00 EUR zu zahlen („Stufe 1"). Wenn der großanteilige Veräußerungserlös geringer ist als 40,00 EUR, wird der Erlös in voller Höhe an die Stufe 1-Präferenzberechtigten ausbezahlt. Ein nach der Zahlung in Stufe 1 etwaig verbleibender anteiliger Veräußerungserlös ist sodann in Höhe von 20,00 EUR an die Inhaber der Gesellschaftsanteile mit den laufenden Nummern 30.001 bis 37.500 („Stufe 2-Präferenzberechtigte") zu bezahlen („Stufe 2"). Wenn der großanteilige Veräußerungserlös geringer ist als 60,00 EUR, wird der nach Zahlung der Stufe 1 verbleibende anteilige Veräußerungserlös in voller Höhe an die Stufe 2-Präferenzberechtigten ausbezahlt. Ein nach den Zahlungen in Stufe 1 und Stufe 2 verbleibende Veräußerungserlös steht dem Veräußerer zu.
Die Verpflichtung zur Zahlung der vorstehenden Erlöspräferenzen gilt entsprechend für alle im Gesellschaftsverhältnis veranlassten Zahlungen der Gesellschaft an den Inhaber eines Geschäftsanteils.

58 Diese Klausel führte zu einer echten Begünstigung des Berechtigten **(double dip),** weil der Erlösvorzug als echte Präferenz zusätzlich zu dem Veräußerungserlös, der ohnehin auf jeden Gesellschaftsanteil entfällt, bezahlt werden soll. Deswegen steht der nach Zahlung der Vorzüge Stufe 1 und Stufe 2 verbleibende Betrag dem Veräußerer zu.

59 Soll der Erlösvorzug nicht zu einem **double dip** führen, müssen die nicht vorzugsberechtigten Gesellschafter nach Zahlung der Erlöspräferenzen wieder aufholen können. Die Literatur schlägt vor, den in Stufe 3 auf die ursprüngliche Pre-Money-Bewertung entfallende Betrag an die Gründer zu zahlen. Der seit Einstieg der Investoren erreichte Wertzuwachs wird dann durch eine weitere Präferenz (Stufe 4) berücksichtigt. Die Klausel könnte wie folgt lauten:

60 Im Falle der Veräußerung eines Gesellschaftsanteils ist aus dem auf den veräußerten Gesellschaftsanteil (anteilig) entfallenden Veräußerungserlös („Anteiliger Veräußerungserlös") zunächst an die Inhaber der Gesellschaftsanteile mit den laufenden Nummern 37.501 bis 50.000 („Stufe 1-Präferenzberechtigte") insgesamt ein Betrag in Höhe von 40,00 EUR zu bezahlen („Stufe 1"). Wenn der anteilige Veräußerungserlös geringer ist als 40,00 EUR, wird der Erlös in voller Höhe an die Stufe 1-Präferenzberechtigten ausbezahlt. Ein nach der Zahlung in Stufe 1 etwaig verbleibende anteiliger Veräußerungserlös ist sodann in Höhe von 20,00 EUR an die Inhaber der Gesellschaftsanteile mit den laufenden Nummern 30.001 bis 37.500 („Stufe 2-

---

[96] *Zirngibl/Kupsch* BB 2011, 579, 582.
[97] *Zirngibl/Kupsch* BB 2011, 579, 583.

Präferenzberechtigte") zu bezahlen ("Stufe 2"). Wenn der anteilige Veräußerungserlös geringer ist als 60,00 EUR, wird der nach der Zahlung der Stufe 1 verbleibende anteilige Veräußerungserlös in voller Höhe an die Stufe 2-Präferenzberechtigten ausbezahlt. Ein nach den Zahlungen in Stufe 1 und in Stufe 2 etwaig verbleibender anteiliger Veräußerungserlös ist sodann in Höhe von 80,00 EUR an die Inhaber der Gesellschaftsanteile mit den laufenden Nummern 1 bis 30.000 ("Stufe 3-Präferenzberechtigte") zu bezahlen ("Stufe 3"). Wenn der anteilige Veräußerungserlös geringer ist als 140,00 EUR, wird der nach den Zahlungen in Stufe 1 und Stufe 2 verbleibende anteilige Veräußerungserlös in voller Höhe an die Stufe 3-Präferenzberechtigten ausbezahlt. Ein nach den Zahlungen in Stufe 1, in Stufe 2 und in Stufe 3 etwaig verbleibender anteiliger Veräußerungserlös ist sodann in Höhe von 20,00 EUR an die Inhaber der Gesellschaftsanteile mit den laufenden Nummern 1 bis 37.500 ("Stufe 4-Präferenzberechtigte") zu bezahlen ("Stufe 4"). Wenn der anteilige Veräußerungserlös geringer ist als 160,00 EUR, wird der nach den Zahlungen in Stufe 1, in Stufe 2 und in Stufe 3 verbleibende anteilige Veräußerungserlös in voller Höhe an die Stufe 4-Präferenzberechtigten ausbezahlt. Ein nach den Zahlungen in den Stufen 1 bis 4 verbleibende anteilige Veräußerungserlös steht dem Veräußerer zu.

Auch bei der Veräußerung an einen Mitgesellschafter sollte der Vorzug bezahlt werden, soweit er auf die belasteten Anteile entfällt (Ausgleichszahlung). **61**

Die Gesellschaft muss dann, wenn teilweise Anteilsveräußerungen erfolgten, die „Belastungen" der jeweiligen Geschäftsanteile dokumentieren, um für jeden Geschäftsanteil feststellen zu können, ob und mit welchen Erlöspräferenzen er „belastet" ist. Vorgeschlagen wird ein von der Gesellschaft geführtes „Register". Auch muss bei Kapitalmaßnahmen die Erlöspräferenz für jeden Anteil angepasst werden. Zum einen unterliegen die neuen Anteile ebenfalls der Verpflichtung zur Zahlung von Erlöspräferenzen, zum anderen erhöht sich die Anzahl der präferenzverpflichteten Anteile, weswegen die Belastung jedes einzelnen Anteils neu zu berechnen ist. Sind bei einer Kapitalmaßnahme bestimmte Anteile nicht erlösvorzugsbelastet (beispielsweise weil bereits Erlöspräferenzen nach anteiliger Anteilsveräußerung gezahlt wurden), berechtigen diese unbelasteten Gesellschaftsanteile zum Bezug weiterer unbelasteter Gesellschaftsanteile. Soweit der Inhaber der unbelasteten Gesellschaftsanteile von seinem Bezugsrecht keinen Gebrauch macht, erwerben die Übernehmer der neuen Anteile diese unbelasteten Anteile anteilig, d. h. haben dann neue Gesellschaftsanteile, die zum Teil erlösvorzugsbelastet sind, zum Teil nicht. **62**

§ 88 Verwässerungsschutzklauseln

In der Praxis der Vertragsverhandlungen mit Eigenkapitalinvestoren spielen Verwässerungsschutzklauseln eine bedeutsame Rolle. Beteiligt sich ein Investor im Rahmen einer Finanzierungsrunde an einer Kapitalgesellschaft, folgen in der Praxis zumeist weitere Finanzierungsrunden, bevor der Erstinvestor seine Beteiligung an dem Unternehmen wieder veräußert. Nehmen außer dem Erstrundeninvestor ein oder mehrere andere Investoren (Neuinvestor) an solchen nachfolgenden Finanzierungsrunden teil, würde die Beteiligung des Erstrundeninvestors durch die Ausgabe neuer Anteile verwässert. Der Erstrundeninvestor wird die Verwässerung zumindest dann nicht akzeptieren, wenn der Anteilswert gefallen ist. Dann hätte der Investor im Falle dieser „Down-Runde" (einer Finanzierungsrunde zu gesunkenen Unternehmensbewertungen) zur Verringerung seiner prozentualen Beteiligungsquote noch eine wertmäßige Schmälerung seines Beteiligungswertes hinzunehmen. **63**

Umgesetzt wird der Verwässerungsschutz in aller Regel durch Ausgabe neuer Anteile aus einer Kapitalerhöhung in einer weiteren Finanzierungsrunde zum geringsten Ausgabebetrag (Nominalwert) an den geschützten Investor. Allerdings wird hierdurch der Neuinvestor wiederum verwässert, was beachtet werden sollte. Unterschieden wird zwischen sogenannten **Full Ratchet**- und **Weighted Average**-Klauseln. **64**

Bei einer **Full Ratchet**-Klausel kann der Erstinvestor so viele Aktien zum Nominalwert nachzeichnen bis er für sämtliche seiner Aktien durchschnittlich denselben niedrigeren **65**

Aktienpreis gezahlt hat wie der Neuinvestor.[98] Die Formel für die neu auszugebenden Aktien (N) lautet:[99]

$$N = [A \times (P1/P2)] - A$$

(Legende:
A = Summe der verwässungsgeschützten Aktien der ersten Finanzierungsrunde
P1 = Ausgabepreis der ersten Finanzierungsrunde
P2 = Ausgabepreis der Down-Runde)

66 Beim Verwässerungsschutz nach dem **Weighted Average**-Ansatz soll der Erstinvestor nach Durchführung der Anpassung so gestellt sein, als ob er sein Investment insgesamt zum gewichteten durchschnittlichen Kaufpreis getätigt hätte, wobei für die Gewichtung das Verhältnis des Finanzierungsvolumens des Erstinvestors zum Finanzierungsvolumen des Neuinvestors maßgeblich ist. Weichen die Finanzierungsvolumina der beiden Investoren voneinander ab, liegt der gewichtete Durchschnittspreis nicht genau in der Mitte zwischen den beiden Ausgangswerten.

67 Das Recht des Erstinvestors zur Nachzeichnung neuer Anteile zum niedrigsten Ausgabekurs wird dieser nur dann ausüben, wenn er überzeugt ist, dass sich der Einsatz weiteren Kapitals rentiert. Denkbar wäre auch, dass die Altgesellschafter (Gründungsgesellschafter) dem Erstinvestor Anteile zum Nominalwert abtreten müssen, sodass keine neuen Anteile gezeichnet werden. In der Nebenvereinbarung sollte ferner geregelt werden, wann der Erstinvestor seine Verwässerungsschutzrechte ausüben darf. In der Praxis sind unterschiedliche Gestaltungen anzutreffen. Zum einen kommt der Zeitpunkt der Down-Runde in Betracht, also beispielsweise die Zeichnung neuer Anteile durch den Zweit- oder Folgeinvestor. Denkbar ist aber auch, dass sich der Erstinvestor eine Option auf den Erwerb weiterer Anteile einräumen lässt. So muss er nicht gleich weitere Liquidität in das Unternehmen stecken, sondern kann die weitere Unternehmensentwicklung abwarten und müsste spätestens im Zeitpunkt des Exit entscheiden, ob er weitere Anteile erwirbt oder nicht.

68 Da die Gesellschaftervereinbarung, die den Verwässerungsschutz regelt, die Gesellschaft nicht bindet, sondern vielmehr nur die Mitgesellschafter verpflichtet werden, eine Kapitalerhöhung zu beschließen, die es dem Erstinvestor ermöglicht, so viele neue Anteile zum geringsten Ausgabebetrag zu zeichnen wie dieser für den Verwässerungsschutz benötigt, sollte die Verpflichtung der Altgesellschafter, die Stimmrechte im Sinne einer solchen Kapitalerhöhung auszuüben, um Vertragsstrafen zu deren Lasten ergänzt werden. Auch ist zu regeln, dass die Kapitalerhöhung der Gesellschaft um die an den geschützten Erstinvestor ausgegebenen Aktien zeitgleich mit der Kapitalerhöhung zugunsten des Neuinvestors zu beschließen ist. Als äußerster Zeitpunkt für die Ausübung des Verwässerungsschutzrechts sollte die Durchführung der Erhöhung des Grundkapitals zugunsten des Neuinvestors vorgesehen werden.

69 Grundsätzlich zu klären ist, ob der Verwässerungsschutz eines Altinvestors sich immer nur auf eine weitere Finanzierungsrunde (Down-Runde) bezieht oder auf alle künftigen Finanzierungsrunden, denen niedrigere Bewertungen zugrunde liegen als bei dem Einstieg des Altinvestors. Ist Letzteres der Fall, kann das Verwässerungsschutzrecht zugunsten eines Altgesellschafters nur entstehen, wenn der vom Neuinvestor gebotene Anteilskaufpreis unter demjenigen liegt, auf den der geschützte Altinvestor seine Beteiligung im Rahmen der letzten vorhergehenden Down-Runde oder Down-Runden (insgesamt) abgesenkt hat.[100]

70 Soll der Verwässerungsschutz durch eine Option sichergestellt werden, muss die Zahl der Optionsrechte (der bei Ausübung der Option auszugebenden neuen Anteile) festgelegt werden. Das Optionsrecht kann als schuldrechtliches, gegen die Altgesellschafter gerichtetes

---

[98] *Weitnauer* in: Weitnauer, Handbuch Venture Capital, 6. Aufl. 2019, Teil F. Rn. 130.
[99] Nach *Weitnauer* in: Weitnauer, Handbuch Venture Capital, 6. Aufl. 2019, Teil F. Rn. 130 Fn. 220.
[100] *von Einem/Schmid/Meyer* BB 2004, 2702, 2704 f.

Optionsrecht ausgeübt werden oder bei einer Aktiengesellschaft als Wandelschuldverschreibung. Im Falle einer bloß schuldrechtlichen Option wären die Altgesellschafter zu verpflichten, dem geschützten Investor im Zeitpunkt einer Down-Runde eine Option auf Zeichnung einer noch festzulegenden Anzahl zusätzlicher Anteile zum Nominalwert einzuräumen, wobei wiederum eine Vertragsstrafenregelung empfehlenswert ist. Im Falle einer Wandelschuldverschreibung zeichnet der Investor eine Anleihe an die Gesellschaft in Höhe des Nominalwerts der nachzureichenden Aktien. Diese Wandelschuldverschreibung könnte bereits im Zeitpunkt des Beitritts des Neuinvestors ausgegeben und mit einem bedingten Kapital im Sinne von §§ 192 ff. AktG unterlegt werden. Der Altinvestor hätte dann einen gesicherten Anspruch auf Ausgabe neuer Anteile gegen die Gesellschaft bei Eintritt der Bedingungen, unter denen das Wandlungsrecht steht. Nach § 192 Abs. 4 AktG sind Beschlüsse der Hauptversammlung nichtig, die dem Beschluss über die bedingte Kapitalerhöhung entgegenstehen. Nachteil ist allerdings die beschränkte Höhe des bedingten Kapitals gemäß § 192 Abs. 3 AktG.

Kapitel 26. Vorhand- und Vorkaufsrechte; Andienungspflichten

1   Die Interessen an der Kontrolle über den Gesellschafterkreis, der vollständig oder in Teilaspekten – beispielsweise in Bezug auf die Anteilsverhältnisse oder Mitgliedschaften bestimmter Familienstämme – geschützt werden soll und an der Kontrolle über die Veränderung des Gesellschafterbestandes sind ebenso unterschiedlich wie die Ausgestaltung der Vereinbarungen, die diese Interessen schützen oder umsetzen sollen. Hierfür sind neben den Veräußerungsverboten und -beschränkungen sowie den Mitverkaufsrechten und -pflichten besonders die Aufgriffs-, Vorkaufs- und Andienungsrechte und die hierzu korrespondieren Pflichten relevant.[1] In vielen Fällen, in denen Finanzinvestoren beteiligt sind, investieren diese nur dann, wenn sie sich nach einer bestimmten Zeit ohne Einschränkung wieder von den Anteilen trennen können (**„exit"**).[2] In Familienunternehmen hingegen herrscht oftmals der Wunsch vor, den Gesellschafterkreis möglichst unverändert zu lassen und den Kreis der Gesellschafter auf Familienmitglieder zu beschränken.[3] Während die Aufgriffs-, Vorkaufs- und Andienungsrechte für den veräußernden Gesellschafter den Vorteil haben, dass er auf jeden Fall – in absehbarer Zeit – aus der Gesellschaft ausscheiden kann, haben sie für die Erwerbspflichtigen – in aller Regel die Mitgesellschafter – den spiegelbildlichen Nachteil, dass eine Kontrolle der Gesellschafterzusammensetzung nur auf Kosten des Erwerbs von Anteilen möglich ist, was oftmals mit erheblichen finanziellen Belastungen verbunden ist.[4]

2   Vorhandrechte sind Andienungspflichten, die Anteile an Gesellschaften zum Inhalt haben. Vorkaufsrechte meinen den umgekehrten Fall, dass andere Gesellschafter oder Dritte Anteile kaufen können, wenn ein Gesellschafter bereits einen Kaufvertrag über seine Anteile abgeschlossen hat. Auch Vorkaufsrechte können sich ohne weiteres auf Gesellschaftsanteile beziehen.

3   Bei der Aktiengesellschaft spielen solche schuldrechtlichen Nebenvereinbarungen als Werkzeuge zur Kontrolle des Gesellschafterbestandes aufgrund der Satzungsstrenge gemäß § 23 Abs. 5 AktG eine große Rolle; entsprechende Regelungen können dort nur schuldrechtlich getroffen werden.[5]

4   Satzungsmäßige Vorkaufsrechte sind bei der Aktiengesellschaft unzulässig, weil § 68 Abs. 2 AktG mögliche Übertragungsbeschränkungen abschließend regelt (§ 23 Abs. 5 AktG). Argumentiert wird damit, dass es bei der Aktiengesellschaft keine Möglichkeit zu Austritt oder Kündigung der Mitgliedschaft gebe, weswegen die Anteile in der Satzung keinen weiteren Übertragungsbeschränkungen als vom Gesetz vorgesehen unterworfen werden könnten. Schuldrechtliche Vorhand- und Vorkaufsrechte sind jedoch zulässig.[6] Im Unterschied zur Aktiengesellschaft können in der Satzung einer GmbH Vorhand- und Vorkaufsrechte vereinbart werden.[7] Sollen solche Vorhand- und Vorkaufsrechte für Anteile an einer Aktiengesellschaft oder sollen sie bei einer GmbH nicht in der GmbH-Satzung geregelt werden, womit sie registerpublik wären, müssen (bei der Aktiengesellschaft) bzw. können (bei der GmbH) sie auch in schuldrechtlichen Nebenvereinbarungen enthalten sein, die dann aber – im Falle der GmbH – der notariellen Beurkundung bedürfen (§ 15

---

[1]   Derartige Vertragsgestaltungen sind insbesondere bei Familiengesellschaften relevant, vgl. BGH, Urt. v. 25.9.1986 – II ZR 272/85, WM, 1987, 10 ff. (Dinkelacker) mit Anmerkung *Flume*, JZ 1987, 566 ff. und Besprechung *Tiedtke* NJW, 1987, 874 ff.; auch *Flume* Anmerkung zu OLG Stuttgart, Urt. v. 28.10.1985, 5 U 202/84, JZ 1987, 570 ff.
[2]   *Seibt* in: MAH GmbHR, 4. Aufl. 2018, § 2 Rn. 309 ff.
[3]   BGH, Urt. V. 22.1.2013 – II ZR 80/10, NZG 2013, 220, 221.
[4]   *Reichert* GmbHR 2012, 713, 721.
[5]   *Zetzsche* NZG 2002, 942, 945; *Mayer* MittBayNot 2006, 281, 285.
[6]   BGH, Urt. v. 25.9.1986 – II ZR 272/85, WM 1987, 10 („Dinkelacker").
[7]   *Hueck*, FS Larenz, 1973, S. 749, 755 ff.; *Baumann/Reiß* ZGR 1989, 157, 181 f.; *Lutter/Schneider* ZGR 1975, 182, 187.

Abs. 4 GmbHG). Hier zeigt sich der Nachteil von Anteilen an Gesellschaften mit beschränkter Haftung, weil zu deren Übertragung stets die notarielle Beurkundung erforderlich ist, während dies für Aktien nicht der Fall ist.

§ 89 Andienungsrechte (Verkaufsrecht; Put-Option)

Als Ausgleich für schuldrechtlich vereinbarte Verfügungsbeschränkungen oder Verfügungsverbote sowie für die unten dargestellten Andienungspflichten oder Vorerwerbsrechte wird in vielen schuldrechtlichen Nebenvereinbarungen ein Andienungsrecht des Gesellschafters vereinbart. Da solche Andienungsrechte zumeist nur bestimmte Gesellschafter oder Gesellschaftergruppen begünstigen sollen, ist diese Regelung häufig in einer Nebenvereinbarung und nicht in der Satzung zu finden, damit sie nicht publik wird. Durch ein Andienungsrecht (auch Verkaufsrecht oder Put-Option genannt) ist der begünstigte Gesellschafter bzw. die begünstigte Gesellschaftergruppe dazu berechtigt, bei Vorliegen bestimmter Voraussetzungen Veräußerung und Übertragung seiner Beteiligung bzw. ihrer Beteiligungen an die übrigen Gesellschafter, bestimmte Mitgesellschafter oder gar die Gesellschaft zu verlangen.[8] Hierbei sollten die Voraussetzungen für die Geltendmachung des Andienungsrechts und vor allem die Einzelheiten der Bestimmung der Gegenleistung – zumeist des Kaufpreises – klar im Vertrag niedergelegt sein. Schwächen der Vereinbarung an dieser Stelle rächen sich in der Praxis.

5

Die konkrete Ausgestaltung des Andienungsrechts kann sehr vielfältig sein. Das Ereignis oder der Umstand, der das Andienungsrecht auslösen soll, sollte konkret bezeichnet werden. Auslöser können z. B. bestimmte Beschlüsse der Gesellschafter über Strukturmaßnahmen, einschneidende Geschäftsführungsmaßnahmen gegen Willen und Stimme des durch das Andienungsrecht begünstigten Gesellschafters oder bestimmte wirtschaftliche Daten des Unternehmens sein.[9] Auch andere Ereignisse wie etwa der Eintritt einer Erbfolge oder die Pfändung eines Geschäftsanteils sind mögliche Anknüpfungspunkte.

6

Für die Bestimmung der Gegenleistung wird in der Praxis häufig eine Unternehmensbewertung etwa nach der Ertragswert- oder Discounted-Cash-Flow-Methode vereinbart. Manche Klauseln enthalten auch gleich konkrete Bestimmungen zur Berechnung des Kaufpreises aus bestimmten Finanzkennzahlen. Das Problem an solchen Klauseln ist oftmals ihre fehlende Präzision, weil sie beispielsweise auf Begrifflichkeiten verweisen, die es nicht oder nicht so gibt oder weil sie auf veraltete Bewertungsverfahren verweisen. So kommt es in der Praxis immer wieder vor, dass dem Sachverständigen nicht klar ist, wie die Bewertung erfolgen soll.

7

Rechtlich ist die **Put-Option** ein **aufschiebend bedingter Anteilskauf- und -abtretungsvertrag**.[10] Der Anteilskaufvertrag wird aufschiebend bedingt auf die Ausübung der Put-Option geschlossen, d. h. mit Ausübung der Put-Option entfaltet der Anteilskaufvertrag seine Wirkung. Der Anteilsabtretungsvertrag wird als dingliches Verfügungsgeschäft regelmäßig über die Ausübung der Put-Option noch vom Eintritt weiterer Bedingungen abhängig gemacht. In der Praxis üblich ist es etwa, den Übergang der Anteile vom Eingang des vollständigen Kaufpreises auf dem Konto des Verkäufers und von öffentlichen Genehmigungen (insbesondere einer erfolgreich durchgeführten Fusionskontrolle) abhängig zu machen. Alternativ kann die Put-Option als Vorvertrag ausgestaltet werden.[11] Der Käufer verpflichtet sich darin für den Fall der Ausübung der Put-Option, einen Anteilskauf- und abtretungsvertrag mit dem Verkäufer abzuschließen. Diese Gestaltungsmöglichkeit ist in der Praxis weniger gebräuchlich. Denn anders als in der zuvor beschriebenen Ausgestaltung

8

---

[8] Verse in: Henssler/Strohn, Gesellschaftsrecht, 4. Aufl. 2019, GmbHG § 15 Rn. 71; Weitnauer in: Weitnauer, Handbuch Venture Capital, 6. Aufl. 2019, Teil F Rn. 206.
[9] Seibt in: MAH GmbHR, 4. Aufl. 2018, § 2 Rn. 306 ff.
[10] Nolte in: BeckM&A-HdB, § 53 Rn. 135.
[11] Thurn/Ziegenhain in: BeckFormB ZivilR, 4. Aufl. 2018, N.3. Rn. 3; Nolte in: BeckM&A-HdB, § 53 Rn. 136.

der Put-Option als Bedingungskonstruktion entfaltet im Falle eines Vorvertrags der Anteilskauf- und -abtretungsvertrag nicht bereits mit der Ausübung der Put-Option seine Wirkung, sondern der Käufer ist lediglich dazu verpflichtet, den Anteilskauf- und -abtretungsvertrag abzuschließen. Im Zweifel müsste der Verkäufer die Vertragsabschlüsse gerichtlich durchsetzen, was einen erheblichen Nachteil für ihn bedeutet.

9   Üblicherweise vereinbaren die Parteien einen bestimmten Zeitraum, in dem die Put-Option vom Verkäufer ausgeübt werden kann. Die Put-Option kann dann weder vor, noch nach dem angegebenen Zeitraum ausgeübt werden. Möglich ist auch lediglich einen Anfangstermin zu benennen mit der Folge, dass die Put-Option nicht vor diesem Termin ausgeübt werden kann. Spiegelbildlich möglich ist schließlich die bloße Vereinbarung eines Endtermins. In diesem Fall kann die Put-Option theoretisch sofort mit dem Abschluss des Vertrages ausgeübt werden, spätestens aber mit Ablauf des Endtermins. Ist für die Ausübung der Put-Option ein langer Zeitraum vorgesehen, ist daran zu denken, ggf. ein Rücktrittsrecht für beide Seiten oder auch nur zugunsten des Käufers oder des Verkäufers vorzusehen.

10 **Ausgeübt** wird die Put-Option durch Erklärung des Verkäufers gegenüber dem Käufer, von der Put-Option Gebrauch zu machen. Die Erklärung ist grundsätzlich formfrei möglich und bedarf insbesondere nicht der notariellen Beurkundung (§ 15 Abs. 3 GmbHG).[12] Formbedürftig sind lediglich der Anteilskauf- und -abtretungsvertrag, nicht jedoch der bloße Eintritt von Bedingungen, von dem die Wirkung der Verträge abhängt.[13] Bei der Ausübung der Put-Option handelt es sich um einen solchen schlichten Bedingungseintritt. Der Schutzzweck etwaiger Formvorschriften ist durch den formgültigen Abschluss des aufschiebend bedingten Vertrages gewahrt.[14] Aus Beweisgründen sollte für die Erklärung über die Ausübung der Put-Option jedoch zumindest die Schriftform vertraglich vorgesehen werden.

11 Ebenfalls sollte vertraglich geregelt werden, wer, und ggf. auf wessen Kosten, dafür Sorge zu tragen hat, dass die **Bedingungen eintreten.** Neben einer allgemeinen Pflicht beider Parteien zur Herbeiführung des Eintritts der einzelnen Bedingungen wie beispielsweise die Einholung der fusionsrechtlichen Freigabe können die Parteien auch nur dem Käufer oder dem Verkäufer konkrete Pflichten zur Herbeiführung des Eintritts bestimmter Bedingungen auferlegen.

12 Mit dem **Stichtag** bestimmen die Parteien den Zeitpunkt, ab dem sich die Parteien im Innenverhältnis so stellen, als ob die beabsichtigte Übertragung der Anteile zu diesem Zeitpunkt tatsächlich erfolgt wäre. Dies ist beispielsweise für die Frage von Bedeutung, ab welchem Zeitpunkt dem Käufer im Innenverhältnis das Gewinnbezugsrecht zusteht.[15] Zwar muss der Stichtag weder mit dem Zeitpunkt der Ausübung der Put-Option noch mit dem Zeitpunkt des Eintritts der übrigen Bedingungen für die Übertragung der Anteile zusammenfallen, ein gewisser zeitlicher Zusammenhang zwischen wirtschaftlicher und dinglicher Rechtsposition ist jedoch sinnvoll.

13 Bei der Aufnahme von **Garantien** in den Vertrag sollte klar unterschieden werden zwischen selbständigen Garantieversprechen und Beschaffenheits- oder Haltbarkeitsgarantien im Sinne von § 443 BGB. Denn bei selbständigen Garantieversprechen haben die Parteien einen größeren Gestaltungsspielraum, etwa hinsichtlich der Rechtsfolgen einer Garantieverletzung oder der Verjährung von Ansprüchen aus einer Garantieverletzung, als bei den gesetzlichen Gewährleistungsansprüchen. Aus Käufersicht sollte der Verkäufer mindestens garantieren, dass er ihn vollständig und richtig informiert hat und dass die Rechte an den Anteilen tatsächlich bestehen. Für den Fall, dass der Verkäufer eine Garantie verletzt, sieht der Vertrag häufig einen Ausschluss der Haftung des Verkäufers für Folge-

---

[12] *Thurn/Ziegenhain* in: BeckFormB ZivilR, 4. Aufl. 2018, N.3. Rn. 6.
[13] Vgl. BGH, Urt. v. 12.5.2006 – V ZR 97/05, NJW 2006, 2843, 2844 Rn. 20; Palandt/*Ellenberger*, 78. Aufl. 2019, Einf. v. § 145 BGB Rn. 23.
[14] Vgl. BGH, Urt. v. 12.5.2006 – V ZR 97/05, NJW 2006, 2843, 2844 Rn. 20.
[15] *Thurn/Ziegenhain* in: BeckFormB ZivilR, 4. Aufl. 2018, N.3. Rn. 12.

schäden sowie entgangenen Gewinn vor. Abhängig vom Verhandlungsgeschick des Verkäufers können die Parteien auch Schwellen festlegen, ab denen der Käufer einen Anspruch wegen Garantieverletzung überhaupt erst geltend machen darf (sog. **De-Minimis**-Klauseln), oder Höchstbeträge, über die hinaus eine Haftung des Verkäufers ausscheidet (sog. **Cap**). Solche Klauseln machen das Haftungsrisiko für den Verkäufer kalkulierbar. Üblich ist auch, insbesondere im Falle einer vom Käufer im Vorfeld durchgeführten **due diligence,** dass eine Haftung des Verkäufers insgesamt ausscheidet oder betragsmäßig begrenzt wird, wenn der Käufer Kenntnis oder (grob) fahrlässige Unkenntnis von den Umständen hatte, die zu einer Garantieverletzung geführt haben.

Hängt die Übertragung von Anteilen von Zustimmungen ab (Vinkulierung), etwa von der Zustimmung der Gesellschaft oder von Gesellschaftern, muss vertraglich sichergestellt werden, dass diese Zustimmungen erteilt werden. Auch eine Zustimmung des Ehepartners des Verkäufers gemäß § 1365 BGB kann erforderlich sein. 14

Schließlich wird flankierend zur Put-Option die Abtretung von Forderungen und Rechten aus dem Anteilskauf- und -abtretungsvertrag von der Zustimmung der anderen Partei abhängig gemacht. 15

Formulierungsbeispiel für eine **Put-Option:** 16

> § 1 Put-Option, Kauf und Übertragung der Geschäftsanteile
> (1) Der Verkäufer hat das Recht, nach den Vorschriften dieses Vertrages dem Käufer die von ihm gehaltenen Geschäftsanteile an der Gesellschaft („Geschäftsanteile") zu verkaufen und zu übertragen („Put-Option").
> (2) Der Verkäufer verkauft an den Käufer und der Käufer kauft von dem Verkäufer die Geschäftsanteile nach Maßgabe der Bestimmungen dieses Vertrags unter der aufschiebenden Bedingung der Ausübung der Put-Option (§ 1 Abs. 1) gemäß § 2.
> (3) Der Verkäufer tritt bereits mit Abschluss dieses Vertrages die Geschäftsanteile unter der aufschiebenden Bedingung der Ausübung der Put-Option (§ 1 Abs. 1) gemäß § 2 und den aufschiebenden Bedingungen gemäß § 4 Abs. 1 an den Käufer ab. Der Käufer nimmt diese Abtretung an.
>
> § 2 Ausübung der Put-Option
> (1) Der Verkäufer kann das Recht aus § 1 Abs. 1 geltend machen, wenn ein Gesellschafter eine Beteiligung von mehr als ... % des Stammkapitals der Gesellschaft hält. Beteiligungen desselben Gesellschafterstammes werden zusammengerechnet und als Beteiligung eines jeden stammesangehörigen Gesellschafters behandelt. Zu der Beteiligung eines Gesellschafters werden auch die Beteiligungen von Gesellschaften gezählt, an denen der Gesellschafter mit einem Kapital- oder Stimmrechtsanteil von über 50 % beteiligt ist. Die Ausübung der Put-Option (§ 1 Abs. 1) erfolgt durch eine schriftliche Ausübungserklärung gegenüber dem Käufer. Mit Zugang dieser Ausübungserklärung beim Käufer ist die Put-Option ausgeübt („Ausübung").
> (2) Der Verkäufer kann die Put-Option (§ 1 Abs. 1) nur innerhalb von sechs Monaten ab dem Zeitpunkt geltend machen, in dem ein Gesellschafter erstmals eine Beteiligung von mehr als ... % des Stammkapitals der Gesellschaft hält.
>
> § 3 Kaufpreis
> (1) Der Käufer ist verpflichtet, dem Verkäufer als Gegenleistung für die Übertragung der Geschäftsanteile einen dem anteiligen Unternehmenswert entsprechenden Kaufpreis zu bezahlen. Können sich der Käufer und Verkäufer nicht auf einen Kaufpreis einigen, so haben sie sich innerhalb eines Monats auf einen Sachverständigen zu einigen, der den Kaufpreis unter Beachtung der jeweiligen von dem Institut der Wirtschaftsprüfer veröffentlichten Grundsätze zur Durchführung von Unternehmensbewertungen (IDW S 1) als Schiedsgutachter zu ermitteln hat. Können sie sich nicht auf einen Sachverständigen einigen, ist ein Schiedsgutachter auf Antrag einer der Parteien durch den Vorsitzenden des Instituts der Wirtschaftsprüfer in Deutschland e. V., Düsseldorf, zu bestimmen. Die Kosten des Schiedsgutachters tragen beide Parteien je zur Hälfte.
> (2) Der Kaufpreis ist fällig mit der Ausübung der Put-Option (§ 1 Abs. 1) gemäß § 2 und sobald die Höhe des Kaufpreises im Sinne Absatz 1 feststeht.

§ 4 Aufschiebende Bedingungen; Rücktrittsrecht
(1) Die Abtretung der Geschäftsanteile steht neben der Ausübung der Put-Option unter den aufschiebenden Bedingungen
- des Eingangs des vollständigen Kaufpreis auf dem Konto des Verkäufers;
- des Eingangs sämtlicher erforderlichen öffentlich-rechtlichen Zustimmungen zur Übertragung der Geschäftsanteile.

(2) Die Parteien verpflichten sich, auf den schnellen Eintritt der Bedingungen hinzuwirken.
(3) Sind die aufschiebenden Bedingungen nicht innerhalb von 9 Monaten nach der Ausübung der Put-Option eingetreten, so kann der Verkäufer von dieser Vereinbarung zurücktreten, ohne dem Käufer zu haften.

§ 5 Stichtag
Mit Beginn des zweiten Monats („Stichtag") nach Ausübung der Put-Option wird der Käufer wirtschaftlich so gestellt, als seien die unter § 4 Abs. 1 genannten Bedingungen eingetreten; dies gilt insbesondere für die ab dem Stichtag dem Käufer zustehenden Gewinne.

§ 6 Garantien des Verkäufers
(1) Bei Ausübung der Put-Option garantiert der Verkäufer dem Käufer in Form einer verschuldensunabhängigen Garantie (§ 311 BGB), dass:
- der Verkäufer alleiniger rechtlicher und wirtschaftlicher Eigentümer der Gesellschaftsanteile ist;
- die Geschäftsanteile frei von Belastungen und Rechten Dritter sind.

Weitere Garantien gibt der Verkäufer nicht ab.

(2) Stellt sich bei Vertragsschluss oder Ausübung der Put-Option heraus, dass die zugesagte Beschaffenheit der Geschäftsanteile nicht der tatsächlichen Rechtslage entspricht (Garantiefall), so kann der Käufer verlangen, dass der Verkäufer innerhalb einer vom Käufer zu setzenden, angemessenen Frist, spätestens aber innerhalb von 2 Wochen nach Zugang einer entsprechenden Aufforderung durch den Käufer, den Zustand herstellt, der bei Einhaltung der Garantieaussagen bestehen würde. Kommt der Verkäufer dieser Pflicht nicht nach oder ist die Herstellung des garantierten Zustandes nicht möglich oder unverhältnismäßig, so kann der Käufer Ersatz des Schadens, der durch die Nichteinhaltung des Garantieversprechens eingetreten ist, in Geld verlangen.

(3) Eine Haftung des Verkäufers für einen Garantiefall scheidet aus, wenn:
- der Käufer, ein mit dem Käufer in gerader Linie verwandter Gesellschafter oder ein für den Käufer tätig gewordener Dritter Kenntnis von den Umständen, Informationen oder Angaben, welche den Garantiefall begründen, hatte oder wenn eine dieser aufgezählten Personen bei Einhaltung der erforderlichen Sorgfalt Kenntnis hätte erlangen können;
- ein Verschulden des Käufers, eines mit dem Käufer in gerader Linie verwandten Gesellschafters oder eines für den Käufer tätig gewordenen Dritten bei der Entstehung des Garantiefalls gemäß § 254 Abs. 1 BGB mitgewirkt oder gegen Schadensminderungspflichten gemäß § 254 Abs. 2 BGB verstoßen hat;
- wegen des durch den Garantiefall entstandenen Anspruchs bereits von einem Dritten oder einer Versicherung ein angemessener Ersatz erlangt wurde.

Der Verkäufer haftet nur dann für den Garantiefall, wenn ein einzelner Schaden ... EUR oder der Gesamtbetrag der Schäden ... EUR übersteigt. Die Gesamthaftung des Verkäufers beschränkt sich auf ... EUR.

§ 7 Verjährungsfristen
Alle Ansprüche des Klägers wegen der Verletzung einer Garantie verjähren ein Jahr nach dem Stichtag.

§ 8 Abtretung von Forderungen und Rechten
Eine Abtretung von Forderungen und Rechten aus diesem Vertrag ist ohne vorherige schriftliche Zustimmung der anderen Vertragspartei nicht wirksam.

§ 90 Andienungspflichten und Vorerwerbsrechte

Spiegelbildlich zu den Andienungsrechten stehen die Andienungspflichten und Vorerwerbsrechte. Bei den Andienungspflichten handelt es sich um einem Vorkaufs- bzw. Ankaufsrecht vorgelagerte Pflichten eines veräußerungswilligen Gesellschafters; das Vorerwerbsrecht korreliert aus der Sicht der begünstigten Gesellschafter oder Gesellschaft mit der Andienungspflicht.[16] Während ein Vorkaufs- oder Ankaufsrecht erst beim Abschluss eines wirksamen, gegebenenfalls notariell beurkundeten Kaufvertrags eingreift, setzen Andienungspflichten bzw. Vorerwerbsrechte früher an. Hier hat der veräußerungswillige Gesellschafter bereits im Vorfeld eines Vertragsabschlusses oder konkreter Vertragsverhandlungen den Mitgesellschaftern oder der Gesellschaft die Geschäftsanteile zum Erwerb anzubieten.[17] 17

Besonders praxisbedeutsam sind Regelungen bei Familiengesellschaften, insbesondere auch bei Familiengesellschaften in der Rechtsform der Aktiengesellschaft, nach denen ein Gesellschafter bzw. Aktionär, der aus der Gesellschaft ausscheiden will, seine Anteile bzw. Aktien den anderen Gesellschaftern zum Erwerb anzubieten hat. Solche Regelungen sind insbesondere auch bei Aktiengesellschaften zulässig, weil damit das zulässige Ziel verfolgt wird, den Kreis der Aktionäre bei Familiengesellschaften zu beschränken.[18] 18

Solche Regelungen sind ferner zulässig, wenn der Gesellschafter- bzw. der Aktionärskreis auf Personen beschränkt werden soll, die ein anderes gemeinsames Merkmal aufweisen. Solche Andienungsregelungen führen in aller Regel zur Entstehung einer GbR (→ Kap. 9, Rn. 1 ff).[19] 19

In Betracht kommt auch die Regelung von Andienungspflichten in Nebenvereinbarungen zwischen jedem Gesellschafter und der Gesellschaft oder den Gesellschaftern gemeinsam und der Gesellschaft. Bei Aktiengesellschaften ist das nicht unkritisch. So wird die Meinung vertreten, schuldrechtliche Nebenabreden der Aktionäre mit der Gesellschaft seien unter anderem dann zulässig, wenn sie das Ziel verfolgten, in Ergänzung einer satzungsmäßigen Vinkulierung der Aktien nach § 68 Abs. 2 AktG einen bestimmten Aktionärskreis zu erhalten,[20] wenn etwa nach der Ausgabe von Belegschaftsaktien eine Rückübertragung der Aktien für den Fall sichergestellt werden soll, dass der Mitarbeiter aus dem Unternehmen ausscheidet.[21] Problematisch ist hieran bei der Aktiengesellschaft, dass die Gesellschaft im Rahmen der Nebenabrede durch den Vorstand vertreten wird und damit der Vorstand im Widerspruch zu der innergesellschaftlichen Kompetenzordnung über die Zusammensetzung der Hauptversammlung bestimmen könnte. Eine solche Einflussnahme des Vorstands sei zwar im Rahmen des Zustimmungserfordernisses bei der Vinkulierung von Aktien nach § 68 Abs. 2 AktG anerkannt. Das Verbot des § 136 Abs. 2 AktG zeige aber, dass sich der Aktionär nicht verpflichten dürfe, sein Stimmrecht nach den Weisungen des Vorstands auszuüben, was den Vorstandseinfluss auf die Hauptversammlung begrenzt. Stimmen in der Literatur ziehen daraus den Schluss, dass dem Vorstand für den Abschluss derartiger Vereinbarungen die Geschäftsführungsbefugnis fehle.[22] 20

In der Praxis lassen sich folgende **Varianten von Andienungspflichten** unterscheiden: Ein **right of first offer** verpflichtet den veräußerungswilligen Gesellschafter, seine Beteiligung zunächst dem Mitgesellschafter oder den Mitgesellschaftern zu bestimmten Kon- 21

---

[16] *Seibt* in: MAH GmbHR, 4. Aufl. 2018, § 2 Rn. 302 ff.
[17] *Weitnauer* in: Weitnauer, Handbuch Venture Capital, 6. Aufl. 2019, Teil F. Rn. 194.
[18] BGH, Urt. v. 25.9.1986 – II ZR 272/85, ZIP 1987, 103, 104; BGH, Urt. v. 13.6.1994 – II ZR 38/93, BGHZ 126, 226, 234 f.
[19] BGH, Beschl. v. 21.9.2009 – II ZR 250/07, ZIP 2009, 2155 Rn. 4.
[20] So im Anschluss an ein obiter dictum des BayObLG, Beschl. v. 24.11.1988, 3 Z 111/88, WM 1989, 138, 143; *Barthelmeß/Braun* AG 2000, 172 ff.; *Schanz* NZG 2000, 337, 341; *Merkt* in: Großkomm. AktG, 4. Aufl. 2001, § 68 Rn. 522; *Bayer* in: MüKoAktG, 5. Aufl. 2019, § 68 Rn. 41.
[21] BayObLG, Beschl. v. 24.11.1988, 3 Z 111/88, WM 1989, 138 ff.
[22] *Immenga* AG 1992, 79; *Otto* AG 1991, 369 ff.

ditionen anzubieten.²³ Möglich ist auch, dass für den veräußerungswilligen Gesellschafter lediglich eine Pflicht besteht, mit den übrigen Gesellschaftern Verhandlungen über die Veräußerung seiner Anteile aufzunehmen.²⁴ Letztere Alternative einer Andienungspflicht ist in der Praxis eher selten anzutreffen, da für die übrigen Gesellschafter mit dem Abschluss der Andienungspflicht noch keine gesicherte Erwerbsposition begründet wird. Nimmt der oder die Mitgesellschafter das Angebot des veräußerungswilligen Gesellschafters nicht an, ist der veräußerungswillige Gesellschafter berechtigt, seine Anteile innerhalb eines bestimmten Zeitraums an einen Dritten zu veräußern und zwar zu Konditionen, die nicht schlechter sind als diejenigen für die Mitgesellschafter. Im Falle eines **right of first refusal** hat der veräußerungswillige Gesellschafter seine Anteile zunächst einem oder mehreren Mitgesellschaftern verbunden mit einem konkreten Angebot eines Dritten für den Erwerb der Anteile anzubieten.²⁵ Lehnen die Mitgesellschafter das Angebot ab, kann der veräußerungswillige Gesellschafter seine Anteile mindestens zu diesem Angebot dem Dritten zum Erwerb anbieten. Das **right of first refusal** kommt einem Vorkaufsrecht sehr nahe.

22   Um Streitigkeiten zu vermeiden, muss der Zeitpunkt, der die Andienungspflicht bzw. das Vorerwerbsrecht auslöst, präzise beschrieben werden, insbesondere muss genau bestimmt sein, zu welchem Zeitpunkt vor Abschluss eines Kaufvertrages der zum Verkauf bestimmte Gegenstand den Mitgesellschaftern oder der Gesellschaft zum Erwerb anzubieten ist. Neben der genauen Beschreibung des die Andienungspflicht auslösenden Moments müssen auch das Verfahren zu Erfüllung der Andienungspflicht bzw. der Geltendmachung des Vorerwerbsrechts sowie die Berechnung der Gegenleistung klar geregelt werden.

23   Häufig wird in der Praxis bereits im Voraus ein konkreter Kaufpreis, der bei einer geplanten Veräußerung durch die berechtigten Erwerber zu zahlen ist, vereinbart und unter Umständen auf den Preis abgestellt, der im Falle eines anderweitigen Ausscheidens des Gesellschafters wie etwa bei Kündigung oder im Todesfall zu zahlen wäre.²⁶ Für die Beurteilung des Verhältnisses des vereinbarten Preises zum Verkehrswert ist auf die Grundsätze der Rechtsprechung zu Abfindungsklauseln in Gesellschaftsverträgen zurückzugreifen.²⁷ Besteht ein sog. grobes Missverhältnis zwischen Verkehrswert und Übernahmepreis, so hat der Übernehmer einen entsprechend §§ 157, 242 BGB angepassten Preis zu bezahlen.²⁸ In dieser Entscheidung des BGH ging es um die Wirksamkeitsanforderungen an den Gesellschaftsvertrag einer Schutzgemeinschaft in Form einer GbR. In dem streitgegenständlichen Vertrag hatten sich die Parteien, die Aktionäre einer Aktiengesellschaft waren, dazu verpflichtet, bei einem Ausscheiden aufgrund einer Kündigung oder bei Übertragung der Anteile an Dritte oder Abkömmlinge, die nicht der Schutzgemeinschaft beitreten, ihre Anteile den verbleibenden Mitgliedern der Schutzgemeinschaft anzubieten. Die Formel zur Ermittlung des Kaufpreises war in einer Klausel des Vertrages niedergelegt. Im konkreten Sachverhalt lag der Übernahmepreis einer Aktie bei rund 300 % im Vergleich zu dem bei Abschluss des Schutzgemeinschaftsvertrages geltenden Übernahmepreis, während sich der Verkehrswert einer Aktie zum Zeitpunkt der geplanten Veräußerung zwischen 600 % und 1.000 % bewegte. Darin sah der BGH ein außergewöhnliches Missverhältnis zwischen vertraglichem Übernahmepreis und Verkehrswert. Starre Grenzen gälten für die Bestimmung eines außergewöhnlichen Missverhältnisses nicht. Vielmehr müsse die Beurteilung unter Berücksichtigung des berechtigten Interesses der verbleibenden Gesellschafter an der Aufrechterhaltung des vertraglich vorgesehenen Schutzzweckes erfolgen.²⁹ Folge des außergewöhnlichen Missverhältnisses war nach Ansicht des BGH, dass aufgrund der Unwirt-

---

²³ *Nolte* in: BeckM&A-HdB, § 53 Rn. 128. *Weitnauer*, Handbuch Venture Capital, 6. Auflage 2019, Teil F. Die VC-Beteiligung Rn. 194
²⁴ *Nolte* in: BeckM&A-HdB, § 53 Rn. 128.
²⁵ *Nolte* in: BeckM&A-HdB, § 53 Rn. 128. *Weitnauer*, Handbuch Venture Capital, 6. Auflage 2019, Teil F. Die VC-Beteiligung Rn. 195
²⁶ *Otto* GmbHR 1996, 16, 17.
²⁷ *Otto* GmbHR 1996, 16, 17; BGH, Urt. v. 13.6.1994 – II ZR 38/93, NJW 1994, 2536.
²⁸ BGH, Urt. v. 13.6.1994 – II ZR 38/93, NJW 1994, 2536.
²⁹ BGH, Urt. v. 13.6.1994 – II ZR 38/93, NJW 1994, 2536, 2540.

schaftlichkeit der „erzwungenen" Veräußerung die wirtschaftliche Bewegungs- und Entscheidungsfreiheit des Gesellschafters derart eingeschränkt werde, dass sie faktisch beseitigt werde, was auch durch das an sich legitime Ziel der Schutzgemeinschaft, der Sicherstellung der einheitlichen Rechtsausübung im Hinblick auf die Beteiligung an der Aktiengesellschaft, nicht mehr von der Rechtsordnung hinzunehmen sei.[30] Die Klausel zur Bestimmung des Kaufpreises war jedoch trotz außergewöhnlichen Missverhältnisses zwischen vertraglichem Übernahmepreis und Verkehrswert nicht unwirksam. Vielmehr waren die Veräußerer verpflichtet, ihre Anteile den verbleibenden Vertragspartnern zu einem entsprechend §§ 157, 242 BGB den veränderten Umständen angepassten Preis anzubieten.[31]

Nach dem BGH sollen Abreden zu unentgeltlichen Rückübertragungen entgeltlich **24** erworbener Aktien auf die Aktiengesellschaft hingegen nichtig sein.[32] Im Urteilssachverhalt hatte eine Aktiengesellschaft geklagt, die einen Unternehmensverbund für Versicherungsmakler betrieb und die nach ihrem Unternehmensgegenstand Versicherungsmaklern die Hilfen und Unterstützungsmittel zur Verfügung stellen sollte, die sich aus dem Berufsbild des Maklers ergeben. Sämtliche Aktionäre waren Versicherungsmakler, die – jeder für sich – mit der Aktiengesellschaft außerdem über einen „Partnerschaftsvertrag" verbunden waren, in dessen Rahmen die Aktiengesellschaft ihren Aktionären Beratungs- und Unterstützungsleistungen anbot. Im Partnerschaftsvertrag war vorgesehen, dass jeder Partner 25 singuläre Namensaktien im Nominalwert zu jeweils 52,00 EUR erwerben sollte. Dieser Partnerschaftsvertrag konnte von beiden Vertragsparteien mit einer Frist von drei Monaten gekündigt werden. Mit der Beendigung des Partnerschaftsvertrages waren alle Aktien unentgeltlich zur Übertragung auf einen neuen Partner an die Aktiengesellschaft zurückzuübertragen. Die Beklagte, die 25 Aktien zu insgesamt 1.300,00 EUR erwarb, kündigte den Partnerschaftsvertrag, woraufhin die Aktiengesellschaft die unentgeltliche Übertragung der Aktien verlangte, wogegen sich die Beklagte wehrte. Vorliegend handelte es sich mithin nicht um Nebenvereinbarungen zwischen Gesellschaftern, sondern um jeweils getrennte Verträge zwischen der Gesellschaft und jedem einzelnen Aktionär. Der BGH beurteilte die Abreden als gegen die guten Sitten nach § 138 Abs. 1 BGB verstoßend. Durch eine schuldrechtliche Vereinbarung zwischen einer Aktiengesellschaft und ihrem jeweiligen Aktionär könnten grundsätzlich keine Rechte und Pflichten begründet werden, die alle gegenwärtigen und künftigen Aktionäre treffen sollen und damit mitgliedschaftlicher Natur seien; solche Rechte und Pflichten müssten vielmehr in die Satzung aufgenommen werden. Im Ergebnis sei mit den jeweils individuellen Vereinbarungen zwischen der Aktiengesellschaft und jedem einzelnen Aktionär eine Bindung aller Aktionäre gewollt gewesen.

Die Frage, ob schuldrechtliche Nebenabreden der Aktionäre mit der Gesellschaft dann **25** zulässig seien, wenn sie das Ziel verfolgten, in Ergänzung einer satzungsmäßigen Vinkulierung der Aktien gemäß § 68 Abs. 2 AktG einen bestimmten Aktionärskreis zu erhalten[33] oder wenn nach Ausgabe von Belegschaftsaktien eine Rückübertragung der Aktien für den Fall sichergestellt werden soll, dass der Mitarbeiter aus dem Unternehmen ausscheidet,[34] hat der BGH unter Verweis auf die Gegenansicht[35] dahinstehen lassen. Denn jedenfalls sei dem Aktionär, dessen Aktien eingezogen werden oder der sonst aus der Gesellschaft ausgeschlossen werde, im Lichte der Eigentumsgarantie des Artikels 14 Abs. 1 GG der volle Wert der Aktien zu ersetzen, weswegen ein entschädigungsloser oder nur mit einer unangemessen niedrigen Abfindung verbundener Ausschluss unzulässig in die vermögensmäßige Rechtsposition des Aktionärs eingreife und deswegen grundsätzlich gegen das Eigentumsgrund-

---

[30] BGH, Urt. v. 13.6.1994 – II ZR 38/93, NJW 1994, 2536, 2540.
[31] BGH, Urt. v. 13.6.1994 – II ZR 38/93, NJW 1994, 2536, 2539 ff.
[32] BGH, Urt. v. 22.1.2013 – II ZR 80/10, NZG 2013, 220, 222.
[33] *Barthelmes/Braun* AG 2000, 172 f.; *Schanz* NZG 2000, 337, 341; *Merkt* in: GroßKomm., AktG, 4. Aufl. 2001, § 68 Rn. 522; *Bayer* in: MüKoAktG, 5. Aufl. 2019, § 68 Rn. 41; ebenso für schuldrechtliche Vereinbarungen zusätzlicher Zahlungen an die Gesellschaft: *Drygala* in: Kölner Komm., AktG, Band 1, 3. Aufl. 2010, § 54 Rn. 31; *Koch* in: Hüffer/Koch, AktG, 14. Aufl. 2020, § 54 Rn. 7 f.
[34] BayObLG, Beschl. v. 24.11.1988, 3 Z 111/88, WPM 1989, 138 ff.
[35] *Immenga* AG 1992, 79; *Otto* AG 1991, 369 f.

recht und gegen die guten Sitten nach § 138 Abs. 1 BGB verstoße.[36] Nach Auffassung des BGH könne mit einer schuldrechtlichen Vereinbarung zwischen Gesellschaft und Aktionär keine Rechtsfolge herbeigeführt werden, die rechtswidrig wäre, wenn sie auf Satzung oder Gesetz statt auf schuldrechtlicher Abrede beruhe. Bei einer Zwangseinziehung von Aktien im Sinne des § 237 AktG, deren Übertragung nach §§ 327a ff. AktG erfolgt, sowie gegebenenfalls bei einem zwangsweisen Ausschluss sei die entschädigungslose Übertragung von Aktien stets verfassungswidrig. Der BGH ließ auch nicht das Argument gelten, dass sich der Aktionär bei Begründung seiner Aktionärsstellung mit dieser Eingriffsmöglichkeit durch Abschluss des schuldrechtlichen Vertrages einverstanden erklärt habe, weil dieses Einverständnis im Falle eines satzungsmäßigen Einziehungsrechts sowie eines satzungsmäßigen Ausschließungsrechts ebenfalls vorgelegen habe. Jedenfalls bei einem entgeltlichen Erwerb der Aktien, so wie vorliegend, verletze die Pflicht zur unentgeltlichen Rückübertragung der Aktien das Eigentumsgrundrecht. Der BGH versagte der nichtigen schuldrechtlichen Vereinbarung auch eine ergänzende Vertragsauslegung, eine entsprechende Anwendung des § 139 BGB und eine Umdeutung nach § 140 BGB. Ein wegen eines sittenwidrigen Verhältnisses von Leistung und Gegenleistung nichtiges Rechtsgeschäft könne grundsätzlich nicht durch Anpassung der Leistungen auf ein noch vertretbares Maß aufrecht erhalten werden, auch fehlten Umstände für die Ermittlung der hypothetischen Regelung, die die Parteien nach Treu und Glauben unter angemessener Abwägung ihrer Interessen getroffen hätten, wenn sie die Unwirksamkeit der Klausel bedacht hätten. Entsprechendes gelte auch für die Umdeutung, die sich an einem hypothetischen Parteiwillen zu orientieren habe, der angesichts der Vielgestaltigkeit schuldrechtlicher Abreden nicht ohne weiteres zu ermitteln sei. Die Entscheidung wurde kritisch gesehen,[37] zum Teil auch abgelehnt.[38]

26 In der Praxis nicht unüblich ist auch die Variante, dass die **Bestimmung des Kaufpreises** in das **Ermessen des veräußerungswilligen Gesellschafters** gestellt wird. Der veräußerungswillige Gesellschafter wird in diesem Fall dazu verpflichtet, im Falle der Ablehnung des Angebots von den Mitgesellschaftern seine Anteile nur innerhalb einer bestimmten Frist zu einem Kaufpreis und zu Konditionen, die nicht besser sein dürfen als der angediente Kaufpreis und die angedienten Konditionen, an einen Dritten zu veräußern.[39] Lehnt auch ein Dritter den Erwerb der Anteile zu dem Kaufpreis und den Konditionen ab, bleibt dem veräußerungswilligen nur die Möglichkeit, den Andienungsprozess noch einmal zu durchlaufen und dieses Mal ggf. einen geringeren Kaufpreis zu verlangen.

27 Neben dem Kaufpreis sind auch die sonstigen Konditionen wie beispielsweise **Fristen** und insbesondere der **Andienungsprozess** selbst zu regeln. Hat die Gesellschaft neben dem veräußerungswilligen Gesellschafter mehr als einen weiteren Gesellschafter, ist zu klären, ob die Andienung anteilig erfolgen soll, d. h. jeder Mitgesellschafter kann im Verhältnis seiner bisherigen Beteiligung an der Gesellschaft Anteile vom veräußerungswilligen Gesellschafter erwerben, oder aber ob nur ein bestimmter Mitgesellschafter zum Erwerb sämtlicher Anteile berechtigt sein soll. Ist Ersteres gewünscht, bietet sich für den Fall, dass in einer ersten Andienungsrunde nicht alle Anteile zum Erwerb von den Mitgesellschaftern angenommen werden, an, eine zweite Andienungsrunde vorzusehen, in der die im ersten Durchgang nicht abgenommenen Anteile erneut zum Erwerb angeboten werden. Denn anderenfalls wäre der veräußerungswillige Gesellschafter ggf. gezwungen, nur einen Teil seiner Anteile an die Mitgesellschafter zu veräußern. Für den Fall, dass auch nach der zweiten Andienungsrunde Anteile übrig bleiben, kann eine Regelung getroffen

---

[36] BVerfG, 11.7.2012, 1 BvR 3142/07, 1 BvR 1569/08, ZIP 2012, 1402 Rn. 52; BVerfG, 24.5.2012, 1 BvR 3221/10, ZIP 2012, 1656 Rn. 21 – Daimler/Chrysler; ZIP 1999, 1436, 1439 – DAT/Altana; ZIP 1999, 1804, 1805 f.; BGH, Urt. v. 25.11.2002 – II ZR 133/01, BGHZ 153, 47, 55.
[37] Im Ergebnis aber zustimmend: *Noack* NZG 2013, 281, 284 f.
[38] *Seibt*, EWiR 2013, 131, 132; *Cziupka/Kliebisch* BB 2013, 715, 717 f.
[39] *Nolte* in: BeckM&A-HdB, § 53 Rn. 130.

werden, nach der der veräußerungswillige Gesellschafter berechtigt ist, diese Anteile nun einem Dritten anzubieten. Alternativ dazu kann auch vereinbart werden, dass der Andienungsprozess insgesamt gescheitert ist, wenn nach der zweiten Andienungsrunde immer noch Anteile übrig sind, und der veräußerungswillige Gesellschafter nun berechtigt sein soll, seine gesamten Anteile einem Dritten anzubieten.[40] Denn für den veräußerungswilligen Gesellschafter ist es mitunter einfacher, einen Interessenten für den Erwerb seiner gesamten Anteile zu finden, als nur einige wenige, übrig gebliebene Anteile zur Veräußerung anzubieten.

Andienungspflichten bzw. Vorerwerbsrechte kommen auch bei vinkulierten Geschäftsanteilen immer wieder vor: Je nach konkreter Ausgestaltung der Vereinbarung kann die Nichtausübung eines Vorerwerbsrechts durch den berechtigten Mitgesellschafter Voraussetzung für die Genehmigung der Übertragung dieser Geschäftsanteile an fremde Dritte durch die Gesellschaft sein.[41] Ein Genehmigungsbeschluss, der trotz unterlassener Andienung erging, ist anfechtbar.[42] Auch bei der Aktiengesellschaft werden Andienungspflichten und Vorerwerbsrechte häufig so ausgestaltet, dass der veräußerungswillige Gesellschafter eine Art „Vorverfahren" durch die Benachrichtigung über die von ihm beabsichtigte Veräußerung in Gang bringt, an dessen Ende entweder die Übernahme durch den begünstigten Gesellschafter oder – je nach konkreter Ausgestaltung – die Zustimmung zur Veräußerung der Anteile steht.[43] 28

Vom Schutzbereich von Andienungspflichten sind grundsätzlich nur die Mitgesellschafter des veräußerungswilligen Gesellschafters umfasst, da die Andienungspflichten das Interesse der Mitgesellschafter an der Kontrolle der Gesellschafterzusammensetzung schützen sollen, so dass die Mitgesellschafter in der Lage sind, einen Eintritt ihnen nicht genehmer Personen in die Gesellschaft zu verhindern.[44] Dritte können sich auf einen Verstoß gegen die Andienungspflicht ohne Hinzutreten weiterer Umstände nicht berufen. 29

§ 91 Aufgriffsrechte

Aufgriffsrechte entsprechen den Andienungspflichten aus der Perspektive des Erwerbers. Als Aufgriffstatbestände ist ebenfalls eine Vielzahl von Ereignissen denkbar, die im Vertrag zur Vermeidung von Unsicherheiten präzise niedergelegt sein sollten. In Betracht kommt jedoch auch ein diskretionäres Aufgriffsrecht eines Mitgesellschafters oder der Gesellschaft. Dieses Aufgriffsrecht, das alleine im freien Ermessen des Erwerbers stehen soll, wird oft auch unter dem Begriff „Hinauskündigung" behandelt. Die sog. „Hinauskündigung" wurde über einen gewissen Zeitraum von der Rechtsprechung als grundsätzlich zulässig angesehen.[45] Von dieser Rechtsprechung ist der BGH jedoch mit seinem Urteil vom 19.9.1988[46] grundsätzlich abgewichen. Seitdem wird die in das Ermessen eines oder mehrerer Gesellschafter gestellte „Hinauskündigung" eines Mitgesellschafters als sittenwidrig angesehen,[47] weil der betroffene Gesellschafter, der unter dem ständigen Druck der Möglichkeit der jederzeitigen Kündigung stehe, seine Rechte nicht in dem gesetzlich oder gesellschaftsvertraglich vorgesehenen Maße ausüben werde.[48] Dies solle jedoch dann nicht gelten, wenn die Regelung einer freien „Hinauskündigung" aufgrund besonderer Umstände sachlich gerechtfertigt sei.[49] Das Vorliegen solcher rechtfertigenden sachlichen Gründe 30

---

[40] *Nolte* in: BeckM&A-HdB, § 53 Rn. 132.
[41] *Ebbing* in: MHLS GmbHG, § 15 Rn. 163.
[42] *Seibt* in: Scholz, GmbHG, 12. Aufl. 2018, § 15 Rn. 118; BGH, Urt. v. 13.7.1967 – II ZR 238/64, NJW 1967, 2159, 2161.
[43] *Noack*, Gesellschaftervereinbarungen bei Kapitalgesellschaften, 1994, S. 16.
[44] Vgl. BGH, Urt. v. 31.1.2000 – II ZR 209/98, NJW-RR 2000, 988, 989.
[45] *Gehrlein* NJW 2005, 1969, 1970.
[46] BGH, Urt. v. 19.9.1988 – II ZR 329/87, NJW 1989, 834.
[47] *H. P. Westermann* in: Scholz, GmbHG, 12. Aufl. 2018, § 34 Rn. 17.
[48] BGH, Urt. v. 19.9.1988 – II ZR 329/87, NJW 1989, 834, 835.
[49] BGH, Urt. v. 9.7.1990 – II ZR 194/89, NJW 1990, 2622.

ist in der Rechtsprechung restriktiv bejaht worden.[50] So soll z. B. zum Zweck der Prüfung der gedeihlichen Zusammenarbeit eine „Hinauskündigung" möglich sein.[51] Die Möglichkeit einer Prüfung durch die Altgesellschafter, ob eine Zusammenarbeit mit dem hinzutretenden Gesellschafter sinnvoll sein und ob das erforderliche Vertrauen aufgebaut werden kann, wird als sachlicher Grund anerkannt. Hierbei ist jedoch eine angemessene Frist festzusetzen, eine Frist von zehn Jahren übersteigt eine solche angemessene Frist bei Weitem.[52] Als weiterer sachlicher Grund für eine „Hinauskündigung" wird die Beendigung der für die Beteiligung maßgeblichen Zusammenarbeit angesehen.[53]

§ 92 Vorkaufs- und Ankaufsrechte

31 Als weitere Möglichkeit der Überwachung und Regulierung des Gesellschafterbestandes wird in der Praxis häufig ein Vorkaufs- oder Ankaufsrecht vereinbart. Diese sind häufig Gegenstand schuldrechtlicher Nebenabreden. Das Zivilrecht sieht für Vorkaufsrechte Regelungen in §§ 463 ff. BGB vor. Nach der h. M. handelt es sich bei einem Vorkaufsrecht um einen durch den Abschluss eines Kaufvertrages mit einem Dritten und durch die Ausübung des Vorkaufsrechts zweifach bedingten Kaufvertrag.[54] Der Vorkaufsberechtigte kann verlangen, dass der Vertrag zwischen ihm und dem Veräußernden zu den Bedingungen zustande kommt, welche der bereits ausgehandelte Vertrag zwischen Veräußerndem und Drittem besaß. Nach der gesetzlichen Konstruktion ist der Vorkaufsberechtigte an die Konditionen des zwischen dem Vorkaufsverpflichteten und dem Dritten abgeschlossenen Vertrages gebunden (§ 464 Abs. 2 BGB), was aber nicht zwingend ist. Insbesondere kann in dem Vertrag, mit dem das Vorkaufsrecht begründet wird, geregelt werden, unter welchen Bedingungen, auch unter welchen Mindest- und Höchstbedingungen, das Vorkaufsrecht, wenn ein Vorkaufsfall vorliegt, ausgeübt werden kann (oder muss). In die Bedingungen eines hiervon abweichenden Drittvertrages muss der Vorkaufsberechtigte dann nicht einsteigen; im Verhältnis zwischen Vorkaufsberechtigtem und Vorkaufsverpflichtetem gelten dann die zwischen ihnen vereinbarten günstigeren Bedingungen. Beispielsweise kann für die Höhe des Kaufpreises eine Obergrenze vorgesehen oder können die Zahlungsmodalitäten abweichend geregelt werden, etwa durch Vereinbarung von Ratenzahlungen oder Verzinsungsregelungen. Auch kann die Sicherstellung der Kaufpreiszahlung bei sofortigem Anteilsübergang anders geregelt werden als im Drittvertrag.

32 Es ist zu beachten, dass das Vorkaufsrecht grundsätzlich nur die Vertragspartner bindet und damit keine Drittwirkung besitzt.[55]

33 In der Kautelarpraxis ist der Spagat zwischen einer Möglichkeit zur Blockade der geplanten Verfügung aufgrund eines einstimmigen Zustimmungsvorbehalts auf der einen Seite und der drohenden Vernachlässigung schutzwürdiger Minderheitsinteressen durch ein zu lasches Mehrheitserfordernis auf der anderen Seite zu meistern.[56] Hierzu sollte klar festgelegt werden, auf welche Art und innerhalb welcher Frist die Ausübung des Vorkaufsrechts erfolgen soll. Zudem sollte bestimmt werden, ob tatsächlich sämtliche Veräußerungen eines Anteils unter das Vorkaufsrecht fallen oder ob bestimmte Verfügungen an bestimmte Personen (etwa Angehörige) kein Vorkaufsrecht auslösen sollen.[57] Sehr empfehlenswert sind auch konkrete Regelungen über die Bestimmung des Kaufpreises, etwa durch Benennung von Gutachtern oder der konkreten Bewertungsmethode.[58] Das klassi-

---

[50] *Gehrlein* NJW 2005, 1969, 1971.
[51] *Gehrlein* NJW 2005, 1969, 1971.
[52] BGH, Urt. v. 8.3.2004 – II ZR 165/02, NJW 2004, 2013 f.
[53] *Gehrlein* NJW 2005, 1969, 1971.
[54] BGH, Urt. v. 15.6.1960 – V ZR 191/58, NJW 1960, 1805, 1806; *Ebbing* in: MHLS GmbHG, § 15 Rn. 69.
[55] *Reichert* GmbHR 2012, 713, 721.
[56] *Seibt* in: Römermann, MAH GmbHR, 4. Aufl. 2018, § 2 Rn. 295.
[57] *Seibt* in: Römermann, MAH GmbHR, 4. Aufl. 2018, § 2 Rn. 298.
[58] *Reichert* GmbHR 2012, 713, 721.

sche Vorkaufsrecht greift nur beim Abschluss eines Kaufvertrages mit einem Dritten oder einem vergleichbaren Umgehungsgeschäft,[59] während das Ankaufsrecht auch bei Tausch, Schenkung, Einbringung in eine andere Gesellschaft oder ähnlichem greift.[60]

Wenn in Verträgen Vorerwerbsrechte neben Vorkaufsrechten bestehen sollen, bietet es **34** sich an, das Vorkaufsrecht unter die Bedingung zu stellen, dass das Vorkaufsrecht günstigere Konditionen als das Vorerwerbsrecht hat.[61]

Umgekehrt stellt sich bei dem Vorhandrecht – dem Andienungsrecht – die Frage, wie **35** der Kaufpreis zu bemessen ist. In der Rechtspraxis finden sich für alle anderen Fragen, beispielsweise zu Form und Frist der Andienungserklärung und zu den Reaktionsmöglichkeiten des Andienungsberechtigten zumeist klare Regelungen in den Verträgen. Allein die Kaufpreisbestimmung wird in der Praxis oftmals nur vage geregelt. Beim Vorkaufsrecht ist die Kaufpreisfrage weniger brisant, weil hier ein Drittangebot mit einem konkreten Kaufpreis vorliegt, in das der Eintritt erklärt werden kann oder nicht. Die Rechtspraxis versucht daher teilweise, sich bei Andienungsrechten durch den Verweis auf gesellschaftsvertragliche Abfindungsregelungen zu behelfen, die ihrerseits aber oftmals nur sehr vage und unpräzise gehalten sind. Ein Ausweg kann die Vereinbarung der schiedsgutachterlichen Festlegung des Kaufpreises (§§ 317 ff. BGB) sein, wobei für den Schiedsgutachter – meist Wirtschaftsprüfer – bestimmte Bewertungsregelungen festgelegt werden, etwa die vom Berufsstand der Wirtschaftsprüfer anerkannten Grundsätze für die Bewertung von Unternehmen (etwa IDW S 1). Diese Klauseln können unterschiedliche Formen annehmen. Oftmals wird auch eine sogenannte Eskalationsroutine vereinbart, dass ein Beteiligter etwa einen weiteren Wirtschaftsprüfer anrufen oder benennen lassen kann, wenn er substantiiert begründete Einwendungen gegen die Richtigkeit des Gutachtens des Vorderschiedsgutachters erhebt. Andere Varianten sind natürlich denkbar. Das Verfahren ist dann entsprechend zeitaufwendig und könnte das Andienungsrecht aushöhlen. Das wäre etwa der Fall, wenn der Anteil erst dann dinglich übertragen würde, wenn die Kaufpreise rechtsverbindlich feststehen.

Eine Regelung, nach der der Verkaufswillige seinen Mitgesellschaftern den Anteil zu **36** einem bestimmten Preis anzubieten hat, bevor er mit anderen Kaufinteressenten in Verhandlungen tritt, verlagert die Bindungen aus einem Vorkaufsrecht nach vorne und kommt damit den Interessen der Gesellschaft und den nicht veräußernden Gesellschaftern zugute. Denn dann führt der Verkaufswillige mit einem Verkaufsinteressenten erst gar keine Verhandlungen, so lange nicht feststeht, ob das Vorkaufsrecht ausgeübt werden wird oder nicht. Die Bestimmung des Preises könnte einem Schiedsgutachter überlassen werden. Nehmen die übrigen Gesellschafter das Angebot an, muss der verkaufswillige Gesellschafter an diese Gesellschafter verkaufen, anderenfalls kann er Verkaufsverhandlungen mit Kaufinteressenten führen; die übrigen Gesellschafter haben es dann aber immer noch in der Hand, das Vorkaufsrecht auszuüben, falls der Kaufinteressent tatsächlich kaufen möchte.[62] Da Gesellschaftervereinbarungen als schuldrechtliche Verträge nach längstens 30 Jahren enden bzw. beendet werden können, kann vereinbart werden, dass in der Gesellschaftervereinbarung vorgesehene Vorkaufsrechte auch nach Beendigung des Nebenvertrages weiter bestehen.[63] Das Problem der Vorkaufsrechte generell, dass diese nur für den Verkaufsfall bzw. für verkaufsähnliche Fälle gelten, ist damit aber nicht ausgeräumt. Insbesondere werden Fallgestaltungen nicht erfasst, bei denen die Gegenleistung nicht in Geld besteht, sondern beispielsweise in verbilligten Lieferungen und Leistungen. Ebenfalls vom Vorkaufsrecht nicht erfasst sind Umwandlungen und Einbringungsvorgänge unter Beteiligung der

---

[59] BGH, Urt. v. 11.10.1991 – V ZR 127/90, NJW 1992, 236.
[60] *Ebbing* in: MHLS GmbHG, 3. Aufl. 2017, § 15 Rn. 73 f.; *Seibt* in: MAH GmbHR, 4. Aufl. 2018, § 2 Rn. 299.
[61] *Sickinger* in: MAH AktR, 3. Aufl. 2018, § 11 Rn. 17.
[62] OLG Karlsruhe, Urt. v. 11.4.1990, 14 U 267/88, WM 1990, 725, 726 (Burda/Springer); *Baumann/Reiß* ZGR 1989, 157, 174.
[63] Sog. ewiges Vorkaufsrecht: BGH, Urt. v. 25.9.1986 – II ZR 272/85, BB 1987, 84–87; BGH, Urt. v. 25.9.1986 – II ZR 272/85, DB 1987, 157–159 (Dinkelacker).

mit dem Vorkaufsrecht behafteten Anteile. Generell ist an mittelbare Verkäufe zu denken, bei denen der unmittelbare Anteilseigner zwar derselbe bleibt, aber auf der Ebene dessen Anteilseigner Veränderungen eintreten, was ebenso wenig vom Vorkaufsrecht erfasst ist.

37 In einem vom BGH am 25.9.1986 entschiedenen Fall[64] waren zwei Familienstämme zu gleichen Teilen an einer Aktiengesellschaft beteiligt. Die beiden Familienstämme schlossen einen Pool-Vertrag, der unter anderem eine Regelung enthielt, dass im Fall der Veräußerung von Aktien an Dritte jeder Vertragsteil ein Vorkaufsrecht habe (§ 3). Zudem war in dem Pool-Vertrag geregelt, dass sich das Vorkaufsrecht nicht auf einen Verkauf, der mit Rücksicht auf ein künftiges Erbrecht an einen gesetzlichen Erben erfolgt, erstrecke (§ 3 Abs. 4 Satz 3) sowie, dass der Pool-Vertrag auch für etwaige Rechtsnachfolger eines Vertragsteils gelte (§ 4 Abs. 2). Anschließend veräußerte der Vertreter des einen Familienstammes einen Großteil seiner Aktien an seine Nachkommen, ohne ihnen aber die Pool-Bindung aufzuerlegen. Der Vertreter des anderen Familienstammes erhob darauf hin Klage gegen den Veräußerer und begehrte von diesem unter Verweis auf das Vorkaufsrecht die Übertragung seiner Anteile an sich. Der Veräußerer lehnte dies ab und verwies auf § 3 Abs. 4 Satz 3 des Pool-Vertrages, wonach das Vorkaufsrecht sich nicht auf einen Verkauf, der mit Rücksicht auf ein künftiges Erbrecht an einen gesetzlichen Erben erfolgt, erstrecke. Der BGH entschied zugunsten des Klägers. Der BGH nahm nicht nur zutreffend an, dass das schuldrechtlich vereinbarte Vorkaufsrecht ein legitimes Mittel sei, um die Aktien im Besitz eines Familienstammes zu halten, sondern entschied darüber hinaus, dass die Ausnahmeregelung in § 3 Abs. 4 Satz 1 im Zusammenhang mit § 4 Abs. 2 des Pool-Vertrages zu sehen sei. Bei vertragsautonomer Auslegung löse ein die Erbfolge vorwegnehmendes Rechtsgeschäft nur dann das Vorkaufsrecht nicht aus, wenn es die erbrechtliche Nachfolge ersetze. Dazu sei aber notwendig, dass der die Anteile durch Rechtsgeschäft unter Lebenden erwerbende Nachkomme auch in den Pool-Vertrag eintrete. Denn ein Erbe erhielte infolge der Gesamtrechtsnachfolge nicht nur die Anteile des Erblassers, sondern würde dem Erblasser auch in seine Stellung in dem Pool-Vertrag nachfolgen. Daher gebiete es der Sinn und Zweck des Vorkaufsrechts, dass das Vorkaufsrecht zugunsten des Klägers bestehe, da der Veräußerer seine Nachkommen nicht an den Pool-Vertrag gebunden hatte.

§ 93 Formerfordernis

38 Nebenvertragliche Vereinbarungen der vorstehenden Rechte und Pflichte können bei Gesellschaften mit beschränkter Haftung gemäß § 15 Abs. 4 GmbHG formbedürftig sein. Hiernach bedarf eine Vereinbarung, durch welche die Verpflichtung eines Gesellschafters zur Abtretung eines Geschäftsanteils begründet wird, der notariellen Form. Maßgebend für das Formerfordernis des § 15 Abs. 4 GmbHG ist die konkrete Ausgestaltung der jeweiligen Vereinbarung.[65] Besteht Formbedürftigkeit, erstreckt diese sich nicht nur auf die Beurkundung der Abtretungsverpflichtung, sondern auf alle Nebenabreden, die nach dem Willen der Parteien Bestandteil der Vereinbarung über die Abtretungsverpflichtung sein sollen.[66]

39 Formbedürftig gemäß § 15 Abs. 4 GmbHG ist aber nur eine Vorschrift, die unmittelbar eine Verpflichtung zur Übertragung eines Geschäftsanteils statuiert. Mittelbare Verpflichtungen bedürfen keiner notariellen Beurkundung.[67] Im Übrigen ist zu unterscheiden: Bei der Vereinbarung eines vom Eintritt bestimmter Ereignisse oder allein vom Willen des Veräußerers abhängigen Vorkaufsrechts korrespondiert dieses regelmäßig mit einer ent-

---

[64] BGH, Urt. v. 25.9.1986 – II ZR 272/85, ZIP 1987, 103, 104.
[65] *Seibt* in: Scholz, GmbHG, 12. Aufl. 2018, § 15 Rn. 55.
[66] BGH, Urt. v. 27.6.2001 – VIII ZR 329/99, NJW 2002, 142, 143; BGH, Urt. v. 23.2.1983, IV a ZR 187/81, NJW 1983, 1843, 1844; *Fastrich* in: Baumbach/Hueck, GmbHG § 15 Rn. 30; *Verse* in: Henssler/Strohn, Gesellschaftsrecht, 4. Aufl. 2019, GmbHG § 15 Rn. 64.
[67] *Fastrich* in: Baumbach/Hueck, GmbHG § 15 Rn. 34; *Reichert/Weller* in: MüKoGmbHG, 3. Aufl. 2018, § 15 Rn. 84, 85.

sprechenden Abnahmepflicht.[68] Nach h. M. ist eine solche Konstellation gemäß § 15 Abs. 4 GmbHG formbedürftig, da bereits durch die Vereinbarung eines Vorkaufsrechts mit der entsprechenden Abnahmepflicht eine Verpflichtung zur Abtretung des Gesellschaftsanteils aufschiebend bedingt durch die Ausübung des jeweiligen Rechts begründet wird.[69] Demgegenüber soll die später erfolgende Erklärung des vom Vorkaufsrecht begünstigten Gesellschafters, von diesem Recht Gebrauch zu machen, lediglich eine Aktualisierung dieser bereits in der Vereinbarung des Vorkaufsrechts angelegte Abtretungsverpflichtung darstellen und damit nicht dem Formerfordernis des § 15 Abs. 4 GmbHG unterliegen.[70]

Formlos ist hingegen die Verpflichtung zur Übertragung eines Anteils an einer GbR auch **40** dann, wenn der einzige Zweck der GbR darin besteht, GmbH-Anteile zu erwerben und zu halten.[71]

---

[68] *Reichert/Weller* in: MüKoGmbHG, 3. Aufl. 2018, § 15 Rn. 94.
[69] *Altmeppen* in: Roth/Altmeppen, GmbHG, 9. Aufl. 2019, § 15 Rn. 79; *Verse* in: Henssler/Strohn, Gesellschaftsrecht, 4. Aufl. 2019, GmbHG § 15 Rn. 68 f.; *Reichert/Weller* in: MüKoGmbHG, 3. Aufl. 2018, § 15 Rn. 94.
[70] *Fastrich* in: Baumbach/Hueck, GmbHG § 15 Rn. 31; *Wilhelmi* in: BeckOK GmbHG, 44. Edition, Stand: 1.2.2020, § 15 Rn. 126.
[71] OLG Frankfurt, Urt. v. 4.10.2006, 4 U 32/06, BeckRS 2007, 17647; so zumindest dann, wenn der Zweck des § 15 Abs. 4 GmbHG (Vermeidung eines schnellen und spekulativen Handels mit GmbH-Anteilen) durch die gewählte Konstellation nicht umgangen werden soll.

Kapitel 27. Vereinbarungen über Unternehmensgegenstand und Geschäftstätigkeit

1 Die Parteien von Nebenvereinbarungen können auch Vereinbarungen über den Unternehmensgegenstand und die Geschäftstätigkeit der Gesellschaft treffen. Ein solcher Sachverhalt lag der viel diskutierten **„Kerbnägel"-Entscheidung** des BGH vom 20.1.1983[1] zugrunde. In den Diskussionen um dieses Urteil ging es weniger um den Inhalt der Nebenvereinbarung als vielmehr um den Umstand, dass Nebenabreden, bei denen alle Gesellschafter Partei sind, zur Anfechtbarkeit nebenvertragswidriger Gesellschafterbeschlüsse führen können.[2]

2 Nach dem Urteilssachverhalt war im Gesellschaftsvertrag niedergelegter Gegenstand des Unternehmens der Beklagten „Herstellung und Vertrieb von Maschinenelementen, insbesondere von Inserts aus Stoffen aller Art, sowie Werkzeugen aller Art", wozu auch Kerbnägel rechneten. Zur Erreichung dieses Zwecks durfte sich die Beklagte an „gleichartigen oder ähnlichen Unternehmen" beteiligen. Die Gesellschafterversammlung beschloss mit Mehrheit den Kauf eines Anteils durch die Gesellschaft an einem anderen Unternehmen, das selbst Kerbstifte und Kerbnägel fertigte und vertrieb, obwohl alle Gesellschafter zuvor eine schuldrechtliche Nebenabrede abgeschlossen hatten, wonach die Gesellschaft selbst keine Kerbstifte und Kerbnägel herstellen und vertreiben dürfe. Ein Gesellschafter erhob Anfechtungsklage, weil der Gesellschafterbeschluss gegen die schuldrechtliche Bindung aller Gesellschafter verstieß, wonach die Gesellschaft selbst keine Kerbstifte und Kerbnägel herstellen und vertreiben dürfe, weswegen sie auch eine Beteiligung an einem anderen Unternehmen mit diesem Geschäftsgegenstand nicht eingehen dürfe.

3 Das Urteil wurde vielfach diskutiert,[3] weil der BGH die Nebenabrede auf den Beschluss durchschlagen ließ,[4] was bereits an anderer Stelle behandelt wurde (→ Kap. 6 Rn. 11 f.). Interessant ist an der BGH-Entscheidung aber weiterhin, dass die Gesellschafter untereinander schuldrechtlich vereinbaren können, dass die Gesellschaft in einem bestimmten, von deren satzungsmäßigem Zweck gedeckten Geschäftszweig nicht tätig werden darf. Denn die Gesellschafter könnten sich jederzeit außerhalb der Satzung ihren Mitgesellschaftern gegenüber schuldrechtlich verpflichten, in der Gesellschafterversammlung in bestimmter Weise abzustimmen.

4 Unstreitig können die Gesellschafter in einer schuldrechtlichen Nebenabrede den in der Satzung niedergelegten Gegenstand der Gesellschaft konkretisieren. Dies bietet sich schon deshalb an, weil der Unternehmensgegenstand in der Satzung in der Regel sehr weit gefasst ist. Die Gesellschafter können beispielsweise den Unternehmensgegenstand enger fassen und, wie in der der Kerbnägel-Entscheidung des BGH vom 20.1.1983 zugrundeliegenden Gesellschaftervereinbarung, bestimmte Gegenstände, die vom satzungsmäßigen Unternehmensgegenstand gedeckt wären, von der Geschäftstätigkeit der Gesellschaft ausnehmen. Damit können die Gesellschafter den Fokus der unternehmerischen Tätigkeit der Gesellschaft auf einzelne vom satzungsmäßigen Unternehmensgegenstand gedeckte Bereiche legen, ohne dies gegenüber der Konkurrenz offenlegen zu müssen. Denn während die

---

[1] Siehe BGH, Urt. v. 20.1.1983 – II ZR 243/81, NJW 1983, 1910.
[2] Vgl. Allgemeiner Teil, Kapitel 4, Verhältnis von Gesellschaftsvertrag zur Gesellschaftervereinbarung.
[3] Vgl. nur *Happ* ZGR 1984, 168; *Hoffmann-Becking* ZGR 1994, 442; *Jäger* DStR 1996, 1935; *Mertens* AG 1989, 241; *Ulmer* NJW 1987, 1849; *ders.*, „Satzungsgleiche" Gesellschaftervereinbarungen bei der GmbH?, FS Röhricht, 2005, S. 633; M. Winter, Organisationsrechtliche Sanktionen bei Verletzung schuldrechtlicher Gesellschaftervereinbarungen? ZHR 154 (1990), 159; umfangreiche Nachweise bei *Dörrscheidt*, Grenzen der Gestaltungsfreiheit bei omnilateralen außerstatutarischen Gesellschafterabreden, 2009, S. 49 Fn. 224.
[4] Die grundsätzliche Trennung von schuld- und korporationsrechtlicher Ebene ist allgemein anerkannt und wird weiter oben ausführlich diskutiert (vgl. Fn. 1). Betont wird die Trennung u. a. im BGH-Urteil „Schutzgemeinschaft", BGH, Urt. v. 24.11.2008 – II ZR 116/08 (OLG Karlsruhe), NJW 2009, 669.

Satzung der Publizitätspflicht unterliegt, müssen Gesellschaftervereinbarungen zum Unternehmensgegenstand, vorbehaltlich einer Mitteilungspflicht gegenüber dem Transparenzregister, nicht offengelegt werden.

Unzulässig ist es hingegen, wenn die Gesellschafter in einer schuldrechtlichen Nebenabrede eine Tätigkeit der Gesellschaft vereinbaren, die nicht vom statutarischen Unternehmensgegenstand gedeckt ist[5] oder den Gegenstand des Unternehmens dermaßen verändern, dass von einer Konkretisierung nicht mehr gesprochen werden kann.[6] Unter Umständen würde eine solche Vereinbarung dazu führen, dass es sich bei dem in der Satzung festgelegten Unternehmensgegenstand um ein Scheingeschäft gemäß § 117 BGB handelt, was zu einer Nichtigkeitsklage gemäß § 75 GmbHG führen kann.[7]

---

[5] *Wicke* DStR 2006, 1137, 1138; *Pentz* in: MüKoAktG, 5. Aufl. 2019, § 23 Rn. 200.
[6] *Jäger* DStR 1996, 1935, 1938.
[7] *Wicke* DStR 2006, 1137, 1138; *ders.* in: MüKoGmbHG, 3. Aufl. 2018, § 3 Rn. 132.

Kapitel 28. Gewinnverteilung

1 Nach den Regelungen der §§ 58 Abs. 4, 60 Abs. 1 AktG und § 29 Abs. 3 S. 1 GmbHG richtet sich die Verteilung des Bilanzgewinns einer Aktiengesellschaft oder GmbH auf die Gesellschafter nach deren Kapitalbeteiligung.[1] Von dieser gesetzlich vorgesehenen Verteilung wird in der Praxis immer wieder aus verschiedensten Gründen abgewichen. Grundlage für solche Abweichungen sind zumeist außerstatutarische Abreden der Gesellschafter.

§ 94 Gesetzliche Regelungen

2 Die Gewinnverteilung richtet sich im Recht der GmbH nach § 29 Abs. 3 S. 1 GmbHG, der eine Verteilung nach den Verhältnissen der Geschäftsanteile vorsieht. Gemäß § 29 Abs. 3 S. 2 GmbHG kann im Gesellschaftsvertrag von diesem Grundsatz abgewichen werden, was auf vielfältige Weise möglich ist.[2] Neben besonderen Vergütungen etwa für Gesellschafter, die entscheidendes Know-how zur Verfügung gestellt haben, der Gewinnverteilung nach Köpfen, der Gewinnverteilung nach den in der Gesellschaft erzielten Umsätzen und der Vereinbarung eines Termins, zu dem die Gewinnausschüttung erfolgen soll, kann der Gesellschaftsvertrag auch die ungleiche Ausgestaltung von Gewinnansprüchen regeln.[3] Insbesondere können etwa die unterschiedlichen Gesellschafterkategorien Anknüpfungspunkt einer abweichenden Gewinnverteilung sein.[4] Daneben ist es möglich, die Gewinnverteilung an die wirtschaftliche Leistung der jeweiligen Unternehmenssparte, für die der jeweilige Gesellschafter zuständig ist, zu koppeln.[5] Auch Regelungen, nach denen eine vollständige Gewinnanteilsauszahlung nur dann erfolgen soll, wenn die Einlagen voll eingezahlt wurden, sind denkbar.[6] Es liegt kein Verstoß gegen den Grundsatz der Gleichbehandlung vor, da die ursprüngliche Satzung mit der Zustimmung aller Gesellschafter zustande gekommen ist.[7] Die nachträgliche Änderung der Gewinnverteilung kann gemäß § 53 Abs. 3 GmbHG nur mit Zustimmung des benachteiligten Gesellschafters erfolgen, da diese Vorschrift nach allgemeiner Ansicht nicht nur für die Vermehrung von Leistungen, sondern auch für den Entzug von Sonderrechten gelten soll.[8]

3 Die aktienrechtliche Regelung des § 58 Abs. 4 AktG sieht vor, dass die Aktionäre grundsätzlich Anspruch auf den Bilanzgewinn haben, soweit eine Verteilung des Bilanzgewinns auf die Aktionäre nicht durch Gesetz, die Satzung oder auf Grund eines Gewinnverwendungsbeschlusses ausgeschlossen ist. Die Verteilung des Bilanzgewinns richtet sich gemäß § 60 Abs. 1 AktG nach den Kapitalbeteiligungen. Nach § 60 Abs. 3 AktG kann lediglich die Satzung einen anderen Verteilungsschlüssel begründen. Eine Auslegung des § 60 Abs. 3 S. 2 AktG („eine andere Art der Gewinnverteilung") dahingehend, dass der Hauptversammlung, einem anderen Gesellschaftsorgan oder gar einem Dritten die Befugnis eingeräumt werden kann, über die Festsetzung des Gewinnverteilungsschlüssels zu ent-

---

[1] *Drinhausen* in: Heidel, Aktienrecht und Kapitalmarktrecht, 4. Aufl. 2014, § 60 Rn. 8 ff.; *Hoffmann-Becking* ZGR 1994, 442 ff,
[2] *Ekkenga* in: MüKoGmbHG, 3. Aufl. 2018, § 29 Rn. 189; *Deussen* in: Ziemons/Jaeger, BeckOK GmbHG, 44. Edition, Stand: 1.5.2020, § 29 Rn. 34 ff.
[3] *Fastrich* in: Baumbach/Hueck, GmbHG § 29 Rn. 52; *Strohn* in: Henssler/Strohn, Gesellschaftsrecht, 4. Aufl. 2019, GmbHG § 29 Rn. 48; *Erhart/Riedel* BB 2008, 2266 f.; BayObLG, Beschl. v. 23.5.2001, 3Z BR 31/01, NJW-RR 2002, 248, 249.
[4] *Deussen* in: Ziemons/Jaeger, BeckOK GmbHG, 44. Edition, Stand: 1.5.2020, § 29 Rn. 34; *Strohn* in: Henssler/Strohn, Gesellschaftsrecht, 4. Aufl. 2019, GmbHG § 29 Rn. 48.
[5] *Strohn* in: Henssler/Strohn, Gesellschaftsrecht, 4. Aufl. 2019, GmbHG § 29 Rn. 48.
[6] *Fastrich* in: Baumbach/Hueck, GmbHG § 29 Rn. 52.
[7] *Fastrich* in: Baumbach/Hueck, GmbHG § 29 Rn. 52.
[8] *Hoffmann* in: MHLS GmbHG, § 53 Rn. 88; *Trölitzsch* in: Ziemons/Jaeger, BeckOK GmbHG, 44. Edition, Stand: 1.5.2020, § 53 Rn. 17, 24 ff.; *Harbarth* in: MüKoGmbHG, 3. Aufl. 2018, § 53 Rn. 178, 181; *Pentz* in: Rowedder/Schmidt-Leithoff, GmbHG, 6. Aufl. 2017, § 29 Rn. 109.

scheiden, ist nicht zulässig.[9] Die Satzung muss die konkrete Abweichung von der gesetzlichen Regel festlegen.[10] Kann eine Satzungsbestimmung zur Gewinnverteilung nicht eindeutig ausgelegt werden, verbleibt es bei der gesetzlichen Regelung.[11]

Umstritten ist, ob Öffnungsklauseln zur Gewinnverteilung in der Satzung zulässig sind. 4
Solche Öffnungsklauseln sollen es den Gesellschaftern ermöglichen, von den gesetzlichen oder satzungsmäßigen Regelungen zur Gewinnverteilung durch Gesellschafterbeschluss abzuweichen, ohne hierfür die Satzung ändern zu müssen. Die Zulässigkeit solcher Öffnungsklauseln wird bei der Aktiengesellschaft verneint.[12] Die Gewinnverteilung richte sich entweder nach einer eindeutigen Satzungsregelung oder nach der gesetzlichen Regelung. Dagegen wird bei der GmbH eine Zulässigkeit teilweise bejaht.[13] Zumindest soll dem Gesellschafterbeschluss, der eine solche Öffnungsklausel umsetze, nach den Grundsätzen des Minderheitenschutzes grundsätzlich auch der benachteiligte Gesellschafter zustimmen müssen.[14] Bei der GmbH ist es zudem zulässig, von statutarischen Gewinnverteilungsregelungen durch einen Gesellschafterbeschluss, dem alle Gesellschafter zugestimmt haben, abzuweichen.[15] Voraussetzung hierfür ist, dass mit dem Gesellschafterbeschluss lediglich für ein Jahr der Gewinn abweichend von der Satzung verteilt wird. Es handelt sich dann um eine zulässige punktuelle Satzungsdurchbrechung.[16] Soll mit dem Gesellschafterbeschluss hingegen der Gewinn dauerhaft oder für mehrere Jahre in Abweichung von der Satzung verteilt werden, liegt eine unzulässige, da zustandsbegründende, Satzungsdurchbrechung vor.[17] (→ Kap. 7 Rn. 7 ff.)

§ 95 Nebenvereinbarungen

Mit einer schuldrechtlichen Vereinbarung können die Gesellschafter grundsätzlich von den 5
statutarischen und gesetzlichen Regelungen der Gewinnverteilung abweichen.[18] Insbesondere können die Gesellschafter per Nebenvereinbarung Zahlungsansprüche untereinander und deren Entstehen regeln, beispielsweise auf abweichende Verteilung von Gewinnen der Gesellschaft. Während von einer statutarischen Gewinnverteilung durch Gesellschafterbeschluss ohne notarielle Beurkundung und Eintragung in das Handelsregister lediglich punktuell abgewichen werden kann,[19] können die Gesellschafter in schuldrechtlichen Nebenabreden auch eine dauerhafte von der Satzung abweichende Verteilung des Gewinns vereinbaren.[20] Um eine abweichende Gewinnverteilung sicherzustellen, sollten diese An-

---

[9] *Cahn* in: Spindler/Stilz, AktG, 4. Aufl. 2019, § 60 Rn. 19; *Bayer* in: MüKoAktG, 5. Aufl. 2019, § 60 Rn. 16.
[10] *Drinhausen* in: Heidel, Aktienrecht und Kapitalmarktrecht, 4. Aufl. 2014, § 60 Rn. 9; *Koch* in: Hüffer/Koch, AktG, 14. Aufl. 2020, § 60 Rn. 6.
[11] *Bayer* in: MüKoAktG, 5. Aufl. 2019, § 60 Rn. 16.
[12] *Koch* in: Hüffer/Koch, AktG, 14. Aufl. 2020, § 60 Rn. 6; *Bayer* in: MüKoAktG, 5. Aufl. 2019, § 60 Rn. 16 m. w. N.
[13] BayObLG, Beschl. v. 23.5.2001, 3Z BR 31/01, BayObLGZ 2001, 137, 140; *Verse* in: Scholz, GmbHG, 12. Aufl. 2018, § 29 Rn. 75.
[14] OLG München, Beschl. v. 18.5.2011, 31 Wx 210/11, MittBayNot 2011, 416; *Fastrich* in: Baumbach/Hueck, GmbHG § 29 Rn. 53.
[15] Vgl. FG Köln, Urt. v. 14.9.2016 – 9 K 1560/14, BeckRS 2016, 95718; *Wachter*, MittBayNot 2019, 116, 120; *Grever* RNotZ 2019, 1, 12; *Deussen* in: BeckOK GmbHG, 44. Ed., Stand: 1.5.2020, § 29 Rn. 34a; a. A. *Ekkenga* in: MüKoGmbHG § 29 Rn. 156.
[16] *Deussen* in: BeckOK GmbHG, 38. Ed., Stand: 1.2.2019, § 29 Rn. 34a; *Grever* RNotZ 2019, 1, 12; a. A. *Ekkenga* in: MüKoGmbHG § 29 Rn. 156.
[17] Vgl. OLG Dresden, Beschl. v. 9.11.2011 – 12 W 1002/11, NZG 2012, 507; *Deussen* in: BeckOK GmbHG, 44. Ed., Stand: 1.5.2020, § 29 Rn. 34a.
[18] *Noack*, Gesellschaftervereinbarungen, 1994, S. 324; *Pentz* in: Rowedder/Schmidt-Leithoff, GmbHG, 6. Aufl. 2017, § 29 Rn. 111; *Wicke* DStR 2006, 1137, 1138; *Fastrich* in: Baumbach/Hueck, GmbHG § 29 Rn. 53.
[19] Vgl. FG Köln, Urt. v. 14.9.2016 – 9 K 1560/14, BeckRS 2016, 95718; *Wachter*, MittBayNot 2019, 116, 120; *Grever* RNotZ 2019, 1, 12; *Deussen* in: BeckOK GmbHG, 44 Ed., Stand: 1.5.2020, § 29 Rn. 34a; a. A. *Ekkenga* in: MüKoGmbHG § 29 Rn. 156.
[20] *Fastrich* in: Baumbach/Hueck, GmbHG § 29 Rn. 53.

sprüche auf die tatsächliche Auszahlung des Gewinns durch die Gesellschaft bedingt sein. Ein Gesellschafter kann sich auch verpflichten, zugunsten eines anderen Gesellschafters auf seinen Gewinnanspruch zu verzichten.[21] Da ein solcher Verzicht in der Satzung möglich ist, verstößt auch die schuldrechtliche Vereinbarung eines Verzichts nicht gegen die guten Sitten.[22] Grenzen findet eine solche Ausgestaltung dann, wenn durch die Vereinbarung ein dauerhafter Verzicht vereinbart wird, der den Minderheitsgesellschafter „aushungern" soll. Ein solches „Aushungern" liegt bei einer unverhältnismäßig langen Dauer eines Verzichts vor.[23] Unzulässig ist ein Verzicht auch dann, wenn er nicht nur für die Gewinnbeteiligung, sondern auch für den Liquidationserlös vereinbart wird.

6   Jedenfalls aber muss ein wie auch immer gearteter Anspruch auf abweichende Gewinnverteilung die Feststellung des Jahresabschlusses zur Voraussetzung haben, ohne die die Abrede grundsätzlich keine Wirkung entfaltet.[24] Die Gesellschafter und Parteien einer schuldrechtlichen Abrede können sich auch nicht dazu verpflichten, einen gegen die Interessen der Gesellschaft, der Gläubiger oder eventuell an der Abrede unbeteiligter Gesellschafter und damit auch gegen Treu und Glauben verstoßenden Gesellschafterbeschluss zu fassen.[25] Grenzen sind einer abweichenden Vereinbarung einer Gewinnverteilung schließlich dadurch gesetzt, dass sich die Gesellschafter nicht dazu verpflichten können, einen gegen § 30 GmbHG verstoßenden Beschluss über die Gewinnausschüttung zu fassen.[26]

7   **Kautelarjuristisch** ist daran zu denken, den mit der schuldrechtlichen Nebenabrede modifizierten Gewinnauszahlungsanspruch gegen die Gesellschaft, der aus der modifizierten Gewinnverteilung resultiert, antizipiert abzutreten, so dass die Gesellschaft – wenn ihr die Abtretung angezeigt wurde – nicht mehr mit befreiender Wirkung an den Gesellschafter als Zedenten leisten kann, § 407 BGB.[27]

8   Häufig wird eine Gewinnverteilungsabrede auch in einem Kaufvertrag über Gesellschaftsanteile vereinbart. Dabei wird eine Klausel in den Kaufvertrag aufgenommen, wonach der Erwerber ab einem bestimmten Zeitpunkt mit dem erworbenen Geschäftsanteil an den Gewinnen und Verlusten der Gesellschaft beteiligt sein soll. Eine solche Klausel kann – einer schuldrechtlichen Nebenvereinbarung vergleichbar – Bindungswirkung gegenüber den vertragschließenden Parteien in der Hinsicht entfalten, dass die Parteien mit Rücksicht auf die Kaufvertragsklausel und den darin aufgenommenen Daten keine abweichende Gewinnverwendung bzw. Gewinnverteilung gemäß § 19 GmbHG beschließen.[28]

9   Grundsätzlich gilt, dass solche abweichenden Gewinnverteilungsabreden nur rein schuldrechtlich zwischen den Parteien wirken und nicht unmittelbar gegenüber der Gesellschaft. Gegenüber der Gesellschaft bleiben die Parteien an ihre Statuten gebunden. Gegenüber der Aktiengesellschaft hat eine solche schuldrechtliche Nebenvereinbarung, in der eine Abweichung vom gesetzlich oder statutarisch vorgesehenen Verteilungsschlüssel vereinbart wird, keine Wirkung. Denn aufgrund der eindeutigen gesetzlichen Normierung in § 60 Abs. 3 AktG, der für eine disquotale Gewinnausschüttung ausdrücklich eine Satzungsregelung verlangt, ist die Regelung der konkreten Gewinnverteilung einer Aktionärsvereinbarung nicht zugänglich. Eine **Bindung der Aktiengesellschaft** an eine Vereinbarung über eine abweichende Gewinnverteilung stellte einen (verdeckten) Teilgewinnabführungsvertrag im Sinne von § 292 AktG dar, dessen Voraussetzungen gemäß §§ 293 ff. AktG aber nicht vorliegen.[29] Auch gegenüber der GmbH kann ein abweichender Gewinnverteilungsschlüs-

---

[21] *Pentz* in: Rowedder/Schmidt-Leithoff, GmbHG, 6. Aufl. 2017, § 29 Rn. 113, 117 f.
[22] *Rossig*, Gesellschafterabsprachen bei GmbH und Close Corporation, 2003, S. 89.
[23] *Rossig*, Gesellschafterabsprachen bei GmbH und Close Corporation, 2003, S. 90.
[24] *Rossig*, Gesellschafterabsprachen bei GmbH und Close Corporation, 2003, S. 89; BayObLG, Beschl. v. 23.5.2001, 3Z BR 31/01, NJW-RR 2002, 248.
[25] *Rossig*, Gesellschafterabsprachen bei GmbH und Close Corporation, 2003, S. 89.
[26] *Deussen* in: BeckOK GmbHG, 44. Edition, Stand: 1.5.2020, § 29 Rn. 35.
[27] *Noack*, Gesellschaftervereinbarungen, 1994, S. 325.
[28] BGH, Urt. v. 30.6.2004 – VIII ZR 349/03, DNotZ 2005, 64.
[29] LG Frankfurt a. M., Urt. v. 23.12.2014, 3–05 O 47/14, NZG 2015, 482; Anmerkung *Wachter*, EWiR 2015, 345; *Priester* ZIP 2015, 2156.

sel mit Wirkung ihr gegenüber nur im Gesellschaftsvertag festgesetzt werden. Da die Aktiengesellschaft und die GmbH verpflichtet sind, den Gewinn gemäß der gesetzlichen Regel oder der Satzung auszubezahlen, können sie sich nicht innerhalb eines schuldrechtlichen Vertrages dazu verpflichten, von den – gesetzlichen oder statutarischen – Vorgaben abzuweichen. Eine gewisse Wirkung gegenüber der jeweiligen Gesellschaft ist indes durch antizipierte Abtretung des aus der abweichenden Gewinnverteilungsabrede folgenden Zahlungsanspruchs denkbar.

Kapitel 29. Voraussetzung für ein Abfindungsguthaben

1 Die Gesellschafter einer GmbH können im Wege einer schuldrechtlichen Nebenabrede abweichend von der Satzung eine geringere Abfindungshöhe für den Fall des Ausscheidens eines Gesellschafters aus der Gesellschaft vereinbaren,[1] wobei die Gesellschaft, wenn sie nicht Partei der Nebenabrede ist, nach den Grundsätzen eines echten Vertrages zu Gunsten Dritter, der ein eigenes Forderungsrecht begründet, gemäß § 328 BGB einem Gesellschafter, der auf die volle Abfindungshöhe klagt, die schuldrechtliche Nebenabrede zwischen den Gesellschaftern entgegenhalten kann.[2]

§ 96 Beschluss des BGH vom 15.3.2010 – II ZR 4/09

2 Die Aussagen des BGH im Beschluss vom 15.3.2010[3] sind in mehrerer Hinsicht bemerkenswert.

3 Zum Sachverhalt: Geklagt hatte ein Gesellschafter, der auch Geschäftsführer der Gesellschaft war und der die Feststellung der Nichtigkeit eines Gesellschafterbeschlusses begehrte, soweit darin festgelegt sei, dass er seinen Geschäftsanteil gegen Abfindung nach Maßgabe eines früheren Gesellschafterbeschlusses zu übertragen habe. Durch den Beschluss der Gesellschafterversammlung vom 17.8.2006 sei der Kläger verpflichtet worden, seinen Geschäftsanteil gegen eine Abfindung nach Maßgabe eines Gesellschafterbeschlusses vom 11.9.2002 zu übertragen. Diese Abfindung, wie sie durch Gesellschafterbeschluss vom 11.9.2002 festgelegt wurde, war geringer als die gesellschaftsvertraglich festgesetzte Abfindung. Der Kläger übertrug seinen Geschäftsanteil gegen Zahlung der Abfindung gemäß Beschluss vom 11.9.2002, behielt sich aber vor, die Höhe seines Abfindungsanspruchs gerichtlich klären zu lassen. Nach der Satzung bestand das Abfindungsentgelt aus einem Anteil am Reinvermögen der Gesellschaft, das als Eigenkapital definiert war. Auf der Gesellschafterversammlung am 11.9.2002, die vom Kläger als damaligem Geschäftsführer vorbereitet wurde, standen mehrere Varianten zur Berechnung des Abfindungsentgelts für ausscheidende Gesellschafter zur Abstimmung. Es wurde dann einstimmig ein Beschluss gefasst, der nicht notariell beurkundet wurde und der wie folgt lautete: „Auf der Grundlage einer Festlegung zwischen den Gesellschaftern, mit einem einstimmigen Gesellschafterbeschluss abweichend von § 15 (3) ein Abfindungsentgelt festzulegen, wurde beschlossen, das Abfindungsentgelt in Höhe des nominellen Geschäftsanteiles (Faktor 1,0) festzulegen. Dieser Beschluss ist jährlich mit der Feststellung des Jahresabschlusses zu überprüfen." Am 17.8.2006 wurde der Kläger mit sofortiger Wirkung vom Geschäftsführeramt abberufen und wurde die Verpflichtung des Klägers gemäß Gesellschaftsvertrag festgestellt, seinen Geschäftsanteil auf die Gesellschaft gegen Abfindung zu übertragen, die sich „nach dem Gesellschafterbeschluss vom 11.9.2002 und nach der Satzung" richte. Der Kläger vertrat die Rechtsauffassung, dass der Beschluss vom 11.9.2002 nichtig sei, unter anderem mangels notarieller Beurkundung. Das Landgericht war der Auffassung, dass der Beschluss vom 11.9.2002 nichtig sei, weil es sich um eine beurkundungsbedürftige Satzungsänderung gehandelt habe und es nicht um die Regelung eines konkreten Einzelfalles, durch die von der Satzung einmalig abgewichen werde, gegangen sei; vielmehr habe es sich um eine in die Zukunft gerichtete, für eine Mehrzahl von Fällen gedachte Regelung gehandelt. Von einer bloßen punktuellen Satzungsdurchbrechung könne daher keine Rede mehr sein, vielmehr handele es sich um eine satzungsändernde Regelung. Die Berufungsinstanz folgte den landgericht-

---

[1] *Schindler* in: BeckOK GmbHG § 34 Rn. 87; *Wicke* DStR 2006, 1137 f.
[2] *Altmeppen* in: Roth/Altmeppen, GmbHG, 9. Aufl. 2019, § 34 Rn. 66; *Schindler* in: BeckOK GmbHG § 34 Rn. 87.
[3] BGH, Beschl. v. 15.3.2010 – II ZR 4/09, NJW 2010, 3718.

lichen Rechtsausführungen, wonach keine Satzungsdurchbrechung im Einzelfall, sondern eine beurkundungsbedürftige Satzungsänderung durch Beschluss vom 11.9.2002 erfolgt sei, die mangels Beurkundung unwirksam sei.

Der BGH hingegen hob das Urteil des Berufungsgerichts auf und erblickte in dem formnichtigen Gesellschafterbeschluss vom 11.9.2002 eine schuldrechtliche Bindung der Gesellschafter untereinander zu Gunsten der Gesellschaft des Inhalts, dass die Gesellschafter bei ihrem Ausscheiden lediglich einen Anspruch auf die niedrigere Abfindung geltend machen könnten. Der BGH verwies sodann auf die ständige Rechtsprechung, wonach schuldrechtliche Nebenabreden außerhalb des Gesellschaftsvertrags, soweit zwingendes Recht nicht entgegensteht, zulässig sind.[4] Der BGH betonte nochmals, dass schuldrechtliche Nebenabreden grundsätzlich formfrei sind und das Auseinanderfallen von schuldrechtlicher Nebenabrede und GmbH-Satzung für die Wirksamkeit der jeweiligen Vereinbarung grundsätzlich ohne Bedeutung ist.[5]

Über die Grenzen der Bindungswirkung der schuldrechtlichen Nebenabrede – gebunden sind grundsätzlich nur die Vertragsparteien, vorliegend also der Kläger im Verhältnis zu seinen Mitgesellschaftern – hilft der BGH mit den Grundsätzen des **Vertrages zu Gunsten Dritter** gemäß § 328 Abs. 1 BGB hinweg. Danach können auch Dritte – vorliegend die Gesellschaft – aus der Vereinbarung der Gesellschafter untereinander eigene Rechte herleiten. Aus Sicht des BGH lag es daher nahe, dass der Kläger und seine Mitgesellschafter durch Beschluss am 11.9.2002 eine Vereinbarung dahingehend trafen, dass die Gesellschafter für die Zukunft ihre Abfindungen für den Fall des Ausscheidens aus der Gesellschaft nicht auf Grundlage der Satzung berechnen würden, sondern nach Maßgabe des Beschlusses vom 11.9.2002. Schon der Wortlaut des Beschlusses vom 11.9.2002 sprach dafür, dass die Gesellschafter eine Vereinbarung trafen. Der BGH merkte aber ausdrücklich an, dass auch eine Umdeutung eines formnichtigen Gesellschafterbeschlusses in eine schuldrechtliche Nebenvereinbarung in Betracht komme, wenn es nicht um eine organisationsrechtliche Regelung, sondern um eine Sozialverpflichtung der Gesellschaft gegenüber einem ausgeschiedenen Gesellschafter gehe. Der BGH bejaht damit die Umdeutung eines die Gesellschaft begünstigenden, formnichtigen Gesellschafterbeschlusses in eine schuldrechtliche Nebenvereinbarung zu Gunsten Dritter – der Gesellschaft (→ Kap. 7 Rn. 11 ff.).

Dieses Urteil des BGH vom 15.3.2010 bedeutet mithin zunächst, dass die Gesellschafter und die Gesellschaft in einer schuldrechtlichen Nebenvereinbarung die **Abfindungsmodalitäten der Satzung modifizieren** können. Sie bedeutet aber auch, dass eine solche Vereinbarung, wenn sie nur zwischen den Gesellschaftern getroffen wurde, **auch zugunsten der Gesellschaft** nach den Grundsätzen des echten berechtigenden Vertrages zu Gunsten Dritter wirkt, wenn die Abfindung gemäß der Nebenabrede für die Gesellschaft niedriger ist als nach der Satzung. Und schließlich kann ein Gesellschafterbeschluss, der gleiches festlegt, aber formnichtig ist, in eine solche Nebenabrede zugunsten der Gesellschaft gemäß § 140 BGB **umgedeutet** werden.

§ 97 Inhalt der schuldrechtlichen Vereinbarung über die Abfindung

Inhaltlich können die Gesellschafter die Abfindungsmodalitäten innerhalb der allgemeinen gesetzlichen Grenzen, insbesondere des § 138 BGB, frei gestalten. Dabei sollte der schuldrechtlich vereinbarte Abfindungsanspruch den nach der Satzung geschuldeten Abfindungsanspruch der Höhe nach nicht übersteigen. Denn selbst wenn die Gesellschaft Partei der Nebenabrede ist, kann sie sich nicht wirksam gegenüber einem Gesellschafter verpflichten, eine höhere Abfindung zu bezahlen als in der Satzung vereinbart. Eine

---

[4] Verweis auf BGH, Urt. v. 8.2.1993 – II ZR 24/92, NJW-RR 1993, 607; BGH, Urt. v. 15.10.2007 – II ZR 216/06 (OLG Köln), NZG 2008, 73.
[5] BGH, Beschl. v. 15.3.2010 – II ZR 4/09, NJW 2010, 3718, 3719 (Rn. 7).

solche Vereinbarung würde die übrigen Gesellschafter unangemessen benachteiligen. Umgekehrt ist eine schuldrechtliche Nebenvereinbarung, nach der ein aus der Gesellschaft ausscheidender Gesellschafter seinen entgeltlich erworbenen Anteil an der Gesellschaft unentgeltlich zurück zu übertragen hat, zwischen Gesellschaft und Gesellschafter sittenwidrig und gemäß § 138 BGB nichtig.[6]

---

[6] Vgl. BGH, Urt. v. 13.6.1994 – II ZR 38/93, NJW 1994, 2536.

Kapitel 30. Grundvereinbarungen der Muttergesellschaften von Gemeinschaftsunternehmen

Ein Gemeinschaftsunternehmen ist ein Unternehmen, das unter der gemeinsamen Kontrolle mehrerer anderer Unternehmen steht und zu dem Zweck gegründet oder erworben wurde, Aufgaben zum gemeinsamen Nutzen der beteiligten Unternehmen zu erfüllen.[1] Grundlage solcher Gemeinschaftsunternehmen können Gleichordnungskonzerne (§ 18 Abs. 2 AktG), tatsächliche Besonderheiten der Beteiligungsverhältnisse oder die hier zu betrachtenden Joint Ventures, die auf der sogenannten Grundvereinbarung beruhen, sein.[2] In der Grundvereinbarung regeln die an dem Gemeinschaftsunternehmen beteiligten Unternehmen, die, soweit sie unmittelbar oder mittelbar einen beherrschenden Einfluss auf das Gemeinschaftsunternehmen ausüben, Muttergesellschaften im Sinne des § 290 Abs. 1 S. 1 HGB sind, sowohl die Eckpunkte als auch die entscheidenden Details der wirtschaftlichen Zusammenarbeit.[3] Dies geschieht häufig neben der Satzung des Gemeinschaftsunternehmens, das vielfach die Rechtsform der GmbH hat.[4] 1

Der Begriff „**Joint Venture**" bezeichnet die wirtschaftliche Zusammenarbeit zweier oder mehrerer Unternehmen unter gemeinschaftlicher Kontrolle.[5] Ein Joint Venture erfordert nicht zwingend die Gründung eines Gemeinschaftsunternehmens.[6] Bei dem sog. „Contractual Joint Venture" wird die wirtschaftliche Zusammenarbeit der Joint Venture-Partner ausschließlich auf schuldrechtlicher Ebene geregelt. Durch Vertrag werden zwischen den Partnern z. B. die gemeinsame Abgabe eines Angebots für einen Auftrag oder die gemeinsame Durchführung oder die Umsetzung eines oder mehrerer Projekte wie gemeinsame Forschung und Entwicklung vereinbart. Aufgrund der Projektbezogenheit des „Contractual Joint Venture" ist dieses typischerweise auf einen beschränkten Zeitraum angelegt.[7] Durch den Abschluss des auf die Kooperation gerichteten Vertrages gründen die Joint Venture-Partner eine Gesellschaft bürgerlichen Rechts in Form einer Innengesellschaft.[8] In den weitaus häufigeren Fällen erfolgt die Zusammenarbeit der Joint Venture-Partner durch eine Beteiligung an einer Personen- oder Kapitalgesellschaft, dem Gemeinschaftsunternehmen.[9] Neben der Gründung eines Gemeinschaftsunternehmens durch die Joint Venture-Partner kommt für die Begründung des Joint Venture die Übernahme einer bereits bestehenden Gesellschaft ebenso wie die Abtretung von Anteilen an einer Tochtergesellschaft eines der Partner oder die Gewährung von Anteilen im Rahmen einer Kapitalerhöhung in Betracht.[10] 2

§ 98 Die Grundvereinbarung

Die wesentlichen Punkte der Zusammenarbeit im Gemeinschaftsunternehmen werden von den Joint Venture-Partnern durch die Grundvereinbarung (auch Konsortialvertrag oder 3

---

[1] *Emmerich* in: Emmerich/Habersack, Aktien- und GmbH-Konzernrecht, 9. Aufl. 2019, AktG § 17 Rn. 28.
[2] *Schall* in: Spindler/Stilz, AktG, 4. Aufl. 2019, § 17 Rn. 15 m. w. N.
[3] *Gansweid*, Gemeinsame Tochtergesellschaften im deutschen Konzern- und Wettbewerbsrecht, 1976, S. 63 f.; *Wiedemann*, Gemeinschaftsunternehmen im deutschen Kartellrecht, 1981, S. 86 f.; *Wirbel* in: MHdB GesR I, 5. Aufl. 2019, § 28 Rn. 28.
[4] *Priester* in: MHdB GesR III, 5. Aufl. 2018, § 21 Rn. 4; *Hoffmann-Becking* ZGR 1994, 442, 444.
[5] *Göthel* BB 2014, 1475; *Elfring* NZG 2012, 895; *Driesch* in: BeckHdB IFRS, 5. Aufl. 2016, § 46 Rn. 78.
[6] *Stengel* in: BeckHdB PersGes, 5. Aufl. 2020, § 22 Rn. 7; *Kersting* in: Loewenheim/Meessen/Riesenkampff, Kartellrecht, 4. Aufl. 2020, 2. Teil Gemeinschaftsunternehmen Rn. 1.
[7] *Wirbel* in: MHdb GesR I, 5. Aufl. 2019, § 28 Rn. 2; *Khalilzadeh* GmbHR 2013, 232.
[8] *Stengel* in: BeckHdB PersGes, 5. Aufl. 2020, § 22 Rn. 8; *Wirbel* in: MHdB GesR I, 5. Aufl. 2019, § 28 Rn. 2.
[9] *Wirbel* in: MHdB GesR I, 5. Aufl. 2019, § 28 Rn. 2.
[10] *Wirbel* in: MHdB GesR I, 5. Aufl. 2019, § 28 Rn. 29.

Joint Venture Agreement genannt) geregelt,[11] die eine Vielzahl von Regelungen mit Dauercharakter mit erheblichem Einfluss auf das Geschehen in dem Gemeinschaftsunternehmen enthalten kann. Die beteiligten Unternehmen werden daran interessiert sein, dass Abschluss, Bestehen und Inhalt der Grundvereinbarung nicht publik werden. Die Grundvereinbarung unterliegt (von Mitteilungspflichten zum Transparenzregister und von Mitteilungspflichten bei börsennotierten Gesellschaften oder nach § 20 AktG bei Aktiengesellschaften einmal abgesehen, wenn die Joint Venture-Gesellschaft jemals eine solche Rechtsform haben sollte) grundsätzlich keiner Publizitätspflicht, was sie so beliebt macht.[12]

4   Wie auch sonst sind die beteiligten Unternehmen bis auf wenige Einschränkungen frei darin zu entscheiden, welche Regelung sie in der Satzung und welche sie in der Grundvereinbarung treffen wollen. So sind als Einschränkungen etwa das Verbot der Umgehung der Sacheinlagevorschriften der §§ 5 Abs. 4, 19, 56 GmbHG oder der obligatorische Satzungsinhalt des § 3 Abs. 2 GmbHG zu beachten.[13]

I. Formvorschriften

5   Sieht die Grundvereinbarung eine Pflicht zur (gemeinsamen) Gründung des Gemeinschaftsunternehmens in der Rechtsform einer GmbH vor, so ist die Grundvereinbarung entsprechend § 2 Abs. 1 GmbHG zu beurkunden.[14] Wird die Wirksamkeit der Grundvereinbarung dagegen unter die aufschiebende Bedingung der tatsächlichen Gründung des Gemeinschaftsunternehmens gestellt, so besteht dieses Formerfordernis nicht.[15] Verpflichtet sich einer der Joint Venture-Partner zur Übertragung von Anteilen an seiner Tochtergesellschaft, die zu dem Gemeinschaftsunternehmen gemacht werden soll, so ist, wenn es sich bei der Tochtergesellschaft um eine GmbH handelt, die Grundvereinbarung gemäß § 15 Abs. 4 Satz 1 GmbHG in ihrer Gesamtheit notariell zu beurkunden. Wird dagegen die Übertragung der Anteile im Anschluss an den formlosen Abschluss der Grundvereinbarung notariell beurkundet, so tritt Heilung gemäß § 15 Abs. 4 Satz 2 GmbHG ein. Für den Fall, dass sich die Joint Venture-Partner an einer bereits bestehenden Gesellschaft beteiligen, besteht grundsätzlich kein Formerfordernis für die Grundvereinbarung. Auch die vereinbarte Verpflichtung der Joint Venture-Partner, die Satzung des Gemeinschaftsunternehmens entsprechend den Regelungen der Grundvereinbarung anzupassen, hat keine Beurkundungspflicht der Grundvereinbarung zur Folge. Diese Verpflichtung stellt vielmehr eine lediglich schuldrechtlich wirkende Stimmbindung dar, die ihre Wirkung nur gegenüber den beteiligten Parteien entfaltet.[16]

II. Typischer Inhalt von Grundvereinbarungen

6   Der konkrete Inhalt einer Grundvereinbarung ist von der konkreten Interessenlage der Beteiligten abhängig und variiert daher in der Praxis stark. In aller Regel legen die Joint Venture-Partner mit einer Präambel zunächst die Ziele und einen Zeitplan des gemeinsamen Zusammenarbeitens fest.

---

[11] *Priester* in: MHdB GesR III, 5. Aufl. 2018, § 21 Rn. 4; *Stengel* in: BeckHdB PersGes, 5. Aufl. 2020, § 22 Rn. 40; *Gansweid*, Gemeinsame Tochtergesellschaften im deutschen Konzern- und Wettbewerbsrecht, 1976, S. 63; *Wirbel* in: MHdB GesR I, 5. Aufl. 2019, § 28 Rn. 6.
[12] *Ebenroth*, JZ 1987, 265; *Hoffmann-Becking* ZGR 1994, 442, 444.
[13] *Ulmer* NJW 1987, 1849, 1850; *Khalilzadeh* GmbHR 2013, 232.
[14] BGH, Urt. v. 21.9.1987 – II ZR 16/87, NJW-RR 1988, 288; *Fastrich* in: Baumbach/Hueck, GmbHG § 2 Rn. 33; *Heinze* in: MüKoGmbHG, 3. Aufl. 2018, § 2 Rn. 209; *Altmeppen* in: Roth/Altmeppen, GmbHG, 9. Aufl. 2019, § 2 Rn. 50 ff.
[15] *Wirbel* in: MHdB GesR I, 5. Aufl. 2019, § 28 Rn. 30; BGH, Urt. v. 19.12.1986 – II ZR 138/67, BeckRS 1968, 31172770.
[16] *K. Schmidt* in: Scholz, GmbHG § 47 Rn. 38; *Drescher* in: MüKoGmbHG, 3. Aufl. 2019, § 47 Rn. 249; *Römermann* in: MHLS GmbHG, 3. Aufl. 2017, § 47 Rn. 487; *Zöllner/Noack* in: Baumbach/Hueck, GmbHG § 47 Rn. 113; → Kap. 17 Rn. 2 f.

1. Allgemeine Regelungen zum Unternehmenskonzept

Nach der Präambel folgen zumeist Bestimmungen über die finanzielle Ausstattung des Gemeinschaftsunternehmens durch die Joint Venture-Partner, z. B. durch Erbringung von Einlagen, Gewährung von Darlehen oder Nachschusspflichten.[17] Oftmals wird auch geregelt, wie mit vom Gemeinschaftsunternehmen erwirtschafteten Gewinnen verfahren werden soll. Den Joint Venture-Partnern wird häufig entsprechend ihrer Beteiligung das Recht zur Benennung von Organmitgliedern zugewiesen, oftmals mit Regelungen zu deren Eignung. Die geschäftsführenden Organe sind meist durch detaillierte Kataloge dazu verpflichtet, in bestimmten Fällen die Zustimmung eines anderen Gesellschaftsorgans wie etwa eines Aufsichtsrats, eines Gesellschafterausschusses oder der Gesellschafterversammlung, die mit Vertretern der Joint Venture-Partner besetzt sind, einzuholen.

2. Auflösung einer Pattsituation (deadlock)

Da die Joint Venture-Partner häufig paritätisch beteiligt sind, sollte die Grundvereinbarung auch Regelungen zur Auflösung sog. **deadlocks** enthalten.[18] In derartigen Fällen können sich die geschäftsführenden Organe nicht auf ein bestimmtes Rechtsgeschäft oder sonstige Maßnahmen wie etwa den Abschluss eines konkreten Geschäftes einigen.

a) Lösungsvarianten. Es kommen unterschiedliche Möglichkeiten in Betracht, einen **deadlock** zu überwinden. Denkbar ist zunächst, zugunsten eines der Joint Venture-Partner ein Letztentscheidungsrecht einzuräumen.[19] Das Letztentscheidungsrecht kann beispielsweise nach Sachgebieten auf die einzelnen (kompetenten) Joint Venture-Partner aufgeteilt werden. Eine andere Gestaltungsvariante ist, dass das Letztentscheidungsrecht turnusgemäß zwischen den Joint Venture-Partnern wechselt.

Denkbar ist auch, die Pflicht zur Vorlage der Entscheidung an ein anderes Gesellschaftsorgan oder, falls es sich bei den Joint Venture-Partnern ihrerseits um Tochtergesellschaften handelt, an das geschäftsführende Organ der jeweiligen Muttergesellschaft zu verlagern. Als höhere Instanz, die im Falle eines **deadlocks** zur Entscheidung berufen werden soll, kommt auch ein fakultatives, auf schuldrechtlicher Grundlage beruhendes Organ, etwa ein Beirat, in Frage.[20] Als Mitglieder des fakultativen Organs bieten sich beispielsweise ausgewiesene Experten in der jeweiligen Branche des Gemeinschaftsunternehmens an.[21] Empfehlenswert ist zudem, eine ungerade Zahl an Mitgliedern in dem Organ vorzusehen, damit zwingend eine Mehrheitsentscheidung zustande kommt und nicht auch auf dieser Entscheidungsebene eine Patt-Situation eintreten kann.

Schließlich kann vertraglich vorgesehen werden, dass im Falle eines **deadlocks** ein Mediator[22] oder Schiedsrichter[23] einzuschalten ist. Ein Mediator unterscheidet sich vom Schiedsrichter dadurch, dass er die Streitfrage nicht selbst entscheidet; die Konfliktauflösung erfolgt nach wie vor durch die Joint Venture-Partner selbst.[24] Gleichwohl kann ein Mediator als neutrale Person bewirken, dass die Verhandlungen zwischen den Joint Venture-Partnern eine andere Dynamik entfalten und letztlich zu einer Einigung führen.[25]

---

[17] *Ebenroth*, JZ 1987, 266.
[18] *Göthel* BB 2014, 1475, 1476; *Zepf/Girnth/Stumm* BB 2016, 2947.
[19] *Elfring* NZG 2012, 895, 897; *Zepf/Girnth/Stumm* BB 2016, 2947, 2948 f.
[20] *Schulte/Sieger* NZG 2005, 24; zu fakultativen Organen der Gesellschaft in → Kap. 1 Rn. 10.
[21] *Elfring* NZG 2012, 895, 898.
[22] *Dendorfer/Krebs*, MittBayNot 2008, 85 ff.; *Zepf/Girnth/Stumm* BB 2016, 2947, 2948.
[23] Vgl. BGH, Urt. v. 6.4.2009 – II ZR 255/08, NZG 2009, 620; *Schulte/Sieger* NZG 2005, 24.
[24] *Dendorfer/Krebs*, MittBayNot 2008, 85.
[25] *Elfring* NZG 2012, 895, 898.

12 b) Deadlock-Klausel. Beispiel für eine **Deadlock-Klausel:**[26]

> **§ ... Deadlock**
> (1) Können sich die Geschäftsführer des Gemeinschaftsunternehmens nicht innerhalb einer angemessenen Frist über eine Angelegenheit der Geschäftsführung einigen, so ist jeder der Geschäftsführer berechtigt, die Angelegenheit der Gesellschafterversammlung zur Entscheidung vorzulegen.
> (2) Kann die Gesellschafterversammlung über eine ihr von einem der Geschäftsführer gemäß Abs. 1 vorgelegten Angelegenheit keine Einigung erzielen, so ist jeder der Gesellschafter des Gemeinschaftsunternehmens berechtigt, diese Angelegenheit als „Deadlock-Angelegenheit" den Vorsitzenden der geschäftsführenden Organe der Muttergesellschaften der Gesellschafter [der Joint Venture-Partner] vorzulegen. Dieses Recht zur Vorlage als „Deadlock-Angelegenheit" steht jedem Gesellschafter auch dann zu, wenn die Gesellschafterversammlung erneut über einen Beschlussgegenstand, der bereits in einer vorangegangenen Gesellschafterversammlung von einem Gesellschafter zur Abstimmung vorgelegt worden war, keine Einigung erzielen konnte.
> (3) Die Vorsitzenden der geschäftsführenden Organe der Muttergesellschaften der Gesellschafter entscheiden einstimmig innerhalb angemessener Frist über die „Deadlock-Angelegenheit". Sie geben ihre Entscheidung den Gesellschaftern [den Joint Venture-Partnern] und der Geschäftsführung des Gemeinschaftsunternehmens innerhalb von ... Wochen bekannt.
> (4) Können sich die Vorsitzenden der geschäftsführenden Organe der Muttergesellschaften der Gesellschafter nicht innerhalb angemessener Frist einigen, stellt dies ein „Trigger-Event" i. S. d. § ... dar.

3. Exit-Optionen

13 Schließlich wird in der Grundvereinbarung geregelt, unter welchen Voraussetzungen das Joint Venture beendet werden kann oder beendet werden muss.

14 Häufig werden in diesem Zusammenhang sog. Call- bzw. Put-Optionen bezogen auf die Anteile vereinbart.[27] Während diese Call- bzw. Put-Optionen grundsätzlich an die Veräußerungswilligkeit eines der Joint Venture-Partner anknüpfen, bieten die gerade bei paritätischen Joint Venture nicht ungewöhnlichen sogenannten Shoot-Out-Klauseln eine Möglichkeit zur schnellen und kostengünstigen Beendigung des Joint Venture[28], die keine unzulässige Beschränkung des Kündigungsrechts gemäß § 723 BGB darstellen.[29] Häufige Erscheinungsform der Shoot-Out-Klauseln ist das sog. „Russian Roulette", bei dem ein Joint Venture-Partner seine Anteile zu einem bestimmten Preis dem anderen Partner anbietet. Will der Partner die Anteile nicht oder zumindest nicht zu diesem Preis erwerben, ist er verpflichtet, seine Anteile zu demselben Preis an den anbietenden Partner zu veräußern.[30]

15 Neben einer „Russian Roulette"-Klausel ergibt sich je nach Art des Joint Ventures ein Bedürfnis nach weiteren Regelungen des Ausstiegs, wie etwa von Garantien, die der ausscheidende Joint Venture-Partner abzugeben hat. Da das Gemeinschaftsunternehmen Risiken bergen kann, die sich erst nach einem längeren Zeitraum offenbaren, könnte eine Übernahme sämtlicher Anteile ohne Garantien des Veräußerers den Erwerber möglicherweise schwer benachteiligen. Ebenso wäre zu regeln, was mit Gesellschafterdarlehen an das Gemeinschaftsunternehmen geschehen soll, wenn einer der Gesellschafter die Gesellschaft verlässt. Weitere Aspekte, die die Vertragsgestaltung berücksichtigen muss, sind die Steueroptimierung und eine mögliche Fusionskontrolle.[31]

---

[26] *Englisch/von Schnurbein* in: BeckFormB GmbHR, 1. Aufl. 2010, C. III.2.
[27] → Kap. 41 Rn. 53 [zu Call/Put-Optionen].
[28] Vgl. → Rn. 2. Die Grundvereinbarung; *Willms/Bicker* BB 2014, 1347.
[29] *Fleischer/Schneider* DB 2010, 2713, 2716 ff.
[30] *Willms/Bicker* BB 2014, 1347; *Schulte/Sieger* NZG 2005, 24, 25; *Weidmann* DStR 2014, 1500.
[31] *Schulte/Sieger* NZG 2005, 24, 27.

Auch sind andere Ausstiegsszenarien als das „Russian Roulette" denkbar. Beim sog. **16** „Texan Shoot-out" beginnt einer der Partner mit der Abgabe eines Angebots zum Kauf aller Anteile des jeweiligen Partners. Dieser kann entweder das Angebot annehmen oder selbst ein höheres Angebot abgeben. Dies wiederholt sich, bis einer der Partner das Angebot annimmt.[32]

Da solche Klauseln auch dazu dienen können, die oben angesprochenen **deadlocks** **17** innerhalb des Joint Venture zu lösen, knüpfen die Shoot-Out-Klauseln an bestimmte Situationen wie etwa die wiederholte Stimmengleichheit in einem Gesellschaftsorgan oder ähnlichem an. Erst wenn eine solche Situation vorliegt (sog. **trigger events** oder **deadlock events**), können – je nach Ausgestaltung – der oder die Partner von der Shoot-Out-Klausel Gebrauch machen.[33]

a) „Russian Roulette"-Klausel. Beispiel einer „Russian Roulette"-Klausel:[34] **18**

> § … „Russian Roulette", Ausstiegsverfahren
> (1) Jeder Gesellschafter ist bei Vorliegen eines Trigger-Events gemäß § … jederzeit, in anderen Fällen im Zeitraum vom 1.1. bis zum 31.3. eines Jahres berechtigt, das in diesem Paragraphen geregelte Ausstiegsverfahren einzuleiten.[35] Die Einleitung des Ausstiegsverfahrens erfolgt durch eingeschriebenen Brief an den jeweils anderen Gesellschafter. Einen Monat nach Zugang der Mitteilung der Einleitung des Ausstiegsverfahrens hat der einleitende Gesellschafter innerhalb einer Woche durch eingeschriebenen Brief zu bestätigen, dass es zur Durchführung des Ausstiegsverfahrens kommt. Erfolgt diese Bestätigung nicht, wird ein Ausstiegsverfahren in diesem Kalenderjahr nicht mehr durchgeführt, es sei denn, es tritt ein anderer Trigger-Event gemäß § … ein.
> (2) Nach Zugang der Bestätigung nach Abs. 1 S. 3 hat der das Ausstiegsverfahren einleitende Gesellschafter seine Geschäftsanteile durch notariell beurkundetes Angebot dem jeweils anderen Gesellschafter zum Erwerb anzubieten. Das Angebot muss einen Kaufpreis und die übrigen Erwerbsbedingungen enthalten. Sowohl der Kaufpreis als auch die übrigen Erwerbsbedingungen können von dem anbietenden Gesellschafter frei gewählt werden. Das Angebot muss durch eingeschriebenen Brief übersandt werden.
> (3) Das Angebot kann nur durch notarielle Urkunde innerhalb von … Wochen ab Zugang des Angebotsschreibens angenommen werden. Für die Wahrung dieser Frist genügt die notarielle Beurkundung. Der beurkundende Notar wird angewiesen, dem anbietenden Gesellschafter an die in dem Angebot nach Abs. 1 angegebene Adresse eine Ausfertigung der Annahmeurkunde zu übersenden.
> (4) Nimmt der Gesellschafter das Angebot nicht oder nicht fristgerecht an, so ist der anbietende Gesellschafter berechtigt und verpflichtet, die Geschäftsanteile des anderen Gesellschafters zu dem (verhältnismäßigen) Kaufpreis und den übrigen Erwerbsbedingungen des von ihm gemäß Abs. 1 unterbreiteten Angebots zu erwerben. Der andere Gesellschafter ist zur entsprechenden Veräußerung der Geschäftsanteile berechtigt und verpflichtet.
> (5) Zustellungen nach diesem Paragraphen gelten drei Tage nach Aufgabe eines Einschreibebriefs an die der Gesellschaft bekannt gegebene Anschrift des Empfängers als bewirkt.

---

[32] *Willms/Bicker* BB 2014, 1347; *Schulte/Sieger* NZG 2005, 24, 25.
[33] Vgl. oben → Rn. 12, Beispiel einer „Deadlock"-Klausel, Abs. 4; *Willms/Bicker* BB 2014, 1347.
[34] *Beisel/Klumpp*, Der Unternehmenskauf, 7. Aufl. 2016, § 8, Rn. 110
[35] Liegt ein Trigger-Event wie etwa ein „Deadlock" vor, ist es sinnvoll, dass sich die Joint Venture-Partner sofort von den vertraglichen Bindungen lösen können. Im Falle einer Ausstiegsklausel ist es jedoch sinnvoll, eine Ausschlussfrist pro Jahr festzusetzen. Damit wird sichergestellt, dass für den Rest des Jahres kein Ausstiegsverfahren mehr eingeleitet werden kann, was gerade bei Gesellschafterstreitigkeiten für eine gewisse Beruhigung sorgen kann. Vgl. *Schulte/Sieger* NZG 2005, 24, 26.

19 b) „Texan Shoot-out"-Klausel. Beispiel einer „Texan Shoot-out"-Klausel:[36]

> § ... „Texan Shoot-out"
> (1) Jeder der Gesellschafter ist bei Vorliegen eines Trigger-Events gemäß § ... berechtigt, dem jeweils anderen Gesellschafter ein notariell beurkundetes Angebot auf Erwerb dessen Geschäftsanteilen zu unterbreiten. Das Angebot muss einen Kaufpreis und die übrigen Erwerbsbedingungen enthalten. Sowohl der Kaufpreis als auch die übrigen Erwerbsbedingungen können von dem anbietenden Gesellschafter frei gewählt werden. Das Angebot muss durch einen eingeschriebenen Brief übersandt werden.
> (2) Das Angebot kann nur durch notarielle Urkunde innerhalb von ... Wochen ab Zugang des Angebotschreibens angenommen werden. Für die Wahrung dieser Frist genügt die notarielle Beurkundung. Der beurkundende Notar wird angewiesen, dem anbietenden Gesellschafter an die in dem Angebot nach Abs. 1 angegebene Adresse eine Ausfertigung der Annahmeurkunde zu übersenden.
> (3) Nimmt der Gesellschafter das Angebot nicht oder nicht rechtzeitig an, so ist er verpflichtet, innerhalb von ... Wochen ein Angebot auf Erwerb der gesamten Geschäftsanteile des anderen Gesellschafters entsprechend vorstehendem Abs. 2 zu unterbreiten. Der Kaufpreis dieses Angebots muss mindestens 110 % des vorhergegangenen Kaufpreises betragen. Die übrigen Erwerbsbedingungen müssen denen des vorangegangenen Angebots entsprechen. Unterbreitet der Gesellschafter das Angebot entgegen S. 1 nicht innerhalb von ... Wochen, so ist der andere Gesellschafter berechtigt, die Übertragung der Geschäftsanteile an sich gegen Zahlung eines Kaufpreises in Höhe von 70 % seines ursprünglichen Angebots zu fordern.[37]
> (4) Nimmt der Gesellschafter das Angebot gemäß Abs. 3 nicht an, so ist er seinerseits verpflichtet, ein neues Angebot auf Erwerb der gesamten Geschäftsanteile des anderen Gesellschafters entsprechend vorstehendem Abs. 3 zu unterbreiten. Dies wiederholt sich, bis einer der Gesellschafter das Angebot angenommen hat.
> (5) Die Übertragung der Geschäftsanteile erfolgt mit dinglicher Wirkung auf den Zeitpunkt der vollständigen Kaufpreiszahlung. Der Erwerber wird schuldrechtlich so gestellt, als wäre die Übertragung der Geschäftsanteile zu Beginn des Kalendermonats, in der dasjenige Angebot, das angenommen wurde, abgegeben wurde, erfolgt.
> (6) Die Bestimmungen dieser Grundvereinbarung über Verfügungen über Geschäftsanteile und Vorerwerbsrechte Dritter finden auf eine Veräußerung von Geschäftsanteilen nach diesem Abschnitt keine Anwendung.

4. Erwerbsvorrechte

20 Üblicherweise enthält eine Grundvereinbarung auch Erwerbsvorrechte zugunsten des jeweiligen Joint Venture-Partners.[38] Damit sollen die Änderung des Gesellschafterkreises oder der Mehrheitsverhältnisse beim Gemeinschaftsunternehmen verhindert werden. Dabei kommen Vorkaufsrechte im Sinne von §§ 463 ff. BGB bei einem Joint Venture eher selten zum Einsatz.[39] Grund hierfür ist, dass das gesetzliche Vorkaufsrecht erst ausgeübt werden kann, nachdem ein Kaufvertrag über die Anteile am Gemeinschaftsunternehmen mit einem Dritten abgeschlossen wurde. Der Dritte wird einen solchen Kaufvertrag jedoch erst abschließen, wenn er detaillierte Informationen über das Gemeinschaftsunternehmen erhalten hat, was die Joint Venture-Partner grundsätzlich vermeiden wollen. Ein Vorkaufsrecht kommt allenfalls dann in Betracht, wenn der Dritte zu einer strengen Geheimhaltung bezüglich der Informationen über das Gemeinschaftsunternehmen verpflichtet wird. Häufi-

---

[36] *Giehl* in: BeckOF Vertrag, 52. Ed., Stand: 1.12.2019, 7.8.2.2.3.
[37] Durch diese Klausel soll verhindert werden, dass einer der Joint Venture-Partner das Ausstiegsverfahren dadurch torpediert, dass er die Absendung des „zweiten" Angebots unterlässt bzw. hinauszögert. Vgl. hierzu *Schulte/Sieger* NZG 2005, 24, 26. Für den Joint Venture-Partner, der das „zweite" Angebot erhält, ist es aufgrund der Klausel wirtschaftlich sinnvoller, dem anderen Joint Venture-Partner mitzuteilen, ob er die Geschäftsanteile erwerben wird oder nicht.
[38] Siehe zu den Erwerbsvorrechten ausführlich in → Kap. 26 Rn. 1 f.
[39] *Wirbel* in: MHdb GesR I, 5. Aufl. 2019, § 28 Rn. 53.

ger verzichten die Joint Venture-Partner aber vollständig auf Vorkaufsrechte und vereinbaren stattdessen Andienungspflichten. Der veräußerungswillige Joint Venture-Partner muss seine Anteile am Gemeinschaftsunternehmen zunächst zu bestimmten Konditionen den übrigen Joint Venture-Partnern zum Erwerb anbieten. Lehnen die übrigen Joint Venture-Partner das Angebot ab, kann der veräußerungswillige Joint Venture-Partner seine Anteile zu denselben oder für ihn günstigeren Konditionen einem Dritten zum Erwerb anbieten. Nimmt der Dritte das Angebot des veräußerungswilligen Joint Venture-Partners an, sind die übrigen Joint Venture-Partner dazu verpflichtet, etwaige nach der Satzung erforderliche Zustimmungen zur Anteilsübertragung zu erklären, vorausgesetzt, der Dritte tritt auch der Grundvereinbarung bei. Eine so ausgestaltete Andienungspflicht hat gegenüber dem Vorkaufsrecht den Vorteil, dass die übrigen Joint Venture-Partner die Anteile des veräußerungswilligen Joint Venture-Partners erwerben können, bevor ein Dritter unter Offenlegung detaillierter Informationen über das Gemeinschaftsunternehmen einen Kaufvertrag mit dem veräußerungswilligen Joint Venture-Partner schließt.

5. Mitverkaufs- und Mitnahmerechte

Schließlich enthalten Grundvereinbarungen zwischen Joint Venture-Partnern nicht selten 21 Mitverkaufs- und/oder Mitnahmerechte.[40] Bei einem Mitnahmerecht (**drag along**) erhält der Mehrheitsgesellschafter die Möglichkeit, zu den Bedingungen, zu denen er seine Anteile am Gemeinschaftsunternehmen an einen Dritten verkauft, auch die Veräußerung der Anteile der übrigen Joint Venture-Partner an den Dritten zu verlangen. Oftmals ist ein Dritter nur zum Einstieg in ein Unternehmen bereit, wenn er 100 % der Anteile an dem Unternehmen erwerben kann. Für den Mehrheitsgesellschafter erhöht eine **Drag-along**-Klausel daher die Wahrscheinlichkeit, seine Anteile am Gemeinschaftsunternehmen zu einem gewünschten Zeitpunkt auch tatsächlich an einen Dritten veräußern und damit „versilbern" zu können. Umgekehrt kann sich der Minderheitsgesellschafter vom Mehrheitsgesellschafter das Recht einräumen lassen, seine Anteile am Gemeinschaftsunternehmen zu denselben Konditionen an einen Dritten veräußern zu können, zu denen auch der Mehrheitsgesellschafter seine Anteile an den Dritten veräußert (**tag along**, zu diesem näher → Kap. 23 Rn. 21 f.). Der Minderheitsgesellschafter kann mithilfe einer **Tag-along**-Klausel ebenfalls seine – oftmals einzig realistische – Exit-Option absichern. Denn Dritte haben regelmäßig nur dann ein Interesse am Einstieg in ein Joint Venture, wenn sie entweder sämtliche Anteile am Gemeinschaftsunternehmen oder zumindest die Mehrheit der Anteile erwerben. Eine Minderbeteiligung an einem Gemeinschaftsunternehmen ist separat am Markt hingegen nur schwer verkäuflich.[41]

6. Sonstige Regelungen

Des Weiteren werden die Felder, auf denen sich das Gemeinschaftsunternehmen betätigen 22 soll oder auch nicht betätigen darf, festgelegt. Ferner sind die Voraussetzungen, unter denen neue Partner dem Joint Venture beitreten können, zu regeln. Typisch ist auch die vertragliche Ausgestaltung der Liefer- und Abnahmebeziehungen zwischen den einzelnen Joint Venture-Partnern und dem Gemeinschaftsunternehmen.

§ 99 Verhältnis von Grundvereinbarung und Satzung des Gemeinschaftsunternehmens

In der Praxis werden die wesentlichen Punkte der Zusammenarbeit der beteiligten Joint 23 Venture-Partner in der neben der Satzung des Gemeinschaftsunternehmens stehenden Grundvereinbarung geregelt, so dass diese die Satzung dominiert.[42] Für die Rechtspraxis

---

[40] Siehe hierzu ausführlich in → Kap. 23 Rn. 18 ff.
[41] *Wirbel* in: MHdb GesR I, 5. Aufl. 2019, § 28 Rn. 56.
[42] *Hoffmann-Becking* ZGR 1994, 442, 444.

empfehlen sich Regelungen zum Verhältnis von Grundvereinbarung und Satzung des Gemeinschaftsunternehmens.

24 Ist das Gemeinschaftsunternehmen im Falle eines „Equity Joint Venture" eine Kapitalgesellschaft, so entsteht mit Abschluss der Grundvereinbarung und der Satzung des Gemeinschaftsunternehmens ein zweistufiges Gebilde, die sogenannte „Doppelgesellschaft".[43] Die Joint Venture-Partner sind dann sowohl Gesellschafter der auf die gemeinsame wirtschaftliche Tätigkeit gerichteten GbR – in diesem Buch auch als Sekundärgesellschaft bezeichnet – als auch des Gemeinschaftsunternehmens – in diesem Buch als Primärgesellschaft bezeichnet. Da in der Praxis der Gesellschaftsvertrag des Gemeinschaftsunternehmens lediglich die gesetzlichen Mindestanforderungen enthalten soll, während die Grundvereinbarung die wichtigen Details der wirtschaftlichen Zusammenarbeit der Joint Venture-Partner regelt, ist das Verhältnis von Grundvereinbarung und Satzung nicht immer eindeutig. Zwar mag es unproblematisch sein, wenn die Grundvereinbarung im Verhältnis zu dieser Satzung lediglich ergänzende Regelungen enthält. Für den Fall aber, dass Grundvereinbarung und Satzung miteinander kollidieren, sollte das Verhältnis klar geregelt sein. Gerade Regelungen über die Kontroll- und Einflussnahmemechanismen auf Gesellschafter- und Geschäftsführerebene[44], den Austritt oder den Eintritt eines Joint Venture-Partners sowohl in der Grundvereinbarung als auch in der Satzung des Gemeinschaftsunternehmens können miteinander kollidieren. In der Kautelarpraxis werden häufig sogenannte Vorrangs- bzw. Kollisionsklauseln vereinbart, in denen ausdrücklich klargestellt wird, welche Regelung bei einer Kollision vorgehen soll. Führt eine derartige Klausel nicht zu einer befriedigenden Lösung, ist im Rahmen der Auslegung der Grundvereinbarung und der Satzung zu bestimmen, welcher Regelung der Vorrang zukommen soll. Für die Auslegung der Grundvereinbarung und der Satzung gilt das Gesagte.[45] In der Regel wird der Grundvereinbarung der Vorrang zukommen, weil die Parteien hier ausführlicher und eventuell zeitlich nach der Satzung das tatsächlich Gewollte geregelt haben.

25 Neben Vorrangs- bzw. Kollisionsklauseln besteht die Möglichkeit, eine Verpflichtung zur Änderung der Satzung des Gemeinschaftsunternehmens nach den Vorgaben der Grundvereinbarung zu vereinbaren, soweit ein Widerspruch zwischen Grundvereinbarung und Satzung besteht, um den Konflikt aufzulösen.

26 Um mögliche Widersprüche und Kollisionen zwischen Grundvereinbarung und Satzung bereits von vornherein auszuschließen, hat sich in der Praxis die sog. Abstraktionsmethode bewährt.[46] Danach werden in der Gestaltungs- und Erstellungsphase zunächst in der Grundvereinbarung sämtliche zu regelnde Bestimmungen abgebildet. In einem nächsten Schritt werden dann aus der Grundvereinbarung die echten Satzungsbestandteile, die zwingend in der Satzung geregelt werden müssen, abstrahiert und in den Satzungstext überführt.

27 Um für den Fall des Eintritts eines neuen Joint Venture-Partners die Geltung der Grundvereinbarung sicherzustellen, empfiehlt sich die Aufnahme einer sogenannten Überbindungsklausel. Bei einer Überbindungsklausel ist der Veräußerer der Geschäftsanteile dazu verpflichtet, dafür zu sorgen, dass der Erwerber ebenfalls der Grundvereinbarung beitritt. Dabei wird häufig die Zustimmung der Gesellschaft zur Übertragung der Geschäftsanteile gerade von dem Beitritt des Erwerbers auch zur Grundvereinbarung abhängig gemacht.[47] Möglich ist auch die Festsetzung einer Vertragsstrafe für den Fall, dass der Veräußerer dieser Pflicht nicht nachkommt, da mit ihr eine möglicherweise schwierige konkrete Schadensberechnung vermieden werden kann.[48]

---

[43] *Wirbel* in: MHdb GesR I, 5. Aufl. 2019, § 28 Rn. 2; *Stengel* in: BeckHdB PersGes, 5. Aufl. 2020, § 22 Rn. 6.
[44] *Khalilzadeh* GmbHR 2013, 232, 234.
[45] Vgl. → Kap. 5 Rn. 19 ff. zur Auslegung.
[46] *Khalilzadeh* GmbHR 2013, 232, 237.
[47] *Khalilzadeh* GmbHR 2013, 232, 238; *Wicke* DStR 2006, 1137, 1140; *Priester*, FS Claussen, 1997, 319, 335.
[48] *Ehricke*, Schuldvertragliche Nebenabreden zu GmbH-Gesellschaftsverträgen, 2004, S. 46.

§ 100 Koordinierung der Laufzeit von Grundvereinbarung und Satzung des Gemeinschaftsunternehmens

Eine besondere Herausforderung für die Joint Venture-Partner besteht in der Koordination der Laufzeit von Grundvereinbarung und Satzung des Gemeinschaftsunternehmens. Denn während die Grundvereinbarung gemäß § 723 Abs. 1 S. 1 BGB jederzeit gekündigt werden kann, ist das Gemeinschaftsunternehmen – regemäßig in der Rechtsform der GmbH – auf unbestimmte Zeit errichtet und unkündbar.[49] Wegen § 723 Abs. 3 BGB können die Joint Venture-Partner jedoch nicht einfach den Abschluss der Grundvereinbarung für eine unbestimmte oder überlange Dauer ohne Möglichkeit einer ordentlichen Kündigung vereinbaren.[50] Andersherum wird es aber auch nicht im Interesse der Joint Venture-Partner liegen, eine jederzeitige Kündigungsmöglichkeit des Gemeinschaftsunternehmens zu vereinbaren.

In der Praxis wird eine weitgehende Harmonierung der Laufzeiten von Grundvereinbarung und Satzung des Gemeinschaftsunternehmens dadurch erreicht, dass das ordentliche Kündigungsrecht der Grundvereinbarung gemäß § 723 BGB für einen längeren Zeitraum ausgeschlossen wird.[51] Während ein dauerhafter Ausschluss des ordentlichen Kündigungsrechts unzulässig ist, ist ein Ausschluss für die Dauer von bis zu 30 Jahren nach der Rechtsprechung unbedenklich.[52] Da ein solch langer Ausschluss des ordentlichen Kündigungsrechts in der Literatur teilweise kritisch gesehen wird,[53] sollte in der Praxis in jedem Falle zusätzlich zum zeitweisen Kündigungsausschluss eine salvatorische Klausel mit in die Grundvereinbarung aufgenommen werden, wonach das Kündigungsrecht für die längst zulässige Dauer ausgeschlossen werden soll.[54]

§ 101 Konzernrechtliche Auswirkungen der Grundvereinbarung

Die zentrale Vorschrift des Konzernrechts, § 17 AktG, definiert den Begriff der abhängigen und herrschenden Unternehmen. Abhängige Unternehmen sind rechtlich selbstständige Unternehmen, auf die ein anderes Unternehmen, das herrschende Unternehmen, unmittelbar oder mittelbar einen beherrschenden Einfluss ausüben kann. Dabei wird vermutet, dass eine Mehrheitsbeteiligung an einem Unternehmen einen solchen beherrschenden Einfluss begründet. Im Falle eines Gemeinschaftsunternehmens, bei dem die Herrschaft nicht von einem, sondern von mehreren beteiligten Unternehmen ausgeübt wird, stellt sich die Frage, ob hier ein einziges Abhängigkeitsverhältnis gegenüber den beteiligten Unternehmen (sog. „gemeinschaftliche Herrschaft") oder ein Fall der sog. Mehrmütterschaft vorliegt.[55] Die Antwort auf diese Frage spielt vor allem für die die herrschenden Unternehmen treffenden Rechtsfolgen eine Rolle.[56] Bis zur Entscheidung des BGH vom 4.3.1974[57] war umstritten, ob eine sog. Mehrmütterschaft begrifflich überhaupt möglich ist. Seit der Entscheidung des BGH ist eine mehrfache Abhängigkeit jedoch allgemein anerkannt.[58] Eine mehrfache Abhängigkeit liegt dann vor, wenn nicht eines, sondern mehrere Unternehmen einen beherrschenden Einfluss auf ein anderes Unternehmen ausüben können und eine koordinierte Ausübung des beherrschenden Einflusses durch die Stimmrechte gesichert ist.[59]

---

49 *Fleischer/Schneider* DB 2010, 2713, 2716.
50 Vgl. BGHZ 50, 316, 322; *Schäfer* in: MüKoBGB § 723 Rn. 65.
51 *Wirbel* in: MHdB GesR I, 5. Aufl. 2019, § 28 Rn. 63.
52 Vgl. BGH, Urt. v. 19.1.1967 – II ZR 27/65, BeckRS 1967, 105236, Rn. 18.
53 *Schäfer* in: MüKoBGB § 723 Rn. 66.
54 *Wirbel* in: MHdB GesR I, 5. Aufl. 2019, § 28 Rn. 63.
55 *Schall* in: Spindler/Stilz, AktG, 4. Aufl. 2019, § 17 Rn. 15.
56 *Schall* in: Spindler/Stilz, AktG, 4. Aufl. 2019, § 17 Rn. 15.
57 BGH, Urt. v. 4.3.1974 – II ZR 89/72, NJW 1974, 855.
58 *Koch* in: Hüffer/Koch, AktG, 14. Aufl. 2020, § 17 Rn. 13; *Bayer* in: MüKoAktG, 5. Aufl. 2019, § 17 Rn. 77; *Emmerich* in: Emmerich/Habersack, 9. Aufl. 2019, AktG, § 17 Rn. 32.
59 *Keßler* in: Henssler/Strohn, Gesellschaftsrecht, 4. Aufl. 2019, AktG § 17, Rn. 10; *Emmerich* in: Emmerich/Habersack, 9. Aufl. 2019, AktG § 17 Rn. 30.

Geht ein beherrschender Einfluss von mehreren gleichgeordneten Unternehmen aus, so kommt es nach der Rechtsprechung des BGH ganz entscheidend darauf an, ob für die Ausübung der gemeinsamen Herrschaft eine ausreichend sicherere Grundlage besteht.[60] Als eine solche ausreichend sicherere Grundlage kommen sowohl vertragliche Vereinbarungen, personelle oder organisatorische Verflechtungen als auch sonstige rechtliche oder tatsächliche Gründe, etwa wenn mehrere Gesellschaften mit den weitgehend identischen Gesellschaftern zusammen die Mehrheit am Gemeinschaftsunternehmen halten, in Betracht.[61] Allein die familiäre Verbundenheit der Gesellschafter soll dagegen nicht ausreichen; in solchen Fällen bedarf es weiterer Umstände, um eine ausreichend sichere Grundlage bejahen zu können.[62]

31 Für eine vertragliche Vereinbarung als ausreichend sichere Grundlage ist es entscheidend, ob diese Vereinbarung eine konkrete Regelung für die Bildung und die Umsetzung eines einheitlichen Willens bei der abhängigen Gesellschaft enthält.[63] Ungeachtet der Vielzahl möglicher Regelungen in der Grundvereinbarung ist es für die Beurteilung, ob eine mehrfache Abhängigkeit vorliegt, entscheidend, dass ein einheitliches Stimmverhalten der Vertragspartner gewährleistet wird.[64] Dabei kommt es nicht darauf an, ob in dem durch die vertragliche Bindung vereinbarten Verfahren zur Ermittlung des gemeinsamen Willens Einigkeit zwischen den Müttern herrscht oder ob hier Meinungsverschiedenheiten unter Umständen offen ausgefochten werden. Entscheidend ist allein, dass es aus Sicht des Gemeinschaftsunternehmens zu einer gemeinsamen Willensäußerung der Mütter kommt. Sind die vertraglichen Vereinbarungen so ausgestaltet, dass die Vertragsparteien zu einer einheitlichen Stimmrechtsausübung verpflichtet sind und diese gegebenenfalls nach § 894 ZPO vollstreckbar ist, so ist von einer hinreichend sicheren und dauerhaften Einflussmöglichkeit und Koordination auszugehen. Sieht die Grundvereinbarung hingegen vor, dass ein Joint Venture-Partner die Vorherrschaft über das Gemeinschaftsunternehmen ausüben kann, liegt keine Mehrmütterschaft vor.[65] Geklärt ist auch, dass die beteiligten Unternehmen und nicht die durch den Abschluss der Grundvereinbarung gegründete Innengesellschaft herrschend sind.[66] Nehmen die an dem Gemeinschaftsunternehmen beteiligten Unternehmen ihre Rechte ohne Absprache und ohne Koordination wahr, so besteht keine Abhängigkeit der gemeinsamen Tochter.[67] Werden in der Grundvereinbarung lediglich Ziele und unverbindliche Absichtserklärungen vereinbart, die die Mütter nicht zu einer einheitlichen Stimmrechtsausübung verpflichten, ist nicht von einer gemeinsamen Beherrschung und damit nicht von einer mehrfachten Abhängigkeit auszugehen.

---

[60] BGH, Urt. v. 4.3.1974 – II ZR 89/72, NJW 1974, 855, 857.
[61] BGH, Urt. v. 4.3.1974 – II ZR 89/72, NJW 1974, 855, 857; *Böttcher/Liekefett* NZG 2003, 701, 703; *Bayer* in: MüKoAktG, 5. Aufl. 2019, § 17 Rn. 78; *Koch* in: Hüffer/Koch, AktG, 14. Aufl. 2020, § 17 Rn. 16; BAG, Beschl. v. 16.8.1995, 7 ABR 57/94, NJW 1996, 1691, 1692; *Keßler* in: Henssler/Strohn, Gesellschaftsrecht, 4. Aufl. 2019, AktG § 17 Rn. 10.
[62] BGH, Urt. v. 16.2.1981 – II ZR 168/79, NJW 1981, 1512, 1513.
[63] *von Bülow/Bücker* ZGR 2004, 669, 679.
[64] *von Bülow/Bücker* ZGR 2004, 669, 679.
[65] *Schall* in: Spindler/Stilz, AktG, 4. Aufl. 2019, § 17 Rn. 17.
[66] *Koch* in: Hüffer/Koch, AktG, 14. Aufl. 2020, § 17 Rn. 14.
[67] *Bayer* in: MüKoAktG, 5. Aufl. 2019, § 17 Rn. 81.

Kapitel 31. Beitragspflichten, Verlustübernahmen, Liquiditätszusagen, Patronatserklärungen, Garantieerklärungen

In schuldrechtlichen Nebenvereinbarungen können Leistungs- und Unterlassungspflichten aller Art vereinbart werden. Die in der Praxis häufig in Nebenvereinbarungen vorkommenden Regelungen zu Beitragspflichten, Verlustübernahmen, Liquiditätszusagen, Patronatserklärungen sowie Garantieerklärungen sollen im Folgenden näher betrachtet werden. 1

§ 102 Beitragspflichten

Beitragspflichten der Gesellschafter, die in schuldrechtlichen Vereinbarungen geregelt werden, können völlig verschiedenen Charakter haben. So kann beispielsweise die Pflicht zur Gewährung eines Darlehens, zur Abdeckung von Verlusten oder Schadloshaltung von Gläubigern zum Gegenstand einer Nebenvereinbarung gemacht werden. Die Vereinbarungen können je nach konkreter Ausgestaltung einen einlageähnlichen Charakter besitzen und auch dann zu erfüllen sein, wenn sich die Vermögensverhältnisse der Gesellschaft verschlechtern.[1] Von der konkreten Ausgestaltung ist auch abhängig, ob die Nebenvereinbarung insoweit als Vertrag zu Gunsten Dritter gem. § 328 BGB der Gesellschaft einen eigenen Anspruch gegen den oder die Gesellschafter vermitteln soll. Denkbar ist weiter die Vereinbarung einer Verpflichtung zur Erbringung von Sachleistungen ohne Anrechnung auf die Einlage.[2] In allen diesen Konstellationen ist eine klare Abgrenzung zu Nebenleistungspflichten der Gesellschafter gemäß § 3 Abs. 2 GmbHG, der Einlageverpflichtung und einer eventuellen Pflicht zur Leistung eines Nachschusses gemäß § 26 GmbHG vorzunehmen. 2

Gerade die Vereinbarung über die Gewährung von Gesellschafterdarlehen hat die vom Gesetzgeber vorgesehene Funktion der Nachschüsse übernommen.[3] Nebenvereinbarungen über eine Beitragspflicht in Form der Gewährung eines Darlehens unterscheiden sich vor allem in der Frage der Rückzahlbarkeit von einem Nachschuss gemäß § 26 GmbHG. Für die Abgrenzung kommt es nicht auf den Wortlaut der Vereinbarung an, sondern vielmehr darauf, ob nach den Umständen eine nicht rückforderbare, endgültige gesellschaftliche Einlage in das Vermögen der Gesellschaft oder nur eine vorübergehende Kapitalüberlassung gewollt ist.[4] 3

Eine Vereinbarung über die Erbringung weiterer Sachleistungen ist nach der Rechtsprechung ohne Hinzutreten weiterer Umstände auch dann keine formbedürftige, gesellschaftsrechtliche Nebenleistungsvereinbarung im Sinne des § 3 Abs. 2 GmbHG, wenn es der Gesellschaft mehr auf die weiteren Sachleistungen als auf die ursprüngliche Kapitaleinlage ankommt.[5] Auch der Umstand, dass eine Regelung im Rahmen der Satzung näherliegender oder natürlicher wäre, hat keine Auswirkung auf diese Beurteilung. Für die Abgrenzung gilt: Die Nebenleistungspflicht eines Gesellschafters ist nur dann beurkundungspflichtig und wird damit publik, wenn die Nebenleistungspflicht an den Gesellschaftsanteil gebunden ist, im Falle seiner Übertragung also ohne weiteres auf den neuen Gesellschafter übergehen soll.[6] 4

Bei der Aktiengesellschaft können sich Aktionäre durch eine schuldrechtliche Vereinbarung zu Leistungen, die neben der Pflicht zur Leistung der Einlagen gemäß § 54 Abs. 1 5

---

[1] BGH, Urt. v. 28.6.1999 – II ZR 272-98, NJW 1999, 2809, 2810; BGH, Urt. v. 21.3.1988 – II ZR 238/87, NJW 1988, 1841, 1842.
[2] BGH, Urt. v. 29.9.1969 – II ZR 167/68, MDR 1970, 215.
[3] *Schütz* in: MüKoGmbHG, 3. Aufl. 2018, § 26 Rn. 39.
[4] *Emmerich* in: Scholz, GmbHG, 12. Aufl. 2018, § 26 Rn. 8.
[5] Vgl. BGH, Urt. v. 29.9.1969 – II ZR 167/68, MDR 1970, 215.
[6] BGH, Urt. v. 8.2.1993 – II ZR 24/92, NJW-RR 1993, 607.

AktG stehen sollen, verpflichten.[7] Derartige Vereinbarungen können zum einen zwischen der Aktiengesellschaft und einem oder allen Aktionären, sowie zwischen einzelnen oder allen Aktionären untereinander geschlossen werden. Eine solche Abrede kann auch als Vertrag zugunsten Dritter gemäß § 328 BGB ausgestaltet sein.[8] Aufgrund ihres rein schuldrechtlichen Charakters binden diese Vereinbarungen die Aktionäre nur persönlich, ein Verstoß gegen etwaige Pflichten aus solchen Nebenvereinbarungen führt gegebenenfalls zu einer Schadenersatzpflicht, hat jedoch keine gesellschaftsrechtliche Sanktion wie etwa die Kaduzierung des Anteils gemäß § 64 AktG zur Folge. In schuldrechtlichen Nebenabreden können Aktionäre auch gegenseitige Verpflichtungen und Leistungspflichten vereinbaren, die über den Rahmen des § 55 AktG hinausgehen. Auch in der Aktiengesellschaft ist es somit möglich, dass sich die Aktionäre z. B. verpflichten, der Gesellschaft ein Darlehen zur Verfügung zu stellen oder die Mittel der Gesellschaft durch Schenkungen aufzubessern.[9]

6   Bei Finanzierungszusagen von Gesellschaftern oder Aktionären kann es sich um Finanzplankredite handeln, für die bestimmte Rechtsfolgen, die sich zumeist im Wege der Auslegung ergeben, gelten. Die liquiden Mittel stammen dabei aus dem Gesellschafterkreis und werden zumeist freiwillig erbracht, allerdings mit der Besonderheit korporationsrechtlicher Konvention: Sie ist Bestandteil der Satzung, eines Gesellschafterbeschlusses oder einer Nebenabrede. Ob und inwieweit für diese Rechtsfigur nach der GmbH-Reform des Jahres 2008 durch das **MoMiG** noch Bedarf und Raum ist, ist in der Diskussion.[10] Ein Finanzplankredit ist damit eine Verpflichtung des Gesellschafters, die auch bei der Aktiengesellschaft neben der Einlagepflicht gem. § 54 Abs. 1 AktG stehen kann, zur Gewährung eines Darlehens an die Gesellschaft, wobei das Darlehen **aufgrund Absprache** eine einlageähnliche Finanzierungszusage darstellt und erst aus zukünftigen Erträgen oder Liquidationsüberschüssen zurückgezahlt werden soll; es handelt sich daher um einlagegleiches Ergänzungskapital.[11] Für einen Finanzplankredit kommt es darauf an, ob der Gesellschaft auf Grundlage der Absprache zwischen ihr und dem kreditgewährenden Gesellschafter ein nicht disponibler Anspruch auf Gewährung des Darlehens auch in der Krise oder nach Eintritt der Insolvenz zustehen soll.[12]

7   Zwar hat sich mit Inkrafttreten des MoMiG die Rechtslage zum Eigenkapitalersatzrecht geändert; die Figur des Finanzplankredites gilt aber dennoch weiter, weil es sich bei ihr nicht um einen Fall des Eigenkapitalersatzrechts handelt.[13] Die Vorschriften über die Kapitalbindung der §§ 57, 62 AktG gelten für Finanzplandarlehen nicht. Die Abrede über die Gewährung eines Finanzplandarlehens kann daher einvernehmlich aufgehoben und die Darlehensvaluta zurückgezahlt werden, es sei denn, es griffen die insolvenzrechtlichen Anfechtungsvorschriften der §§ 135 Abs. 1 Nr. 2, 39 Abs. 5 InsO.[14] Die Vereinbarung über eine Aufhebung des vereinbarten Darlehens ist bei drohender oder eingetretener Zahlungsunfähigkeit unzulässig; Entsprechendes gilt für das Kündigungsrecht des Darlehensgebers gem. § 490 BGB, das auch bei der Verschlechterung der wirtschaftlichen Verhältnisse des Darlehensnehmers ausgeschlossen sein wird.[15] Diese Beschränkungen sind Folge der Finanzplanbindung der Darlehen, d. h. ihres einlageähnlichen Charakters, die dann eintritt, wenn die Zahlungsunfähigkeit droht.[16]

---

[7] OLG München, Urt. v. 27.9.2006, 7 U 1857/06, AG 2007, 292, 294; BayObLG, Beschl. v. 27.2.2002, 3Z BR 35/02, NJW-RR 2002, 1036, 1037; *Lange* in: Henssler/Strohn, Gesellschaftsrecht, 4. Aufl. 2019, AktG § 54 Rn. 4.

[8] *Götze* in: MüKoAktG, 5. Aufl. 2019, § 54 Rn. 31; *Koch* in: Hüffer/Koch, AktG, 14. Aufl. 2020, § 54 Rn. 7; *Laubert* in: Hölters, AktG § 54 Rn. 7.

[9] *Götze* in: MüKoAktG, 5 Aufl. 2019, § 54 Rn. 32; *Lange* in: Henssler/Strohn, Gesellschaftsrecht, 4. Aufl. 2019, AktG § 54 Rn. 4; *Laubert* in: Hölters, AktG § 54 Rn. 7.

[10] *Fleischer* in: MHLS GmbHG Systematische Darstellung 5, Rn. 127.

[11] *Bayer* in: MüKoAktG, 5. Aufl. 2019, § 57 Rn. 342, 343.

[12] BGH, Urt. vom 28.6.1999 – II ZR 272/98, NJW 1999, S. 2809f.

[13] *Gummert* in: MHdb GesR II, 5. Aufl. 2019, § 54 Rn. 63.

[14] *Bayer* in: MüKoAktG, 5. Aufl. 2019, § 57 Rn. 349f.

[15] *Buschmann* NZG 2009, S. 91, 93.

[16] *Buschmann* NZG 2009, S. 91, 93.

§ 103 Verlustdeckungs- und Liquiditätszusagen

I. Verlustdeckungszusage

In einer Verlustdeckungszusage sagt ein Gesellschafter oder ein außenstehender Dritter zu, 8 einen Jahresfehlbetrag oder eine in bestimmten Abständen errechnete Differenz zwischen Erlösen und Kosten auszugleichen. Verlustdeckungszusagen werden insbesondere dann relevant, wenn eine mit Verlust wirtschaftende Gesellschaft vor der Insolvenz bewahrt werden soll.[17] Mit einer Entscheidung vom 8.5.2006[18] stellte der BGH klar, dass solche schuldrechtlichen Verlustdeckungszusagen auch dann ihre Wirkung behalten, wenn die Insolvenz eingetreten ist und die Beteiligten nichts anderes vereinbart haben. Zwar ist § 302 AktG auf schuldrechtliche Verlustdeckungszusagen nicht analog anwendbar, wegen der identischen Interessenlage von schuldrechtlicher und gesetzlicher Verlustausgleichspflicht ist jedoch für die Dauer der schuldrechtlichen Verlustdeckungszusage eine Orientierung an § 302 AktG angebracht.[19] Das bedeutet, dass sich eine schuldrechtliche Verlustdeckungszusage, vorbehaltlich einer abweichenden Vereinbarung, grundsätzlich ebenso wie die konzernrechtliche Verlustausgleichspflicht mindestens auf einen Zeitraum bis zum Ende des nächsten Geschäftsjahres der Gesellschaft bezieht.[20] Selbstverständlich können die Parteien auch eine von § 302 AktG abweichende Dauer der Verlustdeckungszusage vereinbaren, beispielsweise eine Befristung der Verlustdeckungszusage für den Zeitraum von der Eintragung der Gesellschaft in das Handelsregister bis zum Ende des ersten Geschäftsjahres.

Haben die Parteien in der Nebenvereinbarung keine Regelung über die Dauer der 9 Verlustdeckungszusage getroffen, stellt sich die Frage, ob und wenn ja unter welchen Voraussetzungen eine Verlustdeckungszusage aufgehoben werden kann. Grundsätzlich kann eine Verlustdeckungszusage wie jeder andere Vertrag auch einvernehmlich durch die Vertragsparteien aufgehoben werden.[21] Berechtigen die Parteien einen Dritten aus der Verlustdeckungszusage, indem sie eine Verlustdeckungszusage zu Gunsten eines Dritten, beispielsweise eines Kreditinstituts, abschließen, ist zu beachten, dass die Verlustdeckungszusage in diesem Fall nur mit Zustimmung des Dritten aufgehoben werden kann.[22] Ebenfalls ist zu beachten, dass die Parteien in der Insolvenz der Gesellschaft eine zuvor abgegebene Verlustdeckungszusage nicht mehr aufheben können.[23] Dies folgt bereits aus dem Sinn und Zweck der Verlustdeckungszusage und damit aus einer ergänzenden Vertragsauslegung, in jedem Falle ergibt sich dies aber aus § 39 Abs. 1 Nr. 5 InsO (§ 32a GmbHG a. F.).[24] Für Gesellschafter, die mit 10 % oder weniger am Kapital der Gesellschaft beteiligt sind, sollte im Hinblick auf § 39 Abs. 5 InsO allerdings eine Ausnahme von dem Grundsatz gelten, dass von einer Verlustdeckungszusage in der Insolvenz der Gesellschaft nicht mehr abgewichen werden könne.[25]

Schuldrechtliche Verlustdeckungszusagen, die in Nebenvereinbarungen getroffen wer- 10 den, stehen bei der Aktiengesellschaft neben der gesetzlichen Verlustausgleichspflicht des § 302 AktG.[26] Eine Verlustdeckungszusage in der Satzung ist bei der Aktiengesellschaft –

---

[17] *Wolf* ZIP 2006, 1885, 1886; *K. Schmidt,* GesR, 4. Aufl. 2002, § 31 III 2d, S. 955; auch *Noack* (Fußn. 1), S. 317.
[18] BGH, Urt. v. 8.5.2006 – II ZR 94/05, NZG 2006, 543.
[19] *Wolf* ZIP 2006, 1885, 1888.
[20] BGHZ 142, 382 = ZIP 1999, 1965; Kölner Komm AktG/*Koppensteiner* Rn. 53; Hüffer/Koch/*Koch* Rn. 13 unter Hinweis auf § 271 Abs. 1 BGB; Emmerich/Habersack/*Emmerich* Rn. 40; Henssler/Strohn/ *Paschos* Rn. 14; Hölters/*Deilmann* Rn. 19; Grigoleit/*Servatius* Rn. 13; Spindler/Stilz/*Veil* Rn. 21; *Wolf* ZIP 2006, 1885, 1888.
[21] Vgl. OLG München, Urt. v. 22.7.2004 – 19 U 1867/04, ZIP 2004, 2102, 2105 (harte interne Patronatserklärung); *Wolf* ZIP 2006, 1885, 1889.
[22] *Wolf* ZIP 2006, 1885, 1889 f.
[23] *Wolf* ZIP 2006, 1885, 1890; Lutter/Hommelhoff, GmbHG, § 32a/b Rn. 185; *Rosenberg/Kruse,* BB 2003, 641 (648).
[24] *Wolf* ZIP 2006, 1885, 1890.
[25] Uhlenbruck/*Hirte,* InsO, § 135 Rn. 25; Vgl. *Wolf* ZIP 2006, 1885, 1891.
[26] *Hirte* in: Uhlenbruck, Insolvenzordnung, 15. Aufl. 2019, § 11 Rn. 405.

anders als bei der GmbH – nicht mit korporativer Wirkung möglich, §§ 54 Abs. 1, 55 Abs. 1, 23 Abs. 5 Satz 1 AktG, so dass die Ausgestaltung als schuldrechtliche Nebenvereinbarung bei der Aktiengesellschaft besondere Bedeutung besitzt.

11 Verlustdeckungszusagen können auch im Stadium der Liquidation der Gesellschaft vorkommen. Mit einer solchen Konstellation hat sich das Kammergericht in einem Urteil vom 20.12.1999 beschäftigt.[27] Im Urteilssachverhalt hatten die Gesellschafter einer GmbH in einer Gesellschafterversammlung beschlossen, dass jeder Gesellschafter zur Abdeckung des dringenden Liquiditätsbedarfes einen bestimmten Betrag an die Gesellschaft zahle und die Gesellschafter ferner zur Abdeckung der weiter verbleibenden Verbindlichkeiten der Gesellschaft gegenüber fremden Dritten jeweils ein Drittel dieser Verbindlichkeiten zahlten, wobei für die Ermittlung des genauen Umfangs der jeweiligen Zahlungsverpflichtung die bereits der Gesellschaft gewährten Gesellschafterdarlehen in ihrer unterschiedlichen Höhe zu berücksichtigen waren. Insgesamt, so hatten es die Gesellschafter beschlossen, mussten bisheriges Gesellschafterdarlehen und Nachschuss zusammen für jeden Gesellschafter gleich hoch sein.

12 Zwischen den Gesellschaftern kam es zum Streit. Das Kammergericht sah in der Verlustdeckungspflicht, die die Gesellschafterversammlung beschloss, eine Nachschusspflicht im Sinne des § 26 GmbHG, die im Gesellschaftsvertrag nicht vorgesehen war. Die Pflicht zur Verlustdeckung bedurfte damit, weil es sich um eine Vermehrung der den Gesellschaftern nach dem Gesellschaftsvertrag obliegenden Leistungen handelte, nicht nur der Zustimmung aller Gesellschafter nach § 53 Abs. 3 GmbHG, sondern als Satzungsänderung gemäß § 53 Abs. 2 GmbHG auch notarieller Beurkundung. Wegen dieses Formmangels war die beschlossene Nachschusspflicht gemäß § 125 BGB nichtig. Das Kammergericht untersuchte sodann, ob sich der Gesellschafterbeschluss in eine formfrei begründbare Darlehensvereinbarung umdeuten ließ, verneinte dies aber mangels Absprachen zu Verzinsung, Kündigung und Rückzahlung. Sodann prüfte das Kammergericht, ob die Gesellschafter in Form des Gesellschafterbeschlusses eine formfrei mögliche Vereinbarung untereinander über den Verlustausgleich getroffen hatten. Das Kammergericht bejaht die Möglichkeit einer solchen Vereinbarung auch für das Liquidationsstadium. Eine solche Vereinbarung kommt zustande, wenn die Erklärung, Verluste der GmbH auszugleichen, abgegeben wird. Im Urteilsfalle hatten sich die Gesellschafter gegenüber den anderen Gesellschaftern persönlich zur Verlustdeckung verpflichtet, wobei der Gesellschaft hieraus selbst gemäß § 328 BGB ein mittelbarer Anspruch auf die versprochene Leistung erwachsen kann. Das Kammergericht verneinte jedoch im Streitfalle eine solche schuldrechtliche Nebenvereinbarung zur Verlustdeckung, weil die Gesellschafter vorliegend einen Gesellschafterbeschluss gefasst und die Zahlungsverpflichtung ausdrücklich als Nachschuss bezeichnet hatten, was der Annahme einer schuldrechtlichen Ausgleichsverpflichtung zwischen den Gesellschaftern entgegenstünde. Das Kammergericht untersuchte nicht die Umdeutung des nichtigen Gesellschafterbeschlusses gemäß § 140 BGB in eine schuldrechtliche Nebenvereinbarung über den Ausgleich von Verlusten. Vielmehr betrachtete es sein Ergebnis, dass eine solche schuldrechtliche Vereinbarung nicht zustande kam, als sachgerecht, weil Gesellschafter, die nicht an der Geschäftsführung beteiligt sind, durch die Vereinbarung einer unbeschränkten Verlustausgleichspflicht erhebliche, für sie meist nicht überschaubare Risiken eingingen und hiervon durch die notarielle Beurkundung geschützt werden müssten.

II. Liquiditätszusage

13 Nebenvereinbarungen, die der Verlustdeckungszusage in ihrer Wirkung gleichstehen, sind Liquiditätszusagen eines Gesellschafters gegenüber der Gesellschaft. Der Unterschied zwischen den beiden Finanzierungszusagen besteht darin, dass die Verlustdeckungszusage vorwiegend darauf abzielt, den Jahresfehlbetrag oder die in bestimmten Abständen errechnete Differenz zwischen Erlös und Kosten auszugleichen, während die Liquiditätszusage grund-

---

[27] KG, Urt. v. 20.12.1999, 2 U 6691/98, NZG 2000, 688.

sätzlich eine laufende Alimentierung der betreffenden Gesellschaft zur Folge hat.[28] Rechtlich ist die Liquiditätszusage als aufschiebend bedingte Darlehenszusage zu qualifizieren; sie ist keine Zusage, das Stammkapital künftig zu erhöhen.[29] Nur wenn die Gesellschaft von ihren Gläubigern in Anspruch genommen wird und ihr keine hinreichenden Eigenmittel zur Bedienung ihrer Verbindlichkeiten zur Verfügung stehen, greift die Liquiditätszusage. Ist der Liquiditätsengpass vorüber, ist das Darlehen zur Rückzahlung fällig. Zu beachten ist dabei, dass gemäß § 31 GmbHG ein Erstattungsanspruch der Gesellschaft gegenüber dem Gesellschafter entsteht, sollte das Darlehen unter Verstoß gegen das Ausschüttungsverbot des § 30 GmbHG an den Gesellschafter zurückgewährt worden sein.[30] Von der harten Patronatserklärung unterscheidet sich die Liquiditätszusage dadurch, dass es sich bei ersterer um einen Vertrag sui generis handelt und gerade nicht um ein aufschiebend bedingtes Darlehen.[31] Denn anders als beim Darlehen, muss der Patron die Gesellschaft nicht zwingend mit Barmitteln finanziell ausstatten, sondern darf sich nach seiner Wahl auch anderer Mittel bedienen.[32]

14 Beim Abschluss der Liquiditätszusage wird die Gesellschaft durch die Geschäftsführung bzw. den Vorstand vertreten, eines entsprechenden Gesellschafterbeschlusses bedarf es nicht.[33] Auch wenn die Liquiditätszusage in einzelnen Aspekten dem Eigenkapital gleichgestellt ist und die Eigenkapitalausstattung als Leitentscheidung grundsätzlich der Zustimmung der qualifizierten Gesellschaftermehrheit bedarf, wird die Liquiditätszusage dadurch nicht zu Eigenkapital. Bei der Liquiditätszusage handelt es sich um einen schuldrechtlichen Vertrag zwischen Gesellschaft und Gesellschafter; nur der versprechende Gesellschafter wird zur Kreditierung verpflichtet.

15 Gesellschaftsgläubiger können aus der Liquiditätszusage grundsätzlich keine Rechte herleiten.[34] Die Gesellschaft und der Gesellschafter haben in der Regel nicht die Absicht, die Liquiditätszusage als Vertrag zu Gunsten Dritter, das heißt zu Gunsten der Gläubiger der Gesellschaft, auszugestalten.[35] Befriedigt die Gesellschaft ihre Gläubiger nicht, können die Gesellschaftsgläubiger den Anspruch der Gesellschaft aus der Liquiditätszusage jedoch pfänden und sich zur Einziehung gemäß § 835 Abs. 1 ZPO überweisen lassen.[36] Die Gesellschaftsgläubiger können in diesem Fall unmittelbar gegen den Gesellschafter, der die Liquiditätszusage gegenüber der Gesellschaft eingegangen ist, vorgehen.

16 Da es sich bei der Liquiditätszusage um ein aufschiebend bedingtes Darlehen handelt, erfolgt die Kündigung der Liquiditätszusage nach den gesetzlichen Vorschriften über die Kündigung von Darlehensverträgen.[37] Auch wenn es sich bei der Liquiditätszusage grundsätzlich nicht um einen Vertrag zu Gunsten Dritter handelt, kann die Kündigung der Liquiditätszusage zu einem Schadenersatzanspruch des kündigenden Gesellschafters gegenüber den Gesellschaftsgläubigern führen. Wurde die Liquiditätszusage etwa ausnahmsweise einem Gläubiger mitgeteilt oder ist die Liquiditätszusage auf dem Wege des § 325 Abs. 1 S. 1 HGB an die Öffentlichkeit gelangt, kommt eine Haftung des Gesellschafters gegenüber den Gesellschaftsgläubigern aus verletztem Vertrauen gemäß § 311 Abs. 3 BGB in Betracht.[38] In der Praxis ist dem Gesellschafter daher zu raten, die Liquiditätszusage durch

---

[28] *K. Schmidt* ZGR 1983, 513, 522.
[29] *Römermann* in: MAH GmbHR, 4. Aufl. 2018, § 20 Rn. 189; *Wiedemann/Hermanns* ZIP 1994, 997, 998 f.
[30] *Römermann* in: MAH GmbHR, 4. Aufl. 2018, § 20 Rn. 189; *Wiedemann/Hermanns* ZIP 1994, 997, 1001.
[31] Vgl. BGH, Urt. v. 19.5.2011 – IX ZR 9/10, NZG 2011, 913, 915 Rn. 17; *Rosenberg/Kruse* BB 2003, 641, 642; aA OLG München, Urt. v. 22.7.2004 – 19 U 1867/04, BeckRS 2004, 30471040; *Kiethe* ZIP 2005, 646, 649 f.;
[32] *Maier-Reimer/Etzbach* NJW 2011, 1110, 1112; *Theiselmann,* Der Konzern 2010, 533, 535.
[33] *Wiedemann/Hermanns* ZIP 1994, 997, 999; aA *Westermann* ZIP 1982, 379, 388.
[34] *Wiedemann/Hermanns* ZIP 1994, 997, 999.
[35] *Wiedemann/Hermanns* ZIP 1994, 997, 999.
[36] *Schaffland* BB 1977, 1021, 1023 (interne harte Patronatserklärung); *Wiedemann/Hermanns* ZIP 1994, 997, 999.
[37] *Römermann* in: MAH GmbHR, 4. Aufl. 2018, § 20 Rn. 189; *Wiedemann/Hermanns* ZIP 1994, 997, 999 f.
[38] *Wiedemann/Hermanns* ZIP 1994, 997, 1000; siehe auch *Harnos* ZIP 2017, 1149, 1150 (interne harte Patronatserklärung).

einen **actus contrarius** zu kündigen, das heißt, sicherzustellen, dass die Kündigung zumindest denjenigen Gläubigern der Gesellschaft mitgeteilt wird, denen auch die Liquiditätszusage bekannt gegeben wurde.[39] Nur auf diese Weise kann der kündigende Gesellschafter eine Haftung gemäß § 311 Abs. 3 BGB von vornherein vermeiden.

§ 104 Patronatserklärungen

17   Patronatserklärungen sind überaus praxisrelevant. Mit einer Patronatserklärung übernimmt ein Patron die Verpflichtung, auf das Verhalten oder die wirtschaftliche Lage eines anderen, des Patronierten (oder Protégés), Einfluss zu nehmen, damit dessen wirtschaftliche Situation, insbesondere die Fähigkeit zur Bedienung von Krediten, erhalten bleibt. Es ist zwischen einer weichen und einer harten Patronatserklärung zu unterscheiden. Während die weiche Patronatserklärung den Patron rechtlich nicht dazu verpflichtet, die Zahlungsfähigkeit des Patronierten sicherzustellen oder wieder herzustellen, wird diese Verpflichtung in der harten Patronatserklärung rechtsverbindlich übernommen. Bei der harten Patronatserklärung handelt es sich um einen Vertrag **sui generis**.[40] Gegen die Einordnung der externen harten Patronatserklärung als Bürgschaft oder Garantie spricht insbesondere, dass der Patron selbst entscheiden kann, in welcher Art und Weise er der Ausstattungspflicht nachkommt.[41] Er kann dem Protégé Barmittel zur Verfügung stellen, ihm aber auch Forderungen erlassen oder Waren liefern.[42]

18   In schuldrechtlichen Nebenvereinbarungen kann eine Verpflichtung zur Abgabe einer Patronatserklärung vorgesehen oder unmittelbar eine Patronatserklärung abgegeben werden. Eine Patronatsvereinbarung kann sowohl zwischen einem Gesellschafter (häufig Allein- oder Mehrheitsgesellschafter) und dem Kreditgeber als auch zwischen einem Gesellschafter und dem Patronierten, also der Gesellschaft, abgeschlossen werden. Denkbar sind auch hier viele Varianten. So kann der Patron auch Dritter, der nicht Gesellschafter ist, sein und beispielsweise deswegen eine Patronatserklärung abgeben, weil er Zulieferer des Patronierten ist und sich erhofft, sein Geschäft so weiter aufrecht erhalten zu können.

19   Die Patronatserklärung, welche entgegen ihrer Bezeichnung einen Vertrag erfordert, wird überwiegend als unechter Vertrag zu Gunsten Dritter ausgestaltet, weil der patronierten Gesellschaft kein eigener Anspruch auf Leistung gegenüber dem Patron zugewandt werden soll. Auch bei einer Patronatserklärung zwischen Gesellschafter und Gesellschaft liegt grundsätzlich eine Erfüllungsübernahme vor, die dem Dritten gerade keinen eigenen Anspruch verschaffen soll.[43] Im Falle einer „externen" Patronatserklärung, bei der sich der Gesellschafter gegenüber einem Gläubiger der patronierten Gesellschaft zur finanziellen Absicherung verpflichtet, entfällt weder die Zahlungsunfähigkeit noch die Überschuldung der Gesellschaft, es bedarf vielmehr zunächst der tatsächlichen Erfüllung der Patronatserklärung durch den Patron.[44]

20   In der Praxis spielt vor allem die Vereinbarung eines Kündigungsrechts des Patrons eine große Rolle. Nach der Ansicht des BGH[45] kann der Patronat auch ohne entsprechende vertragliche Regelung zumindest nach Ablauf einer konkludent vereinbarten Mindestfrist kündigen. Nach Ansicht des BGH hatten die beiden Parteien der Patronatserklärung ein

---

[39] *Wiedemann/Hermanns* ZIP 1994, 997, 1000.
[40] Vgl. BGH, Urt. v. 19.5.2011 – IX ZR 9/10, NZG 2011, 913, 915 Rn. 17 f.; BAG, Urt. v. 29.9.2010 – 3 AZR 427/08, NZA 2011, 1416, 1420 Rn. 40; *Horn* in: Staudinger, 2012, Vor §§ 765–778 Rn. 456; *Allstadt-Schmitz* in: Ebenroth/Boujong/Joost/Strohn, HGB, Bd. 2, 3. Aufl. 2015, BankR IV Rn. IV 682; *Tetzlaff*, WM 2011, 1016, 1017; *Habersack* ZIP 1996, 257, 258.
[41] *Gröschler* in: Soergel, 13. Aufl. 2015, Vor § 765 Rn. 88; *Ziemons* GWR 2009, 411, 412.
[42] LG München I, Urt. v. 2.3.1998 – 11 HKO 20623/97, DB 1998, 1457, 1458; *Saenger/Merkelbach*, WM 2007, 289; *Bomhard/Haase* BB 2010, 2651, 2652; *Maier-Reimer/Etzbach* NJW 2011, 1110, 1113.
[43] *Etzbach* NJW 2011, 1110, 1112.
[44] BGH, Urt. v. 19.5.2011 – IX ZR 9/10, NZG 2011, 913, 915; *Emmerich* in: Emmerich/Habersack, Aktien- und GmbH-Konzernrecht, 8. Aufl. 2016, AktG § 302 Rn. 14.
[45] BGH, Urt. v. 20.9.2010 – II ZR 296/08 – STAR 21, NZG 2010, 1267.

Kündigungsrecht konkludent vereinbart, da die Patronatserklärung die Insolvenz der patronierten Gesellschaft nicht dauerhaft, sondern nur für den Zeitraum der Prüfung von Sanierungsmöglichkeiten vermeiden sollte.[46] Die Berufung auf dieses vereinbarte Kündigungsrecht ist weder nach den Grundsätzen des früher geltenden Eigenkapitalersatzes noch nach den Grundsätzen des so genannten „Finanzplankredits" ausgeschlossen.

§ 105 Garantieerklärungen

Auch Garantieerklärungen der Gesellschafter können im Rahmen schuldrechtlicher Nebenvereinbarungen abgegeben werden. In Betracht kommt hier z. B. eine Garantie der Altgesellschafter in Bezug auf das Unternehmen.[47] Garantiert werden kann alles Mögliche: Rechtsstreitigkeiten, Versicherungsschutz, Jahresabschlüsse der Gesellschaft, Finanz- und andere Kennzahlen, Errichtung und Bestand der Gesellschaft oder Steuerpflichten.[48] Mitgliedschaftliche Rechte oder Pflichten der Gesellschafter werden hierdurch nicht berührt, so dass die Formvorschriften der § 53 Abs. 2 Satz 1 GmbHG und § 130 Abs. 1 AktG nicht eingreifen. 21

§ 106 Keine Formbedürftigkeit aufgrund von Schenkungsvorschriften

Finanzierungszusagen gegenüber der Gesellschaft, Gesellschaftern oder Dritten sind formfrei möglich, insbesondere müssen sie nicht als Schenkungsversprechen notariell beurkundet werden. Nach dem BGH bedarf es im Rahmen von Garantieerklärungen und Verlustübernahmen keiner Abgrenzung zwischen entgeltlicher und unentgeltlicher Leistung.[49] Die Gesellschafter geben solche Erklärungen gegenüber den Mitgesellschaftern, der Gesellschaft oder Dritten in ihrer Eigenschaft als Gesellschafter im Hinblick auf die Mitgliedschaft in der Gesellschaft ab. Eine solche causa societatis[50] liegt deswegen regelmäßig vor, weil der Gesellschafter sich hierdurch eine Stärkung der Gesellschaft und damit auch mittelbar eine Verbesserung seiner eigenen Vermögenslage, welche selbst verbessert werden soll, verspricht. Damit sind die Vorschriften über die Schenkung nicht anwendbar. 22

Auch bei schuldrechtlichen Verlustdeckungs- oder sonstigen Finanzierungszusagen durch einen Dritten, der nicht Gesellschafter ist, besteht keine Formpflicht, auch wenn die Kriterien der Entgeltlichkeit oder Unentgeltlichkeit nicht zielführend sein mögen.[51] Auch hier schließt eine sogenannte „Hintergrunderwartung" des Dritten die Unentgeltlichkeit und damit eine Formbedürftigkeit der Zusicherung aus. Eine solche „Hintergrunderwartung" kann beispielsweise darin liegen, dass ein Zulieferer durch die Zusicherung sicherstellen möchte, dass sein Geschäftspartner weiterhin tätig sein kann.[52] 23

---

[46] BGH, Urt. v. 20.9.2010 – II ZR 296/08 – STAR 21, NZG 2010 (1268).
[47] *Wicke* DStR 2006, 1137.
[48] *Weitnauer* NZG 2001, 1065, 1070.
[49] BGH, Urt. v. 8.5.2006 – II ZR 94/05, BB 2006, 1467.
[50] BGH, Urt. v. 8.5.2006 – II ZR 94/05, BB 2006, 1467.
[51] *Wolf* ZIP 2006, 1885, 1887 m. w. N.
[52] *Wolf* ZIP 2006, 1885, 1887.

Kapitel 32. Das faktische Organ kraft schuldrechtlicher Nebenabrede

§ 107 Einführung

1 Zur Beratung und Überwachung der Geschäftsführung oder zur Wahrnehmung repräsentativer Aufgaben erscheint vielen Gesellschaften die Einrichtung eines neben die gesetzlich vorgeschriebenen Organe wie Gesellschafterversammlung und Geschäftsführung tretenden **weiteren Gremiums** sinnvoll,[1] das häufig als **Gesellschafterausschuss, Verwaltungsrat, Familienrat** oder **Beirat** bezeichnet wird. Solche Gremien sind gesetzlich nicht vorgesehen, so dass aus der konkreten Bezeichnung kein Rückschluss auf den Umfang der einem solchen Gremium gewiesenen Aufgaben und Kompetenzen gezogen werden kann.[2] Die Ausgestaltung dieses Umfangs liegt grundsätzlich in den Händen der Gesellschafter.[3] Gerade kleinen und mittelständischen Familienunternehmen scheint die Einrichtung eines solchen Gremiums die Möglichkeit zu bieten, sich die Dienste gesellschaftsfremder Dritter als Experten und unabhängiger Berater zu sichern.[4] Auch häufig auftretende Konflikte zwischen zwei Gesellschafterstämmen und ein anstehender Generationenwechsel sind oftmals Betätigungsfeld eines solchen neutralen Gremiums.

2 Letztlich bedeutet die Schaffung eines **faktischen Gesellschaftsorgans** durch eine Nebenabrede, beispielsweise indem Gesellschafter in einer Nebenabrede die Einrichtung eines „Gesellschafterbeirats" vereinbaren, der im Gesellschaftsvertrag oder in der Satzung nicht vorgesehen ist, die **Überlagerung** des gesellschaftsvertraglichen Organisationsgefüges. Es bestehen bei einem solchen Beirat zwischen Beirat und Gesellschaft oder zugunsten der Gesellschaft keine Beziehungen, vielmehr ist der Beirat Folge der Absprache zwischen Gesellschaftern, so dass auch nur diese gegenüber dem Beirat berechtigt und verpflichtet sind. Es handelt sich bei solchen Organen nicht um korporationsrechtliche Organe, die ihre Grundlage in der Satzung haben, sondern um „schuldrechtliche" Organe. Solche „faktischen", nebenvertraglichen Organe sind umstritten,[5] weil die Schaffung im Gesetz nicht vorgesehener Organe durch Gesellschaftsvertrag zu erfolgen hat.[6] Für die Aktiengesellschaft kommt neben Hauptversammlung, Aufsichtsrat und Vorstand ein weiteres Organ, auch auf Grundlage einer Satzungsbestimmung, nicht in Betracht, weil das Aktiengesetz sämtliche organschaftlichen Funktionen auf die drei gesetzlichen Organe verteilt hat.[7] Dennoch sind nebenvertragliche Organe, insbesondere Beiräte, zulässig. Sie erlangen allerdings **keine Organqualität.**

3 Vielmehr handelt es sich um **neben dem Gesellschaftsverhältnis** stehende Strukturen von Gesellschaftern, die der Abstimmung dieser Gesellschafter untereinander und der Bündelung ihrer Interessen dienen. Selbst wenn alle Gesellschafter nebenvertraglich vereinbaren, dass Beiratsvoten zwingend zu beachten sind oder bestimmte Geschäftsführungsmaßnahmen der Zustimmung des schuldrechtlichen Beirats bedürfen, wirkt diese Abrede nur schuldrechtlich, jedenfalls bei Kapitalgesellschaften. Bei Personengesellschaften ist zu prüfen, ob in einer solchen von allen Gesellschaftern getroffenen Nebenabrede nicht eine Änderung des Gesellschaftsvertrags mit der Schaffung des weiteren Gesellschaftsorgans „Beirat" liegt. Ist der schuldrechtliche Beirat zulässig, auch wenn er neben der Satzung steht, darf er dennoch nicht auf unzulässige Art und Weise in Kompetenzen gesellschaftsvertraglicher Organe eingreifen, insbesondere nicht in Geschäftsführungskompetenzen von

---

[1] *Teubner* ZGR 1986, 565.
[2] *Kautzsch* in: MAH GmbHR, 4. Aufl. 2018, § 18 Rn. 235.
[3] *Thümmel* DB 1995, 2461.
[4] *Bacher* GmbHR 2005, 465; *Thümmel* DB 1995, 2461.
[5] *Voormann,* Der Beirat im Gesellschaftsrecht, 2. Aufl. 1990, S. 53 f.; *Rohleder,* Die Kompetenzübertragung auf Beiräte in der GmbH, 1991, S. 14 ff.; *Hommelhoff/Timm* AG 1976, 330.
[6] *Casper* in: Großkomm. HGB, 5. Aufl. 2009, § 163 Rn. 24 ff. (für KG); *K. Schmidt* in: Scholz, GmbHG, 12. Aufl. 2018, § 45 Rn. 13 (für GmbH).
[7] *Hoffmann-Becking* in: MHdB GesR IV, 4. Aufl. 2015, § 29 Rn. 23.

Vorstand oder Geschäftsführern. Ob unzulässiger Einfluss auf die Gesellschaft und ihre Organe genommen wird, ist aber keine Frage der Zulässigkeit des schuldrechtlichen Beirats, sondern eine Frage des Konzernrechts und der Rechtsfolgen bei unzulässiger Einflussnahme.

Eine Verlagerung der Beschluss- und Entscheidungskompetenzen lag einem Urteil des LG Köln zu Grunde.[8] Es gab im Urteilssachverhalt neben einem mitbestimmten Aufsichtsrat einen sogenannten „Aktivitätsausschuss", dessen Mitglieder von beiden Hauptaktionären entsandt wurden und der in der Satzung nicht vorgesehen war, sondern auf nebenvertraglicher Grundlage beruhte. Der „Aktivitätsausschuss" überwachte die Arbeit des Vorstands, ließ sich von diesem berichten, erteilte ihm Weisungen und fasste gemeinsam mit ihm Beschlüsse. Dieser „Aktivitätsausschuss" wurde deswegen für unzulässig gehalten.[9] Die in der Literatur umstrittene Entscheidung[10] liefert für die Zulässigkeit eines solchen schuldrechtlichen Gremiums nur eine spärliche dogmatische Begründung: So wird als Kriterium für eine Zulässigkeit angeführt, dass die Tätigkeit des „Aktivitätsausschusses" nur zu einer Unterstützung, nicht aber zu einer Ausschaltung des Aufsichtsrats bei dessen Aufgaben, zu der auch die Überwachung der Geschäftsführung zähle, führen dürfe. Zudem könne es dem Vorstand der Aktiengesellschaft nicht untersagt werden, Weisungen des schuldrechtlichen Gremiums entgegenzunehmen, solange der Vorstand diese Weisungen nicht ungeprüft umsetze, sondern weiterhin seine Verpflichtung zur selbstständigen und eigenverantwortlichen Geschäftsführung nicht verletze. Aus § 160 Abs. 3 Nr. 8 AktG a. F.[11], der den Inhalt des Geschäftsberichts dahin konkretisiere, dass Angaben über die Gesamtbezüge der Mitglieder des Vorstands, des Aufsichtsrats und eines Beirats zu machen seien, zog das LG Köln den Schluss, dass dieser auch an der Verwaltung der Gesellschaft, zu der auch die Überwachung der Geschäftsführung zähle, beteiligt werden könne.

Aber auch insoweit gilt:[12] Entscheidend sind nicht Gründung oder Existenz des besonderes Gremiums (eines Beirats, Ausschusses oder sonstigen Gremiums), das auf schuldrechtlicher Grundlage zulässig ist, sondern Art und Weise seiner Tätigkeit und ob das Gremium in Kompetenzen von Organen, die diesen auf satzungsmäßiger oder gesellschaftsvertraglicher Grundlage verliehen wurden, unzulässig eingreift. Selbst bei solchen Eingriffen ist aber zur Unzulässigkeit der Einrichtung des Gremiums auf nebenvertraglicher Grundlage noch nichts gesagt; unzulässig sind dann zunächst die Übergriffe in den Kompetenzbereich der satzungsmäßigen Organe. Soll der Beirat etwa den Vorstand unterstützen und beraten, darf der Vorstand die Mitglieder des Beirats sogar über Geschäftsgeheimnisse unterrichten, soweit dies für die Beratung und Unterstützung erforderlich ist und die Geheimhaltung gewährleistet ist; insoweit ist kein Unterschied zu sonstigen außenstehenden Beratern wie etwa zu Rechtsanwälten zu erkennen.[13] Nur dann, wenn dem Aufsichtsrat als dem Überwachungsorgan wichtige Informationen vorenthalten würden, wäre ein Konfliktfall zwischen dem satzungsmäßigen Organ – dem Aufsichtsrat – und dem schuldrechtlichen Organ – dem Beirat – zu Gunsten des satzungsmäßigen Organs zu lösen, aber nur in dem Ausnahmefall, dass das schuldrechtliche Organ darauf angelegt ist, dem satzungsmäßigen Organ die Erfüllung seiner Aufgaben unmöglich zu machen; dann und nur dann ist die Einrichtung des nebenvertraglichen Gremiums unzulässig.[14]

---

[8] LG Köln AG 1976, 329.
[9] *Hommelhoff/Timm* AG 1976, 330, 331; *Immenga* ZGR 1977, 249, 266 f.
[10] Vgl. bereits die Anmerkung zum Urteil von *Hommelhoff/Timm* AG 1976, 330 f.; *Uffmann* NZG 2015, 169, 170.
[11] Fassung vom 1. Januar 1966.
[12] Vgl. *Joussen*, Gesellschafterabsprachen neben Satzung und Gesellschaftsvertrag, 1995, S. 115 f.
[13] *Hoffmann-Becking* in: MHdb GesR IV, 4. Aufl. 2015, § 29 Rn. 25.
[14] LG Köln AG 1976, 329, 330.

§ 108 Einrichtung eines fakultativen Gremiums
I. Abgrenzung zum fakultativen Aufsichtsrat gemäß § 52 GmbHG

6 In § 52 Abs. 1 GmbHG wird die Möglichkeit der Bestellung eines fakultativen Aufsichtsrats vorausgesetzt. Über die Verweisung dieser Vorschrift sind verschiedene Bestimmungen des Aktiengesetzes auf den fakultativen Aufsichtsrat anzuwenden, soweit die Gesellschafter in der Satzung keine abweichende Regelung getroffen haben. Da die Anwendung der aktienrechtlichen Vorschriften, insbesondere die Vorschriften über die Haftung des Aufsichtsrats gemäß § 116 AktG i. V. m. § 93 Abs. 2 AktG, häufig unerwünscht ist, wird § 52 Abs. 1 GmbHG regelmäßig abbedungen und ein Gremium geschaffen, dass gerade kein Aufsichtsrat im Sinne des § 52 Abs. 1 GmbHG sein soll.[15] Wird § 52 Abs. 1 GmbHG nicht ausdrücklich abbedungen oder trifft die Satzung keine klare Regelung, ist die Prüfung, ob ein fakultativer Aufsichtsrat oder ein hiervon zu unterscheidendes Gremium eingerichtet werden sollte, unerlässlich.[16] Auf die Bezeichnung als „Aufsichtsrat" oder als anderes Gremium kommt es zwar nicht entscheidend an. Sie kann aber zumindest ein Indiz dafür sein, was die Gesellschafter gewollt hatten.[17] Wird das Gremium nicht als Aufsichtsrat bezeichnet, deutet dies auf einen konkludenten Ausschluss des § 52 Abs. 1 GmbHG hin.[18] Wird das Gremium dagegen ausdrücklich „Aufsichtsrat" genannt, so soll es sich auch dann um einen fakultativen Aufsichtsrat gemäß § 52 Abs. 1 GmbHG handeln, wenn die Satzung keine Regelungen zur Übertragung konkreter Aufgaben traf.[19] Entscheidendes Merkmal zur Abgrenzung ist die Übertragung der Kompetenz zur Überwachung der Geschäftsführung sowie die grundsätzliche Weisungsfreiheit.[20] Wird einem Gremium neben der Aufgabe der Beratung der Geschäftsführung auch die Kompetenz zur Einwirkung auf die Unternehmenspolitik übertragen, kann es somit über Fragen der Geschäftsführung selbst entscheiden, handelt es sich nur dann um einen Aufsichtsrat, wenn es zugleich die Kontrolle der Geschäftsführung übernimmt.[21]

II. Bildung eines fakultativen Gremiums

7 Da die Schaffung eines fakultativen Aufsichtsrats gemäß § 52 GmbHG nur durch statutarischen Akt möglich ist, stellt sich die Frage, ob und wie ein Gesellschaftsorgan, das weder Hauptversammlung, Geschäftsführung noch Aufsichtsrat im Sinne des § 52 GmbHG ist, eingerichtet werden kann.[22]

8 In der Literatur wird die Ansicht vertreten, dass neben der Gesellschafterversammlung und den Geschäftsführern lediglich ein Gesellschaftsorgan im Sinne des § 52 GmbHG, nicht jedoch ein sonstiges fakultatives Gesellschaftsorgan geschaffen werden könne.[23] Begründet wird diese Ansicht damit, dass anderenfalls § 52 Abs. 2 GmbHG nicht hinreichend beachtet würde. So gehe die dort angeordnete Bekanntmachungspflicht auf die Publizitätsrichtlinie der EG aus dem Jahre 1968 zurück, die die Bekanntmachung der Mitglieder aller Gesellschaftsorgane vorschreibe, die „an der Verwaltung, Beaufsichtigung oder Kontrolle der Gesellschaft teilnehmen".[24] Eine Beschränkung dieser Bekanntmachungspflicht auf

---
[15] *Bacher* GmbHR 2005, 465.
[16] *Gräwe/Stütze* GmbHR 2012, 877, 878; *Wälzholz* DStR 2003, 511, 512.
[17] *Gräwe/Stütze* GmbHR 2012, 877, 878.
[18] *Giedinghagen* in: MHLS, 3. Aufl. 2017, GmbHG § 52 Rn. 13.
[19] *Giedinghagen* in: MHLS, 3. Aufl. 2017, GmbHG § 52 Rn. 13.
[20] *Gräwe/Stütze* GmbHR 2012, 877, 878; *Schneider* in: Scholz, GmbHG, 12. Aufl. 2018, § 52 Rn. 55; *Zöllner/Noack* in: Baumbach/Hueck, GmbHG § 52 Rn. 22.
[21] *Schneider* in: Scholz, GmbHG, 12. Aufl. 2018, § 52 Rn. 55.
[22] *Zöllner/Noack* in: Baumbach/Hueck, GmbHG § 52 Rn. 1; *C. Jaeger* in: Ziemons/Jaeger, BeckOK GmbHG, 44. Edition, Stand: 1.5.2020, § 52 Rn. 3; *Spindler* in: MüKoGmbHG, 3. Aufl. 2019, § 52 Rn. 36 f.
[23] *Schneider* in: Scholz, GmbHG, 12. Aufl. 2018, § 52 Rn. 53; *Reuter* in: Lutter/Ulmer/Zöllner, FS 100 Jahre GmbHG, 1992, S. 631.
[24] *Reuter* in: Lutter/Ulmer/Zöllner, FS 100 Jahre GmbHG, 1992, S. 632.

einen fakultativen Aufsichtsrat, der die Geschäftsführung lediglich kontrolliere, erscheine nicht folgerichtig. Auch bei einem Gremium, welches Geschäftsführungsmaßnahmen umsetzen könne, bestehe eine Bekanntmachungspflicht nach den Grundsätzen „per argumentum a minore ad maius".[25] Zwar könne sich die gegenteilige Ansicht auf den Wortlaut des § 52 GmbHG berufen, dieser beruhe jedoch auf einer gesetzgeberischen Unsicherheit. Die ganz herrschende Meinung bejaht hingegen die Möglichkeit der Einrichtung eines oder mehrerer weiterer Gesellschaftsorgane.[26] Dies ergebe sich zum einen aus § 82 Abs. 2 Nr. 2 GmbHG, der von einem – im Vergleich zu einem Mitglied des Aufsichtsrats – Mitglied eines ähnlichen Organs ausgehe. Daneben ergebe sich die Möglichkeit der Schaffung weiterer Organe auch aus der gesellschaftsrechtlichen Selbstverwaltung, der durch § 45 Abs. 2 GmbHG ein weitreichender Spielraum gelassen sei.[27] Neben der Möglichkeit, das Gremium als ein weiteres Gesellschaftsorgan einzurichten, steht den Gesellschaftern auch die Möglichkeit zu, das Gremium auf lediglich schuldrechtlicher Grundlage einzurichten. Wollen die Gesellschafter gerade keinen Aufsichtsrat im Sinne des § 52 GmbHG schaffen, können sie somit ein weiteres Gremium sowohl durch eine Satzungsbestimmung, einen Gesellschafterbeschluss aufgrund einer Ermächtigungsregelung in der Satzung, als auch durch einfachen Gesellschafterbeschlusses ohne satzungsändernde Wirkung oder schuldrechtliche Vereinbarungen mit den einzelnen Gremienmitgliedern begründen.[28]

Das auf einer schuldrechtlichen Grundlage geschaffene Gremium ist nach ganz herrschender Meinung **kein Organ der Gesellschaft**.[29] Dies ergibt sich bereits aus der Definition des Organs als Entscheidungsträger, der aufgrund von Gesetz oder Satzung berufen ist, an dem autonomen Handeln der Gesellschaft mitzuwirken.[30] Wird das schuldrechtliche Gremium durch einfachen Gesellschafterbeschluss ohne Satzungsgrundlage geschaffen, so ist mit den Gremiumsmitgliedern ein separater Vertrag zu schließen, in dem deren konkrete Aufgaben und Pflichten festgelegt werden. Der Gesellschafterbeschluss als solcher ist ein nichtvertragliches Rechtsgeschäft, der auf eine verbindliche Willensbildung der Gesellschaft gerichtet ist, er entfaltet keine Außenwirkung und kann auch keine Verpflichtungen der Gremiumsmitglieder begründen.[31]

§ 109 Die Übertragung organschaftlicher Befugnisse auf einen schuldrechtlichen Beirat

I. Zulässigkeit der Übertragung organschaftlicher Befugnisse

Die Zulässigkeit der Übertragung organschaftlicher Kompetenzen auf einen schuldrechtlichen Beirat ist umstritten, aber vor dem Hintergrund bedeutsam, dass ein solcher oftmals zur Überwachung der Geschäftsführung eingerichtet wird. Die Überwachung der Geschäftsführung stellt jedoch bei der GmbH gemäß § 46 Nr. 6 GmbHG eine Kompetenz der Gesellschafterversammlung dar. Da es sich bei einem schuldrechtlichen Gremium nicht um ein Organ der Gesellschaft handelt, können ihm nach herrschender Meinung auch keine organschaftlichen Kompetenzen übertragen werden.[32] Die praktisch bedeutsame

---

[25] *Reuter* in: Lutter/Ulmer/Zöllner, FS 100 Jahre GmbHG, 1992, S. 633.
[26] BGH, Urt. v. 25.2.1965 – II ZR 287/63, NJW 1965, 1378; *Schneider* in: Scholz, GmbHG, 12. Aufl. 2018, § 52 Rn. 53.
[27] BGH, Urt. v. 25.2.1965 – II ZR 287/63, NJW 1965, 1378.
[28] *Giedinghagen* in: MHLS, 3. Aufl. 2017, GmbHG § 52 Rn. 429; a. A.: *Huber*, Der Beirat, 2004, S. 32, nach dem die Möglichkeit, durch einen Handlungsakt den Beirat als solchen zu schaffen, nicht besteht, sondern es des Abschlusses eines Vertrages mit jedem einzelnen Beiratsmitglied bedarf.
[29] *Schindler* in: BeckOK GmbHG, 44. Ed., Stand: 1.1.2019, § 45 Rn. 68; *Schneider* in: Scholz, GmbHG, 12. Aufl. 2018, § 52 Rn. 49; *Diekmann* in: MHdb GesR III, 5. Aufl. 2018, § 49 Rn. 3; *Zöllner/Noack* in: Baumbach/Hueck, GmbHG § 45 Rn. 23.
[30] *Schneider* in: Scholz, GmbHG, 12. Aufl. 2018, § 52 Rn. 54.
[31] *K. Schmidt* in: Scholz, GmbHG, 12. Aufl. 2018, § 45 Rn. 18.
[32] *Schneider* in: Scholz, GmbHG, 12. Aufl. 2018, § 52 Rn. 49; *Gräwe/Stütze* GmbHR 2012, 877, 880; *Schindler* in: BeckOK GmbHG, 44. Ed., Stand: 1.11.2019, § 45 Rn. 68.

Frage, ob die generelle Unzulässigkeit der Übertragung organschaftlicher Kompetenzen auf ein schuldrechtliches Gremium eine Überwachung der Geschäftsführung durch dieses schuldrechtliche Gremium ausschließt, ist umstritten. Ein Teil der Literatur ist der Ansicht, dass aus der fehlenden Organstellung und der deswegen fehlenden Übertragbarkeit organschaftlicher Kompetenzen auf einen schuldrechtlichen Beirat zwingend folge, dass ein solcher schuldrechtlicher Beirat ausschließlich beratend tätig werden könne. Denn eine Überwachung der Geschäftsführung sei nur dann möglich, wenn dem schuldrechtlichen Beirat gleichzeitig Kompetenzen übertragen würden, die der Durchsetzung der Überwachung dienen sollen, wie etwa die Aufforderung der Geschäftsführung zur Erstattung von Berichten oder zur Herausgabe von Unterlagen.[33] Damit verbleibe einem schuldrechtlichen Beirat lediglich die Beratungstätigkeit als reine Hilfstätigkeit und dies nur, soweit das Verhältnis von Gesellschaftern und Gesellschaftsorganen untereinander nicht berührt werde.[34] Da die Übertragung der Überwachung der Geschäftsführung in den Kompetenzbereich des an sich für die Überwachung der Geschäftsführung zuständigen Organs (der Gesellschafterversammlung) eingreife, sei eine Aufnahme dieser Modifikation der Zuständigkeitsverteilung in die Satzung „unverzichtbar".[35]

11 Nach vermittelnder Ansicht habe die Unzulässigkeit der Übertragung von Organkompetenzen auf ein schuldrechtliches Gremium nicht zwingend zur Folge, dass jenes nur beratend tätig werden könne. Eine klare dogmatische Begründung wird jedoch nicht geliefert.[36] Beschlüsse eines mit der Überwachung der Geschäftsführung betrauten schuldrechtlichen Gremiums sollen lediglich schuldrechtliche Rechte und Pflichten begründen und nicht wie bei einem statutarisch verankerten Gesellschaftsorgan organschaftliche Pflichten. Zudem sollen Beschlüsse des schuldrechtlichen Gremiums für die Geschäftsführer keine Beschränkung ihrer durch die Satzung und die Entscheidungen der Gesellschafterversammlung vorgegebenen Verhaltens- und Handlungspflichten begründen können.[37]

II. Überwachung der Geschäftsführung ohne Übertragung organschaftlicher Befugnisse

12 Geht man davon aus, dass eine Übertragung organschaftlicher Kompetenzen auf einen schuldrechtlichen Beirat nicht möglich ist, stellt sich die Frage, ob die Beauftragung des Beirats mit der Überwachung der Geschäftsführung anderweitig erreicht werden kann.

13 In Betracht kommt zunächst die rechtsgeschäftliche Beauftragung des Beirats mit der **Überwachung der Geschäftsführung** im Interesse der Gesellschafterversammlung.[38] Hierbei soll es sich nicht um eine Übertragung von Kompetenzen handeln, vielmehr bediene sich das Gesellschaftsorgan, welches die Kompetenz zur Überwachung der Geschäftsführung innehabe, zur Aufgabenwahrnehmung eines Dritten.[39] Als weiteres Argument für die Möglichkeit einer rechtsgeschäftlichen Beauftragung eines Beirats wird ein Vergleich zum Sonderprüfer bei der GmbH gezogen. Dieser sei ebenfalls kein Organ und werde allein auf Grundlage eines schuldrechtlichen Geschäftsbesorgungsvertrags tätig.[40] Der Sonderprüfer sei ein Sachverständiger, der im Auftrag der Gesellschaft tätig werde und insoweit von der Gesellschafterversammlung abgeleitete Untersuchungsrechte wahrnehme.[41] Folgt man dieser Argumentation, ist nicht ersichtlich, wieso eine Zuhilfenahme

---

[33] *Thümmel* DB 1995, 2461.
[34] *Voormann*, Der Beirat im Gesellschaftsrecht, 2. Aufl. 1990, S. 52.
[35] *Huber*, Der Beirat, 2004, S. 25; *Noack*, Gesellschaftervereinbarungen bei Kapitalgesellschaften, 1994, S. 139.
[36] *Uffmann* NZG 2015, 169, 170.
[37] *Bacher* GmbHR 2005, 465; *Huber*, Der Beirat, 2004, S. 63.
[38] *Uffmann* NZG 2015, 169, 171;
[39] *Reuter* in: Lutter/Ulmer/Zöllner, FS 100 Jahre GmbHG, 1992, S. 631 f.
[40] *Arnold* in: MüKoAktG, 4. Aufl. 2018, § 142 Rn. 47; *Koch* in: Hüffer/Koch, AktG, 14. Aufl. 2020, § 142 Rn. 12.
[41] *Schürnbrand* ZIP 2013, 1301, 1303.

Dritter im Falle der Sonderprüfung, nicht jedoch im Rahmen der Kontrolle der Geschäftsführung zulässig sein soll,[42] was wiederum für deren schuldrechtliche Zulässigkeit spricht.

Die Beauftragung des schuldrechtlichen Beirats mit der Kontrolle der Geschäftsführung 14 allein genügt jedoch nicht. Zudem muss sichergestellt werden, dass dem Beirat die zur Überwachung notwendigen **Informationen** zur Verfügung gestellt werden. Es bedarf daneben einer Verbindlichkeit der Weisungen des Beirats gegenüber der Geschäftsführung. Da die Tätigkeit der Beiratsmitglieder schuldrechtlich begründet wird, haben diese zunächst keine die Geschäftsführung bindenden Weisungsrechte.[43] Für eine Verbindlichkeit werden verschiedene Möglichkeiten diskutiert: So komme zunächst eine Ausführungsermächtigung gemäß § 185 BGB in Betracht. Demnach werde der schuldrechtliche Beirat zur Wahrnehmung der der Gesellschafterversammlung zustehenden Kompetenz im eigenen Namen ermächtigt. Hiergegen könnte eingewandt werden, dass der schuldrechtliche Beirat im Ergebnis wie bei einer statutarischen Übertragung von Organkompetenzen stünde und dass auch der Unterschied, dass der statutarische Beirat als Rechtsinhaber handele, bei einer Ermächtigung nach § 185 BGB jedoch als Rechtsausübender, nichts daran ändere, dass außerstatutarisch in die Kompetenzverteilung der Gesellschaft eingegriffen werde, in die nur durch statutarische Regelung eingegriffen werden könne.

Als weitere Möglichkeit kommt eine **Stellvertretung** gemäß §§ 164 ff. BGB durch den 15 Beirat in Betracht. Es wird zwischen der Vertretung des einzelnen Gesellschafters bei der Wahrnehmung seines individuellen Kontrollrechts gemäß § 51a Abs. 1 GmbHG und der Vertretung der Gesellschafterversammlung bei der Wahrnehmung ihres Kontrollrechts gemäß § 46 Nr. 6 GmbHG unterschieden.[44] Das Kontrollrecht des § 51a Abs. 1 GmbH stellt nach h. M. kein höchstpersönliches Recht dar.[45] Da eine widerrufliche und nicht verdrängende Bevollmächtigung nicht gegen das „Abspaltungsverbot", nach dem einzelne Mitgliedschaftsrechte nicht vom Geschäftsanteil gelöst und übertragen werden können,[46] verstoße, spreche nichts gegen die Möglichkeit einer Vertretung der einzelnen Gesellschafter durch den Beirat auf der Grundlage des § 51a Abs. 1 GmbHG.

Im Hinblick auf die stellvertretende Ausübung des Überwachungsrechts der Gesellschaf- 16 terversammlung gemäß § 46 Nr. 6 GmbHG sei entscheidend, ob das Überwachungsrecht der Gesellschafterversammlung als Kollektiv durch Vollmachten vertretungsweise ausgeübt werden könne. Eine Höchstpersönlichkeit dieses Überwachungsrechts lasse sich dogmatisch nicht begründen.[47] So gebe es keine Vorschrift, die dem in § 111 Abs. 6 AktG normierten Ausschluss der Übertragbarkeit der Amtsausübung entspreche. Auch aus § 52 GmbHG ergebe sich nichts anderes, da dieser lediglich die Möglichkeit der Einsetzung eines weiteren Organs vorsehe und die Übertragung bzw. Begründung organschaftlicher Kompetenzen regele, jedoch nichts zur Möglichkeit, Kompetenzen durch Dritte im Rahmen einer Stellvertretung ausüben zu lassen, besage.

Schließlich käme auch die Möglichkeit einer Anweisung der Geschäftsführung durch 17 die Gesellschafterversammlung, die Vorgaben des Beirats zu befolgen, in Betracht. So soll die Gesellschafterversammlung die Geschäftsführung gemäß § 46 Nr. 6 GmbHG bzw. § 37 Abs. 1 GmbHG anweisen können, mit dem Beirat in den vorgesehenen Bereichen zusammenzuarbeiten und dessen Beschlüsse umzusetzen. Diese Beschlüsse des Beirats können sich jedoch nur auf die Ausübung des kollektiven Informationsrechts der Gesellschafterversammlung beziehen, da dieses durch Beschluss auf eine andere Person über-

---

[42] *Uffmann* NZG 2015, 169, 171.
[43] *Uffmann* NZG 2015, 169, 172.
[44] Zum Ganzen: *Uffmann* NZG 2015, 169, 172.
[45] *Zöllner/Noack* in: Baumbach/Hueck, GmbHG § 51a Rn. 5; *Schindler* in: BeckOK GmbHG, 44. Ed., Stand: 1.11.2019, § 51a Rn. 15; zumindest dann, wenn berechtigte Schutzinteressen der Gesellschaft nicht entgegenstehen: *K. Schmidt* in: Scholz, GmbHG, 12. Aufl. 2018, § 51a Rn. 15 m. w. N.
[46] BGH, Urt. v. 25.2.1965 – II ZR 287/63, NJW 1965, 1378; *Wilhelmi* in: BeckOK GmbHG, 44. Ed., Stand: 1.11.2019, § 14 Rn. 51; *Ebbing* in: MHLS GmbHG § 14 Rn. 70; *Fastrich* in: Baumbach/Hueck, GmbHG § 14 Rn. 20; *Liebscher* in: MüKoGmbHG, 3. Aufl. 2019, § 45 Rn. 132.
[47] *Uffmann* NZG 2015, 169, 174.

tragen werden kann.[48] Beschlüsse des Beirats, die der Geschäftsführung konkrete Maßnahmen vorschreiben, seien hiervon nicht umfasst. Hierbei handele es sich vielmehr um eine Delegation des Weisungsrechts. Eine solche Delegation sei jedoch nur auf Grundlage der Satzung zulässig.[49] Dies gelte auch für ein Zustimmungserfordernis zugunsten des Beirats bei wesentlichen oder besonderen Entscheidungen der Geschäftsführung. Als Minus zur Übertragung der Geschäftsführung können grundsätzlich Zustimmungsvorbehalte für die Geschäftsführung festgelegt werden.[50] Diese Übertragung der Zustimmungskompetenz auf eine externe Stelle soll jedoch nur dann möglich sein, wenn dieser Stelle Geschäftsführungsbefugnisse übertragen werden können. Dies ist wie oben dargestellt nicht der Fall.

III. Beteiligung von Nichtgesellschaftern im Beirat

18 Beiräte oder andere fakultative Gesellschaftsgremien werden häufig gegründet, um sich Beratung oder Kontrolle der Geschäftsführung durch gesellschaftsfremde Dritte als erfahrene Experten zu sichern. Die Beteiligung von Nichtgesellschaftern an einem solchen Gremium ist weitgehend unstreitig.[51] Fraglich ist jedoch, ob und welche Grenzen sich aus einer Beteiligung Dritter an einem Beirat ergeben können. Es geht im Kern um das Prinzip der Verbandssouveränität, nach dem sich die Gesellschafter einer Gesellschaft nicht derart selbst in ihrer Selbstbestimmung beschränken dürfen, dass die Willensbildung und -äußerung nicht mehr als von den Gesellschaftern getragen angesehen werden kann, sondern durch den rechtlichen Fremdeinfluss gelenkt wird.[52] Dies beruht zum einen auf Überlegungen des Selbstschutzes, da durch eine Übertragung der Entscheidungsgewalt auf Dritte die Gefahr besteht, dass die eigenen Interessen der Gesellschafter nicht (hinreichend) beachtet werden.[53] Zum anderen wird der Grund des „Abschichtungseffekts" angeführt: Da das Vermögen der Gesellschaft ein Sondervermögen darstellt, muss die Organisation dieses Vermögens „in der unabhängigen Entscheidungsdelegation vereinheitlicht sein."[54] Das Wirken und die Entwicklung des Verbandes müssen folglich auf die Entscheidung der Mitglieder zurückzuführen sein. Bei einer (überwiegenden) Besetzung des Beirats mit gesellschaftsfremden Dritten besteht die Gefahr, dass sich die Gesellschafter selbst einer Fremdsteuerung aussetzen.[55]

19 Ganz anders sieht das jedoch für den statutarisch begründeten Beirat aus.[56] Ein statutarisch begründetes Gremium, welches (überwiegend) mit gesellschaftsfremden Dritten besetzt werde, stelle die Entscheidung der Gesellschafter dar, ihrer Gesellschaft eine von der gesetzlichen Regelung abweichende Organisation zu geben.[57] Da der sogenannte Kernbereich an Kompetenzen nicht übertragen werden könne, verbleibe dieser den Gesellschaftern. Dies und die Möglichkeit der jederzeitigen Abberufung der Beiratsmitglieder

---

[48] *K. Schmidt* in: Scholz, GmbHG, 12. Aufl. 2018, § 46 Rn. 114.
[49] *Stephan/Tieves* in: MüKoGmbHG, 3. Aufl. 2019, § 37 Rn. 113; *Zöllner/Noack* in: Baumbach/Hueck, GmbHG § 37 Rn. 26; *Wisskirchen/Kuhn* in: BeckOK GmbHG, 44. Ed., Stand: 1.5.2020, § 37 Rn. 24; *Lenz* in: MHLS, 3. Aufl. 2017, GmbHG § 37 Rn. 17.
[50] *Oetker* in: Henssler/Strohn, Gesellschaftsrecht, 4. Aufl. 2019, GmbHG § 37 Rn. 9; *Diekmann*, Münch. Hdb. d. Gesellschaftsrechts, Bd. III, 5. Aufl. 2018, § 44 Rn. 63.
[51] *Spindler* in: MüKoGmbHG, 3. Aufl. 2019, § 52 Rn. 732, 733; *Jaeger* in: BeckOK GmbHG, 44. Ed., Stand: 1.5.2020, § 52 Rn. 84; mit Vorbehalt: *Peres* in: Saenger/Inhester, GmbHG, 4. Aufl. 2020, § 52 Rn. 171; *Schneider* in: Scholz, GmbHG, 12. Aufl. 2018, § 52 Rn. 58.
[52] *Liebscher* in: MüKoGmbHG, 3. Aufl. 2019, § 45 Rn. 41; *Zöllner* in: Lutter/Ulmer/Zöllner, FS 100 Jahre GmbHG, 1992, S. 85, 119; *Schubel*, Verbandssouveränität und Binnenorganisation der Handelsgesellschaften, 2003, S. 563 ff.; *Huber*, Der Beirat, 1990, S. 114; *Römermann* in: MHLS GmbHG § 45 Rn. 19; *Zöllner/Noack* in: Baumbach/Hueck, GmbHG § 45 Rn. 7.
[53] *Voormann*, Der Beirat im Gesellschaftsrecht, 2. Aufl. 1990, S. 112.
[54] *Teubner* ZGR 1986, 568.
[55] *Huber*, Der Beirat, 2004, S. 51.
[56] *Spindler* in: MüKoGmbHG, 3. Aufl. 2019, § 52 Rn. 733; *Uffmann* NZG 2015, 169, 175; Hinweis auf die h. M., jedoch mit a. A.: *Voormann*, Der Beirat im Gesellschaftsrecht, 2. Aufl. 1990, S. 111.
[57] BGH, Urt. v. 23.10.1967 – II ZR 164/65, BeckRS 1967, 00151.

zumindest aus wichtigem Grund seien für deren Schutz ausreichend.[58] Aus der statutarischen Verankerung des Gremiums folge, dass dieses im Interesse der Gesellschaft tätig werden solle und müsse.[59] Die Nichtgesellschafter seien auf diese Weise ebenfalls in das Pflichten- und Treueverhältnis innerhalb der Gesellschaft eingebunden.[60] Die Beiräte hätten zudem die Sorgfalt eines ordentlichen und gewissenhaften Beiratsmitglieds anzuwenden und hafteten nach h. M. entsprechend einer Gesamtanalogie zu §§ 43, 52 Abs. 1 GmbHG, §§ 93, 116 AktG, was ebenfalls dem Schutz der Gesellschafter diene.[61]

Überträgt man diese Argumente auf einen schuldrechtlichen Beirat, so wird deutlich, dass auch hier kein Verstoß gegen das Prinzip der Verbandssouveränität vorliegt. So kann einem schuldrechtlichen Beirat wie dargestellt bereits keine organschaftliche Kompetenz übertragen werden, sodass auch nicht in die Kompetenz der Gesellschafter eingegriffen wird. Entscheidungen des schuldrechtlichen Beirats können zudem durch einfachen Gesellschafterbeschluss zurückgenommen werden. Schließlich können auch die Mitglieder eines schuldrechtlichen Beirats zumindest aus wichtigem Grund jederzeit abberufen werden. Im Vergleich zum statutarisch eingerichteten Beirat besteht jedoch keine organschaftliche Haftung der Mitglieder eines schuldrechtlichen Beirats. Das Gebiet der Haftung der Beiratsmitglieder ist noch weitgehend ungeklärt[62]. Die Mitglieder eines schuldrechtlichen Beirats haften nach h. M. nach den allgemeinen zivilrechtlichen Haftungsgrundlagen der §§ 280 ff. BGB. Nach § 276 BGB schuldet das Beiratsmitglied somit die Anwendung der bei objektiv-abstrakter Betrachtungsweise erforderlichen Sorgfalt. So sind die Gesellschafter auch in dieser Hinsicht ausreichend geschützt.[63] Daher ist beim schuldrechtlichen Gesellschaftsorgan ebenfalls die Beteiligung gesellschaftsfremder Dritter möglich, auch in der Mehrheit. 20

§ 110 Schaffung eines schuldrechtlichen Beirats – Muster[64]

Die Ziele, die mit einem statutarisch oder schuldrechtlich geschaffenen Beirat verfolgt werden, sind ebenso vielfältig wie die Ausgestaltung der Rechte und Pflichten der Beiratsmitglieder. So können Beiräte beratend, überwachend, leitend, streitschlichtend tätig werden oder etwa als Anleger-Beirat oder Gläubiger-Beirat bestimmten Gesellschaftergruppen dienen.[65] Die Einrichtung eines schuldrechtlichen Beirats kann auf einem Gesellschafterbeschluss, (lediglich) einem Vertrag zwischen der Gesellschaft und den Gremienmitgliedern sowie in einer schuldrechtlichen Nebenabrede zum Gesellschaftsvertrag vereinbart werden. Für die Einrichtung durch Gesellschafterbeschluss spricht, dass der schuldrechtliche Beirat bei den entsprechenden Mehrheitsverhältnissen nicht einfach wieder abgeschafft werden kann.[66] Auch die Errichtung durch schuldrechtliche Nebenvereinbarung zwischen den Gesellschaftern kann nicht ohne Weiteres rückgängig gemacht werden, da hierfür die Änderung der Nebenabrede Voraussetzung ist, die, wenn nichts anderes geregelt ist, der Zustimmung aller Vertragsbeteiligten bedarf. Da die Rechte und Pflichten der Gremienmitglieder nicht durch einen Gesellschafterbeschluss begründet werden können, muss jedenfalls dann, wenn der Beirat durch Gesellschafterbeschluss errichtet wird, zusätzlich ein schuldrechtlicher Vertrag mit diesen geschlossen werden.[67] 21

---

[58] *Spindler* in: MüKoGmbHG, 3. Aufl. 2019, § 52 Rn. 733; *Ganzer* in: Rowedder/Schmidt-Leithoff, GmbHG, 6. Aufl. 2017, § 45 Rn. 14 f.
[59] *Huber*, Der Beirat, 2004, 52.
[60] *Uffmann* NZG 2015, 169 175.
[61] Vgl. *Bayer*, FS Uwe H. Schneider, 2011, S. 75, 79 m. w. N.
[62] *Bayer*, FS Uwe H. Schneider, 2011, S. 75; *Marsch-Barner/Diekmann* in: MHdb GesR III, 5. Aufl. 2018, § 49 Rn. 27.
[63] *Uffmann* NZG 2015, 169, 175.
[64] *Bacher* GmbHR 2005, 465 f.
[65] Vgl. *Schneider* in: Scholz, GmbHG, 12. Aufl. 2018, § 52 Rn. 6 ff.
[66] *Bacher* GmbHR 2005, 465, 466.
[67] Vgl. → Kap. 32 Rn. 1 ff.

22 Muster eines durch Vertrag zwischen Gesellschaft und Beiratsmitglied eingerichteten schuldrechtlichen Beirats:[68]

Vereinbarung

zwischen

1. der [•] mit beschränkter Haftung, Straße, Ort,
vertreten durch ihren Geschäftsführer (im Folgenden „Gesellschaft")
und
2. Frau/Herrn [•], Straße, Ort (im Folgenden „Beiratsmitglied")

I. Vorbemerkung

Die Gesellschafterversammlung der Gesellschaft hat mit Beschluss vom [•] beschlossen, einen Beirat zur Beratung der Geschäftsführung und der Wahrnehmung repräsentativer Aufgaben einzurichten. Die Beratung der Geschäftsführung soll hierbei insbesondere die Bereiche [•], [•] und [•] umfassen. Eine Beratung der Geschäftsführung in allgemeinen Fragen ist jedoch nicht ausgeschlossen, wenn dies von der Geschäftsführung gewünscht wird. Die Wahrnehmung repräsentativer Aufgaben soll insbesondere bei gesellschaftlichen Anlässen wie etwa Messen, Veranstaltungen mit Bezug zu wirtschaftlichen Tätigkeit der Gesellschaft o. ä. auf Wunsch der Geschäftsführung erfolgen. Der Beirat soll nicht in die Gesellschaftsverfassung der Gesellschaft einbezogen werden. Neben diesem Vertrag werden ähnliche Verträge mit voraussichtlich vier weiteren Beiratsmitgliedern geschlossen. Das Beiratsmitglied ist spezialisiert auf den Bereich [•].

Die Parteien schließen folgende Vereinbarung:

II. Aufgabenbereich

1. Das Beiratsmitglied berät die Geschäftsführung im Bereich [•]. Hierzu gehören insbesondere
   a. [•]
   b. [•]
   c. [•].
   Auf Bitten der Geschäftsführung berät das Beiratsmitglied diese auch bei allgemeinen Fragen.
2. Das Beiratsmitglied nimmt gesellschaftliche Anlässe wie Messen oder Veranstaltungen mit Bezug zur wirtschaftlichen Tätigkeit der Gesellschaft auf Bitten der Geschäftsführung als Vertreter der Gesellschaft wahr. Dies geschieht auf freiwilliger Basis, die Vergütung nach Ziffer III. wird unabhängig von Punkt 2. ausbezahlt.
3. Das Beiratsmitglied verfolgt bei seiner Tätigkeit ausschließlich das Wohl und die Interessen der Gesellschaft.
4. Das Beiratsmitglied gestaltet seine Tätigkeit vorbehaltlich der vorstehenden Regelungen nach pflichtgemäßem Ermessen.

III. Beiratssitzungen

1. Das Beiratsmitglied wird an den von der Geschäftsführung einzuberufenden Sitzungen des Beirats, an denen auch die Geschäftsführung teilnimmt, teilnehmen. Die Sitzungen werden alle 2 Monate einberufen. Das Beiratsmitglied ist verpflichtet, in kürzeren Abständen an einer Beiratssitzung teilzunehmen, wenn dies die Geschäftsführung oder mindestens zwei Beiratsmitglieder verlangen.
2. Die Einberufung der Beiratssitzung durch die Geschäftsführung erfolgt mit einer Frist von zwei Wochen unter gleichzeitiger Benennung der Beratungsgegenstände. In dringenden Fällen kann diese Frist bis auf drei Tage verkürzt werden.
3. Die Geschäftsführung unterrichtet das Beiratsmitglied monatlich über die aktuelle wirtschaftliche Lage der Gesellschaft, insbesondere im Bereich [•], in dem das Beiratsmitglied die Geschäftsführung berät. Die Geschäftsführung wird dem Beiratsmitglied die für die Erörterung der Beratungsgegenstände erforderlichen Unterlagen rechtzeitig zur Verfügung stellen. Das Beiratsmitglied hat jederzeit das Recht, nach seiner Ansicht für eine sinnvolle und sachgerechte Beratung erforderliche Unterlagen bei der Geschäftsführung anzufordern.

---

[68] *Huber,* Der Beirat, 2004, S. 241.

IV. Vergütung und Aufwendungsersatz

1. Die monatliche Vergütung des Beiratsmitglieds beträgt [•] Euro ggf. zzgl. anfallender Umsatzsteuer.
2. Mit dieser Vergütung ist sowohl eine erhöhte Frequenz von Sitzungen gem. Ziffer III. Nr. 1 S. 3 als auch die repräsentative Tätigkeit abgegolten.
3. Die Gesellschaft wird dem Beiratsmitglied alle zur ordnungsgemäßen Durchführung seiner Tätigkeit erforderlichen Auslagen ersetzen.

V. Laufzeit der Vereinbarung, Kündigungsrecht

1. Die Vereinbarung wird auf unbestimmte Zeit geschlossen. Sowohl die Gesellschaft als auch das Beiratsmitglied können die Vereinbarung mit einer Frist von einem Monat kündigen, erstmals zum [•]. Eine außerordentliche Kündigung aus wichtigem Grund bleibt hiervon unberührt.
2. Die Kündigung erfolgt durch schriftliche Erklärung gegenüber der anderen Vertragspartei.

VI. Verschwiegenheitpflicht

1. Das Beiratsmitglied verpflichtet sich, über alle geschäftlichen und betrieblichen Angelegenheiten, insbesondere vertrauliche Angaben sowie Betriebs- und Geschäftsgeheimnisse, die es im Rahmen seiner Tätigkeit als Beiratsmitglied erfährt, absolutes Stillschweigen zu bewahren, auch über die Laufzeit dieser Vereinbarung hinaus.
2. Das Beiratsmitglied verpflichtet sich, sämtliche Geschäftspapiere und Unterlagen, welches es in seiner Tätigkeit für die Gesellschaft erlangt, insbesondere solche, die es zur Vorbereitung der Beiratssitzungen von der Geschäftsführung erhält, sorgfältig aufzubewahren und Dritten nicht zugänglich zu machen. Das Beiratsmitglied verpflichtet sich weiter, sämtliche Geschäftspapiere und Unterlagen nach Beendigung seiner Tätigkeit für die Gesellschaft unaufgefordert zurückzugeben und keinerlei Kopien oder Abschriften o. ä. aufzubewahren, soweit nicht gesetzliche Vorschriften entgegenstehen.

VII. Schlussbestimmungen

1. Änderungen oder Ergänzungen dieser Vereinbarung bedürfen der Schriftform. Dies gilt auch für diese Schriftformklausel.
2. Sollte eine Bestimmung dieser Vereinbarung ganz oder teilweise nichtig, unwirksam, undurchführbar oder nicht durchsetzbar (nachstehend auch „Fehlerhafte Bestimmung") sein oder werden, so werden die Wirksamkeit und die Durchsetzbarkeit der übrigen Bestimmungen dieses Vertrags davon nicht berührt. Die Parteien verpflichten sich vielmehr bereits jetzt, anstelle der Fehlerhaften Bestimmung eine solche zu vereinbaren, die im Rahmen der rechtlichen Möglichkeiten dem am nächsten kommt, was die Parteien nach dem Sinn und Zweck dieser Vereinbarung vereinbart hätten, wenn sie die Fehlerhaftigkeit der Bestimmung erkannt hätten. Gleiches gilt für etwaige Regelungslücken in dieser Vereinbarung. Es ist der ausdrückliche Wille der Parteien, dass diese salvatorische Klausel keine bloße Beweislastumkehr zur Folge hat, sondern § 139 BGB insgesamt abbedungen ist.

Kapitel 33. Pflicht zur Unterlassung von Wettbewerb

§ 111 Einführung

1 Ein Wettbewerbsverbot zu Lasten von Gesellschaftern soll einen Interessenskonflikt zwischen den gebundenen Gesellschaftern einerseits und der Gesellschaft andererseits vermeiden. Sowohl die Gesellschaft als auch die Gesellschafter selbst haben oftmals ein erhebliches Interesse daran, dass alle oder bestimmte Gesellschafter während ihrer Mitgliedschaft in der Gesellschaft, aber auch nach ihrem Ausscheiden zumindest vorübergehend einem Wettbewerbsverbot unterliegen. Denn anderenfalls könnte beispielsweise ein Gesellschafter seine Geschäftskontakte und seine sonstigen Fertigkeiten und Fähigkeiten zum Nachteil der Gesellschaft und Mitgesellschafter für eigene Zwecke nützen. Das Gesetz sieht nur rudimentäre Wettbewerbsverbote für Gesellschafter vor. Für die Gesellschafter einer Personengesellschaft enthält § 112 HGB ein Wettbewerbsverbot. Danach darf ein Gesellschafter ohne Einwilligung der anderen Gesellschafter weder in dem Handelszweig der Gesellschaft Geschäfte machen noch an einer anderen gleichartigen Handelsgesellschaft als persönlich haftender Gesellschafter teilnehmen. Für Gesellschafter einer GmbH fehlt jedoch ein ausdrückliches gesetzliches Wettbewerbsverbot. Über die Treuepflicht wird der Versuch unternommen, auch für die Gesellschafter einer GmbH zumindest in gewissem Umfang ein Wettbewerbsverbot zu begründen.[1] In der Praxis werden daher schuldrechtliche Nebenabreden vielfach genutzt, um die gesetzlichen Wettbewerbsverbote zu ergänzen, zu verstärken, zu konkretisieren oder – etwa mit einer Vertragsstrafenregelung – abzusichern. Insbesondere nachvertragliche Wettbewerbsverbote sind Gegenstand schuldrechtlicher Nebenabreden.[2]

2 In schuldrechtlichen Nebenabreden kann aber nicht nur ein Wettbewerbsverbot **vereinbart** werden, vielmehr kann sich ein solches auch aus einer Nebenabrede ergeben, ohne dass diese ein Wettbewerbsverbot enthielte. Insbesondere bei Gesellschaften mit beschränkter Haftung kann einem Gesellschafter aufgrund einer schuldrechtlichen Nebenabrede eine solch herausgehobene Stellung zukommen, dass er einem Wettbewerbsverbot kraft Treuepflicht unterfällt. In einer solchen Konstellation führt die Gesellschaftervereinbarung, die selbst kein ausdrückliches Wettbewerbsverbot enthält, mittelbar zu einem Wettbewerbsverbot kraft Treuepflicht.

§ 112 Wettbewerbsverbot kraft Treuepflicht aufgrund schuldrechtlicher Nebenabrede

I. Wettbewerbsverbot zu Lasten von Gesellschaftern

3 Neben den Geschäftsführern[3] können auch die vorliegend interessierenden Gesellschafter einer GmbH aus der Treuepflicht heraus einem Wettbewerbsverbot unterliegen.[4] Zwar folgt aus der Treuepflicht für die Gesellschafter einer GmbH nicht generell eine Beschränkung des Wettbewerbs, gleichwohl kann sich aber im Einzelfall für bestimmte Fälle ein Wettbewerbsverbot zu Lasten der Gesellschafter ergeben. Die Rechtsprechung bejahte dies zum Beispiel für einen an einer GmbH & Co. KG mehrheitlich beteiligten Gesellschafter, da dieser aufgrund seiner Gesellschafterstellung strategisch wichtige Entscheidungen blo-

---

[1] Vgl. BGH, Urt. v. 5.12.1983 – II ZR 242/82, NJW 1984, 1351, 1352; *Weitnauer/Grob* GWR 2014, 185, 186 f.; *Merkt* in: MüKoGmbHG § 13 Rn. 216.
[2] *Weber* in: Hölters, AktG § 88 Rn. 23; *Seibt* in: Römermann, MAH GmbHR, 4. Aufl. 2018, § 2 Rn. 267.
[3] Vgl. OLG Köln, Urt. v. 4.2.2000 – 4 U 37/99, NZG 2000, 740 f.; *Jaeger/Steinbrück* in: MüKoGmbHG § 35 Rn. 360; *Altmeppen* in: Roth/Altmeppen, GmbHG, 9. Aufl. 2019, § 6 Rn. 90; *Weitnauer/Grob* GWR 2014, 185 ff.
[4] *Seibt* in: MAH GmbHR, 4. Aufl. 2018, § 2 Rn. 261; *Lieder* in: MHLS, 3. Aufl. 2017, GmbHG § 13 Rn. 264; *Fastrich* in: Baumbach/Hueck, GmbHG § 13 Rn. 28.

ckieren könne.[5] Ob auch für einen Minderheitsgesellschafter ein Wettbewerbsverbot in Frage kommt, ist noch nicht abschließend geklärt. Nach der herrschenden Meinung soll dies immer dann der Fall sein, wenn ein Gesellschafter aufgrund von Sonderrechten besondere Einflussmöglichkeiten auf die Geschäftsführung hat,[6] beispielsweise wenn einem Gesellschafter das Recht zusteht, die Geschäftsführung zu bestellen und abzuberufen.[7]

Aus der Treuepflicht für Aktionäre folgt (anders als es bei der GmbH möglich ist) 4 generell kein Wettbewerbsverbot.[8] Begründet wird dies mit der Konzernoffenheit der Aktiengesellschaft.[9] Der BGH verneinte ein aktienrechtliches Wettbewerbsverbot eines Mehrheitsaktionärs zumindest dann, wenn die Wettbewerbssituation bereits vor Erwerb der Mehrheitsbeteiligung bestanden hatte.[10]

II. Wettbewerbsverbot kraft Treuepflicht durch schuldrechtliche Nebenabrede

Folgt man der ganz herrschenden Meinung, wonach diejenigen Gesellschafter einer GmbH 5 kraft Treuepflicht einem Wettbewerbsverbot unterliegen, die einen besonderen Einfluss auf die Geschäftsführung haben, fragt sich, ob ein derartiger Einfluss auch aufgrund einer schuldrechtlichen Nebenabrede begründet werden kann. Bejahendenfalls kann eine Gesellschaftervereinbarung, die selbst kein ausdrückliches Wettbewerbsverbot enthält, mittelbar über die Treuepflicht zu einem Wettbewerbsverbot für den aus der Gesellschaftervereinbarung berechtigten Gesellschafter führen. In der Praxis ist daher beim Abschluss einer an sich „unverdächtigen" schuldrechtlichen Nebenabrede darauf zu achten, dass diese oftmals ungewollt ein Wettbewerbsverbot nach sich ziehen kann.

Praktisch relevant sind vor allem folgende **Typen schuldrechtlicher Nebenabreden:** 6 Wird einem Gesellschafter durch Nebenvertrag das Recht eingeräumt, den **Geschäftsführer** der GmbH zu bestellen und abzuberufen,[11] erhält der Gesellschafter einen besonderen Einfluss auf die Geschäftsführung. Ein solches Sonderrecht führt dazu, dass der Gesellschafter kraft seiner Treuepflicht einem Wettbewerbsverbot unterliegt. Im Sachverhalt einer Entscheidung,[12] in der der BGH ein Wettbewerbsverbot bejahte, folgte das Sonderrecht des Gesellschafters zur Bestellung und Abberufung des Geschäftsführers zwar aus der Satzung. Es ist aber kein Grund ersichtlich, warum ein schuldrechtlich eingeräumtes Sonderrecht anders zu beurteilen sein sollte als ein in der Satzung angelegtes Sonderrecht. In beiden Fällen – schuldrechtliches und satzungsmäßiges Sonderrecht – hat der berechtigte Gesellschafter erheblichen Einfluss auf die Geschäftsführung. Verfügen einer oder mehrere Minderheitsgesellschafter aufgrund einer **Stimmbindungsvereinbarung** über die Mehrheit der Stimmrechte in der Gesellschafterversammlung, kann dies ebenfalls zu einem besonderen Einfluss des oder der Minderheitsgesellschafter führen.[13] Auch einem Gesellschafter in einer Nebenabrede eingeräumte **Mehrfachstimmrechte**[14] oder ein **Vetorecht** sind geeignet, einen besonderen Einfluss auf die Geschäftsführung zu begründen. Entscheidend für das Vorliegen eines besonderen Einflusses dürfte sein, ob die Mehrfachstimmrechte oder

---

[5] Vgl. BGH, Urt. v. 5.12.1983 – II ZR 242/82, NJW 1984, 1351; BGH, Urt. v. 4.12.2001 – X ZR 167/99, NJW 2002, 1046, 1047.
[6] Vgl. BGH, Urt. v. 3.5.1988 – KZR 17/87, NJW 1988, 2737, 2738; OLG Köln, Urt. v. 22.2.1991 – 3 U 20/91, NJW-RR 1991, 1316 f.; *Altmeppen* in: Roth/Altmeppen, GmbHG, 9. Aufl. 2019, § 13 Rn. 47 ff.; *Lieder* in: MHLS, 3. Aufl. 2017, GmbHG § 13 Rn. 264.
[7] Vgl. BGH, Urt. v. 3.5.1988 – KZR 17/87, NJW 1988, 2737, 2738; *Armbrüster* ZIP 1997, 1269, 1273; *Lieder* in: MHLS, 3. Aufl. 2017, GmbHG § 13 Rn. 266; *Merkt* in: MüKoGmbHG § 13 Rn. 220.
[8] *Altmeppen* in: MüKoAktG, 4. Aufl. 2015, Vor § 311 Rn. 77; *Weitnauer/Grob* GWR 2014, 185, 186; *Merkt* in: MüKoGmbHG § 13 Rn. 217; aA für den Mehrheitsaktionär *Salfeld*, Wettbewerbsverbote im Gesellschaftsrecht, 1987, S. 178 ff.; *Armbrüster* ZIP 1997, 1269, 1271; *Rudersdorf* RNotZ 2011, 509, 514.
[9] *Altmeppen* in: MüKoAktG, 4. Aufl. 2015, Vor § 311 Rn. 77.
[10] Vgl. BGH, Beschl. v. 25.6.2008 – II ZR 133/07, BeckRS 2008, 20522.
[11] Siehe hierzu → Kap. 24 Rn. 1 ff.
[12] BGH, Urt. v. 3.5.1988 – KZR 17/87, NJW 1988, 2737.
[13] *Armbrüster* ZIP 1997, 1269, 1273; *Lieder* in: MHLS, 3. Aufl. 2017, GmbHG § 13 Rn. 266.
[14] *Lieder* in: MHLS, 3. Aufl. 2017, GmbHG § 13 Rn. 266.

das Vetorecht **wesentliche Entscheidungen** der GmbH zum Gegenstand haben, wie beispielsweise die strategische Ausrichtung des Unternehmens, größere Investitionen, Produktpalette oder die Erschließung neuer Märkte.

7 Möchten die Nebenvertragsparteien vermeiden, über die Nebenabrede ein Wettbewerbsverbot „durch die Hintertür" zu begründen, ist der ausdrückliche Ausschluss eines Wettbewerbsverbots zu empfehlen. In der Nebenvereinbarung macht eine solche Ausschlussregelung hingegen nur Sinn, wenn alle Gesellschafter an ihr beteiligt sind. Andernfalls ist zu raten, den Ausschluss eines Wettbewerbsverbots in die Satzung aufzunehmen. In der Praxis sind es vor allem Finanzinvestoren, die auf einer Freistellung von Wettbewerbsverboten bestehen, um weitere Investments in andere Unternehmen tätigen zu können.[15]

§ 113 Schuldrechtliche Wettbewerbsverbote

I. Notwendigkeit schuldrechtlicher Wettbewerbsverbote

8 In der Praxis sind schuldrechtliche Wettbewerbsverbote für Gesellschafter häufig anzutreffen. Grund hierfür sind die im Gesetz nur rudimentär geregelten Wettbewerbsverbote. Das GmbHG etwa enthält überhaupt keine ausdrückliche Regelung zum Wettbewerbsverbot für Gesellschafter. Rechtsprechung[16] und Literatur[17] behelfen sich damit, aus der Treuepflicht für bestimmte Fälle ein Wettbewerbsverbot für Gesellschafter einer GmbH herzuleiten. Wann und in welchem die Treuepflicht zu einem Wettbewerbsverbot führt, ist naturgemäß im Einzelfall unklar und streitig. Jedenfalls ein nachvertragliches Wettbewerbsverbot folgt aus der Treuepflicht nicht. Daher empfiehlt es sich aus Gründen der Rechtssicherheit, in einer Nebenabrede ein ausdrückliches, insbesondere nachvertragliches Wettbewerbsverbot zu vereinbaren.

9 Für ein schuldrechtliches Wettbewerbsverbot zu Lasten von Aktionären einer Aktiengesellschaft besteht sogar noch ein größeres Bedürfnis. Denn während in die Satzung einer GmbH ein Wettbewerbsverbot für Gesellschafter als Nebenleistungs- oder Sonderpflicht aufgenommen werden kann,[18] ist dies in der Satzung einer Aktiengesellschaft aufgrund der Satzungsstrenge (§ 23 Abs. 5 AktG) nicht zulässig,[19] weil die Wettbewerbsverbote als dauerhafte Unterlassungspflicht den Aktionären nicht korporationsrechtlich auferlegt werden können. Denn es handelt sich hierbei nicht um wiederkehrende (sondern dauerhafte), nicht in Geld bestehende Leistungen (sondern Unterlassungen), § 55 Abs. 1 S. 1 AktG.

II. Zulässigkeit

10 Gesellschaftern einer GmbH können schuldrechtlich Wettbewerbsverbote auferlegt werden.[20] Allerdings ist zwischen personalistisch und kapitalistisch strukturierten Gesellschaften mit begrenzter Haftung zu unterscheiden. Während den Gesellschaftern einer personalistisch strukturierten GmbH grundsätzlich der Wettbewerb verboten werden kann,[21] sind bei einem Wettbewerbsverbot zulasten von Gesellschaftern einer kapitalistisch strukturierten GmbH verstärkt die durch Art. 12 GG, § 138 BGB und § 1 GWB gezogenen

---

[15] *Weitnauer/Grob* GWR 2014, 185, 186.
[16] Vgl. BGH, Urt. v. 5.12.1983 – II ZR 242/82, NJW 1984, 1351, 1352 f.; OLG Köln, Urt. v. 22.2.1991 – 3 U 20/91, NJW-RR 1991, 1316 f.
[17] *Weitnauer/Grob* GWR 2014, 185, 186 f.; *Seibt* in: MAH GmbHR, 4. Aufl. 2018, § 2 Rn. 261; *Lieder* in: MHLS, 3. Aufl. 2017, GmbHG § 13 Rn. 264; *Fastrich* in: Baumbach/Hueck, GmbHG § 13 Rn. 28.
[18] *Merkt* in: MüKoGmbHG § 13 Rn. 228.
[19] *Götze* in: MüKoAktG § 55 Rn. 17; *Laubert* in: Hölters, AktG § 55 Rn. 4.
[20] *Wilhelmi* in: BeckOK GmbHG § 13 Rn. 199; *Noack*, Gesellschaftervereinbarungen bei Kapitalgesellschaften, 1994, S. 328.
[21] *Merkt* in: MüKoGmbHG § 13 Rn. 230.

Grenzen zu berücksichtigen.[22] Denn in einer kapitalistisch strukturierten GmbH hat der einzelne Gesellschafter regelmäßig keinen besonderen Einfluss auf die Geschäftsführung der Gesellschaft.[23] Ein Wettbewerbsverbot kann daher nur für einen Mehrheitsgesellschafter,[24] Gesellschafter-Geschäftsführer[25] oder Minderheitsgesellschafter, die aufgrund eines Sonderrechts besondere Einflussmöglichkeiten auf die Geschäftsführung haben, vereinbart werden.[26] Welche Sonderrechte einem Minderheitsgesellschafter besonderen Einfluss auf die Geschäftsführung der GmbH gewähren, wurde bereits oben unter § 112 I. behandelt.

III. Inhaltliche Ausgestaltung und gesetzliche Grenzen

1. Gesellschafter einer GmbH

Da der Gesellschafter einer GmbH während seiner Gesellschafterstellung bereits kraft seiner 11 Treuepflicht einem Wettbewerbsverbot unterfällt, ist Gegenstand eines vertraglich vereinbarten Wettbewerbsverbots regelmäßig der Zeitraum ab Beendigung seiner Gesellschafterstellung (sog. nachmitgliedschaftliches vertragliches Wettbewerbsverbot).

Zu den umstrittensten Fragen rund um nachvertragliche Wettbewerbsverbote von Ge- 12 schäftsführern einer GmbH gehört die Frage nach der Anwendbarkeit der §§ 74 ff. HGB auf das nachvertragliche Wettbewerbsverbot. Die Rechtsprechung[27] lehnt entgegen einer Ansicht in der Literatur[28] eine Anwendung der §§ 74 ff. HGB auf das nachvertragliche Wettbewerbsverbot von Geschäftsführern ab. Eine Ausnahme besteht nur für den Fall, dass die Anwendbarkeit der §§ 74 ff. HGB vertraglich vereinbart wurde.[29] Die Nichtanwendbarkeit der §§ 74 ff. HGB auf nachvertragliche Wettbewerbsverbote kann erhebliche Konsequenzen haben. Während beispielsweise § 74a Abs. 1 S. 1 HGB eine Teilunwirksamkeit von Wettbewerbsverboten für Arbeitnehmer kennt, ist ein Wettbewerbsverbot für Geschäftsführer gemäß § 138 BGB – mit Ausnahme der zeitlichen Begrenzung[30] – stets insgesamt unwirksam.[31]

Für das nachvertragliche Wettbewerbsverbot eines Gesellschafters gilt nichts anderes als 13 für dasjenige eines Fremd-Geschäftsführers.[32] Das nachmitgliedschaftliche Wettbewerbsverbot ist am Maßstab des § 138 BGB zu messen,[33] §§ 74 ff. HGB finden keine Anwendung.[34]

Die Wirksamkeit eines nachvertraglichen Wettbewerbsverbots prüft die Rechtsprechung 14 in zwei Schritten.[35] Zunächst wird untersucht, ob der GmbH in zeitlicher, räumlicher und

---

[22] Vgl. BGH, Urt. v. 19.10.1993 – KZR 3/92, NJW 1994, 384, 386; *Wicke* in: Wicke, GmbHG, 4. Aufl. 2020, § 13 Rn. 22 ff.
[23] *Merkt* in: MüKoGmbHG § 13 Rn. 232.
[24] *Armbrüster* ZIP 1997, 1269, 1273.
[25] *Römermann/Jähne* in: MAH GmbR, 4. Aufl. 2018, § 12 Rn. 19.
[26] Vgl. BGH, Urt. v. 3.5.1988 – KZR 17/87, NJW 1988, 2737, 2738; OLG Köln, Urt. v. 22.2.1991 – 3 U 20/91, NJW-RR 1991, 1316 f.; *Altmeppen* in: Roth/Altmeppen, GmbHG, 9. Aufl. 2019, § 13 Rn. 47 ff.; *Lieder* in: MHLS, 3. Aufl. 2017, GmbHG § 13 Rn. 264.
[27] Vgl. BGH, Urt. v. 26.3.1984 – II ZR 229/83, NJW 1984, 2366, 2367; BGH, Urt. v. 28.4.2008 – II ZR 11/07, NZG 2008, 664.
[28] *Bauer/Diller*, Wettbewerbsverbote, 7. Aufl. 2015, § 24 Rn. 1038; differenzierend *Schneider* in: Scholz, GmbHG § 43 Rn. 182.
[29] Vgl. BGH, Urt. v. 25.6.1990 – II ZR 119/89, NJW-RR 1990, 1312, 1313.
[30] Vgl. OLG Nürnberg, Urt. v. 25.11.2009 – 12 U 681/09, BeckRS 2010, 1746.
[31] Vgl. OLG Nürnberg, Urt. v. 25.11.2009 – 12 U 681/09, BeckRS 2010, 1746; *Jaeger/Steinbrück* in: MüKoGmbHG § 35 Rn. 371; aA *Zöllner/Noack* in: Baumbach/Hueck, GmbHG § 35 Rn. 201.
[32] Vgl. BGH, Urt. v. 9.5.1968 – II ZR 158/66, NJW 1968, 1717; BGH, Urt. v. 19.11.1973 – II ZR 52/72, BeckRS 2013, 15359; *Lieder* in: MHLS, 3. Aufl. 2017, GmbHG § 13 Rn. 243 f.; *Merkt* in: MüKoGmbHG § 13 Rn. 238.
[33] Vgl. BGH, Urt. v. 9.5.1968 – II ZR 158/66, NJW 1968, 1717; BGH, Urt. v. 19.11.1973 – II ZR 52/72, BeckRS 2013, 15359; BGH, Urt. v. 20.1.2015 – II ZR 369/13, NJW 2015, 1012, 1013 Rn. 8; *Lieder* in: MHLS, 3. Aufl. 2017, GmbHG § 13 Rn. 243 f.; *Merkt* in: MüKoGmbHG § 13 Rn. 238.
[34] *Wilhelmi* in: BeckOK GmbHG, 44. Ed., Stand: 1.2.2020, § 13 Rn. 197.
[35] *Lieder* in: MHLS, 3. Aufl. 2017, GmbHG § 13 Rn. 245; *Merkt* in: MüKoGmbHG § 13 Rn. 239.

gegenständlicher Hinsicht ein schützenswertes berechtigtes Interesse an einem Wettbewerbsverbot zukommt.[36] Ist dies nicht der Fall, ist das Wettbewerbsverbot gemäß § 138 BGB unwirksam.[37] Besteht ein solches Interesse der Gesellschaft, ist in einem zweiten Schritt zu prüfen, ob das dem schützenswerten Interesse der Gesellschaft entsprechende Wettbewerbsverbot die Berufsausübung und wirtschaftliche Betätigung des Gesellschafters nicht unbillig erschwert.[38] Ob ein berechtigtes Interesse vorliegt, ist im Rahmen einer Gesamtabwägung mit Ort, Zeit und Gegenstand des Berufsverbots in Verhältnis zu setzen.[39]

15 Anerkannt sind zwei **schützenswerte Interessen** der GmbH an einem nachvertraglichen Wettbewerbsverbot: der Schutz des vorhandenen **Kunden- und Mandantenstamms** sowie der Schutz von **Betriebs- und Geschäftsgeheimnissen**.[40] An einem Verbot jeglicher Konkurrenztätigkeit hat die Gesellschaft indes kein schutzwürdiges Interesse.[41] Zeitlich darf das Wettbewerbsverbot in der Regel höchstens auf zwei Jahre ausgedehnt werden.[42] Lediglich im Falle einer reinen Kunden- und Mandantenschutzklausel ist eine Zulässigkeit der Überschreitung der Zwei-Jahres-Grenze in Erwägung zu ziehen.[43] Gegenständlich ist das Wettbewerbsverbot auf die bisherigen, gegenwärtigen Kunden und Lieferanten der Gesellschaft begrenzt.[44] Dabei ist der wechselseitigen Abhängigkeit von gegenständlicher und räumlicher Grenze des Wettbewerbsverbots Rechnung zu tragen. Danach darf der räumliche Geltungsbereich des Wettbewerbsverbots umso weiter ausgedehnt werden, je enger der gegenständliche Geltungsbereich gefasst ist.[45] Umgekehrt gilt, dass die gegenständlichen Grenzen umso weiter gezogen werden dürfen, je enger die räumlichen Grenzen festgelegt werden.[46] Wie für die Bestimmung des Gegenstandes des Wettbewerbsverbots ist für seine räumlichen Grenzen auf die Geschäftstätigkeit des Unternehmens abzustellen.[47] Ist ein Unternehmen ausschließlich regional tätig, kann auch das Wettbewerbsverbot nur auf diesen räumlichen Bereich ausgedehnt werden. Räumlich unbeschränkte Wettbewerbsverbote sind grundsätzlich unwirksam, da sie das berufliche Fortkommen des Gesellschafters **de facto** unmöglich machen.[48]

16 Ob dem Gesellschafter eine Karenzentschädigung zu zahlen ist, hängt vom Umfang des Wettbewerbsverbots ab. Eine reine Mandanten- oder Kundeschutzklausel ist auch ohne Karenzentschädigung wirksam.[49] Ein über eine bloße Mandanten- oder Kundeschutzklau-

---

[36] Vgl. BGH, Urt. v. 20.1.2015 – II ZR 369/13, NJW 2015, 1012, 1013 Rn. 8; *Bauer/Diller* GmbHR 1999, 885, 887 f.; vgl. zu Geschäftsführern BGH, Urt. v. 26.3.1984 – II ZR 229/83, NJW 1984, 2366, 2367; OLG Düsseldorf, Urt. v. 10.3.2000 – 17 U 133/99, NZG 2000, 737 f.

[37] Vgl. BGH, Urt. v. 20.1.2015 – II ZR 369/13, NJW 2015, 1012; BGH, Urt. v. 26.3.1984 – II ZR 229/83, NJW 1984, 2366, 2367.

[38] *Lieder* in: MHLS, 3. Aufl. 2017, GmbHG § 13 Rn. 245; *Merkt* in: MüKoGmbHG § 13 Rn. 239.

[39] Vgl. zu Geschäftsführern BGH, Urt. v. 14.7.1986 – II ZR 296/85, BeckRS 1986, 31366531; OLG Nürnberg, Urt. v. 25.11.2009 – 12 U 681/09, BeckRS 2010, 1746.

[40] *Bauer/Diller* GmbHR 1999, 885, 888 f.; *Wilhelmi* in: BeckOK GmbHG, 44. Ed., Stand: 1.2.2020, § 13 Rn. 198; *Merkt* in: MüKoGmbHG § 13 Rn. 239.

[41] Vgl. zu Geschäftsführern OLG Nürnberg, Urt. v. 25.11.2009 – 12 U 681/09, BeckRS 2010, 1746.

[42] Vgl. BGH, Urt. v. 20.1.2015 – II ZR 369/13, NJW 2015, 1012, 1013 Rn. 11 f.; BGH, Urt. v. 19.10.1993 – KZR 3/92, NJW 1994, 384, 386; *Wilhelmi* in: BeckOK GmbHG, 44. Ed., Stand: 1.2.2020, § 13 Rn. 198; vgl. zu Geschäftsführern BGH, Urt. v. 26.3.1984 – II ZR 229/83, NJW 1984, 2366, 2367; OLG Nürnberg, Urt. v. 25.11.2009 – 12 U 681/09, BeckRS 2010, 1746; großzügiger (vier Jahre) *Zöllner/Noack* in: Baumbach/Hueck, GmbHG § 35 Rn. 200.

[43] *Lieder* in: MHLS, 3. Aufl. 2017, GmbHG § 13 Rn. 250.

[44] Vgl. zu Geschäftsführern BGH, Urt. v. 26.3.1984 – II ZR 229/83, NJW 1984, 2366, 2367; OLG Nürnberg, Urt. v. 25.11.2009 – 12 U 681/09, BeckRS 2010, 1746.

[45] Vgl. zu Geschäftsführern *Jaeger/Steinbrück* in: MüKoGmbHG § 35 Rn. 373.

[46] Vgl. zu Geschäftsführern *Jaeger/Steinbrück* in: MüKoGmbHG § 35 Rn. 373.

[47] *Merkt* in: MüKoGmbHG § 13 Rn. 242; *Lieder* in: MHLS, 3. Aufl. 2017, GmbHG § 13 Rn. 251.

[48] *Lieder* in: MHLS, 3. Aufl. 2017, GmbHG § 13 Rn. 251; vgl. zu Geschäftsführern OLG Düsseldorf, Urt. v. 8.1.1993 – 16 U 73/92, NJW-RR 1994, 35.

[49] *Lieder* in: MHLS, 3. Aufl. 2017, GmbHG § 13 Rn. 257; vgl. zu Geschäftsführern BGH, Urt. v. 26.3.1984 – II ZR 229/83, NJW 1984, 2366, 2367; *Zöller/Noack* in: Baumbach/Hueck, GmbHG § 35 Rn. 202; *Heller* GmbHR 2000, 371, 373.

sel hinausgehendes Wettbewerbsverbot bedarf für seine Wirksamkeit grundsätzlich einer Karenzentschädigung.[50] Anderenfalls würde das Wettbewerbsverbot eine unbillige Erschwerung des beruflichen Fortkommens des Gesellschafters bedeuten. Zulässig dürfte hingegen eine Regelung sein, wonach die Karenzentschädigung entfällt, wenn der Gesellschafter durch sein Verhalten Anlass zur Einziehung seines Geschäftsanteils gegeben hat.[51] Was die notwendige Höhe der Karenzentschädigung betrifft, sind §§ 74 Abs. 2, 74b HGB nicht anzuwenden.[52] Für die Praxis wird gleichwohl geraten, sich für die Berechnung der Karenzentschädigung an diesen Vorschriften zu orientieren.[53] Erfolgt die Berechnung der Karenzentschädigung nämlich entsprechend §§ 74 ff. HGB, wird insoweit die Angemessenheit der Karenzentschädigung vermutet.[54]

Nach § 74 Abs. 2 HGB ist für die Dauer des Wettbewerbsverbots eine Entschädigung zu zahlen, die für jedes Jahr des Verbots mindestens die Hälfte der von dem Handlungsgehilfen zuletzt bezogenen vertragsmäßigen Leistungen erreicht. Diese Regelung lässt sich jedoch nur schwer auf einen ausscheidenden Gesellschafter übertragen, da ein Gesellschafter, anders als ein einfacher Arbeitnehmer oder Geschäftsführer, kein regelmäßiges Gehalt von der GmbH bezieht, das als Grundlage für die Berechnung der Karenzentschädigung dienen könnte. Ein Anhaltspunkt für eine angemessene Höhe der Karenzentschädigung könnte der Betrag sein, den die GmbH als Karenzentschädigung gemäß § 74 Abs. 2 HGB analog an einen ausscheidenden Geschäftsführer zahlen würde, der einem inhaltlich gleich ausgestalteten Wettbewerbsverbot wie der Gesellschafter unterläge. Zu berücksichtigen ist jedoch, dass dem Gesellschafter bei dessen Ausscheiden aus der GmbH oftmals eine Abfindung oder ein Erlös aus dem Verkauf seiner Geschäftsanteile zusteht, die allerdings nicht ohne Weiteres auf die Karenzentschädigung angerechnet werden.[55] Daher ist für die Praxis eine klare vertragliche Regelung für das Verhältnis von Abfindung bzw. Erlös und Karenzentschädigung zu empfehlen. 17

Schließlich ist fraglich, ob die GmbH mit einem Gesellschafter auch ein bedingtes Wettbewerbsverbot wirksam vereinbaren kann. Unter einem bedingten Wettbewerbsverbot versteht man ein Wettbewerbsverbot, bei dem sich die Gesellschaft bis zum Ausscheiden des Gesellschafters entschädigungsfrei die Entscheidung vorbehält, ob ein Wettbewerbsverbot in Anspruch genommen wird oder nicht. Rechtstechnisch kann ein bedingtes Wettbewerbsverbot als Vorbehalt der Inanspruchnahme oder aber auch als Verzichtsklausel umgesetzt werden. Für einen Geschäftsführer ist die Vereinbarung eines bedingten Wettbewerbsverbots zulässig. Lediglich die rechtlichen Grenzen eines solchen Wettbewerbsverbots sind nicht abschließend geklärt. Während sich die frühere Rechtsprechung[56] gegen eine völlige Unanwendbarkeit der §§ 74 ff. HGB auf Wettbewerbsverbote des GmbH-Geschäftsführers aussprach, dürften mit der heutigen Rechtsprechung[57] §§ 74 ff. HGB unanwendbar sein. Abweichend von § 75a HGB kann die GmbH auf ein Wettbewerbsverbot des Geschäftsführers daher nur verzichten und sich auf diese Weise zugleich von der Verpflichtung zur Zahlung einer Karenzentschädigung nur lösen, wenn dies vertraglich vereinbart ist.[58] 18

---

[50] *Lieder* in: MHLS, 3. Aufl. 2017, GmbHG § 13 Rn. 256; vgl. zu Geschäftsführern *Müller* GmbHR 2014, 964, 967; *Jaeger/Steinbrück* in: MüKoGmbHG § 35 Rn. 379.
[51] Vgl. zur außerordentlichen Kündigung eines Geschäftsführers durch die Gesellschaft OLG Köln, Urt. v. 29.3.2007 – 18 U 71/06, BeckRS 2007, 9369; *Zöller/Noack* in: Baumbach/Hueck, GmbHG § 35 Rn. 202.
[52] *Lieder* in: MHLS, 3. Aufl. 2017, GmbHG § 13 Rn. 259; vgl. zu Geschäftsführern *Jaeger/Steinbrück* in: MüKoGmbHG § 35 Rn. 380.
[53] *Lieder* in: MHLS, 3. Aufl. 2017, GmbHG § 13 Rn. 259.
[54] Vgl. zu Geschäftsführern *Jaeger/Steinbrück* in: MüKoGmbHG § 35 Rn. 380.
[55] Vgl. zu Geschäftsführern BGH, Urt. v. 28.4.2008 – II ZR 11/07, NJW-RR 2008, 1421; aA *Bauer/Diller*, Wettbewerbsverbote, 4. Aufl. 2015, § 24 Rn. 1086.
[56] Vgl. BGH, Urt. v. 17.2.1992 – II ZR 140/91, NJW 1992, 1892 f.
[57] Vgl. BGH, Urt. v. 28.4.2008 – II ZR 11/07, NZG 2008, 664; BGH, Hinweisbeschl. v. 7.7.2008 – II ZR 81/07, NZG 2008, 753; aA *Thüsing* NZG 2004, 9, 11.
[58] *Jaeger/Steinbrück* in: MüKoGmbHG § 35 Rn. 387.

19 Bei der Ausgestaltung der vertraglichen Verzichtsregelung sind zudem die Grundsätze zum Verbot bedingter Wettbewerbsverbote[59] zu beachten. Gemäß § 138 BGB iVm Art. 12 GG sind das Interesse der GmbH, sich möglichst kurzfristig von dem Wettbewerbsverbot zu lösen, und das Interesse des Geschäftsführers, sich auf die Geltung des Wettbewerbsverbots einzustellen und entsprechend seine berufliche Planung frühzeitig auszurichten, in Ausgleich zu bringen. Für die Praxis bietet sich an, für die Verzichtserklärung durch die GmbH eine Mindestfrist vorzusehen, die der Kündigungsfrist des Geschäftsführervertrags entspricht.[60] Da auch der Gesellschafter wie der Geschäftsführer grundsätzlich weniger schutzbedürftig ist als ein einfacher Angestellter der GmbH, dürften auch auf ein bedingtes Wettbewerbsverbot eines Gesellschafters §§ 74 ff. HGB nicht anwendbar sein. In der Literatur wird vorgeschlagen, dass ein bedingtes Wettbewerbsverbot eines Gesellschafters zumindest dann zulässig sei, wenn sich die Gesellschaft innerhalb einer Frist von höchstens vier Wochen nach dem Ausscheiden des Gesellschafters darüber erklärt, ob sie von dem Wettbewerbsverbot Gebrauch macht oder nicht.[61]

2. Aktionäre einer Aktiengesellschaft

20 Da nach herrschender Meinung selbst für Mehrheitsaktionäre aus der Treuepflicht kein Wettbewerbsverbot folgt[62] und ein solches aufgrund der Satzungsstrenge auch nicht in der Satzung der Aktiengesellschaft verankert werden kann,[63] besteht besonders bei Aktionären ein Bedürfnis nach einem schuldrechtlich vereinbarten Wettbewerbsverbot zwischen Aktionär und Aktiengesellschaft oder zwischen Aktionären. Für Zulässigkeit, Ausgestaltung und Grenzen von Wettbewerbsverboten eines Aktionärs kann auf die Ausführungen unter Ziffer III.1. zu Wettbewerbsverboten von Gesellschaftern einer GmbH verwiesen werden.

IV. Vertragsstrafe

21 Verstößt der Gesellschafter gegen ein Wettbewerbsverbot, kann es für die Gesellschaft mitunter Schwierigkeiten bereiten, die Kausalität zwischen wettbewerbswidrigem Verhalten und Schaden sowie die konkrete Schadenshöhe nachzuweisen. Wettbewerbsverbote ohne Vertragsstrafe erweisen sich oft als wertlos.[64] Daher ist für die Praxis die Vereinbarung einer Vertragsstrafe für den Fall eines Wettbewerbsverstoßes zu empfehlen. Mit Hilfe einer Vertragsstrafe kann die Gesellschaft die tatsächliche Durchsetzung ihrer Ansprüche gegenüber dem vertragsbrüchigen Gesellschafter absichern.

§ 114 Folgen von Verstößen

22 Verstößt ein Gesellschafter gegen ein schuldrechtlich vereinbartes Wettbewerbsverbot, dann stehen der Gesellschaft verschiedene Rechte zu. Zunächst hat die Gesellschaft gemäß §§ 1004, 823 Abs. 1 BGB analog einen Anspruch gegenüber dem Gesellschafter auf **Unterlassung** des wettbewerbswidrigen Verhaltens.[65] Der Unterlassungsanspruch setzt kein Verschulden des Gesellschafters voraus. Nötig ist ein Verstoß gegen das Wettbewerbsverbot sowie die Gefahr einer Wiederholung des Verstoßes. Falls ein Wettbewerbsverstoß

---

[59] Vgl. BAG, Urt. v. 4.6.1985 – 3 AZR 265/83, NZA 1986, 640; BAG, Urt. v. 5.9.1995 – 9 AZR 718/93, NZA 1996, 700.
[60] *Jaeger/Steinbrück* in: MüKoGmbHG § 35 Rn. 388.
[61] *Merkt* in: MüKoGmbHG § 13 Rn. 245.
[62] *Altmeppen* in: MüKoAktG, 5. Aufl. 2020, Vor § 311 Rn. 77; *Weitnauer/Grob* GWR 2014, 185, 186; *Merkt* in: MüKoGmbHG § 13 Rn. 217; aA für den Mehrheitsaktionär *Salfeld*, Wettbewerbsverbote im Gesellschaftsrecht, 1987, S. 178 ff.; *Armbrüster* ZIP 1997, 1269, 1271; *Rudersdorf* RNotZ 2011, 509, 514.
[63] *Götze* in: MüKoAktG, 5. Aufl. 2019, § 55 Rn. 17; *Laubert* in: Hölters, AktG § 55 Rn. 4.
[64] *Bauer/Diller* GmbHR 1999, 885, 895.
[65] *Lieder* in: MHLS, 3. Aufl. 2017, GmbHG § 13 Rn. 291.

ernstlich droht, ist ausnahmsweise ein Unterlassungsanspruch auch schon vor einem tatsächlichen Verstoß gegeben.

Darüber hinaus **verliert** der Gesellschafter für die Zeit der Zuwiderhandlung seinen Anspruch auf **Karenzentschädigung**.[66] 23

Zudem können der Gesellschaft gemäß § 280 Abs. 1 BGB **Schadenersatzansprüche** gegen den vertragsbrüchigen Gesellschafter zustehen.[67] Die für einen Schadenersatzanspruch erforderliche Pflichtverletzung ist in dem Verstoß gegen das vertragliche Wettbewerbsverbot zu sehen. Darüber hinaus ist ein Verschulden des Gesellschafters notwendig, welches gemäß § 280 Abs. 1 S. 2 BGB vermutet wird. Weiter ist ein Schaden der Gesellschaft erforderlich, der nur vorliegt, wenn die Gesellschaft selbst anstelle des Gesellschafters das wettbewerbswidrig durchgeführte Geschäft getätigt hätte.[68] 24

Ein **Eintrittsrecht** gemäß § 113 HGB analog, das alternativ zum Schadenersatzanspruch in Betracht käme, steht der Gesellschaft hingegen **nicht** zu. Ein solches Recht kommt allenfalls bei einem Verstoß gegen ein gesetzliches Wettbewerbsverbot kraft Treuepflicht in Betracht.[69] Denn § 113 HGB findet auf vertragliche Wettbewerbsverbote weder direkt noch analog Anwendung.[70] Möchte sich die Gesellschaft ein § 113 HGB entsprechendes Eintrittsrecht gegenüber dem Gesellschafter im Falle eines Wettbewerbsverstoßes sichern, muss sie dies in der schuldrechtlichen Nebenabrede, beispielsweise durch Bezugnahme auf § 113 HGB, vereinbaren.[71] 25

Entsprechendes gilt für Ansprüche der Gesellschaft auf **Herausgabe** eines durch das wettbewerbswidrige Verhalten des Gesellschafters erzielten Erlöses oder sonstigen Vorteils. Der Gesellschaft steht ein solcher Anspruch gemäß §§ 687 Abs. 2, 681, 667 BGB nicht zu, da die aus der Nebenabrede resultierende vertragliche Beziehung zwischen Gesellschaft und Gesellschafter jegliche Ansprüche aus Geschäftsanmaßung ausschließt.[72] Nur bei einem gesetzlichen Wettbewerbsverbot bleibt Raum für die Anwendung von §§ 687 Abs. 2, 681, 667 BGB, anderenfalls verdrängt der Vertrag Ansprüche aus § 687 Abs. 2 BGB.[73] 26

Schließlich kann die Verletzung eines Wettbewerbsverbots auch einen wichtigen Grund zum **Ausschluss eines Gesellschafters** darstellen, sollte ein weiterer Verbleib des Gesellschafters in der GmbH den anderen Gesellschaftern nicht zumutbar sein.[74] Ein Verschulden des Gesellschafters ist hierfür nicht erforderlich. 27

Ansprüche von Mitgesellschaftern gegenüber dem wettbewerbswidrig handelnden Gesellschafter kommen grundsätzlich nur in Betracht, wenn die Mitgesellschafter neben oder anstatt der Gesellschaft Partei der schuldrechtlichen Nebenabrede sind. Ein Wettbewerbsverbot zugunsten der Mitgesellschafter liegt eher fern. 28

---

[66] Vgl. zu Geschäftsführern *Bauer/Diller* GmbHR 1999, 885, 895.
[67] *Merkt* in: MüKoGmbHG § 13 Rn. 254; *Lieder* in: MHLS, 3. Aufl. 2017, GmbHG § 13 Rn. 293.
[68] *Merkt* in: MüKoGmbHG § 13 Rn. 255.
[69] Vgl. *Lieder* in: MHLS, 3. Aufl. 2017, GmbHG § 13 Rn. 299.
[70] *Finckh* in: Henssler/Strohn, Gesellschaftsrecht, 4. Aufl. 2019, § 113 HGB Rn. 5; *Langhein* in: MüKoHGB, 4. Aufl. 2016 § 113 Rn. 3.
[71] *Langhein* in: MüKoHGB, 4. Aufl. 2016 § 113 Rn. 3; *Schäfer* in: Staub, HGB, 5. Aufl. 2009, § 113 Rn. 4.
[72] Vgl. zu Geschäftsführern BGH, Urt. v. 12.6.1989 – II ZR 334/87, NJW-RR 1989, 1255, 1256 f.; *Schäfer* in: MüKoBGB § 687 Rn. 18 und 20.
[73] *Merkt* in: MüKoGmbHG § 13 Rn. 259; vgl. auch *Bauer/Diller*, Wettbewerbsverbote, 7. Aufl. 2015, § 21 Rn. 980.
[74] *Merkt* in: MüKoGmbHG § 13 Rn. 260; vgl. zu Geschäftsführern BGH, Urt. v. 19.10.1987 – II ZR 97/87, NJW-RR 1988, 352, 353.

C. Steuerliche Auswirkungen schuldrechtlicher Nebenvereinbarungen

1 Gesellschafterabsprachen spielen auch steuerrechtlich eine durchaus bedeutsame Rolle, und zwar im positiven wie im negativen Sinne. Im positiven Sinne können sie Voraussetzung für die Gewährung steuergünstiger Rechtsfolgen sein (so im Erbschaftsteuerrecht, § 13b ErbStG), im negativen Sinne kann das Steuergesetz an sie steuererhöhende Rechtsfolgen knüpfen (Wegfall steuerlicher Verlustvorträge, § 8c KStG). Die Beratungspraxis macht sich daher Nebenvereinbarungen zum einen zunutze, zum anderen gilt es, Absprachen bestimmten Inhalts zu vermeiden.

Kapitel 34. Erbschaftsteuerrecht

1 Im Erbschaft- und Schenkungsteuerrecht begünstigen §§ 13a, 13b ErbStG die Übertragung von Betriebsvermögen durch Schenkung oder im Erbwege im Vergleich zum Übergang anderen Vermögens bei Beachtung bestimmter weiterer Voraussetzungen wie etwa Haltedauer (§ 13a Abs. 6 ErbStG) und Lohnsummen (§ 13a Abs. 3, 4 ErbStG) insbesondere durch Verschonungsabschläge (von im Regelfall 85 %), die aber auch 100 % betragen können (§ 13a Abs. 10 S. 2 ErbStG).

2 Zur heutigen Rechtslage kam es aufgrund zweier Entscheidungen des BVerfG und nach jeweils längerem politischen Tauziehen: Seit der im Nachgang zum Beschluss des BVerfG vom 7.11.2016[1] erfolgten gesetzlichen Neuregelung[2] werden alle Vermögensgegenstände grundsätzlich mit dem gemeinen Wert bewertet (§ 9 Abs. 2 BewG), um den Übergang aller Vermögensgegenstände im Schenkungs- oder Erbwege gleichmäßig anhand gleichmäßig ermittelter, realitätsnaher Werte und damit nach der Leistungsfähigkeit zu besteuern. Gemäß dem Beschluss des BVerfG vom 7.11.2016 war die durch § 19 Abs. 1 ErbStG angeordnete Erhebung der Erbschaftsteuer mit einheitlichen Steuersätzen auf den Wert des Erwerbs mit dem Gleichheitssatz aus Art. 3 Abs. 1 GG unvereinbar, weil sie an Steuerwerte anknüpfte, deren Ermittlung bei wesentlichen Gruppen von Vermögensgegenständen – Betriebsvermögen, Grundvermögen, Anteilen an Kapitalgesellschaften und land- und forstwirtschaftlichen Betrieben – ohne sachliche Rechtfertigung unterschiedlich ausfiel. Der Gesetzgeber verfolgte mit der Neuregelung aber auch das Ziel der Erleichterung der Unternehmensnachfolge dergestalt, dass einerseits der Erwerb produktiven Unternehmensvermögens stärker als in der Vergangenheit entlastet, andererseits der Erwerb unproduktiven Vermögens nicht mehr steuerlich begünstigt wird. Mit Urteil vom 17.12.2014[3] erklärte das BVerfG die Verschonung zwar für zulässig, die Ausgestaltung aber für verfassungswidrig.

3 Im ErbStAnpG 2016[4] behielt der Gesetzgeber daraufhin das frühere Verschonungsmodell in den Grundzügen bei, modifizierte aber unter anderem die Vorschriften der §§ 10, 13a bis 13d, 19a und 28 ErbStG.[5]

4 Zum begünstigten Vermögen gehören nach § 13b Abs. 1 Nr. 3 S. 1 ErbStG auch Anteile des Erblassers oder Schenkers an einer Kapitalgesellschaft, wenn die Kapitalgesell-

---

[1] BVerfG, Beschluss vom 7.11.2006, NJW 2007, 573.
[2] Gesetz zur Reform des Erbschaftsteuer- und Bewertungsrechts (Erbschaftsteuerreformgesetz – ErbStRG) vom 24.12.2008 (BGBl. I 2008, 3018), in Kraft getreten zum 1.1.2009, sowie Art. 6 des Gesetzes zur Beschleunigung des Wirtschaftswachstums (Wachstumsbeschleunigungsgesetz) vom 22.12.2009 (BGBl. I 2009, 3950), in Kraft getreten zum 1.1.2010, durch das § 13a ErbStG rückwirkend für Erwerbe geändert wurde, für die der Steuer nach dem 31.12.2008 entstanden war.
[3] BVerfG, Urt. v. 17.12.2014, 1 BvL 21/12 DStR 2015, 31.
[4] Gesetz zur Anpassung des Erbschaftsteuer- und Schenkungsteuergesetzes an die Rechtsprechung des Bundesverfassungsgerichts vom 4.11.2016, BGBl. I 2016, 2464.
[5] *Milatz* in: Burandt/Rojahn, ErbStG, 3. Aufl. 2019, § 13a Rn. 3.

schaft im Zeitpunkt der Entstehung der Steuer (§ 9 ErbStG) Sitz oder Geschäftsleitung im Inland oder in einem Mitgliedstaat der Europäischen Union oder in einem Staat des Europäischen Wirtschaftsraums hat und der Erblasser oder Schenker am Nennkapital dieser Gesellschaft unmittelbar zu mehr als 25 % beteiligt war (Mindestbeteiligung). Das ist der Regelfall; der Gesetzgeber geht davon aus, dass ab einer Mindestbeteiligung von mehr als 25 % eine Beteiligung vorliegt, die einen begünstigungswürdigen unternehmerischen Einfluss auf die Kapitalgesellschaft vermittelt. Nach S. 2 werden nun unter bestimmten Voraussetzungen Anteile weiterer Gesellschafter mit denen des Erblassers bzw. Schenkers zusammengerechnet, und zwar dann, wenn der Erblasser oder Schenker und die weiteren Gesellschafter untereinander verpflichtet sind, über die Anteile nur einheitlich zu verfügen oder ausschließlich auf andere derselben Verpflichtung unterliegende Anteilseigner zu übertragen und das Stimmrecht gegenüber nichtgebundenen Gesellschaftern einheitlich auszuüben. Auch in diesem Fall soll eine begünstigungswürdige unternehmerische Kapitalgesellschaftsbeteiligung vorliegen. Voraussetzung für die Begünstigung ist also ein Pooling der Anteile.[6]

Das Gebot der einheitlichen Verfügung erfordert nicht, dass stets nur gemeinschaftlich an die gleiche Person zu gleichen Konditionen über die Geschäftsanteile oder Aktien verfügt werden darf. Zulässig und ausreichend ist auch eine Verfügungsbeschränkung, wonach eine Verfügung eines Gesellschafters nur mit Zustimmung aller oder der Mehrheit der Mitgesellschafter erfolgen darf.[7] Verfügung im Sinne dieser Vorschrift ist – in Abgrenzung zum weiten zivilrechtlichen Verfügungsbegriff – die Übertragung des Eigentums an einem Anteil. Bloße Vorkaufsrechte sollen hierbei nicht genügen, Vinkulierungsklauseln, die alle Rechtsgeschäfte erfassen, die wirtschaftlich auf die Übertragung des wirtschaftlichen Eigentums gerichtet sind, dagegen schon.[8] Es muss damit durch die Poolvereinbarung verhindert werden, dass Poolangehörige ohne Zustimmung der anderen Poolmitglieder ihre Anteile auf fremde Dritte, die nicht dem vordefinierten Kreis der Nachfolgeberechtigten entsprechen, übertragen können.[9] Die Übertragung an Poolmitglieder soll keiner Einschränkung unterliegen.[10] Nach Auffassung der Finanzverwaltung liegt eine Übertragung auf andere derselben Verpflichtung unterliegende Anteilseigner auch dann vor, wenn der Erwerber zeitgleich mit der Übertragung dem Pool beitritt.[11] Wie auch sonst sind Verfügungen eines Poolmitglieds über gebundene Geschäftsanteile unter Verletzung der Poolabsprache mit der Folge wirksam, dass die im Pool verbleibenden Gesellschafter ihre Begünstigung verlieren, wenn mit der Verfügung eines Poolmitgliedes die Mindestbeteiligungsquote der verbliebenen Poolmitglieder von mehr als 25 % nicht mehr erreicht wird,[12] was auch im Fall der einseitigen Kündigung gilt.[13]

5

Die daneben erforderliche einheitliche Stimmrechtsausübung kann durch eine Bestimmung eines Stellvertreters aller Poolmitglieder, einen Verzicht einzelner Anteilseigner auf ihr Stimmrecht zugunsten der Poolgemeinschaft oder durch eine Stimmbindungsvereinbarung im Innenverhältnis der Innen-GbR sichergestellt werden.[14] Letzteres dürfte der in der Praxis häufigste Fall sein. Voraussetzung einer solchen einheitlichen Stimmrechtsausübung ist die vertragliche Einschränkung einer eigenen Stimmrechtsausübung und das Zurücktreten der Einflussnahme einzelner Anteilseigner zum Zwecke einer einheitlichen Willensbildung.

6

---

[6] Vgl. *Jülicher* in: Troll/Gebel/Jülicher, ErbStG, 58. EL November 2019, § 13b ErbStG Rn. 205; *Kreklau* BB 2009, 748; *Weber/Schwind* DStR 2011, 13; *Scholten/Korezkij* DStR 2009, 73, 76.
[7] Vgl. *Wälzholz*, MittBayNot 2013, 281, 283.
[8] Vgl. *Wälzholz*, MittBayNot 2013, 281, 283.
[9] Vgl. *Feick/Nordmeier* DStR 2009, 893, 895.
[10] Vgl. *Milatz* in: Burandt/Rojan, 3. Aufl. 2019, ErbStG § 13b Rn. 18.
[11] R E 13 b.6 (4) S. 5 ErbStR.
[12] R E 13 a.10 (2) Nr. 1 ErbStR.
[13] *Milatz* in: Burandt/Rojahn, 3. Aufl. 2019, ErbStG § 13b Rn. 23.
[14] Vgl. *Wälzholz*, MittBayNot 2013, 281, 284.

C. Steuerliche Auswirkungen schuldrechtlicher Nebenvereinbarungen

7 Eine Mindestvorlaufzeit für die Stimmbindungs- und Verfügungsvereinbarung ist nicht erforderlich, jedoch besteht nach § 13a Abs. 5 S. 1 Nr. 5 ErbStG eine Nachlaufzeit von fünf bzw. im Optionsmodell sieben Jahren zur Vermeidung des Nachsteuertatbestandes.[15]

8 Aufgrund der erheblichen Rechtsunsicherheit bei den inhaltlichen Anforderungen an die Poolvereinbarungen und aufgrund der Vielschichtigkeit der in der Praxis vorkommenden Gesellschaftervereinbarungen empfiehlt sich in jedem Fall die Einholung einer verbindlichen Auskunft durch das zuständige Finanzamt, um Rechtssicherheit zu erlangen. Darüber hinaus ist daran zu denken, im Privatvermögen gehaltene Kapitalgesellschaftsanteile steuerneutral in eine gewerblich geprägte GmbH & Co. KG (§ 15 Abs. 3 Nr. 1 EStG) oder betrieblich verstrickte Geschäftsanteile gemäß § 6 Abs. 3 EStG in ein Gesamthandsvermögen einzubringen. Vorteile wären, dass sich der Abschluss einer Poolabrede erübrigte und dass die im Gesamthandsvermögen gehaltenen Geschäftsanteile die Beteiligung am Nennkapital der Kapitalgesellschaft von mehr als 25 % vermittelten.[16]

---

[15] *Milatz* in: Burandt/Rojhan, 3. Aufl. 2019, ErbStG § 13b Rn. 22.
[16] *Milatz* in: Burandt/Rojahn, 3. Aufl. 2019, ErbStG § 13b Rn. 24.

Kapitel 35. Untergang steuerlicher Verlustvorträge bei schädlichen Beteiligungserwerben nach §§ 8c, 8d KStG

§ 115 Einführung

Eine weitere wesentliche steuerliche Auswirkung können Gesellschaftervereinbarungen im Zusammenhang mit dem (drohenden) Untergang steuerlicher Verlustvorträge für den Fall von Anteilsübertragungen haben. 1

Kapitalgesellschaften sind im Unterschied zu Personengesellschaften selbst Steuersubjekte. Auf Ebene der Kapitalgesellschaften wird die von ihnen geschuldete Steuer nicht nur ermittelt, sondern auch erhoben; die Kapitalgesellschaften sind selbst Steuersubjekte. Bei den Personengesellschaften handelt es sich – von vermögensverwaltenden Personengesellschaften abgesehen – steuerlich um sogenannte Mitunternehmerschaften (§ 15 EStG), auf deren Ebene die steuerliche Bemessungsgrundlagen in dem speziellen Verfahren der einheitlichen und gesonderten Feststellung gemäß § 180 Abs. 1 S. 1 Nr. 2 lit. a) AO ermittelt und sodann den Personengesellschaftern zugerechnet wird. Der auf die einzelnen Personengesellschafter entfallende Gewinn- oder Verlustanteil wird dann in deren Einkommensteuererklärung übernommen. Steuersubjekte bei Personengesellschaften sind die einzelnen Personengesellschafter, nicht die Personengesellschaft als solche. Eine Ausnahme besteht nur für die Gewerbesteuer. Diese wird auf Ebene der Personengesellschaft ermittelt und von dieser erhoben, das heißt die Gewerbesteuer schuldet die Personengesellschaft selbst. Insoweit ist sie Steuersubjekt. Allerdings wird die Gewerbesteuer auf die individuelle Einkommensteuer der Personengesellschafter angerechnet, in Abhängigkeit vom konkreten gemeindlichen Gewerbesteuerhebesatz allerdings nicht immer vollständig. Personengesellschaften sind im Unterschied zu Kapitalgesellschaften steuerlich transparent, weil die Gewinn- und Verlustanteile für einkommensteuerliche Zwecke unmittelbar den Personengesellschaftern zugerechnet werden. Bildlich gesprochen wird steuerlich durch Personengesellschaften hindurchgesehen. Kapitalgesellschaften hingegen entfalten eine steuerliche Sperrwirkung: Sie sind sowohl Objekt der Ermittlung der Steuer als auch Steuersubjekt, das heißt Steuerschuldner. Der von der Kapitalgesellschaft erzielte steuerliche Gewinn oder Verlust wird nicht den Kapitalgesellschaftern zugerechnet, sondern ist ein solcher der Kapitalgesellschaft. Die Kapitalgesellschaft selbst hat den Gewinn zu versteuern (Körperschaftsteuer; Gewerbesteuer). Einkommensteuerliche Folgen auf Ebene eines Kapitalgesellschafters werden erst im Falle einer Ausschüttung von Gewinnen der Kapitalgesellschaft gezogen (Abgeltungsteuer oder Teileinkünfteverfahren bei Beteiligung natürlicher Personen an einer Kapitalgesellschaft; Besteuerung nach § 8b KStG bei Beteiligung einer Kapital- an einer anderen Kapitalgesellschaft). 2

Steuerlich kann es nun vorkommen, dass eine Kapitalgesellschaft Verluste anhäuft, die sie auf neue Rechnung vorträgt. In diesem Falle hat die Gesellschaft sogenannte steuerliche Verlustvorträge angesammelt. Diesen Verlustvorträgen wohnt ein wirtschaftlicher Wert inne. Denn erzielt die Kapitalgesellschaft in späteren Jahren wieder Gewinne, kann sie die Verlustvorträge mit diesen Gewinnen in bestimmten Grenzen verrechnen, sodass sie, solange Verlustverrechnungspotential besteht und sie auch tatsächlich die Verluste verrechnen kann, auf die in Folgejahren erzielten Gewinne keine Steuern zu entrichten hat. Die Verlustverrechnungsmöglichkeit folgt aus dem verfassungsrechtlich verankerten Prinzip der Besteuerung nach der Leistungsfähigkeit (Artikel 3 GG) und ist deswegen verfassungsrechtlich geboten. Von Interesse war daher seit jeher, Gesellschaften, die Verlustvorträge angehäuft hatten, deren Geschäftsmodell aber nicht die (sichere) spätere Erzielung von Gewinnen versprach oder die ihren Geschäftsbetrieb aus anderen Gründen eingestellt hatten, zu veräußern. Bezahlt wurden dann die steuerlichen Verlustvorträge. Es handelte sich um sogenannte „Mantelgesellschaften", die als sogenannte „Verlustmäntel" verkauft wurden. Über die Veräußerung der Geschäftsanteile einer im Wesentlichen vermögenslosen Kapitalgesellschaft konnten letztlich deren Verlustvorträge „veräußert" werden,[1] weswegen sich ein reger Handel mit „Verlustmänteln" entwickelt hatte. Nach einer solchen Veräußerung (auch Vorgänge nach dem Umwandlungsgesetz) nahmen die ehemaligen Mantelgesellschaften zwar einen neuen, gewinnträchtigen Geschäftsbetrieb auf, hatten aber wegen der Verrechnungen der Verluste aus der Vergangenheit keine Gewinne zu versteuern. Damit gelang die Übertragung steuerlicher Verluste auf einen faktisch neuen Rechtsträger (neuer Geschäftsbetrieb mit neuen Anteilseignern). Dem Fiskus war dies naturgemäß ein Dorn im Auge. Bereits die Vorgängervorschrift des heutigen § 8c KStG, § 8 Abs. 4 KStG a. F., setzte daher für die Geltendmachung von Verlusten aus den Vorjahren unter anderem voraus, dass die wirtschaftliche Identität der Gesellschaft, die den Verlust erlitten hatte, gewahrt blieb, um die Verluste mit in späteren Veranlagungszeiträumen erzielten Gewinnen verrechnen zu können. Nach heftiger Kritik an § 8 Abs. 4 KStG a. F. sowie Unklarheiten zu Inhalt und Anwendungsbereich[2] wurde unter Aufhebung des § 8 Abs. 4 KStG a. F. durch das UntStReformG 2008[3] der heutige § 8c KStG eingeführt.

Die Bemühungen des Gesetzgebers zur Beschränkung des Verlustabzugs in für missbräuchlich erachteten Gestaltungen haben auch zu § 8c KStG eine lange Tradition. Nicht nur war unklar, ob die sogenannte Sanierungsklausel des § 8c Abs. 1a KStG – Beteiligungsübertragungen sollten zum Zwecke der Sanierung unschädlich sein – eine verbotene EU-Beihilfe darstellte, weswegen ein Prüfverfahren der EU-Kommission zur Sanierungsklausel zunächst zu einer Anwendungssperre führte[4]. Aufgrund der Entscheidungen des EuGH vom 28.6.2018[5] steht fest, dass § 8c Abs. 1a KStG keine unionsrechtswidrige Beihilfe darstellt.[6] Die Oberfinanzdirektion Nordrhein-Westfalen nahm mit Schreiben vom 20.12.2018[7] zur (rückwirkenden) Anwendung der (zwischenzeitlich nicht mehr angewandten) Sanierungsklausel Stellung. Der Gesetzgeber stellte die Rechtslage durch die Änderung der Anwendungsvorschrift des § 34 Abs. 6 S. 3 KStG durch das Gesetz zur weiteren Förderung der Elektromobilität und zur Änderung weiterer steuerlicher Vorschriften vom 12.12.2018[8] klar. Auch das Bundesverfassungsgericht hatte § 8c Abs. 1 Satz 1 für mit Artikel 3 Abs. 1 GG unvereinbar erklärt.[9] § 8c KStG erfuhr daher mit Wirkung ab 15.12.2018 erhebliche Änderungen durch das „Gesetz zur Vermeidung von Umsatzsteuerausfällen beim Handel mit Waren im Internet und zur Änderung weiterer steuerlicher Vorschriften" vom 11.12.2018.[10] Nach der aktuellen Rechtslage sind nach § 8c Abs. 1 Satz 1 KStG dann, wenn innerhalb von 5 Jahren mittelbar oder unmittelbar mehr als 50 % des gezeichneten Kapitals, der Mitgliedschaftsrechte, der Beteiligungsrechte oder der Stimmrechte an einen Erwerber oder diesem nahestehende Personen übertragen werden oder wenn ein vergleichbarer Sachverhalt vorliegt – im Gesetz definiert als „schädlicher Beteiligungserwerb" – bis zum Zeitpunkt des schädlichen Beteiligungserwerbs nicht genutzte Verluste vollständig nicht mehr abziehbar. Der frühere anteilige Verlustuntergang bei Beteiligungserwerben von mehr als 25 % bis zu 50 %[11] gilt nicht mehr.

Gemäß § 8c Abs. 1 KStG sind nicht ausgeglichene oder abgezogene negative Einkünfte (sog. nicht genutzte Verluste) zur Gänze nicht mehr abziehbar, wenn ein schädlicher

---

[1] Vgl. BT-Drs. 11/2157, 171; eingeführt durch das Steuerreformgesetz 1990 v. 25.7.1988, BGBl. I 1988, 1093.
[2] Vgl. *Roser* in: Gosch, KStG, 4. Aufl. 2020, § 8c Rn. 1.
[3] Unternehmenssteuerreformgesetz 2008 v. 14.8.2007, BGBl. I 2007, 1912.
[4] BMF, Schreiben vom 30.4.2010, BStBl I 2010, 488.
[5] EuGH, Urteil vom 28.6.2018, C-219/16 P (Lowell Financial Services, vormals GFKL Financial Services) DStR 2018, 1434 und C-203/16P (Heitkamp BauHolding), IStR 2018, 552.
[6] *Linn/Pignot*, IStR 2018, 558; *Müller* DB 2018, 1630, 1632; *Kußmaul/Licht* BB 2018, 1948
[7] DB 2019, 26
[8] BGBl. I Seite 2451.
[9] BVerfG, Beschluss vom 29.3.2017, 2 BvL 6/11, BStBl II 2017, 1082, auf Aussetzungs- und Vorlagebeschluss des Finanzgerichts Hamburg (Beschl. v. 4.4.2011, 2 K 33/10).
[10] BGBl. I 2018, 2338.
[11] Hierzu *Honert/Obser* BB 2009, 1161, 1162.

Beteiligungserwerb stattfand. Ein solcher schädlicher Beteiligungserwerb liegt gemäß § 8c Abs. 1 S. 1 KStG vor, wenn innerhalb von fünf Jahren mittelbar oder unmittelbar mehr als 50 % des gezeichneten Kapitals, der Mitgliedschaftsrechte, der Beteiligungsrechte oder der Stimmrechte an einer Körperschaft an einen Erwerber oder diesem nahestehende Personen übertragen werden oder ein „vergleichbarer Sachverhalt" vorliegt. Als Erwerber im Sinne des Satzes 1 gilt gemäß Satz 2 auch eine Gruppe von Erwerbern mit gleichgerichteten Interessen.

Für Beteiligungsvereinbarungen wird der Untergang nicht genutzter Verluste einmal im Zusammenhang mit den einem schädlichen Beteiligungserwerb „vergleichbaren Sachverhalten" und sodann dadurch relevant, dass als sog. Zählerwerber auch eine Gruppe von Erwerbern mit „gleichgerichteten Interessen" gilt.

§ 116 Grundtatbestand zum Wegfall steuerlicher Verlustvorträge (§ 8c KStG)

Ein der Übertragung des gezeichneten Kapitals, der Mitgliedschaftsrechte, der Beteiligungsrechte oder der Stimmrechte vergleichbarer Sachverhalt kann einen „schädlichen Beteiligungserwerb" darstellen. Die Vergleichbarkeit muss hierbei zu dem Tatbestand der „Übertragung" bestehen, an den das Gesetz im Grundtatbestand anknüpft. Es kommt darauf an, ob eine Gestaltung vorliegt, mit der dem Erwerber eine dem übertragenen Vollrecht (Kapitalanteil oder Stimmrechtsanteil) vergleichbare Rechtsposition eingeräumt wird, die die Beherrschungssituation in der Verlustgesellschaft tatsächlich ändert.[12] Das BMF lässt zwar in seinem Schreiben vom 28.11.2017[13] für den Übertragungstatbestand die Übertragung des wirtschaftlichen Eigentums genügen (wie regelmäßig für Übertragungs- und Veräußerungstatbestände im Steuerrecht, § 39 Abs. 2 Nr. 1 S. 1 AO). Für die Frage des hiermit „vergleichbaren Sachverhalts" dürfte dies aber keine entscheidende Auswirkung haben. Vergleichbare Sachverhalte stellen nach Tz. 7 des BMF-Schreibens vom 28.11.2017 unter anderem Stimmrechtsvereinbarungen, Stimmrechtsbindungen sowie Stimmrechtsverzichte dar. In der Kommentarliteratur wird darauf abgestellt, ob eine Gestaltung vorliegt, mit der dem Erwerber eine „dem Vollrecht wirtschaftlich vergleichbare Rechtsposition eingeräumt wird".[14]

3

Die Regelung des § 8c KStG zu den mit der Übertragung von Kapital- oder Stimmrechtsanteilen „vergleichbaren Sachverhalten" war von Anfang an heftig umstritten; es handelt sich um einen Auffangtatbestand, zutreffend auch als Angstklausel bezeichnet. Gegen eine Gleichstellung einer Stimmrechtsvereinbarung (ebenso wie Stimmrechtsbindungen oder Stimmrechtsverzichte) mit einem Vollrechtserwerb sprechen gewichtige Argumente: So handelt es sich bei einer Stimmrechtsvereinbarung, die häufig ein der Stimmrechtsausübung in der Gesellschaft vorgeschaltetes Verfahren der einheitlichen Meinungsbildung vorsieht, gerade nicht um eine Übertragung der Stimmrechte. Zudem ist der an der Stimmrechtsvereinbarung beteiligte Gesellschafter zwar grundsätzlich schuldrechtlich verpflichtet, entsprechend abzustimmen, er kann aber aufgrund etwaiger Treuepflichten gezwungen sein, im Interesse der Gesellschaft gegen die Vereinbarung zu verstoßen.[15] Zudem wird im Regelfall ein ordentliches Kündigungsrecht der Stimmrechtsvereinbarung vorgesehen sein, so dass eher eine Möglichkeit der Ausübung von Stimmrechten auf Zeit besteht, nicht aber deren Übertragung vorliegt.[16] Auch dies spricht gegen eine Gleichstellung einer Übertragung von Stimmrechten und einer Stimmrechtsvereinbarung.

4

Weil der Tatbestand bewusst offen gehalten ist („vergleichbarer Sachverhalt") empfiehlt sich in der Praxis zur Erlangung von Rechtssicherheit gegebenenfalls die Einholung einer verbindlichen Auskunft.

5

---

[12] *Brandis* in Blümich, KStG, 151. EL März 2020, § 8c Rn. 55 mit weiteren Nachweisen.
[13] BMF, Schreiben vom 28.11.2017, BStBl I 2017, 1645 Rn. 6.
[14] *Brandis* in: Blümich, EStG, KStG und GewStG, 151. EL März 2020, § 8c KStG Rn. 55 m. w. N.
[15] Vgl. *Honert/Obser* BB 2009, 1161, 1162; *Elicker/Zillmer* BB 2009, 2620, 2621.
[16] Vgl. *Honert/Obser* BB 2009, 1161, 1162.

I. Vermittlung des Tatbestandsmerkmals des „Nahestehens" durch Gesellschaftervereinbarungen

6 Gemäß § 8c Abs. 1 KStG werden in zwei Fällen die Anteilserwerbe durch mehr als einen Rechtsträger zusammengerechnet und als Erwerb durch einen Erwerber behandelt, zum einen durch eine dem Erwerber nahe stehende Person, § 8c Abs. 1 S. 1 KStG, zum anderen durch eine Gruppe von Erwerbern mit gleichgerichteten Interessen, § 8c Abs. 1 S 2 KStG. Gesellschaftervereinbarungen können dazu führen, dass mehrere Erwerber „nahestehend" werden oder „gleichgerichtete Interessen" aufweisen.

7 Die Finanzverwaltung selbst lässt für das Merkmal des Nahestehens jede rechtliche oder tatsächliche Beziehung zu einer anderen Person ausreichen, gleichviel, ob diese bereits vor oder unabhängig von dem Anteilserwerb besteht.[17] Die Finanzverwaltung verweist im Schreiben des BMF vom 28.11.2017 zur näheren Auslegung des Begriffs auf die Körperschaftsteuer-Richtlinien 2015.[18] Danach können Beziehungen, die ein Nahestehen begründen, insbesondere familiärer, gesellschaftsrechtlicher, schuldrechtlicher oder sonstiger tatsächlicher Art sein, womit die zur Rechtsfigur der verdeckten Gewinnausschüttung entwickelten Grundsätze gelten. In der Literatur herrscht über die konkrete Auslegung des Begriffs der „nahestehenden Person" Uneinigkeit. So wird aus der Tatsache, dass § 8c Abs. 1 KStG, anders als §§ 8a Abs. 2, 3 und § 8 Abs. 3 S. 5 KStG, nicht auf § 1 Abs. 2 AStG verweist, geschlossen, dass die Grundsätze der Finanzverwaltung zur verdeckten Gewinnausschüttung für die Bestimmung des Begriffs des „Nahestehens" anwendbar seien.[19] Andere Stimmen sprechen sich dagegen dafür aus, die Grenzen des Begriffes anhand des § 1 Abs. 2 AStG zu bestimmen.[20] Denkbar ist auch eine Anknüpfung an den Tatbestand des § 15 AO für die Nähebeziehung. Daher können bereits eine Gesellschaftervereinbarung, die beispielsweise eine einheitliche Stimmbildung und Stimmausübung vorsieht, aber auch eine Konsortialvereinbarung oder Abreden über die Bestellung von Gesellschaftsorganen zu einer Qualifikation der Vertragsparteien als „nahestehende Personen" führen. Ihre Einzelerwerbe würden steuerlich dann mit der Folge zusammengerechnet werden, dass sie als ein Erwerber gelten, der die Schwelle von 50 % überschreitet, selbst wenn keiner der Beteiligten die Schwelle überschritt.

II. Vermittlung des Tatbestandsmerkmals der „gleichgerichteten Interessen" durch Gesellschaftervereinbarungen

8 Nach § 8c Abs. 1 Satz 3 KStG ist „ein Erwerber" im Sinne der Sätze 1 und 2 auch eine Gruppe von Erwerbern mit gleichgerichteten Interessen. Hierfür reicht eine bloß erwerbsbezogene Zweckgemeinschaft nicht aus, beispielsweise etwa im Rahmen der Preis- oder Vertragsverhandlungen oder zum Zwecke der Bewahrung der bisherigen Anteilsverhältnisse. Vielmehr ist nach dem BFH ein tatsächliches Zusammenwirken der neuen Gesellschafter zur späteren Ausübung der Herrschaftsmacht erforderlich.[21] In Übereinstimmung mit der Vorinstanz[22] genügte dem BFH, um „gleichgerichtete Interessen" zu bejahen, ein Zusammenwirken beim Erwerb mit der schon in diesem Zeitpunkt verabredeten Möglichkeit, im Anschluss an den Erwerb durch Stimmbindungsvereinbarungen, Konsortialverträge oder andere verbindliche Abreden einen beherrschenden einheitlichen Einfluss auszuüben. Aus Sicht der Finanzverwaltung[23] ist von einer Erwerbergruppe mit gleichgerichteten Interessen regelmäßig auszugehen, wenn eine Abstimmung zwischen den Erwerbern stattfindet, wobei kein Vertrag vorliegen muss, und die Abstimmung sich nicht nur auf Ab-

---

[17] BMF-Schreiben vom 28.11.2017, DStR 2017, 2670, Tz. 26; *Hinder/Hentschel* GmbHR 2015, 16, 19.
[18] H 8.5 III. „Nahestehende Person.", „– Kreis der nahestehenden Personen" KStR 2015.
[19] *Brandis* in: Blümich, EStG, KStG und GewStG, 151. EL März 2020, § 8c Rn. 51.
[20] *Meiisel/Bokeloh* BB 2008, 812; *Hinder/Hentschel* GmbHR 2015, 16, 19.
[21] BFH, Urteil vom 22.11.2016, I R 30/15, BStBl II 2017, 921.
[22] Finanzgericht Niedersachsen, Urteil vom 26.2.2015, 6 K 424/13, EFG 2015, 1297.
[23] BMF, Schreiben vom 28.11.2017, DStR 2017, 2670, Tz. 28.

sprachen beschränkt, die sich auf den Erwerb als solchen beziehen. Die Verfolgung eines gemeinsamen Zwecks im Sinne § 705 BGB, was oftmals im Rahmen von Gesellschaftervereinbarungen der Fall ist, reicht zur Begründung gleichgerichteter Interessen aus, ist aber nicht Voraussetzung. Die gleichgerichteten Interessen müssen sich aus Sicht der Finanzverwaltung auch nicht auf den Erhalt des Verlustvortrags der Körperschaft richten. Gleichgerichtete Interessen liegen aus Sicht der Finanzverwaltung beispielsweise vor, wenn mehrere Erwerber einer Körperschaft zur einheitlichen Willensbildung zusammenwirken. Indiz gleichgerichteter Interessen soll auch die gemeinsame Beherrschung der Körperschaft sein. Auch die Abgrenzung des Begriffes der „gleichgerichteten Interessen" ist in der Literatur umstritten, insbesondere die Frage, ob Gegenstand dieses Interesses die gemeinsame Nutzung des „erworbenen" Verlustes sein muss oder auch andere Interessen in Betracht kommen.[24] Entscheidend wird jedenfalls darauf abgestellt, ob ein erwerbsbezogenes tatsächliches Zusammenwirken der (neuen) Gesellschafter zur (späteren) Ausübung der Herrschaftsmacht in der Gesellschaft vorliegt.[25] Auch hier kann somit eine bloße Gesellschaftervereinbarung zum Untergang der Verlustvorträge führen, weil sie regelmäßig die Gleichrichtung der Interessen vermitteln wird.

§ 117 Rückausnahme durch Sanierungsklausel des § 8d KStG

Entschärft wurde die Problematik der schädlichen Anteilsübertragung im Rahmen von Gesellschaftervereinbarungen durch die mit dem „Gesetz zur Weiterentwicklung der steuerlichen Verlustverrechnung bei Körperschaften"[26] eingeführte Vorschrift des § 8d KStG, die die in ihrer Grundkonzeption rigide „Verlustvernichtungsnorm" des § 8c KStG entschärfen helfen soll, wenn die Verluste trotz der Sanierungs- und die Konzern- sowie die Stille-Reserven-Klauseln innerhalb des § 8c KStG untergingen.[27] Danach ist auf Antrag § 8c KStG nicht anzuwenden, wenn die Körperschaft seit ihrer Gründung oder zumindest seit Beginn des dritten Wirtschaftsjahres, das dem Veranlagungszeitraum des schädlichen Beteiligungserwerbs nach § 8c KStG vorausgeht, ausschließlich denselben Geschäftsbetrieb unterhält und kein Ereignis im Sinne des § 8d Abs. 2 KStG – etwa die Aufnahme eines zusätzlichen Geschäftsbetriebes durch die Körperschaft – eintrat. Der Geschäftsbetrieb umfasst die von einer einheitlichen Gewinnerzielungsabsicht getragenen, nachhaltigen, sich gegenseitig ergänzenden und fördernden Betätigungen der Körperschaft und bestimmt sich nach qualitativen Merkmalen in einer Gesamtbetrachtung, § 8d Abs. 1 S. 3 KStG. Damit hängt der Untergang der Verlustvorträge nicht mehr allein vom schädlichen Anteilserwerb, sondern auch vom Wechsel der wirtschaftlichen Tätigkeit der Gesellschaft ab.[28] Es ist allerdings (schon aus steuersystematischer Sicht) in höchstem Maße unklar und umstritten, wann derselbe Geschäftsbetrieb (noch) vorliegt und wann nicht (mehr).[29] Als Rechtsfolge sieht § 8d KStG – neben der Nichtanwendung des § 8c KStG – die (verfahrensrechtliche) Feststellung eines sog. fortführungsgebundenen Verlustvortrages vor. Der bis zum schädlichen Beteiligungserwerb im Sinne des § 8c KStG „normale" Verlustvortrag wird damit auf Antrag zum „fortführungsgebundenen" Verlustvortrag. Dieser fortführungsgebundene Verlustvortrag bleibt der Gesellschaft nur so lange erhalten, wie diese den Geschäftsbetrieb fortführt und kein schädliches Ereignis im Sinne des § 8d Abs. 2 KStG eintritt. Der Antrag nach § 8d KStG, um den Untergang der Verlustvorträge durch den schädlichen Beteiligungserwerb im Sinne des § 8c KStG zu vermeiden, führt damit zu einem Verlustverrechnungssystem, weil der fortführungsgebundene Verlustvortrag in der Folgezeit vorrangig

---

[24] Vgl. *Hinder/Hentschel* GmbHR 2015, 16, 21.
[25] Vgl. *Brandis* in: Blümich, EStG, KStG und GewStG, 134. Aufl. 2016, § 8c Rn. 51.
[26] BGBl. I 2016, 2998.
[27] *Brandis* in: Blümich, EStG, KStG und GewStG, 146. EL Februar 2019, § 8d Rn. 21.
[28] Vgl. *Bergmann/Süß* DStR 2016, 2185.
[29] *Brandis* in: Blümich, EStG, KStG und GewStG, 146. EL Februar 2019, § 8d Rn. 38 f.

genutzt werden kann, aber auch bei Eintritt der in § 8d Abs. 2 KStG aufgeführten Ereignisse untergehen kann.

10   Solange eine Gesellschaftervereinbarung zwar abgeschlossen und damit der Tatbestand des schädlichen Beteiligungserwerbs verwirklicht wurde (§ 8c KStG), die wirtschaftliche Tätigkeit der Gesellschaft aber beibehalten wird, besteht die antragsgebundene Möglichkeit (§ 8d KStG), die Verlustvorträge trotz des vorangegangenen schädlichen Beteiligungserwerbs zu „retten".

D. Kartellrecht und Gesellschaftervereinbarungen

Kapitel 36. Überblick über das Kartellrecht

Das Kartellrecht dient dem **Schutz eines funktionsfähigen, unverfälschten Wett-** 1
bewerbs. Durch das Kartellrecht sollen die Entscheidungs- und Handlungsfreiheit aller
Wirtschaftssubjekte und die Offenheit der Märkte geschützt und eine effiziente Allokation
von Ressourcen gewährleistet werden. Durch freien Wettbewerb sollen die Qualität von
Produkten und Dienstleistungen verbessert, ein marktangemessenes Preisniveau gesichert
und Innovationen gefördert werden. Das EU-Kartellrecht schützt zudem den zwischenstaatlichen Handel zur Schaffung eines einheitlichen europäischen Binnenmarktes.

Es gibt kartellrechtliche Vorschriften sowohl im **EU-Recht, insbesondere in** 2
Art. 101 ff. AEUV, als auch in **nationalen Rechtsordnungen, in Deutschland in den**
§§ 1 ff. GWB.[1] In materiell-rechtlicher Hinsicht decken sich die Vorschriften des EU- und
des deutschen Kartellrechts aufgrund einer fortschreitenden Anpassung des deutschen
Rechts an die EU-Vorschriften weitgehend, obgleich einige nationale Besonderheiten
erhalten geblieben sind. Bei der behördlichen Durchsetzung der kartellrechtlichen Regelungen der EU und des GWB kommen jedoch jeweils eigenständige verfahrensrechtliche
Vorschriften zur Anwendung, die teilweise auch größere Unterschiede aufweisen.

Das Kartellrecht setzt sich im Wesentlichen aus **drei Säulen** zusammen. Die erste Säule 3
betrifft die **wettbewerbsbeschränkende Koordination** zwischen voneinander unabhängigen Unternehmen. Das Kartellverbot (Art. 101 AEUV bzw. § 1 GWB) untersagt alle
Vereinbarungen oder abgestimmten Verhaltensweisen zwischen Unternehmen, die eine
Verhinderung, Einschränkung oder Verfälschung des Wettbewerbs bezwecken oder bewirken.[2] Zur zweiten Säule gehören die Vorschriften über **missbräuchliche Verhaltensweisen marktbeherrschender Unternehmen** (Art. 102 AEUV bzw. §§ 18 ff. GWB).
Sie dienen einer Verhaltenskontrolle von Unternehmen mit Marktmacht und untersagen
diesen die missbräuchliche Ausnutzung ihrer wirtschaftlichen Machtposition. Die dritte
Säule bilden die Regelungen zur **Kontrolle von Unternehmenszusammenschlüssen**
(EU-Fusionskontrollverordnung[3] bzw. §§ 35 ff. GWB). Sie sehen eine präventive Kontrolle
von Marktstrukturveränderungen vor. Zu diesem Zweck müssen bestimmte Formen an
Zusammenschlüssen, die eine gewisse wirtschaftliche Bedeutung haben, vor ihrem Vollzug
bei einer Kartellbehörde angemeldet und geprüft werden. Im Falle wettbewerblicher
Bedenken werden diese Zusammenschlüsse von den Kartellbehörden untersagt.

---

[1] Anwendbar sind außerdem alle weiteren nationalen Rechtsordnungen, auf die sich eine Gesellschaftervereinbarung auswirkt.
[2] Im deutschen Recht wird dies v. a. durch § 21 GWB (Boykottverbot und Verbot sonstigen wettbewerbsbeschränkenden Verhaltens) ergänzt.
[3] Verordnung (EG) Nr. 139/2004 des Rates vom 20.1.2004 über die Kontrolle von Unternehmenszusammenschlüssen, ABl. (EG) Nr. L 24 vom 29.1.2004, S. 1; im Folgenden „FKVO".

Kapitel 37. Relevanz des Kartellrechts für Gesellschaftervereinbarungen

1 Das Kartellrecht setzt dem Verhalten von Unternehmen Grenzen. Privatpersonen und der nicht-unternehmerisch tätige Staat sind dagegen nicht Gegenstand kartellrechtlicher Vorschriften.[1] Gesellschaftervereinbarungen sind deshalb immer dann kartellrechtlich relevant, wenn die Gesellschafter, die an der Vereinbarung beteiligt sind, als Unternehmen im Sinne des Kartellrechts qualifiziert werden können. Sind mehr als ein Gesellschafter als Unternehmen zu qualifizieren, und ist die Gesellschaft, an der sie beteiligt sind, selbst unternehmerisch tätig, sprechen wir im Folgenden auch von einem „**Gemeinschaftsunternehmen**".[2]

2 Von besonderer Relevanz für Gesellschaftervereinbarungen sind die Vorschriften über die Fusionskontrolle und das Kartellverbot. Diesen beiden Themen ist deshalb jeweils im Folgenden ein eigenes Kapitel gewidmet.

3 Das Thema **Fusionskontrolle** spielt für Gesellschaftervereinbarung deshalb eine Rolle, weil der Abschluss einer Gesellschaftervereinbarung nicht selten als anmeldepflichtiger Zusammenschluss gewertet werden kann, etwa wenn durch eine Gesellschaftervereinbarung Geschäftsanteile oder Stimmrechte übertragen werden. Auch Stimmbindungsvereinbarungen können zu fusionskontrollrechtlich relevanten Zusammenschlüssen führen (dazu ausführlich unten → Kap. 41 Rn. 27 ff.).

4 Neben der Fusionskontrolle spielen für Gesellschaftervereinbarungen auch die Schranken des **Kartellverbots** eine wichtige Rolle. Besonders praxisrelevant sind hier Vereinbarungen, die das Wettbewerbsverhalten der Gesellschafter oder der Gesellschaft betreffen, wie etwa bei Wettbewerbsverboten. Aber auch Liefer- und Bezugsverpflichtungen zwischen Gesellschaft und Gesellschaftern oder die Vereinbarung von Informationsrechten können zu einer wettbewerblich relevanten Verhaltensabstimmung zwischen den Gesellschaftern oder zwischen der Gesellschaft und einem Gesellschafter führen (dazu ausführlich unten → Kap. 45 Rn. 37 f.).

5 Das Thema **Marktmachtkontrolle** kann zwar im Einzelfall bei der Bewertung von Gesellschaftervereinbarungen von Bedeutung sein, insbesondere wenn ein marktmächtiger Gesellschafter solche Vereinbarungen einsetzt, um seine Marktmacht zu missbrauchen. Da sich die Relevanz dieser Situationen aber aus der Marktmacht des Gesellschafters und nicht aus der Eigenart der Vereinbarung ableitet, wird dieses Thema im Rahmen dieser Abhandlung nicht weiter vertieft.

---

[1] Vgl. zum Unternehmensbegriff unten → Kap. 42 Rn. 8.
[2] Zum Begriff des Gemeinschaftsunternehmens, vgl. Bundeskartellamt, Abschlussbericht zur Sektoruntersuchung Zement und Transportbeton (Juli 2017), Rn. 490, sowie unten → Kap. 42 Rn. 1.

Kapitel 38. Das Verhältnis von Fusionskontrolle und Kartellverbot

§ 118 Prinzip der Doppelkontrolle

Der Wettbewerb kann im Zusammenhang mit Gemeinschaftsunternehmen unter **zwei** **1** **Gesichtspunkten** gefährdet sein: Zum einen besteht die Gefahr, dass durch die Gründung eines Gemeinschaftsunternehmens (also die gleichzeitige oder sequentielle Beteiligung mehrerer Unternehmen an einer Gesellschaft) eine **marktbeherrschende Stellung** begründet oder verstärkt wird. Diesem Risiko begegnen insbesondere die Vorschriften zur Fusionskontrolle. Daneben besteht aber auch das Risiko, dass **die Gesellschafter** im Zusammenhang mit der gleichzeitigen Beteiligung **ihr Marktverhalten koordinieren.** Dies gilt besonders dann, wenn die Gesellschafter bzw. das Gemeinschaftsunternehmen in Wettbewerb zueinander stehen. Es können dann Anreize bestehen, nur eingeschränkt miteinander in Wettbewerb zu treten, um die Kooperation im Gemeinschaftsunternehmen nicht zu gefährden.[1]

Gemeinschaftsunternehmen und Gesellschaftervereinbarungen sind deshalb in **doppelter** **2** **Hinsicht** einer kartellrechtlichen Kontrolle unterzogen: Zunächst kann die **Gesellschaftsgründung bzw. der Abschluss der Gesellschaftervereinbarung fusionskontrollpflichtig** sein, sofern dadurch ein Zusammenschlusstatbestand verwirklicht wird. Unabhängig hiervon kann auf Gesellschaftsverträge und sonstige Absprachen zwischen den Gesellschaftern eines Gemeinschaftsunternehmens uneingeschränkt auch das Kartellverbot anwendbar sein (sog. **Zweischranken-Theorie** bzw. **Prinzip der Doppelkontrolle**).[2] Die konkrete Ausgestaltung eines Gemeinschaftsunternehmens oder einer Gesellschaftervereinbarung darf daher keine wettbewerbsbeschränkenden Vereinbarungen oder sonstigen Verhaltensweisen beinhalten. Gegebenenfalls müssen diese zuvor sorgfältig auf ihre Freistellungsfähigkeit nach Art. 101 Abs. 3 AEUV bzw. §§ 2, 3 GWB hin überprüft werden.

Für die Praxis ist dieses Prinzip der Doppelkontrolle wichtig. Insbesondere dürfen sich **3** die beteiligten Unternehmen **nicht immer darauf verlassen,** dass eine **fusionskontrollrechtliche Freigabe oder das Fehlen einer fusionskontrollrechtlichen Anmeldepflicht gleichbedeutend mit der kartellrechtlichen Unbedenklichkeit** ist. Dabei bestehen bei der Bewertung im Einzelfall erhebliche Unsicherheiten zu der Frage, wie weit die – im Grundsatz akzeptierte – Anwendbarkeit des Kartellverbots reicht. Zu dieser Frage und den maßgeblichen Abgrenzungskriterien nehmen wir in → Kap. 44 Rn. 2 ff. Stellung.

§ 119 Unterschiedlicher Prüfungsumfang im Fusionskontrollverfahren

Im Ausgangspunkt gilt für das deutsche und das EU-Kartellrecht gleichermaßen, dass **4** Gemeinschaftsunternehmen sowohl an fusionskontrollrechtlichen Maßstäben als auch am Maßstab des Kartellverbots zu messen sind.[3] Im Einzelnen ergeben sich aber **teils erhebliche Unterschiede,** und zwar speziell dahingehend, wann und wie die jeweiligen „Schranken" von den Kartellbehörden berücksichtigt und geprüft werden.[4]

Der wohl wichtigste Unterschied zwischen EU- und deutschem Kartellrecht liegt darin, **5** dass die Vorschriften zur EU-Fusionskontrolle vorsehen, dass im Rahmen des Fusionskontrollverfahrens neben den fusionskontrollrechtlichen auch auf das Kartellverbot bezogene Aspekte eines Gemeinschaftsunternehmens geprüft werden. Gegenstand der kartell-

---

[1] Siehe zum Ganzen ausführlich *Bien* NZKart 2014, 214 ff.; Bundeskartellamt, Abschlussbericht zur Sektoruntersuchung Zement und Transportbeton (Juli 2017), Rn. 494 ff.
[2] Siehe dazu ausführlich *Bien* NZKart 2014, 214 ff. und 247 ff.; *Zimmer*, in Immenga/Mestmäcker, Wettbewerbsrecht, Bd. 2, 6. A. 2020, § 1, Rn. 163 ff.; Crede/Franz in: Schulte, Handbuch Fusionskontrolle, 3. A. 2020, ab Rn. 186.
[3] *Bien* NZKart 2014, 214, 215.
[4] Vgl. dazu *Bien* NZKart 2014, 214 ff.

rechtlichen Prüfung im Rahmen der Fusionskontrolle ist dann die Frage, ob das Gemeinschaftsunternehmen die Koordinierung des Wettbewerbsverhaltens zwischen den Muttergesellschaften bezweckt oder bewirkt.[5] An solche **kooperativen Effekte** (oftmals auch als „spill-over-Effekte" oder „Gruppeneffekte" bezeichnet) ist insbesondere dann zu denken, wenn mindestens zwei Muttergesellschaften auf dem Markt des Gemeinschaftsunternehmens, auf vor- oder nachgelagerten Märkten oder auf mit ihm eng verwandten und verknüpften Märkten tätig sind.[6] Dass diese Prüfung durchgeführt wird, bedeutet zwar einen vergrößerten Prüfungsumfang im Rahmen der engen Prüffristen, gewährt den Unternehmen aber zusätzliche Rechtssicherheit.[7]

6   Eine Freigabeentscheidung durch die EU-Kommission umfasst jedoch **nicht alle denkbaren Abstimmungen** betreffend das Gemeinschaftsunternehmen.[8] Insbesondere Gesellschaftervereinbarungen mit wettbewerbsbeschränkenden Inhalten, die zum Zeitpunkt der Fusionskontrollfreigabe noch nicht abgeschlossen waren, sind von einer Freigabeentscheidung nicht umfasst und können dementsprechend jederzeit von den Kartellbehörden verfolgt werden.

7   Im **deutschen Recht** ist die Überprüfung eines Gemeinschaftsunternehmens nach den Maßstäben des Kartellverbots nicht von einer fusionskontrollrechtlichen Freigabeentscheidung umfasst, sondern kann parallel dazu oder auch nachträglich jederzeit in einem eigenen Verfahren überprüft werden. Üblicherweise behält sich das Bundeskartellamt eine solche Prüfung in der Mitteilung, dass der Zusammenschluss nicht untersagt wird, ausdrücklich vor.[9]

---

[5] Vgl. Art. 2 Abs. 4 und 5 FKVO.
[6] Vgl. Art. 2 Abs. 5, 1. Spiegelstrich FKVO.
[7] Vgl. *Kapp/Wegner* CCZ 2015, 198, 201.
[8] Vgl. dazu *Bien* NZKart 2014, 214, 215 ff.
[9] Vgl. etwa Pressemitteilung des Bundeskartellamtes vom 28.7.2020 zu einer Kooperation im Bereich Anzeigenvermarktung, abzurufen über die Website des Bundeskartellamtes.

Kapitel 39. Grundlagen der Fusionskontrolle

§ 120 Relevanz, Organisation und Funktion der Fusionskontrolle

Die Kontrolle von Unternehmenszusammenschlüssen ist sowohl im deutschen als auch im EU-Recht so ausgestaltet, dass bestimmte Transaktionen erst nach **Freigabe durch die Kartellbehörden** vollzogen werden dürfen (sog. präventive Marktstrukturkontrolle). Diese Kontrolle soll verhindern, dass im Wege externen Unternehmenswachstums Wettbewerbsbeschränkungen insbesondere durch das Entstehen oder Verstärken von Marktmacht herbeigeführt werden.[1]

Die Prüfung von Zusammenschlüssen erfolgt in **zwei Schritten:** Zunächst wird im Rahmen der **formellen Fusionskontrolle** ermittelt, ob der geplante Zusammenschluss bei einer Kartellbehörde angemeldet werden muss. Dies ist immer dann der Fall, wenn der Zusammenschluss einen gesetzlichen Zusammenschlusstatbestand erfüllt und bestimmte Aufgreifschwellen (v. a. Umsatzgrößen) überschreitet. Ist das der Fall, dann prüft die Behörde im Rahmen der **materiellen Fusionskontrolle,** ob im Falle der Umsetzung des Zusammenschlusses auf dem betroffenen Markt wirksamer Wettbewerb erheblich behindert würde, insbesondere indem eine marktbeherrschende Stellung begründet oder verstärkt würde.

Die **Zuständigkeit der Behörde,** bei der ein Zusammenschluss ggfs. anzumelden ist, bestimmt sich **nach dem jeweils anwendbaren Fusionskontrollregime.** Ein Vorhaben, das die Anmeldeschwellen in mehreren Jurisdiktionen erfüllt, ist auch bei Kartellbehörden in mehreren Jurisdiktionen anzumelden (sog. „multi-jurisdictional filings"). Dem **EU-Fusionskontrollrecht** kommt in Bezug auf alle Zusammenschlüsse, die von gemeinschaftsweiter Bedeutung sind, **Vorrang** vor dem einschlägigen nationalen Recht der Mitgliedstaaten zu. Für Verfahren nach der FKVO ist allein die EU-Kommission zuständig. Sie entscheidet mit Wirkung für den gesamten Europäischen Wirtschaftsraum, ob ein Zusammenschluss freigegeben oder untersagt wird (sog. **„one-stop-shop"-Prinzip**).[2] Das Bundeskartellamt bzw. andere nationale Kartellbehörden prüfen hingegen alle Zusammenschlüsse, die dem deutschen GWB bzw. dem jeweiligen nationalen Recht unterfallen. Auch bei Zusammenschlüssen, die Auswirkungen in mehreren Mitgliedstaaten haben, ist das EU-Fusionskontrollrecht nur bei Überschreiten der Aufgreifschwellen der FKVO anwendbar. Sind die Schwellen nicht überschritten, wird das Vorhaben daher allein nach den nationalen Fusionskontrollregimen der betroffenen Staaten beurteilt, sofern die jeweiligen Anwendungsvoraussetzungen erfüllt sind. Unter bestimmten Umständen können für Zusammenschlüsse jedoch auf Antrag der Beteiligten oder auf Initiative einer Behörde abweichende Zuständigkeiten begründet werden.[3]

In der Fusionskontrolle kommt dem Begriff des Zusammenschlusses eine zentrale Bedeutung zu. Ein **Zusammenschluss** im Sinne des Fusionskontrollrechts liegt dabei nicht schon in jeder Beteiligung, Verbindung oder Vereinbarung zwischen Unternehmen, sondern nur in solchen Maßnahmen, denen der jeweilige Gesetzgeber – abstrakt – potentiell nachteilige strukturelle Auswirkungen auf die Marktverhältnisse beimisst.[4] Die Gesetzgeber haben verschiedene **Zusammenschlusstatbestände** geschaffen, die eine präventive Fusionskontrollpflicht auslösen und die je nach Rechtsordnung nicht deckungsgleich sind. Gemein ist diesen Zusammenschlusstatbeständen, dass durch den Zusammenschluss bei dem betroffenen Unternehmen andere Unternehmen Einfluss nehmen können oder dass eine solche Einflussmöglichkeit jedenfalls naheliegend ist. Der wichtigste Zusammenschlusstatbestand, der für Gesellschaftervereinbarungen relevant ist, betrifft den **Erwerb der**

---
[1] Vgl. *Kallfaß,* in Langen/Bunte, Kartellrecht, Bd. 1, GWB § 35 Rn. 1.
[2] Art. 21 Abs. 2 FKVO; *Zeise,* in Schulte, Handbuch Fusionskontrolle, 3. A. 2020, Rn. 937.
[3] Art. 4 Abs. 4 und 5, Art. 9, Art. 22 FKVO; dazu Zeise, a. a. O., Rn. 940 ff.
[4] Vgl. *Peter,* in Schulte, Handbuch Fusionskontrolle, 3. A. 2020, Rn. 125, 126.

(alleinigen oder gemeinsamen) Kontrolle an einem anderen Unternehmen. Auch wenn das Konzept der Kontrolle nicht überall vollständig deckungsgleich sein mag, wird dieses Konzept in einer großen Zahl an Kartellrechtsordnungen verwendet (darunter die FKVO und das GWB). Im deutschen Recht spielen für Gesellschaftervereinbarungen daneben der **Erwerb von Geschäftsanteilen** an einem anderen Unternehmen in einem Umfang von mindestens 25 %, und der **Erwerb von wettbewerblich erheblichem Einfluss** über ein anderes Unternehmen eine wichtige Rolle. Vergleichbare Zusammenschlusstatbestände gibt es in vielen anderen Jurisdiktionen nicht. Für Gesellschaftervereinbarungen von sehr geringer praktischer Relevanz sind hingegen die Zusammenschlusstatbestände des Erwerbs des Vermögens eines anderes Unternehmens sowie der Fusion von Unternehmen, die in vielen Kartellrechtsordnungen verbreitet sind (etwa § 37 Abs. 1 Nr. 1 GWB, Art. 3 Abs. 1 lit. a FKVO).

Kapitel 40. Grundzüge der Fusionskontrolle

Die Regelungen zur **Fusionskontrolle in Deutschland** und auf **Ebene der EU** sind zwar 1
ähnlich, aber **nicht deckungsgleich**. Die nachfolgende Darstellung beschreibt diese Regelungen im Überblick und weist in der im Rahmen dieses Handbuchs gebotenen Kürze auf etwaige Besonderheiten im deutschen bzw. EU-Recht hin.

Transaktionen bzw. Zusammenarbeit zwischen Unternehmen sind nur dann zuvor bei 2
Kartellbehörden zur Freigabe anzumelden, wenn sie einen gesetzlich normierten **Zusammenschlusstatbestand** erfüllen (hierzu sogleich → Rn. 3 f.). Zudem sind nur solche Zusammenschlüsse anmeldepflichtig, bei denen die Umsätze der beteiligten Unternehmen oder bestimmte sonstige Kriterien wirtschaftlicher Art bestimmte vom Gesetzgeber definierte **Schwellenwerte** überschreiten (→ Rn. 27). Gegebenenfalls ist ein **Fusionskontrollverfahren** bei einer oder mehreren Kartellbehörde(n) durchzuführen, wenn ein Zusammenschluss vorliegt und die Umsatzschwellen erreicht sind (zu den Verfahren vor der EU-Kommission und dem Bundeskartellamt siehe → Rn. 46 ff., 54 ff.). Bis die Kartellbehörden die Freigabe erteilen, gilt in den meisten Rechtsordnungen für anmeldepflichtige Zusammenschlussvorhaben das sog. **Vollzugsverbot** (→ Rn. 68 ff.). Die Pflicht zur Anmeldung bei einer Kartellbehörde sagt noch nichts darüber aus, ob der Zusammenschluss wettbewerblich negative Auswirkungen haben kann. Die Prüfung solcher Auswirkungen bleibt der **materiell-rechtlichen Prüfung** des Zusammenschlussvorhabens vorbehalten (→ Rn. 72 ff.).

§ 121 Anmeldepflichtige Vorhaben; Zusammenschlusstatbestände

Ein Vorhaben fällt nur dann in den sachlichen Anwendungsbereich der Fusionskontrolle, 3
wenn es nach den Vorschriften der jeweiligen Kartellrechtsordnung einen sog. „**Zusammenschlusstatbestand**" erfüllt. Die Zusammenschlusskontrolle auf **EU-Ebene** kennt nur zwei Zusammenschlusstatbestände: die **Fusion** unabhängiger Unternehmen und den **Kontrollerwerb**.[1] Das **deutsche Recht** (§ 37 GWB) kennt wie das EU-Recht den Zusammenschlusstatbestand des Kontrollerwerbs (hierzu → Rn. 5). Darüber hinaus sind im deutschen Recht für Gesellschaftervereinbarungen zusätzlich die Zusammenschlusstatbestände des **Anteilserwerbs** (hierzu → Rn. 17 ff.) sowie des **Erwerbs eines wettbewerblich erheblichen Einflusses** (hierzu → Rn. 20 ff.) relevant.[2]

Die deutschen Zusammenschlusstatbestände sind damit **weiter gefasst** als die der FKVO. 4
Beispielsweise kann der Erwerb von nicht kontrollierenden Minderheitsbeteiligungen oder die Gründung eines Teilfunktions-Gemeinschaftsunternehmen im deutschen Recht anmeldepflichtig sein, im EU-Recht werden dagegen nur kontrollierende Beteiligungen an Vollfunktions-Gemeinschaftsunternehmen erfasst. Eine Anmeldepflicht in Deutschland ergibt sich in solchen Fällen selbst dann, wenn ein solches Vorhaben die Umsatzschwellen der FKVO erfüllt.[3]

I. Kontrollerwerb

Ein Zusammenschluss in Form des Kontrollerwerbs liegt vor, wenn ein oder mehrere 5
Unternehmen die **unmittelbare oder mittelbare Kontrolle über die Gesamtheit oder über Teile eines Unternehmens** erwerben. Dasselbe gilt, wenn die Kontrolle durch eine

---

[1] Vgl. Art. 3 FKVO. Da die hier behandelten Gesellschaftervereinbarungen regelmäßig nicht im Zusammenhang mit Unternehmensfusionen stehen, wird die Fusion als Zusammenschlusstatbestand hier nicht näher dargestellt.
[2] Der Zusammenschlusstatbestand des Vermögenserwerbs soll aufgrund der geringen praktischen Relevanz für Gesellschaftervereinbarungen hier nicht näher betrachtet werden.
[3] *Wessely*, in MüKoWettbR, Bd. 2, 3. A. 2020, § 35 GWB Rn. 80.

oder mehrere Personen erworben wird, die zwar nicht selbst Unternehmen im Sinne des Kartellrechts sind, aber bereits mindestens ein Unternehmen kontrollieren.[4]

1. Begriff der Kontrolle

6   Kontrolle hat, wer die Möglichkeit hat, einen **bestimmenden Einfluss** auf die Tätigkeit des kontrollierten Unternehmens auszuüben. Die Kontrolle kann **mittelbar oder unmittelbar** stattfinden und sich auf die Gesamtheit oder auf Teile eines Unternehmens erstrecken.[5] Dabei genügt die **Möglichkeit zur Kontrollausübung**.[6] Die Kontrolle kann durch Rechte, Verträge oder auch andere Mittel begründet werden, also rechtlicher oder faktischer Natur sein.[7]

7   Erfasst werden sowohl die **positive Kontrolle,** d. h. die Möglichkeit, über das strategische Wirtschaftsverhalten eines anderen Unternehmens aktiv (mit-)entscheiden zu können, als auch die Möglichkeit zur Ausübung **negativer Kontrolle.**[8] Der Einfluss des Kontrollinhabers kann sich daher auch darin äußern, dass er in der Lage ist, wichtige strategische Entscheidungen des Zielunternehmens zu blockieren.[9]

8   Voraussetzung für den Kontrollerwerb ist jedoch, dass der Erwerber die Kontrolle auch **dauerhaft** wird ausüben können, so dass eine **bleibende Strukturveränderung** des Zielunternehmens bewirkt wird.[10] Ein nur vorübergehender Einfluss, der vor dem Hintergrund unterschiedlicher, zwischen den Gesellschaftern begründeter Koalitionen nicht dauerhaft gesichert ist, erfüllt daher den Zusammenschlusstatbestand nicht.[11] Bei Kontrolle, die auf vertraglicher Grundlage erlangt wird, muss der Vertrag „**sehr langfristig**" angelegt sein, d. h. „in der Regel ohne Kündigungsmöglichkeit durch die Partei, die die vertraglichen Rechte gewährt".[12]

2. Erwerb der alleinigen Kontrolle

9   **Alleinige Kontrolle** wird erworben, wenn ein Unternehmen allein bestimmenden Einfluss auf ein anderes Unternehmen ausüben und wesentliche strategische Entscheidungen des Zielunternehmens alleine treffen und durchsetzen kann.[13] Der wichtigste Fall des Erwerbs **positiver alleiniger Kontrolle** ist der Erwerb einer **Stimmrechtsmehrheit.**[14]

---

[4] Vgl. Art. 3 Abs. 1 lit. b) FKVO, § 37 Abs. 1 Nr. 2 S. 1 GWB. Da der deutsche Gesetzgeber mit der 6. GWB-Novelle zur Harmonisierung des deutschen Rechts mit dem EU-Kartellrecht den Kontrollbegriff des EU-Kartellrechts übernommen hat, spielen frühere Unterschiede heute nur noch eine untergeordnete Rolle, vgl. Bach, in Münchener Kommentar zum Wettbewerbsrecht, 3. A. 2020, § 37 Rn. 36 ff. mit Hinweisen zu den verbliebenen Ausnahmen.
[5] Vgl. Art. 3 Abs. 1 lit. b), 2 FKVO; § 37 Abs. 1 Nr. 2 S. 2 GWB.
[6] Vgl. Art. 3 Abs. 2 FKVO; Konsolidierte Mitteilung der Kommission zu Zuständigkeitsfragen gemäß der Verordnung (EG) Nr. 139/2004 des Rates über die Kontrolle von Unternehmenszusammenschlüssen, Amtsblatt (EU) Nr. C 95 vom 16. April 2008, neu gefasst durch die Berichtigung in Amtsblatt Nr. C 43 vom 21.2.2009, S. 10 ff. (im Folgenden: „*Konsolidierte Mitteilung*"), Rn. 16; *Henschen*, in Schulte, Handbuch Fusionskontrolle, 3. A. 2020, Rn. 1001 ff.
[7] Vgl. § 37 Abs. 1 Nr. 2 S. 2 lit. a) und lit. b) GWB; Art. 3 Abs. 2 FKVO; vgl. *Henschen,* in Schulte, Handbuch Fusionskontrolle, 3. A. 2020, Rn. 1003 ff; *Mäger,* in Mäger, Europäisches Kartellrecht, 2. A. 2011, S. 340, Rn. 30.
[8] Vgl. *Steinvorth,* in Wiedemann, Kartellrecht, 4. A. 2020, § 19, Rn. 60.
[9] Vgl. *Riesenkampff/Steinbarth* in LMRKM, Kartellrecht, 4. A. 2020, Art. 3 FKVO, Rn. 32; siehe hierzu auch unten → Rn. 11.
[10] Vgl. *Steinvorth,* in Wiedemann, Kartellrecht, 4. A. 2020, § 19 Rn. 62; *Riesenkampff/Steinbarth* in LMRKM, Kartellrecht, 4. A. 2020, § 37 GWB, Rn. 17.
[11] Vgl. Art. 3 Abs. 1 FKVO: „dauerhafte Änderung der Kontrolle"; Bechtold/Bosch, GWB, 9. A. 2018, § 37, Rn. 13; *Bach,* in MüKoWettbR, Bd. 2, 3. A. 2020, § 37 GWB Rn. 41; *Mäger,* in Mäger, Europäisches Kartellrecht, 2. A. 2011, S. 339, Rn. 23; *Thomas,* in Immenga/Mestmäcker, Wettbewerbsrecht, Bd. 3, 6. A. 2020, § 37 GWB, Rn. 160 ff.
[12] Konsolidierte Mitteilung, Rn. 18.
[13] Konsolidierte Mitteilung, Rn. 54.
[14] Vgl. hierzu Konsolidierte Mitteilung, Rn. 56; Blockademöglichkeiten anderer Gesellschafter können der alleinigen Kontrolle entgegenstehen; sie können aber zu einer gemeinsamen Kontrolle des Mehr-

Die Ausübung positiver Kontrolle ist jedoch auch bei Minderheitsbeteiligungen möglich, wenn der Gesellschafter entsprechenden Einfluss hat, etwa durch Sonderrechte.[15] Alleinige Kontrolle kann auch in Form von **negativer alleiniger Kontrolle** vorliegen. Hierunter fallen insbesondere Konstellationen, in denen ein einzelner Minderheitsgesellschafter Vetorechte hat und sich diese Vetorechte auf bestimmte strategische Entscheidungen des Unternehmens beziehen, die der Minderheitsgesellschafter blockieren kann.[16]

3. Erwerb der gemeinsamen Kontrolle

Gemeinsame Kontrolle liegt vor, wenn zwei oder mehr Unternehmen zusammen die Möglichkeit haben, über ein anderes Unternehmen bestimmenden Einfluss auszuüben, nämlich indem die kontrollierenden Gesellschafter die Möglichkeit haben, Maßnahmen zu blockieren, die sich auf das strategische Wirtschaftsverhalten des kontrollierten Unternehmens beziehen. Im Unterschied zur alleinigen Kontrolle, bei der ein einzelner Gesellschafter die strategischen Entscheidungen des Unternehmens bestimmen kann, können bei einer gemeinsamen Kontrolle Pattsituationen entstehen, weil zwei oder mehr der Gesellschafter die Möglichkeit haben, strategische Entscheidungen zu blockieren. Diese Gesellschafter müssen folglich die Geschäftspolitik des Gemeinschaftsunternehmens einvernehmlich festlegen und zusammenarbeiten.[17] 10

Der Einfluss muss über die Rechte hinausgehen, die einem **Minderheitsgesellschafter üblicherweise gewährt werden, um seine Interessen als Kapitalgeber zu schützen**.[18] Zu den üblichen Rechten des Minderheitsgesellschafters zählt die Kommission insbesondere Grundlagenentscheidungen, die das Wesen des Gemeinschaftsunternehmens berühren (z. B. Entscheidungen über Satzungsänderungen, Kapitalerhöhungen oder -herabsetzungen sowie die Liquidation des Gemeinschaftsunternehmens).[19] Folglich genügen etwa Vetorechte, die einem Minderheitsgesellschafter lediglich erlauben, Entscheidungen zum Verkauf oder zur Abwicklung des Gemeinschaftsunternehmens zu blockieren, nicht zum Erwerb gemeinsamer Kontrolle.[20] Dagegen sprechen Vetorechte, die etwa die Verhinderung von Entscheidungen über **Budget, Geschäftsplan, größere Investitionen oder die Zusammensetzung der Geschäftsleitung** betreffen, für das Bestehen einer Kontrollposition.[21] Entscheidendes Kriterium ist letztlich, dass der Inhaber der Vetorechte **bestimmenden Einfluss auf strategische Entscheidungen** des Unternehmens ausüben kann.[22] 11

Es reicht insofern aus, dass die kontrollierenden Unternehmen durch die Blockade strategischer Entscheidungen eine Pattsituation herbeiführen können, so dass **faktisch** ein **Einigungszwang** hinsichtlich aller relevanten Entscheidungen besteht, so z. B. bei einer 12

---

heitsgesellschafters und des „blockierenden" Gesellschafters führen. Die bloße Kapitalmehrheit führt in der Regel nicht zum Kontrollerwerb. Vgl. *Peter,* in Schulte, Handbuch Fusionskontrolle, 3. A. 2020, Rn. 168.
[15] Z.B. durch eine Position in der Organisationsstruktur der Gesellschaft, die dem Gesellschafter die Leitung des Unternehmens und die Bestimmung seiner Geschäftspolitik erlaubt oder durch eine faktische Hauptversammlungsmehrheit; vgl. Konsolidierte Mitteilung, Rn. 57 ff.; *Steinvorth,* in Wiedemann, Kartellrecht, 4. A. 2020, § 19 Rn. 66
[16] Vgl. Konsolidierte Mitteilung, Rn. 54; *Thomas,* in Immenga/Mestmäcker, Wettbewerbsrecht, Bd. 3, 6. A. 2020, § 37, GWB Rn. 131; zu Vetorechten vgl. unten [→ § 133 Verweis zu Abschnitt Vetorechte].
[17] Vgl. Konsolidierte Mitteilung, Rn. 62; *Peter,* in Schulte, Handbuch Fusionskontrolle, 3. A. 2020, Rn. 173 ff.
[18] Vgl. dazu die Beispiele in Konsolidierte Mitteilung, Rn. 66 ff.
[19] Vgl. Konsolidierte Mitteilung, Rn. 66.
[20] Vgl. Konsolidierte Mitteilung, Rn. 66.
[21] Vgl. Konsolidierte Mitteilung, Rn. 67.
[22] Die Möglichkeit zur Einflussnahme auf das Tagesgeschäft des Unternehmens ist dabei nicht erforderlich; vgl. Konsolidierte Mitteilung, Rn. 67.

paritätischen Beteiligung zweier Unternehmen mit gleichen Stimmrechten an einem dritten Unternehmen.[23]

13   Auch ohne Vetorechte können zwei oder mehrere Gesellschafter gemeinsame Kontrolle haben. Dies ist dann der Fall, wenn deren Minderheitsbeteiligungen zusammen die Stimmrechtsmehrheit repräsentieren und die Gesellschafter bei der Ausübung der Stimmrechte gemeinsam handeln. Die gemeinsame Ausübung kann rechtlich abgesichert sein, etwa über eine Pooling-Vereinbarung). Sie kann sich aber auch aus **starken gemeinsamen Interessen** der Gesellschafter ergeben, die jedoch im Einzelfall festgestellt werden müssen und nur in Ausnahmefällen anzunehmen sein werden.[24] Im Fall der Möglichkeit **wechselnder Mehrheiten** wird im Allgemeinen von fehlender gemeinsamer Kontrolle ausgegangen.[25]

4. Änderung der Kontrolle

14   Auch Änderungen in der Kontrollstruktur eines Unternehmens können den fusionskontrollrechtlichen Regelungen unterliegen.[26] Der **Übergang von alleiniger zu gemeinsamer Kontrolle** verwirklicht daher ebenso einen Zusammenschlusstatbestand wie umgekehrt der **Übergang von gemeinsamer zu alleiniger Kontrolle** eines Gesellschafters.[27]

15   **Erweiterungen des Kreises aus mehreren, gemeinsame Kontrolle ausübenden Gesellschaftern** durch Eintritt eines weiteren, mitkontrollierenden Gesellschafters verwirklichen von neuem einen Zusammenschlusstatbestand.[28] Gleiches gilt für den **Austausch eines mitkontrollierenden Gesellschafters**.[29]

16   Bei der **Verengung des Kreises der mitkontrollierenden Gesellschafter** ist zu differenzieren: Verbleibt im Unternehmen nur noch ein kontrollierender Gesellschafter, dann ist dies ein Zusammenschlusstatbestand, weil sich die Art der Kontrolle von gemeinsamer zu alleiniger Kontrolle ändert. Anders zu bewerten ist aber der Fall, wenn sich lediglich die Zahl der gemeinsam kontrollierenden Gesellschafter reduziert, es aber bei gemeinsamer Kontrolle bleibt. Nach EU-Recht wird dadurch kein Zusammenschlusstatbestand erfüllt.[30] Für das **deutsche Recht** besteht diesbezüglich Rechtsunsicherheit: Das Bundeskartellamt vertritt bislang die Auffassung, dass auch in solchen Konstellationen ein neuer Zusammenschluss vorliegt.[31]

II. Anteils- oder Stimmrechtserwerb

17   Während das EU-Recht für einen Zusammenschluss den Erwerb der Kontrolle verlangt, hat der **deutsche Gesetzgeber** weitere Zusammenschlusstatbestände geschaffen, die unabhängig vom Kontrollerwerb (und insbesondere auch unterhalb der Schwelle des Kontrol-

---

[23] *Kallfaß*, in Langen/Bunte, Kartellrecht, Bd. 1, 13. A. 2018, § 37 GWB, Rn. 31; siehe auch *Thomas*, in Immenga/Mestmäcker, Wettbewerbsrecht, Bd. 3, 6. A. 2020, § 37 GWB, Rn. 137 ff., demzufolge Blockaden, die wechselnde Mehrheiten zur Folge haben können, zu gar keiner Kontrolle führen.
Vgl. Konsolidierte Mitteilung, Rn. 54;
[24] Konsolidierte Mitteilung, Rn. 74 ff., v. a. Rn. 76 ff.
[25] Konsolidierte Mitteilung, Rn. 80.
[26] Ausführlich und mit einer Vielzahl an Einzelfällen, Konsolidierte Mitteilung, Rn. 83 ff.
[27] Vgl. *Mäger*, in Mäger, Europäisches Kartellrecht, 2. A. 2011, S. 345, Rn. 53; *Peter*, in Schulte, Handbuch Fusionskontrolle, 3. A. 2020, Rn. 167.
[28] Vgl. Bechtold/Bosch/Brinker, EU-Kartellrecht, 3. A. 2014, Art. 3 FKVO, Rn. 20.
[29] Vgl. *Mäger*, in Mäger, Europäisches Kartellrecht, 2. A. 2011, S. 345, Rn. 53 m. w. N. Das Ausscheiden eines mitkontrollierenden Gesellschafters oder die Absenkung seines Einflusses unterhalb der Kontrollschwelle stellt dagegen nicht zwingend einen neuen Zusammenschluss dar.
[30] Vgl. Bechtold/Bosch/Brinker, EU-Kartellrecht, 3. A. 2014, Art. 3 FKVO, Rn. 20; Konsolidierte Mitteilung, Rn. 89, 90.
[31] Bundeskartellamt, Merkblatt zur deutschen Fusionskontrolle (Stand: Juli 2005), S. 12, mit dem Beispiel einer Reduktion der Anzahl der kontrollierenden Gesellschafter von drei auf zwei; a. A. Bechtold/Bosch, GWB, 9. A. 2018, § 37, Rn. 16; *Thomas*, in Immenga/Mestmäcker, Wettbewerbsrecht, Bd. 3, 6. A. 2020, § 37 GWB, Rn. 150 f. m. w. N.; vgl. auch *Steinvorth*, in Wiedemann, Kartellrecht, 4. A. 2020, § 19, Rn. 80 m. w. N.

lerwerbs) einen Zusammenschlusstatbestand verwirklichen. Von besonderer Bedeutung ist der **Anteils- und Stimmrechtserwerb** in § 37 Abs. 1 Nr. 3 GWB.

Ein Zusammenschluss aufgrund Anteilserwerbs liegt vor, wenn ein Unternehmen Anteile eines Zielunternehmens erwirbt und die erworbenen Anteile allein oder mit sonstigen, dem erwerbenden Unternehmen bereits gehörenden Anteilen **25 % bzw. 50 % des Kapitals oder der Stimmrechte des Zielunternehmens** erreichen. Dabei spielt es keine Rolle, auf welche Weise der Erwerber die Anteile oder Stimmrechte erwirbt; notwendig ist jedoch der Erwerb des Vollrechts.[32] 18

Das deutsche Fusionskontrollrecht sieht im **Erreichen der Anteilsschwellen** von 25 % bzw. 50 % des Kapitals oder der Stimmrechte **jeweils eigenständige Beteiligungsstufen.** Erfolgt ein Erwerb in eigenständigen Schritten (z. B. zunächst auf 30 % und dann auf 60 %) und wird dabei jeweils eine neue Stufe erreicht, liegt grundsätzlich stets ein **eigenständiger Zusammenschluss** vor. Der entsprechende Erwerbsvorgang muss daher jeweils im Rahmen eines eigenständigen Fusionskontrollverfahrens angemeldet und freigegeben werden. 19

III. Erwerb eines wettbewerblich erheblichen Einflusses

Auch unterhalb der Schwelle des Kontrollerwerbs bzw. des Anteilserwerbs von 25 % kann es im deutschen Recht zu Fusionskontrollpflichten kommen. Nach § 37 Abs. 1 Nr. 4 GWB ist jede sonstige Verbindung von Unternehmen, auf Grund deren ein oder mehrere Unternehmen unmittelbar oder mittelbar einen **wettbewerblich erheblichen Einfluss** auf ein anderes Unternehmen ausüben können, ein fusionskontrollpflichtiger Zusammenschluss dieser Unternehmen. Auf diese Weise sollen **Umgehungskonstellationen erfasst** werden, die zwar nicht dem Zusammenschlusstatbestand des Kontrollerwerbs unterfallen oder die Schwellenwerte beim Erwerb von Anteils- oder Stimmrechten erreichen, aber dennoch wettbewerbsrelevante Auswirkungen haben können.[33] 20

Einen wettbewerblich erheblichen Einfluss besitzt der Erwerber dann, wenn er im Stande ist, seine eigenen Interessen bei Entscheidungen über den Einsatz der Ressourcen des Zielunternehmens zur Geltung zu bringen mit der Folge, dass das Zielunternehmen mangels einer vom Erwerber unabhängigen Strategie letztlich nicht mehr als eigenständiger Wettbewerber am Markt auftreten kann.[34] Der Erwerber muss sich nicht in allen Belangen durchsetzen können; der wettbewerblich erhebliche Einfluss erfordert gerade nicht die Kontrolle des Zielunternehmens.[35] Ausreichend für die Begründung eines wettbewerblich erheblichen Einflusses ist vielmehr, dass **zu erwarten ist, dass die übrigen Gesellschafter in relevanten Fragen auf die Vorstellungen des Erwerbers Rücksicht nehmen** werden.[36] Ob dies der Fall ist, unterliegt einer Einzelfallbewertung, bei der sich jede schematische Beurteilung verbietet. 21

Die Beziehung zwischen dem Inhaber des wettbewerblich erheblichen Einflusses und dem Zielunternehmen setzt dabei voraus, dass der oder die Einfluss erwerbenden Gesellschafter zu dem betroffenen Unternehmen in einer wettbewerblich erheblichen Beziehung stehen. Diese kann dabei sowohl im Horizontalverhältnis (z. B. Beteiligung an einem Konkurrenten) als auch im Vertikalverhältnis (z. B. die Beteiligung eines Lieferanten an seinem Abnehmer) bestehen.[37] Ob konglomerate Beziehungen genügen wird uneinheitlich beantwortet.[38] 22

---

[32] Vgl. *Peter,* in Schulte, Handbuch Fusionskontrolle, 3. A. 2020, Rn. 178.
[33] Vgl. *Riesenkampff/Steinbarth,* in LMRKM, Kartellrecht, 4. A. 2020, § 37 GWB, Rn. 27.
[34] Vgl. *Peter* in Schulte, Handbuch Fusionskontrolle, 3. A. 2020, Rn. 213.
[35] Vgl. *Peter,* in Schulte, Handbuch Fusionskontrolle, 3. A. 2020, Rn. 215.
[36] Bechtold/Bosch, GWB, 9. A. 2018, § 37, Rn. 42.
[37] Vgl. *Peter,* in Schulte, Handbuch Fusionskontrolle, 3. A. 2020, Rn. 213.
[38] Dagegen: Bechtold/Bosch, GWB, 9. A. 2018, § 37, Rn. 45; *Thomas,* in Immenga/Mestmäcker, Wettbewerbsrecht, Bd. 3, 6. A. 2020, § 37, Rn. 267; *Wirtz* AG 1999, 114, 121; a. A. *Kallfaß,* in Langen/Bunte, Kartellrecht, Bd. 1, 13. A. 2018, § 37 GWB Rn. 61 („in besonderen Fällen"); vgl. auch *Steinvorth,* in Wiedemann, Kartellrecht, 4. A. 2020, § 19 Rn. 108.

23 Der wettbewerblich erhebliche Einfluss muss **gesellschaftsrechtlich vermittelt** sein.[39] Rein wirtschaftliche oder aus sonstigen Gründen **tatsächlich bestehende Abhängigkeiten** genügen **nicht.**[40]

24 Der **Hauptanwendungsbereich** des § 37 Abs. 1 Nr. 4 GWB liegt in der Praxis bei der fusionskontrollrechtlichen Beurteilung von **Minderheitsbeteiligungen unterhalb der Beteiligungsschwelle von 25 %.** Erfasst werden sollen jedenfalls solche Beteiligungen, die aufgrund ihrer geringen Höhe nicht unter § 37 Abs. 1 Nr. 3 GWB fallen, die aber aufgrund der Einräumung verschiedener weiterer Zusatzrechte (sog. **Plus-Faktoren**) einer Beteiligung von 25 % oder mehr gleichwertig sind. Als **Plus-Faktoren,** die zusammen mit einer Minderheitsbeteiligung einen wettbewerblich erheblichen Einfluss begründen können, kommen verschiedene Zusatzrechte in Betracht. Relevant sind hier beispielsweise **Informations-, Mitsprache- und Kontrollrechte** des Minderheitsgesellschafters, **Sperrminoritäten** sowie das **Recht, relevante Positionen in den Gesellschaftsorganen zu besetzen.**[41]

25 Allgemeine Kriterien, ab welcher **Anteilshöhe** regelmäßig ein wettbewerblich erheblicher Einfluss anzunehmen oder auszuschließen wäre, haben sich in der Praxis bislang nicht ausgeprägt.[42] Besonders **praxisrelevant** sind **Minderheitsbeteiligungen knapp unterhalb der Beteiligungsschwellen** des § 37 Abs. 1 Nr. 3 GWB („24,9 %-Lösungen"), die dem Erwerber im Rahmen einer Gesamtbetrachtung die Einflussnahme auf das Zielunternehmen ermöglichen. Bei entsprechend starken Plus-Faktoren genügten jedenfalls auch Beteiligungen von deutlich unter 20 %.[43]

26 Ein wettbewerblich erheblicher Einfluss kann auch durch mehrere Unternehmen **gemeinsam ausgeübt** werden.[44] Voraussetzung ist in diesem Fällen eine gemeinsame Interessenlage, die ein Zusammenwirken in Form einer Vereinbarung oder auf sonstige gesicherte Weise bedingt.[45] Insofern gelten hier die gleichen Grundsätze wie bei der gemeinsamen Kontrollausübung.[46]

§ 122 Bestehen einer Anmeldepflicht (Schwellenwerte)

27 Eine Fusionskontrollpflicht besteht nur dann, wenn die Umsätze der am Zusammenschluss beteiligten Unternehmen bestimmte Schwellenwerte überschreiten. Nachfolgend werden die Grundsätze für das deutsche und EU-Fusionskontrollrecht beschrieben. In anderen Jurisdiktionen können jedoch andere Grundsätze gelten, insbesondere unterscheiden sich die Schwellenwerte von Jurisdiktion zu Jurisdiktion.

I. Beteiligte Unternehmen

28 Zunächst ist zu bestimmen, **welche Unternehmen an einem Zusammenschluss beteiligt** sind. Der Begriff der „beteiligten Unternehmen" wird in zwei Zusammenhängen relevant. Nach ihm bestimmt sich zum einen, **welche Unternehmen zur Anmeldung eines Zusammenschlusses verpflichtet sind.**[47] Darüber hinaus werden bei der Prüfung,

---

[39] Vgl. *Peter,* in Schulte, Handbuch Fusionskontrolle, 3 A. 2020, Rn. 214.
[40] Vgl. *Peter,* in Schulte, Handbuch Fusionskontrolle, 3. A. 2020, Rn. 214.
[41] Vgl. *Bechtold/Bosch,* GWB, 9. A. 2018, § 37 Rn. 44; Thomas in Immenga/Mestmäcker, 6. A. 2019, GWB § 37 Rn. 232 ff., vgl. hierzu auch → Kap. 41 § 127.
[42] *Bach,* in MüKoWettbR GWB § 37 Rn. 126 m. w. N.; *Steinvorth,* in Wiedemann, Kartellrecht, 4. A. 2020, Rn. 106; auch das Bundeskartellamt hat seine frühere Praxis, ab einer Schwelle von 20 % von einem hinreichenden Einfluss auszugehen, inzwischen aufgegeben.
[43] Vgl. Bechtold/Bosch, GWB, 9. A. 2018, § 37 Rn. 37; Thomas in Immenga/Mestmäcker GWB § 37 Rn. 235–237 mwN.
[44] Vgl. *Peter,* in Schulte, Handbuch Fusionskontrolle, 3. A. 2020, Rn. 223.
[45] Vgl. Bechtold/Bosch, GWB, 9. A. 2018, § 37 Rn. 47; Thomas, in Immenga/Mestmäcker, Bd. 3, 6. A. 2020, § 37 GWB Rn. 251 ff.
[46] Vgl. hierzu bereits → Kap. 40 Rn. 10.
[47] Details dazu ergeben sich aus § 39 Abs. 2 GWB für das deutsche Recht und Art. 4 Abs. 2 FKVO für das EU-Kartellrecht.

ob die Aufgreifschwellen erreicht werden, nur die Umsatzerlöse der beteiligten Unternehmen berücksichtigt. Eine allgemeine Definition des „beteiligten Unternehmens" enthält weder das GWB noch die FKVO. Die Beantwortung der Frage, welche Unternehmen an einem Zusammenschluss beteiligt sind, hängt daher wesentlich davon ab, welcher Zusammenschlusstatbestand erfüllt wird.[48]

Beim **Kontrollerwerb**[49] sind alle Unternehmen, die nach Vollzug der Transaktion an der Kontrolle teilhaben, beteiligte Unternehmen.[50] Dies sind das alleine oder die gemeinsam kontrollierenden Unternehmen. Beteiligt ist in diesen Fällen auch das kontrollierte Unternehmen.[51] Bei der **Neugründung eines Gemeinschaftsunternehmens** sind dagegen **nur die jeweiligen Muttergesellschaften** beteiligt. Da das neu gegründete Gemeinschaftsunternehmen im Zeitpunkt der Anmeldung des Zusammenschlusses noch nicht existiert, kann es auch noch keinen Umsatz generieren, der ihm zugerechnet werden könnte.[52] Sofern sich eine **Alleinkontrolle in eine gemeinsame Kontrolle** wandelt oder sich der Kreis mehrerer kontrollierender Unternehmen erweitert, sind neben dem kontrollierten Unternehmen und dem neu hinzukommenden kontrollierenden Unternehmen auch alle Unternehmen beteiligt, die zuvor bereits Allein- oder Mitkontrolle ausgeübt haben.[53] Ist der Erwerber eine **Konzerngesellschaft,** ist innerhalb des Konzerns in der Regel nur die Konzerngesellschaft selbst an dem Zusammenschluss beteiligt. Ihr werden allerdings die Umsätze der anderen Konzerngesellschaften bei der Berechnung der Schwellenwerte zugerechnet.[54] Der **Veräußerer,** der nach Vollzug nicht mehr kontrollierend an dem Unternehmen beteiligt ist, ist dagegen an dem Zusammenschluss **nicht beteiligt.**[55]

Beim **Anteilserwerb**[56] sind sowohl das Unternehmen, dessen Anteile veräußert werden, wie auch der Erwerber beteiligt. Der Anteilserwerb in § 37 Abs. 1 Nr. 3 GWB hält in S. 3 jedoch eine Besonderheit bereit: sind an dem Gemeinschaftsunternehmen, an dem der Erwerber mindestens 25 % erwirbt, weitere Unternehmen mit mindestens 25 % beteiligt, so gelten auch diese als beteiligte Unternehmen. Das Gesetz fingiert hier einen Zusammenschluss zwischen den Muttergesellschaften mit mindestens 25 % der Anteile.[57]

Im Fall der sonstigen Unternehmensverbindung, aufgrund derer ein **wettbewerblich erheblicher Einfluss**[58] entsteht, ist das Unternehmen beteiligt, das wettbewerblich erheblichen Einfluss erwirbt, außerdem das Unternehmen, an dem wettbewerblich erheblicher Einfluss erworben wird.[59]

II. Berechnung der maßgeblichen Umsätze

Zur Bestimmung, ob die Schwellenwerte erreicht werden, muss für jedes beteiligte Unternehmen der jeweils maßgebliche Umsatz bestimmt werden. Maßgeblich sind dabei alle relevanten Umsatzerlöse **im letzten abgeschlossenen Geschäftsjahr** vor dem Zusam-

---

[48] Vgl. Bechtold/Bosch/Brinker, EU-Kartellrecht, 3. A. 2014, Art. 1 FKVO, Rn. 12; vgl. für einen Überblick über die verschiedenen denkbaren Konstellationen *Zeise,* in Schulte, Handbuch Fusionskontrolle, 3. A. 2020, Rn. 1181 ff.
[49] § 37 Abs. 1 Nr. 2 GWB; Art. 3 Abs. 1 FKVO.
[50] Vgl. Bechtold/Bosch, GWB, 9. A. 2018, § 35, Rn. 31.
[51] Vgl. Konsolidierte Mitteilung, Rn. 134 ff. Handelt es sich bei dem erworbenen Unternehmen um einen Teil einer rechtlichen und/oder wirtschaftlichen Einheit, ist entsprechend nur der erworbene Teil relevant. Als am Zusammenschluss beteiligt gilt daher beispielsweise nur der erworbene Geschäftsbereich, nicht jedoch der beim Veräußerer verbleibende Teil des Zielunternehmens.
[52] Vgl. *Zeise,* in Schulte, Handbuch Fusionskontrolle, 3. A. 2020, Rn. 1188; Konsolidierte Mitteilung, Rn. 139.
[53] Vgl. Bechtold/Bosch, GWB, 9. A. 2018, § 35, Rn. 31.
[54] Art. 5 Abs. 4 FKVO, § 36 Abs. 2 GWB.
[55] Vgl. Bechtold/Bosch/Brinker, EU-Kartellrecht, 3. A. 2014, Art. 1 FKVO, Rn. 13.
[56] § 37 Abs. 1 Nr. 3 GWB.
[57] Vgl. Bechtold/Bosch, GWB, 9. A. 2018, § 35, Rn. 31.
[58] § 37 Abs. 1 Nr. 4 GWB.
[59] Vgl. Bechtold/Bosch, GWB, 9. A. 2018, § 35, Rn. 31, auch zu der Frage, wie Fälle zu behandeln sind, in denen mehrere Unternehmen wettbewerblich erheblichen Einfluss erwerben.

menschluss. Maßgeblicher Zeitpunkt für die Umsatzberechnung ist das Datum der Anmeldung. Eventuelle Zu- und Verkäufe von Unternehmensteilen zwischen Geschäftsjahresende und Anmeldung sind also bei der Umsatzbestimmung zu berücksichtigen.[60]

33 Das GWB wie auch die FKVO stellen bei der Berechnung der maßgeblichen Umsätze auf den **Netto-Umsatz** ab, d. h. den Brutto-Umsatz abzüglich der Mehrwertsteuer und andere unmittelbar auf den Umsatz bezogene Steuern, der Verbrauchssteuern und der Erlösschmälerungen.[61] Außer Betracht bleiben auch Sondererlöse, z. B. aus dem Verkauf von Vermögenswerten.

34 Jedem beteiligten Unternehmen werden die Umsätze **aller seiner verbundenen Unternehmen** zugerechnet. Dies beinhaltet insbesondere Gesellschaften, die die fragliche Gesellschaft direkt oder indirekt beherrschen, sowie deren direkt oder indirekt, gemeinsam oder allein beherrschte Beteiligungen.[62] Bei der Zielgesellschaft sind wiederum die Umsätze (kontrollierter) Tochtergesellschaften einzubeziehen, jedoch nur soweit diese miterworben werden.

35 Ist eine Konzerngesellschaft an dem Zusammenschluss beteiligt, sind der Berechnung ausschließlich die **konsolidierten Umsätze** zugrunde zu legen. **Innenumsatzerlöse,** d. h. Umsatzerlöse aus Lieferungen und Leistungen zwischen verbundenen Unternehmen, bleiben bei der Berechnung unberücksichtigt.[63]

36 Für die **Berechnung der sog. „Inlandsumsätze"** sind die Umsätze relevant, die Lieferungen an Kunden in der jeweiligen Jurisdiktion betreffen. Maßgeblich ist in der Regel also, in welcher Jurisdiktion der belieferte Kunde seinen Sitz hat.[64]

37 Je nach Jurisdiktion gelten für **bestimmte Branchen gesonderte Regelungen und Berechnungsmethoden** bezüglich der Feststellung der relevanten Umsätze, sowie welche Beträge anstelle der Umsätze bei der Berechnung zugrunde zu legen sind.[65]

III. Schwellenwerte

1. Deutsche Fusionskontrolle

38 § 35 Abs. 1 GWB enthält **drei Schwellenwerte,** bei deren Überschreiten ein Zusammenschlussvorhaben anmeldepflichtig ist. Danach müssen die beteiligten Unternehmen (1) weltweit insgesamt Umsatzerlöse von mehr als **EUR 500 Mio.** erzielt haben (§ 35 Abs. 1 Nr. 1 GWB); zusätzlich muss (2) mindestens ein beteiligtes Unternehmen im Inland

---

[60] Art. 5 Abs. 1 FKVO; § 35 Abs. 1 GWB; vgl. Bechtold/Bosch, GWB, 9. A. 2018, § 35, Rn. 32; zu Änderungen danach siehe *Zeise*, in Schulte, Handbuch Fusionskontrolle, 3. A. 2020, Rn. 1201 ff.; *Kallfaß*, in Langen/Bunte, Kartellrecht, Bd. 1, 13. A. 2018, § 35 GWB, Rn. 27.

[61] Siehe dazu § 38 Abs. 1 S. 1 und 2 GWB in Verbindung mit § 277 HGB; Art. 5 Abs. 1 S. 1 FKVO; *Zeise*, in Schulte, Handbuch Fusionskontrolle, 3. A. 2020, Rn. 1196 ff.

[62] Dabei decken sich die gesetzlichen Definitionen der verbundenen Unternehmen im deutschen Recht (§ 36 Abs. 2 GWB i. V. m. §§ 17, 18 AktG) und im EU-Recht (Art. 5 Abs. 4 FKVO) nicht vollständig. Im Hinblick auf § 36 Abs. 2 GWB ist zu beachten, dass die deutsche Praxis zwischen kontrollierendem Einfluss im Sinne des § 37 Abs. 1 Nr. 2 GWB auf der einen Seite und dem beherrschenden Einfluss im Sinne des § 36 Abs. 2 GWB differenziert. Diese sind zwar in vielen Konstellationen deckungsgleich, aber keineswegs identisch. Siehe dazu *Thomas*, in Immenga/Mestmäcker, Wettbewerbsrecht, Bd. 2, 6. A. 2020, GWB § 36 Rn. 701; Bechtold/Bosch, GWB, 9. A. 2018, § 36 Rn. 69 f. Auch im EU-Recht sind die Begriffe der verbundenen Unternehmen im Sinne des Art. 5 Abs. 4 FKVO, des Erwerbs der Kontrolle im Sinne des Art. 3 Abs. 1 FKVO und der bestimmenden Einflusses zur Definition der wirtschaftlichen Einheit (dazu → Kap. 42 Rn. 13 ff.) nicht vollständig deckungsgleich, wobei die Kommission etwa in ihrer Konsolidierten Mitteilung die Begriffe „Beherrschung" und „Kontrolle" auch synonym verwendet. Vgl. zum EU-Recht auch Bechtold/Bosch/Brinker, EU-Kartellrecht, 3.A. 2014, Art. 5 FKVO, Rn. 21; *Grave/Nyberg*, in LMRKM, Kartellrecht, 4. A. 2020, Rn. 122 ff., Art. 101 AEUV, Rn. 156 ff.

[63] Art. 5 Abs. 1 S. 2 FKVO; § 38 Abs. 1 S. 2 GWB.

[64] Vgl. zu verschiedenen Konstellationen Konsolidierte Mitteilung, Rn. 195 ff.; *Kallfaß*, in Langen/Bunte, Kartellrecht, Bd. 1, 13. A. 2018, § 35 GWB, Rn. 29 m. w. N.

[65] Vgl. hierzu im Einzelnen Art. 5 Abs. 3 lit. a) und b) FKVO bzw. § 38 Abs. 2 bis 4 GWB; z. B. für Kredit- und Finanzinstitute sowie Versicherungsunternehmen und (im deutschen Recht) für Presse, Rundfunk und Handelsunternehmen.

Umsatzerlöse von mehr als **EUR 25 Mio.** und (3) ein anderes beteiligtes Unternehmen Umsatzerlöse von mehr als **EUR 5 Mio.** erzielt haben (§ 35 Abs. 1 Nr. 2 GWB). Alle drei Schwellen müssen **kumulativ** überschritten werden.

Nach § 35 Abs. 1a GWB ist ein Zusammenschlussvorhaben auch dann anmeldepflichtig, wenn zwar die **Schwellen (1) und (2)** erfüllt sind, Schwelle (3) jedoch nicht und stattdessen der Wert der **Gegenleistung für den Zusammenschluss mehr als EUR 400 Mio.** beträgt und das zu erwerbende Unternehmen **in erheblichem Umfang im Inland tätig** ist.[66] 39

2. EU-Fusionskontrolle

Die EU-Kommission ist ausschließlich für die Prüfung solcher Zusammenschlüsse zuständig, die eine **„gemeinschaftsweite Bedeutung"** haben. Dies ist der Fall, wenn die an einem Zusammenschlussvorhaben beteiligten Unternehmen bestimmte **Umsatzschwellenwerte** überschreiten. 40

Eine gemeinschaftsweite Bedeutung liegt zunächst dann vor, wenn **kumulativ** die folgenden zwei Umsatzschwellen überschritten werden:[67] 41
1. Der **weltweite Gesamtumsatz** aller beteiligten Unternehmen beträgt zusammen mehr als **EUR 5 Mrd.** und
2. der **gemeinschaftsweite Gesamtumsatz** von mindestens zwei der beteiligten Unternehmen beträgt jeweils mehr als **EUR 250 Mio.**

Alternativ nimmt die FKVO eine gemeinschaftsweite Bedeutung auch dann an, wenn **kumulativ** die folgenden vier Voraussetzungen erfüllt sind:[68] 42
1. Der **weltweite Gesamtumsatz** aller beteiligten Unternehmen beträgt zusammen mehr als **EUR 2,5 Mrd.**,
2. der **Gesamtumsatz** aller beteiligten Unternehmen übersteigt in mindestens **drei Mitgliedstaaten** jeweils **EUR 100 Mio.**,
3. in mindestens drei der vorgenannten Mitgliedstaaten, in denen der Gesamtumsatz aller beteiligten Unternehmen EUR 100 Mio. übersteigt, beträgt der Umsatz von mindestens **zwei der beteiligten Unternehmen** jeweils mehr als **EUR 25 Mio.**, und
4. der gemeinschaftsweite Gesamtumsatz von mindestens **zwei** beteiligten Unternehmen beträgt jeweils mehr als **EUR 100 Mio.**

IV. Ausnahmen von der Anmeldepflicht

In den verschiedenen Jurisdiktionen gibt es Vorschriften, die trotz des Erreichens der Aufgreifschwellen eine Ausnahme von der Anmeldepflicht vorsehen, insbesondere um Zusammenschlüsse mit nur geringen Auswirkungen auf die jeweilige Jurisdiktion auszunehmen. Im **deutschen Recht** sind solche Zusammenschlüsse von der Fusionskontrolle ausgenommen, in deren Rahmen sich ein nicht-abhängiges Unternehmen, das im letzten Geschäftsjahr weltweit weniger als EUR 10 Mio. Umsatz erzielt hat, mit einem anderen Unternehmen zusammenschließt.[69] In der **EU** besteht nach der FKVO eine **Ausnahme** nach der **sog. 2/3-Klausel** dann, wenn die beteiligten Unternehmen jeweils mehr als zwei Drittel ihres gemeinschaftsweiten Gesamtumsatzes in ein und demselben Mitgliedstaat erzielen.[70] Das 43

---

[66] Zu dieser erst im Jahr 2017 eingeführten Schwelle, vgl. den Leitfaden Transaktionswert-Schwellen für die Anmeldepflicht von Zusammenschlussvorhaben aus dem Juli 2018, abzurufen über die Website des Bundeskartellamtes; Thomas in Immenga/Mestmäcker, 6. A. 2019, § 35 Rn. 70 ff.
[67] Art. 1 Abs. 2 lit. a) und b) FKVO.
[68] Art. 1 Abs. 3 FKVO.
[69] § 35 Abs. 2 GWB (sog. „Anschlussklausel"); vgl. dazu Bechtold/Bosch, GWB, 9. A. 2018, § 35, Rn. 45 ff.
[70] Art. 1 Abs. 2 bzw. Abs. 3, jeweils letzter Hs. FKVO; vgl. Bechtold/Bosch/Brinker, EU-Kartellrecht, 2. A. 2014, Art. 1 FKVO, Rn. 11.

Nicht-Vorliegen dieser Voraussetzungen ist insofern kumulativ zu dem Überschreiten der oben genannten Umsatzschwellen zu prüfen.

V. Die Person des Erwerbers: Unternehmen, Privatperson, Staat

44 Die Anmeldepflicht besteht nach den vorstehenden Grundsätzen jedenfalls dann, wenn es sich bei dem jeweiligen Erwerber der Kontrolle bzw. der Anteile um ein **Unternehmen** handelt. Soweit also die Gesellschaftervereinbarungen zwischen Unternehmen geschlossen werden, gelten die Anmeldepflichten ohne weiteres.

45 Inwieweit **natürliche Personen** oder der nicht unternehmerisch tätige Staat als Erwerber zu berücksichtigen sind, wird im deutschen Recht und im EU-Recht **nicht ganz deckungsgleich** geregelt:[71] Nach Art. 3 Abs. 1 lit. a) FKVO wird im **EU-Recht** daran angeknüpft, dass die erwerbende Person bereits mindestens ein weiteres Unternehmen kontrolliert oder selbst unternehmerisch tätig ist.[72] Auch Privatpersonen oder der Staat als Erwerber sind damit unter diesen Umständen erfasst. In der **deutschen Fusionskontrolle** knüpft die Fusionskontrollpflicht zunächst allein an die Unternehmenseigenschaft an. Diese hat eine natürliche Person oder der Staat dann, wenn sie / er selbst unternehmerisch tätig ist. Nach § 36 Abs. 3 GWB wird jedoch die Unternehmenseigenschaft einer natürlichen Person oder des Staates fingiert, wenn ihr / ihm eine Mehrheitsbeteiligung an einem Unternehmen zusteht. Dies gilt aber nicht, wenn eine natürliche Person erstmalig eine Mehrheitsbeteiligung erwirbt. Dementsprechend kann auch die gemeinsame Kontrolle nur gemeinsam mit einem anderen Unternehmen im Sinne des GWB und nicht etwa gemeinsam mit einer Privatperson ohne eigene Mehrheitsbeteiligung erworben werden.[73]

§ 123 Ablauf des Fusionskontrollverfahrens

I. Verfahren beim Bundeskartellamt

1. Anmeldung

46 Das Verfahren des Bundeskartellamtes sieht **keine Anmeldefristen** vor. Ein Vorhaben kann angemeldet werden, sobald es **hinreichend** bestimmt ist und eine konkrete Absicht einer Partei vorliegt, das Vorhaben umzusetzen.[74] Der spätestmögliche Zeitpunkt für eine Anmeldung ergibt sich insofern aus dem Vollzugsverbot: Ein geplanter Zusammenschluss muss jedenfalls so angemeldet werden, dass der beabsichtigte Vollzug nach Abschluss des Verfahrens vor dem Bundeskartellamt liegt.

47 Die Anmeldung muss bestimmte **Pflichtangaben** enthalten, insbesondere Angaben zur Form des geplanten Zusammenschlusses, zur Firma, dem Sitz, der Art des Geschäftsbetriebs, den Umsatzerlösen sowie den Marktanteilen der beteiligten Unternehmen.[75] Nur **vollständige Anmeldungen** bewirken den Beginn des Laufs der Fristen. Wird ein Zusammenschluss nicht richtig oder nicht vollständig angemeldet, kann dies außerdem eine Ordnungswidrigkeit darstellen, die das Bundeskartellamt mit einem Bußgeld sanktionieren kann. Im Fall unrichtiger Angaben kann das Bundeskartellamt zudem eine Freigabe eines Zusammenschlusses nachträglich widerrufen oder eine unterlassene Untersagung nachträglich nachholen.[76]

---

[71] Vgl. auch *Bach*, in MüKoWettbR, Bd. 2, 3. A. 2020, § 37 GWB Rn. 39.
[72] Vgl. Konsolidierte Mitteilung, Rn. 12 sowie Rn. 151. Dies gilt demnach auch für den Staat als Gesellschafter von Unternehmen.
[73] Bechtold/Bosch, GWB, 9. A. 2018, § 37, Rn. 14; a. A. *Kallfaß*, in Langen/Bunte, Kartellrecht, Bd. 1, 13. A. 2018, § 36 Rn. 157.
[74] Thomas in Immenga/Mestmäcker, 6. A. 2020, § 39 Rn. 26 ff. mwN.
[75] Siehe § 39 Abs. 3 GWB.
[76] Siehe § 39 Abs. 3 S. 5 sowie § 81 Abs. 2 Nr. 3 GWB; § 40 Abs. 2 S. 4 Nr. 2 und Abs. 3a GWB.

In der Regel werden Anmeldungen **schriftlich** eingereicht, die Verwendung einer 48
bestimmten Form oder eines Formblatts ist nicht vorgeschrieben. Eine Einreichung per Fax
und per E-Mail ist möglich.[77]

Zur Anmeldung verpflichtet sind alle am Zusammenschluss beteiligten Unternehmen, in den Fällen des Vermögens- oder Anteilserwerbs zusätzlich auch die Veräußerer.[78] Es ist üblich und genügt in der Praxis, dass sich die zur Anmeldung verpflichteten Unternehmen über den Inhalt der Anmeldung untereinander abstimmen, und im Anschluss ein Unternehmen eine Anmeldung einreicht.[79] 49

2. Vorprüfverfahren

Nach Einreichen der Anmeldung prüft das Bundeskartellamt zunächst in einem **Vorprüfverfahren,** ob die Voraussetzungen für eine Untersagung des Zusammenschlusses vorliegen.[80] Das Vorprüfverfahren kann **höchstens einen Monat** ab Eingehen der vollständigen Anmeldung dauern. Hält das Bundeskartellamt den Zusammenschluss für unproblematisch, teilt es den anmeldenden Unternehmen im Rahmen der Monatsfrist mit, dass es keine Gründe für eine Untersagung sieht. Andernfalls unterrichtet es die anmeldenden Unternehmen, dass es in das Hauptprüfverfahren eingetreten ist (sog. „Monatsbrief"). Erhalten die Unternehmen mit Ablauf der Monatsfrist keine Mitteilung über den Eintritt ins Hauptprüfverfahren, gilt der Zusammenanschluss als freigegeben.[81] Eine Untersagung des Zusammenschlusses bereits im Vorprüfverfahren ist nicht möglich.[82] 50

3. Hauptprüfverfahren

Hält das Bundeskartellamt am Ende des Vorprüfungsverfahrens eine weitere Prüfung des Zusammenschlussvorhabens für erforderlich, tritt es in das **Hauptprüfverfahren** ein. In diesem Fall verlängert sich die Prüfungsfrist auf **insgesamt vier Monate ab Eingang der vollständigen Anmeldung.**[83] 51

Das Hauptprüfverfahren endet mit einer **Untersagungsverfügung** oder einer **Freigabe** des Zusammenschlusses durch das Bundeskartellamt. Das Bundeskartellamt kann den Zusammenschluss (nur) im Hauptprüfverfahren auch **unter Bedingungen oder mit Auflagen** verbunden freigeben.[84] Erfolgt jedoch bis zum Ablauf einer Frist von vier Monaten nach Eingang der vollständigen Anmeldung beim Bundeskartellamt keine Entscheidung, und wurde die Frist auch nicht gemäß § 40 Abs. 2 GWB verlängert oder gehemmt, dann gilt der Zusammenschluss als freigegeben. 52

4. Kosten und Vollzugsanzeige

Für die Anmeldung erhebt das Bundeskartellamt **Anmeldegebühren,** die sich nach dem personellen und sachlichen Aufwand unter Berücksichtigung der wirtschaftlichen Bedeu- 53

---

[77] Für Anmeldungen per E-Mail gibt es eine Sonderregelung, siehe § 39 Abs. 1 S. 2 und 3 GWB; vgl. Bechtold/Bosch, GWB, 9. A. 2018, § 39, Rn. 13.
[78] Vgl. § 39 Abs. 2 GWB; zum Begriff des beteiligten Unternehmens, siehe oben → Kap. 40 Rn. 28 ff.
[79] Die rechtlichen Hintergründe sind teils umstritten, in der Praxis aber in der Regel nicht relevant; vgl. dazu Bechtold/Bosch, GWB, 9. A. 2018, § 39 Rn. 12 mit Verweis auf formale Position des OLG Düsseldorf, Beschl. v. 22.12.2006 – VI-Kart 10/06 (V), WuW/E DE-R 1881, 1882 f. – *E. I. du Pont/Pedex;* abweichend *Kallfaß,* in Langen/Bunte, Kartellrecht, Bd. 1, 13. A. 2018, § 39 GWB, Rn. 9 m. w. N.
[80] Siehe §§ 40 Abs. 1 GWB, 36 Abs. 1 GWB.
[81] § 40 Abs. 1 S. 1 GWB.
[82] Vgl. Bechtold/Bosch, GWB, 9. A. 2018, § 40, Rn. 8.
[83] Auch noch längere Fristen sind möglich, z. B. im Fall verzögerter oder falscher Angaben, oder wenn sich die Unternehmen mit einer verlängerten Prüffrist einverstanden erklären; vgl. dazu § 40 Abs. 2 S. 2, 4 GWB.
[84] § 40 Abs. 3 GWB. Dies geschieht jedoch in aller Regel nur dann, wenn die betroffenen Unternehmen von sich aus Maßnahmen vorschlagen.

tung des Zusammenschlussvorhabens bestimmen.[85] Die Gebühren werden grundsätzlich am Ende des Verfahrens festgesetzt. Nach Freigabe muss der erfolgte Vollzug des Zusammenschlusses „unverzüglich" dem Bundeskartellamt gegenüber **angezeigt** werden.[86]

II. Verfahren bei der EU-Kommission

54 Das Fusionskontrollverfahren vor der EU-Kommission gliedert sich grundsätzlich in **zwei förmliche Phasen** (sog. „Phase I" und „Phase II").[87] Von großer praktischer Bedeutung ist jedoch das sog. Voranmeldeverfahren, das den beiden förmlichen Phasen vorgelagert ist.

1. Voranmeldeverfahren

55 Das EU-Fusionskontrollverfahren beginnt regelmäßig vor Einreichung der förmlichen Anmeldung mit einer **informellen Kontaktaufnahme** („pre-notification contacts") zwischen den am Zusammenschluss beteiligten Unternehmen und der EU-Kommission.[88] Diese Phase kann je nach Komplexität des Falles bis zu mehrere Monate andauern. Dieses Voranmeldeverfahren ist in der Praxis seit langem etabliert und beginnt in der Regel mit einem Antrag auf Bildung eines Case Teams für das jeweilige Zusammenschlussvorhaben.[89] Das Voranmeldeverfahren dient zum einen dazu, die Anmeldung des Zusammenschlussvorhabens vorzubereiten, um Verzögerungen oder Unterbrechungen während der späteren Verfahrensabschnitte zu vermeiden, zum anderen aber auch dazu, verschiedene Fragen vorab zu klären und vor allem einen späteren Übergang des Verfahrens in Phase II zu verhindern.[90] Hierdurch verlagert sich oftmals ein großer Teil der in Phase I von der EU-Kommission zu bewältigenden Arbeit bereits vor, so dass die recht kurze Zeitspanne der Phase I wieder relativiert wird.

2. Phase I (Voruntersuchungsphase)

56 Die formelle Voruntersuchungsphase („Phase I") des Fusionskontrollverfahrens beginnt mit Einreichung der förmlichen Anmeldung bei der EU-Kommission. Die Anmeldung des Zusammenschlussvorhabens vor der EU-Kommission ist **streng formalisiert** und muss zwingend unter Verwendung des **Formblatts CO**[91] vorgenommen werden.

57 Nach Eingang der vollständigen Anmeldung stehen der EU-Kommission in Phase I höchstens **25 Arbeitstage** zur Prüfung des Zusammenschlussvorhabens zur Verfügung.[92] In Phase I untersucht die EU-Kommission die wettbewerblichen Auswirkungen des geplanten Zusammenschlusses und prüft summarisch die Vereinbarkeit des Zusammenschlussvorhabens mit dem Gemeinsamen Markt.[93] Hierzu nimmt die EU-Kommission üblicher-

---

[85] In einfachen Fällen beträgt sie in der Regel unter EUR 10.000, kann aber im Ausnahmefall bis zu EUR 100.000 betragen, § 80 Abs. 2 S. 1, S. 2 Nr. 1 und S. 3 GWB.
[86] § 39 Abs. 6 GWB. Das Bundeskartellamt stellt in der Praxis keine hohen Anforderungen an das Merkmal der Unverzüglichkeit.
[87] Einen komprimierten Überblick über das Verfahren enthält das Fact Sheet der Generaldirektion Wettbewerb zum Fusionskontrollverfahren (Stand: Juli 2013), abrufbar unter http://ec.europa.eu/competition/publications/factsheets/merger_control_procedures_en.pdf. Praktische Hinweise zum Kartellverfahren enthalten auch die „Best Practices on the Conduct of EC Merger Control Proceedings" der Generaldirektion Wettbewerb (Stand: 2004; im Folgenden auch „Merger Best Practices"), abrufbar unter http://ec.europa.eu/competition/mergers/legislation/proceedings.pdf.
[88] Vgl. Bechtold/Bosch/Brinker, EU-Kartellrecht, 2. A. 2014, Art. 6 FKVO, Rn. 2.
[89] Für diesen Antrag („Case Team Allocation Request") steht auf der Website der EU-Kommission ein entsprechendes Formular zur Verfügung.
[90] Vgl. *Koch,* in MüKoWettbR, 3. A. 2020, Bd. 1, Grundlagen der europäischen Fusionskontrolle, Rn. 149 ff.
[91] Das „Formblatt CO zur Anmeldung eines Zusammenschlusses gemäß Verordnung Nr. 139/2004" ist als Anhang I der Verordnung (EG) Nr. 802/2004 beigefügt und auf der Website der Generaldirektion Wettbewerb abrufbar.
[92] Art. 10 Abs. 1 S. 1 FKVO.
[93] Vgl. *Mäger,* in Mäger, Europäisches Kartellrecht, 2. A. 2011, S. 403.

weise mit Hilfe informeller oder auch förmlicher **Auskunftsverlangen** Kontakt mit Wettbewerbern, Kunden, Lieferanten, sonstigen betroffenen Dritten und ggfs. auch mit den jeweiligen nationalen Kartellbehörden auf, um Informationen über die durch das Zusammenschlussvorhaben betroffenen Märkte und die dortige Wettbewerbsstruktur zu erhalten und mögliche wettbewerbliche Probleme zu identifizieren.

Der EU-Kommission stehen in Phase I verschiedene **Entscheidungsalternativen**[94] 58 offen:

1. **Freigabeentscheidung ohne Änderungen oder Bedingungen/Auflagen:** Sofern nach Auswertung der in Phase I gesammelten Informationen nach Ansicht der EU-Kommission kein Anlass zu ernsthaften wettbewerblichen Bedenken besteht, ist eine verbindliche Freigabe des Zusammenschlussvorhabens bereits in Phase I möglich.[95]
2. **Freigabeentscheidung nach Änderung des Zusammenschlussvorhabens:** Bestehen wettbewerbliche Bedenken, die jedoch durch eine Änderung, insbesondere eine Reduzierung des Zusammenschlussvorhabens ausgeräumt werden können, kann die EU-Kommission nach entsprechender Rücksprache mit den beteiligten Unternehmen auch nur das reduzierte Vorhaben freigeben.[96]
3. **Freigabeentscheidung unter Bedingungen und Auflagen:** Stehen dem geplanten Zusammenschluss nach Auffassung der EU-Kommission wettbewerbliche Bedenken entgegen, kann die Genehmigung des Zusammenschlusses mit Bedingungen und Auflagen verbunden und so sichergestellt werden, dass die beteiligten Unternehmen abgegebene Zusagen zur Ausräumung der Bedenken erfüllen.[97] Abhilfemaßnahmen müssen unter Verwendung des Formblatts RM[98] vorgeschlagen werden. Bieten die beteiligten Unternehmen Abhilfemaßnahmen an, verlängert sich die Bearbeitungsfrist zur Prüfung der Zusagen um zehn Arbeitstage auf höchstens 35 Arbeitstage.[99]

Abhilfemaßnahmen sollen vornehmlich struktureller Art sein, um den **Erhalt wett-** 59 **bewerbsfähiger Marktstrukturen** zu gewährleisten.[100] Zu den strukturellen Abhilfemaßnahmen zählen nach der Mitteilung der EU-Kommission über Abhilfemaßnahmen[101] insbesondere die Veräußerung eines Geschäfts,[102] daneben aber z. B. auch die Zerschlagung von Bindungen zu Mitbewerbern,[103] die Gewährung diskriminierungsfreien Zugangs zu wichtiger Infrastruktur, Netzen oder Schlüsseltechnologien[104] sowie die Änderung langfristiger Ausschließlichkeitsvereinbarungen.[105] Abhilfemaßnahmen, die sich auf ein zukünf-

---

[94] Art. 6 Abs. 1 lit. a) sieht als weitere Alternative die Entscheidung vor, dass der angemeldete Zusammenschluss nicht in den Anwendungsbereich der Fusionskontrolle fällt. Da Fragen der Zuständigkeit jedoch in aller Regel bereits im Voranmeldeverfahren geklärt werden und es daher bei Unanwendbarkeit der FKVO gar nicht erst zu einer Anmeldung kommt, kommt dieser Alternative heute keine praktische Bedeutung mehr zu, vgl. Bechtold/Bosch/Brinker, EU-Kartellrecht, 3. A. 2014, Art. 6 FKVO, Rn. 3.
[95] Art. 6 Abs. 1 lit. b) FKVO.
[96] Art. 6 Abs. 1 lit. b) i. V. m. Art. 6 Abs. 2 Unterabs. 1 FKVO.
[97] Art. 6 Abs. 1 lit. b) i. V. m. Art. 6 Abs. 2 Unterabs. 2 FKVO. Zu den Rechtsfolgen bei Nichteinhaltung der Zusagen siehe insbesondere Art. 6 Abs. 3 lit. b), Art. 14 Abs. 2 lit. d) und Art. 15 Abs. 1 lit. c) FKVO.
[98] Das „Formblatt RM über Abhilfen – Informationen zu nach Artikel 6 Absatz 2 und Artikel 8 Abs. 2 der Verordnung (EG) Nr. 139/2004 angebotenen Verpflichtungen" ist als Anhang IV der Verordnung (EG) Nr. 802/2004 beigefügt. Eine aktuelle Fassung findet sich u. a. auf der Website der Generaldirektion Wettbewerb in der konsolidierten Fassung der Verordnung (EG) Nr. 802/2004 unter http://eur-lex.europa.eu/legal-content/EN/TXT/?uri=CELEX:02004R0802-20140101.
[99] Art. 10 Abs. 1 Unterabs. 2 FKVO.
[100] Vgl. Bechtold/Bosch/Brinker, EU-Kartellrecht, 3. A. 2014, Art. 8 FKVO, Rn. 9.
[101] Mitteilung der EU-Kommission über nach der Verordnung (EG) Nr. 139/2004 des Rates und der Verordnung Nr. (EG) 802/2004 der EU-Kommission zulässige Abhilfemaßnahmen, ABl. (EU) Nr. C 267 vom 22.10.2008, S. 1 ff., Rn. 22 ff. (im Folgenden: „Mitteilung der EU-Kommission über Abhilfemaßnahmen").
[102] Vgl. Mitteilung der EU-Kommission über Abhilfemaßnahmen, Rn. 22 ff.
[103] Vgl. Mitteilung der EU-Kommission über Abhilfemaßnahmen, Rn. 58 ff.
[104] Vgl. Mitteilung der EU-Kommission über Abhilfemaßnahmen, Rn. 62 ff.
[105] Vgl. Mitteilung der EU-Kommission über Abhilfemaßnahmen, Rn. 67 f.

tiges Verhalten der beteiligten Unternehmen beziehen, sieht die EU-Kommission demgegenüber nur äußerst selten als zulässig an.[106]

60 **Entscheidung, in Phase II überzugehen:** Kommt keine der Entscheidungsvarianten in Betracht, insbesondere weil die EU-Kommission weiterhin „ernsthafte Bedenken" hinsichtlich der Vereinbarkeit des Zusammenschlussvorhabens mit dem Binnenmarkt hat, entscheidet sie, das Hauptverfahren zu eröffnen und in Phase II überzugehen.[107]

3. Phase II (Hauptverfahren)

61 Nach der Entscheidung, in Phase II überzugehen, beginnt die EU-Kommission mit einer **umfassenden Marktuntersuchung,** in der insbesondere die in Phase I offen gebliebenen Fragen geklärt werden sollen. Kommt die EU-Kommission hierbei zu dem vorläufigen Ergebnis, dass sich die in Phase I festgestellten wettbewerblichen Bedenken bestätigen, übersendet sie den beteiligten Unternehmen zunächst eine **Mitteilung der Beschwerdepunkte** („Statement of Objections"), in der sie ihnen ihre Einwände gegen den geplanten Zusammenschluss darlegt.[108]

62 Nach Erhalt der Mitteilung der Beschwerdepunkte haben die beteiligten Unternehmen ein **Recht auf Einsicht in die Verfahrensakten** der EU-Kommission.[109] Die beteiligten Unternehmen haben im Rahmen einer von der EU-Kommission gesetzten Frist Zeit, zu der Mitteilung der Beschwerdepunkte Stellung zu nehmen.[110] Auf Antrag findet zudem eine förmliche mündliche Anhörung vor der EU-Kommission statt, in der die beteiligten Unternehmen ihre Argumente gegen die in der Mitteilung der Beschwerdepunkte erhobenen Einwänden mündlich erläutern können.[111] Daneben finden informelle Treffen zum Verfahrensstand (**„State of Play"-Meetings**) statt.[112]

63 Der EU-Kommission stehen mit Einleitung der Phase II **weitere 90 Arbeitstage** zur Verfügung, um das Zusammenschlussvorhaben abschließend zu prüfen. Die beteiligten Unternehmen können eine **Fristverlängerung** innerhalb von 15 Tagen nach Beginn der Phase II beantragen; zudem können Fristverlängerungen einvernehmlich zwischen der EU-Kommission und den beteiligten Unternehmen vereinbart werden.[113] Unter den Voraussetzungen von Art. 10 Abs. 3 FKVO können die Fristen auch noch gehemmt werden.[114]

64 Am **Ende der Phase II** steht eine **abschließende Entscheidung** der EU-Kommission darüber, ob der Zusammenschluss mit dem gemeinsamen Markt vereinbar oder unvereinbar ist.[115] Die EU-Kommission kann ihre Entscheidung wiederum mit **Bedingungen und Auflagen** versehen.[116]

---

[106] Vgl. Mitteilung der EU-Kommission über Abhilfemaßnahmen, Rn. 17.
[107] Art. 6 Abs. 1 lit. c) FKVO.
[108] Vgl. Art. 13 Abs. 2 VO 802/2004.
[109] Art. 18 Abs. 3 S. 3 FKVO i. V. m. Art. 17 Abs. 1 VO 802/2004. Zuvor stellt die EU-Kommission den beteiligten Unternehmen auf ihren Wunsch hin bereits einige Schlüsseldokumente zur Verfügung; vgl. hierzu Mitteilung „Merger Best Practices", Rn. 45 f.
[110] In der Regel zehn Arbeitstage, vgl. *Koch,* in MüKoWettbR, 3. A. 2020, FKVO, Grundlagen der europäischen Fussionskontrolle, Rn. 157 f.
[111] Vgl. zur mündlichen Anhörung Art. 14 und 15 VO 802/2004.
[112] Vgl. Merger Best Practices, Rn. 30 ff.
[113] Art. 10 Abs. 3 FKVO. Insgesamt darf die Frist jedoch nur um maximal 20 Arbeitstage verlängert werden. Die 90-Tage-Frist verlängert sich zudem um 15 Tage, wenn die beteiligten Unternehmen erst zu einem relativ späten Zeitpunkt im Verfahren Zusagen anbieten. Nach Art. 19 Abs. 2 VO 802/2004 müssen Zusagenangebote zudem spätestens am 65. Arbeitstag bei der EU-Kommission vorliegen.
[114] Art. 10 Abs. 3 FKVO ist auch in Phase I anwendbar, hat aber in Phase II die weitaus größere praktische Bedeutung, vgl. dazu Körber in Immenga/Mestmäcker, 6. A. 2020, Art. 10 FKVO, Rn. 14 ff.
[115] Art. 8 Abs. 1 bzw. 2 FKVO.
[116] Siehe näher hierzu bereits die Erläuterungen zu Phase I im vorherigen Kapitel.

4. Vereinfachtes Verfahren

Zusammenschlussvorhaben, die zwar die Schwellenwerte überschreiten und damit in den Anwendungsbereich des EU-Fusionskontrollrechts fallen, aber **offensichtlich keine wettbewerblichen Probleme** aufweisen, können im sog. **vereinfachten Verfahren** angemeldet werden. Dieses spielt in der Praxis eine erhebliche Rolle und kommt insbesondere dann in Betracht, wenn die beteiligten Unternehmen auch nach dem Zusammenschluss nur über geringe gemeinsame **Marktanteile von bis zu 15 %** verfügen werden.[117] Die Vorteile des vereinfachten Verfahrens liegen insbesondere in Erleichterungen bei der Anmeldung durch die Verwendung eines reduzierten Formblattes[118] und einer verkürzten Prüfung.[119] Da die EU-Kommission bei der Zulassung und der Durchführung des vereinfachten Verfahrens über einen großen Beurteilungsspielraum verfügt, sollte sie vor Anmeldung eines Vorhabens im vereinfachten Verfahren jedenfalls kontaktiert werden.[120]

65

III. Rechtsschutz

Die Entscheidung des Bundeskartellamts kann vor dem Oberlandesgericht Düsseldorf mit der Beschwerde angefochten werden.[121] Es besteht zudem die Möglichkeit, im Falle der Untersagung einen Antrag auf Ministererlaubnis zu stellen.[122] Ist die Untersagungsentscheidung rechtskräftig aufgehoben, kann das Vorhaben grundsätzlich vollzogen werden.[123]

66

Gegen Unvereinbarkeitsentscheidungen der EU-Kommission steht den beteiligten Unternehmen[124] **der Rechtsweg vor die Gemeinschaftsgerichte** offen. Zuständig für die Nichtigkeitsklage (Art. 263 AEUV) ist in erster Instanz das Gericht der Europäischen Union (EuG). Im Falle einer vollständigen oder teilweisen Aufhebung der EU-Kommissionsentscheidung ist die EU-Kommission verpflichtet, eine neue Prüfung des Zusammenschlussvorhabens unter Berücksichtigung der Wertungen des Gerichtsurteils und der in diesem Zeitpunkt geltenden Sach- und Rechtslage durchzuführen.[125]

67

---

[117] Vgl. *Koch,* in MüKoWettbR 3.A. 2020, FKVO Grundlagen der europäischen Fusionskontrolle, Rn. 165. Danach wurden im Jahr 2012 fast 70 % der Fälle im vereinfachten Verfahren behandelt. Voraussetzungen und weitere Einzelheiten des vereinfachten Verfahrens finden sich in der „Bekanntmachung der EU-Kommission über ein vereinfachtes Verfahren für bestimmte Zusammenschlüsse gemäß der Verordnung (EG) Nr. 139/2004 des Rates", ABl. (EU) Nr. C 366 vom 14.12.2013, S. 5 ff.

[118] Eine aktuelle Fassung des „Vereinfachten Formblatt CO zur Anmeldung eines Zusammenschlusses gemäß Verordnung Nr. 139/2004" findet sich u. a. auf der Website der Generaldirektion Wettbewerb als Anhang II in der konsolidierten Fassung der Verordnung (EG) Nr. 802/2004.

[119] Vgl. *Koch,* in MüKoWettbR 3.A. 2020, FKVO Grundlagen der europäischen Fusionskontrolle, Rn. 165. Danach wurden im Jahr 2012 fast 70 % der Fälle im vereinfachten Verfahren behandelt. Voraussetzungen und weitere Einzelheiten des vereinfachten Verfahrens finden sich in der „Bekanntmachung der EU-Kommission über ein vereinfachtes Verfahren für bestimmte Zusammenschlüsse gemäß der Verordnung (EG) Nr. 139/2004 des Rates", ABl. (EU) Nr. C 366 vom 14.12.2013, S. 5 ff.

[120] Vgl. *Koch,* in MüKoWettbR 3.A. 2020, FKVO Grundlagen der europäischen Fusionskontrolle, Rn. 165. Danach wurden im Jahr 2012 fast 70 % der Fälle im vereinfachten Verfahren behandelt. Voraussetzungen und weitere Einzelheiten des vereinfachten Verfahrens finden sich in der „Bekanntmachung der EU-Kommission über ein vereinfachtes Verfahren für bestimmte Zusammenschlüsse gemäß der Verordnung (EG) Nr. 139/2004 des Rates", ABl. (EU) Nr. C 366 vom 14.12.2013, S. 5 ff.

[121] § 63 ff. GWB; denkbar ist das auch bei einer Freigabeentscheidung; vgl. z. B. Bechtold/Bosch, GWB, 9. A. 2018, § 40, Rn. 34 ff.

[122] § 42 GWB.

[123] Zu Einschränkungen vgl. *Kallfaß,* in Langen/Bunte, Kartellrecht, Bd. 1, 13. A. 2018, § 40 GWB, Rn. 27.

[124] Daneben können insbesondere auch wichtige Wettbewerber der beteiligten Unternehmen eine Klagebefugnis haben und eine Freigabeentscheidung der EU-Kommission daher ggfs. vor Gericht anfechten, wenn ihre Stellung im Markt durch den geplanten Zusammenschluss spürbar beeinträchtigt wird, vgl. *Koch,* in Schulte, Handbuch Fusionskontrolle, 3. A. 2020, Rn. 2367 f.

[125] Siehe Art. 10 Abs. 5 Unterabs. 1 FKVO.

§ 124 Vollzugsverbot

68 Unternehmen dürfen **anmeldepflichtige** Zusammenschlüsse vor ihrer Anmeldung und Freigabe durch die zuständigen Kartellbehörden (bzw. dem Vorliegen einer Freigabefiktion) nicht vollziehen oder am Vollzug mitwirken (**„Vollzugsverbot"**).[126] Ein Verstoß gegen das Vollzugsverbot liegt sowohl bei einer gänzlich fehlenden Anmeldung als auch dann vor, wenn die beteiligten Unternehmen entsprechende Vollzugshandlungen nach der Anmeldung, jedoch noch vor Erlass der Freigabeentscheidung durch die Kartellbehörden in die Wege leiten.[127] Das Vollzugsverbot gilt nicht nur für den Erwerber, sondern auch für den Veräußerer.[128]

69 **Unzulässig** sind nach dem Vollzugsverbot grundsätzlich alle Vollzugshandlungen, die dazu führen, dass der entsprechende Zusammenschlusstatbestand bereits vor der Freigabeentscheidung vorweggenommen wird (sog. **„gun jumping"**).[129] Mit Blick auf den Zusammenschlusstatbestand des Kontrollerwerbs gilt das Vollzugsverbot für alle Maßnahmen, die dem Erwerber bereits eine **rechtliche oder tatsächliche Kontrollmöglichkeit** über ein anderes Unternehmen verschaffen oder den Zusammenschluss sonst faktisch vorwegnehmen würden.[130] **Vorbereitungshandlungen,** die ausschließlich der Vorbereitung des späteren Zusammenschlusses dienen und für diese notwendig sind, **verstoßen** dagegen **nicht gegen das Vollzugsverbot.** Zulässig sind daher alle Maßnahmen, die der Planung des Zusammenschlusses dienen und für die optimale Umsetzung des Vorhabens erforderlich sind, solange sie den Zusammenschluss nicht rechtlich oder faktisch, ganz oder teilweise vorwegnehmen.[131]

70 Bei Vorliegen von wichtigen Gründen kann eine **Freistellung** vom Vollzugsverbot beantragt werden.[132] Die Voraussetzungen einer Befreiung sind aber hoch.

71 Rechtsgeschäfte, die gegen das Vollzugsverbot verstoßen, sind **schwebend unwirksam.**[133] **Verstöße gegen das Vollzugsverbot** sind zudem **sanktionsbewehrt,** und zwar theoretisch mit bis zu 10 % des Konzernumsatzes.[134]

§ 125 Überblick über materielle Kriterien der Prüfung

72 Seit der Harmonisierung des § 36 Abs. 1 GWB mit der FKVO (EU) Nr. 2012/2013 ist sowohl im deutschen wie auch im EU-Kartellrecht der sog. SIEC-Test („significant impediment to effective competition") das maßgebliche Kriterium bei der Entscheidung,

---

[126] § 41 Abs. 1 S. 1 GWB bzw. Art. 7 FKVO.
[127] Ein (bußgeldbewährter) Verstoß gegen das Vollzugsverbot liegt darüber hinaus offensichtlich auch dann vor, wenn das Zusammenschlussvorhaben entgegen einer Unvereinbarkeitsentscheidung der EU-Kommission dennoch umgesetzt wird, vgl. Art. 14 Abs. 2 lit. c) FKVO.
[128] Vgl. *Maass,* in Langen/Bunte, Kartellrecht, Bd. 2, 13. A. 2018, Art. 7 FKVO, Rn. 5.
[129] Vgl. *Bechtold/Bosch,* GWB, 9 A. 2018, § 41, Rn. 4 ff.; Bechtold/Bosch/Brinker, EU-Kartellrecht, Art. 7 FKVO, 3. A. 2014, Rn. 2; *Hoffer/Lehr* NZKart 2018, 300 ff.
[130] Beispiele hierfür sind die vorzeitige Einwirkung des Kontrollerwerbers auf die Unternehmensführung des Zielunternehmens, faktische Vollzugsmaßnahmen durch die organisatorische Zusammenführung der einzelnen Unternehmen, Befolgung interner Weisungen des Kontrollerwerbers, die Abstimmung der beiderseitigen oder gar die Durchführung von gemeinsamen Marketing- und Vertriebsaktivitäten, die Abstimmung und Anpassung von Produkten bzw. des Portfolios, die Umbenennung, die Anwendung gleicher Preise, die Aufteilung von Kunden, der Austausch sensibler Informationen oder die Entsendung von Personal in Organe des Zielunternehmens. Vgl. *Maass,* in Langen/Bunte, Kartellrecht, Bd. 2, 13. A. 2018, Art. 7 FKVO, Rn. 11 f.; Bechtold/Bosch/Brinker, EU-Kartellrecht, 3. A. 2014, Art. 7 FKVO, Rn. 4 ff.; *Kapp/Wegner* CCZ 2015, 198, 199.
[131] Z. B. die Auslotung möglicher Synergiepotentiale oder die Erarbeitung von Marketingkonzepten für die Zeit nach der Freigabe dar; vgl. ausführlicher *Maass,* in Langen/Bunte, Kartellrecht, Bd. 2, 13. A. 2018, Art. 7 FKVO, Rn. 13 ff.; zur aktuellen Rechtsprechung, vgl. *Schnelle/Wyrembek,* DB 2019, 2226; *Stammwitz,* GWR 2019, 433 (Warehousing).
[132] § 41 Abs. 2 GWB; Art. 7 Abs. 3 FKVO.
[133] § 41 Abs. 1 S. 2 GWB; Art. 7 Abs. 4 FKVO.
[134] § 81 Abs. 2 Nr. 1, Abs. 4 S. 2 GWB; Art. 14 Abs. 2 lit. a) und b) FKVO.

ob ein Zusammenschlussvorhaben untersagt wird oder nicht. Es ist dabei zu prüfen, ob der geplante Zusammenschluss den wirksamen Wettbewerb im Inland bzw. im Gemeinsamen Markt oder in einem wesentlichen Teil davon erheblich behindern würde.[135] Dabei nennen beide Regeln das Begründen oder Verstärken einer marktbeherrschenden Stellung als Regelbeispiel für einen zu untersagenden Zusammenschluss (sog. „Marktbeherrschungstest").

Die **Prüfung des angemeldeten Vorhabens** durch die Kartellbehörden erfolgt grundsätzlich in zwei Schritten. Zunächst werden die für den Zusammenschluss sachlich und räumlich **relevanten Märkte** definiert.[136] Anschließend sind die **wettbewerblichen Auswirkungen,** die der geplante Zusammenschluss auf diesen Märkten haben wird, zu untersuchen. Die Beurteilung der von dem Zusammenschluss möglicherweise ausgehenden Behinderungen des Wettbewerbs erfordert mithin eine Prognoseentscheidung im Rahmen eines Vergleichs der Wettbewerbsbedingungen vor und nach dem Zusammenschluss.[137]

73

Zentrales Kriterium ist für die Kartellbehörden, ob durch den Zusammenschluss eine alleinige marktbeherrschende Stellung der neuen Einheit begründet oder verstärkt wird, oder ob er zu einer gemeinsamen Marktbeherrschung zusammen mit dritten Unternehmen führen wird. Über eine marktbeherrschende Stellung verfügt ein Unternehmen dann, wenn die wirtschaftliche Stellung eines Unternehmens ihm ermöglicht, sich auf dem Markt weitgehend unabhängig von seinen Wettbewerbern und Abnehmern zu verhalten.[138] Auch mehrere Unternehmen gemeinsam können über eine marktbeherrschende Stellung verfügen.[139]

74

Wichtigster Indikator für die Marktmacht eines Unternehmens ist sein Marktanteil. Ab einem Marktanteil von 40 % wird eine Markbeherrschung eines Unternehmens im deutschen Recht widerlegbar vermutet (§ 18 Abs. 4 GWB). Im EU-Recht wird ab einem Marktanteil von 50 % im Regelfall von einer marktbeherrschenden Stellung eines Unternehmens ausgegangen.[140] Daneben können jedoch eine Vielzahl weiterer Kriterien zur Beurteilung der Marktposition eines Unternehmens herangezogen werden, u. a. die Finanzkraft der beteiligten Unternehmen, das Vorhandensein oder Fehlen von Marktzutrittsschranken, die Wahlmöglichkeiten von Lieferanten und Abnehmern, die Entwicklung des Marktes, die bestehenden Handelsströme, die Interessen der Zwischen- und Endabnehmer, die Innovationskraft und das Bestehen potentiellen Wettbewerbs.[141]

75

Bei der Prüfung eines Zusammenschlusses unterscheiden die Kartellbehörden zwischen horizontalen, vertikalen und konglomeraten Auswirkungen, je nachdem, ob es sich bei den beteiligten Unternehmen um Wettbewerber handelt, ob diese in einem Liefer-/Abnehmerverhältnis stehen oder ob sonstige Auswirkungen auf die Märkte zu befürchten sind, die nicht in eine der beiden anderen Kategorien fallen.[142]

76

---

[135] § 36 Abs. 1 GWB; Art. 2 Abs. 2 und 3 FKVO.
[136] Siehe näher zur Marktabgrenzung die Bekanntmachung der EU-Kommission über die Definition des relevanten Marktes im Sinne des Wettbewerbsrechts der Gemeinschaft, ABl. Nr. C 372 vom 9.12.1997, S. 5 ff.
[137] Vgl. Bechtold/Bosch, GWB, 9. A. 2018, § 36, Rn. 10; *Zeise* in Schulte, Handbuch Fusionskontrolle, 3. A. 2020, Rn. 1333.
[138] § 18 Abs. 1 GWB; *Kallfaß,* in Langen/Bunte, Kartellrecht, Band 1, 13. A. 2018, § 36 GWB, Rn. 50; *Mäger,* in Mäger, Europäisches Kartellrecht, 2. A. 2011, S. 376, Rn. 176 f.
[139] Zu den (hohen) Anforderungen, vgl. etwa Eilmansberger/Bien, MüKoWettbR, 3. A. 2020, Art. 102 Rn. 205 ff.
[140] EuGH, Urt. v. 3.7.1991, C-62/86 – AKZO, Rn. 60; Eilmansberger/Bien, MüKoWettbR, 3. A. 2020, Art. 102 Rn. 230 ff.
[141] Vgl. die in § 18 Abs. 3 GWB bzw. Art. 2 Abs. 1 lit. a) und b) FKVO genannten Kriterien.
[142] Vgl. *Mäger,* in Mäger, Europäisches Kartellrecht, 2. A. 2011, S. 376, Rn. 178; siehe auch Leitlinien zur Bewertung nichthorizontaler Zusammenschlüsse gemäß der Ratsverordnung über die Kontrolle von Unternehmenszusammenschlüssen, ABl. 2008, Nr. C 265, S. 7; Leitlinien zur Bewertung horizontaler Zusammenschlüsse gemäß der Ratsverordnung über die Kontrolle von Unternehmenszusammenschlüssen, ABl. 2004, Nr. C 31, S. 3.

77 Im deutschen Recht darf nach der sog. **Bagatellmarktklausel** ein Zusammenschluss nicht untersagt werden, wenn die Untersagungsvoraussetzungen nur auf einem Bagatellmarkt vorliegen. Bagatellmärkte sind Märkte, auf denen seit mindestens fünf Jahren Waren oder Dienstleistungen angeboten werden, wenn das Umsatzvolumen auf dem Gesamtmarkt im Jahr vor dem Zusammenschluss weniger als EUR 15 Mio. betrug.[143]

---

[143] § 36 Abs. 1 S. 2 Nr. 2 GWB. Schwierigkeiten bereitet in der Praxis vor allem die sog. „Bündeltheorie", wonach räumlich oder sachlich eng benachbarte Teilmärkte als Einheit angesehen werden, vgl. Zimmer in Immenga/Mestmäcker, 6. A. 2020, § 36 Rn. 658 ff.

Kapitel 41. Fusionskontrollpflicht bei typischen Inhalten von Gesellschaftervereinbarungen

Sowohl nach deutschem Recht als auch nach EU-Recht kann nicht nur durch den Erwerb von Geschäftsanteilen, sondern auch auf sonstiger, vertraglicher Grundlage fusionskontrollrechtlich relevanter Einfluss auf ein Unternehmen erlangt werden. Deshalb können neben Konzern- und Unternehmensverträgen insbesondere auch Gesellschaftervereinbarungen fusionskontrollrechtlich relevant werden. Fusionskontrollrechtlich relevant ist dabei sowohl das Errichten eines Gemeinschaftsunternehmens mit mehreren Gesellschaftern als auch darauf aufbauende, weitergehende Vereinbarungen zur Regelung des Verhältnisses zwischen den Gesellschaftern. 1

Vor diesem Hintergrund gehen wir nachfolgend zunächst kurz auf die Grundzüge der Fusionskontrolle im Rahmen der Gründung oder Erweiterung von Gemeinschaftsunternehmen (sogleich → Rn. 4 ff.) sowie von Minderheitsbeteiligungen und dem sukzessiven Anteilserwerb (→ Rn. 20 ff. und → Rn. 24 ff.) ein. Anschließend behandeln wir die fusionskontrollrechtliche Relevanz typischer Klauseln in Gesellschaftervereinbarungen (ab → Rn. 27 ff). 2

§ 126 Gemeinschaftsunternehmen und Fusionskontrolle

Gemeinschaftsunternehmen nehmen bei der fusionskontrollrechtlichen Prüfung eine **Sonderstellung** ein. Die Besonderheiten der fusionskontrollrechtlichen Bewertung von Gemeinschaftsunternehmen haben auch **Auswirkungen auf Gesellschaftervereinbarungen, die zwischen Gesellschaftern eines Gemeinschaftsunternehmens** geschlossen werden. Nachfolgend werden deshalb die Grundlagen der fusionskontrollrechtlichen Bewertung von Gemeinschaftsunternehmen nach EU-Recht (sogleich → Rn. 4 ff.) und nach deutschem Recht (→ Rn. 13 ff.) dargestellt. 3

I. Gemeinschaftsunternehmen und EU-Fusionskontrolle

Das EU-Fusionskontrollrecht definiert Gemeinschaftsunternehmen über die gemeinsame Kontrolle. Als Gemeinschaftsunternehmen gilt somit grundsätzlich **jedes Unternehmen, das durch mindestens zwei Gesellschafter gemeinsam kontrolliert wird**.[1] Ob die gemeinsame Kontrolle bereits bei Gründung des Gemeinschaftsunternehmens besteht oder erst durch späteres Hinzutreten eines weiteren Gesellschafters erworben wird, ist unerheblich.[2] 4

1. Anmeldepflicht nur bei Vollfunktion

Nach Art. 3 Abs. 4 FKVO sind nur Gemeinschaftsunternehmen, die auf Dauer alle Funktionen einer selbständigen wirtschaftlichen Einheit ausüben und insofern **Vollfunktionscharakter** besitzen, anmeldepflichtig.[3] Demgegenüber fallen Gemeinschaftsunternehmen, die nur bestimmte Teilfunktionen für ihre Muttergesellschaften übernehmen und vorrangig eine „dienende Funktion" ausüben, nicht in den Anwendungsbereich der EU-Fusionskontrolle. Hierzu zählen etwa Gemeinschaftsunternehmen, die für ihre Muttergesellschaften lediglich Produktion oder die Durchführung von F&E-Projekten übernehmen. Vollfunktion fehlt auch bei Gemeinschaftsunternehmen, die im Wesentlichen den Vertrieb der 5

---
[1] Vgl. Konsolidierte Mitteilung, Rn. 91; zur gemeinsamen Kontrolle siehe → Kap. 40 Rn. 10 ff.
[2] Vgl. *Mäger,* in Mäger, Europäisches Kartellrecht, 2. A. 2011, S. 423, Rn. 11.
[3] Ausführlich zum Begriff der Vollfunktion Konsolidierte Mitteilung, Rn. 91 ff. sowie *Wiedemann,* in Wiedemann, Kartellrecht, 4.A. 2020, § 15 Rn. 60 ff.

Produkte der Muttergesellschaften übernehmen, ohne auch nennenswert Produkte Dritter zu vertreiben.[4]

6 Wesentliche Voraussetzung für das Vorliegen eines Vollfunktions-Gemeinschaftsunternehmens ist, dass das Gemeinschaftsunternehmen als **selbständiger Anbieter und Nachfrager** am Marktgeschehen teilnehmen kann. Grundlage hierfür ist zunächst, dass das Gemeinschaftsunternehmen über **hinreichende finanzielle, sachliche und personelle Ressourcen** hierfür verfügt; die im Einzelfall notwendige Ausstattung kann je nach Branche und dem vom Gemeinschaftsunternehmen verfolgten Geschäftsmodell variieren.[5] Das Management des Gemeinschaftsunternehmens muss zudem über die notwendige Dispositionsfreiheit verfügen, um das operative Geschäft eigenständig führen zu können.[6]

7 Darüber hinaus ist erforderlich, dass sich die wirtschaftliche Tätigkeit des Gemeinschaftsunternehmens nicht im Wesentlichen in seinen Geschäftsbeziehungen zu den Muttergesellschaften erschöpft, sondern es auch einen **eigenen Marktzugang** besitzt und einen zumindest nicht unerheblichen Teil seiner Geschäfte mit Dritten abwickelt.[7]

8 Neben der Selbständigkeit des Gemeinschaftsunternehmens ist Voraussetzung für die Annahme einer Vollfunktion, dass die Tätigkeit des Gemeinschaftsunternehmens nach der Planung der Muttergesellschaften **auf Dauer angelegt** ist. Ein auf unbefristete Zeit abgeschlossener Gesellschaftsvertrag ist hierbei nicht erforderlich, jedoch sollte die Laufzeit sich zumindest über einen so großen Zeitraum erstrecken, dass die Gründung des Gemeinschaftsunternehmens eine **dauerhafte Veränderung in der Struktur der betroffenen Unternehmen** bewirkt.[8] Mindestlaufzeiten von fünf bis acht Jahren (meist mit automatischer Verlängerungsmöglichkeit, falls kein Gesellschafter kündigt), wurden in der Praxis als ausreichend angesehen.[9] Unschädlich sind dagegen Bestimmungen in den Gesellschaftsverträgen, die Kündigungsrechte oder die vorzeitige Beendigung des Gemeinschaftsunternehmens in außergewöhnlichen, unvorhersehbaren Fällen vorsehen wie z. B. Insolvenz oder grundlegende Meinungsverschiedenheiten zwischen den Gesellschaftern.[10]

9 Sind die Schwellenwerte der FKVO erreicht, werden im EU-Fusionskontrollverfahren im Rahmen einer **Doppelkontrolle** neben den fusionskontrollrechtlichen auch die kartellrechtlichen Aspekte des Vollfunktions-Gemeinschaftsunternehmens geprüft.[11]

10 **Teilfunktions-Gemeinschaftsunternehmen** unterliegen dagegen nicht dem EU-Fusionskontrollregime. Sie sind jedoch unabhängig davon an den kartellrechtlichen Regelungen des Art. 101 und 102 AEUV zu messen. Vor diesem Hintergrund kann es in der Praxis von Vorteil sein, das Gemeinschaftsunternehmen – sofern möglich – als Vollfunktions-Gemeinschaftsunternehmen auszugestalten. Da in diesem Fall neben den fusionskontrollrechtlichen auch die kartellrechtlichen Belange innerhalb der kurzen Fristen der FKVO geprüft werden, erhöht sich dadurch die Rechtssicherheit für die Parteien.[12]

2. Änderung der Tätigkeit des Gemeinschaftsunternehmens

11 Der Beschluss der Muttergesellschaften, den **Tätigkeitsbereich eines bereits bestehenden Gemeinschaftsunternehmens zu erweitern,** kann als **neuer Zusammenschluss**

---

[4] Konsolidierte Mitteilung, Rn. 95.
[5] Vgl. *Käseberg*, in Langen/Bunte, Kartellrecht, Bd. 2, 13. A. 2018, Art. 3 FKVO, Rn. 106.
[6] Vgl. Konsolidierte Mitteilung, Rn. 93.
[7] Konsolidierte Mitteilung, Rn. 95 ff.; *Käseberg*, in Langen/Bunte, Kartellrecht, Bd. 2, 13. A. 2018, Art. 3 FKVO, Rn. 114. In einer Anlaufphase von bis zu drei Jahren ist eine Abhängigkeit von den Mutterunternehmen akzeptabel, vgl. Konsolidierte Mitteilung, Rn. 97 ff.
[8] Vgl. Konsolidierte Mitteilung, Rn. 103 ff.
[9] Vgl. *Wiedemann*, in Wiedemann, Kartellrecht, 4. A. 2020, § 15 Rn. 67; *Käseberg*, in Langen/Bunte, Kartellrecht, Bd. 2, 13. A. 2018, Art. 3 FKVO, Rn. 120.
[10] Vgl. Konsolidierte Mitteilung, Rn. 103.
[11] Zur Doppelkontrolle siehe → Kap. 38 Rn. 1.
[12] Vgl. *Käseberg*, in Langen/Bunte, Kartellrecht, Bd. 2, 13. A. 2018, Art. 3 FKVO, Rn. 88; *Mäger*, in Mäger, Europäisches Kartellrecht, 2. A. 2011, S. 423, Rn. 9.

zu werten und somit auch anmeldepflichtig sein (falls Vollfunktion vorliegt).[13] Dies ist insbesondere dann der Fall, wenn die Muttergesellschaften die Gesamtheit oder Teile eines anderen Unternehmens auf das Gemeinschaftsunternehmen übertragen, sofern dieser Vorgang – als Kontrollerwerb seitens des Gemeinschaftsunternehmens – selbst einen Zusammenschlusstatbestand erfüllt.

Ein neuer Zusammenschluss kann auch dann vorliegen, wenn die Muttergesellschaften **erhebliche zusätzliche wesentliche Vermögenswerte, Verträge, Know-how oder andere Rechte** auf das Gemeinschaftsunternehmen übertragen, sofern diese die Grundlage oder den Kern für eine Ausdehnung der Geschäftstätigkeit auf andere sachliche oder räumliche Märkte darstellen, die nicht Ziel des ursprünglichen Gemeinschaftsunternehmens waren. Darüber hinaus liegt ein neuer Zusammenschluss vor, wenn ein bereits bestehendes Teilfunktions-Gemeinschaftsunternehmen durch die Muttergesellschaften **zu einem Vollfunktions-Gemeinschaftsunternehmen aufgewertet** wird.[14] 12

II. Gemeinschaftsunternehmen und deutsche Fusionskontrolle

Das deutsche Recht behandelt Gemeinschaftsunternehmen teilweise etwas anders und kommt deshalb unter niedrigeren Voraussetzungen zur Annahme einer Fusionskontrollpflicht: 13

1. Begriffsverständnis

Als Gemeinschaftsunternehmen werden nach deutschem Begriffsverständnis grundsätzlich solche Unternehmen bzw. gesellschaftsrechtliche Strukturen bezeichnet, an denen mindestens zwei voneinander unabhängige Unternehmen beteiligt sind.[15] Ein Gemeinschaftsunternehmen kann entweder durch die gemeinsame Gründung eines neuen Unternehmens durch die Mutterunternehmen oder auch durch einen späteren – gleichzeitigen oder sukzessiven – Anteilserwerb durch weitere Gesellschafter an einem bereits bestehenden Unternehmen entstehen.[16] 14

Die Gründung eines Gemeinschaftsunternehmens unterliegt – wie auch sonstige Unternehmenszusammenschlüsse – dem deutschen Fusionskontrollregime, wenn die Umsatzschwellenwerte überschritten werden und ein Zusammenschlusstatbestand nach § 37 GWB erfüllt ist. Abhängig von der jeweiligen rechtlichen Ausgestaltung kann die Gründung bzw. das Entstehen eines Gemeinschaftsunternehmens insbesondere die Zusammenschlusstatbestände des Erwerbs der (alleinigen oder gemeinsamen) Kontrolle und/oder des Anteilserwerbs (25 oder 50%) und/oder des Erwerbs von wettbewerblich erheblichem Einfluss erfüllen.[17] 15

Eine Besonderheit des deutschen Rechts ist es, dass in Fällen, in denen **mehrere Unternehmen** Anteile von 25% oder 50% an einem anderen Unternehmen erwerben, ein **Zusammenschluss** zwischen den Muttergesellschaften hinsichtlich der Märkte **fingiert** wird, auf denen das Gemeinschaftsunternehmen wirtschaftlich tätig ist.[18] 16

---

[13] Vgl. zum Ganzen Konsolidierte Mitteilung, Rn. 106 ff.
[14] Vgl. Konsolidierte Mitteilung, Rn. 109.
[15] Vgl. Bundeskartellamt, Fallbericht vom 20.7.2020: Entflechtung von Gemeinschaftsunternehmen im Bereich Transportbeton, abzurufen über die Website des Bundeskartellamtes.
[16] Vgl. *Kersting*, in LMRKM, Kartellrecht, 4. A. 2020, Anhang zu § 1 GWB Gemeinschaftsunternehmen, Rn. 1.
[17] Siehe dazu → Kap. 40 Rn. 3 ff.
[18] § 37 Abs. 1 Nr. 3 S. 2 GWB; vgl. Bechtold/Bosch, GWB, 9. A. 2018, § 37, Rn. 32.

2. Besonderheiten im Vergleich zum EU-Recht

17 Anders als im EU-Recht[19] kann daher auch die Gründung solcher Unternehmen fusionskontrollpflichtig sein, bei denen der Erwerber keine alleinige oder gemeinsame Kontrolle erwirbt.

18 Darüber hinaus unterscheidet das deutsche Fusionskontrollrecht auch **nicht zwischen Vollfunktions- und Teilfunktions-Gemeinschaftsunternehmen.** Es gilt vielmehr eine Anmeldepflicht für sämtliche Gemeinschaftsunternehmen – unabhängig von ihrer Wertigkeit –, die die formalen fusionskontrollrechtlichen Anforderungen erfüllen.[20]

19 Im Unterschied zur EU-Kommission, die im Rahmen ihrer Fusionskontrollverfahren auch die nach Art. 101 AEUV zu beurteilenden Auswirkungen der Gründung eines Gemeinschaftsunternehmens untersucht,[21] prüft das Bundeskartellamt im Rahmen des Fusionskontrollverfahrens in der Regel **nicht,** ob gegen das angemeldete Gemeinschaftsunternehmen Bedenken aufgrund einer etwaigen **Unvereinbarkeit mit dem Kartellverbot** bestehen.[22] Eine Freigabe des Zusammenschlusses durch das Bundeskartellamt bedeutet daher nicht, dass das Gemeinschaftsunternehmen keine kartellrechtswidrige Koordination zwischen den Muttergesellschaften bewirken könnte. Das Bundeskartellamt behält sich eine entsprechende Prüfung in vielen Fällen explizit vor.[23] In jedem Fall sollte deshalb im Zusammenhang mit der Gründung eines Gemeinschaftsunternehmens eine entsprechende sorgfältige Prüfung auch der Vereinbarkeit mit dem Kartellverbot im Wege einer sog. Selbstveranlagung durchgeführt werden.

§ 127 Minderheitsbeteiligungen

20 Aus den obigen Ausführungen ergibt sich, dass nicht lediglich Mehrheitsbeteiligungen fusionskontrollpflichtig sein können, sondern dass auch Minderheitsbeteiligungen vom deutschen und vom EU-Fusionskontrollrecht erfasst werden können.

21 Sowohl nach dem GWB als auch nach der FKVO sind Minderheitsbeteiligungen jedenfalls dann fusionskontrollpflichtig, wenn der Erwerber alleinige oder gemeinsame Kontrolle erwirbt. In diesem Fall ist der Zusammenschlusstatbestand des **Kontrollerwerbs** verwirklicht.[24] **Alleinige oder gemeinsame Kontrolle** kann einem Minderheitsgesellschafter durch Einräumung besonderer, zusätzlicher Rechte[25] verschafft werden.[26] Ein kontrollierender Einfluss eines Minderheitsgesellschafters kann sich auch aus den tatsächlichen Umständen ergeben, beispielsweise aufgrund einer tatsächlichen Hauptversammlungsmehrheit bei dauerhaft geringer Hauptversammlungspräsenz.

22 Während das EU-Kartellrecht nach der FKVO keine Fusionskontrollpflicht von Minderheitsbeteiligungen ohne Kontrollerwerb kennt, setzt die Fusionskontrollpflicht im deutschen Recht früher ein. Eindeutig ist dabei der Fall, in der ein Erwerber eine Minderheitsbeteiligung von mindestens 25 % erwirbt oder seine bestehende Beteiligung von unter 25 % über diese Beteiligungsschwelle hinaus erhöht. Dies erfüllt im deutschen Recht den Zusammenschlusstatbestand des **Anteilserwerbs** (§ 37 Abs. 1 Nr. 3 GWB).[27]

23 Bei Minderheitsbeteiligungen **unter 25 %** liegt eine Fusionskontrollpflicht nur im Einzelfall vor, nämlich wenn der Minderheitsgesellschafter aufgrund der spezifischen Umstände

---

[19] Vgl. dazu bereits → Kap. 40 Rn. 3.
[20] Vgl. *Kersting*, in LMRKM, Kartellrecht, 4. A. 2020, Anhang zu § 1 GWB Gemeinschaftsunternehmen, Rn. 7.
[21] Vgl. hierzu Abschnitt → Kap. 38 Rn. 5.
[22] Eine solche Prüfung ist allerdings möglich, wenn ein Verstoß gegen § 1 GWB bereits im Zeitpunkt der Gründung offensichtlich vorliegt, vgl. hierzu etwa *Kapp/Wegner* CCZ 2015, 198, 202.
[23] So etwa Pressemitteilung des Bundeskartellamtes vom 28.7.2020 zu einer Kooperation im Bereich Anzeigenvermarktung, abzurufen über die Website des Bundeskartellamtes.
[24] Siehe dazu → Kap. 40 Rn. 5 ff.
[25] Siehe hierzu ausführlich → Kap. 41 Rn. 70 ff.
[26] Konsolidierte Mitteilung, Rn. 57, 65 ff.; *Wirtz* AG 1999, 114, 119.
[27] Siehe dazu → Kap. 40 Rn. 20.

besondere Einflussmöglichkeiten hat, die ihm einen **wettbewerblich erheblichen Einfluss** gewähren (§ 37 Abs. 1 Nr. 4 GWB). Eine feste Schwelle, ab der von einer Fusionskontrollpflicht ausgegangen werden kann, gibt es dabei nicht. Vielmehr ist zu prüfen, in welchem wettbewerblichen Verhältnis der Erwerber zur Gesellschaft steht und welche sog. Plus-Faktoren es gibt, die den wettbewerblich erheblichen Einfluss der Beteiligung begründen.[28]

§ 128 Sukzessiver Erwerb von Anteilen und Rechten

Gesellschafter müssen berücksichtigen, dass der **sukzessive Erwerb von Anteilen oder Rechten** insbesondere nach deutschem Recht **auch mehrfach fusionskontrollpflichtig sein kann.** Zu jeweils eigenständigen Fusionskontrollverfahren würden etwa die folgenden Schritte führen: (1) Erwerb von 20 % mit wettbewerblich erheblichem Einfluss (§ 37 Abs. 1 Nr. 4 GWB), (2) Erwerb von 25 % oder mehr (§ 37 Abs. 1 Nr. 3b) GWB), (3) Erwerb von Vetorechten, die zum Kontrollerwerb führen (§ 37 Abs. 1 Nr. 2 GWB) und (4) Erwerb von 50 % oder mehr der Anteile (§ 37 Abs. 1 Nr. 3a) GWB). 24

Dabei ist zu beachten, dass dies nur dann gilt, wenn durch die Erhöhung ein bestimmter Zusammenschlusstatbestand **erstmalig** erfüllt wird. Erhöht der Erwerber seine Kapitalanteile also beispielsweise von 30 % auf 40 %, wird hierdurch kein neuer Zusammenschlusstatbestand des Anteilserwerbs erfüllt. Darüber hinaus ist der Zusammenschlusstatbestand des Anteilserwerbs auch dann nicht erfüllt, wenn der Erwerber, der bereits die Beteiligungsschwelle im Hinblick auf die **Stimmrechte** überschritten hat, diese später auch in Bezug auf die **Kapitalanteile** erreicht (oder umgekehrt).[29] Erreicht der Gesellschafter hingegen die Schwelle von 50 %, liegt eine Anmeldepflicht auch dann vor, wenn bereits das frühere Erreichen der 25 %-Schwelle angemeldet wurde. Fusionskontrollpflichtig ist zudem der Wechsel gemeinsamer Kontrolle in Alleinkontrolle (und umgekehrt) oder die Ausweitung der Kontrolle auf weitere Gesellschafter.[30] 25

Eine Ausnahme zu dem oben Gesagten ist im deutschen Recht denkbar: Danach ist eine **wesentliche Verstärkung der bestehenden Unternehmensverbindung** als neuer Zusammenschluss zu bewerten, auch wenn die beteiligten Unternehmen bereits zuvor zusammengeschlossen waren. Ob eine solche wesentliche Verstärkung vorliegt, ist anhand eines Vergleichs der tatsächlichen und rechtlichen Verhältnisse unmittelbar vor und nach dem Zweitzusammenschluss zu ermitteln.[31] 26

§ 129 Stimmbindungsvereinbarungen und Stimmrechtspools

I. Überblick über relevante Konstellationen

Ein Zusammenschlusstatbestand kann auch durch den Abschluss von Verträgen erfüllt werden, die Einfluss auf das Stimmverhalten eines Gesellschafters nehmen.[32] Zu denken ist namentlich an Stimmbindungsverträge[33] und Stimmrechtspools[34]. Abzugrenzen sind diese von Konstellationen wie „**Beteiligungskonsortien**"[35]. Bei Stimmbindungsverträgen und Stimmrechtspools wird lediglich die Ausübung der Stimmrechte einem anderen überlassen, aber der Anteil nicht (dinglich) übertragen. Das Beteiligungskonsortium dient dem gemein- 27

---

[28] Siehe dazu → Kap. 40 Rn. 24.
[29] Vgl. *Riesenkampff/Steinbarth,* in LMRKM, Kartellrecht, 4. A. 2020, § 37 GWB, Rn. 23; dies kann aber u. U. einen erstmaligen Kontrollerwerb darstellen.
[30] Vgl. Bechtold/Bosch, GWB, 9. A. 2018, § 37, Rn. 21; siehe dazu → Kap. 40 Rn. 14 f.
[31] § 37 Abs. 2 GWB; vgl. dazu Bechtold/Bosch, GWB, 9. A. 2018, § 37, Rn. 48 ff. mit Einzelfällen.
[32] Vgl. ausführlich zu dem Thema *Wirtz* AG 1999, 114 ff.; *Henschen,* in Schulte, Handbuch Fusionskontrolle, 3. A. 2020, Rn. 1057, 1092.
[33] Siehe dazu oben → Kap. 24 Rn. 7 ff.
[34] Siehe dazu oben → Kap. 22 Rn. 1 ff.
[35] Siehe dazu oben → Kap. 1 Rn. 3

samen Erwerb und Halten von Anteilen; dabei werden die Anteile (dinglich) auf einen Treuhänder als Konsortialführer oder eine GbR übertragen, die mit dem Zweck des gemeinsamen Erwerbs und dem Halten der Anteile gegründet wurde, oder sie stehen im Gesamthandeigentum der Gesellschafter.[36]

28   Ob solche Vereinbarungen einen Zusammenschlusstatbestand erfüllen und deshalb zu einer Fusionskontrollpflicht führen, hängt von den Umständen des Einzelfalls ab, insbesondere davon, welche Intensität des Einflusses die Gesellschaftervereinbarung vermittelt. Es ist dabei nicht entscheidend, auf welche Weise die gemeinsame Ausübung der Stimmrechte rechtlich konkret abgesichert wird. Hier sind viele Gestaltungen denkbar. Relevante Stimmbindungen können etwa in speziellen **Pool-** oder **Stimmfolgevereinbarungen** geschlossen werden. Denkbar ist auch die **Gründung einer Holdinggesellschaft,** auf die die Minderheitsgesellschafter ihre Stimmrechte zu diesem Zweck übertragen. Ebenso kann der Abschluss in umfangreicheren Verträgen geschlossen werden, die den Beteiligten eine gemeinsame Einflussnahme auf wesentliche Entscheidungen des betreffenden Unternehmens ermöglichen, z. B. sog. **Konsortial-** oder auch **Schutzgemeinschaftsverträge.** Schließlich können stimmrechtsbezogene **Sonderrechte**[37] zugunsten eines Gesellschafters fusionskontrollrechtlich relevant werden.

II. Übertragung der Stimmrechtsausübung auf einen anderen Gesellschafter

29   Fusionskontrollrechtliche Relevanz können Stimmbindungsverträge zunächst dann besitzen, wenn einem Gesellschafter die Stimmrechte von anderen Gesellschaftern „übertragen" werden. Beispielsweise kann dem berechtigten Gesellschafter eine Vollmacht zur Ausübung der Stimmrechte in der Hauptversammlung erteilt werden.[38] In diesen Konstellationen ordnen sich der oder die Gesellschafter einem anderen Gesellschafter unter.[39] Der Abschluss eines Stimmbindungsvertrages, der dem aus ihm Berechtigten ermöglicht, die Stimmrechte eines anderen Gesellschafters oder anderer Gesellschafter auszuüben, ist grundsätzlich dem Erwerb der jeweiligen Stimmrechte gleichgestellt.[40] Die Übertragung der Stimmrechtsausübung kann zwei Zusammenschlusstatbestände erfüllen: den Anteilserwerb und den Kontrollerwerb.

30   Im deutschen Recht liegt ein fusionskontrollpflichtiger Anteils- bzw. Stimmrechtserwerb vor, wenn der aus dem Stimmbindungsvertrag berechtigte Gesellschafter durch einen Vertrag Stimmrechte erwirbt, die gemeinsam mit ihm bereits zustehenden Stimmrechten die Schwellen von 25 % oder 50 % erreicht. Insofern genügt der alleinige Erwerb der Stimmrechte ohne jede Kapitalbeteiligung.[41] Voraussetzung für das Eingreifen des Zusammenschlusstatbestandes des „Anteilserwerbs" ist, dass der Berechtigte tatsächlich über die Ausübung der Stimmrechte verfügen kann, der Stimmbindungsvertrag ihm also die Rechtsposition verschafft, die Stimmrechte nach seinem Willen auszuüben.[42] Dies wird nach richtiger Auffassung nur dann angenommen, wenn sich der Stimmbindungsvertrag auf das gesamte, mit der Gesellschafterstellung begründete Stimmrecht erstreckt. Die Einräumung eines Stimmrechts nur für einzelne Bereiche, Abstimmungsgegenstände oder gesonderte Einzelfälle genügt nicht, um einen fusionskontrollrechtlich relevanten Anteilserwerb anzunehmen.[43]

---

[36] Siehe dazu oben → Kap. 1 Rn. 3; *Wirtz* AG 1999, 114, 115.
[37] Siehe dazu → Kap. 3 Rn. 29 f. [Verweis GesR-Teil] und → Kap. 41 Rn. 70 ff.
[38] Siehe zur Umsetzung solcher Gestaltung auch → Kap. 18 Rn. 13.
[39] *Wirtz* AG 1999, 114, 115: „Unterordnungspool".
[40] Vgl. Bechtold/Bosch, GWB, 9. A. 2018, § 37, Rn. 26; kritisch *Bach,* in MüKoWettbR, Bd. 2, 3. A. 2020, § 37 GWB, Rn. 81.
[41] Vgl. *Abel,* in Gummert, MAH Personengesellschaftsrecht, 3. A. 2019, § 27, Rn. 23. Bechtold/Bosch, GWB, 9. A. 2018, § 37 Rn. 24; kritisch Bach, in MüKoWettbR, Bd. 2, 3. A. 2020, § 37, Rn. 64 m. w. N.
[42] Bechtold/Bosch, GWB, 9. A. 2018, § 37, Rn. 26; vgl. auch Bach in MüKoWettbR, Bd. 2, 3. A. 2020, § 37 GWB, Rn. 81.
[43] Vgl. Bechtold/Bosch, GWB, 9. A. 2018, § 37, Rn. 26; *Thomas,* in Immenga/Mestmäcker, Wettbewerbsrecht, Bd. 3, 6. A. 2020, § 37 GWB, Rn. 218; *Bach,* in MüKoWettbR, 3. A. 2020, § 37 GWB, Rn. 81.

Außerdem kann die Übertragung der Stimmrechte auf einen anderen Gesellschafter 31 sowohl nach der FKVO als auch im deutschen Recht zu einem anmeldepflichtigen Kontrollerwerb führen.[44] In diesen Fällen muss der Stimmbindungsvertrag unseres Erachtens – anders als beim Zusammenschlusstatbestand des Anteilserwerbs – auch nicht das gesamte, mit der Gesellschafterstellung begründete Stimmrecht erfassen, sondern lediglich die für die Begründung der Kontrolle relevanten Aspekte.[45] Die Übertragung der Stimmrechtsausübung kann aber nur dann einen fusionskontrollrechtlich relevanten Kontrollerwerb darstellen, wenn sie dauerhaft oder zumindest für einen gewissen Zeitraum erfolgt.[46]

III. Verpflichtung zweier oder mehrerer Gesellschafter zum einheitlichen Stimmverhalten (Stimmrechtspools, Stimmfolgevereinbarungen)

Ebenfalls von fusionskontrollrechtlicher Relevanz können Vereinbarungen sein, in denen 32 sich Gesellschafter dazu verpflichten, ihre **Stimmrechte einheitlich auszuüben**. Während bei der Übertragung der Stimmrechte (siehe oben) der Gesellschafter entscheiden kann, dem die Stimmrechte übertragen werden, müssen sich die Beteiligten an einem Stimmrechtspool grundsätzlich einheitlich auf eine **gemeinsame Position einigen**.[47] Dies kann auch durch die Festlegung von Beschlussquoren in einer Gesellschaftervereinbarung erreicht werden, etwa dahingehend, dass ein Kollegialorgan einstimmig entscheiden oder eine qualifizierte Mehrheit vorliegen muss, obwohl nach Satzung oder Geschäftsordnung eine einfache Mehrheit ausreicht. Entsprechende Regelungen können aber auch eine Schiedsvereinbarung oder eine Letztentscheidungsbefugnis für den Fall vorsehen, dass sich die Parteien nicht einigen können.[48] Auch ist denkbar, dass die Beteiligten sich einer Mehrheitsentscheidung aller Poolmitglieder unterwerfen müssen.[49]

Vereinbarungen von Gesellschaftern zum einheitlichen Stimmverhalten können dazu 33 führen, dass zwei oder mehr Unternehmen, die eine Minderheitsbeteiligung an einem anderen Unternehmen erwerben bzw. halten, **gemeinsame Kontrolle** über dieses Unternehmen erlangen.[50] Gemeinsame Kontrolle wird jedenfalls dann begründet, wenn die Stimmbindung dazu führt, dass die Minderheitsgesellschafter zusammen über eine Stimmenmehrheit verfügen und bei der Ausübung der Stimmrechte gemeinsam handeln.[51] Sieht eine Gesellschaftervereinbarung die Verpflichtung zum einheitlichen Stimmverhalten vor, ist von einem gemeinsamen Handeln und folglich einer gemeinsamen Kontrolle auszugehen. Denkbar ist aber auch, dass die am Stimmrechtspool beteiligten Minderheitsgesellschafter auch ohne Stimmenmehrheit, ggf. mit weiteren Gesellschaftern, gemeinsame Kontrolle erlangen, sofern eine hinreichende Einflussnahme der beteiligten Gesellschafter vorliegt. Dies kommt beispielsweise in Betracht, wenn sich die Vereinbarung auf eine Bündelung bei der Stimmrechtsausübung bezüglich wesentlicher Entscheidungen oder bezüglich der Besetzung der Geschäftsleitung bezieht.[52] Ebenso können Beschlussquoren oder Einstimmigkeitserfordernisse auch zu negativer alleiniger Kontrolle eines Gesellschafters führen.[53]

---

[44] Siehe zu den Voraussetzungen → Kap. 40 Rn. 5 ff.
[45] Zu den für den Kontrollerwerb relevanten Stimmrechtsgegenständen, vgl. → Kap. 40 Rn. 9, 11.
[46] Feste Fristen lassen sich diesbezüglich nicht benennen. Regelmäßig dürften Veränderungen, die weniger als ein Jahr andauern, fusionskontrollrechtlich nicht relevant sein, bei längeren Zeiträumen kommt es auf die Umstände des Einzelfalls an; vgl. die Beispiele in Konsolidierte Mitteilung, Rn. 28 ff.
[47] „Gleichordnungspool", *Wirtz* AG 1999, 114, 115 f.
[48] Vgl. hierzu *Wirtz* AG 1999, 114, 117 f.
[49] „Unterordnungspool", *Wirtz* AG 1999, 114, 115 f.; siehe auch am Ende dieses Abschnitts zu „Stimmfolgevereinbarungen".
[50] Vgl. Konsolidierte Mitteilung, Rn. 74.
[51] Vgl. Konsolidierte Mitteilung, Rn. 74.
[52] Art. 3 Abs. 1 und 2 FKVO bzw. § 37 Abs. 1 Nr. 2 GWB, *Körber*, in Immenga/Mestmäcker, EU-Wettbewerbsrecht, 6. A. 2020, Art. 3 FKVO, Rn. 54; vgl. z. B. EU-Kommission, Entscheidung v. 26.2.1996, IV/M.698, Rn. 6 – *Naw/Saltano/Contrac*; EU-Kommission, Entscheidung v. 25.7.1996, IV/M.750, Rn. 4 – *IFIL/Worms/Saint Louis*.
[53] Vgl. Konsolidierte Mitteilung, Rn. 56, 58.

34 Der Zusammenschlusstatbestand des **Anteilserwerbs** nach § 37 Abs. 1 Nr. 3 GWB liegt bei einer Poolvereinbarung zwischen Gesellschaftern nur ausnahmsweise vor. In der Regel wird es hier an einem „**Erwerb" der Stimmrechte fehlen.** Grund hierfür ist, dass eine Zurechnung der im Pool gebundenen Stimmen zum Berechtigten nur dann erfolgen kann, wenn letzterer über diese tatsächlich die **Verfügungsmacht** besitzt, er also über sie wie über seine eigenen verfügen kann.[54] Das kann bei Stimmrechtspools nur dann gegeben sein, wenn ein **Über-/Unterordnungsverhältnis** vorliegt. Müssen die Gesellschafter sich einvernehmlich einigen, dann kann keiner von ihnen über die Stimmrechte des anderen verfügen. Es liegt dann regelmäßig keine einen „Erwerb" im fusionskontrollrechtlichen Sinne begründende Verfügungsmacht vor. Denkbar sind aber Konstellationen, in denen Gleichordnungs- und Unterordnungselement miteinander kombiniert werden. Je nach den Umständen kann dann aufgrund der Unterordnungselemente auch ein Anteilserwerb zu bejahen sein.[55]

35 Ein **Anteils- oder Kontrollerwerb durch den Pool** (bzw. die gegründete Innen-GbR) selbst scheidet aus, da „der Pool" in der Regel kein Unternehmen im Sinne des GWB darstellen wird.[56]

36 Fraglich ist, ob die Möglichkeit **wechselnder Mehrheiten** bei der Willensbildung des Pools in Ermangelung von Blockademöglichkeiten durch einzelne Mitglieder des Pools das Vorliegen eines Zusammenschlusstatbestands ausschließt. Jedenfalls im Hinblick auf den Kontrollerwerb ist das nicht der Fall, sofern der Pool in der Hauptversammlung zur einheitlichen Abstimmung verpflichtet ist. Hier liegt die Kontrolle immer gemeinsam bei den Poolmitgliedern, auch wenn diese untereinander kein Einstimmigkeitserfordernis vorgesehen haben.[57] Anders kann dies beim Stimmrechtserwerb nach § 37 Abs. 1 Nr. 3 GWB sein, weil gegebenenfalls hier keine einem Erwerber dauerhaft zurechenbare Stimmrechte übertragen werden.[58]

37 Stimmbindungsverträge besitzen auch im Hinblick auf § 37 Abs. 1 Nr. 4 GWB fusionskontrollrechtliche Relevanz, insbesondere wenn ein Stimmbindungsvertrag einem Minderheitsgesellschafter zusammen mit dem ihm bereits zustehenden Stimmrechtsanteil eine **Sperrminorität** einräumt.[59] Die Stimmbindung kann dem Minderheitsgesellschafter insofern einen wettbewerblich erheblichen Einfluss eröffnen.

38 Ähnlich zu bewerten sind „Stimmfolgevereinbarungen", bei denen Gesellschafter – z. B. aufgrund einer Weisungsbefugnis oder einer Letztentscheidungsbefugnis bei bestimmten Fragen – einem anderen Gesellschafter bei der **Stimmabgabe folgen,** d. h. ihre Stimmen in identischer Weise abgeben. Die Verfügungsmöglichkeit kann etwa bei einem berechtigten Gesellschafter liegen oder aber bei einem Poolgremium, dessen Mehrheitsentscheidung sich die Poolmitglieder unterordnen. Auch hier kann folglich ein **Unterordnungsverhältnis** vorliegen.[60] Eine solche Stimmfolgevereinbarung kann zu einem fusionskontrollpflichtigen **Kontrollerwerb** des Gesellschafters führen, dem die aus der Vereinbarung Verpflichteten folgen müssen. Dies setzt natürlich voraus, der der Berechtigte einen hinreichenden Einfluss erhält, um Kontrolle auszuüben.[61] Ob Verfügungsmacht und damit ein **Anteilserwerb** hier vorliegt oder nicht, ist nicht geklärt und wird teils für Weisungen und Aufträge einerseits und Stichentscheidungsbefugnisse andererseits unterschiedlich bewertet.[62]

---

[54] Vgl. *Bach,* in MüKoWettbR, Bd. 2, 3. A. 2020, GWB § 37 Rn. 81; *Wirtz* AG 1999, 114, 116.
[55] *Wirtz* AG 1999, 114, 116.
[56] *Trölitzsch,* in BeckOK GmbHG, 44. Ed., Stand 1.5.2020, § 53 Anhang Gesellschaftervereinbarungen, I., Rn. 24a.
[57] *Wirtz* AG 1999, 114, 120; ansonsten sprechen wechselnde Mehrheiten bei Minderheitsgesellschaftern in der Regel gegen gemeinsame Kontrolle, vgl. Konsolidierte Mitteilung, Rn. 80.
[58] *Trölitzsch,* in BeckOK GmbHG, 44. Ed., Stand 1.5.2020, § 53 Anhang Gesellschaftervereinbarungen, I., Rn. 24a.
[59] Vgl. *Ruppelt,* in Langen/Bunte, Kartellrecht, Bd. 1, 13. A. 2018, § 37 GWB, Rn. 54 ff.
[60] *Wirtz* AG 1999, 114, 116.
[61] *Schütz,* in Kölner Kommentar zum Kartellrecht, Bd. 4, 1. A. 2017, Art. 3 FKVO, Rn. 42.
[62] Vgl. *Wirtz* AG 1999, 114, 116; *Bach,* in MüKoWettbR, Bd. 2, 3. A. 2020, § 37 Rn. 81.

IV. Stimmbindungsverträge ohne Einigungszwang

Gesellschaftervereinbarungen können auch „weiche" Stimmbindungsvereinbarungen enthalten, die z. B. vorsehen, dass die Parteien sich um eine gemeinsame Linie in Fragen der Geschäftspolitik bemühen und auch im Übrigen intensiv und partnerschaftlich zusammenarbeiten. Sofern diese Vereinbarungen jedoch **keinen Einigungszwang** vorsehen, hängt ihre fusionskontrollrechtliche Relevanz von den Umständen des Einzelfalls ab.[63]   39

Eine gemeinsame Kontrolle setzt in diesem Fall mindestens voraus, dass zwischen den beteiligten Minderheitsgesellschaftern über die Stimmbindungsvereinbarung hinaus eine **starke und auf Dauer angelegte Interessengemeinschaft** vorliegt.[64] Es muss nach den Umständen des konkreten Falles anzunehmen sein, dass die Minderheitsgesellschafter hinsichtlich der Bestimmung des Marktverhaltens des Unternehmens nicht gegeneinander handeln werden bzw. es nicht zu wechselnden Mehrheiten zwischen den Gesellschaftern kommen wird.[65] Es müssen Umstände vorliegen, die die Möglichkeit wechselnder Mehrheiten einschränken, weil diese in der Regel gegen das Vorliegen gemeinsamer Kontrolle sprechen.[66]   40

V. Stimmrechtsbindung bei kontrollierenden Gesellschaftern

Unter bestimmten Umständen kann selbst dann ein Zusammenschlusstatbestand vorliegen, wenn ein Gesellschafter, der das betreffende Unternehmen **bereits kontrolliert,** eine Stimmbindung nach den vorstehenden Abschnitten eingeht.   41

Wenn ein Gesellschafter **alleinige Kontrolle** über das Unternehmen besitzt und sodann mit anderen Gesellschaftern einen **Stimmrechtspool** gründet, kann ein fusionskontrollpflichtiger Wechsel von alleiniger zu gemeinsamer Kontrolle vorliegen, insbesondere bei einem Gleichordnungsverhältnis zwischen den beiden Gesellschaftern.[67]   42

Ebenso ist ein fusionskontrollrechtlich relevanter Kontrollerwerb gegeben, wenn durch eine Stimmrechtsvereinbarung gemeinsam kontrollierende Gesellschafter einen **weiteren Gesellschafter in ihre Stimmrechtsvereinbarung aufnehmen** und dies nach den obenstehenden Grundsätzen eine Fusionskontrollpflicht auslöst.   43

Fusionskontrollrechtlich relevant kann es nach deutschem Recht auch sein, wenn einem kontrollierenden Gesellschafter durch Stimmbindung weitere Anteile „**übertragen**" werden. Dann kann er ggf. auch die relevanten Schwellen des Zusammenschlusstatbestands des Anteilserwerbs nach § 37 Abs. 1 Nr. 3 GWB erreichen.   44

VI. Stimmrechtsbeschränkungen

Bei der Beurteilung der Frage, ob Gesellschafter alleinige oder gemeinsame Kontrolle ausüben, sind auch **Stimmrechtsbeschränkungen** zu berücksichtigen, sofern diese dauerhafter Natur sind.[68] Eine Beschränkung von Stimmrechten kann dazu führen, dass andere Gesellschafter die **alleinige oder gemeinsame Kontrolle** erwerben. Dies gilt unabhängig davon, auf welcher Grundlage Gesellschafter sich zur Beschränkung von Stimmrechten verpflichten.   45

---

[63] Vgl. zum Ganzen *Paschke,* in FK-Kartellrecht, Band V, Lfg. 60 Juni 2006, § 36 GWB, Rn. 105 im Zusammenhang mit der Frage der gemeinsamen Beherrschung nach § 36 Abs. 2 GWB.
[64] Konsolidierte Mitteilung, Rn. 80.
[65] *Thomas,* in Immenga/Mestmäcker, Wettbewerbsrecht, Bd. 3, 6. A. 2020, § 37, Rn. 142 ff.
[66] Vgl. Konsolidierte Mitteilung, Rn. 80; Bechtold/Bosch, GWB, 9. A. 2018, § 37, Rn. 14; *Trölitzsch,* in BeckOK GmbHG 44. Ed., Stand 1.5.2020 § 53 Anh Gesellschaftervereinbarungen Rn. 24a.
[67] *Wirtz* AG 1999, 114, 120.
[68] Siehe *Bach,* in MüKoWettbR, Bd. 2, 3. A. 2020, § 37 Rn. 80.

VII. Gründung einer Vorschalt-/Holdinggesellschaft zur Stimmrechtsausübung

46 Eine besondere Form der Übertragung der Stimmrechte kann vorliegen, wenn Gesellschafter Stimmanteile, namentlich die Stimmrechtsmehrheit, auf eine sog. **„Vorschaltgesellschaft"** übertragen, die die Stimmrechte ausübt und die an dem zu kontrollierenden Unternehmen dann mindestens eine Stimmrechtsmehrheit hat.[69] Wie immer muss sich der Einfluss einer solchen Vorschaltgesellschaft dann aber auf ein Gremium beziehen, in dem auch die für die Kontrolle relevanten Entscheidungen gefällt werden.[70]

47 Auch in diesen Fällen kann jedenfalls der Zusammenschlusstatbestand des (ggf. mittelbaren) **Kontrollerwerbs** erfüllt sein.[71] Ebenso können im deutschen Recht in diesen Fällen die Zusammenschlusstatbestände des **(mittelbaren) Anteilserwerbs** bzw. des **(mittelbar) wettbewerblich erheblichen Einflusses** erfüllt sein.[72]

VIII. Konsortial-, Schutzgemeinschaftsverträge u. ä.

48 Gerade die vorgenannten Vereinbarungen betreffend die Ausübung der Stimmrechte können häufig auch in breiter gefassten Verträgen, die einen gemeinsamen Einfluss der beteiligten Gesellschafter sichern sollen, enthalten sein.

49 Sog. **Schutzgemeinschaftsverträge**,[73] bei denen nahe stehende Gesellschafter über die gemeinsame Stimmabgabe hinaus die dauerhafte Sicherung des gemeinsamen Einflusses bezwecken, können ebenfalls Stimmbindungen vorsehen. Diese beurteilen sich nach den Grundsätzen der vorstehenden Ausführungen, je nachdem wie die Stimmbindungen im Einzelnen ausgestaltet werden.

50 Entsprechendes gilt für sog. **Konsortialverträge,** die gemeinsamen Einflussmöglichkeiten von Gesellschaftern auf das Unternehmen umfänglicher regeln. Fusionskontrollrechtlich sind diese relevant, sofern sie entsprechende Stimmbindungen enthalten bzw. durch sie (auch) ein bestimmender Einfluss der Konsorten auf die Geschäftsführung des Beteiligungsunternehmens ermöglicht wird.[74]

§ 130 Optionsrechte

51 Bei der fusionskontrollrechtlichen Beurteilung von Optionsrechten ist grundsätzlich zwischen der **Einräumung** eines Optionsrechts auf der einen und dessen tatsächlichen **Ausübung** auf der anderen Seite zu unterscheiden.[75]

I. Kontrollerwerb

52 Sowohl nach EU-Recht als auch nach deutschem Recht können Optionsrechte unter gewissen Umständen einen fusionskontrollpflichtigen **Kontrollerwerb** darstellen.

---

[69] Konsolidierte Mitteilung, Rn. 75; *Schütz*, in Kölner Kommentar zum Kartellrecht, Bd. 4, 1. A. 2017, Art. 3 FKVO, Rn. 43; *Thomas*, in Immenga/Mestmäcker, Wettbewerbsrecht, Bd. 3, 6. A. 2020, § 36, Rn. 792.
[70] *Schütz*, in Kölner Kommentar zum Kartellrecht, Bd. 4, 1. A. 2017, Art. 3 FKVO, Rn. 43.
[71] Sowohl nach § 37 Abs. 1 Nr. 2 GWB als auch nach Art. 3 FKVO; siehe hierzu oben → Kap. 40 Rn. 5 ff.
[72] Siehe hierzu oben → Kap. 40 Rn. 17 ff., 20 ff.; vgl. *Kallfaß*, in Langen/Bunte, Kartellrecht, Bd. 1, 13. A. 2018, § 37 GWB, Rn. 42.
[73] Vgl. hierzu → Kap. 1 Rn. 4 [Verweis auf GesR-Teil]; *Schäfer*, in MüKoBGB, 7. A. 2017, Vorbemerkung (Vor § 705) Rn. 69.
[74] Vgl. hierzu [Verweis auf GesR-Teil] *Körber*, in Immenga/Mestmäcker, Wettbewerbsrecht, 6. A. 2020, Art. 3 FKVO, Rn. 54; siehe auch BGH, Beschl. v. 21.12.2004 – KVR 26/03, NJW-RR 2005, 474, 475 f. *(Trans-o-flex)*.
[75] *Mäger*, in Mäger, Europäisches Kartellrecht, 2. A. 2011, S. 342, Rn. 42: vgl. zu Optionen in der Fusionskontrolle generell *Schroeder*, in FS Canenbley, Kartellrecht in Theorie und Praxis, S. 410 ff.; *Imgrund* WuW 2010, 753 ff.

1. Ausübung der Option

Die **Ausübung** einer Option, die zum Kauf oder zur Umwandlung von Anteilen berechtigt (**Erwerbsoption** oder „**Call-Option**"[76]), verwirklicht einen Zusammenschlusstatbestand, sofern der Erwerber durch die Anteile, die er aufgrund der Optionsrechtsausübung erhält, in eine Position gelangt, die ihm eine **Kontrolle** über das Zielunternehmen ermöglicht. Ebenso führt die Ausübung einer Option, die den Inhaber zum Verkauf von Anteilen an einen bestimmten Käufer berechtigt (**Verkaufsoption** oder „**Put-Option**", auch **Andienungsrecht**[77]), zu einem Zusammenschluss, wenn der Käufer durch die Anteile in eine Kontrollposition gelangt.[78]

Die Ausübung der Option muss aber nicht zwingend zu einem relevanten Kontrollerwerb führen. Wenn beispielsweise die Ausübung einer Option zwar zu einer Mehrheitsbeteiligung führt, die Gesellschaftervereinbarung aber auch nach Ausübung der Option das Fortbestehen von gemeinsamer Kontrolle weiterer Gesellschafter gewährleistet, liegt der Zusammenschlusstatbestand des Kontrollerwerbs möglicherweise nicht vor.[79]

2. Einräumung der Option

Dagegen führen rechtsgeschäftliche Vereinbarungen, die **keinen unmittelbaren Erwerb von Anteilen oder Vermögenswerten** bewirken, in der Regel noch **nicht** zur Begründung einer Kontrollmöglichkeit über ein Unternehmen.[80] Die Einräumung einer Verkaufs- oder Erwerbsoption stellt daher grundsätzlich noch **keinen Zusammenschluss im fusionskontrollrechtlichen Sinne** dar, weil unsicher ist, ob sie ausgeübt werden und der potentielle Erwerber eine Kontrollmöglichkeit erhält.[81] Auch die Vereinbarung einer **Kombination von Call- und Put-Optionen** im Rahmen eines gegenseitigen Call-Put-Arrangements führt grundsätzlich noch nicht zum Kontrollerwerb.[82] Im **Grundsatz** gilt daher, dass nicht schon die Einräumung einer potentiell später auszuübenden Option zum Kontrollerwerb und damit zum Vorliegen eines anmeldepflichtigen Zusammenschlusses führt, sondern erst die tatsächliche Ausübung dieser Option.[83]

Unter besonderen Umständen kann jedoch bereits die **Einräumung einer Put- oder Call-Option** zu einem Erwerb von Allein- oder Mitkontrolle führen. Maßgeblich ist insofern, ob die konkrete Optionsvereinbarung im Einzelfall – gegebenenfalls im Zusammenspiel mit weiteren Elementen oder Umständen – dazu führt, dass der aus der Option Berechtigte **faktisch** die Möglichkeit erhält, auf das Zielunternehmen bestimmenden Einfluss auszuüben, obwohl die Stimmrechte (noch) dem tatsächlichen Anteilsinhaber zustehen.[84]

---

[76] Siehe dazu → Kap. 46 Rn. 8.
[77] Siehe dazu → Kap. 26 Rn. 5 ff.
[78] Vgl. *Mäger,* in Mäger, Europäisches Kartellrecht, 2. A. 2011, S. 342, Rn. 42; *Schroeder,* in FS Canenbley, Kartellrecht in Theorie und Praxis, S. 411 f.
[79] *Schroeder,* in FS Canenbley, Kartellrecht in Theorie und Praxis, S. 412; anders kann dies im Hinblick auf den Anteilserwerb nach deutschem Recht zu beurteilen sein.
[80] Vgl. *Henschen,* in Schulte, Handbuch Fusionskontrolle, 3. A. 2020, Rn. 1076 ff.; *Schroeder,* in FS Canenbley, Kartellrecht in Theorie und Praxis, S. 411 m. w. N.; EU-Kommission, Entscheidung v. 27.11.1992, IV/M.259, Rn. 5 – *British Airways/TAT*.
[81] Vgl. *Schroeder,* in FS Canenbley, Kartellrecht in Theorie und Praxis, S. 411 f.; *Wessely/Wegner,* in MüKo-WettbR, Bd. 1, 3. A. 2020, Art. 3 FKVO, Rn. 57; *Bach,* in MüKo-Wettbewerbsrecht, Bd. 2, 3. A. 2020, § 37 Rn. 66.
[82] Vgl. *Henschen,* in Schulte, Handbuch Fusionskontrolle, 3. A. 2020, Rn. 1076; *Mäger,* in Mäger, Europäisches Kartellrecht, 2. A. 2011, S. 342, Rn. 42.
[83] Vgl. *Henschen,* in Schulte, Handbuch Fusionskontrolle, 3. A. 2020, Rn. 1076; *Wessely/Wegner,* in MüKo-WettbR, Bd. 1, 3. A. 2020, Art. 3 FKVO, Rn. 57; EuG, Urt. v. 19.5.1994, Rs. T-2/93 – *Air France,* Rn. 70 ff.
[84] *Henschen,* in Schulte, Handbuch Fusionskontrolle, 3. A. 2020, Rn. 1077 ff.; vgl. zur Fallpraxis *Schroeder,* in FS Canenbley, Kartellrecht in Theorie und Praxis, S. 411 ff.

D. D. Kartellrecht und Gesellschaftervereinbarungen

57   Von alleiniger Kontrolle auf faktischer Grundlage geht die Kommission ausdrücklich dann aus, wenn die Option **aufgrund einer rechtsverbindlichen Vereinbarung in naher Zukunft ausgeübt** werden soll.[85] In diesen Fällen handelt es sich im Ergebnis nicht um eine Option, deren Ausübung unsicher ist, sondern um eine rechtlich verbindliche Vereinbarung, die einer Absprache über die Anteilsübertragung selbst gleichkommt.[86] In der Praxis noch ungeklärt ist die Frage, was konkret unter der Wendung „in naher Zukunft" zu verstehen ist; vorgeschlagen werden etwa Zeiträume von maximal drei Jahren.[87] Maßgeblich ist im Ergebnis, ob angesichts des gewählten Zeitraums im konkreten Einzelfall zu erwarten ist, dass der Berechtigte über eine Position verfügt, die ihm die Ausübung bestimmenden Einflusses auf strategische Unternehmensentscheidungen ermöglicht.[88]

58   Ungeachtet der vorstehenden Ausführungen kann zudem **unter besonderen Umständen** bereits die Einräumung einer **jederzeit ausübbaren Erwerbsoption** für das Vorliegen eines Zusammenschlusstatbestands in der Form eines Kontrollerwerbs genügen. In entsprechenden Konstellationen ist die Ausübung des Optionsrechts zwar auch weiterhin unsicher; dennoch kann je nach den Umständen des Einzelfalles davon auszugehen sein, dass der Optionsverpflichtete nicht dem Willen des Berechtigten zuwiderhandeln bzw. sein Handeln an dessen Interessen in **„vorauseilendem Gehorsam"** anpassen wird, um ihn davon abzuhalten, sein Optionsrecht tatsächlich auszuüben.[89]

59   Die EU-Kommission leitete in einem Fall eine alleinige Kontrolle eines Gesellschafters aus der Tatsache ab, dass der andere Gesellschafter (im paritätischen Gemeinschaftsunternehmen mit Stimmrechtsgleichheit) bei Uneinigkeit auf die **Stimmabgabe verzichten** konnte und innerhalb von 30 Tagen seine Anteile dem **anderen Gesellschafter andienen** konnte.[90]

60   In besonderen Fällen kann auch die **Gestaltung des Preises, zu dem die Option ausgeübt werden kann,** zur Annahme eines Zusammenschlusses führen. Gehen wesentliche **Chancen und Risiken** auf den aus der Option Berechtigten über, dann ist der Optionsverpflichtete ihm gegenüber zur Einhaltung bestimmter Treuepflichten unterworfen, die im Einzelfall bereits zum Erwerb der Kontrolle führen können.[91]

II. Anteilserwerb und wettbewerblich erheblicher Einfluss

61   Insbesondere **Erwerbsoptionsrechte** können außerdem im deutschen Recht einen fusionskontrollrechtlich relevanten **Anteilserwerb** nach § 37 Abs. 1 Nr. 3 GWB darstellen. Ein solcher Anteilserwerb liegt grundsätzlich erst dann vor, wenn der Erwerber das **Vollrecht** an den Anteilen erwirbt.[92] Die **schuldrechtliche Einräumung** von Optionsrechten

---

[85] Vgl. Konsolidierte Mitteilung, Rn. 60; *Kallfaß*, in Langen/Bunte, Kartellrecht, Bd. 1, 13. A. 2018, § 37 GWB, Rn. 31.
[86] Vgl. *Mäger*, in Mäger, Europäisches Kartellrecht, 2. A. 2011, S. 343, Rn. 43; hierzu auch *Wessely/Wegner*, in MüKoWettbR, Bd. 1., 3. A. 2020, Art. 3 FKVO, Rn. 58 m. w. N.
[87] Vgl. EU-Kommission, Entsch. v. 4.7.1995, IV/M.591, Rn. 3, 7 ff. – *DOW/BUNA*: ablehnend für Zeitraum von fünf Jahren; siehe hierzu auch *Schroeder*, in FS Canenbley, Kartellrecht in Theorie und Praxis, S. 411 f.
[88] Vgl. etwa *Henschen*, in Schulte, Handbuch Fusionskontrolle, 3. A. 2020, Rn. 1077 ff.
[89] Vgl. hierzu EU-Kommission, Entscheidung v. 7.3.1994, IV/M.397, Rn. 7 f – *Ford/Hertz*; *Mäger*, in Mäger, Europäisches Kartellrecht, 2. A. 2011, S. 343, Rn. 44; *Imgrund* WuW 2010, 753, 758; kritisch (für die Frage des Anteilserwerbs) *Kallfaß*, in Langen/Bunte, Kartellrecht, Bd. 1, 13. A. 2018, § 37 GWB, Rn. 38.
[90] Vgl. EU-Kommission, Entsch. v. 17.6.1997, IV/M.845, Rn. 8 – *BASF/Hoechst* und die ergänzenden Erläuterungen bei *Schröer*, in FK-Kartellrecht, Band III, Lfg. 76. März 2012, Art. 3 FKVO, Rn. 67; siehe auch die Fallbeispiele bei *Schroeder*, in FS Canenbley, Kartellrecht in Theorie und Praxis, S. 412 ff.
[91] Vgl. *Henschen*, in Schulte, Handbuch Fusionskontrolle, 3. A. 2020, Rn. 1081; *Mäger*, in Mäger, Europäisches Kartellrecht, 2. A. 2011, S. 343, Rn. 45.
[92] Vgl. *Schulte*, Handbuch Fusionskontrolle, 3. A. 2020, Rn. 178.

für den Kauf von Unternehmensanteilen stellt daher an sich noch keinen Fall des Anteilserwerbs dar.[93] Erst in dem Zeitpunkt, in dem das Optionsrecht **ausgeübt** wird mit der Folge, dass die Beteiligungsschwellen des § 37 Abs. 1 Nr. 3 GWB überschritten werden, ist der Zusammenschlusstatbestand erfüllt.[94] Dies gilt jedenfalls dann, wenn die Ausübung des Optionsrechts ungewiss ist.[95] Ist der Inhaber der Erwerbsposition aufgrund der Option **jederzeit** berechtigt, die Anteile selbst zu erwerben oder zu bestimmen, welches dritte Unternehmen die sich aus dem Optionsrecht ergebenden Ansprüche geltend machen kann, kann nach teilweise vertretener Ansicht jedoch im Einzelfall eine andere Beurteilung gerechtfertigt sein.[96]

Ebenso kann auch eine **Verkaufsoption** nach diesen Maßstäben zu beurteilen sein. 62 Auch wenn hier dem Optionsgeber (d. h. dem späteren Erwerber) kein unmittelbarer Zugriff auf die Gesellschaftsanteile ermöglicht wird, kann unter bestimmten Voraussetzungen auch die Einräumung von Put-Optionen für den Zusammenschlusstatbestand des Anteilserwerbs von Belang sein. Beispielsweise ist das denkbar, wenn aufgrund eines feststehenden Kaufpreises bei Optionserwerb das **Erlösrisiko** auf den Optionsgeber verlagert wird oder auch das **Insolvenzrisiko** auf diesen übergeht.[97]

Darüber hinaus können Optionsrechte, deren Ausübung wahrscheinlich ist, unter be- 63 stimmten Umständen auch auf die Möglichkeit der Ausübung eines **wettbewerblich erheblichen Einflusses** nach § 37 Abs. 1 Nr. 4 GWB hindeuten bzw. einen „Plusfaktor" darstellen.[98]

§ 131 Vorkaufsrechte

Das Vorkaufsrecht in einer Gesellschaftervereinbarung[99] stellt sich **gegenüber dem Opti-** 64 **onsrecht als „Minus"** dar. Anders als das Optionsrecht kann es nicht jederzeit unabhängig vom Verkauf an einen Dritten ausgeübt werden, sondern nur dann, wenn die gegenständlichen Anteile verkauft werden.[100]

Vor diesem Hintergrund wird die Vereinbarung eines Vorkaufsrechts für sich genommen 65 **nur in Ausnahmefällen** die Zusammenschlusstatbestände des **Kontroll- oder Anteilserwerbs** erfüllen. Insoweit kann auf die Ausführungen zu den Optionsrechten verwiesen werden, wobei zu berücksichtigen ist, dass das Vorkaufsrecht wie eben erläutert nur ein „Minus" des Optionsrechts darstellt.

Die Einräumung von Vorkaufsrechten zugunsten eines Gesellschafters kann unter Um- 66 ständen für sich genommen zur Annahme eines **wettbewerblich erheblichen Einflusses** führen.[101] Regelmäßig können nach der Behördenpraxis Vorkaufsrechte auch als Indiz bzw. sog. „**Plus-Faktor**" für die Annahme eines wettbewerblich erheblichen Einflusses zu

---

[93] Vgl. *Bach,* in MüKoWettbR, Bd. 2, 3. A. 2020, § 37 GWB, Rn. 66; *Steinvorth,* in Wiedemann, Kartellrecht, 4. A. 2020, § 19, Rn. 92.
[94] Vgl. ausführlich *Dallmann,* in Schulte, Handbuch Fusionskontrolle, 3. A. 2020, Rn. 266 ff.
[95] Vgl. *Dallmann,* in Schulte, Handbuch Fusionskontrolle, 3. A. 2020, Rn. 266.
[96] So wird teilweise Bundeskartellamt, Entsch. v. 13.6.1983, WuW 1984, 165 – *Klöckner/Seitz,* interpretiert; vgl. *Dallmann,* in Schulte, Handbuch Fusionskontrolle, 3. A. 2020, Rn. 267 ff.; *Kallfaß,* in Langen/Bunte, Kartellrecht, Band 1, 13. A. 2018, § 37 GWB, Rn 38; kritisch *Schroeder,* in FS Canenbley, Kartellrecht in Theorie und Praxis, S. 418; *Bach,* in MüKoWettbR, Bd. 2, 3. A. 2020, § 37 Rn. 68: nur durch „sonstige vertragliche Abreden".
[97] Vgl. *Dallmann,* in Schulte, Handbuch Fusionskontrolle, 3. A. 2020, Rn. 269; *Mäger,* in Mäger, Europäisches Kartellrecht, 2. A. 2011, S. 339, Rn. 23; kritisch *Bach,* in MüKoWettbR, Bd. 2, 3. A. 2020, § 37 Rn. 68.
[98] Vgl. *Bach,* in MüKoWettbR, Bd. 2, 3. A. 2020, § 37 Rn. 67, 112; *Imgrund* WuW 2010, 753, 759 ff.; Bundeskartellamt, Tätigkeitsbericht 2007/2008, BT-Drs. 16/13500, S. 80; kritisch für reine Call-Optionen *Kuhn,* ZWeR 2011, 258, 262, 274.
[99] Siehe dazu auch → Kap. 26 § 92.
[100] *Schroeder,* in FS Canenbley, Kartellrecht in Theorie und Praxis, S. 419; *Imgrund* WuW 2010, 753, 762.
[101] § 37 Abs. 1 Nr. 4 GWB; Bundeskartellamt, Beschl. v. 23.7.1992, Die AG 1992, 363, 365 – *Gilette/Wilkinson*.

betrachten sein.¹⁰² Es sind dabei – wie stets bei der Prüfung von § 37 Abs. 1 Nr. 4 GWB – sämtliche Umstände des Einzelfalls zu prüfen.

§ 132 Nutzungsrechte

67 Fusionskontrollrechtlich relevant sein kann prinzipiell auch die Begründung obligatorischer oder beschränkt dinglicher Nutzungsrechte, wie etwa der Nießbrauch, die Lizenz oder das Pfandrecht. Allerdings wird dies nur dann vorliegen, wenn sich die Nutzungsrechte auf das Unternehmen als Ganzes oder auf einen wesentlichen Teil des Unternehmens beziehen.¹⁰³ Etwas anderes gilt dann, wenn sich die Nutzungsrechte lediglich auf die Mitgliedschaftsrechte an einer Gesellschaft beziehen. Der **Nießbrauch an der Mitgliedschaft** (z. B. am Anteil einer Personengesellschaft, am Geschäftsanteil einer GmbH oder an der Aktie) ist in der Regel fusionskontrollrechtlich **nicht relevant**.¹⁰⁴

68 Insbesondere wird ein **Anteilserwerb** gemäß § 37 Abs. 1 Nr. 3 GWB durch die Einräumung solcher Nutzungsrechte regelmäßig **nicht begründet**.¹⁰⁵ Der Nießbrauch an einer gesellschaftsrechtlichen Mitgliedschaft hat weder eine substantielle Beteiligung des Berechtigten zur Folge noch gehen die Mitwirkungsrechte aus der Mitgliedschaft auf diesen über. Insbesondere steht dem aus dem Nießbrauch Berechtigten nicht das Stimmrecht zu; es verbleibt bei dem Gesellschafter.¹⁰⁶

69 Dass ein Nießbrauch an den Mitgliedschaftsrechten des Gesellschafters **zu einem Kontrollerwerb oder einem wettbewerblich erheblichen Einfluss** führen kann, erscheint aus unserer Sicht unter bestimmten Umständen denkbar. Wie stets ist diese Bewertung anhand der Umstände des Einzelfalls durchzuführen.¹⁰⁷

§ 133 Sonderrechte für einzelne Gesellschafter

70 Auch die **Vereinbarung von Sonderrechten** zugunsten einzelner Gesellschafter kann unter dem Gesichtspunkt des Kontrollerwerbs¹⁰⁸ oder der Begründung eines wettbewerblich erheblichen Einflusses¹⁰⁹ einen Zusammenschlusstatbestand erfüllen. Dies gilt insbesondere im Hinblick auf die **Einräumung von Vetorechten, Mitwirkungsbefugnissen oder auch Mehrfachstimmrechten,** die es dem Berechtigten erlauben, relevante Entscheidungen der Unternehmensführung maßgeblich zu beeinflussen.

71 Die Einräumung besonderer, zusätzlicher Rechte kann einem Minderheitsgesellschafter die Möglichkeit **alleiniger oder gemeinsamer Kontrolle** verschaffen und somit einen Zusammenschlusstatbestand verwirklichen.¹¹⁰ Dabei genügt neben der Erlangung **positiver**

---

[102] Vgl. hierzu OLG Düsseldorf, Beschl. v. 23.11.2005 – VI-2 Kart 14/04 (V), BeckRS 2005, 30365590; Bundeskartellamt, Beschl. v. 22.7.2004, WuW 2004, 1323, 1325 – *Mainova/Aschaffenburger Versorgungs GmbH*; Bundeskartellamt, Beschl. v. 8.9.2004, BeckRS 2004, 14722 – *Bonner Zeitungsdruckerei*; Kuhn, ZWeR 2011, 258, 273 f. m. w. N.; *Schroeder*, in FS Canenbley, Kartellrecht in Theorie und Praxis, S. 419 f. m. w. N.; *Imgrund* WuW 2010, 753, 762; *Steinvorth*, in Wiedemann, Kartellrecht, 4. A. 2020, § 19, Rn. 105; *Thomas*, in Immenga/Mestmäcker, Wettbewerbsrecht, Bd. 3, 6. A. 2020, GWB § 37 Rn. 234, 244; kritisch Hartog, Der Zusammenschlusstatbestand des wettbewerblich erheblichen Einflusses, 2010, S. 110 f.

[103] Siehe Art. 3 Abs. 2 lit. a FKVO; Konsolidierte Mitteilung, Rn. 18; vgl. *Schütz*, in Kölner Kommentar zum Kartellrecht, Bd. 4, 1. A. 2017, Art. 3 FKVO, Rn. 36.

[104] *Bach*, in MüKoWettbR, Bd. 2, 3. A. 2020, § 37 GWB Rn. 62.

[105] Bechtold/Bosch, GWB, 9. A. 2018, § 37, Rn. 26; *Kallfaß*, in Langen/Bunte, Kartellrecht, Bd. 1, 13. A. 2018, § 37 GWB, Rn. 39; *Thomas*, in Immenga/Mestmäcker, Wettbewerbsrecht, Bd. 3, 6. A. 2020, GWB § 37 Rn. 213.

[106] *Bach,* in MüKoWettbR, Bd. 2, 3. A. 2020, § 37 GWB Rn. 62; *Thomas*, in Immenga/Mestmäcker, Wettbewerbsrecht, Bd. 3, 6. A. 2020, GWB § 37 Rn. 213.

[107] So wohl auch *Riesenkampff/Steinbarth* in LMRKM, Kartellrecht, 4. A. 2020, § 37 GWB, Rn. 22.

[108] § 37 Abs. 1 Nr. 2 GWB sowie Art. 3 FKVO; siehe dazu → Kap. 40 Rn. 5 ff.

[109] § 37 Abs. 1 Nr. 4 GWB; siehe dazu → Kap. 40 Rn. 20 ff.

[110] Vgl. Konsolidierte Mitteilung, Rn. 57.

Kontrolle auch die Erlangung **negativer Kontrolle**.[111] Zu beachten ist dabei, dass nicht jedes Sonder- oder Vetorecht geeignet ist, einen Kontrollerwerb herbeizuführen. Maßgeblich ist vielmehr ihr **konkreter Inhalt im Einzelfall**. Die eingeräumten Vetorechte müssen dabei über die Vetorechte hinausgehen, die einem Minderheitsgesellschafter üblicherweise eingeräumt werden, um seine Interessen als Kapitalgeber des Unternehmens zu schützen.[112] Vetorechte, die sich nur auf solche Rechte beziehen, begründen keine fusionskontrollrechtlich relevante Kontrolle. Ob die eingeräumten Vetorechte oder gegebenenfalls auch nur ein einziges Vetorecht dem Minderheitsgesellschafter eine Mitkontrolle ermöglichen, ist daher im Rahmen einer Einzelfallbetrachtung zu untersuchen. Maßgeblich ist allein, welche Bedeutung Vetorechte im Hinblick auf die konkreten Geschäftsaktivitäten des betreffenden Unternehmens besitzen.[113]

Voraussetzung für die Annahme eines Zusammenschlusses ist zudem, dass diese Rechte dem Minderheitsgesellschafter **dauerhaft** zustehen.[114] Dabei genügt die **Möglichkeit, die Vetorechte auszuüben,** für die Annahme eines Zusammenschlusstatbestandes.[115]   72

Im deutschen Recht ist im Zusammenhang mit Sonderrechten auch an den Zusammenschlusstatbestand des **wettbewerblich erheblichen Einflusses** zu denken.[116]   73

§ 134 „Passiver Kontrollerwerb" bei Kündigung von Gesellschaftervereinbarungen oder Ausscheiden von Gesellschaftern

Kontrolle im fusionskontrollrechtlichen Sinn kann auch „passiv" erworben werden, d. h. völlig ohne Zutun und ggf. sogar ohne bzw. gegen den Willen des Kontrollerwerbers. Dies kommt beispielsweise in Betracht, wenn ein **Gesellschafter ausscheidet** und durch die Arithmetik der Gesellschaftervereinbarung ein bisher nicht mitkontrollierender Gesellschafter nunmehr eine Position gemeinsamer oder alleiniger Kontrolle einnimmt.[117] Ebenso kann bereits die **Kündigung einer Gesellschaftervereinbarung** oder ein **Verzicht auf bestimmte Einflussrechte** durch einen Minderheitsaktionär zu einem anmeldepflichtigen Übergang von gemeinsamer zu alleiniger Kontrolle führen.[118]   74

§ 135 Treuhandverhältnisse

Werden Anteile auf Rechnung eines Dritten gehalten, sind diese Anteile nach deutschem Recht dem Unternehmen zuzurechnen, für dessen Rechnung die Anteile gehalten werden.[119] Das kann zur Folge haben, dass Gesellschaftervereinbarungen, die Treuhandverhältnisse begründen, zu einem **fusionskontrollrechtlichen Anteilserwerb** führen, jedenfalls soweit mit den Anteilen Verwaltungs- und Stimmrechte verbunden sind. Die Einzelheiten hierzu sind bislang umstritten.[120] Unstrittig setzt eine Zurechnung voraus, dass das Unternehmen, für dessen Rechnung Anteile gehalten werden, das **wirtschaftliche Risiko**   75

---

[111] Zu den Begrifflichkeiten und deren Auslegung, vgl. → Kap. 40 Rn. 7 und 9.
[112] Vgl. Konsolidierte Mitteilung, Rn. 57; *Körber*, in Immenga/Mestmäcker, Wettbewerbsrecht, 6. A. 2020, Art. 3 FKVO, Rn. 88; *Thomas*, in Immenga/Mestmäcker, Wettbewerbsrecht, Bd. 3, 6. A. 2020, § 131 f., Rn. 159 f.; *Schütz*, in Kölner Kommentar zum Kartellrecht, Bd. 2, 1. A. 2014, § 37 GWB, Rn. 47; vgl. auch BGH, Beschl. v. 21.12.2004 – KVR 26/03, NJW-RR 2005, 474, 475 f.
[113] Vgl. Konsolidierte Mitteilung, Rn. 68.
[114] Siehe → Kap. 40 Rn. 8 [Verweis Kontrolle]; vgl. *Schröer*, in FK-Kartellrecht, Band III, Lfg. 76. März 2012, Art. 3 FKVO, Rn. 83.
[115] Vgl. Konsolidierte Mitteilung, Rn. 67.
[116] § 37 Abs. 1 Nr. 4 GWB; vgl. dazu *Bach*, in MüKoWettbR, Bd. 2, 3. A. 2020, GWB § 37 Rn. 112.
[117] Vgl. EU-Kommission, Entsch. v. 9.6.1994, IV/M.452, Rn. 8 – *Avesta (II)*; *Wessely/Wegner*, in MüKoWettbR, Bd. 1, 3. A. 2020, Art. 3 FKVO, Rn. 67; kritisch Bechtold/Bosch/Brinker, EU-Kartellrecht, 3. A. 2014, Art. 3 FKVO, Rn. 20.
[118] *Wessely*, in MüKoWettbR, Bd. 1, 3. A. 2020 Art. 7 FKVO, Rn. 25.
[119] § 37 Abs. 3 S. 2 GWB.
[120] Vgl. zum Ganzen *Bach*, in MüKoWettbR, Bd. 2, 3. A. 2020, GWB § 37 Rn. 89 ff.

zumindest im Wesentlichen tragen muss.[121] Ungeklärt ist jedoch, ob darüber hinaus auch Leitungsmacht und insbesondere **Weisungsrechte** gegenüber dem Inhaber der Anteile vorliegen müssen.[122] Erforderlich, aber auch ausreichend müsste es jedoch sein, dass auch ohne Weisungsrechte das Unternehmen, für dessen Rechnung die Anteile gehalten werden, in der Lage ist, **Einfluss auf die Ausübung** der mit den Anteilen verbundenen Verwaltungs- und Stimmrechte zu nehmen.[123]

---

[121] Vgl. z. B. BGH, Beschluß vom 21.11.2000 – KVR 21/99, NJW-RR 2001, 757, 759; *Bach,* in MüKoWettbR, Bd. 2, 3. A. 2020, GWB § 37 Rn. 90 m. w. N.
[122] Für die Erforderlichkeit solcher Rechte z. B. *Paschke,* in FK- Kartellrecht, Band V, Lfg. 73 Januar 2011, § 37 Rn. 98; *Riesenkampff* WuW 1996, 5, 6 ff.; a. A. z. B. *Riesenkampff/Steinbarth* in LMRKM, Kartellrecht, 4. A. 2020, § 37 GWB, Rn. 25; *Kallfaß,* in Langen/Bunte, Kartellrecht, Bd. 1, 13. A. 2018, § 37 GWB, Rn. 41; vgl. auch BGH, Beschl. vom 21.11.2000 – KVR 21/99, NJW-RR 2001, 757, 759.
[123] *Bach,* in MüKoWettbR, Bd. 2, 3. A. 2020, GWB § 37 Rn. 91 ff.

Kapitel 42. Das Verbot wettbewerbsbeschränkender Vereinbarungen (Kartellverbot, Art. 101 AEUV, §§ 1 ff. GWB)

§ 136 Begriff, Zweck und Reichweite des Kartellverbots

Das in **Art. 101 AEUV** sowie **§ 1 GWB** geregelte „**Kartellverbot**" untersagt alle Vereinbarungen und aufeinander abgestimmte Verhaltensweisen zwischen Unternehmen sowie Beschlüsse von Unternehmensvereinigungen, die eine Verhinderung, Einschränkung oder Verfälschung des Wettbewerbs bezwecken oder bewirken. Verstößt eine Maßnahme gegen diese Vorschriften, ist sie jedoch nicht zwingend kartellrechtswidrig. In vielen Fällen ist eine Freistellung möglich, etwa weil die beschränkende Vereinbarungen insbesondere zu Effizienzvorteilen führt, die auch den Nachfragern zugutekommen (Art. 101 Abs. 3 AEUV, §§ 2, 3 GWB). 1

Ziel des Kartellverbots ist der **Schutz des wirksamen Wettbewerbs,** und zwar vor einer Koordinierung des unabhängigen Wettbewerbsverhalten der Marktteilnehmer.[1] Es gilt das sog. **Selbständigkeitspostulat:** Jedes Unternehmen hat danach seine strategischen Entscheidungen grundsätzlich selbst und unabhängig von anderen zu treffen, insbesondere wie es Wettbewerbsparameter wie Preise, Kapazitäten, Qualität, Werbung und ähnliches am Markt einsetzt.[2] 2

Das deutsche Kartellrecht des GWB ist grundsätzlich auf alle Wettbewerbsbeschränkungen anwendbar, die sich in Deutschland auswirken.[3] Das EU-Kartellrecht ist auf Maßnahmen anwendbar, die sich innerhalb der EU auswirken und die gleichzeitig geeignet sind, sich auf den Handel zwischen den Mitgliedstaaten auszuwirken (sog. „zwischenstaatlicher Bezug").[4] Sind nach diesen Maßstäben sowohl das deutsche als auch das EU-Kartellrecht anwendbar, gilt grundsätzlich der Vorrang des EU-Kartellrechts.[5] In vielen Fällen kann die genaue Bestimmung des anwendbaren Rechts aber dahinstehen, da die Anwendung der Regeln der beiden Rechtsordnungen aufgrund der weitgehenden Angleichung des deutschen Rechts an die EU-Regelungen **nicht zu abweichenden Ergebnissen** führt.[6] Eine wesentliche Ausnahme davon stellt die Vorschrift des § 3 GWB dar, die Kooperationen zwischen mittelständischen Unternehmen unter relativ niedrigen Anforderungen zulässt. Diese Ausnahme gilt jedoch nur im Anwendungsbereich des deutschen Rechts; ist der Anwendungsbereich des EU-Kartellrechts eröffnet, kann § 3 GWB nicht zur Anwendung kommen. 3

§ 137 Voraussetzungen des Kartellverbots

I. Handlungsformen

Das Kartellverbot erfasst als Handlungsformen **Vereinbarungen, Beschlüsse und aufeinander abgestimmte Verhaltensweisen.** Diese Begriffe werden weit ausgelegt und erfassen jegliche Verhaltenskoordination zwischen Unternehmen, die „**bewusst eine praktische Zusammenarbeit an die Stelle des mit Risiken verbundenen Wettbewerbs treten lässt**".[7] 4

Vereinbarung ist jede förmliche oder formlose, ausdrückliche oder stillschweigende Willenseinigung zwischen zwei oder mehreren Unternehmen, sich auf dem Markt in einer bestimmten Weise zu verhalten. Beschlüsse von Unternehmensvereinigungen, etwa von 5

---

[1] *Krauß,* in Langen/Bunte, Kartellrecht, Bd. 1, 13. A. 2018, § 1 GWB, Rn. 16 ff. m. w. N.
[2] Z. B. EuGH, Urt. v. 4.6.2009, C-8/08 – *T-Mobile Netherlands,* Rn. 32 ff.; *Krauß,* in Langen/Bunte, Kartellrecht, Bd. 1, 13. A. 2018, § 1 GWB, Rn. 17.
[3] § 185 Abs. 2 GWB.
[4] Bechtold/Bosch/Brinker, EU-Kartellrecht, 3.A. 2014, Einleitung, Rn. 25 ff.
[5] Art. 3 VO 1/2003.
[6] Vgl. Bechtold/Bosch, GWB, 9. A. 2018, § 1 GWB, Rn. 1.
[7] Vgl. EuGH, Urt. v. 14.7.1972, Rs. C-48/69, BeckRS 2004, 73172 – *Imperial Chemical Industries,* Rn. 64/67.

Verbänden, unterscheiden sich hiervon nur insofern, als sie nicht nur (einstimmige) Vereinbarungen, sondern auch Mehrheitsbeschlüsse mit einbeziehen. Ob die Vereinbarung oder der Beschluss **rechtsverbindlich und durchsetzbar ist, ist unerheblich.** Auch sog. „**gentlemen's agreements**" oder die Abgabe einer Willenserklärung nur zum Schein oder auf wirtschaftlichen Druck hin erfüllen den Tatbestand der Vereinbarung.[8]

6 **Einseitige Maßnahmen** eines Unternehmens stellen hingegen **keine Vereinbarung** dar. Allerdings kann etwa die Befolgung einer Empfehlung als Zustimmung zu werten sein und damit den Vereinbarungsbegriff erfüllen; hier ist in der Praxis eine sorgfältige Bewertung anhand des konkreten Einzelfalles erforderlich.[9]

7 Der Begriff der **abgestimmten Verhaltensweisen** erfasst jede Koordinierung des Marktverhaltens auch unterhalb der Schwelle der Vereinbarung. Nicht erfasst ist jedoch bloßes Nachahmen, d. h. Situationen, in denen sich ein Unternehmen entschließt, auf das Verhalten anderer Unternehmen am Markt in einer bestimmten Weise zu reagieren und sich entsprechend anzupassen (sog. „bewusstes Parallelverhalten"). Besonders relevant in der Praxis ist der **Austausch oder die (auch nur einseitige) Offenlegung wettbewerblich sensibler Informationen.** Tauschen Wettbewerber solche Informationen aus, kommt dies einer Abstimmung gleich, insbesondere weil die Unabhängigkeit des Verhaltens verringert wird, selbst wenn eine konkrete Verhaltensabstimmung durch die Wettbewerber nicht nachgewiesen ist.[10]

II. Unternehmen als Adressaten des Kartellverbots

8 Das Kartellverbot gilt nur für **Unternehmen bzw. Unternehmensvereinigungen.** Das Kartellrecht legt einen weiten, sog. funktionalen Unternehmensbegriff zugrunde. Dieser umfasst „**jede eine wirtschaftliche Tätigkeit ausübende Einheit unabhängig von ihrer Rechtsform und der Art ihrer Finanzierung**".[11]

9 Demnach sind auch **Personengesellschaften** Unternehmen, wenn sie die genannten Voraussetzungen erfüllen. **Natürliche Personen** sind dann als Unternehmen anzusehen, wenn in ihrer Person der oben beschriebene Unternehmensbegriff erfüllt ist. Im deutschen Recht wird eine Unternehmenseigenschaft auch in dem Fall fingiert, in dem eine natürliche Person eine Mehrheitsbeteiligung an einem anderen Unternehmen hält (§ 36 Abs. 3 GWB).[12]

III. Bezweckte oder bewirkte Wettbewerbsbeschränkung

10 Eine **Wettbewerbsbeschränkung** liegt bei jeder Beeinträchtigung der wettbewerblichen Handlungsfreiheit eines Unternehmens als Anbieter oder Nachfrager vor.[13] Diese Wettbewerbsbeschränkung muss bezweckt oder bewirkt sein. Die schwerwiegendere Form der **bezweckten Beschränkung** liegt vor, wenn die kollusive Verhaltensweise schon ihrer Art bzw. ihrem Wesen nach erfahrungsgemäß zu negativen Auswirkungen auf dem Markt

---

[8] Vgl. Bechtold/Bosch, GWB, 9. A. 2018, § 1 GWB, Rn. 18 f.
[9] Vgl. Bechtold/Bosch, GWB, 9. A. 2018, § 1 GWB, Rn. 20. Im deutschen Recht können einseitige Maßnahmen zudem unter den Tatbestand des § 21 Abs. 2 GWB fallen, der es verbietet, Nachteile anzudrohen oder zuzufügen bzw. Vorteile zu versprechen oder zu gewähren, um ein anderes Unternehmen zu einem Verhalten zu veranlassen, das kartellrechtswidrig wäre.
[10] Vgl. zum Ganzen Bechtold/Bosch, GWB, 9. A. 2018, § 1 GWB, Rn. 23 ff; Europäische Kommission, Leitlinien zur Anwendbarkeit von Art. 101 AEUV auf Vereinbarungen über horizontale Zusammenarbeit, ABL. 2011 Nr. C11 S. 1 Rn. 55 ff.
[11] Vgl. EuGH, Urt. v. 21.9.1999, Rs C-67/96 – *Albany International,* Rdnr. 77; *Lübbig,* in Wiedemann, Handbuch Kartellrecht, 4. A. 2020, § 8, Rn. 1.
[12] Vgl. Bechtold/Bosch, GWB, 9. A. 2018, § 1 GWB, Rn. 1; zum EU-Recht Bechtold/Bosch/Brinker, EU-Kartellrecht, 3. A. 2014, Art. 101 AEUV, Rn. 28.
[13] Vgl. Bechtold/Bosch, GWB, 9. A. 2018, § 1 GWB, Rn. 34.

führen wird.[14] Die negativen Auswirkungen der Verhaltensweise müssen hier nicht noch gesondert geprüft werden.

Eine **bewirkte Wettbewerbsbeschränkung** liegt vor, wenn die Vereinbarung im konkreten Fall **spürbare negative Auswirkungen** auf den Markt erwarten lässt. Die wettbewerbsbeschränkenden Wirkungen dürfen also nicht nur als geringfügig oder unbedeutend einzustufen sein. Dafür sind sämtliche relevanten Umstände des Einzelfalls zu prüfen.[15]   11

IV. Ausnahmen vom Tatbestand des Kartellverbots

Bestimmte Kooperationsformen sind schon deshalb vom Kartellverbot ausgenommen, weil sie bereits nicht als Wettbewerbsbeschränkung anzusehen sind.[16] Insbesondere trifft dies auf sog. **immanente Wettbewerbsbeschränkungen** zu, die vom Kartellverbot nicht erfasst werden. Gemeint sind hiermit insbesondere (wettbewerbsbeschränkende) **Nebenbestimmungen** zu einem im Übrigen kartellrechtsneutralen Vertrag, die für die erfolgreiche Durchführung des Vertrags unerlässlich sind. Im vorliegenden Zusammenhang sind insbesondere **Wettbewerbsverbote** zu nennen, die in bestimmten Konstellationen als immanente Wettbewerbsbeschränkungen gewertet werden.[17] Ein weiteres Beispiel sind **Bieter- und Arbeitsgemeinschaften,** die den Wettbewerb nicht beschränken, wenn und soweit die Beteiligten im konkreten Fall alleine nicht in der Lage sind, erfolgversprechende Angebote abzugeben.[18]   12

V. Konzernprivileg

Auf das Verhältnis zwischen zwei rechtlich selbständigen juristischen oder natürlichen Personen findet das Kartellverbot keine Anwendung, sofern diese vom sog. **Konzernprivileg** profitieren.[19] Im EU-Recht ist von der Anwendung des Konzernprivilegs auszugehen, wenn die Unternehmen eine **wirtschaftliche Einheit** bilden, was wiederum einen **bestimmenden Einfluss** des Gesellschafters auf ein anderes Unternehmen voraussetzt.[20] Das deutsche Recht stellt für die Bestimmung des Konzernprivilegs auf das Kriterium der **Beherrschung** ab.[21] In der Praxis sind die Unterschiede zwischen EU-Recht und deutschem Recht meist vernachlässigbar.[22]   13

Ein Gesellschafter, der die **alleinige Kontrolle** bzw. die **alleinige Beherrschungsmacht** über das Gemeinschaftsunternehmen ausübt, profitiert regelmäßig im Verhältnis zu dem Gemeinschaftsunternehmen auch vom Konzernprivileg.[23] Auf Vereinbarungen oder Abstimmungen zwischen Gesellschafter und Gemeinschaftsunternehmen findet in diesem Fall das Kartellverbot keine Anwendung. In diesem Verhältnis dürfen also uneingeschränkt und unabhängig von den nachfolgend beschriebenen Grundsätzen Absprachen und Ab-   14

---

[14] *Krauß,* in Langen/Bunte, Kartellrecht, Bd. 1, 13. A. 2018, § 1 GWB, Rn. 162 m. w. N.
[15] *Krauß,* in Langen/Bunte, Kartellrecht, Bd. 1, 13. A. 2018, § 1 GWB, Rn. 162; siehe auch zu den sog. Bagatellfällen → Kap. 42 Rn. 27 ff.
[16] Siehe z. B. die Beispiele bei Bechtold/Bosch, GWB, 9. A. 2018, § 1 GWB, Rn. 100 ff.
[17] Siehe z. B. → Kap. 45 ab Rn. 1 zu Wettbewerbsverboten.
[18] Siehe zu solchen Kooperationsformen *Lübbig,* in Wiedemann, Kartellrecht, 4. A. 2020, § 9 Rn. 229 ff.
[19] Vgl. hierzu ausführlich Thomas, ZWeR 2005, 236 ff.
[20] Vgl. z. B. EuGH, Urt. v. 24.10.1996 – C-73/95 – *Viho Europe,* Rn. 15 ff. Im Einzelnen ist umstritten, inwieweit neben der Möglichkeit solchen bestimmenden Einflusses auch dessen tatsächliche Ausübung gegeben sein muss; vgl. dazu z. B. *Zandler* NZKart 2016, 98, 99 f.; *Schroeder,* in Wiedemann, Kartellrecht, 4. A. 2020, § 9 Rn. 9 ff.; Thomas, ZWeR 2005, 236, 256 f.
[21] § 36 Abs. 2 GWB, §§ 17, 18 AktG; vgl. Bechtold/Bosch, GWB, 9. A. 2018, § 36 Rn. 63; *Thomas* in Immenga/Mestmäcker, 6. A. 2020, § 36 GWB Rn. 678 ff. vielfach wird aber auch bei nicht-zwischenstaatlichen Sachverhalten eine einheitliche Anwendung der Kriterien des EU-Rechts für erforderlich gehalten, vgl. *Schroeder,* in Wiedemann, Kartellrecht, 4. A. 2020, § 9 Rn. 17 ff.
[22] Vgl. Thomas, ZWeR 2005, 236, 254 ff.
[23] *Schroeder,* in Wiedemann, Kartellrecht, 4. A. 2020, § 9 Rn. 9; *Grave/Nyberg,* in LMRKM, 4. A. 2020, Art. 101 AEUV Rn. 165; zu den Begrifflichkeiten „Kontrolle", „Beherrschung" und „bestimmender Einfluss", siehe auch S. 340 oben Fn. 64.

stimmungen getroffen werden, auch wenn sie ihrer Natur nach wettbewerbsbeschränkend sind. Auch Vereinbarungen zwischen Schwestergesellschaften, die zur selben wirtschaftlichen Einheit gehören, weil sie denselben sie allein kontrollierenden Gesellschafter haben, profitieren von diesem Konzernprivileg und können ihr Verhalten unabhängig vom Kartellverbot miteinander koordinieren.

15 Vorsicht geboten ist jedoch in anderen Konstellationen, d. h. wenn Gesellschafter **nicht die alleinige Kontrolle** bzw. **nicht die alleinige Beherrschungsmacht** ausüben. Es gibt insbesondere im EU-Kartellrecht noch keine höchstrichterliche Rechtsprechung zur Frage, ob in Fällen von **gemeinsamer Kontrolle** eine zur Nichtanwendbarkeit des Kartellverbots führende wirtschaftliche Einheit jeweils zwischen einem mitkontrollierenden Gesellschafter und dem Gemeinschaftsunternehmen vorliegt. Mit Blick auf die Haftung von Muttergesellschaften ist der EuGH zwar in einer Konstellation mit gemeinsamer Kontrolle von einem bestimmenden Einfluss und damit einer wirtschaftlichen Einheit ausgegangen.[24] Es ist jedoch **nicht geklärt,** ob unter denselben Anforderungen auch davon ausgegangen werden kann, dass die Muttergesellschaft mit ihrer mitkontrollierten Tochtergesellschaft Vereinbarungen schließen kann, die der Anwendbarkeit des Art. 101 Abs. 1 AEUV entzogen sind – ob also der Begriff der wirtschaftlichen Einheit in beiden Konstellationen identisch ist. Das liegt zwar aus verschiedenen Gründen nahe,[25] wird aber mit Verweis auf Andeutungen des EuGH nicht einheitlich so gesehen.[26] Auch im deutschen Recht ist die parallele Frage zum sog. Gleichordnungskonzern nach § 36 Abs. 2 GWB ungeklärt.[27]

16 Im Ergebnis ist deshalb derzeit **rechtssicher nur bei alleiniger Kontrolle** bzw. **alleiniger Beherrschungsmacht** davon auszugehen, dass das Konzernprivileg Anwendung findet.

VI. Freistellung vom Kartellverbot

17 Verhaltensweisen, die den Tatbestand des Kartellverbots erfüllen, können unter gewissen Umständen dennoch zulässig sein. Dazu muss geprüft werden, ob die Voraussetzungen eines Freistellungstatbestands vorliegen:

1. Art. 101 Abs. 3 / § 2 Abs. 1 GWB

18 Art. 101 Abs. 3 AEUV bzw. § 2 Abs. 1 GWB stellen bestimmte Verhaltensweisen vom Kartellverbot frei. Hierzu müssen kumulativ die folgenden **vier Voraussetzungen** vorliegen.

19 **Erstens** muss gewährleistet sein, dass die Vereinbarung zur Verbesserung der Warenerzeugung oder -verteilung oder zur Förderung des technischen oder wirtschaftlichen Fortschritts beiträgt, d. h. zu deutlichen Effizienzvorteilen führt. Diese Voraussetzung erfasst grundsätzlich alle objektiven Vorteile ökonomischer Art.[28]

20 **Zweitens** müssen die Verbraucher an dem erzielten Gewinn angemessen beteiligt werden, wobei als „Verbraucher" alle Personen auf der Marktgegenseite gelten, so dass hierzu nicht nur Endverbraucher, sondern auch Unternehmen zählen.[29] Eine „angemesse-

---

[24] EuGH, Urt. v. 18.1.2017 – C-623/15 P – *Toshiba,* ECLI:EU:C:2017:21, Rn. 48.
[25] Siehe z. B. GA Kokott, Schlussanträge vom 29.11.2012, C-440/11 P – *Stichting Administratiekantoor,* Rn. 31; *Ahrens* EuZW 2013, 899, 902; *Zimmer* in: Immenga/Mestmäcker, Wettbewerbsrecht, 6. A. 2019, Art. 101 Abs. 1, Rn. 42; *Thomas,* in Immenga/Mestmäcker, Wettbewerbsrecht, § 36 Rn. 764, Fn. 3224.
[26] Bundeskartellamt, Entflechtung von Gemeinschaftsunternehmen im Bereich Walzasphalt, Juli 2015, Rn. 106; *Braun/Kellerbauer* NZKart 2015, 175, 180 m. w. N.; ausführlich dazu *Grave/Nyberg* in LMRKM, 4. A. 2020, Art. 101 AEUV Rn. 156 ff., Rn 164 ff.
[27] Vgl. *Thomas,* in Immenga/Mestmäcker, Wettbewerbsrecht, Bd. 3, 6. A. 2020, § 36, Rn. 751 ff.
[28] Vgl. Bekanntmachung der Kommission, Leitlinien zur Anwendung von Art. 81 Abs. 3 EG-Vertrag, ABl. 2004, Nr. C 101, S. 1 (im Folgenden: Leitlinien zu Art. 81 Abs. 3 EG-Vertrag), Rn. 49 ff.; Bechtold/Bosch/Brinker, EU-Kartellrecht, 3. A. 2014, Art. 101 AEUV, Rn. 154.
[29] Vgl. Bechtold/Bosch, GWB, 9. A. 2018, § 2 GWB, Rn. 17.

ne" Beteiligung liegt dabei im Ergebnis dann vor, wenn die weitergegebenen Vorteile die tatsächlichen oder voraussichtlichen negativen Auswirkungen, die den Verbrauchern durch die wettbewerbsbeschränkende Vereinbarung entstehen, insgesamt zumindest ausgleichen.[30]

Drittens dürfen den beteiligten Unternehmen keine Wettbewerbsbeschränkungen auferlegt werden, die für die Verwirklichung dieser Ziele nicht unerlässlich sind. Die vereinbarte Wettbewerbsbeschränkung muss daher sowohl nach ihrer Art als auch nach ihrem Umfang notwendig sein, um die Effizienzvorteile zu erzielen, d. h. die Vorteile dürfen ohne die Wettbewerbsbeschränkung nicht erreichbar sein. Es ist außerdem zu gewährleisten, dass keine wirtschaftlich machbaren, aber weniger wettbewerbsbeschränkenden Maßnahmen denkbar sind, mit deren Hilfe sich die gleichen Effizienzvorteile erzielen ließen.[31]

Schließlich dürfen den beteiligten Unternehmen **viertens** keine Möglichkeiten eröffnet werden, den Wettbewerb auf einem wesentlichen Teil des relevanten Marktes auszuschließen. Voraussetzung ist also, dass ein ausreichendes Maß an Restwettbewerb auf dem relevanten Markt verbleibt.

Unternehmen, die sich auf eine Freistellung nach Art. 101 Abs. 3 AEUV/§§ 2, 3 GWB berufen wollen, müssen selbst prüfen, ob die von ihnen angestrebte Vereinbarung die Freistellungsvoraussetzungen erfüllt („Selbstveranlagung"). Sie tragen im Streitfall auch die Beweislast hierfür.[32]

2. Gruppenfreistellungsverordnungen

Die **Gruppenfreistellungsverordnungen** („GVO") der EU-Kommission erlauben bestimmte Formen der Zusammenarbeit, die zwar wettbewerbsbeschränkend sein können, bei denen das **Vorliegen der Freistellungsvoraussetzungen der Art. 101 Abs. 3 AEUV aber typischerweise anzunehmen ist.** Die Gruppenfreistellungsverordnungen sind über die Verweisung des § 2 Abs. 2 GWB auch unterhalb der Zwischenstaatlichkeitsschwelle im deutschen Recht unmittelbar anwendbar. Zweck der Gruppenfreistellungsverordnungen ist es insbesondere, Unternehmen die Bewertung kartellrechtlich relevanter Vereinbarungen zu erleichtern. Erfüllt eine Vereinbarung die Voraussetzungen einer GVO, gilt die Freistellung verbindlich als freigestellt. Die Gruppenfreistellungsverordnungen dienen insofern als **„sicherer Hafen"**. Gruppenfreistellungsverordnungen gibt es aktuell insbesondere für **Spezialisierungs-**[33], **Forschungs- und Entwicklungs-**[34], **Technologietransfervereinbarungen**[35] und **vertikale** Vereinbarungen[36].

3. Im deutschen Recht: Mittelstandskartelle (§ 3 GWB)

Das deutsche Recht enthält zudem eine besondere Freistellung für Mittelstandskartelle (§ 3 GWB). Danach können Vereinbarungen zwischen miteinander in Wettbewerb stehenden Unternehmen (sowie auch Beschlüsse von Unternehmensvereinigungen), die die **Rationalisierung wirtschaftlicher Vorgänge durch zwischenbetriebliche Zusammenarbeit** betreffen, unter bestimmten Umständen vom Kartellverbot des § 1 GWB freigestellt werden. § 3 GWB soll es **kleineren und mittleren Unternehmen („KMU")** ermögli-

---

[30] Vgl. Leitlinien zu Art. 81 Abs. 3 EG-Vertrag, Rn. 85.
[31] Vgl. Bechtold/Bosch, GWB, 9. A. 2018, § 2 GWB, Rn. 19 ff.
[32] Siehe Art. 2 VO 1/2003; Bechtold/Bosch, GWB, 9. A. 2018, § 2 GWB, Rn. 7 ff.
[33] Verordnung (EU) Nr. 1218/2010 über die Anwendung von Artikel 101 Absatz 3 AEUV auf bestimmte Gruppen von Spezialisierungsvereinbarungen, ABl. 2010, Nr. L 355, S. 36.
[34] Verordnung (EU) Nr. 1217/2010 über die Anwendung von Artikel 101 Absatz 3 AEUV auf bestimmte Gruppen von Vereinbarungen über Forschung und Entwicklung, ABl. 2010, Nr. L 355, S. 43.
[35] Verordnung (EU) Nr. 316/2014 über die Anwendung von Artikel 101 Absatz 3 AEUV auf Gruppen von Technologietransfervereinbarungen, ABl. 2014, Nr. L 93, S. 17.
[36] Verordnung (EU) Nr. 330/2010 über die Anwendung von Artikel 101 Absatz 3 AEUV auf Gruppen von vertikalen Vereinbarungen und abgestimmten Verhaltensweisen, ABl. 2010, Nr. L 130, S. 1.

chen, größenbedingte Nachteile auszugleichen und ihre Chancen im Wettbewerb im Verhältnis zu ihren größeren Wettbewerbern zu verbessern.[37] Die Privilegierung von Mittelstandskartellen nach § 3 GWB ist eine spezielle Regelung des deutschen Rechts; sie greift daher auf Grund des Vorrangs des EU-Kartellrechts[38] nicht ein, sofern die vereinbarten Beschränkungen geeignet sind, den Handel zwischen den Mitgliedstaaten zu beeinträchtigen.

26 Weitere Voraussetzung für eine Freistellung nach § 3 GWB ist, dass der **Wettbewerb** auf dem relevanten Markt durch die Vereinbarung **nicht wesentlich beeinträchtigt** wird. Das Bundeskartellamt geht in seiner Praxis davon aus, dass dies bei einem **gemeinsamen Marktanteil der beteiligten Unternehmen von unter 10–15 %** in der Regel nicht der Fall sein wird.[39] Darüber hinaus muss die Vereinbarung dazu dienen, die Wettbewerbsfähigkeit kleinerer oder mittlerer Unternehmen zu verbessern. Dies kann beispielsweise dann der Fall sein, wenn die Zusammenarbeit eine Erweiterung des Sortiments, eine Steigerung der Produktqualität oder kürzere Lieferzeiten oder -wege zur Folge hat.[40]

VII. Bagatellfälle

27 Sowohl das Bundeskartellamt[41] als auch die EU-Kommission[42] haben Bekanntmachungen veröffentlicht, in denen sie darlegen, dass bestimmte **Vereinbarungen von geringer Bedeutung** nicht als Kartellverstoß verfolgt werden sollen. Die Voraussetzungen der Bekanntmachungen sind sich zwar ähnlich, die Regelungen unterscheiden sich aber in einzelnen Aspekten.[43] Insbesondere beschreibt das Bundeskartellamt nur Grundsätze seiner Ermessensausübung zum Aufgreifen eines Verfahrens. Der Tatbestand von § 1 GWB wird dagegen nicht eingeschränkt. Entsprechend behält sich das Bundeskartellamt auch innerhalb des Anwendungsbereichs der Bagatellbekanntmachung ein Einschreiten vor.[44] Die EU-Kommission geht dagegen in der De-minimis-Bekanntmachung davon aus, dass im Falle des Vorliegens der Voraussetzungen einer Vereinbarung von geringer Bedeutung der Tatbestand von Art. 101 AEUV entfällt. Insoweit hält sich die EU-Kommission selbst an die Mitteilung gebunden.[45]

28 Bagatellfälle liegen nach den Bekanntmachungen vor, wenn (a) bei Vereinbarungen zwischen Wettbewerbern der **insgesamt gehaltene Marktanteil** auf keinem der betroffenen Märkte **10 %** überschreitet oder (b) der von jedem an einer nicht-horizontalen Vereinbarung beteiligten Unternehmen (Vereinbarung zwischen Nicht-Wettbewerbern) gehaltene Marktanteil auf keinem der betroffenen Märkte **15 %** überschreitet.[46]

29 Bei Verdacht auf das Vorliegen sog. **kumulativer Marktabschottungseffekte** beträgt die Marktanteilsschwelle nicht 10 bzw. 15 %, sondern lediglich 5 %. Ein solcher Abschot-

---

[37] Vgl. Bechtold/Bosch, GWB, 9. A. 2018, § 3 GWB, Rn. 2.
[38] Vgl. hierzu → Kap. 42 Rn. 3.
[39] Vgl. Merkblatt des Bundeskartellamtes über Kooperationsmöglichkeiten für kleinere und mittlere Unternehmen (Stand: März 2007), Rn. 35.
[40] Merkblatt des Bundeskartellamtes über Kooperationsmöglichkeiten für kleinere und mittlere Unternehmen (Stand: März 2007), Rn. 37.
[41] Bundeskartellamt, Bekanntmachung Nr. 18/2007 über die Nichtverfolgung von Kooperationsabreden mit geringer wettbewerbsbeschränkender Bedeutung vom 13.3.2007 *("Bagatellbekanntmachung")*.
[42] EU-Kommission, Bekanntmachung über Vereinbarungen von geringer Bedeutung, die im Sinne des Art. 101 Abs. 1 AEUV den Wettbewerb nicht spürbar beschränken *("De-minimis-Bekanntmachung")*, ABl. C 291 vom 30.8.2014, S. 1. Die Bekanntmachung wird ergänzt durch ein "Commission Staff Working Document: Guidance on restrictions "by object" for the purpose of defining which agreements may benefit from the De Minimis Notice" SWD(2014) 198 final.
[43] Die Kartellbehörden können die staatlichen Gerichte nicht binden. Deshalb ist den Bekanntmachungen zwar zu entnehmen, wann die Kartellbehörden bei Bagatellfällen von einer Verfolgung absehen. Dies hindert aber beispielsweise betroffene Dritte (z. B. Mitgesellschafter) nicht, die Nichtigkeit von vermeintlichen Bagatellfällen zivilgerichtlich geltend zu machen.
[44] Bagatellbekanntmachung, Rn. 12.
[45] De-minimis-Bekanntmachung, Rn. 4.
[46] Bagatellbekanntmachung, Rn. 7–9; De-minimis-Bekanntmachung, Rn. 8.

tungseffekt kann vorliegen, wenn es auf dem von der Vereinbarung betroffenen Markt weitere Vereinbarungen mit vergleichbarem (wettbewerbsbeschränkendem) Inhalt gibt.[47]

Selbst wenn die genannten Marktanteilsschwellen nicht erreicht werden, sind Vereinbarungen **nicht von der Bagatellbekanntmachung des Bundeskartellamts erfasst**, wenn sie bestimmte sog. Kernbeschränkungen enthalten.[48] Schwerwiegende Beschränkungen werden also stets als Kartellverstöße verfolgt. Diesen Gedanken greift auch die **De-minimis-Bekanntmachung** der EU-Kommission auf. Sie nimmt generell **bezweckte Wettbewerbsbeschränkungen** von ihrem Anwendungsbereich aus, schränkt den Anwendungsbereich hier also noch etwas stärker ein als ihr Gegenstück beim Bundeskartellamt.[49]

§ 138 Folgen eines Verstoßes gegen das Kartellverbot

Wenn eine Gesellschaftervereinbarung gegen das Kartellverbot verstößt, kann das verschiedene, teils schwerwiegende Folgen haben.

I. Zivilrechtliche Folgen

Die wichtigste zivilrechtliche Folge eines Kartellverstoßes besteht darin, dass die betreffende Vereinbarung nach Art. 101 Abs. 2 AEUV bzw. § 1 GWB in Verbindung mit § 134 BGB nichtig ist. Die Nichtigkeitsfolge trifft dabei grundsätzlich nur die bestreffende Klausel sowie untrennbar mit ihr verbundenen Absprachen. Ob die Nichtigkeitsfolge auch den Rest einer Vereinbarung erfasst, richtet sich im deutschen Recht nach § 139 BGB.[50]

In Konstellationen, in denen das Gemeinschaftsunternehmen insgesamt gegen das Kartellverbot verstößt, weil der Gesellschaftsvertrag bzw. die Satzung selbst, und nicht nur einzelne Klauseln, kartellrechtswidrig sind, stellt sich die Frage, welche Folgen das für die Gesellschaft hat. Diese Problematik stellt sich insbesondere dann, wenn ein kooperatives Gemeinschaftsunternehmen von Muttergesellschaften gegründet bzw. betrieben wird, die beide auf demselben Markt tätig sind und die „kaufmännische Vernunft" eine Koordinierung des Wettbewerbsverhaltens der Muttergesellschaften erwarten lässt.[51] Unabhängig von der Gesellschaftsform gilt in diesen Fällen, dass der Gesellschaftsvertrag nach § 1 GWB i. V. m. § 134 BGB nichtig ist. Je nach Gesellschaftsform hat dies unterschiedlich gravierende Folgen für die Existenz der betreffenden Gesellschaft. Für ein als Kapitalgesellschaft organisiertes Gemeinschaftsunternehmen ist davon auszugehen, dass es aufgrund seiner Kartellrechtswidrigkeit (nur) für die Zukunft, in der Regel durch gerichtliches Urteil, aufgelöst werden kann.[52] Noch einschneidendere Folgen kann diese Nichtigkeit des Gesellschaftsvertrages bei Personengesellschaften haben, wie beispielsweise bei der weit verbreiteten GmbH & Co. KG. Hier führt die Nichtigkeit des Gesellschaftsvertrags grundsätzlich dazu, dass die Personengesellschaft als inexistent angesehen wird, und zwar im Falle der kartellrechtswidrigen Gründung bereits von Anfang an, andernfalls ab dem Zeitpunkt des kartellrechtswidrigen Beitritt des betreffenden Gesellschafters. Nicht abschließend ge-

---

[47] Bagatellbekanntmachung, Rn. 11: „*Ein kumulativer Abschottungseffekt liegt regelmäßig dann vor, wenn 30 % oder mehr des betroffenen Marktes von nebeneinander bestehenden Netzen von Vereinbarungen verschiedener Lieferanten oder Händler für den Verkauf von Waren oder das Angebot von Dienstleistungen, die ähnliche Wirkungen auf dem Markt haben, abgedeckt werden*"; De-minimis-Bekanntmachung, Rn. 10.
[48] Bagatellbekanntmachung, Rn. 13 ff.; als Kernbeschränkungen werden von der Bagatellbekanntmachung solche Vereinbarungen, die (a) die Festsetzung von Preisen oder Preisbestandteilen beim Einkauf oder Verkauf oder (b) die Beschränkung von Produktion, Bezug oder Absatz von Waren oder Dienstleistungen, insbesondere durch die Aufteilung von Versorgungsquellen, Märkten oder Abnehmern bezwecken oder bewirken.
[49] De-minimis-Bekanntmachung, Rn. 13.
[50] Zum Ganzen ausführlich *Krauß*, in Langen/Bunte, Kartellrecht, Bd. 1, 13. A. 2018, § 1 GWB, Rn. 339 ff.
[51] Siehe unten→ Kap. 44 Rn. 3 ff.; *Spiering/Hacker* RNotZ 2014, 349, 350.
[52] Vgl. z. B. *Spiering/Hacker* RNotZ 2014, 349, 351; *Theurer* BB 2013, 137, 141; *Ulshöfer* NZKart 2018, 246, 249 f.

klärt ist dabei, inwieweit die „Lehre von der fehlerhaften Gesellschaft" auf die Fälle der Kartellrechtswidrigkeit des Gesellschaftsvertrages anwendbar ist.[53] Unabhängig von dieser rechtlichen Frage ist jedenfalls klar, dass die rechtlichen Risiken für die Gesellschafter, die sich aus der Kartellrechtswidrigkeit eines Gesellschaftsvertrages ergeben, kaum überschätzt werden können.[54]

34 Weitere zivilrechtliche Folgen ergeben sich nach deutschem Recht aus den §§ 33 ff. GWB. Dort sind insbesondere Beseitigungs-, Unterlassungs- und Schadensersatzansprüche sowie Auskunftsansprüche normiert. Diese sollen es Geschädigten von Kartellverstößen ermöglichen, eine Beendigung eines Verstoßes sowie eine Kompensation etwaiger erlittener Schäden zu erlangen. Auch Klauseln in Gesellschafervereinbarungen können so angegriffen werden. Solche Ansprüche können nicht nur von Dritten geltend gemacht werden, die durch die Klauseln beeinträchtigt werden, sondern auch von den Gesellschaftern und der Gesellschaft, selbst wenn sie an der kartellrechtswidrigen Vereinbarung beteiligt sind.[55]

II. Kartellverfahren

35 Kartellrechtswidrige Vereinbarungen können auch dazu führen, dass Kartellbehörden wie die EU-Kommission oder das Bundeskartellamt ein Kartellverfahren eröffnen. Dabei stehen dem Bundeskartellamt zwei Verfahrensarten zur Verfügung, um Kartellrechtsverstöße zu ermitteln bzw. zu sanktionieren: das **Kartellverwaltungsverfahren**[56] und das **Kartellbußgeldverfahren**[57]. Welche Verfahrensart das Bundeskartellamt wählt, steht letztlich in seinem Ermessen und hängt von den Umständen des Einzelfalls ab, insbesondere der Art und Schwere des Kartellrechtsverstoßes. Auch die EU-Kommission kann am Ende eines Verfahrens ein Bußgeld erlassen, oder sich auf eine Verfügung zur Beendigung des Verstoßes beschränken.[58]

36 Am Ende eines **Kartellverwaltungsverfahrens** hat die Kartellbehörde insbesondere die Möglichkeit, eine Abstellungsverfügung zu erlassen und diesen durch Verwaltungszwang (z.B. Zwangsgelder) auch durchzusetzen.[59] Sie kann darüber hinaus aber auch (positiv) Abhilfemaßnahmen aufgeben, sofern diese für eine wirksame Abstellung des Kartellrechtsverstoßes erforderlich sind.[60] Schließlich kann jedenfalls das Bundeskartellamt auch die Rückerstattung der durch den Kartellrechtsverstoß erlangten Vorteile (an die Betroffenen) anordnen[61] oder selbst die durch den Kartellrechtsverstoß erlangten wirtschaftlichen Vorteile abschöpfen.[62]

37 Im Rahmen eines **Kartellbußgeldverfahrens** können empfindliche Geldbußen gegen die beteiligten Unternehmen aufgrund von Kartellrechtsverstößen verhängt werden. Bei Kartellrechtsverstößen in Deutschland bzw. der EU können die zuständigen Behörden

---

[53] Vgl. BGH, Beschl. v. 4.3.2008 – KVZ 55/07, BeckRS 2008, 16751 Rn. 16 – *NordKS/Xella*; Schmidt ZIP 2014, 863 ff.; *Spiering/Hacker* RNotZ 2014, 349, 353 ff.; *Ulshöfer* NZKart 2018, 246, 250.
[54] Zu den eigentums- und vermögensrechtlichen Folgen der Nichtigkeit vgl. z.B. Theurer BB 2013, 137, 141 ff.
[55] § 33 Abs. 1 GWB; *Topel*, in Wiedemann, Handbuch des Kartellrechts, 4. A. 2020, § 50 Rn. 47.
[56] Im deutschen Recht geregelt in § 54 ff. GWB, ergänzt vor allem durch Normen des VwVfG; im EU-Recht vgl. hierzu Art. 5 ff. VO 1/2003.
[57] Im deutschen Recht geregelt in §§ 81 ff. GWB, ergänzt vor allem durch Normen des OWiG und der StPO; im EU-Recht vgl. hierzu Art. 23 VO 1/2003.
[58] Art. 7 ff. und Art. 23 VO 1/2003.
[59] Vgl. § 32 Abs. 1 GWB; Art. 7 Abs. 1 VO 1/2003.
[60] § 32 Abs. 2 GWB; Art. 7 Abs. 1 VO 1/2003.
[61] § 32 Abs. 2a GWB; im EU-Recht fraglich, vgl. *Keßler*, in MüKoWettbR, Bd. 2, 3. A. 2020, § 32, Rn. 65 m.w.N.
[62] § 34 GWB; das EU-Recht sieht derzeit allenfalls die Möglichkeit der Erhöhung der Geldbuße vor, damit ihr Betrag die aus der Zuwiderhandlung erzielten widerrechtlichen Gewinne übersteigt, siehe EU-Kommission, Leitlinien für das Verfahren zur Festsetzung von Geldbußen gemäß Artikel 23 Abs. 2 lit. a VO 1/2003, Rn. 31.

gegen jeden Beteiligten Bußgelder in Höhe von bis zu 10% des konzernweiten Jahresumsatzes verhängen.[63] Beteiligte an einem Kartellrechtsverstoß im Zusammenhang mit Gesellschaftsverträgen bzw. Gesellschaftervereinbarungen – und damit Bußgeldadressaten – können je nach den Umständen des Einzelfalls sowohl das Gemeinschaftsunternehmen selbst als auch die beteiligten Gesellschafter sein.

Die Muttergesellschaften des Gemeinschaftsunternehmens müssen zudem bedenken, dass 38 sie unter Umständen auch für jegliche Kartellrechtsverstöße des Gemeinschaftsunternehmens haften, also auch solche, die sich nicht aus der Satzung oder einer Gesellschaftervereinbarung ergeben. Eine solche (gesamtschuldnerische) **Haftung der Muttergesellschaften für Kartellrechtsverstöße des Gemeinschaftsunternehmens** kommt in Betracht, wenn diese eine „wirtschaftliche Einheit" mit dem Gemeinschaftsunternehmen bilden.[64] Eine solche Haftung kommt im Einzelfall auch bei Minderheitsbeteiligungen in Betracht, etwa wenn für das Gemeinschaftsunternehmen strategisch wichtige Vetorechte bestehen.[65]

Entscheidet sich die Kartellbehörde für die Eröffnung eines Kartellverwaltungsverfahrens, 39 dann steht die Abstellung des Kartellverstoßes als wichtigste kartellbehördliche Maßnahme zur Verfügung. Dazu gehört die Anordnung sowohl verhaltensorientierter als auch struktureller Maßnahmen. Zwar sieht das Gesetz vor, dass strukturelle Maßnahmen nur nachrangig nach verhaltensorientierten Maßnahmen ausgesprochen werden dürfen.[66] Gerade bei kartellrechtswidrigen Gemeinschaftsunternehmen wird es je nach Einzelfall aber keine geeigneten verhaltensorientierte Maßnahmen geben, so dass die Anwendung struktureller Maßnahmen schnell im Raum steht. In der Praxis ist die behördliche Auflösung eines Gemeinschaftsunternehmens dennoch selten. Typischerweise wird die Kartellbehörde den Beteiligten zunächst die Möglichkeit geben, das Gemeinschaftsunternehmen eigenverantwortlich umzugestalten oder zu entflechten, um den kartellrechtlichen Bedenken Rechnung zu tragen. Damit haben es die Parteien zunächst auch in der Hand, die vermögensrechtlichen Folgen der Umgestaltung selbst zu regeln.[67] In diesem Zusammenhang können das Bundeskartellamt und die Europäische Kommission auch mit sog. Verpflichtungszusagen nach 32b GWB / Art. 9 VO 1/2003 arbeiten. Die betroffenen Unternehmen können dabei Zusagen zur Abstellung des Verstoßes anbieten, die von der Kartellbehörde dann in einer Entscheidung für verbindlich erklärt werden. Die Kartellbehörden erhalten dadurch Gewissheit, dass der Verstoß verlässlich abgestellt und in einen kartellrechtsgemäßen Zustand überführt wird. Die betroffenen Unternehmen erhalten Rechtssicherheit, dass die von ihnen angebotene und für verbindlich erklärte Gestaltung akzeptiert und nicht zum Gegenstand eines neuen Verfahrens gemacht wird.

---

[63] Art. 23 Abs. 2 VO 1/2003; § 81 Abs. 4 GWB.
[64] Vgl. hierzu auch EuGH, Urt. v. 18.1.2017 – C-623/15 P, Rn. 45 ff. – *Computer Monitor Tubes (Toshiba)*; Ahrens EuZW 2013, 899 ff. m.w.N. Zum Begriff der wirtschaftlichen Einheit, vgl. bereits → Kap. 42 Rn. 13.
[65] EuGH, Urt. v. 18.1.2017 – C-623/15 P, Rn. 45 ff. – *Computer Monitor Tubes (Toshiba)*.
[66] § 32 Abs. 2 GWB, Art. 7 Abs. 1 VO 1/2003.
[67] Auf diese Weise hat das Bundeskartellamt zuletzt die Umgestaltung von über 50 Gemeinschaftsunternehmen im Bereich Transportbeton erzielen können, vgl. Fallbericht vom 20. Juli 2020, Az. B1–216/17, abzurufen über die Website des Bundeskartellamtes.

Kapitel 43. Kartellrechtliche Zulässigkeit der Gründung eines Gemeinschaftsunternehmens

§ 139 Zum Begriff des Gemeinschaftsunternehmens

1 Wie eingangs[1] beschrieben verwendet die vorliegende Darstellung einen weiten Begriff des „Gemeinschaftsunternehmens". Umfasst sind alle Unternehmen, an denen mindestens zwei voneinander unabhängige Unternehmen als Gesellschafter beteiligt sind. Dies entspricht auch dem Begriffsverständnis des Bundeskartellamtes im Zusammenhang mit der Frage, in welchem Umfang das Kartellverbot auf die Bildung von Gemeinschaftsunternehmen Anwendung findet.[2] Zur Vermeidung von Missverständnissen sei darauf verwiesen, dass der Begriff teilweise noch mit der früheren Legaldefinition in § 37 Abs. 1 Nr. 3 S. 3 GWB a. F. in Verbindung gebracht wird, die vorausgesetzt, dass mindestens zwei Gesellschafter mit mindestens 25 % beteiligt waren.[3] Im EU-Kartellrecht wird der Begriff im Zusammenhang mit dem Verständnis der FKVO genannt, wonach ein Gemeinschaftsunternehmen insbesondere durch mindestens zwei Gesellschafter kontrolliert werden muss.[4] Diese Einschränkungen sind für die vorliegend darzustellende Frage, ob und in welchem Umfang das Kartellverbot auf die Gründung des Gemeinschaftsunternehmens anzuwenden ist, nicht sachgerecht, weshalb das oben genannte weite Begriffsverständnis verwendet wird.

§ 140 Die Anwendung des Kartellverbots

2 Oben wurde bereits dargestellt, dass Gemeinschaftsunternehmen grundsätzlich der Doppelkontrolle unterliegen. Demnach bleibt eine Anwendung des Kartellverbots in §§ 1 ff. GWB und Art. 101 AEUV möglich, auch wenn die Gründung oder Umstrukturierung eines Gemeinschaftsunternehmens der Fusionskontrolle unterliegt. Gegenstand der Prüfung des Kartellverbots ist dabei nicht der Zusammenschluss an sich, sondern die darüber hinaus zu befürchtende Beschränkung des Wettbewerbs zwischen unabhängig bleibenden Unternehmen. Denkbar ist etwa eine Verhaltenskoordinierung zwischen zwei voneinander unabhängigen Gesellschaftern des Gemeinschaftsunternehmens, oder zwischen einem nichtkontrollierenden Gesellschafter und dem Gemeinschaftsunternehmen. Die Anwendbarkeit des Kartellverbots liegt immer dann nah, wenn aktuelle oder potentielle Wettbewerbsbeziehungen unter den Gesellschaftern und dem Gemeinschaftsunternehmen bestehen. Aber auch sonstige wettbewerblich relevante Beziehungen können zu kartellrechtlich relevanten Verhaltensabstimmungen führen, sofern diese im Einzelfall begründbar sind.

§ 141 Abgrenzungshilfe: Kooperative und konzentrative Gemeinschaftsunternehmen

3 Vor allem im **deutschen Recht** wird bei der kartellrechtlichen Bewertung von Gemeinschaftsunternehmen vielfach zwischen **kooperativen und konzentrativen Gemeinschaftsunternehmen** unterschieden.[5]

---

[1] Vgl. → Kap. 30 Rn. 1, → Kap. 37 Rn. 1.
[2] Bundeskartellamt, Abschlussbericht zur Sektoruntersuchung Zement und Transportbeton (Juli 2017), Rn. 490; so auch *Ulshöfer* NZKart 2018, 246; *Kapp/Wegner* CCZ 2015, 198.
[3] Vgl. dazu z. B. *Schroeder*, in Grabitz/Hilf/Nettesheim, Das Recht der Europäischen Union, Bd. 1, 69. EL Februar 2020, Art. 101 AEUV, Rn. 468.
[4] Vgl. Konsolidierte Mitteilung, Rn. 91; zur gemeinsamen Kontrolle siehe → Kap. 40 Rn. 10.
[5] Vgl. *Wiedemann*, in Wiedemann, Kartellrecht, 4. A. 2020, § 3, Rn. 9 m. w. N.; Ulshöfer NZKart 2018, 246 ff.; zur Relevanz im EU-Recht siehe *Wessely/Wegner*, in MüKoWettbR, Bd. 1, 3. A. 2020, Art. 3 FKVO, Rn. 112; siehe auch die tabellarische Übersicht bei *Schroeder*, in Grabitz/Hilf/Nettesheim, Das Recht der Europäischen Union, Bd. 1, 69. EL Februar 2020, Art. 101 AEUV, Rn. 471; *Crede/Franz*, in Schulte, Handbuch Fusionskontrolle, 3. A. 2020, Rn. 186 ff.

Kennzeichnend für **konzentrative Gemeinschaftsunternehmen** ist, dass sie unabhängig von ihren Muttergesellschaften als selbständige wirtschaftliche Einheit agieren.[6] Sie nehmen sämtliche Funktionen eines selbständigen Unternehmens wahr, erbringen marktbezogene Leistungen und sind nicht ausschließlich oder überwiegend auf einer vor- oder nachgelagerten Stufe für die Muttergesellschaft und auch nicht auf demselben Markt wie die Mütter tätig. Kennzeichnend ist also, dass die Muttergesellschaften nicht (mehr) auf dem Markt des Gemeinschaftsunternehmens tätig sind.[7]

Kooperative Gemeinschaftsunternehmen nehmen lediglich Hilfsaufgaben für ihre Gesellschafter wahr. Kooperative Gemeinschaftsunternehmen können ganz verschiedenen Zwecken dienen, die von einer vergemeinschafteten Buchführung bis zum gemeinsamen Einkauf oder Vertrieb reichen können. Als kooperativ gilt ein Gemeinschaftsunternehmen insbesondere dann, wenn die Muttergesellschaften (weiter) auf dem Markt des Gemeinschaftsunternehmens tätig sind.

Während konzentrative Gemeinschaftsunternehmen in vielen Fällen dem Kartellverbot nicht unterliegen werden,[8] liegt bei kooperativen Gemeinschaftsunternehmen die Anwendung des Kartellverbots, nahe, weil sie aufgrund ihrer Eigenart eher zu einer Koordinierung des Wettbewerbs unabhängig bleibender Unternehmen führen.[9] Dennoch dient die Unterscheidung **nur zur Orientierung** und gibt keine abschließende Auskunft darüber, ob das Kartellverbot Anwendung findet.[10]

Maßgeblich für die kartellrechtliche Bewertung sind im Ergebnis die materiellen Auswirkungen der Gründung bzw. der Durchführung des Gemeinschaftsunternehmens auf das Verhalten unabhängig bleibender Unternehmen. Diese Auswirkungen sind jeweils im konkreten Einzelfall anhand einer Gesamtbetrachtung der wirtschaftlichen Zusammenhänge zu untersuchen.[11] Eine kartellrechtliche Prüfung anhand des Kartellverbots ist insbesondere dann angezeigt, wenn ein oder mehrere Gesellschafter und das GU in ein und demselben Markt als aktuelle oder zumindest potentielle Wettbewerber erhalten bleiben.[12] Haben die Gesellschafter dagegen ihr (aktuelles und potentielles) Wettbewerbspotenzial im relevanten Markt vollständig und auf Dauer auf das Gemeinschaftsunternehmen übertragen und verfügen sie daher über ihre Beteiligung an dem Gemeinschaftsunternehmen hinaus über keine eigene wettbewerbsrelevante Aktivität im betrachteten Markt, dann wird neben fusionskontrollrechtlicher Prüfung für die Anwendung des Kartellverbots kein Raum sein.[13]

§ 142 Fallgruppen nach der Praxis des Bundeskartellamts

Maßgebliche Frage bei der kartellrechtlichen Bewertung eines Gemeinschaftsunternehmens ist im Ergebnis also stets die Frage, ob bzw. in welchem Umfang zwischen dem Gemeinschaftsunternehmen und seinen Gesellschaftern bzw. zwischen den Gesellschaftern des Gemeinschaftsunternehmens untereinander **Wettbewerbsbeziehungen** bestehen. Orientierung bei der kartellrechtlichen Prüfung und Einordnung bietet insbesondere die **Praxis des Bundeskartellamtes**. Unter Zugrundelegung der bislang ergangenen Rechtsprechung hat das Bundeskartellamt verschiedene **„Typen" von Gemeinschaftsunternehmen** herausgearbeitet und diese nach ihren grundsätzlichen wettbewerbsbeschränkenden Wirkungen kategorisiert.

---

[6] Vgl. Bechtold/Bosch, GWB, 9. A. 2018, § 1 GWB, Rn. 90 m. w. N.
[7] BGH, Beschl. v. 8.5.2001, KVR 12/99 – *Ost-Fleisch,* Rn. 17–21 m. w. N.
[8] Bechtold/Bosch, GWB, 9. A. 2018, § 1 GWB, Rn. 90 m. w. N.
[9] Vgl. Bechtold/Bosch, GWB, 9. A. 2018, § 1 GWB, Rn. 90 ff. m. w. N., auch zur Unterscheidung zwischen Vollfunktion und Teilfunktion.
[10] Zimmer, in Immenga/Mestmäcker, 6. A. 2020, § 1 GWB Rn. 168 ff. mwN.
[11] Vgl. *Krauß,* in Langen/Bunte, Kartellrecht, Bd. 1, 13. A. 2018, § 1 GWB, Rn. 314 m. w. N.; *Zimmer,* in Immenga/Mestmäcker, Wettbewerbsrecht, Bd. 2, 6. A. 2020, § 1, Rn. 165 ff.
[12] Bundeskartellamt, Sektoruntersuchung Zement und Transportbeton (Juli 2017), Rn. 494 ff.
[13] Bundeskartellamt, Sektoruntersuchung Zement und Transportbeton (Juli 2017), Rn. 497.

D. Kartellrecht und Gesellschaftervereinbarungen

I. Der unkritische Fall: Typ U

9 Gemeinschaftsunternehmen, die das Bundeskartellamt als **„Typ U"** einordnet, sind **in der Regel kartellrechtlich unkritisch** im Hinblick auf die Anwendung des Kartellverbots. Hierzu zählen zunächst Gemeinschaftsunternehmen, in denen kein Gesellschafter auf demselben sachlichen und/oder räumlichen Markt oder auf vor- oder nachgelagerten Märkten des Gemeinschaftsunternehmens in erheblichem Umfang tätig ist. Auch Gemeinschaftsunternehmen, die von einem Gesellschafter beherrscht werden und deren andere Gesellschafter nicht auf demselben sachlichen und/oder räumlichen Markt des Gemeinschaftsunternehmens oder auf vor- oder nachgelagerten Märkten tätig sind, fallen unter „Typ U". Schließlich hat das Bundeskartellamt im Zusammenhang mit der Sektoruntersuchung Walzasphalt im Jahr 2012 auch solche Gemeinschaftsunternehmen diesem Typ zugeordnet, deren Gesellschafter kleinere oder mittelständische Unternehmen sind, die auf denselben räumlichen Märkten wie das Gemeinschaftsunternehmen und/oder auf vor oder nachgelagerten Märkten tätig sind, sofern weder das Gemeinschaftsunternehmen noch die kleineren oder mittelständischen Gesellschafter auf ihren jeweiligen Märkten über relevante Marktstellungen verfügen.[14]

II. Regelvermutung der Unzulässigkeit: Typ A

10 Demgegenüber stuft das Bundeskartellamt Konstellationen, die die Voraussetzungen des „Typ A" erfüllen, grundsätzlich kritisch ein. „Typ A"-Fälle zeichnen sich dadurch aus, dass das Gemeinschaftsunternehmen sowie zwei oder mehr seiner Gesellschafter – selbst oder durch von ihnen beherrschte Beteiligungen – auf demselben sachlich und räumlich relevanten Markt tätig sind.[15] In diesen Fällen besteht nach dem Bundeskartellamt eine **Regelvermutung für das Bestehen wettbewerbsbeschränkender Wirkungen**.[16] Diese Vermutung beruht auf der ständigen Rechtsprechung des BGH, der allerdings im Terminus abweichend von einer „Regelerwartung" spricht.[17] Weiter führt der BGH aus, dass trotz dieser Regelerwartung im Einzelfall zu beurteilen ist, ob diese Erwartung zutrifft. Dabei ist die Situation aufgrund einer Gesamtbetrachtung der wirtschaftlichen Zusammenhänge und Auswirkungen zu beurteilen, wobei im Allgemeinen von einem wirtschaftlich zweckmäßigen und kaufmännisch vernünftigen Verhalten der Unternehmen auszugehen ist.[18] Bei dieser Prüfung sind das strategische Interesse der beteiligten Unternehmen sowie die wirtschaftliche Bedeutung der Zusammenarbeit zu berücksichtigen.[19]

III. Erweiterung der Regelvermutung: Typ B

11 Darüber hinaus bewertet das Bundeskartellamt drei weitere Konstellationen als kartellrechtlich kritisch, **ohne dass für diese jedoch die für „Typ A"-Fälle geltende Regelver-**

---

[14] Vgl. zu den „Typ U"-Konstellationen Bundeskartellamt, Abschlussbericht zur Sektoruntersuchung Walzasphalt, September 2012, Rn. 157 ff.
[15] Vgl. Bundeskartellamt, Abschlussbericht zur Sektoruntersuchung Walzasphalt, September 2012, Rn. 160 ff.; zuletzt Fallbericht des Bundeskartellamtes [vgl. Fn auf S. 375], S. 3.
[16] So auch Bundeskartellamt, Abschlussbericht zur Sektoruntersuchung Zement und Transportbeton, Juli 2017, Rn. 507; zu Recht kritisch hinsichtlich der Verwendung einer *Vermutung: Ulshöfer* NZKart 2018, 246, 252;
[17] BGH, Urt. v. 8.5.2001 – KVR 12/99, NJW 2001, 3782 – *Ost-Fleisch;* BGH, Urt. v. 4.3.2008 – KVZ 55/07, BeckRS 2008, 16751 – *Nord-KS.*
[18] BGH, Urt. v. 8.5.2001 – KVR 12/99, NJW 2001, 3782 – *Ost-Fleisch;* BGH, Urt. v. 4.3.2008 – KVZ 55/07, BeckRS 2008, 16751 – *Nord-KS;* darauf aufbauend auch Bundeskartellamt, Abschlussbericht zur Sektoruntersuchung Walzasphalt, September 2012, Rn. 167 ff. Vgl. dazu auch die Ausführungen des OLG Düsseldorf, Beschl. v. 15.7.2013 – VI-Kart 9/12 (V), NZKart 2013, 377, 379 f.
[19] Vgl. Bundeskartellamt, Abschlussbericht zur Sektoruntersuchung Walzasphalt, September 2012, Rn. 167 ff.

mutung eingreift.[20] Anders als bei den „Typ A"-Fällen gibt es für die Typ B-Fälle keine Rechtsprechung, die die Einschätzungen des Bundeskartellamts stützen.

In **„Typ-B1"**-Fällen ist zwar nur ein Gesellschafter, selbst oder durch eine beherrschte Gesellschaft, im Markt des Gemeinschaftsunternehmens tätig, jedoch ist mindestens ein weiterer Gesellschafter über eine nicht beherrschte Beteiligungsgesellschaft in diesem Markt aktiv.[21] „**Typ B2**"-Fälle zeichnen sich dadurch aus, dass ein Gesellschafter selbst oder durch eine beherrschte Gesellschaft im Markt des Gemeinschaftsunternehmens tätig ist, und mindestens ein weiterer Gesellschafter des Gemeinschaftsunternehmens als potenzieller Wettbewerber anzusehen ist, weil er in einem räumlich unmittelbar benachbarten Markt tätig ist.[22] Vergleichbar hiermit sind Situationen, in denen das Marktgebiet des Gemeinschaftsunternehmens genau zwischen den Marktgebieten seiner Gesellschafter liegt. In diesen Fällen wird befürchtet, dass das Gemeinschaftsunternehmen eine „Pufferfunktion" ausübt.[23] Schließlich wird das Gemeinschaftsunternehmen als **„Typ B3"**-Fall qualifiziert, wenn die Gesellschafter zwar nicht im selben Markt oder in unmittelbar räumlich benachbarten Märkten des Gemeinschaftsunternehmens tätig sind, sie aber Wettbewerber für die Produkte des Gemeinschaftsunternehmens auf anderen regionalen Märkten sind. Das Gemeinschaftsunternehmen wird in solchen Fällen als mögliches Vehikel gesehen, um eine rechtswidrige Koordinierung zwischen diesen Gesellschaftern auf dem anderen Markt zu erzielen.[24] In früheren Veröffentlichungen betonte das Bundeskartellamt, diese Aufzählung sei nicht abschließend; vielmehr seien weitere Typ B-Fälle denkbar.[25] In jüngeren Stellungnahmen fehlt dieser Hinweis.[26]

Auch in diesen Fällen kann die Prüfung mit der Feststellung eines Typ B-Falles nicht zu Ende sein. Ebenso wie bei einem Typ A-Fall ist auch hier anhand einer Gesamtbetrachtung der wirtschaftlichen Zusammenhänge und Auswirkungen auf Grundlage wirtschaftlich zweckmäßigen und kaufmännisch vernünftigen Verhaltens der beteiligten Unternehmen zu ermitteln, ob die Regelvermutung zutrifft. Je mittelbarer die Wettbewerbsbeziehung dabei ist, desto eher wird man dazu kommen müssen, dass die Regelvermutung nicht mehr gerechtfertigt erscheint.

IV. Kritischer Informationsfluss: Typ C

Darüber hinaus hat das Bundeskartellamt auch eine Kategorie „**Typ C**" entwickelt. Diese betrifft jedoch keine anderweitigen Beteiligungs- bzw. Marktkonstellationen, vielmehr stehen die Typ C-Fälle unabhängig neben der Qualifizierung als Typ A- oder Typ B-Fall.

Als problematischen Typ C-Fall bewertet das Bundeskartellamt Fälle, in denen es zu einem Informationsfluss zwischen dem Gemeinschaftsunternehmen und nicht-beherrschenden, mit dem Gemeinschaftsunternehmen konkurrierenden Gesellschaftern kommt. Erhält ein solcher nicht-beherrschender Gesellschafter, der mit dem Gemeinschaftsunternehmen in Wettbewerb steht, durch Ausübung seiner Informationsrechte Zugang zu strategischen Entscheidungen oder zur Preisgestaltung des Gemeinschaftsunternehmens, verstößt dies oft gegen Art. 101 AEUV / § 1 GWB. Da nicht-beherrschende Gesellschafter anders als Gesellschafter in beherrschender Position keine wirtschaftliche Einheit mit dem Gemeinschaftsunternehmen bilden, können sie sich nicht auf das Konzernprivileg berufen;

---

[20] Vgl. Bundeskartellamt, Abschlussbericht zur Sektoruntersuchung Walzasphalt, September 2012, Rn. 178 ff.; zuletzt Fallbericht des Bundeskartellamtes [vgl. Fn auf S. 375], S. 3 f.
[21] Vgl. Bundeskartellamt, Abschlussbericht zur Sektoruntersuchung Walzasphalt, September 2012, Rn. 181 ff.
[22] Vgl. Bundeskartellamt, Abschlussbericht zur Sektoruntersuchung Walzasphalt, September 2012, Rn. 184 ff..
[23] Vgl. Bundeskartellamt, Abschlussbericht zur Sektoruntersuchung Walzasphalt, September 2012, Rn. 189.
[24] Vgl. Bundeskartellamt, Abschlussbericht zur Sektoruntersuchung Walzasphalt, September 2012, Rn. 190 ff.
[25] Vgl. Bundeskartellamt, Abschlussbericht zur Sektoruntersuchung Walzasphalt, September 2012, Rn. 179.
[26] Vgl. Fallbericht des Bundeskartellamtes [vgl. Fn. auf S. 375], S. 3 f.

dies hat zur Folge, dass der Informationsaustausch uneingeschränkt Art. 101 AEUV bzw. § 1 GWB unterfällt und seine Zulässigkeit nach den allgemein geltenden Maßstäben zu prüfen ist.[27]

§ 143 Folgen der Anwendbarkeit des Kartellverbots

16   Gründen mehrere Gesellschafter ein Gemeinschaftsunternehmen und ist dies nach den vorgenannten Maßstäben der Anwendung des Kartellverbots nicht entzogen, dann ist die Art der Zusammenarbeit an Art. 101 AEUV / §§ 1 ff. GWB zu messen. Es ist also zu prüfen, ob die Zusammenarbeit an sich und ob die im Zusammenhang mit der Vereinbarung getroffenen Vereinbarungen den Wettbewerb beschränken und, falls dies festgestellt wird, ob diese Wettbewerbsbeschränkungen vom Kartellverbot freigestellt sind.[28]

17   Die für die Zulässigkeit der Kooperation jeweils maßgeblichen Regeln sind umfangreich und hängen von der Art der Kooperation ab. Insbesondere in den Gruppenfreistellungsverordnungen oder Leitlinien des EU-Kartellrechts werden die Regeln für unterschiedlichste Kooperationsformen konkretisiert, etwa für Einkaufsvereinbarungen, Vertriebsvereinbarungen, Forschungs- und Entwicklungsvereinbarungen, Produktionskooperationen, Marktinformationssysteme, und vieles mehr.[29] Darin enthalten sind auch kartellrechtliche Regeln für die Bewertung spezifischer Klauseln, die in solchen Kooperationen typischerweise verwendet werden.

18   Eine detaillierte Behandlung der erwähnten Regeln ist im vorliegenden Rahmen nicht möglich und muss der umfangreichen Spezialliteratur überlassen bleiben. Es folgt eine konzentrierte Darstellung **typischer Klauseln** in Gesellschaftervereinbarungen, die unabhängig von einer eventuell bestehenden Kooperation praktisch besonders relevant sind.

---

[27] Vgl. Bundeskartellamt, Abschlussbericht zur Sektoruntersuchung Walzasphalt, September 2012, Rn. 196 ff.; Fallbericht des Bundeskartellamtes [vgl. Fn auf S. 375], S. 4. zur wirtschaftlichen Einheit siehe *Ahrens* EuZW 2013, 899 ff.

[28] Vgl. oben → 42 Rn. 17 ff. zu §§ 2, 3 GWB, Art. 101 Abs. 3 AEUV und Gruppenfreistellungsverordnungen.

[29] Das primäre und sekundäre EU-Kartellrecht ist über die Website der EU-Kommission zugänglich. Die Website des Bundeskartellamtes verweist auf das bestehende nationale Gesetzesrecht sowie eventuelle Mitteilungen oder Merkblätter des Bundeskartellamtes.

Kapitel 44. Zulässigkeit typischer Klauseln in Gesellschaftervereinbarungen

§ 144 Wettbewerbsverbote

I. Überblick

Für die Gesellschafter besteht häufig ein Interesse daran, das Wettbewerbsverhalten der Gesellschafter gegenüber der Gesellschaft und gegebenenfalls auch umgekehrt zu regeln. Klassischerweise vereinbaren die Gesellschafter diesbezüglich **Wettbewerbsverbote,** die es dem oder den Verpflichteten untersagen, insgesamt oder zumindest in bestimmten Bereichen oder Gebieten in Wettbewerb zu treten. Grundsätzlich beschränken solche Vereinbarungen den Wettbewerb und können damit gegen das Kartellverbot verstoßen, wenn die Wettbewerbsbeschränkungen auch spürbar sind.[1] 1

Für **Organe eines Gemeinschaftsunternehmens** ist ein Wettbewerbsverbot zugunsten des Gemeinschaftsunternehmens teilweise gesetzlich geregelt bzw. aus Treuepflichten der Organstellung abzuleiten. Es existiert dann gegebenenfalls auch unabhängig von einer expliziten vertraglichen Normierung. Bei **Gesellschaftern eines Gemeinschaftsunternehmens** ist ein „gesetzliches" Wettbewerbsverbot jedoch nur teilweise anerkannt, wobei die Voraussetzungen für die Anerkennung nicht abschließend geklärt sind.[2] 2

Es empfiehlt sich deshalb in vielen Konstellationen schon aus Gründen der **Rechtssicherheit,** ein **vertragliches Wettbewerbsverbot der Gesellschafter aufzunehmen** oder – falls nicht gewünscht – explizit auszuschließen. Der Vereinbarung eines Wettbewerbsverbots sind aber enge kartellrechtliche Grenzen gesetzt, die bei der Gestaltung beachtet werden müssen. 3

Bei Gesellschaftervereinbarungen sind verschiedene Stoßrichtungen des Wettbewerbsverbots denkbar: ein Wettbewerbsverbot der Gründerunternehmen bzw. der Gesellschafter **zulasten des Gemeinschaftsunternehmens** (dazu → Rn. 5), ein **Wettbewerbsverbot der Gesellschafter im direkten Verhältnis zueinander** (dazu → Rn. 6) und ein Wettbewerbsverbot der Gründerunternehmen bzw. der Gesellschafter **zugunsten des Gemeinschaftsunternehmens** (dazu unten → Rn. 7 ff.). Letzteres ist in der Praxis der relevanteste Fall. 4

II. Wettbewerbsverbot zulasten des Gemeinschaftsunternehmens

Das Wettbewerbsverbot **zulasten des Gemeinschaftsunternehmens** ist jedenfalls dann **zulässig,** wenn es **zugunsten einer (mit-)kontrollierenden Muttergesellschaft** gilt, weil es dabei letztlich um die Definition des Geschäftsgegenstands des Gemeinschaftsunternehmens geht.[3] Inwieweit dies auch bei nicht-kontrollierenden **Minderheitsgesellschaftern** gilt, ist nicht abschließend durch die Rechtsprechung geklärt. Letztlich muss es unseres Erachtens aber den Gesellschaftern möglich sein, den Geschäftsgegenstand des Gemeinschaftsunternehmens durch Vereinbarung zu bestimmen, so dass insoweit auch ein Wettbewerbsverbot zulässig sein sollte, jedenfalls sofern es in der Satzung verankert ist und sich in einer Beschreibung des Geschäftsgegenstands des Gemeinschaftsunternehmens er- 5

---

[1] Zur Spürbarkeit eines Wettbewerbsverbots siehe z. B. BGH, Urt. v. 10.12.2008, KZR 54/08, Rn. 22 – *Subunternehmervertrag II*; *Zimmer*, in Immenga/Mestmäcker, Wettbewerbsrecht, Bd. 2, 6. A. 2020, § 1 GWB, Rn. 217.
[2] Siehe dazu → Kap. 33 Rn. 1 ff.; vgl. auch *Stengel* in: Prinz/Hoffmann, Beck'sches Handbuch der Personengesellschaften, 5. A. 2020, § 22 Rn. 87; *Weitnauer/Grob* GWR 2014, 181 ff.
[3] *Mäger*, Europäisches Kartellrecht, 2. A. 2011, S. 434, Rn. 58; Kommission, Entscheidung v. 2.12.1991, IV/M.102, Rn. 60 – TNT/CANADA POST, DBP POSTDIENST, LA POSTE, PTT POST & SWEDEN POST; *Kapp/Wegner* CCZ 2015, 198, 201; *de Crozals/Hartog* EWS 2004, 533, 535.

schöpft.⁴ Dies gilt jedoch dann nicht, wenn dadurch eine Koordinierung des Wettbewerbsverhaltens der Muttergesellschaften bezweckt wird.⁵

III. Wettbewerbsverbot zwischen den Gesellschaftern

6　Wollen die **Gesellschafter** ein Wettbewerbsverbot vereinbaren, das im **direkten Verhältnis zwischen ihnen** gilt (und nicht nur mittelbar aus dem Wettbewerbsverbot zugunsten der Gesellschaft), greift keine kartellrechtliche Privilegierung ein. Dieses Wettbewerbsverbot ist nach den allgemeinen Maßstäben des Kartellverbots zu prüfen. Es kann nicht ohne weiteres als notwendig für die Gründung des Gemeinschaftsunternehmens gerechtfertigt werden und ist deshalb in vielen Konstellationen unzulässig.

IV. Kriterien für die Zulässigkeit des Wettbewerbsverbots zugunsten des Gemeinschaftsunternehmens

7　Wettbewerbsverbote in Gesellschaftsverträgen (oder Gesellschaftervereinbarungen) sind **kartellrechtlich zulässig, wenn sie notwendig sind,** um die Gesellschaft in ihrem Bestand und ihrer Funktionstüchtigkeit zu erhalten und davor zu schützen, dass ein Gesellschafter sie von innen aushöhlt oder gar zerstört, um einen leistungsfähigen Wettbewerb zu Gunsten seiner eigenen Konkurrenztätigkeit auszuschalten. Dazu ist eine Bewertung anhand der konkreten Umstände des Einzelfalls vorzunehmen. Die nachfolgenden Ausführungen dienen insoweit lediglich als Leitlinien für eine solche Bewertung.

1. Legitime Zwecke eines Wettbewerbsverbots

8　Ein vertragliches Wettbewerbsverbot ist nur zulässig, soweit damit ein rechtlich anerkannter Zweck verfolgt wird. Der Rechtsprechungs- und Behördenpraxis lassen sich dabei grundsätzlich zwei Ansätze entnehmen: Zum einen ist dies der sog. **„Aushöhlungsgedanke"**, demzufolge das Wettbewerbsverbot dafür schützen soll, dass ein Gesellschafter das Gemeinschaftsunternehmen **„von innen her aushöhlt oder gar zerstört und damit einen leistungsfähigen Wettbewerb zu Gunsten seiner eigenen Konkurrenztätigkeit ausschaltet".**⁶

9　Zum anderen lässt sich das Wettbewerbsverbot auf den sog. **„Unternehmenskaufgedanken"** stützen, der es dem Erwerber eines Unternehmens erlauben soll, ihm bei der Unternehmenserwerb übertragene Kundenbeziehungen zu festigen und übertragenes Know-how zu nutzen.⁷ Die EU-Kommission nennt folgende **legitime Zielsetzungen** für Wettbewerbsverbote im Zusammenhang mit der Gründung von Gemeinschaftsunternehmen: (1) den Gutglaubensschutz während der Verhandlungen, (2) die vollumfängliche Nutzung der Vermögenswerte des Gemeinschaftsunternehmens, (3) dem Gemeinschaftsunternehmen die Aneignung des Know-hows und des Geschäftswerts der Gründer zu ermöglichen und (4) der Schutz der Interessen der einzelnen Gründer am Gemeinschaftsunternehmen vor Wettbewerbshandlungen, die insbesondere durch privilegierten Zugang

---

⁴　Vgl. *Kapp/Wegner* CCZ 2015, 198, 201; *Doehner/Hoffmann*, in Münchener Handbuch des Gesellschaftsrechts, Bd. 2, 5. A. 2019, § 16 Rn. 74; *Körber*, in Immenga/Mestmäcker, Wettbewerbsrecht, Bd. 1, 6. A. 2020, Art. 8 FKVO, Rn. 63; vgl. auch OLG Düsseldorf, Beschl. v. 15.7.2013, VI-Kart 9/12 (V), NZKart 2013, 377, 380.

⁵　*Zimmer*, in Immenga/Mestmäcker, Wettbewerbsrecht, Bd. 2, 6. A. 2020, § 1 GWB, Rn. 182 f.

⁶　Siehe z.B. BGH, Urt. v. 23.6.2009, KZR 58/07 – *Gratiszeitung Hallo*, Rn. 17; BGH, Urt. v. 3.5.1988, KZR 17/87, NJW 1988, 2737, 2738; *Rudersdorf* RNotZ 2011, 509, 522.

⁷　Darauf stützt sich vor allem die Europäische Kommission in ihrer Bekanntmachung über Einschränkungen des Wettbewerbs, die mit der Durchführung von Unternehmenszusammenschlüssen unmittelbar verbunden und für diese notwendig sind, ABl. (EU) 2005, C 56, S. 24 (im Folgenden: *„Nebenabreden-Bekanntmachung"*); siehe auch *Rudersdorf* RNotZ 2011, 509, 520.

zu Know-how und Geschäftswert der Gemeinschaftsunternehmens (übertragen oder durch dieses aufgebaut) drohen.[8]

In der Regel kommt es auf die Frage an, ob ein Gesellschafter **Abfluss seines Know-** 10
hows oder seiner Kundenbeziehungen bzw. **den Abfluss des Geschäftswerts** fürchten muss, weil ein Gesellschafter als Wettbewerber sich solche Informationen zunutze machen kann. Ist dies der Fall, dann würde das Gemeinschaftsunternehmen wohl kaum gegründet werden, wenn die Gesellschafter sich nicht durch ein Wettbewerbsverbot gegen diese Gefahren absichern können.[9]

2. Erforderliche Begrenzung des Wettbewerbsverbots

Die kartellrechtliche Zulässigkeit eines Wettbewerbsverbots setzt voraus, dass es **zeitlich,** 11
räumlich und inhaltlich auf das zur Sicherung der Gesellschaft unbedingt notwendige Ausmaß beschränkt ist.[10]

In **zeitlicher** Hinsicht sind Wettbewerbsverbote für die gesamte Laufzeit des Gemein- 12
schaftsunternehmens zulässig.[11] Unter gewissen Voraussetzungen können sie auch „nachvertraglich" über das Ausscheiden eines Gesellschafters hinaus vereinbart werden.[12]

Räumlich ist das Wettbewerbsverbot grundsätzlich auf das Gebiet zu beschränken, in 13
dem das Gemeinschaftsunternehmen tätig ist. Ausnahmsweise kann das Wettbewerbsverbot auch auf solche Gebiete erweitert werden, für die die Gesellschafter bei der Gründung des Gemeinschaftsunternehmens bereits konkrete Pläne für eine wirtschaftliche Tätigkeit gefasst und bereits entsprechende Investitionen getätigt haben.[13]

Sachlich darf das Wettbewerbsverbot sich nur auf solche Waren bzw. Dienstleistungen 14
beziehen, die Geschäftsgegenstand des Gemeinschaftsunternehmens werden sollen. Das kann auch Waren und Dienstleistungen umfassen, die sich zum Zeitpunkt der Gründung des Gemeinschaftsunternehmens in einem fortgeschrittenen Entwicklungsstadium befinden, oder fertig entwickelte Produkte, die noch nicht auf den Markt gebracht wurden.[14]

Häufig werden Gemeinschaftsunternehmen auch gegründet, um **neue Märkte** zu er- 15
schließen. In solchen Fällen darf das Wettbewerbsverbot diejenigen Waren, Dienstleistungen und Gebiete betreffen, auf denen das Gemeinschaftsunternehmen nach der Satzung bzw. dazugehörigen Nebenvereinbarungen tätig werden soll. Die Europäische Kommission schränkt das jedoch auf solche Märkte ein, auf denen das Gemeinschaftsunternehmen von Anfang an tätig wird.[15]

3. Einfluss auf das Gemeinschaftsunternehmen

Es ist anerkannt, dass Wettbewerbsverbote, die ausreichend sachlich, räumlich und zeitlich 16
beschränkt sind, jedenfalls zulasten von **kontrollierenden** Gesellschaftern zulässig sind. Bei nicht-kontrollierenden Gesellschaftern soll es jedoch an den dafür erforderlichen Voraussetzungen einer Nebenabrede fehlen.[16]

Wettbewerbsverbote werden verbreitet auch dann kartellrechtlich für zulässig gehalten, 17
wenn mehrere Gesellschafter **gemeinsame Kontrolle** über das Gemeinschaftsunternehmen haben und das Wettbewerbsverbot zulasten eines solchen gemeinsam kontrollierenden

---

[8] Nebenabreden-Bekanntmachung, Rn. 36.
[9] *Bernhard* NJW 2013, 2785, 2786.
[10] Vgl. Nebenabreden-Bekanntmachung, S. Rn. 36 ff.; *Krauß*, in Langen/Bunte, Kartellrecht, Bd. 1, 13. A. 2018, § 1 GWB, Rn. 319.
[11] Vgl. Nebenabreden-Bekanntmachung, Rn. 36 a. E.
[12] Siehe dazu sogleich → Rn 19.
[13] Vgl. Nebenabreden-Bekanntmachung, Rn. 37.
[14] Vgl. Nebenabreden-Bekanntmachung, Rn. 38.
[15] Vgl. Nebenabreden-Bekanntmachung, Rn. 39.
[16] Vgl. Nebenabreden-Bekanntmachung, Rn. 40; hier ist (in der deutschen Fassung) zwar von „Beherrschungsmacht" und nicht von „Kontrolle" die Rede, gemeint ist jedoch das gleiche, wie auch aus der englischen Fassung der Bekanntmachung hervorgeht; so auch *Rudersdorf* RNotZ 2011, 509, 524.

Gesellschafters vereinbart wird. Insoweit können auch Minderheitsgesellschafter mit einem Wettbewerbsverbot belegt werden, sofern sie maßgeblichen Einfluss auf die Geschäftsführung oder strategisch wichtige Entscheidungen des Gemeinschaftsunternehmens nehmen können, etwa durch entsprechende Vetorechte.[17] Eine einzelfallbezogene Betrachtung ist in diesen Konstellationen erforderlich.[18]

18 Wettbewerbsverbote zulasten „bloßer" Minderheitsgesellschafter, d. h. solcher ohne (mit-)kontrollierenden Einfluss, wurden bislang von der obergerichtlichen Rechtsprechung – soweit ersichtlich – nicht anerkannt.[19] Dennoch kann es durchaus weitere Konstellationen geben, in denen gute Gründe bestehen, auch Minderheitsgesellschaftern ein Wettbewerbsverbot auferlegen zu dürfen.[20] Ein Wettbewerbsverbot zulasten von Minderheitsgesellschaftern sollte beispielsweise dann möglich sein, wenn diese **wettbewerblich erheblichen Einfluss** im Sinne von § 37 Abs. 1 Nr. 4 GWB ausüben können[21], beispielsweise durch gesellschaftsrechtlich vermittelte Kenntnisse über Know-how oder Kundenkontakte des Unternehmens. Gerade der Zugang zu privilegierten Informationen sollte ein Wettbewerbsverbot rechtfertigen können.[22] Die Auferlegung eines Wettbewerbsverbots erscheint zudem dann gerechtfertigt, wenn die Gesellschafter sich vor Gründung eines (konzentrativen) Gemeinschaftsunternehmens als Wettbewerber auf dem Markt gegenüberstanden, auf dem das Gemeinschaftsunternehmen tätig wird, die Gesellschafter unternehmerisches Potenzial in das Gemeinschaftsunternehmen einbringen und sich dabei **vollständig zu Gunsten des Gemeinschaftsunternehmens aus dessen Markt zurückziehen,** auch wenn sie nur minderheitlich am Gemeinschaftsunternehmen beteiligt sind.[23] Mangels obergerichtlicher Rechtsprechung zu solchen Konstellationen verbleiben diesbezüglich nicht unerhebliche Restrisiken.[24]

V. Nachvertragliche Wettbewerbsverbote

19 **Nachvertragliche Wettbewerbsverbote** sind kartellrechtlich grundsätzlich **kritischer zu bewerten** als Wettbewerbsverbote, die auf die Laufzeit des Gemeinschaftsunternehmens beschränkt sind, da sie nicht mehr mit dessen Durchführung in unmittelbarem Zusammenhang stehen.[25] Dennoch sind auch sie **unter gewissen Voraussetzungen kartellrechtlich zu rechtfertigen.** Die Voraussetzungen und Grenzen solcher nachvertraglichen Wettbewerbsverbote sind bislang noch nicht von der Rechtsprechung klar umrissen worden.

20 Zunächst ist zu differenzieren zwischen nachvertraglichen Wettbewerbsverboten (→ Rn. 21 ff.) bei **Ausscheiden eines Gesellschafters und gleichzeitigem Fort-**

---

[17] Vgl. BGH, Urt. v. 23.6.2009 – KZR 58/07 – *Gratiszeitung Hallo*, Rn. 22 ff.; BGH, Urt. v. 3.5.1988 – KZR 17/87, NJW 1988, 2737, 2738; Nebenabreden-Bekanntmachung, Rn. 38; *Säcker*, in MüKoWettbR, Bd. 2, 3. A. 2020, § 1 GWB Rn. 58; *Kapp/Schumacher* WuW 2010, 481 ff.; *de Crozals/Hartog* EWS 2004, 533, 535; eher kritisch *Weidenbach/Mühle* EWS 2010, 353, 356 f.
[18] *Kapp/Wegner* CCZ 2015, 198, 202.
[19] OLG Frankfurt a. M., Urt. v. 17.3.2009 – 11 U 61/08, NZG 2009, 903, 904; Nebenabreden-Bekanntmachung, Rn. 40; *Krauß*, in Langen/Bunte, Kartellrecht, Bd. 1, 13. A. 2018, § 1 GWB, Rn. 209; vgl. auch *Linsmeier/Lichtenegger* BB 2011, 328, 331 f.
[20] So etwa *Körber* in Immenga/Mestmäcker, Wettbewerbsrecht, Bd. 1, 6. A. 2020, Art. 8 FKVO, Rn. 62 mwN.
[21] *Linsmeier/Lichtenegger* BB 2011, 328, 331 ff.; *Rudersdorf* RNotZ 2011, 509, 524; a. A. *Stöcker* GWR 2015, 181 f.
[22] *Stöcker* GWR 2015, 181, 182 f.; in diese Richtung auch BGH, Urt. v. 3.5.1988– KZR 17/87, NJW 1988, 2737, 2738.
[23] *Kapp/Schumacher* WuW 2010, 481, 489 ff.
[24] In diesen Fällen wird man zumindest ein zeitlich befristetes Wettbewerbsverbot auf Grundlage von Rn. 18 ff. der Nebenabreden-Bekanntmachung annehmen können, aber eben begrenzt auf maximal 3 Jahre. Dies erscheint angesichts der fortgesetzten Beteiligung und angesichts bestehender Informationsrechte nicht zwingend ausreichend, um den Bestand des Gemeinschaftsunternehmens zu schützen.
[25] Vgl. *Mäger*, Europäisches Kartellrecht, 2. A. 2011, S. 433; siehe auch Nebenabreden-Bekanntmachung, Rn. 36: „*so lange […] notwendig […] wie das Gemeinschaftsunternehmen besteht"*.

bestand des Gemeinschaftsunternehmens und (→ Rn. 25 f.) bei **Auflösung des Gemeinschaftsunternehmens.**

1. Ausscheiden eines Gesellschafters

Überwiegend rechtfertigt man nachvertragliche Wettbewerbsverbote bei Gemeinschaftsunternehmen entsprechend den **Grundsätzen, die bei einem Unternehmenskauf gelten.** Danach sind Wettbewerbsverbote im Zusammenhang mit der Übertragung von Unternehmensteilen zulässig, um den Wert der übertragenen Vermögenswerte erhalten zu können, d. h. insbesondere das Vertrauen der Kunden gewinnen bzw. sich das Know-how nutzbar machen zu können.[26] 21

Nachvertragliche Wettbewerbsverbote zulasten von ausscheidenden **Mehrheitsgesellschaftern** sind grundsätzlich zulässig, sofern sie hinsichtlich ihrer zeitlichen Geltungsdauer und ihres räumlichen und sachlichen Geltungsbereichs nicht über das erforderliche Maß hinausgehen.[27] Ein Zeitraum von **drei Jahren** wird dabei grundsätzlich als zulässig angesehen, wenn dies insbesondere zum Schutz des im Gemeinschaftsunternehmen vorhandenen Know-hows erforderlich ist; anderenfalls (Übertragung nur des Geschäftswerts) ist ein Schutz von maximal **zwei Jahren** zulässig.[28] 22

Dies dürfte parallel zum oben Gesagten auch für Wettbewerbsverbote zulasten von **Minderheitsgesellschaftern** gelten, sofern diesen Sonderrechte zustehen, die ihnen Einfluss auf die strategischen Entscheidungen des Gemeinschaftsunternehmens ermöglichen.[29] Auch ist grundsätzlich anerkannt, dass der **Schutz vor erleichtertem Wettbewerb** ein Wettbewerbsverbot rechtfertigen kann. Dies kann dann der Fall sein, wenn der ausscheidende (Minderheits-)Gesellschafter über seine Stellung in Unternehmensgremien privilegierten Zugang zu Informationen hinsichtlich der zukünftigen Geschäftsstrategie hatte oder dem Gemeinschaftsunternehmen aufgrund seines anderweitigen **Zugangs zu Kundeninformationen oder Know-how** Schaden zufügen kann.[30] In diesen Fällen sprechen gute Argumente für die Zulässigkeit eines nachvertraglichen Wettbewerbsverbots von bis zu zwei oder drei Jahren, wobei dessen Erforderlichkeit besonders sorgfältig zu prüfen ist.[31] Beispielsweise kann eine Erforderlichkeit entfallen, wenn der im Gemeinschaftsunternehmen verbleibende Gesellschafter durch seine Marktposition eine Ausnutzung des Know-hows bzw. der Kundenbeziehungen nicht fürchten muss.[32] 23

Unzulässig sind nachvertragliche Wettbewerbsverbote bei Gesellschaftern, die **reine Kapitalbeteiligungen** hielten und dementsprechend auch keinen Einfluss auf die Geschäftsführung oder Zugang zu Know-how hatten.[33] 24

2. Auflösung des Gemeinschaftsunternehmens

Ein Wettbewerbsverbot für den **Zeitraum nach Auflösung des Gemeinschaftsunternehmens** ist noch schwieriger zu rechtfertigen. Insoweit ist prinzipiell weder der „Aushöhlungsgedanke" noch der „Unternehmensverkaufsgedanke" einschlägig.[34] 25

---

[26] Nebenabreden-Bekanntmachung, Rn. 18 f.; *Mäger*, Europäisches Kartellrecht, 2. A. 2011, Kap. 9, Rn. 55; *Stöcker* GWR 2015, 181, 183.
[27] Vgl. Nebenabreden-Bekanntmachung, Rn. 18 f.
[28] Vgl. Nebenabreden-Bekanntmachung, Rn. 20.
[29] Vgl. BGH, Urt. v. 3.5.1988 – KZR 17/87, NJW 1988, 2737, 2738, das einen Zeitraum von zwei Jahren nicht beanstandete.
[30] Vgl. *Stöcker* GWR 2015, S. 181, 183 f.; OLG Düsseldorf, Urt. v. 15.5.2019, VI-W (Kart) 4/19, Rn. 20 ff.; Kommission, Entsch. v. 18.6.2012, COMP/39.736, Rn. 59 ff. – *SIEMENS/AREVA*; vgl. auch BGH, Urt. v. 3.5.1988, KZR 17/87, NJW 1988, 2737, 2738.
[31] Vgl. zum Ganzen auch *Stöcker* GWR 2015, S. 181, 183; *Rudersdorf* RNotZ 2011, 509, 525; *Kapp/Wegner* CCZ 2015, 198, 208.
[32] Vgl. Kommission, Entsch. v. 18.6.2012, COMP/39.736, Rn. 56 ff. – *SIEMENS/AREVA*.
[33] *Stöcker* GWR 2015, S. 181, 183; *Weitnauer/Grob* GWR 2014, 181, 183.
[34] *Kapp/Wegner* CCZ 2015, 198, 208.

26   Aber auch bei der Auflösung des Gemeinschaftsunternehmens passiert in der Regel etwas mit den Vermögenswerten, beispielsweise dass die Substanz des Gemeinschaftsunternehmens trotz formeller Auflösung von einem Gesellschafter übernommen wird.[35] Insoweit können **die Umstände des Einzelfalls auch hier ein Wettbewerbsverbot rechtfertigen.** Auch ist daran zu denken, dass ein Gesellschafter besonderes Know-how oder Kundenbeziehungen in das Gemeinschaftsunternehmen eingebracht hat und ein legitimes Interesse daran haben kann, dass die anderen Gesellschafter diese nach Auflösung nicht unmittelbar nutzen können. An eindeutigen, behördlich oder gerichtlich anerkannten Regeln fehlt es aber.[36]

VI. Rechtsfolgen bei zu weiten Wettbewerbsverboten

27   Sind die vorstehenden Kriterien erfüllt, **verstößt das Wettbewerbsverbot bereits nicht gegen das Kartellverbot.**[37] Die Prüfung einer Freistellungsmöglichkeit erübrigt sich dann. Zu beachten ist jedoch, dass die kartellrechtliche Zulässigkeit eines Wettbewerbsverbots überhaupt nur dann in Betracht kommt, wenn das Gemeinschaftsunternehmen selbst kartellrechtlich zulässige Zwecke verfolgt. Ist dies nicht der Fall und das Gemeinschaftsunternehmen dient der Umsetzung wettbewerbswidriger Ziele, greift das Kartellverbot des Art. 101 Abs. 1 AEUV bzw. § 1 GWB ein, und zwar auch bezüglich des Wettbewerbsverbots.[38]

28   Erfüllt das Wettbewerbsverbot die vorstehenden Voraussetzungen nicht und ist kartellrechtlich unzulässig, ist es grundsätzlich nach deutschem Recht **unwirksam.**[39] Der BGH hält jedoch eine **geltungserhaltende Reduktion** für möglich, wenn das ansonsten zulässige Wettbewerbsverbot (nur) den zulässigen **zeitlichen Umfang** überschreitet. Dann ist eine Reduktion auf eine kartellrechtlich noch zulässige Dauer möglich.[40]

29   Ob Gesellschaftsverträge bzw. Gesellschaftervereinbarungen aufgrund des darin enthaltenen unzulässigen Wettbewerbsverbots auch **insgesamt nichtig** sein können, hängt von den Umständen des Einzelfalls ab.[41] Denkbar ist das insbesondere dann, wenn bei Ermittlung des hypothetischen Parteiwillens bei Abschluss der Vereinbarung davon auszugehen ist, dass die gesamte Vereinbarung bei Kenntnis der Nichtigkeit des Wettbewerbsverbots nicht abgeschlossen worden wäre. Etwaige **salvatorische Klauseln** im Vertragswerk beeinflussen (nur) die Darlegungs- und Beweislast bei der Prüfung der Frage, ob die Parteien die Aufrechterhaltung des Vertragswerks gewollt hätten oder nicht.[42]

VII. Zur Vertragsgestaltung

30   Das nachvertragliche Wettbewerbsverbot kann bereits **bei der Gründung des Gemeinschaftsunternehmens** und nicht erst bei Ausscheiden eines Gesellschafters wirksam vereinbart werden. Der Zeitpunkt der Vereinbarung ist insofern nicht entscheidend. Der Sache nach handelt es sich dabei um eine Regelung in der Gesellschaftervereinbarung bzw. im Gesellschaftsvertrag für den Fall einer späteren Anteilsveräußerung.[43]

---

[35] *Kapp/Wegner* CCZ 2015, 198, 208.
[36] Vgl. Kuhn, Kooperative Aspekte von Gemeinschaftsunternehmen, 2006, S. 294 f.
[37] Vgl. *Zimmer,* in Immenga/Mestmäcker, Wettbewerbsrecht, Bd. 2, 6. A. 2020, § 1, Rn. 49.
[38] BGH, Urt. v. 23.6.2009 – KZR 58/07 – *Gratiszeitung Hallo,* Rn. 21 ff.; dazu bereits → Kap. 44 Rn. 8.
[39] § 134 BGB i. V. m. § 1 GWB bzw. Art. 101 Abs. 1 AEUV.
[40] BGH, Urt. v. 10.12.2008, KZR 54/08, Rn. 25 – *Subunternehmervertrag II; Bernhard* NJW 2013, 2785, 2789 geht darüber hinaus davon aus, dass eine geltungserhaltende Reduktion auch in sachlicher und räumlicher Hinsicht möglich ist, wenn eine solche in der Vereinbarung der Parteien ausdrücklich vereinbart ist.
[41] Vgl. zu den zivilrechtlichen Folgen der Kartellrechtswidrigkeit → Kap. 43 Rn. 2.
[42] Vgl. BGH, Urt. v. 24.9.2002– KZR 10/01 – *Tennishallenpacht,* Rn. 13.
[43] *Linsmeier/Lichtenegger* BB 2011, 328, 333; *Rudersdorf* RNotZ 2011, 509, 525; vgl. dazu auch BGH, Urt. v. 29.9.2003 – II ZR 59/02, NJW 2004, 66 f.

Aufgrund der höheren Wirksamkeitsrisiken bei nachvertraglichen Wettbewerbsverboten 31
erscheint es ratsam, diese in einer Gesellschaftervereinbarung **getrennt** von den Wettbewerbsverboten während der Laufzeit des Gemeinschaftsunternehmens zu regeln. In Verbindung mit einer präzise gefassten salvatorischen Klausel erhöht dies die Wahrscheinlichkeit, dass in kritischen Fällen zumindest Teile des Wettbewerbsverbots aufrechterhalten werden können.

In der Praxis werden Wettbewerbsverbote zuweilen auch mit dem Zusatz versehen, sie 32
gelten „**soweit rechtlich zulässig**". In besonderen Konstellationen kann dies helfen, ein kritisches Wettbewerbsverbot zu retten, z. B. um künftige Veränderungen der tatsächlichen Gegebenheiten abzudecken.[44] Ein von vornherein unzulässiges Wettbewerbsverbot wird dadurch aber nicht zulässig bzw. auf ein zulässiges Maß reduziert.[45] Unabhängig davon sollten die sachlichen, räumlichen und zeitlichen Grenzen eines Wettbewerbsverbots in der Vereinbarung möglichst präzise formuliert und Gesellschafter mit reinen Kapitalbeteiligungen vom Wettbewerbsverbot ausgenommen werden.

§ 145 Abwerbeverbote

Bei der kartellrechtlichen Beurteilung von **Abwerbeverboten** finden nach Ansicht der 33
Europäischen Kommission die für Wettbewerbsverbote geltenden Grundsätze entsprechende Anwendung.[46] Das bedeutet, dass jedenfalls während der Laufzeit des Gemeinschaftsunternehmens Abwerbeverbote zwischen Gemeinschaftsunternehmen und Muttergesellschaften zulässig sind, sofern letztere einen hinreichenden Einfluss auf das Gemeinschaftsunternehmen haben.[47]

§ 146 Lizenzvereinbarungen

Kartellrechtlich erlaubt ist grundsätzlich auch die **Vergabe einer Lizenz durch einen** 34
Gesellschafter des Gemeinschaftsunternehmens an das Gemeinschaftsunternehmen. Das gilt nach Ansicht der Europäischen Kommission sowohl für ausschließliche als auch für nicht-ausschließliche Lizenzen und unabhängig davon, ob die Lizenz befristet ist. Es ist außerdem erlaubt, die Lizenz auf einen bestimmten Anwendungsbereich („field of use") zu begrenzen, der der Geschäftstätigkeit des Gemeinschaftsunternehmens entspricht.[48]

Lizenzen des Gemeinschaftsunternehmens an einen Gesellschafter oder **wechsel-** 35
seitige Lizenzen in diesem Verhältnis sind ebenso denkbar, wobei hier gewisse kartellrechtliche Beschränkungen zu berücksichtigen sind.[49]

Nicht kartellrechtlich privilegiert sind hingegen **Lizenzvereinbarungen zwischen den** 36
Gesellschaftern. Solche müssen nach allgemeinen kartellrechtlichen Maßstäben geprüft werden.[50]

§ 147 Liefer- und Bezugsvereinbarungen

Wenn in Gesellschaftervereinbarungen Liefer- oder Bezugsvereinbarungen enthalten sind, 37
können diese je nach konkreter Ausgestaltung kartellrechtlich problematisch sein, wenn die Parteien einer solchen Vereinbarung bei den betroffenen Produkten zumindest potentiell in Wettbewerb zueinander stehen.

---

[44] *Müller/Thiede* EuZW 2017, 246, 248 f.
[45] EuG, Urt. v. 28.6.2016, T-208/13 – *Portugal Telecom,* Rn. 129 ff.; EuG, Urt. v. 28.6.2016 – T-216/13 – *Vivo Brasilien,* Rn. 107 ff., 200; vgl. dazu *Müller/Thiede* EuZW 2017, 246, 248 f.
[46] Vgl. Nebenabreden-Bekanntmachung, Rn. 41; *Linsmeier/Mächtle* NZKart 2015, 258 261 f.
[47] → Kap. 45 Rn. 16 ff.
[48] Nebenabreden-Bekanntmachung, Rn. 42.
[49] Nebenabreden-Bekanntmachung, Rn. 43, 27 ff.
[50] Nebenabreden-Bekanntmachung, Rn. 43.

38 **Liefer- und Bezugspflichten,** die dazu dienen, die Versorgung einer Partei (des Gemeinschaftsunternehmens oder eines Gesellschafters) mit Waren sicherzustellen, dürften im Regelfall zumindest für einen Zeitraum von fünf Jahren zulässig sein.[51] Weitergehende Vereinbarungen zwischen Gesellschaftern und Gemeinschaftsunternehmen, etwa über die Lieferung oder den Bezug **unbegrenzter Mengen,** die **Ausschließlichkeitsbindungen** vorsehen, die den Gesellschaftern eines Gemeinschaftsunternehmens **exklusive Gebiete** für den Vertrieb der vom Gemeinschaftsunternehmen hergestellten Produkte zuweisen oder die den Status als **Vorzugsabnehmer** oder **Vorzugslieferant** begründen, gelten im allgemeinen nicht als notwendig für die Gründung des Gemeinschaftsunternehmens und sind deshalb nicht ohne Weiteres kartellrechtlich zulässig. Sollen solche Beschränkungen wirksam vereinbart werden, müssen sie an den allgemeinen kartellrechtlichen Maßstäben gemessen werden und bedürfen, wenn sie wettbewerbsbeschränkend sind, gegebenenfalls einer besonderen Rechtfertigung.[52]

§ 148 Ergebnispools

39 Ein **Ergebnispool** (in Form einer „Gewinngemeinschaft") zwischen Poolpartnern, die zueinander im Wettbewerb stehen, kann wettbewerbsbeschränkend und damit unzulässig sein, weil Gewinne vergemeinschaftet und unter den Poolpartnern nach vorher festgelegten Quoten aufgeteilt werden.[53] Insbesondere können die Mitglieder des Ergebnispools aufgrund der Zusammenarbeit das Interesse daran verlieren, gegenüber den Poolpartnern in aggressiven Preiswettbewerb zu treten.

§ 149 Informationsrechte/Informationsaustausch

40 In der Satzung des Gemeinschaftsunternehmens oder in einer Gesellschaftervereinbarung können auch Informationsrechte geregelt sein.

41 Der **Austausch von wettbewerblich sensiblen Informationen** zwischen Wettbewerbern unterliegt strengen kartellrechtlichen Grenzen. Falls Gesellschafter und/oder das Gemeinschaftsunternehmen auf denselben Märkten, gegebenenfalls auch benachbarten oder vor- bzw. nachgelagerten Märkten, tätig sind, können sie aufgrund des Kartellverbots nicht uneingeschränkt Informationen austauschen.[54] Kartellrechtlich relevant bzw. „wettbewerblich sensibel" können Informationen wie Preise und Konditionen, Kapazitäten, Kosten(struktur), Margen, Art oder Identität von Kunden und Lieferanten, Reaktion auf Kunden- bzw. Lieferantenforderungen, Innovationen, Strategien, Investitionsentscheidungen, etc. sein. Entscheidend ist, ob die Informationen geeignet sind, die Ungewissheit hinsichtlich des zukünftigen Verhaltens der Wettbewerber auf dem Markt zu senken.[55]

42 Für die kartellrechtliche Bewertung ist dabei zu unterscheiden, ob die wettbewerblich relevante Beziehung nur zwischen dem Gemeinschaftsunternehmen und einem Gesellschafter, oder ob eine solche auch unter den Gesellschaftern besteht.

43 Besteht ein **Wettbewerbsverhältnis zwischen Gemeinschaftsunternehmen und einem nicht-kontrollierenden Gesellschafter,** unterliegt der Austausch von Informationen zwischen diesen den oben genannten kartellrechtlichen Grenzen. Das gilt auch für die **gesetzlichen Informationsrechte des Gesellschafters** (z.B. aus § 51a GmbHG).

---

[51] Nebenabreden-Bekanntmachung, Rn. 44, 33.
[52] Nebenabreden-Bekanntmachung, Rn. 44, 34; OGH Wien, Beschl. v. 6.9.2017, 16 Ok 10/16 f. – *Latex-Untersuchungshandschuhe*, NZKart 2017, 607 f.; dazu *Hoffer* NZKart 2018, 80 ff.
[53] *Gross,* in Münchener Hdb. des Gesellschaftsrechts, Bd. 1, 5. A. 2019, § 35 Rn. 43 ff. (zu Reedereien); *Janutta/Stehmann,* in von der Groeben/Schwarze/Hatje, Europäisches Unionsrecht, 7. A. 2015, Verordnungen zur Durchführung der Art. 101 und 102 AEUV, B. Rn. 117 f.
[54] Siehe dazu bereits → Kap. 44 Rn. 14 zu den vom Bundeskartellamt als sog. „Typ C"-Fälle bezeichneten Konstellationen.
[55] EuG, Urt. v. 16.9.2013, T-373/10, T-374/10, T-382/10 und T-402/10 – *Badezimmerkartell (Villeroy & Boch),* Rn. 121; vgl. auch *Grave/Nyberg,* in LMRKM, 4. A. 2020, Art. 101 AEUV Rn. 309 ff.

Das haben die Geschäftsführer zu berücksichtigen und ggfs. Informationsverlangen, die gegen das Kartellverbot verstoßen, zurückzuweisen.[56] Zur Beseitigung kartellrechtlicher Bedenken können marktrelevante Informationen nur in stark aggregierter Form und/oder erst mit zeitlicher Verzögerung zur Verfügung gestellt werden. Möglicherweise kann auch die Einschaltung eines Dritten, der die Informationsrechte für den Gesellschafter wahrnimmt, kartellrechtliche Bedenken beseitigen.

Sofern zwischen einem Gemeinschaftsunternehmen und seinem Gesellschafter auf bestimmten Märkten ein **zulässiges Wettbewerbsverbot** besteht, wird in diesem Umfang auch ein Informationsaustausch zulässig sein. Gilt das Wettbewerbsverbot aber nur auf bestimmten Märkten, so ist zu bedenken, dass der Austausch bestimmter Informationen sich nicht nur auf das Verhalten und den Wettbewerb auf diesen Märkten auswirken kann. Es könnten dann auch auf anderen Märkten, für die das Wettbewerbsverbot nicht gilt, wettbewerbsbeschränkende Auswirkungen auftreten. Kann das nicht ausgeschlossen werden, sind entsprechende Vorkehrungen zu treffen und der Austausch sollte wiederum entsprechend eingeschränkt erfolgen. **44**

Besteht (auch) ein Wettbewerbsverhältnis zwischen den Gesellschaftern des Gemeinschaftsunternehmens, ist jedenfalls ein solcher Informationsaustausch kartellrechtlich unzulässig, der eine **Koordinierung des Marktverhaltens der Gesellschafter** ermöglicht. Ein solcher Austausch kann – selbst wenn das Konzernprivileg im Verhältnis zum Gemeinschaftsunternehmen gelten sollte – nicht privilegiert sein. Etwas anderes kann allenfalls dann gelten, wenn ein solcher Informationsaustausch für die Gründung oder den Betrieb unerlässlich ist.[57] Daran sind in dieser Konstellation aber strenge Anforderungen zu stellen, die nur in Ausnahmefällen erfüllt sein dürften. Bei der **Gestaltung von Informationsrechten in Gesellschaftervereinbarungen** ist demnach darauf zu achten, dass die Informationsrechte im Gemeinschaftsunternehmen oder auch nur der faktische Informationsfluss über das Gemeinschaftsunternehmen insbesondere keinen Zugriff des einen (Wettbewerber-)Gesellschafters auf wettbewerblich relevante Informationen des jeweils anderen (Wettbewerber-)Gesellschafters erlauben.[58] Dies ist auch bei der Besetzung der Positionen in den Gremien des Gemeinschaftsunternehmens oder auf „Arbeitsebene" durch Vertreter der Gesellschafter zu berücksichtigen. Gegebenenfalls sind sog. „Chinese Walls" zu errichten, um einen Informationsfluss über das Gemeinschaftsunternehmen zu verhindern. **45**

---

[56] *Kapp/Wegner* CCZ 2015, 198, 207.
[57] *Kapp/Wegner* CCZ 2015, 198, 207; *Böni/Wassmer* WuW 2014, 681, 686.
[58] *Böni/Wassmer* WuW 2014, 681, 686.

E. Gestaltungsmuster

Kapitel 46. Vollständiges Muster einer Beteiligungs- und Gesellschaftervereinbarung

Übersicht

Präambel
1. Beteiligung durch Kapitalerhöhung
2. Freiwillige Zuzahlung in die Kapitalrücklage und weitere Finanzierungspflichten
3. Verwässerungsschutz
4. Verfügung über Geschäftsanteile
5. Call-Option bei Ausscheiden eines Gründungsgesellschafters
6. Vorerwerbsrecht
7. Mitveräußerungsrechte und Mitveräußerungspflichten
8. Garantien der Gründungsgesellschafter
9. Informations- und Kontrollrechte
10. Gewerbliche Schutzrechte und Urheberrechte
11. Wettbewerbs- und Abwerbeverbot
12. Leistungsverkehr mit Gesellschaftern und anderen Gesellschaften
13. Rechtsnachfolge und Beitritt
14. Laufzeit, Kündigung
15. Liquidationspräferenz
16. Geheimhaltung
17. Sonstige Vereinbarungen
18. Schlussbestimmungen

[*Notarielle Einleitung*]

Die Erschienenen baten um Beurkundung der folgenden

Beteiligungs- und Gesellschaftervereinbarung[1]

– nachstehend **„Vereinbarung"** genannt –

zwischen

(1) [•],

– nachstehend **„Gründungsgesellschafter 1"** genannt –

(2) [•],

– nachstehend **„Gründungsgesellschafter 2"** genannt –

(3) [•],

– nachstehend **„Gründungsgesellschafter 3"** genannt –
– sämtliche der vorgenannten Gründungsgesellschafter nachstehend gemeinsam
– nachstehend **„Gründungsgesellschafter"** genannt –

---

[1] Das Muster orientiert sich an der Konstellation einer sog. **B-Series-Finanzierung** im **Venture-Capital-Bereich**, d. h. im Rahmen einer zweiten Finanzierungsrunde werden einer oder auch mehrere neue Investoren als Gesellschafter aufgenommen, wobei im vorliegenden Muster ein neuer Investor hinzutritt. Der Teil der Mustervereinbarung, welcher sich nicht mit der unmittelbar anstehenden Finanzierung und dem Einstieg des neuen Investors befasst, sondern die künftigen Rechte und Pflichten der Gesellschaftergesamtheit regelt, lässt sich so oder so ähnlich auch für sonstige Mehrgesellschafterkonstellationen außerhalb von Venture-Capital-Finanzierungen verwenden.

(4) [•],

– nachstehend „**Investor I**" genannt –

(5) [•],

– nachstehend „**VC-Fonds**" genannt –
– die Investor I und VC-Fonds nachstehend „**Alt-Investoren**" genannt –
– die Gründungsgesellschafter und die Alt-Investoren nachstehend „**Altgesellschafter**" genannt –

(6) [•],

– nachstehend „**Neu-Investor**" genannt –
– die Alt-Investoren und der Neu-Investor nachstehend „**Investoren**" genannt –
– die Altgesellschafter und der Neu-Investor nachstehend „**Gesellschafter**" genannt –

und

(7) [•],

– nachstehend „**Gesellschaft**" genannt –
– die Gesellschafter und Gesellschaft nachstehend „**Parteien**" genannt –.

Präambel

(A) Die Gesellschaft ist eine nach dem Recht der Bundesrepublik Deutschland gegründete Gesellschaft mit beschränkter Haftung, die im Bereich [...] tätig ist. Die Gesellschaft wurde am [...] unter HRB [...] in das Handelsregister des Amtsgerichts [...] eingetragen.

(B) Das Stammkapital der Gesellschaft beträgt derzeit [•] € und ist eingeteilt in [•] Geschäftsanteile im Nennbetrag von jeweils 1,00 €. Die Geschäftsanteile der Gesellschaft werden wie folgt gehalten:

Altgesellschafter	Nennbetrag	%	Lfd. Nummern
Gründungsgesellschafter 1	[•]€	[•]	[•] – [•]
Gründungsgesellschafter 2	[•]€	[•]	[•] – [•]
Gründungsgesellschafter 3	[•]€	[•]	[•] – [•]
Investor I	[•]€	[•]	[•] – [•]
VC-Fonds	[•]€	[•]	[•] – [•]
Gesamt	[•]€	100 %	[•] – [•]

(C) Der VC-Fonds hat der Gesellschaft mit Vertrag vom [...] ein Wandeldarlehen mit einer Darlehensvaluta von nominal [...] € gewährt (nachstehend „**WD-VC**" genannt). [*Eine Kopie des WD-VC ist der Vereinbarung als Anlage [...] beigefügt.*]

(D) [*Investor I und die Gesellschaft haben am [...] einen Vertrag über eine stille Beteiligung abgeschlossen (nachstehend „**STB I**" genannt), für welche ebenfalls für Zweck der Finanzierung eine Stundungsabrede und ein Kündigungsverzicht sowie im Weiteren ein Wandlungsrecht vereinbart werden sollen. [Eine Kopie der STB I ist der Vereinbarung als Anlage [...] beigefügt.]*][2]

(E) Der Neu-Investor beabsichtigt, der Gesellschaft zusätzliches Eigenkapital in Höhe von bis zu [...] € gegen Ausgabe neuer, im Rahmen einer Stammkapitalerhöhung zu

---

[2] Nicht selten finden sich Finanzierungsstrukturen, bei denen bereits bestehende Gesellschafter weitere (Mezzanine-) Finanzierungsformen, inbesondere auch in Form stiller Beteiligungen gewährt haben. Siehe im vorliegenden Muster hierzu auch die Regelungen zu Stundung und Kündigungsverzicht sowie zum Wandlungsrecht.

schaffenden Geschäftsanteile an der Gesellschaft nach Maßgabe dieser Vereinbarung zu gewähren³.
(F) Der VC-Fonds beabsichtigt zur Aufrechterhaltung seiner Beteiligungshöhe am Stammkapital das gemäß Ziffer [...] des WD-VC⁴ bestehende Wandlungsrecht [*vollständig/ teilweise*] in Höhe von bis zu [...] € auszuüben⁵.
(G) [*Ferner beabsichtigt [...], der Gesellschaft ein weiteres [Nachrangdarlehen] in Höhe von [...] € zu gewähren.*]⁶
(H) [*Die Altgesellschafter haben am [...] (Ur.-Nr. [...], Notar [...]) eine Beteiligungs- und Gesellschaftervereinbarung (nachstehend* „**BGV I**" *genannt) abgeschlossen, die durch diese Beteiligungsvereinbarung vollständig ersetzt werden soll.*⁷]

Dies vorausgeschickt vereinbaren die Parteien was folgt:

1. Beteiligung durch Kapitalerhöhung⁸

1.1 Die Altgesellschafter verpflichten sich, unverzüglich nach Abschluss dieser Vereinbarung eine Gesellschafterversammlung abzuhalten und in dieser eine Erhöhung des Stammkapitals der Gesellschaft von [...] € um insgesamt [...] € auf dann [...] € gegen eine Bareinlage von nominal [...] € zu beschließen⁹, wobei unter Ausschluss des

---

³ Die Aufnahme eines Neuinvestors kann im Einzelfall auch unter Ausnutzung eines bereits bestehenden genehmigten Kapitals nach § 55a GmbHG erfolgen. Je nach Höhe des bestehenden Stammkapitals und der Struktur der Finanzierungsrunde ist dabei zu berücksichtigen, dass ein genehmigtes Kapital nach § 55a Abs. 1 Satz 2 GmbHG nur bis zu maximal der Hälfte des Stammkapitals geschaffen werden kann. Bei einer niedrigen Stammkapitalziffer kann die Ausnutzung des genehmigten Kapitals daher im Einzelfall für die Finanzierungsrunde nicht ausreichend sein.

⁴ Das Recht zur Wandlung des Darlehens in Eigenkapital kann sich sowohl aus dem Wandeldarlehensvertrag selbst als auch aus der Satzung ergeben.

⁵ Der Wandeldarlehensvertrag enthält häufig eine Regelung zum Verwässerungsschutz, wonach der Darlehensgeber, der bereits Gesellschafter ist, im Falle einer Finanzierungsrunde sein Darlehen insoweit in (Geschäfts-) Anteile wandeln kann, als dies für die Aufrechterhaltung seiner bisherigen Beteiligungsquote auch unter Beteiligung des neuen Investors notwendig ist (dies sehen bspw. die Standardwandeldarlehensverträge des High-Tech Gründerfonds, HGTF, vor). Dazu übernimmt der Darlehensgeber regelmäßig in entsprechender Anzahl die im Rahmen der anstehenden Stammkapitalerhöhung neu geschaffenen Geschäftsanteile zum Nominalwert und zahlt die Bareinlage. Parallel dazu verzichtet er in gewissem Umfang auf Rückzahlungs- und Zinsansprüche aus dem Wandeldarlehen. Dabei kann der Wandeldarlehensvertrag bestimmte Bewertungsvorgaben machen, insbesondere einen Bewertungsabschlag vorgeben. Der Verzicht wird dann als freie Zuzahlung in die Kapitalrücklage der Gesellschaft gemäß § 272 Abs. 2 Nr. 4 HGB gebucht.

⁶ Im Rahmen einer Finanzierungsrunde werden häufig auch weitere Fremdmittel oder Mezzanine-Finanzierungen durch bestehende Gesellschafter oder ggf. auch neue Investoren gewährt. Ist dies der Fall, wird man häufig weitere Klauseln in die Beteiligungsvereinbarung aufzunehmen haben, die bspw. die Voraussetzungen für die Finanzierung sowie etwaige Wandlungsrechte und Erlös-/Liquidationspräferenzen regeln.

⁷ Bestand seit Beginn der Gesellschaft bereits eine Beteiligungs- und Gesellschaftervereinbarung oder wurde eine solche erst in einer vorangegangenen Finanzierungsrunde vereinbart, wird diese regelmäßig vollständig, zumindest aber in Teilen ersetzt, um der neuen Beteiligungsstruktur und den Forderungen der Neuinvestoren gerecht zu werden.

⁸ Die Aufnahme neuer Gesellschafter bzw. Investoren im Wege der Ausgabe neuer Geschäftsanteile durch Stammkapitalerhöhung ist der Regelfall. Es kann im Einzelfall aber auch angezeigt oder sinnvoll sein, die Aufnahme neuer Gesellschafter durch eine Geschäftsanteilsübertragung zu vollziehen, indem (bestimmte) Altgesellschafter einen Teil ihrer Geschäftsanteile an die neuen Gesellschafter veräußern. Die Zuführung von Eigenkapital erfolgt in diesen Fällen ebenfalls über eine andere Zuzahlung in die Kapitalrücklage im Sinne von § 272 Abs. 2 Nr. 4 HGB.

⁹ Bei dieser Regelung handelt es sich um eine von mehreren in dem Muster angelegten Stimmbindungsvereinbarungen, die die Altgesellschafter verpflichten, für die betreffende Stammkapitalerhöhung zu votieren. Eine solche Stimmbindung ist auch gegenüber Neuinvestoren und damit (Noch-)Nichtgesellschaftern zulässig. Die Stimmbindungsvereinbarung als solche, auch wenn diese die Altgesellschafter zu einer Kapitalerhöhung verpflichtet, bedarf nicht zwingend der notariellen Form. Diese folgt vielmehr aus der in diesem Muster enthaltenen Call-Option. Indes ließen sich beurkundungspflichtige Passagen der Beteiligungsvereinbarung im Einzelfall auch isoliert (kein zwingender Gesamtbeurkundungsgrundsatz) oder in die Satzung übernehmen, so dass eine Beteiligungsvereinbarung durchaus auch so gestaltet werden kann, dass keine notarielle Beurkundung erforderlich ist und dementsprechend Kosten gespart werden können.

Bezugsrechts der Gründungsgesellschafter und des Investor I im Übrigen ausschließlich die folgenden Personen zur Übernahme der neuen Geschäftsanteile zugelassen werden:
- Neu-Investor: [...] neue Geschäftsanteile im Nennbetrag von je 1,00 € (lfd. Nr. [...] – [...]);
- VC-Fonds: [...] neue Geschäftsanteile im Nennbetrag von je 1,00 € (lfd. Nr. [...] – [...])[10].

1.2 Der Neu-Investor und der VC-Fonds verpflichten sich, die neuen Geschäftsanteile entsprechend der vorstehenden Aufteilung zu übernehmen und die auf die neuen Geschäftsanteile zu leistenden Stammeinlagen binnen [...] [*nach Eintritt der folgenden aufschiebenden Bedingungen:*
[...][11]]
frei von Gebühren und Lasten auf das folgende Konto der Gesellschaft vollständig zu zahlen:
Bank: [...]
IBAN: [...]
BIC: [...].

Die Gründungsgesellschafter und die Gesellschaft versichern, dass das vorgenannte Bankkonto der Gesellschaft nicht im Soll geführt und bis zur Anmeldung der Durchführung der Kapitalerhöhung zur Eintragung in das Handelsregister nicht belastet wird. Für den Fall, dass das vorgenannte Bankkonto im Soll geführt wird, ist die Gesellschaft verpflichtet, vor der Durchführung der Kapitalerhöhung ein separates weiteres Bankkonto zu eröffnen, auf das die Stammeinlagen zu überweisen sind[12].

1.3 Sobald sämtliche Stammeinlagen auf dem vorbezeichneten Konto der Gesellschaft gutgeschrieben sind, hat die Anmeldung der Kapitalerhöhung zur Eintragung in das Handelsregister unverzüglich zu erfolgen.

1.4 Nach Durchführung der Stammkapitalerhöhung ergibt sich für die Gesellschaft folgende Beteiligungsstruktur[13]:

Altgesellschafter	Nennbetrag	%	Lfd. Nummern
Gründungsgesellschafter 1	[...]€	[•]	[•] – [•]
Gründungsgesellschafter 2	[...]€	[•]	[•] – [•]
Gründungsgesellschafter 3	[...]€	[•]	[•] – [•]
Investor I	[...]€	[•]	[•] – [•]
VC-Fonds	[...]€	[•]	[•] – [•]
[...]	[...]€	[•]	[•] – [•]
Gesamt	[...]€	100 %	[•] – [•]

---

[10] Anstatt einer Stimmbindung kann es ggf. auch sinnvoll sein, die Kapitalerhöhung unmittelbar in der Beteiligungsvereinbarung zu beschließen, wobei sich dies insbesondere anbieten mag, wenn die Beteiligungsvereinbarung ohnehin der notariellen Beurkundung bedarf.

[11] Während der im Rahmen der Finanzierungsrunde zu leistenden anderen Zuzahlungen in die Kapitalrücklage in aller Regel von bestimmten Bedingungen bzw. sog. Meilensteinen abhängig gemacht werden (siehe dazu sogleich), ist das für die Übernahme der neuen Geschäftsanteile und die Leistung der Stammeinlage separat möglich, aber eher selten, da hier nur die meist geringen Nominalbeträge geleistet werden, und die Kapitalerhöhung überhaupt nur angemeldet werden kann, wenn die Stammeinlageverpflichtungen erfüllt sind.

[12] Die Regelung dient der Sicherung der Kapitalaufbringung und damit der Haftungsvermeidung für die neuen Investoren, da eine Zahlung auf ein debitorisches Gesellschaftskonto eine Erfüllung der Stammeinlageverpflichtung verhindert, d. h. die neuen Investoren weiterhin für die Zahlung der übernommenen Stammeinlage, insbesondere im Falle der Insolvenz der Gesellschaft, haften.

[13] Auch als sog. „Cap Table" bezeichnet.

2. Freiwillige Zuzahlung in die Kapitalrücklage und weitere Finanzierungspflichten

2.1 Der Neu-Investor verpflichtet sich hiermit gegenüber den übrigen Gesellschaftern, nicht jedoch gegenüber der Gesellschaft[14], eine andere Zuzahlung in die Kapitalrücklage der Gesellschaft im Sinne von § 272 Abs. 2 Nr. 4 HGB[15] in Höhe von insgesamt […] € in bar wie folgt zu leisten:
  (i) […] € innerhalb von […] nach Eintragung der Stammkapitalerhöhung im Handelsregister (nachstehend **„Erste Tranche"** genannt);
  (ii) […] € nach Erreichen von [Meilenstein I];
  (iii) […] € nach Erreichen von [Meilenstein II][16].

Das Erreichen der Meilensteine I und II bedarf einer schriftlichen Bestätigung des Neu-Investor, die dieser unverzüglich zu erteilen hat und nur unter den nachfolgenden Voraussetzungen verweigern darf. Die Gesellschaft hat die Erfüllung des jeweiligen Meilensteins dem Neu-Investor schriftlich anzuzeigen und durch geeignete Dokumente/Daten nachzuweisen. Der Neu-Investor hat sich innerhalb von […] gegenüber der Gesellschaft schriftlich zu äußern, ob er das Erreichen des Meilensteins anerkennt oder dem widerspricht. Er kann sich für Zwecke der Prüfung des Erreichens des Meilensteins externer Berater bedienen. Die Gesellschaft hat dem Neu-Investor und seinen Beratern [*in angemessenem Umfang/uneingeschränkt*] Zugang zu den Büchern und Schriften und den leitenden Angestellten zu gewähren. Äußert sich der Neu-Investor gegenüber der Gesellschaft nicht innerhalb der vorgenannten Frist, gilt der betreffende Meilenstein als erreicht; ein Widerspruch hiergegen ist dann nicht mehr zulässig.

Hat der Neu-Investor fristgerecht widersprochen und erzielen die Parteien innerhalb von […] keine Einigung, kann jede Partei, sofern die Parteien sich nicht auf einen Schiedsgutachter einigen können, das Deutsche Institut der Wirtschaftsprüfer in Deutschland e.V. (IDW) in Düsseldorf anrufen, damit dieses innerhalb einer weiteren Frist von […] einen Schiedsgutachter benennt. Der Schiedsgutachter hat innerhalb von […] sein Gutachten zu erstellen. Die Parteien werden sicherstellen, dass der Schiedsgutachter Zugang zu allen relevanten Dokumenten der Gesellschaft bekommt. Das vom Schiedsgutachter festgestellte Ergebnis ist für die Parteien verbindlich, soweit das Gutachten nicht offensichtlich unbillig ist. Die Kosten dieses Verfahrens tragen der Neu-Investor und die Gesellschaft im Verhältnis ihres Obsiegens und Unterliegens[17].

Dem Neu-Investor steht es frei, seine Zuzahlung jederzeit und unabhängig vom Erreichen der Meilensteine zu leisten.

---

[14] Während die explizite Verpflichtung nur gegenüber den anderen Gesellschaftern den schuldrechtlichen Charakter der Abrede verdeutlicht, sollte im Falle mehrerer Neuinvestoren – zumindest aus deren Sicht – darauf geachtet werden, dass jeder Neuinvestor nur für seine Zahlungspflicht einzustehen hat, d. h. keine Gesamtschuld der Neuinvestoren bezüglich der Gesamtinvestitionssumme begründet wird.

[15] Die Behandlung der Leistung als andere Zuzahlung im Sinne von § 272 Abs. 2 Nr. 4 HGB und nicht als Aufgeld (Agio) im Sinne der Nr. 1, was auf den ersten Blick näher liegt, kann durch eine entsprechende, im Muster vorgesehene Zweckbestimmungsabrede erfolgen. Geht die Finanzierung an eine Aktiengesellschaft, wird so eine größere Flexibilität gewährleistet, da andere Zuzahlungen einfacher ausgelöst werden können und für diese nicht das Volleinzahlungsgebot vor Eintragung der Grundkapitalerhöhung gilt.

[16] Die Fälligkeiten verschiedener Tranchen der anderen Zuzahlungen (auch „Staging" genannt) werden häufig von der Erreichung eines oder mehrerer Meilensteine (bspw. Umsatzschwellen, Abschluss bestimmter Verträge oder Genehmigungserteilung) abhängig gemacht, auch wenn dies freilich nicht zwingend ist. Dagegen sollte die andere Zuzahlung in jedem Fall erst nach Eintragung der Kapitalerhöhung im Handelsregister erfolgen, da der Investor – wenn er noch keine Geschäftsanteile hält – erst ab diesem Zeitpunkt Gesellschafter ist.

[17] Der vorgeschlagene Mechanismus zur Feststellung des Erreichens der Meilensteine basiert auf der Annahme, dass diese Meilensteine an das Erreichen bilanzieller oder finanzieller Parameter anknüpfen. Haben die Meilensteine andere Anknüpfungspunkte, sind das Verfahren und insbesondere auch die Stelle, die den Schiedsgutachter benennen soll, entsprechend anzupassen bzw. zu ersetzen.

2.2 VC-Fonds verpflichtet sich hiermit gegenüber den übrigen Gesellschaftern, nicht jedoch gegenüber der Gesellschaft, innerhalb von [...] nach der Kontogutschrift der Ersten Tranche[18] auf [sämtliche] Zahlungsansprüche (Rückzahlungs- und Zinszahlungsansprüche) aus dem WD VC unwiderruflich und schriftlich gegenüber der Gesellschaft in Höhe von [...] € zu verzichten und diesen Betrag als andere Zuzahlung in die Kapitalrücklage der Gesellschaft im Sinne des § 272 Abs. 2 Nr. 4 HGB zu leisten. [Dabei ist dieser Verzichtsbetrag zunächst auf die Zinsen [und etwaige sonstige Kosten] und erst dann auf den Rückzahlungsanspruch aus dem WD VC anzurechnen, wobei die Zinsen auf den [...] berechnet werden[19]].

2.3 [Investor I verpflichtet sich entsprechend [den Bedingungen gemäß Anlage [...], seine Forderungen auf bestehende und entstehende Zahlungsansprüche aus der STB I wie folgt zu stunden: Die Rückzahlung der gestundeten und zu stundenden Zahlungsansprüche erfolgt entsprechend dem im Business Plan enthaltenen Zahlungsplan, sofern die Kapitaldienstfähigkeit der Gesellschaft besteht und diese durch die Zahlungen auch nicht gefährdet wird. Kapitaldienstfähigkeit bedeutet, dass die Gesellschaft alle Ansprüche aller Fremdkapitalgeber vollständig bedienen kann. Reicht die Kapitaldienstfähigkeit nicht vollständig aus, so wird eine quotale Zahlung in der Form durchgeführt werden, dass kein Fremdkapitalgeber benachteiligt wird.

Darüber hinaus verzichtet Investor I auf das Recht zur außerordentlichen Kündigung wegen Zahlungsverzuges, wenn der Zahlungsverzug auf der Verschlechterung der wirtschaftlichen Verhältnisse der Gesellschaft, insbesondere auf Insolvenzreife beruht. Die Einhaltung der vorgenannten Verpflichtungen durch Investor I kann von jeder Partei gefordert werden.[20]]

3. Verwässerungsschutz[21]

3.1 Werden innerhalb von [...] nach Abschluss dieser Vereinbarung neue Geschäftsanteile der Gesellschaft ausgegeben, deren rechnerischer Gesamtausgabebetrag pro Geschäftsanteil (d. h. inklusive Zuzahlungen in die Kapitalrücklage und etwaiger sonstigen Leistungen an die Gesellschaft[22]) niedriger ist als der rechnerische Gesamtausgabebetrag pro Geschäftsanteil (sowohl als Barzahlung als auch als Forderungsverzicht), zu welchem der Neu-Investor und der VC-Fonds nach dieser Vereinbarung neue Geschäftsanteile an der Gesellschaft übernehmen, verpflichten sich alle Gesellschafter zur Durchführung einer Kapitalerhöhung, um es dem Neu-Investor und dem VC zu ermöglichen, nach folgender Maßgabe eine Verwässerung ihrer Beteiligung zu verhindern:

(i) Die Barkapitalerhöhung erfolgt nominal zum Ausgabebetrag von 1,00 € pro Geschäftsanteil.

(ii) Für die Übernahme der neuen Geschäftsanteile werden allein der Neu-Investor und der VC-Fonds zugelassen; im Übrigen wird das (gesetzliche) Bezugsrecht ausgeschlossen bzw. die übrigen Gesellschafter verzichten hierauf.

---

[18] Die Erklärung des Verzichts und die dadurch bewirkte andere Zuzahlung in die Kapitalrücklage kann von weiteren Bedingungen, bspw. auch dem Erreichen der Meilensteine, abhängig gemacht und auf mehrere Tranchen verteilt werden.

[19] Eine solche Regelung kann für den Fall aufgenommen werden, dass für die andere Zuzahlung nur ein Teilverzicht auf das Nachrangdarlehen erklärt wird.

[20] Indem Investor I Zahlungsansprüche stundet und einen Rücktrittsverzicht erklärt, trägt er ebenfalls zur Finanzierung der Gesellschaft bei. Ggf. wird Investor I hierfür eine Gegenleistung verlangen, so zum Beispiel eine Bevorzugung für diese Beträge im Rahmen der Regelung zur Erlös-/Liquidationspräferenz.

[21] Der Verwässerungsschutz ist stets ein zentrales Thema bei der Finanzierung. Dabei geht es zum einen darum, dass bestehende Gesellschafter im Rahmen einer Finanzierungsrunde die Verwässerung der eigenen Beteiligung verhindern können, weil ihnen das Recht zusteht, sich an der im Rahmen der Finanzierungsrunde stattfindenden Kapitalerhöhung zu beteiligen (hierzu Ziffer [3.3]). Eine weitere Form des Verwässerungsschutzes besteht darin, (bestimmten) Gesellschaftern (meist allein den Kapitalgebern) die Möglichkeit einzuräumen, zusätzliche Geschäftsanteile zu verlangen, wenn in einer künftigen Finanzierungsrunde die Geschäftsanteile der Gesellschaft zu einer für sie günstigeren Bewertung ausgegeben werden, als in der vorangegangenen Finanzierungsrunden (hierzu Ziffer [3.1]). Schließlich führen auch Mitarbeiterbeteiligungsprogramme prinzipiell zu einer Verwässerung, so dass hier ebenfalls für einzelne Gesellschafter ein Schutz geboten werden kann (hierzu Ziffer [3.2]).

[22] Bspw. das sog. „media for equity"; problematisch an solchen Leistungen ist zweifelsohne immer deren monetäre Bewertung.

(iii) Der Neu-Investor und der VC-Fonds sind jeweils zur Übernahme so vieler Geschäftsanteile im Nominalwert von 1,00 € zuzulassen, um sie so zu stellen, als hätten sie im Rahmen der nach dieser Vereinbarung vorgesehenen Finanzierungsrunde die Geschäftsanteile zu dem rechnerisch niedrigeren Gesamtausgabebetrag pro Geschäftsanteil erworben, bei gleicher Höhe des investierten Betrages.

Weder der Neu-Investor noch der VC-Fonds sind verpflichtet, an der Kapitalerhöhung zum Verwässerungsschutz teilzunehmen. Ist eine Kapitalerhöhung der vorgenannten Art nicht möglich oder wirtschaftlich nachteilig, haben die [übrigen Gesellschafter/Gründungsgesellschafter] den Verwässerungsschutz entsprechend durch Abtretung eigener Geschäftsanteile sicherzustellen.

3.2 [Sollte innerhalb von […] ein Mitarbeiterbeteiligungsprogramm für leitende Angestellte [Beiräte …] auf Verlangen von [den Gründungsgesellschaftern] aufgelegt werden, wonach den zu beteiligenden Mitarbeitern Geschäftsanteile an der Gesellschaft gewährt werden, verpflichten sich [die Gründungsgesellschafter] hiermit, dafür bis zu […] % der von ihnen gehaltenen Geschäftsanteile [nach dem in Anlage […] aufgeführten Verhältnis] zur Verfügung zu stellen.]²³

3.3 Die Investoren sind berechtigt, im Rahmen weiterer Erhöhungen des Stammkapitals der Gesellschaft jeweils neue Geschäftsanteile zum Nennbetrag gegen Bareinlage zu übernehmen, die jeweils erforderlich sind, um den Investoren ihre jeweilige Beteiligungsquote am Stammkapital der Gesellschaft zu erhalten. Hinsichtlich dieser Geschäftsanteile stehen den Investoren die gleichen Rechte wie den an der Kapitalerhöhung beteiligten Gesellschaftern und/oder hinzutretenden Übernehmern neuer Geschäftsanteile zu, insbesondere etwaige Voraberlösabreden, Verwässerungsschutzklauseln und Informationsrechte. Erhöhungen des Stammkapitals der Gesellschaft sind grundsätzlich zu für sämtliche an der Kapitalerhöhung beteiligten Gesellschafter und hinzutretenden Übernehmer neuer Geschäftsanteile gleichen Bedingungen durchzuführen²⁴.

4. Verfügung über Geschäftsanteile

4.1 Sämtliche Verfügungen über Geschäftsanteile der Gesellschaft bedürfen der Zustimmung der Gesellschafter²⁵. Diese sind jedoch verpflichtet, ihre Zustimmung zu erteilen, sofern die betreffende Verfügung in Übereinstimmung mit den nachfolgenden Bestimmungen dieser Ziffer [4] und den Ziffern [5 bis 7] erfolgt.

4.2 Die Gründungsgesellschafter sind innerhalb eines Zeitraums von […] nach Abschluss dieser Vereinbarung nicht berechtigt, über ihre Geschäftsanteile zu verfügen, und die übrigen Gesellschafter sind nicht verpflichtet, zu einer solchen Verfügung ihre Zustimmung zu erteilen²⁶.

---

²³ Bei Mitarbeiterbeteiligungsprogrammen (sog. ESOP), bei denen den Mitarbeitern Geschäftsanteile an der Gesellschaft gewährt werden, besteht für die Investoren zweifelsohne ebenfalls die Gefahr der Verwässerung ihrer Beteiligung. Dem kann durch die obige Vertragsgestaltung entgegengewirkt werden, denn insoweit führt das Programm nur zu einer Verwässerung der Beteiligungsquote der Gründungsgesellschafter. Eine echte Verwässerung der Beteiligungsquote findet hingegen nicht statt, wenn die Mitarbeiterbeteiligung von vornherein nur schuldrechtlich ausgestaltet wird. Ein solches virtuelles Beteiligungsprogramm (auch *Phantom Stocks* genannt) führt indes rein wirtschaftlich ebenfalls zu einer Verwässerung. Soll dies für die Investoren vermieden werden, kann man eine (zusätzliche) Verpflichtung aufnehmen, wonach die Gründungsgesellschafter auch die wirtschaftlichen Auswirkungen zu tragen und gegenüber den Investoren zu kompensieren haben. Möglich ist freilich auch eine disquotale Lastenteilung zwischen allen Gesellschaftern.

²⁴ Wie gesagt finden sich Verwässerungsschutzklauseln nicht zwangsläufig (nur) für Fälle einer günstigeren Bewertung in einer künftigen Finanzierungsrunde. Der HTGF verlangt regelmäßig einen entsprechenden generellen Verwässerungsschutz in seinen „Standard"-Wandeldarlehensverträgen.

²⁵ Diese Form des Zustimmungserfordernisses stellt eine rein schuldrechtliche Vinkulierung dar, die – anders als eine satzungsbasierte Vinkulierung im Sinne von § 15 Abs. 5 GmbHG – nicht dinglich wirkt. Daher ist in jedem Fall eine Vinkulierungsklausel in die Satzung aufzunehmen. Die Regelung wirkt hingegen vielmehr wie eine Stimmbindung, denn die Gesellschafter verpflichten sich, den Zustimmungsbeschluss in der Gesellschafterversammlung zu unterstützen bzw. dafür zu votieren. Ferner ist zu entscheiden, ob die Zustimmung einen einstimmigen Beschluss erfordert oder ob ein (qualifizierter) Mehrheitsbeschluss ausreicht.

²⁶ Das zeitlich beschränkte Veräußerungsverbot für die Gründungsgesellschafter dient der Bindung an die Gesellschaft, was gerade bei jungen Unternehmen von erheblicher Bedeutung ist, da die Gründungsgesell-

4.3 Die Zustimmung zu einer Veräußerung von Geschäftsanteilen ist von den Gesellschaftern zu erteilen, wenn ein Investor die Geschäftsanteile an ein mit ihm verbundenes Unternehmen im Sinne von § 15 AktG veräußert. In diesem Fall sind die Regelungen der Ziffern [6 und 7] nicht anwendbar.

5. Call-Option bei Ausscheiden eines Gründungsgesellschafters

5.1 Jeder Gründungsgesellschafter bietet hiermit für den Fall, dass seine hauptberufliche (Vollzeit-) Tätigkeit für die Gesellschaft endet (nachstehend auch **„Ausscheiden des Gründungsgesellschafters"** genannt), sämtliche der von ihm in diesem Zeitpunkt gehaltenen Geschäftsanteile an der Gesellschaft (nachstehend **„Optionsanteile"** genannt) den übrigen Gesellschaftern – *pro rata* – unwiderruflich zum Erwerb an und verkauft und tritt hiermit die Optionsanteile gemäß den nachfolgenden Bestimmungen ab (nachstehend **„Call Option"** genannt)[27]. Die übrigen Gesellschafter können auch einvernehmlich einen oder mehrere Dritte bestimmen, die statt ihrer das Angebot zum Erwerb der Optionsanteile ganz oder teilweise annehmen können.

5.2 Der Kaufpreis für die Optionsanteile berechnet sich dabei wie folgt:
Endet die Tätigkeit des Gründungsgesellschafters aufgrund eines sog. Good-Leaver-Events (wie unten definiert)

   (i) innerhalb von [...] Jahren nach Abschluss dieser Vereinbarung ist der Kaufpreis der Verkehrswert der Optionsanteile abzüglich [...] %;

   (ii) innerhalb von [...] Jahren nach Abschluss dieser Vereinbarung ist der Kaufpreis der Verkehrswert der Optionsanteile abzüglich [...] %;

   (iii) innerhalb von [...] Jahren nach Abschluss dieser Vereinbarung ist der Kaufpreis der Verkehrswert der Optionsanteile,

in jedem Fall jedoch mindestens der Buchwert der Optionsanteile zum Zeitpunkt des Ausscheidens des Gründungsgesellschafters.

Ein **„Good-Leaver-Event"** liegt vor, wenn die Tätigkeit des Gründungsgesellschafters:

   (i) aufgrund dauerhafter Berufs- oder Erwerbsunfähigkeit endet;

   (ii) durch die Gesellschaft beendet wird, ohne dass dafür ein zur Kündigung berechtigender Grund vorliegt;

   (iii) durch den Gründungsgesellschafter aufgrund eines wichtigen Grundes beendet wird;

   (iv) aufgrund des Ablaufs des zugrundeliegenden Anstellungs- oder Dienstvertrages endet, und dem Gründungsgesellschafter keine Verlängerung des betreffenden Vertrages zu gleichen Konditionen angeboten wird.

Alle Beendigungstatbestände, die kein Good-Leaver-Event darstellen, werden nachstehend **„Bad-Leaver-Event"** genannt.

Endet die Tätigkeit des Gründungsgesellschafters aufgrund eines Bad-Leaver-Events, ist der Kaufpreis für die Optionsanteile der niedrigere Wert aus Buchwert und Verkehrswert abzüglich [...] %[28].

---

schafter in aller Regel die wesentlichen Know-how- und Ideenträger sind, auf die das Unternehmen gerade in dieser Phase essentiell angewiesen ist.

[27] Für den Fall, dass die Call-Option nicht vollständig ausgeübt wird, der ausscheidende Gründungsgesellschafter somit noch in gewissem Umfang an der Gesellschaft beteiligt und damit „hängen" bliebe, kann entweder eine Regelung vorgesehen werden, wonach die Call-Option nur ausgeübt werden kann, wenn sämtliche Geschäftsanteile des Gründungsgesellschafters übernommen werden, oder – anders formuliert – der Gründungsgesellschafter verlangen kann, dass diese Geschäftsanteile zumindest von der Gesellschaft gegen entsprechende Abfindung eingezogen werden müssen. Letzteres setzt allerdings eine entsprechende Kapitaldeckung bei der Gesellschaft voraus.

[28] Im Falle eines sog. Bad-Leaver-Events, d. h. wenn das Ausscheiden der betreffenden Personen in deren Verhalten begründet liegt, wird häufig nur ein niedrigerer Kaufpreis bzw. eine niedrigere Abfindung gewährt, was in gewissem Umfang Strafcharakter hat. Derartige Abfindungsbeschränkungen sind grundsätzlich nicht zu beanstanden, dürfen den ausscheidenden Gesellschafter jedoch nicht übermäßig belasten,

5.3 Liegt die letzte Finanzierungsrunde im Zeitpunkt des Ausscheidens des Gründungsgesellschafters mehr als […] zurück und können sich die Parteien nicht auf einen Verkehrswert einigen, ist dieser nach den vom Institut der Wirtschaftsprüfer in Deutschland e. V. empfohlene jeweils geltenden Grundsätzen zur Unternehmensbewertung zu ermitteln. Der Buchwert der Optionsanteile entspricht ihrem Anteil am Eigenkapital der Gesellschaft im Sinne von § 266 Absatz 3 A. HGB zum Zeitpunkt des Ausscheidens des Gründungsgesellschafters. Verkehrswert und Buchwert sind grundsätzlich vom [*Abschlussprüfer/Steuerberater*] der Gesellschaft zu ermitteln. Widerspricht der Gründungsgesellschafter oder ein (erwerbender) Gesellschafter dieser Wertermittlung und wird innerhalb von […] hierüber keine Einigung erzielt, kann jede Partei, sofern die Parteien sich nicht auf einen Schiedsgutachter einigen können, das Deutsche Institut der Wirtschaftsprüfer in Deutschland e. V. (IDW) in Düsseldorf anrufen, damit dieses innerhalb einer weiteren Frist von […] einen Schiedsgutachter benennt. Der Schiedsgutachter hat innerhalb von […] eine eigene Wertermittlung zu erstellen und vorzulegen, wobei sich diese innerhalb der Bandbreite der von den Parteien vorgebrachten Positionen bewegen muss. Jeder Partei ist die Gelegenheit zu einer schriftlichen Stellungnahme zu gewähren. Die Parteien werden sicherstellen, dass der Schiedsgutachter Zugang zu allen relevanten Unterlagen der Gesellschaft bekommt. Die vom Schiedsgutachter erstellte Wertermittlung ist für die Parteien verbindlich, soweit sie nicht offensichtlich unbillig ist. Die Kosten dieses Verfahrens tragen die beteiligten Parteien im Verhältnis ihres Obsiegens und Unterliegens[29].

5.4 Jeder Gesellschafter und ggf. der von den Gesellschaftern benannte Dritte kann die Call-Option *pro rata* durch die als Anlage […] im Entwurf beigefügte notarielle Annahmeerklärung annehmen. Die Call-Option verfällt, soweit sie nicht innerhalb von […] nach dem Zeitpunkt des Ausscheidens des Gründungsgesellschafters ausgeübt wird. Herrscht Streit über den Ausscheidenszeitpunkt, beginnt die Frist mit dem Tag, an dem das Ausscheiden rechtsverbindlich festgestellt wird.

5.5 Ziffern [6 und 7] finden auf die Call-Option keine Anwendung.

6. Vorerwerbsrecht[30]

6.1 Beabsichtigt ein Gesellschafter, seine Geschäftsanteile ganz oder teilweise zu veräußern, hat er diese zunächst allen übrigen Gesellschaftern im Verhältnis ihrer Beteiligung an der Gesellschaft *pro rata* zum Erwerb anzubieten. Das schriftliche Angebot hat zumindest die Bezeichnung bzw. die Quote der zu veräußernden Geschäftsanteile, den Preis pro Geschäftsanteil sowie etwaige Bedingungen und Garantieversprechen zu enthalten (nachstehend **„Angebot"** genannt).

6.2 Jeder vorerwerbsberechtigte Gesellschafter kann sein anteiliges Vorerwerbsrecht [*nur ganz/auch teilweise*] innerhalb eines Monats ab Zugang des Angebots durch Erklärung in Textform gegenüber der Gesellschaft ausüben (nachstehend **„Ausübungsanzei-**

---

so dass das Ausmaß der Abfindungsbeschränkung einzelfallbezogen bestimmt werden sollte. Eine unwirksame Abfindungsbeschränkung führt regelmäßig dazu, dass mit dem Verkehrswert abzufinden ist.

[29] Für das Verfahren zur Wertermittlung ist vor allem auch festzulegen, ob der Streit durch einen Schiedsrichter, d. h. in einem Schiedsverfahren, oder durch einen Schiedsgutachter zu erledigen ist. Für Schiedsgutachten gelten weitgehend keine obligatorischen Verfahrensregelungen, so dass diese – bei Bedarf – im Einzelnen festgelegt werden müssen, bspw. Möglichkeiten zur schriftlichen Stellungnahme und Erwiderung, „rechtliches" Gehör, Hinzuziehung weiterer Sachverständiger.

[30] Vorerwerbsrechte dienen der Kontrolle des Gesellschafterkreises und dem Bestandsinteresse der Gesellschafter an ihrer jeweiligen Beteiligungsquote. Mit dem Vorerwerbsrecht korrespondiert die Andienungspflicht des ausstiegswilligen Gesellschafters. Regelmäßig finden sich entsprechende Regelungen auch in der Satzung der Gesellschaft, wodurch diese auch korporationsrechtlich, d. h. gegenüber jedermann Wirkung entfalten. Der Vorteil der Aufnahme in eine Gesellschaftervereinbarung liegt vor allem auch in der größeren Flexibilität, wenn Anpassungen erforderlich werden. Vorerwerbsrechte sind von Vorkaufsrechten zu unterscheiden. Während das Vorerwerbsrecht in aller Regel als ersten Schritt ein Angebot an die Mitgesellschafter verlangt, greift das Vorkaufsrecht erst, wenn bereits ein (bedingter) Kaufvertrag mit einem Dritten geschlossen wurde (vgl. § 463 BGB).

ge" genannt). Dabei gilt das Angebot als am dritten Tag nach der Aufgabe zur Post als zugegangen. Macht ein vorerwerbsberechtigter Gesellschafter von seinem Recht nicht fristgerecht Gebrauch, fällt dieses automatisch und unwiderruflich den übrigen vorerwerbsberechtigten Gesellschaftern im Verhältnis ihrer Beteiligungsquoten zu. Die verbleibenden vorerwerbsberechtigten Gesellschafter haben insoweit innerhalb von […], nachdem sie von der Geschäftsführung der Gesellschaft darüber informiert wurden, dass Vorerwerbsrechte einzelner Gesellschafter nicht ausgeübt wurden, zu erklären, ob sie auch das insoweit erhöhte Vorerwerbsrecht ausüben möchten. Dieser Vorgang ist ggf. zu widerholen, wenn auch das erhöhte Vorerwerbsrecht nicht vollständig ausgeschöpft wird.

6.3 Werden für sämtliche Geschäftsanteile des Angebots die vorbezeichneten Vorerwerbsrechte ausgeübt, haben die beteiligten Gesellschafter unverzüglich einen notariellen Geschäftsanteilskauf- und -abtretungsvertrag über diese Geschäftsanteile zu den im Angebot angegebenen Konditionen abzuschließen. Hat der veräußerungswillige Gesellschafter sämtliche der von ihm gehaltenen Geschäftsanteile zum Erwerb angeboten und werden die Vorerwerbsrechte nicht für alle diese Geschäftsanteile ausgeübt, kann der veräußerungswillige Gesellschafter die ausgeübten Vorerwerbsrechte zurückweisen und sämtliche Geschäftsanteile innerhalb von […] an einen Dritten veräußern, sofern die Veräußerung zu Konditionen, insbesondere einem Kaufpreis pro Geschäftsanteil erfolgt, die für den Erwerber nicht günstiger als die Konditionen des Angebots sind. Der veräußerungswillige Gesellschafter ist verpflichtet, den Veräußerungsvertrag mit dem Dritten offenzulegen und dementsprechend sicherzustellen, dass hierdurch keine Vertraulichkeitspflichten verletzt werden. Erfolgt keine Offenlegung des Vertrages, können die Gesellschafter die Zustimmung zur Veräußerung an den Dritten verweigern[31].

6.4 Das Vorerwerbsrecht gilt für jede Form der Verfügung über Geschäftsanteile, mit Ausnahme von Verfügungen nach Ziffer [5] und Verfügungen an verbundene Unternehmen im Sinne von §§ 15 ff. AktG.

7. Mitveräußerungsrechte und Mitveräußerungspflichten

7.1 Beabsichtigen ein oder mehrere veräußerungswillige Gesellschafter, Geschäftsanteile von mehr als […] % am Stammkapital der Gesellschaft zu veräußern[32], kann jeder der übrigen Gesellschafter unter Verzicht auf das jeweilige Vorerwerbsrecht verlangen, dass die veräußerungswilligen Gesellschafter auch die von ihnen gehaltenen Geschäftsanteile ganz oder teilweise zu den im Angebot genannten Bedingungen mitverkaufen und übertragen (nachstehend insgesamt auch **„Mitveräußereranteile"** genannt). Die mitveräußerungswilligen Gesellschafter haben sich hierzu in der Ausübungsanzeige gemäß Ziffer [6.2] zu erklären.

Werden die Mitveräußereranteile weder durch vorerwerbsberechtigte Gesellschafter noch durch den Dritten übernommen, können die Gesellschafter die Zustimmung zur Veräußerung der Geschäftsanteile des oder der veräußerungswilligen Gesellschafter verweigern[33].

---

[31] Als Alternative kann in einem solchen Fall auch ein nachgeschaltetes Vorkaufsrecht der Mitgesellschafter vorgesehen werden, wonach diese dann das Recht bekommen, zu den günstigeren Drittkonditionen zu erwerben.

[32] Anstatt einer bestimmten Beteiligungsquote kann der Anknüpfungspunkt für das Recht zur Mitveräußerung auch die Beteiligungsveräußerung durch bestimmte Gesellschafter sein. In diesem Fall wird häufig dem oder den Investoren ein Mitveräußerungsrecht eingeräumt, wenn die Gründungsgesellschafter und damit „Kopf und Herz" des Unternehmens ihre Anteile abstoßen.

[33] Diese Regelung bedeutet für veräußerungswillige Gesellschafter eine nicht unerhebliche Beschränkung ihrer Veräußerungsmöglichkeiten, da es keinesfalls immer so sein muss, dass ein potentieller Erwerber bereit ist, 100 % oder zumindest alle Anteile der mitveräußerungswilligen Gesellschafter zu erwerben. Diese Form der Vinkulierung ist rechtlich unbedenklich. Als Alternative kann bei einer nicht vollständigen Übernahme sämtlicher Anteile aller veräußerungs- und mitveräußerungswilligen Gesellschafter auch

7.2 Alle Gesellschafter sind verpflichtet, sämtliche von ihnen gehaltenen Geschäftsanteile an der Gesellschaft an einen oder mehrere Dritte zu veräußern, wenn [*Gesellschafter XY bzw. Investor / Gesellschafter, die zusammen mindestens [75] % der Geschäftsanteile an der Gesellschaft halten*]³⁴ dies [*nach Ablauf von [...] nach Abschluss dieser Vereinbarung*³⁵] verlangen. Als Veräußerung gilt auch die Veräußerung der wesentlichen Geschäftsgrundlagen der Gesellschaft (Asset Deal), die Verschmelzung der Gesellschaft auf ein anderes Unternehmen und vergleichbare Transaktionen sowie eine Börsennotierung an einer nationalen oder internationalen Börsenhandelsplattform³⁶.

8. Garantien der Gründungsgesellschafter

11

8.1 Die Gründungsgesellschafter garantieren dem Neu-Investor als Gesamtschuldner im Wege einer selbständigen, verschuldensunabhängigen Garantie im Sinne von § 311 Abs. 1 BGB³⁷, dass die in der Präambel dieser Vereinbarung gemachten Angaben sowie die nachfolgend aufgeführten Tatsachen zum Zeitpunkt des Abschlusses dieser Vereinbarung zutreffend sind:

  (i) Die Gründungsgesellschafter halten ihre jeweiligen Geschäftsanteile an der Gesellschaft im eigenen Namen und für eigene Rechnung.

  (ii) Die von den Gründungsgesellschaftern gehaltenen Geschäftsanteile sind voll eingezahlt und weder abgetreten noch ver- oder gepfändet, noch sonstwie belastet. Rückzahlungen von Stammeinlagen, verdeckte Sacheinlagen und verdeckte Gewinnausschüttungen sind nicht vorgenommen worden.

  (iii) Mit Ausnahme der sich aus dieser Vereinbarung, der Satzung der Gesellschaft sowie aus zwingenden gesetzlichen Vorschriften ergebenden Verpflichtungen bestehen keine Verpflichtungen der Gründungsgesellschafter aus oder im Zusammenhang mit den von ihnen gehaltenen Geschäftsanteilen der Gesellschaft. Es bestehen keine Vereinbarungen, auch nicht mit Dritten, die eine Beteiligung am Ergebnis der Gesellschaft gewähren, insbesondere keine stillen Gesellschaften, Genussrechte und/oder partiarische Darlehen.

  (iv) Die in **Anlage [...]** aufgeführten, dem Neu-Investor im Rahmen der Due Diligence-Prüfung vorgelegten Verträge der Gesellschaft (insbesondere Anstellungs-, Dienst- und/oder Beraterverträge) gelten unverändert fort.

---

vorgesehen werden, dass die Anteile, die der potentielle Erwerber übernehmen möchte, *pro rata* auf diese Gesellschafter aufgeteilt werden.

34 Anstatt oder zusäzlich kann die Mitverkaufspflicht auch an das Begehren einzelner Gesellschafter/Investoren geknüpft werden. Typischerweise sind es die Investoren (VC-Kapitalgeber), die ein solches Dragalong-Recht verlangen, da sie nicht auf ein dauerhaftes Investment erpicht sind, sondern nach einer bestimmten Zeit zum (bestmöglichen) Preis veräußern wollen, um möglichst ihre Zielrendite zu realisieren. Die Mitveräußerungspflicht sollte sich typischerweise auf sämtliche Veräußerungsvorgänge, d. h. unabhängig von deren rechtlicher Umsetzung und Technik beziehen.

35 Dieser Einschub stellt eine gewisse verbindliche Haltefrist – regelmäßig für die Investoren – sicher.

36 Teilweise finden sich in Bezug auf einen möglichen Exit noch weitergehende Regelungen, die unter anderem einen Zeitrahmen, bestimmte Mitwirkungspflichten und einzelne Voraussetzungen, unter denen ein Exit realisierbar und umzusetzen ist, regeln. Eine allgemeine Regelung kann dabei auch wie folgt aussehen: „*Die Gesellschafter beabsichtigen, die Gesellschaft mittelfristig zu veräußern. Sie werden daher zu gegebener Zeit und einvernehmlich eine Investmentbank oder ein anderes Unternehmen mit der Suche nach einem Käufer für alle von den Vertragspartnern an der Gesellschaft gehaltenen Geschäftsanteile beauftragen. [...] übernehmen dabei die Initiative und Koordination der gemeinsamen Verkaufsbemühungen. Die anderen Parteien werden diesen Prozess kooperativ begleiten.*" Ferner ist ggf. auch an eine Vorabzustimmung der Ehegatten der Gründungsgesellschafter (im Sinne von § 1365 BGB) zu denken, um eine etwaige Blockade der Veräußerung im Vorhinein zu verhindern.

37 Die unabhängigen Garantieerklärungen orientieren sich grundsätzlich an solchen, die in Unternehmenskaufverträgen verwendet werden, denn die Interessenlagen eines Neuinvestors und eines Unternehmenskäufers sind insoweit sehr ähnlich. Typischerweise ist der Umfang dieser Garantien jedoch nicht so weitreichend, insbesondere wenn es sich bei dem Beteiligungsunternehmen um ein noch junges Unternehmen handelt. Die nachfolgende Auswahl stellt lediglich einen – recht umfassenden – Beispielkatalog dar, der auf den konkreten Fall entsprechend anzupassen ist. Häufig sieht man auch deutlich reduziertere Garantiekataloge.

(v) Die Gesellschaft ist als Rechteinhaber uneingeschränkt berechtigt, sämtliche Erfindungen und sämtliches technisches und betriebliches Know-how, sämtliche gewerblichen Schutzrechte (insbesondere Patente, Gebrauchs- und Geschmacksmuster, Handels- und Dienstleistungsmarken, einschließlich Logos und Domain-Namen) und sämtliche urheberrechtsfähigen Werke (insbesondere Software), die in Anlage [...] aufgeführt sind (nachstehend insgesamt „IP" genannt), zu nutzen und über diese zu verfügen. Das IP ist weder Gegenstand von Ansprüchen Dritter, anhängiger Verfahren zur Anfechtung, zur Löschung, zum Widerruf oder zu ihrer Berichtigung, die negative Auswirkungen auf den Geschäftsbetrieb der Gesellschaft haben könnten. Nach bestem Wissen der Gesellschaft werden im Zeitpunkt des Abschlusses dieser Vereinbarung keine Schutzrechte Dritter verletzt.

(vi) Die Gründungsgesellschafter haben dem Neu-Investor keine für die Entscheidung des Neu-Investors zum Abschluss dieser Vereinbarung wesentlichen Umstände, insbesondere vertragliche Verpflichtungen oder drohende Verbindlichkeiten der Gesellschaft, verschwiegen, über die sie zum Zeitpunkt des Abschlusses dieser Vereinbarung Kenntnis hatten [oder Kenntnis hätten haben müssen] und die zu einem finanziellen Schaden der Gesellschaft führen könnten. Die gegenüber dem Neu-Investor gemachten Angaben sowie der Inhalt der übergebenen Unterlagen sind richtig und vollständig. Klarstellend halten die Parteien fest, dass keinerlei Garantien zu geschäftlichen Entwicklungen und Prognosen der Gesellschaft sowie Veränderungen des Marktes abgegeben werden.

(vii) Die Gesellschaft ist nicht an vertragliche Wettbewerbsverbote oder Wettbewerbsbeschränkungen oder sonstige vertraglichen Beschränkungen der Geschäftstätigkeit gebunden, die für den Geschäftsbetrieb der Gesellschaft von wesentlicher Bedeutung sind. Die Gesellschaft ist nicht Partei von Absprachen, die gegen geltendes Wettbewerbsrecht verstoßen.

(viii) Die Gesellschaft hat sämtliche abzugebenden Steuer- und Abgabenerklärungen, einschließlich der Anmeldungen und Erklärungen für die Abführung von Sozialversicherungsbeiträgen, ordnungsgemäß und fristgemäß abgegeben und sämtliche sich daraus ergebenden und anderweit festgesetzten Steuern und Abgaben bezahlt.

8.2 Soweit die Garantien auf das beste Wissen der Gründungsgesellschafter beschränkt sind, umfasst dieses Wissen diejenigen Umstände oder Verhältnisse, die den Gründungsgesellschaftern bis zum Zeitpunkt des Abschlusses dieser Beteiligungsvereinbarung positiv bekannt waren [oder die diesen vom Standpunkt eines ordentlichen Kaufmanns im Zuge einer gewissenhaften Geschäftstätigkeit hätten bekannt sein müssen][38].

9. Informations- und Kontrollrechte

9.1 Unbeschadet gesetzlicher und satzungsmäßiger Informationsrechte[39] und soweit rechtlich zulässig werden die Parteien darauf hinwirken, dass die Geschäftsführer der Gesellschaft

---

[38] Garantienerklärungen in Beteiligungsvereinbarungen (wie in klassischen Unternehmenskaufverträgen) sind typischerweise nicht verschuldensabhängig. Ein gewisses subjektives Element wird häufig über die sog. Kenntnisklauseln geschaffen. Danach werden bestimmte Garantien nur nach bestem Wissen der Gründungsgesellschafter (Verkäufer) abgegeben. Wie dieses beste Wissen definiert ist, ist regelmäßig Gegenstand der Vertragsverhandlungen. Während die Gründungsgesellschafter regelmäßig nur dafür einstehen wollen, was sie positiv wussten, wollen die Investoren, dass auch für das gehaftet wird, was die Gründungsgesellschafter hätten wissen müssen, wenn sie mit der Sorgfalt eines ordentlichen Kaufmanns gehandelt hätten. Alle anderen Garantieerklärungen, die ohne jegliche Kenntnisabhängigkeit abgegeben werden, sind sog. objektive Garantien.

[39] Den Gesellschaftern einer GmbH stehen gemäß § 51a GmbHG umfassende, gesetzlich zwingende Auskunfts- und Einsichtsrechte zu, so dass es im Grunde keiner gesonderten Regelung in der Beteiligungsvereinbarung bedarf. Indes zielen solche Regelungen primär darauf, ein bestimmtes Informations- und Berichtssystem zu etablieren und damit für einen kontinuierlichen (unaufgeforderten) Informationsfluss an

(i) den Gesellschaftern der Gesellschaft bis spätestens [...] eines jeden Geschäftsjahres einen Businessplan für die Gesellschaft für das jeweilige Geschäftsjahr, bestehend aus Ertrags-, Liquiditäts-, Bilanz- und Investitionsplanung übersenden;
(ii) den Parteien auf deren Aufforderung vierteljährlich über den Geschäftsverlauf und die Einhaltung des Businessplans schriftlich berichten;
(iii) den Gesellschaftern der Gesellschaft unverzüglich nach Bekanntwerden wesentlicher, außerplanmäßiger Geschehnisse Bericht erstatten.

9.2 Die Parteien sind sich einig, dass die Gesellschaft den Gesellschaftern zu gestatten hat, sich selbst, durch einen Angestellten oder durch einen Angehörigen der rechts- oder wirtschaftsberatenden Berufe, die zur Berufsverschwiegenheit verpflichtet sind, nach angemessener Benachrichtigung der Gesellschaft zu den üblichen Geschäftszeiten über die Belange der Gesellschaft zu unterrichten und zu diesem Zweck die Geschäftsräume der Gesellschaft zu betreten. Jedem Gesellschafter steht das Recht zu, die erhaltenen Informationen anderen Parteien und die Investoren ihren Gesellschaftern mitzuteilen[40].

9.3 Geschäfte und Maßnahmen, die über den Rahmen des gewöhnlichen Geschäftsbetriebs der Gesellschaft hinausgehen, bedürfen zu ihrer Vornahme der vorherigen schriftlichen Zustimmung der Investoren[41], insbesondere:
(i) jedes Rechtsgeschäft zwischen der Gesellschaft und einem Gesellschafter, einem Mitglied der Geschäftsführung und/oder deren Angehörigen im Sinne von § 15 AO und/oder einem mit diesen verbundenen Unternehmen im Sinne von §§ 15 ff. AktG,
(ii) jede Veräußerung, Verpfändung oder Übertragung von Wirtschaftsgütern der Gesellschaft, soweit sie einen Betrag in Höhe von [...] € pro Geschäftsjahr übersteigen oder sofern es sich um die wesentlichen Wirtschaftsgüter der Gesellschaft handelt;
(iii) Gründung und Beendigung von Tochtergesellschaften oder Unternehmen, Erwerb und Veräußerung von Beteiligungen an anderen Unternehmen sowie der Erwerb anderer Geschäftsbetriebe im Ganzen oder zu wesentlichen Teilen;
(iv) Errichtung, Erwerb, Schließung und Veräußerung von Betrieben, Teilbetrieben oder Zweigniederlassungen;
(v) Erwerb, Veräußerung oder Belastung von Grundstücken und grundstücksgleichen Rechten sowie sonstige Verfügungen darüber;
(vi) Verfügung über gewerbliche Schutzrechte sowie Abschluss und Beendigung von Patent-, Lizenz-, Know-how- und Kooperationsverträgen, wenn und soweit die Verfügung, der Vertragsabschluss bzw. die Vertragsbeendigung über den gewöhnlichen Geschäftsbetrieb der Gesellschaft hinausgehen;

---

die Investoren zu sorgen, die im Gegensatz zu den Gründungsgesellschaftern nicht im operativen Geschäft tätig sind und daher Geschäftsvorgänge und andere Entwicklungen nicht unmittelbar mitbekommen. Welche Informationen, Berichtsformate etc. zu liefern sind, ist eine Frage des Einzelfalls. Insofern kann es sich auch anbieten, entsprechende Regelungen in eine Geschäftsordnung für die Geschäftsführer oder gar in die Satzung aufzunehmen, um dadurch eine normative Wirkung zu erreichen.

[40] Auch diese Regelung ist weitgehend von § 51a GmbHG umfasst. Indes enthält sie eine zusätzliche Entbindung der Verschwiegenheitspflicht gegenüber bestimmten Dritten.

[41] Zustimmungserfordernisse für außergewöhnliche Geschäfte und Maßnahmen sind ein typisches Kontrollinstrument. Dieses findet sich sowohl in Beteiligungsvereinbarungen als auch in den Satzungen und den Geschäftsordnungen für die Geschäftsleitung. Der Vorteil einer rein schuldrechtlichen Abrede liegt in der größeren Flexibilität. Hingegen entfaltet eine Satzungsregelung normative Wirkung. Entscheidend ist darauf zu achten, dass mehrere Zustimmungskataloge aufeinander abgestimmt sind, um Missverständnisse zu vermeiden. Zudem ist festzulegen, welche Mehrheitserfordernisse und/oder Zustimmungserfordernisse zugunsten einzelner Gesellschafter (hier: Investoren) greifen. Einstimmigkeit oder Sonderzustimmungserfordernisse bergen immer eine gewisse Gefahr, dass wichtige Entscheidungen des operativen Geschäfts durch einzelne Gesellschafter – auch aus taktischen Gründen – blockiert werden.

(vii) Sicherheitsleistung, Übernahme von Bürgschaften, Garantien und Mithaftungen sowie Eingehung von Wechselverbindlichkeiten, ausgenommen Maßnahmen im Rahmen des üblichen Geschäftsbetriebes der Gesellschaft;
(viii) Abschluss von Arbeits- oder Anstellungsverträgen zwischen Gesellschaft und Mitarbeitern mit einem Jahresbruttogehalt von im Einzelfall über [...] €;
(ix) Gewährung von Versorgungszusagen jeglicher Art.

9.4 [*Die Parteien sind sich darüber einig, dass ein Beirat bei Gesellschaft mit drei (3) Mitgliedern bestellt werden soll. Für den Beirat findet § 52 GmbHG Anwendung.*[42]]

10. Gewerbliche Schutzrechte und Urheberrechte[43]

10.1 Soweit die Gründungsgesellschafter im Rahmen eines Anstellungs- und/oder Beratervertrages mit der Gesellschaft und/oder im Tätigkeitsbereich der Gesellschaft schutzfähige Erkenntnisse gewinnen oder Erfindungen tätigen, ist ausschließlich die Gesellschaft berechtigt, daraus abzuleitende Schutzrechte im eigenen Namen und für eigene Rechnung anzumelden sowie deren Eintragung in einschlägigen Registern zu beantragen sowie solche Erkenntnisse, Erfindungen oder Schutzrechte (insbesondere Patente) zu verwerten. Gleiches gilt für Erfindungen durch Mitarbeiter der Gesellschaft unter Berücksichtigung der Bestimmungen des Arbeitnehmererfindergesetzes. Eine Verpflichtung zur Inanspruchnahme der Erfindungen durch die Gesellschaft besteht nicht. [*Die Gründungsgesellschafter sind verpflichtet, etwaige auf ihren Namen angemeldete und/oder eingetragene gewerbliche Schutzrechte unverzüglich und unentgeltlich auf Gesellschaft zu übertragen.*]

10.2 Die Gründungsgesellschafter sind verpflichtet, sämtliche Nutzungsrechte an im Tätigkeitsbereich der Gesellschaft bereits bestehenden und zukünftig zu entwickelnden urheberrechtsschutzfähigen Werken (insbesondere Software) unentgeltlich, zeitlich und räumlich unbeschränkt sowie exklusiv auf die Gesellschaft zu übertragen. Die Bestimmungen des Urheberrechtsgesetzes bleiben unberührt, wobei die Regelungen dieser Vereinbarung, soweit gesetzlich zulässig, den Bestimmungen des Urheberrechtsgesetzes vorgehen.

11. Wettbewerbs- und Abwerbeverbot

11.1 Jedem Gründungsgesellschafter[44] ist es untersagt, sich ohne Zustimmung der anderen Gesellschafter unmittelbar oder mittelbar, gewerbsmäßig oder gelegentlich, für eigene oder fremde Rechnung im sachlichen und räumlichen Geschäftsbereich der Gesellschaft zu betätigen, ein Unternehmen, das in diesem Geschäftsbereich tätig ist, zu erwerben oder an einem solchen Unternehmen zu beteiligen, es sei denn, die Beteiligung vermittelt nicht mehr als [...] % am Kapital und/oder den Stimmrechten des betreffenden Unternehmens. Scheidet ein Gründungsgesellschafter aus der Gesellschaft als Gesellschafter aus, gilt das Wettbewerbsverbot für einen Zeitraum von [...] Jahren nach seinem Ausscheiden fort[45].

---

[42] Ein zusätzliches Kontrollinstrument kann in der Installierung eines Beirates oder Aufsichtsrates liegen, dessen Aufgaben und Befugnisse bei der GmbH weitgehend frei festgelegt werden können. Diese Vorgehensweise mag vor allem für Investoren Sinn machen, die weiter von der Gesellschaft entfernt sind und sich nur eingeschränkt in die Angelegenheiten der Gesellschaft einbringen können. In diesem Zusammenhang sind dann auch Bestell- oder Entsenderechte für einzelne Investoren vorzusehen. Häufig wird die Frage der Schaffung eines Beirates aber vor allem auch von der Verfügbarkeit geeigneter Beiratsmitglieder abhängen.

[43] Hierbei handelt es sich um eine Regelung zum Schutz der Investoren, die dadurch sicherstellen wollen, dass alle gewerblichen Schutzrechte (exklusiv) der Gesellschaft zugeordnet werden, da die gewerblichen Schutzrechte vor allem bei jungen innovativen Unternehmen deren wesentlichen Kern und damit deren wirtschaftlichen Wert ausmachen.

[44] Diese Klausel zielt in eine ähnliche Richtung wie die Regelung nach Ziffer 10: Da speziell bei jungen Unternehmen die Gründer die wesentlichen Know-how Träger sind, ist ein Wettbewerbsverbot aus Sicht der übrigen Investoren von besonderer Bedeutung, denn anderenfalls können die Gründer ausscheiden, und die Idee – „am nächsten Tag" – in einem neuen Unternehmen weiterverfolgen.

[45] Ein nachlaufendes Wettbewerbsverbot wird in aller Regel auf einen Zeitaum von maximal zwei bis drei Jahren nach dem Ausscheiden beschränkt sein, da anderenfalls die Gefahr der Unwirksamkeit droht.

[Für jeden Fall des Verstoßes gegen dieses Wettbewerbsverbot verwirkt der betreffende Gründungsgesellschafter eine Vertragsstrafe von [...] €. Bei einem fortgesetzten Verstoß gilt jeder angefangene Monat als erneuter Verstoß. Weitergehende Schadenersatzansprüche und sonstige Ansprüche bleiben vorbehalten.]

11.2 Die Gesellschafter verpflichten sich, für die Dauer von [...] nach ihrem jeweiligen Ausscheiden aus der Gesellschaft weder direkt noch indirekt einen gegenwärtigen oder im letzten Jahr vor dem Ausscheiden für die Gesellschaft tätigen Mitarbeiter aktiv abzuwerben, diesem, auch im Namen oder für Rechnung Dritter, einen Anstellungs- oder Beratungsvertrag anzubieten oder mit ihm, auch im Namen oder für Rechnung Dritter, abzuschließen.

12. Leistungsverkehr mit Gesellschaftern und anderen Gesellschaften

12.1 Den Organen der Gesellschaft ist es untersagt, einem Gesellschafter oder einer ihm nahe stehenden Person unangemessene Vorteile irgendwelcher Art, vertragsmäßig oder durch einseitige Handlung, zuzuwenden oder die Gewährung solcher Vorteile stillschweigend zuzulassen. Bei sämtlichen Rechtsgeschäften, Vorgängen und Maßnahmen zwischen der Gesellschaft einerseits und den Gesellschaftern oder einzelnen Gesellschaftern und ihnen nahe stehenden Personen andererseits hat der Leistungsverkehr nach den steuerlichen Grundsätzen über die Angemessenheit von Leistung und Gegenleistung zu erfolgen.

12.2 Durch Verletzung dieser Bestimmung verursachte Vorteile hat der Begünstigte der Gesellschaft zu erstatten. Ist er nicht Gesellschafter und kann Erstattung von ihm nicht beansprucht werden, so ist der ihm nahestehende Gesellschafter zum Wertausgleich verpflichtet. Die Gesellschaft ist insoweit auch zur Aufrechnung gegen künftige Gewinnansprüche berechtigt.

13. Rechtsnachfolge und Beitritt

13.1 Die Gesellschafter verpflichten sich sicherzustellen, dass diese Vereinbarung auch auf etwaige Rechtsnachfolger sowie gegebenenfalls weitere, in die Gesellschaft als Gesellschafter eintretende Personen Anwendung findet bzw. der Eintritt als Gesellschafter vom Beitritt zu dieser Vereinbarung abhängig gemacht wird. Das heißt, vorbehaltlich der übrigen Voraussetzungen in dieser Vereinbarung dürfen Geschäftsanteile nur dann übertragen werden, wenn der Erwerber zuvor dieser Vereinbarung beigetreten ist oder parallel zur Anteilsübertragung beitritt. *[Sollte im Einzelfall kein Beitritt von Rechtsnachfolgern oder weiteren Gesellschaftern zu dieser Vereinbarung gewollt oder nicht durchsetzbar sein, ist die Wirksamkeit der Übertragung an einen Rechtsnachfolger oder eine Ausgabe neuer Geschäftsanteile an einen neuen Gesellschafter von der Fortdauer der in der Satzung der Gesellschaft niedergelegten Verwässerungsschutz- und Wandlungsrechte [und ggf. ...] abhängig zu machen].*[46]

13.2 Zur Klarstellung halten die Parteien fest, dass im Falle des Versterbens eines Gründungsgesellschafters diese Vereinbarung für dessen Erben und ggf. Vermächtnisnehmer fortgilt und dass dies gleichermaßen für alle Rechtsnachfolger, die in die Rechtsposition eines Gesellschafters auf anderem Wege kraft Gesamtrechtsnachfolge eintreten, gilt[47].

14. Laufzeit, Kündigung

14.1 Diese Vereinbarung ist bis zum [...] fest abgeschlossen[48]. Sie endet vor diesem Zeitpunkt, wenn nur noch ein Gesellschafter an der Gesellschaft beteiligt ist *[oder die Investoren nicht mehr Gesellschafter sind*[49]*]*. Scheidet ein Gesellschafter aus der Gesell-

---

[46] Diese Regelung soll ein Auseinanderfallen von Gesellschafterkreis und Parteien der Beteiligungsvereinbarung verhindern.

[47] Diese Rechtsfolge ergibt sich schon zwingend aus dem Gesetz und bedürfte deswegen keiner Aufnahme in die Beteiligungsvereinbarung. Dennoch wird diese Regelung häufig zu Klarstellungszwecken aufgenommen.

[48] Bei Vereinbarung einer Festlaufzeit ist die ordentliche Kündigung während dieses Zeitraums ausgeschlossen.

[49] Ggf. besteht ein Interesse der Gründungsgesellschafter, auch ohne Investoren an der Beteiligungsvereinbarung festzuhalten. In diesem Fall ist dieser Zusatz zu streichen.

schaft, gleich aus welchem Rechtsgrund, aus, enden, soweit in dieser Vereinbarung nicht ausdrücklich anders geregelt, seine Rechte und Pflichten aus dieser Vereinbarung mit dem rechtlichen Wirksamwerden seines Ausscheidens. Dagegen bleiben bereits begründete Ansprüche auch nach diesem Zeitpunkt bestehen und sind von der jeweiligen Partei zu erfüllen.

14.2 Das Recht der Parteien zur Kündigung aus wichtigem Grund bleibt unberührt. Die Investoren sind jeweils zur außerordentlichen Kündigung insbesondere dann berechtigt, wenn [...][50].

18 **15. Erlös-/Liquidationspräferenz**[51]

Für den Fall der Veräußerung von mehr als [...] % der Geschäftsanteile an der Gesellschaft, bei Veräußerung der wesentlichen betriebsnotwendigen Vermögenswerte der Gesellschaft, in den Fällen des Tausches, der Einbringung oder Verschmelzung von mindestens [...] % der Geschäftsanteile sowie bei Liquidation der Gesellschaft vereinbaren die Parteien bereits hiermit die folgende Kaufpreis-/ Gegenleistungsallokation bzw. die Allokation der Liquidationserlöse (nachstehend „**Erlös**" genannt) (nach Begleichung sämtlicher Verbindlichkeiten einschließlich Rückzahlung bestehender Gesellschafterdarlehen nebst aufgelaufener Zinsen):

(i) zunächst steht dem [Neu-Investor] ein Betrag in Höhe des Nennwertes seiner jeweils gehaltenen Geschäftsanteile zuzüglich der von ihm jeweils geleisteten Zuzahlungen in die Kapitalrücklagen der Gesellschaft [*zuzüglich der etwa aufgrund von Gesellschafterdarlehen geleisteten Zahlungen*] sowie zuzüglich beschlossener, aber noch nicht ausgeschütteter Dividenden insgesamt zuzüglich einer Verzinsung in Höhe von [...] % p. a. seit dem [...] (nachfolgend „**1. ELP-Stufe**" genannt) zu;

(ii) sodann steht jedem [Alt-Investor] ein Betrag in Höhe des Nennwertes seiner jeweils gehaltenen Geschäftsanteile zuzüglich der von ihm jeweils geleisteten Zuzahlungen in die Kapitalrücklagen der Gesellschaft zuzüglich der etwa aufgrund von Gesellschafterdarlehen geleisteten Zahlungen sowie zuzüglich beschlossener, aber noch nicht ausgeschütteter Dividenden insgesamt zuzüglich einer Verzinsung in Höhe von [...] % p. a. seit dem Datum der Gutschrift der Beträge auf dem Gesellschafts-Konto (nachfolgend „**2. ELP-Stufe**" genannt) zu;

(iii) sofern der Erlös nicht ausreicht, um die Zahlungen für die 1. und 2. ELP-Stufe vollständig zu bedienen, ist der Erlös unter den jeweils Berechtigten zunächst auf der **1. ELP-Stufe** *pro rata* und danach auf der 2. ELP-Stufe *pro rata* zu verteilen; und

(iv) der danach verbleibende Erlös wird auf alle Gesellschafter im Verhältnis ihrer Beteiligung am Stammkapital der Gesellschaft verteilt.

19 **16. Geheimhaltung**[52]

16.1 Über Vertrauliche Angaben und Geheimnisse der Gesellschaft (wie unten definiert), namentlich Betriebs- und Geschäftsgeheimnisse, die den Parteien in ihrer Eigenschaft

---

[50] Hier sind ggf. besondere Kündigungsgründe aufzunehmen, die sich insbesondere auch im Zusammenhang mit anderen, durch die Investoren gewährten Finanzierungen oder sonstigen Leistungen ergeben können. Die Möglichkeit der außerordentlichen Kündigung kann bspw. auch an das Verfehlen bestimmter Meilensteine geknüpft werden. Allerdings sollte sich bei einer Kündigung aufgrund eines solchen Ereignisses dann immer auch ein vollständiger Ausstieg als Gesellschafter/Investor anschließen.

[51] Die Erlös- und Liquidationspräferenz ist eines der Kernthemen der Beteiligungsvereinbarung, die die Verteilung der Nettozuflüsse, insbesondere im Falle eines erfolgreichen Exit, zwischen den Gesellschaftern regelt. Die folgende Regelung stellt lediglich eine recht kurze Beispielsverteilung nach dem „Wasserfallprinzip" dar. In der Praxis finden sich hierzu unzählige Abwandlungen.

[52] Zum Teil kann es erforderlich sein, noch eine spezifische Datenschutzklausel aufzunehmen, wonach ein Investor vor allem die personenbezogenen Daten der Gründungsgesellschafter verarbeiten darf. Eine solche Datenverarbeitungsklausel wird regelmäßig der HTGF verlangen, da er diese Daten im Rahmen der Beteiligungsverwaltung, aber auch bei der Erstellung von Auswertungen und Statistiken, regelmäßig im datenschutzrechtlichen Sinne verarbeitet.

als Gesellschafter bzw. im Zusammenhang mit dem Abschluss dieses Vertrages bekannt geworden sind, haben die Gesellschafter Stillschweigen zu bewahren.

16.2 **„Vertrauliche Angaben"** sind alle Angaben, die der Mitteilende ausdrücklich als geheimhaltungsbedürftig bezeichnet. **„Geheimnisse"** sind alle mit dem unternehmerischen oder betrieblichen Geschehen in unmittelbarem Zusammenhang stehenden Tatsachen, die nur einem beschränkten Personenkreis bekannt und von denen bei verständiger wirtschaftlicher Betrachtungsweise anzunehmen ist, dass ihre Geheimhaltung von der Gesellschaft gewünscht wird und an deren Geheimhaltung im Interesse der Gesellschaft ein Bedürfnis besteht.

16.3 Beabsichtigt ein Gesellschafter, die Gesellschaft oder deren Geschäftsgegenstand betreffende Informationen an Dritte weiterzugeben, so hat er dies der Gesellschaft vorher unter Bekanntgabe der Person, an die die Information mitgeteilt werden soll, bekanntzugeben. Der Gesellschaft ist vor der Weitergabe der Information Gelegenheit zur Stellungnahme zu geben, ob die Weitergabe der Information mit der Schweigepflicht vereinbar ist. Die Stellungnahme wird durch die Geschäftsführung abgegeben und ist für die Gesellschafter verpflichtend.

16.4 Jegliche öffentliche Bekanntmachung über die Beteiligung der Parteien an der Gesellschaft und an dieser Vereinbarung ist zwischen den Parteien zuvor gemeinsam abzustimmen und von allen Parteien freizugeben.

17. Sonstige Vereinbarungen

17.1 Die Altgesellschafter verpflichten sich, in einer unverzüglich abzuhaltenden Gesellschafterversammlung die Satzung der Gesellschaft in der als **Anlage [...]** beigefügten Version insgesamt neu zu fassen.

17.2 Im Verhältnis der Parteien untereinander gehen die Regelungen dieser Vereinbarung den Bestimmungen der Satzung, der Geschäftsordnung für die Geschäftsführung sowie allen übrigen Vereinbarungen zwischen den Parteien vor. Die Parteien sind verpflichtet, in der Gesellschafterversammlung der Gesellschaft sämtliche notwendigen Beschlüsse zu fassen sowie sämtliche notwendigen Maßnahmen zu ergreifen, um diese Vereinbarung umzusetzen und ggf. durchzusetzen. [*Die Parteien sind sich einig, dass diese Vereinbarung die BGV I vollständig ersetzt und damit sämtliche Regelungen dieser Vereinbarung so anzuwenden sind, als hätten sie von Anfang an Geltung beansprucht.*]

17.3 Die Parteien verpflichten sich, jederzeit und ohne besondere Gegenleistung alle Erklärungen in gehöriger Form abzugeben und entgegenzunehmen, in der Gesellschafterversammlung der Gesellschaft sämtliche Beschlüsse zu fassen sowie sämtliche Maßnahmen zu ergreifen, die erforderlich sind, um diese Vereinbarung durchzuführen und zu erfüllen.

17.4 Die Bestimmungen dieser Vereinbarung finden auch im Falle einer Umwandlung der Gesellschaft (Formwechsel, Verschmelzung, Spaltung) weiterhin Anwendung, soweit dies rechtlich zulässig ist.

17.5 [*Gründungsgesellschafter ist verpflichtet, entweder durch Ehevertrag Gütertrennung zu vereinbaren oder, falls er Gütergemeinschaft vereinbart hat, die Beteiligung an der Gesellschaft im Ehevertrag zum Vorbehaltsgut zu erklären und dies im Güterrechtsregister eintragen zu lassen. Lebt er im Güterstand der Zugewinngemeinschaft, ist durch Ehevertrag zu vereinbaren, dass der Gründungsgesellschafter den Beschränkungen des § 1365 BGB nicht unterliegt und dass seine Geschäftsanteile an der Gesellschaft dann, wenn dieser Güterstand auf andere Weise als durch den Tod eines Ehegatten beendet wird, nicht dem Zugewinnausgleich unterliegen. Auf schriftliche Aufforderung der Gesellschaft oder eines Gesellschafters hat der [Gründungsgesellschafter] unverzüglich, spätestens innerhalb [...] die Einhaltung der vorstehenden Verpflichtungen nachzuweisen.*]

18. Schlussbestimmungen

18.1 Die Parteien sind nicht berechtigt, Ansprüche oder sonstige Rechte aus dieser Vereinbarung ohne Zustimmung der jeweils anderen Parteien zu übertragen, zu verpfänden oder in sonstiger Weise zu belasten.

18.2 Soweit diese Vereinbarung nicht ausdrücklich etwas anderes bestimmt, werden sämtliche Gebühren, Abgaben, Rechnungsprüfungskosten und sonstige Kosten im Zusammenhang mit ihrem Abschluss oder ihrer Änderung und/oder der Durchführung der Kapitalerhöhung sowie der Neufassung der Satzung von der Gesellschaft getragen.

18.3 Änderungen dieser Vereinbarung bedürfen, soweit gesetzlich keine strengere Form vorgesehen ist, der Schriftform. Dies gilt auch für die Änderung dieser Schriftformklausel.

18.4 Diese Vereinbarung unterliegt ausschließlich dem Recht der Bundesrepublik Deutschland unter Ausschluss der Vorschriften ihres Rechts, die zur Anwendung einer anderen Rechtsordnung führen könnten. Die Anwendung des UN-Kaufrechts ist ausgeschlossen.

18.5 Sämtliche Rechtsstreitigkeiten zwischen den Parteien aus und im Zusammenhang mit dieser Vereinbarung sollen von den ordentlichen deutschen Gerichten entschieden werden. Ausschließlicher Gerichtsstand ist, soweit gesetzlich zulässig, [...][53].

18.6 Nach dieser Vereinbarung notwendige Aufforderungen, Mitteilungen, abzugebende Erklärungen oder andere Nachrichten sind jeweils an die Parteien zu richten oder an diejenige Person oder Anschrift, die jeweils von einer Partei bestimmt wird, es sei denn, in dieser Vereinbarung ist ausdrücklich etwas anderes geregelt.

18.7 Sollte eine Bestimmung dieser Vereinbarung ganz oder teilweise nichtig, unwirksam oder nicht durchsetzbar sein oder werden oder sollte eine an sich notwendige Regelung in ihr nicht enthalten sein, werden hiervon die Wirksamkeit und die Durchsetzbarkeit aller übrigen Bestimmungen dieser Vereinbarung nicht berührt. Anstelle der nichtigen, unwirksamen oder nicht durchsetzbaren Bestimmung oder zur Ausfüllung der Regelungslücke werden die Parteien eine rechtlich zulässige Regelung vereinbaren, die so weit wie möglich dem entspricht, was die Parteien gewollt haben oder nach dem Sinn und Zweck dieser Vereinbarung vereinbart hätten, wenn sie die Unwirksamkeit oder die Regelungslücke erkannt hätten. Beruht die Nichtigkeit einer Bestimmung auf einem darin festgelegten Maß der Leistung oder der Zeit (Frist oder Termin), so werden die Parteien eine Bestimmung mit einem dem ursprünglichen Maß am nächsten kommenden rechtlich zulässigen Maß vereinbaren. Es ist der ausdrückliche Wille der Parteien, dass diese salvatorische Klausel keine bloße Beweislastumkehr zur Folge hat, sondern § 139 BGB insgesamt abbedungen ist.

[Notarielle Hinweise und Vollmachten]

---

[53] Alternativ können Streitikeiten auch der (ausschließlichen) Zuständigkeit eines Schiedsgerichts (bspw. nach den Regeln der Deutsche Institution für Schiedsgerichtsbarkeit (DIS) e. V.) unterstellt oder auch ein Mediationsverfahren zwingend vorgeschaltet werden.

Sachverzeichnis

Die fettgedruckten Zahlen bezeichnen die Kapitel,
die mageren Zahlen bezeichnen die Randnummern.

Abberufung **24** 4 ff.
Abfindung **29** 7
Abfindungsguthaben **29** 1 ff.
Abwerbeverbot **45** 33
Aktiengesellschaft **15** 4 ff., 16 ff.; **20** 4 ff.; **23** 14 ff.; **24** 12 ff.; **25** 34 ff.; **33** 20
Aktionär **33** 20
Aktivlegitimation **19** 4
Allgemeine Geschäftsbedingungen **4** 10
Altgesellschafter **17** 22 ff.
Andienungspflicht **26** 17 ff.
Andienungsrecht **26** 5 ff.
Angabepflichtige **3** 11 ff.
Ankaufsrecht **26** 31 ff.
Anmeldepflicht **40** 27 ff., 43; **41** 5 ff.
Anteilserwerb **20** 22 ff.; **40** 17 ff.; **41** 61 ff.
Anteilsveräußerungen **10** 20
Anwendungsbereich **3** 3 ff.
Arrest **19** 19
Aufgriffsrecht **26** 30
Aufsichtsratsmitglieder **22** 55 ff.; **24** 16 ff.
Auftrag **22** 8
Auskunftsanspruch **20** 19 ff., 24 ff.
– der Gesellschaft **20** 21
– der Gesellschafter **20** 19 f.
– kraft Treuepflicht **20** 19 ff., 24 ff.
– schuldrechtlicher Auskunftsanspruch **20** 23
Auskunftsrecht kraft Gesetzes **20** 4 ff.
Auskunftsverweigerung **20** 9 f., 18
Auslegung **4** 7; **20** 3 ff.
Ausschluss **17** 34 f.; **18** 8 ff.
– Ausschluss des ordentlichen Kündigungsrechts **17** 34 f.
– Ausschluss aus der Sekundärgesellschaft **18** 8 f.
– Ausschluss aus der Primärgesellschaft **18** 10 ff.
Außengesellschaft **14** 48 ff.

Bagatellfälle **42** 27 ff.
Beirat **32** 10 ff., 18 ff., 21 f.
Beitragspflicht **31** 2 ff.
Beklagter **21** 20 ff., 24 f.
Belastung von Anteilen mit Rechten Dritter **10** 20
Beschluss **19** 7, 17, 18, 29 ff.; **22** 65
– Beschlussanfechtung **19** 7
– Beschlussausführung **19** 17
– Beschlussfassung **19** 17
– Beschlussmängelstreitigkeiten **19** 29 ff.
– Beschlüsse von gravierender Bedeutung **19** 18
Bezugsvereinbarung **45** 37 f.

Bindung **12** 14, 15 f., 17, 18; **17** 2 ff.
– Bindung an Weisungen der Gesellschaft **12** 14
– Bindung an Weisungen des Vorstands oder des Aufsichtsrats **12** 15 f.
– Bindung an Weisungen abhängiger Unternehmen **12** 17
– Bindung an Abstimmungsvorschläge der Verwaltung **12** 18
– Bindung nur der Vertragsparteien der Nebenabrede **17** 2 ff.
– Bindung inter partes **17** 2 ff.
Bundeskartellamt **40** 46 ff.; **44** 8 ff.

Compliance-Pflichten **3** 8 ff.

Darlehen **25** 3 ff.
Depotstimmrechtsverträge **10** 17
Doppelkontrolle **38** 1 ff.
„Drag-along"-Klausel **23** 32 f.
„Drag-along"-Rechte **23** 21 f.
Durchsetzung **22** 71

Einfluss **40** 20 ff.; **41** 61 ff.; **44** 16 ff.
Einlageleistungen **10** 21
Einlagenrückgewähr **12** 3 ff.
Einsichtnahme **3** 19 ff.
Einstweilige Verfügung **19** 9 ff.
Einstweiliger Rechtsschutz **19** 8 ff.
Einzelrechtsnachfolge **17** 11 ff.
Erforderlichkeit **20** 6 ff.
Erfüllungsanspruch **18** 2; **22** 63
– Absicherung des Erfüllungsanspruchs **18** 6 ff.
Erfüllungsklage **19** 2 ff.
Ergebnispools **45** 39
Erlöspräferenzen **25** 49 ff.
EU-Fusionskontrolle **41** 4 ff.
EU-Kommission **40** 54 ff.
Existenzvernichtender Eingriff **16** 25 f.

Faktischer Aktienkonzern **13** 4 ff.
Faktischer GmbH-Konzern **13** 10 ff.
Faktischer Konzern
– Grundsätze des qualifiziert faktischen Konzerns **16** 25 f.
Faktisches Organ **32** 1 ff.
Fakultativer Aufsichtsrat **32** 6
Fakultatives Gremium **32** 6 ff.
Fernwirkungen **14** 1 ff.
Finanzierung **25** 1 ff.
Formbedürftigkeit **31** 22 f.

405

Sachverzeichnis

Fette Zahlen = Kapitel

Formerfordernis **26** 38 ff.
Formfreiheit **8** 2 ff.
Freistellung **42** 17 ff.
Fusionskontrolle **38** 1 ff.; **39** 1 ff.; **40** 38 ff.; **41** 3 ff.
Fusionskontrollpflicht **41** 1 ff.
Fusionskontrollverfahren **38** 4 ff.; **40** 46 ff.

Garantieerklärung **31** 21
Gemeinschaftsunternehmen **30** 1 ff., 23 ff., 28 f.; **41** 3 ff.; **44** 1, 3 ff., 16 ff., 25 f.
Gerichtsstand **21** 21 ff.
Gesamtrechtsnachfolge **17** 25 ff.
Geschäftsbesorgungsvertrag **22** 8
Geschäftsführer **24** 2 ff.
Gesellschaft **4** 9; **9** 1 ff., 13 ff.; **12** 14; **17** 4
– Begründung einer Gesellschaft bürgerlichen Rechts **9** 2 ff.
– Bindung an Weisungen der Gesellschaft **12** 14
– Einbeziehung der Gesellschaft als Vertragspartei oder mittels Vertrags zu ihren Gunsten **17** 4
– Fehlerhafte Gesellschaft **9** 13 ff.
– Gesellschaft bürgerlichen Rechts **9** 1 ff.
– Grundsätze über die fehlerhafte Gesellschaft **4** 9
Gesellschafter **9** 28 ff.; **33** 11 ff.; **41** 41 ff.
– Ausscheiden **9** 29, 30 f., 32; **45** 21 ff.
– Beitritt **9** 28, 30 f. 32
– kontrollierende Gesellschafter **41** 41 ff.
Gesellschaftervereinbarungen **5** 27; **16** 14 ff.; **17** 33 ff.
– Auslegung **5** 27
– Gesellschaftervereinbarungen als verdeckte Beherrschungsverträge **16** 14 ff.
– Laufzeit von Gesellschaftervereinbarungen **17** 33 ff.
Gesellschafterwechsel **9** 27 ff.
Gesellschaftsorgane **3** 26 f.; **22** 55 ff.
– Bestellung der Gesellschaftsorgane **3** 26 f.
– Besetzung anderer Organe der Gesellschaft **22** 55 ff.
Gesellschaftsverhältnis **9** 2 ff., 33; **10** 16; **12** 59, 60 f.
Gestaltungswahlrecht **5** 15 ff.
Gewinnverteilung **3** 38 ff.; **28** 1 ff.
Gleichbehandlungsgrundsatz **12** 40 ff.
GmbH **15** 10 ff., 23; **20** 12 ff.; **23** 4 ff.; **25** 41; **33** 11 ff.
Grundvereinbarung **30** 3 ff., 23 ff., 28 f., 30 f.
Gruppenfreistellungsverordnungen **42** 24

Hauptprüfungsverfahren **40** 51 f.
Hauptsacheverfahren **19** 1 ff.
Höchststimmrechte **15** 16 ff.
Höchststimmrechtsklausel **12** 53 ff.
Holdinggesellschaft **41** 46 f.

Informationsaustausch **45** 40 ff.
Informationsinteresse **20** 17

Informationsrecht **20** 4 ff.; **45** 40 ff.
Inhaltskontrolle **10**
Innengesellschaft **9** 9 ff.; **14** 46; **22** 7
Insiderrecht **14** 31 ff.
Internationale Zuständigkeit **21** 19 ff.

Kapital **25** 42 ff.
Kapitalbeschaffungsmaßnahmen **25** 7 ff.
Kapitalerhöhung **25** 11 ff., 23, 24
Kapitalmarktrecht **14** 1 ff.
Kartellrecht **22** 39
Kartellverbot **37** 4; **38** 1 ff.; **42** 4 ff.; **43** 1 ff.; **44** 2, 16 ff.
Kartellverfahren **43** 5 ff.
Knebelung **12** 26 f.
Kollisionsrecht **21** 2 ff.
Konkludente Vertragsübernahme **17** 12 f.
Konsortialvertrag **22** 40 ff.; **41** 48 ff.
Konsortium **22** 52 ff.
Kontrolle **40** 6 ff.
Kontrollerwerb **40** 5 ff.; **41** 52, 74
Konzernabschluss **14** 52 f.
Konzernierung **13** 1 ff.
Konzernprivileg **42** 13 ff.
Kontrahierungszwang **20** 27 f.
Kosten **40** 53
Kündigung **17** 34 f.; **18** 8 f.
– Kündigung des Vertragsbrüchigen **18** 8 f.
– Kündigungsrecht **17** 34 f.

Leistungsstörungen **4** 9
Liefervereinbarung **45** 37 f.
Liquidationspräferenzen **25** 49 ff.
Liquiditätszusage **31** 13 ff.
Lizenzvereinbarung **45** 34 ff.

Mediation **19** 39 ff.
Mehrstimmrecht **3** 29 f.
Meldefiktion **3** 14 ff.
Meldepflicht **3** 43 ff.; **14** 2 ff.
– Verstoß gegen Meldepflicht **3** 43 ff.
– Meldepflichten nach WpHG **14** 2 ff.
Milestone-Vereinbarungen **10** 21
Minderheitsbeteiligung **41** 20 ff.
Minderjährige **9** 32
Mitteilungen **14** 26
Mitteilungspflicht **3** 8 ff., 14 ff.; **14** 45
– Entfallen der Mitteilungspflicht **3** 14 ff.
– Mitteilungspflichten von Stimmrechtspools **14** 45
– Umfang der Mitteilungspflicht **3** 8 ff.
Mitteilungspflichtige Vereinigung **3** 3 f.
Mittelstandkartelle **42** 25 f.
Mitveräußerungspflichten **23** 18 ff.
Mitveräußerungsrechte **23** 18 ff.
Mitverkaufspflichten **23** 21 f.
Mitverkaufsrecht **23** 21 f.
Muttergesellschaft **30** 1 ff.

Magere Zahlen = Randnummern　　　　　　　　　　　　　　　　**Sachverzeichnis**

Nachschusspflichten **10** 21
Naturalrestitution **18** 4
Nebenabrede **5** 4 ff., 28 ff., 36 ff.; **6; 8; 9** 8; **10** 14 ff.; **12** 28 ff., 58 ff.; **33** 3 ff.
– Abgrenzung **10** 14 ff.
– Änderung **5** 32 ff.
– Auslegung **5** 19 ff.
– Bindungswirkung **5** 28 ff.
– Form **5** 17 f.
– Formbedürftigkeit **8**
– Mehrere Nebenabreden nebeneinander **9** 8
– Nebenabreden und Personengesellschaftsvertrag **5** 36 ff.
– Rechtsnatur **5** 5 ff.
– Satzungsüberlagernde Nebenabreden **6**
– schuldrechtliche Nebenabrede **33** 3 ff.
– Teil- oder Gesamtnichtigkeit der Nebenabrede **12** 58 ff.
– Treupflichtwidrigkeit der Nebenabrede **12** 28 ff.
– Umdeutung **5** 19 ff.
– Wechselwirkungen **5** 28 ff.
Nebenpflicht **22** 9
Nebenvereinbarung **3** 22 ff.; **9** 33; **12** 11, 47 ff.; **14** 14 ff.; **23** 10 ff.; **28** 5 ff.
– Beendigungstatbestände der Nebenvereinbarung bei Begründung eines Gesellschaftsverhältnisses **9** 33
– Nebenvereinbarung zur Umgehung eines Stimmverbotes **12** 11
– schuldrechtliche Nebenvereinbarung **3** 22 ff.; **14** 14 ff., 20 ff.
– Verbot von Nebenvereinbarungen in Satzung **12** 47 ff.
– Wirkung von Nebenvereinbarungen **23** 10 ff.

Negativklauseln **9** 6 ff.
– Unbeachtlichkeit von Negativklauseln **9** 6 ff.
Nichtigkeit **12** 2 ff., 31 ff., 58 ff.
Nießbrauch **3** 36
Nutzungsrecht **41** 67 ff.

Offenlegungspflicht **20** 22 ff.
Option **41** 53 ff.
– Ausübung der Option **41** 53 f.
– Einräumung der Option **41** 55 ff.
Optionsrechte **41** 51 ff.
Organschaftliche Befugnisse **32** 10 ff.

Passivlegitimation **19** 4
Patronatserklärung **31** 17 ff.
Personengesellschaftsvertrag **5** 36 ff.
Poolvereinbarungen **3** 23 ff.
Privatperson **40** 44 f.
Prüfungspflichten **3** 8 ff.
Publizität **3** 1 ff.
Put-Option **26** 5 ff.

Rechtsschutz **19** 1 ff.; **40** 66 f.
– Einstweiliger Rechtsschutz **19** 8 ff.
– Einstweiliger Rechtsschutz im Schiedsverfahren **19** 37 f.
– Hauptsacheverfahren **19** 1 ff.
Rechtsschutzbedürfnis **19** 6
Rechtswahl **21** 15
Regelungsstandort **23** 26 ff.
Regelvermutung **44** 10 ff.
Rückübertragung **12** 23 ff.
– Verpflichtung zur unentgeltlichen Rückübertragung entgeltlich erworbener Aktien **12** 23 ff.

Sanierungsklausel **35** 9 f.
Sanktionen **3** 17 f.
Satzung **5** 4 ff., 28 ff.; **22** 72 ff.
– Änderung **5** 32 ff.
– Auslegung **5** 19 ff.
– Bindungswirkung **5** 32 ff.
– Form **5** 17 f.
– Konkretisierung von Satzungsgeneralklauseln durch Gesellschaftervereinbarungen **5** 31
– Satzungsbestandteile **5** 9 ff., 12 f.
– Satzungsgestaltungen **22** 72 ff.
– Umdeutung **5** 19 ff.
– Wechselwirkungen **5** 28 ff.
Schadenersatz **18** 5
Schadenersatzanspruch **18** 3 ff.; **22** 64
Scheingeschäft **12** 57
Schenkungsvorschriften **31** 22 f.
Schiedsverfahren **19** 20 ff.
Schiedsvereinbarung **19** 22 f.
Schuldrechtliches Agio **25** 31 ff.
Schuldrechtlicher Beirat **32** 10 ff., 21 f.
Schutzgemeinschaftsvertrag **41** 48 ff.
Schwellenwerte **40** 38 ff.
Sonderrechte **3** 29 f.; **12** 39; **41** 70 ff.
Staat **40** 44 f.
Steuerliche Verlustvorträge **35** 3 ff.
Stille Beteiligung **3** 37
Stimmabgabe **22** 62 ff.
Stimmbindung **12** 12 ff.; **22** 15, 16 f., 21 f., 23 ff.
Stimmbindungsvereinbarung **3** 23 ff.; **19** 5, 12, 14 f.; **22** 1 ff., 66 ff., 75 f.; **41** 27 ff.
Stimmbindungsverträge **24** 7 ff.; **13** 39 f.
Stimmbündelung **12** 10
Stimmenkauf **12** 6 ff., 10; **22** 30 ff.
Stimmfolgevereinbarungen **41** 32 ff.
Stimmrecht **10** 18; **12** 6 ff.; **14** 45 ff., 51; **18** 13 f.; **22** 52 ff., 60 f.; **40** 17 ff.; **41** 27 ff.; **41** ff.
– Beschränkungen des Stimmrechts bei Aktiengesellschaften **14** 51
– Stimmrechtsausübung **12** 6 ff.; **22** 52 ff.; **41** 29 ff., 46 f.
– Stimmrechtsbeschränkungen **41** 45
– Stimmrechtsbindung **41** 41 ff.
– Stimmrechtserwerb **40** 17 ff.
– Stimmrechtspool **14** 45 ff.; **22** 60 f.; **41** 27 ff.

407